Die Vorstandsvergütung nach der Finanzkrise

Schriftenreihe zum deutschen und europäischen Gesellschafts- und Wirtschaftsrecht

Herausgegeben von Christoph Teichmann und Florian Bien

Begründet von Günter Christian Schwarz †

Band 16

Olga Gurman

# Die Vorstandsvergütung nach der Finanzkrise

## Eine rechtsvergleichende Analyse der deutschen, britischen und US-amerikanischen Lösungsansätze

PETER LANG

**Bibliografische Information der Deutschen Nationalbibliothek**
Die Deutsche Nationalbibliothek verzeichnet diese Publikation in der Deutschen Nationalbibliografie; detaillierte bibliografische Daten sind im Internet über http://dnb.d-nb.de abrufbar.

Zugl.: Würzburg, Univ., Diss., 2016

D 20
ISSN 1614-239X
ISBN 978-3-631-76086-4 (Print)
E-ISBN 978-3-631-76087-1 (E-PDF)
E-ISBN 978-3-631-76088-8 (EPUB)
E-ISBN 978-3-631-76089-5 (MOBI)
DOI 10.3726/b14346



Peter Lang – Berlin · Bern · Bruxelles · New York · Oxford · Warszawa · Wien



Diese Publikation wurde begutachtet.

www.peterlang.com

# Inhaltsübersicht

# Inhaltsverzeichnis

## Teil 4: Vorstandsvergütung in den USA ........................................ 323

# Abkürzungsverzeichnis

| | |
|---|---|
| A. A. | Anderer Ansicht/Auffassung |
| ABl. | Amtsblatt |
| Abs. | Absatz |
| AcP | Archiv für civilistische Praxis |
| a. E. | Am Ende |
| a. F. | alte Fassung |
| AFSCME | American Federation of State, County and Municipal Employees |
| AG | Aktiengesellschaft; die Aktiengesellschaft |
| AktG | Aktiengesetz |
| All RE | All England Law Reports |
| Anm. | Anmerkung |
| AR | Aufsichtsrat |
| ArbHdb. | Arbeitshandbuch |
| Art. | Artikel |
| A.2d | Atlantic Reporter, Second Series |
| BB | Betriebsberater |
| BDA | Bundesvereinigung der Deutschen Arbeitgeberverbände |
| BDI | Bundesverband der Deutschen Industrie |
| BeckFormb. | Beck'sches Formularbuch |
| Begr. RegE | Begründung zum Regierungsentwurfs |
| Beil. | Beilage |
| BetrAVG | Betriebsverfassungsgesetz |
| BfuP | Betriebswirtschaftliche Forschung und Praxis |
| BGB | Bürgerliches Gesetzbuch |
| BGBl. | Bundesgesetzblatt |
| BGH | Bundesgerichtshof |
| BGHZ | Entscheidungen des Bundesgerichtshofs in Zivilsachen |
| BilMoG | Das Gesetz zur Modernisierung des Bilanzrechts |
| BIPRU | Prudential Sourcebook applying specifically to banks, building societies and investment firms |
| BIS | Department for Business Innovation & Skills |
| BNA | Bureau of National Affairs |
| BR-Drucks. | Drucksache des Bundesrats |
| BT-Drucks. | Drucksache des Bundestags |
| bzw. | beziehungsweise |
| CA | Companies Act |
| CCZ | Corporate Compliance Zeitschrift |
| CDU | Christlich Demokratische Union |
| CEBS | Committee of European Banking Supervisors |
| CEFS | Center for Entepreneurial and Financial Studies |

| | |
|---|---|
| CESifo | Center for Economic Studies and Ifo Institute for Economc Research |
| CF | Corporate Finance |
| CFR | Code of Federal Regulations |
| CFROI | Cash Flow Return on Investment |
| CG | Corporate Governance |
| Chi. L. Rev. | Chicago Law Review |
| Cir. | Circuit |
| cl. | Clause |
| Clev. St. L. Rev. | Cleveland State Law Review |
| Colum. Bus. L. Rev. | Columbia Business Law Review |
| Colum. L. Rev. | Columbia Law Review |
| Cornell J.L. & Pub. Pol'y | Cornell Journal of Law and Public Policy |
| Cornell L. Q. | Cornell Law Quaterly |
| Corp. | Corporation |
| Corp. Govern. L. Rev. | Corporate Governance Law Review |
| Corp. L. Study | Corporate Law Study |
| CP | Consultation Paper |
| CSU | Christlich-Soziale Union |
| Ct. | Court |
| Ct. App. | Court of Appeal |
| CTS | Chicago Telephone Supply |
| DAV | Deutscher Anwaltsverein |
| DAX | Deutscher Aktienindex |
| DB | Der Betrieb |
| DBW | Die Betriebswirtschaft |
| DCGK | Deutscher Corporate Governance Kodex |
| DCF | Discounted Cash Flow |
| Del. | Delaware |
| Del. Code Ann. | Delaware Code Annotated |
| Del. J. Corp. L. | Delaware Journal of Corporate Law |
| ders. | derselbe |
| DGB | Deutscher Gewerkschaftsbund |
| DGCL | Delaware General Corporation Law |
| d. h. | das heißt |
| dies. | dieselbe |
| DIHK | Deutsche Industrie- und Handelskammer |
| Diss. | Dissertation |
| DSW | Deutsche Schutzvereinigung für Wertpapierbesitz |
| DStR | Deutsches Steuerrecht |
| DSW | Deutsche Schutzvereinigung für Wertpapierbesitz e. V. |
| DTI | Department of Trade and Industry |

| | |
|---|---|
| E | Remuneration Code Evidential Provisions |
| eBAnz. | Elektronischer Bundesanzeiger |
| EBIT | Earnings before interest and taxes |
| EBITD | Earnings before interest, taxes, depreciation and amortization |
| EBITDA | Earnings before interest, taxes and depreciation |
| ECFR | European Company and Financial Law Review |
| ECGI | European Corporate Governance Institute |
| EG | Europäische Gemeinschaft |
| endg. | Endgültig |
| EP | Evidential Provisions |
| EPG | Europäische Privatgesellschaft |
| E. R. | England Review |
| EU | Europäische Union |
| EVA | Economic Value Added |
| f. | folgende |
| FAZ | Frankfurter Allgemeine Zeitung |
| FCA | Financial Conduct Authority |
| Fed. Reg. | Federal Register |
| ff. | fortfolgende |
| Financ. Stud. | Financial Studies |
| Fla. L. Rev. | Florida Law Review |
| FMStG | Finanzmarktstabilisierungsgesetz |
| Fn. | Fußnote |
| FRC | Financial Reporting Council |
| FS | Festschrift |
| FSA | Financial Services Authority |
| FSB | Financial Stability Board |
| FTSE | Financial Times Stock Exchange Index |
| F.2d | Federal Reporter, Second Series |
| G | Remuneration Code Guidance (Code of Remuneration Practices) |
| gem. | gemäß |
| GesKR | Gesellschafts- und Kapitalmarktrecht |
| GesR | Gesellschaftsrecht |
| GEX | German Inerpreneurial Index |
| GG | Grundgesetz |
| GMAC | General Motors Acceptance Corporation |
| GmbH | Gesellschaft mit beschränkter Haftung |
| GmbHG | Gesetz betreffend die Gesellschaften mit beschränkter Haftung |
| GPR | Zeitschrift für Gemeinschaftsprivatrecht |
| GuV | Gewinn und Verlust |
| GWR | Gesellschafts- und Wirtschaftsrecht |
| Hdbuch | Handbuch |
| Harv. J. on Legis. | Harvard Journal on Legislation |
| Harvard Bus. Rev. | Harvard Business Review |

| | |
|---|---|
| HBS | Harvard Business School |
| HGB | Handelsgesetzbuch |
| HM | Her Majesty's |
| H. M. | Herrschende Meinung |
| H.R. | House of Representatives |
| Hrsg. | Herausgeber |
| HS | Halbsatz |
| IFRS | Internationa Financial Reporting Standards |
| Inc. | Incorporated |
| Ind. L.J. | Indiana Law Journal |
| Ind. L.J. | Indiana Law Journal |
| I.R.B. | Internal Revenue Bulletin |
| IRC | Internal Revenue Code |
| IRZ | Zeitschrift für Internationale Rechnungslegung |
| i. S. d. | im Sinne der (des) |
| ISS | Institutional Shareholder Services |
| i.V.m. | in Verbindung mit |
| J. Corp. L. Stud. | Journal of Corporate Law Studies |
| JITE | Journal of Institutional and Theoretical Economics |
| J. Manag. Gov. | Journal of Management and Governance |
| J. Marshall L. Rev. | John Marshall Law Review |
| JZ | JuristenZeitung |
| Kap. | Kapitel |
| KB | King's Bench |
| KfH | Kammer für Handelssachen |
| KgaA | Kommanditgesellschaft auf Aktien |
| KK | Kölner Kommentar |
| KOM | Kommission |
| Komm | Kommentar |
| KonTraG | Gesetz zur Kontrolle und Transparenz im Unternehmensbereich |
| KWG | Kreditwesengesetz |
| LAG | Landesarbeitsgericht |
| Law & Contemp. Probs. | Law & Cotemporary Problems |
| LG | Landgericht |
| LJ | Lord Justice |
| L.J. | Law Journal |
| L. Rev. | Law Review |
| LSG | Landessozialgericht |
| MDAX | Mid-Cap-DAX |
| MdB | Mitglied des Deutschen Bundestages |
| Mich. L. Rev. | Michigan Law Review |
| Minn. L. Rev. | Minnesota Law Review |
| Mio. | Million(en) |

| | |
|---|---|
| Mo. Ct. App. | Missouri Court of Appeal |
| Mrd. | Milliarde(n) |
| MünchKomm | Münchener Kommentar |
| NASDAQ | National Association of Securities Dealers Automated Quotations |
| N.E. | North Eastern Reporter |
| Neb. L. Rev. | Nebraska Law Review |
| n. F. | neue Fassung |
| NILQ | Northern Ireland Legal Quarterly |
| NJOZ | Neue Juristische Onlinezeitschrift |
| NJW | Neue Juristische Wochenschrift |
| No. | Number |
| Nr. | Nummer |
| N.S. | Nova Scotia |
| NStZ | Neue Zeitschrift für Strafrecht |
| N.W. | North Western Reporter |
| NWB | Neue Wirtschaftsbriefe |
| N.Y.S. 2d | New York Supplement, Second Series |
| N.Y.U. Law & Business | New York University Journal of Law and Business |
| NZG | Neue Zeitschrift für Gesellschaftsrecht |
| o.ä. | oder ähnliches |
| OGAW | Organismen für gemeinsame Anlagen in Wertpapieren |
| OLG | Oberlandesgericht |
| par. | Paragraph |
| PLI | Practising Law Institute |
| PS | Policy Statement |
| R | Remuneration Code General Requirement (Code of Remuneration Practices) |
| RdA | Recht der Arbeit |
| Rdn. | Randnummer |
| Rev. Financ. Stud. | Review of Financial Studies |
| RG | Reichsgericht |
| RGZ | Entscheidungen des Reichsgerichts in Zivilsachen |
| RIW | Recht der internationalen Wirtschaft |
| RMBCA | Revised Model Business Corporation Act |
| ROCE | Return on capital employed |
| S. | Seite |
| S. Cal. L. Rev. | Southern California Law Review |
| S. Ct. | Supreme Court |
| sec. | Section |
| S.C.L.Rev. | South Carolina Law Review |
| SDAX | Small-Cap-DAX |
| SE | Societas Europaea |
| SMU L. Rev. | Southern Methodist University Law Review |

| | |
|---|---|
| sog. | Sogennante(r/s) |
| SPD | Sozialdemokratische Partei Deutschland |
| S.W. | South Western Reporter |
| SYSC | Senior Management Arrangements, Systems and Controls (UK Financial Services Authority) |
| SZ | Süddeutsche Zeitung |
| TARP | Troubled Asset Relief Program |
| TECDAX | Technologie-Werte Deutscher Aktienindex |
| Tex. L. Rev. | Texas Law Review |
| TIAA-CREF | Teachers Insurance and Annuity Association – College Retirement Equities Fund |
| Tit. | Title |
| TP | Transitional Provision |
| Transnat'l L. & Contemp. Probs. | Transnational Law & Contemporary Problems |
| TransPuG | Transparenz- und Publizitätsgesetz |
| TSB | Trustee Savings Bank |
| TUC | Trade Union Congress |
| u. ä. | und ähnliche |
| U. Chi. L. Rev. | University of Chicago Law Review |
| U. Cin. L. Rev. | University of Cincinnati Law Review |
| UCLA | University of California, Los Angeles |
| UK | United Kingdom |
| UMAG | Gesetz zur Unternehmensintegrität und Modernisierung des Anfechtungsrechts |
| U. Pa. L. Rev. | University of Pennsylvania Law Review |
| U. Pitt. L. Rev. | University of Pittsburgh Law Review |
| Urt. | Urteil |
| US | United States |
| USA | Vereinigte Staaten von Amerika |
| USC | United States Code |
| US-GAAP | US-General Accepted Accounting Principles |
| U. Toronto L.J. | University of Toronto Law Journal |
| VAG | Gesetz über die Beaufsichtigung der Versicherungsunternehmen |
| Val. U. L. Rev. | Valparaiso University Law Review |
| Vgl. | Vergleiche |
| Vill. L. Rev. | Villanova Law Review |
| VorstAG | Gesetz zur Angemessenheit der Vorstandsvergütung |
| VorstOG | Gesetz über die Offenlegung der Vorstandsvergütung |
| Wash. & Lee L. Rev. | Washington and Lee Law Review |
| WL | Westlaw |
| WM | Wertpapier-Mitteilungen, Zeitschrift für Wirtschafts- und Bankenrecht |

| | |
|---|---|
| Wm. Mitchell L. Rev. | William Mitchell Law Review |
| WpHG | Gesetz über den Wertpapierhandel |
| Yale L. & Pol'y Rev. | Yale Law and Policy Review |
| z. B. | zum Beispiel |
| ZCG | Zeitschrift für Corporate Governance |
| ZfB | Zeitschrift für Betriebswirtschaft |
| ZfbF | Zeitschrift für betriebswirtschaftliche Forschung |
| ZGR | Zeitschrift für Unternehmens- und Gesellschaftsrecht |
| ZHR | Zeitschrift für das gesamte Handelsrecht und Wirtschaftsrecht |
| Ziff. | Ziffer |
| ZIP | Zeitschrift für Wirtschaftsrecht |
| ZRP | Zeitschrift für Rechtspolitik |

# Einleitung

*„Der Wert der Leistung liegt im Geleisteten"* (Albert Einstein)

Der Wert der Vorstandsleistung großer Aktiengesellschaften ist eines der großen gesellschaftlichen Reizthemen der letzten Jahrzehnte. Die Fragen, ob man diesen ohne weiteres objektiv bestimmen kann und ob die Managervergütung dem tatsächlich Geleisteten entspricht, beschäftigt nicht nur die Wirtschaft, sondern auch die nationalen und internationalen Regulierungsbehörden und Gesetzgeber. Die Vorstandsvergütung gleicht in dieser Hinsicht der globalen Erwärmung – sie polarisiert. Diejenigen, die davon überzeugt sind und diejenigen, die sie anzweifeln, üben gegenseitig scharfe Kritik. Als zentrales Element der Debatte wird versucht, die Frage zu beantworten, ob es das Problem der exzessiven Vorstandsvergütung überhaupt gibt und wenn dies der Fall ist, was dessen Ursachen und Heilmittel sind.[1]

Die Angemessenheit der Vorstandsbezüge[2] wurde bereits in den letzten Jahrzehnten auf beiden Seiten des Atlantiks kontrovers diskutiert. Die Größenordnung der an die Vorstände ausgezahlten Beträge, die Wertung von Options- und Bonusprogrammen, sowie der Zeitpunkt dieser Auszahlungen im Verhältnis zu Unternehmenserfolgen und vor allem in Relation zu den Unternehmensmisserfolgen überraschten und führten in vielen Fällen sogar zur Entrüstung der Öffentlichkeit, der Anteilseigner und der Politik. Diese Entwicklung zog darüber hinaus eine beträchtliche mediale Aufmerksamkeit nach sich.

Zwar sind sich die Vertreter beider Ansichten grundsätzlich darüber einig, dass viele Aufsichtsräte bzw. sog. *boards* Vergütungsvereinbarungen getroffen haben, die nicht den Vorstellungen und Interessen der Aktionäre entsprachen. Dissens besteht allerdings weiterhin in Bezug auf den Umfang und den Ursprung dieses Problems und vor allem darüber, wie es zu lösen ist. Auf der einen Seite wird die Auffassung vertreten, dass die Tragweite der „exzessiven" Vorstandsvergütung überzogen und von populistischem Denken geprägt werde.[3] Einige Vertreter dieser Ansicht glauben, dass fehlerhafte Vergütungsvereinbarungen sich lediglich auf eine überschaubare Anzahl von Unternehmen beschränken, und dass die meisten Aufsichtsräte/*boards* ihre Vergütungsfestsetzungsaufgaben effektiv erfüllt haben. Andere

---

1 *Loewenstein,* 35 Wake Forest L. Rev. 2000, 1 (2).

2 Die Begriffe Vorstands-, Manager- und *executive*-Vergütung sowie die Bezüge der Führungskräfte werden im Rahmen dieser Arbeit synonym verwandt. Englische Bezeichnungen *„executive"*, *„executive officer"* oder *„executive director"* sollen dabei als Korrelat des deutschen „Vorstandsmitglieds" auftreten. Dabei ist die fehlende funktionale Trennung zwischen Vorstand und Aufsichtsrat im britischen und US-amerikanischen Rechtskreis nicht zu berücksichtigen.

3 Vgl. u. a. *Filloy,* 71 U. Pitt. L. Rev. 2009, 335 (336); in abgeschwächter Form *Sirkin,* Executive Compensation, § 1.01, Rdn. 1–2.

hingegen räumen zwar ein, dass unangemessene Vergütungsvereinbarungen weit verbreitet seien, bleiben jedoch bei der Überzeugung, dass diese Unangemessenheit auf „ehrliche Fehler" und Missverständnisse seitens des im Interesse der Aktionäre handelnden *boards* zurückzuführen sei und daher auch unternehmensintern gelöst werden müsse.[4]

Die Vergütungsdebatte bildet jedoch keine erst kürzlich entstandene Problematik ab. Vielmehr verlief diese Diskussion bereits seit Jahrhunderten ohne ertragreiche Entscheidungen in den meisten Ländern. Bereits im späten 18. Jahrhundert äußerte *Adam Smith*[5] Bedenken bezüglich der Macht der Unternehmensmanager, die ihre eigenen Anteilseigner exploitieren. Im Jahre 1932 belebten *Adolph Berle* und *Gardiner Means*[6] die Diskussion über die Folgen der Trennung des Unternehmenseigentums (der Aktionäre) und der Unternehmensleitung durch Manager wieder. Im Mittelpunkt dieser Untersuchung standen die potenziellen Vorteile der Aufspaltung, wie zum Beispiel eine effiziente Aufgabenverteilung und professionellere Führung des Unternehmens. Erörtert wurden aber auch die Kosten, die aus der Verankerung der Manager in modernen Unternehmen mit zerstreutem Eigentum resultieren. Im Jahr 1976 stellten *Michael Jensen* und *William Meckling* schließlich das Konzept der *„agency costs"* auf und legten damit das Fundament der modernen Corporate Governance-Untersuchung.[7]

Heutzutage werden zwei Forschungsrichtungen auf dem Gebiet der Vorstandsvergütung unterschieden. Dies ist zum einen die klassische Ausrichtung, welche die bestmögliche Vertragsausgestaltung zwischen den Eigentümern und dem Management als Prämisse für die optimale Vergütungsfestsetzung untersucht. Der andere, erst in jüngster Zeit aufgekommene Forschungsansatz zur Vorstandsvergütung beschäftigt sich hingegen mit der Macht der Manager und der Aufgabenverflechtung im Unternehmen. Insbesondere die mögliche Einflussnahme der Vorstände auf die eigene Vergütungsausgestaltung stellt dabei ein zentrales Problem dar.[8] Auf diesem sog. „rent extraction"-Ansatz aufbauend wurde insbesondere in den letzten Jahren eine Reihe an Vergütungsvorgaben erlassen. Diese Reformregelungen bilden ein Konglomerat aus öffentlichem Unverständnis, guten Absichten, medialem Druck sowie aus Wahlkampfstrategien und Populismus. Somit trifft in der Vergütungsproblematik eine populistische Neid-Debatte in den Medien und der Politik auf eine ernst zu nehmende Steuerungsproblematik. Letztere besteht in der Frage, ob Vergütungssysteme, die an kurzfristigen Ergebnissen orientiert sind, nicht tatsächlich das Eingehen unangemessen hoher Risiken begünstigen.

---

4 *Bebchuk/Fried,* Pay without Performance, S. ix.

5 *Smith,* An Inquiry into the Nature and Causes of the Wealth of Nations.

6 *Berle/Means,* The Modern Corporation and Private Property.

7 *Jensen/Meckling,* 3 (4) Journal of Financial Economics 1976, 305, (306 ff.). Ausführlich zur Problematik der „agency costs" vgl. *Becker/Grass/Hommel* in: Oxelheim/Wihlborg, Markets and Compensation, S. 127 ff.

8 *Oxelheim/Wihlborg,* Markets and Compensation, Vorwort.

Monetäre Verhaltensanreize stellen die effektivsten Motivationsinstrumente dar und müssen daher auch effizient gesetzt werden.[9] In der aktuellen Unternehmenswirklichkeit können Fehlsteuerungen – wie etwa die an kurzfristigen Erfolgen orientierten Vergütungselemente – zu den weltweiten Finanzkrisen beitragen.[10] Bereits seit Jahren wird starke Kritik an zunehmend komplex gewordenen Vergütungsausgestaltungen geäußert. Diesen wird vorgeworfen unverhältnismäßig hohe und durch die erbrachte Leistung kaum zu rechtfertigende Vorstandsbezüge erzeugen zu können.[11] Die wissenschaftliche und empirische Auseinandersetzung mit diesem Problem ist sowohl in Deutschland[12] als auch im Vereinigten Königreich[13] und in den USA[14] längst in vollem Gange. Regulatorisch kann die Beseitigung bzw. Abschwächung dieses Problems mittels vier Instrumenten erreicht werden: zum einen durch die materielle Steuerung der Vergütungsvereinbarungen, indem Obergrenzen, Angemessenheitskriterien und Strukturvorgaben geschafft werden; zum anderen präventiv, durch erhöhte Offenlegungspflichten; zudem formal, durch Hinzuziehung unabhängiger Organe, Gremien und Berater im Rahmen des Festsetzungsprozesses; und schließlich mittelbar durch steuerrechtliche Vorgaben.[15] Spätestens seit Beginn der weltweiten Wirtschafts- und Finanzmarktkrise im Jahr 2008 erproben deutsche, britische sowie US-amerikanische Gesetzgeber weltweit Strategien zur Regulierung der von der Vorstandsvergütung ausgehenden Anreize

---

9 „In the best instances, remuneration can be structured as a guiding carrot to accompany the regulatory stick of rules and standards." *Cahn/Donald,* Comparative Company Law, S. 301.

10 Gesetzesbegründung zum Gesetz zur Angemessenheit der Vorstandsvergütung (VorstAG), mit dem der deutsche Gesetzgeber Abhilfe schaffen will, vgl. BT-Drucks. 16/13433, S. 1; *Ferracone,* Fair Pay Fair Play, S. 187, der zutreffend von „short term gain, long term pain" spricht.

11 *Bedkowski,* RIW 2010, 835.

12 *Fleischer,* NZG 2009, 801; *Seibert,* WM 2009, 1489; *Thüsing,* AG 2009, 517; vor dem europäischen Hintergrund *Teichmann,* GPR 2009, 234; zur Rechtslage vor dem Erlass des VorstAG z. B. *Marsch-Barner* in: FS Röhricht, S. 401; *Thüsing,* ZGR 2003, 457; empirische Untersuchungen finden sich unter anderem bei *Rapp,* AG-Report 2009, R156.

13 *Hill,* Regulating Executive Remuneration, Draft Paper (2010); *Ogden/Watson,* 61(5) Human Relations 2008, 711; *Balsam/Kuang/Qin,* Executive Compensation; *Voulgaris/Stathopoulos/Walker,* 18 Corporate Governance 2010, 511; *Renneboog/Trojanowski,* ECGI – Finance Working Paper No. 301/2010, abrufbar unter: http://papers.ssrn.com/sol3/papers.cfm?abstract_id=1723462 (zuletzt aufgerufen am 19.06.2014).

14 *Posner,* 58 Duke L.J. 2009, 1013; *Dorff,* 85 Ind. L.J. 2010, 491 (516); *Crawford,* 2 Journal of Business, Entrepreneurship and the Law 2009, 273; *Yeoh,* Business L. Rev. 2010, 56; empirisch hierzu unter z. B. *Raviv/Landskroner,* The 2007–2009 Financial Crisis and Executive Compensation, Paris December 2010 Finance Meeting EUROFIDAI-AFFI, abrufbar unter: http://papers.ssrn.com/sol3/papers.cfm?abstract_id=1695490 (zuletzt aufgerufen am 19.06.2014).

15 *Bedkowski,* RIW 2010, 835.

(sog. *remuneration governance*)[16], die in der Vergangenheit eine äußerst negative Kritik erfahren haben. Aufgrund dessen wird immer häufiger die Frage gestellt, ob die „Vorstände das verdienen, was sie tatsächlich verdienen".[17]

## § 1. Zielsetzung der Arbeit

> *„Geld bildet nicht nur den Lebensnerv der Unternehmen, sondern berührt auch den Gerechtigkeitsnerv einer breiten Öffentlichkeit und gilt der Rechtspolitik daher als Thema von hoher Symbolkraft."*[18]

Fragen der Managervergütung bilden heutzutage einen gesonderten Forschungsbereich der internationalen und interdisziplinär geführten Corporate Governance-Debatte.[19] Die Vergütung von Vorstandsmitgliedern wird in der öffentlichen Diskussion für die Schieflage der Wirtschaft und den Zusammenbruch von Kreditinstituten und Finanzmärkten mitverantwortlich gemacht. Als Reaktion darauf haben sowohl das Vereinigte Königreich und die US-Regierung als auch die G 20 Staaten, die EU und auch Deutschland innerhalb kürzester Zeit neue Empfehlungen und gesetzliche Vorschriften zu diesem Thema erlassen. Eine derartige Verrechtlichung der Vorstandsvergütung im Allgemeinen und der Gehaltskonzeption des Finanzsektors im Besonderen hat zwangsläufig zur Folge, dass Fragen, die bisher zum größten Teil vergütungspolitisch-unternehmerisch geprägt waren, nunmehr einen rechtlichen Schwerpunkt erlangen.[20] Vor diesem Hintergrund ist es besonders wichtig, den neuen, rechtlichen Rahmen der Vorstandsvergütung, sowie die damit einhergehenden Umsetzungs- und Verwirklichungsschwierigkeiten juristisch zu beleuchten und zu bewerten. Im Folgenden soll daher die in der Öffentlichkeit unermüdlich geführte Diskussion um „exorbitante" Vorstandsvergütung (*executive compensation* oder *directors' pay*) auf Basis der aktuellen Rechtslage auf ein vernünftiges und sachliches Niveau gebracht werden. Es soll untersucht werden, welche rechtlichen Mittel dem Gesetzgeber zur Gestaltung der Managervergütung zur Verfügung stehen und ob diese wirksam eingesetzt werden. Zudem soll die Funktion des Gesetzgebers im Rahmen der Vergütungsregulierung betrachtet werden.
Als Rechtfertigung der verstärkten Verrechtlichung der Managervergütung verweisen sowohl der deutsche als auch der britische und der US-amerikanische Gesetz-

---

16 *Fleischer,* BB 2010, 67; *Bedkowski,* RIW 2010, 835; grundlegend zur Verhaltenssteuerung durch Anreizsysteme vgl. *Petersen,* Optimale Anreizsysteme, S. 6 ff.

17 Friedl/*Hocker*/Hölz/Cabras, DSW-Studie zur Vorstandsvergütung 2009, S. 1; abrufbar unter: http://dsw-info.de/DSW-Studie-zur Vorstandsverue.1576.0.html (zuletzt aufgerufen am 19.06.2014).

18 *Fleischer,* NZG 2009, 801.

19 Vgl. *Winter* in: Hommelhoff/Hopt/v. Werder, Handbuch CG 2003, S. 335 ff.; im Rahmen der internationalen Diskussion zuletzt *Ferrarini/Moloney/Vespro,* J. Corp. L. Stud. 2004, 243.

20 *Dauner-Lieb/Preen von/Simon,* DB 2010, 377 (380).

geber verstärkt auf Interessendifferenzen zwischen der Unternehmensverwaltung und den Aktionären (*principal-agent*-Konflikt).[21] Aufgrund des Auseinanderfallens von Eigentum und Unternehmensleitung kann es zu Informationsvorsprüngen der Manager (*agent*) gegenüber den Eigentümern (*principal*) kommen, welche es ersteren ermöglichen, bei der Leitung des Unternehmens eigennützig zu handeln, was nicht im Interesse der Aktionäre sein muss. Diese potenzielle Problematik bildet die Grundlage für die Überlegung, dass mittels Vergütungsvereinbarungen „richtige" Verhaltensanreize für Führungskräfte zur Angleichung der sich häufig widerstreitenden Interessen gesetzt werden können. Rechtliche Normierung bildet demzufolge den Rahmen zur Präzisierung von Pflichtenbindungen bei der Ausgestaltung solcher Vergütungsvereinbarungen.[22] Um die aktuelle Lage auf dem Gebiet der Vorstandsvergütung mit den Worten der ehemaligen Bundesjustizministerin Brigitte Zypries wiederzugeben:

> „Wir stehen in der Politik zur Zeit vor der Aufgabe, den Schaden, den Manager am Finanzmarkt angerichtet haben, im Gemeinwohlinteresse so gut es geht zu begrenzen. In vielen Unternehmen wurde in der Vergangenheit zu stark auf das Erreichen kurzfristiger Parameter – wie etwa Umsatzzahlen oder Börsenkurse zu bestimmten Stichtagen – geschaut und das langfristige Wohlergehen des Unternehmens aus dem Blick verloren. Darüber sind sich alle einig: Das hat in erheblichem Maß zu der gegenwärtigen Krise beigetragen. Das Verhalten von einigen Managern hat dazu geführt, dass die Grundlagen unseres Finanzmarktes ins Wanken geraten sind und nun durch staatliche Hilfen vom Steuerzahler im Lot gehalten werden müssen."[23]

Die Frage, der diese Arbeit nachgeht, ist jedoch nicht diejenige, wie hoch die Vorstände vergütet werden sollen, sondern viel mehr *wie* sie zu entlohnen sind. Es geht somit nicht um die absolute Vergütungshöhe, sondern um die Vergütungsstruktur an sich, die einer genaueren Betrachtung unterworfen werden muss. Angesichts der weltweiten Finanzmarktkrise wurde den tatsächlich bzw. vermeintlich zu hohen Vorstandsbezügen viel Aufmerksamkeit gewidmet, ohne jedoch die dahinterliegende Vergütungsstruktur und das Festsetzungsverfahren der Unternehmen gründlicher zu untersuchen und die Effektivität der existierenden Vergütungspolitik zu hinterfragen. Dieser Problemstellung widmet sich nun diese Arbeit.

Insbesondere variable Bezüge werden oft als „Allheilmittel" zur Entschärfung des *principal-agent*-Konflikts angesehen. Beim Einsatz dieser Vergütungsform profitieren sowohl Aktionäre als auch Manager von einer Steigerung des Unternehmenswertes, sodass in diesem Fall mit einem Interessengleichlauf gerechnet wird. Bei einer genaueren Untersuchung dieses Motivationsmodells kommen jedoch sowohl intrinsische (im Bereich der Arbeitsaufgabe liegende) als auch extrinsische (im or-

---

21 Eingehend hierzu S. 11ff.

22 *Friebel/Langenbucher*, GWR 2011, 103.

23 *Zypries*, Bundesministerium der Justiz, Pressemitteilung, Neues Recht für Vorstandsgehälter, Berlin 11.03.2009.

ganisatorischen Umfeld liegende) Probleme zum Vorschein. Zu den intrinsischen Problemen gehört unter anderem die Tatsache, dass der bezweckte Interessengleichlauf in einem hohen Maß von der Formulierung der Bezugsgrößen abhängt, die der variablen Vergütung zugrunde liegen. Allerdings unterliegen genau diese Parameter keiner Kontrolle durch die Aktionäre, sodass es wiederum zu einer Informationsdisproportionalität zum Nachteil der Anteilseigner kommt.[24]

Die Finanzkrise hat darüber hinaus unerwünschte externe Nebenwirkungen zu Tage gebracht. Auf die Überwindung des *principal-agent*-Konflikts zugeschnittene Modelle sind auch dann nicht zielführend, wenn die kreierten Verhaltensanreize zwar für Prinzipale und Agenten jeweils vernünftig und wirkungsvoll sind, für Dritte hingegen, insbesondere für die Stabilität der Finanzmärkte und damit auch für die Steuerzahler, nachteilige Folgen erzeugen. Derartige Nebenwirkungen entstehen im Finanzsektor etwa bei Vergütungsvereinbarungen, die lediglich kurzfristige Erfolge und unangemessen hohe Risiken honorieren. Dies ist dann der Fall, wenn sich die Managervergütung hauptsächlich aus variablen Bezügen zusammensetzt und gleichzeitig Erfolgsboni vorsieht, während Misserfolge nicht ausreichend bzw. kaum geahndet werden.

Angesichts derartig unerwünschter Nebenwirkungen richten sich sowohl die nationalen als auch die internationalen gesetzgeberischen Bemühungen darauf, die Ausgestaltung der Managervergütung im Allgemeinen und die Formulierung der Anforderungen an variable Bezüge im Besonderen in erster Linie aufsichtsrechtlich aufzuarbeiten und nachhaltige Verhaltensanreize für die Vorstände zu kreieren.[25]

Die nachfolgenden Erörterungen richten sich darauf, eine möglichst umfassende Darstellung der finanzkrisenbedingten gesetzgeberischen Entwicklungen im Bereich der Vorstandsvergütung und der damit einhergehenden juristischen Probleme zu liefern. Insbesondere auf dem Gebiet der aktuellen Vergütungsregulierung sollen neue und für die Praxis brauchbare Lösungsansätze herausgearbeitet werden. Die Vielzahl der in den letzten Jahren erlassenen Neuregelungen bzw. Änderungen hat ein besonderes Augenmerk der Legislative, Exekutive, aber auch der Öffentlichkeit auf diese Aspekte gelenkt. Im Rahmen dieser Arbeit wird unter anderem dargestellt, inwieweit die Neuregelungen zu einer Änderung des bisherigen Unternehmensalltags beitragen und somit eine praktische Umsetzung erfahren.

Leider wird in der öffentlichen Debatte um die tatsächlich oder vermeintlich überhöhten Vorstandsbezüge ungenügend darüber diskutiert, welche Faktoren einer bestimmten Vergütung zu Grunde liegen, in welchem Verhältnis diese zu Unternehmenserfolgen stehen und wie hoch die Vergütung der Vorstände bei den unmittelbaren Wettbewerbern im In- und Ausland ist. Diese Arbeit widmet sich daher auch diesen noch nicht abschließend geklärten Fragen.

---

24 Weiterführend hierzu vgl. *Petersen,* Optimale Anreizsysteme, S. 4 f.; *Ferstl,* Managervergütung und Shareholder Value, S. 10 ff; *Petersen,* Optimale Anreizsysteme, S. 5 ff.

25 *Friebel/Langenbucher,* GWR 2011, 103 f.

Als maßgebliche Voraussetzungen für den Erfolg und die Entwicklung eines Unternehmens gelten heutzutage mehr denn je die Fähigkeiten und der Einsatz seiner Führungskräfte. Hierbei ist es in den letzten Jahren zu einem stetigen Anstieg der Anforderungen an die Führungsqualifikationen gekommen. Ursächlich für diese Entwicklung sind die Erweiterung der nationalen und internationalen Märkte und der globale Wettbewerb. Die Vorstandsvergütung wird in ihrer Funktion und Relevanz zunehmend als „Instrument der Unternehmenssteuerung" verstanden, „deren professioneller Einsatz Anreize für das Management setzen soll, sein Handeln voll an den Erwartungen der Investoren auszurichten".[26] Darüber hinaus wächst die Anzahl der wirtschaftlichen, gesellschaftlichen und rechtlichen Rahmenbedingungen mit einer Geschwindigkeit, die eine attraktive, leistungsorientierte und dennoch angemessene Vorstandsvergütung unentbehrlich macht. Die Vergütung der Führungskräfte soll daher die Entlohnung für ihr Engagement im Rahmen der Unternehmensführung darstellen und auch deutliche Anreize für ihre zukünftige Motivation setzen. Allerdings bewegen sich die Unternehmen hierbei zunehmend in einem Spannungsfeld. Einerseits soll die Vergütung ermöglichen, fachkundige Führungskräfte für die Unternehmensführung zu gewinnen und diese auch durch entsprechende Anreize zu motivieren, den damit verbundenen hohen Leistungsanforderungen zu genügen. Andererseits darf aber die Gewährung einer solchen Vergütung nicht zu einer unverhältnismäßig hohen finanziellen Belastung des Unternehmens bzw. zur Schmälerung der Gewinnanteile führen.[27]

Um einen systematischen Aufbau zugunsten der Übersichtlichkeit zu wahren und ein besseres Verständnis der rechtlichen Steuerungsmechanismen zu vermitteln, ist eine Erläuterung der ökonomischen Hintergründe zu Beginn der Arbeit unverzichtbar. Daher folgt im **ersten Teil** eine ausführliche Auseinandersetzung mit der Zusammensetzung der Managervergütung sowohl in Deutschland als auch in Großbritannien und in den USA. Im **zweiten Teil** der Arbeit wird die rechtliche Ausgestaltung der Vorstandsvergütung in Deutschland analysiert. Den Schwerpunkt der Erläuterungen bilden dabei die aktuellen, im Lichte der Finanzmarktkrise erlassenen Gesetze und Regelungen, deren Praxistauglichkeit und deren Beitrag zur Regulierung des Vergütungsniveaus und Restrukturierung der Vergütungssysteme eine ausführliche Bewertung erfahren. Darauf aufbauend erfolgt im **dritten Teil** eine Darstellung der britischen Vergütungslage und der im Hinblick auf die wirtschaftlichen Missstände der letzten Jahre in Großbritannien erlassenen Reformen. Im Rahmen des **vierten Teils** findet eine Auseinandersetzung mit dem US-amerikanischen Managervergütungssystem und seinen Besonderheiten statt. Im Anschluss werden im **fünften Teil** die verschiedenen dargelegten Lösungsansätze ausgewertet, ihre Gemeinsamkeiten und Differenzen erörtert und miteinander verglichen.

---

26 *v. Eckardstein/Konlechner*, Vorstandsvergütung, S. 53.

27 Kienbaum, Vergütungsstudie 2008/2009, S. 5.

## § 2. Darstellung der Problematik – Erläuterung des Phänomens der aktuellen Finanzkrise

*„In Folge [der] Interaktion und Durchmischung [einzelner Krisenfaktoren] kam es zu einem 'Cocktail', der anfänglich vielen gut schmeckte, mit dessen Gift wir alle nun jedoch konfrontiert sind.“*[28]

Zur Darstellung der deutschen, englischen und US-amerikanischen finanzkrisenbedingten Lösungsansätze auf dem Gebiet der Vorstandsvergütung, bedarf es zunächst einer kurzen Erläuterung des Phänomens „Finanzkrise“. Die, im Mittelpunkt der vorliegenden Arbeit zu behandelnde Finanzmarktkrise, auch Banken- und Finanzkrise genannt, setzte bereits im Frühsommer 2007 mit der sog. „Subprime-Krise“ in den USA ein und gilt als die größte der letzten Jahrzehnte.[29] Es gibt eine Vielzahl von Akteuren und Umfeldbedingungen, die den U.S. Finanzmarkt Anfang des 21. Jahrhunderts beeinflussten und den Weg für den finanziellen Zusammenbruch bereiteten. Dazu gehören in erster Linie makroökonomische Rahmenbedingungen, wie etwa überreichlich vorhandene Liquidität und niedrige Zinssätze, sowie die daraus resultierende Immobilienblase und Verbriefungen von Kreditforderungen, insbesondere von Hypothekendarlehen geringerer Bonität (sog. *subprime loans*),[30] die nicht transparent ausgestaltet waren.[31]

Die Diskussion um die Finanzmarktkrise darf jedoch nicht nur auf die Krise der Hypothekenverbriefungen in den USA abstellen. Es handelt sich dabei auch um ein Übermaß an Fristentransformation und um die Verschuldung bei Finanzinstitutionen weltweit. Zudem geht es um Fehler in der Architektur des Finanzsystems, auf Grund derer das System seit August 2007 eine implosive Eigendynamik entwickelte, die erst durch den Einsatz von Staatsgarantien gestoppt werden konnte. Aber auch Investoren, die angesichts des niedrigen allgemeinen Zinsniveaus bestrebt waren, höhere Renditen zu erwirtschaften, berücksichtigten die Risiken oft nicht angemessen. Zu dieser Unterschätzung des Risikos haben auch andere Finanzintermediäre wie Mortgage Broker, Ratingagenturen und Hedgefonds einen wesentlichen Beitrag geleistet. So erweckten die Ratingagenturen bei Verbriefungen mit guten Ratings den Eindruck, dass die verbrieften Wertpapiere die Sicherheit von Staatsanleihen

28 *Lechner,* Responsible Corporate Competitiveness, Konsequenzen aus der Finanzmarktkrise, Perspektiven der HSG, S. 4, abrufbar unter: www.scmt.com/uploads/media/Artikel_Finanzkrise_02.pdf (zuletzt aufgerufen am 19.01.2014).

29 *Glebe,* Die globale Finanzkrise, S. 3; *Scott,* The Global Financial Crisis, S. 1.

30 *Wagner,* IRZ 2008, 163.

31 *Narayanan/Ferri/Brem,* Harvard Business School, HBS Case No. 109–036 (2009), S. 1; *Faulkender/Kadyrzhanova/Prabhala/Senbet,* 22 Journal of Applied Corporate Finance 2010, 107 f.; *Avgouleas,* 9 J. Corp. L. Stud. 2009, 23 (34); Group of Thirty, Financial Reform: A Framework for Financial Stability, 15.01.2009, S. 24 f., abrufbar unter: fic.wharton.upenn.edu/fic/policy%20page/G30Report.pdf (zuletzt aufgerufen am 19.01.2014); *Yeoh,* Business L. Rev. 2009, 86.

aufweisen würden. Auf der individuellen Ebene wurde das Eingehen unverantwortlicher Risiken vielfach durch fehlerhafte Anreize der Vergütungssysteme begünstigt, bei denen kurzfristige, jedoch höchst riskante Erfolge durch hohe Bonuszahlungen belohnt wurden. Eine derartige Fehlentwicklung der globalen Märkte und globalen Institute konnte auch nicht durch einzelstaatliche Aufsicht verhindert werden, da diese nur unzureichend grenzüberschreitend eingreifen konnte.[32] Somit schuf und förderte ein Zusammenspiel zwischen politischen Rahmenbedingungen, lascher Kreditvergabe und intransparenten Finanzprodukten eine Spekulationsblase, von der alle zunächst profitierten.[33]

Der Zeitraum der außerordentlichen finanziellen Instabilität kann in zwei sich überschneidende Phasen aufgeteilt werden. Was im August 2007 als eine globale Kreditkrise begann, verwandelte sich im September 2008 aufgrund der panischen Vermögensveräußerungen und des massiven Fremdkapitalabbaus der globalen Finanzinstitute in eine weltweite Finanzmarktkrise. Schon zu Beginn der Krise kam es im Vereinigten Königreich zum ersten *depositors' run*[34] seit 150 Jahren. Gleich danach mündete dies in den Zusammenbruch von Northern Rock, eines mittelständischen UK-Anbieters von Darlehenshypotheken. Die anfangs verzeichneten massiven Verluste der großen US- und europäischen Banken waren in erster Linie mit ihrem Engagement im einstürzenden US-Subprime Hypothekenmarkt verbunden. Dies verursachte auch den Zusammenbruch der zwei größten US-Anbieter für Darlehenshypotheken Fannie Mae und Freddie Mac, die darauffolgende staatliche Rettungsaktion und die Übernahme durch die Federal Housing Agency.[35] Die Anleihen dieser Government Sponsored Enterprises wurden stets stillschweigend mit einer Garantie der US-Regierung ausgestattet. Als besonders spektakulär und für die weitere Entwicklung außerordentlich dramatisch erwies sich dann am 15. September 2008 die staatliche Verweigerung der Liquiditätshilfe für die Investmentbank Lehman Brothers. Die Verweigerung der Liquiditätshilfe und die damit unvermeid-

---

32 G 20 Declaration, Summit on Financial Markets and the World Economy, 15.11.2008, http://www.mofa.go.jp/policy/economy/g20_summit/2008/declaration.pdf (zuletzt aufgerufen am 19.01.2014); *Wittig*, WM 2010, 2337; The High-Level Group on Financial Supervision in the EU v. 25.02.2009 (sog. De Larosiere-Report), abrufbar unter: http://ec.europa.eu/internal_market/finances/docs/de_larosiere_report_en.pdf (zuletzt aufgerufen am 19.01.2014); FSA, The Turner Review: A Regulatory Response to the Global Banking Crisis, März 2009, abrufbar unter: www.fsa.gov.uk/pubs/other/turner_review.pdf (zuletzt aufgerufen am 19.01.2014).

33 *Peukert*, Die große Finanzmarktkrise, S. 32 f.; *Rudolph*, ZGR 2010, 1; in diesem Sinne auch *Beecher-Monas*, 11 Tennessee Journal of Business Law 2009, 51 f.

34 Beim depositors' run, auch unter dem Begriff des „bank run" bekannt, handelt es sich um einen sog. „Ansturm auf eine Bank", bei dem die Einleger einer Bank bemüht sind, ihre Einlagen so schnell wie möglich abzuheben. Zu den Auswirkungen eines solchen „bank run" vgl. MünchKommHGB/*Böcking/Löw/Wohlmannstetter*, Vor § 340 f Rdn. 6 ff.

35 *Avgouleas*, 9 J. Corp. L. Stud. 2009, 23 (24 f.); *Rudolph*, ZGR 2010, 1 (22); *Bloss/Ernst/Häcker/Eil*, Von der Wall Street zur Main Street, S. 67.

liche Insolvenz von Lehman bewirkten für den gesamten weltweiten Interbankenhandel den Kollaps. Dies hatte zur Folge, dass sich die Kreditinstitute von diesem Zeitpunkt an untereinander selbst kurzfristig keine Mittel mehr ohne spezifische Absicherung zur Verfügung stellten.[36]

Im Folgenden soll untersucht werden, wie globale Organisationen, die Europäische Union sowie die jeweiligen nationalen Gesetzgeber bzw. nationalen Selbstregulierungsbehörden im Hinblick auf die Vorstandsvergütung auf diese Entwicklung reagiert und entsprechende Reformregelungen umgesetzt haben. Im Mittelpunkt der Untersuchung steht dabei die Frage, ob und gegebenenfalls welchen Beitrag Fehlkonstruktionen der Corporate Governance und somit auch der Vergütungssysteme des Finanzdienstleistungssektors zur Finanzmarktkrise geleistet haben.[37]

36 *Rudolph*, ZGR 2010, 1 (22); *Bloss/Ernst/Häcker/Eil*, Von der Wall Street zur Main Street, S. 67.

37 Diese Frage wurde bereits früh von *Mülbert*, 10 European Business Organization L. Rev. 2009, 411 (419 ff.) aufgegriffen; vgl. auch *Lapido/Nestor*, Bank Boards and the Financial Crisis, 2009.

# Teil 1: Allgemeiner Teil

## § 1. Ökonomische Theorien zur Vorstandsvergütung

Im Wirtschaftsleben werden Entscheidungen regelmäßig entsprechend dem Wirtschaftlichkeitsprinzip getroffen (Grundsatz einer möglichst sparsamen Mittelverwendung).[38] Danach soll die Verwendung der einzusetzenden Mittel sparsam auf die Art erfolgen, die möglichst hohen Nutzen erwarten lässt. Überträgt man dieses Prinzip auf die Fragen der Vorstandsvergütung, so bedeutet dies, dass das Festsetzungsorgan bei seiner Entscheidung den wirtschaftlichen Nutzen seiner Vergütungsentscheidung zu deren Kosten in Relation zu setzen hat.[39] Vor diesem Hintergrund erscheint es daher sinnvoll, die Diskussion um die Vorstandsvergütung mit der Erläuterung der ökonomischen Erkenntnisse auf dem Gebiet der Vergütungsentscheidungen einzuleiten, um der Komplexität und der gesamtwirtschaftlichen Tragweite dieses Themas Rechnung zu tragen, zumal von einer Notwendigkeit gesetzlicher Vorschriften nur dann auszugehen ist, wenn vorhandene Mechanismen der Marktwirtschaft keine zufriedenstellende Lösung des Problems bieten können.[40] Dies ist folglich dann der Fall, wenn die Lösungsansätze der Marktwirtschaft die Gefahr einer ineffizienten Gesellschaftsmittelverwendung nicht beseitigen können.[41]

In diesem Zusammenhang werden im Folgenden ökonomische Theorien dargestellt, welche die Gefahr einer ineffizienten Verwendung des Gesellschaftskapitals zum Gegenstand haben und daher eine entscheidende Rolle im Rahmen der Vorstandsvergütungsentscheidungen spielen. Diese Gesichtspunkte bilden ein theoretisches Fundament zur Auseinandersetzung mit dem Problembereich der Vorstandsvergütung und stellen daher den Ausgangspunkt und Maßstab der Rechtsanalyse dieser Arbeit dar. Die nachfolgenden ökonomischen Erkenntnisse bauen aufeinander und auf den Schwachstellen der vorangegangenen Theorien auf, akzentuieren jedoch jeweils unterschiedliche Elemente des Problems der Vorstandsvergütung.

### A. Principal-agent-Konflikt

#### *I. Individuelle Nutzenmaximierung*

Die *principal-agent*-Theorie befasst sich „mit der Analyse und der optimalen Gestaltung einer Vertragsbeziehung zwischen einem als Principal bezeichneten In-

---

38 *Jung*, Allgemeine Betriebswirtschaftslehre, S. 4 ff.

39 *Schulz*, Aktienkursorientierte Vergütungssysteme, S. 77.

40 *Eidenmüller*, JZ 2001, 1041 (1043); *Tegtmeier*, Die Vergütung, S. 65; *Crawford*, 2 Journal of Business, Entrepreneurship and the Law 2009, 273 (276).

41 *Tegtmeier*, Die Vergütung, S. 31.

dividuum (oder einer Gruppe von Individuen) und einem anderen Individuum (oder einer Gruppe von Individuen), dem sog. Agenten".[42] Dabei werden Entscheidungen des Prinzipals durch entsprechende vertragliche Vereinbarung an den Agenten delegiert.[43] Der Agent ist danach berechtigt, selbständige Entscheidungen zu treffen und korrespondierende Handlungen vorzunehmen.[44] Die Beurteilung, wer dabei als Prinzipal und wer als Agent agiert, ist jedoch immer situationsabhängig[45]. Die Beziehung zwischen den Managern (Vorstandsmitglieder/*executive officers*[46]) und den Aktionären einer Aktiengesellschaft stellt ein typisches Beispiel für ein *principal-agent*-Verhältnis dar.[47] Hierbei entsteht eine Trennung von Eigentum (Eigenkapital) und Unternehmensführung (Kontrolle).[48] Dabei fungieren die Anteilseigner als Eigenkapitalgeber, die Führung der Gesellschaft wird hingegen dem

42 *Jensen/Meckling,* 3 Journal of Financial Economics 1976, 305 (308) beschreibt eine *principal-agent*-Beziehung als „[...] a contract under which one or more persons (the principal(s)) engage another person (the agent) to perform some service on their behalf which involves delegating some decision making authority to the agent."; *Ferstl,* Managervergütung, S. 19; *Elschen,* ZfbF 1991, 1002 (1004); *Schüller,* Vorstandsvergütung, S. 46: *principal-agent*-Theorie wurde in den USA in den dreißiger Jahren auf den Grundlagen von wissenschaftlichen Arbeiten von Adolf A. Berle und Gardiner C. Means „The Modern Corporation and Private Property" (1932) und der Abhandlung „The Nature of the Firm" von Ronald H. Coase (1937) entwickelt. Im Mittelpunkt der Untersuchungen standen Erfahrungen und Sichtweisen über US-amerikanische börsennotierte Kapitalgesellschaften (*corporations*). Ausführlich hierzu *Armour/Hansmann/Kraakman* in: The Anatomy of Corporate Law, S. 35 ff.

43 *Elschen,* ZfbF 1991, 1002 (1004); *Pratt/Zeckhauser,* Principals and Agents, S. 2 ff.; *Ferstl,* Managervergütung, S. 19; *Petersen,* Optimale Anreizsysteme, S. 27.

44 Ausführlich hierzu *Alparslan,* Strukturalistische Prinzipal-Agent-Theorie, S. 11 ff.; *Arnold,* Die Steuerung, S. 13 ff.

45 *Picot/Dietl/Franck,* Organisation, S. 72; *Picot/Reichwald/Wigand,* Unternehmung, S. 55; *Bors,* Erfolgs- und leistungsorientierte Vorstandsvergütung, S. 11; *Friedl/Hocker/Döscher/Hölz,* Studie zur Vergütung 2008, S. 4.

46 Darunter sind nicht nur *chief executives officers* (Vorstandsvorsitzende) oder andere *corporate officers* (Vorstandsmitglieder) bzw. diejenigen, die von der Securities and Exchange Commission (SEC) als „insiders" definiert werden, zu verstehen, sondern vielmehr alle Individuen auf der höchsten Ebene der Unternehmensführung, die einen wesentlichen Beitrag zum Organisationserfolg des Unternehmens leisten können. *Ellig,* Executive Compensation, S. 101.

47 *Elschen,* ZfbF 1991, 1002 (1010); *Ferstl,* Managervergütung, S. 19; *Cahn/Donald,* Comparative Company Law, S. 299.

48 *Berle/Means,* The Modern Corporation and Private Property, S. 112 ff.; *Tegtmeier,* Die Vergütung, S. 39 Fn. 19; LG Stuttgart, Urteil vom 30.10.1997–5 KfH O 96/97, ZIP 1998, 426 f.; *Menichetti,* DB 1996, 1688; *Bors,* Erfolgs- und leistungsorientierte Vorstandsvergütung, S. 11; *Schüller,* Vorstandsvergütung, S. 46; *Chahed/Müller,* Unternehmenserfolg, S. 22; *Bühner,* DB 1989, 2181; *Schwalbach,* BFuP 1999, 592 (593); *Schulz,* Aktienkursorientierte Vergütungssysteme, S. 25; *Bebchuk/Fried,* Pay for Performance, S. 15 f.

Vorstand als ihrem Agenten übertragen. Auf diese Art und Weise konzentrieren sich die Interessen der Anteilseigner in erster Linie auf die Vermögenssteigerung, d. h. also auf die Steigerung des Unternehmenswertes durch einen möglichst effizienten Einsatz des der Gesellschaft zur Verfügung stehenden Kapitals.[49] Diese kann sich sowohl durch eine Aktienkurssteigerung als auch durch Dividendenausschüttungen auszeichnen.[50] Allerdings ist auch der Vorstand als Agent, geleitet vom opportunistischen Denken bestrebt seinen eigenen Wohlstand zu vergrößern.[51] Dies kann sich in einer teureren Büroausstattung, in einem firmeneigenen Dienstwagen, angenehmen Arbeitszeiten oder auch aufwändigen Geschäftsreisen niederschlagen, sog. „Konsum am Arbeitsplatz" oder auch „*consumption on the job*".[52] Somit führt die Trennung von Eigentum und Unternehmensführung dazu, dass die Entscheidungsmacht und das unternehmerische Risiko in verschiedenen Händen liegen. Die Vorteile dieser Aufteilung bestehen zunächst darin, dass die Deckung eines hohen Kapitalbedarfs bei einer Risikoverteilung auf zahlreiche Kapitalanleger viel leichter verwirklicht werden kann als dies für einen Einzelunternehmer der Fall wäre. Darüber hinaus werden die Verwaltung und Kontrolle über die Gesellschaftsanteile spezialisierten Fachkräften anvertraut.[53] Handelt es sich bei den Interessen von *principal* und *agent* um inkongruente Bestrebungen, die überwiegend am jeweiligen Eigeninteresse orientiert sind, kann dies jedoch auch zu Zielkonflikten innerhalb des Kooperationsverhältnisses führen.[54] Folglich ist die *principal-agent*-Theorie von den Verhaltens-

49 *Tegtmeier*, Die Vergütung, S. 31; *Klauser*, Rechtsgrundlagen, S. 7; *Balsam*, An Introduction to Executive Compensation, S. 5.

50 *Engelsing*, Aktienoptionen, S. 27; *Bors*, Erfolgs- und leistungsorientierte Vorstandsvergütung, S. 14.

51 *Engelsing*, Aktienoptionen, S. 27; *Bors*, Erfolgs- und leistungsorientierte Vorstandsvergütung, S. 14; *Balsam*, An Introduction to Executive Compensation, S. 5.

52 *Schulz*, Aktienkursorientierte Vergütungssysteme, S. 26; *Korn*, Vorstandsvergütung mit Aktienoptionen, S. 29; *Kräkel*, Organisation und Management, S. 280; *Marten/Quick/Ruhnke*, Wirtschaftsprüfung, S. 539; *Köhler/Marten/Schlereth*, DB 2009, 1477 (1479).

53 *Schüller*, Vorstandsvergütung, S. 46; *Korn*, Vorstandsvergütung mit Aktienoptionen, S. 28.

54 Die mit der personellen Trennung von Eigenkapitalbereitstellung und Unternehmensführung verbundene Gefahr, dass der Vorstand Entscheidungen trifft, die im Widerspruch zu Interessen der Anteilseigner stehen, wurde bereits 1776 von Adam Smith erkannt. Entsprechend seiner Erkenntnis könne von den Vorstandsmitgliedern nicht erwartet werden, dass diese mit der gleichen Sorgfalt verfahren, die von einem Anteilseigner im Umgang mit seinem eigenen Geld zu erwarten ist. „The direcors of [...] companies, being the managers of other people's money than ot their own, it cannot well be expected that they should watch over it with the same anxious vigilance with which [owners] watch over their own." Vgl. *Smith*, An Inquiry into the Nature and Causes of the Wealth of Nations, S. 700. Demnach stelle die Nachlässigkeit des Vorstandes in den Angelegenheiten des Prinzipals ein unvermeidbares Phänomen dar. Die neuere Literatur betont die ungleichmäßige Machtverteilung in vorstandsgeleiteten Unternehmen, die sich derart zu Ungungsten der Anteilseigner entwickelt hat, dass die Trennung von Eigentum und Kontrolle zu einem ernsten

annahmen begrenzter Rationalität und individueller Nutzenmaximierung geprägt[55] und bildet somit den „klassischen theoretischen Bezugsrahmen für die Analyse der Anreizkompatibilität der Managervergütung".[56] Demzufolge ist das Handeln beider Parteien in der Regel opportunistisch geprägt, wobei der Wissensstand insbesondere bezüglich der Verhaltensbesonderheiten des Kontrahenten unterschiedlich ist (sog. Informationsasymmetrie). Der Agent verfügt aufgrund seiner größeren Sachnähe regelmäßig über einen Informationsvorsprung.[57]

## II. *Informationsasymmetrie*

In einer Welt, in der die Informationsbeschaffung mit hohen Kosten verbunden ist, kommt es unter den Akteuren des Wirtschaftslebens oft zu einer unvollständigen und meist auch ungleichen Verteilung des Wissensstandes, der sogenannten Informationsdisproportionalität bzw. Informationsasymmetrie.[58] Daraus erwachsen dem Agenten enorme Handlungsspielräume, die er ohne weiteres zu seinem Vorteil ausnutzen kann. Im Hinblick auf den Zeitpunkt ihres Auftretens im Rahmen einer Vorstandsvergütungsvereinbarung lassen sich drei Arten der Informationsdisproportionalität unterscheiden. Die Informationsdisproportionalität, die bereits vor Vertragsschluss entsteht, bezeichnet man als *hidden characteristics*[59] bzw. Qualitätsunsicherheit.[60] In diesem Fall wird aufgrund eines kontraproduktiven Anreizsystems die Gefahr geschaffen, einen ungeeigneten Vertragspartner auszuwählen

---

Problem des Gesellschaftsrechts geworden ist, vgl. insbesondere *Bebchuk/Fried,* Pay without Performance, *Bebchuk/Fried/Walker,* 69 U. Chi. L. Rev. 2002, 751–846.

55 *Jensen/Meckling,* 3 Journal of Financial Economics 1976, 305 (308); *Picot/Dietl/Franck,* Organisation, S. 74; *Tegtmeier,* Die Vergütung, S. 33; *v. Werder,* DB 2002, 801 (802); *Balsam,* An Introduction to Executive Compensation, S. 5.

56 Im Rahmen eines anreizkompatiblen Vergütungssystems wird der Entscheidungsträger in einem Unternehmen dann und nur dann finanziell „belohnt", wenn die Anteilseigner aufgrund seines Handelns einen Vorteil erzielen. Anreizkompatibilität impliziert, dass die finanzielle „Belohnung" an eine Bemessungsgrundlage anknüpft, „deren Ausprägung intersubjektiv überprüfbar (verifizierbar)" ist und keiner Beeinflussung des Entscheidungsträgers durch „Fehlinformtionen" unterliegt. Vgl. *Laux,* Risikoteilung, Anreiz und Kapitalmarkt, S. 347; *Hesse,* Managerentlohnung, S. 65.

57 *Elschen,* ZfbF, 1002 (1004); *Ferstl,* Managervergütung, S. 19; *Menichetti,* DB 1996, 1688; eingehend hierzu *Arnold,* Die Steuerung, S. 13 ff.

58 Grundlegend *Fleischer,* Informationsasymmetrie, S. 93 ff.; *Teichmann,* Binnenmarktkonformes Gesellschaftsrecht, S. 532; *Picot/Dietl/Franck,* Organisation, S. 72; *Spremann,* ZfB 1990, 561 (562 ff.); *Bors,* Erfolgs- und leistungsorientierte Vorstandsvergütung, S. 12; *Arnold,* Die Steuerung, S. 15.

59 *Picot/Reichwald/Wigand,* Unternehmung, S. 57; *Bors,* Erfolgs- und leistungsabhängige Vorstandsvergütung, S. 12; *Becker/Kramarsch,* Leistungs- und erfolgsorientierte Vergütungs, S. 18.

60 *Tegtmeier,* Die Vergütung, S. 36.

(sog. *adverse selection*).[61] Diese Gefahr resultiert daraus, dass die Definition von Eigenschaften und Fähigkeiten des Vorstandsmitglieds bei der Einstellung nur schwer zu ermitteln ist. Die tatsächlichen Anforderungen ergeben sich vielmehr erst aus der zukünftigen Entwicklung des Unternehmens und den damit verbundenen Herausforderungen. Bei den Vertragsverhandlungen sind diese jedoch noch nicht erkennbar, sodass das Anforderungsprofil in vieler Hinsicht unpräzise bleibt. Selbst bei großem Prüfungsaufwand ex ante ist ferner eine sichere Beurteilung der kooperationsrelevanten Eigenschaften des Kandidaten nicht möglich. Dies führt zu einem unvollständigen Informationsstand des Eigenkapitalgebers. Zur Angleichung beiderseitiger Interessen besteht allerdings die Möglichkeit auf die Maßnahmen *signalling*[62], *screening*[63] und *self selection*[64] zurückzugreifen.

Bei der zweiten Art der Informationsasymmetrie handelt es sich um die sog. *hidden intention*. Darunter versteht man eine Situation, bei der der Prinzipal sich aufgrund irreversibler Vorleistungen in einem Abhängigkeitsverhältnis zum Agenten befindet. Die so entstandene Abhängigkeitslage (sog. *hold up*) kann durch den Agenten zu opportunistischen Zwecken ausgenutzt werden. Diese Gefahrenlage kann entweder durch Einrichtung effektiver Überwachungs- und Kontrollmechanismen (sog. *monitoring*) oder durch die Etablierung sinnvoller Anreizsysteme, insbesondere Erfolgsbeteiligungen und Eigentumsbegründung an Unternehmensanteilen minimiert werden.[65]

Die dritte Informationsdisproportionalität, genannt *hidden action* bzw. Verhaltensunsicherheit tritt – wie auch die *hidden intention* – erst nach Vertragsschluss auf.[66] Der Prinzipal kann in der Regel nur schwer einschätzen, inwiefern das Ergebnis der Handlungen des Agenten tatsächlich auf dessen Einsatz und nicht vielmehr

---

61 *Arrow* in: Pratt/Zeckhauser, Principals and Agents, S. 40; *Arnold*, Die Steuerung, S. 15; *Becker/Kramarsch*, Leistungs- und erfolgsorientierte Vergütung, S. 18.

62 *Signaling* bedeutet, dass der Agent als potenzieller Vertragspartner dem Prinzipal seine Charaktereigenschaften bzw. seine Fähigkeiten und sein Urteils- und Leistungsvermögen bereits vor Vertragsschluss offenbart. Vgl. *Spreemann*, ZfB 1990, 561 (579); *Picot/Reichwald/Wigand*, Unternehmung, S. 58.

63 Beim *screening* werden die zusätzlichen Informationen über die Eigenschaften bzw. Leistungen des Agenten durch den Prinzipal selbst eingeholt. Vgl. *Picot/Reichwald/Wigand*, Unternehmung, S. 58; *Cahn/Donald*, Comparative Company Law, S. 300.

64 Bedient sich der Prinzipal des Instruments *self selection*, wird dem Agenten eine Auswahl von Verträgen angeboten, deren Gestaltung so konzipiert ist, dass dieser bei der Wahl des Vertrages seine bis dahin geheim gebliebenen Eigenschaften bekannt machen muss. Vgl. *Picot/Reichwald/Wigand*, Unternehmung, S. 58.

65 *Picot/Reichwald/Wigand*, Unternehmung, S. 59; *Bors*, Erfolgs- und leistungsorientierte Vorstandsvergütung, S. 13 f.; *Becker/Kramarsch*, Leistungs- und erfolgsorientierte Vergütungs, S. 18.

66 *Picot/Reichwald/Wigand*, Unternehmung, S. 58; *Bors*, Erfolgs- und leistungsorientierte Vorstandsvergütung, S. 13.

auf dem Einfluss externer Faktoren beruht.[67] In dieser Lage erleidet der Prinzipal einen Informationsnachteil, der zu opportunistischen Handlungen des Agenten ausgenutzt werden kann. Ferner besteht die Gefahr, dass der Agent im Widerspruch zu den Interessen des Prinzipals tätig wird und so die Gesellschaft in Gefahr bringt, um seinen eigenen Nutzen zu maximieren (sog. *moral hazard*).[68] Zur Eindämmung dieser Gefahr stehen dem Prinzipal zwar zahlreiche Überwachungs- und Kontrollmechanismen (*monitoring*) zur Verfügung. Die hierfür erforderlichen Maßnahmen sind jedoch mit einem erheblichen Kostenaufwand verbunden (sog. *agency costs*)[69], der angesichts des geringen Gesellschaftsanteils der einzelnen Aktionäre zu ihrem Verlustrisiko im Falle des Misserfolges der Führungskräfte außer Verhältnis steht.[70] Aus diesem Grund ist die Kontrolle des Unternehmensmanagements durch gemeinschaftliches Handeln der Anteilseigner praktisch kaum realisierbar. Als Alternative bietet sich die Kontrolle durch ein gesondertes, von den Aktionären eingerichtetes Kontroll- und Überwachungsorgan an.[71] In Deutschland findet dieser alternative Überwachungsmechanismus in Gestalt des Aufsichtsrates seinen Niederschlag. Gemäß § 111 AktG wird diesem im Rahmen seiner Personalkompetenz aus §§ 84, 87 AktG die Überwachung des Vorstands explizit zugewiesen.[72] In Unternehmen des angloamerikanischen Rechts, welches die Aufteilung der Unternehmensverwaltung in Vorstand und Aufsichtsrat nicht kennt, werden die Unternehmensführungsaufgaben jedoch nur von einem Organ erledigt, dem sog. *board of directors*. Folglich ist eine interne Kontrolle der Managertätigkeiten durch ein unabhängiges Überwachungsgremium nicht vorhanden.[73]

Die Unternehmensführung leistet einen erheblichen Beitrag zur Organisationsentwicklung eines Unternehmens, sodass der Erfolg eines Unternehmens maßgeblich von ihrem Verhalten beeinflusst wird. Durch die Entscheidungen der

---

67 *Tegtmeier,* Die Vergütung, S. 37; *Arnold,* Die Steuerung, S. 14; *Becker/Kramarsch,* Leistungs- und erfolgsorientierte Vergütungs, S. 18.

68 *Picot/Dietl/Franck,* Organisation, S. 75; *Schwalbach/Graßhoff,* ZfB 1997, 203 (205); *Tegtmeier,* Die Vergütung, S. 37; *Bors,* Erfolgs- und leistungsorientierte Vorstandsvergütung, S. 13.

69 *Cahn/Donald,* Comparative Company Law, S. 299. Dabei werden die agency costs als die Summe der: „1. the costs of creating and structuring contracts between the shareholder and the manager; 2. the costs of monitoring the manager to prevent both negligence and disloyalty; 3. the costs of the manager incurred in providing loyalty („bonding expenditures"); and 4. the residual loss incurred because diligence and loyalty are never perfect" definiert. Vgl. *Jensen/Meckling,* 3 Journal of Financial Economics 1976, 305 (308); *Balsam,* An Introduction to Executive Compensation, S. 5.

70 *Picot/Dietl/Franck,* Organisation, S. 73; *Bors,* Erfolgs- und leistungsorientierte Vorstandsvergütung, S. 12; *Arnold,* Die Steuerung, S. 15 f.

71 *Schulz,* Aktienkursorientierte Vergütungssysteme, S. 27 f.

72 *Schüller,* Vorstandsvergütung, S. 48.

73 Der Ausgleich der fehlenden internen Unternehmenskontrolle findet in diesen Ländern durch die Besetzung des *board of directors* mit externen, nicht geschäftsführenden, sog. *outside directors* oder *outsiders* statt.

Führungskräfte wird die strategische Ausrichtung des Unternehmens, etwa durch Markteintritt und -austritt sowie die Unternehmensverschmelzung, wesentlich bestimmt. Darüber hinaus wirken sich unternehmerische Entscheidungen der Führungsebene auch unmittelbar auf die ihr nachgeschalteten Hierarchiestufen aus, sodass Arbeits- und Leistungsfähigkeit des Gesamtunternehmens davon betroffen sind. Aus diesem wesentlichen Einfluss des Managements ergibt sich die Erkenntnis, dass das Verhalten des Vorstandes dem Interesse des Unternehmens und somit auch der Eigentümer entsprechen soll.[74]

Um eine weitgehende Angleichung der beiderseitigen Interessen von Aktionären und Managern zu ermöglichen, erfolgt die Kontrolle – in angelsächsischen Ländern stärker als in Deutschland – mit Hilfe des Kapitalmarktes, namentlich durch den Druck der institutionellen Anleger[75], der Analysten, der Kapitalmarktpresse sowie der Listing Rules der Börsen sowie durch die Implementierung eines anreizorientierten Vergütungssystems, wie etwa der Erfolgsbeteiligung.[76] Hierbei wird die Managervergütung mit dem Unternehmenserfolg derart verknüpft, dass es im Interesse des Managers liegt, eine Erfolgsmaximierung des Unternehmens zu erreichen, um die eigene Vergütung zu erhöhen bzw. mittelbar den eigenen Marktwert auf dem „Personalmarkt für Führungskräfte" zu steigern. Hierfür müsste die Unternehmensführung jedoch tatsächlich am Aktionärsinteresse ausgerichtet und marktwertorientiert sein. Es müsste sich folglich um eine sog. *shareholder value*-orientierte Unternehmensführung handeln.[77]

## B. Orientierung der Unternehmensleistung am sog. shareholder value-Ansatz

### *I. Mehrung des Unternehmenswertes als oberste Priorität*

Der *shareholder value*-Ansatz geht von der Grundmaxime der Maximierung des Unternehmenswertes zugunsten der Aktionäre aus. In seiner heutigen Ausgestaltung ist er auf Alfred Rappaport's Monographie „Creating Shareholder Value – The New Standard for Business Performance" aus dem Jahre 1986 zurückzuführen.[78] Die

74 *Freiburg*, Managergehälter, S. 45.

75 Als institutionelle Anleger werden regelmäßig juristische Personen bezeichnet, die professionelle Kapitalanlage als Haupt- oder Nebenzweck ihrer Geschäftstätigkeit betreiben. Zu institutionellen Anlegern zählen unter anderem offene und geschlossene Immobilienfonds, Versicherungsgesellschaften, Pensionskassen, Leasingunternehmen sowie Immobilienaktiengesellschaften. *Baumeister*, Risikomanagement bei Immobilieninvestments, S. 1.

76 *Baums*, Bericht der Regierungskommission CG, Rdn. 4; *v. Hein*, Die Rezeption, S. 617; *Schüller*, Vorstandsvergütung, S. 49.

77 *Picot/Dietl/Franck*, Organisation, S. 404; *Bors*, Erfolgs- und leistungsorientierte Vorstandsvergütung, S. 14.

78 *Rappaport*, Shareholder Value.

wachsende Popularität des *shareholder value*-Modells und seine Bedeutung für die Vorstandsvergütung basieren auf der Grundannahme, dass langfristige Vorstandsvergütungssysteme enger an die Eigentümervorteile gekoppelt werden sollen.[79]

In diesem Zusammenhang entwickelte Rappaport fünf Kriterien, welche die Maßstäbe für die Beurteilung des Vorstandserfolgs erfüllen müssen, um einen Gleichlauf der Mehrung der eigenen Vergütung mit der Mehrung des Unternehmenswertes zu erreichen. Demnach müssen die Beurteilungsmaßstäbe zunächst stichhaltig mit der grundlegenden wirtschaftlichen Theorie des *shareholder value* vereinbar sein. Darüber hinaus müssen sie leicht überprüfbar und damit schwer manipulierbar ausgestaltet werden. Ferner müssten die zugrundeliegenden Maßstäbe zumindest nachvollziehbar im Einflussbereich des Vorstands angesiedelt sein, denn eine höhere Leistung soll sich entsprechend in der Höhe seiner Vergütung niederschlagen können. Des Weiteren müssen die Maßstäbe für die Messung des Vorstandserfolgs auch Allgemeingültigkeit besitzen, d. h. eine Beurteilung muss in allen Phasen des Unternehmens möglich sein. Schließlich müssen die Maßstäbe sowohl nach innen als auch nach außen für den Markt verständlich und nachvollziehbar sein (sog. Kommunizierbarkeit der Maßstäbe).[80] Um diese Kriterien zu erfüllen erscheint Rappaport eine Entlohnung auf der Grundlage des Aktienkurses des Unternehmens als grundsätzlich vorteilhaft.[81]

Um eine „gerechte" Vorstandsvergütung zu ermöglichen und die extern wirkenden Faktoren zu minimieren darf der Unternehmenserfolg jedoch nicht ausschließlich am Aktienkurs gemessen werden. Im Rahmen moderner Vergütungssysteme wird daher „die relative Entwicklung des Unternehmens mit anderen Unternehmen, insbesondere Unternehmen der gleichen Branche, die den gleichen oder zumindest ähnlichen Umweltbedingungen ausgesetzt sind" (sog. *peer groups*), verglichen und ausgewertet.[82] Diese relative Erfolgsmessung wird als „*benchmarking*" bezeichnet. Neben dem strategischen *benchmarking*, das auf einen Vergleich der Aktienkurse abzielt, gibt es unter anderem auch das kostenorientierte und das kundenorientierte *benchmarking*. Diese unterstützen lediglich die börsenwertorientierte relative Erfolgsmessung.[83]

Kritiker einer derartigen relativen Erfolgsmessung des Unternehmens befürchten allerdings, dass Führungskräfte im Rahmen des *benchmarking* möglicherweise auch für Maßnahmen belohnt werden können, die zwar zu einer Zerstörung des eigentlichen Unternehmenswertes führen, jedoch eine weniger schlechte Entwicklung als die herangezogene Vergleichsgruppe aufweisen. Darüber hinaus ist bei Unternehmen, die stark diversifiziert sind oder ihre Tätigkeit hauptsächlich interna-

---

79 *Rappaport*, Shareholder Value, S. 3; *Schüller*, Vorstandsvergütung, S. 50; *Schulz*, Aktienkursorientierte Vergütungssysteme, S. 43.

80 *Rappaport*, Shareholder Value, S. 175 f.; *Schüller*, Vorstandsvergütung, S. 53.

81 *Schüller*, Vorstandsvergütung, S. 53.

82 *Schüller*, Vorstandsvergütung, S. 96; ähnlich hierzu *Lipman/Hall*, Executive Compensation, S. 3 ff.

83 *Bea/Thissen*, DB 1997, 787 (791); *Schüller*, Vorstandsvergütung, S. 96.

tional ausrichten, keine eindeutige Zuordnung zu einer gemeinsamen Branche oder zu einem gemeinsamen Markt mehr möglich, sodass die relative Erfolgsmessung in diesen Fällen mangels *peer groups* praktisch nicht durchführbar ist.[84] Dennoch stellt *benchmarking* eine gute Möglichkeit dar, zumindest unverhoffte und dem Vorstandsmitglied nicht zuzuschreibende Gewinne (sog. „*windfall profits*") auszuschließen. Daher erscheint es empfehlenswert, jede leistungsbezogene Vorstandsvergütung an angemessene *benchmarking*-Bestimmungen anzupassen.[85]

## *II. Schwächen des shareholder value-Modells*

### *1. Gefahr der „windfall profits" und Manipulationsanfälligkeit der Vorstandsvergütung*

Unter dem Begriff „*windfall profits*" sind positive Einflüsse auf den Unternehmenserfolg zu verstehen, die nicht auf besondere Leistungen der Führungskräfte zurückzuführen sind, sondern vielmehr aus zufälligen generell positiven Marktgegebenheiten, wie dem wirtschaftlichen Aufschwung, oder auch nur aus von der Unternehmensführung ganz unabhängigen Faktoren, wie etwa einem Ölfund auf dem betrieblichen Grundstück oder Leitzinsentscheidungen der zuständigen Behörde, resultieren.[86] Derartige „*windfall profits*" entstehen somit, wenn der Aktienkurs einer Gesellschaft (und damit auch der *shareholder value*) steigt und der Vorstand aus diesem Grund für eine gute Wirtschaftslage entlohnt wird, die sogar mit einer schlechten Leistung der Vorstandsmitglieder einhergehen kann. Unter diesen Umständen profitiert der Vorstand, selbst wenn die Unternehmensleistung weit hinter der Leistung unmittelbarer Mitbewerber zurückbleibt.[87]

Darüber hinaus wird die Manipulationsfähigkeit der Vorstandsvergütung mittels Aktienoptionen kritisiert. Für das betroffene Vorstandsmitglied, welches seine Aktienoption ausüben will, ist einzig der Aktienkurs zum Ausübungszeitpunkt ausschlaggebend, sodass Kurssteigerungen für die Vorstandsmitglieder sehr lukrativ sind. Da die Kursentwicklung mit den Zukunftserwartungen der Marktteilnehmer an die zukünftige Ertragskraft des Unternehmens untrennbar verbunden ist, kann das Management durch eine gezielte Signalsetzung die Erwartungsbildung (und somit letztlich auch den Aktienkurs) in seinem Sinne beeinflussen. So können ad hoc-Meldungen, Aktienrückkäufe, die Ankündigung von weitreichenden Kosteneinsparungen (z. B. durch den Abbau von Arbeitsplätzen) oder steigende Dividenden in Kursgewinnen resultieren. Somit können die Vorstandsmitglieder von den aus

---

84 *Kort* in: Hopt/Wiedemann, GroßkommAktG, § 87 Rdn. 174 ff.; *Baums*, Bericht der Regierungskommission CG, Rdn. 42.
85 *Schüller*, Vorstandsvergütung, S. 97.
86 *Schüller*, Vorstandsvergütung, S. 95; *Hesse*, Managerentlohnung, S. 56.
87 *v. Eckardstein/Konlechner*, Vorstandsvergütung, S. 15; *Kort* in: Hopt/Wiedemann, GroßkommAktG, § 87 Rdn. 166.

der Aktienoption resultierenden Kursgewinnen auch dann profitieren, wenn die langfristige Unternehmensleistung eher schwach ausfällt.[88]

Diese Manipulationsmöglichkeiten lassen sich nur vermeiden, indem die Bedingungen in Vergütungsprogrammen derart gestaltet werden, dass die begünstigten Vorstandsmitglieder die Vergütungshöhe ausschließlich durch ihre Leistung beeinflussen können und die Daten der Vergütungsprogramme für alle Beteiligten transparent sind. Ferner kann Manipulationen durch die Wahl adäquater Ausübungs- und Sperrfristen begegnet werden. Zwar sind die Vorstandsmitglieder in der Lage, zahlreiche ihnen zur Verfügung stehende Insiderinformationen dem Kapitalmarkt zunächst vorzuenthalten. Auf Dauer ist dies jedoch aufgrund bestimmter Publizitätspflichten, die gegenüber der Öffentlichkeit nach einer bestimmten Zeit zu erfüllen sind, nicht möglich.[89] Zudem ist anstelle einer Anknüpfung der Optionsausübung an den Börsenkurs zu einem bestimmten Zeitpunkt an die Zugrundelegung eines Durchschnittskurses während eines längerfristig bemessenen Zeitraumes zu denken.[90]

Als Ergebnis bleibt somit festzuhalten, dass der Aktienkurs als alleinige Bezugsgröße für die anreizorientierte Vorstandsvergütung nur begrenzt geeignet ist. Rein aktienbasierte variable Vergütungssysteme können zu einer Fehleinschätzung der tatsächlichen Leistungen der Führungskräfte führen. Die Performance eines Vorstandsmitglieds kann einerseits zu Zeiten wirtschaftlicher Rezession unter Umständen unterbewertet werden; andererseits sind kurzfristige Steigerungen des Aktienkurses nicht geeignet die langfristige Performance wiederzugeben.

### *2. Problem der personenabhängigen Erfolgszuordnung und Risikodivergenz*

Eine weitere Schwierigkeit der Kontrolle der Vergütungshöhe durch den Markt besteht darin, dass sich am Unternehmenserfolg allenfalls die Performance des gesamten Führungsorgans des Unternehmens, nicht jedoch die des einzelnen Vorstandsmitglieds ermitteln lässt. Es besteht die Gefahr, dass weniger erfolgreiche Vorstandsmitglieder sich an gute Leistungen anderer Führungskräfte anhängen und als. sog. *„free rider“* von deren Erfolg profitieren. Für die Motivationswirkung ist es jedoch außerordentlich wichtig, einen bestimmten, innerhalb des Unternehmens erzielten Erfolg einer Person innerhalb des Kollektivorgans zuordnen zu können. So konnte empirisch bewiesen werden, dass die Anreizwirkung umso schwächer ausfällt, je weniger die Beeinflussung der eigenen Vergütungshöhe durch die einzelnen Vorstandsmitglieder möglich ist und je mehr die eigene Bezahlung von der Leistung der Kollegen abhängt.[91]

Im Schrifttum wird vereinzelt verlangt, die Gewährung erfolgsabhängiger Vergütungsbestandteile an die Gemeinschaftsleistung eines vorab definierten Füh-

88 *v. Eckardstein/Konlechner*, Vorstandsvergütung, S. 15.
89 *Schüller*, Vorstandsvergütung, S. 99; *Kühnberger/Kessler*, AG 1999, 453 (457).
90 *Schüller*, Vorstandsvergütung, S. 99; *Kühnberger/Kessler*, AG 1999, 453 (458).
91 *Gollnick*, Beurteilung, S. 44; *Schüller*, Vorstandsvergütung, S. 97.

rungsteams, das wesentlich zum Unternehmenserfolg beiträgt, anzuknüpfen. Um innerhalb eines solchen Führungsteams eine individualisierte Leistungsbewertung zu ermöglichen, wird ferner vorgeschlagen, die Anzahl der den einzelnen Vorstandsmitgliedern zuzuteilenden Vergütungskomponenten – insbesondere in Form von Aktienoptionsplänen – variabel zu gestalten.[92]

Eine weitere Schwäche des *shareholder value*-Ansatzes besteht in der ungleichmäßigen Risikoverteilung. Im Fall eines erfolgreich abgeschlossenen Geschäfts werden die Vorstandsmitglieder zwar in der Regel sehr hoch entlohnt, kommt es jedoch zu einem Misserfolg, der auf die Unternehmensführung des Vorstands zurückzuführen ist, besteht kaum finanzielle Haftung seitens des Vorstands.[93]

### *3. Einseitige Orientierung am Aktionärsinteresse*

Als weiterer Kritikpunkt ist die monistische Ausrichtung der Vorstandsvergütung am *shareholder value* als einziges Beurteilungskriterium anzuführen. So gehen Vertreter des *shareholder value*-Ansatzes davon aus, dass nur solche finanzwirtschaftlichen Ziele zu verfolgen sind, die dem Eigentümer (*shareholder*) am ehesten entsprechen. Interessen übriger Anspruchspartner (*stakeholder*) finden dabei nur insoweit Berücksichtigung, als diese aus Sicht der Anteilseigner gewinnbringend sind.[94]

Durch diese Methode werden somit andere wichtige Wertmaßstäbe wie z. B. Kunden- und Mitarbeiterzufriedenheit außer Acht gelassen und dafür unangemessene, der gesellschaftlichen Funktion großer Kapitalunternehmen nicht gerecht werdende Anreize geschaffen. Diese Problematik wird vor allem dann sichtbar, wenn Unternehmen auf der einen Seite enorm hohe Umsätze erzielen und ihren Führungskräften aktienoptionsbasierte Bonuszahlungen in Millionenhöhe gewähren, auf der anderen Seite jedoch gleichzeitig Betriebssparten geschlossen und umfangreiche Personalabbaumaßnahmen vorgenommen werden.[95] In diesem Zusammenhang erregte in Deutschland z. B. das Vorgehen des Vorstands der Deutschen Bank erhebliches Aufsehen. Trotz eines Rekordergebnisses in den Jahren 2004 und 2005 strich das Unternehmen weltweit 6400 Stellen, 1920 davon allein in Deutschland. Gefordert wurde daraufhin eine „wichtige Debatte über das Verhalten von Großunternehmen, die im Zuge der Globalisierung, des shareholder-Kapitalismus, diejenigen, die zur Wertschöpfung aktiv beigetragen haben, nämlich die Beschäftigten, im Regen stehen lassen".[96] Zu diesem Beispiel gesellen sich in den letzten Jahren auch weitere namhafte Unternehmen wie etwa Siemens und Deutsche Telekom, die mit vergleichbaren Maßnahmen für mediales Aufsehen gesorgt haben.

92 *Schüller*, Vorstandsvergütung, S. 97.
93 *v. Eckardstein/Konlechner*, Vorstandsvergütung, S. 16.
94 *v. Eckardstein/Konlechner*, Vorstandsvergütung, S. 22.
95 *v. Echardstein/Konlechner*, Vorstandsvergütung, S. 18.
96 *Hickel*, FAZ v. 08.02.2005.

## C. Stakeholder value-Ansatz und corporate social responsibility

### *I. Stakeholder value-Ansatz*

Mit dem Begriff des *stakeholder value* wird eine in der Management-Theorie entwickelte Führungsmethode bezeichnet, nach der eine Unternehmung durch die Berücksichtigung verschiedener Anspruchsgruppen festgelegt wird: Eigenkapitalgeber, Fremdkapitalgeber, Arbeitnehmer, Management, Kunden, Lieferanten und die allgemeine Öffentlichkeit.[97] Jede dieser Gruppen leiste einen spezifischen Beitrag zur betrieblichen Leistungserstellung und müsse daher an der Unternehmensführung teilhaben.

Der *stakeholder value*-Ansatz gilt bereits seit Jahrzehnten als ein wichtiges Kriterium, welches in die Zielformulierung von Unternehmen und bei der Bemessung der Vorstandsvergütung aufzunehmen ist. Durch seine Rücksichtnahme auf verschiedene Interessen relevanter Anspruchsgruppen (*stakeholder*) und Institutionen, wie etwa Kunden, Mitarbeiter, Lieferanten, Anteilseigner, Gemeinde, Umwelt, Staat und die interessierte Öffentlichkeit kann auf lange Sicht betrachtet ebenfalls eine hohe Nutzenziehung für die Aktionäre erreicht werden.[98] Daher erfolgt eine Erhöhung des *shareholder value*, also des Unternehmenswertes und somit auch des Gewinns der Anteilseigner, nicht zwangsläufig auf Kosten der *stakeholder*-Orientierung. Vielmehr besteht in diesem Zusammenhang langfristig eine positive Verknüpfung zwischen der sozialen Verantwortlichkeit und der finanziellen Leistung eines Unternehmens.[99]

Sowohl der *shareholder value*-Ansatz als auch der *stakeholder*-Ansatz treffen jedoch auf massive Kritik. Als zentraler Kritikpunkt des *stakeholder*-Ansatzes ist zunächst die Uneinheitlichkeit der Ziele der unterschiedlichen *stakeholder*-Gruppen zu nennen. Darüber hinaus werden Ansprüche der *stakeholder*, die diesen vertraglich oder gesetzlich zustehen, bereits im Rahmen des *shareholder value*-Ansatzes bei der „Maximierung des Nutzens der Residualanspruchsberechtigten als Nebenbedingungen“[100] sehr wohl mit einbezogen und somit hinreichend geschützt. Betrachtet man jedoch den *stakeholder*-Ansatz aus der Sicht der Nachhaltigkeit der Unternehmensentwicklung, so erscheint dieser trotz heterogener Zielvorstellungen am ehesten zur Erreichung langfristiger Erfolge des Unternehmens geeignet zu sein.[101] Allerdings fehlen dem *stakeholder*-Ansatz präzise Erfolgsparameter, die den

---

97 *Freeman,* Strategic Management, S. 1; *Fleischer* in: Hdbuch des Vorstandsrechts, § 1 Rdn. 26; auch *Teichmann,* ZGR 2001, 645 (648).

98 *v. Eckardstein/Konlechner,* Vorstandsvergütung, S. 24; *Donaldson/Preston,* 20 Academy of Management Review 1995, 65 (69); *Elling,* Executive Compensation, S. 100; *v. Werder* in: Hommelhoff/Hopt/v. Werder, Hdbuch CG 2009, S. 3 (8); ausführlich hierzu: *Wentges,* Corporate Governance, S. 93 ff.; Spindler/Stilz/*Fleischer,* KommAktG § 76 Rdn. 29.

99 *v. Eckardstein/Konlechner,* Vorstandsvergütung, S. 25; in diesem Sinn auch Ringleb/Kremer/Lutter/*v. Werder,* Kommentar DCGK, Rdn. 353.

100 *Schulz,* Aktienkursorientierte Vergütungssysteme, S. 44 f.; *v. Werder* in: Hommelhoff/Hopt/v. Werder, Hdbuch CG 2009, S. 3 (8).

101 So auch *v. Eckardstein/Konlechner,* Vorstandsvergütung, S. 23.

Ausgleich der einzelnen Interessengruppen bestimmen können.[102] Eine weitgehend unbestimmte Zielvorgabe für den Vorstand ermöglicht es diesem, eigennützige Interessen zu verfolgen, indem die Vorstandsmitglieder ihr Verhalten nahezu uneingeschränkt damit rechtfertigen können, dass die getroffene Entscheidung die Belange irgendeiner Interessengruppe berücksichtige. Ein öffentliches Bekennen des Vorstandes zum Verfolgen von *stakeholder*-Interessen könnte daher als Deckmantel für das Verfolgen eigener opportunistischer Zwecke ausgenutzt werden.[103] Um diese Schwäche überwinden zu können, müssten nachvollziehbare Erfolgskriterien für den Vorstand entwickelt werden.[104]

Aus rechtlicher Sicht stellt sich jedoch die Frage, mit welcher Gewichtung diese Interessen als maßgebliche Zielvorgaben der Unternehmensleitung im Rahmen einer anreizorientierten Vorstandsvergütung zu berücksichtigen sind.[105] Ein Überwiegen des *shareholder value* bzw. des *stakeholder value* lehnt die in Deutschland noch herrschende Meinung generell ab.[106] Hervorgehoben wird vielmehr die Notwendigkeit, eine Abwägung widerstreitender Interessen vorzunehmen und somit einen Interessenausgleich herbeizuführen: Das Unternehmensinteresse sei keine konstante Größe, sondern müsse im Einzelfall stets neu ermittelt werden.[107] So wird im Deutschen Corporate Governance Kodex (DCGK) das Unternehmensinteresse nunmehr auch unter Einbeziehung von *stakeholder*-Belangen definiert. Ziffer 4.1.1 DCGK schreibt vor, dass der Vorstand das Unternehmen „mit dem Ziel nachhaltiger Wertschöpfung in eigener Verantwortung *und im Unternehmensinteresse, also unter Berücksichtigung der Belange der Aktionäre, seiner Arbeitnehmer und der sonstigen dem Unternehmen verbundenen Gruppen (Stakeholder)*" zu leiten hat. Mit dieser Formulierung rückt der DCGK vom bislang prägenden reinen *shareholder value*-Ansatz ab und nähert sich einer *stakeholder*-Orientierung an.[108] In angelsächsischen Ländern, wie etwa in Großbritannien und in den USA werden Manager weiterhin

---

102 *Chahed/Müller,* Unternehmenserfolg, S. 20; *Korn,* Vorstandsvergütung mit Aktienoptionen, S. 45.

103 Spindler/Stilz/*Fleischer,* KommAktG, § 76 Rdn. 34; *v. Eckardstein/Konlechner,* Vorstandsvergütung, S. 23;

104 *Korn,* Vorstandsvergütung mit Aktienoptionen, S. 45.

105 *v. Werder,* ZGR 1998, 69 (77); *Ferstl,* Managervergütung, S. 78.

106 MünchKommAktG/*Spindler,* § 76 Rdn. 53; *Hommelhoff,* ZGR 2001, 238 (250 f.); *Hopt,* ZGR 2002, 333 (360); *Hüffer,* § 76 AktG, Rdn. 12; *Kort* in: Hopt/Wiedemann, GroßkommAktG, § 76 Rdn. 40; *Schmidt,* Gesellschaftsrecht, § 28 II 1 a, S. 805 f.; Münch. Hdbuch GesR IV/*Wiesner,* § 19 Rdn. 20 f.

107 *Semler,* Leitung und Überwachung der Aktiengesellschaft, Rdn. 51; *Ulmer,* AcP 2002, 143 (159). Eine andere Ansicht hingegen spricht sich für den Vorrang der Anteilseignerinteressen aus, vgl. *Arnold,* Die Steuerung, S. 43 ff.; *Birke,* Das Formalziel der Aktiengesellschaft, S. 199 ff.; *Bürgers/Israel* in: Bürgers/Körber, AktG, § 76 Rdn. 15; *Empt,* Corporate Social Responsibility, S. 199 f.; Spindler/Stilz/*Fleischer,* KommAktG § 76 Rdn. 33; *Groh,* DB 2000, 2153 (2158); *Seibt* in: Schmidt/Lutter, AktG, § 76 Rdn. 12; *Zöllner,* AG 2003, 2 (7 f.).

108 *Hexel* in: Kienbaum Vorstandsstudie 2009/2010, S. 14.

von der Maximierung des *shareholder value* als Handlungsmaxime geleitet. Von diesen wird verlangt, den Unternehmenswert im Interesse der Anteilseigner zu steigern und Unternehmenshandlungen entsprechend diesem Grundsatz auszurichten. Dabei spielen Belange anderer Anspruchsgruppen eine eher untergeordnete Rolle.[109] Die Steigerung des Unternehmenswertes und die damit einhergehende aktienbasierte Incentivierung der Unternehmensebene stehen somit im Mittelpunkt des angelsächsischen Wirtschaftsverständnisses.

Bei der Festlegung einer angemessenen Vergütung ist allerdings zu beachten, dass hierbei verschiedene, teilweise sehr polarisierende Interessen aufeinandertreffen. Während es im Interesse der Vorstandsmitglieder als potenziell Begünstigte liegt, eine möglichst attraktive Gesamtvergütung zu erhalten und die Möglichkeit zu bekommen, durch ihre Performance diese maßgeblich beeinflussen zu können, zielen die Eigentümer und im Ergebnis auch die Kunden lediglich darauf ab eine Honorierung der Vorstände zu gewährleisten, die der tatsächlich erbrachten Leistung der Vorstandsmitglieder entspricht. Das Interesse des Unternehmens geht jedoch dahin, die strategischen Unternehmensziele und damit insbesondere auch die Nachhaltigkeit der Unternehmensentwicklung durch die Vergütung zu fördern. Darüber hinaus liegt es im Interesse des Unternehmens seine Attraktivität als Arbeitgeber sicherzustellen. Daher sind die Unternehmen darauf bedacht, Vorstandsvergütung an der Marktüblichkeit auszurichten.[110]

Um die Ausgestaltung eines fairen Vergütungssystems zu ermöglichen sollten folglich nicht nur die Betrachtungsweise des Unternehmens, sondern zumindest bis zu einem gewissen Maß die Perspektiven aller Anspruchsgruppen berücksichtigt werden, um einen gewissen Ausgleich zu bieten. Selbstverständlich stellt die Schaffung einer vollkommenen Zufriedenheit aller Beteiligten eher ein utopisches Wunschdenken dar, die vorhandenen Interessenwidersprüche sollten jedoch zumindest in ihren wesentlichen Vorstellungen miteinander in Einklang gebracht werden.[111]

## *II. Corporate social responsibility*

Eine verstärkte soziale Verantwortung der Unternehmen (sog. *corporate social responsibility*/CSR) wird zwar stets gefordert, was darunter zu verstehen ist und wie die rechtliche Ausgestaltung dieses Vorhabens aussehen soll, ist jedoch kaum präzisiert worden.[112]

Eine einheitliche Definition der CSR existiert nicht. Im Mittelpunkt des Konzepts steht der Grundgedanke, dass Wirtschaft und Gesellschaft nicht strikt voneinander

---

109 *Bryan/Nash/Patel,* 23 Journal of Applied Corporate Finance 2011, 84 (86); *Kara,* Vorstandsvergütung in der deutschen Corporate Governance, S. 29. Zu den historischen Hintergründen dieses Ansatzes vgl. *Lazonick/O`Sullivan,* 29 Economy and Society 2009, 14–17; in diesem Sinne auch *Ballwieser* in: Ballwieser/Böcking/Drukarczyk/Schmidt, Bilanzrecht und Kapitalmarkt, S. 1377 (1380).

110 *Raible/Schmidt* in Kienbaum, Vergütungsstudie 2008/2009, S. 26.

111 *Raible/Schmidt* in Kienbaum, Vergütungsstudie 2008/2009, S. 26.

112 *Förster,* RIW 2008, 833.

getrennt sind, sondern vielmehr in einer Wechselbeziehung miteinander stehen. Danach werden in der Gesellschaft Erwartungen entwickelt, die sich auf das angemessene Verhalten der Wirtschaft beziehen.[113] Auf Gemeinschaftsebene kommt der Gedanke einer sozialen Verantwortung von Unternehmen im Grünbuch der Europäischen Kommission vom Juli 2001 zum Ausdruck.[114] Dort wird die CSR als ein Konzept definiert, „das den Unternehmen als Grundlage dient, auf freiwilliger Basis soziale Belange und Umweltinteressen in die Unternehmenstätigkeit und in die Wechselbeziehung mit den Stakeholdern zu integrieren".[115] Sozial verantwortliches Handeln heißt in diesem Zusammenhang nicht nur, im Rahmen des gesetzten Rechts zu handeln, sondern über die bloße Gesetzeskonformität hinaus „mehr" in Humankapital, in die Umwelt und in die Beziehungen zu anderen *stakeholders* zu investieren.[116] Eine vergleichbare Definition der CSR findet sich auch bei der Internationalen Arbeitgeberorganisation (IOE). Sie versteht die soziale Verantwortung als „Initiativen von Unternehmen, die freiwillig soziale und umweltpolitische Belange in ihre Geschäftstätigkeit und den Dialog mit ihren Stakeholdern integrieren".[117]

Es ist allgemein bekannt, dass Unternehmen ökonomische Gebilde darstellen und den Hauptbeitrag zum Wohlstand der Länder, in denen sie operieren, leisten. Allerdings ist es ebenso anerkannt, dass Unternehmen auch soziale Gebilde sind, was bedeutet, dass es auch nicht-ökonomische Faktoren gibt, die berücksichtigt werden müssen. Das Aktionärsinteresse wird heutzutage immer mehr mit dem der *stakeholder* in Verbindung gesetzt, mit der Folge, dass CSR in den letzten Jahren ein im Zusammenhang mit der Vorstandsvergütung stark diskutiertes Thema sowohl in Deutschland als auch im Vereinigten Königreich und in den USA geworden ist. So empfiehlt beispielsweise der Deutsche Gewerkschaftsbund bei der Festsetzung der Vorstandsvergütung auch die soziale, gesellschaftliche und ökologische Verantwortung des Vorstands und des jeweiligen Vorstandsmitglieds zu berücksichtigen.[118] In Großbritannien fehlt es zwar an einer ausdrücklichen Nennung der CSR im UK Corporate Governance Code, es gibt aber dennoch ein gewisses Bekenntnis zu sozialen Belangen und Verantwortung der Direktoren, indem es die Unternehmenspflicht ist, nicht nur isoliert die Interessen der *shareholder* zu verfolgen.[119] Die Regelungen des UK Companies Act 2006 (CA 2006),

---

113 *v. Eckardstein/Konlechner,* Vorstandsvergütung, S. 23.

114 EU Kommission, Grünbuch: Europäische Rahmenbedingungen für die soziale Veranwortung der Unternehmen, Juli 2001, KOM (2001) 366.

115 EU Kommission, Grünbuch: Europäische Rahmenbedingungen für die soziale Veranwortung der Unternehmen, Juli 2001, KOM (2001) 366, Rdn. 20.

116 EU Kommission, Grünbuch: Europäische Rahmenbedingungen für die soziale Veranwortung der Unternehmen, Juli 2001, KOM (2001) 366, Rdn. 21.

117 International Organisation of Employers (IOE), Corporate Social Responsibility v. 21.03.2003, S. 2.

118 DGB, Stellungnahme zum Entwurf des VorstAG, S. 7.

119 Sec. A.1 FRC, The UK Corporate Governance Code 2010; *Burmajster* in: The Handbook, S. 253.

unterstützt durch das Case Law machen jedoch deutlich, dass der Vorstand die Gesellschaft sowohl im eigenen Interesse als auch in dem der Aktionäre, nicht jedoch im Sinne anderer Interessensgruppen zu führen hat. Aus diesem Grund würde das Unterstützen bestimmter Investoren oder Investorengruppen durch die Direktoren einerseits zu einer Pflichtverletzung führen, wenn dies nicht gleichzeitig dem Aktionärsinteresse als solchem entspricht. Andererseits fordert der CA 2006 den Vorstand auf, Gemeinde- und Umweltaspekte bei der Verfolgung des Unternehmensinteresses zu berücksichtigen[120] und diese auch offenzulegen.[121] Diese Verankerung im CA 2006 verkörpert eine bisher beispiellose Anerkennung des *stakeholder*-Konzepts im Recht des Vereinigten Königreichs. Die Association of British Insurers (ABI), deren Mitgliedern mehr als 20 % der an der London Stock Exchange notierten Gesellschaften angehören, veröffentlichten im Jahr 2007 CSR-bezogene Richtlinien, die sich sowohl an die Unternehmen als auch an ihre Investoren richteten. Diese „Socially Responsible Investment Guidelines" fordern eine Aufzeichnung der Umwelt-, Sozial- und Führungsrisiken (environment, social interest, government) im Jahresbericht des Unternehmens.[122]

In den USA haben bereits einige Unternehmen freiwillig, d. h. ohne eine entsprechende gesetzliche Vorgabe die Vergütung ihrer *executives* an soziale Zielgrößen gekoppelt. So haben die Aktionäre der Citigroup aus eigener Initiative angesichts der Vorwürfe rücksichtsloser bzw. wucherischer Kreditvergabepraktiken, deren das Unternehmen ausgesetzt war, die Anknüpfung der Managervergütung an soziale Parameter gefordert.[123] Bei dem weltweit tätigen US-amerikanischen Einzelhandelskonzern Wal-Mart, welcher sich mit zahlreichen Klagen wegen Geschlechterdiskriminierung auseinandersetzen musste, wurden nun Bonuszahlungen für *executives* u. a. davon abhängig gemacht, wie erfolgreich diese die Geschlechterdiversität auf Managerebene fördern.[124] Es erfolgte also in beiden erörterten Beispielen die Aufnahme von CSR-Standards in die Zielformulierung des Unternehmens als Folge des Vorwurfs unethischen Verhaltens. Eine entsprechende gesetzliche Vorgabe fehlt jedoch in den USA immer noch.

Darauf aufbauend lässt sich daher schlussfolgern, dass die zusätzliche Implementierung alternativer moderner Steuerungssysteme wie etwa CSR zu einer besseren Verknüpfung der Vorstandsvergütung mit dem langfristigen Unternehmenserfolg durchaus empfehlenswert sein kann.

---

120 „A director of a company must act in the way he considers, in good faith, would be most likely to promote the success of the company for the benefit of its members as a whole, and in doing so have regard (amongst other matters) to the impact of the company's operations on the community and the environment." Sec. 172(1)(d) CA 2006.

121 Vgl. sec. 417(5)(b)(i) und (6)(b) CA 2006.

122 *Burmajster* in: The Handbook, S. 253 f.

123 *v. Eckardstein/Konlechner*, Vorstandsvergütung, S. 36.

124 *v. Eckardstein/Konlechner*, Vorstandsvergütung, S. 36.

# § 2. Strukturelle Betrachtung der Vorstandsvergütung

## A. Zusammensetzung der Vorstandsvergütung

### I. Begriff der Vorstandsvergütung (*total compensation*)

Die Effektivität eines Systems lässt sich nur an seiner Fähigkeit messen, auf sich ändernde Umstände entsprechend zu reagieren bzw. anfänglich gemachte Fehler zu korrigieren. Daher werden in diesem Kapitel zunächst die Zusammensetzung der Vorstandsvergütung sowie die Vergütungsstruktur als solche untersucht und sodann ihre Leistungsfähigkeit angesichts der Finanzkrise beleuchtet.

Unter Vergütung versteht man die Summe aller geldwerten Vermögensvorteile, die der Empfänger als Gegenleistung für die von ihm erbrachten Dienste erhält (*total compensation*).[125] Darunter fallen sowohl erfolgsabhängige als auch erfolgsunabhängige Bestandteile.

Um die Problematik der Vorstandsvergütung erfassen zu können, ist es zunächst erforderlich, die Zusammensetzung der Vergütungsstruktur darzustellen. Allerdings kann diese je nach Unternehmensgröße und -verfassung unterschiedlich ausfallen.[126] Aufgrund des zivilrechtlichen Grundsatzes der Privatautonomie sind unterschiedlichste Vereinbarungen von Vergütungskomponenten möglich, sodass eine Vielfalt zulässiger Vertragsgestaltungen denkbar erscheint.[127] Mit der Entscheidung eines Unternehmens über die Zusammensetzung der Vorstandsvergütung und damit auch über die Vergütungsstruktur werden wesentliche Aussagen über die Unternehmensführung getroffen und zugleich auch Signale an den Kapitalmarkt gesendet.[128] Darüber hinaus werden hierbei unterschiedliche Leistungsaspekte des einzelnen Vorstandsmitglieds zu Grunde gelegt und reflektiert.

Mit ihrer Vergütungspolitik verfolgen die Unternehmen das Ziel, durch eine attraktive Höhe und Ausgestaltung der Bezüge hochqualifizierte Manager zu rekrutieren, zur gezielten Leistungserbringung anzuhalten und auf Dauer an das Unternehmen zu binden. Dabei soll allerdings das Wirtschaftlichkeitsprinzip gewahrt bleiben, die Kosten müssen also vertretbar sein. Zur besseren Erfüllung dieser Ziele setzen die Unternehmen diverse monetäre und nichtmonetäre Vergütungselemente ein.[129]

### *II. Einzelne Vergütungsbestandteile*

Zwar bestehen beträchtliche Differenzen zwischen der Vergütungspraxis für Vorstände, jedoch weisen die meisten Vergütungspakete der Führungskräfte börsen-

---

125 *Berthel/Becker,* Personal-Management, S. 540 f.; *Tegtmeier,* Die Vergütung, S. 31; *Evers* in: Hommelhoff/Hopt/v. Werder, Hdbuch CG 2009, S. 349 (353); *Becker/Kramarsch,* Leistungs- und erfolgsorientierte Vergütung, S. 2.

126 *Mann,* Corporate Governance Systeme, S. 194; *Grattenthaler,* Die Vergütung, S. 209.

127 *Grattenthaler,* Die Vergütung, S. 209.

128 *Schätzle,* Manager, S. 20.

129 *Evers* in: Hommelhoff/Hopt/v. Werder, Hdbuch CG 2009, S. 349 (353).

notierter Aktiengesellschaften sowohl in Deutschland als auch in Großbritannien und in den USA regelmäßig die gleichen Komponenten auf.[130]

*1st Fixvergütung* (salary oder base pay)

Die feste Vergütung ist erfolgsunabhängig und umfasst sowohl das Jahresfestgehalt des Vorstandsmitgliedes (*regular annual income*) als auch feste Sondervergütungen (*executive benefits*).[131] Zu den festen Sondervergütungen zählen unter anderem die Auszahlung eines dreizehnten Monatsgehalts, Urlaubsgeld oder eine sog. Jahresabschlussprämie.[132] Die Gewährung eines Festgehalts dient der Sicherstellung eines angemessenen Lebensunterhalts des Vorstandsmitglieds[133] und ermöglicht diesem ein von den Erfolgszielen unbeeinflusstes und unabhängiges Tätigwerden, das von einem sorgfältigen und gewissenhaften Geschäftsleiter erwartet wird.[134] Somit stellt das Festgehalt eines Vorstandsmitgliedes eine finanzielle Absicherung dar, um eine unbeschwerte und von finanziellen Sorgen unbelastete Entscheidungsfindung der Unternehmensleitung zu gewährleisten und die eingebrachte Qualifikation, Erfahrung und Verantwortung des einzelnen Vorstandsmitglieds zu entlohnen.[135]

Die Bestimmung des festen Bestandteils der Vorstandsvergütung ist auch deshalb von Bedeutung, da dieser oft die Berechnungsgrundlage der Alters-, Invaliditäts- und Hinterbliebenenrente bildet.[136] Aber auch bei der Berechnung einer Karenzentschädigung für ein nachvertragliches Wettbewerbsverbot werden meistens feste Bezüge des Vorstandsmitgliedes als Grundlage herangezogen.[137] Daher empfiehlt es sich die Fixvergütung der Vorstandsmitglieder bei länger laufenden Verträgen regelmäßig zu überprüfen, um so eine Anpassung an die Entwicklung der Lebenshaltungskosten, der persönlichen Leistung, die Aufgaben des Vorstandsmitglieds, die Gesellschaftslage und die Geldzuwächse im Unternehmen in den übrigen Hierarchieebenen zu ermöglichen.[138]

*2. Variable Vergütungsbestandteile*

Die Vergütungsvereinbarungen mit den Vorstandsmitgliedern einer Aktiengesellschaft weisen heutzutage einen verhältnismäßig hohen Anteil an variablen

---

130 *Raeder*, Die Entwicklung, S. 3.

131 Dahlems/*Jaeger*, Hdbuch des Führungskräfte-Managements, S. 349 f.; *Schüller*, Vorstandsvergütung, S. 27; *Bors*, Erfolgs- und leistungsorientierte Vorstandsvergütung, S. 5; *Ellig*, Executive Compensation, S. 5 f.

132 Dahlems/*Jaeger*, Hdbuch des Führungskräfte-Managements, S. 350.

133 *Fonk* in: Semler/v. Schenck, ArbHdbuch AR-Mitglieder, § 9 Rdn. 133; *Schüller*, Vorstandsvergütung, S. 27; *Bors*, Erfolgs- und leistungsorientierte Vorstandsvergütung, S. 5.

134 *Schüller*, Vorstandsvergütung, S. 27; *Ellig*, Executive Compensation, S. 5.

135 *Grattenthaler*, Die Vergütung, S. 210.

136 *Grattenthaler*, Die Vergütung, S. 211.

137 *Bauer* in: FS Schwerdtner, S. 441 (445).

138 *Bosse*, Hdbuch Vorstandsvergütung, S. 45 f. Rdn. 63.

Vergütungsbestandteilen auf. Vor allem in den letzten Jahren, ausgelöst durch die Finanzmarktkrise und die öffentliche Debatte um die exzessive Vorstandsvergütung, kam es zu einem erheblichen Anstieg der Bedeutung der variablen Vergütungsbestandteile. Diese stellen eine anreizorientierte Vergütung dar, die in Bezug zur individuellen Leistung des Vorstandsmitglieds und zum Unternehmenserfolg steht.[139] In der herkömmlichen Sicht wird sie als Gegenmittel zu dem „Gift" des klassischen *principal-agent*-Konflikts in der Publikumsgesellschaft verstanden.[140]

Variable Vergütung setzt sich regelmäßig aus einmaligen sowie jährlich wiederkehrenden, an den jeweiligen wirtschaftlichen Erfolg anknüpfenden Elementen sowie aus Komponenten mit langfristiger Anreizwirkung zusammen. Gemeint sind damit unter anderem Jahres- und Mehrjahresboni sowie auch aktienbasierte Vergütungselemente, die sich nach einem zielorientierten Leistungsbeurteilungssystem bemessen lassen.[141]

Mit der Gewährung variabler Vergütungskomponenten sollen dem Vorstand Anreize gesetzt werden, verstärkt im Interesse der Anteilseigner zu handeln, d. h. ihre Unternehmensstrategie zu unterstützen und somit eine nachhaltige Steigerung des Unternehmenswertes anzustreben. Das Stichwort hierbei heißt „vom Manager zum Unternehmer". Der Vorstand soll vergleichbar einem Anteilseigner am langfristigen Erfolg bzw. Misserfolg des Unternehmens sowie an der Wertschöpfung teilnehmen können und somit an das Unternehmen langfristig gebunden sein.[142] Erreicht wird dies durch die Koppelung der Vergütung an von den Anteilseignern gesetzte Ziele: die Belohnung des Vorstandes soll demnach nur bei aus Sicht der Eigentümer guter Unternehmensleistung durch eine entsprechend hohe Vergütung erfolgen. Gelingt es dem Vorstand jedoch nicht, die gesetzten Ziele im Sinne des Unternehmens zu erreichen, so soll die Entlohnung entsprechend geringer ausfallen. Die Schwierigkeit hierbei liegt in der Auswahl der richtigen Performancemaßstäbe zur Bemessung der leistungsabhängigen Vergütung, die direkt an den persönlichen Erfolg des jeweiligen Vorstandsmitglieds gekoppelt ist. Der Maßstab sollte sich an der Zielsetzung des betroffenen Unternehmens orientieren und von den Entscheidungen des Vorstandes abhängig, von diesem jedoch nicht manipulierbar sein.[143]

---

139 Zwar wird in der Literatur vielfach der Begriff der leistungsabhängigen Vergütung verwendet, dabei handelt es sich bei der variablen Vergütung jedoch vielmehr um einen erfolgsabhängigen Entgeltsbestandteil, bei dem das durch Leistungserbringung erzielte Ergebnis ausschlaggebend ist; *Freiburg*, Managergehälter, S. 40; *Schettgen*, Arbeit, S. 329.

140 *Tröger*, ZGR 2009, 447 (449).

141 *Friedl/Hocker/Döscher/Hölz*, Studie zur Vergütung 2008, S. 8.

142 Kienbaum, Vergütungsstudie 2008/2009, S. 89; *Baums* in: FS Claussen, S. 5.

143 *v Eckardstein/Konlechner*, Vorstandsvergütung, S. 5.

### a) Bemessungsgrundlagen variabler Vorstandsvergütung

Bei Führungspositionen ist grundsätzlich zwischen Leistungs-[144], Erfolgs-[145] und Wertorientierung[146] der Vergütung zu differenzieren. Dabei wirkt sich die persönliche Leistung der Führungskraft in der Regel auch unmittelbar auf den Unternehmenserfolg bzw. –wert aus. Auch wertorientierte Bemessungsgrundlagen, wie etwa der Aktienkurs bei börsennotierten Gesellschaften, werden gerne als Bemessungsgrundlage eingesetzt und können bis zu einem gewissen Grad gleichzeitig auch die Leistung des Vorstands reflektieren. Auf der anderen Seite kann in manchen Konstellationen die individuelle Leistung des Vorstands zwar hervorragend, der Unternehmenserfolg hingegen kaum spürbar sein.[147] Somit wird deutlich, dass eine messerscharfe Abgrenzung der einzelnen Bewertungskriterien grundsätzlich nicht möglich ist. Vielmehr kann der Unternehmenserfolg bzw. -wert in sehr unterschiedlichem Maße die individuelle Leistung des einzelnen Vorstandsmitglieds reflektieren. Um diesem Faktor gerecht zu werden, sollte die individuelle Leistung der Führungskräfte gesondert als Bemessungsgrundlage herangezogen werden.[148]

#### aa) Erfolgsorientierter Bemessungsmaßstab

Bei den erfolgsorientierten Bezugsgrößen der Vorstandsvergütung unterscheidet man zwischen absoluten und relativen Kennzahlen. Zu absoluten Ergebnisgrößen zählen unter anderem der Jahresüberschuss sowie das Geschäftsergebnis vor Steuern. Zwar sind diese Bezugsgrößen auch gegenüber den Aufsichtsräten oder Aktionären nachvollziehbar und transparent ausgestaltet, ihnen haftet jedoch die Gefahr der Manipulation mittels bilanzpolitischer Maßnahmen an.[149]

---

144 Leistungsorientierte Vergütung knüpft an die persönliche Leistung des Begünstigten an.

145 Erfolgsorientiert ist die Vergütung dann, wenn ihre Höhe vom Erfolg des Unternehmens, wie etwa dem Jahresüberschuss abhängig gemacht wird. Bei der Definition des Begriffs „Unternehmenserfolg“ spielen vor allem drei Kriterien eine Rolle: die verbesserten Kennzahlen, die durch nicht-finanzielle Kennzahlen vervollständigte Steuerungsmechanismen wie etwa „Balanced Scorecard“ und die sog. Corporate Social Responsibility als Erweiterung der genannten Erfolgskriterien. Vgl. *Chahed/Müller*, Unternehmenserfolg, S. 15; *Becker/Kramarsch,* Leistungs- und erfolgsorientierte Vergütung, S. 4.

146 Im Falle der wertorientierten Vergütung richtet sich die Höhe nach dem Unternehmenswert oder dessen Veränderungen (z. B. Aktienkursentwicklung).

147 So wird z. B. das „beste“ Leistungsverhalten eines Vorstandsmitglieds der Niederlassung keinen Erfolg zeigen, wenn die Konkurrenz die besseren, preiswerteren Produkte anbietet, *Becker/Kramarsch,* Leistungs- und erfolgsorientierte Vergütung; *Chahed/Müller*, Unternehmenserfolg, S. 43; Kienbaum, Vergütungsstudie 2008/2009, S. 82.

148 Kienbaum, Vergütungsstudie 2008/2009, S. 82.

149 Kienbaum, Vergütungsstudie 2008/2009, S. 83.

Bei den relativen Erfolgskennzahlen wie etwa der Gesamt- und Eigenkapitalrentabilität sowie der Umsatzrendite[150] handelt es sich ebenfalls um leicht nachvollziehbare und einfach berechenbare Bezugsgrößen, die den Jahresabschlüssen ohne Schwierigkeiten entnommen werden können. Allerdings ist die Manipulationsanfälligkeit dieser Kennzahlen noch höher, als es bei den absoluten Erfolgsgrößen der Fall ist. Dies liegt daran, dass die relativen Kennzahlen grundsätzlich zwei Einflussfaktoren – den Zähler und den Nenner der Kennzahl – aufweisen, die den bilanzpolitischen Beeinflussungsmaßnahmen unterliegen können.[151] Aber auch im Rahmen der Beurteilung der Erfolgsgrößen als Bemessungsmaßstab erfolgsorientierter Vergütung ist die Verbindung zwischen dem Erfolg des Unternehmens, welcher durch die bilanziellen Kennzahlen reflektiert wird, und der unternehmerischen Leistung des jeweiligen Vorstands zu berücksichtigen. Eine eindeutig festzustellende Beziehung zwischen diesen beiden Faktoren ist nicht vorhanden. So kann einerseits ein hoher Jahresüberschuss sich durchaus aus einer guten wirtschaftlichen Unternehmenslage oder optimalen Wettbewerbsbedingungen ergeben, die nicht oder kaum auf die individuell erbrachte Leistung des Vorstands zurückzuführen sind. Andererseits sind geringe Jahresüberschüsse trotz glänzender Managerleistungen denkbar. Demzufolge sollte die Beurteilung der individuellen Performance gesondert bei der Festsetzung der Managervergütung erfolgen. Im Ergebnis lässt sich daher nicht einheitlich beurteilen, welche Kennzahl als Bemessungsmaßstab für die erfolgsorientierte Vergütung am besten geeignet ist. Vielmehr hängt dies von unternehmensbezogenen Besonderheiten wie etwa der Branche, der Unternehmensgröße und -komplexität sowie der aktuellen Entwicklung ab.[152]

#### bb) Wertorientierter Bemessungsmaßstab

Bei der wertorientierten Bemessungsgrundlage der Managervergütung handelt es sich um eine, am Unternehmenswert und an der Entwicklung interner Wertkennzahlen des Unternehmens, wie etwa des *economic value added* (EVA)[153] oder *discounted cash flow* (DCF), orientierte oder an den Veränderungen des Unternehmenswertes, wie etwa der Börsenkursentwicklung, ausgerichtete Entlohnung. Dieser Maßstab entspricht dem oben bereits erörterten *shareholder value*-Gedanken, auf den hier verwiesen wird.[154]

---

150 *Berthel/Becker*, Personal-Management, S. 558.

151 Kienbaum, Vergütungsstudie 2008/2009, S. 83.

152 Kienbaum, Vergütungsstudie 2008/2009, S. 84.

153 Economic value added (EVA) ist eine finanzwirtschaftliche Kennzahl, die im Rahmen eines umfassenden Leistungsbemessungs- und Wertsteigerungskonzepts zum Einsatz kommt. Dabei handelt es sich um einen Resitualgewinn, d. h. also eine Einkommensgröße nach Abzug von Kapitalkosten. Vgl. *Thüsing*, ZGR 2003, 457 (479 Fn. 71).

154 Siehe S.17.

### cc) Leistungsorientierter Vergütungsmaßstab (*pay for performance*)

In den letzten Jahren hat sich eine zunehmende Tendenz herauskristallisiert, die Bemessungsgrundlagen zielbezogen auszurichten. Demnach erfolgt die Bemessung der variablen Vergütungshöhe nicht mehr prozentual nach der Erfolgsgröße, sondern ist vielmehr vom Erreichungsgrad eines bestimmten vorab festgelegten Zieles oder eines Zielbündels abhängig.[155] Durch die Koppelung der Vergütungsgewährung an die zu erbringende Leistung entsteht das sog. Kompensationsmodell des *pay for performance.* Die Bemessung der variablen Vergütung kann hierbei sowohl auf die Gesamtperformance des Unternehmens als auch auf die individuelle Leistung des Begünstigten gestützt werden. Die Beurteilung der Unternehmensleistung wird dabei von finanziellen Bezugsgrößen beherrscht, wohingegen die individuelle Performance eher anhand nicht finanzieller Zielsetzungen definiert wird. Verbreitet sind aber auch Bemessungsparameter, die eine Kombination aus der individuellen Leistung, der Leistung der Geschäftseinheit des Begünstigten und der Gesamtperformance des Unternehmens darstellen.[156] Dabei belohnt zum Beispiel ein Vergütungsbestandteil die Gesamtverantwortung des Vorstands für das Unternehmen. Als Bezugsgröße werden hierbei eine oder mehrere zumeist qualitativ ermittelbare Erfolgsgrößen zugrunde gelegt. Diese ermöglichen eine weitgehend umfassende Wiedergabe der Unternehmenslage und -entwicklung.[157] Beim zweiten Vergütungselement handelt es sich hingegen um eine an der Erreichung fachbereichspezifischer bzw. persönlicher Zielsetzungen orientierte Vergütungskomponente. Die Formulierung dieser Ziele erfolgt entweder als unmittelbare Folge der generellen Unternehmensstrategie oder leitet sich aus den besonderen Fachbereichsaufgaben ab. Entsprechend fällt auch die Höhe dieser Vergütungselemente je nach persönlicher Zielerreichung bei den einzelnen Fachbereichsinhabern durchaus unterschiedlich aus.[158] Als Zielvorgaben dienen in der Regel frühere Leistungen, Zukunftserwartungen und/oder die Performance vergleichbarer Unternehmen.[159]

Sowohl eine leistungs- als auch eine wert- oder erfolgsabhängige Ausgestaltung der Vorstandsvergütung stellt jedoch ein kompliziertes Unterfangen dar. Bei den strategischen Unternehmensentscheidungen der Vorstände handelt es sich nicht um ein standardisiertes Vorgehen, vielmehr zeichnen sich solche Entscheidungen durch ihre Komplexität aus, sodass eine unmittelbare Qualitätskontrolle äußerst schwierig bis kaum möglich ist. Aus diesem Grund neigt die Wirtschaft dazu, die Vorstandsvergütung an messbare Ergebnisse, wie etwa den finanziellen Erfolg eines Unternehmens zu knüpfen.[160] Darüber hinaus erscheint eine aktuelle Bewertung

155 Kienbaum, Vergütungsstudie 2008/2009, S. 84.
156 *Ellig,* Executive Compensation, S. 41.
157 Kienbaum, Vergütungsstudie 2008/2009, S. 84.
158 Hier spiegelt sich die in Deutschland nunmehr in § 87 Abs. 1 Satz 1 AktG n. F. gesetzlich vorgeschriebene Berücksichtigung individueller Leistungen des einzelnen Vorstandsmitglieds wider. Vgl. Kienbaum, Vergütungsstudie 2008/2009, S. 84.
159 *Ellig,* Executive Compensation, S. 70.
160 *Ellig,* Executive Compensation, S. 7 f.

strategischer Entscheidungen aufgrund ihrer eher langfristigen Wirkungen fast unmöglich. Dazu kommen oft unvorhersehbare ökonomische, soziale und rechtliche Veränderungen, welche den Unternehmenserfolg auf die Art und Weise beeinflussen, dass die Effektivität einer unternehmerischen Entscheidung nicht mehr zu erkennen ist.[161]

Um ein ausgewogenes Vergütungssystem zu gewährleisten und den rechtlichen und wirtschaftlichen Ansprüchen gerecht zu werden, sollten daher bei der Auswahl einer bzw. mehrerer Bemessungsgrundlagen folgende Gesichtspunkte berücksichtigt werden: die Bemessungsgrundlage sollte zunächst das Zielvorhaben des jeweiligen Unternehmens im Sinne des Geschäftserfolges in seinen wesentlichen Aspekten wiedergeben. Zudem ist eine enge Verknüpfung der Bemessungsgrundlage mit der individuellen Vorstandsleistung erforderlich. „Bilanzpolitischen" Maßnahmen, welche die Bemessung der variablen Vergütung beeinflussen können, sollte dabei möglichst der Boden entzogen werden. Im Übrigen ist darauf zu achten, dass die Bemessungsgrundlagen des Unternehmens zum Zwecke der Planbarkeit einen langjährigen Bestand aufweisen, klar definiert und rechnerisch möglichst leicht zu ermitteln sind. Um eine beiderseitige Akzeptanz sowohl der Eigentümer der Gesellschaft als auch des Vorstandes als Vertragsparteien sicherzustellen muss die Basis für die Bemessung darüber hinaus auch nachvollziehbar ausgestaltet sein.[162]

### b) Kurzfristige nicht aktienbasierte Vergütungskomponenten (*short term incentives*)

Kurzfristige erfolgsorientierte Vergütungsbestandteile in Form jährlicher Tantiemen, Gewinnbeteiligungen, Boni oder sonstiger Jahresabschlussbezüge bilden ein klassisches Element der Managervergütung. Sie sollen die oberste Führungsebene angesichts ihrer eigenverantwortlichen Leistungstätigkeit wie die Kapitaleigner am Unternehmenserfolg oder -misserfolg des Geschäftsjahres beteiligen.[163] Den Orientierungsmaßstab variabler, nicht aktienbasierter Vorstandsvergütung stellen überwiegend buchhalterische Bemessungsgrundlagen, wie etwa Gewinn-, Rentabilitäts- und Wachstumskennzahlen dar.[164] Diese honorieren in aller Regel nur kurzfristige Erfolge und schaffen daher lediglich kurzfristig wirkende Anreizsysteme (auch operative Anreizsysteme genannt) für die Führungskräfte. In der angelsächsischen Literatur hat sich hierfür der Begriff *short term incentives* eingebürgert.[165] Kurzfristig ausgerichtete variable Vergütungsanteile dienen sowohl in Deutschland als auch in Großbritannien und den USA der Flexibilisierung der Gesamtvergütung in Abhängigkeit von der ergebnisbeeinflussenden Leistung des Vorstandes.[166]

---

161 *Chahed/Müller*, Unternehmenserfolg, S. 42 f.

162 Kienbaum, Vergütungsstudie 2008/2009, S. 84.

163 *Evers* in: Hommelhoff/Hopt/v. Werder, Hdbuch CG 2009, S. 349 (363).

164 *Raeder*, Die Entwicklung, S. 3.

165 *Isele*, Managerleistung, S. 198 ff.

166 *Freiburg*, Managergehälter, S. 41.

#### aa) Jährliche Bonuszahlungen und Provisionen

Als bekannteste variable Vergütungskomponente ist zunächst das Bonus-System zu nennen. Hierbei handelt es sich um variable Vergütungsformen, die in der Regel kurzfristige Anreize schaffen und an unterschiedliche Maßstabgrößen angeknüpft werden können.[167] Die Gewährung wird in der Regel entweder von der Individual- oder der Gruppenleistung abhängig gemacht. Am Ende jedes Geschäftsjahres werden die erreichten Leistungen mit der am Anfang des Geschäftsjahres vereinbarten Zielvorgabe verglichen.[168] In Deutschland sind zudem die sog. Tantiemen als eine weitere Form der kurzfristigen Vergütung bekannt. Dabei wird dem Empfänger die Teilhabe am Unternehmenserfolg ermöglicht. Dieser Vergütungsbestandteil wird unter anderem auch als Gewinnbeteiligung bezeichnet. Grundsätzlich unterscheidet man zwischen den vertraglich garantierten Tantiemen, Ermessenstantiemen, deren Gewährung in billigem oder freiem Ermessen des Aufsichtsrats steht, und den berechenbaren Tantiemen, deren Maßstab eine vorher festgelegte Zielgröße bildet. Bis zum Erlass des Transparenz- und Publizitätsgesetzes (TransPuG) und der damit einhergehenden Streichung des § 86 AktG durch Art. 1 Nr. 4 TransPuG (BGBl. I 2002, S. 2681) bildeten die Gewinntantiemen den Regelfall. Der Jahresgewinn stellte daher die übliche Bemessungsgrundlage dar. Heutzutage besteht jedoch Freiheit über die Wahl der Bemessungsgrundlagen. Diese können sich etwa am Jahresüberschuss, an Kennzahlen wie EBIT (*earnings before interest and taxes*/Ertrag vor Zinsen und Steuern), EBITD (*earnings before interest, taxes and depreciation*/Ertrag vor Zinsen, Steuern und Abschreibungen auf Sachanlagen), EBITDA (*earnings before interest, taxes, depreciation and amortization*/Ertrag vor Zinsen, Steuern, Abschreibungen auf Sachanlagen und Abschreibungen auf immaterielle Vermögensgegenstände), Cashflow, ROCE (*return on capital employed*), Gewinn nach Kapitalkosten, Eigenkapitalrendite, Gesamtkapitalrendite, am Ergebnis der gewöhnlichen Geschäftstätigkeit nach der GuV-Rechnung oder am Ergebnis je Aktie orientieren. Die meist verbreitete Tantiemeart stellt die sog. Zieltantieme dar. Die Höhe der Tantieme wird hierbei vom Erreichen oder Überschreiten bestimmter, vom Aufsichtsrat vorgegebener Zielvorgaben abhängig gemacht. Außer finanziellen Kennzahlen können auch andere Kriterien wie etwa die Investitionshöhe, Innovationsbereitschaft, Umstrukturierungsmaßnahmen oder Kundenzufriedenheit als Bezugsgrößen zugrunde gelegt werden. Zieltantiemen eignen sich auch besonders gut für eine individuelle Vergütungsgestaltung, indem die ausgewählten Bezugsgrößen auf den Verantwortungsbereich des Begünstigten zugeschnitten werden (Spartenergebnis). Durch eine derartige Vergütungsgestaltung wird es dem Aufsichtsrat ermöglicht, die Unternehmensleitung durch den Vorstand nicht nur unerheblich zu beeinflussen. Wird als Maßstab die Durchführung und der Erfolg bestimmter Geschäftsführungsmaßnahmen zugrunde gelegt, darf der Anteil einer Zieltantieme an der Gesamtvergütung daher nicht so erheblich sein, dass der

---

167 *Schüller*, Vorstadnsvergütung, S. 66; *Balsam/Kuang/Qin*, Executive Compensation, S. 12 ff.

168 *Schätzle*, Manager, S. 225.

Vorstand in seiner Leitungsunabhängigkeit beeinträchtigt zu werden droht.[169] Darüber hinaus werden in Deutschland auch Provisionen oder Prämien gezahlt. Diese stellen eine Vergütungsform dar, die sich im Gegensatz zu den anderen üblichen variablen Vergütungskomponenten nicht am Unternehmenserfolg, sondern an persönlichen Ergebnissen des Vorstandsmitgliedes orientiert. Daher ist diese Vergütungsform vor allem bei solchen Vorstandsmitgliedern verbreitet, die vornehmlich im Bereich des Vertriebs und des Produktabsatzes vertraglich tätig sind. Im Rahmen unternehmensübergreifender Aufgabenerfüllung hingegen sind Provisionen als Vergütungselement eher seltener zu finden.[170] In Großbritannien und in den USA wird diese Form der kurzfristigen variablen Vergütung ebenfalls als Bonus bezeichnet.

#### bb) Alternative Vergütungssysteme

Im Lichte der weltweiten Finanzmarktkrise der letzten Jahre haben sich die bislang verbreiteten kurzfristigen Vergütungsbestandteile zum größten Teil als ineffizient erwiesen. Aus diesem Grund war man bestrebt, alternative Vergütungssysteme zu entwickeln, welche die Unzulänglichkeiten der traditionellen, an kurzfristigen Erfolgen orientierten Vergütungspläne beseitigen bzw. minimieren würden.

##### (1) Mehrjährige Bonuszahlungen und Bonusbank-Modelle

In den letzten Jahren haben sich neue, alternativ zum jährlichen Bonusplan wirkende Vergütungselemente herausgebildet. Dazu gehören unter anderem mehrjährige Bonuszahlungen und Bonusbank-Modelle. Bei den mehrjährigen Bonuszahlungssystemen bezieht sich die Höhe des Bonus zwar jeweils nur auf die Ergebnisse eines Jahres, die Auszahlung erfolgt aber prospektiv erst ein oder zwei Jahre später und hängt davon ab, dass das Unternehmen auch in den Folgejahren bestimmte Soll-Ergebnisse nicht unterschreitet (sog. *derferred bonus schemes*).[171]

Unter dem Bonusbank-Modell ist hingegen ein Konzept zu verstehen, bei dem die Leistungsbetrachtung der Vorstandsmitglieder über einen längeren Zeitraum erfolgt.[172] Dabei findet eine jährliche Feststellung der Zielerreichung statt. Ein Teil des Jahresbonus wird dann sofort ausbezahlt, während der Rest vergleichbar einem Sparkonto

---

169 Vgl. dazu *Rolshoven*, Anerkennungsprämien, S. 12; *Schüller*, Vorstandsvergütung, S. 28; *Evers* in: Hommelhoff/Hopt/v. Werder, Hdbuch CG 2009, S. 349 (364); *Mertens/Cahn*, KK-AktG, § 87 Rdn. 28. In Großbritannien und den USA entspricht dieser Vergütungsbestandteil dem Bonus-System, bei dem unterschiedliche Ziele als Voraussetzung der Bonusgewährung zugrunde gelegt werden können.

170 Dahlems/*Jaeger* in: Handbuch des Führungskräfte-Managements, S. 351; *Schüller*, Vorstandsvergütung, S. 28.

171 *Hohenstatt*, ZIP 2009, 1349 (1352); *Hoffmann-Becking*/*Krieger*, NZG- Beil. 26/2009, 1 (3); *Hermes*, LawZone 2/2010, 22 (26).

172 Dieses Vergütungskonzept wird oft auch als mittelfristige variable Vergütung bezeichnet, welche zwischen den kurzfristigen und langfristigen Entlohnungskomponenten angesiedelt ist. Näher hierzu *Gehle*, Variable Vergütungssysteme, S. 43.

auf einem persönlichen Bonusbankkonto verbucht wird. Vom Guthaben der Bonusbank wird jedes Jahr ein Prozentsatz ausgezahlt, während die übrige Gutschrift fortgeschrieben und gegebenenfalls verzinst wird.[173] Kommt es hingegen zu einem Verlust, so findet eine Verrechnung der Malusanteile mit dem Kontoguthaben statt. Auf diese Art und Weise nimmt der Begünstigte auch an negativen Entwicklungen der Unternehmenslage teil und wird folglich längerfristig an das Unternehmen gebunden.[174]

Zwar begegnet das theoretische Gebilde des Bonusbank-Modells aufgrund seines außerordentlich komplexen Konzepts zahlreichen praktischen Problemen und widerspricht oft den wesentlichen Prinzipien aller Entlohnungssysteme, nämlich der Einfachheit und Nachvollziehbarkeit der Vergütungsausgestaltung.[175] Dennoch ist dieser alternative Kompensationsansatz durchaus geeignet, zukunftsorientiertes Handeln der Vorstände zu fördern. Die Orientierungsgrößen für kurzfristige Anreizmechanismen beziehen sich in der Regel auf die Vergangenheit und Vergütungen dieser Art werden meist jährlich ausbezahlt. Aus diesem Grund eignen sie sich nicht dazu, den Vorstand an eine langfristige Steigerung des Unternehmenswertes zu binden. Eine ausschließliche Orientierung des Vergütungssystems an kurzfristigen, monetären Bezugsgrößen führt daher zur Hemmung der Innovationsfreudigkeit der Führungskräfte. Für diese besteht kein Anreiz, langfristig in Forschung und Entwicklung zu investieren. Um zukunftsorientiertes und strategisches Handeln des Vorstands zu fördern sind daher langfristige Anreizsysteme, sog. *long term incentives*, wie die oben geschilderten Beispiele erforderlich.[176]

Eine vollständige Abwendung von kurzfristigen Vergütungskomponenten ist jedoch nicht zu empfehlen. Vielmehr sollte versucht werden, durch die Vernetzung von kurz- und langfristigen Vergütungsinstrumenten einen einzigen variablen Bestandteil zu erzeugen. Dies könnte vor allem durch die Verknüpfung kurzfristiger und längerfristiger Verhaltensanreize zu einem langfristigen Motivationsmechanismus gewährleistet werden.[177]

### (2) Performancebetrachtung über die Gesamtlaufzeit

Als Alternative zum kurzfristig wirkenden Bonussystem bietet sich unter anderem auch eine „Performancebetrachtung über die Gesamtlaufzeit“ an. Bei diesem Vergütungsmodell handelt es sich – im Vergleich zum kurzfristig wirkenden Bonussystem – um einen revolvierenden Mechanismus, bei dem die Bemessung der jährlichen

---

173 *Schätzle*, Manager, S. 231.

174 *Raible/Schmidt* in: Kienbaum, Vergütungsstudie 2008/2009, S. 28 f.; *Bosse*, Hdbuch Vorstandsvergütung, S. 73 Rdn. 189 ff.; *Schätzle*, S. 105.

175 *Raible/Schmidt* in: Kienbaum, Vergütungsstudie 2008/2009, S. 29.

176 *Freiburg*, Managergehälter, S. 41.

177 *Baums* in: FS Claussen, S. 5. Dieser Lösungsweg wurde in Deutschland bereits in der Begründung der Beschlussempfehlung zum VorstAG explizit für zulässig erklärt; Beschlussempfehlung und Bericht des Rechtsausschusses zum Begr. RegE VorstAG, BT-Drucks. 16/13433 v. 17.06.2009, S. 10.

Auszahlung der Vergütung auf der Grundlage eines beispielsweise dreijährigen EBIT-Durchschnittes erfolgt.[178] Ein derartiges Modell hat zwar eine Ausbalancierung der Gewinnkomponente zur Folge. Dabei besteht jedoch die Gefahr, dass die Leistung des Vorstands, die bereits in Vorjahren erbracht wurde, bei der Bemessung der Bonushöhe regelmäßig mitberücksichtigt wird. Im oben genannten Beispiel würde dies bedeuten, dass die Steigerung des Gewinns in einem bestimmten Jahr Bonuszahlungen der folgenden drei Jahre ebenfalls beeinflusst. Mit einem solchen Konzept geht allerdings auch die Abschwächung des dem kurzfristigen Bonussystem innewohnenden „Atmen[s] der Bezüge" einher, was sich in einer „relativ flachen Vergütungskurve mit einem mittleren Niveau" auswirkt.[179]

### c) Langfristige aktienkursbasierte Vergütungsformen (*long term incentives*)

Im Zusammenhang mit der Zusammensetzung der Managervergütung hat in den Unternehmen im letzten Jahrzehnt ein Umdenkprozess eingesetzt. Das Primärziel der variablen Vergütung stellt nicht mehr die ex post-Beteiligung der Führungskräfte am unternehmerischen Erfolg dar. Vielmehr liegt der Schwerpunkt nunmehr eindeutig auf der Lenkungs- und Anreizfunktion der Vergütung. Demnach soll die variable Vergütung die Manager bereits ex ante bewegen, „ihre Geschäftsaktivitäten und ihr Engagement auf die Erreichung der wesentlichen operativen und strategischen Unternehmensziele auszurichten".[180] Sie übernimmt insofern die Funktion des Umsetzungshebels dieser Zielsetzungen.[181]

Vor dem Hintergrund des *principal-agent*-Konflikts und des *shareholder value*-Ansatzes sind in diesem Zusammenhang die aktienbasierten Vergütungskomponenten zu betrachten. Diese zielen auf die Steigerung des Unternehmenswertes in Form des Aktienkurses ab. Somit spiegelt sich die Erhöhung des Aktienkurses einer börsennotierten Aktiengesellschaft gleichzeitig in der Entlohnung ihrer Vorstandsmitglieder wieder. Aktienkursorientierte Vergütungssysteme stellen auch *long term incentives* dar, da sie sich auf einen längerfristigen Zeitraum beziehen. Umfasst werden dabei „sowohl taktische Anreizmechanismen mit einem Zeithorizont von drei bis fünf Jahren als auch strategische Systeme, die sich auf mehr als fünf Jahre erstrecken."[182] Die variable Vergütung des Vorstands, die sich am Aktienkurs des Unternehmens orientiert, basiert weitgehend auf einzelvertraglich vereinbarten Zusagen im Rahmen des Anstellungsvertrages und wird daher zum größten Teil individuell zwischen der Gesellschaft und dem jeweiligen Vorstandsmitglied ausgehandelt.[183]

---

178 *Raible/Schmidt* in: Kienbaum, Vergütungsstudie 2008/2009, S. 29; ähnlich *Bosse*, Hdbuch Vorstandsvergütung, S. 69 Rdn. 183.

179 *Raible/Schmidt* in: Kienbaum, Vergütungsstudie 2008/2009, S. 29.

180 *Evers* in: Hommelhoff/Hopt/v. Werder, Hdbuch CG 2009, S. 349 (363).

181 *Thüsing* in: Fleischer, Hdbuch des Vorstandsrechts, § 6 Rdn. 60.

182 *Freiburg*, Managergehälter, S. 41 f.

183 *Ferstl*, Managervergütung, S. 37.

### aa) Echte Aktienmodelle

Im Rahmen der aktienbasierten Vergütung ist eine Vielzahl an Ausgestaltungsmöglichkeiten denkbar. Im Folgenden werden die meist verbreiteten Aktienmodelle dargestellt.

#### (1) Aktienoptionspläne (*stock option plans*)

Aktienoptionspläne (auch Aktienoptionsprogramme oder *stock option plans* genannt) bilden sowohl in Deutschland als auch in Großbritannien und den USA ein weit verbreitetes Konzept der Managementanreizsysteme börsennotierter Aktiengesellschaften. Diese Form der variablen Vorstandsvergütung wurde ursprünglich in den USA praktiziert und später auch von britischen und deutschen Aktiengesellschaften übernommen.[184] Die Ursache für die Einführung aktienbasierter Vergütungsmechanismen liegt in der Absicht, im Sinne des *shareholder value*-Konzepts eine stärkere Interessenangleichung zwischen den Aktionären als Eigentümern und den Vorstandsmitgliedern als Unternehmensführung zu erreichen, um letztere durch die eigene Anteilseignerschaft und die damit einhergehende Bindung an das Unternehmen zielbezogen zu motivieren.[185]

Unter den Aktienoptionsplänen sind Umtausch- oder Bezugsrechte zu verstehen, die von einer Gesellschaft „entweder direkt oder über die Einschaltung eines Kreditinstituts oder eine Tochtergesellschaft an einen bestimmten Kreis von Führungskräften begeben werden“[186]. Demnach werden die begünstigten Führungskräfte gegen Zahlung eines im Voraus festgesetzten Options- bzw. Ausübungspreises (*exercise price*) berechtigt, innerhalb einer bestimmten Frist unter bestimmten ebenfalls vorab festgelegten Bedingungen Aktien der Gesellschaft zu kaufen.[187] Der Ausübungspreis entspricht in der Regel dem Aktienkurs des Unternehmens zum Zeitpunkt der Gewährung von Aktienoptionen. Die zukünftige Wertentwicklung eines Aktienoptionspaketes wird an die Performance der Vorstandsmitglieder gekoppelt. Die Beurteilung der Angemessenheit eines solchen Pakets erfolgt immer zum Zeitpunkt der Gewährung. Somit ist bei der Ausgabe der Optionen lediglich eine Prognose bezüglich des Optionswertes abzugeben, der zum Zeitpunkt der Ausübung für den Begünstigten voraussichtlich vorliegen würde. Als Maßstab wird der gewöhnliche Verlauf der Wertentwicklung der Gesellschaft zugrunde gelegt

---

184 Dies geschah im Zusammenhang mit der Einführung der Wandeloptionsanleihen bei Daimler Benz und der Deutschen Bank im Jahr 1996. *Rapp/Schaller/Wolff*, CEFS Working Paper No. 2009–03, S. 1, abrufbar unter: http://ssrn.com/abstract=1354006 (zuletzt aufgerufen am 19.06.2014); *Wulff*, Aktienoptionen für das Management, S. 3; *Akin*, Corporate Governance, S. 129.

185 *von Rosen* in: Hummel/Bühler/Schuster, Banken, S. 378; *Schätzle*, Manager, S. 144; *Simon/Schaumburg* in: Kienbaum, Vergütungsstudie 2008/2009, S. 9; *Ferstl*, Managervergütung, S. 91.

186 *Schüller*, Vorstandsvergütung, S. 62; *Schnapperelle*, Die Angemessenheit, S. 26.

187 *Ellig*, Executive Compensation, S. 406; *Baums* in: FS Claussen, S. 3

und eine Zielgröße definiert, die erreicht werden soll.[188] Somit hat der Prinzipal die Möglichkeit, über die Ausübungsbedingungen bestimmte strategische Zielvorgaben zu machen und auf diese Art und Weise die Vorstandsmitglieder in eine bestimmte von ihm angestrebte Richtung zu steuern. Durch das Vergütungsinstrument der Aktienoptionspläne ist daher die Verknüpfung beider Interessen beabsichtigt, die dem sog. *principal-agent*-Konflikt entgegenwirken soll.[189]

Handelt es sich um eine positive Differenz zwischen dem Aktienkurs im Ausübungszeitraum (*fair market value*) und dem vorher vereinbarten prognostizierten Ausübungspreis, erzielt der Begünstigte einen Gewinn und profitiert damit unmittelbar von Kurssteigerungen des Unternehmens.[190] Kommt es hingegen zu einem Kursverlust, so wird die Aktienoption lediglich wertlos, ein finanzieller Schaden des Vorstandsmitglieds – abgesehen von einem eventuell zu begleichenden Preis der Option im Gewährungszeitpunkt – ist damit jedoch mangels einer Ausübungspflicht nicht verbunden.[191] Folglich zielen Aktienoptionspläne als Vorstandsvergütungskomponente darauf ab, Führungskräfte am Erfolg der Marktentwicklung ihres Unternehmens zu beteiligen und ihnen im Falle der Vermögensmehrung der Eigentümer ebenfalls eine Einkommenssteigerung zukommen zu lassen. Durch die langfristig orientierte Vergütung anhand von Aktienoptionen soll daher die Kompensierung der Nachteile einer kurzfristigen Anreizwirkung erreicht werden.[192]

Aktienoptionspläne sind ein beliebtes Vergütungsmittel junger, liquiditätsschwacher Unternehmen, um qualifizierte Führungskräfte für sich zu werben und diese längerfristig an das Unternehmen zu binden. Solche sog. *start-up*-Unternehmen sind regelmäßig nicht in der Lage ihrem Vorstand eine hohe Barvergütung zu gewähren, sodass die Aktienoptionen sich hierfür als sinnvollstes Ersatz-Anreizinstrument erweisen.[193] In den vergangenen Jahren hat sich jedoch auch bei großen etablierten Unternehmen eine Tendenz zur Gewährung von Aktienoptionen herausgebildet. In Krisenzeiten verfolgten und verfolgen diese das Ziel, den zur Sanierung erforderlichen Lohnverzicht durch Aktienoptionen auszugleichen und den Vorstandsmitgliedern damit zumindest die Möglichkeit zu geben, künftig ein höheres Einkommen zu erzielen.[194]

Das Interesse der Anteilseigner deutscher börsennotierter Aktiengesellschaften an Aktienoptionsplänen als Element der Vorstandsvergütung ist jedoch in letzter

188 *Schätzle*, Manager, S. 105, 149; LG Stuttgart, DB 1997, 2422; *Kohler*, ZHR 1997, 246 (254); *Bernhardt/Witt*, ZfB 1997, 85 (89); *Akin*, Corporate Governance, S. 130.

189 *Schnapperelle*, Die Angemessenheit, S. 26.

190 *Schnapperelle*, Die Angemessenheit, S. 27; *Klauser*, Rechtsgrundlagen, S. 10; *Schüller*, Vorstandsvergütung, S. 62; *Schätzle*, Manager, S. 145.

191 *Schüller*, Vorstandsvergütung, S. 64; *Schätzle*, Manager, S. 150; *Schulz*, Aktienkursorientierte Vergütungssysteme, S. 84.

192 *Raeder*, Die Entwicklung, S. 6.

193 Kienbaum, Vergütungsstudie 2008/2009, S. 97.

194 Kienbaum, Vergütungsstudie 2008/2009, S. 97.

Zeit sichtbar schwächer geworden.[195] Der Rückgang der *stock options* ist auf die veränderten Bilanzierungsvorschriften zurückzuführen, denn die Aktienoptionen sind nunmehr nach dem International Financial Reporting Standard 2 (IFRS 2) als Personalaufwand zu verbuchen. Dies führt dazu, dass sie nicht mehr ergebnisneutral im Anhang aufgelistet werden dürfen, sondern einer aufwandswirksamen Erfassung unterliegen.[196]

In den USA und Großbritannien hingegen werden Löhne und Gehälter höher als Wertzuwachs in Form von Gesellschaftsanteilen besteuert. Dieser fällt vielmehr unter die niedrigere *capital gains tax*.[197] Dies macht *stock options* zu einer sehr attraktiven Vergütungskomponente.

Zwar sind die echten stock option-Programme seit der Jahrtausendwende weitgehend aus der Mode gekommen,[198] an Bedeutung haben allerdings die sog. *restricted stock plans* gewonnen.

### (2) Aktienüberlassungen mit Veräußerungssperre (*restricted stock grants* und *restricted stock units*)

Die sog. *restricted stock option plans* bieten eine Alternative zu den traditionellen Aktienoptionsplänen. Mit ihnen wird den Vorstandsmitgliedern die Möglichkeit gegeben, unter bestimmten Voraussetzungen ohne finanzielle Gegenleistung Aktien ihres Unternehmens zu erhalten oder diese mittels eines vom Unternehmen zu günstigen Konditionen gewährten Kredits am Markt zu erwerben. Die auf diese Art und Weise erworbenen Aktien sind mit einer mehrjährigen Veräußerungssperre (*vesting period*) versehen und dürfen daher vom Vorstandsmitglied innerhalb eines bestimmten Zeitraums nicht verkauft werden.[199]

Bei den *restricted stock grants* handelt es sich um Aktien des Unternehmens, die dem begünstigten Vorstandsmitglied regelmäßig zu einem günstigeren Preis als dem Marktpreis, jedoch versehen mit einer Sperrfrist gewährt und für einen gewissen Zeitraum in einem Depot aufbewahrt werden. Nach Ablauf der im Voraus festgesetzten Sperrfrist werden die Aktien an die Vorstandsmitglieder ausgehändigt und diese dürfen sie zu einem beliebigen Zeitpunkt veräußern oder in sonstiger Weise von ihrem Eigentum Gebrauch machen. Entscheidend ist dabei, dass die wesentlichen Rechte (*main shareholder rights*) an den Aktien bereits bei Gewährung an den Begünstigten übergehen, mit der Folge, dass sie der Anfangsbesteuerung unterliegen.

---

195 *Klauser*, Rechtsgrundlagen, S. 11; *Hohenstatt*, ZIP 2009, 1349 (1357).

196 *Klauser*, Rechtsgrundlagen, S. 11; MünchKommAktG/*Spindler*, § 87 Rdn. 61 f.; *Marsch-Barner*/Schäfer, Handbuch, § 2 Rdn. 18; *ders.* in: FS Röhricht, S. 412; *Coyle*, Corporate Governance, S. 195.

197 *Baums* in: FS-Claussen, S. 23; *Schüller*, Vorstandsvergütung, S. 61.

198 *Simon/Schaumburg* in: Kienbaum, Vergütungsstudie 2008/2009, S. 9.

199 *Klauser*, Rechtsgrundlagen, S. 11; *Schüller*, Vorstandsvergütung, S. 63; *Raeder*, Die Entwicklung, S. 5.

Dies bedeutet, dass die Differenz zwischen *fair market value* bei Gewährung und dem Bezugspreis als Gehalt zu versteuern ist.[200]

*Restricted stock units* hingegen sind Rechte, die das Vorstandsmitglied von der Gesellschaft gewährt bekommt. Dabei wird diesem versprochen, ihm nach Ablauf einer bestimmten Frist und bei Erreichen im Vorfeld festgelegter Ziele eine bestimmte Aktienanzahl des Unternehmens zu günstigeren Konditionen oder sogar kostenlos zu gewähren. Somit bilden *restricted stock units* die virtuelle Abbildung der *restricted stock grants.* Das Vorstandsmitglied wird hierbei erst nach Ablauf der Sperrfrist, nämlich bei Einlösung des Gesellschaftsversprechens und folgendem Aktienerwerb, rechtlicher Eigentümer der Aktien und erwirbt auch dann erst die *main shareholder rights* mit der Konsequenz, dass er erst ab diesem Zeitpunkt tatsächlich wirtschaftlich über die Aktien verfügen kann. Somit fließt dem Vorstandsmitglied erst in diesem Moment ein geldwerter Vorteil zu, der auch zu versteuern ist (sog. Endbesteuerung).

Die übliche Haltefrist in Deutschland beträgt in Entsprechung mit § 193 Abs. 2 Nr. 4 AktG n. F. regelmäßig vier, in Großbritannien und in den Vereinigten Staaten nur drei[201] Jahre. Verlässt das Vorstandsmitglied das Unternehmen vor Ablauf dieser Frist, ist es zur Rückgabe der ihm gewährten Aktien verpflichtet. Somit wird eine nachhaltige Bindung des Vorstands an das jeweilige Unternehmen erreicht.[202]

Im Vergleich zu Aktienoptionsplänen liegt der Vorteil der *restricted stock plans* darin, dass die Vorstandsmitglieder bis zum Ablauf der Restriktionsperiode als Aktionäre dem Kursrisiko ausgesetzt sind. Dies stellt für sie einen Anreiz dar, den Aktienkurs in dieser Zeit und nicht nur kurzfristig zu steigern und somit eine dauerhafte Steigerung des Unternehmenswerts, die auch den übrigen Aktionären zugute kommt, zu erreichen.[203] Sowohl die Aktienoptionspläne als auch die *restricted stock plans* werden von den Unternehmen mit dem Ziel eingesetzt, Anreize für die Führungskräfte zu kreieren, ohne dabei die Liquidität des Unternehmens durch erhöhte Bonuszahlungen zu gefährden. Im Übrigen ist im Falle des Aktienerwerbs am Markt mittels eines Kredites kein Verwässerungseffekt bezüglich der Altaktionäre zu befürchten, da die Anzahl der im Umlauf befindlichen Aktien sich nicht verändert.[204]

Im Übrigen können klassische Aktienoptionspläne die Kurzfristorientierung intensivieren. Zwar wurde vor nicht allzu langer Zeit die Ansicht vertreten, dass es sich bei den Führungskräften um verantwortliche Unternehmenspersönlichkeiten handele, die selbstverständlich langfristig investierten.[205] Diese Auffassung kann angesichts aktueller Unternehmensskandale und zahlreicher Fehlverhalten von Vorständen führender Aktiengesellschaften, die als mögliche Ursache für die

200 *Schätzle,* Manager, S. 206.
201 *Balsam/Kuang/Qin,* Executive Compensation, S. 16.
202 *Raeder,* Die Entwicklung, S. 5.
203 *Klauser,* Rechtsgrundlagen, S. 11; *Schüller,* Vorstandsvergütung, S. 63 f.
204 *Schüller,* Vorstandsvergütung, S. 64; *Schnapperelle,* Die Angemessenheit, S. 27.
205 *Gedenk/Albers,* DBW 1992, 505 (508); *Schüller,* Vorstandsvergütung, S. 89.

Finanzkrise angesehen werden, nicht mehr mit Überzeugung vertreten werden. Aus diesem Grund ist die bisher zu beobachtende Euphorie in Bezug auf Aktienoptionsprogramme zwischenzeitlich und vor dem Hintergrund der zahlreichen in Deutschland und Großbritannien zutage getretenen Schwächen der praktischen Handhabung derartiger Pläne einer realistischen Betrachtung gewichen.[206] Auch US-amerikanische Unternehmen, die bislang bei der Zuteilung von Aktienoptionen höchst großzügig verfuhren, überdenken nunmehr ihre Optionspläne. Auch in Deutschland ist eine äquivalente Entwicklung feststellbar. Viele Unternehmen nehmen in jüngerer Zeit eine Umstellung ihrer Optionspläne vor oder ergänzen diese um eine finanzielle Beteiligung der Begünstigten. Darüber hinaus hat die seit 2005 geltende zwingende bilanzielle Behandlung der Aktienoptionen als Aufwand die Attraktivität dieser Vergütungsform in Deutschland schwinden lassen.[207]

Eine Vielzahl der deutschen Unternehmen verpflichtet ihre Vorstände zu einem Aktieninvestment in Form eines langfristigen Vergütungselements. So führte Siemens im Jahre 2010 einen sog. Share Matching Plan ein, der die Vorstandsmitglieder verpflichtete 50 % ihrer Boni in Siemens Aktien zu investieren, um nach Ablauf einer ca. dreijährigen Haltefrist für jeweils drei unter dem Plan erworbene und in dieser Zeit gehaltene Aktien jeweils einmalig eine Siemens-Aktie ohne Zusatzzahlung zu erwerben (sog. Matching Aktie). Einen vergleichbaren Matching Plan bietet auch die Telekom AG ihren Vorstandsmitgliedern an, wobei die Haltefrist sogar vier Jahre beträgt.[208]

### bb) Virtuelle Aktienprogramme

#### (1) Stock appreciation right plans

Eine weitere Form der langfristigen aktienbasierten Vergütung bilden die virtuellen Aktienprogramme. So werden im Rahmen der *stock appreciation right plans* effektiv zwar keine Aktien ausgegeben. Die begünstigten Führungskräfte erhalten aber das Recht, zu einem bestimmten, in der Regel von den Beteiligten selbst festgelegten Zeitpunkt in vorher bestimmtem Umfang an der Wertentwicklung der Aktie der Gesellschaft teilzunehmen. Hierbei handelt es sich ausschließlich um schuldrechtliche Nachbildungen von Aktien und Optionsrechten. Ausgezahlt wird in diesem Fall lediglich der Wertzuwachs einer festgelegten fiktiven Anzahl von Aktien. Da es zu keiner Ausgabe von Aktien kommt, wird keine Verwässerung der Rechte der Altaktionäre verursacht aber auch keine mitgliedschaftliche Stellung der Begünstigten begründet. Nachteilig erweist sich diese Vergütungsform durch das Risiko eines beachtlichen Liquiditätsverlusts zum Zeitpunkt der Ausübung der *appreciation rights*.[209] Gegenwärtig stellen die Ausgabe virtueller Aktien bzw. die Festlegung sog.

---

206 Allgemein hierzu *Winter* in: Hommelhoff/Hopt/v. Werder, Hdbuch Corporate Governance 2003, 335 ff.

207 *Ringleb*/Kremer/Lutter/v. Werder, Kommentar DCGK, Rdn. 751.

208 *Wilke/Priessner/Schütze/Wolff*, Kriterien für die Vorstandsvergütung, S. 25.

209 *Schüller*, Vorstandsvergütung, S. 64; MünchKommAktG/*Fuchs*, § 192 Rdn. 85; *Klauser*, Rechtsgrundlagen, S. 12; *Schätzle*, Manager, S. 158; *Ferstl*, Managervergütung, S. 148.

virtueller Optionsprogramme bei den DAX 30-Unternehmen jedoch eine im Vergleich zu traditionellen Aktienoptionen weitverbreitete Maßnahme zur langfristigen Motivierung der Führungskräfte dar. Der wesentliche Vorteil dieser Methode liegt darin, dass hierfür kein Hauptversammlungsbeschluss gem. § 193 AktG erforderlich ist (bedingte Kapitalerhöhung), welcher für die Herausgabe von klassischen/echten Aktienoptionsprogrammen die Grundvoraussetzung bildet. Bei virtuellen Aktienoptionsprogrammen wird der Leistungsempfänger lediglich schuldrechtlich so gestellt, als sei er Inhaber von Aktien oder Aktienoptionen. Dabei können die für die echten Optionspläne geltenden Erfolgsparameter vereinbart werden.[210]

#### (2) Phantom stock plans and phantom stock option plans

Der *phantom stock plan* weist eine gewisse Ähnlichkeit mit dem *stock appreciation rights plan* auf. Auch hier gilt der Aktienkurs als Richtschnur für die Leistungsvergütung des Vorstandsmitglieds. Im Unterschied zu *stock appreciation rights plans*, bei denen die Begünstigten kein Kursrisiko zu tragen haben, wird dieses allerdings im Rahmen von *phantom stock plans* von den Führungskräften übernommen. Den Vorstandsmitgliedern wird hierbei eine Anzahl an fiktiven Aktien als „Verrechnungsposten" zugebilligt. Diese dürfen sie nach einem gewissen Zeitraum[211] „veräußern" und erhalten hierfür vom Unternehmen einen entsprechenden Wertzuwachs der Aktie ausbezahlt. Der Wertzuwachs ergibt sich folglich aus dem konkreten Aktienkurs am Tag der Ausgabe des *phantom stock* und dem realen Börsenkurs am Tag der „Veräußerung".

#### (3) Vor- und Nachteile virtueller Aktienprogramme

Virtuelle Aktienoptionsprogramme haben im Vergleich zu klassischen Aktienoptionspaketen den Vorteil, dass tatsächlich keine Aktienausgabe stattfindet und demnach auch keine Verwässerung der Altaktienverhältnisse entsteht. Zudem bedürfen virtuelle Aktienoptionsausgestaltungen keines Hauptversammlungsbeschlusses, sodass damit unter anderem die Gefahr einer Anfechtungsklage entfällt.

Trotz dieser Vorzüge weisen virtuelle Aktienoptionsprogramme auch gewisse Schwächen auf. Fällt der Wertzuwachs der Aktien zum Beispiel enorm hoch aus, kann dies zu einem beträchtlichen Liquiditätsabfluss führen und so die Lage der Gesellschaft gefährden. Darüber hinaus wird durch die *stock appreciation rights plans* sowie durch die *phantom stock plans* kein wirkliches „Bekenntnis zum Mitunternehmer" seitens der Vorstandsmitglieder gefördert, da hierbei lediglich fiktive Aktien erworben werden.[212] Somit wird die Angleichung der Aktionärsinteressen mit denen des Vorstands eher erschwert. Aber auch für das Vorstands-

---

210 *Hermes,* LawZone 2/2010, 22 (27).

211 Sowohl bei *stock appreciation rights* als auch im Rahmen der *phantom stock plans* ist von einer vierjährigen Warte- bzw. Haltefrist auszugehen. Vgl. Kienbaum, Vergütungsstudie 2008/2009, S. 100; *Gaul/Janz,* NZA 2009, 809 (810).

212 *Schüller,* Vorstandsvergütung, S. 65; *Schätzle,* Manager, S. 158; a. A.: *Schulz,* Aktienkursorientierte Vergütungssysteme, S. 4.

mitglied als Leistungsempfänger erweisen sich virtuelle Aktienoptionen aufgrund der steuerlich ungünstigeren Behandlung im Vergleich zu echten Aktienoptionsprogrammen als nachteilig. In Deutschland unterliegt das Bareinkommen aus virtuellen Aktienoptionsprogrammen wie auch jedes andere Einkommen der üblichen Steuerpflicht. Den etwaigen Erlös aus der Veräußerung von echten, klassischen Aktienoptionen trifft dagegen keine Steuerlast, wenn die Veräußerung der Aktien nach Ablauf der Spekulationsfrist erfolgt.[213] Auch in angelsächsischen Ländern, wie Großbritannien und den USA ist die steuerliche Behandlung der realen *stock options* sehr vorteilhaft ausgestaltet, sodass virtuelle Aktienoptionsprogramme dort eher weniger verbreitet sind.[214]

#### cc) Anpassungsmechanismen in Zeiten finanziellen Abschwungs

##### (1) Repricing

Die wirtschaftliche Stagnation der letzten Jahre verbunden mit dem drastischen Rückgang der Aktienkurse resultierte in vielen Fällen im Verfall der Aktienoptionsrechte im Ausübungszeitpunkt. Dieses Phänomen führte dazu, dass in den USA, dem Ausgangsland aktienbasierter Vergütungsformen, der Begriff *repricing* auftauchte, der eine nachträgliche Anpassung des Bezugspreises eines bestehenden aktienbasierten Vergütungssystems vorsieht.[215]

Liegt der Ausübungs- bzw. Bezugspreis von Aktien aus Aktienoptionsplänen wesentlich über dem aktuellen Aktienkurs zum Zeitpunkt der Ausübung des Optionsrechts, besteht die Möglichkeit, den Bezugspreis nachträglich herabzusetzen. Grundsätzlich gibt es zwei Varianten, diese Maßnahme (sog. *repricing*) im Falle eines signifikanten Kursverlustes durchzuführen. Die erste besteht darin, die bereits existierenden Aktienoptionen zurückzugeben und anschließend neue Aktienoptionen zu einem niedrigeren Ausübungspreis auszugeben (*regrant*). Bei der zweiten Möglichkeit handelt es sich um eine nachträgliche Senkung des bereits festgelegten Ausübungspreises der begebenen Aktienoptionen (sog. *echtes repricing*).[216]

Aktionäre stehen dieser Optionspraxis jedoch sehr kritisch gegenüber und wehren sich vehement dagegen.[217] Nach bei ihnen verbreiteter Auffassung erweckt die Maßnahme des *repricing* den Anschein einer Belohnung für die Vorstandsmitglieder, denen es misslungen ist, den Aktienkurs vom ursprünglichen Niveau aus zu

---

213 *Mertens/Cahn*, KK-AktG, § 87 Rdn. 80; *Martens*, FS Ulmer, S. 399 (403).

214 *Schüller*, Vorstandsvergütung, S. 64.

215 *Casper*, DStR 2004, S. 1391 f.; *Schulz*, Aktienkursorientierte Vergütungssysteme, S. 156; *Thüsing*, ZHR 2003, 457 (498).

216 *Schätzle*, Manager, S. 198; *Kort* in: Hopt/Wiedemann, GroßkommAktG, § 87 Rdn. 181; *Thüsing*, ZGR 2003, 457 (499).

217 Auch der Berliner Initiativkreis German Code of Corporate Governance und die Regierungskommission Corporate Governance setzen sich für ein generelles Verbot des *repricing* ein, vgl. Berliner Initiativkreis German Code of Corporate Governance, DB 2000, 1573 (1577); *Baums*, Bericht der Regierungskommission CG, Rdn. 46.

steigern.[218] Zudem schreibt Ziffer 4.2.3 Abs. 3 Satz 3 DCGK vor, dass eine nachträgliche Änderung der Erfolgsziele oder der Erfolgsparameter ausgeschlossen sein soll. Auch die Regelung § 5 Abs. 2 Nr. 4 Satz 2d FMStFV bestimmt, dass die Zusagen von Stabilisierungsmaßnahmen nach dem FMStFG u. a. davon abhängig gemacht werden sollen, dass Erfolgsziele, Ausübungspreise für Aktienoptionsprogramme oder andere Parameter für erfolgsabhängige Vergütungen nicht nachträglich zu Lasten des Unternehmens geändert werden dürfen. Ferner argumentieren die Kritiker mit der Verwässerung oder Aufhebung der mit einem Optionsplan bezweckten Anreizwirkung, wenn die sinkenden Aktienkurse des Unternehmens die Vergütung des am Optionsplan teilnehmenden Leistungsempfängers nicht negativ beeinflussen. Daher könne bereits die Aussicht auf *repricing* die Nachlässigkeit des Managements unterstützen[219] oder sogar zum Eingehen übermäßig hoher Risiken verleiten.[220] Des Weiteren spricht auch die ungleichmäßige Risikoverteilung gegen die Zulässigkeit von *repricing*. Auf der einen Seite werden dem Vorstand Chancen auf die Erzielung hoher Gewinne gegeben, auf der anderen Seite nimmt sein Verlustrisiko jedoch ab.[221] Und schließlich führt diese Maßnahme zu einer Kapitalverwässerung während einer Zeit, in der die Anteilseigner aufgrund gesunkener Aktienkurse ohnehin Verlusten ausgesetzt sind.[222]

Dagegen wird jedoch vorgebracht, dass die Aussicht auf eine Verbesserung der Attraktivität der ausgegebenen Aktienoptionen die intendierte Anreizwirkung erzeuge und so die Gefahr der Vernachlässigung von Unternehmensaufgaben durch den Vorstand gerade umgehe.[223] Die Herabsetzung unerreichbarer oder allzu ehrgeiziger Erfolgsparameter könne demnach die Führungskräfte motivieren, realistischere Ziele zu verfolgen und von übermäßig riskanten Entscheidungen abzusehen.[224] Die Zulässigkeit des *repricing* könne zudem zu einer stärkeren Bindung der Führungskräfte ans Unternehmen beitragen und ihre Abwanderung verhindern.[225] Das ist zwar dann nicht erstrebenswert, wenn die Leistungsempfänger für den Misserfolg des Unternehmens verantwortlich sind, welcher zum Kursverlust geführt hat. Beruht die Zielverfehlung aber auf exogenen, vom Vorstand nicht zu verantwortenden Faktoren, wie etwa auf Verfehlungen des früheren Managements, so ist es ein durchaus förderungswürdiges Ziel, ein *repricing* ausnahmsweise zuzulassen,

---

218 *Schätzle*, Manager, S. 199; *Schulz*, Aktienkursorientierte Vergütungssysteme, S. 158.
219 *Semmer*, Repricing, S. 35.
220 *v. Schlabrendorff*, Repricing, S. 20.
221 MünchKommAktG/*Spindler*, § 87 Rdn. 55; *Semmer*, Repricing, S. 29 f.; *v. Schlabrendorff*, Repricing, S. 22; *Thüsing*, ZGR 2003, 457 (499).
222 *Semmer*, Repricing, S. 32 f.
223 *von Einem/Pajunk*, in Achleitner/Wollmert, Stock Options, S. 103; *Schulz*, Aktienkursorientierte Vergütungssysteme, S. 159.
224 *v. Schlabrendorff*, Repricing, S. 33; *Thüsing*, ZGR 2003, 457 (498); *Mertens/Cahn*, KK-AktG, § 87 Rdn. 70.
225 *v. Schlabrendorff*, Repricing, S. 35.

um die Führungskräfte, die unter Umständen sogar trotz widriger Gegebenheiten hervorragende Leistungen erbracht haben, zu belohnen und zu erhalten.[226]

Das oben beschriebene Problem des *repricing* wird jedoch dadurch abgemildert, dass Manager regelmäßig nicht nur einmalige Aktienoptionen zugeteilt bekommen, sondern vielmehr in den Genuss neuer, auf die individuellen Leistungen des Einzelnen abgestimmter Tranchen des Aktienoptionsprogramms kommen. Der gewünschte Motivationseffekt wird somit nicht von einzelnen Aktienoptionen erzeugt, sondern geht vielmehr von dem gesamten Aktienoptionspaket des Vorstands aus und sollte bei optimaler Gestaltung im Zeitablauf stabil bleiben. Ist es zu einem Absinken des Aktienkurses gekommen, der durch von außen wirkende, nicht vom Management verursachte Faktoren entstanden ist, ist eine Ausübung der Aktienoptionen für den Begünstigten wirtschaftlich nicht mehr sinnvoll. In einem solchen Fall wäre *repricing* nur dann gerechtfertigt, wenn der Begünstigte seinerseits auf andere Ansprüche verzichten würde. Die Schwierigkeiten im Zusammenhang mit der nachträglichen Anpassung des Basispreises können allerdings durch eine Indexierung der Optionsrechte gänzlich beseitigt werden. In diesem Fall erhalten die Vortandsmitglieder nur dann eine angemessene Vergütung, wenn die Entwicklung des Aktienkurses des Unternehmens besser ist als ein geeigneter Vergleichsindex.[227] Diese *repricing*-Ansätze bieten die Möglichkeit, trotz sinkender Kurse eine anreizbasierte Vergütung zu offerieren und Fehlanreize oder Wertverluste, die nicht in den Verantwortungsbereich der Führungskräfte fallen, zu vermeiden.[228]

### (2) Markttaugliche Alternativoptionen zum „echten repricing“

Um den langfristigen Verwässerungseffekt, der aus *stock option*-Plänen resultiert, zu beschränken und den Führungskräften dennoch zeitgleich empfindliche Einbußen in ihrer Gesamtvergütung, die sie aufgrund des Verfalls des Aktienkurses erlitten haben, zu ersparen, müssen weitere Alternativen zum echten *repricing* entwickelt werden. Zunächst ist hierbei an die Rückgabe und Löschung der wertlosen Aktienoptionen und Ausgabe neuer Aktienoptionen nach Ablauf einer Sperrfrist von sechs Monaten mit zu diesem Zeitpunkt fairen Ausübungspreisen zu denken. Eine weitere Lösungsmöglichkeit ist in der Ausgabe neuer Aktienoptionen und Vereinbarung eines Verfalls derselben bei sinnvoller Ausübbarkeit der aus derzeitiger Sicht wertlosen Aktienoptionen zu sehen. Ferner könnte auch die Löschung der ausgegebenen Aktienoptionen und die Ausgabe von beschränkten Aktienoptionen als mögliche Alternative zum echten *repricing* in Erwägung gezogen werden.[229]

---

226 *Mertens/Cahn*, KK-AktG, § 87 Rdn. 70; MünchKommAktG/*Spindler*, § 87 Rdn. 55.

227 *Thüsing*, ZGR 2003, 457 (499); *Schulz*, Aktienkursorientierte Vergütungssysteme, S. 159.

228 *Schulz*, Aktienkursorientierte Vergütungssysteme, S. 159.

229 *Schätzle*, Manager, S. 200 f.

### (3) Hedging

Hedging spielt insbesondere in Zeiten finanziellen Abschwungs eine bedeutende Rolle. Dabei handelt es sich um die Kompensierung möglicher Verluste aus Kaufoptionen durch den Kauf von Verkaufsoptionen. In diesem Zusammenhang stellt sich jedoch die Frage, ob eine derartige Absicherung der Aktienoptionen der Organmitglieder durch Gegengeschäfte zulässig ist. Aktienoptionen verkörpern ein Vergütungsinstrument, welches Managern zur Steigerung ihrer Leistung gewährt wird. Daher wären alle Gegengeschäfte de facto Spekulationen darüber, dass die Incentivierung nicht funktioniert. Aus diesem Grund besteht Einigkeit darüber, dass ein Vorstandsmitglied, welches derartige Absicherungsgeschäfte eingeht, seinen Anstellungsvertrag verletzt.[230]

### dd) Aktienkurs als verfehlter Vergütungsmaßstab

Anfangs mit Begeisterung und unter der Flagge „Verbesserung der internationalen Wettbewerbsfähigkeit der deutschen Wirtschaft" aufgenommene Aktienoptionsprogramme haben nunmehr angesichts der aktuellen Finanzmarkt- und Wirtschaftskrise zu einer verstärkt negativen öffentlichen Aufmerksamkeit und einem gewissen Ungerechtigkeitsempfinden in der Gesellschaft geführt.[231] Kritisiert wurde vor allem das Missverhältnis zwischen der Höhe der Vorstandsvergütung und der Leistung des Unternehmens. Zunehmende Sensibilität der Öffentlichkeit erfuhren außerdem steigende Vorstandsbezüge trotz sinkender Aktienkurse, die vor allem während der Hauptversammlungssaison den Diskussionsmittelpunkt bildeten.[232] Darüber hinaus wurden die Aktienoptionsprogramme zumindest indirekt auch für die jüngsten Geschehnisse an den Kapitalmärkten und die zahlreichen Bilanzskandale mitverantwortlich gemacht. Dies sei auf die „unlauteren Bilanzierungspraktiken über die tatsächliche Lage der Gesellschaft" zurückzuführen, die ihrerseits zu hohen Börsenbewertungen und somit zu einer Verzerrung der Unternehmenslage führten.[233]

Mit der Etablierung aktienbasierter Vergütungsinstrumente sollte den Vorstandsmitgliedern der Anreiz genommen werden nur kurzfristig gewinnsteigernde Investitionen vorzunehmen. Aktienbasierte Erfolgsbeteiligungen zielen daher darauf ab, strategieorientiertes Handeln der Führungskräfte zu fördern und diese zu motivieren, aus eigenem Interesse zukünftig langfristig hohe Steigerungen des Unternehmenswertes zu erzielen. Die Erfolgs- und Kapitalbeteiligung des Vorstands soll dazu führen, dass die Führungsorgane sich mit den Zielen des Gesamtunternehmens

---

230 *Schätzle*, Manager, S. 201 f.; *Thüsing*, ZGR 2003, 457 (499); in USA sec. 16(c) Securities Exchange Act of 1934. Näher dazu *Schizer*, 100 Colum. L. Rev. 2000, 440 (461 f.).

231 *Hirte*, Stellungnahme zum Entwurf des VorstAG, S. 1.

232 *Schulz*, Aktienkursorientierte Vergütungssysteme, S. 2; *Marsch-Barner* in: FS Röhricht, S. 410.

233 *Schulz*, Aktienkursorientierte Vergütungssysteme, S. 3.

identifizieren und so eine Bindung an das Unternehmen entsteht.[234] Eine solche Zielsetzung erscheint jedoch vor allem im Rahmen der Kaufoptionen (sog. *call-options*) aufgrund des Risikoanreizes verfehlt. Zwar wird durch die asymmetrische Auszahlungspraxis einer Aktienoption das Risiko des Verlustes auf den Verfall der Optionen beschränkt, die Beteiligung am Unternehmenserfolg bleibt hingegen nach oben unbeschränkt. Die Einkommensmöglichkeiten des Vorstands fallen daher im Falle des Erfolgs viel größer aus als die Verlustrisiken. Folglich stellen auch die Aktienoptionspläne ein Vergütungsinstrument dar, welches einem risikogeneigten Vorstandsmitglied Anreize für riskante Investitionshandlungen bieten und ihn zu kurzfristig orientiertem Wirtschaften verleiten kann.[235]

In Zeiten allgemein angeschlagener Aktienmärkte konnte bei einigen Unternehmen eine die interne Wertschöpfung – z.B. gemessen am *economic value added* (EVA) – nicht ausreichend honorierende Aktienkursentwicklung an der Börse beobachtet werden. Spekulationsgeschäfte und zu hohe, der Wirklichkeit nicht entsprechende Unternehmenserwartungen an den Kapitalmärkten führten zu teilweise lang anhaltenden „Abweichungen zwischen der Börsenkapitalisierung und dem fundamental gerecht erscheinenden Wert des Unternehmens".[236] Daraus wird erkennbar, dass Aktienoptionsprogramme durchaus geeignet sind den Charakter „eines Glücksspiels anzunehmen, dessen finanzielles Ergebnis nur eingeschränkt von der Entwicklung des Unternehmens oder der Leistung des Managements beeinflusst wird [...]"[237]. Somit werden Aktienoptionsprogramme ihrer Funktion als sinnvolles Anreizinstrument nicht immer gerecht.

Zusätzlich zur wirtschaftlichen Untauglichkeit der Optionspakete, die nachhaltig nicht ausübbar sind (*„underwater options"*[238]), zeigt die US-amerikanische Praxis, dass im großen Maße ausgegebene Aktienoptionen in Ausnahmefällen unbeabsichtigte Anreize schaffen können, die sich negativ auf das Unternehmen auswirken. So wurden zum Beispiel bei den Anfang des 21. Jahrhunderts in Bilanzskandale verwickelten Unternehmen Enron und Worldcom die Bilanzen manipuliert, um den Aktienkurs in die Höhe zu treiben, was sich wiederum auf den Aktienoptionsgewinn auswirkte. Entgegen aller Nachteile von Aktienoptionsplänen ist aber diese Vergütungsausgestaltungsform weiterhin zulässig und wird wohl auch in Zukunft von den Unternehmen häufig eingesetzt werden. Durch die neuen Bilanzierungsvorschriften haben Aktienoptionen jedoch in Deutschland ihre Vormachtstellung aufgeben müssen und sehen sich nun in Bezug auf die

---

234 *Freiburg*, Managergehälter, S. 43; *Beecher-Monas*, 11 Transactions: The Tennessee Journal of Business Law 2009, 51 (52 f.).

235 *Raeder*, Die Entwicklung, S. 6 f.; *Simon/Schaumburg* in: Kienbaum, Vergütungsstudie 2008/2009, S. 9; *Thüsing*, ZGR 2003, 457 (479).

236 Kienbaum, Vergütungsstudie 2008/2009, S. 92.

237 Kienbaum, Vergütungsstudie 2008/2009, S. 92.

238 Es handelt sich um Optionen, die unter dem aktuellen Basispreis der Aktie liegen.

Kosten-Nutzen-Relation einem Wettbewerb mit alternativen langfristigen Vergütungsmodellen ausgesetzt.[239]

Daher wird in den letzten Jahren eine weit verbreitete Auffassung in Literatur und Praxis vertreten, dass aktienbasierte Vergütungsbestandteile im Rahmen des anreizverträglichen Entlohnungsvertrages durch andere Vergütungskomponenten wie etwa den Einsatz einer Periodenerfolgsgröße des betrieblichen Rechnungswesens ergänzt werden sollten.[240] Durch den Einsatz alternativer Steuerungsinstrumente soll eine bessere Anreiz- und Bindungswirkung gewährleistet und so die Dysfunktionalität in fallenden Aktienmärkten vermieden werden.

### ee) Moderne Performance-Vergütungssysteme

Die in der Öffentlichkeit häufig kontrovers diskutierten aktienbasierten Vergütungsbestandteile werden zunehmend durch das moderne Anreizmodell der sog. performanceorientierten Entlohnungsprogramme verdrängt, welche die tatsächliche Leistung des Vorstands abbilden sollen. Hierbei wird nicht nur die eigene Aktienkursentwicklung verdeutlicht, sondern vielmehr die komplette Vorstandsleistung im Sinne der Nachhaltigkeit widergespiegelt.[241]

Es stellt sich jedoch die Frage, was genau unter dem Begriff der Performance zu verstehen ist. Heutzutage setzt sich beinahe jedes Unternehmen für die *pay for performance*-Philosophie ein, ohne diese genauer zu erklären. Sowohl die Aktionäre als auch die Vorstandsmitglieder sind jedoch daran interessiert, dass die Kriterien, die der Performanceauswertung zugrunde gelegt werden, bereits im Vorfeld definiert werden, um einen effektiven Verhaltensanreiz als Motivation für die Unternehmensführung zu erzeugen. Im Grundsatz setzt sich die Vorstandsperformance aus zwei Elementen zusammen: dem Arbeitsaufwand und den Bemühungen, die ein Vorstandsmitglied investiert und den erkennbaren Resultaten, die aus dem Einsatz des Vorstandsmitglieds erzeugt werden.[242] Es gibt unendlich viele Möglichkeiten, die Performance eines Vorstandsmitglieds zu messen. Dazu gehören unter anderem der Aktienkurs oder auch der Gewinn pro Aktie. Darüber hinaus kann die Performance sowohl anhand des internen Budgets des Unternehmens als auch relativ in Bezug auf vergleichbare Unternehmen beurteilt werden. In zeitlicher Hinsicht kann die Vorstandsperformance anhand eines Finanzquartals, eines Geschäftsjahres, eines Jahrzehnts oder sogar in Bezug auf das komplette Geschäftsleben bemessen werden. Das Ziel der Performancebetrachtung bleibt jedoch unabhängig von den Beurteilungsmethoden dasselbe und zwar, den Umfang der Wertschöpfung zu erfassen.[243]

---

239 Kienbaum, Vergütungsstudie 2008/2009, S. 92.
240 *Kuhner/Hitz/Sabiwalsky/Drefahl*, Studie Managergehälter 2009, S. 25.
241 Kienbaum, Vergütungsstudie 2008/2009, S. 91.
242 *Mercer*, Pay for Results, S. 21.
243 *Mercer*, Pay for Results, S. 23.

Zu den modernen Performance-Vergütungssystemen gehören *performance cash bonus plans*[244] und *performance share plans*[245]. In Deutschland machen diese zu je 21 % die mittel- und langfristige variable Vorstandsvergütung aus. Somit geben die klassischen Aktienoptionspläne in Deutschland ihre Vormachtstellung auf dem Gebiet der langfristigen variablen Vorstandsvergütung an neue leistungsausgerichtete Anreizmechanismen mit zunehmender Tendenz ab.[246] Um den offensichtlichen Bedenken gegen die Wechselwirkung der Vorstandsleistung und des Aktienkursanstiegs des Unternehmens entgegenzuwirken, werden auch in Großbritannien diese Vergütungsformen immer stärker durch die performanceorientierten Vergütungsmodelle ersetzt. Die leistungsausgerichtete Vergütung wird nunmehr auch im britischen Corporate Governance Code als „best practice" empfohlen. Das zentrale Vergütungsprinzip beinhaltet danach die Formulierung „a significant proportion of executive directors' remuneration should be structured so as to link rewards to corporate and individual performance".[247]

---

244 Im Rahmen der *performance cash bonus plans* erhält das Vorstandsmitglied einen am langfristigen Unternehmenserfolg ausgerichteten Bonus. Die Ermittlung der Höhe der Geldleistung erfolgt am Ende der üblicherweise drei- bis fünfjährigen Laufzeit auf der Basis vorab definierter Erfolgsziele. In den meisten Fällen werden dabei die Aktienkursentwicklung und die internen Kennzahlen als mögliche Erfolgsziele zugrunde gelegt. Die Attraktivität der *performance cash bonus plans* liegt insbesondere in der einfachen Verwaltung und Umsetzung, da eine bedingte Kapitalerhöhung und somit auch ein Beschluss der Hauptversammlung im Gegensatz zu Aktienoptionsplänen nicht erforderlich sind. Zwar mangelt es hierbei an einer personellen Bindung des Vorstandes an das Unternehmen. Dieser Nachteil wird jedoch zum einen durch eine vergleichbare Partizipation der Führungskräfte bei steigenden Aktienkursen und zum anderen durch die Möglichkeit des eigenständigen Aktienerwerbs des eigenen Unternehmens von seinem ausgezahlten Bonus relativiert. Um Liquidationsengpässe zu vermeiden, sind jedoch auch gemischte performanceorientierte Gestaltungsformen denkbar und durchaus praktikabel. Hierbei wird ein Teil des Plangewinns in Form eines Bonus, und ein anderer Teil in Aktien ausgezahlt. Vgl. Kienbaum, Vergütungsstudie 2008/2009, S. 98; *Hostettler/Benecke*, Der Aufsichtsrat 2009, Beitrag 18 f.

245 Im Rahmen des *performance share plans* wird dem Vorstandsmitglied die Gewährung von Aktien zu einem vorab festgelegten zukünftigen Zeitpunkt zugesagt. Die Ermittlung der Aktienanzahl erfolgt ebenfalls am Ende der meist drei- bis fünfjährigen Laufzeit auf der Grundlage der im Voraus definierten Erfolgsziele. Den zu versteuernden Gewinn des Vorstandsmitglieds bildet dabei regelmäßig eine Kombination aus kapitalmarktorientierten und internen Bezugsgrößen. Der Vorteil dieser Vergütungsform für den Begünstigten gegenüber aktienkursabhängigen *long time incentives* liegt in der höheren Resistenz in Bezug auf Aktienkursschwankungen und in der niedrigeren Risikoübernahme. Auch aus der Sicht des Unternehmens sind *performance share plans* im Vergleich zu aktienkursabhängigen Vergütungselementen angesichts des fehlenden Verwässerungseffekts deutlich attraktiver. Vgl. Kienbaum, Vergütungsstudie 2008/2009, S. 98; *Hostettler/Benecke*, Der Aufsichtsrat 2009, Beitrag 18 (19).

246 Kienbaum, Vergütungsstudie 2008/2009, S. 91.

247 Remuneration, sec. D.1, FCR, The UK Corporate Governance Code 2010.

Aktuelle *performance cash bonus plans* zeigen, dass die Gestaltung von attraktiven, ausgewogenen und aktienkursbasierten langfristigen Vergütungsprogrammen auch ohne die Begebung von Aktien oder Optionen durchaus möglich ist. Die Vorzüge dieser Vergütungssysteme liegen unter anderem in der administrativen Einfachheit. Die Umsetzung solcher Pläne erfordert weder eine bedingte Kapitalerhöhung noch einen Rückkauf eigener Aktien. Somit entfällt auch die Notwendigkeit, eine Genehmigung von Kapitalmaßnahmen durch die Hauptversammlung einzuholen. Zudem sind weder Broker noch Depotbanken notwendig.[248]

Im Rahmen von *performance cash boni* und *performance share plans* findet eine vollumfängliche Auszahlung des erzielten Gewinns statt. Im Unterschied zu klassischen Aktienoptionen erfolgt dies jedoch bereits nach einer Laufzeit von mindestens drei Jahren. Dieser relativ kurze Zeitraum und die automatische Auszahlung eines möglichen Gewinns legt die Frage nahe, ob es sich bei den modernen Plangestaltungsformen wie *performance cash*-Boni und *performance share plans* tatsächlich noch um langfristige variable Vergütungselemente handelt oder ob diese nicht vielmehr aufgrund ihres mittelfristigen Charakters den *mid term incentives* zuzuordnen sind. Angesichts der Tatsache, dass viele Stimmen in der Literatur die erforderliche Mehrjährigkeit der Bemessungsgrundlage bereits bei einer Laufzeit von drei Jahren ausreichen lassen, ist auch hier vom Vorliegen der *long term incentives* auszugehen.[249]

Eine klare Trennlinie zwischen kurz-, mittel- oder langfristigen Vorstandsvergütungselementen kann jedoch nicht immer gezogen werden, sodass auch in der Zukunft Schwierigkeiten bei der eindeutigen Zuordnung zu einem dieser Grundmodelle zu erwarten sind.[250]

#### ff) Pflicht zum Erwerb unternehmenseigener Aktien

Ein weiterer neuer Trend geht dahin, statt sich auf das ungewisse Spiel mit den Aktienoptionen einzulassen, die Vorstände zu verpflichten sich unmittelbar am Unternehmen zu beteiligen. Hierfür werden diese angewiesen, aus ihrem Gehalt unternehmenseigene Aktien zu finanzieren und diese über einen gewissen Zeitraum zu halten (sog. *share ownership guidelines*).[251] Insbesondere in Großbritannien und den USA ist diese Art des Eigeninvestments als Voraussetzung für die Zuteilung von Aktienoptionen oder vergleichbare Vergütungselemente weit verbreitet. Mehr als 50 % der US-amerikanischen Unternehmen verpflichten ihre Top-Führungskräfte zum Erwerb unternehmenseigener Aktien. Dabei trifft den Vorstandsvorsitzenden (sog. *chief executive officer*) üblicherweise die Pflicht, das Drei- bis Fünffache seiner Vergütung innerhalb von fünf Jahren in Unternehmensaktien zu investieren. Auch

---

248 Kienbaum, Vergütungsstudie 2008/2009, S. 98.

249 Kienbaum, Vergütungsstudie 2008/2009, S. 101.

250 Kienbaum empfiehlt hier die Einhaltung einer mindestens vierjährigen Laufzeit. Vgl. Kienbaum, Vergütungsstudie 2008/2009, S. 91.

251 Kienbaum, Vergütungsstudie 2008/2009, S. 102; *Wilsing/Paul*, GWR 2010, 363 (364).

ca. zwei Drittel der britischen Unternehmen sehen für ihre Manager ein Eigeninvestment in Aktien vor. Für den CEO beträgt dieses in der Regel das Drei- bis Fünffache seines Grundgehalts und soll innerhalb von fünf Jahren erfolgen.[252]

Auch in Deutschland fordern rund 50 % der DAX-Unternehmen ihre Führungsebene auf, in das eigene Unternehmen zu investieren.[253] Dabei müssen sich die Vorstandsmitglieder in der Regel zu einer Investition in unternehmenseigene Aktien in Höhe von mindestens 100 % und bis höchstens 300 % eines Brutto-Jahresfixgehalts verpflichten.[254] Diese Praxis entspricht auch den neuen Vorgaben des deutschen Gesetzgebers zur Ausgestaltung der Vergütungsstruktur und geht insbesondere mit dem Erfordernis der Nachhaltigkeit der Unternehmensentwicklung einher mit der Folge, dass klassische Aktienoptionen als Vergütungsbestandteil kaum noch vereinbart werden.[255] Mit Hilfe des verpflichtenden Aktienkaufs sollen die Vorstandsmitglieder stärker an das Unternehmen gebunden werden und sich das Unternehmensinteresse zu eigen machen, denn im Falle des Misserfolges würden sie nicht nur fremdes, sondern vielmehr eigenes Kapital verlieren. Der Nachteil dieser Vergütungsausgestaltung besteht jedoch in der Verwässerung der Beteiligungsverhältnisse.

Allerdings bilden *share ownership guidelines* – anders als traditionelle Aktienoptionen oder virtuelle Aktien – kein Vergütungselement. Die Vorstandsmitglieder erhalten die Aktien nämlich nicht als Gegenleistung für erbrachte Dienste, sondern müssen diese vielmehr aus dem Privatvermögen und damit aus eigenen finanziellen Mitteln erwerben.[256]

### d) Langfristige, cash-basierte Vergütungspläne

#### aa) Phantom shares

Im Rahmen von *phantom share plans* wird den Vorstandsmitgliedern eine bestimmte Anzahl von Bucheinheiten zugewiesen, deren Wert sich nicht am Börsenkurs, sondern an internen Kennzahlen wie etwa EVA, CFROI[257] u. ä. orientiert. Daher eignet sich dieses Vergütungsmodell insbesondere für nicht börsennotierte Gesellschaften.

---

252 Kienbaum, Vergütungsstudie 2008/2009, S. 102.

253 Unter anderem sehen Deutsche Bank sowie Deutsche Telecom und die Siemens AG solches Eigeninvestment vor; Kienbaum, Vergütungsstudie 2008/2009, S. 102; *Hexel* in: Kienbaum, Vorstandsstudie 2009/2010, S. 18.

254 Daimler-Chef Dieter Zetsche verpflichtete sich zum Erwerb unternehmenseigener Aktien in Höhe von 300 % seines Brutto-Jahresgrundgehalts, vgl. *Grass,* Financial Times Deutschland, v. 26.03.2010.

255 *Grass,* Pflicht zum Aktienkauf löst umstrittene Optionen ab, Financial Times Deutschland, v. 26.03.2010; *Wilsing/Paul,* GWR 2010, 363 (364 f.).

256 *Wilsing/Paul,* GWR 2010, 363 (365); *Dauner-Lieb* in: Gesellschaftsrecht Kommentar, § 87 AktG, Rdn. 33.

257 *Cash flow return on investment* (CFROI) ist eine vergangenheitsbezogene finanzwirtschaftliche Renditekennzahl, welche die Berechnung der Rentabilität des gesamten Unternehmens und einzelner Geschäftsbereiche zum Gegenstand hat. Vgl. *Groll,* Kennzahlen, S. 1 ff.

Die Wertermittlung der fiktiven Bucheinheiten (sog. *phantom shares*) erfolgt dadurch, dass der mittels interner Kennzahlen berechnete Unternehmenswert durch eine fiktive Anzahl an Aktien dividiert wird.[258]

#### bb) Long term bonus

Beim reinen cash-basierten *long term bonus* wird das Erreichen langfristiger strategischer Ziele, die regelmäßig auf drei bis fünf Jahre ausgelegt sind, honoriert. Der Leistungsempfänger ist dabei gehalten, innerhalb des festgelegten Zeitraums ein bestimmtes Ziel zu erreichen, wobei der „Zielzeitpunkt" das ausschlaggebende Kriterium darstellt. Die Auszahlung des Bonus erfolgt dann zu diesem Zeitpunkt. Mit Ausnahme der längeren Laufzeit entspricht dieses alternative Vergütungsmodell einem Jahresbonuszahlungsplan.[259]

#### cc) Continuity bonus

Ein sog. *continuity bonus* als Alternative zum aktienbasierten Vergütungsmodell honoriert periodische Ergebnis-/Leistungskontinuitäten über einen bestimmten Zeitraum. Auch hier ist das endgültige Ziel üblicherweise innerhalb einer Drei- bis Fünfjahresspanne zu erreichen, wobei allerdings zusätzlich jedes Jahr ein bestimmtes Zwischenziel erreicht werden muss (z. B. eine jährliche EBIT-Steigerung um 5 % o. ä.). Die Auszahlung des Bonus erfolgt nach diesem Plan erst mit Ablauf des festgelegten Zeitraums. Abgesehen von der längeren Zielausrichtung entspricht auch dieses Modell einer Jahresbonuszahlung.[260]

### 3. Nebenleistungen (*perquisites or perks*)

Die dritte Komponente der Vorstandsvergütung bilden die sog. Neben- oder Zusatzleistungen, die auch als nicht monetäre Zusatzleistungen bezeichnet werden. Darunter versteht man sonstige erfolgsunabhängige Vergütungsbestandteile, wie etwa geldwerte Nebenleistungen in Form von betrieblicher Altersvorsorge, Versicherungsprämien oder als Übernahme von Umzugskosten sowie Sachbezüge wie etwa die Bereitstellung von Dienstfahrzeugen, Wohnungen u. ä. Man unterscheidet hierbei zwischen festen und variablen Nebenleistungen. Zu den festen gehören unter anderem auch Ruhegeldzusagen oder die Bereitstellung eines Firmenwagens. Der variable Nebenleistungsanteil kann unter anderem in Form zusätzlicher Urlaubstage oder Reisen gewährt werden.[261]

Anders als bei den variablen Vergütungsbestandteilen ist die Leistung des Vorstandes als Bemessungsgrundlage für die Höhe bzw. die Ausgestaltung der Nebenleistungen nicht ausschlaggebend. Aus diesem Grund werden Nebenleistungen

---

258 Kienbaum, Vergütungsstudie 2008/2009, S. 99.
259 Kienbaum, Vergütungsstudie 2008/2009, S. 99.
260 Kienbaum, Vergütungsstudie 2008/2009, S. 99.
261 *Freiburg*, Managergehälter, S. 35; *Winter*, Prinzipien, S. 15.

vereinzelt dem Festgehalt zugerechnet.[262] Allerdings sollen die zusätzlich gewährten Vorteile ebenfalls motivationssteigernd wirken. Im Falle der Verknüpfung von Nebenleistungen mit Status- oder Prestigesymbolen kommt es in aller Regel zu einem Anstieg der Anreizwirkung bei den Begünstigten. Allerdings haben Führungskräfte häufig sehr unterschiedliche Präferenzen in Bezug auf die Nebenleistungen, sodass individualisierte Leistungen und Leistungspakete vermehrt angeboten werden. Diese zielen darauf ab, spezifische Lebensverhältnisse der Führungskräfte einzubeziehen und entsprechend zu entlohnen.[263] Der Forderung nach individualisierten Leistungsangeboten wird das sog. *Cafeteria-System* gerecht. Danach wird es den Vorstandsmitgliedern ermöglicht, zwischen inhaltlich und zeitlich verschiedenen Vergütungskomponenten auszuwählen; sie haben sich jedoch nur im Rahmen eines bestimmten, ihnen vorgegebenen Budgets zu bewegen. Dabei soll der Individualisierungsgesichtspunkt den höchstmöglichen Motivationseffekt erzeugen.[264]

Die betrieblichen Zusatzleistungen erfüllen mehrere Funktionen. Zum einen stellen sie eine materielle Absicherung der Vorstandsmitglieder im Alter, bei Krankheit und Invalidität sowie ihrer Hinterbliebenen im Todesfalle dar. Zudem werden sie auch aus Wirtschaftlichkeitserwägungen gewährt und zwar können die Unternehmen aufgrund steuerlicher Bestimmungen bzw. niedrigerer „Einkaufspreise" die Zusatzleistungen (wie etwa ein Dienstfahrzeug zur privaten Nutzung, Gruppenunfallversicherungen oder Steuer- und Rechtsberatungsleistungen) günstiger anbieten, als der Erwerb für die Führungskräfte bei entsprechender Erhöhung ihrer monetären Vergütung möglich wäre. Darüber hinaus werden durch den Abschluss verschiedener Versicherungen die positionstypischen Risiken vermieden (so etwa bei einer Industrie-Straf-Rechtsschutzversicherung). Und schließlich wird durch die arbeitgeberfinanzierte Altersversorgung eine stärkere Bindung der Manager an das Unternehmen bezweckt und die persönliche Führungs- und Fachkompetenz durch das Anbieten gezielter Qualifizierungsmaßnahmen, wie Sprachkurse und Weiterbildungsveranstaltungen erheblich erhöht.[265]

Angesichts der Vielfalt der Nebenleistungsangebote in den Unternehmen beschränken sich die folgenden Ausführungen auf die bedeutendsten marktüblichen Leistungen und Leistungszusagen.

### a) Geldwerte Nebenleistungen

#### aa) Antrittsgelder

Zu den geldwerten Nebenleistungen gehören unter anderem auch Zahlungen, die an Manager bei Eintritt in den Vorstand geleistet werden (sog. Antrittsgelder). Antritts-

262 So z.B. *Ellig*, Executive Compensation, S. 6; *Grattenthaler*, Die Vergütung, S. 211.
263 *Schettgen*, Arbeit, S. 338; *Evers* in: Hommelhoff/Hopt/v. Werder, Hdbuch. CG 2009, S. 349 (369).
264 *Freiburg*, Managergehälter, S. 44; *Krause*, NWB 2000, 3771 ff.; *Schulz*, Aktienkursorientierte Vergütungssysteme, S. 3.
265 Kienbaum, Vergütungsstudie 2008/2009, S. 129.

gelder fungieren gerade auch als Ausgleich für Aktienrechte, die ein Manager bei einem Unternehmenswechsel vor Ablauf der Haltefrist verliert. Wird die Haltefrist von Aktienrechten nicht gewahrt, werden diese wertlos und der Manager erfährt einen wirtschaftlichen Nachteil. Dieser Nachteil soll von dem Unternehmen, in das der Manager neu eintritt, ausgeglichen werden (auch sog. Handgelder, *signing Boni* oder „*golden hellos*").[266] Diese Form der geldwerten Nebenleistung wird aber unter anderem auch als Vorausprämie für bestimmte Leistungen gezahlt, oder als Entschädigung dafür, dass das Vorstandsmitglied auf den Wechsel zu einem konkurrierenden Unternehmen verzichtet hat. Zum Beispiel erhielt Lawrence Rosen beim Wechsel von seinem alten Arbeitgeber Fresenius Medical Care zur Deutschen Post im Jahre 2009 von dieser einen Betrag in Höhe von 2,5 Mio. € als Ausgleich für verfallene Aktienrechte. Auch bekamen neue Konzernmanager der britischen Kaufhauskette Marks & Spencer sowie die Führungskräfte des Fernsehkanals ITV jeweils £ 15 Mio. als Antrittsprämie.

Zu Problemen kann es dann kommen, wenn ein Manager schon nach kurzer Zeit das Unternehmen wieder verlässt, das gerade erst ein Antrittsgeld gezahlt hat. So hatte zum Beispiel Utz Claassen (ehemals EnBW-Vorstandsvorsitzender) seinerzeit ein Handgeld in Höhe von 10 Mio. € für den Eintritt bei Solar Millennium erhalten. Nachdem er jedoch schon nach 74 Tagen das Unternehmen wieder verließ, forderte dieses die gezahlte Summe wieder zurück. Da man sich über die Rückzahlung nicht einigen konnte, kam es daraufhin zu einem Gerichtsverfahren, welches dann mit einem Vergleich endete. Beide Seiten erklärten ihre wechselseitigen Forderungen für erledigt mit der Folge, dass Utz Claassen seine Antrittsprämie behalten durfte.[267] Im Ergebnis hat der kurzzeitige Vorstandsvorsitzende der Solar Millennium aufs Jahr hochgerechnet einen Betrag von etwas mehr als 49 Mio. € „vedient". Diese (fiktive) Summe übersteigt sogar die Vergütung der acht Vorstände der Deutschen Bank, die sich für das Geschäftsjahr 2009 insgesamt auf 38 Mio. € beläuft.[268]

### bb) Betriebliche Altersversorgung

Die betriebliche Altersversorgung, welche die Ruhegeldzusagen und Hinterbliebenenpension umfasst, stellt für die Unternehmen die bei weitem teuerste, für die Manager zugleich die meist geschätzte Nebenleistung dar. Ausweislich empirischer Untersuchungen in Deutschland besitzen rund 95 % der Vorstandsmitglieder betriebliche Versorgungszusagen, die für das Alter, bei Invalidität und an die Hinterbliebenen des Vorstandsmitglieds nach Ablauf des Anstellungsverhältnisses ausbezahlt

---

266 *Bebchuk/Fried,* Pay without Performance, S. 130.

267 Handelsblatt v. 08.04.2013, abrufbar unter: http://www.handelsblatt.com/unternehmen/industrie/gehaltsstreit-claassen-einigt-sich-mit-solar-millennium/8033730.html (zuletzt aufgerufen am 12.06.2013).

268 *Palan,* manager magazin v. 25.05.2010, abrufbar unter: http://www.manager-magazin.de/unternehmen/artikel/0,2828,699705-5,00.html (zuletzt aufgerufen am 19.06.2014).

werden.[269] Einige britische Unternehmen bieten einen 15 bis 30 prozentigen Gehaltszuschlag, wenn die *executives* auf eine Rentenabsicherung durch das Unternehmen verzichten.[270] Die Ruhegeldzusagen dienen primär der Honorierung erbrachter Betriebstreue, sollen aber auch die künftig zu erwartende Betriebstreue belohnen.[271] Sie decken das Erlebensrisiko (Altersversorgung), das Invaliditätsrisiko (Invaliditätsversorgung) und das Todesrisiko (Hinterbliebenenversorgung) des Leistungsempfängers ab.[272] Je nach inhaltlicher Ausgestaltung werden hierbei Leistungs- und Beitragszusagen unterschieden.[273]

Bei den leistungsorientierten Rentenzusagen handelt es sich um die traditionelle Form der Altersversorgung. Sie überwiegen derzeit bei Vorständen immer noch deutlich.[274] Dabei werden den Vorstandsmitgliedern und ihren Hinterbliebenen im Versorgungsfalle vom Unternehmen bestimmte Leistungen zugesagt. Die Zusagen bestehen überwiegend aus festgehaltsbezogenen Rentenzahlungen und belaufen sich auf Höchstrenten zwischen 45 % und 65 % der letzten Festvergütung.[275] Der Beginn der Auszahlung der vollen Altersrente tritt jedoch erst nach dem individuell vereinbarten Zeitpunkt ein; dies gilt allerdings nur, wenn das Vorstandsmitglied aus dem Unternehmen ausgeschieden ist. „Der Verlauf der Pensionsanwartschaft ist überwiegend so angelegt, dass sie nach einer festgelegten Wartezeit – mindestens der Dauer der ersten Amtsperiode – mit einem Sockelwert von 20 % oder 30 % der Festbezüge beginnt und dann jährlich um einen konstanten Prozentsatz bis zu ihrem Höchstsatz bei Erreichen der Altersgrenze ansteigt."[276]

Aufgrund der demographischen Entwicklung sind die Unternehmen in den letzten Jahren dazu übergegangen, die bisherigen Leistungszusagen zunehmend durch niedriger dotierte, besser berechenbare beitragsbasierte Versorgungszusagen zu ersetzen. Bei dieser Form der Versorgungszusage verpflichten sich die Unternehmen, jährlich bestimmte Beiträge in eine Versorgungsanwartschaft umzuwandeln. Eine konkrete Höhe der späteren Versorgungsleistung wird den Vorstandsmitgliedern dabei nicht zugesagt. Diese resultiert vielmehr aus der Summe der jährlichen Beiträge sowie einer festgelegten Berechnungsmethode für ihre künftige Wertentwicklung.[277] Dadurch wird der Entgeltcharakter der betrieblichen Altersversorgung

269 *Theisen,* Der Aufsichtsrat 2006, 6; Kienbaum, Vergütungsstudie 2008/2009, S. 129.
270 *Keasey,* 14 Journal of Financial Regulation and Compliance 2006 235 (238).
271 *Kort* in: Hopt/Wiedemann, GroßkommAktG, § 84 Rdn. 351.
272 *Blomeyer/Rolfs/Otto,* BetrAVG, § 1 Rdn. 17; *Grattenthaler,* Die Vergütung, S. 251 f.
273 *Evers* in: Hommelhoff/Hopt/v. Werder, Hdbuch CG 2009, S. 349 (370).
274 *Fonk* in: Semler/v. Schenck, ArbHdbuch AR-Mitglieder, § 9 Rdn. 238.
275 *Evers* in: Hommelhoff/Hopt/v. Werder, Hdbuch CG 2009, S. 349 (370); ähnlich auch *Fonk* in: Semler/v. Schenck, ArbHdbuch AR-Mitglieder, § 9 Rdn. 246.
276 *Evers* in: Hommelhoff/Hopt/v. Werder, Hdbuch CG 2009, S. 349 (370). So hat z.B. der Chief Executive von Vodafone, Arun Sarin, im Geschäftsjahr 2007 Ruhegeldzusage in Höhe von 30 % seines Fixgehalts erhalten, vgl. *Balsam/Kuang/Qin,* Executive Compensation, S. 26.
277 Kienbaum, Vergütungsstudie 2008/2009, S. 129.

besonders hervorgehoben. Der jährlich zu entrichtende Beitrag wird sowohl für die Unternehmen als auch für die Führungskräfte zu einem „transparenten und gut kommunizierbaren Teil der Gesamtvergütung".[278]

Im Unterschied zu Leistungszusagen werden bei den Beitragszusagen nicht nur das aktuelle Festgehalt, sondern regelmäßig auch jährliche Gewinnbeteiligungen entweder mit ihrer tatsächlichen Höhe oder – seltener – mit ihren Zielbeiträgen mit einbezogen. Auf diese Art und Weise wird der zunehmenden Forderung nach stärkerer Erfolgs- und Leistungsorientierung aller Vergütungsbestandteile entsprochen. Die neuen Zusagen betragen überwiegend 15 % bis 20 % der so determinierten Jahresbezüge.[279] Im Todesfalle erstrecken sich die Pensionsregelungen auch auf die Versorgung der Hinterbliebenen.

Die *Consideration-Lehre* des Common Law besagt allerdings, dass eine Vergütung nur dann wirksam zugebilligt und eingeklagt werden kann, wenn diese im Austausch für eine Gegenleistung erbracht oder zugesagt wurde. Im Zusammenhang mit den Leistungen an die Hinterbliebenen des *director* oder *officer* trifft dies jedoch lediglich dann zu, wenn die Zahlung aufgrund eines Versorgungsplans erfolgt, der bereits vor dem Tod des Betroffenen gültig war.[280]

#### cc) Aufgeschobene Vergütung (*deferred compensation*)

Vor dem Hintergrund des sich stetig steigernden Bedürfnisses nach Eigenvorsorge und der hohen Steuerbelastung der monetären Bezüge erlangt die sog. *deferred compensation* zunehmende Popularität. Dabei handelt es sich um eine Vergütungsform, bei der die Führungskräfte auf Teile ihrer Barvergütung zugunsten einer wertgleichen Versorgungsanwartschaft[281] verzichten und damit Eigenbeiträge zu ihrer späteren Versorgung leisten. Die Attraktivität der Entgeltumwandlung im Gegensatz zu alternativen Formen der privaten Kapitalanlage resultiert zunächst aus der „nachgelagerten Besteuerung". Demnach fließen die umgewandelten Bezüge dem Leistungsempfänger erst mit der Pensionierung zu. In dieser Zeit bezieht das ausgeschiedene Vorstandsmitglied regelmäßig ein geringeres Grundeinkommen mit der Konsequenz, dass die umgewandelten Entgelte tendenziell auch mit einem niedrigeren Steuersatz erfasst werden. Ausschlaggebend für die Führungskräfte dürfte allerdings vielmehr die Tatsache sein, dass höhere Renditen erreicht werden können, da die Anlage der Vergütung sowie die daraus resultierenden Erträge vor Abzug der Einkommensteuer und somit brutto erfolgen.[282]

---

278 *Evers* in: Hommelhoff/Hopt/v. Werder, Hdbuch CG 2009, S. 349 (370).

279 *Evers* in: Hommelhoff/Hopt/v. Werder, Hdbuch CG 2009, S. 349 (371).

280 *Adams v. Smith,* 153 So.2d 221 (Ala.1963); *Alexander v. Lindsay,* 152 So.2d 261 (La. Ct. App. 1963).

281 *Evers* in: Hommelhoff/Hopt/v. Werder, Hdbuch CG 2009, S. 349 (371 f.); *Becker/ Kramarsch,* Leistungs- und erfolgsorientierte Vergütung, S. 51.

282 *Evers* in: Hommelhoff/Hopt/v. Werder, Hdbuch CG 2009, S. 349 (371 f.); *Becker/ Kramarsch,* Leistungs- und erfolgsorientierte Vergütung, S. 51.

Angesichts der aufgezeigten steuerrechtlichen Attraktivität dieser Vergütungsform wäre daher für Großunternehmen der Verzicht auf betriebliche Versorgungszusagen für hoch bezahlte Manager zu Gunsten einer entsprechenden Anhebung ihrer monetären Bezüge, verbunden mit einem *deferred compensation plan*, durchaus eine Überlegung wert. Dies würde sowohl die Transparenz und zwischenbetriebliche Vergleichbarkeit der Vorstandsvergütungen insgesamt als auch die Einsicht in die Wertigkeit der Vorsorgeaufwendungen beim einzelnen Vorstandsmitglied maßgeblich fördern.[283]

### dd) Abfindungszahlungen (*severance payment*)

Beim Begriff der Abfindungen handelt es sich um keinen feststehenden Rechtsbegriff.[284] Vielmehr sind zahlreiche Ausgestaltungsalternativen der Abfindungszusagen denkbar.

Zur Vermeidung unerwünschter Auseinandersetzungen im konkreten Fall sehen gegenwärtig die meisten Vorstandsverträge ausdrückliche Abfindungszahlungen vor. In den übrigen Fällen werden die Abfindungsmodalitäten erst im Ernstfall verhandelt und festgelegt, d. h. also erst, wenn das Ausscheiden des Vorstandsmitglieds unmittelbar bevorsteht.[285]

Es stellt sich die Frage, ob die Abfindungszahlungen besondere Leistungen der Vorstandsmitglieder in der Vergangenheit belohnen oder künftig entgehendes Einkommen ausgleichen sollen.[286] Abfindungszahlungen sollen als Ausgleich für den Verlust des Arbeitsplatzes dienen. Hierbei kann es sich sowohl um eine einmalige Zahlung als auch um eine Abfindung in Form einer Rente ohne Eintritt eines Versorgungsfalles handeln.[287]

#### (1) Einmalige Gegenleistung zur Ablösung von Ansprüchen

Der zwischen der Gesellschaft, vertreten durch den Aufsichtsrat, und dem Vorstandsmitglied geschlossene Anstellungsvertrag gilt grundsätzlich für die vertraglich vereinbarte Dauer. Damit hat das Vorstandsmitglied während der Vertragslaufzeit einen Anspruch auf die vereinbarte Fixvergütung und variable Bezüge; die Gesellschaft kann von ihm ihrerseits die Leistung der geschuldeten Dienste als Leitungsorgan verlangen. Eine vorzeitige Beendigung des mit einer festen Laufzeit abgeschlossenen Anstellungsverhältnisses kommt nur bei Vorliegen eines wichtigen Grundes gem. § 84 Abs. 3 AktG in Betracht. Liegt ein wichtiger Grund nicht vor, der eine fristlose Kündigung des Vorstandsmitglieds rechtfertigen würde, und möchte die Gesellschaft dennoch eine vorzeitige Beendigung des Vertrages erreichen, ist sie in der Regel gezwungen, die gesamte auf die restliche Vertragslaufzeit anfallende Ver-

---

283 *Evers* in: Hommelhoff/Hopt/v. Werder, Hdbuch CG 2009, S. 349 (372).
284 *Nussbaum*, Abfindungen, S. 11.
285 Kienbaum, Vergütungsstudie 2008/2009, S. 141.
286 *Nussbaum*, Abfindungen, S. 14.
287 *Höfer*, BetrAVG, ART, Rdn. 65; *Schüller*, Vorstandsvergütung, S. 36.

gütung an das ausscheidende Vorstandsmitglied auszuzahlen.[288] Die Berechnung der Fixvergütung ist dabei unproblematisch, die variable Vergütung muss allerdings mit Hilfe der Unternehmensplanung beziffert werden. Um einen Konflikt zu vermeiden wird regelmäßig eine einvernehmliche Aufhebung des Vorstandsverhältnisses verbunden mit einer Abfindungszahlung vereinbart. Die Verhandlungsbasis für die Abfindungshöhe bilden dabei die voraussichtlichen Ansprüche des Vorstandsmitglieds für die restliche Vertragslaufzeit. Dabei bereitet die Ermittlung der voraussichtlich anfallenden variablen Bezüge erhebliche Schwierigkeiten, da diese stets auf einer Prognose beruht und keine genaue Angabe erlaubt. Eine konstante Orientierung der variablen Vergütung an den in der Vergangenheit gezahlten Beträgen ist oft aufgrund der Verschlechterung der Gesellschaftsverhältnisse seit Vertragsschluss nicht gerechtfertigt und damit auch nicht angemessen.[289] Somit ist die Ermittlung der einmaligen Geldleistung zur Ablösung der noch bestehenden Ansprüche aus dem Anstellungsvertrag mit Schwierigkeiten verbunden.

#### (2) Zusätzliche Entschädigung für die Beendigung der Tätigkeit

Von den ablösenden Abfindungen, die lediglich nach dem Anstellungsvertrag noch bis zum Amtslaufzeitende bestehende Vergütungsansprüche kapitalmäßig abgelten, sind jedoch die zusätzlichen Abfindungszahlungen in Form von Entschädigungen zu unterscheiden.[290] In bestimmten Fällen kann es dazu kommen, dass die ablösende Abfindung der Höhe nach nicht ausreicht, um dem Vorstandsmitglied einen entsprechenden Anreiz zu bieten, den Vertrag mit dem Unternehmen vorzeitig aufzulösen. Um aber dennoch das Vorstandsmitglied dazu zu bewegen, seine Tätigkeit für die Gesellschaft zu beenden, werden diesem gelegentlich weitere Leistungen zugesagt.[291]

Eine solche zusätzliche Abfindung in Form einer Entschädigung für die vorzeitige Vertragsbeendigung kann verschiedentlich ausgestaltet werden. Zum einen kann sie in

---

288 Nichts Anderes gilt auch in den USA. Wird der Anstellungsvertrag mit dem Vorstand unbefristet abgeschlossen, kann dieser grundsätzlich nur unter Beachtung einer angemessenen Kündigungsfrist vorzeitig beendet werden. Beabsichtigt die Gesellschaft die sofortige Trennung von ihrem Vorstand ohne Einhaltung einer angemessenen Kündigungsfrist (sog. *reasonable notice of termination*), ist sie gezwungen dem betroffenen Vorstandsmitglied eine angemessene Entschädigungsleistung (sog. *payment in lieu of notice*) zu gewähren. Ist der Anstellungsvertrag hingegen für eine bestimmte Zeit eingegangen, so steht der Gesellschaft keine Möglichkeit einer außerordentlichen Kündigung zur Verfügung mit der Folge, dass die bis zum ursprünglich vereinbarten Vertragsende zugesprochenen und fortbestehenden Ansprüche des Vorstandes kapitalmäßig abgegolten werden müssen. Vgl. *Nussbaum,* Abfindungen, S. 29.

289 *Bosse*, Hdbuch Vorstandsvergütung, S. 93 f. Rdn. 288 ff.; *Nussbaum,* Abfindungen, S. 19 f.

290 *Nussbaum,* Abfindungen, S. 21.

291 *Fonk* in: Semler/v. Schenk, ArbHdbuch AR-Mitglieder, § 9 Rdn. 358; *Nussbaum,* Abfindungen, S. 21.

Gestalt einer zusätzlichen Kapitalzahlung gewährt werden, die entweder eigenständig neben der ablösenden Abfindung erfolgt oder aber auch im Gesamtprogramm „Abfindungszahlungen" enthalten ist. Bei der zweiten Variante ist die Gewährung einer zusätzlichen Abfindung daran zu erkennen, dass die vereinbarte Abfindung summenmäßig über die reine Abgeltung der vertraglichen Vergütungsansprüche hinausgeht.[292]

### ee) „Change of control"-Klausel

Unter der *change of control*-Klausel versteht man Gesellschaftszusagen, die für den zukünftigen Fall des vorzeitigen Ausscheidens des Vorstandsmitglieds infolge eines Kontrollwechsels der Gesellschaft und der damit einhergehenden Beeinträchtigung der Vorstandstätigkeit vereinbart werden. Im Rahmen vertraglicher Abfindungsklauseln kommt diesen Vereinbarungen eine Sonderstellung zu.[293] Durch die finanzkrisenbedingten Entwicklungen, die oftmals auch einen Machtwechsel in den Unternehmen nach sich zogen, wird diese Form der Abfindung, da sie erhebliche finanzielle Auswirkungen und Vorteile mit sich bringt, *„golden parachute"* (*„goldener Fallschirm"*) genannt. Am weitesten verbreitet sind diese Klauseln im Falle des vorzeitigen Ausscheidens des Vorstandsmitglieds als unmittelbare Folge einer feindlichen Übernahme (*hostile takeover*), bei der die übernehmende Gesellschaft die gesamte Führungsebene des übernommenen Unternehmens mit seinen eigenen Vertrauenspersonen besetzt und sich von der bisherigen Unternehmensleitung lösen will.[294] Ein derartiger Kontrollwechsel steht regelmäßig außerhalb des Einflussbereichs einzelner Vorstandsmitglieder, ist jedoch für diese mit einschneidenden Folgen verbunden. Aber auch die übernommene Gesellschaft hat in der Regel keinen Einfluss auf einen Kontrollwechsel, ihr fließen dadurch grundsätzlich auch keine Mittel zu. Vielmehr trifft das Unternehmen eine beträchtliche Zahlungsverpflichtung, die der Aufsichtsrat auch unter Liquiditätsgesichtspunkten berücksichtigen muss.[295] Daher wird im Rahmen der Geltendmachung von Abfindungszahlungen kumulativ zum Kontrollwechsel im Unternehmen auch das Vorliegen einer Beeinträchtigung des Vorstandsamtes verlangt. Fraglich ist allerdings, wann von einer derartigen Beeinträchtigung ausgegangen werden kann.[296]

Deutsche DAX-Unternehmen, die von *change of control*-Klauseln Gebrauch machen, verlangen teilweise eine Beeinträchtigung der Vorstandstätigkeit. Zum Teil lässt man hierfür eine allgemeine Formulierung ausreichen[297] oder verlagert

---

292 *Nussbaum,* Abfindungen, S. 21.

293 *Nussbaum,* Abfindungen, S. 42; *Dreher,* AG 2002, 214 ff.; *Peltzer* in: Semler/Peltzer, ArbHdbuch Vorstand, § 2 Rdn. 234 ff; Spindler/Stilz/*Fleischer,* KommAktG, § 87 Rdn. 53; *Hüffer,* § 87 AktG, Rdn. 4b hingegen verneint die Abfindungsqualität der *change of control*-Klausel.

294 *Nussbaum,* Abfindungen, S. 42.

295 *Merkt/Göthel,* US-amerikanisches Gesellschaftsrecht, S. 336 Rdn. 625.

296 *Bauer/Arnold,* DB 2006, 260 (263); *Bosse,* Hdbuch Vorstandsvergütung, S. 103 Rdn. 336.

297 EON AG belässt es bei der allgemeinten Formulierung, dass die Vorstandsposition infolge des Kontrollwechsels wesentlich berührt worden sein muss, vgl. Ver-

die Beweislast für die Beeinträchtigung auf das betroffene Vorstandsmitglied.[298] Im Übrigen werden unterschiedliche Begriffe zur näheren Beschreibung der Einschränkung verwendet. Einige fordern in diesem Zusammenhang eine wesentliche Verringerung der Verantwortlichkeit des betreffenden Vorstandsmitglieds, die infolge des Kontrollwechsels eingetreten ist. Eine schuldhafte Herbeiführung dieses Umstandes durch das Vorstandsmitglied wird hierbei jedoch nicht verlangt.[299] Andere Unternehmen setzen hingegen eine Änderung der Unternehmensstrategie oder des Tätigkeitsfeldes des Vorstandsmitglieds aufgrund des Kontrollwechsels voraus[300] oder fordern, dass die weitere Ausübung der Vorstandstätigkeit insbesondere aufgrund einer Änderung des Tätigkeitsbereichs dem Vorstandsmitglied unzumutbar ist.[301] In den USA „entfaltet" sich ein solcher goldener Fallschirm, wenn „die Kontrollmehrheit der Anteile in andere Hände wechselt" (sog. *„single trigger parachute"*)[302] oder wenn der Aufgaben- und Verantwortungsbereich des betroffenen Managers bedingt durch einen derartigen Kontrollwechsel abnimmt (sog. *„double trigger parachute"*).[303]

---

gütungsbericht 2008, abrufbar unter: http://www.eon.com/content/dam/eon-com/de/downloads/e/EON_FB_D_2008_.pdf (zuletzt aufgerufen am 19.06.2014); aber auch die Deutsche Börse AG lässt eine „erhebliche Beeinträchtigung" der Stellung als Vorstandmitglied als Voraussetzung ausreichen, Vergütungsbericht 2008, abrufbar unter: https://deutsche-bose.com/dbg/dispatch/de/binary/gdb_content_pool/imported_files/public_files/10_downloads/12_db_annual_reports/2008/GB_komplett_2008.pdf (zuletzt aufgerufen am 19.06.2014).

298 Eine derartige Beweislastverlagerung hat die Linde AG vorgenommen. Diese setzt eine „mehr als unwesentliche" Beeinträchtigung der Vorstandsposition voraus. Dabei wird verlangt, dass das Vorstandsmitglied das Vorliegen dieser Voraussetzung beweist. Vgl. Linde AG, Vergütungsbericht 2009, abrufbar unter: http://finanzberichte.linde.com/2009/gb/lindefinanzbericht/vorstandundaufsichtsrat/verguetungsbericht/verguetungvorstand/leistungenimfallevorzeitigerbeendigung.html (zuletzt aufgerufen am 19.06.2014).

299 Vgl. die Regelung der Allianz SE, Vergütungsbericht 2008, abrufbar unter: https://www.allianz.com/v_1339509085000/media/investor_relations/de/berichte_und_finanzdaten/geschaeftsbericht/gb2008/gb2008_se.pdf (zuletzt aufgerufen am 19.06.2014).

300 Dies forderte zum Beispiel die Siemens AG, vlg. Vergütungsbericht 2008, abrufbar unter: http://www.siemens.com/annual/08/de/corp_governance/verguetungsbericht.htm (zuletzt aufgerufen am 19.06.2014) ; aber auch die Allianz SE verlangte eine „wesentliche Verringerung der Verantwortlichkeit als Vorstand", vgl. Vergütungsbericht 2008.

301 Vgl. Infenion AG, Vergütungsbericht 2008, abrufbar unter: http://www.infineon.com/dgdl?folderId=db3a30431ddc9372011e4f9abc057817&fileId=db3a30431ddc9372011e8420bc6733e0 (zuletzt aufgerufen am 19.06.2014).

302 Wörtlich übersetzt bedeutet dies: Fallschirm mit nur einem Auslöser; als Kontrollwechsel wird in diesem Zusammenhang regelmäßig ein Wechsel von 20 bis 30 % der Anteile bezeichnet. *Merkt/Göthel*, US-amerikanisches Gesellschaftsrecht, S. 336 Rdn. 624.

303 *Merkt/Göthel*, US-amerikanisches Gesellschaftsrecht, S. 336 Rdn. 624.

Es besteht somit die Möglichkeit, Vorstandsmitglieder über die Vereinbarung einer *change of control*-Klausel bereits vor dem Eintritt der vorzeitigen Beendigung des Anstellungsvertrages finanziell abzusichern.[304] Auf diese Art und Weise werden die Leistungsansprüche des Vorstandsmitglieds geregelt, die ihm im Fall der Vorstandsauswechslung anlässlich einer Übernahme vertraglich gebühren.[305] Eine typische *change of control*-Klausel sieht vor, dass bei einer Sonderkündigung des Vorstandsmitglieds innerhalb von zwei Jahren nach einem *change of control* diesem ein Abfindungsanspruch in vorher festgelegter Höhe zusteht.

Diejenigen, die solche Vertragsklauseln für rechtlich unbedenklich halten, machen ferner geltend, die abschreckende Wirkung der *„golden parachutes"* diene zugleich dazu, das Abwandern talentierter Führungskräfte zu verhindern. Je wahrscheinlicher eine feindliche Übernahme mit der Ersetzung der amtierenden Manager erscheint, desto bereitwilliger werden diese sein, der Entlassung durch ein vorzeitiges freiwilliges Ausscheiden zuvorzukommen. Das Inaussichtstellen von *„golden parachute"*-Zahlungen könnte dieser Ansicht nach eine derartige Entwicklung verhindern. Zudem wird die Eignung der *change of control*-Klauseln, Manager davon abzuhalten, Abwehr- und Verteidigungsmaßnahmen zum Nachteil des Unternehmens zu treffen, als eine weitere positive Wirkung von *„golden parachutes"* betrachtet.[306] Allerdings handelt es sich bei dieser Argumentation um einen Zirkelschluss, denn *„golden parachutes"* bilden selbst ein Verteidigungsinstrument. Darüber hinaus könnte die vollständige Kompensierung der Entlassungsnachteile durch die *„golden parachutes"* dazu führen, dass die Manager, denen diese zugesagt werden, der feindlichen Übernahme sogar gleichgültig gegenüber stehen. Denkbar wäre sogar, dass die Abfindungszahlung auf den potenziell Begünstigten solch eine attraktive Wirkung ausübt, dass es anstatt einer Verhinderung zu einer Beschleunigung des takeover kommt.[307] Praktische Erfahrungen zeigen jedoch, dass eine solche Anreizwirkung eher selten eintritt und der Wunsch des Managers nach Erhaltung seines Amtes offenbar viel stärker als der Wunsch nach einer entgeltlichen Entschädigung für dessen Verlust ist.[308]. Somit wird die Zulässigkeit und Zweckmäßigkeit von *change of control*-Klauseln überwiegend bejaht.[309]

---

304 *Dreher*, AG 2002, 214; *Nussbaum*, Abfindungen, S. 42.

305 *Nussbaum*, Abfindungen, S. 43.

306 *Clark*, 20 J. Marshall L. Rev. 1986, 237 (250 ff.); *Johnsen*, 94 Yale L.J. 1985, 909 (919 ff.).

307 *Coffee*, 84 Colum.L. Rev. 1984, 1145 (1237); *Merkt/Göthel*, US-amerikanisches Gesellschaftsrecht, S. 336 Rdn. 625.

308 *Merkt/Göthel*, US-amerikanisches Gesellschaftsrecht, S. 336 f. Rdn. 625.

309 *Bauer/Krets*, DB 2003, 811 (816); *Bittmann/Schwarz*, BB 2009, 1014; *Seibt* in: Schmidt/Lutter, AktG, § 87 Rdn. 14; *Fonk* in: Semler/v. Schenck, ArbHdb, AR-Mitglieder, § 9 Rdn. 179; *Hoffmann-Becking*, ZHR 2005, 155 (170); *Hüffer*, § 87 AktG, Rdn. 4b; *Mertens/Cahn*, KK-KomAktG, § 87 Rdn. 85. A. A. *Martens*, ZHR 2005, 124 (141); stark einschränkend *Ziemons*, FS Huber, S. 1035 (1036 ff.).

Bei der sog. *change in control*-Klausel hingegen handelt es sich um eine dienstvertragliche Regelung, welche eine Abfindung des Vorstandsmitgliedes für den Fall begründet, dass aufgrund der erstmaligen Kontrollbegründung einer bis dahin unabhängigen Gesellschaft die Vorstandstätigkeit beendet werden muss. Mit der Vereinbarung von *change in control-* und *change of control*-Klauseln wollen die Unternehmen sicherstellen, dass das Vorstandsmitglied ausschließlich dem Unternehmensinteresse und dem der Aktionäre dient, ohne sich um die persönlichen wirtschaftlichen Nachteile als Folge der Kontrollbegründung oder des Kontrollwechsels zu sorgen.[310] Solche Vereinbarungen sind im Sinne einer guten Unternehmensführung unentbehrlich und unter den oben erörterten Voraussetzungen als zulässig zu betrachten.

ff) Anerkennungsprämien (*appreciation awards*)

Von der Abfindung im oben bestimmten Sinne sind die sog. Anerkennungsprämien klar zu trennen (sog. *appreciation awards*). Dabei handelt es sich gerade nicht um die Abgeltung bestehender vertraglicher Ansprüche oder um die Gewährung einer zusätzlichen Abfindung als Entschädigung für eine vorzeitige Vertragsaufhebung, sondern es geht vielmehr um Vermögenszuwendungen, die einem Vorstandsmitglied von der Gesellschaft für besondere, bereits erbrachte Leistungen wie etwa für eine Betriebsstilllegung oder Betriebserrichtung nachträglich gewährt werden.[311]

Als Leistungen aus dem Gesellschaftsvermögen bedürfen Abfindungen und Anerkennungsprämien einer wirksamen rechtlichen Grundlage. Als erste Möglichkeit kommt hierfür eine vertragliche Vereinbarung im ursprünglichen Anstellungsverhältnis zwischen der Gesellschaft und dem Vorstandsmitglied in Betracht. Dabei wird die Pflicht zur Zahlung einer Abfindung für den Fall der vorzeitigen Vertragsauflösung bereits in einer gesonderten Klausel des Anstellungsvertrages zu Beginn der Vertragslaufzeit begründet.[312] Die zweite und praxisrelevantere Möglichkeit erlaubt es, Abfindungen erst nachträglich, d. h. bei Beendigung des Anstellungsverhältnisses zu vereinbaren.[313] Weiterhin kommen auch freiwillige Vereinbarungen ohne eine vertragliche Grundlage in Betracht, die aufgrund eines eigenständigen Aufsichtsratsbeschlusses gebilligt werden.[314]

Im Rahmen der Revisionsentscheidung zum Mannesmann-Verfahren entwickelte der 3. Strafsenat des BGH eine dreigliedrige Prüfung der Zulässigkeit nachträglicher

---

310 *Fonk* in: Semler/v. Schenck, ArbHdbuch AR-Mitglieder, § 9 Rdn. 178.

311 *Rolshoven,* Anerekennungsprämien, S. 5 f.; *Rönnau/Hohn,* NStZ 2004, 113 (119 f.); *Wollburg,* ZIP 2004, 646 (653).

312 Es sind aber auch Ergänzungsvereinbarungen im Laufe des Anstellungsverhältnisses denkbar.

313 *Nussbaum,* Abfindungen, S. 28.

314 *Nussbaum,* Abfindungen, S. 39 ff.; *Fonk,* NZG 2005, 248 (250); *Mertens/Cahn,* KK-AktG, § 87 Rdn. 32.

Sonderzahlungen an die Vorstandsmitglieder deutscher Aktiengesellschaften.[315] Die erste Stufe der sog. „aktienrechtlichen Drei-Stufen-Theorie"[316] regelt, dass im Fall der im Dienstvertrag vereinbarten einmaligen oder jährlich wiederkehrenden Leistung als variable Vergütungskomponente, diese nach Ablauf des Geschäftsjahres zu gewähren ist, sofern sie dem Angemessenheitsgebot des § 87 Abs. 1 AktG entspricht.[317] Auf der zweiten Stufe sei die Bewilligung einer nachträglichen Anerkennungsprämie bei fehlender Rechtsgrundlage im Dienstvertrag nur dann zulässig, wenn und soweit das Unternehmen gleichzeitig durch Vorteile kompensiert wird, die in einem angemessenen Verhältnis zu der mit der nicht geschuldeten Sonderzahlung verbundenen Minderung des Gesellschaftsvermögens stehen.[318] Eine im Dienstvertrag jedoch nicht ausgehandelte Zusatzvergütung für eine geschuldete Leistung, die ausschließlich als Belohnung zu charakterisieren sei und von der die Gesellschaft keinen zukunftsorientierten Nutzen ziehen könne (sog. kompensationslose Anerkennungsprämie), sei auf der dritten Ebene als Verstoß gegen das Verschwendungsverbot des anvertrauten Gesellschaftsvermögens – ungeachtet ihrer Höhe – zu erachten.[319] Nach der Rechtsprechung des Bundesgerichtshofes können die auf der dritten Stufe angesiedelten Anerkennungsprämien, auch nicht durch eine Änderung des Anstellungsvertrages gerechtfertigt werden, denn dadurch würde lediglich eine Verlagerung des Verstoßes gegen die Vermögensbetreuungspflicht von der Gewährung der Prämie auf die Vornahme der Vertragsänderung stattfinden.[320]

Im deutschen Schrifttum herrscht jedoch die Ansicht, dass das Verbot belohnender Zuwendungen ohne zukunftsbezogenen Nutzen eine zu weit gehende Einschränkung des Vergütungsermessens des Aufsichtsrates darstellt. Demnach gibt es keinen Rechtssatz, der bestimmt, dass nur Vergütungen mit Anreizwirkung zulässig wären, belohnende Entlohnungen für erfolgreich geleistete Dienste hingegen nicht.[321] Demzufolge sind Sonderzahlungen an Mitarbeiter einschließlich nachgeordneter Führungsebene unstreitig zulässig. Es ist daher auch kein Grund ersichtlich, warum dies für Vorstände nicht ebenfalls gelten soll.[322] Daher muss es dem Aufsichtsrat unabhängig von einer Anreizwirkung gestattet sein, einem Vor-

---

315 BGH NJW 2006, 522 ff.

316 Spinlder/Stilz/*Fleischer*, KommAktG § 87 Rdn. 47; *ders.*, DB 2006, 542 (543).

317 BGH NJW 2006, 524 Rdn. 17; Spindler/Stilz/*Fleischer*, KommAktG, § 87 Rdn. 21.

318 BGH NJW 2006, 524 Rdn. 18.

319 BGH NJW 2006, 524 Rdn. 19; Spindler/Stilz/*Fleischer*, KommAktG, § 87 Rdn. 21.

320 BGH NJW 2006, 524 Rdn. 22; *Martens*, ZHR 2005, 124 (133 ff.); *Mertens/Cahn*, KK-AktG, § 87 Rdn. 34.

321 *Wollburg*, ZIP 2004, 646 (655); *Hoffmann-Becking*, ZHR 2005, 155 (163); *ders.*, NZG 2006, 127 (129); *Baums* in: FS Huber, S. 657 (673); *Kort*, NZG 2006, 131 (132); *Mertens/Cahn*, KK-AktG, § 87 Rdn. 35; a. A. *Spindler*, ZIP 2006, 349 (352 f.), der als sachliche Rechtfertigung für die, über die vertragliche Vergütung hinausgehenden Sonderzahlungen nur Anreizwirkungen anführt.

322 *Hoffmann-Becking*, ZHR 2005, 155 (162); *ders.*, NZG 2006, 127 (129); *Liebers/Hoefs*, ZIP 2004, 97 f.; *Fleischer*, DB 2006, 542 (543); *Marsch-Barner* in: FS Röhricht, S. 406.

standsmitglied für eine besonders gelungene Aufgabenerfüllung eine im Vertrag nicht festgesetzte Sonderzahlung zu gewähren. Dies gilt allerdings nur, wenn der Aufsichtsrat als Festsetzungsorgan nach pflichtgemäßem Ermessen davon ausgeht, dass die zuvor zugesagte Vergütung die Leistung des Begünstigten nicht angemessen entlohnt.[323] Bereits eine Entscheidung des Reichsgerichts aus dem Jahr 1944[324] konstituiert in diesem Sinne, dass die Gewährung der Vorstandsvergütung, die erst nachträglich und ohne vorherige vertragliche Vereinbarung erfolgt, den Aufgaben des Aufsichtsrats nicht widerspreche.[325]

Es wird vertreten, dass dem Angemessenheitsgebot im Sinne des § 87 AktG besonders dann entsprochen werden kann, wenn die Vergütung für besondere Leistungen nachträglich angepasst wird. Eine nachträgliche Anpassung hat den Vorteil, dass sie weniger starr als eine von vornherein abschließende und unveränderbare und somit unflexible Vergütung ist.[326] Somit kann nach dieser Ansicht in den Anstellungsvertrag eine Regelung aufgenommen werden, die den Aufsichtsrat ermächtigt, eine zusätzliche Vergütung zu bewilligen. Dies soll jedoch nur für Fallkonstellationen gelten, bei denen sich nach Vertragsschluss herausstellt, dass die ursprünglich vereinbarte Vorstandsvergütung aufgrund nicht vorhergesehener Umstände unangemessen niedrig ist. Zwar entscheidet der Aufsichtsrat in einem solchen Fall frei über die Gewährung einer zusätzlichen Vergütung, eine Verschwendung des Gesellschaftsvermögens liegt jedoch nicht vor, solange die Gesamtvergütung die Grenzen der Angemessenheit nicht überschreitet.[327] In Übereinstimmung mit der herrschenden Literaturansicht in Deutschland lässt sich somit festhalten, dass nachträgliche Sonderzahlungen zwar nicht generell ausgeschlossen sind, dem Angemessenheitsgebot des § 87 Abs. 1 AktG jedoch entsprechen müssen.[328]

#### gg) Aufwandsentschädigungen und sonstige Zusatzleistungen

Aufwandsentschädigungen werden für Mehrausgaben des Vorstandsmitglieds gewährt, die dieses im Rahmen der Erfüllung seiner Aufgaben tätigen muss. Darunter fallen unter anderem Transportkosten und Spesen, die im Zusammenhang mit auswärtigen Terminen anfallen. Eine absolute Begrenzung der Höhe nach ist hierbei nicht festgelegt. Unter Umständen werden sogar private Telefon- und Telefaxkosten von der Aufwandsentschädigung erfasst.[329] Darüber hinaus gibt es in manchen Fällen auch Vereinbarungen zur Erstattung von Geldbußen und -strafen

323 *Wollburg*, ZIP 2004, 646 (652); *Hoffmann-Becking*, NZG 2006, 127, (129); *Mertens/Cahn*, KK-AktG, § 87 Rdn. 35.

324 RG DR 1944, 488 (490).

325 *Wollburg*, ZIP 2004, 646 (652); *Hoffmann-Becking*, ZHR 2005, 155 (162).

326 *Baums* in: FS Huber, S. 657 (670 f.).

327 *Hoffmann-Becking*, NZG 2006, 127 (130); *Mertens/Cahn*, KK-AktG, § 87 Rdn. 35.

328 *Schwark*, FS Raiser, S. 377 (394); Spindler/Stilz/*Fleischer*, KommAktG, § 87 Rdn. 25.

329 *Schüller*, Vorstandsvergütung, S. 40.

und Abreden zum Straf- und Vermögensschadensrechtsschutz durch die Gesellschaft.[330] Auch Finanzberatungskosten (sog. *executive financial services*)[331] sowie Versicherungsentgelte und sonstige vergleichbare Leistungen fallen unter den Begriff Nebenleistungen.[332]

Umstritten in diesem Zusammenhang ist jedoch, ob auch die Versicherungsprämien für die *directors and officers*-Versicherung (sog. D&O-Versicherung) ihrer Rechtsnatur nach der Vorstandsvergütung zugeordnet werden können[333] oder vielmehr unter die sog. Fürsorgeaufwendungen der Unternehmen fallen. Aufgrund des in letzter Zeit gestiegenen Haftungsrisikos der Organmitglieder und angesichts der Festsetzungskompetenz ist diese Frage von erheblicher praktischer Relevanz.[334] Zwar deckt die D&O-Versicherung ein typisches Risiko der Managertätigkeit ab, welches sonst über die Höhe der Vergütung abgegolten werden würde.[335] Allerdings wird die D&O-Versicherung überwiegend im Interesse der Gesellschaft abgeschlossen und dient dem Schutz der Vorstandsmitglieder vor der Insolvenz im Regressfall sowie dazu, Vorstandsmitglieder zu gewinnen und ein entsprechendes Image der Gesellschaft zu pflegen.[336] Darüber hinaus führen Vertreter dieser Ansicht ins Feld, dass die D&O-Versicherung die sonst eintretende Zurückhaltung der Organmitglieder im unternehmerischen Bereich im Interesse der Gesellschaft beseitige. Zu den zentralen Aufgaben der Organmitglieder gehöre demnach im Fall einer Inanspruchnahme nicht die Abwehr von Ansprüchen, sondern die Unternehmensleitung.[337] Daher bilde die D&O-Versicherung ein „konstruktives Element zur Sicherung unternehmerischer Handlungsfreiheit".[338] Trotz der Gestaltung der D&O-Versicherung als Fremdversicherung dient der Versicherungsschutz primär der eigenen Absicherung der Gesellschaft und erfolgt nicht, wie von einem Teil der Literatur angenommen wird, im Interesse und für Rechnung der Versicherungs-

---

330 *Schüller*, Vorstandsvergütung, S. 41.

331 Diese umfassen unter anderem eine persönliche Finanzplanung, eine Steuerberatung und Optimierung sowie den Zugang oder Beratung zu speziellen Kapitalanlagen und Investments. *Schätzle*, Manager, S. 119.

332 *Schüller*, Vorstandsvergütung, S. 41 f.

333 *Schüppen/Sanna*, ZIP 2002, 550 (552); *Schwark* in: FS Raiser, S. 377 (380); *Spindler*, DStR 2004, 36 (37).

334 *Spindler*, DStR 2004, 36 (37); Zur Risikovermeidung durch Abschluss einer D&O-Versicherung vgl. *Kiethe*, BB 2003, 537.

335 *Spindler*, DStR 2004, 36 (37 f.).

336 OLG München DB 2005, 1675 (1676); Spindler/Stilz/*Fleischer*, KommAktG, § 93 Rdn. 233; *Dreher*, ZHR 2001, 293 (310 f.); *Lange*, DStR 2002, 1626 (1628 f.); *ders.*, ZIP 2001, 1524 (1526 ff.); *ders.*, DB 2003, 1833 (1834); *Notthoff*, NJW 2003, 1350 (1354); *Dreher*, DB 2001, 996 (999); *Vetter*, AG 2000, 453 (457); *Semler/Wagner* in: Semler/v. Schenck, ArbHdbuch AR-Mitglieder, § 10 Rdn. 48.

337 OLG München DB 2005, 1675 (1676).

338 *Dreher*, ZHR 2001, 293 (310); bestätigt durch OLG München DB 2005, 1675 (1677); *Notthof*, NJW 2003, 1350 (1354).

nehmer.[339] Diese Ansicht entspricht auch der Kodexempfehlung der Ziffer 3.8 Abs. 3 DCGK in der Fassung vom 6. Juni 2008, die ihre Gültigkeit auch nach Inkrafttreten des VorstAG behält.[340] Zwar geht der Wortlaut des § 93 Abs. 2 Satz 2 AktG von einer Versicherung „zur Absicherung eines Vorstandsmitglieds gegen Risiken aus dessen beruflicher Tätigkeit" aus. Ausweislich der Gesetzesbegründung ergibt sich jedoch, dass diese in erster Linie dem Schutz des Gesellschaftsvermögens dienen soll.[341] Danach wird die D&O-Versicherung vom Gesetzgeber als eine Versicherung verstanden, die nicht im alleinigen oder überwiegenden Interesse des betroffenen Vorstandsmitglieds, sondern von der Gesellschaft im Gesellschaftsinteresse und gegebenenfalls unter Einbeziehung der der Gesellschaft gegenüber Vorstand und Aufsichtsrat obligeneden Fürsorgeobligenheit abgeschlossen wird.[342]

### b) Sachbezüge

Zu den Nebenleistungen des Vorstands gehören jedoch außer geldwerten Leistungen auch Sachbezüge. So stellt die Überlassung eines Dienstwagens an das Vorstandsmitglied mittlerweile einen üblichen Bestandteil der Gesamtvergütung dar. Als rechtliche Grundlage hierfür dient in der Regel entweder eine entsprechende Dienstwagenklausel im Anstellungsvertrag[343], ein gesonderter Dienstwagenüberlassungsvertrag[344] oder eine allgemeine Firmenwagenregelung (sog. „*car policy*")[345]. Dem Vorstandsmitglied ist dabei regelmäßig gestattet, den Dienstwagen nicht nur zu dienstlichen, sondern auch zu privaten Zwecken zu benutzen.[346]

Angesichts der Finanzkrise wird jedoch vorgeschlagen, „Nebenleistungen und Sachbezüge auf arbeitsplatznahe Elemente wie z. B. die Vereinbarung über die Nutzung eines Dienstwagens zu begrenzen."[347] Von der Vereinbarung anderer Nebenleistungen soll hingegen künftig abgesehen werden. Die Einschränkung dieser

---

339 *Dreher/Görner,* ZIP 2003, 2321 (2323); *Säcker,* VersR 2005, 10 ff.; *Ringleb*/Kremer/Lutter/v. Werder, Kommentar DCGK, Rdn. 516. A. A. *Koch,* GmbHR 2004, 18 (22); *Seibt,* AG 2002, 249 (258).

340 *Seibert,* WM 2009, 1489 (1492); *Ringleb*/Kremer/Lutter/v. Werder, Kommentar DCGK, Rdn. 516a.

341 Begr. RegE BT-Drucks. 16/13433, S. 11.

342 *Ringleb*/Kremer/Lutter/v. Werder, Kommentar DCGK, Rdn. 516; *Voit* in: Prölss/Martin, VersicherungsVG, AVB-AVG 1, Rdn. 5.

343 Vgl. etwa die Regelung bei *Hoffmann-Becking/Rawert,* BeckFormb. X.13. § 2 (5).

344 Vgl. etwa den Formulierungsvorschlag bei *Bauer/Lingemann/Diller/Haußmann,* Kap. 12., Muster 12.21, S. 378 f.

345 Vgl. das Vertragsbeispiel bei *Hümmerich,* Anwaltsform. ArbR, § 1 Muster 1536, S. 679 ff.; *Lücke*/Schaub, Vorstand der AG, § 2, Rdn. 154.

346 Wobei nach dem deutschen Recht ihn dann eine entsprechende steuerliche Pflicht trifft, den darin enthaltenen geldwerten Vorteil (Sachbezug) als Arbeitsentgelt entweder mittels Nutzungspauschale (1 %-Regelung) oder durch Einzelnachweis zu versteuern. Vgl. *Lücke*/Schaub, Vorstand der AG, § 2 Rdn. 155.

347 *Hexel* in: Kienbaum, Vergütungsstudie 2008/2009, S. 14.

Vergütungselemente soll nach DGB zu einem transparenteren Vergütungssystem beitragen, welches einem strategischen Verhalten der Vorstandsmitglieder, das vorrangig auf die Steigerung eines bestimmten für das Vergütungssystem maßgeblichen Messparameters gerichtet ist, vorbeugt.[348]

### *4. Sonderbestandteil – sog. „Drittvergütung"*

In der Praxis finden sich vereinzelt auch Vergütungszusagen an Vorstandsmitglieder, die nicht durch die Gesellschaft, sondern durch Dritte erfolgen. Diese können sich zum einen daraus ergeben, dass der gesamte Anstellungsvertrag nicht mit der Gesellschaft, sondern mit Dritten geschlossen wird, wie es innerhalb von Konzernverhältnissen oft der Fall ist. Häufig werden aber auch Vorstandsmitglieder von einzelnen Aktionären beauftragt, für diese ihre Aktienpakete zu veräußern. Dies ist in der Regel mit einer Verpflichtung der Aktionäre verbunden, das tätig gewordene Vorstandsmitglied am Veräußerungserlös erfolgsabhängig zu beteiligen. Es sind aber auch Konstellationen denkbar, bei denen ein fester Betrag oder eine Zusage im Rahmen des Vorstandsgehalts vereinbart wird.[349] Solche Zahlungen sind unmittelbar auf die Vorstandstätigkeit zurückzuführen und müssen daher rechtstechnisch als „Vergütung" qualifiziert werden. In der juristischen Literatur werden sie auch als „Drittvergütung" bezeichnet. Eine gesetzliche Regelung, die eine solche Drittvergütung verbietet, existiert nicht. Auch in der Rechtsprechung wurde diese Frage bisher nicht aufgegriffen. Im Schrifttum ist die Zulässigkeit von Drittvergütungen heftig umstritten, wobei die überwiegende Ansicht solche Drittvergütungen als zulässig erachtet.[350] Hierfür spricht auch die Vorschrift des § 285 Satz 1 Nr. 9 lit. a) Satz 8 HGB, welche die gesetzliche Anerkennung solcher Zahlungen andeutet, indem sie die Angabe von Leistungen vorschreibt, die dem einzelnen Vorstandsmitglied von einem Dritten im Hinblick auf seine Tätigkeit als Vorstandsmitglied zugesagt oder im Geschäftsjahr gewährt worden sind. Aber auch Ziffer 4.2.2 Satz 3 DCGK bietet eine Stütze für die vorherrschende Auffassung im Schrifttum. Danach soll die Gesamtvergütung der einzelnen Vorstandsmitglieder vom Aufsichtsratsplenum unter Einbeziehung von etwaigen Konzernbezügen auf der Grundlage einer Leistungsbeurteilung festgelegt werden. Diese Formulierung spricht dafür, dass der Gesetzgeber ebenfalls von der Zulässigkeit der „Drittvergütung" aus-

---

348 *Hexel* in: Kienbaum, Vergütungsstudie 2008/2009, S. 14.

349 *Diller,* NZG 2009, 1006 (1009); Handelsblatt v. 15.06.2009, Fall von Arcandor, bei dem der Großaktionär Sal. Oppenheim dem Vorstandsvorsitzenden von Arcandor Herr Eick einen Vorstandsgehalt in Höhe von mindestens 10 Mio. € garantiert hatte.

350 *Bauer/Arnold,* DB 2006, 260 (265); *Mutter* in: Marsch-Barner/Schäfer, Handbuch, § 19 Rdn. 79; *Bosse,* Hdbuch Vorstandsvergütung, S. 149 Rdn. 507; *Kriger,* Personalentscheidungen des Aufsichtsrats, S. 186 f.; *Lutter/Krieger,* Rechte und Pflichten, Rdn. 405. A. A. MünchKommAktG/*Spindler,* § 84 Rdn. 66; *Mertens/Cahn,* KK-AktG, § 84 Rdn. 56; ebenfalls kritisch *Hüffer,* § 84 AktG, Rdn. 14; Münch. Hdbuch GesR IV/ *Wiesner,* § 21 Rdn. 2 ff. Zur ausführlichen Darstellung des Meinungsstreits vgl. *Seibt* in: Schmidt/Lutter, AktG, § 84 Rdn. 26; *Hüffer,* § 84 AktG, Rdn. 14.

geht. Allerdings dürfen aktienrechtliche Vorgaben nicht außer Acht gelassen werden. Dies betrifft insbesondere die Kompetenzzuweisung der Vergütungsfragen an den Aufsichtsrat[351] und die Angemessenheitsvorgabe des § 87 AktG.[352] Die ausschließliche Kompetenz des Aufsichtsrates für die Festlegung der Vorstandsvergütung darf durch die Zuteilung der Vergütung seitens Dritter nicht unterlaufen weden mit der Folge, dass eine solche Drittvergütung stets der Zustimmung des Aufsichtsrates bedarf. Dies soll vor allem dann gelten, wenn die Vergütung für das betroffene Vorstandsmitglied Anreize schaffen könnte, das Handeln nicht ausschließlich am Unternehmensinteresse auszurichten.[353]

Gleichwohl stellt sich die Frage, ob diese Überlegungen mit der Ziffer 4.3.2 DCGK konform sind. Die Regelung verbietet grundsätzlich die Annahme von Zuwendungen oder sonstigen Vorteilen durch die Vorstandsmitglieder. Hierdurch wird jedoch kein Verbot der Drittvergütung, sondern ausschließlich die Korruptionsbekämpfung bezweckt.[354] Somit steht Ziffer 4.2.3 DCGK und die darin enthaltene Bezugnahme auf die Drittvergütung einer grundsätzlichen Zulässigkeit dieser Vergütungsform nicht entgegen.[355]

## B. Weitere gesetzlich nicht geregelte Einflussparameter der Vorstandsvergütung

Zu den von der Literatur anerkannten Einflusskriterien im Rahmen der Bemessung der Vergütungshöhe zählen insbesondere individuelle Faktoren. Gemeint sind vor allem die Qualifikation des Begünstigten, sein Marktwert, die konkrete Verhandlungssituation, die Dauer der Zugehörigkeit zur Gesellschaft sowie auch familiäre Verhältnisse des Betroffenen.[356] Die Erfahrungswerte zeigen allerdings, dass die Vorstandsvergütung in der Praxis weniger durch individuelle Kriterien, sondern vielmehr durch unternehmensbezogene Parameter beeinflusst wird. Dabei können jedoch sowohl der individuelle Bedarf des Begünstigten als auch seine Position in der Gesellschaft oder vor allem auch die Angebots- und Nachfragelage am Arbeitsmarkt bei der Bemessung der Vorstandsvergütung berücksichtigt werden.[357]

---

351 BGH Urteil vom 28.04.2015 – II ZR 63–14, NJW–RR 2015, 988 ff.

352 *Bosse*, Hdbuch Vorstandsvergütung, S. 149 Rdn. 509 f.

353 Ausführlich zur aktienrechtlichen Zulässigkeit der Drittvergütung und deren Vereinbarkeit mit organschaftlichen Treuepflicht des Vorstands *Hohaus/Weber*, DStR 2008, 104 ff.; a.A. *Kalb/Fröhlich*, NZG 2014, 167 (169).

354 *Bauer/Arnold*, DB 2006, 260 (265); *Ringleb*/Kremer/Lutter/v. Werder, Kommentar DCGK, Rdn. 803 ff.

355 *Bosse*, Hdbuch Vorstandsvergütung, S. 150 Rdn. 512.

356 LG München I, Beschluss v. 29.03.2007–5 HK O 12931/06, NZG 2007, 477; *Kort* in: Hopt/Wiedemann, GroßkommAktG, § 87 Rdn. 38; *Mertens/Cahn*, in: KölnerKomm. AktG, § 87 Rdn. 14 f.; *Thüsing*, in: Fleischer, Hdb. Vorstand, § 6 Rdn. 9; ablehnend im Hinblick auf die Berücksichtigung familiärer Verhältnisse *Fleischer*, DStR 2005, 1279 (1280); *Kling*, DZWIR 2010, 221 (226 f.).

357 Kienbaum, Vergütungsstudie 2008/2009, S. 106.

Zu den wesentlichen unternehmensbezogenen Bestimmungsfaktoren für die Festsetzung der Vergütungshöhe der Vorstände gehören unter anderem Unternehmensgröße, Branchenzugehörigkeit, Ort der Hauptniederlassung sowie Organgröße.[358] Diese werden im Folgenden ausführlich erläutert.

## *I. Unternehmensgröße*

Die Größe der Aktiengesellschaft zählt zu den bedeutendsten Einflussparametern für die Bestimmung der Vorstandsvergütung.[359] In diesem Zusammenhang gilt der Grundsatz: je größer das Unternehmen, desto umfangreicher und anspruchsvoller die damit einhergehende Unternehmensführung und die Verantwortung des Leitungsorgans.[360] An das Vorstandsmitglied eines größeren Unternehmens werden verhältnismäßig höhere Anforderungen bezüglich seines Engagements und seiner fachlichen Fähigkeiten gestellt. Um dem vergütungspolitischen Grundsatz der Äquivalenz von Lohn und Leistung (sog. *pay for performance*) gerecht zu werden, erfolgt daher bei einer komplexeren Aufgabenstellung eine entsprechend höhere Entlohnung, sodass im Ergebnis die zunehmende Unternehmensgröße, die je nach Wirtschaftszweig sich entweder an der Bilanzsumme, dem Umsatz oder auch branchenübergreifend an der Beschäftigtenzahl orientiert, regelmäßig zu einer höheren Vergütung der Vorstände führt.[361]

In Deutschland verdient das Vorstandsmitglied eines Großunternehmens mit mehr als 125.000 Mitarbeitern durchschnittlich rund das Siebenfache, der Vorstandsvorsitzende gar mehr als das Zehnfache des jeweiligen Durchschnittsverdienstes seiner Kollegen eines Unternehmens mit höchstens zweihundert Beschäftigten. Nicht anders verhält es sich in den britischen und US-amerikanischen Unternehmen. Die durchschnittliche Grundvergütung der britischen CEOs in FTSE 350-Unternehmen mit Marktkapitalisierung von £ 200 bis £ 500 Mio. betrug im Jahr 2009 £ 352,000, in Gesellschaften mit über £ 16,000 Mio. belief sich die Fixvergütung im Durchschnitt auf stolze £ 914,000.[362] Die Verdoppelung der Unternehmensgröße führt schätzungsweise zu einem 20 %igen Anstieg der Barvergütung und der Erhöhung der Gesamtbezüge um circa 22 %.[363] In den USA ergab eine Untersuchung der CEO-Vergütung in mehr als 2,300

358 *Schüller*, Vorstandsvergütung, S. 43.

359 *Evers* in: Hommelhoff/Hopt/v. Werder, Hdbuch CG 2009, S. 349 (355); *Schwark* in: FS Raiser, S. 377 (386); *Mann*, Corporate Governance Systeme, S. 194.

360 *Lücke*/Schaub, Vorstand der AG, § 2 Rdn. 127.

361 *Evers* in: Hommelhoff/Hopt/v. Werder, Hdbuch CG 2009, S. 349 (355).

362 Deloitte, Chief Executive Remuneration Report v. 8.04.2009, abrufbar unter: https://www.deloitte.com/view/en_GB/uk/market-insights/the-future-of-pensions/global-employer-services/b7126c11aaefd110VgnVCM100000ba42f00aRCRD.htm (zuletzt aufgerufen am 19.06.2014).

363 *Pope/Young*, Executive Remuneration, An Investor's Guide, abrufbar unter: http://blog.manifest.co.uk/publications/executive-remuneration#sthash.VUrBhyJ6.dpbs (zuletzt aufgerufen am 19.06.2014).

US-Publikumsgesellschaften, dass die umsatzschwächsten Unternehmen im Jahr 2010 durchschnittlich $ 878,000 Gesamtvergütung zahlten, wobei das CEO-Vergütungsniveau der umsatzstärksten Unternehmen im Durchschnitt $ 10,2 Mio. und somit knapp das 12fache betrug.[364] Mit der Mitarbeiterzahl steigt somit auch die Managervergütung.

## *II. Branchenzugehörigkeit*

Aber auch die Zugehörigkeit zu einer bestimmten Branche kann für die Festlegung der Vergütungshöhe des Vorstands eine durchaus entscheidende Rolle spielen.[365] Wie die Erfahrungswerte in Deutschland zeigen, werden ordentlichen Vorstandsmitgliedern in der Einzelhandel-, Fahrzeugindustrie/Automobile- und Chemie/Gummibranche im Durchschnitt die höchsten Bezüge gewährt. Die vor der Finanzkrise auf dem Gebiet der Vorstandsvergütung führende Automobilindustrie musste im Geschäftsjahr 2008 ihre Vormachtstellung abgeben und rutschte nunmehr auf den dritten Platz.[366] Die Vorstände der Kreditwirtschaft, die im Jahr 2007 bezüglich der Vorstandsvergütungshöhe den dritten Platz belegten, mussten trotz hoher Fixgehälter in Folge der weltweiten Finanzmarktkrise einige Einbußen im Bereich der variablen Vergütung erleiden, sodass das Kreditwirtschaftssegment nunmehr seine Spitzenposition verloren hat. Die durchschnittlich niedrigste Vergütung der deutschen Vorstände ist jedoch in den Bereichen der Technologie, Finanzdienstleistung und Medien zu verzeichnen. Ausweislich einer Studie der Managergehälter aus dem Jahre 2009 betrug im Geschäftsjahr 2008 der Durchschnittsverdienst des Vorstands in der Versorgerbranche mit 2,235 Mio. € mehr als das Vierfache des am schlechtesten entlohnten Bereichs der Finanzdienstleistung, welcher eine Durchschnittsvergütung von 544,000 € aufwies. Dabei wurde allerdings auch die Größe der verglichenen Unternehmen mitberücksichtigt.[367]

In Großbritannien gehört die Stahlindustrie zu den am schlechtesten bezahlten Branchen, die Stromindustrie dagegen zahlt die höchsten CEO-Grundgehälter.[368] In den USA gehören Windenergie- und Finanzdienstleistungsbranchen zu den am schlechtesten bezahlten Geschäftszweigen. Die IT- und Software-Bereiche verzeichnen dagegen die höchsten CEO-Vergütungen nach der Finanzkrise.[369]

---

364 *Hallock*, Workspan Magazine 2/2011, 10; The Conference Board, Press Release v. 17.11.2010, abrufbar unter: http://www.conference-board.org/press/pressdetail.cfm?pressid=4064 (zuletzt aufgerufen am 22.04.2011).

365 *Evers* in: Hommelhoff/Hopt/v. Werder, Hdbuch CG 2009, S. 349 (356).

366 Kienbaum, Vergütungsstudie 2008/2009, S. 115.

367 *Kuhner/Hitz/Sabiwalsky/Drefahl*, Studie Managergehälter 2009, S. 24.

368 Salary Snapshot for Managing Director Jobs v. 14.04.2011, abrufbar unter: http://www.payscale.com/research/UK/Job=Managing_Director/Salary/by_Industry (zuletzt aufgerufen am 22.04.2011).

369 Vgl. Salary Snapshot for Chief Executive Officer (CEO) Jobs v. 19.04.2011, abrufbar unter: http://www.payscale.com/research/US/Job=Chief_Executive_Officer_%28CEO%29/Salary/by_Industry (zuletzt aufgerufena am 19.06.2014).

Somit ist eine entscheidende Beeinflussung der Struktur und der Höhe der erfolgsabhängigen Vergütung durch rancheneigene Merkmale zu verzeichnen. Es stellt sich jedoch die Frage, worauf diese offensichtlichen Unterschiede bei der Vergütungshöhe in den einzelnen Segmenten zurückzuführen sind. Zum größten Teil hängen die oben genannten Divergenzen von der Unternehmensgröße, der Ertragslage oder auch der Eigentümerstruktur des Unternehmens ab. Aber auch politischer, kommunaler oder gewerkschaftlicher Einfluss auf das Unternehmen schlägt sich bedeutend in der Festsetzung der Vorstandsvergütung nieder. Darüber hinaus ist es entscheidend, ob eine Zusammenfassung des Kapitaleigentums in den Händen eines oder weniger Großaktionäre stattfindet, die eventuell sogar selbst im Vorstand vertreten sind, oder ob das Kapitaleigentum auf viele Kleinaktionäre zerstreut ist.[370]

Ferner wird die Vergütungshöhe des Vorstandes auch durch die gängigen Gepflogenheiten einzelner Branchen beeinflusst. Insbesondere ist hierbei die Bestellung nebenamtlicher Vorstandsmitglieder neben den hauptamtlichen Vorstandsmitgliedern zu nennen. Die Erstgenannten beanspruchen eine niedrigere Entlohnung oder üben ihre Tätigkeit als Unternehmensleiter sogar unentgeltlich aus, was sich wiederum auf die branchentypische Vergütungshöhe der Vorstände auswirkt. Dies gilt in erster Linie für die Wohnungswirtschaft oder auch für kleinere Versicherungsunternehmen.[371]

## *III. Konzernabhängigkeit*

Die wirtschaftliche Selbständigkeit eines Unternehmens ist auch für die Selbständigkeit der Vorstandstätigkeit ausschlaggebend. In der Regel besitzen die Vorstände abhängiger Konzern-Tochtergesellschaften im Vergleich zu wirtschaftlich und rechtlich selbständigen Unternehmen ein eher geringeres Maß an Entscheidungsfreiheit. Diesem verhältnismäßig hohen Grad an Abhängigkeit der Tochtergesellschaften entspricht auch eine tendenziell niedriger ausfallende Vorstandsvergütung.[372] Die wesentlichen Funktionen werden in der Regel den Muttergesellschaften vorbehalten, sodass die Unternehmensführung in den Tochtergesellschaften zumeist eine geringere Komplexität aufweist. Ob und in welchem Umfang aufgrund derartiger Funktionsverlagerungen eine tatsächliche Entlastung der Führungsebene stattgefunden hat, ist jedoch im Rahmen einer sorgfältigen Einzelfallprüfung zu ermitteln.[373]

Ferner sind die variablen Erfolgsbestandteile der Vorstandsbezüge von Konzerntöchtern im Vergleich zu ihren Müttern regelmäßig effektiver ausgestaltet. Angesichts höherer Professionalität der Aufsichtsräte zeichnen sich die Vergütungssysteme der Tochtergesellschaften zunehmend durch Tantiemen- und Bonusprogramme aus, die an die Zielerreichung durch den Vorstand anknüpfen. Zudem fällt die Vorstandsvergütung konzernabhängiger Unternehmen, die einer ausländischen Muttergesellschaft

370 Kienbaum, Vergütungsstudie 2008/2009, S. 113.
371 Kienbaum, Vergütungsstudie 2008/2009, S. 113.
372 Kienbaum, Vergütungsstudie 2008/2009, S. 119.
373 Kienbaum, Vergütungsstudie 2008/2009, S. 119.

angehören, regelmäßig höher aus als die Entlohnung von Tochtergesellschaften inländischer Konzerne. Dies ist vor allem dann der Fall, wenn das Vergütungsniveau des Mutterlands vergleichsmäßig hoch ist. So stellte die Vergütungsstudie von Kienbaum fest, dass die Vorstandsbezüge US-amerikanischer Tochtergesellschaften um 10 % bis 15 % höher sind als die vergleichbarer deutscher konzernabhängiger Unternehmen. Eine derartige Diskrepanz wird jedoch durch die Vielzahl von zusätzlichen Anforderungen gerechtfertigt, die an die betroffenen Vorstandsmitglieder ausländischer Unternehmen gestellt werden. Zum einen wird eine zweisprachige Unternehmensführung gefordert, die aufgrund geographischer, kultureller oder zum Teil auch politischer Unterschiede der betroffenen Länder divergierende Geschäftspraktiken impliziert. Aber auch Kenntnisse des fremden Rechnungswesens bzw. Berichts- oder Controllingsystems durch den Vorstand sind unentbehrlich. Darüber hinaus werden Vorstandsmitglieder der US-Tochtergesellschaften oft mit einer von den deutschen Standards abweichenden Sicherheit des Arbeitsplatzes bzw. mit einem höheren Kündigungsrisiko konfrontiert. Durch die Gewährung höherer Vorstandsvergütungen wird allen diesen Umständen gebührend Rechnung getragen.[374]

## *IV. Vorstandsgröße und -status*

Heutige Vorstandsgremien setzen sich in der Regel aus drei bis vier Vorständen pro Unternehmen zusammen. Die Bestimmung der Vorstandsgröße richtet sich dabei jedoch nicht nach wirtschaftlichen Überlegungen wie etwa der Personalkostenfrage, sondern orientiert sich vielmehr an den organisatorischen Erfordernissen sowie an den Zielen der Unternehmenspolitik. Diese Aspekte haben in den letzten Jahren zu einer Verkleinerung der Vorstandsgremien deutscher Aktiengesellschaften geführt. Damit gehen aber auch die Erweiterung der Verantwortungsbereiche und eine erhöhte Belastung der Vorstände einher, die durch höhere Vergütung entschädigt werden. Daneben spielt auch die Organisation der Führungsebenen als solche eine erhebliche Rolle. In einem Unternehmen, bei dem der Vorstand zwar lediglich aus einem oder zwei Mitgliedern besteht, die mittlere Führungsebene jedoch weit ausgebaut ist, fällt die Belastung der Vorstandsmitglieder nicht höher aus, als bei einem mehrköpfigen Vorstand, der keine Unterstützung von den untergeordneten Führungsebenen erhält. Aber auch die Möglichkeit, externe Unternehmensberater im Rahmen der Führungstätigkeit heranzuziehen, entlastet die einzelnen Vorstandsmitglieder mit der Folge, dass eine höhere Entlohnung nicht gerechtfertigt wäre.[375]

Allerdings kommt es auch innerhalb des Vorstands zu einer Vergütungsdifferenzierung. Diese resultiert zum einen aus dem unterschiedlichen hierarchischen Status der jeweiligen Vorstandsmitglieder. Vorsitzende (so etwa der CEO) oder Sprecher des Vorstands sind nicht nur mit besonderer Verantwortung betraut, aus der sich entsprechende Rechte und Pflichten ergeben, sie werden auch deutlich höher ver-

374 Kienbaum, Vergütungsstudie 2008/2009, S. 119.
375 Kienbaum, Vergütungsstudie 2008/2009, S. 123.

gütet. In der Praxis werden hierfür Zuschläge von 20 % bis über 200 % gewährt. Das Ausmaß der Höherbezahlung hängt vor allem davon ab, ob die Aufgaben des Vorsitzenden/Sprechers als „primus inter pares" auf die Ressortkoordinierung sowie Unternehmensrepräsentation beschränkt sind oder ob das betroffene Vorstandsmitglied durch die Unternehmenslenkung zur nachhaltigen Entwicklung der Geschäftspolitik und Unternehmensstrategie wesentlich beiträgt.[376] In Deutschland beträgt die finanzielle Hervorhebung des Vorstandsvorsitzenden gegenüber den sonstigen Organmitgliedern der DAX-Unternehmen im Durchschnitt 50 %.[377] Vergütungsstudien im Jahr 2013 ergaben, dass die Durchschnittsvergütung eines Vorstandsmitglieds eines DAX 30-Unternehmens (ohne Berücksichtigung der Versorgungsleistungen und Einmalzahlungen) bei 3,3 Mio. € lag, wobei der Vorstandsvorsitzende im Schnitt 5,1 Mio € verdiente.[378] Im Jahr 2009 lag die Vergütung trotz Finanzkrise bei durchschnittlich 2,313 Mio. €. Die Individualvergütung innerhalb der Vorstände variierte stark, wobei der Vorstandsvorsitzende in einigen Fällen das Zwei- bis Dreifache der Vergütung des Vorstandsmitglieds mit der zweithöchsten Vergütung erhielt.[379]

## *V. Boardstruktur*

Trotz des grundsätzlichen Einflusses der Führungskräfte auf den Verwaltungsrat (sog. *board of directors*), hängt insbesondere in Großbritannien und in den USA der Grad der Einflussnahme von der Stärke des betroffenen *boards* ab. Es wird angenommen, dass mit der zunehmenden Boardgröße auch die Einflussnahme des CEO auf seine eigene Vergütung steigt. Größere *boards* neigen dazu, weniger geschlossen zu handeln. Einzelne Direktoren weisen oft jegliche Verantwortung von sich mit der Folge, dass die Fokussierung auf die Unternehmensangelegenheiten im Allgemeinen und auf die Managervergütung im Besonderen nachlässt. Ferner bleiben die Entscheidungen der Mitglieder größerer *boards* vom Druck der Öffentlichkeit eher unbeeinflusst; je größer das *board* ist, desto schwieriger erscheint es, die Entrüstung auf ein konkretes *board*-Mitglied zu richten. Zudem werden diejenigen Direktoren, die an einer hohen CEO-Vergütung interessiert sind, in einem großen *board* eher mit dem Problem konfrontiert, die Mehrheit zu überzeugen, sich ihnen anzuschließen, als dies in einem überschaubaren bzw. kleinen *board* der Fall ist. Folglich ist davon auszugehen, dass Führungskräfte in Unternehmen mit einem großen *board* über mehr Macht verfügen und daher für sie günstigere Vergütungen aushandeln können.[380]

---

376 *Evers* in: Hommelhoff/Hopt/v. Werder, Hdbuch CG 2009, S. 349 (357).

377 Kienbaum, Vergütungsstudie 2008/2009, S. 120; *Evers* in: Hommelhoff/Hopt/v. Werder, Hdbuch CG 2009, S. 349 (358) spricht in diesem Zusammenhang sogar von einem Aufschlag von 75 %.

378 *Friedl/Hocker/Hölz/Pfeiffer/Klink*, Studie zut Vergütung 2013, S. 53.

379 *Schwalbach*, Vergütungsstudie 2010, S. 3, 6.

380 *Core/Holthausen/Larcker*, 51 Journal of Financial Economics 1999, 371 (372 f.); *Yermack*, 40 Journal of Financial Economics 1996, 185 (205); *Bebchuk/Fried*, Pay for Performance, S. 81.

Zu weiteren Determinanten des Vergütungsniveaus gehören unter anderem die Ertragslage, die Börsensegment- und Ressortzugehörigkeit sowie das Lebensalter des jeweiligen Vorstandsmitglieds und der Vergleich mit leitenden Angestellten.[381]

# § 3. Unionsrechtliche und internationale Initiativen

## A. Empfehlungen der Europäischen Kommission

Vor dem Hintergrund der weltweiten Finanzmarktkrise ergriff auch die Europäische Kommission die Initiative zur Regulierung der Vorstandsvergütung. Aus diesem Grund wurden am 30. April 2009 zwei Empfehlungen zur Vergütungsproblematik verabschiedet. Hierbei fand eine Differenzierung zwischen Vergütung im Finanzdienstleistungssektor[382] und Vergütung von Vorstandsmitgliedern börsennotierter Unternehmen[383] statt. Diese Empfehlungen ergingen unter anderem auf Vorschlag des *European Corporate Governance Forums.*[384] Bei der Empfehlung für die Vergütung im Finanzdienstleistungssektor handelt es sich um eine selbständige und unabhängige Empfehlung. Die Empfehlung zur Vergütung von Mitgliedern der Unternehmensleitung hingegen ergänzt und führt die EU-Empfehlungen von 2004 und 2005 fort, sodass die EU-Empfehlung 2009 im Zusammenhang mit diesen zu lesen ist.

Die EU-Kommission begründet ihre Entscheidung für die Wahl der unverbindlichen Empfehlung als Steuerungsinstrument damit, dass verbindliche, für alle Mitgliedsstaaten einheitlich geltende Vorgaben in diesem Bereich schwierig zu formulieren seien. Zudem seien die Empfehlungen besser dazu geeignet, die nationalen Corporate Governance-Traditionen und -praktiken zu berücksichtigen.[385] Vor dem Hintergrund der hohen legislativen Aktivitäten auf dem Gebiet der Vorstandsvergütung in den Mitgliedsstaaten ist diese Zurückhaltung auf europäischer Ebene durchaus begrüßenswert. Darüber hinaus bezeugt die relativ hohe Umsetzungsquote der EU-Empfehlungen 2004 und 2005[386], dass auch Empfehlungen in diesem

381 Kienbaum, Vergütungsstudie 2009/2010, S. 95 ff.

382 Empfehlung der Kommission zur Vergütungspolitik im Finanzdienstleistungssektor, 2009/384/EG, ABl. EU Nr. L 120 vom 15.05.2009.

383 Empfehlung der Kommission zur Ergänzung der Empfehlungen 2004/913/EG und 2005/162/EG zur Regelung der Vergütung von Mitgliedern der Unternehmensleitung börsennotierter Gesellschaften, 2009/385/EG, ABl. EU Nr. L 120 vom 15.05.2009.

384 Statement of the European Corporate Governance Forum on Director Remuneration vom 23.03.2009, Punkt Nr. 2, abrufbar unter: http://ec.europa.eu/internal_market/company/docs/ecgforum/ecgf-remuneration_en.pdf (zuletzt aufgerufen am 19.06.2014).

385 Recommendation on directors' remuneration: Frequently Asked Questions, MEMO/09/213, abrufbar unter: http://europa.eu/rapid/pressReleasesAction.do?reference=MEMO/09/213&format=HTML&aged=1&language=EN&guiLanguage=en (zuletzt aufgerufen am 19.06.2014).

386 Zur Umsetzung dieser Empfehlungen vgl. Report on the application by Member States of the EU of the Commission Recommendation on directors' remuneration, SEC (2007) 1022 und Report on the application by the Member States of the EU

Bereich geeignet sind eine ausreichende Harmonisierung zu gewährleisten.[387] Zwar erkennt die Europäische Kommission weiterhin die Autonomie der Gesellschaft und ihrer Anteilseigner an, betont jedoch, dass „ergänzende Grundsätze für die in der Vergütungspolitik der Gesellschaft festgelegte Struktur der Vergütung von Mitgliedern der Unternehmensleitung sowie die Verfahren für die Festlegung der Vergütung und die Kontrolle dieser Verfahren formuliert werden“[388] sollten.

## *I. Einführung des beratenden Vergütungsvotums*

Sowohl die Empfehlung der Kommission vom 14. Dezember 2004 zur Einführung einer angemessenen Regelung für die Vergütung von Mitgliedern der Unternehmensleitung börsennotierter Gesellschaften[389] als auch die im Jahr 2009 erlassene Empfehlung der Kommission zur Ergänzung der Empfehlungen 2004/913/EG und 2005/162/EG zur Regelung der Vergütung von Mitgliedern der Unternehmensleitung börsennotierter Gesellschaften[390] beschäftigten sich mit dem Thema der beratenden Vergütungsausschüsse der Aktionäre. Danach soll jede börsennotierte Gesellschaft eine Erklärung zu ihrer Vergütungspolitik veröffentlichen (sog. Vergütungserklärung).[391] Ferner sollten gemäß Ziffer 4.1 der Empfehlung 2004/913/EG die Vergütungspolitik und erhebliche Änderungen daran den Gegenstand eines eigenen Tagesordnungspunktes der jährlichen Hauptversammlung bilden. Darüber hinaus soll die Vergütungserklärung der Jahreshauptversammlung zur Abstimmung vorgelegt werden. Dabei bleibt es den Mitgliedsstaaten überlassen, ob diese Abstimmung bindenden oder beratenden Charakter erhält, Ziffer 4.1 Abs. 1 der Empfehlung 2004/913/EG. Gemäß Ziffer 4.2 Abs. 2 der Empfehlung 2004/913/EG können Mitgliedstaaten jedoch vorsehen, dass eine solche Abstimmung nur abgehalten wird, wenn sie von Aktionären, die „zusammen zumindest 25 % aller Stimmrechte halten, die von den auf der jährlichen Hauptversammlung anwesenden oder vertretenen Aktionären gehalten werden“, beantragt wurde. Letzteres präjudiziert jedoch nicht das Recht der Aktionäre, einen Beschlussantrag in Übereinstimmung mit einzelstaatlichen Bestimmungen vorzulegen.

Die aufgrund der weltweiten Finanzmarktkrise im April 2009 erlassene Empfehlung der Kommission zur Regelung der Vergütung von Mitgliedern der Unternehmensleitung börsennotierter Gesellschaften (2009/385/EG) ergänzt die in

---

of the Commission Recommendation on the role of non-executive or supervisory directors of listed companies and on the committees of the (supervisory) board, SEC (2007) 1021, abrufbar unter: http://ec.europa.eu/internal_market/company/docs/directors-remun/sec20071022_en.pdf (zuletzt aufgerufen am 19.06.2014).

387 *Weber-Rey*, WM 2009, 2255 (2256).

388 Erwägungsgrund 3, Empfehlung der Kommission 2009/385/EG, ABl. EU Nr. L 120/28.

389 Empfehlung der Kommission 2004/913/EG, ABl. EU Nr. L 385/55.

390 Empfehlung der Kommission 2009/385/EG, ABl. EU Nr. L 120/28.

391 Ziff. 3.1. Empfehlung der Kommission 2004/913/EG, worauf Ziff. 5.1 Empfehlung 2009/385/EG Bezug nimmt.

Bezug auf die Abstimmung durch die Jahreshauptversammlung bestehenden Regelungen lediglich um folgende Empfehlung: „Aktionäre und insbesondere institutionelle Aktionäre sollten dazu ermutigt werden, an den Hauptversammlungen teilzunehmen und bei Fragen der Vergütung von Mitgliedern der Unternehmensleitung angemessenen Gebrauch von ihrem Stimmrecht gemäß den Grundsätzen dieser Empfehlung sowie der Empfehlungen 2004/913/EG und 2005/162/EG zu machen."[392]

## *II. Unabhängigkeit externer Vergütungsberater*

In Bezug auf die Hinzuziehung unabhängiger Vergütungsberater sieht die Empfehlung der Europäischen Kommission ebenfalls eine Regelung vor. Der genaue Wortlaut der Empfehlung ist wie folgt: „Wenn der Vergütungsausschuss Berater in Anspruch nimmt, um sich Informationen über die am Markt vorherrschenden Standards für Vergütungssysteme zu beschaffen, sollte er sicherstellen, dass der betreffende Berater nicht gleichzeitig die Personalabteilung, den geschäftsführenden Direktor oder Vorstandsmitglieder der betreffenden Gesellschaft berät."[393]

Aus dieser Formulierung ergibt sich zum einen eine im Vergleich zur Vorschrift der Ziffer 4.2.2 DCGK einschränkende Interpretation des Unabhängigkeitsbegriffs. Hier verzichtet die Europäische Kommission auf einen weiten, auslegungsbedürftigen und unter Umständen sogar eine Einschränkung erfordernden Begriff der „Unabhängigkeit" des Vergütungsberaters und beschränkt sich vielmehr darauf, „aus mehreren denkbaren Beeinträchtigungen der Unabhängigkeit eines Vergütungsberaters einen besonders nahe liegenden und zugleich den kritischsten Fall herauszugreifen".[394] Demnach soll vermieden werden, dass die Beratung des Vergütungsausschusses durch dieselben Personen erfolgt, wie die Beratung der Personalabteilung oder der Vorstandsmitglieder derselben Gesellschaft. Durch das sog. Verbot der Doppelberatung durch denselben Berater wird jedoch nicht gleichzeitig das Verbot der Beratung durch andere Partner oder Angestellte des tätig gewordenen Beratungsunternehmens postuliert. Aus der Formulierung der Empfehlung ergibt sich schließlich, dass das Verbot der Interessenkollision lediglich den konkreten für den Vergütungsausschuss tätig gewordenen Berater betrifft, die Beratergesellschaft hingegen, der der Vergütungsberater angehört, von dieser Regelung nicht erfasst ist. Die Tatsache, dass rechtlich die Beratungsgesellschaft als solche und nicht der konkrete Vergütungsberater mit dem Beratungsmandat im Rahmen des Geschäftsbesorgungsauftrages betraut wurde, führt ebenfalls zu keinem anderen Ergebnis.[395]

---

392 Ziff. 6.1. Empfehlung der Kommission, 2009/385/EG, ABl. EU Nr. L 120/30.
393 Ziff. 9.2. Empfehlung der Kommission, 2009/385/EG, ABl. EU Nr. L 120/31.
394 *Baums*, AG 2010, 53 (55).
395 *Baums*, AG 2010, 53 (55).

## III. Clawback-Klauseln

Darüber hinaus empfiehlt die Europäische Kommission die Einführung sog. *clawback*-Klauseln.[396] Danach soll der Aufsichtrat in den Anstellungsverträgen mit den Vorstandsmitgliedern eine Rückforderungsmöglichkeit für den Fall einer negativen Entwicklung nach erfolgter Auszahlung des Jahresbonus vorsehen. Dies ist vor allem dann denkbar, wenn die Kennzahlen, für deren Entwicklung der Bonus gewährt wurde, im folgenden Jahr bzw. in den folgenden Jahren eine negative Entwicklung erfahren. Aus dem psychologischen Blickwinkel scheint eine derartige „Bestrafung" des Vorstands im Vergleich zum Bonus-Malus-Modell viel spürbarer, da hierbei bereits gewährte Leistungen nachträglich entzogen werden.[397] Zudem wird beim Bonus-Malus-Modell der Bonus bei schlechter Performance in den Folgeperioden lediglich reduziert, sodass dieser in diesem Umfang gar nicht erst zum Enstehen kommt. Bei den *clawback*-Klauseln hingegen entstehen die Bezüge zwar, werden aber aufgrund des Misserfolgs durch die sog. „Strafzahlungen" zurück gefordert. Dies führt zwar zur Vermeidung von Abschlagszahlungen, impliziert jedoch eine Rückforderung.[398]

## IV. Abfindungscap-Regelung

Die Empfehlung der EU-Kommission macht auch Vorgaben zur Höhe der Abfindungszahlungen von ausgeschiedenen Vorstandsmitgliedern. Dabei sollen diese gem. Ziffer 3.5 der Empfehlung 2009/385/EG einen festen Betrag bzw. eine bestimmte Anzahl von Jahresgehältern nicht überschreiten und in der Regel nicht mehr als zwei Jahreseinkommen aus der nicht variablen Vergütungskomponente oder dem entsprechenden Äquivalent betragen.

## V. Begrenzung der Bonuszahlungen für Vorstandsmitglieder des Finanzsektors

Zwei Jahre nach dem Ausbruch der weltweiten Finanzmarktkrise verabschiedete das EU-Parlament am 7. Juli 2010 zahlreiche regulatorische Änderungen zur Banken-[399] und Kapitaladäquanzrichtlinie,[400] unter anderem in Bezug auf die Vergütungsstrukturen (sog. CRD III-Änderungsrichtlinie),[401] mit dem Ziel, die Empfeh-

---

396 Ziff. 3.4. Empfehlung der Kommission, 2009/385/EG, ABl. EU Nr. L 120/30.

397 *Bosse*, Hdbuch Vorstandsvergütung, S. 71 f. Rdn. 187.

398 *Bosse*, Hdbuch Vorstandsvergütung, S. 72 Rdn. 187.

399 Richtlinie des Europäischen Parlaments und des Rates über die Aufnahme und Ausübung der Tätigkeit der Kreditinstitute v. 14.06.2006, 2006/48/EG, ABl. EU Nr. L 177/1–200.

400 Richtlinie des Europäischen Parlaments und des Rates über die angemessene Eigenkapitalausstattung von Wertpapierfirmen und Kreditinstituten v. 14.06.2006, 2006/49/EG, ABl. EU Nr. L 177/201–255.

401 Richtlinie des Europäischen Parlaments und des Rates zur Änderung der Richtlinie 2006/48/EG und 2006/49/EG im Hinblick auf die Eigenkapitalanforderungen

lungen der Europäischen Kommission vom 30. April 2009 zur Vergütungspolitik im Finanzdienstleistungssektor (2009/384/EG) verbindlich zu gestalten. Diese bis zum 31. Oktober 2010 in das nationale Recht umzusetzenden aufsichtsrechtlichen Neuregelungen stellen die Reaktion der Europäischen Kommission auf die weltweite Finanzkrise dar und sollen ab Januar 2011 ihre Wirkung entfalten. Hiermit wird der Versuch unternommen, rechtliche Rahmenbedingungen in den Bereichen, die für die Verursachung der Krise relevant waren, zu stärken. Danach müssen Boni künftig an das Grundgehalt der Vorstände gekoppelt werden, wobei nur 30 % der Zusatzvergütung sofort ausgezahlt werden dürfen. Handelt es sich hingegen um besonders hohe Bonusleistungen, so dürfen lediglich 20 % hiervon sofort gewährt werden. Mindestens 40 % der variablen Vergütung sollen die Finanzinstitute regelmäßig drei bis fünf Jahre zurückhalten und nur im Erfolgsfall auszahlen. Wird eine besonders hohe Vergütung zugeteilt, so liegt die Vorgabe bei 60 %.[402] Bei Nichterbringung der erwarteten Leistung kann die vereinbarte, jedoch noch nicht ausgezahlte Vergütung herabgesetzt werden. Ferner wird empfohlen, mindestens 50 % der variablen Vergütung in Form von Aktien, gegebenenfalls als bedingtes Kapital zu gewähren.[403] Darüber hinaus wird an die Unternehmen appelliert, bonusähnliche Ermessensrenten ebenfalls in Form von Aktien oder gegebenenfalls als bedingtes Kapital, geknüpft an eine fünfjährige Haltefrist, auszugeben.[404] Staatlich unterstützte Banken werden besonders stark von den Neuregelungen getroffen. Danach werden Obergrenzen für die Bonusleistungen festgesetzt, um die Banker zu ermutigen, der gestärkten Eigenkapitalbasis und den Krediten für die Realwirtschaft Vorrang vor ihrer eigenen Bezahlung und Nebenleistungen zu gewähren. Vor allem dürfen garantierte Bonusleistungen nicht ohne eine ausreichende Rechtfertigung eingeräumt werden.[405]

Das Europäische Parlament bezeichnete diese Anfang des Jahres 2011 in Kraft getretene Novellierung als „some of the strictest rules in the world on bankers' bonuses"[406]. Die Umsetzung dieser Regelungen durch die Mitgliedsstaaten wird durch den Ausschuss der europäischen Bankaufsichtsbehörden (sog. Committee of European Banking Supervisors oder CEBS), seinen Nachfolger, die European Banking Authority (EBA), sowie die nationalen Aufsichtsbehörden überwacht. Um die durch die unterschiedliche Anwendung der Vergütungsregelungen entstehenden

---

für Handelsbuch und Weiterverbriefung und im Hinblick auf die aufsichtsrechtliche Überprüfung der Vergütungspolitik (sog. CRD III-Richtlinie), 2010/76/EU v. 14.12.2010, ABl. EU Nr. L 329/3.

402 Anhang I CRD III-Richtlinie; Anhang V Ziff. 11 Nr. 23(p) der Richtlinie 2006/48/EG.

403 Anhang I CRD III-Richtlinie; Anhang V Ziff. 11 Nr. 23(o) der Richtlinie 2006/48/EG.

404 Anhang I CRD III-Richtlinie; Anhang V Ziff. 11 Nr. 23(r) der Richtlinie 2006/48/EG.

405 Erwägungsgrund 8 sowie Anhang I CRD III-Richtlinie; Anhang V Ziff. 11 Nr. 23(j) Richtlinie 2006/48/EG.

406 Parlamentarische Sitzung 5–8 Juli, abrufbar unter: http://www.europarl.europa.eu/news/public/focus_page/008-76988-176-06-26-901-20100625FCS76850-25-06-2010-2010/default_p001c011_en.htm (zuletzt aufgerufen am 19.06.2014).

Divergenzen innerhalb der Europäischen Union zu minimieren nahm die Europäische Kommission eine Überprüfung der mitgliedsstaatlichen Umsetzung der CRD III im Dezember 2012 vor.[407]

In einem nichtlegislativen Beschlussentwurf von Saïd El Khadraoui, einem belgischen Politiker für die Socialistische Partij Anders und einem Mitglied des Europäischen Parlaments (2003–2014), wurde die Erweiterung der für den Bankensektor aufgestellten Vergütungsprinzipien auf alle börsennotierten Gesellschaften gefordert. Diese sollten angehalten werden ihre Vergütungspolitik darzulegen, wenn ihre Direktorenvergütung als mit bestimmten Grundsätzen unvereinbar gilt. Dadurch sollen die Verhinderung der Eingehung exzessiver Risiken und die Unterbindung der Entscheidungsfindung auf der Grundlage kurzfristiger Gesichtspunkte erreicht werden. Im Übrigen sollen Aktionären mehr Möglichkeiten zur Kontrolle der Direktoren zur Verfügung gestellt werden. Schließlich wird vorgeschlagen, die sog. *„golden parachutes"*, die im Falle einer vorzeitigen Vertragsbeendigung den Direktoren regelmäßig ausgehändigt werden, auf zwei Jahresgehälter zu begrenzen und die Abfindungszahlungen bei Nichterfüllung der vereinbarten Leistung bzw. bei einem vorzeitigen Ausscheiden des Vorstandsmitglieds zu verbieten.[408]

## B. „Grünbuch" zur Corporate Governance in Finanzinstituten und Vergütungspolitik

Nach der Abgabe mehrerer Empfehlungen zur Vergütungsausgestaltung hat die Europäische Kommission Anfang Juni 2010 ein Grünbuch[409] mit möglichen Ansätzen zu künftigen Regulierung der Corporate Governance und Vergütungspolitik in Finanzinstituten zur Diskussion gestellt. Angesichts der weder einheitlichen noch ausreichenden Umsetzung der bestehenden Empfehlungen durch die Mitgliedsstaaten hat die Europäische Kommission in diesem Grünbuch Überlegungen zur Zweckmäßigkeit und zum möglichen Inhalt von Rechtsetzungsmaßnahmen auf diesem Gebiet angestellt. Angekündigt wurden in diesem Zusammenhang Reformüberlegungen zur „Stellung und Rolle der Aktionäre, zur Aufteilung der Aufgaben zwischen Aktionären und Verwaltungsräten in Bezug auf die Beaufsichtigung der Geschäftsführung, zur Zusammensetzung der Verwaltungsräte sowie zur sozialen Verantwortung von Unternehmen".[410] So wirft die Europäische Kommission unter anderem die Frage nach einer Beschränkung der Zahl der von Verwaltungsratsmitgliedern angehäuften Mandate auf und schlägt dabei eine auf maximal drei Sitze

---

407 CRD III-Richtlinie 2010/76/EU v. 14.12.2010, ABl. L 329/19, unten.

408 Parlamentarische Sitzung 5–8 Juli, abrufbar unter: http://www.europarl.europa.eu/news/public/focus_page/008-76988-176-06-26-901-20100625FCS76850-25-06-2010-2010/default_p001c011_en.htm (zuletzt aufgerufen am 19.06.2014), vgl. auch EuZW 2010, 605.

409 Europäische Kommission, Grünbuch – Corporate Governance in Finanzinstituten und Vergütungspolitik, KOM(2010) 284 endg.

410 Europäische Kommission, Grünbuch – Corporate Governance in Finanzinstituten und Vergütungspolitik, S. 3.

limitierte Regelung vor. Zudem wird die Frage gestellt, ob eine höhere Diversität der personellen Besetzung des Verwaltungsrats gefordert werden soll, dies insbesondere im Hinblick auf die Frauenbeteiligung sowie die sozialen und kulturellen Unterschiede.[411] Darüber hinaus äußert die Europäische Kommission im Grünbuch die Auffassung, dass neben der Richtlinie für den Bankenbereich auch für die anderen Finanzdienstleistungsbereiche, insbesondere „OGAW-Fonds"[412] und Versicherungsgesellschaften, weitere vergleichbare Rechtsetzungsmaßnahmen erforderlich sind. Einem besonderen Regelungsbedürfnis unterliegen aus Sicht der Kommission offensichtlich Themen wie etwa Aktienoptionen für Manager und Abfindungszahlungen (*„golden parachutes"*).[413] Mit der Erörterung dieser Themenbereiche fordert die Europäische Kommission interessierte Beteiligte auf, Stellung zu den von ihr im Grünbuch vorgeschlagenen Ansätzen zu beziehen und gegebenenfalls weitere Maßnahmen vorzuschlagen.

## C. Vergütungsvorgaben des Committee of European Banking Supervisors

Zur Etablierung eines vernünftigen Risikomanagementsystems und zur Minimierung des überzogenen Risikoverhaltens der Führungskräfte hat der Ausschuss der Europäischen Bankenaufsicht (Committee of European Banking Supervisors / CEBS) Grundsätze zur Präzisierung der von der Europäischen Kommission in der Änderungsrichtlinie CRD III erlassenen Vergütungsempfehlungen festgelegt.[414] Zu den darin enthaltenen Standards für „sound remuneration policies" gehören unter anderem eine zeitliche Staffelung von Bonuszahlungen über einen längeren Zeitraum (s. o.), die Umstellung auf alternative Vergütungselemente (*cash vs. instruments*) wie etwa Aktien, Optionen und andere Beteiligungsmöglichkeiten (z. B. *stock appreciation rights*)[415] sowie die Möglichkeit einer nachträglichen Risikoanpassung der Vergütung z. B. durch die Einrichtung eines Bonus-Malus-Modells oder die Aufnahme von Rückforderungsklauseln (*clawback*) in den Anstellungsvertrag.[416] Zudem

---

411 Ziff. 5.1. Europäische Kommission, Grünbuch – Corporate Governance in Finanzinstituten und Vergütungspolitik.

412 Als Organismen für gemeinsame Anlagen in Wertpapiere werden Investmentfonds genannt, die der EU-Investmentdirektive entsprechen (sog. EU-richtlinienkonforme Fonds). Vgl. *Wolf*, Die Regulierung von Hedgefonds, S. 54.

413 Ziff. 5.7. Europäische Kommission, Grünbuch – Corporate Governance in Finanzinstituten und Vergütungspolitik.

414 CEBS, Guidelines on Remuneration Policies and Practices v. 10.12.2010. Diesen Guidelines gingen zunächst der Erlass von „High-level principles for Remuneration Policies" im April 2009 sowie das „Consultation Paper on Guidelines on Remuneration Policies and Practices" im Oktober 2010 vor.

415 Erwägungsgründe 7 und 9 CRD III-Richtlinie; Ziff. 4.4.2(a) Rdn. 121 ff. CEBS, Guidelines on Remuneration Policies and Practices.

416 Ziff. 4.43. CEBS, Guidelines on Remuneration Policies and Practices.

empfiehlt das CEBS die Festlegung eines angemessenen Verhältnisses zwischen variablen und fixen Vergütungselementen, wobei eine gänzliche Streichung der variablen Vergütung ebenfalls in Betracht kommt.[417] Für die Institute, die staatliche Unterstützung erhalten haben, muss dem Aufbau einer tragfähigen Eigenkapitalbasis Vorrang eingeräumt werden. Dabei sollen die nationalen Aufsichtsbehörden berechtigt sein, Vergütungssysteme, die damit nicht im Einklang stehen zu unterbinden bzw. zu korrigieren.[418]

## § 4. Empfehlungen des Basler Ausschusses für Bankenaufsicht

Im Januar 2010 erließ auch der Baseler Ausschuss für Bankenaufsicht (Basel Committee on Banking Supervision/BCBS)[419] eine sog. Compensation Principles and Standards Assessment Methodology. Die darin enthaltenen Beurteilungskriterien sollen den Aufsichtsbehörden als Richtschnur bei der Überprüfung der individuellen Unternehmensvergütungspraktiken und der Bewertung der Befolgung der Financial Stability Board (FSB) Principles for Sound Compensation Practices sowie ihrer Umsetzungsstandards dienen.[420] Damit sollen Aufsichtsansätze gefördert werden, welche die Banken wirksam zu einer soliden Vergütungspraxis anhalten und zu einheitlichen Wettbewerbsbedingungen beitragen. Der Überwachungsrahmen der Bankenaufsicht wurde entsprechend den drei Gesichtspunkten der FSB-Prinzipien definiert. Demnach betrifft dieser zum einen eine effektive Steuerung der Managervergütung. Zum anderen bezieht er sich auf eine wirkungsvolle Ausrichtung der Vergütung auf eine solide Risikobereitschaft sowie auf eine wirksame Aktionärskontrolle. Mit der Methodik zur Überprüfung von Vergütungsprinzipien und -standards sollen die nationalen Aufsichtsbehörden mit hinreichend Flexibilität ausgestattet

---

417 Ziff. 4.1.2. CEBS, Guidelines on Remuneration Policies and Practices.

418 Ziff. 1.4.3. CEBS, Guidelines on Remuneration Policies and Practices.

419 Dabei handelt es sich um ein Beratungsgremium, welches ursprünglich von den G 10-Staaten zur internationalen Bankenaufsicht gegründet wurde und mit den Aufgaben betraut ist, im internationalen Bankensystem einheitliche Wettbewerbsbedingungen zu schaffen und das Risiko der Insolvenz der Finanzinstitute zu reduzieren. Der Basler Ausschuss für Bankenaufsicht hat jedoch keine gesetzgeberischen Kompetenzen und kann somit lediglich Empfehlungen aussprechen. Diese Empfehlungen dienen in der Regel als Grundlage für die Gesetzgebung der EU und finden so Eingang in das nationale Recht der Mitgliedsstaaten. Abrufbar unter: http://www.bis.org/bcbs/history.htm (zuletzt aufgerufen am 19.06.2014).

420 Bei den FSB Principles for Sound Compensation Practices handelt es sich um Grundsätze der soliden Vergütungspraktiken, die vom Rat für Finanzstabilität (Financial Stability Board) am 2.04.2009 entwickelt und am 25. September 2009 präzisiert wurden und eine anschließende Billigung der zwanzig wichtigsten Industrie- und Schwellenländer (G 20) auf dem Gipfel in Pittsburgh erfahren haben. Eingehend zu den FSB Principles for Sound Compensation Practices, siehe unten S.216.

werden, eine effektive Anwendung der FSB Prinzipien unter Berücksichtigung der nationalen Besonderheiten sicherzustellen. Wie dem Namen des Basler Ausschusses entnommen werden kann, sind vom Anwendungsbereich der „Compensation Principles and Standards Assessment Methodology" nur Finanzinstitute betroffen.[421]

## A. Gewährleistung einer effektiven Vergütungssteuerung

In Anlehnung an Principles 1 und 2 der FSB-Vorgaben, welche die Einrichtung von Vergütungsausschüssen (*remuneration committee*) für jedes bedeutende Finanzinstitut empfehlen und die Aufgaben und Zuständigkeiten des *board of directors* definieren, sollen die Aufsichtsbehörden für eine effektive Steuerung der Vergütungspolitik Sorge tragen. Hierfür werden sie unter anderem ermächtigt, sowohl die Vergütungspolitik als auch die Zusammensetzung der Vergütungsausschüsse und das Anstellungsverfahren der externen Vergütungsberater zu überprüfen. Den Aufsichtsbehörden ist ebenfalls gestattet, die Zusammenarbeit des Vergütungsausschusses mit anderen Ausschüssen wie etwa dem Risikoausschuss zu überwachen.[422]

## B. Ausrichtung der Vergütung an vernünftige Risikobereitschaft

Entsprechend den FSB-Grundsätzen 4 bis 7, welche die Risikoadjustierung der Vergütung und den Umfang der variablen Bezüge – der die Eigenkapitalbasis des Unternehmens nicht gefährden soll – zum Gegenstand haben, legt der Basler Ausschuss fest, dass die Unternehmen bei der Festsetzung der variablen Vergütung alle in Betracht kommenden Risiken abzuwägen haben, um die finanzielle Lage des Unternehmens nicht zu gefährden. Ferner soll bei der Risikoadjustierung der Zeithorizont, welcher bei der Performancebemessung zugrunde gelegt wurde, mitberücksichtigt werden. Bonuszahlungen sind nicht nur an finanzielle Erfolge anzuknüpfen, sondern vielmehr auch vom ethischen und FSB-konformen Verhalten abhängig zu machen. Die Vergütung ist im Übrigen an der mittel- und langfristigen Risikopolitik des Unternehmens auszurichten.[423]

In Bezug auf Principle 5 des FSB, welcher den Unternehmen eine Anknüpfung des Bonus-Pools an die Gesamtperformance des Unternehmens nahe legt und insbesondere die Auszahlung der Vergütung in Abhängigkeit von der individuell erbrachten Leistung empfiehlt, sind die Bankenaufseher gehalten, Zahlungen wie *„golden parachutes"*, Nebenleistungen, garantierte Bonusvereinbarungen sowie übrige Vergütungszusagen der *senior executives* zu überprüfen. Dadurch soll sicher-

---

421 Basel Committee on Banking Supervision, Compensation Principles and Standards Assessment Methodology, S. 1 f.

422 Ausführlich zu den einzelnen Regelungen vgl. Basel Committee on Banking Supervision, Compensation Principles and Standards Assessment Methodology, S. 6 ff.

423 Ausführlich zu den einzelnen Regelungen vgl. Basel Committee on Banking Supervision, Compensation Principles and Standards Assessment Methodology, S. 11 ff.

gestellt werden, dass für den Fall einer schlechten Unternehmenslage, die mit hohen Risiken einhergeht, angemessene Herabsetzungsmöglichkeiten vorgesehen sind.[424]

Des Weiteren sollen die Bankenaufseher in Übereinstimmung mit Principle 6 des FSB untersuchen, ob die aufgeschobene Vergütung (*deferred compensation*) geeignet ist, den Wert der Auszahlungen in Krisenzeiten adäquat zu reduzieren. Grundsätzlich muss die aufgeschobene Vergütung und die Art und Weise, wie die Auszahlungen über einen bestimmten Zeitraum verteilt sind, dem Risiko-Zeihorizont und der Zielsetzung bestimmter Vergütungsinstrumente, die aufgeschoben wurden, entsprechen. Demzufolge soll bei der aufgeschobenen Vergütung, die als langfristige Vergütungskomponente ausgestaltet ist, auch die Entwicklung der Risiken und der Performance in diesem Zeitraum berücksichtigt werden.[425]

Basierend auf dem Grundsatz 7 der „FSB Principles for Sound Compensation Practices" soll schließlich untersucht werden, ob die Vergütungsausgestaltung der betroffenen Finanzinstitute geeignet ist, Anreize zu schaffen, die das Eingehen übermäßiger Risiken minimieren können. Dabei ist den Bankenaufsehern gestattet, den Umfang und die Zusammensetzung einzelner Vergütungspakete zu überprüfen.[426]

## C. Aktionärskontrolle und -engagement

Das FSB fordert in Principle 8 eine gründliche und nachhaltige Überwachung der Vergütungspraktiken, wobei Defiziten mit sofortigen Aufsichtsmaßnahmen zu begegnen ist. Dabei sind die Unternehmen gehalten die Aufsichtsbehörden bei ihren Aufgaben zu unterstützen, um die Konformität mit den FSB-Principles sicherzustellen. Dem FSB ist es durchaus bewusst, dass die Regelungen und die Überwachungspraktiken von Land zu Land unterschiedlich gehandhabt werden; dennoch soll eine effektive Überprüfung und Intervention angestrebt werden.[427]

Zur Umsetzung dieser Vorgaben wird allen betroffenen Staaten empfohlen, nationale Rahmenbedingungen in Form von gesetzlichen Regelungen oder Überwachungsrichtlinien zu erlassen, welche eine effektive Transformation der FSB Pinciples and Standards on Sound Compensation Practices in das nationale Recht gewährleisten. Zu diesem Zweck werden die nationalen Behörden mit dem Recht ausgestattet, entweder finanzielle (z. B. erweiterte Kapitalanforderungen) oder nicht finanzielle Maßnahmen oder Sanktionen für die Nichtbefolgung der Vergütungsregelungen zu erlassen sowie die variable Vergütung, die mit der Erhaltung der Eigenkapitalbasis unvereinbar ist, zu beschränken. Darüber hinaus sollen die Ban-

424 Ausführlich zu den einzelnen Regelungen vgl. Basel Committee on Banking Supervision, Compensation Principles and Standards Assessment Methodology, S. 16 ff.

425 Ausführlich zu den einzelnen Regelungen vgl. Basel Committee on Banking Supervision, Compensation Principles and Standards Assessment Methodology, S. 19 ff.

426 Ausführlich zu den einzelnen Regelungen vgl. Basel Committee on Banking Supervision, Compensation Principles and Standards Assessment Methodology, S. 22 ff.

427 Principle 8, FSB, Principles for Sound Compensation Practices.

kenaufseher in der Lage sein, einzelne Anstellungsverträge und somit auch Vergütungsvereinbarungen zu untersuchen.[428]

Zudem hat der Basler Ausschuss in Absprache mit dem FSB einen Vorschlag zur Säule 3 – Offenlegung von Vergütungen – erarbeitet. Um die Marktteilnehmer mit klaren, umfassenden und zeitnahen Informationen in Bezug auf das Risikoprofil der einzelnen Institute auszustatten, können Banken aufgefordert werden, zusätzliche Vergütungsinformationen, die nicht explizit in den FSB-Prinicples enthalten sind, offenzulegen. Das übergeordnete Ziel stellt eine wirksamere Marktdisziplin dar. Einheitliche Transparenzvorschriften sollen zu einer stärkeren Konvergenz der Praktiken beitragen und zudem einheitliche „Spielregeln" in der Finanzbranche fördern. Die vorgeschlagenen Anforderungen werden den Marktteilnehmern eine sinnvolle Beurteilung der Vergütungspraxis von Banken ermöglichen, ohne zu einer übermäßigen Belastung zu führen oder die Offenlegung sensibler oder vertraulicher Informationen zu verlangen.[429]

Im Oktober 2010 veröffentlichte der Baseler Ausschuss Grundsätze zur Verbesserung der Corporate Governance in Finanzinstituten, sog. „Principles for enhancing corporate governance".[430] Dabei handelt es sich jedoch nicht um ein neues regulatorisches Rahmenwerk, sondern um unverbindliche Prinzipien, an denen sich Kreditinstitute in Bezug auf ihre Corporate Governance ausrichten und die den Aufsichtsbehörden als Maßstab bei der Beurteilung der Qualität der Corporate Governance dienen können.[431] Dabei soll die Aufsichtsbehörde eine aktive Rolle in der Überwachung der Ausgestaltung des Vergütungssystems und der Vergütungspraktiken übernehmen und diese einer regelmäßigen Überprüfung unterziehen. Bei denjenigen Board- bzw. Aufsichtsratsmitgliedern, die besonders stark in die Ausgestaltung der Vergütungspolitik involviert sind, soll es sich um unabhängige, nicht geschäftsführende Mitglieder mit ausreichenden Kenntnissen im Bereich der Vergütungsfestsetzung handeln. Zudem werden Vergütungsausschüsse zu einer engen Zusammenarbeit mit dem Risikoausschuss der Aufsichtsbehörde angehalten, um die von der festgesetzten Vergütung ausgehenden Anreize einer entsprechenden Evaluation zu unterziehen und eine jährliche Vergütungsüberprüfung sicherzustellen.[432] In Bezug auf die Ausgestaltung der variablen Vergütung von Kreditinstituten empfiehlt der Basler Ausschuss, den Umfang des variablen Vergütungspools sowohl an positiver als auch negativer Performance auszurichten und bei erheblichen Ver-

---

428 Basel Committee on Banking Supervision, Compensation Principles and Standards Assessment Methodology, S. 24 f.

429 Basel Committee on Banking Supervision, Compensation Principles and Standards Assessment Methodology, S. 26.

430 Basel Committee on Banking Supervision, Principles for enhancing corporate governance, Oktober 2010, abrufbar unter: http://www.bis.org/pub/bcbs168.pdf.

431 Erwägungsgrund 7 Basel Committee on Banking Supervision, Principles for enhancing corporate governance, Oktober 2010, S. 4.

432 Principle 10, Rdn. 107 ff. Basel Committee on Banking Supervision, Principles for enhancing corporate governance, Oktober 2010, S. 25.

lusten der Bank oder der Geschäftseinheit vollständig auf variable Vergütung zu verzichten. Im Übrigen wird vorgeschlagen, die Vergütung einem mehrjährigen Risikohorizont anzupassen, indem diese aufgeschoben gewährt wird und sog. *malus-* oder *clawback*-Regelungen unterliegt. „*Golden parachute*"-Klauseln, welche ausgeschiedenen Vorstandsmitgliedern unabhängig von ihrer Leistung hohe Zahlungen versprechen, sind nach diesem Konzept mit soliden Vergütungspraktiken grundsätzlich nicht vereinbar.[433]

## § 5. Neue Europäische Vorgaben zur Vorstandsvergütung

Die Europäische Kommission hat am 9. April 2014 nach einem informellen Vorentwurf von Ende 2013 ihren schon länger erwarteten Vorschlag zur Änderung der geltenden Aktionärsrichtlinie (2007/36/EG) und der Bilanzrichtlinie (2013/34/EU) veröffentlicht. Der europäische Vorschlag stellt ein Maßnahmenpaket zur Verbesserung der Unternehmensführung von etwa 10.000 börsennotierten Gesellschaften in Europa dar. Den Hintergrund bilden die von der Europäischen Kommission identifizierten Mängel bei der Corporate Governance börsennotierter Gesellschaften, insbesondere eine nach ihrer Auffassung ungenügende Einbeziehung der Aktionäre und eine mangelnde Transparenz der Unternehmensleitung. Dabei soll unter anderem die geltende Aktionärsrechtlinie geändert werden. Der Änderungsvorschlag setzt primär auf die Förderung des Engagements der Anteilseigner und eine erhöhte Transparenz. Diese steht auch knapp sechs Jahre nach dem Ausbruck der weltweiten Finanzkrise im Mittelpunkt des Änderungsvorhabens. Zudem soll zum ersten Mal auf der europäischen Ebene ein Mitspracherecht der Aktionäre bei der Vergütungsfestsetzung eingeführt werden. Durch die neuen Vorgaben, möglicherweise in Form einer Richtlinie, sollen Aktionäre stärker in die Entscheidungen über die Vorstandsvergütung eingebunden werden.[434] Nicht klar ist bisher, ob die neuen Vorgaben über die bereits in Deutschland bestehende Möglichkeit eines rechtlich unverbindlichen Vergütungsvotums der Aktionäre hinausgehen werden oder nicht. Die Richtlinie bedarf der Zustimmung des Europäischen Parlaments und des Europäischen Rats. Mit Blick auf die Wahlen zum Europäischen Parlament am 25. Mai 2014 ist mit einer Verabschiedung erst in der zweiten Jahreshälfte zu rechnen. Als Umsetzungsfrist sind derzeit gem. Kapitel IIA, Art. 3 Nr. 1 der Richtlinie 18 Monate vorgesehen.[435] Bei der Umsetzung durch die Mitgliedstaaten muss beachtet werden, dass jeder

---

433 Principle 11, Rdn. 110 ff. Basel Committee on Banking Supervision, Principles for enhancing corporate governance, Oktober 2010, S. 25.

434 Europäische Kommission, Pressemitteilung vom 9. April 2014, abrufbar unter: http://europa.eu/rapid/press-release_IP-14-396_en.htm?locale=de (zuletzt aufgerufen am 24.04.2014).

435 Vorschlag für eine Richtlinie des Europäischen Parlaments und des Rates zur Änderung der Richtlinie 2007/36/EG im Hinblick auf die Förderung der langfristigen Einbeziehung der Aktionäre sowie der Richtlinie 2013/34/EU in Bezug auf bestimmte Elemente der Erklärung zur Unternehmensführung vom 9. April 2014, S. 30.

Verstoß gegen die auf der Richtlinie basierenden Vorschriften mit hinreichend abschreckenden und verhältnismäßigen Sanktionen geahndet wird.[436]

Mit ihrem Richtlinienvorschlag will die Europäische Kommission sicherstellen, dass europaweit und branchenübergreifend die Vergütungspolitik für die Unternehmensleitung dem langfristigen Erfolge des Unternehmens dient und die Einflussmöglichkeiten der Aktionäre erweitert werden. Allerdings wird die konkrete Höhe der Managervergütung nicht geregelt. Zur neuen Regulierung sieht der Entwurf zwei Instrumente vor, nämlich zum einen die Genehmigung der Vergütungspolitik durch die Versammlung der Aktionäre und zum anderen deren Abstimmung über einen Vergütungsbericht, in dem dargelegt wird, wie die Vergütungspolitik im abgelaufenen Geschäftsjahr umgesetzt wurde.

Den Aktionären ist künftig gem. Art. 9a Abs. 1 der Richtlinie mindestens alle drei Jahre die Vergütungspolitik für die Mitglieder der Unternehmensleitung zur Genehmigung durch Beschluss vorzulegen. Darüber hinaus sollen die Mitgliedstaaten verpflichtet werden, von ihren Unternehmen zu verlangen, einen klaren und verständlichen Vergütungsbericht zu erstellen, der einen umfassenden Überblick über die den einzelnen Mitgliedern der Unternehmensleitung im abgelaufenen Geschäftsjahr gezahlte Vergütung einschließlich sämtlicher Vorteile in jeglicher Form enthält. Die Aktionäre sollen auch über das Verhältnis der durchschnittlichen Vergütung des Vorstandes zur durchschnittlichen Vergütung der Vollzeitbeschäftigten des Unternehmens abstimmen können. Ferner sollen die Unternehmen die wichtigsten Bestimmungen der Vorstandsverträge offenlegen.

Überdies sollen die Unternehmen gem. Art. 9b der Richtlinie zur Erstellung eines jährlichen Vergütungsberichts gesetzlich verpflichtet werden, der der Aktionärsversammlung zur Abstimmung vorgelegt werden muss. Bei einem negativen Votum der Aktionärsversammlung ist im nächsten Vergütungsbericht darzulegen, ob und gegebenenfalls wie der Abstimmung der Aktionäre Rechnung getragen wurde. Allerdings schweigt der Richtlinienentwurf darüber, welche weiteren Folgen ein Negativvotum der Aktonäre betreffend die Vergütungspolitik oder des Vergütungsberichts haben soll. Von der zunächst erwarteten Regelung, wonach die Ablehnung eines Vergütungssystems eine umgehende Einberufung der Hauptversammlung zufolge haben soll, hat die Kommission Abstand genommen. Stattdessen liegt es nun im Ermessen des nationalen Gesetzgebers zu bestimmen, was im Falle einer Ablehnung von Vergütungssystemen durch die Aktionäre passiert.

436 Erwägungsgrund 22 des Vorschlags für eine Richtlinie des Europäischen Parlaments und des Rates zur Änderung der Richtlinie 2007/36/EG im Hinblick auf die Förderung der langfristigen Einbeziehung der Aktionäre sowie der Richtlinie 2013/34/EU in Bezug auf bestimmte Elemente der Erklärung zur Unternehmensführung vom 9. April 2014, S. 18.

# Teil 2: Vorstandsvergütung in Deutschland

## § 1. Kompetenzgefüge der Aktiengesellschaft

Das Verhalten der Vorstände ist in den letzten Jahren verstärkt unter genaue Beobachtung sowohl der Politik als auch der Wirtschafts- und Rechtswissenschaft gekommen. Veranlasst wurden diese Erörterungen vor allem durch zahlreiche spektakuläre Skandale im In- und Ausland. Bei einer genaueren Untersuchung der Hintergründe fällt jedoch auf, dass der eigentliche Grund der verstärkten Fokussierung auf die Vorstandstätigkeit in der in den letzten Jahren gewachsenen Bedeutung des Aktienrechts in Deutschland liegt. Zum einen manifestiert sich dies im erheblichen Anstieg der Zahl der deutschen Aktiengesellschaften,[437] zum anderen zeichnet sich auch ein Umbruch in der Aktionärsstruktur ab. Das Bild der deutschen Aktiengesellschaft wurde bisher stets durch Mehrheits- und Kreuzbeteiligungen zwischen Unternehmen sowie durch einen großen Einfluss der Banken durch eigene Beteiligungen, die Ausübung von Stimmrechten und die Kreditvergabe geprägt.[438] Diesbezüglich macht sich nunmehr ein Wandel bemerkbar. Zwar ist der Aktienbesitz in Deutschland im Gegensatz zu den USA immer noch nicht weit gestreut, sondern befindet sich weiterhin hauptsächlich in Händen der Großaktionäre.[439] Dennoch steht die Entflechtung der typischen deutschen Aktiengesellschaft in jüngster Zeit auf der Tagesordnung mit der Folge, dass breite Bevölkerungsschichten sich immer mehr für Investitionen in Aktien als Kapitalanlage begeistern lassen. Mit dieser Entwicklung geht entsprechend auch ein zunehmendes Interesse an der Vorstandstätigkeit einher. Intensiviert wird dies vor allem dadurch, dass der abnehmende Einfluss der Großaktionäre und Banken zum Verlust eines wesentlichen Kontrollmechanismus der Vorstände führt[440] und sich daher die Frage aufwirft, wie die Kontrolle der Unternehmensleitung zukünftig ausgestaltet werden soll.[441]

---

437 *Hüffer*, AktG (2004), Vorwort, wonach die Zahl der Akiengesellschaften und Kommanditgesellschaften auf Aktien (KGaAs) zwischen 1983 und 2003 um über 9000 zugenommen habe; *Schmidt*, Gesellschaftsrecht, § 26 II 1 b, S. 759 f. Von einem derartigen „Börsenfieber" der 90er Jahre kann mittlerweile selbstverständlich nicht mehr die Rede sein.

438 Ausführlich dazu *Becht/Böhmer* in: Barca/Becht, The control of corporate Europe, S. 128 ff.; *Arnold*, Die Steuerung, S. 1.

439 *Teichmann*, Binnenmarktkonformes Gesellschaftsrecht, S. 532; *Wackerbarth*, ZGR 2005, 686 (691 f.); *Arnold*, Die Steuerung, S. 1.

440 *Hackethal/Schmidt/Tyrell/*, 159 JITE 2003, 664 (670).

441 Zwar gehören Aktiengesellschaften mit Großaktionären in Deutschland immer noch zur Mehrheit, vgl. *Wackerbarth*, ZGR 2005, 686 (708 f.). Allerdings ist davon auszugehen, dass diese Einschätzung in den nächsten Jahren nicht mehr haltbar sein wird; ausführlich dazu *Tyrell/Schmidt/Hackethal* 159 JITE 2003, 664 (670); *Arnold*, Die Steuerung, S. 1.

# A. Dualistische Unternehmensverfassung der Aktiengesellschaft

Das deutsche Aktienrecht ist dualistisch aufgebaut. Im Gegensatz zum monistischen Leitungssystem angelsächsischer Unternehmen (sog. „*one-tier*"-Modell) erfolgt hier eine klare Trennung zwischen Führung (Vorstand) und Kontrolle (Aufsichtsrat) der Aktiengesellschaft (sog. „*two-tier*"-Modell).[442] Die gesetzlich zwingend vorgeschriebene Funktionstrennung ist zum einen in der Unvereinbarkeit der Organzugehörigkeit und zum anderen in der Weisungsfreiheit des Vorstandshandelns (§ 76 Abs. 1 AktG) und seinem unternehmerischen Initiativrecht verankert. Im Übrigen ist es dem Aufsichtsrat nach dem deutschen Unternehmensleitungsmodell untersagt, Geschäftsführungsaufgaben zu übernehmen. Als Kompensation hierfür ist der Vorstand seinerseits zu einer Berichterstattung an den Aufsichtsrat verpflichtet. In bestimmten Fällen unterliegt das Vorstandshandeln sogar dem Zustimmungsvorbehalt des Aufsichtrates (§ 111 Abs. 4 Satz 2 AktG), welcher bei bestimmten Entscheidungen, die von grundlegender Bedeutung für das Unternehmen sind, gemäß der Vorgabe des DCGK zwingend eingebunden werden muss.[443]

## I. *Aufsichtsrat*

### 1. *Festsetzungskompetenz des Aufsichtsrates*

Zunächst ist die Kompetenzverteilung im Bereich der Vorstandsvergütung zu erläutern. Das deutsche Aktienrecht weist die den Vorstand der Gesellschaft betreffende Personalkompetenz gemäß § 84 Abs. 1 AktG dem Aufsichtsrat zu. Dieser vertritt die Gesellschaft auch dem Vorstand gegenüber gemäß § 112 AktG. Innerhalb der vorgegebenen Organisationsstruktur ist der Aufsichtsrat auch für die Abberufung und Bestellung von Vorstandsmitgliedern zuständig (§ 84 Abs. 1 Satz 1 AktG). Gemäß § 84 Abs. 1 Satz 5 AktG erstreckt sich die Kompetenz des Aufsichtsrates ausdrücklich auch auf die Anstellungsverträge der Vorstandsmitglieder.[444] Die Aushandlung und Festsetzung der Vorstandsgehälter obliegt daher dem Aufsichtsrat. Ein Verstoß gegen diese zwingende Kompetenzzuweisung führt zwangsläufig zur Nichtigkeit der Vergütungsvereinbarung gem. § 134 BGB und damit im Zweifel auch zur Unwirksamkeit des Anstellungsvertrages. Als Konsequenz hiervon entsteht ein faktisches Vertragsverhältnis und die Vergütung des betroffenen Vorstandsmitglieds für bereits erbrachte Leistungen richtet sich folglich nach § 612 Abs. 2 BGB, dem Vorstandsmitglied steht demnach die „übliche Vergütung" zu.[445]

---

442 *Marsch-Barner*/Schäfer, Handbuch, § 2 Rdn. 11.

443 „Für Geschäfte von grundlegender Bedeutung legen die Satzung oder der Aufsichtsrat Zustimmungsvorbehalte zugunsten des Aufsichtsrats fest. Hierzu gehören Entscheidungen oder Maßnahmen, die die Vermögens-, Finanz- oder Ertragslage des Unternehmens grundlegend verändern." Ziff. 3.3 DCGK v. 18.06.2009.

444 *Heins*, Angemessenheit, S. 2 (keine ausdrückliche Regelung der Aufsichtsratskompetenz zum Abschluss des Anstellungsvertrages).

445 *Manz*/Mayer/Schröder, Die Aktiengesellschaft, S. 332, Rdn. 806.

### 2. *Zuständigkeit des Aufsichtsratsplenums*

Die Beschlussfassung über den Vorstandsvertrag und damit auch die Vergütung fiel bisher gem. § 87 AktG in den Zuständigkeitsbereich des Aufsichtsrates, wurde aber regelmäßig dem Personalausschuss übertragen. Gem. § 107 Abs. 3 Satz 2 AktG n.F. obliegt nun auch die Festsetzung der Gesamtbezüge, der Versorgungszahlungen und die Entscheidung über die Herabsetzung der Vergütung dem Plenum.[446]

### 3. *Hinzuziehung von Vergütungsberatern*

Nicht selten mangelt es den Aufsichtsratsmitgliedern an der erforderlichen Fachkenntnis, welche die komplexen Vorstandsvergütungssysteme regelmäßig erfordern. Aus diesem Grund werden häufig professionelle und auf diesem Gebiet spezialisierte Vergütungsberater damit beauftragt, ein Vergütungssystem auszuarbeiten.[447]

### 4. *Zulässigkeit satzungsmäßiger Richtlinien zur Vergütungsfestsetzung*

Fraglich bleibt, ob die vorstandsbezogene Personalkompetenz des Aufsichtsrates durch Satzungsbestimmungen eingeschränkt werden kann, indem diese verbindliche Vorgaben für die Vorstandsvergütung festlegen. Die Zulässigkeit solcher satzungsmäßig festgelegter Vergütungsregelungen würde jedenfalls zur Durchsetzung der Aktionärsinteressen bei der Vergütungsfestsetzung beitragen. Diese Problematik wird in der Literatur jedoch unterschiedlich behandelt. Im Rahmen der aktienrechtlichen Betrachtung der statutorischen Vergütungsbestimmungen wird deren Zulässigkeit von Teilen der Literatur bejaht, „soweit sie nicht auf eine Beschränkung der Personalkompetenz des Aufsichtsrates hinauslaufen“[448] sollen. Eine derartige Kompetenzbeschränkung liegt dieser Ansicht nach dann nicht vor, wenn der Aufsichtsrat noch über einen eigenen Beurteilungsspielraum verfügt.[449]

Die herrschende Ansicht im Schrifttum hält hingegen Satzungsbestimmungen, die verbindliche Vorgaben für die Vorstandsvergütung festlegen, für unzulässig.[450]

---

446 Näher hierzu vgl. S.138.

447 Eingehend hierzu vgl. unten S. 204

448 *Hüffer*, § 87 AktG, Rdn. 4; so auch *Tegtmeier*, Die Vergütung, S. 269; *Grattenthaler*, Die Vergütung, S. 70 f.

449 *Friedl/Hocker/Döscher/Hölz*, Studie zur Vergütung 2008, S. 5; *Hüffer*, § 76 AktG, Rdn. 26; Münch. Hdbuch GesR IV/*Wiesner*, § 20 Rdn. 5; *Akin*, Corporate Governance, S. 99; *Beiner*, Der Vorstandsvertrag, Rdn. 239 f.; *Freudner*, NZG 2007, 779 (780 f.); *Grattenthaler*, Die Vergütung, S. 61 ff.; *Hoffmann/Preu*, Der Aufsichtsrat, Rdn. 223; *Körner*, NJW 2004, 2697 (2701).

450 *Lutter/Krieger*, Rechte und Pflichten des Aufsichtsrats, § 7 Rdn. 385; *Mertens/Cahn*, KK-AktG, § 87 AktG Rdn. 3; *Bosse*, Hdbuch Vorstandsvergütung, S. 33 Rdn. 19; *Fleischer/Bedkowski*, AG 2009, 677 (683 f.); *Kort* in: Hopt/Wiedemann, GroßkommAktG, § 87 Rdn. 19 f.; *Lutter/Krieger*, Rechte und Pflichten des Aufsichtsrats, Rdn. 386; *Marsch-Barner* in: FS Röhricht, 404; MünchKommAktG/*Spindler*, § 87 Rdn. 26; grundsätzlich gegen die Einschränkung der Festsetzungskompetenz des

Als Argument wird die Unvereinbarkeit mit dem Normzweck des § 84 Abs. 1 AktG angeführt. Damit wird die ausschließliche Zuständigkeit des Aufsichtsrats begründet, über die mit einem Vorstandsmitglied zu vereinbarenden Bedingungen des Anstellungsvertrages zu entscheiden. Somit handelt es sich sowohl bei § 84 Abs. 1 Satz 5 AktG als auch bei der Vorschrift des § 112 AktG um abschließende gesetzliche Regelungen, sodass es einer ergänzenden Auslegung im Sinne von § 23 Abs. 5 Satz 2 AktG nicht bedarf.[451] Darüber hinaus steht die Vergütungsfestsetzungskompetenz nach § 87 Abs. 1 AktG ausschließlich dem Aufsichtsrat zu. Diesem obliegt auch die Konkretisierung und Auslegung der „Angemessenheitskriterien als eine unternehmerische Einzelfallentscheidung, die er höchstpersönlich, eigenverantwortlich und unabhängig zu treffen hat“[452]. Darüber hinaus kann der Aufsichtsrat in der konkreten Situation eine wesentlich bessere und dem Unternehmensinteresse dienende Entscheidung über die Vergütung des Vorstandes treffen als der Satzungsgeber, der auf eine abstrakte Betrachtung im Vorfeld angewiesen ist.[453] Auch für den Fall der Aushandlung bestimmter Vereinbarungen im Anstellungsvertrag darf die Hauptversammlung weder durch die Satzung noch durch die Geschäftsordnung mit Einwilligungs- oder Mitbestimmungsrechten ausgestattet werden.[454] Satzungsregelungen, die sich auf die Vorstandsgehälter beziehen, weisen somit allenfalls relative Verbindlichkeit auf, wenn sie lediglich als eine Leitlinie bei der Ermessensausübung zu berücksichtigen sind. Diese Regelungen stellen sog. Empfehlungsrichtlinien dar, bei denen kein Eingriff in das Entscheidungsrecht des Aufsichtsrats vorliegt.[455]

Die im Schrifttum vertretene vermittelnde Ansicht differenziert dabei zwischen zulässigen Angemessenheitsvorgaben und unzulässigen Vergütungsobergrenzen.[456]

Da aber sowohl die Personalkompetenz für den Abschluss des Anstellungsvertrages gem. § 84 Abs. 1 Satz 5 AktG als auch die Pflichten bei der Festsetzung und Herabsetzung der Vorstandsbezüge gem. § 87 Abs. 1 und 2 AktG per Gesetz ausdrücklich und abschließend dem Aufsichtsrat zugewiesen sind, würde jede verbindliche Vorgabe der Hauptversammlung einen Eingriff in den originären Aufgabenbereich des Aufsichtsrats und somit eine Kompetenzüberschreitung darstellen. Dabei spielt es keine Rolle, ob es sich um Vorgaben zur Angemessenheit

---

Aufsichtsrates *Vetter*, ZIP 2009, 1307 (1308 f.); Münch. Hdbuch GesR IV/*Wiesner*, § 21 Rdn. 32; *Friedl/Hocker/Döscher/Hölz*, Studie zur Vergütung 2008, S. 5; *Akin*, Corporate Governance, S. 99; ausführlich hierzu *Krieger*, Personalentscheidungen des Aufsichtsrats, S. 164 ff.;

451 *Akin*, Corporate Governance, S. 99; *Fleischer/Bedkowski*, AG 2009, 677 (683).

452 *Fleischer/Bedkowski*, AG 2009, 677 (684). Ebenso wird auch im US-amerikanischen Schrifttum argumentiert, indem die vergütungsfestsetzenden bylaws als „unjustified incursion on director authority“ bezeichnet werden, vgl. später dazu S.345.

453 *Tegtmeier*, Die Vergütung, S. 270.

454 Spindler/Stilz/*Fleischer*, KommAktG § 87 Rdn. 55; *ders.*, NZG 2009, 801; *Annuß/Theusinger*, BB 2009, 2434 (2439 f.)

455 *Akin*, Corporate Governance, S. 99.

456 *Fleischer/Bedkowski*, AG 2009, 677 (683).

der Vergütung oder zu Vergütungsobergrenzen handelt. Denkbar sind in diesem Zusammenhang lediglich unverbindliche Satzungsvorgaben, die der Aufsichtsrat berücksichtigen kann, aber nicht muss.

### *5. Persönliche Anforderungen an den Aufsichtsrat*

Ferner stellt sich die Frage, welche Anforderungen an die Fähigkeiten des Aufsichtsrats einer Aktiengesellschaft zu stellen sind. Fast alle Unternehmen nennen zunächst die Voraussetzung der unternehmerischen Fähigkeiten und Financial Expertise als entscheidende Anforderung an die Eigenschaften eines Aufsichtsratsgremiums. Aber auch die Branchen- und die internationale Kompetenz, gefolgt von der Human Resources-Kompetenz werden als immer wichtiger hervorgehoben. Trotz der aktuellen Weltwirtschafts- und Finanzmarktkrise werden diese Kompetenzen von den Unternehmen weiterhin stark gefordert. Neu ist hingegen, dass die Aufsichtsratskompetenz für die Vorstandsbesetzung, -vergütung und -verträge nunmehr in den Mittelpunkt der öffentlichen Debatte gerückt ist. Dabei heißt es, dass „je besser der Vorstand vom Aufsichtsrat besetzt ist, umso weniger bedarf es korrigierender Eingriffe des Aufsichtsrats“.[457] Ein gut ausgewählter Vorstand stellt in seiner Gesamtbesetzung einen „Garant[en] für bestmögliche Unternehmensführung“ dar.[458]

## *II. Vorstand*

### *1. Vorstand als Organ der Unternehmensleitung*

Die Aufgabe des Vorstandes besteht darin, die Aktiengesellschaft in einem immer komplexeren Umfeld zu leiten, „durch das es die Aktiengesellschaft erfolgreich zu navigieren gilt“[459]. Aufgrund der stets zunehmenden Verrechtlichung wirtschaftlicher Abläufe, der voranschreitenden Globalisierung der Finanzmärkte und der damit einhergehenden Auseinandersetzung mit verschiedenen Rechtsordnungen sowie der steigenden Komplexität der Unternehmensstrukturen und -vorgänge werden immer höhere Anforderungen an die Unternehmensleitung gestellt.[460]

Gem. § 76 Abs. 1 AktG leitet und gem. § 78 Abs. 1 Satz 1 AktG vertritt der Vorstand die Aktiengesellschaft, solange die Ausnahmeregelungen des § 112 AktG[461] oder § 246 Abs. 2 Satz 2 AktG[462] nicht einschlägig sind. Somit sind die Führungskräfte eines Unternehmens auch seine Leitungsträger. Die Unternehmensführung lässt sich

457 Kienbaum, Vergütungsstudie 2008/2009, S. 36.
458 Kienbaum, Vergütungsstudie 2008/2009, S. 36.
459 *Lücke*/Schaub, Vorstand der AG, § 1 Rdn. 1.
460 *Lücke*/Schaub, Vorstand der AG, § 1 Rdn. 1.
461 Gegenüber Vorstandsmitgliedern wird die Gesellschaft gemäß § 112 AktG ausnahmsweise durch den Aufsichtsrat vertreten.
462 Im Falle einer Anfechtungsklage wird die Gesellschaft gemäß § 246 Abs. 2 Satz 2 AktG gemeinsam durch den Vorstand und den Aufsichtsrat vertreten.

hierbei sowohl als Prozess, d.h. „Summe von Führungstätigkeiten"[463] als auch als eine Systemeinrichtung beschreiben. Der Führungsprozess umfasst die „Willensbildung und Willensdurchsetzung mit und gegenüber anderen (weisungsgebundenen) Personen zur Erreichung eines Ziels oder mehrerer Ziele [...] – unter Übernahme der hiermit verbundenen Verantwortung."[464] Unter anderem werden auch Aktivitäten der Zielbildung, Unternehmensplanung, Entscheidungsfindung, Durchsetzung, Unternehmenskontrolle und -koordination, Mitarbeitermotivation und Besetzung der Führungsstellen im Unternehmen als Teilaspekte der Unternehmensführung dazu gezählt. Darüber hinaus trifft den Vorstand einer Aktiengesellschaft die Pflicht, den Bestand des Unternehmens und damit auch seine dauernde Rentabilität sicherzustellen. Zu den besonders hervorzuhebenden Pflichten des Vorstands zählt zunächst die Sorgfaltspflicht. Die Vorstandsmitglieder haben gemäß § 93 Abs. 1 Satz 1 AktG bei ihrer Geschäftsführung die Sorgfalt eines ordentlichen und gewissenhaften Geschäftsmanns anzuwenden. Den Maßstab hierfür bildet das Unternehmensinteresse. Das Handeln des Vorstandsmitglieds soll demnach so ausgerichtet sein, dass die Pflichten eines vernünftigen und selbständigen Leiters eines Unternehmens der konkreten Art und Branche erfüllt werden und dabei dem Umstand Rechnung getragen wird, dass die Erfüllung der Aufgaben nicht mit eigenen Mitteln erfolgt, sondern vielmehr fremde Vermögensinteressen treuhänderisch wahrgenommen werden. Den Anforderungen an die Sorgfaltspflicht wird ein normativer Maßstab zu Grunde gelegt, bei dem das Verhalten eines „durchschnittlichen" ordentlichen Vorstandsmitglieds den Vergleichsparameter bildet. Verfügt das Vorstandsmitglied hingegen über besondere, „überdurchschnittliche" Fähigkeiten, so ist bei ihm ein erhöhter Sorgfaltsmaßstab anzulegen.[465]

Insbesondere im Vorfeld und während einer Krisensituation bestehen bestimme Pflichten, die eine unverzügliche Erfüllung durch den Vorstand erfordern. Stellt sich etwa bei der Bilanzerstellung heraus, dass ein Verlust in Höhe der Hälfte des Grundkapitals vorliegt bzw. zu erwarten ist, ist der Vorstand gemäß § 92 Abs. 1 AktG verpflichtet, dies der Hauptversammlung unverzüglich mitzuteilen. Tritt die Zahlungsunfähigkeit oder Überschuldung ein, dürfen gemäß § 92 Abs. 2 AktG keine Zahlungen durch den Vorstand mehr erfolgen.

### 2. *Besetzung des Kollegialorgans*

Die personelle Besetzung des Vorstands einer Aktiengesellschaft ist eine der entscheidenden Voraussetzungen für eine effektive Unternehmensführung. Eine effiziente Unternehmensleitung kann nur dann realisiert werden, wenn die Führungskräfte des Unternehmens die erforderliche Sachkenntnis aufweisen und aufgrund ihrer persönlichen Eigenschaften in der Lage sind, die ihnen zugewiesenen Aufgaben fachgerecht zu erfüllen.[466]

---

463 *Berthel/Becker*, Personal-Management, S. 14; *Ferstl*, Managervergütung, S. 9.
464 *Ferstl*, Managervergütung, S. 9.
465 MünchKommAktG/*Spindler*, § 93 Rdn. 24; *Hüffer*, § 93 AktG, Rdn. 4.
466 *Schätzle*, Manager, S. 295; *Martens* in: FS Hüffer, S. 647 (649).

Das Aktiengesetz normiert jedoch nur wenige persönliche Voraussetzungen für die Bestellung zum Vorstandsmitglied. § 76 Abs. 3 Satz 1 AktG sieht lediglich vor, dass der Vorstandskandidat eine natürliche und uneingeschränkt geschäftsfähige Person sein muss, die gem. § 76 Abs. 3 Nr. 1 AktG nicht unter Betreuung stehen darf. Die Staatsangehörigkeit des Betroffenen ist dabei unbeachtlich. Vom Vorstandsamt ausgeschlossen sind gem. § 76 Abs. 3 Nr. 3 AktG jedoch Personen, die wegen einer Wirtschaftsstraftat verurteilt worden sind; dies gilt für fünf Jahre ab Rechtskraft des Urteils. Darüber hinaus kann ein Kandidat, dem die Ausübung eines auch nur anteilig mit dem Unternehmensgegenstand übereinstimmenden Berufes oder Gewerbes gerichtlich untersagt ist, gemäß § 76 Abs. 3 Nr. 2 AktG für die Zeit des Verbots nicht Vorstand einer Gesellschaft dieser Branche sein.[467] Ferner darf die Position als Vorstand und Aufsichtsrat einer Gesellschaft nicht mit der gleichen Person besetzt werden, gemäß § 105 Abs. 1 AktG. Als Ausnahme gilt hierbei die Vorschrift des § 105 Abs. 2 AktG, wonach für einen vorab genau begrenzten Zeitraum einzelne Aufsichtsratsmitglieder als „Ersatzvorstände" für fehlende oder verhinderte Vorstandsmitglieder bestellt werden können, nicht jedoch umgekehrt.

Überdies lässt es die herrschende Meinung zu, über die aktienrechtlichen Vorgaben hinaus, in Gesellschaftssatzungen Regelungen oder Richtlinien zu zusätzlichen persönlichen Anforderungen an Vorstandsmitglieder festzulegen. Dabei darf die Personalhoheit des Aufsichtsrates jedoch nicht zu sehr eingeschränkt werden, sodass diesem noch ein ausreichendes Maß an Auswahlermessen verbleiben muss.[468] Im Übrigen empfiehlt die überarbeitete Version des DCGK vom 26. Mai 2010 in Ziffer 4.1.5, bei der Zusammensetzung des Vorstands unter anderem auf eine ausreichende Vielfalt (*diversity*) zu achten und Frauen besonders zu berücksichtigen. Eine explizite Begrenzung der Doppelmandate des Vorstands ist im Aktiengesetz immer noch nicht erfolgt. Vielmehr ergibt sich aus der Bestimmung des § 88 AktG, dass bei Vorliegen einer entsprechenden Zustimmung der beteiligten Aufsichtsräte Doppelmandate weiterhin zulässig sind.[469] Die Anwendung des § 30 BGB, auch analog, wird von der herrschenden Meinung abgelehnt.[470]

### *3. Grundlage des Vergütungsanspruchs*

Zwar wird das Vorstandsmitglied erst durch die Bestellung durch den Aufsichtsrat gem. § 84 Abs. 1 Satz 1 AktG als solches berufen. Dieser einseitige körperschaftliche Organisationsakt, welcher der Zustimmung des Bestellten bedarf, stellt jedoch keine Grundlage des Vergütungsanspruchs dar. Vielmehr bedarf es des Abschlusses eines

---

467 *Lücke*/Schaub, Vorstand der AG, § 2 Rdn. 1.

468 *Hüffer*, § 76 AktG, Rdn. 26; *Lücke*/Schaub, Vorstand der AG, § 2 Rdn. 5.

469 Hierzu zuletzt auch BGH Urteil vom 9.3.2009 – II ZR 170/07 – DB 2009, 1283 ff.

470 Vgl. Münch. Hdbuch GesR IV/*Wiesner*, § 19 Rdn. 11; *Mertens/Cahn*, KK-AktG, Vor § 76 Rdn. 17; MünchKommBGB/*Reuter*, § 30 Rdn. 9; Palandt/*Ellenberger*, § 30 BGB Rdn. 2; *Lücke*/Schaub, Vorstand der AG, § 2 Rdn. 7; a. A. MünchKommAktG/*Spindler*, § 78 Rdn. 20.

Anstellungsverhältnisses, in dessen Vertrag die Vergütungsfragen gesondert geregelt werden.[471]

### a) Begründung des Vergütungsanspruchs

Die Vereinbarung der Vorstandsvergütung ist seit jeher durch den marktwirtschaftlichen Ansatz der Preisfindung durch Angebot und Nachfrage geprägt.[472] Die Grundlage des Vergütungsanspruchs eines Vorstandsmitglieders stellt allein sein Anstellungsvertrag dar. Hierbei darf die Anstellung des Vorstandsmitgliedes in Form des Anstellungsvertrags mit der Gesellschaft auf keinen Fall mit der Bestellung der Vorstandsmitglieder gem. § 84 AktG verwechselt werden. Die Berufung der Vorstandsmitglieder als gekorene Organträger zum Organmitglied erfolgt durch einen einseitigen, jedoch mitwirkungsbedürftigen körperschaftlichen Organisationsakt, die Bestellung.[473] Durch die Annahme der Berufung durch das Vorstandsmitglied wird dieses zum Organmitglied. Die Wirksamkeit des Anstellungsvertrages spielt hierbei jedoch keine Rolle, sondern regelt vielmehr nur das Beschäftigungsverhältnis, das zumeist nach dem Willen der Beteiligten der Bestellung zum Vorstand zugrunde liegt.[474]

Der Vergütungsanspruch des Vorstandsmitgliedes leitet sich in aller Regel aus dem Anstellungsvertrag und den ihn ergänzenden rechtsgeschäftlichen Vereinbarungen ab. Der Abschluss des Anstellungsvertrages vollzieht sich grundsätzlich zwischen der anstellenden Gesellschaft, vertreten durch den Aufsichtsrat gem. § 112 AktG und dem einzelnen Vorstandsmitglied.[475] Bei einer fehlenden ausdrücklichen Vertragsvereinbarung über die zu gewährende Vergütung ergibt sich der Anspruch auf eine solche aus § 612 Abs. 1 BGB. Die Höhe der geschuldeten Vergütung lässt sich in einem solchen Fall anhand der üblichen Vergütungshöhe für eine vergleichbare Vorstandstätigkeit gem. § 612 Abs. 2 BGB feststellen.[476]

### b) Rechtliche Einordnung des Anstellungsvertrages

Durch den Anstellungsvertrag werden schuldrechtliche Beziehungen zwischen dem Vorstandsmitglied und der Gesellschaft geregelt. Dieser Vertrag stellt einen voll-

---

471 Allerdings kann die vorbehaltlose Bestellung bereits den konkludenten Abschluss des Anstellungsvertrages enthalten. Wobei die Vertragsparteien in einem solchen Fall verpflichtet sind, die noch offenen Anstellungsbedingungen wie etwa die Vergütungsfragen, in gerechter Weise zu regeln. *Baums,* Geschäftsleitervertrag, S. 52; *Mertens/Cahn,* KK-AktG, § 84 Rdn. 5.

472 *Lücke*/Schaub, Vorstand der AG, § 2 Rdn. 120.

473 *Mertens/Cahn,* KK-AktG, § 84 Rdn. 4.

474 *Krieger,* Personalentscheidungen des Aufsichtsrats, S. 3 ff.; *Grattenthaler,* Die Vergütung, S. 35 Fn. 65.

475 *Hexel,* Der Aufsichtsrat 2008, Beitrag, 128; *Lücke*/Schaub, Vorstand der AG, § 2 Rdn. 114.

476 OLG Stuttgart Urteil vom 13.3.2002–20 U 59/01 – OLG Stuttgart 2002, 413 ff.; *Lücke*/Schaub, Vorstand der AG, § 2 Rdn. 115.

wertigen und daher selbständigen[477] Dienstvertrag[478] dar, welcher eine Geschäftsbesorgung zum Gegenstand hat. Daher finden auch die Regelungen der §§ 611 ff. BGB und § 675 BGB auf ihn Anwendung.[479]

Es stellt sich jedoch weiterhin die Frage, welcher Art dieser Dienstvertrag ist. Grundsätzlich differenziert man zwischen den freien Dienstverträgen und den Arbeitsverträgen.[480] Charakterisierte man den Anstellungsvertrag als Arbeitsvertrag, so wäre das Arbeitsrecht mit allen seinen Besonderheiten darauf anzuwenden. Darüber hinaus wäre das Arbeitsgericht nach § 2 Abs. 1 Nr. 3 ArbGG für Rechtsstreitigkeiten zwischen dem Vorstandsmitglied und seinem Arbeitgeber, also der Gesellschaft, prozessual zuständig.[481] Um den Anstellungsvertrag als Arbeitsvertrag zu klassifizieren, müssten Vorstandsmitglieder als Arbeitnehmer eingestuft werden können. Den Arbeitnehmer zeichnet jedoch unter anderem die persönliche Abhängigkeit aus, die der Vorstandstätigkeit gerade nicht innewohnt. Vielmehr sind die Vorstandsmitglieder einer Gesellschaft nicht weisungsgebunden und können die Art und Weise ihrer Tätigkeit selbst bestimmen. Auch die Arbeitszeit kann frei eingeteilt werden. Da die Vorstandsmitglieder gemäß § 76 Abs. 1 AktG die Gesellschaft unter eigener Verantwortung zu leiten haben, sind sie nicht als Arbeitnehmer im Sinne des Arbeitsrechts zu qualifizieren.[482] Daher handelt es sich beim Anstellungsvertrag der Vorstandsmitglieder um einen freien und unabhängigen Dienstvertrag.[483] Erfüllungsort für etwaige Zahlungsverpflichtungen aus dem Anstellungsvertrag ist der Ort, an dem die Abwicklung des Zahlungsverkehrs zwischen der Gesellschaft und dem Vorstandsmitglied stattfindet, regelmäßig also der Betriebssitz der Gesellschaft.[484] Aktienrechtliche Normen über den Anstellungsvertrag wie etwa §§ 84

---

477 A. A. *Baums,* Der Geschäftsleitervertrag 1987, S. 54 ff.; *ders.,* ZIP 1988, 570, der den Anstellungsvertrag lediglich als Ergänzung des, durch die Bestellung und Annahme begründeten Vorstandsverhältnisses charakterisiert.

478 H. M. BGHZ 36, 142, BGHZ 10, 187 (191); Münch. Hdbuch GesR IV/*Wiesner,* § 21 Rdn. 1; *Mertens/Cahn,* KK-AktG, § 84 Rdn. 34; *Hüffer,* § 84 AktG, Rdn. 11; a. A. *Schumacher-Mohr,* Die vorzeitige Beendbarkeit des Anstellungsverhältnisses eines AG-Vorstandsmitglieds gegen seinen Willen, S. 18 f.; *Grattenthaler,* Die Vergütung, S. 37.

479 *Akin,* Corporate Governance, S. 98.

480 MünchKommBGB/*Müller-Glöge,* § 611 Rdn. 77 ff.; *Preis* in Erfurter Kommentar, § 611 BGB Rdn. 8 ff.

481 *Grattenthaler,* Die Vergütung, S. 39 Fn. 87.

482 BGHZ 10, 187 (91) = NJW 1953 (1465); BGHZ 12, 5 ff. = NJW 1954, 505 (507); BGHZ 36, 142 f. = NJW 1962, 340 (343); BGH NJW 1981, 1270 f. = WM 1981, 377; BSG Urteil vom 22.4.1987–10 RAr 6/86 (LSG Mainz), ZIP 1987, 924 f.; *Kort* in: Hopt/Wiedemann, GroßkommAktG, § 84 Rdn. 274 f.; MüchKommAktG/*Spindler,* § 84 Rdn. 51; *Mertens/Cahn,* KK-AktG, § 84 Rdn. 35.

483 BGHZ 10, 187 (191); *Akin,* Corporate Governance, S. 98.

484 BGH WM 1985, 283 (für GmbH); *Kort* in: Hopt/Wiedemann, GroßkommAktG, § 84 Rdn. 411; Münch. Hdbuch GesR IV/*Wiesner,* § 21 Rdn. 28; *Mertens/Cahn,* KK-AktG, § 84 Rdn. 34.

Abs. 1 Satz 5, Abs. 3 Satz 5, 87, 88 und 89 AktG gehen jedoch als leges speciales den allgemeinen bürgerlich-rechtlichen Vorschriften über den Dienstvertrag vor.[485]

## B. Einbeziehung der Aktionäre bei Vergütungsentscheidungen

### *I. Einführung des Konsultativvotums (sog.* advisory vote*)*

Ausgehend vom englischen Vorbild der „say-on-pay"-Regelung[486], auch als „advisory vote" bezeichnet[487], hat auch der deutsche Gesetzgeber im Rahmen des Gesetzes zur Angemessenheit der Vorstandsvergütung (VorstAG) in § 120 Abs. 4 AktG n. F. ein Vergütungsvotum der Aktionäre eingeführt.[488] Dieses stellt ein für Deutschland neuartiges Element dar und soll nun den Hauptversammlungen börsennotierter Gesellschaften ermöglichen, rechtlich unverbindlich über die Billigung bzw. Missbilligung des Vergütungssystems des Unternehmens zu beschließen. Die Ablehnung des vom Aufsichtsrat – unter Umständen unter Zuhilfenahme externer Vergütungsberater – ausgearbeiteten Vergütungssystems zieht jedoch keine rechtlichen Folgen nach sich. Der Aufsichtsrat ist gemäß § 120 Abs. 4 Satz 2 AktG n. F. nicht verpflichtet, die von ihm vorgeschlagene Vergütungspolitik zu ändern oder zu ergänzen. Aber auch im umgekehrten Fall, d. h. wenn die Hauptversammlung dem Vergütungssystem zustimmt, gibt dieser Beschluss dem Aufsichtsrat keinen „Freibrief", wenn Voraussetzungen des § 87 AktG n. F.[489] nicht eingehalten wurden, sondern stellt lediglich eine „platonische Vertrauenskundgebung" dar.[490] In seiner tatbestandlichen Ausgestaltung ist § 120 Abs. 4 Satz 1 AktG an Ziffer 4.2.3 und 4.2.5 DCGK angelehnt.[491] Dort wird empfohlen, dass der oder die Aufsichtsratsvorsitzende die Hauptversammlung in einem Vergütungsbericht über die Grundzüge des Vergütungssystems und deren Veränderung informiert.

Aufgrund der fehlenden rechtlichen Bindungskraft des Hauptversammlungsbeschlusses nach § 120 Abs. 4 AktG n. F. wird seine aktienrechtliche Qualifikation als Beschluss zunehmend in Zweifel gezogen.[492] Dennoch ist von einer hohen Pra-

---

485 *Kort* in: Hopt/Wiedemann, GroßkommAktG, § 84 Rdn. 273.

486 Eingehend hierzu S.282.

487 *Deilmann/Otte*, DB 2010, 545.

488 Wobei diese Vorschrift im ursprünglichen Gesetzesentwurf noch nicht enthalten war und erst aufgrund der Beschlussempfehlungen des Rechtsausschusses vom 17.06.2009 in das VorstAG aufgenommen wurde. Vgl. BT-Drucks. 16/13433, S. 12.

489 Hierzu siehe im Einzelnen S. 140ff.

490 *Fleischer/Bedkowski*, AG 2009, 677; *Fleischer*, NZG 2009, 801 (805); *van Kann/Keiluweit*, DStR 2009, 1587 (1588); *Seibert*, WM 2009, 1489 (1491); *Drinhausen/Keinath*, BB 2010, 3 (7).

491 BT-Drucks. 16/13433, S. 19.

492 Aus diesem Grund wird die Vorschrift oft als bloßes „soft law" beziehungsweise als „zahnloser Tiger" oder auch „nur eine platonische Vertrauenskundgebung" betitelt. Vgl. *Hanau*, NJW 2009, 1652 (1653); *Vetter*, ZIP 2009, 2136 (2143); *Spindler*,

xisrelevanz dieser Regelung auszugehen.[493] Alleine die Aufnahme des Tagesordnungspunktes „Beschlussfassung über die Vorstandsvergütung" ermöglicht eine gründliche Auseinandersetzung mit dem Vergütungssystem des Unternehmens unter Einbeziehung der Hauptversammlung. Im Rahmen dieser Diskussion wird ferner die Basis für Auskunftsanfragen seitens der Aktionäre gem. § 131 AktG geschaffen. Ferner ist damit zu rechnen, dass die Verpflichtungen des Aufsichtsrates, die sich aus § 87 AktG ergeben, nunmehr aufgrund der Bewertungsmöglichkeit der Hauptversammlung gewissenhafter wahrgenommen werden.[494] Ein drohender Missbilligungsbeschluss der Hauptversammlung könnte demnach eine *„fleet in being"*-Wirkung entfalten,[495] wonach alleine die Möglichkeit des Votums bereits den nötigen Effekt hervorruft. Darüber hinaus muss die Gesellschaft im Falle eines ablehnenden Hauptversammlungsbeschlusses mit negativen Öffentlichkeitswirkungen rechnen, die sich unter Umständen in erheblichen Imageeinbußen des Aufsichtsrats und der Gesellschaft selbst und sogar in der Verschlechterung der Gesellschaftslage auswirken könnten.[496] Aus diesen Gründen darf die praktische Relevanz der Regelung des § 120 Abs. 4 AktG n.F. in den kommenden Hauptversammlungssaisons trotz ihrer rechtlichen Unverbindlichkeit nicht unterschätzt werden.[497]

Ausweislich der Gesetzesbegründung soll die Neuregelung des § 120 Abs. 4 AktG der Hauptversammlung ein Instrument zur Kontrolle des Vergütungssystems bereitstellen und den Aufsichtsrat als Festsetzungsorgan zu besonderer Gewissenhaftigkeit anhalten.[498] Die Grundüberlegung des beratenden Aktionärsvotums zur Vorstandsvergütung ist somit, dass die Vergütungsfestsetzungskompetenz des Aufsichtsrates unangetastet bleibt, „die Vergütungsentscheidung aber andererseits einem besonderen Rechtfertigungsdruck" unterworfen wird.[499]

Gemäß der Übergangsregelung des § 23 Abs. 3 EGAktG entfalten die Hauptversammlungsbeschlüsse ihre Geltung erst nach Inkrafttreten des VorstAG am

---

NJOZ 2009, 3282 (3290); *Begemann/Laue*, BB 2009, 2442 (2444); *Fleischer*, NZG 2009, 801 (805); *Deilmann/Otte*, DB 2010, 545.

493 *Fleischer/Bedkowski*, AG 2009, 677 (684 f.); *Fleischer*, NZG 2009, 801 (805).

494 BT-Drucks. 16/13433, S. 12.

495 *Fleischer/Bedkowski*, AG 2009, 677 (684).

496 BT-Drucks. 16/13433, S. 12; *Begemann/Laue*, BB 2009, 2442 (2444); van *Kann/Keiluweit*, DStR 2009, 1587 (1588); *Lingemann*, BB 2009, 1918 (1923); Belegt wird dies vor allem durch die Erfahrungen aus Großbritannien, vgl. *Core/Guay/Larcker*, 88 Journal of Financial Economics 2008, 1 ff.; *Lamparter/Rudzio*, Wie viel mehr ist der Chef wert?, DIE ZEIT v. 29. Oktober 2009, S. 29; *Cannivé/Seebach*, Der Konzern 2009, 593 (596); eher skeptisch hierzu: *Lutter/Krieger*, Rechte und Pflichten des Aufsichtsrats, Rdn. 397; *Fleischer/Bedkowski*, AG 2009, 677 (685).

497 Eine derartig disziplinierende Wirkung zeigen auch die Erfahrungen aus Großbritannien, bei denen das sog. *advisory vote* bereits seit mehreren Jahren existiert. Vgl. *Hocker*, DSW Studie zur Vorstandsvergütung 2009, S. 4;

498 BT-Drucks. 16/13433, S. 12.

499 *Döll*, WM 2010, 103 (109).

5. August 2009. Dies gilt unabhängig von der möglicherweise bereits erfolgten Anpassung der Vergütungspolitik an die Änderungen des § 87 AktG n.F.[500] Die Anfechtbarkeit des Hauptversammlungsbeschlusses ist gem. § 120 Abs. 4 Satz 3 AktG ausgeschlossen. Die grammatikalische Auslegung des § 120 Abs. 4 Satz 3 AktG lässt jedoch eine Nichtigkeitsklage gegen den Hauptversammlungsbeschluss etwa unter dem Gesichtspunkt der Sittenwidrigkeit gem. § 241 Nr. 4 AktG prinzipiell zu.[501]

## *II. Praktische Umsetzung und Ausgestaltung des „advisory vote"*

Zwar regelt die aktuelle Fassung des Aktiengesetzes die Möglichkeit der Hauptversammlung, über das Vergütungssystem einer börsennotierten Aktiengesellschaft durch einen Beschluss zu entscheiden, es stellt sich jedoch die Frage, wie diese theoretische Vorgabe in der Praxis umzusetzen ist bzw. von den betroffenen Unternehmen bereits umgesetzt wurde. Gemäß § 121 Abs. 2 Satz 1 AktG wird die Hauptversammlung durch den Vorstand einberufen, der nach § 121 Abs. 3 Satz 2 AktG auch die Tagesordnung angibt.[502] Somit erfordert die Beschlussfassung nach § 120 Abs. 4 AktG n.F. zunächst die Aufnahme des Tagesordnungspunktes „Billigung des Systems der Vergütung der Vorstandsmitglieder".[503] Der Beschlussvorschlag wird vom Vorstand und Aufsichtsrat unterbreitet.[504] Laut Gesetzesmaterialien sind diese hierzu jedoch nicht verpflichtet.[505] Vielmehr bleibt es der Verwaltung der Gesellschaft überlassen, ob sie von sich aus eine Beschlussfassung der Hauptversammlung ermöglichen will – weil diese etwa unternehmenspolitisch empfehlenswert erscheint – oder ob sie von einer solchen Möglichkeit absieht. Den Maßstab für diese Ermessensausübung bildet für den Vorstand das in § 121 Abs. 1 Alt. 3 AktG hervorgehobene Wohl der Gesellschaft; für den Aufsichtsrat gilt hierfür § 111 Abs. 3 Satz 1 AktG. Allerdings wurde der Generalklausel des § 121 Abs. 1 Alt. 3 AktG im Gegensatz zu den gesetzlichen und satzungsmäßigen Einberufungsgründen nach § 121 Abs. 1 Alt. 1 und 2 AktG bisher nur wenig Bedeutung beigemessen mit der Folge, dass die Gründe für eine Ermessensreduzierung im Hinblick auf die Einberufung und Festlegung der Tagesordnung durch den Vorstand bislang kaum thematisiert werden.[506] Auch die erstmalige Einführung des Vergütungsvotums der Hauptversammlung führt dabei nicht zu einer Ermessensreduzierung, da

---

500 Begr. RegE BT-Drucks. 16/13433, S. 10.

501 *Fleischer,* NZG 2009, 801 (805).

502 *Semler* in: MünchHdb/AG, § 35 Rdn. 38; *Fleischer/Bedkowski,* AG 2009, 677 (680).

503 *Fleischer/Bedkowski,* AG 2009, 677 (680); *Vetter,* ZIP 2009, 2136 (2138); *Deilmann/Otte,* DB 2010, 545; *Hoffmann-Becking/Krieger,* NZG-Beil. 26/2009, 1 (10) Rdn. 83.

504 *Vetter,* ZIP 2009, 2136 (2139); *Deilmann/Otte,* DB 2010, 545. Zum Teil wird in der Literatur jedoch eine ausschließliche Kompetenz des Aufsichtrates zur Unterbreitung des Beschlussvorschlags angenommen gem. § 124 Abs. 3 Satz 1 HS 2 AktG analog; vgl. *Bosse,* BB 2009, 1650 (1653).

505 BT-Drucks. 16/13433, S. 12.

506 *Hüffer,* § 121 AktG, Rdn. 5; MünchKommAktG/*Kubis,* § 121 Rdn. 7; *Fleischer/Bedkowski,* AG 2009, 677 (680).

weder der Gesetzestext noch die Beschlussempfehlung des Rechtsausschusses einen dahingehenden gesetzgeberischen Willen erkennen lassen, bei allen börsennotierten Aktiengesellschaften in der nächsten Hauptversammlungssaison eine „Eingangs"-Abstimmung nach § 120 Abs. 4 Satz 1 AktG n.F. durchführen zu müssen. Ein Blick auf die Empfehlungen des DCGK lässt ebenfalls keinen anderen Schluss zu, denn dieser enthält ebenfalls keine Regelung, die eine derartige Pflicht statuiert.[507] In Bezug auf das Tätigwerden des Aufsichtsrates wird dann ausnahmsweise von einer Pflicht zum Tätigwerden ausgegangen, wenn das Wohl der Gesellschaft eine Handlung des Festsetzungsorgans erfordert. Eine solche liegt jedoch nicht vor, wenn der Aufsichtsrat durch einen Hauptversammlungsbeschluss eine Absicherung gegen etwaige Ersatzansprüche erreichen will: diese Konstellation kommt in Bezug auf das Vergütungsvotum jedoch ohnehin nicht in Betracht, weil ein billigender Beschluss der Hauptversammlung keine Entlastungswirkung entfaltet.[508] Denkbar erscheint eine Einberufungs- und Vorlagepflicht des Aufsichtsrates aber in den Fällen, in denen die wesentlichen Umgestaltungen des Vergütungssystems des Unternehmens eine mehrheitliche Kritik der Aktionäre auslösen und diese Lage eine ernsthafte Bedrohung für das Ansehen der Gesellschaft, verbunden mit schweren finanziellen Einbußen, darstellt.[509] Allerdings sind die Aktionäre nicht immer auf das Tätigwerden der Verwaltung angewiesen. Vielmehr können diese, wenn ihre Anteile zusammen den zwanzigsten Teil des Grundkapitals oder den anteiligen Betrag von 500.000 € erreichen, nach § 122 Abs. 2 AktG die Aufnahme des Vergütungsvotums auf die Tagesordnung und deren Bekanntmachung von der Verwaltung fordern.[510] Die Zugangshürde von 5 % stellt jedoch im Vergleich zur Regelung des § 142 Abs. 2 AktG, die lediglich 1 % des Grundkapitals oder einen anteiligen Betrag von 100.000 € für die Bestellung des Sonderprüfers oder auch für die Einleitung des Klagezulassungsverfahrens nach § 148 AktG ausreichen lassen, ein nur schwer zu erreichendes Quorum dar. Auch die Möglichkeit, eine Anfechtungs- und Nichtigkeitsklage einzureichen, besteht bereits bei Inhaberschaft einer einzigen Aktie. Aus diesem Vergleich erwächst folglich die Frage, ob die Neuregelung geeignet ist, dem Minderheitenschutz zu dienen. Ausweislich der Gesetzesmaterialien scheint die Vorschrift des § 120 Abs. 4 AktG n.F. vordergründig jedoch ein anderes Ziel als die Sicherstellung des Minderheitenschutzes zu verfolgen. Vergleichbar dem britischen Vorbild soll § 120 Abs. 4 AktG „rein tatsächliche Wirkungen" entfalten, indem er einen Informations- und Meinungsaustausch zwischen Unternehmensverwaltung und institutionellen Anlegern in Fragen der Vergütungspolitik ermöglicht. Unwesentlich beteiligte Anteilseigner kommen für einen derartigen Dialog mangels Sachkenntnis nur selten in Betracht. Darüber hinaus wird durch die recht hohe Zugangshürde vermieden, dass sich Einzelaktionäre, die lediglich eine Minderheit vertreten, im Vorfeld

507 *Fleischer/Bedkowski*, AG 2009, 677 (680).
508 *Fleischer/Bedkowski*, AG 2009, 677 (681).
509 Praktisch handelt es sich jedoch um Ausnahmefälle, vgl. *Fleischer*, Rechtsvergleichendes Gutachten, S. 13 f.
510 *Fleischer*, NZG 2009, 801 (805); *ders./Bedkowski*, AG 2009, 681.

der Hauptversammlung medienwirksam profilieren, obwohl ihre Anschauungen die Meinung der übrigen Aktionäre keineswegs widerspiegeln.[511] In Kenntnis dieser Gefahren hat auch die Europäische Kommission in ihrer Empfehlung vom Dezember 2004 die Möglichkeit des Absehens vom beratenden Vergütungsvotum den Mitgliedsstaaten überlassen, wenn dieses nicht von Aktionären beantragt wird, die zusammen 25 % der auf der Hauptversammlung vertretenen Stimmrechte halten.[512] Wie die Praxis jedoch zeigt, wird das Thema der Vorstandsvergütung üblicherweise nicht durch Aktionäre, sondern vielmehr durch die Gesellschaften selbst proaktiv als Vorschlag der Verwaltung auf die Tagesordnung gesetzt.[513] Dadurch zeigt die Unternehmensverwaltung, dass sie die Diskussion über das Vergütungssystem nicht scheut, und behält sich die Hoheit über die Tagesordnung weiterhin vor.[514]

Ausweislich der Begründung des Gesetzgebers wird der Beschluss über das aktuell existente, d.h. also bereits beschlossene System der Vergütung der Vorstandsmitglieder gefasst.[515] Die Grundidee der neuen Hauptversammlungskompetenz ist somit vergangenheitsbezogen mit der Folge, dass die Entscheidungskompetenz in Vergütungsfragen beim Aufsichtsrat bleibt und die traditionelle Zuständigkeitsverteilung der deutschen Aktiengesellschaft somit gewahrt wird.[516] Allerdings entfaltet auch das vergangenheitsbezogene Urteil der Aktionäre faktisch eine gewisse Zukunftswirkung, indem die Direktoren bereits im Vorfeld der Beschlussfassung einen intensiven Dialog mit den institutionellen Anlegern suchen werden, um eine drohende Missbilligung des vorzulegenden Vergütungssystems zu verhindern.[517]

Im Übrigen stellt sich die Frage, auf welcher Informationsgrundlage die Aktionäre ihre Entscheidung fällen sollen. Im Gegensatz zur englischen „say-on-pay"-Regelung äußert sich das deutsche Recht nicht ausdrücklich dazu, welche Informationen den Aktionären zum Tagesordnungspunkt „Billigung des Systems der Vergütung der Vorstandsmitglieder" zur Verfügung zu stellen sind. Allerdings bieten die in § 289 Abs. 2 Nr. 5 HGB[518] und der Empfehlung der Ziffer 4.2.5 DCGK[519]

---

511 *Fleischer/Bedkowski,* AG 2009, 677 (681).

512 Ziff. 4.2 Abs. 2 Richtlinie der Kommission 2004/913/EG, ABl. EU Nr. L 385/57.

513 Vgl. unter anderem die ThyssenKrupp AG, die Wincor Nixdorf AG und die Siemens AG.

514 *Deilmann/Otte,* DB 2010, 545.

515 BT-Drucks. 16/13433, S. 12.

516 *Fleischer/Bedkowski,* AG 2009, 677 (681).

517 *Davis,* 1622 PLI/Corp. 2007, 33 (48 ff.); *Davies,* Principles, S. 386, Rdn. 14–16; *Fleischer,* Rechtsvergleichendes Gutachten, S. 22.

518 Der Lagebericht einer Gesellschaft soll unter anderem auch auf „die Grundzüge des Vergütungssystems der Gesellschaft für die in § 285 Nr. 9 genannten Gesamtbezüge, soweit es sich um eine börsennotierte Aktiengesellschaft handelt" eingehen. „Werden dabei auch Angaben entsprechend § 285 Nr. 9 Buchstabe a Satz 5 bis 8 gemacht, können diese im Anhang unterbleiben."

519 „Die Offenlegung soll in einem Vergütungsbericht erfolgen, der als Teil des Corporate Governance Berichts auch das Vergütungssystem für die Vorstandsmitglieder in allgemein verständlicher Form erläutert."

enthaltenen unverbindlichen Vorgaben, wenn sie von der Gesellschaft befolgt werden, eine schriftlich fixierte und gem. § 124 a Nr. 3 AktG i.V.m. §§ 175 Abs. 2, 176 Abs. 1 AktG und gegebenenfalls gem. § 289 a Abs. 1 Satz 2 HGB im Internet veröffentlichte Informationsgrundlage für die Willensbildung der Aktionäre. Verzichtet die Gesellschaft hingegen auf die Umsetzung der oben erläuterten Empfehlungen, so ergibt sich eine Berichterstattungspflicht weder unmittelbar aus dem VorstAG, noch mittelbar über die Begründungs- und Vorschlagspflicht der §§ 112 Abs. 1 und 2, 124 Abs. 3 AktG.[520] Zum Zwecke der Ermöglichung einer sorgfältigen Vorbereitung auf das Vergütungsvotum und zur Erleichterung der Bewertung des Vergütungskonzepts durch die Aktionäre erscheint es dennoch notwendig, diesen bereits im Vorfeld der Hauptversammlung eine ausreichende Informationsgrundlage an die Hand zu geben, die über das geplante und entsprechend geänderte Vergütungssystem aufklärt und entweder in der Einladung selbst oder in einem gesonderten Vergütungsbericht[521] enthalten ist. Zwar ist die Anfechtung eines Billigungsbeschlusses gemäß § 120 Abs. 4 Satz 3 AktG nicht zulässig, allerdings würde die Verwaltung im Falle der mangelnden Unterrichtung der Hauptversammlung Gefahr laufen, eine Missbilligung des unterbreiteten Vergütungssystems überwiegend aus dem Grund der unzureichenden Informierung zu erfahren.[522] Die Vorlage eines solchen Vergütungsberichts im Vorfeld der Hauptversammlung korrespondiert sowohl mit der britischen „say-on-pay“-Regelung als auch mit den europarechtlichen Vorgaben, die eine detaillierte Vergütungserklärung als Abstimmungsgegenstand empfehlen.[523] Diese Vergütungserklärung soll im Einzelnen folgende Angaben enthalten: die Vergütungsstruktur, d. h. die Aufteilung in feste und variable Vergütungskomponenten, ihre Gewichtung und die daraus resultierende Anreizwirkung auf die Vorstandsmitglieder, sowie Erläuterungen der Anreizfunktion und der mehrjährigen Bemessungsgrundlage der am langfristigen Erfolg orientierten Vergütungsbestandteile. Ferner sind in dem Vergütungsbericht auch Abfindungsregelungen bei vorzeitiger Abberufung sowie die Struktur und die Voraussetzungen der Altersversorgung der Vorstandsmitglieder zu erläutern.[524]

Den Gegenstand des Hauptversammlungsbeschlusses nach § 120 Abs. 4 Satz 1 AktG bildet das Vergütungssystem der Vorstandsmitglieder als ein abstrakt-generelles Grundkonzept, das dem Aufsichtsrat als Leitfaden bei der Festsetzung der konkret-individuellen Vergütung der einzelnen Vorstandsmitglieder dient. Dabei folgt der Reformgesetzgeber der Empfehlung in Ziffer 4.2.3 DCGK, wonach der Aufsichtsrats-

---

520 *Fleischer/Bedkowski*, AG 2009, 677 (682); *Deilmann/Otte*, DB 2010, 545 (546).

521 Einen solchen Vergütungsbericht haben bereits die *Wincor Nixdorf AG* und die *Bayer AG* vorgelegt; vgl. *Deilmann/Otte*, DB 2010, 545 (546 Fn. 22).

522 Vgl. Begr. RegE BT-Drucks. 16/13433, S. 12.

523 Vgl. Erwägungsgrund 9, Abschnitt II Ziff. 5.2 Empfehlung der Kommission 2009/385/EG; *Thüsing*, AG 2009, 517 (525); *Deilmann/Otte*, DB 2010, 545 (546).

524 Vgl. Abschnitt II, Ziff. 3.3 Empehlungen der Kommission 2004/913/EG; Abschnitt II, Ziff. 5.2 Empfehlung der Kommission 2009/385/EG; *Fleischer*, NZG 2009, 801 (805); *Vetter*, ZIP 2009, 2136 (2138); *Deilmann/Otte*, DB 2010, 545 (546).

vorsitzende die Hauptversammlung über die Grundzüge des Vergütungssystems und deren Veränderung informieren soll.[525] Erfasst werden die Form (geldwerte Leistungen und Sachbezüge) und Struktur (fest/variabel) der Vergütung sowie die Gewichtung der verschiedenen Vergütungselemente und die damit einhergehende Anreizwirkung auf die Vorstandsmitglieder. Darüber hinaus werden im Rahmen des Vergütungssystems die einzelnen anreizorientierten Vergütungszusagen, ihre mehrjährige Bemessungsgrundlage und die Auswirkungen auf die Nachhaltigkeit der Unternehmenspolitik ausgeführt. Eine Abstimmung der Aktionäre über konkret-individuelle Vergütungsbeträge oder Gesamtsummen findet hingegen nicht statt.[526]

Anschließend bleibt noch zu klären, ob die Festlegung über das Vergütungsvotum des § 120 Abs. 4 AktG hinausgehender, dieses erweiternder oder ergänzender Angemessenheitsvorgaben oder Vergütungshöchstgrenzen seitens der Aktionäre vereinbart werden kann. Einzelne US-amerikanische Unternehmen sehen eine solche Möglichkeit in den sog. *bylaws* vor. Aber auch in Deutschland hat die Hauptversammlung der Bonner SolarWorld AG im Mai 2009 als erstes deutsches Unternehmen auf Vorschlag von Vorstand und Aufsichtsrat den Beschluss gefasst, die Vorstandsvergütung auf das 20fache des Durchschnittseinkommens im Konzern zu begrenzen. Demnach ist der Aufsichtsrat gehalten, beim Abschluss weiterer Anstellungsverhältnisse diese Obergrenze einzuhalten.[527] Demzufolge besteht nun auch in Deutschland die Möglichkeit, das Gesetz ergänzende und erweiternde Vergütungsvorgaben zumindest mit der Zustimmung des Vorstandes und des Aufsichtsrates festzulegen. Eine Bindung des Aufsichtsrates an diese Richtlinien ist damit allerdings nicht verbunden.

Ferner wird die Möglichkeit diskutiert, die Wirksamkeit bestimmter Vergütungskomponenten vertraglich vom Ausbleiben eines Missbilligungsbeschlusses der Hauptversammlung abhängig zu machen. Dies scheint in Deutschland jedoch zum einen aufgrund des unregelmäßigen Turnus des Vergütungsvotums praktisch nur schwer durchführbar zu sein[528] und zum anderen könnten sich aus dieser Praxis rechtliche Bedenken in Bezug auf die Festsetzungskompetenz des Aufsichtsrates gemäß §§ 84 Abs. 1, 87 Abs. 1 AktG ergeben. Durch die Koppelung der vertraglich vereinbarten Vergütung an die Billigung des Vergütungssystems durch die Hauptversammlung würde eine Bindung des Aufsichtsrates entstehen, die seiner Pflicht zur eigenverantwortlichen Vergütungsfestsetzung entgegenstehen könnte.[529]

Zur Verstärkung der Mitbestimmungsrechte könnte man zudem überlegen, weitere, über die Regelung des § 120 Abs. 4 AktG n.F. hinausgehende Aufgaben

---

525 *Fleischer,* Rechtsvergleichendes Gutachten, S. 14; ausführlich hierzu *Ringleb*/Kremer/Lutter/v. Werder, Kommentar DCGK, Rdn. 764 ff.

526 *Fleischer,* Rechtsvergleichendes Gutachten, S. 15.

527 *Lutter,* Handelsblatt v. 5.05.2009, S. 8, *Vetter,* ZIP 2009, 1307 f.; *Fleischer/Bedkowski,* AG 2009, 677 (683). Zur Problematik der aktienrechtlichen Zulässigkeit satzungsmäßiger Vergütungsvorgaben siehe oben S.91.

528 Anders verhält es sich im Vereinigten Königreich, wo die Hauptversammlung jährlich einberufen wird und über die Vergütungspolitik abstimmt.

529 *Fleischer/Bedkowski,* AG 2009, 677 (684).

der Hauptversammlung zu begründen. Diese könnte zum Beispiel den Rahmen für die Ausgestaltung der Vergütungssysteme des Vorstands vorgeben.[530] Gegen eine solche Kompetenzverschiebung auf die Hauptversammlung sprechen sich jedoch sowohl die Gewerkschaften als auch die Industrie und Beratungspraxis aus. Dabei wird insbesondere die Zuweisung der Vergütungsfestsetzungskompetenz an den Aufsichtsrat angeführt.[531] Ein Entscheidungsrecht der Aktionäre widerspreche der Corporate Governance der deutschen Aktiengesellschaft. Die Festsetzung des Vergütungsrahmens falle in die ausschließliche Zuständigkeit des Aufsichtsrats, während die Hauptversammlung lediglich in den durch § 119 AktG vorgegebenen Fällen zur Entscheidungsfindung berechtigt sei.[532]

Ferner wurde im Zusammenhang mit der Einführung des Aktionärsvotums gemäß § 120 Abs. 4 AktG vielfach die Befürchtung geäußert, dass diese Regelung ein endloses Wortgefecht und zahlreiche Ausgestaltungsvorschläge der Aktionäre zu abweichenden Vergütungskonzeptionen entflammen und damit eine wesentliche Verlängerung der Hauptversammlung nach sich ziehen würde, ohne dass dies mit einer Verbesserung des Vergütungssystems bzw. mit einem Vorteil für die Anteilseigner korrespondieren würde.[533] Wie die Erfahrungen der ersten Hauptversammlungen aus dem Jahr 2010 jedoch zeigten, scheinen sich diese Befürchtungen überwiegend nicht bestätigt zu haben.[534] Dennoch gibt es auch Beispiele, bei denen die Debatte um die Vorstandsvergütung eine tiefgreifende Auseinandersetzung im Rahmen der Hauptversammlung ausgelöst hat. So stimmten mehr als 30 % der anwesenden Aktionäre der TUI AG aufgrund der mangelnden Transparenz der Boni-Regelungen gegen das auf der Hauptversammlung vorgeschlagene Vergütungskonzept.[535] Weniger spannungsgeladen und dennoch Aufsehen erregend verliefen die Abstimmungen auf der Hauptversammlung der Siemens AG. Dabei wurde das vorgeschlagene Vergütungssystem bzw. die angesetzte Vergütungshöhe mit 10,35 % der Aktionärsstimmen und somit mit einer auffallend hohen Stimmzahl missbilligt.[536] Die Hauptversammlung der Heidelberger Zement AG lehnte das vorgelegte Vergütungssystem sogar mit 54,18 % ab.[537] Wissen-

---

530 *Thüsing*, AG 2009, 517 (526).

531 *Hohenstatt*, ZIP 2009, 1349 (1356); BDI Stellungnahme zum Entwurf des VorstAG, S. 14 f; DGB Stellungnahme zum Entwurf des VorstAG, S. 12.

532 *Vetter*, ZIP 2009, 1307 (1308); *Seibert*, WM 2009, 1489 (1490); *Jaspers*, ZRP 2010, 8 (10).

533 *Begemann/Laue*, BB 2009, 2442 (2446); *Vetter*, ZIP 2009, 2136 (2142).

534 Auf den Hauptversammlungen der *ThyssenKrupp AG*, der *Wincor Nixdorf AG*, der *Daimler AG* und vieler anderer Unternehmen wurde das unterbreitete Vorstandsvergütungssystem gebilligt, ohne dass es dadurch zu einer Verzögerung kam.

535 *Fockenbrock*, MAN legt Aktionärsvotum über Vergütung auf Eis, Handelsblatt v. 22.02.2010, S. 29; Aktionäre der Deutschen Börse AG, der Deutschen Bank AG und der Heidelberg Cement AG votierte mit rund 50 % der Stimmen gegen die vom Vorstand unterbreiteten Vergütungspakete, vgl. *Löhr/Jahn*, FAZ v. 23.06.2010.

536 FAZ vom 28.01.2010, S. 17.

537 Hauptversammlung 2010, abrufbar unter: http://www.heidelbergcement.com/global/de/company/press_media/archive/press_releases_2010/2010-05-06_2.htm

schaftler gehen davon aus, dass ein beachtlicher Widerstand, der in der Praxis in einer raschen Änderung des Vergütungssystems resultiert, nicht erst bei einer offiziellen Abstimmungsniederlage, sondern vielmehr bereits bei 20 % negativer Stimmen angenommen wird.[538] Eine genaue Beurteilung der praktischen Ausgestaltung der Hauptversammlungen im Jahr 2010 und der damit einhergehenden Umsetzungserfolge bzw. -misserfolge der Neuregelung des § 120 Abs. 4 AktG ist jedoch aufgrund des sich noch entwickelnden Meinungsbildungsprozesses seitens der Schutzvereinigungen und institutioneller Anleger noch nicht möglich.[539] Es wurde aber bereits festgestellt, dass im Geschäftsjahr 2010 insgesamt 27 der 30 DAX-Unternehmen einen Beschlussvorschlag i. S. d. § 120 Abs. 4 AktG auf die Tagesordnung ihrer Hauptversammlung gesetzt und somit ihre Anteilseigner mit einem Instrument zur Kontrolle des bestehenden Vergütungssystems ausgestattet haben. Dabei hat nur die Infineon Technologies AG den Punkt „Vergütungssystem des Vorstands“ bisher lediglich zur Information auf die Tagesordnung aufgenommen, ohne einen entsprechenden Beschlussvorschlag zu unterbreiten. Allerdings hat das Unternehmen in der Hauptversammlung angekündigt, dies nach Abschluss der Umstrukturierung des Vergütungssystems in der Hauptversammlung 2011 nachholen zu wollen. Ausweislich der „DSW Vorstandsvergütungsstudie 2010“ verzichteten lediglich zwei Unternehmen, nämlich MAN SE und Merck KGaA darauf, ein Vergütungsvotum der Aktionäre auf die Tagesordnung zu setzen.[540]

### *III. Zuständigkeit für die Einführung aktienkursbasierter Vergütungsformen*

Die meist verbreitete Form der Aktienoptionen in der deutschen Unternehmenspraxis stellt die der bedingten Kapitalerhöhung gem. § 193 Abs. 2 Nr. 3 AktG dar.[541] Da die Ausgabe zusätzlicher Aktien mangels Einräumung von Bezugsrechten der Anteilseigner jedoch zu einer Verwässerung des Anteilsbesitzes der Aktionäre führt, bedarf diese einer Zustimmung der Hauptversammlung.[542]

Die Einführung eines aktienbasierten Vergütungssystem stellt eine Begleitmaßnahme im Rahmen der Umsetzung eines wertorientierten Unternehmensführungs-

(zuletzt aufgerufen am 19.06.2014). Bei der Deutschen Börse fiel das Abstimmungsergebnis ziemlich knapp aus, indem lediglich 52,77 % der Aktionäre der Vorstandsvergütung zustimmten, abrufbar unter: https://deutscheboerse.com/dbg/dispatch/de/listcontent/dbg_nav/investor_relations/35_AGM/49_Archive/180_hv2010/page1_agm_overview_2010__archiv.htm (zuletzt aufgerufen am 19.06.2014).

538 *Fleischer/Bedkowski*, AG 2009, 677 (685); *Deilmann/Otte*, DB 2010, 545 (547).

539 *Deilmann/Otte*, DB 2009, 545 (547).

540 DSW Vorstandsvergütungsstudie 2010, S. 10.

541 *Thüsing* in: Fleischer, Hdbuch des Vorstandsrechts, § 6 Rdn. 63. Weitere Möglichkeiten der Aktienbeschaffung stellt der Erwerb bereits bestehender eigener Aktien am Markt sowie reguläre und genehmigte Kapitalerhöhung dar; ausführlich hierzu *Akin*, Corporate Governance, S. 131 ff.

542 *Körner*, NJW 2004, 2697 (2701).

konzepts dar und fällt daher in den Zuständigkeitsbereich des Vorstands einer Aktiengesellschaft gemäß § 76 Abs. 1 AktG.[543] Zwar wird es auch vertreten, die Entscheidung über die Implementierung von aktienbasierten Vergütungsformen in diesem Zusammenhang als eine Grundlagenentscheidung zu qualifizieren, welche die Zielsetzung des Unternehmens und die Zielvorgabe der Unternehmensführung betrifft. Eine Beteiligung der Hauptversammlung an der Entscheidung gemäß § 119 Abs. 1 und 2 AktG ist jedoch nicht erforderlich, da es sich weder um eine Grundlagenentscheidung noch um eine gesetzlich nicht geregelte Strukturmaßnahme handelt (vgl. Holzmüller-Fall).[544] Vielmehr fällt der Entschluss, die Unternehmenspolitik zukünftig am *shareholder value*-Modell zu orientieren und hierfür aktienkursorientierte Vergütungsformen einzuführen in den Kompetenzbereich der Unternehmensführung und ist daher dem Vorstand zuzuordnen.[545]

Über die Einführung und Aufteilung der Aktienoptionen auf die Vorstandsmitglieder entscheiden hingegen gem. § 193 Abs. 2 Nr. 4 AktG die Hauptversammlung und der Aufsichtsrat. Dabei entscheidet die Hauptversammlung über das Ob der Aktienoptionen, über die Anzahl der hierfür zur Verfügung stehenden Aktien sowie über die Aufteilung der Aktien auf die Vorstandsmitglieder der Gesellschaft, die Geschäftsführungsmitglieder von Tochtergesellschaften und die Arbeitnehmer. Ausgehend von den Vorgaben der Hauptversammlung trifft der Aufsichtsrat dann die Entscheidung, ob und in welchem Umfang im konkreten Einzelfall Aktienoptionen Bestandteil der Vorstandsvergütung werden.[546]

## § 2. Rechtliche Rahmenbedingungen der Vorstandsvergütung

### A. Rechtsentwicklung der Vergütungsstruktur – erste Gestaltungsansätze vor der Finanzkrise

Eine Auseinandersetzung mit der Problematik der Vorstandsvergütung nach der Finanzkrise erfordert eine Erörterung der Entwicklung ihres rechtlichen Rahmens. Dies betrifft sowohl die Regelungen zur Ausgestaltung der Vergütung als auch die Vorgaben zur Offenlegung von Vorstandsbezügen.

---

543 *Hüffer*, ZHR 1997, 224; *Schulz*, Aktienkursorientierte Vergütungssysteme, S. 96.

544 Näher hierzu *Baums*, Bericht der Regierungskommission CG, Rdn. 79–82; BGH Urteil vom 25.02.1982 – II ZR 174/80, BGHZ 83, 122 f.; *Schulz*, Aktienkursorientierte Vergütungssysteme, S. 96.

545 *Tegtmeier*, Die Vergütung, S. 257; in Großbritannien empfiehl der Greenbury Report, langfristige Vergütungspläne der Zustimmung der Hauptversammlung zu unterwerfen, *Greenbury*, Directors' Remuneration, Art. 5.33, Report of a Study Group v. 17.07.1995 (Greenbury Report), S. 33.

546 Spindler/Stilz/*Fleischer*, KommAktG, § 87 Rdn. 16; *Manz*/Mayer/Schröder, Die Aktiengesellschaft, S. 337 f., Rdn. 811; *Hüffer*, § 87 AktG, Rdn. 6.

## I. Corporate Governance

Kaum ein anderer Begriff hat die Entwicklung des Gesellschaftsrechts der letzten Jahre so beeinflusst wie der der „Corporate Governance“.

### 1. Bedeutung und Zielsetzung

Corporate Governance verkörperte in Deutschland bis 1999 eine weitgehend akademische Rechtsfigur, welche nur theoretisch diskutierte wurde.[547] Der Begriff „Corporate Governance“ stammt aus dem angloamerikanischen Rechtskreis. Hierbei handelt es sich um einen ausfüllungsbedürftigen Begriff,[548] welcher sich in erster Linie mit dem organisationsrechtlichen Rahmen eines Unternehmens sowie der Unternehmensführung- und Überwachung vornehmlich börsennotierter Aktiengesellschaften beschäftigt.[549] Das deutsche Corporate Governance System besteht aus gesetzlichen Regelungen und freiwilligen Empfehlungen, die in Ziffer 3.1 ff. DCGK das Verhältnis zwischen den Aktionären und dem Vorstand regeln.[550] Im Vordergrund steht insbesondere die „gute und verantwortliche Unternehmensführung“.[551] Corporate Governance hat daher zum Ziel, „die Qualität der Unternehmensleitung zu verbessern und eine nachhaltige Wertschöpfung“[552] zu gewährleisten.[553]

Die deutsche Corporate Governance weist erhebliche Unterschiede zum angelsächsischen System der Unternehmensführung auf.[554] Dabei spielen die betriebliche Mitbestimmung der Arbeitnehmer, die Interessen der Konsumenten oder die Umweltproblematik (sog. *stakeholder*-Interessen) in Deutschland eine zentrale Rolle.[555] Darüber hinaus ist das deutsche System der Corporate Governance durch die Konzentration des Aktieneigentums bei einigen wenigen Großaktionären gekennzeichnet, sodass die Ausübung von inside-Einfluss durch die Aktionäre zur gängigen Praxis gehört.[556] Als eine weitere Besonderheit der deutschen Corporate Governance

---

547 *Strenger,* DStR 2001, 2225.

548 *Schätzle,* Manager, S. 282.

549 Ringleb/Kremer/Lutter/*v. Werder,* Kommentar DCGK, Vorbem. Rdn. 1; *Schätzle,* Manager, S. 282; *Marsch-Barner*/Schäfer, Handbuch, § 2 Rdn. 1; *v. Werder* in: Hommelhoff/Hopt/v. Werder, Hdbuch CG 2009, S. 3 (4).

550 Nach der kontinentaleuropäischen Diskussion regelt das Corporate Governance System auch die Beziehungen zwischen der Führungsebene eines Unternehmens und den Stakeholdern.

551 Ringleb/Kremer/Lutter/*v. Werder,*Kommentar DCGK, Präambel, Rdn. 84; *v. Werder,* DB 2002, 801 (802).

552 *Bors,* Erfolgs- und leistungsorientierte Vorstandsvergütung, S. 91.

553 *Hüffer,* § 76 AktG, Rdn. 15a, § 161 AktG, Rdn. 2; *Körner,* NJW 2004, 2697 (2700); *Strenger,* DStR 2001, 2225.

554 Zu den Merkmalen der angelsächsischen Corporate Governance siehe S.267,326.

555 *Hesse,* Managerentlohnung, S. 61; *Akin,* Corporate Governance, S. 2 f.

556 *Hopt*/Kanda/Roe/Wymeersch/Prigge, Comparative Corporate Governance, S. 232; *Akin,* Corporate Governance, S. 2; *Hesse,* Managerentlohnung, S. 62.

ist die Bedeutung des Finanzdienstleistungssektors hervorzuheben. Den Banken kommt hierbei eine nicht unwesentliche Rolle zu, die sich insbesondere in der Wahrnehmung der Aktionärsinteressen als deren Bevollmächtigte oder auch in der Einflussnahme als Unternehmensfinanzberater äußert.[557]

Die Unternehmensverfassung deutscher Aktiengesellschaften i. S. der Corporate Governance ist durch die sog. „Kontrolle durch voice"[558] gekennzeichnet. Ausgehend vom dualistischen Modell der deutschen Unternehmensverfassung geschieht diese Kontrolle durch zahlreiche dem Aufsichtsrat zur Verfügung stehenden Informations-, Überwachungs- und Widerspruchsrechte, die es ermöglichen, unerwünschte und dem Unternehmensinteresse widersprechende Vorstandstätigkeiten zu unterbinden.[559] Folglich erfasst eine „gute" Corporate Governance sowohl umfassende Informations- und Offenlegungspflichten gegenüber Aktionären, Aufsichtsrat und Öffentlichkeit als auch die Förderung der Qualifikationssteigerung und Unabhängigkeit der Aufsichtsratstätigkeit. Dies beinhaltet auch die Einrichtung von Ausschüssen zur Steigerung der Effizienz der Arbeit im Aufsichtsrat. Darüber hinaus stellt die Corporate Governance eines Unternehmens klare Regelungen für mögliche Interessenkonflikte und Eigengeschäfte auf und gewährleistet ausgewogene Anreizsysteme für die Aktienoptionsprogramme und ähnliche Vergütungsmodelle. Auch im Falle einer Übernahme durch ein anderes Unternehmen ermöglicht eine „gute Haushaltsführung" Ausgewogenheit der Interessen und Wahrung der Eigentümersouveränität.[560]

Die großen US-amerikanischen Pensionsfonds wie etwa *CalPERS*[561] oder *TIAA-CREF*[562] bzw. der britische Pensionsfonds *Hermes*[563] haben zum Zwecke einer effizienten Unternehmensführung bereits seit längerem allgemeine Corporate Governance best practice-Standards entwickelt. Diese werden in der Regel durch allgemeine Standards für einzelne Länder, wie etwa die *Germany Markets Principles* von CalPERS für Deutschland, ergänzt und erfassen unter anderem auch die Managerentlohnung.[564]

---

557 *Charkham*, Keeping Good Company, S. 35–43; *Kaen*, A Blueprint for Corporate Governance, S. 188 f.; *Hopt* in: Hommelhoff/Hopf/v. Werder, Hdbuch CG 2009, S. 39 (46). Wobei die Bedeutung des Finanzsektors im Rahmen der Corporate Governance auch in Deutschland in den vergangenen Jahren zurückgegangen ist.

558 Im Gegensatz dazu sind das britische und das US-amerikanische Corporate Governance-Systeme überwiegend exit-geprägt. Näher hierzu vgl. S. 257f.

559 *Gerum* in: Schreyögg/Conrad, Gerechtigkeit und Management, S. 12; *Hesse*, Managerentlohnung, S. 61.

560 *Strenger*, DStR 2001, 2225.

561 California Public Employees' Retirement System, vgl. www.calpers-governance.org.

562 Teachers Insurance and Annuity Assciation-College Retirement Equities Fund, vgl. www.tiaa-cref.org.

563 Hermes Pension Management Ltd, vgl. www.hermes.co.uk.

564 *Marsch-Barner*/Schäfer, Handbuch, § 2 Rdn. 23.

### 2. *Gestaltungsfelder*

Zunächst sind die Regelungen zur Festlegung der übergeordneten Unternehmenszielsetzung der Corporate Governance zu nennen. Das deutsche Aktienrecht verpflichtet die Führungskräfte der Aktiengesellschaft auf das Unternehmensinteresse, wobei dieser ausfüllungsbedürfter Begriff immer wieder neu definiert wird (vgl. oben Seiten 17 ff.). Ferner sind Regelungen für Strukturen, Prozesse und Personen der Unternehmensführung zu beachten, die für das Erreichen des Unternehmensziels unentbehrlich sind. Hierunter fällt der mehrgliedrige Organaufbau der deutschen Aktiengesellschaft, bestehend aus Vorstand, Aufsichtsrat und Hauptversammlung. Die Bestimmungen über die Vorstandsvergütung gehören ebenfalls dazu. Eine angemessene Vorstandsvergütung kann zur guten Corporate Governance beitragen und somit auch zu ihrem Steuerungsmechanismus werden.[565] Darüber hinaus zählen auch Regelungen für die regelmäßige Bewertung der Führungsleistungen zu den Gestaltungsfeldern der Corporate Governance. Dazu gehören Empfehlungen des Deutschen Corporate Governance Kodex an den Aufsichtsrat sowie eine regelmäßige Überprüfung der Effizienz seiner Aktivitäten. Schließlich erfasst die Corporate Governance auch die Offenlegungsregelungen. Diese zielen darauf ab, durch Publizität der Unternehmensaktivitäten das Vertrauen der relevanten Bezugsgruppen zu gewinnen und zu festigen.[566]

## *II. Der Deutsche Corporate Governance Kodex*

Das deutsche Aktienrecht ist gem. § 23 Abs. 5 AktG im Grundsatz zwingendes Recht. Anders verhält es sich hingegen in den Aktienrechten der US-amerikanischen Bundesstaaten. Nach dem *Delaware General Corporation Law* besteht z. B. eine sehr weitgehende Satzungsautonomie, auch *„enabling approach"* genannt.[567] In Großbritannien bedient man sich hauptsächlich unverbindlicher Verhaltenskodizes. Diese vielfältige Gestaltung der amerikanischen Aktienrechte und die Flexibilität des britischen Company Law inspirierten hierzulande und veranlassten vielfache Vorschläge zur Deregulierung des deutschen Aktienrechts.[568] In diesem Zusammenhang wurde die Etablierung des DCGK „als ein Versuch propagiert, stärker auf

565 *Chahed/Müller*, Unternehmenserfolg, S. 14.

566 *v. Werder* in: Handwörterbuch Unternehmensführung und Organisation, S. 164; *Chahed/Müller*, Unternehmenserfolg, S. 21 f.

567 Traditionell *Latty*, 50 Cornell L. Q. 1965, 599–620; *v. Hein*, Die Rezeption, S. 617; *Schüller*, Vorstandsvergütung, S. 47.

568 Monographisch *Escher-Weingart*, Reform durch Deregulierung; *v. Hein*, Die Rezeption, S. 617. Jedoch ging die Fortentwicklung der Corporate Governance Kodizes von uneinheitlichen einzelnen Regelungen zu einem einheitlichen Regelwerk vor allem von England aus (vgl. der sog. „Combined Code" mit der aktuellen Fassung des UK Corporate Governance Code v. 2010).

flexiblere Steuerungsmechanismen als das zwingende Recht zu setzen".[569] Mit der Einsetzung der „Regierungskommission Deutscher Corporate Governance Kodex" (sog. Baums-Kommission) durch das Bundesjustizministerium und der anschließenden Verabschiedung des DCGK am 26. Februar 2002 sollte das deutsche Corporate Governance-System nachvollziehbarer und transparenter gestaltet werden und international und national anerkannte Standards guter und verantwortlicher Unternehmensführung kodifizieren (Ordnungsfunktion).[570] Auch das Vertrauen nationaler und internationaler Investoren und Kunden, der Belegschaft und der Öffentlichkeit in die Leitung und Überwachung deutscher börsennotierter Aktiengesellschaften sollte durch die Vorgaben des DCGK verstärkt werden (Kommunikationsfunktion). Mit Hilfe der Kodexempfehlungen war man bemüht, gewisse Rahmenbedingungen zu schaffen, auf deren Basis Unternehmen die inhaltliche Ausgestaltung selbst vornehmen können. Als Grundlage der Ausarbeitung der Regelungen des DCGK dienten Erfahrungswerte in- und ausländischer Vorschriften, Rechtsprechungstendenzen und gerichtliche Urteile sowie Zielvorgaben der Wirtschaft und des Finanzmarktes. Die Angaben der jährlich durchgeführten umfangreichen Studie des *Berliner Center of Corporate Governance* beweisen, dass der DCGK in den letzten Jahren fester und anerkannter Bestandteil des Unternehmensalltags geworden ist. Im Jahr 2015 wurden beispielsweise durchschnittlich 82,6 % aller Kodexbestimmungen eingehalten. Im Jahr 2014 betrug die Befolgungsquote 78,9 %, wobei die Befolgungsquote der Empfehlungen stärker als die der Anregungen (63,9 % im Jahr 2014) angestiegen ist. Bei den DAX Unternehmen lag die Akzeptanzquote der Kodexempfehlungen im Jahr 2015 bei 96,2 %, die der Anregungen, bei 78,3 %.[571]

### *1. Rechtsnatur des DCGK*

Die Frage nach der Rechtsnatur der Vorschriften des DCGK lässt sich durch die Untersuchung der Folgen ihrer Nichtbefolgung beantworten.[572]

Seit der Einführung des § 161 AktG durch das Transparenz- und Publizitätsgesetz (TransPuG) vom 26. Mai 2002[573] sind der Aufsichtsrat und der Vorstand börsennotierter Aktiengesellschaften verpflichtet, jährlich eine Erklärung über die Anwendung bzw. Nichtanwendung der Empfehlungen des DCGK abzugeben (sog. Entsprechenserklärung). Weitere Pflichten bezüglich der Entsprechenserklärung

---

569 *v. Hein,* Die Rezeption, S. 617; *Baums,* Bericht der Regierungskommission CG, Rdn. 4; *Grattenthaler,* Die Vergütung, S. 34.

570 *Lücke*/Schaub, Vorstand der AG, § 1 Rdn. 39; *Lutter* in: Hommelhoff/Hopt/v. Werder, Hdbuch CG 2009, S. 123 (126); *Lutter,* ZHR 2002, 523 (524).

571 *von Werder/Turkali,* DB 2015, 1357 (1359).

572 *Hommelhoff/Schwab* in: Hommelhoff/Hopt/v. Werder, Hdbuch CG 2003, S. 51 (68 ff.); Ringleb/Kremer/*Lutter*/v. Werder, Kommentar DCGK, Rdn. 1615 ff.; *Bors,* Erfolgs- und leistungsorientierte Vorstandsvergütung, S. 92.

573 Gesetz zur weiteren Reform des Aktien- und Bilanzrechts, zu Transparenz und Publizität, BGBl. I 2002, Nr. 50, 2681 ff.

sind ferner in § 161 Satz 2 AktG und in den §§ 285 Satz 1 Nr. 16, 314 Abs. 1 Nr. 8 und 325 Abs. 1 HGB festgelegt. Im Rahmen des DCGK werden drei verschiedene Vorschriftsarten unterschieden. Diese erlegen ihrerseits diverse Verhaltenspflichten auf. Zum Teil stellen diese Vorgaben eine reine Wiederholung des Gesetzestextes dar („muss"), welche wiederum unter Umständen um eine Auslegung durch die Corporate Governance-Kommission ergänzt werden.[574] Andererseits weisen einige Empfehlungen des DCGK („soll") auch einen verbindlichen Charakter auf. Abweichungen hiervon sind zwar möglich, bedürfen jedoch einer Erklärung der Gesellschaft. Andere Vorgaben verkörpern schließlich lediglich Anregungen („sollte", „kann"), von denen auch ohne jegliche Erklärung abgewichen werden darf.[575] Aus dieser Unterscheidung wird deutlich, dass nur die Empfehlungen des DCGK einer rechtlichen Einordnung bedürfen, denn die Befolgung gesetzlicher Vorschriften ist ohnehin geboten und von den bloßen Anregungen kann ohne weitere Voraussetzungen abgewichen werden.[576]

Es stellt sich folglich die Frage, ob die Empfehlungen des DCGK Rechtsnormcharakter aufweisen. Bei diesen Regelungen handelt es sich jedoch um Vorgaben, die von der sog. Regierungskommission „Deutscher Corporate Governance Kodex" als unabhängiges Expertengremium[577] herausgearbeitet wurden. Dabei geht es nicht um einen demokratisch legitimierten Gesetzgeber, sodass die Regelungen des DCGK keine staatliche Rechtsetzung darstellen und daher im Hinblick auf Art. 2 EGBGB nicht als Rechtsnormen aufgefasst werden können.[578]

Unverbindliche Empfehlungen wie die des Kodex werden oft auch als „soft law" bezeichnet.[579] Allerdings hilft auch diese Bezeichnung bei der rechtlichen Einordnung nicht weiter, da dem „soft law" im deutschen Rechtssystem kein eindeutiger Rechtscharakter zugeordnet werden kann.[580] Es könnte jedoch der mittelbare Normcharakter des Kodex durch den Vergleich mit der Beweislastverteilungsregel des § 342 Abs. 2 HGB bejaht werden.[581] Im Rahmen des § 161 AktG lässt sich allerdings weder eine explizite noch eine indirekte Beweisregel finden, die mit der Rege-

574 Präambel VI 1 f. DCGK.

575 Präambel VI 5 DCGK; BT-Drucks. 14/8769, S. 21.

576 *Bors*, Erfolgs- und leistungsabhängige Vorstandsvergütung, S. 92.

577 *Ringleb*/Kremer/Lutter/v. Werder, Kommentar DCGK, Vorbem. Rdn. 9 ff.

578 *Hüffer*, § 161 AktG, Rdn. 3; *Ulmer*, ZHR 2002, 150 (159); *Bors*, Erfolgs- und leistungsorientierte Vorstandsvergütung, S. 93; *Chahed/Müller*, Unternehmenserfolg, S. 77; *Schulz*, Aktienkursorientierte Vergütungssysteme, S. 44; *Ferstl*, Managervergütung, S. 59.

579 *Hommelhoff/Schwab*: in Hommelhoff/Hopt/v. Werder, Hdbuch CG 2009, S. 71 (78); *Kirschbaum* in: Heidel, Aktienrecht und Kapitalmarktrecht, § 161 AktG Rdn. 3; *Ulmer*, ZHR 2002, 150 (161); *Bors*, Erfolgs- und leistungsorientierte Vorstandsvergütung, S. 93; *Spindler* in: Schmidt/Lutter, § 161 AktG Rdn. 8; *Lutter*, ZGR 2000, 1, (18); *Körner*, NZG 2004, 1148 (1149); Spindler/Stilz/*Sester*, KommAktG § 161 Rdn. 33.

580 *Borges*, ZGR 2003, 508 (517); *Ulmer*, ZHR 2002, 150 (161); *Marsch-Barner*/Schäfer, Handbuch, § 2 Rdn. 45.

581 *Ulmer*, ZHR 2002, 150 (163 ff.).

lung des § 342 Abs. 2 HGB vergleichbar wäre, sodass der Normcharakter der Kodexempfehlungen auf diesen Vergleich nicht gestützt werden kann. Eine derartige Vergleichsziehung würde vielmehr gegen die grundlegenden Prinzipien des Grundgesetzes verstoßen und zwar sowohl gegen den Gesetzesvorbehalt nach Art. 20 Abs. 3 GG als auch gegen das Demokratieprinzip gemäß Art. 20 Abs. 2 Satz 2 GG und die daraus resultierende Wesentlichkeitstheorie.[582]

Darüber hinaus wird vertreten, bei den Kodexempfehlungen handele es sich lediglich um Handelsbräuche i. S. d. § 346 HGB.[583] Handelsbräuche erfordern jedoch eine gleichmäßige, einheitliche und freiwillige Übung der Beteiligten, die über einen angemessenen Zeitraum hinweg andauert.[584] Die Methoden der Unternehmensführung und -organisation variieren hingegen so stark, dass von einer gleichmäßigen und einheitlichen Übung nicht gesprochen werden kann.[585] Ferner existiert der DCGK erst seit Anfang 2002, weshalb ein angemessener Zeitraum im Sinne von Handelsbräuchen noch nicht bejaht werden kann.[586]

Zum Teil wird auch darüber diskutiert, den Kodexempfehlungen Fachnormcharakter beizumessen.[587] Hierbei werden die Fachnormen mit DIN-Normen verglichen. Die letztgenannten Vorschriften weisen zunächst ebenfalls keinen rechtlich verpflichtenden Charakter auf, sondern erlangen nur dann rechtliche Bedeutung, wenn sie allgemein akzeptiert und freiwillig angewendet werden. Dies gilt jedoch nur im Falle eines ausdrücklichen Verweises im Gesetz oder als Ausfüllung gesetzlicher Regelungen.[588] Diese Ansicht wird hingegen mit dem Argument eingeschränkt, eine Konkretisierung des § 93 AktG durch den DCGK könne aufgrund seiner noch fraglichen durchgehenden Akzeptanz durch die maßgeblichen Verkehrskreise zumindest derzeit noch nicht bejaht werden. Somit erscheint der Vergleich mit DIN-Normen zwar diskussionsfähig, bedarf jedoch einer vertieften Auseinandersetzung, die ihrerseits derzeit nur bedingt zur Klärung der Frage des Rechtscharakters der Kodexempfehlungen beitragen kann.[589]

Zudem werden Überlegungen angestellt, Kodexempfehlungen als Normen im tatsächlichen Sinne einzustufen. Vertreter dieser Auffassung bezeichnen den Begriff

---

582 *Hüffer*, § 161 AktG, Rdn. 4; *Ringleb*/Kremer/Lutter/v. Werder, Kommentar DCGK, Vorbem. Rdn. 51; MünchKommAktG/*Semler*, § 161 Rdn. 42; *Ulmer*, ZHR 2002, 150 (161); *Bors*, Erfolgs- und leistungsorientierte Vorstandsvergütung, S. 93.

583 *Bors*, Erfolgs- und leistungsorientierte Vorstandsvergütung, S. 93.

584 RGZ 110, 47 f.; BGH, NJW 1952, 257; BGH, BGH Urteil vom 2.05.1984 (VIII ZR 38/83, München) – WM 1984, 1002.

585 *Borges*, ZGR 2003, 508 (517); *Marsch-Barner*/Schäfer, Handbuch, § 2 Rdn. 45

586 *Hommelhoff/Schwab:* in Hommelhoff/Hopt/v. Werder, Hdbuch CG 2009, S. 71 (77); MünchKommAktG/*Semler*, § 161 Rdn. 33; *Ulmer*, ZHR 2002, 150 (160); *Bors*, Erfolgs- und leistungsorientierte Vorstandsvergütung, S. 94.

587 *Borges*, ZGR 2003, 508 (517 ff.).

588 *Borges*, ZGR 2003, 508 (521).

589 *Bors*, Erfolgs- und leistungsorientierte Vorstandsvergütung, S. 94; *Borges*, ZGR 2003, 508 (521).

„Fachnorm“ als überzogen und sprechen stattdessen von einem „Geltungsanspruch mit Ausstiegsklausel“.[590]

Alle diese Ansichten verdeutlichen, dass die Empfehlungen des DCGK jedenfalls keine rechtliche Verbindlichkeit beanspruchen.[591] Eine solche rechtliche Verbindlichkeit scheint auch im Hinblick auf den Wettbewerb der Unternehmensführungskonzepte und auf die Marktbewertung der Umsetzung der Kodexregelungen weder wünschenswert noch erforderlich zu sein,[592] zumal gute Corporate Governance auf diese Art und Weise eine größere Flexibilität in puncto Anpassungsmöglichkeiten an neue Erkenntnisse und Systeme erlangen kann.[593] Würde man jedoch zu einer Bindungswirkung der Kodexempfehlungen gelangen, so wäre diese jedenfalls nicht rechtlicher, sondern allenfalls wirtschaftlicher Natur.[594] Die Kodexstandards spiegeln die Vorstellungen von best practice für eine gute Corporate Governance wider und entwickeln nach derzeitigem Stand eine gewisse „Bindungswirkung durch Überzeugung“.

### 2. *Vergütungsbezogene Inhalte des DCGK*

Der DCGK enthält eine Reihe vergütungsrelevanter Vorschriften (z. B. Ziffer 2.2.1 Abs. 2 letzter Satz und Ziffer 4 des DCGK), auf die im Folgenden (insbesondere in §2 B.I.4) genauer eingegangen wird.

### 3. *Umsetzung des „comply or explain“-Grundsatzes*

Die zentrale Regelung des im Jahr 2002 erlassenen TransPuG betrifft die Einfügung des § 161 AktG in das Aktiengesetz. Diese Vorschrift fordert den Aufsichtsrat und den Vorstand börsennotierter Gesellschaften auf eine sog. Entsprechenserklärung zum DCGK abzugeben. Aus dieser Erklärung soll hervorgehen, welche Empfehlungen des DCGK von der Gesellschaft angewandt wurden und werden, und welche nicht („*comply or explain*“-Prinzip).[595] Auf diese Art und Weise erfolgte eine Verzahnung des DCGK mit dem Aktienrecht und eine gesetzliche Verpflichtung, diesen zumindest zu berücksichtigen.[596]

---

590 *Hüffer*, § 161 AktG, Rdn. 3.

591 *Körner*, NJW 2004, 2697 (2700); MünchKommAktG/*Spindler*, Vorbem. § 76 Rdn. 80; MünchKommAktG/*Semler*, § 161 Rdn. 29; *Schüller*, Vorstandsvergütung, S. 27; Dahlems/*Jaeger* in: Handbuch des Führungskräfte-Managements, S. 349 f. Dass es sich beim DCGK nicht um bindendes Recht handelt wurde bereits in der richtungsweisenden Entscheidung der 5. Handelskammer des Landgerichts München im Jahre 2007 bestätigt, vgl. LG München I, Urteil vom 22.11.2007 – ZIP 2007, 2360.

592 *Bernhardt*, RIW 2004, 401 (406); *Borges*, ZGR 2003, 508 (540); *Schüller*, Vorstandsvergütung, S. 27.

593 Ringleb/Kremer/Lutter/*v. Werder*, Kommentar DGCK, Präambel Rdn. 86; MünchKommAktG/*Semler*, § 161 Rdn. 23.

594 *Bors*, Erfolgs- und leistungsorientierte Vorstandsvergütung, S. 95.

595 BGBl. I 2002, Nr. 50, 2682.

596 *Schüppen*, ZIP 2002, 1269 (1270); *Strenger*, DStR 2001, 2225 (2227).

Der *„comply or explain“*-Grundsatz orientiert sich am Vorbild angelsächsischer Rechtspraxis und stellt die Grundlage des europäischen kodexbasierten Ansatzes einer modernen Unternehmensführung und -kontrolle dar. Dadurch wird eine flexiblere und effizientere Regulierung durch den Markt selbst ermöglicht. Dieses Prinzip erlangt allerdings erst dann praktische Bedeutung, wenn das übrige Regelungsumfeld dafür sorgt, dass die Unternehmen ihrer Verpflichtung zur Einhaltung des DCGK oder zur Begründung von Abweichungen nachkommen.

Gemäß § 161 AktG haben der Aufsichtsrat und der Vorstand einer börsennotierten Aktiengesellschaft jährlich eine Erklärung über die Anwendung bzw. Nichtanwendung der Empfehlungen der Regierungskommission des DCGK abzugeben (sog. Entsprechenserklärung). Somit bezieht sich die Entsprechenserklärung nicht auf Anregungen oder sonstige Bestandteile.[597] Es ist eine freie Entscheidung der Unternehmen, die Empfehlungen anzuwenden oder diese nicht zu befolgen. Es besteht lediglich die Pflicht, über die Anwendung oder Nichtanwendung zu berichten.[598] Ausweislich der Gesetzesbegründung soll allerdings nicht nur vergangenheitsbezogen berichtet werden, sondern es wird von den Unternehmen erwartet, dass diese auch Angaben in Bezug auf die zukünftige Entsprechung bzw. Nichtentsprechung machen.[599] Seit Inkrafttreten des Bilanzrechtsmodernisierungsgesetzes (BilMoG) zum 29. Mai 2009 hat die Entsprechenserklärung nunmehr auch eine Begründung dafür zu enthalten, warum es nicht zur Anwendung der Empfehlungen des DCGK gekommen ist, sog. *„comply or explain“*-Grundsatz.[600] Zudem müssen heute gem. § 161 Abs. 1 Satz 2 AktG nicht nur börsennotierte Aktiengesellschaften (§ 3 Abs. 2 AktG), sondern auch bestimmte kapitalmarktorientierte Aktiengesellschaften eine Entsprechenserklärung abgeben.[601] Dabei sind die Unternehmen gehalten, Entsprechenserklärungen so abzugeben, dass diese mit den Tatsachen übereinstimmen, somit also der Wahrheit entsprechen. Mit dieser Regelung wird unter anderem der Zweck verfolgt, eine unternehmensinterne Reflexion der Gesellschaften über die eigene Unternehmensverfassung hervorzurufen.[602]

Somit hat die Politik durch die Einführung des DCGK bewusst auf einen flexiblen Weg gesetzt, der das deutsche Corporate Governance-System mit Transparenz

---

597 *Schüppen*, ZIP 2002, 1269 (1271); *Peltzer*, DB 2002, 2580 ff.

598 MünchKommAktG/*Semler*, § 161 Rdn. 47; *Fonk* in: Semler/v. Schenck, ArbHdbuch AR-Mitglieder, § 1 Rdn. 82.

599 „Die Entsprechenserklärung ist vergangenheits- und zukunftsbezogen. Hinsichtlich der Zukunft kann die Erklärung nur eine unverbindliche Absichtserklärung bedeuten. Vorstand und Aufsichtsrat gehen dadurch keine Verpflichtung für alle Zeiten ein. Die Absichtserklärung kann jederzeit korrigiert oder zurückgenommen werden.“ Begr. RegE TransPuG BT-Drucks. 14/8769, S. 22; *Marsch-Barner*/Schäfer, Handbuch § 2 Rdn. 65.

600 Art. 5 Nr. 9 des Gesetzes zur Modernisierung des Bilanzrechts (Bilanzrechtsmodernisierungsgesetz/BilMoG) BGBl. I 2009, Nr. 27, S. 1102; *Friedl/Hocker/Döscher/Hölz*, Studie zur Vergütung 2008, S. 8; *Mock*, ZIP 2010, 15.

601 Art. 5 Nr. 9 BilMoG, BGBl. I 2009, Nr. 27, S. 1102.

602 *Kremer*, BDI Stellungnahme zum Entwurf des VorstAG, S. 2.

und Plausibilität ausstattet sowie das Vertrauen der internationalen und nationalen Anleger und Kunden, der Mitarbeiter und der Öffentlichkeit in die Leistung und Kontrolle deutscher börsennotierter Gesellschaften verstärkt. Über die Entsprechungserklärung des § 161 AktG erlangt der Kodex eine gesetzliche Grundlage.

## *III. Rechtliche Verankerung der Vergütungstransparenz*

Ein weiteres wesentliches Element zur Regulierung der Vorstandsvergütung stellt deren Transparenz dar.

### *1. Offenlegung der Gesamtvergütung*

Man unterscheidet zwischen Transparenzvorgaben zur Offenlegung der Gesamtbezüge aller Vorstandsmitglieder, die sämtliche Aktiengesellschaften betreffen, und der Verpflichtung zur individualisierten Vergütungsoffenlegung, die ausschließlich börsennotierten Gesellschaften obliegt.[603] Bilanzrechtlich ist die Gesamtvergütung aller Vorstandsmitglieder insgesamt gem. §§ 285 Nr. 9a Satz 1 bis 3, 314 Abs. 1 Nr. 6 HGB im Anhang des Jahresabschlusses und im Konzernanhang auszuweisen. Bei nicht börsennotierten Gesellschaften können diese Angaben gem. § 286 Abs. 4 HGB jedoch unterbleiben, wenn sich mit ihrer Hilfe die Bezüge eines einzelnen Vorstandsmitglieds feststellen lassen.[604]

### *2. Individualisierte Offenlegung*

Die Transparenzvorgaben der europarechtlichen Empfehlung vom 14. Dezember 2004 (2004/913/EG) sowie die Forderung des Schrifttums[605] nach einer individualisierten Offenlegung der Vorstandsbezüge von einer beträchtlichen Anzahl börsennotierter Aktiengesellschaften wurden nicht umgesetzt, sodass der Gesetzgeber regulierend eingriff und im August 2005 das Gesetz zur Offenlegung der Vorstandsbezüge (VorstOG) verabschiedete.[606]

Um beurteilen zu können, ob den Vorstandsmitgliedern eine ihren individuellen Leistungen entsprechende Vergütung gewährt wird, ist eine personalisierte und aufgeschlüsselte Information der Aktionäre erforderlich.[607] Hierbei handelt es sich um

---

603 Spindler/Stilz/*Fleischer,* KommAktG § 87 Rdn. 78.

604 *Ellrott* in: BeckBil-Komm, § 286 Rdn. 15 ff.; Spindler/Stilz/*Fleischer,* KommAktG § 87 Rdn. 79.

605 Zu den Befürwortern der individualisierten Offenlegung gehören unter anderem *Hoffmann-Becking,* ZHR 2005, 155 (172 f.); *Lutter,* ZIP 2003, 737 (741); *Martens,* ZHR 2005, 124 (150); *Schüller,* Vorstandsvergütung, S. 256 ff.; *Schwark,* FS Raiser, S. 377 (397); kritisch hierzu *Marsch-Barner* in: FS Röhricht, S. 407; *Sünner,* ZRP 2005, 39.

606 BGBl. I 2005, Nr. 47, 2267.

607 *Bors,* Erfolgs- und leistungsorientierte Vorstandsvergütung, S. 101 f.; *Baums,* ZHR 2005, 299 (300 f.); *Fleischer,* DB 2005, 1611 (1612); Begr. RegE BT-Drucks. 15/5577, S. 6.

die „Kontrolle der Kontrolleure“,[608] bei der die Aktionäre die Möglichkeit erlangen, den Aufsichtsrat bei seiner Pflicht zur Festsetzung der Vorstandsbezüge zu überwachen. Die kundigen Investoren werden hierdurch in die Lage versetzt, auch die qualitativen Gesichtspunkte der Unternehmensführung zu hinterfragen.[609]

Das am 11. August 2005 in Kraft getretene Gesetz zur Offenlegung der Vorstandsbezüge (VorstOG) setzt diese Erfordernisse um und erweitert die Offenlegungspflicht börsennotierter Aktiengesellschaften in Bezug auf die Angaben zur Vergütung von Vorständen. Im Mittelpunkt des Gesetzes steht die Neufassung der §§ 285 Nr. 9 a, 314 Abs. 1 Nr. 6 a HGB, welche für börsennotierte Gesellschaften nunmehr die Verpflichtung zur individualisierten Offenlegung der Gesamtvergütung im Jahres- und Konzernabschluss postulieren.[610] Danach ist eine personalisierte Darstellung der Bezüge gemäß § 285 Nr. 9 a Satz 5 HGB in erfolgsabhängige und erfolgsunabhängige Anteile sowie in Bestandteile mit langfristiger Anreizwirkung aufzuspalten.[611] Hierdurch übernimmt der Gesetzgeber die erprobte Empfehlung der Ziffer 4.2.4 DCGK.[612] Im Falle einer vorzeitigen Beendigung der Vorstandstätigkeit sehen §§ 285 Nr. 9a

---

608 *Bors*, Erfolgs- und leistungsorientierte Vorstandsvergütung, S. 101.

609 Begr. RegE VorstOG, BR-Drucks. 398/05, S. 5; in diesem Sinne auch *Fleischer*, DB 2005, 1611 (1613).

610 Im Schrifttum wird die Verfassungsmäßigkeit des VorstOG unter dem Gesichtspunkt des Art. 2 Abs. 1 i.V.m. Art. 1 Abs. 1 GG verschiedentlich in Zweifel gezogen. Zu Recht wird hierbei die erzwungene Einzelausweisung als Eingriff in das Recht auf informationelle Selbstbestimmung charakterisiert. Das Recht auf informationelle Selbstbestimmung umfasst auch den Schutz persönlicher Daten. Dazu zählen unter anderem persönliche wirtschaftliche Verhältnisse des Einzelnen. Somit fallen auch die Angaben zur Höhe und Zusammensetzung der Vorstandsvergütung in den Schutzbereich des Art. 2 Abs. 1 i.V.m. Art. 1 Abs. 1 GG. Eingriffe in das Recht auf die informationelle Selbstbestimmung unterliegen nach dem Bundesverfassungsgericht einem strengen Prüfungsmaßstab und sind nur dann gerechtfertigt, wenn sie zum Schutz öffentlicher Interessen unerlässlich sind. Im Falle des VorstOG sprechen gute Gründe dafür, dass der Eingriff im überwiegenden Allgemeininteresse gerechtfertigt ist und dem Grundsatz der Verhältnismäßigkeit entspricht. Begründen lässt sich diese Ansicht mit der typischerweise anonymen Aktionärsstruktur, geprägt durch die weltweite Streuung des Anteilsbesitzes, welche bei individueller Informationsbeschaffung einen unzumutbaren Aufwand erzeugen würde. In diesem kapitalmarktrechtlichen Kontext stelle die Funktionsfähigkeit der Kapitalmärkte ein bedeutendes Gemeinwohlziel dar, welches nur mittels genauer und vollständiger Information erreicht werden kann. Ausführlich hierzu *Thüsing*, ZIP 2005, 1389 (1395); *Spindler*, NZG 2005, 689 (691 f.); *Fleischer*, DB 2005, 1611 (1614); *Bors*, Erfolgs- und leistungsorientierte Vorstandsvergütung, S. 104 ff.

611 *Mutter* in: Marsch-Barner/Schäfer, Handbuch, § 19 Rdn. 43

612 „Die Gesamtvergütung eines jeden Vorstandsmitglieds wird, aufgeteilt nach fixen und variablen Vergütungsteilen unter Namensnennung offen gelegt. Gleiches gilt für Zusagen auf Leistungen, die einem Vorstandsmitglied für den Fall der vorzeitigen oder regulären Beendigung der Tätigkeit als Vorstandsmitglied gewährt oder die während des Geschäftsjahres geändert worden sind. Die Offenlegung

Satz 6, 7 bzw. 314 Abs. 1 Nr. 6a Satz 6, 7 HGB die Offenlegung von Versorgungs- und Abfindungszahlungen vor. Darüber hinaus verlangt das VorstOG zumindest im Falle einer Abweichung von den für Arbeitnehmer geltenden üblichen Regelungen eine Darstellung des wesentlichen Inhalts der Pensionszusagen. Des Weiteren sind auch Leistungen von Dritten, die der Vorstand aufgrund seiner Tätigkeit als Vorstand erhält, in die individualisierte Offenlegung einzubeziehen. Hierzu gehören unter anderem Zahlungen einer Konzerngesellschaft, die für die Tätigkeit des Vorstands bei einem anderen Konzernunternehmen gewährt werden.[613] Abweichungen von einer individualisierten Offenlegung sind nach den Vorschriften des VorstOG gem. § 286 Abs. 5 HGB nur dann zulässig, wenn ein diesbezüglicher Beschluss der Dreiviertel-Mehrheit der Hauptversammlung vorliegt (sog. *opting-out*).[614]

Zudem wird die Vergütungstransparenz durch § 289 Abs. 2 Nr. 5 HGB ergänzt, wonach der Lagebericht börsennotierter Gesellschaften auf die Grundzüge des Vergütungssystems der Gesellschaft für die in § 285 Nr. 9 HGB genannten Gesamtbezüge eingehen *soll*. Derartige Angaben dienen der Erläuterung und damit dem besseren Verständnis der einzelnen Vergütungsparameter und der Zusammensetzung der Vorstandsbezüge einschließlich bestehender Anreizmechanismen.[615] Auf eine zwingende Regelung hat der Gesetzgeber derzeit jedoch bewusst verzichtet, um der Weiterentwicklung einschlägiger Standards durch die Praxis Vorrang zu gewähren.

Durch die Regelungen des VorstOG wird vor allem eine getrennte Betrachtung der Vorstandsvorsitzenden und der restlichen Vorstandsmitglieder ermöglicht. Auf diese Art und Weise kann eine genauere Analyse der Vergütungsentwicklung erfolgen, denn es wird offenbart, welches Vorstandsmitglied eventuell eine besonders hohe oder niedrige Vergütung erhalten hat.[616] Im Mittelpunkt des gesetzgeberischen Vorhabens standen somit die Sicherung der Angemessenheit der Vorstandsvergütung und die Verbesserung des Anlegerschutzes.[617]

Ausweislich der Statistiken der vergangenen Jahre ist die Umsetzung verschärfter Offenlegungspflichten trotz Kritik erheblich gestiegen. So wiesen im Jahre 2010 28 von 30 DAX-Unternehmen die Vergütung ihrer Vorstände individualisiert und ausführlich aus. Lediglich Merck KGaA und HeidelbergCement hielten sich nicht an die Offenlegungsvorgaben und verweigerten somit ihren Aktionären die genaue Einsicht. MDAX-Unternehmen zeigen hingegen eine eher geringe Umsetzungsbereitschaft. Von den insgesamt 50 Unternehmen halten sich 15 nicht an die individualisierte Offenlegungsregelung. Zudem ist die Ausgestaltung der aktienbasierten Bezüge oft nur schwer bis gar nicht nachvollziehbar, da in einigen Fällen die Angabe

---

kann unterbleiben, wenn die Hauptversammlung dies mit Dreiviertelmehrheit anderweitig beschlossen hat."

613 *Friedl/Hocker/Döscher/Hölz,* Studie zur Vergütung 2008, S. 5.

614 *Thüsing*, ZIP 2005, 1389 (1394).

615 Begr. RegE BR-Drucks. 398/05, S. 12; *Ellrott* in: BeckBil-Komm § 289 Rdn. 93; *Fleischer,* DB 2005, 1611 (1617).

616 *Friedl/Hocker/Döscher/Hölz,* Studie zur Vergütung 2008, S. 5.

617 BT-Drucks. 15/5577, S. 1; BR-Drucks. 398/05, S. 1.

der für die Bemessung relevanten Zeitwerte fehlt. So ruft DSW-Hauptgeschäftsführer Ulrich Hocker die Unternehmen auf „[a]n der Verbesserung der Darstellung und damit der Verständlichkeit" der Vergütungsoffenlegung dringend zu arbeiten, „da jedes Unternehmen die Vorstandsbezüge unterschiedlich darstellt und ausweist"[618]. Solange Zeitwerte nicht angegeben werden können, solange die Korrelation zwischen Leistung und Bonushöhe nicht eindeutig erkennbar ist und solange keine genaue Definition der Kennzahlen erfolgt, bleibt es leider dabei, dass oftmals kein vernünftiger Vergleich gewährleistet werden kann.[619]

## B. Rechtliche Entwicklung nach der Finanzkrise

Von der Finanz- und Wirtschaftskrise stark beeinflusst und von der Öffentlichkeit angehalten, widmete sich der deutsche Gesetzgeber verstärkt der Vergütungsproblematik.

### *I. Gesetzliche Vorgaben*

#### *1. Gesetz zur Angemessenheit der Vorstandsvergütung (VorstAG)*

Das geltende Aktiengesetz, das am 6. September 1965 erlassen wurde, ist durch das VorstAG, welches am 5. August 2009 in Kraft trat, nunmehr geändert worden.[620] Mit dem VorstAG hat der Gesetzgeber noch vor der Bundestagswahl 2009 erstmals materielle Zielvorgaben für die inhaltliche Ausgestaltung der Vorstandsvergütung implementiert.

#### a) Gesetzesinitiative und Gesetzgebungsprozess

Nach der Ablehnung der ersten Regelungsvorschläge der Fraktion BÜNDNIS 90/DIE GRÜNEN und der LINKEN, die für einen Steuerabzug bei Vorstandsabfindungen und eine grundsätzliche Beschränkung der Vorstandsvergütung plädierten, wurde kurz vor den Bundestagswahlen ein von der CDU/CSU und der SPD erarbeiteter Gesetzesentwurf zur stark umstrittenen Vergütungsproblematik eingebracht.[621]

Den Anlass zur gesetzlichen Regulierung und Änderung der Vorstandsvergütungsregelungen gab unter anderem die anwachsende öffentliche Kritik an den Gehältern einiger Vorstände zur Zeit der immer beunruhigenderen Finanz- und Wirtschaftskrise[622]. Die Einkommen der DAX-Vorstandsmitglieder waren nach Angaben von Kienbaum-Unternehmensberatung[623] in der Zeit zwischen 1987 und 2007 um knapp

618 DSW Vorstandsvergütungsstudie 2010, S. 6.

619 DSW Vorstandsvergütungsstudie 2010 spricht in diesem Zusammenhang von einem Vergleich der Äpfel mit Birnen, abrufbar unter: http://www.dsw-info.de/Vorstandsverguetungsstudie-201.1740.0.html (zuletzt aufgerufen am 19.06.2014).

620 BGBl. I, 2009, Nr. 50, S. 2509.

621 BT-Drucks. 16/12278 v. 17.03.2009; *Gaul/Janz*, NZA 2009, 809.

622 *Lingemann*, BB 2009, 1918.

623 *Annuß/Theusinger*, BB 2009, 2434 (2435).

650 % gestiegen. Die Vorstandsvergütung hatte sich damit von der allgemeinen Einkommensentwicklung abgekoppelt.[624] Angesichts der weltweiten Finanzmarktkrise sah der Gesetzgeber sich daher veranlasst, diese Problematik, die als Mitauslöser der Krise galt, zu verrechtlichen und die Thematik der Vorstandsvergütung somit strengeren rechtlichen Bedingungen zu unterwerfen. Dieser Initiative ging bereits der Antrag der Bundestagsfraktion BÜNDNIS 90/DIE GRÜNEN zur Begrenzung der tatsächlich oder vermeintlich exzessiven Managergehälter vor. Bereits in der 16. Wahlperiode forderte diese eine langfristige Ausrichtung der variablen Vergütungsbestandteile und deren Begrenzung auf ein Viertel der Gesamtvergütung. Die Fraktion sprach sich auch für die Einführung eines Bonus-Malus-Systems sowie längere Haltefristen bei Aktienoptionen (mindestens zehn Jahre) aus, wobei der Bezugswert nicht unter dem Aktienkurs zum Zeitpunkt der Ausgabe der Optionen liegen dürfte. Zudem beantragte sie, den vollen Betriebsausgabenabzug von Vorstandsgehältern auf 500,000 € zu begrenzen. Darüber hinausgehende Bezüge sollten nur noch hälftig als Betriebsausgaben abzugsfähig sein. Für Abfindungszahlungen wurde die steuerliche Abziehbarkeit von maximal 1 Mio. € pro Person beantragt.[625] Allerdings konnten sich diese Gesetzesvorschläge nicht durchsetzen mit der Folge, dass weiterhin ein Reformbedürfnis in Bezug auf die Regulierung der Vergütungssysteme bestand.

Ausgelöst durch die weltweite Finanzmarktkrise erhielt die Diskussion um die Vergütungshöhe und -struktur von Vorstandsmitgliedern neue Impulse. Der Gesetzgeber beschloss daher, die Folgen der Krise nicht nur soweit möglich durch Reformgesetze zu beseitigen, sondern auch Lehren für die Zukunft aus der Krise zu ziehen.[626] Daher erfuhr die im Juni 2008 eingesetzte Koalitionsarbeitsgruppe „Neuordnung der Managergehälter", die ihre Arbeit am 26. September 2008 aufgenommen hatte, aufgrund der Annahme, dass die fehlerhaften Verhaltensanreize in den Vergütungssystemen und -praktiken der Vorstände eine Mitursache der Finanzkrise darstellten, neue Aufmerksamkeit. Als Folge hiervon konzentrierten sich Regierungsfraktionen und Bundesregierung verstärkt auf Änderungen des Aktiengesetzes, ohne dabei diese pauschale Mutmaßung einer sachlichen Analyse zu unterziehen.[627] Das VorstAG beruht daher auf der politischen Annahme, dass die Bevölkerung ein Eingreifen des Gesetzgebers erwartete.[628]

---

624 *Hexel*, Der Aufsichtsrat 2008, Beitrag, 128.

625 BT-Drucks. 16/12112.

626 Vgl. die Rede von Bundesjustizminiserin Birgitte Zypries (SPD) in der zweiten Lesung des VorstAG im Deutschen BT, Plenarprotokoll 16/227, S. 25141.

627 *Wagner/Wittgens*, BB 2009, 906; *Nikolay*, NJW 2009, 2640.

628 Vgl. Reden in der ersten Lesung des VorstAG im Deutschen BT, Plenarprotokoll 16/212, S. 23013 ff.: MdB *Bernhardt* (CDU/CSU), 23017 (D) „Wenn wir hier nicht tätig weden, werden Teile der Bevölkerung dafür kein Verständnis haben." Dagegen aber MdB *Dyckmans* (FDP), Plenarprotokoll 16/212, S. 23016 (B): „Ein gefühltes Unbehagen in Teilen der Bevölkerung darf nicht zur Richtschnur gesetzlichen Handelns werden."

Am 17. März 2009 brachten die Fraktionen der CDU/CSU und SPD nach langen internen Beratungen in einem Arbeitskreis den Entwurf des „Gesetzes zur Angemessenheit der Vorstandsvergütung (VorstAG)“ in den Bundestag ein. Allerdings erfuhr der Gesetzesentwurf deutliche Kritik und wurde daher an einigen Stellen geändert.[629] Am 10. Juli passierte der Gesetzesentwurf den Bundesrat und wurde schließlich am 4. August 2009 als VorstAG im Bundesgesetzblatt verkündet.[630] Am 5. August 2009 trat das VorstAG in Kraft.

Ausweislich der Gesetzesmaterialien reagiert das VorstAG auf die Finanzmarktkrise, die unter anderem durch fehlerhafte Verhaltensanreize infolge kurzfristig ausgerichteter Vergütungsinstrumente begünstigt worden sei.[631] Dieser Befund entspricht auch den zahlreichen Bestandsaufnahmen in Europa[632] und den Vereinigten Staaten,[633] und hat national[634] wie international[635] eine große Zahl von Vergütungsempfehlungen inspiriert.[636] Das allgemeine Ziel des VorstAG, als Lehre

---

629 Unter anderem die gemeinsame Stellungnahme des BDI/BDA und des Deutschen Aktienistituts (www.dai.de), der DIHK, NZG 2009, 538 ff. und des DAV (www.dav.de). Auch in der Literatur gab es kritische Stellungnahmen, wie etwa von *Wagner/Wittgens,* BB 2009, 906. Abgeschwächte Kritik äußerten *Eckert,* DStR 2009, 979; *Jahn,* GWR 2009, 135; *Hanau,* NJW 2009, 1652.

630 BGBl I, 2509.

631 BT-Drucks. 16/13433, S. 1.

632 Vgl. Larosière-Bericht, High-Level Group of Financial Supervision in the EU v. 25.02.2009, Rdn. 117 ff.: „The crisis has launched a debate on remuneration in the financial services industry. There are two dimensions to this problem: one is the often excessive level of remuneration in the financial sector; the other one is the structure of this remuneration, notably the fact that they induce too high risk-taking and encourage short-termism to the detriment of long-term performance.“

633 Vgl. *Posner,* 58 Duke L.J. 2009, 1013–1047; *Bebchuk,* written testimony, hearing on compensation in the financial industry v. 22.01.2010, Committee on Financial Services, U.S. House of Representatives; Lucian Bebchuk, written testimony, hearing on compensation structures and systemic risk v. 11.06.2009, Committee on Financial Services, U.S. House of Representatives; *Tung/Wang,* 5th Annual Conference on Empirical Legal Studies Paper 2011, abrufbar unter: http://papers.ssrn.com/sol3/papers.cfm?abstract_id=1570161 (zuletzt aufgerufen am 19.06.2014).

634 Vgl. Regierungskommission Corporate Governance, Änderungen des Deutschen Corporate Governance Kodex auf Grundlage des VorstAG vom 18. 06. 2009.

635 Auf der internationalen Ebene vlg. FSB Principles for Sound Compensation Practices vom 2.04.2009, S. 13 f., abrufbar unter: http://www.fsforum.org/publications/r_0904b.pdf (zuletzt aufgerufen am 19.06.2014) CEBS High-level principles for Remuneration Policies vom 20.04.2009, S. 2, abrufbar unter: ttps://www.eba.europa.eu/documents/10180/16094/High-level+principles+for+remuneration+policies.pdf (zuletzt aufgerufen am 19.06.2014); Basel Committee on Banking Supervision, Compensation Principles and Standards Assessment Methodology v. Januar 2010, S. 24, abrufbar unter: http://www.bis.org/publ/bcbs166.pdf (zuletzt aufgerufen am 19.06.2014).

636 *Fleischer,* NZG 2009, 801.

aus der Finanzmarktkrise eine nachhaltige und auf Langfristigkeit ausgerichtete Unternehmensentwicklung zu fördern, wurde zwar zumeist grundsätzlich begrüßt. Als Haupteinwand dagegen wurde jedoch vorgebracht, dass durch die staatliche Regulierung der Vorstandsvergütung mit dem beabsichtigten Reformgesetz eine unternehmensinterne Entscheidung in einem zu hohen Grad verrechtlicht werde.[637]

### b) Geltungsbereich des Gesetzes

In Bezug auf den zeitlichen Geltungsbereich des VorstAG ist zwischen den einzelnen vom Gesetzgeber getroffenen Regelungen zu differenzieren.

#### aa) Zeitlicher Anwendungsbereich

Die Vorschrift des § 87 Abs. 1 AktG, welche dem Aufsichtsrat Leitlinien für die Festlegung der Vorstandsvergütung vorgibt, gilt für Anstellungsverhältnisse, die ab Inkrafttreten des Gesetzes abgeschlossen werden, d. h. für Verträge seit dem 5. August 2009, sowie für Vertragsverlängerungen und vergütungsrelevante Vertragsänderungen ab diesem Zeitpunkt. Abzustellen ist dabei auf die „Festsetzung der Vergütung“ und somit auf die Beschlussfassung des Aufsichtsratsplenums, nicht jedoch auf den tatsächlichen Abschluss des Dienstvertrages, der lediglich den Vollzug der Beschlussfassung des Aufsichtsratsplenums darstellt und daher später erfolgen kann.[638] Im Zeitpunkt des Inkrafttretens des VorstAG bereits geschlossene Anstellungsverträge genießen hingegen Bestandsschutz und bedürfen daher keiner Anpassung an die Neuregelungen.[639] In diesem Zusammenhang stellt sich jedoch die Frage, wie diejenigen Altverträge, die eine jährlich neue Vereinbarung von Zielvorgaben für die erfolgsorientierte Vergütung vorsehen, zu beurteilen sind. Im Schrifttum wurde diesbezüglich vereinzelt diskutiert, ob ein solcher Altvertrag, bei dem das neue zu erreichende Ziel nach Inkrafttreten des VorstAG vereinbart wurde, als Neuvertrag zu behandeln sei mit der Folge, dass § 87 Abs. 1 AktG n. F. anwendbar wäre.[640] Eine solche Schlussfolgerung entspricht allerdings nicht dem Charakter der jährlich neu festzulegenden Zielvereinbarung, wodurch kein neuer Vertrag abgeschlossen und somit auch keine neue Vergütungsfestsetzung vorgenommen, sondern lediglich eine bereits bestehende vertragliche Altregelung auf die Voraussetzungen der Gewährung von variablen Vorstandsbezügen für das jeweilige Geschäftsjahr angewendet werden soll. Aus diesem Grund erscheint es zutreffend, die Anwendung des § 87 Abs. 1 AktG n. F. auf Altverträge mit neu zu treffenden Zielvereinbarungen zu verneinen.[641] Wird dem Aufsichtsrat im Rahmen der bereits vor dem Erlass des VorstAG existierenden Anstellungsverträge bei der

---

637 *Hohaus/Weber*, DB 2009, 1515.
638 *Jaeger/Balke*, ZIP 2010, 1471 (1472).
639 *Bosse*, BB 2009, 1650 (1651).
640 *Hüffer*, § 87 AktG, Rdn. 9.
641 *Jaeger/Balke*, ZIP 2010, 1471 (1472); *Bauer/Arnold*, AG 2009, 717 (724); *Hoffmann-Becking/Krieger*, NZG-Beil. 26/2009, 1 (4) Rdn. 27 ff.

Festsetzung von jährlich neu zu definierenden Zielvorgaben für die variablen Vergütungselemente ein gewisser Ermessensspielraum eingeräumt und gab es bisher keine einheitliche Linie bei der Festsetzung der erfolgsabhängigen Vergütungsbestandteile, aus der eine betriebliche Übung resultieren könnte, ist der Ermessensspielraum jedoch unter Berücksichtigung der Reformregelungen und Vorgaben des VorstAG auszuüben.[642]

Die neue Regelung des § 87 Abs. 2 AktG, wonach dem Aufsichtsrat bei der nachträglichen Verschlechterung der Gesellschaftslage eine Herabsetzung der Vorstandsbezüge obliegt, gilt hingegen ab Inkrafttreten des VorstAG für sämtliche Anstellungsverträge zwischen den Vorstandsmitgliedern und der Gesellschaft unabhängig vom Zeitpunkt des Abschlusses und somit auch für bereits bestehende Vorstandsverträge.[643] Die Begrenzung der Herabsetzungsmöglichkeit für Ruhegehälter, Hinterbliebenenbezüge und Leistungen verwandter Art auf drei Jahre nach dem Ausscheiden aus der Gesellschaft gem. § 87 Abs. 2 Satz 2 AktG[644], findet auch auf solche Vorstandsmitglieder Anwendung, die bereits vor Inkrafttreten der gesetzlichen Änderung aus der Gesellschaft ausgeschieden sind.[645]

Für die Neuregelungen der Nachhaltigkeit der Unternehmenspolitik und -entwicklung, der Vergütungsherabsetzung und der Zuständigkeit des Aufsichtsratsplenums wurden keine Übergangsvorschriften erlassen. Sie sind damit ab Inkrafttreten des VorstAG, d.h. also ab 5. August 2009 zu beachten. Allerdings ist davon auszugehen, dass einseitige Änderungen der im Bereich der Nachhaltigkeit und Mehrjährigkeit bereits bestehenden Vergütungsabreden weder gefordert noch einseitig realisierbar sind. Dennoch ist der Aufsichtsrat auch bei der Festlegung bzw. Messung variabler Vergütungskomponenten aus Altverträgen gehalten, soweit das bestehende Vergütungssystem dies zulässt, Zielvorgaben der Nachhaltigkeit und Mehrjährigkeit zu beachten.[646]

Laufende Versicherungsverträge müssen ab 1. Juli 2010 an die Vorschrift des § 93 Abs. 2 Satz 3 AktG n.F., die den Selbstbehalt bei D&O-Versicherungen zum Gegenstand hat, angepasst werden. Eine Ausnahme gilt jedoch für Anstellungsverhältnisse, bei denen eine D&O-Versicherung ohne Selbstbehalt vereinbart wurde. Neuverträge hingegen müssen mit sofortiger Wirkung einen Selbstbehalt enthalten.[647]

In Bezug auf die Regelung des § 100 Abs. 2 Satz 1 Nr. 4 AktG n.F., die eine sog. Cooling-off-Periode beim Wechsel vom Vorstand in den Aufsichtsrat vorsieht, bleiben bestehende Aufsichtsratsmandate bestehen. Neu zu wählende Aufsichtsratsmitglieder müssen aber die Neuregelung ab sofort beachten.[648]

---

642 *Bosse*, BB 2009, 1650 (1651); *Jager/Balke*, ZIP 2010, 1471 (1473).
643 *Bosse*, BB 2009, 1650 (1651); *Diller*, NZG 2009, 1006 (1009).
644 Ausführlich hierzu siehe S. 176ff.
645 *Gaul/Janz*, NZA 2009, 809 (812).
646 *Simon/Schaumburg* in: Kienbaum, Vergütungsstudie 2008/2009, S. 12.
647 Kienbaum, Vergütungsstudie 2008/2009, S. 65.
648 Kienbaum, Vergütungsstudie 2008/2009, S. 65.

Die vierjährige Haltefrist gemäß § 193 Abs. 2 Nr. 4 AktG n.F., § 23 EGAktG ist auf bestehende Aktienoptionsprogramme nicht anwendbar. Vielmehr sind künftige Vereinbarungen zwischen Aufsichtsrat und Vorstandsmitglied bzw. solche Aktienoptionspläne davon erfasst, die erst nach dem Inkrafttreten des VorstAG aufgrund des Hauptversammlungsbeschlusses zustande kommen.[649]

### bb) Sachlicher Anwendungsbereich

Die Neuregelungen des VorstAG als Artikelgesetz betreffen vornehmlich das AktG. Es stellt sich jedoch die Frage, ob diese Vorschriften auch auf paritätisch mitbestimmte GmbHs und somit auch auf die Vergütung von Geschäftsführern Anwendung finden sollen.

Zwar finden sich im Mitbestimmungsgesetz bekanntermaßen vielfache Verweise auf das Aktienrecht, diese beziehen sich jedoch nicht auf die Regelung des § 87 AktG, welche im Mittelpunkt des Reformgesetzes steht und die Vergütungsgrundsätze der Vorstandsmitglieder statuiert. Vielmehr verweist § 25 Abs. 1 Nr. 2 MitbestG lediglich auf einzelne im Rahmen des VorstAG geänderte Vorschriften, nämlich § 107 und § 116 AktG. Andere Regelungen werden hingegen vom ausführlichen Verweisungskatalog des § 25 MitbestG nicht erfasst. Allerdings könnte die Erwähnung der geänderten Vorschrift des § 116 AktG eine mittelbare Verweisungskette von § 25 MitbestG über § 116 AktG auf § 87 Abs. 1 AktG erzeugen.

Bereits nach der bisher geltenden Rechtslage war die Anwendung des § 87 AktG auf die paritätisch mitbestimmte GmbH höchst umstritten. Zum Teil wurde für die Vergütung der Geschäftsführungsmitglieder die Beachtung der Grundsätze des § 87 AktG a.F. aus der Anstellungskompetenz des Aufsichtsrats gefolgert, zum Teil wurde aber auch eine analoge Heranziehung dieser Vorschrift befürwortet. Zwar entzog sich der BGH einer abschließenden Entscheidung bezüglich der vollumfänglichen analogen Anwendung des § 87 AktG a.F. Dennoch verlangte er für die Vergütung von Geschäftsführern der paritätischen GmbH die Heranziehung von dem § 87 AktG a.F. vergleichbaren Grundsätzen. Verstoßen die Aufsichtsratsmitglieder gegen diese Grundsätze, so haften sie nach §§ 116, 93 AktG i.V.m. § 25 Abs. 1 Nr. 2 MitbestG.[650] Die Möglichkeit der Herabsetzung der Vorstandsvergütung durch den Aufsichtsrat einer mitbestimmten GmbH in Anlehnung an § 87 Abs. 2 AktG wurde jedoch nicht geklärt.

Im Schrifttum[651] wird allerdings der abschließende Charakter des Verweisungskatalogs des § 25 Abs. 1 Nr. 2 MitbestG aufgrund des eindeutigen Wortlauts zunehmend betont. Demnach scheidet die analoge Anwendung des § 87 AktG n.F. auf die mitbestimmungspflichtige GmbH mangels ausdrücklicher Erwähnung in § 25 Abs. 1 Nr. 2 MitbestG aus. Trotz Kenntnis der Tatsache, dass der BGH bislang

---

649 *Gaul/Janz*, NZA 2009, 809 (810).

650 BGH vom 14.11.1983 – II ZR 33/83, DB 1984, 104.

651 *Raiser/Veil*, MitbestG und DrittelbeteiligungsG, § 25 Rdn. 87; *Rittner*, DB 1979, 973 (975); *Döring/Grau*, DB 2009, 2139 (2140); *Schätzle*, Manager, S. 282.

eine unmittelbare Anwendbarkeit des § 87 AktG a.F. in solchen Fällen zumindest nicht abschließend geklärt hatte, verzichtete der Gesetzgeber auch jetzt auf die Aufnahme einer diesbezüglichen Verweisung in das Mitbestimmungsgesetz. Darüber hinaus bringt die Begründung der geänderten Beschlussempfehlung deutlich zum Ausdruck, dass die Verweisung auf § 116 AktG, welcher auf § 87 AktG Bezug nimmt, keine Anwendbarkeit des § 87 AktG n.F. auf die GmbH mit fakultativem Aufsichtsrat begründen soll.[652] Fraglich ist jedoch, ob der Gesetzgeber mit dieser Argumentation auch die paritätisch mitbestimmte GmbH erfassen wollte.[653]

Die Antwort auf diese Frage lässt sich mit Blick auf die Zielsetzung der Neuregelung des § 87 Abs. 1 Satz 1 AktG ermitteln. Die Vorschrift enthält Bestimmungen bezüglich der Angemessenheit der Höhe der Vorstandsbezüge sowie der dafür zugrundezulegenden Bemessungsgrundlage. Es wird versucht, ein ausgewogenes Verhältnis zwischen Leistung und Gegenleistung zu gewährleisten. Dieser Rechtsgedanke findet jedoch seinen Niederschlag auch im GmbH-Recht. Bei einer GmbH besteht ebenfalls das Bedürfnis, dass der im fremden Namen handelnde Aufsichtsrat die Entscheidung bezüglich der Vergütung der Geschäftsführung an den berechtigten Interessen der Gesellschaft und ihrer Anteilseigner orientiert. Darüber hinaus sollen im Rahmen der Vergütungsentscheidungen auch Leistungen und Erfolg des Organmitglieds besonders berücksichtigt werden. Die parallelen Zielsetzungen rechtfertigen somit weiterhin die Befolgung der BGH-Rechtsprechung, wonach die Angemessenheitsgrundsätze des § 87 Abs. 1 Satz 1 AktG bei einer paritätisch mitbestimmten GmbH analog heranzuziehen sind. Die Modifizierung dieser Vorschrift bringt diesbezüglich also keine Änderung. Fraglich ist ferner, ob eine entsprechende Heranziehung auch für die übrigen Regelungen des Reformgesetzes gilt. Die Vorschriften § 87 Abs. 1 Satz 2 und 3 AktG regeln nicht nur die Angemessenheitsfrage, sondern bezwecken darüber hinaus den Schutz der Anteilseigner vor den Konsequenzen falscher Anreizsysteme. Der Vorstand einer Aktiengesellschaft ist abgesehen vom Beherrschungsvertrag weisungsunabhängig. Diese Unabhängigkeit soll jedoch nicht dazu missbraucht werden, durch Abschluss spekulativer Geschäfte oder Ausrichtung der Handlungen auf kurzfristige Ertragsziele die Bemessung seiner Vergütung zu manipulieren. Vielmehr sollen die langfristigen Gesellschaftsinteressen im Mittelpunkt seiner Unternehmensentscheidungen stehen. Eine am langfristigen Erfolg orientierte Unternehmensführung ist auch für eine GmbH unentbehrlich. Angesichts der Anteilseignerstruktur in der GmbH und der gravierenden Unterschiede der Aktiengesellschaft im Verhältnis zu Gesellschaftern und Geschäftsführern einer GmbH erscheint eine Ausweitung des Anwendungsbereichs auf die mitbestimmte GmbH jedoch zweifelhaft. Die Gesellschafterversammlung der mitbestimmten GmbH ist im Unterschied zur Hauptversammlung der Aktiengesellschaft gegenüber dem Geschäftsführer weitgehend kontroll- und weisungsbefugt.

---

652 BT-Drucks. 16/13433, S. 16; *Döring/Grau*, DB 2009, 2139 (2140); *Lücke*/Schaub, Vorstand der AG, § 1 Rdn. 37.

653 *Döring/Grau*, DB 2009, 2139 (2140).

Dies ergibt sich mittelbar aus §§ 6 Abs. 3, 37 Abs. 1, 46 Nr. 5 und 6 GmbHG.[654] Folglich kann die Gesellschaftsversammlung der GmbH den Geschäftsführer durch Weisungen zu einer langfristigen Unternehmenspolitik anhalten. Einer zusätzlichen Regelung der Vergütungsstruktur, welche auf Weitsichtigkeit ausgelegt ist, bedarf es daher nicht. Vielmehr sind die Gesellschafter in der Lage, kurzfristig erfolgsorientierte Geschäfte und Entscheidungen, die auch Substanzverletzungen beinhalten, durch Unterwerfung solcher Praktiken unter einen eigenen Zustimmungskatalog zu vermeiden. Auf diese Art und Weise wird bei der GmbH das gleiche Ergebnis erzielt, das im Aktienrecht mit Hilfe des Reformgesetzes gewährleistet werden soll. Angesichts der im GmbHG vorhandenen Kontroll- und Weisungsbefugnisse besteht somit kein Bedarf, den Anwendungsbereich von § 87 Abs. 1 Satz 2 und 3 AktG n. F. auf mitbestimmte GmbHs auszuweiten. Für diese Annahme spricht auch die Struktur beider Gesellschaftstypen. Der Gesetzgeber hatte mit dem Erlass des VorstAG in erster Linie Gesellschaftsformen erfassen wollen, die eine Vielzahl von häufig wechselnden Anteilseignern aufweisen. Diesbezüglich besteht ebenfalls ein erheblicher Unterschied der AG zur GmbH. Diese wird typischerweise von wenigen, ohnehin an einer langfristigen Unternehmensentwicklung der Gesellschaft interessierten Gesellschaftern gehalten.[655]

Die Neuregelung der Vergütungsherabsetzung gemäß § 87 Abs. 2 AktG ist aufgrund der bereits erörterten Differenzen zwischen Aktiengesellschaft und GmbH auf die letztere ebenfalls nicht anwendbar. Insbesondere die Weisungskompetenz der Gesellschafterversammlung macht eine solche Ausweitung des Anwendungsbereichs des § 87 Abs. 2 AktG auf mitbestimmte GmbHs entbehrlich. Käme man hier zu einem anderen Ergebnis würde dies bedeuten, dass die Vergütungsreduzierung des Geschäftsführers bei einer Verschlechterung der Gesellschaftslage unabhängig von seinen Geschäftsführungsmaßnahmen möglich wäre. Der Geschäftsführer müsste demnach die Herabsetzung seiner Vergütung auch dann in Kauf nehmen, wenn er lediglich auf Weisung der Gesellschafter gehandelt und diese Handlung zur Verschlechterung der Lage der Gesellschaft geführt hat.[656]

Ferner würde eine solche Erweiterung des Anwendungsbereichs des § 87 Abs. 2 AktG zur Durchbrechung des allgemein geltenden Rechtsgrundsatzes „pacta sunt servanda" führen. Für die Annahme eines Eingriffsrechts des Aufsichtsrates in den bestehenden Vertrag gibt es folglich anders als bei Aktiengesellschaften keine ausdrückliche gesetzliche Rechtsgrundlage[657] mit der Folge, dass die Anwendung des § 87 Abs. 2 AktG außerhalb seines originären Geltungsbereichs nicht in Betracht kommt.

Aufgrund der beträchtlichen Systemdifferenzen der beiden Gesellschaftsformen sind auch die übrigen, im Rahmen des VorstAG entstandenen oder geänderten

654 *Koberski* in: Mitbestimmungsrecht, § 25 MitbestG, Rdn. 63; *Döring/Grau*, DB 2009, 2139 (2140). *Schierenbeck/ Wöhle*, Grundzüge der Betriebswirtschaftslehre, 2008, S. 88 f.

655 *Döring/Grau*, DB 2009, 2139 (2140 f.).

656 *Döring/Grau*, DB 2009, 2139 (2141); in diesem Sinne auch *Stolz*, NZA 2010, 121 (126).

657 *Döring/Grau*, DB 2009, 2139 (2141).

Vorschriften auf die paritätisch mitbestimmte GmbH und somit auch auf deren Geschäftsführer nicht anwendbar.[658]

### c) Inhaltliche Zielvorgaben des VorstAG – Reform der Vergütungsstruktur

#### aa) Langfristige und nachhaltige Unternehmenspolitik und -entwicklung

Die Aufarbeitung der Finanz- und Wirtschaftskrise hat zu einer bedeutenden Stärkung des Nachhaltigkeitsdenkens und im Zuge dessen auch des Nachhaltigkeitsmanagements beigetragen.[659] Die von manchen Vergütungssystemen ausgehenden fehlerhaften Verhaltensanreize stehen bereits seit langem im Mittelpunkt der öffentlichen Kritik. Bemängelt wird vor allem die teilweise exorbitante Höhe der Vorstandsvergütung trotz vermeintlicher bzw. tatsachlicher Schlechtleistung der Vorstandsmitglieder, die insbesondere durch eine kurzfristige Orientierung der Vergütung[660] gefördert wird und ihren Ausgangspunkt in der lückenhaften Vergütungsstruktur hat.[661] Daher bestand das gesetzgeberische Ziel des VorstAG darin, eine gesetzliche Grundlage für die Etablierung verstärkter Anreize im Sinne einer nachhaltigen Unternehmensentwicklung bei der Festsetzung von Vorstandsvergütung zu schaffen, um so das Eingehen unverantwortlicher Risiken (sog. *excessive risk taking*)[662] durch die Vorstandsmitglieder zu vermeiden.[663] Diese Zielvorgabe entspricht auch den Empfehlungen der EU-Kommission vom 30. April 2009, wonach die Leistungskriterien der langfristigen Unternehmensentwicklung dienen sollen und die Vorstandsvergütung sich an der Performance zu orientieren hat. Hierfür sollten die variablen Vergütungsbestandteile an im Voraus festgelegte, messbare Leistungsaspekte gekoppelt werden, die nicht ausschließlich finanzieller Art sein müssen.[664]

---

658 *Baeck/Götze/Arnold*, NZG 2009, 1121; ausführlich hierzu *Döring/Grau*, DB 2009, 2139 (2141).

659 *Dyllick* in: Responsible Corporate Competitiveness, Konsequenzen aus der Finanzmarktkrise, Perspektiven der HSG, S. 52, abrufbar unter: www.fgn.unisg.ch/dokumente/lechnerfinanzmarktkrise.pdf (zuletzt aufgerufen am 19.06.2014).

660 Nach Angaben der Hans-Böckler-Stiftung betrug der durchschnittliche variable Anteil der Gesamtvergütung der Vorstände in den DAX 30-Unternehmen 68 %. Durchschnittlich 62 % davon orientiert sich an kurzfristigen Zielen. Vgl. *Weckes*, Unersuchung, Vergütung der Vorstandsmitglieder der DAX 30 Unternehmen für das Geschäftsjahr 2008 (2009); DGB, Stellungnahme zum Entwurf des VorstAG, S. 3.

661 *Raible/Schmidt* in: Kienbaum, Vergütungsstudie 2008/2009, S. 25; *Dauner-Lieb*, Der Konzern 2009, 583 (584).

662 *Vetter*, ZIP 2009, 2136.

663 BT-Drucks. 16/12278, S. 1; BT-Drucks. 16/13433, S. 1 f.

664 „Die Leistungskriterien sollten der langfristigen Unternehmensentwicklung dienen und Kriterien einbeziehen, die – wie beispielsweise die Einhaltung der geltenden Regeln und Verfahren – nicht finanzieller Art und für die langfristige Wertschöpfung der Gesellschaft relevant sind." Vgl. Abschnitt II, Rdn. 3.2. Empfehlung der Kommission 2009/385/EG sowie Erwägungsgrund 6 Empfehlung. Ziff.

Um dieses Ziel zu erreichen hat der Gesetzgeber mit dem VorstAG ein Sonderrecht für die Vorstandsvergütung börsennotierter Aktiengesellschaften geschaffen. Zwar sah der ursprüngliche Gesetzesentwurf auch für nicht börsennotierte Gesellschaften ein Sonderrecht vor, dieses wurde jedoch im Laufe des Gesetzgebungsverfahrens nicht übernommen.[665] Dennoch wird im Schrifttum zum Teil die Ansicht vertreten, dass ausweislich der Gesetzesbegründung[666] der Nachhaltigkeitsgedanke auch in nicht börsennotierten Gesellschaften bei der Vorstandsvergütung Berücksichtigung finden soll.[667] Das Fehlen einer ausdrücklichen Regelung wird hierbei mit der Überlegung des Gesetzgebers begründet, welcher hierdurch Fragen zum Verhältnis zur GmbH und den Personenhandelsgesellschaften ausweichen wollte. Jedoch soll es dieser Ansicht nach den Eigentümern überlassen bleiben, die richtigen Instrumente zur Umsetzung des Nachhaltigkeitsgedankens zu finden.[668]

Dieser Auffassung ist zuzustimmen. Trotz Fehlens einer förmlichen Nachhaltigkeitsverpflichtung des Aufsichtsrates soll § 87 Abs. 1 Satz 2 AktG als Anregung für diesen verstanden werden. Denn nur so wird es dem Aufsichtrat – auch einer nicht börsennotierten Gesellschaft – gelingen, der ihm obliegenden Leitungssorgfalt gem. §§ 93 Abs. 1 Satz 1, 116 Satz 1 AktG gerecht zu werden.

### (1) Einführung des § 87 Abs. 1 Satz 2 AktG

Die neu eingeführte Regelung des § 87 Abs. 1 Satz 2 AktG hat zum Ziel, die Vergütungsstruktur bei börsennotierten Gesellschaften auf eine nachhaltige Unternehmensentwicklung auszurichten. Dabei hatte der Gesetzgeber in erster Linie die Finanzmarktkrise vor Augen. Da er kurzfristige Verhaltensanreize durch das bestehende Vergütungssystem als eine Hauptursache der Krise betrachtete, wurde mit „Nachhaltigkeit" wohl eher ein Gegenkonzept zu einem mit erheblichen Risiken und negativen Konsequenzen für das Unternehmen verbundenen kurzfristig herbeigeführten Erfolg (*selling the future*) bezeichnet.[669] Verhindert werden sollte demnach also weniger die Kurzfristigkeit, sondern und vor allem die Kurzsichtigkeit. Somit steht im Mittelpunkt des Reformgesetzes nicht das Erreichen schnellen Gewinns, sondern das langfristige Wohlergehen des Unternehmens. In Bezug auf die Aktiengesellschaften bedeutet dies, dass Vorstände keinen Anreiz haben sollen, unvernünftig hohe bis existenzgefährdende Risiken einzugehen, um hierfür eine erhebliche Prämienzahlung zu erhalten. Industrieunternehmen sollen dazu angehal-

---

4.2.3 Abs. 2 des DCGK empfiehlt ebenfalls die Ausrichtung der Vergütungsstruktur auf eine nachhaltige Unternehmensstruktur.

665 *Bauer/Arnold*, AG 2009, 717 (721).

666 BT-Drucks. 16/13433, S. 10.

667 *Bauer/Arnold*, AG 2009, 717 (721).

668 *Gaul/Janz*, NZA 2009, 809 (810); *Dauner-Lieb* in: Gesellschaftsrecht Kommentar, § 87 AktG Rdn. 6.

669 *Raible/Schmidt* in: Kienbaum, Vergütungsstudie 2008/2009, S. 25; *Dauner-Lieb/Preen von/Simon*, DB 2010, 377 (379); *Hohenstatt/Kuhnke*, ZIP 2009, 1981 (1984).

ten werden, langfristig in erfolgversprechende Technologien zu investieren anstatt, gelenkt vom kurzfristigen Gewinndenken, Unternehmensbereiche zu veräußern.[670] Vor allem im Bankensektor fehlten bisher risikoadjustierte Parameter für die Bemessung der variablen Vorstandsbezüge mit der Folge, dass diese Führungsebene häufig von einer ungezügelten Risikofreudigkeit beherrscht wurde. Hinzu kamen „eine verhängnisvolle Fixierung auf den nächsten Quartalsbericht und vereinzelte Praktiken zur Manipulation des stichtagsbezogenen Gewinnausweises"[671].

Der verwendete Begriff der Nachhaltigkeit, welcher ursprünglich auf die Forstwirtschaft zurückzuführen ist, erzeugt zwar positive Assoziationen, ist aber in diesem Zusammenhang leider missverwendet.[672] Die Betriebswirtschaftslehre verknüpft mit diesem Terminus vielmehr das Konzept der nachhaltigen Entwicklung (sog. *„sustainable development"-Konzept*). Dieses soll jedoch eine ökologische Neuausrichtung der Unternehmensführung bezwecken.[673] Mit der Einführung des neuen § 87 Abs. 1 Satz 2 AktG meinte der Gesetzgeber jedoch etwas völlig anderes. Es wurde mit der Ausrichtung auf eine nachhaltige Unternehmenspolitik die Entschärfung eines Problems angestrebt, welches plastisch auch als „Zeitpräferenzkonflikt"[674] bezeichnet werden kann.[675]

Verschiedene Anspruchsgruppen, wie etwa Eigentümer, Kunden und Unternehmensführung, haben ein unterschiedlich starkes Interesse an der „Nachhaltigkeit". Die Perspektive der Eigentümer ist grundsätzlich durch die langfristige Ausrichtung der Unternehmenspolitik gekennzeichnet, die im Ergebnis auf die Bestandssicherung des Unternehmens ausgerichtet ist. Trotz einer fehlenden expliziten Bestimmung des Aktiengesetzes zur Bestandsdauer einer Gesellschaft kann aus den in § 262 AktG aufgezählten Auflösungsgründen gefolgert werden, dass die Eigentümer mit der Gründung einer Aktiengesellschaft grundsätzlich eine langfristige Unternehmung anstreben. Diese soll sogar von einem möglichen Gesellschafterwechsel unbeeinflusst bleiben. Allerdings bleibt zu beachten, dass auf dem Weg zur langfristigen Unternehmensentwicklung auch kurz- bis mittelfristige Ziele verfolgt werden. Diese sog. „Meilensteine"[676] entsprechen ebenfalls

---

670 *Bauer/Arnold*, AG 2009, 717 (721); *Dauner-Lieb/Preen von/Simon*, DB 2010, 377 (379); *Hohenstatt/Kuhnke*, ZIP 2009, 1981 (1982); *Thüsing*, AG 2009, 517 (520); *Fleischer*, NZG 2009, 801 (803).

671 Spindler/Stilz/*Fleischer*, KommAktG § 87 Rdn. 28.

672 Spindler/Stilz/*Fleischer*, KommAktG § 87 Rdn. 27; *Fleischer*, NZG 2009, 801 (802); *Thüsing/Forst*, GWR 2010, 515.

673 Spindler/Stilz/*Fleischer*, KommAktG § 87 Rdn. 27; *Fleischer*, NZG 2009, 801 (802); *Schierenbeck/ Wöhle*, Grundzüge der Betriebswirtschaftslehre, 2008, S. 88 f.

674 *Kräkel*, Organisation und Management, S. 280; *Marten/Quick/Ruhnke*, der Wirtschaftsprüfung, 2006, S. 539; *Köhler/Marten/Schlereth*, DB 2009, 1477 (1479).

675 *Fleischer*, NZG 2009, 801 (802).

676 Kurz- oder mittelfristige Erfolge der Eigentümer.

dem Eigentümerinteresse.[677] Kunden hingegen verfolgen wohl zumeist eher eine kurzfristige Perspektive. Nicht anders verhält es sich auch mit der Unternehmensführung, also mit den Vorstandsmitgliedern. Die Entscheidungsträger einer Aktiengesellschaft dürfen gemäß § 84 AktG höchstens für fünf Jahre bestellt werden. Oft erfolgt sogar eine Begrenzung der Vertragslaufzeit auf nur drei Jahre. Zwar ist eine Vertragsverlängerung durchaus möglich und üblich. Aktuelle Untersuchungen zeigen jedoch, dass die durchschnittliche Dauer des Mandats eines Vorstandsmitglieds eines DAX-Unternehmens mittlerweile auf unter fünf Jahre zurückgegangen ist. Circa die Hälfte der DAX-Vorstände musste seit 2006 ihre Stellung – teilweise sogar früher – aufgeben.[678] Folglich übernehmen die Vorstandsmitglieder ihre verantwortungsvolle Funktion lediglich für einen befristeten Zeitraum, wohingegen die Aktionäre als Eigentümer in der Regel bestrebt sind, das langfristige Wohlergehen des Unternehmens sicherzustellen (mit Ausnahme von Finanzinvestoren, die regelmäßig eine kurzfristige Profitsteigerung des Unternehmens anstreben). Demzufolge besteht eine erhebliche Diskrepanz zwischen den zeitlichen Präferenzen des Vorstands und der Eigentümer. Aus diesem Grund ist die praktische Umsetzung der gesetzgeberischen Forderung nach einer stärker auf „Nachhaltigkeit" im Sinne von „Dauerhaftigkeit" ausgerichteten Unternehmensentwicklung mit enormen Schwierigkeiten verbunden.[679]

Wurden bisher nur Fixgehälter gezahlt, bleibt unklar, ob nun aufgrund der neuen Vorschrift des § 87 Abs. 1 Satz 2 AktG den Aufsichtsrat eine generelle Pflicht trifft, variable Vergütungsbestandteile mit der genannten Zielvorgabe zu gewähren. Für eine Pflicht des Aufsichtsrates zur Festsetzung von variablen Vergütungsbestandteilen sprechen zwar vor allem der Wortlaut und die entsprechende Empfehlung des DCGK (Ziffer 4.2.3). Allerdings wurde die Neuregelung des § 87 Abs. 1 Satz 2 AktG durch falsche Anreizsysteme und nicht aufgrund fehlender variabler Vergütungsbestandteile veranlasst, sodass von einer generellen Pflicht zur Festsetzung variabler Bezüge nicht ausgegangen werden kann. Etwas anderes könnte nur dann gelten, wenn der Gesetzgeber mit der Vorschrift des § 87 Abs. 1 Satz 2 AktG bei börsennotierten Gesellschaften ein Verbot reiner Fixgehälter beabsichtigt hätte. Auf der internationalen Ebene wäre jedoch ein derartiger gesetzgeberischer Wille beispiel- und sinnlos. Vielmehr hat sich die Festvergütung in der Vergangenheit wohl am ehesten als angemessen gezeigt. Vor allem weisen Festgehälter das sog. „Camouflage-Element" nicht auf, welches insbesondere den Aktienoptionen oftmals innewohnt.[680] Demzufolge ist wohl eine generelle Pflicht des Aufsichtsrates zur

---

677 Dies gilt insbesondere in Fällen von Aktienspekulationen, die an der Börse betrieben werden. *Raible/Schmidt* in: Kienbaum, Vergütungsstudie 2008/2009, S. 26.

678 *Raible/Schmidt* in: Kienbaum, Vergütungsstudie 2008/2009, S. 26; *dies.*, ZCG 2009, 249 (250).

679 *Raible/Schmidt* in: Kienbaum, Vergütungsstudie 2008/2009, S. 26; ähnlich hierzu Spindler/Stilz/*Fleischer*, KommAktG § 87 Rdn. 27.

680 *Thüsing*, Stellungnahme zum Entwurf des VorstAG, S. 4.

Festsetzung variabler Vergütungsbestandteile abzulehnen.[681] Eine Formulierung, die das vom Gesetzgeber Beabsichtigte deutlicher zum Ausdruck bringen würde, könnte folgendermaßen lauten: „Die Pflicht zur Gewährung von variablen Vergütungsbestandteilen besteht nur, soweit überhaupt variable Vergütungsanreize gesetzt werden sollen."[682]

Fraglich bleibt weiterhin, was unter dem Begriff der Unternehmensentwicklung zu verstehen ist. Entsprechend der Intention des Gesetzgebers ist hiermit „eine Verknüpfung des Vergütungssystems mit den strategischen Zielen des Unternehmens"[683] gemeint. Die zusätzliche Koppelung an andere, darüber hinausgehende Ziele ist hingegen nicht ausgeschlossen. Vielmehr wird die Unterstützung der langfristigen Unternehmensentwicklung durch das Vergütungssystem in seiner Gesamtbetrachtung verlangt.[684]

Es stellt sich ferner die Frage, ob mit der Neuregelung des § 87 Abs. 1 Satz 2 AktG alle oder nur einzelne variable Vergütungsbestandteile gemeint sind. Die Vorschrift spricht ganz allgemein von variablen Vergütungsbestandteilen, sodass ausgehend vom Wortlaut alle Arten der variablen Vergütung umfasst sein sollen. Auch die Gesetzesbegründung legt dies nahe. Demnach soll eine Kombination aus kurz- und langfristigen Anreizen möglich sein, solange im Ergebnis dem Zweck der nachhaltigen Anreizschaffung nicht widersprochen wird. Aus diesem Grund sind alle variablen Vergütungselemente in ihrer Gesamtheit und ihrer gemeinsamen Wirkung zu berücksichtigen, da sonst das vom Gesetzgeber angestrebte Ziel durch den Einsatz anderer variabler Vergütungsbestandteile umgangen werden könnte.[685]

Das vom Gesetzgeber verfolgte Ziel, dem Vorstand Anreize zu einer nachhaltigen Unternehmenspolitik zu geben, bestätigt und verstärkt die bereits anerkannte Pflicht der Vorstandsmitglieder, für den Unternehmensbestand und damit auch für die dauerhafte Rentabilität der Gesellschaft zu sorgen.[686] Durch die Neuregelung findet auch keine unzulässige Einschränkung des unternehmerischen Entscheidungsermessens des Aufsichtsrats in Bezug auf die Zielsetzung der Vergütung und des Vorstandes in Bezug auf die Unternehmensführung statt. Vielmehr war auch nach bisher geltendem Recht anerkannt, dass die nachhaltige Geschäftsführung die äußerste Grenze des Leistungsermessens verkörpern soll. Diesbezüglich bringt die neue Vorstandsvergütung daher keine inhaltliche Neuerung mit sich, sondern ermöglicht lediglich eine bessere Umsetzung in der Praxis. Selbstverständlich werden

---

681 Die h. M. geht vielmehr davon aus, dass die ausschließliche Vereinbarung von Fixvergütung durchaus zulässig ist. Vgl. *Bauer/Arnold,* AG 2009, 717 (722); *Deilmann/Otte,* GWR 2009, 261; *Fleischer,* NZG 2009, 801 (803); *Hoffmann-Becking/Krieger,* NZG-Beil. 26/2009, 1 (2) Rdn. 10; *Hohenstatt,* ZIP 2009, 1349 (1351); *Thüsing,* AG 2009, 517 (519); Spindler/Stilz/*Fleischer,* KommAktG § 87 Rdn. 35.

682 *Thüsing,* Stellungnahme zum Entwurf des VorstAG, S. 4.

683 *Raible/Schmidt* in: Kienbaum, Vergütungsstudie 2008/2009, S. 25.

684 *Raible/Schmidt* in: Kienbaum, Vergütungsstudie 2008/2009, S. 25.

685 *Thüsing,* Stellungnahme zum Entwurf des VorstAG, S. 5.

686 *Hüffer,* § 93 AktG, Rdn. 13; *Thüsing,* Stellungnahme zum Entwurf des VorstAG, S. 6.

andere Ziele damit nicht ausgeschlossen. Diese haben sich jedoch stets an der nachhaltigen Entwicklung der Unternehmenspolitik zu orientieren.[687]

### (2) Vereinbarkeit des Nachhaltigkeitskriteriums mit der Laufzeit der Vorstandsverträge

Die derzeitige gesetzliche Regelung des § 84 Abs. 1 Satz 1 AktG bestimmt, dass die Vorstandsmitglieder höchstens auf fünf Jahre bestellt werden dürfen. Diese Vertragslaufzeit wird zwar von vielen Unternehmen als ausreichend flexibel betrachtet, zumal die Möglichkeit der erneuten bzw. wiederholten Bestellung besteht. Es gibt jedoch auch Stimmen, die sich für unbefristete Verträge der Vorstandsmitglieder oder auch für einen rechtlichen Rahmen aussprechen, der bis zu zehn Jahre lange Vertragslaufzeiten schaffen soll.[688]

Das Nachhaltigkeitskriterium gehört zu den wichtigsten Zielvorgaben des VorstAG. In diesem Zusammenhang stellt sich allerdings die Frage, ob die Forderung nach der Nachhaltigkeit der Unternehmensführung und -politik mit der starren gesetzlichen Fünfjahresregelung des § 84 Abs. 1 Satz 1 AktG vereinbar ist. Denn Nachhaltigkeit kann unter Umständen Handlungszeiträume von mehr als fünf Jahren erfordern. Andere Gesellschaftsformen bieten hier größere Gestaltungsfreiheiten. So beträgt die Vorstandsvertragslaufzeit europäischer Aktiengesellschaften (SE) gem. Art. 46 Abs. 1 der EG-Verordnung 2157/2001 über das Statut der Europäischen Gesellschaft (SE) vom 8. Oktober 2001 höchstens sechs Jahre. Das GmbHG geht sogar weiter und gestattet dem Leitungsorgan der GmbH eine unbefristete Bestellung.[689]

Um dem Erfordernis der Nachhaltigkeit gerecht zu werden müssten die Vertragslaufzeiten des Vorstands der Aktiengesellschaft verstärkt an die flexiblen Regelungen der oben erörterten Rechtsformen angepasst werden. Dies könnte jedoch nur durch eine Gesetzesänderung erreicht werden, die wiederum mit gewissen Risiken verbunden ist. So könnte sich eine längere vertragliche Bindung der Gesellschaft an die Vorstandsmitglieder im Falle unvernünftiger Unternehmensführung als problematisch erweisen.

### (3) Zulässigkeit kurzfristiger Anreize

Unklar bleibt weiterhin, was unter langfristigen Anreizen, die bei einer Ausrichtung auf die nachhaltige Unternehmensführung gesetzt werden müssen, zu verstehen ist. Prima facie könnte man darunter eine Wiederholung der Zielbestimmung der „nachhaltigen Unternehmensentwicklung" verstehen. Eine solche wäre selbstverständlich überflüssig. Der Gesetzesbegründung zufolge bezieht sich das Merkmal der „Langfristigkeit" nicht auf die Zielsetzung selbst, sondern auf die Wirkungswei-

687 *Thüsing*, Stellungnahme zum Entwurf des VorstAG, S. 6.
688 Kiebaum, Vergütungsstudie 2008/2009, S. 39.
689 *Tebben* in: Michalski, GmbHG, § 6 Rdn. 86; Roth/*Altmeppen*, GmbHG, § 6 Rdn. 68.

se der Anreize. Durch das Nebeneinander von „langfristig“ und „nachhaltig“ werden leider Ziel und Mittel sprachlich ungeschickt miteinander vermengt.[690]

Eine nachhaltige Unternehmensentwicklung stellt gemäß Wortlaut und Begründung des VorstAG das gesetzgeberische Ziel dar. Durch das Merkmal der Langfristigkeit wird hingegen nur noch die Wirkungsweise der Anreize konkretisiert, also das Mittel zur Erreichung dieses Ziels beschrieben. Würden aber vom Gesetzgeber nur langfristige Anreize zur Erreichung einer nachhaltigen Unternehmensentwicklung vorgesehen, wären kurzfristige Anreize folglich gänzlich ausgeschlossen. Somit würde § 87 Abs. 1 Satz 2 AktG eine abschließende Regelung variabler Vergütungselemente darstellen, mit welcher der Gesetzgeber eine Beschränkung auf langfristige Anreize festlegt.[691]

Diese Auffassung erscheint jedoch nicht überzeugend. Dagegen spricht vor allem die Streichung des Begriffs „langfristige Verhaltensanreize“ aus § 87 Abs. 1 Satz 2 AktG, welcher noch in der Entwurfsfassung des VorstAG enthalten war.[692] Darüber hinaus nennt die beispielhafte Aufzählung von Vergütungskomponenten in § 87 Abs. 1 Satz 1 AktG nach wie vor „Provisionen“ als ein mögliches Vergütungselement. Mit Provisionen werden jedoch regelmäßig kurzfristige Erfolge honoriert. Auch der Wortlaut des § 87 Abs. 1 Satz 3 AktG, wonach variable Vergütungsbestandteile eine mehrjährige Bemessungsgrundlage haben *sollen* spricht dafür, dass auch kurzfristige Verhaltensanreize gesetzt werden dürfen, solange das Ziel der Nachhaltigkeit insgesamt gewahrt bleibt und das Eingehen unverantwortlicher Risiken seitens des Vorstands nicht begünstigt wird. Daraus wird erkenntlich, dass eine Beschränkung auf ausschließlich langfristige Verhaltensanreize dem gesetzgeberischen Willen nicht entspricht.[693] Vielmehr können auch kurzfristige Anreize im unternehmeri-

---

690 *Thüsing*, Stellungnahme zum Entwurf des VorstAG, S. 5.

691 Der DGB empfiehlt bei variablen Vergütungsbestandteilen kurzfristig ausgerichtete variable Komponenten gänzlich außer Acht zu lassen und stattdessen „eine mittel- oder langfristige Ausrichtung über mindestens vier Jahre zu vereinbaren“. Vgl. *Thüsing*, Stellungnahme zum Entwurf des VorstAG, S. 5; *Hexel* in: Kienbaum, Vergütungsstudie 2008/2009, S. 15 geht allerdings nicht so weit und empfiehlt lediglich Stärkung des Fixums und die Begrenzung der variablen Vergütungsbestandteile auf einen engen Rahmen.

692 BT-Drucks. 16/12278, S. 3: „Der Aufsichtsrat hat bei der Festsetzung der Gesamtbezüge des einzelnen Vorstandsmitglieds (Gehalt, Gewinnbeteiligungen, Aufwandsentschädigungen, Versicherungsentgelte, Provisionen, anreizorientierte Vergütungszusagen wie zum Beispiel Aktienbezugsrechte und Nebenleistungen jeder Art) dafür zu sorgen, dass diese in einem angemessenen Verhältnis zu den Aufgaben und Leistungen des Vorstandsmitglieds, zur Lage der Gesellschaft und der üblichen Vergütung stehen und langfristige Verhaltensanreize zur nachhaltigen Unternehmensentwicklung setzen.“

693 BT-Drucks. 16/13433, S. 16; *Annuß/Theusinger*, BB 2009, 2434 (2436); *Dauner-Lieb*, Der Konzern 2009, 583 (588); *Fleischer*, NZG 2009, 801 (803); *Hohaus/Weber*, DB 2009, 1515 (1517); *Hohenstatt*, ZIP 2009, 1349 (1351); *Bosse*, Hdbuch Vorstandsvergütung, S. 54 Rdn. 107; Stellungnahme des Handelsrechtsausschusses des DAV zum VorstAG, Nr. 32/2009, NZG 2009, 612 (613) Rdn. 5; *Thüsing/Forst*, GWR 2010, 515 (517).

schen Sinn zweckmäßig sein. Diese müssen aber ebenfalls der nachhaltigen Unternehmensentwicklung dienen. Aus der Gesetzesbegründung ergibt sich zudem, dass ein genereller Ausschluss kurzfristiger Anreize nicht beabsichtigt ist.[694] Bei der Ausgestaltung von Vergütungspaketen des Vorstands ist vielmehr besonders auf die gegenseitige Ergänzung einzelner Vergütungsbestandteile Wert zu legen. So bleiben ungeachtet der krisenbedingten Reformregelung des Gesetzgebers erfolgsbasierte Jahresboni weiterhin zulässig, sofern diese mit einem oder mehreren langfristig ausgerichteten Vergütungsbestandteilen kombiniert werden und letztere überwiegen.[695] Aber auch einmalige Sonderzahlungen für besonders erfolgreiche Unternehmenskäufe oder -verkäufe widersprechen nicht dem geltenden Recht, solange die solche Zahlungen belohnenden Geschäftsvorgänge einen spürbaren Vorteil für das Unternehmen mit sich bringen oder die Zuwendungen im Anstellungsvertrag verbindlich festgelegt sind und daraus ihre Anspruchsgrundlage herleiten.[696] Auch die Zulässigkeit von Antrittsprämien oder sog. „golden handshakes“ wird ebenfalls weiterhin grundsätzlich bejaht, sofern diese im Unternehmensinteresse vorgenommen werden, „dem gesetzlichen Angemessenheitsgebot nicht zuwiderlaufen und mit einem mehrjährigen Vergütungselement kombiniert werden“.[697]

Im Falle der Gewährung mehrerer variabler Vergütungskomponenten ist ferner darauf zu achten, dass diese durch eine Koppelung an sich stets ergänzende Erfolgsmaßstäbe aufeinander abgestimmt werden. Ferner sollte im Rahmen der Vergütungshöhebemessung die Position des jeweiligen Vorstandsmitglieds in der hierarchischen Stellenordnung berücksichtigt werden. Mit Rücksicht auf die Neuregelungen des VorstAG sollte der Anteil der Fixvergütung von Vorstandsvorsitzenden verhältnismäßig geringer ausfallen als die Grundbezüge hierarchisch niedrigerer Positionen. Mit zunehmender Verantwortung und mit steigender Bedeutung der Aufgaben und Entscheidungen eines Vorstandsmitglieds soll hingegen der variable Anteil seiner Gesamtbezüge entsprechend steigen. Die Gewährung variabler Vergütungsbestandteile soll dabei hauptsächlich das Ziel verfolgen, langfristige Verhaltensanreize zu setzen. Das Vergütungssystem der Vorstandsmitglieder muss daher sicherstellen, dass das Verhältnis von Kurz- und Langfristanreizen zumindest immer ausgeglichen ist.[698]

Es besteht aber weiterhin Ungewissheit bezüglich der Frage, wie die Gewichtung von kurz- und langfristigen variablen Vergütungskomponenten im Rahmen eines an der Nachhaltigkeit der Unternehmensentwicklung ausgerichteten Ver-

---

694 BT-Drucks. 16/13433, S. 15; *Annuß/Theusinger*, BB 2009, 2434 (2436); *Hohaus/Weber*, DB 2009, 1515 (1517); *Thüsing*, Stellungnahme zum Entwurf des VorstAG, S. 5f.; *ders.*, AG 2009 520; fragend hierzu *Hanau*, NJW 2009, 1652 (1653); *Fleischer*, NZG 2009, 801 (803).

695 *Jaeger/Balke*, ZIP 2010, 1471 (1474).

696 *Bauer/Arnold*, AG 2009, 717 (721); *Hoffmann-Becking/Krieger*, NZG-Beil. 26/2009, 1 (3) Rdn. 16; *Fleischer*, Rechtsvergleichendes Gutachten, S. 41.

697 *Fleischer*, Rechtsvergleichendes Gutachten, S. 9; *ders.*, NZG 2009, 801 (803).

698 *Simon/Schaumburg* in: Kienbaum, Vergütungsstudie 2008/2009, S. 10.

gütungssystems im Einzelfall ausfallen soll. Zwar ergibt sich aus der Gesetzesbegründung, dass eine „Mischung aus kurzfristigen und längerfristigen Anreizen" zulässig ist, solange im Ergebnis ein langfristiger Verhaltensanreiz erzeugt wird.[699] Die Auslegung dieser gesetzlichen Vorgaben ist jedoch nicht ohne weiteres möglich. Einen Anhaltspunkt zur Konkretisierung des Gesetzeswortlauts bietet hier die Kommissionsempfehlung vom April 2009. Diese deutet darauf hin, dass die nicht variable Vergütung hoch genug sein sollte, um der Gesellschaft die Möglichkeit zu geben, bei Nichteinhaltung der Leistungsanforderungen variable Bezüge zurückhalten zu können.[700] Ergänzend empfiehlt die Kommission in Ziffer 3.3 der Emfpehlung 2009/385/EG, dass ein „Großteil" der variablen Bezüge während eines bestimmten Mindestzeitraums nicht ausgezahlt werden sollte. Welcher Anteil der variablen Vergütungskomponenten zurückzustellen sei, sollte unter Berücksichtigung des relativen Gewichts der variablen Vergütung im Vergleich zu nicht variablen Vergütungsbestandteilen festgelegt werden. In der deutschen Literatur werden zahlreiche Vorschläge zur Ausgestaltung dieses Verhältnisses unterbreitet.[701] In Anbetracht der Finanzkrise wird vor allem durch den DGB eine enge Begrenzung des Anteils variabler Vergütungskomponenten empfohlen. Dieser sollte maximal 40 % der jährlichen Gesamtvergütung betragen. Darüber hinaus ist eine Prüfung der durch die variablen Vergütungsbestandteile beabsichtigten Steuerung der Unternehmensführung durch den Aufsichtsrat vorzunehmen. Insbesondere ist der Aufsichtsrat dabei gehalten, auf die Übereinstimmung zwischen der von ihm vorgegebenen unternehmenspolitischen Strategie und den variablen Vergütungselementen zu achten.[702]

---

699 BT-Drucks. 16/13433, S. 10.

700 Ziff. 3.1. Empfehlung der Kommission, 2009/385/EG, ABl. EU 2009 Nr. L 120/29.

701 Vgl. *Bauer/Arnold,* AG 2009, 717 (722), die eine Aufteilung der Vergütungsbestandteile in 50 % Festvergütung, 20 % kurzfristige variable und 30 % langfristige variable Bezüge für angemessen halten; *Lingemann* BB 2009, 1918 (1919) schlägt dagegen ein Verhältnis von 40 % fix, 20 % Jahresboni, 20 % langfristig ausgerichtete Boni und 20 % aktienbasierte Vergütung vor; *Weber-Rey,* WM 2009, 2255 (2258) spricht von einem Verhältnis von 40 % fixe Vergütung, 20 % Jahresboni und 40 % sonstige variable, langfristige Vergütung; *Deilmann/Otte,* GWR 2009, 261 empfiehlt mindestens 30 % der langfristigen Vergütung unter der Annahme, dass die Fixbezüge 50 % betragen; *Hoffmann-Becking/Krieger,* NZG-Beil. 26/2009, 1 (2) Rdn. 13 ist der Auffassung, dass langfristige Vergütung bei realistischer Einschätzung pro Jahr nicht weniger als die Hälfte aller variablen Vergütung ausmachen sollte. Kienbaum, Vergütungsstudie 2008/2009, S. 78 geht davon aus, dass, wenn das Vorstandsmitglied zum Beispiel durch den Erwerb eines beträchtlichen Aktienbestandes der eigenen Gesellschaft an diese langfristig gebunden wird, sodass es auch die Verlustrisiken im erheblichen Umfang mitträgt, in diesem Einzelfall unter Umständen das Gewicht kurzfristig ausgerichteter Vergütungselemente im Verhältnis zu langfristigen Bezügen stärker ausfallen kann.

702 *Hexel* in: Kienbaum, Vergütungsstudie 2008/2009, S. 15.

Aus dem VorstAG selbst lässt sich als Mindestinhalt konkludieren, dass die Festvergütung und langfristige Vergütungsbestandteile zusammen mehr als die Hälfte der Gesamtvergütung ausmachen sollen. Konkrete Zahlenverhältnisse gibt das Gesetz jedoch nicht vor. Solche würden auch angesichts der Vielfalt der existierenden Vergütungskombinationen der Würdigung aller Umstände im Einzelfall nicht gerecht werden.[703] Ungeachtet dessen sieht auch § 87 Abs. 1 Satz 3 AktG die Möglichkeit des Aufsichtsrats vor, beim Vorliegen besonderer Umstände von einer mehrjährigen Bemessungsgrundlage für variable Vergütungsbestandteile abzusehen mit der Folge, dass auch hiermit keine starren Vorgaben geschaffen wurden.[704] Im Ergebnis bleiben damit die strategische Ausrichtung des konkreten Unternehmens und somit die Umstände des jeweiligen Einzelfalls für die Beurteilung des Verhältnisses der langfristig und kurzfristig ausgerichteten variablen Vergütungskomponenten entscheidend.[705]

Problematisch erscheint weiterhin die Verknüpfung des Ziels der Schaffung einer nachhaltigen Unternehmensentwicklung mit „langfristigen" Verhaltensanreizen. In diesem Zusammenhang stellt sich daher die Frage, ob von den „kurzfristigen" Verhaltensanreizen per se Fehlanreize ausgehen, die das gesetzgeberische Ziel der Nachhaltigkeit gefährden können oder ob andererseits eine ausschließlich auf die Nachhaltigkeit ausgerichtete Vorstandsvergütung kontraproduktiv ist.[706] Vor der Finanzkrise sah man die vorrangige Zielsetzung der kurzfristigen variablen Vergütung in der Schaffung eines individuellen und operativen Leistungsanreizes für das jeweilige Vorstandsmitglied. Darüber hinaus sollte die Motivation und der Ergebnisbezug der Begünstigten auf diese Weise verstärkt werden. Die kurzfristigen variablen Vergütungsbestandteile dienten ferner zur Kommunikationsverbesserung unternehmerischer Ziele und ermöglichten eine stärker am Erfolg und an der Leistung der Vorstandsmitglieder orientierte Unternehmenspolitik. Außerdem trug die kurzfristige Vergütung zu einer konzeptionellen Vervollständigung und zur Unterstützung der langfristigen Vergütungsbestandteile bei. Da erstere jedoch an das Erreichen kurzfristiger Ziele anknüpft, trägt sie gleichzeitig auch zur Förderung möglichst schneller Leistungserbringung bei. Als ideal erweist sich auf Dauer jedoch eine Vergütungsstruktur, wonach die kurzfristigen Zielsetzungen aus den langfristigen resultieren (sog. „Kaskadierungsprinzip") und ihre Erreichung auch zur Verwirklichung der langfristigen Ziele beiträgt. Somit ist auch die Vereinbarung kurzfristiger Vergütungsbestandteile für ein ausgeglichenes und anreizgünstiges Vergütungssystem von großer Bedeutung.[707]

703 Spindler/Stilz/*Fleischer*, KommAktG, § 87 Rdn. 34; *Hoffmann-Becking/Krieger*, NZG-Beil. 26/2009, 1 (2) Rdn. 13; in diesem Sinne auch *Dauner-Lieb*, Der Konzern 2009, 583 (588).

704 Spindler/Stilz/*Fleischer*, KommAktG, § 87 Rdn. 34.

705 *Dauner-Lieb*, Der Konzern 2009, 583 (588).

706 *Raible/Schmidt* in: Kienbaum, Vergütungsstudie 2008/2009, S. 26.

707 *Raible/Schmidt* in: Kienbaum, Vergütungsstudie 2008/2009, S. 26; kritisch dazu *Mertens/Cahn*, KK-AktG, § 87 Rdn. 24.

(4) Betrachtung der Nachhaltigkeit aus der Sicht der Branchenzugehörigkeit

Grundsätzlich werden Unternehmen mit relativ kurzen und vergleichsweise langen operativen Geschäftsabläufen unterschieden. Unternehmen, die sich etwa auf Handel, Technologie, Transport und Medien spezialisieren, weisen einen eher kurzfristigen Geschäftszyklus aus. Branchen wie Infrastruktur, Verkehr, Forschung und Immobilien sind hingegen langfristig konzipiert. Der Begriff der Nachhaltigkeit kann damit nicht übergreifend für alle Unternehmensbranchen gleich gelten.[708]

Kurzfristig ausgestaltete Unternehmensbranchen zeichnen sich durch einen kürzeren Entwicklungsprozess aus und lassen sich dementsprechend verhältnismäßig wirkungsvoll mit kurzfristigen Bezugsgrößen abbilden. Die Herstellung von Mobiltelefonen, Digitalkameras oder Notebooks zum Beispiel beansprucht eine verhältnismäßig kurze Zeit zwischen Entwicklung und Einführung des Produkts. Aufgrund der hohen Konkurrenz auf dem Technologiemarkt beruht dieser Prozess daher auf kurzfristigen Zielsetzungen. Noch vor einigen Jahren war das Geschäft mit Digitalkameras sehr profitabel; heute ist der Technologiestand jedoch so weit fortgeschritten, dass der Markt mit derartigen Produkten eher überflutet ist und die Preise entsprechend gesunken sind. Daher hängt der Unternehmenserfolg in diesen Branchen stark davon ab, wie schnell eine technologische Innovation auf den Markt gebracht wird. Dennoch werden auch längerfristige, strategische Unternehmensziele in solchen Unternehmen verfolgt, um mit dem dynamischen Umfeld dauerhaft konkurrieren zu können.[709]

Anders sind hingegen die Geschäftsabläufe von Unternehmen mit längeren Entwicklungsprozessen ausgestaltet. Als Beispiel ist hier ein Unternehmen, das im Bereich der Energiebranche, insbesondere auf dem Gebiet der regenerativen Energie, angesiedelt ist, anzuführen. In einem solchen Unternehmen erfolgt zunächst eine längerfristige Anfangsinvestition in die Forschung und Entwicklung alternativer Energiequellen. Hierbei findet eine nachhaltige Entwicklung über einen besonders langen Zeitraum statt. Ein kurzfristiger Bonus als variable Vergütungskomponente kann in diesem Zusammenhang lediglich eine unterstützende Anreizwirkung entfalten, wenn kurzfristig erreichte Erfolge für die langfristigen Vorhaben bedeutende Meilensteine darstellen, die zu einer besseren Entwicklung des Unternehmens beitragen. Daher sollte hier zwar vordergründig auf die Verfolgung langfristiger Ziele fokussiert werden; die Vergütungssysteme der Unternehmen dieser Branche sollten aber auch derart gestaltet werden, dass entsprechende Anreize zur Erreichung von Zwischenerfolgen eines Projekts geschaffen werden. Denn nur durch diese Kombination kann eine gewisse Kontinuität der Anreizwirkung und damit auch die Dynamik der Unternehmensführung, bedingt durch die Attraktivität der Vorstandsvergütung, gewährleistet werden.[710] Entscheidend bleibt jedoch dabei, dass mögliche

708 Ähnlich dazu *Seibert* in: FS Hüffer, 955 (960).

709 Kienbaum, Vergütungsstudie 2008/2009, S. 87; ähnlich auch *Dauner-Lieb/Preen, von/Simon*, DB 2010, 377 (380 f.).

710 *Raible/Schmidt* in: Kienbaum, Vergütungsstudie 2008/2009, S. 27.

kurzfristig orientierte Vergütungskomponenten mit der Leistungsbetrachtung des Vorstands eng verbunden werden müssen und der Ausrichtung der Vergütungsstruktur an der nachhaltigen Unternehmensführung nicht widersprechen dürfen.[711]

Im Ergebnis lässt sich somit festhalten, dass es in vielen Branchen durchaus erforderlich und nützlich ist, im Rahmen der Unternehmensführung auch kurzfristige Ziele zu setzen, um die Nachhaltigkeit der Unternehmensentwicklung zu erreichen. Eine nachhaltige Unternehmensentwicklung kann nicht nur mit Hilfe langfristiger Verhaltensanreize gewährleistet werden. Vielmehr können auch kurzfristige Anreize zur Erreichung dieses Ziels führen. Dies erkennt auch der DCGK an, der sowohl einmalige als auch jährlich wiederkehrende, an den unternehmerischen Erfolg gebundene variable Vergütungselemente als auch Bestandteile vorsieht, die langfristige Anreizwirkung und Risikocharakter aufweisen, Ziffer 4.2.3 DCGK. Folglich erscheint eine ausschließliche Begrenzung auf langfristig wirkende Anreize im Rahmen der Festlegung des Vorstandsvergütungsmodells nicht überzeugend. In vielen Fällen kann es durchaus sinnvoll sein, kurzfristig zu erreichende Geschäftserfolge mit einmaligen Boni zu „belohnen".[712] Die Sicherstellung der nachhaltigen Unternehmensentwicklung kann auf diese Art und Weise ebenfalls effektiv gewährleistet werden.[713] Entscheidend ist jeweils das Verhältnis von kurzfristigen und langfristigen Anreizwirkungen innerhalb des Vergütungssystems.

### bb) Verbesserung der Professionalität und Effizienz der Aufsichtsräte

Um die Professionalität des Aufsichtsrats und die Effizienz seiner Tätigkeit zu optimieren, hat der Gesetzgeber in § 107 Abs. 3 Satz 3 AktG n.F. i.V.m. § 87 Abs. 1 AktG n.F. eine Regelung vorgesehen, wonach Entscheidungen über die Vorstandsvergütung nicht mehr durch Ausschüsse des Aufsichtsrats, sondern zwingend im Plenum getroffen werden müssen. Demnach dürfen dem Aufsichtsratsplenum grundsätzlich keine vergütungsrelevanten Gesichtspunkte des Anstellungsvertrages vorenthalten werden. Zwar ist davon auszugehen, dass die vollständige Ausarbeitung und Vorbereitung der allgemeinen Vergütungsstruktur und der konkreten Vergütung aus praktischen Gründen künftig weiterhin dem Ausschuss überlassen werden, die anschließenden Entscheidungsprozesse müssen jedoch mit Hilfe des politischen Ge-

---

711 Kienbaum, Vergütungsstudie 2008/2009, S. 87.

712 Dies ist vor allem dann der Fall, wenn eine rasche Unternehmenssanierung durchgeführt oder ein Unternehmenszusammenschluss bzw. Unternehmenskauf, der einen nachhaltigen Unternehmenserfolg sicherstellen soll, kurzfristig angelegt werden müssen. Vgl. *Bauer/Arnold*, ZIP 2009, 1987; *Fleischer*, NZG 2009, 801 (803); *Thüsing*, AG 2009, 517 (520); *Gaul/Janz*, NZA 2009, 809 (811); *Dauner-Lieb*, Der Konzern 2009, 583 (589).

713 *Thüsing*, Stellungnahme zum Entwurf des VorstAG, S. 6; Beispiele: *Ringleb*/Kremer/Lutter/v. Werder, Kommentar DCGK, 2, Rdn. 727; Stellungnahme des Handelsrechtsausschusses des DAV zum VorstAG, Nr. 32/2009, NZG 2009, 612 (613) Rdn. 8; BDI/BDA/DAI Stellungnahme zum Entwurf des VorstAG, S. 4.

schicks im Aufsichtsratsplenum gesteuert werden.[714] Handelt es sich hingegen um die Ausarbeitung komplexer Vergütungssysteme, so sollte der Aufsichtsrat externe Fachexperten in Anspruch nehmen, um sich von diesen beraten zu lassen.[715] Ausweislich der Gesetzesbegründung geht § 107 Abs. 3 Satz 3 AktG „deutlich" über die bisherige Empfehlung in Ziffer 4.2.2 DCGK hinaus, nach der das Aufsichtsratsplenum lediglich über die Vergütungsstruktur für den Vorstand berät.[716]

Eine Umfrage bei mehr als zwei Drittel der DAX 30-Unternehmen und zahlreichen weiteren börsennotierten Gesellschaften aus MDAX, TECDAX und SDAX ergab, dass 65 % der Unternehmen der Verlagerung der abschließenden Verantwortung auf dem Gebiet der Vorstandsvergütung in das Aufsichtsratsplenum positiv gegenübersteht.[717] 73 % der Befürworter stellten dabei die Bedeutung einer gemeinsamen Haftung und Verantwortungsübernahme in den Mittelpunkt ihrer Auffassung. 50 % der Verfechter der neuen Regelung betonten die Möglichkeit, mit Hilfe der Vergütungstransparenz im Gesamtaufsichtsrat bessere und nachhaltigere Vergütungssysteme entwickeln zu können. Lediglich 10 % der Zustimmenden waren der Ansicht, dass die größere Kompetenz im Gesamtaufsichtsrat zu professionelleren Entscheidungen als in einem Ausschuss führen würde.

Gegen die neue Regelung der Verlagerung der abschließenden Verantwortung für die Vorstandsvergütung in den Gesamtaufsichtsrat haben sich immerhin 35 % der befragten Unternehmen ausgesprochen. 80 % davon begründeten ihre Ablehnung mit der erheblichen Verlangsamung der Entscheidungsfindung und der daraus erwachsenden Ineffizienz der Aufsichtsratstätigkeit.[718] Ferner wurde vorgebracht, dass die Kompetenz, über Fragen der Vorstandsvergütung zu entscheiden, bei den Mitgliedern des Personalausschusses höher sei als im Aufsichtsratsplenum. Schließlich befürchtet die Hälfte der Unternehmen, die der Kompetenzverlagerung in den Gesamtaufsichtsrat kritisch gegenüberstehen, dass durch den größeren Personenkreis, der in die Entscheidungsfindung einbezogen wird, das Risiko der Indiskretion steigen und dadurch die Gewinnung hochqualifizierter Führungskräfte für Vorstandspositionen erheblich erschwert sein werde. Darüber hinaus begründeten 27 % der Befragten ihre ablehnende Haltung damit, dass nicht alle Mitglieder des Aufsichtsratsplenums die nötigen Sonderqualifikationen im Bereich der Vorstandsvergütung besäßen, um komplexe und detaillierte Entscheidungen auf diesem Gebiet treffen zu können.[719]

---

714 *Simon/Schaumburg* in: Kienbaum, Vergütungsstudie 2008/2009, S. 11; *Gaul/Janz*, NZA 2009, 809 (813); *Bosse*, HdBuch Vorstandsvergütung, S. 34 Rdn. 25 ff.; *Seibert*, WM 2009, 1489 (1491).

715 *Hexel* in: Kienbaum, Vergütungsstudie 2008/2009, S. 14.

716 BT-Drucks. 16/12278, S. 6.

717 An der repräsentativen Analyse haben insgesamt 57 der größten börsennotierten Gesellschaften unterschiedlicher Branchenzugehörigkeit teilgenommen. *Kienbaum/Kunz/Bethkenhagen* in: Kienbaum, Vergütungsstudie 2008/2009, S. 30.

718 Vgl. *Cannivé/Seebach*, Der Konzern 2009, 593 (596); *Kienbaum/Kunz/Bethkenhage* in: Kienbaum, Vergütungsstudie 2008/2009, S. 30.

719 Kienbaum, Vergütungsstudie 2008/2009, S. 30 ff.

Nach dem Willen des Gesetzgebers soll die neue Regelung jedoch zu einer besseren Transparenz der Vergütungsfestsetzung beitragen. Sie führt allerdings dazu, dass die Besetzung von Vorstandspositionen schwerfälliger wird. Dies ist gerade durch den Verlust von Vertraulichkeit bei den Verhandlungen aufgrund des erweiterten Personenkreises bedingt, was der Gesetzgeber[720] aber offenbar in Kauf nimmt.[721]

### d) Gesetzliche Leitlinien zur Angemessenheit der Vorstandsvergütung

Bereits die Regelung des § 87 Abs. 1 AktG a. F. diente dem Schutz der Gesellschaft und ihrer Gläubiger. Daher begründete sie keinen Anspruch des Vorstands auf Festsetzung angemessener Bezüge und erlaubte damit theoretisch eine sanktionslose Abweichung „nach unten“ ins für Vorstandsmitglieder unangemessen Niedrige.[722] Aus rechtssystematischer Sicht stellte die Vorschrift des § 87 Abs. 1 AktG a. F. „eine bereichsspezifische Ausprägung der allgemeinen organschaftlichen Sorgfaltspflicht der Aufsichtsratsmitglieder“ dar,[723] jedoch keine Anspruchsgrundlage. Dies änderte sich auch nicht durch den Erlass des VorstAG und die damit verbundene Neufassung des § 87 Abs. 1 AktG.

In den letzten Jahren stellte sich oft die Frage, was unter einer angemessenen Vorstandsvergütung zu verstehen sei. Der Professor des deutschen und europäischen Handels- und Wirtschaftsrechts und Mitglied der Regierungskommission „Deutscher Corporate Governance Kodex“ Marcus Lutter äußerte sich sehr zutreffend dazu, indem er sagte: „*Was ist angemessen? Um es gleich zu sagen: niemand weiß es.*“[724] Angemessenheit stellt einen unbestimmten und ausfüllungsbedürftigen Rechtsbegriff dar, der durch die Kriterien des § 87 Abs. 1 AktG zunächst mit Leben gefüllt werden muss.[725] § 87 Abs. 1 Satz 1 AktG bestimmt die Grundsätze für die Vergütung der Vorstandsmitglieder einer Aktiengesellschaft. Bislang hatte der für die Festsetzung der Vorstandsvergütung zuständige Aufsichtsrat bei der Festsetzung der Gesamtbezüge des einzelnen Vorstandsmitglieds dafür Sorge zu tragen, dass die Gesamtbezüge in einem angemessenen Verhältnis zu den Aufgaben des Vorstandsmitglieds sowie zur Lage der Gesellschaft stehen. Das Kriterium der Angemessenheit der Vorstandsvergütung war daher nur unscharf definiert. Es fehlte an einer operativen Bezugsgrundlage. Eine solche ließ sich auch nicht im DCGK, der ebenfalls die Angemessenheit der Leitungsvergütung vorsieht, ermitteln.[726]

---

720 Dazu nur die eingehenden Hinweise in der Stellungnahme der Regierungskommission Deutschen Corporate Governance Kommission zum Entwurf des VorstAG v. 20.05.2009, S. 5.

721 *Lingemann,* BB 2009, 1918 (1922); *Cahn* in: FS Hopt, S. 431 (446).

722 OLG Stuttgart, Urteil vom 13.3.2002–20 U 59/01, AG 2003, 211 (213); *Schüller*, Vorstandsvergütung, S. 200; *Heins,* Angemessenheit, S. 51; Spindler/Stilz/*Fleischer*, KommAktG, § 87 Rdn. 1.

723 Spindler/Stilz/*Fleischer*, KommAktG, § 87 Rdn. 1.

724 *Lutter*, ZIP 2006, 733.

725 *Bosse*, Hdbuch Vorstandsvergütung, S. 75 Rdn. 203; *Hermes,* LawZone 2/2010, 22 (24).

726 *v. Eckardstein/Konlechner*, Vorstandsvergütung, S. 5.

Nach der Neufassung des § 87 Abs. 1 AktG hat der Aufsichtsrat nunmehr bei der Festsetzung der Gesamtbezüge des einzelnen Vorstandsmitglieds dafür zu sorgen, dass diese in einem angemessenen Verhältnis zu den Aufgaben und *Leistungen* des Vorstandsmitglieds sowie zur Lage der Gesellschaft stehen. Bei § 87 Abs. 1 AktG n. F. handelt es sich um zwingendes Recht. Diese Vorschrift ist jedoch ebenfalls nicht als Schutzvorschrift für den Vorstand konzipiert worden, welche diesem einen gesetzlichen Anspruch auf angemessene Vergütung gewähren soll. Vielmehr wird dadurch lediglich eine Obergrenze für die Vergütung der Vorstandsmitglieder festgelegt.[727] Allerdings lassen sich anhand des Kriteriums der Angemessenheit regelmäßig keine absoluten ziffernmäßig bestimmten Grenzen ableiten. Es ist jedoch möglich eine „Bandbreite zulässiger Vergütungen" zu bestimmen.[728] § 87 Abs. 1 AktG n.F. stellt allerdings kein Verbotsgesetz i. S. d. § 134 BGB dar, sondern gibt dem Aufsichtsrat vielmehr eine Richtlinie für die Bemessung der Vergütung vor. Damit bleiben die Vereinbarungen unangemessener Vergütungen bis zur Grenze des § 138 BGB weiterhin wirksam.[729]

Entscheidend bei der Beurteilung der Angemessenheit sind jedoch nicht die einzelnen Bestandteile der Vorstandsvergütung, sondern die Gesamtheit der Bezüge eines Vorstandsmitgliedes. Daher kann eine für sich betrachtet unangemessen hohe Gewinnbeteiligung durch ein niedriges Fixgehalt ausgeglichen werden und umgekehrt.[730] Auch die Empfehlung der Ziffer 4.2.3 Abs. 2 Satz 3 DCGK, die eine Angemessenheit sämtlicher Vergütungsbestandteile „für sich und insgesamt" fordert, steht mit einer solchen Gesamtbetrachtung verschiedener Vergütungselemente nicht im Widerspruch.[731] Hingegen können Vergütungen bzw. Vergütungsbestandteile, die zwar summenmäßig nicht völlig überhöht sind, jedoch Fehlanreize zur Schädigung der Gesellschaft erzeugen, als unangemessen beurteilt werden. Dies gilt vor allem in den Fällen, in denen die Vorstandsvergütung sich nicht ausschließlich aus einem Festgehalt, sondern auch aus variablen Vergütungsbestandteilen zusammensetzt. Das Angemessenheitsgebot stellt demnach nicht nur eine Richtschnur für die nachträgliche Beurteilung der Vergütungshöhe dar, sondern dient in erster Linie als Maßstab für die Ermessensausübung des Aufsichtsrates bei der Ausarbeitung des Vergütungssystems. Der Aufsichtsrat ist bei der Festsetzung der konkreten Vergütung gehalten, eine ex ante-Beurteilung der Angemessenheit anhand

---

727 *Thüsing*, Stellungnahme zum Entwurf des VorstAG, S. 4; *Schulz*, Aktienkursorientierte Vergütungssysteme, S. 115.

728 *Mertens/Cahn*, KK-AktG, § 87 Rdn. 4; *Peltzer* in: FS Lutter, S. 571 (577); Spindler/Stilz/*Fleischer*, AktGKomm, § 87 Rdn. 21 f.

729 *Hüffer*, § 87 AktG, Rdn. 1; MünchKommAktG/*Spindler*, § 87 Rdn. 80; Spindler/Stilz/*Fleischer*, KommAktG, § 87 Rdn. 21; *Schüller*, Vorstandsvergütung, S. 107; *Marsch-Barner* in: FS Röhricht, S. 403; *Schwark*, FS Raiser, S. 377 (394); *Spindler*, DStR 2004, 36 (42); *Mertens/Cahn*, KK-AktG, § 87 Rdn. 5; *Thüsing/Forst*, GWR 2010, 515 (516).

730 *Spindler*, DStR 2004, 36 (38); *Tegtmeier*, Die Vergütung, S. 283; *Mertens/Cahn*, KK-AktG, § 87 Rdn. 6; Kienbaum, Vergütungsstudie 2008/2009, S. 59.

731 *Mertens/Cahn*, KK-AktG, § 87, Rdn. 6.

der allgemeinen Vergütungsstruktur, der für die Vergütungshöhe entscheidenden Parameter und der mit den einzelnen Vergütungsbestandteilen verfolgten Zwecke vorzunehmen.[732]

### aa) „Leistungen" und „Aufgaben" des Vorstandsmitgliedes

Die neu eingeführte Vorschrift des § 87 Abs. 1 AktG verfolgt den Zweck, die Gesellschaft und alle an ihr Beteiligten zu schützen, indem Grundsätze für die Vorstandsbezüge aufgestellt werden. Hiermit sollen Missstände der jüngeren Zeit verhindert werden, die in vergleichbarer Weise bereits vor der Einführung des § 78 AktG 1937 herrschten, als die Aufgaben und Leistungen der einzelnen Vorstandsmitglieder praktisch kaum berücksichtigt und hohe Vergütungen trotz schlechter oder sogar hoffnungsloser Gesellschaftslage gewährt wurden.[733] Aus diesem Grund nennt das VorstAG zur Feststellung der Angemessenheit der Vorstandsvergütung die „Aufgaben" und „Leistungen" der Vorstandsmitglieder als leitende Prüfungsparameter.[734]

#### (1) Leistungen

Das nunmehr in das AktG explizit eingeführte Kriterium der „Leistung" wurde allerdings bereits vor dem Erlass des VorstAG nach ganz überwiegender Ansicht in die Angemessenheitsprüfung einbezogen.[735] Zum Teil wurde es bisher mit unter den Begriff „Aufgaben" subsumiert, zum Teil aber auch als ungeschriebenes Kriterium herangezogen.[736] Dies zeichnete sich bereits in den Kommentierungen zum § 78 Akt von 1937 ab, in denen auf „hervorragende Tüchtigkeit"[737] und „überragende Leistungen"[738] hingewiesen wurde. In jüngerer Zeit wurde der Aufsichtsrat in Ziffer 4.2.2 DCGK in der Fassung vom 6. Juni 2008 ebenfalls dazu angehalten, die Festlegung der Gesamtvergütung einzelner Vorstandsmitglieder auf der Basis einer ausgewogenen Leistungsbeurteilung vorzunehmen.[739] Die gleiche Regelung weist auch Ziffer 3.2 der Empfehlung der EU-Kommission 2009/385/EG zur Vorstandsvergütung auf, wonach die Auszahlung variabler Vergütungskomponenten „an im Voraus festgelegte, mess-

---

732 *Mertens/Cahn*, KK-AktG, § 87 Rdn. 7.

733 *Mertens/Cahn*, KK-AktG, § 87 Rdn. 2; *Schüller*, Vorstandsvergütung, S. 114 ff.

734 Ziff. 3.2 und 4.2 Empfehlung der Kommission 2009/385/EG, ABl. EU Nr. L 120/30; *Goette*, Stellungnahme zum Entwurf des VorstAG, S. 3; *Hohaus/Weber*, DB 2009, 1515 (1516).

735 *Fleischer*, DStR 2005, 1279 f.; *Hüfter*, BB 2003, Beil. 7, 23; *Thüsing*, Stellungnahme zum Entwurf des VorstAG, S. 2; *Conrad/Panetta*, NJOZ 2009, 3199; *Annuß/Theusinger*, BB 2009, 2434; *Bauer/Arnold*, AG 2009, 717 f.; *Hohenstatt*, ZIP 2009, 1349 f.

736 *Thüsing*, Stellungnahme zum Entwurf des VorstAG, S. 2; MüKo/*Spindler*, § 87 Rdn. 28; *Kremer*, BDI, Stellungnahme zum Entwurf des VorstAG, S. 2.

737 *Schmidt* in: Gadow/Heinichen, GroßkommAktG, § 78 AktG 1937 Anm. 2.

738 *Schlegelberger/Quassowski*, AktG, § 78 Rdn. 5.

739 *Fleischer*, NZG 2009, 801 (802); *Annuß/Theusinger*, BB 2009, 2434.

bare Leistungskriterien geknüpft sein" soll.[740] Fraglich bleibt jedoch, ob es im Rahmen des § 87 Abs. 1 AktG n. F. ausschließlich oder jedenfalls im Wesentlichen auf die Leistungen des einzelnen Vorstandsmitglieds oder die Leistungen des Vorstands als Gesamtorgan ankommt. Zwar ist das deutsche Aktienrecht stark vom Kollegialitätsprinzip geprägt, dennoch lässt die Gesetzesformulierung auf den gesetzgeberischen Willen schließen, vordergründig die Leistungen des *einzelnen* Vorstandsmitglieds der Gesellschaft im Rahmen der Angemessenheitsprüfung zu untersuchen, wobei jedoch auch die Performance des Gesamtvorstandes einzubeziehen ist.[741]

Zwar gibt das Gesetz keinen Aufschluss darüber, wie der Begriff der „Leistung" im Sinne des § 87 Abs. 1 Satz 1 AktG n. F. zu verstehen ist, es besteht jedoch Einigkeit darüber, dass nach richtigem Verständnis nicht nur die Verbesserung ökonomischer Kennzahlen davon erfasst sein sollte. Aber auch die Steigerung des Unternehmenserfolgs bietet keine geeignete Definition des Leistungsbegriffs. Würde die Vergütungshöhe vom Eintreten oder Ausbleiben eines solchen Unternehmenserfolgs abhängen, so würden einem Manager, der etwa „nur" eine insolvenzreife Gesellschaft der Insolvenz entzogen und Arbeitsplätze erhalten hat, Boni und ähnliche Prämien versagt. Ein solches reduziertes Verständnis von „Leistung" und den damit verbundenen Konsequenzen läge aber weder im Interesse des Unternehmens noch der Öffentlichkeit.[742] Vielmehr können auch erwirtschaftete Erfolge auf der Ebene der „soft skills" als vergütungswürdige Leistungen im Sinne dieser Regelung verstanden werden.[743] Darüber hinaus gibt es Fälle, in denen ein Unternehmen ein bestimmtes Vorstandsmitglied in seiner Gesellschaft haben bzw. halten will, um zu verhindern, dass es mit seinem Fach- und Insiderwissen ein Konkurrenzunternehmen bereichert. Aber auch besondere Persönlichkeitseigenschaften wie Teamfähigkeit, Kooperationsbereitschaft innerhalb des Vorstandsgremiums, Führungsstärke, Charisma, die Fähigkeit, mit den Medien umzugehen oder ausgezeichnete berufliche Qualifikationen können „Leistungen" im Sinne des § 87 Abs. 1 Satz 1 AktG darstellen und daher durchaus ein Grund dafür sein, eine höhere Vergütung als angemessen anzunehmen.[744]

Vom Begriff der „Leistungen" werden demnach alle Verhaltensaspekte der Vorstandsmitglieder erfasst, welche zu den unternehmerischen Interessen der Gesellschaft in Beziehung stehen. Dabei ist nach dem Wortlaut des § 87 Abs. 1 Satz 1 AktG jedoch nicht auf die Leistungen des Vorstandes als kollegiales Leitungsorgan, sondern auf das Handeln jedes einzelnen Vorstandsmitglieds abzustellen.[745] Für ein

---

740 *Thüsing*, AG 2009, 517 (518); *ders.*, Stellungnahme, S. 3; *Annuß/Theusinger*, BB 2009, 2434 (2437).

741 *Simon/Schaumburg* in: Kienbaum, Vorstandsvergütung 2008/2009, S. 10; *Sailer-Coceani* in: Gesellschaftsrecht in der Diskussion, S. 141 (145).

742 *Goette*, Stellungnahme zum Entwurf des VorstAG, S. 3 f.

743 *Goette*, Stellungnahme zum Entwurf des VorstAG, S. 4; *Annuß/Theusinger*, BB 2009, 2434.

744 *Thüsing*, Stellungnahme zum Entwurf des VorstAG, S. 7.

745 Wortlaut des § 87 Abs. 1 Satz 1 AktG n. F. „Festetzung der Gesamtbezüge des *einzelnen* Vorstandsmitglieds"; *Annuß/Theusinger*, BB 2009, 2434; *Fleischer*, NZG

Abstellen auf das Handeln des einzelnen Vorstandsmitglieds spricht auch der Umstand, dass die einzelnen Organmitglieder die Besetzung des Gesamtgremiums nicht beeinflussen können. Allerdings wird dadurch nicht verboten, die Zugehörigkeit zu einem Kollegialorgan und die gemeinsame Gesamtverantwortung der Vorstandsmitglieder im Rahmen der Vergütungsfestsetzung zu berücksichtigen. Vielmehr ist davon auszugehen, dass auch künftig nicht-individualisierte Vergütungssysteme innerhalb des Kollegialorgans gestattet sind.[746]

Problematisch ist dabei jedoch, dass die Festsetzung der Vorstandsvergütung regelmäßig nur für künftige Leistungen erfolgt, sodass im Zeitpunkt der Vergütungsbestimmung in der Regel noch keine verlässlichen Anhaltspunkte für die Leistungsfähigkeit und -bereitschaft des jeweiligen Vorstandsmitglieds zur Verfügung stehen. Daher wird in der Literatur teilweise[747] die Ansicht vertreten, dass Leistungen des Vorstandsmitglieds vom Aufsichtsrat nur dann vernünftig beurteilt werden können, wenn dieser bereits eigene Erfahrungen mit dem Vorstandsmitglied machen konnte. Somit ist der Aufsichtsrat im Rahmen einer Erstbestellung auf eine bloße Einschätzung angewiesen, sodass die konkreten Leistungen des Betroffenen eine lediglich untergeordnete Rolle spielen können. Auf die Angaben von Dritten darf der Aufsichtsrat sich hierbei nicht verlassen. Leistungen, die das Vorstandsmitglied bei seinen früheren Arbeitgebern bzw. außerhalb des Kontrollbereichs des Aufsichtsrats erbracht hat, sind daher der Qualifikation des Vorstandsmitglieds zuzuordnen. Dies allerdings nur, wenn eine objektive Angabe möglich ist. Die ausschlaggebende Relevanz des Leistungskriteriums liegt somit hauptsächlich bei Verlängerungen der Anstellungsverträge oder deren nachträglicher Änderung.[748] Andererseits gibt es auch Literaturstimmen, die bei der Beurteilung der Vorstandsleistungen im Rahmen des Erstabschlusses eines Vorstandsvertrages auch die Performance des betroffenen Vorstandsmitglieds in seiner bisherigen Position als wesentliches Kriterium in Betracht ziehen. Bei einer Besetzung durch Externe reichen danach sogar Kriterien wie erbrachte Erfolge des Kandidaten in vergleichbaren bisherigen Positionen durchaus aus.[749] Allerdings weisen solche Bewertungen und Berichte nur eine begrenzte Aussagekraft auf.[750]

---

2009, 801 f.; *Bosse*, Hdbuch Vorstandsvergütung, S. 80 Rdn. 224; *Bauer/Arnold*, AG 2009, 717 (719); hinterfragend *Fleischer*, NZG 2009, 801 (802).

746 Vgl. *Fleischer*, NZG 801 (802), der zutreffend hervorhebt, dass „Kooperationsbereitschaft und Teamfähigkeit innerhalb eines Kollegialorgans“ auch weiterhin bei der Vergütungsfestsetzung eine maßgebliche Bedeutung haben werden.

747 *Ringleb*/Kremer/Lutter/v. Werder, Kommentar DCGK, Rdn. 706; *Nicolay*, NJW 2009, 2640 (2641); *Kort*, NJW 2005, 333 (335).

748 *Hüffer*, § 87 AktG, Rdn. 2; *Hermes*, LawZone 2/2010, 22 (24).

749 *Nikolay*, NJW 2009, 2640 (2641); *Mertens/Cahn*, KK-AktG, § 87 Rdn. 13; *Hermes*, LawZone 2/2010, 22 (24); Spindler/Stilz/*Fleischer*, KommAktG § 87 Rdn. 13; *Annuß/Theusinger*, BB 2009, 2434 (2435); *Bauer/Arnold*, AG 2009, 717 (718); *Hohenstatt*, ZIP 2009, 1349 (1350 Fn. 10).

750 *Bauer/Arnold*, AG 2009, 717 (718).

### (2) Aufgaben

Fraglich ist ferner, ob die Abstufung zwischen den Vergütungen der Vorstandsmitglieder nicht-individualisiert vorgenommen werden darf. Darunter sind generelle, leistungsunabhängige Vergütungsabstufungen zwischen den ordentlichen Vorstandsmitgliedern und dem Vorstandsvorsitzenden eines Unternehmens zu verstehen, bei denen dem Vorstandsvorsitzenden ein vorab festgelegter Zuschlag (z. B. das 1,5fache der Vergütung eines ordentlichen Vorstandsmitglieds) gewährt wird. Diese Praxis stellt allerdings kein neues Problem im Zusammenhang mit der Vorstandsvergütung dar. Vielmehr verlangte auch die Vorschrift des § 87 Abs. 1 Satz 1 AktG a. F., dass die Gesamtbezüge für das einzelne Vorstandsmitglied unter Berücksichtigung seiner *Aufgaben* festzusetzen waren. Auch nach der Reform der Vorstandsvergütungsregelungen muss der Zugehörigkeit zu einem Kollegialorgan und der Gesamtverantwortung der Vorstandsmitglieder eine maßgebliche Bedeutung zugewiesen werden. Aus diesem Grund bleibt die beschriebene Praxis auch in Zukunft weiterhin zulässig.[751] Dabei versteht das Gesetz unter dem Kriterium der „Aufgaben" den Tätigkeitsbereich, der einem Vorstandsmitglied durch Anstellungsvertrag, Satzung oder Geschäftsordnung zugewiesen wurde.[752] Hierbei kommt es allerdings nicht nur auf die Art und den Umfang der jeweiligen Aufgaben an,[753] sondern auf das damit verbundene Maß an Verantwortung.[754]

Die Stellung des Vorstandsmitglieds ist vom aktienrechtlichen Kollegialitätsgrundsatz geprägt. In einem mehrköpfigen Vorstand repräsentiert der Vorstandsvorsitzende den Gesamtvorstand im Sinne des Kollegialorgans. Er wird vom Aufsichtsrat gemäß § 84 Abs. 2 AktG ernannt und mit besonderen Aufgaben ausgestattet. Dazu gehören unter anderem die Repräsentation des Gesamtvorstands nach außen, die Organisation und Kontrolle einzelner Bereichsleiter, die Einberufung und Leitung der Vorstandssitzungen und die Festlegung der Richtlinien der Unternehmenspolitik. Mit den wachsenden Aufgaben und der steigenden Verantwortung geht auch eine Erhöhung der Vergütung einher[755], sodass die Dotierung der Vorstandsvorsitzenden die Höhe der Bezüge der ordentlichen Vorstandsmitglieder im Durchschnitt um 50 % übersteigt.[756]

Die Rolle des Vorstandsvorsitzenden deutscher, insbesondere börsennotierter Aktiengesellschaften wird in den letzten Jahren zunehmend der Stellung und Bedeutung

---

751 *Bauer/Arnold*, AG 2009, 717 (719).

752 LG Düsseldorf NJW 2004, 3275 (3277); Spindler/Stilz/*Fleischer*, KommAktG § 87 Rdn. 10.

753 MünchKommAktG/*Spindler*, § 87 Rdn. 28; *Schwark*, FS Raiser, S. 377 (383); Spindler/Stilz/*Fleischer*, KommAktG § 87 Rdn. 10.

754 *v. Godin/Wilhelmi*, AktG, Anm. 6; MünchKommAktG/*Spindler*, § 87 Rdn. 28; *Tegtmeier*, Die Vergütung, S. 279; Spindler/Stilz/*Fleischer*, KommAktG § 87 Rdn. 10.

755 *Hoffmann-Becking*, NZG 1999, 798; *Mertens/Cahn*, KK-AktG, § 87 Rdn. 12; Spindler/Stilz/*Fleischer*, KommAktG § 87 Rdn. 10.

756 Kienbaum, Vergütungsstudie 2008/2009, S. 120.

eines amerikanischen *chief executive officer* (CEO)[757] angepasst. Diese Tendenz spiegelt sich entsprechend deutlich auch in der Höhe der Vergütung von Vorstandsvorsitzenden wider (sog. Americanization of executive payment).[758] Ein etwas schwächerer und dennoch erkennbarer Unterschied in der Vergütung ist weiterhin bei den Vorstandssprechern[759] im Vergleich zu regulären Vorstandsmitgliedern zu beobachten. Diese werden unabhängig vom Aufsichtsrat vom Vorstand selbst kraft seiner Geschäftsordnungskompetenz ernannt, jedoch nicht mit den dem Vorsitzenden rechtlich oder faktisch zustehenden Kompetenzen ausgestattet. Aufgrund der fehlenden zusätzlichen Aufgabenübernahme fehlt hier die besondere Rechtfertigung einer höheren Entlohnung, sodass in diesem Fall eine Diskrepanz in der Vergütung von Vorstandssprechern und ordentlichen Vorstandsmitgliedern nicht gerechtfertigt ist. Hingegen weist das Innehaben der Finanzvorstandsstellung in der Praxis gegenüber ordentlichen Vorstandsmitgliedern keine höhere Dotierung auf.[760]

Die ausdrückliche gesetzliche Erwähnung von „Leistungen" und „Aufgaben" des Vorstandes ist allerdings nicht unproblematisch. Zwar kann die Bindung an die Leistungsbezogenheit grundsätzlich sinnvoll sein, gleichwohl können diesem Maßstab im Zweifel keine oder nur unzureichende objektive Kriterien entnommen werden. Eine vergleichende Beurteilung der objektiven Leistungen von Vorstandsmitgliedern ist insbesondere aus dem Grund oft nicht möglich, dass sich die positiven oder negativen Auswirkungen der Managerleistungen erst Jahre später zeigen können. Die Einordnung der Vorstandsleistungen eines Unternehmens, welches sich in einer Krise befindet oder einen konjunkturell bedingten Abschwung erlebt, erscheint ebenfalls nur theoretisch möglich.[761] Darüber hinaus kann in Zeiten der Wirtschaftskrise die Notwendigkeit entstehen, die von Managern zu tragenden besonderen Risiken und die Verantwortung, die bereits mit der Übernahme der Aufgabe, eine Gesellschaft sachgerecht und erfolgversprechend zu leiten, einhergeht, zu honorieren.[762]

#### bb) Lage der Gesellschaft

Die wirtschaftliche Lage eines Unternehmens wird durch die Entscheidungsfindung der Unternehmensleitung, d.h. des Vorstandes, erheblich gelenkt und somit im hohen Maße beeinflusst. Die Zurechnung des unternehmerischen Erfolgs

---

757 Die Bezeichnung für den leitenden geschäftsführenden *director* eines großen Unternehmens.

758 *Cannivé/Seebach*, Der Konzern 2009, 593 (594).

759 Zwar kennt das Aktiengesetz keinen Vorstandssprecher. Ein solcher kann aber vom Vorstand im Rahmen seiner Geschäftsordnungskompetenzen gem. § 77 Abs. 2 Satz 1 AktG bestellt werden. Dies gilt allerdings nur, sofern der Aufsichtsrat keinen Vorstandsvorsitzenden ernennt. Im Gegensatz zum Vorstandsvorsitzenden beschränken sich die Aufgaben des Vorstandssprechers auf Sitzungsleitungen und Repräsentation der Gesellschaft. Vgl. Spindler/Stilz/*Fleischer*, § 84 Rdn. 91.

760 Kienbaum, Vergütungsstudie 2008/2009, S. 120.

761 Stellungnahme der DIHK zum Entwurf des VorstAG, NZG 2009, 538 f.

762 *Goette*, Stellungnahme zum Entwurf des VorstAG, S. 3 f.

bzw. Misserfolgs ist in dieser Mitarbeitergruppe so stark wie in keiner anderen ausgeprägt. Diese Verantwortlichkeit wird auch in der hohen Ertragsabhängigkeit ihrer Vergütung wiedergegeben. Aus diesem Grund spielt die Ertragslage des Unternehmens eine wichtige Rolle für die Festsetzung der Vorstandsvergütung.[763] Auf der anderen Seite hingegen erfolgt die Bestimmung der Lage der Gesellschaft nicht ausschließlich anhand wirtschaftlicher Ergebnisse. Vielmehr spielen auch „strategische Fehlentwicklungen in Bezug auf Produkte, Märkte oder Investitionen"[764] eine bedeutende Rolle. Diese können sich auf die Wettbewerbsfähigkeit der Gesellschaft und somit auch auf die Lage der Gesellschaft negativ auswirken.[765] Die gleichen Vorgaben sind auch in Ziffer 4.2.2 DCGK geregelt. Dabei wird ausdrücklich auf die Zukunftsaussichten des Unternehmens unter Berücksichtigung seines Vergleichsumfelds abgestellt.[766]

Klärungsbedürftig ist jedoch die Frage, auf die Lage welcher Gesellschaft bei Konzernkonstellationen abzustellen ist. Insbesondere im Fall, dass ein Vorstandsmitglied der Mutter- und Tochtergesellschaft personenidentisch ist und die Lage der Muttergesellschaft sich verschlechtert, die der Tochtergesellschaft jedoch stabil bleibt, stellt sich die Frage, ob die Herabsetzung der Vergütung auch auf Ebene der Tochtergesellschaft zu erfolgen hat. Grundsätzlich spricht vieles dafür, allein die Lage der Gesellschaft zu berücksichtigen, die dem betroffenen Vorstandsmitglied die jeweilige Vergütung schuldet. Hierfür spricht zunächst der Wortlaut des § 87 Abs. 2 AktG („Lage der Gesellschaft"). Ferner ist zu beachten, dass jede Gesellschaft eines Konzerns grundsätzlich als eigenes Rechtssubjekt behandelt wird, es sei denn, das Konzernrecht schreibt etwas anderes vor. Eine abweichende Regelung ist im vorliegenden Fall jedoch nicht gegeben, sodass § 87 Abs. 2 AktG bei der Konzernbetrachtung für jeden Rechtsträger einzeln Anwendung findet. Demzufolge kommt im erläuterten Beispielsfall wohl lediglich eine Herabsetzung der Vergütung auf Ebene der Muttergesellschaft, nicht jedoch auch bei der Tochtergesellschaft in Betracht.[767]

### cc) Üblichkeit der Vergütung

Der Gesetzgeber ergänzt § 87 Abs. 1 Satz 1 AktG n.F. um das Kriterium der „Üblichkeit". Demnach darf die Vorstandsvergütung die übliche Vergütung nicht ohne besondere, gesondert dokumentierte[768] Gründe übersteigen. Der Gesetzesentwurf

---

763 Kienbaum, Vergütungsstudie 2008/2009, S. 117.

764 *Gaul/Janz*, NZA 2009, 809 (811); Spindler/Stilz/*Fleischer*, KommAktG, § 87 Rdn. 14; *ders.*, Rechtsvergleichendes Gutachten, S. 30.

765 *Gaul/Janz*, NZA 2009, 809 (811); Spindler/Stilz/*Fleischer*, KommAktG, § 87 Rdn. 14; *ders.*, Rechtsvergleichendes Gutachten, S. 30.

766 *Peltzer*, Deutsche Corporate Governance, Rdn. 99; Spindler/Stilz/*Fleischer*, KommAktG § 87 Rdn. 14.

767 Allen&Overy, Bulletin, Update VorstAG, Dezember 2010, S. 3; MünchKommAktG/*Spindler*, § 87 Rdn. 32; a. A. *Bosse*, Hdbuch Vorstandsvergütung, S. 77 Rdn. 211 ff.

768 *Bosse*, Hdbuch Vorstandsvergütung, S. 78 Rdn. 216.

der Regierungsfraktionen sah ursprünglich vor, dass die Gesamtbezüge eines Vorstandsmitglieds in einem angemessenen Verhältnis zur üblichen Vergütung stehen müssen. Um einen sog. „Aufschaukelungseffekt“[769] zu vermeiden, wurde jedoch in der endgültigen Fassung des VorstAG die übliche Vergütung lediglich als Obergrenze der Angemessenheit festgelegt.[770] Die Bezugnahme auf die übliche Vergütung ist allerdings mit verschiedenen Schwierigkeiten verbunden. Grundsätzlich findet ein Rückgriff auf die „Üblichkeit“ erst dann statt, wenn keine entsprechende vertragliche Regelung getroffen wurde (vgl. z.B. § 612 BGB) bzw. wenn ein grobes Missverhältnis zwischen den „Stärken“ der Vertragsparteien vorliegt (z.B. Mietverhältnisse bei Wohnraum). Beide Fälle sind bei der Vergütung von Vorstandsmitgliedern jedoch nicht einschlägig.[771]

Ferner mag eine übliche Vergütung auf den ersten Blick eine dahingehende Indizwirkung haben, dass diese immer auch angemessen sei.[772] Allerdings traf eine solche Annahme bereits nach dem bisher geltenden Recht auf berechtigten Widerspruch. Eine unentbehrliche Voraussetzung für diese Auffassung wäre das Funktionieren des Vorstandsmarktes. Daran bestehen jedoch berechtigte Zweifel.[773] Daher erscheint es zutreffender, die Üblichkeit durch das Gegenstück der Unüblichkeit zu definieren.[774] Dies bedeutet, dass unüblich hohe Vorstandsvergütungen mutmaßlich auch unangemessen sind.[775] Dies gilt jedoch nur, solange die Gewährung von unüblichen Bezügen nicht besonders gerechtfertigt wird.[776]

Einen Anhaltspunkt für die Angemessenheit bildet die sogenannte Marktüblichkeit.[777] Der Begriff „Üblichkeit“ bezieht sich somit auf das Vergleichsumfeld. Laut Gesetzesmaterialien wird hierbei die Branchen-, Größen- und Landesüblichkeit der Vorstandsvergütung berücksichtigt[778] (sog. horizontale Vergleichbarkeit).[779] In die Prüfung der Üblichkeit sollen daher Unternehmen derselben Branche mit vergleichbarer Größe und Komplexität einbezogen werden. Landesüblichkeit meint

769 BT-Drucks. 16/13433, S. 15.

770 *Fleischer*, NZG 2009, 801 (802); *Thüsing*, Stellungnahme zum Entwurf des VorstAG, S. 3; *Bauer/Arnold*, AG 2009, 717 (719).

771 Stellungnahme der DIHK zum Entwurf des VorstAG, NZG 2009, 538.

772 *Fleischer*, DStR 2005, 1279 (1282).

773 *Thüsing*, ZGR 2003, 457 (465 ff.); *ders.* in: Fleischer, Hdbuch des Vorstandsrechts, § 6 Rdn. 5; *ders.*, Stellungnahme zum Entwurf des VorstAG, S. 3; *Fleischer*, DStR 2005, 1279 (1282).

774 *Hohaus/Weber*, DB 2009, 1515 (1516); *Thüsing*, ZGR 2003, 457 (471); *Mertens/Cahn*, KK-AktG, § 87 Rdn. 4; *Lutter*, ZIP 2006, 733 (734); *Lücke*, NZG 2005, 692 (694) definieren die Angemessenheit durch die Erklärung der Unangemessenheit.

775 *Hohaus/Weber*, DB 2009, 1515 (1516).

776 *Thüsing*, Stellungnahme zum Entwurf des VorstAG, S. 3.

777 *Spindler*, NJOZ 2009, 3282; Stellungnahme der DIHK zum Entwurf des VorstAG, NZG 2009, 538.

778 BT-Drucks. 16/13433, S. 10; *Fleischer*, NZG 2009, 801 (802).

779 *Teichmann*, GPR 2009, 234 (237).

in diesem Zusammenhang die Üblichkeit im Geltungsbereich des Gesetzes.[780] Eine feste Bindung der Vorstandsbezüge an Marktwerte widerspricht jedoch der Pluralität der Unternehmen.[781] So wird in diesem Zusammenhang vorgebracht, dass die ausschließliche Heranziehung dieses Kriteriums regelmäßig ungerechte und systemfremde Ergebnisse erzeuge. Dies gelte insbesondere für global operierende Unternehmen, die „im internationalen Wettbewerb um geeignete Führungskräfte" stehen und daher die für diesen globalen Markt üblichen Entlohnungsstrukturen und -höhen mit einzubeziehen haben.[782]

Ausweislich der Beschlussempfehlung des Rechtsausschusses ist bei der Bestimmung der üblichen Vergütung darüber hinaus auch das Lohn- und Gehaltsgefüge im Unternehmen selbst zu berücksichtigen[783] (sog. vertikale Vergleichbarkeit).[784] Danach soll darauf geachtet werden, dass die Vergütungsstaffelung im Unternehmen beim Vorstand nicht Maß und Bezug zu den Vergütungsgepflogenheiten und dem Vergütungssystem im Unternehmen im Übrigen verliert.[785] Eine weitgehende Einigkeit besteht darüber, dass der horizontale Vergleich für die Üblichkeit der Vergütung primär heranzuziehen ist. Der vertikale Vergleich soll hingegen lediglich als ein Hilfskriterium bei der Beurteilung der Angemessenheit der Vorstandsvergütung dienen.[786]

### (1) Horizontale Vergleichbarkeit

Zur Konkretisierung der „üblichen Vergütung" stellt sich die Frage, ob hierbei nur das gesamte Vergütungsgefüge des betroffenen Unternehmens oder auch die Managergehälter anderer vergleichbarer Unternehmen einzubeziehen sind. Die Zugrundelegung des letzteren Maßstabes kann allerdings einen *„race to the top"*-Effekt erzeugen, d.h. die Unternehmen dazu bewegen, sich an der Üblichkeit tatsächlich oder vermeintlich vergleichbarer Gesellschaften, deren Vorstandsentlohnung höher ausfällt, zu orientieren.[787] Um diesen „Aufschaukeleffekt" zu vermeiden, verweist der Rechtsausschuss des Bundestages auf eine Kombination aus horizontaler Ver-

---

780 BT-Drucks. 16/13433, S. 10; *Fleischer*, NZG 2009, 801 (802); *Annuß/Theusinger*, BB 2009, 2434 (2435).

781 Stellungnahme der DIHK zum Entwurf des VorstAG, NZG 2009, 538.

782 *Hohenstatt*, ZIP 2009, 1349 (1351); *Hoffmann-Becking/Krieger*, NZG-Beil. 26/2009, 1 Rdn. 5; *Dauner-Lieb*, Der Konzern 2009, 583 (587).

783 BT-Drucks. 16/13433, S. 15.

784 *Teichmann*, GPR 2009, 234 (237); *Hohaus/Weber*, DB 2009, 1515 (1516).

785 BT-Drucks. 16/13433, S. 15; *Fleischer*, DB 2005, 1611 (1612); *ders.*, NZG 2009, 802; *Hohaus/Weber*, DB 2009, 1515 (1516); *Thüsing*, DB 2003, 1612 (1613).

786 *Simon/Schaumburg* in: Kienbaum, Vergütungsstudie 2008/2009, S. 10; *Dauner-Lieb*, Der Konzern 2009, 583 (587); *Hoffmann-Becking/Krieger*, NZG-Beil. 26/2009, 1 (2) Rdn. 8; *Fleischer*, NZG 2009, 801 (802); *Gaul/Janz*, NZA 2009, 809 (810).

787 Stellungnahme des Handelsrechtsausschusses des DAV zum VorstAG, Nr. 32/2009, NZG 2009, 612 (613) Rdn. 4.

gleichbarkeit hinsichtlich der Branche, der Größe und des Landes und vertikaler Vergleichbarkeit im Unternehmen.[788]

Im Rahmen der horizontalen Vergleichbarkeit könnte eine unbedingte Bindung an die nationale Marktüblichkeit allerdings unter Umständen zu Wettbewerbsnachteilen bei der Gewinnung von international tätigen Führungskräften führen. Ist kein vergleichbares Unternehmen in Deutschland vorhanden,[789] stellt sich außerdem die die Frage, ob auch ein Rückgriff auf international tätige Unternehmen geboten ist. Die Zulässigkeit internationaler Vergütungsvergleiche im Rahmen der Vergütungsfestsetzung wird jedoch sehr kontrovers diskutiert. Zum Teil wird die Zulässigkeit länderübergreifender Vergleiche mit dem Argument verneint, es existiere kein internationaler Markt der Führungskräfte,[790] der einen solchen Vergleich rechtfertigen könnte. Diese Annahme kann jedoch durch praktische Erfahrungen widerlegt werden. Zwar steht nicht jede Vorstandsposition deutscher Aktiengesellschaften für ausländische Führungskräfte offen und nicht alle deutschen Vorstandsmitglieder sind international „marktgängig". Es gibt dennoch eine Vielzahl von Stellen in den Vorständen großer deutscher Aktiengesellschaften, insbesondere DAX-Gesellschaften, die mit ausländischen Vorstandsmitgliedern besetzt ist. Auf der anderen Seite beschäftigen ebenfalls viele bedeutende ausländische Unternehmen deutsches Führungspersonal.[791]

Zudem wird seitens der Literatur auf die Schwierigkeiten des Vergleichs mit ausländischen Märkten aufmerksam gemacht. So müssen bei der Festsetzung der Vergütungshöhe anhand ausländischer Märkte, wie etwa des Marktes der USA, auch die dort geltende Vertragslaufzeit, das dortige Haftungsrisiko u. ä. berücksichtigt werden. Zum größten Teil wird die Zulässigkeit internationaler Vergleiche jedoch bejaht. Dabei muss es sich allerdings um Unternehmen handeln, die in derselben Branche wie das deutsche Unternehmen tätig sind und eine vergleichbare Größe aufweisen.[792] Wird zur Bestimmung der „Üblichkeit" ein internationales Vergleichsobjekt herangezogen, müssen vor allem die Besonderheiten des jeweiligen Marktes wie etwa eventuell höhere Haftungsrisiken dort tätiger Leitungsorgane oder ein teils landesspezifisch höheres Entgeltniveau berücksichtigt werden. Bei einem solchen Vergleich ist die Landesüblichkeit daher erst auf einer zweiten, „bereinigten" Ebene von Bedeutung, um die durch die Untersuchung der internationalen Verhältnisse gewonnenen Erkenntnisse zu bewerten und an die deutsche Struktur anzupassen.[793] Ein Vergleich mit US-amerikanischen Vorstandsgehältern erscheint in diesem Zusammenhang nur

788 BT-Drucks. 16/13433, S. 10; *Hohaus/Weber,* DB 2009, 1515 (1516); *Thüsing,* AG 2009, 517 (518).

789 Man denke an zahlreiche deutsche Gesellschaften, die in Nischenmärkten tätig sind und dort die Weltmarktführerschaft erobert haben.

790 *Thüsing,* Stellungnahme zum Entwurf des VorstAG, S. 3; *ders.,* ZGR 2003, 457 (467 f.).

791 *Bauer/Arnold,* AG 2009, 717 (719); *Wilske/Arnold/Grilltisch,* ZIP 2009, 2425.

792 *Bauer/Arnold,* AG 2009, 717 (720); *Hoffmann-Becking/Krieger,* NZG-Beil. 26/2009, 1 Rdn. 5; *Annuß/Theusinger,* BB 2009, 2434 (2435).

793 *Annuß/Theusinger,* BB 2009, 2434 (2435).

dann sinnvoll, wenn es sich bei dem betroffenen Vorstandsmitglied tatsächlich um eine „gesuchte Spitzenkraft internationalen Zuschnitts“ handelt, wie dies etwa bei multinationalen Konzernen der Fall ist.[794] Trotz kritischer Stimmen in der Literatur[795] ging die Tendenz der letzten Jahre dahin, dem internationalen Vergleich eine zunehmend bedeutende Rolle bei der Bestimmung der „üblichen Vergütung“ beizumessen. Dies soll zumindest bei multinationalen Konzernen trotz der nunmehr ausdrücklich vorgeschriebenen Üblichkeit im Geltungsbereich des AktG[796] auch weiterhin gelten. Die gesetzlich verankerte Bindung an die nationale Marktüblichkeit kann nach wohl überwiegender Meinung im Schrifttum im Rahmen der „besonderen Gründe“ i. S. d. § 87 Abs. 1 Satz 1 AktG auch zugunsten des internationalen Vergleichs zurückgestellt werden.[797] Der Bezug auf höhere Gehälter in ausländischen Staaten ist jedoch verfehlt, solange das betroffene Vorstandsmitglied im Ausland keine vergleichbaren Karriereaussichten hat.[798] Kann das Vorstandsmitglied dagegen ein konkretes Auslandsangebot vorweisen, so ist es ihm nicht verwehrt, höhere Bezüge zu verlangen. Dies gilt auch „im Sinne eines Opportunitätskosten-Kalküls für branchenfremde Bewerber, denen anderwärts lukrative Verdienstmöglichkeiten entgehen“[799]. Der Aufsichtsrat ist demzufolge angehalten, eine Gesamtbetrachtung unter Einbeziehung der Lage des Unternehmens vorzunehmen. Eine Orientierung ausschließlich an ausländischen Vorstandsbezügen ist hingegen nicht ausreichend. Vielmehr spielen zahlreiche Elemente wie etwa die Bedeutung eines bestimmten Vorstandsmitglieds für das Unternehmen, seine Erfahrung und Qualifikation, das Vorliegen von Alternativangeboten sowie die Finanzkraft der Gesellschaft eine entscheidende Rolle bei der Beurteilung der „Üblichkeit“.[800]

Aber auch die im Rahmen des § 87 Abs. 1 Satz 1 AktG einzubeziehenden Faktoren der Größen- und Branchenüblichkeit führen nicht immer zu gerechten Ergebnissen. So können auch bei Unternehmen in vergleichbaren Größen und Branchen erhebliche Abweichungen bei der aktuellen Vergütung entstehen. In solchen Fällen erscheint es erforderlich, weitere Kriterien der Praxis wie die bisherige Entwicklung der Gesellschaftslage, die Zukunftsaussichten im Einzelfall oder das individuelle Branchenwissen des Vorstands bei der Festsetzung der Vergütung zu berücksichtigen.[801] In einem sanierungsbedürftigen Unternehmen kann durchaus branchen-

794 *Spindler*, NJOZ 2009, 3282 (3283); *Hohenstatt*, ZIP 2009, 1349 (1350).

795 *Thüsing*, ZGR 2003, 457 (471); *ders.*, ZGR 2003, 457 (467); *Hohenstatt*, ZIP 2009, 1349 (1351); *Spindler*, NJOZ 2009, 3282 (3283).

796 Bericht des Rechtsausschusses, BT-Drucks. 16/13433, S. 15.

797 U. a. *Fleischer*, NZG 2009 801 (802), der in diesem Zusammenhang ein konkretes Auslandsangebot für das Vorstandsmitglied verlangt; ähnlich *Hohaus/Weber*, DB 2009, 1515 (1516); *Lingemann*, BB 2009, 1918 (1919).

798 *Fleischer*, NZG 2009, 801 (802); *Mertens/Cahn*, KK-AktG, § 87 Rdn. 8; einschränkender dazu *Lingemann*, BB 2009, 1918 (1919).

799 *Fleischer*, NZG 2009, 801 (802).

800 *Bürgers/Israel* in: Bürgers/Körber, AktG, § 87 Rdn. 6; *Spindler*, NJOZ 2009, 3282 (3284).

801 Stellungnahme der DIHK zum Entwuf des VorstAG, NZG 2009, 538; ähnlich hierzu *Hermes*, LawZone 2/2010, 22 (25).

unabhängig die Notwendigkeit bestehen, einen hochqualifizierten Manager zu beschäftigen. Daher liegt es nicht außerhalb der allgemeinen Lebenserfahrung, dass ein solcher Kandidat eine gegebenenfalls über dem Marktwert liegende Vergütung einschließlich einer entsprechenden Risikoprämie fordert. Eine im Einzelfall überdurchschnittliche Vergütung, die außer Verhältnis zur Branche und Unternehmensgröße steht, wäre jedoch unangemessen. Das Unternehmen müsste auf einen solchen Manager verzichten und als Konsequenz auch die Sanierungspläne aufgeben bzw. die erforderliche Sanierung einem weniger qualifizierten Manager übertragen, dessen Vergütungsforderung dem Branchenvergleich entspricht.[802]

Im Rahmen individueller Vereinbarungen muss den Unternehmen daher die Möglichkeit bleiben, unter Berücksichtigung der Einzelfallbedürfnisse unternehmerische Entscheidungen zum Wohle der Gesellschaft zu treffen. Dabei ist der Aufsichtsrat gehalten eine sorgfältige Abwägung der Umstände vorzunehmen und das Prinzip der unternehmerischen Verantwortung bei seiner Entscheidung zu wahren, um rechtsmissbräuchliche Ergebnisse zu verhindern. Die Gewährung unüblicher Vergütungen bedarf daher einer besonderen Rechtfertigung um einen Verstoß gegen § 87 Abs. 1 AktG zu vermeiden.[803] Liegen besondere Gründe vor, die eine über die Üblichkeit hinausgehende Vergütung begründen, darf der Aufsichtsrat von der üblichen Vergütung nach oben abweichen. Allerdings sind diese besonderen Gründe in der Gesetzesbegründung nicht erörtert. Es ist jedoch davon auszugehen, dass beispielsweise besondere Leistungen, besonders hohe Anforderungen an das Leitungsorgan oder seine hervorragenden Fähigkeiten und Kenntnisse vor allem im Bereich der Sanierung eine Abweichung vom „Üblichen" rechtfertigen können.[804] Die Tatsache, dass das Vorstandsmitglied bei seinem ehemaligen Arbeitgeber eine wesentlich höhere Vergütung erzielt hatte, stellt allerdings regelmäßig keinen Grund für eine Überschreitung der üblichen Vergütung dar.[805]

Die Bezugnahme auf das Kriterium der Üblichkeit birgt jedoch die Gefahr, dass Vorstandsmitglieder trotz Nichterfüllung der individuellen Voraussetzungen höhere Gehälter einfordern könnten, nur weil dies der „Üblichkeit" entspricht.[806]

### (2) Vertikale Vergleichbarkeit

Die praktische Bedeutung des Kriteriums der vertikalen Üblichkeit ist noch nicht eindeutig geklärt. Das Aktiengesetz enthält trotz der Reform keine Regelung darüber, welches Vergütungsverhältnis zwischen Vorstand und Arbeitnehmern als

---

802 Stellungnahme der DIHK zum Entwurf des VorstAG, NZG 2009, 538.

803 *Fleischer,* NZG 2009, 801 (802); *Teichmann,* GPR 2009, 234 (237).

804 *v. Godin/Wilhelmi,* AktG Anm. 6; *Hüffer,* § 87 AktG, Rdn. 2; *Oltmanns* in Heidel, Aktienrecht, § 87 Rdn. 4; Spindler/Stilz/*Fleischer,* KommAktG § 87 Rdn. 19.

805 *Annuß/Theusinger,* BB 2009, 2434 (2435); anders *Bosse,* Hdbuch Vorstandsvergütung, S. 89 Rdn. 263, der die Höhe der bisherigen Vergütung als ein Argument für die Überschreitung der Üblichkeit anführt.

806 *Hirte,* Stellungnahme zum Entwurf des VorstAG, S. 2.

angemessen gelten soll. Zwar existieren bereits zahlreiche Vorschläge, die Vorstandsvergütung mit Hilfe eines bestimmten Faktors der Arbeitnehmervergütung zu begrenzen,[807] diese haben jedoch noch keinen Niederschlag im Gesetz gefunden.[808] Im Ergebnis bleibt es somit weiterhin kaum vorstellbar, dass die Vergütung der Arbeitnehmer einen Vergleichsmaßstab für die Höhe der Vorstandsvergütung darstellen könnte. Dennoch gibt es bereits einige große Unternehmen, die eine Koppelung der Vergütung ihres Vorstandes an die Löhne der sonstigen Belegschaft angekündigt haben. So beschloss die Solarworld AG bereits im Vorfeld des Reformgesetzes eine Beschränkung der Vorstandsgehälter auf das 20fache des Brutto-Durchschnittseinkommens ihrer Angestellten.[809]

Die Festsetzung der Vorstandsvergütung sollte einen Bezug zu der durchschnittlichen Entlohnung der Mitarbeiter des jeweils betroffenen Unternehms wahren. Dies gilt nicht nur bezüglich der Vergütungshöhe, sondern auch bezüglich der Vergütungsstruktur. Eine gesetzliche Obergrenze ist zwar nicht vorgesehen, jedoch kann die Berücksichtigung der durchschnittlichen Gehälter der Mitarbeiter im Verhältnis zur Vorstandsvergütung durchaus erstrebenswert sein.[810] Eine Untersuchung des Vertikalvergleichs der dreißig im DAX gelisteten Unternehmen ergab, dass ein Vorstandsmitglied das 50fache eines Durchschnittsmitarbeiters im Unternehmen verdient. Dieses Verhältnis wird als Orientierungsmaßstab für Unternehmen vergleichbarer Größenordnung vorgeschlagen, wobei auch dieser Wert teilweise als überhöht betrachtet wird.[811] Dieser Einwand trifft auf viele große Unternehmen, die einen zum Teil wesentlich geringeren Wert aufweisen, durchaus zu. Dazu gehören solche Unternehmen wie etwa die Deutsche Bank AG, Infineon Technologies AG, Salzgitter AG, BMW AG, Beiersdorf AG, ThyssenKrupp AG sowie auch die Commerzbank AG. Der geringste Abstand beträgt dabei das 13fache eines regulären Mitarbeiters. Bei anderen Unternehmen wird entweder ein dem Durchschnitt vergleichbarer Wert oder eine mehr oder weniger deutliche Überschreitung dieses

807 *Hexel*, Stellungnahme im Rechtsausschuss v. 20.05.2009, S. 4: Der DGB äußerte im Rahmen des Gesetzgebungsverfahrens die Forderung nach einer Koppelung von Arbeitnehmer- und Vorstandsvergütung, vgl. DGB, Stellungnahme zum Entwurf des VorstAG, S. 4 ff.

808 *Bauer/Arnold*, AG 2009, 717 (720).

809 Pressemitteilung der Solarworld AG v. 20.05.2009, abrufbar unter: http://www.solarserver.de/solar-magazin/nachrichten/archiv-2009/hauptversammlung-der-solarworld-ag-beschliesst-deckelung-der-vorstandsgehaelter-vorstandschef-asbeck-grid-parity-ab-2012.html (zuletzt aufgerufen am 19.06.2014).

810 *Bosse*, Hdbuch Vorstandsvergütung, S. 88 Rdn. 254 f.

811 Vgl. Bemerkung in den Informationen für ver.di-Mitglieder in Aufsichtsräten v. 5.08.2009 „Aufsichtratspraxis: – Änderungen druch das VorstAG“, S. 5: „Man wird sich als Aufsichtsrat fragen müssen, ob der Bezug zur Vergütung der Beschäftigten nicht gänzlich auf der Strecke bleibt, wenn z. B. im Einzelfall Vorstände das 50- oder 100fache des durchschnittlichen Arbeitsentgelts im Unternehmen oder Konzern beziehen.“

Mittelwertes verzeichnet. Die höchste ermittelte Spanne liegt bei 1:200, wobei dieser gewaltige Abstand das Ergebnis der Sondereffekte im Bereich der variablen Vergütung darstellt.[812] Kleinere Unternehmen aus anderen Börsensegmenten weisen hingegen einen erwartungsgemäß geringeren Mittelwert deutlich unter dem Wert von 1:50 auf.[813]

Um eine weitere Entkoppelung der Managervergütung von der Unternehmensentwicklung zu vermeiden, verlangt der Deutsche Gewerkschaftsbund, bei der gesetzlichen Definition der „üblichen Vergütung" unter anderem das Entgeltgefüge in der Gesellschaft einzubeziehen. Lediglich die Erwähnung eines solchen Bezugs in der Gesetzesbegründung erscheint nach dieser Auffassung nicht ausreichend, zumal die gesetzliche Aufnahme dieses Kriteriums spürbar zur verbesserten Akzeptanz der Vorstandsvergütung innerhalb der Belegschaft beitragen würde.[814]

Zwar war der Gesetzgeber in seiner Formulierung bemüht, dem Kriterium der Üblichkeit durch den Verweis auf die horizontale und vertikale Vergleichbarkeit im Sinne eines Vergleichs mit den Lohn- und Gehaltsstrukturen konkrete Konturen zu verleihen. Tatsächlich wurde jedoch nur wenig Klarheit geschaffen. Vielmehr führt dieser Verweis in der Gesetzesbegründung zu einer enormen Erweiterung des Beurteilungsspielraums in jeder Hinsicht. Insbesondere wird die Nachprüfbarkeit solcher Entscheidungen deutlich erschwert. Bei einer erheblichen Diskrepanz zu den Gehältern der Arbeitnehmer wird der Aufsichtsrat allenfalls gezwungen sein, für die Rechtfertigung dieses Missverhältnisses ein „Mehr" an Nachweis zu erbringen als zuvor.[815]

Um den Üblichkeitsvergleich aufzustellen, wird in der Marktpraxis regelmäßig auf die Unterstützung externer Vergütungsberater zurückgegriffen. Unter rechtlichen Gesichtspunkten erscheint ein solches Vorgehen auch ratsam, denn sollte die Angemessenheit der Vorstandsvergütung im Rahmen eines Haftungsverfahrens gegen den Aufsichtsrat bestritten werden, wird diesem eine Exkulpation besser gelingen, wenn auf den durch unabhängige Berater erstellten Üblichkeitsvergleich Bezug genommen werden kann.[816] Andere hingegen befürchten jedoch, dass durch die Hinzuziehung externer Vergütungsberater sehr hohe Kosten entstehen würden. In diesem Zusammenhang wird sogar von einer „Beraterzunft" gesprochen.[817]

Entsteht im Rahmen des Vergleichs von horizontaler und vertikaler Üblichkeit ein Spannungsverhältnis, ist nach zutreffender Ansicht dem horizontalen Vergleich Vorrang einzuräumen.[818] Für das Verhältnis der Beschäftigten innerhalb des Unter-

812 *Bosse*, Hdbuch Vorstandsvergütung, S. 88 Rdn. 256 f.
813 *Bosse*, Hdbuch Vorstandsvergütung, S. 89 Rdn. 257.
814 DGB, Stellungnahme zum Entwurf des VorstAG, S. 5 f.
815 *Thüsing*, AG 2009, 517 (518 f.); *Spindler*, NJOZ 2009, 3282 (3284).
816 *Simon/Schaumburg* in: Kienbaum, Vergütungsstudie 2008/2009, S. 10.
817 BDI Stellungnahme zum Entwurf des VorstAG, S. 4; *Nikolay*, NJW 2009, 2640 (2642); *Noack*, BB 2009, Heft 32, M1.
818 *Fleischer*, NZG 2009, 801 (802); *Gaul/Janz*, NZA 2009, 809 (810); *Bauer/Arnold*, AG 2009, 717 (720); *Dauner-Lieb* in: Gesellschaftsrecht Kommentar, § 87 AktG, Rdn. 20; differenzierend hierzu *Thüsing*, AG 2009, 517 (518 f.)

nehmens fehlt eine objektivierbare Bezugsgröße. Darüber hinaus ist der vertikale Vergleich einer gerichtlichen Entscheidung kaum zugänglich, zumal es an einer materiellen Rechtfertigung für die Koppelung der Vorstandsvergütung an das Gehaltsniveau der Arbeitnehmer mangelt. Dagegen können die Aufgaben, Leistungen und Verantwortung der Vorstandsmitglieder unterschiedlicher Unternehmen sehr wohl vergleichbar sein. Hierbei spielt es keine Rolle, ob es sich um ein Industrieunternehmen mit vielen hoch bezahlten Führungskräften oder um ein Unternehmen mit überwiegend niedrigem Lohnbereich handelt.[819] Von einer allgemein üblichen Vergütung im Rahmen der Vorstandsvergütung kann erfahrungsgemäß jedoch nicht gesprochen werden. Vielmehr handelt es sich dabei allenfalls um „das Schielen auf den besser bezahlten Kollegen im Nachbar-Unternehmen“[820]. Bei den Leitungsaufgaben des Vorstandes handelt es sich um äußerst komplexe Sachverhalte, deren individuelle Beurteilung von verschiedenen Faktoren abhängt.

(3) Stellungnahme

Mit dem Erlass des Reformgesetzes bezweckte der Gesetzgeber in erster Linie, das Kriterium der Angemessenheit zu präzisieren und mit Leben zu füllen. Allerdings bleibt dem Aufsichtsrat auch nach der Änderung des § 87 Abs. 1 AktG unverhältnismäßig viel Definitionsspielraum.[821] Lediglich das Vorliegen der nationalen und internationalen Transparenzregelungen der Vorstandsbezüge und der unbeschränkte Zugang zu den Informationsquellen, die Auskunft über die individuelle Vorstandsvergütung geben, führen dazu, dass die Ermittlung der horizontalen Üblichkeit von den Gerichten im Falle eines Schadensersatzprozesses ohne Schwierigkeiten überprüft werden kann. Bei einer erheblichen Abweichung der gewährten von der als üblich ermittelten Vergütung werden die Aufsichtsratsmitglieder somit unausweichlich mit den prozessual nur schwer widerlegbaren Haftungsfallen konfrontiert.[822] Folglich führt die Aufnahme des Üblichkeitskriteriums im Rahmen der Angemessenheit der Vorstandsvergütung gemäß § 87 Abs. 1 Satz 1 AktG n. F. zu einem gesteigerten Rechtsfertigungsbedürfnis seitens des Aufsichtsrats, was mit einer Erhöhung des Haftungsrisikos einhergeht.[823] Demzufolge soll die neu eingeführte Tatbestandsvoraussetzung der „Üblichkeit“ weder eine Veranlassung zur Reduzierung der Managervergütung sein, noch zum enormen Anstieg der Gesamtbezüge führen.

Hinsichtlich der für die Vergütungsentscheidung relevanten Informationen muss der Aufsichtsrat sicherstellen, dass diese eine verlässliche Quelle darstellen und ein gewisses Niveau erreichen.[824] Daher bedarf es meist einer gewissen Zeit, um diese

---

819 *Bauer/Arnold*, AG 2009, 717 (720).
820 *Lutter*, Handelsblatt v. 5.05.2009, S. 8.
821 *Hexel*, Der Aufsichtsrat 2008, Beitrag, 128.
822 Ausführlich zur Haftung des Aufsichtsrates aufgrund der Festsetzung einer unangemessen hohen Vergütung vgl. S. 185ff.
823 *Cannivé/Seebach*, Der Konzern 2009, 593 (597).
824 Spindler/Stilz/*Fleischer*, KommAktG § 87 Rdn. 39; *ders.*, DStR 2005, 1318 (1319).

Informationen vorzubereiten und zusammenzustellen. Vergleichende Vergütungsstudien sind dabei als besonders geeignete Informationsquellen zu betrachten. Der Aufsichtsrat hat detailliert zu begründen, welche Informationen und Entscheidungsgrundlagen letztendlich maßgebend für die Vergütungsfestsetzung waren.[825] Diese Begründungspflicht soll als Ausgleich für die geringe Kontrollmöglichkeit des Aufsichtsrats im Rahmen des § 87 Abs. 1 AktG dienen. Die Begründung des Aufsichtsrats muss umso genauer ausfallen, je mehr sich die Vergütungsentscheidung vom Vergleichsmarkt entfernt.[826] Ein bloßer Hinweis auf die Marktüblichkeit reicht für die Begründungspflicht des Aufsichtsrates hingegen nicht aus.

### e) Verzicht auf eine starre Vergütungshöchstgrenze

Es stellt sich die Frage, ob für die Konkretisierung der Angemessenheit der Vorstandsvergütung nach § 87 AktG n.F. eine summenmäßige Vorgabe existiert, eine Höchstgrenze also herangezogen werden kann. Eine explizite gesetzliche Vergütungshöchstgrenze hat sich nicht durchgesetzt.[827] Es wird jedoch vertreten,[828] dass das Kriterium der Angemessenheit in § 87 Abs. 2 AktG durch die Bezugnahme auf die zahlenmäßige Höchstgrenze (sog. Vergütungscap) des § 5 Abs. 2 Nr. 4a FMStFV, welcher dem Betrag von 500,000 € entspricht, konkretisiert werden kann. Nach dieser Auffassung sollte dieser Richtwert jedoch nur für Unternehmen gelten, welche staatliche Stabilisierungsmaßnahmen in Anspruch nehmen.[829] Die Heranziehung der Höchstgrenze aus der FMStFV wird jedoch überwiegend abgelehnt. Argumentiert wird hierbei mit der Normenhierarchie. Ein Gesetz darf demnach nicht durch eine Verordnung konkretisiert werden.[830] Von der EU-Kommission werden derartige Obergrenzen vor

---

825 Spindler/Stilz/*Fleischer*, KommAktG § 87 Rdn. 39; *ders.*, DStR 2005, 1318 (1319); vergleichbar hierzu *Lücke* in: Beck. MandatsHdbuch Vorstand § 2 Rdn. 127.

826 Vgl. LG München I, Beschluss v. 29.03.2007–5 HK O 12931/06, NZG 2007, 477 ff. Hier wurde ein Verstoß gegen § 87 Abs. 1 AktG verneint, obwohl die Bezüge der Vorstandsmitglieder erheblich über denjenigen von anderen Unternehmen der Branche lagen.

827 *Seibert*, WM 2009, 1489: „So war man sich in der Koalition einig, dass eine konkrete höhenmäßige Beschränkung durch Gesetz nicht in Frage komme."

828 *Keiser*, RdA 2010, 280 (284).

829 *Keiser*, RdA 2010, 280 (284). Dieser geht jedoch davon aus, dass praktisch die Notwendigkeit einer summenmäßigen Konkretisierung der Angemessenheit nur dann entsteht, wenn die Organmitglieder nicht ohnehin mit der Inanspruchnahme von staatlichen Mitteln eine freiwillige Änderung ihres Dienstvertrages verbinden. Vgl. dazu auch *Ziegler* in: Jaletzke/Verannemann, FMStG Kommentar, § 10 Rdn. 60. *Diller/Göpfert*, DB 2009, 2579 (2582) gehen hingegen davon aus, dass die Zustimmung zur Inanspruchnahme von Mitteln aus dem Fonds einen konkludenten Verzicht auf die Angemessenheitsschwelle der FMStFV übersteigende Vergütungsbestandteile impliziert. Ein solcher Verzicht würde dieser Ansicht nach ein Eingreifen des Aufsichtsrats entbehrlich machen.

830 *Wilsing/Kleißl*, BB 2008, 2422 (2425 f.).

dem Hintergrund der Finanzkrise allenfalls für variable Vergütungsbestandteile[831] sowie für Abfindungszahlungen[832] börsennotierter Unternehmen empfohlen.

### f) Berücksichtigung gesetzlich nicht normierter Kriterien

#### aa) Gesteigerter Bedarf aufgrund persönlicher Verhältnisse

Zwar soll den Kriterien der Leistung und den Aufgaben des Vorstandsmitglieds aufgrund ihrer ausdrücklichen Nennung im Gesetz eine herausgehobene Stellung bei der Bestimmung der Angemessenheit eingeräumt werden. Um eine Präzisierung der Angemessenheit zu ermöglichen und die Angemessenheitsparameter des § 87 Abs. 1 AktG n.F. mit Leben zu füllen, sollte daneben jedoch auch der individuelle Bedarf des jeweiligen Vorstandsmitglieds berücksichtigt werden. Hierbei kommt es auf das Umfeld, den Sitz des Unternehmens und andere Faktoren an: ein hohes Gehalt ist z.B. aufgrund höherer Lebenshaltungskosten in Düsseldorf angemessener als in Chemnitz oder für einen Familienvater mit fünf Kindern eher zu rechtfertigen als für einen alleinstehenden Manager ohne persönliche Verpflichtungen. Daher sollte auch auf die jeweiligen Familienverhältnisse bei der Prüfung der Angemessenheit besondere Rücksicht genommen werden.[833] Die Annahme, das Unternehmen schulde dem Manager keine Versorgung nach beamtenrechtlichen Grundsätzen, steht diesem Vorschlag nicht entgegen, zumal bei Arbeitnehmern eine derartige Unterscheidung nach dem gesteigerten Bedarf, etwa bei Familienzuschlägen, ebenfalls bekannt ist.[834] Ferner spielen auch die Qualifikationen des Vorstandsmitglieds, der Marktwert des Unternehmens, die konkrete Verhandlungslage sowie die Dauer der Zugehörigkeit zum Unternehmen eine entscheidende Rolle im Rahmen der Angemessenheit der Vorstandsvergütung, sodass diese Faktoren ebenfalls zu berücksichtigen sind.[835]

---

831 Ziff. 3.1 Empfehlung der Kommission 2009/385/EG: „Wenn Gesellschaften in ihrer Vergütungspolitik variable Vergütungskomponenten vorsehen, sollten sie für diese bestimmte Höchstgrenzen festsetzen."

832 Ziff. 3.5. Empfehlung der Kommission 2009/385/EG: „Abfindungszahlungen sollten einen festen Betrag bzw. eine bestimmte Anzahl von Jahresgehältern nicht überschreiten und in der Regel nicht mehr als zwei Jahreseinkommen aus der nicht variablen Vergütungskomponente oder dem entsprechenden Äquivalent betragen."

833 Bereits *Baumbach/Hueck* AktG § 78 S. 271; *Hüffer* AktG § 87 Rn. 2; früher schon *Schmidt* in: Gadow/Heinichen, GroßkommAktG, § 78 AktG 1937 Anm. 2 („entspricht durchaus den heutigen Anschauungen"); für die bedingte Berücksichtigung der Familienverhältnisse dagegen MünchKommAktG/*Spindler* § 87 Rn. 29; einschränkend *Thüsing*, Stellungnahme zum Entwurf des VorstAG, S. 3; Anders *Bosse*, Hdbuch Vorstandsvergütung, S. 80 Rdn. 225, der damit argumentiert, dass § 87 AktG nicht dem Schutz des Vorstandsmitglieds dient; *Fonk* in: Semler/v. Schenck, ArbHdbuch AR-Mitglieder, § 9 Rdn. 124.

834 *Baumbach/Hueck*, § 78 Rdn. 2; a. A. Spindler/Stilz/*Fleischer*, KommAktG, § 87 Rdn. 19; *ders.*, DStR 2005, 1279 (1280).

835 *Schätzle*, Manager, S. 94 f.; *Schulz*, Aktienkursorientierte Vergütungssysteme, S. 127; *Kort* in: Hopt/Wiedemann, GroßkommAktG, § 87 Rdn. 38

### bb) Einbeziehung sozialer, gesellschaftlicher und ökologischer Ziele

Der DGB geht über die bisher genannten Forderungen sogar hinaus und verlangt die gesetzliche Aufnahme der „sozialen, gesellschaftlichen und ökologischen Verantwortung der Vorstandsmitglieder" als weitere Erfolgskriterien zur Bestimmung der variablen Vorstandsvergütung. Die Berücksichtigung dieser Ziele im variablen Vergütungsteil der Vorstandsvergütung könnte auch erheblich zu einer nachhaltigen Unternehmensentwicklung beitragen.[836] Auch eine vom DGB durchgeführte repräsentative Meinungsumfrage ergab, dass eine ausdrückliche Orientierung an den oben aufgeführten Werten und deren entsprechende Verankerung im Gesetz von 85 % der wahlberechtigten deutschen Bürger für sinnvoll gehalten werden.[837] In diesem Zusammenhang wird auch vorgeschlagen, insgesamt einen Anteil von mindestens 25 % bis maximal 50 % der variablen Vergütung an gesellschaftliche, soziale und ökologische Erfolgsparameter anzuknüpfen.[838] Dabei soll der Bemessungszeitraum vier Jahre betragen und eine maximale Vergütungshöhe (sog. Cap) festgesetzt werden.

Als Erfolgskriterien, an die die Vergütung des Vorstands anknüpfen soll, bieten sich hierbei sowohl die Erfüllung von gemeinsam im Aufsichtsrat vereinbarten Zielen gesellschaftlicher, sozialer und ökologischer Verantwortung, als auch die Orientierung eines variablen Vergütungsanteils an der Entwicklung einer oder mehrerer solcher Bezugsgrößen an. Als mögliche Kriterien für die gesellschaftliche, soziale und ökonomische Verantwortung des Unternehmens als Bestandteil einer Zielvereinbarung zwischen Aufsichtsrat und Vorstand, an deren Erreichen ein Teil der variablen Vergütung orientiert ist, kommen unter anderem der Ausbau bzw. die nachhaltige Sicherung bestehender Standorte oder auch die Reduzierung von Emissionen in Betracht. Als Kennziffer für das Ausmaß der variablen Vorstandsvergütung ist ferner insbesondere die Arbeitnehmerzufriedenheit, z. B. gemessen am DGB-Index „Gute Arbeit"[839], einzubeziehen. Aber auch die Investitionsquote für Weiterbildung und Qualifikation der Arbeitnehmer/innen, die Innovationsfähigkeit des Unternehmens, gemessen an speziellen Forschungs- oder Innovationskennziffern, oder auch seine Energiebilanz bzw. die Reduzierung von Emissionen können eine mögliche Orientierungsgröße darstellen.[840]

---

836 *Hexel* in: Kienbaum, Vergütungsstudie 2008/2009, S. 15.

837 Vgl. die Ergebnisse einer repräsentativen Erhebung von tns infratest Politikforschung im Auftrag des DGB vom 15.11.2007, abrufbar unter: www.dgb.de (zuletzt aufgerufen am 28.03.2011); DGB, Stellungnahme zum Entwurf des VorstAG, S. 6.

838 Vgl. IG Metall (2009): Managergehälter: Bundesregierung bremst Millionenpoker in den Vorstandsetagen in: Wirtschaftspolitische Informationen Nr. 04/20. Juli 2009; *Seyboth/Thannisch* in: Arbeitshilfe für Aufsichtsräte Nr. 14, S. 18.

839 http://www.dgb-index-gute-arbeit.de (zuletzt aufgerufen am 29.03.2011).

840 *Hexel* in: Kienbaum, Vergütungsstudie 2008/2009, S. 16. Als weitere Orientierungsgrößen für das Ausmaß der variablen Vergütung nennt Hexel unter anderem auch Aufrechterhaltung bzw. Steigerung der Beschäftigung im Unternehmen, Schaffung von Ausbildungsplätzen, Erhöhung der Ausbildungsquote aber auch Entwicklung

Eckardstein und Konlechner plädieren ebenfalls für die Aufnahme sozialer Ziele in die variable Vorstandsvergütung und verweisen darauf, dass die geforderten sozialen Kennzahlen wie etwa Arbeitszufriedenheitsumfragen in den großen Gesellschaften zum größten Teil bereits vorhanden sind.[841] Der Deutsche Gewerkschaftsbund schlägt sogar folgende Ergänzung des § 87 Abs. 1 AktG vor[842]:

> „(1) Der Aufsichtsrat hat bei der Festsetzung der Gesamtbezüge des einzelnen Vorstandsmitglieds (Gehalt, Gewinnbeteiligungen, Aufwandsentschädigungen, Versicherungsentgelte, Provisionen, anreizorientierte Vergütungszusagen wie zum Beispiel Aktienbezugsrechte und Nebenleistungen jeder Art) dafür zu sorgen, dass diese in einem angemessenen Verhältnis zu den Aufgaben und Leistungen des Vorstandsmitglieds, zur Lage der Gesellschaft stehen und die übliche Vergütung *einschließlich des Entgeltgefüges im Unternehmen* nicht ohne besondere Gründe übersteigen. [...] *Bei den Vergütungsbestandteilen nach Satz 1 soll auch die soziale, gesellschaftliche und ökologische Verantwortung des Vorstands und des jeweiligen Vorstandsmitglieds berücksichtigt werden.*“[843]

Diese Ergänzung sollte sinngemäß auch für Ruhegehalt, Hinterbliebenenrente und Leistungen verwandter Art gelten,[844] wurde allerdings nicht in das Gesetz aufgenommen.

### g) Zugrundelegung einer mehrjährigen Bemessungsgrundlage

Laut der neu eingeführten Vorschrift des § 87 Abs. 1 Satz 3 HS 1 AktG sollen nun die variablen Vergütungsbestandteile eine mehrjährige Bemessungsgrundlage haben. Der Begriff der „mehrjährigen Bemessungsgrundlage“ ist jedoch nicht unproblematisch, ein Mindestzeitraum ist im Gesetz nicht definiert. Zur Konkretisierung dieses Zeithorizonts kann jedoch die vierjährige Sperrfrist des ebenfalls reformierten § 193 Abs. 2 Nr. 4 AktG als erste Orientierungshilfe herangezogen werden.[845] Die in § 193 Abs. 2 Nr. 4 AktG genannte Frist kann allerdings nicht für jede Art von variablen Vergütungen herangezogen werden, da die Vorschrift des § 193 Abs. 2 Nr. 4 AktG außerhalb ihres Anwendungsbereichs nicht als zwingende Zielvorgabe verstanden werden kann. Gegen eine strikte Übertragung dieser Frist spricht auch der Umstand, dass der Gesetzgeber auf eine nähere Bestimmung des Begriffs der Mehrjährigkeit in § 87 Abs. 1 Satz 3 AktG n. F.

---

des Arbeitsschutzes, Unfallhäufigkeit bzw. Gesundheit im Unternehmen aber auch die Förderung der Integration behinderter Arbeitnehmer/innen.

841 *v. Eckardstein/Konlechner*, Vorstandsvergütung S. 63 f., 67 ff.; DGB, Stellungnahme zum Entwurf des VorstAG, S. 7.

842 Die vorgeschlagenen Ergänzungen sind kursiv hervorgehoben.

843 DGB, Stellungnahme zum Entwurf des VorstAG, S. 7.

844 DGB, Stellungnahme zum Entwurf des VorstAG, S. 7.

845 BT-Drucks. 16/12278, S. 5; Spindler/Stilz/*Fleischer*, KommAktG, § 87 Rdn. 31; *ders.* NZG 2009, 801 (803); *Seibert*, WM 2009, 1489 (1490); *Bosse*, BB 2009, 1650 (1651); *Nikolay*, NJW 2009, 2640 (2642); *Spindler*, NJOZ 2009, 3282 (3285).

verzichtet hat. Daraus folgt, dass auch zwei- und dreijährige Bemessungsgrundlagen zulässig sein können.[846] Zum Teil wird auch vertreten, dass die übliche Bestellungsdauer von regelmäßig mindestens drei und höchstens fünf Jahren heranzuziehen ist.[847] Andere orientieren sich an der „Fünf-Jahres-Frist", die sich aus der aktienrechtlichen Höchstdauer der Vorstandsmandate gemäß § 84 Abs. 1 Satz 1 AktG ergibt.[848] Nur in seltenen Fällen beträgt diese Frist sieben oder zehn Jahre.[849] In der Marktpraxis hat sich dennoch eine zeitliche Grenze von rund drei Jahren herauskristallisiert.[850] Zwar ergibt die grammatikalische Auslegung des Gesetzestextes, dass bereits ein zweijähriger Maßstab als eine mehrjährige Bemessungsgrundlage ausreicht. Die teleologische Auslegung der Gesetzesbestimmung, wonach die nachhaltige Unternehmensentwicklung ein übergeordnetes Ziel des § 87 Abs. 1 Satz 2 AktG darstellt, ist mit einem derart kurzen Beurteilungsspielraum jedoch nicht vereinbar. Vielmehr ist eine dreijährige Bemessungsgrundlage als sachlich geboten anzusehen. Dieser Zeitraum ist zum einen nicht allzu weit von der Wartezeit des § 193 Abs. 2 Nr. 4 AktG entfernt und zum anderen können sich in dieser Zeit bereits die negativen Folgen der Vorstandsentscheidungen abzeichnen, während die Auswirkungen äußerer Einflüsse relativ gering ausfallen.

Die Vorgabe der mehrjährigen Bemessungsgrundlage darf jedoch nicht lediglich als Hinausschieben der Auszahlung der variablen Vergütungsbestandteile verstanden werden.[851] Vielmehr folgt aus den Gesetzesmaterialien, dass die variablen Vergütungsbestandteile auch an negativen Entwicklungen im gesamten Bemessungszeitraum partizipieren müssen.[852] Dies macht ein entsprechendes Malussystem, welches insbesondere bei hoher Verschuldung wirksame Maluskomponenten vorsehen soll, stets erforderlich.[853] Als besonders beliebt erwiesen sich in letzter Zeit auch die sog. *share ownership guidelines*. Diese verpflichten die Vorstandsmitglieder, Aktien des eigenen Unternehmens zu erwerben und dauerhaft zu halten.[854] Aber

---

846 *Annuß/Theusinger*, BB 2009, 2434 (2436); *Bosse*, BB 2009, 1650; *Hoffmann-Becking/Krieger*, NZG-Beil. 26/2009, 1 (3) Rdn. 17 ff.

847 *Fleischer*, NZG 2009, 801 (803); Erwägungsgrund 6 Empfehlung der Kommission 2009/385/EG, ABl. Nr. L 120/28.

848 *Thüsing*, AG 2009, 517 (521); *ders./Forst*, GWR 2010, 515 (517 f.).

849 Kienbaum, Vergütungsstudie 2008/2009, S. 100.

850 Kienbaum, Vergütungsstudie 2009/2010, S. 25.

851 *Thüsing*, Stellungnahme zum Entwurf des VorstAG, S. 7; *Annuß/Theusinger*, BB 2009, 2434 (2436).

852 BT-Drucks. 16/13433, S. 16; *Fleischer*, NZG 2009, 801 (803). Für die deutschen Kreditinstitute legt die Bundesanstalt für Finanzdienstleistungsaufsicht (BaFin) Mindestanforderungen an das Risikomanagement (BA) – kurz MaRisk (BA) – fest, welche die Berücksichtigung negativer Unternehmensentwicklung im Rahmen variabler Vergütung sogar verbindlich vorsieht.

853 Beschlussempfehlung und Bericht des Rechtsausschusses, BT-Drucks. 16/13433, S. 10; *Fleischer*, NZG 2009, 801 (803); *Bosse*, BB 2009, 1650 (1651); *Simon/Schaumburg* in: Kienbaum, Vergütungsstudie 2008/2009, S. 11.

854 *Fleischer*, NZG 2009, 801 (803). Zwar wird durch die Verpflichtung des Vorstandsmitglieds Aktien der eigenen Gesellschaft zu erwerben sichergestellt, dass das Privat-

auch die Performancebetrachtung über die Gesamtlaufzeit und Rückzahlungsverpflichtungen in Form sog. *clawback*-Klauseln[855] kommen als denkbare Vertragsgestaltungen in Betracht.[856]

Erfolgt die endgültige Festsetzung der variablen Vergütungsbestandteile erst mit Ablauf der mehrjährigen Bemessungsgrundlage, entsteht der Vergütungsanspruch erst in diesem Moment. Die Berechnung der variablen Vergütung nach einzelnen Jahren und lediglich zeitversetzte Auszahlung entsprechen dagegen nicht dem Erfordernis der mehrjährigen Bemessungsrundlage.[857] Eine Gewährung von Abschlagszahlungen steht jedoch nicht im Widerspruch zum gesetzgeberischen Willen. Vielmehr haben sich diese an der Leistungserbringung im bereits verstrichenen Zeitraum und der prognostizierten Weiterentwicklung zu orientieren, mit der Folge, dass nach einem erfolgreichen ersten Jahr und einem missglückten zweiten Jahr eine Kürzung bzw. sogar der Wegfall der Abschlagszahlungen nach dem zweiten Jahr durchaus in Betracht gezogen werden kann.[858]

Aus rechtlicher Sicht bedeutend erscheint in diesem Zusammenhang die Frage, ob insoweit starre zeitliche Grenzen geeignet bzw. zwingende Voraussetzungen sind, um die Nachhaltigkeit der Unternehmenspolitik zu gewährleisten, oder ob vielmehr auch jahresbezogene Ziele und entsprechend jahresbezogene Vergütungsbezüge denkbar sind. Ausschlaggebend für die Ausrichtung eines Vergütungssystems – insbesondere auch vor dem Hintergrund der Nachhaltigkeit – sind jedoch weniger die zeitlichen Grenzen, sondern die der variablen Vergütung zugrunde liegenden Zielvorgaben. So ist eine rein finanzkennzahlenorientierte Vergütung, auch wenn sie mehrperiodisch ausgestaltet ist, durchaus geeignet, gegen das Nachhaltigkeitsgebot zu verstoßen. Erst durch die Hinzuziehung weiterer quantitativer und qualitativer Kriterien, wie z.B. des Beitrags zur Unternehmensentwicklung und Führungskultur, der Innovationsbereitschaft oder der Erhöhung der Energieeffizienz, wird die Festsetzung einer angemessenen Vergütung bewirkt. Daher ist statt eines starren zeitlichen Kriteriums der Mehrjährigkeit eine unternehmensspezifische Mischung aus Kennzahlen, Nachhaltigkeits- und Leistungsindikatoren zu empfehlen, die der individuellen strategischen Perspektive am besten gerecht werden kann. Dabei

---

vermögen des Betroffenen längerfristig an das Wohlergehen des Unternehmens gebunden wird; dieses Modell kann jedoch nicht ohne weiteres dem Begriff der variablen Vorstandsvergütung zugeordnet werden. Ausgehend vom eindeutigen Wortlaut des § 87 Abs. 1 Satz 3 AktG erfasst der Begriff der Vergütung bzw. der Gesamtbezüge lediglich Leistungen der Gesellschaft, nicht jedoch Bestandteile des Anstellungsvertrages, bei denen dem jeweilige Vorstandsmitglied persönliche Ausgaben aufgebürdet werden. Vgl. *Dauner-Lieb*, Der Konzern 2009, 583 (589). Vgl. auch oben S.51.

855 *Bauer/Arnold*, AG 2009, 717 (723); *Thüsing*, AG 2009, 517 (521); *Weber-Rey*, WM 2009, 2255 (2260); Spindler/Stilz/*Fleischer*, KommAktG § 87 Rdn. 32. Zu den *clawback*-Klauseln im europarechtlichen Kontext siehe oben S.78.

856 *Dauner-Lieb*, Der Konzern 2009, 583 (587).

857 *Thüsing*, Stellungnahme zum Entwurf des VorstAG, S. 7.

858 *Bosse*, Hdbuch Vorstandsvergütung, S. 68 f. Rdn. 182.

sind wiederum branchenabhängige Besonderheiten zu berücksichtigen und die Grundsätze der Einfachheit, Übersichtlichkeit und Verständlichkeit zu beachten.[859] Konkrete Vorgaben an die Ausgestaltung der Langfristigkeit der Verhaltensanreize hat der Gesetzgeber bisher jedoch nicht entwickelt. Vielmehr wird die genaue Anpassung der Anreizmechanismen dem jeweiligen Unternehmen überlassen. Der Reformgesetzgeber verfügt über keine komparativen Vorteile hinsichtlich des vertraglichen Designs der konkreten Vorstandsvergütung und beschränkt sich daher zu Recht auf die allgemeine Formulierung seiner Rahmenbedingungen.[860]

Schließlich stellt sich die Frage, ob der Aufsichtsrat bei der Festsetzung einer angemessenen und zugleich nachhaltigen Vergütung künftig gehalten ist, ausschließlich auf algorithmen- bzw. formelbezogene Methoden zur Bestimmung des variablen Vergütungssystems zurückzugreifen. Wie die Erfahrung insbesondere in jüngerer Zeit zeigt, sind rein formelbasierte Bonussysteme mit einer oder zwei finanzwirtschaftlichen Inputgrößen, wie Aktienkurs, Umsatz, EBIT oder ROCE, nicht mehr geeignet, die komplexe Realität eines international ausgerichteten Unternehmens widerzuspiegeln. Zur Festlegung einer angemessenen Vergütung bedarf es eines umfassenden Gesamtbildes des Unternehmens, welches unter anderem Faktoren wie etwa Markt- und Wettbewerbsentwicklungen, Sondereinflüsse, strategische Meilensteine, *benchmarking*-Gutachten, Ratings und Analystenmeinungen beinhaltet. Da die Fülle all dieser Aspekte sich nicht in einer Formel zusammenfassen lässt, gewinnen Ermessensentscheidungen des Aufsichtsrats, die auf der Grundlage dieser Faktoren getroffen werden, bei der Festlegung der allgemeinen Vorstandsvergütungsstruktur und der einzelnen Vergütung eine immer größere Bedeutung.[861]

#### h) Begrenzungsmöglichkeit der variablen Vergütung bei einer außerordentlichen Entwicklung

Gemäß § 87 Abs. 1 Satz 3 HS 2 AktG soll bei variabler Vergütung eine Begrenzungsmöglichkeit für den Fall einer außerordentlichen Entwicklung vorgesehen werden. Mit dieser Vorgabe meint der Gesetzgeber eine außerordentliche Entwicklung nach oben. Diese Regelung stellt die Rezeption einer Empfehlung des DCGK in Ziffer 4.2.3 Abs. 3 Satz 4 dar. Dadurch sollen eine Bereinigung der Bemessungsgrundlage der variablen Vergütung um positive Sondereffekte erzielt, sog. unverdienten Geschenke („*windfall profits*")[862] vermieden und so die Konnexion zwischen Leistung des Vorstandsmitglieds und seiner Entlohnung hervorgehoben werden.[863] Ein derartiger *pay for performance*-Zusammenhang ist allerdings dann mit Schwierigkeiten verbunden, wenn die Vergü-

859 *Raible/Schmidt* in: Kienbaum, Vergütungsstudie 2008/2009, S. 28.

860 *Fleischer*, NZG 2009, 801 (803).

861 Kienbaum, Gesetz zur Angemessenheit der Vorstandsvergütung (VorstAG), Umsetzung in die Praxis, S. 3, abrufbar unter: www.verguetungsportal.kienbaum.de/.../Kienbaum_Standpunkte_VorstAG.pdf (zuletzt aufgerufen am 19.06.2014).

862 Sog. Fallobstgewinne bzw. unverhoffte Gewinne. *Döring/Grau*, DB 2009, 2139.

863 *Bosse*, Hdbuch Vorstandsvergütung, S. 73 Rdn. 192; S. 74, Rdn. 195.

tung von Bezugsgrößen abhängt, die durch externe, vom Vorstand nicht beeinflussbare Faktoren determiniert werden können. Zu solchen Vergütungselementen zählen unter anderem Aktienoptionen oder Tantiemen, die an Parameter wie Umsatz, Gewinn oder Aktienkursentwicklung gebunden sind. Bei diesen Vergütungsparametern besteht die Möglichkeit, dass die Bezugsgrößen ohne einen kausalen Beitrag des Vorstandsmitglieds steigen und somit nicht auf die Vorstandsleistung zurückgeführt werden können. Die Gesetzesmaterialien nennen in diesem Zusammenhang Veräußerungen von Unternehmensanteilen, die Hebung stiller Reserven, Unternehmensübernahmen oder andere exogene Einflüsse, die alle in unvorhergesehenen Veränderungen der Performance-Bezugsgrößen Umsatz, Gewinn oder Aktienkurs ohne einen nennenswerten Beitrag des amtierenden Vorstandes resultieren und daher nicht Grundlage der Vergütungsentscheidung sein können.[864] Ausgegangen wird davon, dass je auffälliger der Anstieg der Leistungsparameter ist, desto unwahrscheinlicher die Steigerung ausschließlich auf die Leistungen des Vorstands zurückzuführen ist. Je fernliegender ein solcher *pay for performance*-Zusammenhang erscheint, desto weniger ist es angemessen, die positiven Veränderungen im Rahmen der Vergütungsbemessung einzubeziehen. Demzufolge handelt es sich dann um eine „außerordentliche Entwicklung" i. S. d. § 87 Abs. 1 Satz 3 HS 2 AktG, wenn die Vergütung des Vorstandsmitglieds zwar wesentlich ansteigt, diese Entwicklung jedoch offensichtlich nicht die Folge seiner außerordentlichen Leistung ist, sondern vielmehr andere Ursachen hat.[865]

Die gesetzliche Verankerung eines Vergütungscaps für außerordentliche Entwicklungen entspricht auch der Ausrichtung an der nachhaltigen Unternehmensentwicklung. Kurzfristige Aktienkurssteigerungen als Folge von Spekulationsgeschäften sind heute nicht mehr in der Lage bei einer langfristigen Betrachtung die Vergütung des Vorstandsmitgliedes in entsprechender Weise zu beeinflussen. Stellt man auf den nachhaltigen Unternehmenserfolg ab, so sind sprunghafte Kurssteigerungen von kurzer Dauer (sog. *one-time-items*) bei der Bemessung der Vorstandsvergütung nicht zu berücksichtigen. Eine eigenständige Bedeutung erlangt die Vorgabe des § 87 Abs. 1 Satz 3 HS 2 AktG n. F. neben dem Gebot der Ausrichtung an der nachhaltigen Unternehmensentwicklung allerdings erst dann, wenn die „außerordentliche Entwicklung" über einen längeren Zeitraum fortdauert.[866]

Um unvorhergesehene Steigerungen der variablen Vergütung des Vorstandes zu vermeiden wird sogar vorgeschlagen, für jedes Anstellungsverhältnis eine individuelle zahlenmäßige Höchstgrenze der jährlichen Gesamtvergütung (Cap) festzusetzen. Die Höchstsumme der Vergütung sei vor dem Hintergrund des Einzelfalls vom Aufsichtsrat für jedes Unternehmen individuell festzulegen. Das Erreichen des maximalen Gehaltes soll dabei an das Erreichen aller im Rahmen der variablen Vergütungselemente definierten Erfolgsziele gekoppelt werden.[867]

---

864 BT-Drucks. 16/13433, S. 16; *Fleischer*, NZG 2009, 801 (803).

865 *Thüsing*, AG 2009, 517 (522); *Annuß/Theusinger*, BB 2009, 2434 (2437).

866 *Thüsing*, AG 2009, 517 (522).

867 *Hexel* in: Kienbaum, Vergütungsstudie 2008/2009, S. 17.

Die Ausgestaltung der Auszahlungscaps bleibt jedem Unternehmen selbst überlassen. Erfahrungswerte aus der Praxis zeigen jedoch, dass die Höchstauszahlungsgrenzen beispielsweise 200 % bis 300 % des Zielbetrages (*cash plans*) ausmachen oder auch bei 100 %iger Steigerung des Aktienkurses im Vergleich zum Basispreis (*stock option plans*) angenommen werden. Den Unternehmen steht es frei, die Ausgestaltung der Caps in den Anstellungsverträgen oder auch in den Bedingungen der langfristigen variablen Vergütungspläne festzulegen. Zu beachten sind dabei die jeweiligen Besonderheiten des Aktienkurses des Unternehmens. So weist eine Aktie mit höheren Kursschwankungen ein höheres Gewinnpotential auf als eine, deren Wertentwicklung relativ stabil ist. Ungeachtet der bestehenden Begrenzungsmöglichkeit sind die Unternehmen dennoch gehalten bei der Begrenzung der variablen Vergütung den „goldenen Mittelweg" zu finden, um die Attraktivität der Vergütungspläne nicht zu gefährden und die Motivation des Vorstands weiterhin voranzutreiben.[868] Insbesondere bei Beteiligung ausländischer Vorstandsmitglieder als potenzieller Begünstigter stößt die in Deutschland geregelte Möglichkeit, den maximalen Plangewinn der variablen Vergütungsprogramme zu beschränken, auf erhebliche Vermittlungsschwierigkeiten. Dies resultiert daraus, dass eine derartige Begrenzung der Auszahlungshöhe anderen Staaten unbekannt ist. Für diese stellt sich dann die Frage „nach der Vereinbarkeit eines derartigen Caps mit der strategischen Anreizwirkung des Long-Term-Incentive-Plans"[869]. Aus diesem Grund sehen deutsche Unternehmen oft von einer Deckelung ab und wählen stattdessen eine degressive Ausgestaltung der Gewinnbeteiligung ab einer bestimmten Gewinnhöhe.[870]

Alternativ oder auch kumulativ hierzu kann auch eine Pflicht des Aufsichtsrats begründet werden, für variable Vergütungsbestandteile Rückerstattungsregelungen vorzusehen. Diese sollen dann zum Einsatz kommen, wenn der angestrebte nachhaltige Unternehmenserfolg nicht erreicht wird. Eine ähnliche Vorgabe ist auch in Ziffer 3.4. der Empfehlung der Kommission 2009/385/EG zur Vorstandsvergütung zu finden. Auf diese Art und Weise können auch „Abschlagszahlungen" gewährt werden. Sie unterliegen aber einer Rückzahlungspflicht, wenn sich nachträglich ergibt, dass die „Gewinne auf einem auf Kosten der nachhaltigen Entwicklung entfachten Strohfeuer beruhen."[871] Die Rückforderungsvoraussetzungen sind dabei im Zeitpunkt der Vereinbarung der variablen Vergütung festzulegen.

### i) Erleichterte Herabsetzungsmöglichkeit nach § 87 Abs. 2 AktG

Der Abschluss eines Anstellungsvertrages zwischen der Gesellschaft und dem Vorstandsmitglied bindet beide Parteien an die getroffenen Vereinbarungen. Eine einseitige Änderung des Vertragsinhalts ist folglich ausgeschlossen, zulässig bleiben jedoch einvernehmliche Nachträge zum Vertragsgegenstand. Somit bilden der An-

---

868 Kienbaum, Vergütungsstudie 2008/2009, S. 101.
869 Kienbaum, Vergütungsstudie 2008/2009, S. 102.
870 Kienbaum, Vergütungsstudie 2008/2009, S. 102.
871 *Thüsing*, Stellungnahme zum Entwurf des VorsAG, S. 7.

stellungsvertrag und die darin getroffenen Vergütungsregelungen eine für beide Parteien grundsätzlich verlässliche Basis für die Kooperation. Allerdings wird der pacta sunt servanda-Grundsatz durch die Vorschrift des § 87 Abs. 2 AktG erheblich durchbrochen.[872] Danach soll der Aufsichtsrat die Bezüge des Vorstandsmitglieds herabsetzen, wenn sich die Lage der Gesellschaft seit dem Zeitpunkt des Vertragsschlusses derart verschlechtert hat, dass die Weitergewährung der Bezüge in gleicher Höhe nach § 87 Abs. 1 AktG für die Gesellschaft unbillig wäre. Dogmatisch stellt § 87 Abs. 2 AktG eine Sonderregelung der Störung der Geschäftsgrundlage dar.[873] Er durchbricht den Grundsatz der Vertragsverbindlichkeit, fordert dafür jedoch – anders als § 313 BGB – keine *schwerwiegende* Veränderung der Geschäftsgrundlage und geht auch nicht von einer *unzumutbaren Vertragsfortführung* aus.[874] Darüber hinaus kann die Regelung des § 87 Abs. 2 AktG weder durch Satzung noch durch eine individuelle Vereinbarung mit dem Vorstandsmitglied ausgeschlossen oder ihre Anwendung erschwert werden.[875]

Die Möglichkeit, die Vorstandsvergütung nachträglich herabzusetzen, ist keine Erfindung des 21. Jahrhunderts und keine Folge der Finanzmarktkrise. Vielmehr war eine solche Herabsetzungsmöglichkeit bereits im Aktiengesetz von 1937 in § 78 Abs. 2 geregelt. Allerdings mangelte es seitdem an der praktischen Relevanz dieser Vorschrift. Auch die Rechtsprechung hatte sich mit diesem Thema bis dahin kaum befasst.[876] Erst der Versuch der sich in einer schwierigen wirtschaftlichen Lage befindlichen Karstadt AG, eine nachträgliche Beschränkung des ihrem ehemaligen Vorstandsvorsitzenden Deuss gewährten lebenslangen Rechts auf einen Dienstwagen nebst Chauffeur durchzusetzen, erforderte eine praktische Auseinandersetzung mit diesem Thema.[877] Und dennoch stellt der „Dornröschenschlaf des § 87 Abs. 2 AktG“[878] kein unverständliches rechtliches Phänomen dar: Wenn es den

---

872 *Bosse*, Hdbuch Vorstandsvergütung, S. 113 Rdn. 368; *Weller*, NZG 2010, 7 (8).

873 *Diller*, NZG 2009, 1006; *Diller/Göpfert*, DB 2008, 2579 (2581); *Fleischer*, NZG 2009, 801 (804); *Mertens/Cahn*, KK-AktG, § 87 Rdn. 94; *Thüsing*, AG 2009, 517 (523); *Weller*, NZG 2010, 7 (8); Spindler/Stilz/*Fleischer*, KommAktG § 87 Rdn. 60.

874 *Dauner-Lieb*, Der Konzern 2009, 583 (590); *Mertens/Cahn*, KK-AktG, § 87 Rdn. 94; *Weller*, NZG 2010, 7 (8).

875 *Baeck/Götze/Arnold*, NZG 2009, 1121 (1125); *Mertens/Cahn*, KK-AktG § 87 Rdn. 96; *Seibt* in: Schmidt/Lutter, AktG, § 87 Rdn. 20; *Weller*, NZG 2010, 7 (12); Spindler/Stilz/*Fleischer*, KommAktG § 87 Rdn. 61; eher zurückhaltend hierzu *Bauer/Arnold*, AG 2009, 717 (727); großzügiger dagegen *Annuß/Theusinger*, BB 2009, 2434 (2438).

876 OLG Köln, NZG 2008, 637 (GmbH); LG Essen, NZG 2006, 356 (Ruhestand); LG Essen, NZG 2006, 356 ff.; AG Tempelhof, 142 F 4132/03; OLG Düsseldorf, NZG 2004, 141, wobei hier auch nur am Rande zu § 87 Abs. 1 AktG Stellung bezogen wurde.

877 LG Essen, NZG 2006, 356.

878 *Diller*, NZG 2009, 1006; Dauner-Lieb spricht in diesem Zusammenhang vom Schattendasein des § 87 Abs. 2 AktG, vgl. *Dauner-Lieb*, Der Konzern 2009, 583 (589); andere bezeichnen die Herabsetzungsmöglichkeit nach § 87 Abs. 2 AktG a. F. als „praktisch totes Recht“, vgl. *Cannivé/Seebach*, Der Konzern 2009, 593 (598); „papiernes Recht“ *Martens*, ZHR 2005, 124 (130); *Fleischer*, NZG 2009, 801 (804);

Aufsichtsräten schon nicht gelingt, bei der Anstellung eine angemessene Vergütung der Vorstandsmitglieder festzusetzen, stellt für diese eine nachträgliche Herabsetzung ein viel komplexeres Unterfangen dar, sodass sie in der Regel die Kraft für eine derartige Konfrontation nicht aufbringen können.[879]

Die Entscheidung über die Herabsetzung nach § 87 Abs. 2 AktG erfolgt durch einen Beschluss des Aufsichtsrates, der als Gesamtgremium hierfür zuständig ist.[880] Die Herabsetzung der Vorstandsvergütung kann sowohl befristet als auch unbefristet stattfinden.[881] Handelt es sich um eine unbefristete Herabsetzung, obwohl eine positive Entwicklung der Gesellschaftslage absehbar ist, so ist eine solche Maßnahme der Gesellschaft unangemessen.[882] Die Herabsetzung nach § 87 Abs. 2 AktG stellt ein einseitiges Gestaltungsrecht der Gesellschaft dar. Die Ausübung dieses Gestaltungsrechts gegenüber dem Vorstandsmitglied gemäß § 315 Abs. 2 BGB bewirkt eine unmittelbare Änderung des Verpflichtungsinhalts.[883]

Nach dem bislang geltenden Recht erforderte die Herabsetzung der Vorstandsvergütung eine *wesentliche* Verschlechterung der Gesellschaftsverhältnisse, welche für die Weitergewährung der bisherigen Bezüge eine *schwere* Unbilligkeit darstellen musste. Die Neuregelung des § 87 Abs. 2 AktG verzichtet dagegen auf die Merkmale einer „wesentlichen" Verschlechterung und einer „schweren" Unbilligkeit. Mit dieser Änderung will der Gesetzgeber das „papierne Recht"[884] des § 87 Abs. 2 AktG praktisch effizienter gestalten. Allerdings wird gleichzeitig auch eine beträchtliche Aufweichung des Grundsatzes der Vertragsstabilität in Kauf genommen. Ausweislich der Gesetzesmaterialien ist nun für die Herabsetzung von Vorstandsgehältern keine unmittelbare Unternehmenskrise mehr erforderlich.[885] Der Verzicht auf diesen Umstand stellt eine wesentliche Veränderung der Rechtsnatur der Regelung als „äußerster Notbehelf"[886] und bereichsspezifische Ausprägung des

---

„schlafendes Recht" *Thüsing,* AG 2009, 517. Siehe aber immerhin LG Essen, NZG 2006, 356; LG Duisburg, BB 1971, 145.

879 *Diller,* NZG 2009, 1006.

880 *Bosse,* Hdbuch Vorstandsvergütung, S. 114 Rdn. 375.

881 *Kort* in: Hopt/Wiedemann, GroßkommAktG, § 87 Rdn. 292; MünchKommAktG/*Spindler,* § 87 Rdn. 97, wobei hier vom Regelfall der befristeten Herabsetzung ausgegangen wird und die unbefristete Kürzung nur dann als gerechtfertig gilt, wenn mit einer Besserung der Gesellschaftslage auf absehbare Zeit nicht gerechnet werden kann; *Mertens/Cahn,* KK-AktG § 87, Rdn. 98.

882 *Mertens/Cahn,* KK-AktG, § 87 Rdn. 98.

883 *Seibt* in: Schmidt/Lutter, AktG, § 87 Rdn. 20; *Weisner/Kölling,* NZG 2003, 465 (467); *Mertens/Cahn,* KK-AktG, § 87 Rdn. 99.

884 *Martens,* ZHR 2005, 124 (130).

885 BT-Drucks. 16/12278, S. 6.

886 MünchKommAktG/*Spindler,* § 87 Rdn. 87; *Thüsing,* Stellungnahme zum Entwurf des VorstAG, S. 11; anders dazu *Bosse,* Hdbuch Vorstandsvergütung, S. 117 Rdn. 393; S. 120, Rdn. 402. Nach seiner Ansicht stellt die Vorschrift des § 87 Abs. 2 AktG n.F. weiterhin ein „Notfallrecht" des Aufsichtsrates dar, sodass ihr Ausnahmecharakter trotz der abgeschwächten Formulierung beibehalten werden soll.

Wegfalls der Geschäftsgrundlage dar. Eine solche Wendung entspricht jedoch dem unmissverständlichen rechtspolitischen Willen des Reformgesetzgebers, wobei der Ausnahmecharakter der Vorschrift erhalten bleiben soll.[887]

### aa) Verschlechterung der Lage der Gesellschaft

Die Herabsetzung der Vorstandsvergütung nach § 87 Abs. 2 AktG n. F. erfordert zunächst eine Verschlechterung der Lage der Gesellschaft. Fraglich ist allerdings, wann eine solche „Verschlechterung" der Gesellschaftslage im Sinne des § 87 Abs. 2 AktG vorliegt. Im Widerspruch zum Wortlaut der Gesetzesmaterialien ist eine solche auf keinen Fall schon dann zu bejahen, wenn die Gesellschaft Entlassungen oder Lohnkürzungen veranlasst bzw. keine Gewinnausschüttungen mehr vorgenommen werden können.[888] Vielmehr müssen beide in der Gesetzesbegründung genannten Voraussetzungen kumulativ vorliegen, d. h. Lohnkürzungen und Entlassungen müssen unumgänglich und Gewinnausschüttungen gleichzeitig unmöglich sein.[889] Denn allein betrachtet können Entlassungen – trotz der damit einhergehenden Nachteile für die betroffene Belegschaft – mit dem Zweck der Steigerung der Ertragskraft und der Wettbewerbsfähigkeit durchaus im Interesse eines erfolgreichen Unternehmens sein.[890] Auch die Einbehaltung erwirtschafteter Gewinne kann im Sinne künftiger Investitionen des Unternehmens sein und muss somit nicht zwangsläufig auf eine Verschlechterung der Unternehmenslage hindeuten.[891] Drohende Insolvenz und das Vorliegen einer unmittelbaren Krise des Unternehmens erfüllen zwar stets die Voraussetzung des § 87 Abs. 2 AktG n. F., sind jedoch für die Annahme einer Verschlechterung der Gesellschaftslage nicht notwendig.[892]

Bei der Beurteilung der Lage der Gesellschaft ist nicht nur die Vermögenslage des Unternehmens, sondern auch seine wirtschaftliche Gesamtsituation einschließlich der gegenwärtigen Vermögens-, Ertrags- und Finanzlage und der zukünftigen Entwicklung des Unternehmens einzubeziehen. Erfasst werden darüber hinaus auch externe Einflussfaktoren, wie etwa die Situation auf den Märkten, politische Ge-

---

887 Spindler/Stilz/*Fleischer*, KommAktG § 87 Rdn. 59; *ders.*, NZG 2009, 801 (804); a. A. *Jaeger/Balke*, ZIP 2010, 1471 (1475); *Gaul/Janz*, NZA 2009, 809 (812).

888 *Fleischer*, NZG 2009, 801 (804).

889 *Diller*, NZA 2009, 1006; *Bauer/Arnold*, AG 2009, 717 (725); *Thüsing*, AG 2009, 517 (522); *Dauner-Lieb*, Der Konzern 2009, 583 (590); *Koch*, WM 2010, 49 (53).

890 *Wagner/Wittgers*, BB 2009, 906 (910); *Thüsing*, Stellungnahme zum Entwurf des VorstAG, S. 8; *Gaul/Janz*, NZA 2009, 809 (812).

891 Gemeint sind vielmehr betriebsbedingte Kündigungen in nicht unerheblichem Ausmaß, die aus einer verschlechterten wirtschaftlichen Lage des Unternehmens resultieren, sowie Jahresfehlbeträge, die dazu führen, dass eine ursprünglich geplante Gewinnausschüttung auch nicht aus anderen zur Verfügung stehenden Mitteln möglich ist, *Fleischer*, NZG 2009, 801 (804); *Diller*, NZG 2009, 1006; *Bosse*, Hdbuch Vorstandsvergütung, S. 117 Rdn. 392; *Wagner/Wittgens*, BB 2009, 906 (910).

892 BT-Drucks. 16/12278, S. 6; *kritisch* hierzu Spindler/Stilz/*Fleischer*, KommAktG § 87 Rdn. 63.

schehnisse oder rechtliche Entwicklungen.[893] Im Ergebnis bleibt also festzuhalten, dass mit dem Verzicht auf das einschränkende Merkmal der „Wesentlichkeit" in § 87 Abs. 2 AktG n. F. keine Lösung des Problems einhergeht, sondern die Auslegung des weiterhin unklar definierten Begriffs „Verschlechterung der Lage der Gesellschaft" nunmehr im Rahmen der Interessenabwägung vorzunehmen ist.[894]

Des Weiteren bleibt es im Rahmen der Voraussetzung der Gesellschaftslage weiterhin bei der Betrachtung der Gesellschaft als solcher, sodass etwaige Konzernentwicklungen außer Acht zu lassen sind.[895] Folglich scheidet eine Herabsetzung der Bezüge aus, wenn zwar eine erhebliche Verschlechterung der Lage der Muttergesellschaft zu verzeichnen ist, die auch eine Gefahr schafft, Tochtergesellschaften mit in den Abgrund zu reißen, die Tochtergesellschaft als solche sich jedoch in einer stabilen Lage befindet. Umgekehrt kann allerdings eine Herabsetzung vorgenommen werden, wenn die anstellende Aktiengesellschaft sich in einer sehr schlechten Lage befindet und nur aufgrund guter Ergebnisse der Tochtergesellschaften mit mäßigem Erfolg wirtschaften kann.[896]

Die Beurteilung der Verschlechterung der Lage muss im Zeitraum vom Vertragsschluss bis zur Entscheidung über die Herabsetzung erfolgen. Somit dürfen Umstände, die bereits bei Vertragsschluss gegeben bzw. angelegt und dem Aufsichtsrat auch bekannt waren, nicht berücksichtigt werden. Eine nachträgliche Herabsetzung nach § 87 Abs. 2 AktG ist im Übrigen auch dann nicht möglich, wenn bereits bei Vertragsschluss überhöhte und damit nicht angemessene Bezüge vereinbart wurden.[897] Entscheidend für die Beurteilung der Verschlechterung der Gesellschaftslage ist dabei der Tag, an dem die Vergütung festgesetzt wurde. Abgestellt werden soll dabei auf die jeweils letzte Festsetzung der entsprechend betroffenen Vergütungskomponente. Die Verschlechterung der Gesellschaftslage wird stets im Zeitpunkt der Herabsetzungsentscheidung des Aufsichtsrates beurteilt.[898]

Folglich stellt die Regelung des § 87 Abs. 2 AktG keine generelle einseitige Möglichkeit des Aufsichtsrates dar, schon am Anfang überhöhte und damit auch unangemessene Vorstandsbezüge zu korrigieren. Ungenügende Leistungen eines Vorstandsmitglieds und eine negative Entwicklung sonstiger personenbezogener Kriterien sind ebenfalls nicht geeignet, das Recht auf Herabsetzung der Vorstandsvergütung zu begründen.[899] Erforderlich ist vielmehr eine nachhaltige Ver-

---

893 *Fleischer*, DStR 2005, 1279 f.; *ders.* in: Spindler/Stilz, KommAktG, § 87 Rdn. 5; *Schüller*, Vorstandsvergütung, S. 124; *Schwark*, FS Raiser, S. 377 (384).

894 Stellungnahme des Handelsrechtsausschusses des DAV zum VorstAG, Nr. 32/2009, NZG 2009, 612 (613) Rdn. 13; *Diller*, NZA 2009, 1006.

895 NZG 2009, 1006; Spindler/Stilz/*Fleischer*, KommAktG § 87 Rdn. 63.

896 *Diller*, NZA 2009, 1006 (1007).

897 Spindler/Stilz/*Fleischer*, KommAktG § 87 Rdn. 63; *Bosse*, Hdbuch Vorstandsvergütung, S. 117 Rdn. 391.

898 *Diller*, NZA 2009, 1006.

899 *Bosse*, Hdbuch Vorstandsvergütung, S. 117 Rdn. 391.

schlechterung der Gesellschaftslage, sodass eine einmalige Verschlechterung als Rechtfertigung der Maßnahme nach § 87 Abs. 2 AktG ebenfalls ausscheidet.[900]

Denkbar wäre, eine Verschlechterung der Lage der Gesellschaft im Sinne des § 87 Abs. 2 AktG aus einer erheblichen Verschlechterung der folgenden unternehmensbezogenen und ökonomischen Gesichtspunkte zu folgern. Demnach kann zum einen der Rückgang des Eigenkapitals oder eine deutliche Verringerung der Eigenkapitalquote eine Verschlechterung der Gesellschaftslage indizieren. Darüber hinaus stellen die bilanzielle Ausweisung eines beträchtlichen Jahresfehlbetrages und das Ausbleiben der Dividendenauszahlung infolge Ertragsschwäche weitere Indizien für die Verschlechterung der Gesellschaftslage dar. Eine nachhaltige und erhebliche Abschwächung des Aktienkurses sowie auch eine kritische Liquiditätslage oder auch Liquiditätsstockungen können für den Aufsichtsrat ebenfalls einen berechtigten Grund darstellen, von einer Verschlechterung der Lage der Gesellschaft auszugehen. Außerdem kann sich diese auch aus gravierenden Einbußen bei sonstigen betriebswirtschaftlichen Kennzahlen wie Umsatz, EBIT oder EBITDA verbunden mit ausbleibendem oder abnehmendem Auftragseingang und Auftragsbestand ergeben.[901]

#### bb) Unbilligkeitskriterium

Die Weitergewährung der Vorstandsbezüge muss für die Gesellschaft zudem gem. § 87 Abs. 2 Satz 1 AktG unbillig sein, damit eine Herabsetzung in Betracht kommt. Das Kriterium der Unbilligkeit der Weiterzahlung der Vorstandsbezüge beinhaltet ein Zurechnungselement: die Verschlechterung der Lage des Unternehmens muss dem betroffenen Vorstandsmitglied zugerechnet werden können. Auf ein pflichtwidriges Verhalten des Vorstandsmitgliedes kommt es hierbei nicht an.[902] Als Zurechnungsfrist, in der dem Vorstand bestimmte Maßnahmen und Entscheidungen noch zugerechnet werden können, kommt dabei eine Drei-Jahres-Frist in Betracht. Dieser Zeitraum entspricht der gesetzgeberischen Wertung, die auch im Rahmen der Herabsetzung des Ruhegehaltes gem. § 87 Abs. 2 Satz 2 AktG zum Ausdruck kommt.[903] Somit steht im Gegensatz zum bisherigen Verständnis[904] die individuell

---

900 *Bosse*, Hdbuch Vorstandsvergütung, S. 117 Rdn. 393.

901 *Bosse*, Hdbuch Vorstandsvergütung, S. 118 Rdn. 395.

902 Vgl. BT-Drucks. 16/12278, S. 7; *Gaul/Janz*, NZA 2009, 809 (812); „Die Verschlechterung muss in die Zeit der Vorstandsverantwortung des betroffenen Vorstandsmitglieds fallen und diesem auch zurechenbar sein"; *Bosse*, Hdbuch Vorstandsvergütung, S. 119 Rdn. 398; Spindler/Stilz/*Fleischer*, KommAktG § 87 Rdn. 64.

903 Gemäß § 87 Abs. 2 S. 2 AktG n. F. ist die Herabsetzung des Ruhegehaltes nur innerhalb von drei Jahren nach dem Ausscheiden des Vorstandsmitgliedes aus der Gesellschaft möglich.

904 MünchKommAktG/*Spindler*, § 87 Rdn. 88; *Bauer/Arnold*, AG 2009, 717 (726); *Diller*, NZG 2009, 1006 (1007); *Hohenstatt*, ZIP 2009, 1349 (1353).

erbrachte Leistung des einzelnen Vorstandsmitglieds nunmehr im Mittelpunkt der Billigkeitsbetrachtung.[905]

Die Möglichkeit, eine Herabsetzung nach § 87 Abs. 2 AktG als „verkappte Sanktion für unglücklich agierende Vorstandsmitglieder“[906] zu verwenden, wird allerdings in Zweifel gezogen.[907] Vielmehr stehe dem Aufsichtsrat bei pflichtwidrigem Verhalten des Vorstandmitglieds die Möglichkeit zu, dieses nach § 93 AktG in Anspruch zu nehmen. Allerdings scheint der Gesetzgeber mit der Regelung des § 87 Abs. 2 AktG n.F. eine „kalte“ Fortführung der Vorstandshaftung nach § 93 AktG in Richtung einer Garantiehaftung zu bezwecken. Demnach soll der Vorstand mit der Herabsetzung seiner Bezüge haften, wenn die Gesellschaft sich in einer schlechten Lage befindet und sich ein Verschulden des Vorstandes i. S. d. § 93 AktG nicht nachweisen lässt. Allerdings ist hierbei zu beachten, dass moderne Vorstandsvergütungssysteme in der Regel eine direkte Verknüpfung mit der wirtschaftlichen Entwicklung der Gesellschaft aufweisen und das Vorstandsmitglied daher in Krisenzeiten ohnehin gewisse finanzielle Einbußen erleiden muss.[908] Dieser Umstand spricht dafür, dass darüber hinausgehende Kürzungen der Vorstandsvergütung nur in Ausnahmefällen in Betracht gezogen werden sollten. Daher ist richtigerweise davon auszugehen, dass die Herabsetzung der Vorstandsbezüge trotz Streichung des einschränkenden Merkmals der „Wesentlichkeit“ auch in Zukunft nur dann vorgenommen werden soll, wenn „die wirtschaftlichen Schwierigkeiten des Unternehmens so einschneidend und die Unbilligkeit so offensichtlich“[909] sind, dass die Weiterzahlung der vereinbarten Vorstandsvergütung mit der Treuepflicht des Vorstandsmitglieds gegenüber der Gesellschaft gemäß § 76 AktG nicht vereinbar wäre.

In diesem Zusammenhang stellt sich darüber hinaus die Frage, ob insofern eine Gleichbehandlung aller Vorstände bei der Vergütungsherabsetzung vorzunehmen oder die Vergütung nur einzelner Vorstände aufgrund ihrer Fehlsteuerung herabzusetzen ist.[910] Nach der Gesetzesbegründung soll die Weitergewährung der bisherigen Vorstandsbezüge dann unbillig sein, wenn der Vorstand entweder pflichtwidrig gehandelt hat oder die Verschlechterung der Gesellschaftslage jedenfalls „in die Zeit seiner Vorstandsverantwortung fällt und ihm zugerechenbar ist“.[911] Eine ungleichmäßige Belastung der Vorstandsmitglieder mit der Herabsetzung entspricht jedoch nicht dem Grundsatz der Gesamtverantwortung aller Vorstandsmitglieder. Vor diesem Hintergrund ist die Gesetzesbegründung somit systemwidrig. Daher kann im Ergebnis nur dann vom Grundsatz der Gesamtverantwortung abgewichen und die

---

905 Spindler/Stilz/*Fleischer,* KommAktG § 87 Rdn. 64.

906 Spindler/Stilz/*Fleischer,* KommAktG, § 87 Rdn. 65.

907 *Bauer/Arnold,* AG 2009, 717 (726); *Dauner-Lieb,* Der Konzern 2009, 583 (589); *Diller,* NZG 2009, 1006 (1007); *Koch,* WM 2010, 49 (55).

908 *Dauner-Lieb,* Der Konzern 2009, 583 (590).

909 *Diller,* NZA 2009, 1006 (1007); *Bosse,* Hdbuch Vorstansdvergütung, S. 117 Rdn. 393.

910 *Spindler,* NJOZ 2009, 3282 (3286); *Hohenstatt,* ZIP 2009, 1349 (1353); *Hermes,* Law-Zone 2/2010, 22 (29).

911 Begr. RegE, BT-Drucks. 16/12278, S. 6.

Vergütung nur eines oder einiger Vergütungsmitglieder herabgesetzt werden, wenn der sachliche Grund einer nachgewiesenen Schlechtperformance bei individuellen Vorstandsmitgliedern vorliegt. Nur in diesem Fall wäre eine Ungleichbehandlung gerechtfertigt.[912]

Ferner ist zu berücksichtigen, dass auch die „Interessen des Vorstands an einer Einhaltung der ursprünglichen Vereinbarung“[913] im Rahmen der Billigkeitsabwägung einzubeziehen sind. Aus diesem Grund sollte im Falle einer absehbaren Überwindung der Verschlechterung der Gesellschaftslage eine zeitliche Begrenzung der Herabsetzung in Betracht gezogen werden.[914]

Die bisherige „Kann“-Vorschrift des § 87 Abs. 2 AktG a. F., wonach der Aufsichtsrat die Vorstandsvergütung herabsetzen *konnte*,[915] stellt nunmehr eine „Soll“-Vorschrift dar. Demnach *soll* der Aufsichtsrat nunmehr eine Herabsetzung der Vorstandsbezüge vornehmen, wenn die Voraussetzungen des § 87 Abs. 2 AktG vorliegen. Das Absehen von einer Herabsetzung ist nur bei Vorliegen besonderer Umstände zulässig.[916] Was diese besonderen Umstände ausmacht, lässt der Gesetzgeber jedoch leider offen. Zwar war im ersten Gesetzesentwurf zum VorstAG ein Zwang zur Herabsetzung der Vorstandsvergütung vorgesehen, diese Regelung wurde jedoch nicht übernommen. Eine derartige zwingende Bestimmung hätte die Flexibilität des Aufsichtsrats ausgehöhlt, was vom Gesetzgeber offensichtlich nicht beabsichtigt war. Trotz der Ausgestaltung als „Soll“-Vorschrift ist der Aufsichtsrat auch nach der neuen Regelung des § 87 Abs. 2 AktG gehalten, der Herabsetzungsentscheidung solide Informationen zugrunde zu legen, um so unerwünschte und das Unternehmen unter Umständen gefährdende Kündigungen des Vorstands gemäß § 87 Abs. 2 Satz 4 AktG zu vermeiden.[917]

Aufgrund der Einbeziehung der „Lage der Gesellschaft“ in die Herabsetzungsvoraussetzungen erscheint es plausibel, die „besonderen Umstände“, die eine Herabsetzung nach § 87 Abs. 2 AktG n. F. gegebenenfalls entbehrlich machen können, mit den Voraussetzungen des § 87 Abs. 1 AktG n. F. zu begründen (Aufgaben und Leistungen des Vorstandsmitgliedes, Üblichkeit, nachhaltige Unternehmensentwicklung). Ferner sollen bei der Herabsetzung nach Möglichkeit auch die zu wahrenden Interessen der betroffenen Vorstandsmitglieder in die Begründung einbezogen werden.[918] Um eine Haftung für die unterlassene Herabsetzung zu vermeiden, trifft den Aufsichtsrat daher die Pflicht, die Vorstandsvergütung kontinuierlich zu be-

---

912 *Hohenstatt*, ZIP 2009, 1349 (1353).

913 *Gaul/Janz*, NZA 2009, 809 (812).

914 *Gaul/Janz*, NZA 2009, 809 (812).

915 Wobei es sich bei diesem Ermessen nach *Schlegelberger/Quassowski*, AktG, § 78 Rdn. 12 bereits nach der alten Rechtslage im Regelfall um eine Ermessensreduzierung auf Null handelte; *Thüsing*, Stellungnahme zum Entwurf des VorstAG, S. 9.

916 BT-Drucks. 16/13433, S. 10; *Fleischer*, NZG 2009, 801 (804).

917 *Bauer/Arnold*, AG 2009, 717 (731); *Dauner-Lieb*, Der Konzern 2009, 583 (590).

918 Spindler/Stilz/*Fleischer*, KommAktG, § 87 Rdn. 65; *Wilsing/Kleißl*, BB 2008, 2422 (2424); *Hohaus/Weber*, DB 2009, 1515 (1519).

obachten und zu prüfen. Diese Pflicht kann sich in Krisenzeiten der Gesellschaft weiter verdichten.[919] Waren die Bezüge des betroffenen Vorstandsmitglieds ohnehin zu niedrig oder wurde dieses in der Zeit der Krise mit besonderen, bislang noch nicht kompensierten Aufgaben konfrontiert, erscheint die Herabsetzung der festgesetzten Vergütung nicht gerecht, sodass von dieser abzusehen ist.[920]

Die bisher gebotene „angemessene Herabsetzung" der Vorstandsbezüge gab dem Aufsichtsrat das Recht, die Kürzung auf einen sachlich und zeitlich vertretbaren Betrag zu beschränken. Der Aufsichtsrat war dabei gehalten, jede vermeidbare Härte zu vermeiden. Die Neuregelung des § 87 Abs. 2 AktG ist jedoch um einiges strenger als der bisherige Normbefehl. Trifft den Aufsichtsrat eine gesetzliche Pflicht zum Einschreiten, so hat er nunmehr die Vergütung „auf die angemessene Höhe" herabzusetzen.[921] Somit dient die Herabsetzung nach § 87 Abs. 2 AktG n.F. nicht mehr wie bisher ausschließlich der Sicherung des Wohlergehens der Gesellschaft, sondern bezweckt darüber hinaus auch die allgemeine Gewährleistung der Angemessenheit der Vorstandsvergütung i. S. d. § 87 Abs. 1 AktG n.F. Daher erhält die Norm des § 87 Abs. 2 AktG n.F. einen gewissen Zwittercharakter. Sie geht über das, was für ihr ursprüngliches Ziel erforderlich ist, nun deutlich hinaus, ohne das andere Ziel – Sicherung angemessener Vorstandsvergütung – vollständig zu verwirklichen, da an dem Erfordernis einer Verschlechterung der Gesellschaftslage weiterhin festgehalten wird.[922] Eine derartige Doppel-Zielsetzung kann jedoch nicht als beabsichtigt angesehen werden. Vielmehr sollten die Eingriffsvoraussetzungen für die Herabsetzung lediglich quantitativ gesenkt werden. Das Resultat der Neuregelung des § 87 Abs. 2 AktG erscheint folglich willkürlich. Eine Anpassung der Vergütung auf ein angemessenenes Maß ist jetzt einer zufälligen Verschlechterung der Lage unterstellt. Da es jedoch gerade darum geht, die Angemessenheit zu gewährleisten, ist eine Abhängigkeit von einer rein zufälligen Verschlechterung der Lage widersprüchlich.[923] Dies gilt jedoch nicht für bereits entstandene Vergütungsansprüche, sodass auch die neue Vorschrift des § 87 Abs. 2 Satz 1 AktG keine Rückwirkung der Herabsetzung erlaubt.[924] Erwirbt das Vorstandsmitglied einen in unangemessener Höher gewährten Bonus, kann dieser, auch wenn es noch nicht zur Auszahlung kam, nicht mehr herabgesetzt werden. Folglich kommt die Verhinderung zu hoch ausgezahlter Boni aus vorherigen Geschäftsjahren auch dann nicht in Betracht, wenn sich das Unternehmen mittlerweile in einer Krise befindet.[925] Vielmehr kommen hier §§ 812 ff. BGB zur Anwendung.

---

919 *Simon/Schaumburg* in: Kienbaum, Vergütungsstudie 2008/2009, S. 11.

920 *Hohaus/Weber*, DB 2009, 1515 (1519).

921 Spindler/Stilz/*Fleischer*, KommAktG, § 87 Rdn. 71; *ders.*, NZG 2009, 801 (804).

922 *Thüsing*, AG 2009, 517 (523); *Wittuhn/Hamann*, ZGR 2009, 847 (865).

923 *Thüsing*, Stellungnahme zum Entwurf des VorstAG, S. 9.

924 Das Rückwirkungsverbot entspricht auch der bisherigen Rechtslage vgl. *Thüsing*, Stellungnahme zum Entwurf des VorstAG, S. 8.

925 *Thüsing*, Stellungnahme zum Entwurf des VorsAG, S. 8 f.; *Diller*, NZG 2009, 1006; *Dauner-Lieb*, Der Konzern 2009, 583 (590).

Im Falle einer Besserung der Gesellschaftslage, ist die anstellende Gesellschaft aufgrund des Korrektivs der gesellschaftsrechtlichen Treuepflicht gemäß § 242 BGB verpflichtet sein, die herabgesetzte Vergütung wieder heraufzusetzen.[926] Entsprechend der bisher herrschenden Meinung galt eine unbefristete Herabsetzung der Vorstandsbezüge nur dann als zulässig, wenn zum einen mit der Besserung der wirtschaftlichen Lage der Gesellschaft in absehbarer Zeit nicht gerechnet werden konnte und zum anderen dem Vorstandsmitglied im Falle der positiven Entwicklung der Gesellschaftslage ein Anspruch auf Rückgängigmachung der Kürzung seiner Vergütung eingeräumt wurde.[927] Die Wiedergewährung der ursprünglichen Vorstandsbezüge wurde im Rahmen des VorstAG jedoch weder diskutiert noch wurde sie in die neuen Vorschriften des Aktiengesetzes aufgenommen. Dennoch kann davon ausgegangen werden, dass trotz der Neufassung des § 87 Abs. 2 AktG der Anspruch auf die Rückgängigmachung der Kürzung unter den oben genannten Voraussetzungen beibehalten werden soll. Eine Ausnahme könnte allerdings dann vorliegen, „wenn feststeht, dass der wirtschaftliche Einbruch dem betroffenen Vorstandsmitglied nachweisbar zuzurechnen ist und er zur Überwindung der Krise nichts beigetragen hat, sondern diese aus anderen Gründen bewältigt wurde, etwa weil die Gesellschaft durch ein finanzstarkes Unternehmen übernommen worden ist“[928].

#### cc) Gegenstand der Herabsetzung

Wie bereits vor der Gesetzesänderung können von der Herabsetzung die gesamten Vorstandsbezüge erfasst werden, also Grundgehälter, Gewinnbeteiligungen, Aufwandsentschädigungen, Versicherungsentgelte, Provisionen und Nebenleistungen jeder Art.[929] Bei Abfindungszahlungen wurde die Anwendung des § 87 Abs. 2 AktG bislang abgelehnt, da sie nicht als Gegenleistung für geleistete Dienste, sondern als Ausgleich für das Risiko einer vorzeitigen Vertragsbeendigung zugesprochen werden.[930] Ausweislich der Gesetzesbegründung werden jedoch auch Abfindungszahlungen nunmehr vom Anwendungsbereich des § 87 Abs. 2 AktG n. F. erfasst.[931]

---

926 *Bauer/Arnold,* AG 2009, 717 (727 f.); *Mertens/Cahn* in: KK-KommAktG, § 87 Rdn. 99; *Dauner-Lieb* in: Gesellschaftrecht Kommentar, § 87 AktG Rdn. 45; Spindler/Stilz/*Fleischer,* KommAktG, § 87 Rdn. 73.

927 *Dauner-Lieb,* Der Konzern 2009, 583 (590).

928 *Bauer/Arnold,* AG 2009, 717 (727 f.); *Dauner-Lieb,* Der Konzern 2009, 583 (591).

929 MünchKommAktG/*Spindler,* § 87 Rdn. 91; *Thüsing* in: Fleischer, Hdbuch des Vorstandsrechts, § 6 Rdn. 29; *Koch,* WM 2010, 49 (56).

930 MünchKommAktG/*Spindler,* § 87 Rdn. 93; *Thüsing* in: Fleischer, Hdbuch des Vorstandsrechts, § 6 Rdn. 30; kritisch hierzu *Schüller,* Vorstandsvergütung, S. 212 f.

931 RegBegr BT-Drucks. 16/12278, S. 6; dazu auch *Seibert,* WM 2009, 1489 (1491); *Koch,* WM 2010, 49 (56). *Diller,* NZG 2009, 1006 (1008) differenziert dabei danach, ob der Anstellungsvertrag nach Abberufung noch bis zum vereinbarten Vertragsende weiterläuft oder nicht und bejaht die Geltung des § 87 Abs. 2 AktG lediglich für den ersten Fall. Eine derartige Unterscheidung findet in der Regierungsbegründung allerdings keinen Niederschlag und ist auch terminologisch nicht zwingend geboten.

### dd) Rechtsschutz gegen eine zu Unrecht erfolgte Herabsetzung

Findet eine Herabsetzung der ursprünglich vereinbarten Bezüge gemäß § 87 Abs. 2 AktG statt, so steht dem betroffenen Vorstandsmitglied unabhängig von der Rechtmäßigkeit der erfolgten Herabsetzung ein Sonderkündigungsrecht gemäß § 87 Abs. 2 Satz 4 AktG zu. Hält das Vorstandsmitglied die Maßnahme nach § 87 Abs. 2 AktG für unrechtmäßig bzw. ungerechtfertigt, so steht ihm auch das Recht zu, die Zahlung seiner bisherigen Vergütung aus dem Dienstvertrag oder die richterliche Festlegung des billigen Gehalts gemäß § 315 Abs. 3 Satz 2 BGB einzuklagen. Die Klage ist gegen die Gesellschaft, vertreten durch den Aufsichtsrat nach § 112 AktG, zu richten.[932] Entgegen der herrschenden Ansicht in der Literatur gehen *Mertens* und *Cahn* im Kölner Kommentar zum AktG davon aus, dass das Vorstandsmitglied auch eine Feststellungsklage mit dem Ziel der gerichtlichen Überprüfung der Rechtmäßigkeit der Herabsetzung erheben kann,[933] da „davon ausgegangen werden kann, dass die Gesellschaft im Falle ihres Unterliegens die ungekürzten Bezüge (nach)zahlt."[934] Die Rechtskraft des von einem Vorstandsmitglied erstrittenen Urteils erstreckt sich jedoch nicht auch auf die übrigen Vorstandsmitglieder. Die Entscheidung über die Aufhebung oder Einschränkung der Herabsetzung begründet ebenfalls keine Gleichbehandlungsansprüche für andere von der Maßnahme betroffene Kollegen.[935] Dies ist auf die Individualität der Herabsetzungsentscheidung zurückzuführen.

Wird das Vorstandsmitglied hingegen gerichtlich bestellt, so fällt auch die Festsetzung seiner Vergütung in die Zuständigkeit des Gerichts gem. § 85 Abs. 3 Satz 2 AktG, mit der Folge, dass dessen Befugnis sich auch auf die Herabsetzung der Bezüge nach § 87 Abs. 2 Satz 1 AktG erstreckt. Die gerichtliche Herabsetzung erfolgt durch Beschluss, der entsprechend § 85 Abs. 3 Satz 3 AktG mit der sofortigen Beschwerde angegriffen werden kann. Beruht die Vergütung des gerichtlich bestellten Vorstandsmitglieds hingegen auf einer von ihm mit dem Aufsichtsrat getroffenen Vereinbarung, steht diesem das Herabsetzungsrecht nach § 87 Abs. 2 Satz 1 AktG zu.[936]

### ee) Verfassungsrechtliche Bedenken in Bezug auf § 87 Abs. 2 AktG

Die Regelung des § 87 Abs. 2 Satz 1 AktG stellt eine Abweichung von dem grundlegenden und verfassungsrechtlich als Teil der Vertragsfreiheit gem. Art. 2 Abs. 1

---

932 *Kort* in: Hopt/Wiedemann, GroßkommAktG, § 87 Rdn. 298; MünchKommAktG/*Spindler*, § 87 Rdn. 100; Spindler/Stilz/*Fleischer*, KommAktG, § 87 Rdn.75; *Mertens/Cahn*, KK-AktG, § 87 Rdn. 100.

933 Die h. M. in der Literatur verneint hierbei aufgrund der Möglichkeit der Leistungsklage das für die Erhebung der Feststellungsklage erforderliche Feststellungsinteresse. Vgl. Spindler/Stilz/*Fleischer*, KommAktG, § 87 Rdn. 75; *Hüffer*, § 87 AktG, Rdn. 10; MünchKommAktG/*Spindler*, § 87 Rdn. 100; *Seibt* in: Schmidt/Lutter, AktG, § 87 Rdn. 20.

934 *Mertens/Cahn*, KK-AktG, § 87 Rdn. 100.

935 *Mertens/Cahn*, KK-AktG, § 87 Rdn. 100.

936 *Mertens/Cahn*, KK-AktG, § 87 Rdn. 100; MünchKommAktG/*Spindler*, § 87 Rdn. 101; *Kort* in: Hopt/Wiedemann, GroßkommAktG, § 87 Rdn. 300.

GG (und im Rahmen der Berufsausübung auch gem. Art. 12 Abs. 1 GG) geschützten Grundsatz der Vertragstreue (pacta sunt servanda) dar. Die Herabsetzungsmöglichkeit nach § 87 Abs. 2 Satz 1 AktG sei demnach, so meinen einige Autoren, ein Systembruch und verstoße gegen das Prinzip der Verbindlichkeit einmal geschlossener Verträge. Aufgrund der durch das VorstAG ermöglichten Erleichterung der Vergütungsherabsetzung für Vorstände börsennotierter Gesellschaften werde der systemfremde Eingriff in grundrechtlich geschützte Positionen noch stärker vertieft. Dieser sei nach der Neufassung bereits allein durch die Voraussetzung der Unbilligkeit gerechtfertigt, dessen genaue Bedeutung auch durch die Regierungsbegründung nur wenig beleuchtet werde.[937]

Andere hingegen halten die Kritik an § 87 Abs. 2 Satz 1 AktG zu Recht für ungerechtfertigt. Zwar wird die Konfliktlage zwischen den Interessen des Vorstands an der Weitergewährung der ursprünglich zugesagten Bezüge einerseits und denen der Aktiengesellschaft an der Herabsetzung der Vergütung in Krisenzeiten andererseits über § 87 Abs. 2 Satz 1 AktG einseitig zu Lasten des Vorstands gelöst. Von einer Überschreitung des gesetzgeberischen Gestaltungsermessens könnte allerdings nur dann gesprochen werden, wenn „der Vorstand als Geldleistungsgläubiger angesichts der einseitigen Kürzungsmöglichkeit durch die Gesellschaft sachlich in ungerechtfertigter Weise schlechter behandelt würde als Geldleistungsgläubiger in Verträgen, denen eine vergleichbare Interessenstruktur zu Grunde liegt“[938]. Eine ungerechtfertigte Benachteiligung des Vorstands gegenüber Gläubigern in vergleichbarer Lage kann in der Reduktionsmöglichkeit des § 87 Abs. 2 Satz 1 AktG jedoch nicht gesehen werden. Zu dieser Schlussfolgerung gelangt man, wenn der Anstellungsvertrag mit dem Vorstand am Maßstab der allgemeinen, nach Parteiinteressen differenzierenden Vertragstypenlehre untersucht wird, wie es die Rechtsprechung des BVerfG[939] zum Ausgestaltungsermessen des Gesetzgebers nahelegt.[940]

Die moderne Vertragstypenlehre unterscheidet zwischen Verträgen des Interessengegensatzes, der Interessengemeinschaft und der Fremdinteressenwahrung.[941] Anders als bei den klassischen Verträgen des Interessengegensatzes wie etwa dem Kauf-, Werk- und Mietvertrag, bei denen der pacta sunt servanda-Grundsatz in seiner starren Ausgestaltung Anwendung findet, trifft den Geschäftsherrn bei Verträgen der Fremdinteressenwahrung lediglich eine eingeschränkte Pflicht zur Vertragstreue. Beim Anstellungsvertrag mit dem Vorstand, in dem auch seine Vergütung festgesetzt wird, handelt es sich um einen solchen Vertrag der Fremdinteressenwah-

---

937 *Koch,* WM 2010, 49 (52); in diesem Sinne bereits *Hoffmann-Becking/Krieger,* NZG-Beil., 26/2009, 1 (4) Rdn. 32.

938 *Weller,* NZG 2010, 7 (9).

939 BVerfG, NJW 1993, 1751 (1754): „Art und Umfang des Schutzes im Einzelnen zu bestimmen, ist Aufgabe des Gesetzgebers. Die Verfassung gibt den Schutz als Ziel vor, nicht aber seine Ausgestaltung im Einzelnen.“

940 *Weller,* NZG 2010, 7 (9).

941 *Martinek* in: Staudinger BGB, §§ 662 ff. Rdn. 24 ff.; *Weller,* Die Vertragstreue, S. 197 ff.

rung. Wie bereits oben erörtert hat der Anstellungsvertrag eine Geschäftsbesorgung zum Gegenstand, sodass er auch den Wertungen des Auftrags- und Geschäftsbesorgungsrechts unterliegt.[942] Nach einhelliger Meinung hat der Vorstand sein Handeln nicht an seinen eigenen Interessen, sondern an denjenigen der Gesellschaft auszurichten.[943] Als Folge hiervon kann der Gesetzgeber Instrumente vorsehen, welche darauf hinauslaufen, dass die Interessen der Gesellschaft (als Geschäftsherrin) stärker berücksichtigt werden als die des Vorstands (als Geschäftsbesorger).[944] Betrachtet man vor diesem Hintergrund den geltenden Regelungsrahmen des Aktiengesetzes, stehen den vorstandsprivilegierenden Vorschriften zur Weisungsunabhängigkeit gem. § 76 AktG und erschwerten Widerrufsmöglichkeiten gem. § 84 Abs. 3 AktG die gesellschaftsbegünstigenden Schadensersatzansprüche wegen Sorgfalts- und Treuepflichtverletzungen gem. § 93 AktG sowie der Grundsatz der Angemessenheit der Vorstandsvergütung gem. § 87 AktG gegenüber. Demnach stellt die Herabsetzungsmöglichkeit des § 87 Abs. 2 Satz 1 AktG keinen systemwidrigen Fremdkörper dar, sondern verkörpert vielmehr eine systemkonforme Maßnahme, die den Gesellschaftsinteressen den Vorrang gewährt.[945]

#### j) Einbeziehung von Ruhegehalt in § 87 Abs. 2 Satz 2 AktG

##### aa) Anwendungsbereich

Vor dem Erlass des VorstAG waren Ruhegehälter, Hinterbliebenenbezüge und Leistungen verwandter Art von der Herabsetzung ausgeschlossen.[946] In besonders krassen Ausnahmefällen wurde bisher auf § 242 BGB zurückgegriffen.[947] Dies änderte sich mit dem Erlass des Reformgesetzes mit der Folge, dass auch diese Bezüge nun

942 Dies ergibt sich bereits aus § 27 Abs. 3 BGB, welcher für den Vorstand eines Vereins subsidiär auf das Auftragsrecht verweist. Da der Verein die Grundform aller Körperschaften bildet, kann auch das Verhältnis zwischen Vorstand und Aktiengesellschaft als auftragsähnlich charakterisiert werden. Vgl. *Weller*, NZG 2010, 7 (10).

943 *Fleischer* in: Hdbuch des Vorstandsrechts, § 9 Rdn. 2: „Die Vorstandsmitglieder dürfen in allen Angelegenheiten, die das Interesse der Aktiengesellschaft berühren, allein deren Wohl und Wehe und nicht ihren eigenen Nutzen oder den Vorteil anderer im Auge haben." Vgl. auch Ziff. 4.3.3 DCGK.

944 *Weller*, NZG 2010, 7 (9).

945 *Weller*, NZG 2010, 7 (9); ähnlich MünchKommAktG/*Spindler*, § 87 Rdn. 1.

946 BGH Urteil vom 22.9.1975 – II ZR 85/74, WM 1976, 56; Münch. Hdbuch GesR IV/*Wiesner*, § 21 Rdn. 33; *Hüffer*, AktG, 2008, § 87 Rdn. 7; *Fleischer*, NGZ 2009, 804.

947 *Kropff*, AktG, § 87 Begr. RegE S. 111; BGH, NJW 1952, 342; BGH, BB 1951, 869; LG Essen, NZG 2006, 356. Im Leitsatz des Urteils heißt es: „Gewährt eine AG in einer Ruhestandsvereinbarung einem Vorstandsmitglied das Recht, auf Lebenszeit und zeitlich uneingeschränkt einen Firmenwagen mit Fahrer in Anspruch nehmen zu dürfen, so kann diese Vereinbarung nur durch den Aufsichtsrat gekündigt werden, wenn eine Herabsetzung der Ruhestandsvergütung nach Treu und Glauben mit Rücksicht auf das zwischen dem pensionierten Vorstandsmitglied und der AG bestehende (lockere) Treueverhältnis geboten ist"; Vgl. auch *Fleischer*, NZG 2009, 801 (804).

von der Herabsetzungsmöglichkeit erfasst sind, § 87 Abs. 2 Satz 2 AktG jedoch eine Begrenzung auf die ersten drei Jahre nach dem Ausscheiden des Vorstandsmitglieds aus der Gesellschaft vorsieht. Der Rückgriff auf § 313 BGB bzw. § 242 BGB wird damit entbehrlich.

Rechtfertigt man die Herabsetzung von Vorstandsbezügen mit der Treuepflicht der Organmitglieder zur Gesellschaft, wonach diese bei einer schlechten Gesellschaftslage Kürzungen ihrer Bezüge hinzunehmen haben, wenn die Vergütung nicht mehr den Angemessenheitskriterien entspricht, so erscheint die in § 87 Abs. 2 AktG n. F. festgelegte Herabsetzung auch dem ausgeschiedenen Vorstandsmitglied gegenüber als gerechtfertigt.[948] Zieht man im Rahmen des § 87 Abs. 2 AktG das Kriterium der Zurechenbarkeit hinzu, so ergibt sich die Anpassungsmöglichkeit von selbst. Demnach scheidet eine Anpassung der Vorstandsbezüge grundsätzlich aus, wenn die Verschlechterung der Lage der Gesellschaft nicht auf dem Handeln des Vorstandsmitgliedes basiert oder die Existenz der Gesellschaft aufgrund einer Krise in Gefahr ist. Hierbei spielt die Herabsetzung trotz Möglichkeit der Schadensersatzgeltendmachung insofern eine außerordentlich wichtige Rolle, da sie auch dann eingreift, wenn sich eine unternehmerische Entscheidung des Vorstandsmitgliedes erst nachträglich als falsch herausstellt. Wird die Herabsetzungsvorschrift eher als eine Vorschrift der Geschäftsgrundlage verstanden, so spielen zeitliche Grenzen grundsätzlich keine Rolle, sodass die Möglichkeit der Vergütungsherabsetzung nach § 87 Abs. 2 AktG grundsätzlich während der ganzen Vertragslaufzeit zulässig erscheint.[949]

Leider ist die gesetzgeberische Formulierung des § 87 Abs. 2 Satz 2 AktG, wonach die Herabsetzung „nur in den ersten drei Jahren“ nach dem Ausscheiden aus der Gesellschaft erfolgen darf, in zweifacher Hinsicht mehrdeutig ausgefallen. Zum einen ist der Wortlaut dahingehend missverständlich, dass rein grammatikalisch die Norm so verstanden werden könnte, als könnten die Ruhegelder *nur* in den ersten drei Jahren nach Ausscheiden des Vorstandsmitgliedes gekürzt werden. Ein derartiges Verständnis der Regelung entspricht jedoch nicht dem gesetzgeberischen Ziel, diejenigen von der Kürzung der Ruhegeldbezüge auszunehmen, die mehr als drei Jahre vor Verschlechterung der Lage der Gesellschaft ausgeschieden sind. Alle anderen sollen vielmehr einer vollumfänglichen und zeitlich unbegrenzten Herabsetzung unterliegen. Eine hiervon abweichende Auslegung des § 87 Abs. 2 Satz 2 AktG widerspreche zudem dem Regelungssystem.[950]

Zum anderen stellt sich aber die Frage, ob die Frist des § 87 Abs. 2 Satz 2 AktG mit dem Ende des Anstellungsverhältnisses oder dem Ende der Organstellung beginnt. Zwar wäre das Abstellen auf das Ende der Organstellung im Hinblick auf das erforderliche Zurechenbarkeitskriterium denkbar, denn die Zurechnung eines etwaigen Handelns erfolgt

---

948 *Thüsing*, Stellungnahme zum Entwurf des VorstAG, S. 10; *Bosse*, Hdbuch Vorstandsvergütung, S. 113 Rdn. 368; ausführlich hierzu *Wittuhn/Hamann*, ZGR 2009, 847 ff.; *Diller*, NZG 2009, 1006.

949 *Thüsing*, Stellungnahme zum Entwurf des VorstAG, S. 10.

950 *Wittuhn/Hamann*, ZGR 2009, 847 (862).

nur während des Innehabens der Organstellung. Entscheidend ist jedoch das Ende des Dienstvertrages. Dies ergibt sich zum einen aus dem Wortlaut des Gesetzes, welches vom „Ausscheiden aus der Gesellschaft“ spricht und somit auf eine vollumfängliche, d.h. eine tatsächliche und vertragliche Beendigung hindeutet. Zum anderen geht es bei den nach § 87 Abs. 2 Satz 2 AktG herabzusetzenden Bezügen um vertragliche Ansprüche. Das Ende des Anstellungsvertrages als Fristbeginn wird wohl in Zukunft dazu führen, dass ausscheidende Vorstandsmitglieder in den Austrittsverhandlungen darauf hinwirken, sich möglichst frühzeitig von dem Vertrag zu lösen, um den Fristbeginn möglichst zeitnah in Gang zu setzen und damit einen baldigen Fristablauf herbeizuführen.[951] Begreift man hingegen die Vorschrift des § 87 Abs. 2 AktG als eine Regelung der Geschäftsgrundlage[952], so wäre eine „billige“ Anpassung grundsätzlich über die ganze Vertragslaufzeit gerechtfertigt. Es bedürfte damit keiner zeitlichen Grenze.[953]

#### bb) Eventuelle Verfassungswidrigkeit

Fraglich ist jedoch ob die zeitliche Beschränkung des § 87 Abs. 2 Satz 2 AktG möglicherweise verfassungswidrig ist.[954] In Betracht kommt zunächst ein Verstoß gegen Art. 14 GG. Art. 14 GG schützt jedoch das Eigentum nur im Rahmen der Gesetze. Dies bedeutet, dass nur bereits entstandene Vergütungsansprüche geschützt sind, nicht jedoch künftig entstehende. Schließt das Vorstandsmitglied einen neuen Anstellungsvertrag, unterwirft es sich freiwillig der Regelung des § 87 AktG. Bezüglich neuer Vergütungsvereinbarungen ist eine zeitlich unbegrenzte Herabsetzung daher durchaus möglich. Dies gilt allerdings nicht für Altverträge. Die daraus resultierenden Versorgungsanwartschaften unterfallen der Eigentumsgarantie im Umfang ihres aktuellen Bestands, d.h. ohne Herabsetzungsmöglichkeit. Die Zulässigkeit einer Herabsetzung erscheint daher zweifelhaft. Aus diesem Grund sollte § 23 Abs. 1 EGAktG-E eine dahingehende Änderung erfahren, dass die Neuregelung des § 87 Abs. 2 Satz 2 AktG nur auf Neuverträge Anwendung finden soll.[955] Im Übrigen wäre eine verfassungskonforme Auslegung geboten.

Darüber hinaus spielen auch der Vertrauensschutz und die jeweiligen Bedürfnisse der Vorstandsmitglieder eine durchaus wichtige Rolle bei der Herabsetzung von Vorstandsbezügen,[956] sodass eine Anpassung von Ruhegehältern eher die Ausnahme sein wird. Dabei ist das Kriterium der Zurechenbarkeit entscheidend. Eine

---

951 *Lingemann*, BB 2009, 1918 (1921); *Bauer/Arnold*, AG 2009, 717 (729); a. A. *Jaeger*, NZA 2010, 128 (133); *Hoffmann-Becking/Krieger*, NZG-Beil. 26/2009, 1 (6) Rdn. 41.

952 *Fleischer/Thüsing*, Hdbuch des Vorstandsrechts, § 3 Rdn. 31.

953 *Thüsing*, Stellungnahme zum Entwurf des VorstAG, S. 10.

954 Stellungnahme des Handelsrechtsausschusses des DAV zum VorstAG, Nr. 32/2009, NZG 2009, 612 (614) Rdn. 19.

955 Stellungnahme des Handelsrechtsausschusses des DAV zum VorstAG, Nr. 32/2009, NZG 2009, 612 (614) Rdn. 19 ff.; *Thüsing*, Stellungnahme zum Entwurf des VorstAG, S. 11.

956 Die Verhältnisse des Vorstandsmitgliedes waren bereits nach bisherigem Recht zu berücksichtigen, *Thüsing* in: Fleischer, Hdbuch des Vorstandsrechts, § 6 Rdn. 32; *Thüsing*, Stellungnahme zum Entwurf des VorstAG, S. 11.

Anpassung kann nur dann gerechtfertigt werden, wenn die unternehmerische Entscheidung des ausgeschiedenen Vorstandsmitgliedes für wirtschaftliche Schwierigkeiten des Unternehmens ursächlich geworden ist.[957]

Die Regelung des § 87 Abs. 2 Satz 2 AktG wird aufgrund der erfolgten Ausdehnung der Herabsetzungsmöglichkeit auch auf Ruhegehalt, Hinterbliebenenbezüge und Leistungen verwandter Art besonders kontrovers diskutiert. § 87 Abs. 2 Satz 1 AktG lässt eine Kürzung vereinbarter Bezüge nur für die Zukunft zu. Dies ist nach dem Leitbild der vertrauensbasierten Fremdinteressengewährungsverträge, welche eine Herabsetzung ebenfalls für die Zukunft erlauben (§§ 675 Abs. 1, 627, 628 BGB), eine ohne weiteres zulässige Ausgestaltungentscheidung des Gesetzgebers, zumal dem Vorstand gem. § 87 Abs. 2 Satz 4 AktG im Falle der Herabsetzung ein Sonderkündigungsrecht zusteht.[958] Anders verhält es sich jedoch mit § 87 Abs. 2 Satz 2 AktG, wonach Ruhegehaltsansprüche, welche durch vergangene Leistungen des Vorstands bereits erworben, aber erst in Zukunft auszuzahlen sind, dennoch einer Herabsetzung unterliegen können, sofern die Kürzung innerhalb der drei Jahre nach dem Ausscheiden des Vorstands aus der Gesellschaft erfolgt.

Der renommierte Handelsrechtsausschuss des Deutschen Anwaltsvereins hat bereits im Vorfeld des Gesetzeserlasses von dieser Regelung dringend abgeraten.[959] Das Vertrauen auf den Bestand der Ruhegeldzusagen ist seiner Ansicht nach besonders schützenswert, da diese einen Teil der Gegenleistung für die vom Vorstandsmitglied bereits in der Vergangenheit erbrachten Dienstleistungen bilden. Zudem verkörpern Ruhegeldzusagen regelmäßig den Grundpfeiler der Altersversorgungsplanung.[960] Bei wirtschaftlicher Betrachtung stelle eine Herabsetzung des Ruhegehalts keine bloße Verweigerung der Weitergewährung der für die Zukunft vereinbarten Bezüge dar, sondern erweise sich als eine rückwirkende Entziehung der Gegenleistung für bereits erbrachte Dienstleistungen, weshalb die Verfassungskonformität dieser Regelung in Zweifel gezogen wird. Das betroffene Vorstandsmitglied, das seine Arbeitsleistung bereits erbracht habe, könne – anders als das aktive Vorstandsmitglied – mit einer Kündigung des Anstellungsvertrages auf die Herabsetzung nicht mehr reagieren, um seine Arbeitskraft anderweitig einzusetzen. Daher sei dieses bei einem nachträglichen Eingriff in diese Rechte wirtschaftlich wehrlos. Aus diesem Grund wird von der Erstreckung der Herabsetzungsmöglichkeit des § 87 Abs. 2 Satz 2 AktG auf Ruhegelder und andere Leistungen der Altersversorgung vom Handelsrechtsausschuss vehement abgeraten.[961] Daran anknüpfend

---

957 Begr. RegE BT-Drucks. 16/12278, S. 6; *Thüsing*, Stellungnahme zum Entwurf des VorstAG, S. 11.

958 *Weller*, NZG 2010, 7 (11).

959 Stellungnahme des Handelsrechtsausschusses des DAV zum VorstAG, NZG 2009, 612 (614) Rdn. 19.

960 BGHZ 55, 274 (278); BGHZ 108, 330 (335) = ZIP 1989, 1418; hierzu auch EWiR 1989, 1161.

961 Stellungnahme des Handelsrechtsausschusses des DAV zum VorstAG, NZG 2009, 612 (614) Rdn. 19.

halten auch zahlreiche Stimmen im Schrifttum die Regelung des § 87 Abs. 2 Satz 2 AktG für verfassungswidrig.[962] Argumentiert wird ebenfalls damit, dass nach dem Wortlaut der Vorschrift auch in unverfallbare Anwartschaften und Ansprüche eingegriffen werden könne. Nach dieser Auffassung ist der damit verbundene Eingriff in bestehende Rechtspositionen bereits wegen der unbestimmten und ausfüllungsbedürftigen Rechtsbegriffe „Verschlechterung" und „unbillig" erheblichen Bedenken ausgesetzt. Unabhängig davon wird mit Blick auf Art. 12 und 14 GG und die Grundsätze des Vertrauensschutzes das Vorliegen von zwingenden Gründen verlangt, die einen solchen Eingriff rechtfertigen könnten. Andernfalls entstünde ein Widerspruch zu den Vorschriften des Betriebsrentengesetzes und der hierzu ergangenen Rechtsprechung.[963]

Allerdings sind viele seitens der Kritiker vorgebrachte Argumente für die Verfassungswidrigkeit des § 87 Abs. 2 Satz 2 AktG überzeugend unter Verweis auf eine schon seit langem existierende vergleichbare Vorschrift für Arbeitnehmer entkräftet worden.[964] Gemäß § 16 Abs. 1 BetrAVG unterliegen die Betriebsrenten regelmäßig einem ähnlichen Notlagenvorbehalt.[965] Zudem kann die Herabsetzung der Ruhegeldzusagen trotz bereits erbrachter Leistungen auch privatrechtsdogmatisch begründet werden.[966] So gibt es gerade auch für Vorstände „das Institut der nachwirkenden Treuepflicht"[967], welches – je nach dem Aufwand, mit dem die Erfüllung der Treuepflicht verbunden ist – das Wertverhältnis zwischen den schon erbrachten Leistungen nachträglich noch verschieben kann. Des Weiteren erlaubt auch die allgemeine Geschäftsgrundlagenlehre selbst für den Fall, dass eine Leistung bereits erbracht worden ist, noch die Korrektur der noch nicht vollständig bewirkten Gegenleistung vorzunehmen.[968] Die im Miet- und Landpachtvertrag in §§ 560 Abs. 2, 593 Abs. 3 BGB ausdrücklich vorgesehenen speziellen Ausprägungen dieses Prinzips bieten eine exemplarische Illustration dafür, dass dem Vertragsrecht die Möglichkeit

---

962 *Hohenstatt*, ZIP 2009, 1349 (1352 f.); *Jaeger/Balke*, ZIP 2010, 1471 (1476); *Hoffmann-Becking/Krieger*, NZG-Beil. 26/2009, 1 (6) Rdn. 42; *Martens* in: FS Hüffer, S. 647 (653 f.); *Diller*, NZG 2009, 1006 (1009) hält § 87 Abs. 2 Satz 2 AktG nur ausnahmsweise für anwendbar; kritisch, jedoch ebenfalls ohne verfassungsrechtliche Bedenken *Bauer/Arnold*, AG 2009, 717 (729); *Hüffer*, § 87 AktG, Rdn. 9a; *Koch*, WM 2010, 49 (52). A. A. *Annuß/Theusinger*, BB 2009, 2434 (2437); *Fleischer*, NZG 2009, 801 (804); *Thüsing*, AG 2009, 517 (523); *Weller*, NZG 2010, 7 (11).

963 BAG, NZA 2009, 844; *Gaul/Janz*, NZA 2009, 809 (812).

964 *Thüsing*, AG 2009, 517 (523 f.); *Fleischer*, NZG 2009, 801 (804); *Weller*, NZG 2010, 7 (11).

965 *Blomeyer/Rolfs/Otto*, BetrAVG, Anh zu § 1 Rdn. 495 ff.; *Fleischer*, NZG 2009, 801 (804); *Bosse*, Hdbuch Vorstandsvergütung, S. 86 f. Rdn. 247 f.

966 *Thüsing*, AG 2009, 517 (523); *Weller*, NZG 2010, 7 (11).

967 *Fleischer* in: Hdbuch des Vorstandsrechts, § 9 Rdn. 46 f.; *Wittuhn/Hamann*, ZGR 2009, 847 (861).

968 MünchKommBGB/*Roth*, § 313 Rdn. 20 ff.; Jauernig/*Stadler*, § 313 Rdn. 27 ff. Etwas anderes gilt in der Regel nur im beiderseitig vollständig erfüllten Vertrag, BGH, Urteil vom 15.11.2000 – VIII ZR 324/99 (Celle), NJW 2001, 1204 (1206).

einer rückwirkenden Anpassung der Gegenleistung auf Grund veränderter äußerer Umstände durchaus bekannt ist.[969]

Wenn also § 87 Abs. 2 Satz 2 AktG als Spezialfall der Lehre von der Störung der Geschäftsgrundlage ebenfalls einen (auf drei Jahre begrenzten) rückwirkenden Eingriff in die Gegenleistung in Gestalt des Ruhegehalts zulässt, obgleich der Vorstand seine Dienstleistung bereits erbracht hat, ist dies im Licht der allgemeinen Vertragsdogmatik als eine noch vertretbare Ausgestaltungsentscheidung des Gesetzgebers anzusehen.[970] Die Verfassungsmäßigkeit des § 87 Abs. 2 Satz 2 AktG n.F. ist damit zu bejahen.

### cc) Spannungsverhältnis zu den Vorgaben des BetrAVG

Allerdings ist es möglich, dass der Gesetzgeber bei der Ausgestaltung des § 87 Abs. 2 Satz 2 AktG n.F. den Konflikt mit den Vorschriften des Gesetzes zur Verbesserung der betrieblichen Altersversorgung (BetrAVG), welches über seinen § 17 Abs. 1 Satz 2 auch für Vorstandsmitglieder gilt, nicht bedacht hatte. Da die Gewährung der betrieblichen Altersversorgung als Ausprägung des Fürsorgegedankens nunmehr verneint und stattdessen als nachlaufende Vergütung[971] charakterisiert wird, haben BAG und BGH Eingriffen in Versorgungszusagen enge Grenzen gesetzt.[972] Entsprechend der seit Jahrzehnten anerkannten Dreistufentheorie[973] kommen Eingriffe in Versorgungsbestandteile, die bereits in der Vergangenheit erworben wurden (1. Stufe), grundsätzlich nicht in Betracht, es sei denn, es liegen zwingende Gründe vor, die dies erfordern würden. Gegenstand eines Eingriffs könnten allenfalls künftig erdienbare Zuwächse (2. Stufe) sowie die Dynamisierung der bereits erdienten Besitzstände (3. Stufe) sein, wobei auch hier der Grundsatz der Verhältnismäßigkeit gewahrt sein muss.[974] Dies gilt ungeachtet des Eintritts der gesetzlichen Unverfallbarkeit nach § 1b BetrAVG, die fünf Dienstjahre beträgt.[975] Allerdings ist die von der Rechtsprechung entwickelte Dreistufentheorie lediglich auf echte „betriebliche Altersversorgung" im Sinne des BetrAVG anwendbar. Bloße Übergangsgelder, welche die Zeit zwischen dem Ausscheiden und dem Erreichen der Altersgrenze abfedern sollen,[976] werden hiervon nicht erfasst mit der Folge, dass diese Zahlungen uneingeschränkt der Herabsetzungsmöglichkeit des § 87 Abs. 2 Satz 2 AktG unterliegen.[977] Aber auch in Bezug auf

---

969 *Weller*, NZG 2010, 7 (11).

970 So auch *Weller*, NZG 2010, 7 (11).

971 Eingehend hierzu *Blomeyer/Rolfs/Otto*, BetrAVG, Einl. Rdn. 31 ff.

972 *Diller*, NZG 2009, 1006 (1008).

973 Ständige Rspr. Seit BAG, Urteil vom 17.04.1985–3 AZR 72/83 (LAG Hamburg Urteil vom 22.11.1982 4 Sa 22/82) = BB 1986, 1159.

974 *Diller*, NZG 2009, 1006 (1008); *Jaeger/Balke*, ZIP 2010, 1471 (1477).

975 Seit BAG, NZA 2000, 498; vgl. auch *Bauer/Arnold*, AG 2009, 717 (729); *Diller*, NZG 2009, 1006 (1008); *Jaeger/Balke*, ZIP 2010, 1471 (1477).

976 BGH, Urteil vom 3.07.2000 – II ZR 381/98 (Celle), NZA 2001, 612.

977 *Diller*, NZG 2009, 1006 (1008).

die echte „betriebliche Altersversorgung“ entsteht kein Spannungsverhältnis mit den Vorschriften des BetrAVG, da die Neuregelung des § 87 Abs. 2 Satz 2 AktG gegenüber diesen lex specialis sein dürfte.[978] Die Schutzgrundsätze des BetrAVG müssen jedoch im Rahmen der Verhältnismäßigkeitsprüfung der Herabsetzung von Ruhegeldzusagen i. S. d. § 87 Abs. 2 Satz 2 AktG berücksichtigt werden.

### k) Karenzzeitregelung (sog. *cooling-off-Periode*)

Außer Regelungen, die sich direkt dem Vergütungssystem widmen, macht das VorstAG auch Vorgaben in Bezug auf Bestimmungen, die eher mittelbar die wirtschaftlichen Fehlentscheidungen herbeigeführt bzw. die Misswirtschaft begünstigt haben. Hierbei ist vor allem die Vorschrift des § 100 Abs. 2 Satz 1 Nr. 4 AktG n. F. zu nennen, wonach jemand, der in den letzten zwei Jahren Vorstandsmitglied einer börsennotierten Gesellschaft war, nicht anschließend zum Aufsichtsratsmitglied derselben Gesellschaft werden kann. Die Zweckbestimmung dieser Regelung beruht auf dem Grundgedanken, dass ein Wechsel vom Vorstand in den Aufsichtsrat nicht übergangslos stattfinden soll. Vor allem soll aber verhindert werden, dass die vom Vorstand in den Aufsichtsrat übergegangenen Führungskräfte über die bisherigen Fehlentscheidungen ihrer ehemaligen Vorstandskollegen oder gar über ihre eigenen Fehlmaßnahmen entscheiden dürfen. Ferner bestünde die Gefahr, dass ausgeschiedene Vorstandsmitglieder die Arbeit des neuen Vorstands behindern und die Berichtigung strategischer Fehler oder die Behebung von Unregelmäßigkeiten aus der eigenen Amtszeit im Vorstand abwenden könnten. Eine Ausnahme von der Einhaltung der Karenzzeit gilt lediglich dann, wenn das ehemalige Vorstandsmitglied, welches in den Aufsichtsrat wechseln will, auf Vorschlag von Aktionären, die mehr als 25 % der Stimmrechte innehaben, gewählt wird. Dabei geht der Gesetzgeber davon aus, dass auch bei Gesellschaften, die nicht vom Streubesitz geprägt sind, sondern deren Aktienanteile in den Händen einiger weniger Aktionäre konzentriert sind, wie etwa bei Familienaktionären oder Stiftungen, das Viertel der Anteilseigner selbst entscheiden soll, ob die Beschäftigung des ehemaligen Vorstandsmitglieds als Mitglied des Überwachungsorgans für die Gesellschaft vorteilhaft ist oder eher verhindert werden soll.[979]

Der neue § 23 Abs. 2 EAktG stellt ferner klar, dass die Karenzzeit nicht für Aufsichtsratsmitglieder gilt, die bei Inkrafttreten des VorstAG ihr Mandant bereits inne hatten.

### l) Ausübungsfristen für Aktienoptionen gem. § 193 Abs. 2 Nr. 4 AktG

Angesichts des neu eingeführten § 193 Abs. 2 Nr. 4 AktG n. F. ist nunmehr für die Ausübung von Aktienoptionen eine vierjährige Wartefrist gesetzlich vorgeschrie-

---

978 *Lingemann*, BB 2009, 1918 (1921); kritisch hierzu *Hohenstatt*, ZIP 2009, 1349 (1353); Stellungnahme des Handelsrechtsausschusses des DAV zum VorstAG, 32/2009, NZG 2009, 612 (614) Rdn. 20.

979 *Hermes*, LawZone 2/2010, 22 (32); *Seibert*, WM 2009, 1489 (1492).

ben. Diese im Vergleich zur früheren Rechtslage (Mindesthaltefrist von zwei Jahren) verlängerte Wartezeit entspricht auch der Regelungsphilosophie des VorstAG, langfristige Vergütungselemente und Verhaltensanreize zu fördern.[980] Die Neuregelung gilt jedoch nicht nur für die Ausübung der Aktienoptionen, sondern ist darüber hinaus an eine entsprechende Festsetzung der Ausübungsbedingungen und damit an die Erreichung bestimmter Erfolgsziele gekoppelt. Regelmäßig sind damit absolute Kurssteigerungsziele der eigenen Aktie und/oder relative Erfolgsparameter in Form von Outperformance der eigenen Aktie gegenüber markt- oder branchenspezifischen Referenzindizes, wie etwa MDAX oder Euro Stoxx Banken gemeint. In seltenen Fällen beziehen sich die in § 193 Abs. 2 Nr. 4 AktG n.F. geforderten Ausübungshürden auf die Entwicklung interner Kennzahlen wie etwa DVFA/SG-Ergebnis,[981] Ergebnis pro Aktie oder EBIT.[982]

Nicht geregelt ist jedoch, welche Fristen und Bemessungsgrundlagen bei virtuellen Aktienoptionsplänen gelten sollen. Eine Ansicht im Schrifttum[983] geht davon aus, dass § 193 Abs. 2 Nr. 4 AktG entsprechend der alten Rechtslage, wonach die Vorgaben der §§ 192 ff. AktG lediglich auf traditionelle Aktienoptionsprogramme anwendbar waren, auch nach seiner Änderung nur auf diese anwendbar bleiben soll.[984] Argumentiert wird hierbei mit dem eindeutigen Wortlaut der Vorschrift, der auf die virtuellen Aktienoptionsprogramme nicht eingeht: hätte der Gesetzgeber eine besondere Regelung zu Haltefristen bei allen aktienkursorientierten Vergütungsausgestaltungsformen vorgeben wollen, so hätte er dies auch entsprechend formuliert.[985] Eine solche Auffassung erscheint allerdings nicht überzeugend. Zunächst heißt es in der Begründung des Fraktionsentwurfs zu § 87 Abs. 1 AktG n.F., dass „das Setzen langfristiger Anreize ferner [bedeuten soll], dass Aktien, die als Vergütung gewährt werden, Haltefristen unterliegen sollen, die sich an der Ausübungsfrist für Aktienoptionen orientieren, und dass „phantom stocks“ und ähnliche schuldrechtliche Instrumente gleichfalls nur die langfristige Kursentwicklung und damit das langfristige Unternehmenswohl belohnen sollten. Der Langfrist-Ausrichtung in § 87 Abs. 1 AktG entspricht die Änderung in § 193 Abs. 2 AktG. [...] Die Vier-Jahres-Frist ist umgekehrt Auslegungshilfe für die Formulierung langfristiger Verhaltensanreize im Sinne des § 87 Abs. 1 AktG.“[986] Daraus kann abgeleitet werden, dass die

---

980 *Fleischer*, NZG 2009, 801 (803); *Thüsing*, Stellungnahme zum Entwurf des VorstAG, S. 21.

981 Bei diesem Ergebnis handelt es sich um einen von der Deutschen Vereinigung für Finanzanalyse und Anlageberatung und der Schmalenbach-Gesellschaft – Deutsche Gesellschaft für Betriebswirtschaft (SG) vorgestellten Indikator für die Ertragslage des Gesamtunternehmens, der auf dem Konzernabschluss beruht. Vgl. *Küting*, DStR 1992, 1334.

982 Kienbaum, Vergütungsstudie 2008/2009, S. 97.

983 *Wagner/Wittgens*, BB 2009, 906 (908); *Jaeger/Balke*, ZIP 2010, 1471 (1478).

984 Vergleichbar dazu *Rieckers* in: Spindler/Stilz, KommAktG 2007, § 192 Rdn. 57; MünchKommAktG/*Fuchs*, § 192 Rdn. 86.

985 *Jaeger/Balke*, ZIP 2010, 1471 (1478); *Annuß/Theusinger*, BB 2009, 2434 (2436).

986 BT-Drucks. 16/12278, S. 5.

vierjährige Haltefrist des § 193 Abs. 2 Nr. 4 AktG n.F. auch auf virtuelle Aktienoptionsprogramme wie etwa *phantom stocks*, *stock appreciation rights* oder auf die Gewährung von Aktien mit einer Veräußerungssperrfrist (*restricted shares*), wenn diese Vergütungskomponente als einziges längerfristiges Element vereinbart wird, entsprechende Anwendung findet.[987] Auch die Empfehlungen der Europäischen Kommission unterscheiden nicht zwischen den Haltefristen einzelner aktienkursbasierter Vergütungsformen, sondern sprechen vielmehr von der „Vergütung in Abhängigkeit vom Aktienkurs".[988] Somit spricht auch die europarechtliche Vorgabe dafür, dass die Haltefristen des § 193 Abs. 2 Nr. 4 AktG auf virtuelle Aktienoptionsprogramme zumindest entsprechend anzuwenden sind.

Dieser Erkenntnis schließt sich jedoch die Frage nach der zeitlichen Geltung solcher *phantom shares* oder *stock appreciation*-Vergütungsprogramme im Hinblick auf die bei Inkrafttreten des VorstAG bereits bestehenden Altverträge an. Diese virtuellen Vergütungsformen bedürfen keines bedingten Kapitals, sodass auf die jeweilige Ausgabe einer neuen Tranche aus einem mehrjährigen *stock appreciation rights*- oder *phantom stocks*-Programm abzustellen ist. Erfolgte die Ausgabe vor Inkrafttreten des Reformgesetzes, soll die Haltefrist entsprechend § 193 Abs. 2 Nr. 4 AktG jedenfalls nicht mehr nachträglich auf die bereits ausgegebenen *phantom shares* oder vergleichbaren aktienkursbasierten Vergütungselemente angewendet werden können. Für jede neue Tranche, die nach dem Inkrafttreten des VorstAG ausgegeben wird, soll hingegen eine vierjährige Mindesthaltefrist entsprechend § 193 Abs. 2 Nr. 4 AktG Berücksichtigung finden.[989]

### m) Verschärfung der Transparenzanforderungen

Aber auch das Transparenzregime der Vorstandsvergütung blieb vom VorstAG nicht verschont. So wurden gem. §§ 285 und 314 HGB die Anforderungen an die im Anhang des Jahres- bzw. Konzernabschlusses zu machenden Angaben über die bei oder nach Beendigung der Vorstandstätigkeit an das Vorstandsmitglied zu leistenden Zahlungen deutlich verschärft. Demnach sind nunmehr alle Leistungen offenzule-

---

987 *Hoffmann-Becking/Krieger*, NZG-Beil. 26/2009, 1, (3 f.) Rdn. 24; ähnlich auch *Bauer/Arnold*, AG 2009, 717 (723); *Bosse*, BB 2009, 1650 (1651); *Fleischer*, NZG 2009, 801 (803); *Hohaus/Weber*, DB 2009, 1515 (1517); *Nießen*, NJW-Spezial 2009, 479; *Thüsing*, AG 2009, 517 (521); a. A. *Annuß/Theusinger*, BB 2009, 2434 (2436); *Wagner/Wittgens*, BB 2009, 906 (908), die davon ausgehen, dass die Mindestausübungsfrist für Aktienoptionen gem. § 193 Abs. 2 Nr. 4 AktG nur als eine unverbindliche Richtgröße für andere langfristige Vergütungselemente gelten kann.

988 So z. B. Abschnitt II, Ziff. 4.1 der Empfehlung der Kommission 2004/913/EG sowie 2009/385/EG.

989 *Bauer/Arnold*, AG 2009, 717 (723); *Hoffmann-Becking/Krieger*, NZG-Beil. 26/2009, 1 (11) Rdn. 91; *Jaeger/Balke*, ZIP 2010, 1471 (1478), die jedoch auf das „merkwürdige Ergebnis" verweisen, dass hierdurch die neue Vier-Jahres-Frist bei einem nur virtuellen Optionsprogramm früher eingreife als bei einem klassischen Aktienoptionsprogramm.

gen, die einem Vorstandsmitglied für den Fall seines regulären oder vorzeitigen Ausscheidens zugesagt wurden. Der Gesetzgeber hat die Transparenzpflichten auch auf solche Vereinbarungen erweitert, die mit einem vorzeitig ausscheidenden Vorstandsmitglied anlässlich seines Ausscheidens getroffen werden. Die Offenlegungsvorgaben fanden erstmalig Anwendung auf Jahres- und Konzernabschlüsse für nach dem 31. Dezember 2009 beginnende Geschäftsjahre.[990]

Als besonders schwierig haben sich in diesem Zusammenhang die geänderten Vorschriften des § 285 Satz 1 Nr. 9a Satz 6 HGB und § 314 Abs. 1 Nr. 6a Satz 6 HGB erwiesen, wonach „Leistungen, die dem Vorstandsmitglied für den Fall der regulären Beendigung seiner Tätigkeit zugesagt worden sind, mit ihrem Barwert sowie dem von der Gesellschaft während des Geschäftsjahres hierfür aufgewandten oder zurückgestellten Betrag" zu veröffentlichen sind. Zur Berechnungsmethode des Barwerts schweigt das Gesetz. Aus diesem Grund muss es ausreichen, wenn die Gesellschaft bei der Ermittlung des Barwertes eine marktübliche Berechnungsmethode sowie marktübliche Berechnungsgrundlagen heranzieht und – soweit erforderlich – eine übliche künftige Entwicklung zugrundelegt. Eine Offenlegung der Berechnungsgrundlage im Anhang des Jahres- bzw. Konzernabschlusses wird jedoch nicht verlangt.[991] Schließlich unterliegen jetzt auch „Leistungen, die einem früheren Vorstandsmitglied, das seine Tätigkeit im Laufe des Geschäftsjahres beendet hat, in diesem Zusammenhang zugesagt und im Laufe des Geschäftsjahres gewährt worden sind",[992] einer individualisierten Offenlegungspflicht. Bisher waren diese nur im Rahmen der Gesamtbezüge früherer Vorstandsmitglieder gem. §§ 285 Satz 1 Nr. 9b HGB zu nennen.[993] Ob die verschärften Transparenzvorgaben die erhoffte Mäßigung in Bezug auf die Vorstandsvergütung zur Konsequenz haben, bleibt allerdings abzuwarten.

### 2. *Haftungsrechtliche Aspekte*

Im Anschluss an die Darstellung der inhaltlichen Vorgaben des § 87 AktG bleibt noch die Frage zu klären, wie die Haftung des Aufsichtsrats beim Verstoß gegen § 87 Abs. 1 und Abs. 2 AktG ausgestaltet ist.

#### a) Haftung des Aufsichtsrates

Das Problem der Vorstandsvergütung ist untrennbar mit der Organhaftung des Aufsichtsrates verbunden. Es geht dabei um die Kontrolle der Kontrolleure.[994] Bereits die Begründung des Gesetzesentwurfs zum VorstAG betonte die Verantwortung des

---

990 *Annuß/Theusinger*, BB 2009, 2434 (2440). Entsprechende Folgeänderungen haben sich auch in §§ 286 Abs. 5 Satz 1, 289 Abs. 2Nr. 5 Satz 2, 314 Abs. 1Nr. 6a Satz 6 und 7, 314 Abs. 2, 315 Abs. 2 Nr. 4 Satz 2 HGB ergeben.

991 *Annuß/Theusinger*, BB 2009, 2434 (2440); *Thüsing*, AG 2009, 517 (528).

992 BT-Drucks. 16/12278, S. 4.

993 BT-Drucks. 16/12278, S. 7.

994 *Keiser*, RdA 2010, 280 (281).

Aufsichtsrates für die Vergütungsentscheidungen[995] und demonstrierte das bisherige Scheitern des Kontrollorgans in Bezug auf die Unterbindung unangemessener Vergütungszusagen und falscher Verhaltensanreize.[996]

### aa) Namentliche Haftung der Aufsichtsratsmitglieder

Bereits vor dem Erlass des Reformgesetzes traf den Aufsichtsrat gemäß § 87 Abs. 1 Satz 1 AktG a.F. die Pflicht, dafür Sorge zu tragen, „dass die Gesamtbezüge in einem angemessenen Verhältnis zu den Aufgaben des Vorstandsmitglieds und zur Lage der Gesellschaft stehen." Kam er dieser gesetzlichen Pflicht schuldhaft nicht nach, traf ihn der Gesellschaft gegenüber eine persönliche und unbegrenzte Haftung gemäß §§ 116 Satz 1, 93 AktG. Diese gesetzlich festgelegte Haftung entfaltete jedoch kaum praktische Bedeutung.[997] Zwar fand im Rahmen des Mannesmann-Strafprozesses eine öffentlichkeitswirksame Auseinandersetzung mit der Tatbestandsvoraussetzung der „Angemessenheit der Vorstandsvergütung" statt, die auch inzident geprüft wurde. Eine zivilrechtliche Behandlung unter dem Gesichtspunkt der Aufsichtsratshaftung gemäß §§ 116 Satz 1, 93 AktG ist jedoch nicht erfolgt. Als mögliche Gründe für die mangelnde Befassung mit diesem äußerst diskussionswürdigen Problem können hierbei die tatbestandliche Unschärfe der gesetzlichen Regelungen, die damals bestehende Möglichkeit der Arbeitsverlagerung auf die Vergütungsausschüsse sowie die der aktienrechtlichen Kompetenzverteilung innewohnende Durchsetzungsproblematik[998] angeführt werden. Vor dem Hintergrund der aktuellen

---

995 Begr. RegE BT-Drucks. 16/12278, S. 5.

996 *Cannivé/Seebach*, Der Konzern 2009, 593 (594).

997 *Nussbaum*, Abfindungen, S. 172; *Thüsing* in: Fleischer, Hdbuch des Vorstandsrechts, § 6 Rdn. 26; *Cannivé/Seebach*, Der Konzern 2009, 593 (594). Dabei ist allerdings das Urteil vom 7.5.2008, OLG München, ZIP 2008, 1237 ff. zu beachten.

998 Die Haftung des Aufsichtsrates nach §§ 116 Satz 1, 93 AktG stellt eine reine Innenhaftung dar mit der Folge, dass der Haftungsanspruch nur vom Vorstand als gesetzlichem Vertreter der Gesellschaft geltend gemacht werden konnte. Handelte es sich um die eigene Entlohnung der Vorstandsmitglieder, so konnte nicht erwartet werden, dass das Festsetzungsorgan zur Verantwortung gezogen wird, da dies die Beanstandung der eigenen Bezüge durch den Vorstand selbst implizieren würde. Aus der kompetenzrechtlichen Zuordnung des Aktiengesetzes resultierte somit eine wechselseitige Abhängigkeit zwischen dem Aufsichtsrat und dem Vorstand, die eine gerichtliche Überprüfung der „Unangemessenheit der Vorstandsvergütung" in der laufenden Amtsperiode praktisch unmöglich machte. Als Lösung zu diesem Dilemma kamen lediglich ein Wechsel der Vorstandszusammensetzung und das aktienrechtliche Instrument der Klageerzwingung durch die Anteilseigner in Betracht. Allerdings war die letzte Maßnahme gemäß § 147 AktG a.F. mit dem Erreichen eines nur wenig effizienten Schwellenwertes von 10% der Anteile verbunden. Aber auch die geänderte Klagebefugnis, die gemäß § 148 AktG einen niedrigeren Prozentanteil vorsieht, führte keine Beseitigung der dargestellten Durchsetzungsdefizite herbei. Vgl. *Hanau*, NJW 2009, 1652 (1653); *Grattenthaler*, Die Vergütung, S. 390; *Cannivé/Seebach*, Der Konzern 2009, 593 (595); *Keiser*, RdA 2010, 280 (286).

Finanzmarktkrise, in der zahlreiche Unternehmen einer plötzlichen drastischen Verschlechterung ihrer wirtschaftlichen Lage begegneten und angesichts des daraufhin erlassenen Reformgesetzes könnte die Frage der Aufsichtsratshaftung nunmehr eine verstärkte Relevanz erlangen.[999]

Die im Rahmen des VorstAG um den Satz 3 ergänzte Vorschrift des § 116 AktG n. F. regelt nunmehr – über die Verweisung auf § 93 AktG – die namentliche Haftung der Aufsichtsratsmitglieder. Dieser Haftungsanspruch wird sowohl bei der Festsetzung einer unangemessenen Vergütung nach § 87 Abs. 1 AktG n. F. als auch im Falle der unterlassenen Herabsetzung der bereits vereinbarten Vergütung nach § 87 Abs. 2 AktG n.F. begründet. Der letztgenannte Haftungsanspruch entsteht jedoch nur, wenn die Voraussetzungen des § 87 Abs. 2 AktG n.F. vorliegen. Als Mindestschadensersatz ist jeweils der Mehrbetrag gegenüber einer angemessenen Vorstandsvergütung zu erstatten.[1000] Dieser lässt sich nach den allgemeinen Vorschriften der §§ 249 ff. BGB bestimmen.[1001] Die Ansprüche der Gesellschaft richten sich gegen die Aufsichtsratsmitglieder als Gesamtschuldner gem. § 421 BGB.[1002] Die Neuregelung des § 116 Satz 3 AktG bringt somit keine inhaltliche Änderung des bisherigen Haftungsmaßstabes mit sich, sodass damit auch keine Haftungsverschärfung verbunden ist. Die Ergänzung des ursprünglichen § 116 AktG lässt sich daher nur durch die Appellfunktion gegenüber dem einzelnen Aufsichtsratsmitglied begründen. Dieses soll auf das nunmehr im Gesetz ausdrücklich normierte Haftungsrisiko und die damit einhergehenden Folgen aufmerksam machen. Der Gesetzgeber ging beim Erlass des VorstAG offensichtlich davon aus, dass den Betroffenen die Relevanz der Vergütungsfestsetzung und die Haftungsfolgen im Falle eines Pflichtverstoßes nicht ausreichend bewusst waren und somit die Hervorhebung dieser Gesichtspunkte erforderlich war.[1003]

Die objektive Notwendigkeit der gesetzlichen Normierung der Aufsichtsratshaftung in § 116 Satz 3 AktG n.F. ist allerdings umstritten.[1004] Wie gewissenhaft ein Organmitglied seine ihm gesetzlich zugewiesene Sorgfaltspflicht erfüllt, hängt weniger von der gesetzlichen Akzentuierung ab, sondern vielmehr von der Wahrscheinlichkeit des Haftungseintritts und der Schwere der für den Pflichtverstoß vorgesehenen Sanktion. Im Ergebnis kann in diesem Zusammenhang festgehalten werden, dass die Einführung der klarstellenden Regelung des § 116 Satz 3 AktG keine Erhöhung des Haftungsrisikos zur Folge hat.[1005]

---

999 *Wilsing/Kleißl*, BB 2008, 2422 ff.; *Keiser*, RdA 2010, 280 (281).

1000 BT-Drucks. 16/13433, S. 18.

1001 Allen&Overy, Bulletin, Update VorstAG, Dezember 2010, S. 2.

1002 *Peltzer* in: Wellhöfer/Peltzer/Müller, Die Haftung von Vorstand, S. 574; *von Szalai/Marz*, DStR 2010, 809 (812); *Keiser*, RdA 2010, 280 (285).

1003 BT-Drucks. 16/12278, S. 6.

1004 Kritisch hierzu: *Wagner/Wittgens*, BB 2009, 906 (911); *Hanau*, NJW 2009, 1652 (1653); *Lingemann*, BB 2009, 1918 (1923).

1005 *Cannivé/Seebach*, Der Konzern 2009, 593 (595).

Kommt es tatsächlich zur Geltendmachung eines Schadensersatzanspruchs gegenüber Aufsichtsratsmitgliedern aufgrund unangemessener bzw. nicht herabgesetzter Vorstandsvergütungen, ist das Gericht gehalten, eine Bewertung der Lage vorzunehmen. Eine gerichtliche Überprüfung ist hierbei jedoch nur eingeschränkt möglich. Die unbestimmten Rechtsbegriffe der „Angemessenheit" und „Unbilligkeit" in § 87 AktG bieten dem Aufsichtsrat einen weiten Beurteilungsspielraum, der nur einer auf die Eignung, Erforderlichkeit und Angemessenheit im engeren Sinne beschränkten gerichtlichen Überprüfung unterliegt. Ungeklärt bleibt in diesem Zusammenhang aber die Frage, ob die Aufsichtsratsmitglieder sich bei der Vergütungsentscheidung und gegebenenfalls auch bei der Entscheidung über die Herabsetzung der Vergütung auf den Haftungsausschluss der §§ 116, 93 Abs. 1 Satz 2 AktG berufen können. Bei dieser Vorschrift (§ 93 Abs. 1 Satz 2 AktG) handelt es sich um eine nach dem US-amerikanischen Vorbild der sog. Business Judgment Rule gestaltete Regelung, nach der die Pflichtverletzung des Entscheidungsträgers bereits dann entfällt, wenn das Organmitglied bei einer unternehmerischen Entscheidung vernünftigerweise annehmen durfte, auf Grundlage angemessener Information zum Wohle der Gesellschaft zu handeln.[1006] Bei der Festlegung der Vorstandsvergütung nach § 87 Abs. 1 AktG handelt es sich um eine Prognoseentscheidung des Aufsichtsrats, die zum Wohle des Unternehmens erfolgt. Daher erscheint es zwingend, dem Haftungsausschluss nach §§ 116, 93 Abs. 1 Satz 2 AktG auch im Rahmen der Vorstandsvergütungsentscheidungen Geltung zu verleihen. Darüber hinaus hat die aktuelle Finanzmarktkrise mehr als deutlich die Schwierigkeit solcher Prognoseentscheidungen, die sich teilweise als unmöglich erwiesen haben, vor Augen geführt.[1007]

Orientiert man sich jedoch am Wortlaut der Vorschrift des § 87 AktG und dem durch den Gesetzgeber reduzierten Ermessen des Aufsichtsrates, so ist alleine die objektive Unangemessenheit einer Vergütung für die Begründung etwaiger Schadensersatzansprüche entscheidend. Es erscheint daher unangebracht, die gesetzgeberische Zielsetzung des § 87 AktG n. F. durch die Hintertür des § 93 Abs. 1 Satz 2 AktG zu umgehen. Es kommt daher nicht darauf an, ob der Aufsichtsrat im Rahmen seiner unternehmerischen Entscheidung vernünftigerweise auf der Grundlage angemessener Information annehmen durfte, zum Wohle der Gesellschaft zu handeln. Vielmehr stellt die Herabsetzung nach § 87 Abs. 2 AktG n. F. eine verpflichtende Maßnahme dar, bei der dem Aufsichtsrat kein Ermessenspielraum bleibt. Bloßes Dulden des Aufsichtsrates und der damit verbundene Verzicht auf eine Entscheidung können dieses Privileg ebenfalls nicht zur Anwendung bringen.[1008]

Um exzessive Vorstandsgehälter zu vermeiden und die dadurch entstehende Haftungsgefahr des Aufsichtsrates zu minimieren bzw. auszuschließen soll ein leistungsfähiges und vor allem unabhängiges Risikomanagement des Vorstandes aufgebaut werden, der einer ständigen Kontrolle durch den Aufsichtsrat unterliegen

---

1006 *Keiser*, RdA 2010, 280 (285).
1007 *Gaul/Janz*, NZA 2009, 809 (814).
1008 *Gaul/Janz*, NZA 2009, 809 (814).

soll. Wie oben bereits festgestellt, wohnt der Business Judgment Rule des Aufsichtsrates nach § 93 Abs. 1 Satz 2 AktG eine gewisse Zukunftsbezogenheit inne, die durch gerichtlich nur eingeschränkt überprüfbare Prognoseeinschätzungen gekennzeichnet ist.[1009] Diese Regelung verfolgt den Zweck, die Misserfolge der Unternehmensführung und diejenigen Fälle, in denen die positiven Einschätzungen sich nicht verwirklicht haben, „weil sich das typische unternehmerische Risiko realisiert hat", aus dem Bereich der haftungsrelevanten Sorgfaltspflichten des Aufsichtsrates herauszunehmen und so eine Erfolgshaftung des Organs zu vermeiden.[1010] Allerdings ist aufgrund der Vielzahl der im Zuge des Reformgesetzes entstandenen unbestimmten Rechtsbegriffe eine erhebliche Rechtsunsicherheit entstanden, die eine Haftungsverschärfung für den Aufsichtsrat nach sich ziehen könnte. Zudem wird dieses Haftungsproblem durch fehlende höchstrichterliche Rechtsprechung intensiviert. Es bleibt daher abzuwarten, ob und wie die Judikative auf dem Gebiet der Vorstandsvergütung entscheiden wird und ob dadurch möglicherweise die bestehende Rechtsunsicherheit beseitigt werden kann.[1011]

#### bb) Verhaltenspflichten zur Haftungsvermeidung bzw. Haftungsminimierung

Angesichts der aufgrund des VorstAG teilweise erhöhten persönlichen Haftung der Aufsichtsratsmitglieder stellt sich die Frage, wie dieses Haftungsrisiko vermieden bzw. minimiert werden kann. Im Mittelpunkt der Haftungsvorbeugung stehen das Entscheidungsverfahren und die Führung einer sorgfältigen Dokumentation im Rahmen der Vergütungsfestsetzung. Dabei darf nicht außer Acht gelassen werden, dass die Angemessenheit aufgrund der neuen, gesetzlich explizit normierten Voraussetzungen der „Leistungen" der Vorstandsmitglieder und der „Üblichkeit" der Vergütung nunmehr mehrdimensional zu eruieren ist. Darüber hinaus hat der Aufsichtsrat im Rahmen des Entscheidungsfindungsprozesses die geforderte Ausrichtung an der nachhaltigen Unternehmensentwicklung zu berücksichtigen. Zwar wird die Anwendung der Business Judgment Rule des Aufsichtsrates durch die Neuregelungen und Ergänzungen des VorstAG nicht berührt, diese verlangt jedoch seit jeher ein Handeln auf der Grundlage einer suffizienten Informationsbeschaffung. Als Folge hiervon ergibt sich das Erfordernis, auch die neu geregelten Kriterien der Angemessenheit bei der Informationsgewinnung zu beachten. Im Einzelnen bedeutet das, dass die Aufsichtsratsmitglieder umfassende Informationen sowohl zur vertikalen als auch zur horizontalen „Üblichkeit" einzuholen haben, wobei sie zum Zwecke des horizontalen Vergleichs Studien von entsprechenden Consulting-Unternehmen, wie etwa die sog. Kienbaum-Vergütungsstudie, beratend in Anspruch nehmen können.[1012] Insbesondere auf dem Gebiet der variablen Vergütungsbestandteile ist eine sorgfältige und gewissenhafte Informationsbeschaffung geboten, die

---

1009 *Dauner-Lieb*, Der Konzern 2009, 583 (592).
1010 *Arnold*, Die Steuerung, S. 172.
1011 *Dauner-Lieb*, Der Konzern 2009, 583 (592).
1012 *Cannivé/Seebach*, Der Konzern 2009, 593 (599).

zu einer aufwändigen Arbeitsgestaltung des Aufsichtsrates führen wird. Darüber hinaus erfordert die Haftungsvermeidung bzw. die Haftungsminimierung des Aufsichtsrates eine ausführliche Begründung der gefundenen Fakten, sowie auch deren detaillierte Dokumentation.[1013] Erfüllt der Aufsichtsrat die erörterten Voraussetzungen des Entscheidungsfindungsverfahrens, so hat er eine reelle Chance, in einem potenziellen Haftungsprozess darlegen zu können, dass sämtliche gemäß § 87 Abs. 1 AktG mit einzubeziehenden Kriterien im Rahmen des Entscheidungsprozesses tatsächlich berücksichtigt wurden. Die Dokumentationspflicht ist vor allem vor dem Hintergrund der gesetzlichen Beweislastumkehr,[1014] welche die Aufsichtsratsmitglieder in einem Schadensersatzprozess trifft, von herausragender Bedeutung. Danach müssen die Aufsichtsratsmitglieder die Sorgfältigkeit und Gewissenhaftigkeit ihres Vorgehens gemäß §§ 116, 93 Abs. 2 Satz 2 AktG darlegen und beweisen.

Ferner erfordert die Haftungsvermeidung des Aufsichtsrats eine permanente Überprüfung der Angemessenheit der zu Beginn der jeweiligen Amtsperiode festgesetzten Vorstandsvergütung. Eine einmal getroffene Entscheidung ist demnach kontinuierlich im Sinne des § 87 Abs. 2 AktG n. F. zu beobachten und entsprechend den geänderten Umständen anzupassen.[1015] Daher ist dem Aufsichtsrat für die Praxis nahe zu legen, spätestens bei ersten Anzeichen von betriebsbedingten Kündigungen oder Gehaltskürzungen die vereinbarten Vorstandsvergütungen zu überdenken und eine Anpassung in Erwägung zu ziehen. Eine solche Überprüfung ist vor allem dann geboten, wenn „unterjährig außerordentliche Entwicklungen eintreten, die zugleich eine Verschlechterung der Lage nach sich ziehen könnten"[1016].

Fraglich ist ferner, ob der Aufsichtsrat durch die Einholung unabhängiger Expertisen – vergleichbar den *„fairness opinions"* – die Haftungsrisiken reduzieren bzw. diese gar vermeiden kann. Bei den *„fairness opinions"* handelt es sich um im Rahmen von M&A-Transaktionen von den Investmentbanken erstellte Stellungnahmen, welche die Attraktivität eines Unternehmenskaufs bzw. -verkaufs aus Sicht der Aktionäre beurteilen. Es wird vorgeschlagen, diese Methode auch bei der Ermittlung der Angemessenheit der Vorstandsvergütung heranzuziehen. Denn bei der Festsetzung der Höhe der Vorstandsbezüge gibt es genauso wie beim Kauf- bzw. Verkaufspreis eines Unternehmens kein „richtiges" oder „falsches" Ergebnis. Vielmehr besteht ein ganzes Spektrum an möglichen Lösungen, die ihrerseits jedoch wiederum an subjektive Umstände des Einzelfalls gekoppelt sind und für welche die Business Judgment Rule gilt. Aber auch im Hinblick auf den Zweck einer derartigen Stellungnahme lassen sich gewisse Parallelen zu Fairness Opinions im M&A-Bereich ziehen. In beiden Konstellationen soll den Verwaltungsorganen ermöglicht werden,

---

1013 *Ek*, Haftungsrisiken, S. 215 ff.; *Gaul/Janz*, GmbHR 2009, 959 (964); *Spindler*, NJOZ 2009, 3282 (3284); *Hoffmann-Becking/Krieger*, NZG-Beil. 26/2009, 1 (6) Rdn. 43; *Hermes*, LawZone 2/2010, 22 (25).

1014 Ausführlich hierzu *Paefgen*, NZG 2009, 891 (892 ff.)

1015 *Hoffmann-Becking*, NZG 2006, 127, (130); *Bosse*, Hdbuch Vorstandsvergütung, S. 119 Rdn. 402.

1016 *Cannivé/Seebach*, Der Konzern 2009, 593 (600).

ihre Sorgfaltspflicht zu erfüllen, indem sie durch eine zusätzliche Informationsquelle die Angemessenheit und Vorteilhaftigkeit der festgesetzten Vergütung gegenüber den Aktionären untermauern. Die aktienrechtliche Zulässigkeit der Einholung derartiger Stellungnahmen ergibt sich aus § 114 AktG, wobei diese Vorschrift einer weiten Auslegung zugänglich ist. Eine diesbezügliche Pflicht des Aufsichtsrates ist hingegen aufgrund der damit einhergehenden Beratungskosten und der grundsätzlich vorhandenen Möglichkeit, die Informationen auf einem anderen Weg zu beschaffen, zu verneinen. Die Einholung unabhängiger Expertisen ist jedoch dann zu empfehlen, wenn der Aufsichtsrat bei der Festsetzung der Vorstandsvergütung von seinem bisherigen Vergütungssystem erheblich abweicht und/oder sich komplizierter variabler Vergütungselemente bedient.[1017]

### b) Haftung der Vorstandsmitglieder

#### aa) Selbstbehalt bei der D&O-Versicherung

Vorstandsmitglieder, die ihre Pflichten gem. § 93 Abs. 1 Satz 1 und 2 AktG[1018] verletzen, sind der Gesellschaft gem. § 93 Abs. 2 AktG grundsätzlich zum Ersatz des daraus entstandenen Schadens als Gesamtschuldner verpflichtet. Diese Bestimmung wird nun durch die Verpflichtung zur Vereinbarung eines Selbstbehalts von mindestens 10 % des Schadens bei Abschluss einer *directors and officers*-Versicherung (D&O-Versicherung) für Vorstände ergänzt.

Das Konzept der D&O-Versicherungen verkörpert eine im Zuge der Globalisierung in Deutschland eingeführte „Errungenschaft". Der Sache nach geht es dabei um eine „Vermögensschadensversicherung der Gesellschaften, die deswegen auch die Prämien zu leisten haben, die nur der Form halber als Versicherung für schuldhaftes pflichtwidriges Verhalten der Manager ausgestaltet ist"[1019]. Allerdings hat der Gesetzgeber es aufgrund der sich in letzter Zeit entwickelnden Gegebenheiten für notwendig erachtet, die Manager an der Behebung des finanziellen Schadens zu beteiligen.[1020] Das Reformgesetz sieht nunmehr einen zwingenden Selbstbehalt vor, wenn die Gesellschaft zu Gunsten der Vorstände die D&O-Versicherung zur Absicherung eines Vorstandsmitglieds gegen Risiken aus dessen hauptberuflicher Tätigkeit abschließt. Bisher empfahl Ziffer 3.8 DCGK lediglich einen „angemessenen" Selbstbehalt. Diese Empfehlung wurde von der Politik jedoch aufgrund der nicht immer adäquaten Umsetzung[1021] als nicht ausreichend angesehen mit der Folge, dass nun eine klare Vorgabe

---

1017 *Cannivé/Seebach,* Der Konzern 2009, 593 (600).

1018 „Die Vorstandsmitglieder haben bei ihrer Geschäftsführung die Sorgfalt eines ordentlichen und gewissenhaften Geschäftsleiters anzuwenden. Eine Pflichtverletzung liegt nicht vor, wenn das Vorstandsmitglied bei einer unternehmerischen Entscheidung vernünftigerweise annehmen durfte, auf der Grundlage angemessener Information zum Wohle der Gesellschaft zu handeln."

1019 *Goette,* Stellungnahme zum Entwurf des VorstAG, S. 6.

1020 *Goette,* Stellungnahme zum Entwurf des VorstAG, S. 7.

1021 *v. Werder,* ZIP 2009, 493 (505 f.); *Seibert,* WM 2009, 1489 (1492).

für einen Mindestvorbehalt geschaffen wurde. Das VorstAG schafft eine dahingehende Änderung des § 93 Abs. 2 AktG, dass der Selbstbehalt mindestens 10 % betragen muss und gleichzeitig das Eineinhalbfache der jährlichen Festvergütung nicht überteigen darf. Die Zugrundelegung des Festgehalts soll dabei der „besseren Handhabbarkeit“ dienen. Je nach Änderung der festen Vergütung soll nach den Vorstellungen des Gesetzgebers der Versicherungsbeitrag jährlich anzupassen sein. Das Bezugsjahr für den anzuwenden Selbstbehalt soll das Jahr des Pflichtverstoßes sein.[1022]

Der Abschluss einer D&O-Versicherung schützt jedoch im Schadensfall nicht nur das Vermögen des Unternehmens, sondern bewahrt auch den Vorstand vor Haftungsrisiken. Der zwingende Selbstbehalt soll daher verhaltenssteuernd wirken.[1023] Die gesetzlichen Grenzen des § 93 Abs. 2 Satz 3 AktG finden auch dann Anwendung, wenn die Vorstandsmitglieder gesamtschuldnerisch in Anspruch genommen werden. Diese Regelung ist zwar nur auf den Vorstand begrenzt, gilt dafür aber für jedes Mitglied gesondert, da die Höhe des Selbstbehalts von den individuell durchaus unterschiedlichen Vergütungshöhen abhängt. Da mit dem Selbstbehalt der D&O-Versicherung eine Präventionswirkung der Haftung der Vorstandsmitglieder für den entstandenen bzw. verursachten Schaden bezweckt werden soll, können Kosten der Rechtsverteidigung hiervon nicht erfasst werden.[1024]

Die Regelung des § 93 Abs. 2 Satz 3 AktG ist nach § 23 EGAktG ab 1. Juli 2010 grundsätzlich auch auf Versicherungsverträge anwendbar, die vor Inkrafttreten des VorstAG abgeschlossen wurden. Nach § 23 Abs. 1 Satz 2 EGAktG darf die Gesellschaft jedoch dann, wenn sie gegenüber dem Vorstand aus einem vor dem Inkrafttreten des VorstAG geschlossenen Vertrag zur Gewährung einer Versicherung ohne Selbstbehalt im Sinne des § 93 Abs. 2 Satz 3 AktG verpflichtet ist, diese Verpflichtung erfüllen.

Allerdings lädt die Vorschrift des § 93 Abs. 2 Satz 3 AktG auch zur Umgehung ein. Unter anderem könnten Zusatzpolicen zur Absicherung des Selbstbehalts, die bisher bereits angeboten wurden, nunmehr verstärkt an Bedeutung gewinnen.[1025] Damit würde der Präventionseffekt weitgehend ausgehebelt werden. Es stellt sich daher die Frage, welches Steuerungssystem eine effektivere Alternative zum Selbstbehalt der D&O-Versicherung wäre.

In diesem Zusammenhang bietet sich die angelsächsische Maßnahme des Tätigkeitsverbots an (*sog. directors' disqualification*). Dabei wird das Vorstandsmitglied, das gegen seine Organpflichten verstoßen hat, von der Ausübung seiner Tätigkeit ausgeschlossen. Dieses Instrument bietet nach Ansicht von Hirte ein im Gegensatz zu den entsprechenden deutschen Haftungsvorschriften erheblich besseres Konzept, das eine hohe verhaltenssteuernde Wirkung aufweist.[1026]

---

1022 *Gaul/Janz,* NZA 2009, 809 (813).

1023 *Conrad/Panetta,* NJOZ 2009, 3199 (3201); *Jahn,* GWR 2009, 135; kritisch hierzu *Hirte,* Stellungnahme zum Entwurf des VorstAG, S. 4; *Nikolay,* NJW 2009, 2640 (2644).

1024 *Spindler,* NJOZ 2009, 3282 (3287); *Lingemann,* BB 2009, 1918 (1922); *Nikolay,* NJW 2009, 2640 (2644); *Dauner-Lieb/Tettinger,* ZIP 2009, 1555, (1556).

1025 *Fleischer,* NZG 2009, 801 (806).

1026 *Hirte,* Stellungnahme zum Entwurf des VorstAG, S. 5.

Allerdings sieht das deutsche Kreditwesenrecht in § 36 Kreditwesengesetz (KWG) eine derartige Regelung bereits vor, die festsetzt, dass Geschäftsleiter unter bestimmten Voraussetzungen abberufen und ihre Organbefugnisse auf Sonderbeauftragte übertragen werden können. Es stellt sich daher die Frage, ob diese Regelung sich auch auf Vorstandsmitglieder börsennotierter Aktiengesellschaften, die sich als ungeeignet erwiesen haben, erweitern ließe.[1027] In Anlehnung an sec. 305 des Sarbanes-Oxley Act of 2002[1028], der den Ausschluss und die Strafen der Führungskräfte US-amerikanischer Aktiengesellschaften regelt (*officer and director bars and penalties*), könnte auch in Deutschland die kreditrechtliche Abberufung in § 36 KWG durch eine entsprechende Ergänzung des WpHG auf börsennotierte Gesellschaften erweitert werden.[1029] Ein auf diese Art und Weise geregeltes Tätigkeitsverbot führt im Vergleich zum Selbstbehalt bei der D&O-Versicherung zu einer effektiveren Steuerung des Vorstandsverhaltens und kann auch nicht durch eine Versicherung unterlaufen werden. Verfassungsrechtlich ist das vorgeschlagene Tätigkeitsverbot unbedenklich[1030], denn es betrifft lediglich *eine* Tätigkeit bzw. *einen* Tätigkeitsbereich, im Rahmen derer bzw. im Rahmen dessen die betroffene Person sich als ungeeignet erwiesen hat.[1031]

---

1027 *Hirte*, Stellungnahme zum Entwurf des VorstAG, S. 5 ff.

1028 Public Law 107–204, 116 Stat. 745, 107th Congress v. 30.07.2002. Bei dem Sarbanes-Oxley Act of 2002 handelt es sich um ein als Reaktion auf gravierende Unternehmenszusammenbrüche im Jahr 2002 in Kraft getretenes Bundesgesetz, welches weitreichende und kontrovers diskutierte Änderungen der rechtlichen Rahmenbedingungen der Finanzbranche der vergangenen Jahre zum Gegenstand hatte. Die Anwendbarkeit des Gesetzes erstreckt sich auf alle bei der SEC registrierungspflichtige Unternehmen und entfaltet daher eine exterritoriale Wirkung.

1029 Hirte schlägt folgende Gesetzesformulierung des neu einzuführenden Paragraphen des WpHG vor: „(1) Bei einem Emittenten, für den die Bundesrepublik Deutschland der Herkunftsstaat ist [§ 1 Abs. 6 WpHG], kann die Bundesanstalt die Abberufung eines Geschäftsleiters verlangen und diesem Geschäftsleiter auch die Ausübung seiner Tätigkeit bei einem anderen Emittenten in der Rechtsform einer juristischen Person [gegebenenfalls einzufügen: „befristet“ oder „in der Regel befristet“] untersagen, wenn dieser vorsätzlich oder leichtfertig gegen die Bestimmungen dieses Gesetzes, des Aktiengesetzes oder des Wertpapiererwerbs- und Übernahmegesetzes oder gegen die zur Durchführung dieser Gesetze erlassenen Verordnungen oder gegen Anordnungen der Bundesanstalt verstoßen hat und trotz Verwarnung durch die Bundesanstalt dieses Verhalten fortsetzt. (2) Die Bundesanstalt kann einen Geschäftsleiter auch abberufen und diesem Geschäftsleiter auch die Ausübung seiner Tätigkeit bei einem anderen Emittenten in der Rechtsform einer juristischen Person untersagen, wenn der Emittent nachhaltig gegen Bestimmungen dieses Gesetzes, des Aktiengesetzes oder des Wertpapiererwerbs- und Übernahmegesetzes oder die zur Durchführung dieser Gesetze erlassenen Verordnungen oder Anordnungen verstoßen hat.“ Vgl. *Hirte*, Stellungnahme zum Entwurf des VorstAG, S. 6.

1030 Eingehend hierzu *Hirte/Lanzius/Mock*, ZGR 2006, Sonderheft 17, 301 (333 ff.).

1031 Ausführlich dazu *Hirte*, Stellungnahme zum Entwurf des VorstAG, S. 6.

### bb) Rückgewähr der Vergütung beim Verstoß gegen § 87 Abs. 1 AktG

Die Regelung des § 87 AktG stellt kein Verbotsgesetz im Sinne von § 134 BGB dar mit der Folge, dass ein Verstoß gegen § 87 AktG keine Unwirksamkeit der Vergütungsklausel oder des Anstellungsvertrages nach sich zieht.[1032] Diese Folge erscheint auch angemessen, denn der Vorstand darf beim Vertragsschluss im Unterschied zum Aufsichtsrat in gewissem Umfang von opportunistischen Zielen gelenkt sein, sodass die Vorstandsmitglieder die Unangemessenheit und Rechtswidrigkeit der Vergütungsfestsetzung grundsätzlich nicht zu verantworten haben. Daher ist eine Rückforderung der an den Vorstand entgegen der Vorschrift des § 87 AktG gewährten Vergütung regelmäßig ausgeschlossen.[1033]

Die juristische Literatur hat jedoch Lösungsansätze entwickelt, die bei groben und für das Vorstandsmitglied evidenten Verstößen gegen § 87 AktG eine Rückforderung unter besonderen Umständen aufgrund der Sittenwidrigkeit und damit auch Nichtigkeit der Vergütungsvereinbarung nach § 138 BGB zulassen.[1034] Zu angemessenen und sachgerechten Ergebnissen kommt in diesem Zusammenhang die Anwendung der Grundsätze vom Missbrauch der Vertretungsmacht. Demnach ist jede Vergütungsabrede unwirksam, die der Aufsichtsrat unter erkennbarer Überschreitung des ihm für die Festsetzung der Vorstandsvergütung eingeräumten Ermessensspielraums trifft. Dem Aufsichtsrat wird in diesem Fall, die ihm grundsätzlich zustehende Vertretungsmacht entzogen mit der Folge, dass eine wirksame Vertretung der Gesellschaft nicht möglich ist.[1035] Durch die Entgegennahme der dem Vorstandsmitglied ohne Vertretungsmacht zugebilligten Vorstandsbezüge verstößt dieses gegen die ihn aus § 93 Abs. 1 AktG treffende Treuepflicht und hat daher die empfangene Vergütung nach § 93 Abs. 2 AktG zurückzuerstatten.[1036]

Daneben ist der Vorstand nach den Grundsätzen der ungerechtfertigten Bereicherung gemäß §§ 812 ff. BGB zur Rückgewähr der zu Unrecht gewährten Vergütung verpflichtet.[1037] Bei der D&O-Versicherung greift dann regelmäßig ein Ausschlusstatbestand, der dazu führt, dass beim Vorliegen derartiger Entscheidungen den Aufsichtsratsmitgliedern kein Versicherungsschutz zugute kommt. Im Ergebnis resultiert dies in der Haftung des Festsetzungsorgans für das Ausfallrisiko des ursprünglich Begünstigten. Im Übrigen entfällt in derartigen Fallkonstellationen der Versicherungsschutz oft bereits aufgrund der Bejahung eines vorsätzlichen Handelns des Aufsichtsrates.[1038]

---

1032 *Fleischer*, DStR 2005, 1318 (1322); *Bosse*, Hdbuch Vorstandsvergütung, S. 130 Rdn. 438; *Lücke*/Schaub, Vorstand der AG, § 2 Rdn. 121; *Hüffer*, § 87 AktG, Rdn. 5.

1033 *Bosse*, Hdbuch Vorstandsvergütung, S. 130 Rdn. 438.

1034 Spindler/Stilz/*Fleischer*, KommAktG, § 87 Rdn. 57; *Hüffer*, § 87 AktG, Rdn. 1; *Hoffmann-Becking*, NZG 1999, 797 (798); *Bosse*, Hdbuch Vorstandsvergütung, S. 130 Rdn. 439; *Fonk* in: Semler/v. Schenck, ArbHdbuch AR-Mitglieder, § 9 Rdn. 131.

1035 Spindler/Stilz/*Fleischer*, KommAktG, § 87 Rdn. 58; *ders.*, DStR 2005, 1318 (1322); *Bosse*, Hdbuch Vorstandsvergütung, S. 130 Rdn. 440; *Hanau*, NJW 2009, 1652 (1653).

1036 *Kort*, DStR 2007, 1127 (1133).

1037 *Schwark* in: FS Raiser, S. 377 (394 f.); *Bosse*, Hdbuch Vorstandsvergütung, S. 130 Rdn. 440.

1038 *Bosse*, Hdbuch Vorstandsvergütung, S. 130 Rdn. 440.

### cc) Erstattung der verbotswidrigen Leistung beim Verstoß gegen § 57 AktG

Wird den Vorstandsmitgliedern, die gleichzeitig auch Aktionäre sind, eine unangemessen hohe Vergütung gewährt, so könnte eine solche Zahlung eine verdeckte Gewinnausschüttung darstellen. Gesellschaftsrechtlich wäre diese Vergütungspraxis mit dem Verbot der Einlagerückgewähr gem. § 57 Abs. 1 AktG nicht vereinbar. Ein Verstoß gegen das Verbot der Einlagerückgewähr liegt unter anderem dann vor, „wenn die Gesellschaft mit einem ihrer Aktionäre – wie mit jedem Dritten – Geschäfte tätigt, im Falle des Aktionärs jedoch zwischen Leistung und Gegenleistung ein objektives Missverhältnis besteht, sich die Gesellschaft also auf Konditionen einlässt, die sie einem Dritten nicht gewährt hätte"[1039] Im Zusammenhang mit der Vorstandsvergütung ist eine derartige Konstellation auch dann denkbar, wenn der Aufsichtsrat mit dem Vorstand, der gleichzeitig auch Aktionär der Gesellschaft ist, unangemessen hohe Gesamtbezüge vereinbart und somit gegen das Gebot der Angemessenheit gem. § 87 Abs. 1 AktG verstößt. Eine bewusste Zusage der überhöhten Vergütung, die nur aufgrund der Aktionärsstellung des Vorstandsmitglieds erfolgt, ist für einen Verstoß gegen § 57 AktG nicht erforderlich.[1040] Werden durch die Gewährung der unangemessen hohen Vergütung die Voraussetzungen des § 57 AktG erfüllt, hat das von der Zahlung begünstigte Vorstandsmitglied die verbotswidrig empfangenen Leistungen gem. § 62 AktG der Gesellschaft zurückzugewähren.

## *3. Das neue Gesetz – eine wichtige Reform oder bloßes Soft Law?*

Trotz mehrerer Vorschläge im Schrifttum, eine absolute Grenze der Angemessenheit einzuführen und so eine gesetzliche Festlegung von Preisen zu betreiben,[1041] wurde diese im VorstAG nicht aufgenommen. Die Begrenzung der Vorstandsbezüge auf das 150fache des durchschnittlichen Arbeitnehmereinkommens[1042] lässt sich nicht durch eine hinreichende gesetzliche Stütze rechtfertigen[1043] und begegnet darüber hinaus auch verfassungsrechtlichen Bedenken.[1044] Zwar ging der Wille des historischen Gesetzgebers bei der Formulierung des § 78 AktG 1937 dahin, sich der Betriebsgemeinschaft zu verpflichten.[1045] Die Vorschrift des § 77 Abs. 3 Satz 1 AktG 1937 regelte, dass die Tantiemen für Vorstandsmitglieder in angemessenem Verhältnis zu den Aufwendungen zugunsten der Belegschaft oder der Allgemeinheit stehen

---

1039 OLG Koblenz, Urteil vom 5.04.2007, 6 U 342/04; *Manz*/Mayer/Schröder, Die AktG, Rdn. 815b; *Hüffer,* § 57 AktG, Rdn. 8 verweist auf Beispielsfälle wie etwa „Verkauf unter, Einkauf über Marktpreis; Honorierung dubioser Serviceleistungen; Übersetzervergütungen für Know-how".

1040 *Fleischer* in: Schmidt/Lutter, AktG, § 57 Rdn. 19 f.; *Manz/*Mayer/Schröder, Die AktG, Rdn. 815b; *Hüffer,* § 57 AktG, Rdn. 10 mit weiterführenden Hinweisen.

1041 *Hirte*, Stellungnahme zum Entwurf des VorstAG, S. 1.

1042 *Adams,* ZIP 2002, 1325, (1343).

1043 *Mertens/Cahn*, KK-AktG, § 87 Rdn. 8.

1044 *Körner*, NJW 2004, 2697 (2700).

1045 Spindler/Stilz/*Fleischer*, KommAktG, § 87 Rdn. 11.

sollten.[1046] Allerdings beanspruchen diese Regelungen keine Geltung mehr, sodass es an einer gesetzlichen Grundlage fehlt, die auf den entsprechenden Willen des heutigen Gesetzgebers schließen lassen würde.

Auch die Annahme, die Vorstandsvergütung dürfe „das Doppelte des Gehalts eines Angestellten der dem Vorstand unmittelbar nachgeordneten Führungsebene nicht übersteigen“,[1047] findet keine gesetzliche Grundlage. Vielmehr kann der Beitrag eines Leitungsorgans zum Unternehmenserfolg nicht mit dem Beitrag nachgeordneter Führungskräfte verglichen werden. Im Gegensatz zu diesen obliegt dem Vorstand die Festlegung der strategischen Unternehmensführung und der Geschäftspolitik. Zudem würden derartige starre Vorgaben zur Einschränkung des Spielraums für Vergütungsabstufungen innerhalb des Vorstandes führen.

Auch die im Jahre 2008 durch § 5 Abs. 2 Nr. 4a Satz 5 der Finanzmarktstabilisierungsfonds-Verordnung für die „monetäre“ Vergütung eingeführte Grenze von jährlich 500,000 € beansprucht keine allgemeine Geltung. Vielmehr gilt diese Bestimmung als eine Ausnahme vom Grundsatz der Maßgeblichkeit von Marktbedingungen und zwar nur für Gesellschaften, die Stabilisierungsmaßnahmen des Finanzmarktstabilisierungsfonds in Anspruch nehmen.[1048] Diese besondere Lage einiger Unternehmen, die aufgrund der Finanzmarktkrise entstanden ist, kann jedoch keine generelle absolute Grenze für die Vorstandsvergütung rechtfertigen und so eine Allgemeingeltung beanspruchen.

Die Auslegung der Neuregelungen „mithilfe des klassischen juristischen Handwerkzeugs“[1049] wie etwa des Wortlauts, der Entstehungsgeschichte sowie der systematischen Einordnung und der Teleologie der jeweiligen Norm stößt an ihre Grenzen. Oft weicht der Wortlaut der Vorschrift von der gesetzgeberischen Begründung ab, wobei ein eindeutiges und fundiertes teleologisches Konzept auch nur selten ersichtlich ist. Daher ist davon auszugehen, dass für einen zunächst nicht absehbaren Zeitraum Rechtsunsicherheiten in Bezug auf die Begriffsbestimmung und Anwendung der Reformvorschriften entstehen werden mit der möglichen Konsequenz eines erhöhten Haftungsrisikos[1050] sowie einer gehemmten Entscheidungsfreude der Aufsichtsratsmitglieder.

Der Gesetzgeber erschuf mit dem VorstAG ein Regelwerk, das von Licht und Schatten beherrscht ist.[1051] Trotz des Reformgesetzes kam es nicht zu einer praxistauglichen Konkretisierung des Begriffs der Angemessenheit der Vorstandsvergütung. Als unbestimmter Rechtsbegriff unterliegt die Angemessenheit weiterhin einer umfassenden Einzelfallprüfung durch den Aufsichtsrat, der diese dann zu

---

1046 *Schlegelberger/Quassowski*, AktG, § 77 Rdn. 22.

1047 *Säcker/Boesche*, BB 2006, 897 (903 f.).

1048 *Merters/Cahn*, KK-AktG, § 87 Rdn. 8.

1049 *Dauner-Lieb*, Der Konzern 2009, 583 (584); vgl. auch *Cannivé/Seebach*, Der Konzern 2009, 593 ff.

1050 *Dauner-Lieb*, Der Konzern 2009, 583 (584); *Cannivé/Seebach*, Der Konzern 2009, 593 ff.

1051 *Hermes*, LawZone 2010/2, 22, (33).

bewerten hat. Auch bringen weitere Neuregelungen aufgrund des lediglich unverbindlichen Charakters keine wesentliche rechtliche Novellierung der aktuellen Vergütungspraxis mit sich.[1052] Das Gesetz arbeitet mit auslegungsbedürftigen Wertungsbegriffen, wie etwa „Üblichkeit", „Nachhaltigkeit" und „Billigkeit", sodass eine Entschärfung des Streits um die Bemessung der Vorstandsvergütung nicht absehbar ist. Es bleibt nur abzuwarten, in welcher Weise diese Begriffe durch die künftige Rechtspraxis und Rechtsprechung eine Konkretisierung erfahren werden.

Der Erlass des Reformgesetzes VorstAG ändert auch nichts daran, dass der materielle Inhalt der Neuregelungen im Hinblick auf unbestreitbare Vollzugsdefizite der gesetzlichen Regelungen, insbesondere im Bereich der geforderten Ausrichtung der Vergütungsanreize an langfristige Unternehmensentwicklung sowie bei der Ausgestaltung der D&O-Versicherung, in den zuständigen Gremien erörtert und derzeitige Vergütungsregelungen in den Vorstandsverträgen auf den Prüfstand gestellt werden müssen.[1053]

Allerdings wird dem Vorstand gerade in Zeiten der Finanz- und Wirtschaftskrise eine besondere Rolle beigemessen. Daher wird der Aufsichtsrat auch in der Zukunft gehalten sein, das Instrumentarium der Herabsetzung nach § 87 Abs. 2 AktG mit Augenmaß zu nutzen. Nach dem gesetzgeberischen Willen zu urteilen, kann auf die Herabsetzung jedoch nur bei Vorliegen von „besonderen Umständen" verzichtet werden.[1054]

Um einen Eingriff in die Privatautonomie zu vermeiden, der das Epizentrum einer Kritikwelle an den gesetzlichen Vorgaben des VorstAG bildet, erscheint es auch empfehlenswert, Vorgaben auf der Aufsichtsratsebene als eine mildere und dennoch gleich effektive Maßnahme aufzustellen. In Betracht kommen zunächst die Aufforderung an die Unternehmen, die für die Vorstandsbesetzung längst existenten Anforderungsprofile auch für die Aufsichtsratsbesetzung zu etablieren. Ein nicht optimal besetzter Aufsichtsrat unterschreitet in der Regel seine professionellen Möglichkeiten, wodurch dem Unternehmen viele Risiken erwachsen können. Die nicht bestmöglich ausgewählte Vorstandsbesetzung durch den Aufsichtsrat oder die Zustimmung zu Vorstandsvorhaben, die wenig erfolgversprechend sind, stellen mögliche Gefahren dar, die durch Erstellung entsprechender Anforderungsprofile für den Aufsichtsrat vermieden werden können. Weise hingegen der Aufsichtsrat gewisse Kompetenzmängel bei der Besetzung und/oder Kontrolle des Vorstands auf, seien die oben genannten Risiken prädestiniert. Somit gehöre die Personalkompetenz, die außer der Besetzungskompetenz auch eine „vorausschauende Nachwuchspolitik für die Vorstandsbesetzung" umfasse, zu den essentiellsten Aufgaben des Aufsichtsrats.[1055] Die Implementierung entsprechender Anforderungsprofile würde daher

---

1052 *Hermes,* LawZone 2010/2, 22, (33).

1053 *Bosse,* BB 2009, 1650.

1054 Beschlussempfehlung und Bericht des Rechtsausschusses zum VorstAG, BT-Drucks. 16/13433, S. 17.

1055 Kiebaum, Vergütungsstudie 2008/2009, S. 37.

„einen wesentlichen Beitrag zur Gewährleistung eines hochprofessionellen und auf die individuellen Bedürfnisse des Unternehmens zugeschnittenen unabhängigen Aufsichtsrats“[1056] leisten, wodurch eine bestmögliche Überwachung und Kontrolle der Unternehmensführung möglich wäre. Folglich wären gesetzliche Änderungen und Neuregelungen in Bezug auf die nachträgliche Herabsetzungsmöglichkeit von Vorstandsvergütungen nur noch in sehr engem Rahmen erforderlich.

### *4. Auswirkungen des VorstAG auf den Deutschen Corporate Governance Kodex*

#### a) Anpassung der Vorschriften des DCGK

Nach der Flut der Kritik an der Unternehmensführung deutscher Vorstände und Aufsichtsräte, die anlässlich der weltweiten Finanz- und Wirtschaftskrise entstand, kam im Jahr 2009 der DCGK mit seinen Regelungen, insbesondere auf dem Gebiet der Vorstandsvergütung, auf den Prüfstand. Als unmittelbare Reaktion auf erhebliche rechtliche Änderungen, die vor allem durch das BilMoG und das VorstAG hervorgerufen wurden, passte die Regierungskommission Deutscher Corporate Governance Kodex den bislang geltenden DCGK an die neue Rechtslage an.[1057]

Als erste inhaltliche Änderung des DCGK ist die Hervorhebung des *stakeholder value* zu nennen. Mit der Änderung der Präambel[1058] und der Neuregelung der Ziffer 4.1.1 des DCGK[1059] wird die Verpflichtung zur ausschließlichen Orientierung des Unternehmensinteresses am *shareholder value* geschwächt und hierfür die Berücksichtigung der *stakeholder*-Interessen im Sinne einer vorbildlichen Corporate Governance ausdrücklich betont. Mit diesem Kurswechsel tritt der Kodex „der öffentlichen Kapitalismuskritik“[1060] entgegen und akzentuiert eine nachhaltige Unternehmensentwicklung unter Berücksichtigung aller Anspruchsgruppen als sein zentrales Anliegen. Statt wie bislang die Interessen und Rechte der Aktionäre in den Mittelpunkt zu stellen und diesen eine herausgehobene Stellung beizumessen (*shareholder primacy*), werden die Unternehmensorgane nunmehr verpflichtet, vorrangig auf „den Bestand des Unternehmens und seine nachhaltige Wertschöpfung“ zu achten. Somit wird der

---

1056 Kienbaum, Vergütungsstudie 2008/2009, S. 34.

1057 *Hecker*, BB 2009, 1654.

1058 Nunmehr heißt es: „Der Kodex verdeutlicht die Verpflichtung von Vorstands und Aufsichtsrat, im Einklang mit den Prinzipien der sozialen Marktwirtschaft für den Bestand des Unternehmens und seine nachhaltige Wertschöpfung zu sorgen (Unternehmensinteresse).“

1059 „Der Vorstand leitet das Unternehmen mit dem Ziel nachhaltiger Wertschöpfung in eigener Verantwortung und im Unternehmensinteresse, also unter Berücksichtigung der Belange der Aktionäre, seiner Arbeitnehmer und der sonstigen dem Unternehmen verbundenen Gruppen (Stakeholder).“

1060 *Müller*, 8. Konferenz DCGK v. 19. 06. 2009, S. 10: abrufbar unter: http://www.dcgk.de/files/dcgk/usercontent/de/download/2009/090619_Draft_Pressefassung_DCGK_Rede_Klaus-Peter_Mueller_final.pdf (zuletzt aufgerufen am 19.06.2014); *Hecker*, BB 2009, 1654 (1655).

Blick auf das Unternehmen selbst und nicht nur auf seine Aktionäre gerichtet.[1061] Dieses neu formulierte Unternehmensinteresse im DCGK bedeutet im Kontext der Vorstandsvergütung, dass sowohl gesellschaftliche als auch soziale und ökologische Kriterien bei der Festlegung der Vorstandsvergütung einbezogen werden können.[1062]

Eine weitere Neuregelung des DCGK, die im Rahmen der Anpassung an das VorstAG entstanden ist, betrifft den Selbstbehalt bei D&O-Versicherungen und ist in Ziffer 3.8 des DCGK geregelt.[1063] Demnach wird nun eine dem angehobenen Selbstbehalt bei der D&O-Versicherung für Vorstände entsprechende Regelung auch für die Aufsichtsräte einer Aktiengesellschaft empfohlen.

Als Folge der Verabschiedung des Reformgesetzes zur Angemessenheit der Vorstandsvergütung beschloss auch die Regierungskommission DCGK weitgehende best practice-Vorschriften in Bezug auf die Vorstandsvergütung. Im Rahmen dieser Arbeit erscheinen die Änderungen der Ziffern 4.2.2[1064], 4.2.3[1065] und 4.2.4[1066] DCGK

---

1061 *Hecker*, BB 2009, 1654 (1655); *Hexel* in: Kienbaum, Vergütungsstudie 2008/2009, S. 14.

1062 *Hexel* in: Kienbaum, Vergütungsstudie 2008/2009, S. 14; *Weber-Rey*, WM 2009, 2255 (2257).

1063 *Hecker*, BB 2009, 1654 (1655 f).

1064 „Das Aufsichtsratsplenum setzt auf Vorschlag des Gremiums, das Vorstandsverträge behandelt, die Gesamtvergütung der einzelnen Vorstandsmitglieder fest und soll das Vergütungssystem für den Vorstand beschließen und regelmäßig überprüfen. Die Gesamtvergütung der einzelnen Vorstandsmitglieder wird vom Aufisichtsratsplenum unter Einbeziehung von etwaigen Konzernbezügen auf der Grundlage einer Leistungsbeurteilung festgelegt. Kriterien für die Angemessenheit der Vergütung bilden sowohl die Aufgaben des einzelnen Vorstandsmitglieds, seine persönliche Leistung, die wirtschaftliche Lage, der Erfolg und die Zukunftsaussichten des Unternehmens als auch die Üblichkeit der Vergütung unter Berücksichtigung des Vergleichsumfelds und der Vergütungsstruktur, die ansonsten in der Gesellschaft gilt. Soweit vom Aufsichtsrat zur Beurteilung der Angemessenheit der Vergütung ein externer Vergütungsexperte hinzugezogen wird, soll auf dessen Unabhängigkeit vom Vorstand bzw. vom Unternehmen geachtet werden."

1065 „Die Vergütungsstruktur ist auf eine nachhaltige Unternehmensentwicklung auszurichten. Die monetärenVergütungsteile sollen fixe und variable Bestandteile umfassen. Der Aufsichtsrat hat dafür zu sorgen, dass variable Vergütungsteile grundsätzlich eine mehrjährige Bemessungsgrundlage haben. Sowohl positiven als auch negativen Entwicklungen soll bei der Ausgestaltung der variablen Vergütungsteile Rechnung getragen werden. Sämtliche Vergütungsteile müssen für sich und insgesamt angemessen sein und dürfen insbesondere nicht zum Eingehen unangemessener Risiken verleiten. Als variable Vergütungsteile kommen z. B. auf das Unternehmen bezogene aktien- oder kennzahlenbasierte Vergütungselemente in Betracht. Sie sollen auf anspruchsvolle, relevante Vergleichsparameter bezogen sein. Eine nachträgliche Änderung der Erfolgsziele oder der Vergleichsparameter soll ausgeschlossen sein. Für außerordentliche Entwicklungen hat der Aufsichtsrat grundsätzlich eine Begrenzungsmöglichkeit (Cap) zu vereinbaren."

1066 „Die Gesamtvergütung eines jeden Vorstandsmitglieds wird, aufgeteilt nach fixen und variablen Vergütungsteilen unter Namensnennung offen gelegt. Gleiches gilt

am bedeutendsten. Diese haben die Vorstandsvergütung, ihre Struktur und die Offenlegung zum Gegenstand und sind daher besonders relevant. Als Konkretisierung der gesetzlichen Zielvorgabe der Ausrichtung der Vergütungsstruktur an einer nachhaltigen Unternehmensentwicklung hat die Kommission in Ziffer 4.2.3 DCGK festgelegt, dass bei der Ausgestaltung der variablen Vergütungskomponenten sowohl positive als auch negative Entwicklungen berücksichtigt werden sollen. Zudem bestimmt der Kodex, dass kein Vergütungsbestandteil Anreize zu überhöhter Risikofreudigkeit geben darf.[1067]

Darüber hinaus wird die Entscheidung über die Gesamtvergütung der Vorstandsmitglieder gemäß § 107 AktG n. F. nunmehr dem Aufsichtsratsplenum überlassen. Diese Gesetzesänderung stieß jedoch im Rahmen der Anhörung im Rechtsausschuss auf laute Kritik seitens der Regierungskommission DCGK. Vorgeschlagen wurde, dem Plenum lediglich die Entscheidungskompetenz bezüglich der Festlegung der Bandbreite zu übertragen, die eigentlichen Vergütungsentscheidungen hingegen den zuständigen Ausschüssen zu überlassen.[1068] Eine entsprechende Regelung wurde vom Gesetzgeber allerdings abgelehnt. Stattdessen wurde in Ziffer 4.2.2 Satz 1 DCGK im Rahmen der Kodexanpassung an das VorstAG ein Zusatz eingeführt, wonach das Aufsichtsratsplenum nunmehr auch die Gesamtvergütung der einzelnen Vorstandsmitglieder festsetzen soll. Die Empfehlung in Ziffer 4.2.2 Satz 1 HS 2 DCGK[1069] soll die Kontinuität und Vorhersehbarkeit bei der Festsetzung der Vorstandsvergütung garantieren.[1070]

### b) Weitergehende Empfehlungen des DCGK

Allerdings wurde bei der Überarbeitung des DCGK anlässlich zahlreicher Reformgesetze, die als Reaktion auf die weltweite Finanz- und Wirtschaftskrise zustande gekommen sind, auch eine Reihe von Empfehlungen aufgenommen, die über die gesetzlichen Vorgaben hinaus reichen.

---

für Zusagen auf Leistungen, die einem Vorstandsmitglied für den Fall der vorzeitigen oder regulären Beendigung der Tätigkeit als Vorstandsmitglied gewährt oder die während des Geschäftsjahres geändert worden sind. Die Offenlegung kann unterbleiben, wenn die Hauptversammlung dies mit Dreiviertelmehrheit anderweitig beschlossen hat."

1067 *Friedl/Hocker/Döscher/Hölz*, Studie zur Vergütung 2008, S. 7.

1068 Regierungskommission Deutscher Corporate Governance Kodex, Schriftliche Stellungnahme vom 20. 05. 2009 zum des VorstAG, S. 5, abrufbar unter: www.coporate-governance-code.de; ebenfalls kritisch dazu: Stellungnahme des Handelsrechtsausschusses des DAV zum VorstAG, NZG 2009, 612 (615); *Kremer*, BDI Stellungnahme zum Entwurf des VorstAG, S. 12 f.; a. A.: *Lutter*, Stellungnahme zum Entwurf des VorstAG, S. 3 f.

1069 „Das Aufsichtsratsplenum setzt auf Vorschlag des Gremiums, das die Vorstandsverträge behandelt, die Gesamtvergütung der einzelnen Vorstandsmitglieder fest und *soll das Vergütungssystem für den Vorstand beschließen und regelmäßig überprüfen.*"

1070 *Ringleb*/Kremer/Lutter/v. Werder, Kommentar DCGK, Rdn. 704.

### aa) Regelung des Abfindungscaps

Zu den über die Vorgaben des VorstAG hinausgehenden Empfehlungen gehört zunächst Ziffer 4.2.3 Abs. 4 DCGK, in der der Abfindungscap allgemein geregelt wird. Danach sollen Zahlungen an ein Vorstandsmitglied bei vorzeitiger Beendigung der Vorstandstätigkeit ohne wichtigen Grund einschließlich Nebenleistungen den Wert von zwei Jahresvergütungen nicht übersteigen und nicht mehr als die Restlaufzeit des Anstellungsvertrages vergüten.[1071] Für die Berechnung des Abfindungscaps soll auf die Gesamtvergütung des abgelaufenen Geschäftsjahres und gegebenenfalls auch auf die voraussichtliche Gesamtvergütung für das laufende Geschäftsjahr abgestellt werden. Dieser Orientierungsmaßstab soll sowohl der objektiven Ermittlung der Abfindungshöhe als auch der Berücksichtigung möglicher Veränderungen der Gesellschaftslage im Vergleich zum letzten Geschäftsjahr dienen.[1072]

Es stellt sich jedoch die Frage, ob ein solcher Abfindungscap im Anstellungsvertrag oder erst im Aufhebungsvertrag vereinbart werden kann. Zwar erweckt der Wortlaut der Ziffer 4.2.3 Abs. 4 DCGK den Eindruck, die Regelung der Abfindungsobergrenze müsse bereits im Vorstandsvertrag selbst festgesetzt werden. Die entsprechende Vorgabe richtet sich allerdings in erster Linie an den Aufsichtsrat, der mit dem jeweiligen Vorstandsmitglied über den Inhalt seines Aufhebungsvertrags in Verhandlungen steht, denn eine Vorschrift, nach der für den Fall eines vorzeitigen Ausscheidens aus dem Unternehmen eine Begrenzung etwaiger Abfindungsansprüche des Vorstandsmitglieds bereits im Anstellungsvertrag begründet wird, ist juristisch nicht durchsetzbar.[1073] Zunächst ist eine einseitige Trennung der Gesellschaft vom Vorstandsmitglied ohne einen wichtigen Grund i.S. des § 626 Abs. 1 BGB[1074] nicht möglich. Vielmehr bedarf es hierfür einer beidseitigen Vereinbarung, bei der das

---

1071 Bislang enthielt der Kodex lediglich eine „Anregung" dieses Inhalts, die von der Praxis ohne weitere Konsequenzen übergangen werden konnte und daher lediglich einen Appell begründete. Die „Erhebung" dieser Vorschrift zur Empfehlung führt indessen dazu, dass eine abweichende Praxis zukünftig im Rahmen der Entsprechenserklärung gem. § 161 AktG offenzulegen wäre. Dabei geht die neue Empfehlung des DCGK jedoch über die von der EU-Kommission geforderte Regelgrenze von zwei Jahresfixgehältern hinaus.

1072 *Bosse*, Hdbuch Vorstandsvergütung, S. 96 Rdn. 300.

1073 *Bernhardt*, BB 2008, 1686 (1687). A. A. *van Kann/Eigler*, DStR 2007, 1730 (1731), die folgenden Vorschlag einer diesbezüglichen Vertragsklausel unterbreiten: „Wird die Bestellung zum Vorstand gem. § 84 Abs. 3 AktG zu Recht widerrufen, ohne dass gleichzeitig ein wichtiger Grund für die sofortige Kündigung des Anstellungsverhältnisses vorliegt, erhält der Vorstand eine Abfindung [...]." Allerdings bedarf diese Regelung zu ihrer Umsetzung zunächst einer wirksamen Koppelungsklausel, da sich nur bei einer Beendigung des Anstellungsverhältnisses die Frage nach einer Abfindung stellt. Die Konstellation einer „einvernehmlichen Abberufung" ist hingegen nicht geregelt.

1074 *Bauer/Arnold*, BB 2007, 1793 (1794 f.); *dies.Hoffmann-Becking*, ZIP 2007, 2101 (2105); *van Kann/Eigler*, DStR 2007, 1730 (1731); *Bauer/Arnold*, BB 2008, 1692 (1694); *Hohenstatt/Willemsen*, NJW 2008, 3462 (3463).

betroffene Vorstandsmitglied sein Einverständnis mit dem vorzeitigen Ausscheiden auch von der Aufhebung oder Einschränkung eines ursprünglich vereinbarten Abfindungscaps abhängig machen kann. Dadurch könnte jedoch die Wirkung einer solchen vorherigen Vereinbarung über die Abfindungsobergrenze auf eine lediglich unverbindliche Absichtserklärung limitiert werden. Aber auch die Vereinbarung einer Koppelungsklausel, wonach im Falle einer rechtswirksamen Abberufung des Vorstandsmitglieds nach § 84 Abs. 3 AktG diese bei fehlendem Kündigungsgrund auch auf das Anstellungsverhältnis durchschlägt und das Vorstandsmitglied hierfür mit einer den Anforderungen des DCGK entsprechenden Abfindung entschädigt wird, bietet keine zufrieden stellende Lösung. Zwar wäre der Aufsichtsrat zum Zwecke der Einhaltung des Abfindungscaps nicht mehr auf die Mitwirkung des Vorstandsmitglieds angewiesen. Allerdings begegnet eine derartige Konstellation zahlreichen Bedenken. Zum einen ist es durchaus zu bezweifeln, dass die betroffenen Vorstände sich auf eine so weitgehende Aufweichung ihres Status einlassen werden. Zum anderen entspricht dieser Ansatz nicht dem eindeutigen Wortlaut der Ziffer 4.2.3 Abs. 4 DCGK. Vielmehr fehlt trotz Kenntnis der Möglichkeit dieser Konstellation darin jeglicher Hinweis auf die Vereinbarung von Koppelungsklauseln. Somit kann davon ausgegangen werden, dass diese von der Kodexempfehlung nicht gefordert ist.[1075] Um die Offenlegung der Abweichung von der Kodexempfehlung zu vermeiden und dennoch einen finanziellen Rahmen vorzugeben erscheint es als sinnvoll, zur Umsetzung der Ziffer 4.2.3 Abs. 4 DCGK den Vorstandsvertrag wie folgt zu formulieren:

> „Bei vorzeitiger Beendigung der Vorstandstätigkeit ohne wichtigen Grund entsprechen die Zahlungen an das Vorstandsmitglied einschließlich Nebenleistungen maximal dem Wert von zwei Jahresvergütungen (Abfindungs-Cap) und überschreiten nicht die Vergütung für die Restlaufzeit des Anstellungsvertrags. [Einzelheiten zur Berechnung]"[1076]

Bei dieser Vertragsklausel handelt es sich um eine „im Voraus vereinbarte 'Deckelung' einer im Falle der vorzeitigen Trennung etwa zu zahlenden Abfindung. Die Abfindung wird also nicht bereits festgelegt, sodass die Möglichkeit verbleibt, im konkreten Fall – und, […] unter engen Voraussetzungen – eine höhere Abfindung zu zahlen."[1077] Eine solche Vertragsklausel verstößt auch nicht gegen § 84 Abs. 3 AktG und ist im Übrigen auch aktienrechtlich unbedenklich.[1078] Der Auffassung, es handele sich hierbei um eine bloße unverbindliche Absichtserklärung, wird mit dem Argument begegnet, dass die Vertragsklausel eine Selbstbindung des Aufsichtsrates statuiere, „von der nur abgewichen werden kann, wenn trotz Aufbietung aller rechtlichen Möglichkeiten das Vorstandsmitglied nicht dazu bewegt werden kann,

---

1075 *Hohenstatt/Willemsen,* NJW 2008, 3462 (3465) mit Ausführungen zu weiteren Nachteilen der Koppelungsklauseln.

1076 *Hohenstatt/Willemsen,* NJW 2008, 3462 (3465).

1077 *Hohenstatt/Willemsen,* NJW 2008, 3462 (3465); ähnlich hierzu auch *Hoffmann-Becking,* ZIP 2007, 2101 (2105).

1078 A. A. *Bauer/Arnold,* BB 2008, 1692 (1695).

einem vertrags- und kodexkonformen Aufhebungsvertrag zuzustimmen und der Gesellschaft bei Nichtabschluss eines Aufhebungsvertrags besondere, greifbare Nachteile drohen."[1079]

Eine weitere Regelung des DCGK, die über die gesetzlichen Vorgaben hinausgeht, stellt Ziffer 4.2.3 Abs. 5 DCGK bezüglich der *change of control*-Klausel dar. Ausgehend von dieser Vorschrift, sollte eine Zusage für Leistungen aus Anlass der vorzeitigen Beendigung der Vorstandstätigkeit infolge eines Kontrollwechsels 150 % des Abfindungscaps nicht übersteigen. Dies entspricht einer Abfindungszahlung von drei Jahresvergütungen. Viele Unternehmen entschädigen ihre aufgrund eines Kontrollwechsels ausgeschiedenen Vorstandsmitglieder mit den verbleibenden Ansprüchen aus der Restlaufzeit des Anstellungsvertrages, sodass die Empfehlung des DCGK regelmäßig eingehalten wird.[1080] Andere räumen ihren Vorstandsmitgliedern in diesem Falle sogar bis zu fünf Jahresvergütungen ein.[1081]

### bb) Angaben des Vergütungsberichts

Darüber hinaus wird im Ziffer 4.2.5 DCGK die Empfehlung ausgesprochen, entgegen handelsrechtlicher Vorgaben, die eine individualisierte Veröffentlichung der Vergütung im Lagebericht oder im Anhang zum Jahres- oder Konzernabschluss vorsehen, individualisierte Angaben im Vergütungsbericht als Teil des Corporate Governance-Berichts vorzunehmen. Schließlich regelt der DCGK in Ziffer 4.2.5, dass der Vergütungsbericht Angaben zur Art der von der Gesellschaft erbrachten Nebenleistungen enthalten soll.

Die Aufnahme der Ziffer 4.2.4 in den DCGK geht hingegen auf die Änderung der Vorschrift des § 285 Nr. 9a HGB zurück. Die dort festgelegten Offenlegungspflichten für die Vorstandsvergütung finden nunmehr auch im DCGK ihren Niederschlag. Insoweit wird auch an dieser Stelle eine Anpassung an das VorstAG gewährleistet.

---

1079 *Hohenstatt/Willemsen,* NJW 2008, 3462 (3467).

1080 Vgl. *K+S AG,* die unter Umständen zusätzliche Zahlungen gewährt, wenn das Vorstandsmitglied nicht selbst kündigt; *Deutsche Bank AG,* die mit drei Jahresvergütungen oder mit restlichen Ansprüchen ihre ausgeschiedenen Vorstandsmitglieder entschädigt; *Linde AG,* die gekürzte Auszahlung der restlichen Ansprüche sowie Zusatzzahlungen gewährt; *RWE AG,* die Ansprüche für die Restlaufzeit, höchstens jedoch drei, mindestens aber zwei Jahresvergütungen einräumt; *Deutsche Börse AG,* die kapitalisierte Restvergütung für die Laufzeit des Anstellungsvertrages zuzüglich zwei Jahresvergütungen, höchstens fünf Jahresvergütungen bewilligt; *Allianz SE,* die eine abgezinste Restvergütung mit einer Erhöhung auf eine Laufzeit von drei Jahren zuteilt; *Siemens AG* und *Infineon AG,* die restliche Vergütung, maximal aber drei Jahresvergütungen gewähren sowie *Deutsche Post AG* und *BASF SE,* die jeweils eine der Höhe nach begrenzte Abfindungszahlung für den Kontrollwechsel im Unternehmen vorsehen. Vgl. jeweils Vergütungsberichte 2008.

1081 So etwa die *Deutsche Böre AG* sowie die *Commerzbank AG* für Bestellungen vor 2008, vgl. Vergütungsbericht 2008.

### cc) Beauftragung externer Vergütungsberater

Immer mehr Unternehmen bedienen sich heutzutage externer Vergütungsberater. Dieser sog. „Beratungsboom" lässt sich vor allem dadurch erklären, dass die Vergütungsexperten eine entscheidende Informations- und Beratungsquelle des Aufsichtsrats darstellen, die es ermöglicht, ein ausgewogenes Vergütungssystem für den Vorstand zu entwickeln. Aufgrund der Komplexität derartiger Entscheidungen sind Aufsichtsratsmitglieder, die nicht immer über notwendige Kenntnisse und Informationen zur Entscheidungsfindung verfügen, oft gezwungen Unterstützung durch sachkundige Berater einzuholen. Diese verfügen aufgrund ihrer betriebswirtschaftlichen Kenntnisse und ihres rechtlichen Spezialwissens über Informationen, die für eine optimale Ausgestaltung des Vergütungssystems unerlässlich sind und auch Auskünfte über den Führungskräftemarkt liefern.[1082] Eine gesetzlich vorgeschriebene Pflicht zur Beauftragung externer Vergütungsberater besteht jedoch nicht. Vielmehr liegt es im Ermessen des Aufsichtsrates auf diese Maßnahme im Rahmen der Festsetzung der Vorstandsvergütung zurückzugreifen.

Die unternehmerische Praxis, externe Vergütungsberater in Fragen der Vorstandsvergütung unterstützend hinzuzuziehen, ist in den letzten Jahren im Zusammenhang mit enorm angestiegenen Vorstandsvergütungen als Mitverursacher der weltweiten Finanzmarktkrise zunehmend unter kritische Beobachtung der Kapitalmarktöffentlichkeit gekommen. Diese erzeugte zahlreiche Untersuchungen und empirische Erhebungen zur Vergütungsberatungspraxis, die schließlich in gesetzliche Regulierungen sowohl in Deutschland, als auch in Großbritannien und den USA mündeten.

In Deutschland wurde in Bezug auf die Verantwortung für die Vorstandsvergütung von der Regierungskommission als Reaktion auf die Empfehlung in Ziffer 9.2. der EU-Kommission 2009/385/EG eine neue Vorschrift in den Kodextext aufgenommen, Ziffer 5.3.2 DCGK[1083]. Danach soll die Beurteilung der Angemessenheit der Vorstandsvergütung laut Ziffer 4.2.2 Abs. 3 DCGK im Falle der Einrichtung eines Prüfungsausschusses von vorstands- und unternehmensunabhängigen externen Vergütungsexperten erfolgen, die vom Aufsichtsrat zu beauftragen sind.[1084] Mit dieser Neuregelung soll die Minimierung unerwünschter Einflussmöglichkeiten auf die Festlegung der Vorstandsvergütung erreicht werden.[1085]

---

1082 *Fleischer*, BB 2010, 67 (68).

1083 „Der Aufsichtsrat soll einen Prüfungsausschuss (Audit Committee) einrichten, der sich insbesondere mit Fragen der Rechnungslegung, des Risikomanagements und der Compliance, der erforderlichen Unabhängigkeit des Abschlussprüfers, der Erteilung des Prüfungsauftrags an den Abschlussprüfer, der Bestimmung von Prüfungsschwerpunkten und der Honorarvereinbarung befasst. [...]. Er sollte unabhängig und kein ehemaliges Vorstandsmitglied der Gesellschaft sein, dessen Bestellung vor weniger als zwei Jahren endete."

1084 „Soweit vom Aufsichtsrat zur Beurteilung der Angemessenheit der Vergütung ein externer Vergütungsexperte hinzugezogen wird, soll auf dessen Unabhängigkeit vom Vorstand bzw. vom Unternehmen geachtet werden."

1085 *Hecker*, BB 2009, 1654 (1657); *Friedl/Hocker/Döscher/Hölz*, Studie zur Vergütung 2008, S. 7.

Allerdings ist die Befugnis zur Festsetzung von Vorstandsvergütungen deutscher Aktiengesellschaften in der Zuständigkeit des Aufsichtsrats angesiedelt und stellt eine unternehmerische Entscheidung dar. Es stellt sich daher die Frage, ob der Aufsichtsrat im Rahmen der sorgfältigen Ausgestaltung der Entscheidungsgrundlagen sogar verpflichtet ist, externe Vergütungsberater hinzuzuziehen. Eine solche Pflicht des Aufsichtsrats ist jedoch aus den folgenden Gründen abzulehnen. Zum einen würde eine derartige Verpflichtung dem gesetzgeberischen Willen widersprechen, denn bereits bei der Regulierung durch die im Rahmen des Gesetzes zur Unternehmensintegrität und Modernisierung des Anfechtungsrechts (UMAG) eingeführte Vorschrift des § 93 Abs. 1 Satz 2 AktG wollte der Gesetzgeber unbedingt vermeiden, „dass durch routinemäßiges Einholen von Sachverständigengutachten, Beratervoten oder externen Marktanalysen eine rein formale Absicherung stattfindet".[1086] Diese Erwägungen sollen auch für Vergütungsgutachten externer Sachverständiger gelten.[1087] Hinzu kommt, dass angesichts der nunmehr seit einigen Jahren existierenden Offenlegungspflichten, die zu einer individualisierten Offenlegung der Vorstandsbezüge verpflichten, eine weitgehende Transparenz der Vorstandsvergütung börsennotierter Aktiengesellschaften ermöglicht wurde. Im Übrigen wird in den neu eingeführten Empfehlungen des DCGK und in den Empfehlungen der Europäischen Kommission keine zwingende Pflicht des Aufsichtsrats zur Einholung von Vergütungsberatern kodifiziert, sondern lediglich eine Konditionalformulierung gewählt, wonach *im Falle* der Hinzuziehung von externen Vergütungsberatern auf deren Unabhängigkeit zu achten sei.[1088]

Zwar setzt die Empfehlung des DCGK in Ziffer 4.2.2 Abs. 3 die Unabhängigkeit der Vergütungsberater als zwingend voraus, der Vorschrift fehlt es jedoch an einer Konkretisierung dieses Begriffs. Somit bleibt die Frage der persönlichen Reichweite des Unabhängigkeitsgebots weiterhin ungeklärt, d.h. die Frage danach, ob der DCGK die Unabhängigkeit des Vergütungsberaters persönlich oder von der Beratungsgesellschaft als solcher meint.[1089] Das Unabhängigkeitskriterium in Ziffer 9.2. der EU-Empfehlung 2009/385/EG ist zwar einschränkender formuliert, eignet sich jedoch ebenfalls nicht für eine eindeutige Auslegung.

Beim Fehlen einer gesetzlichen Konkretisierung eines Rechtsbegriffs sind Juristen oft gehalten, vergleichbare Regelungen hinzuzuziehen, um die Auslegung des betroffenen Begriffs zu ermöglichen. Derartige Vorschriften finden sich im Fall der Unabhängigkeit von externen Vergütungsberatern sowohl im Aktienrecht als auch im „Recht der Informationsintermediäre des Kapitalmarkts". Durch das BilMoG

---

1086 RegE UMAG, BT-Drucks. 15/5092, S. 12. Hervorgehoben wird vor allem, dass externe Vergütungsberater nicht nur aus formalen Absicherungsgründen hinzugezogen werden, sondern dass auch betriebswirtschaftliche Aspekte dabei eine entscheidende Rolle spielen. Vgl. *Fleischer*, BB 2010, 67 (70).

1087 *Fleischer*, BB 2010, 67 (70).

1088 Deutscher Corporate Governance Kodex in der Fassung vom 18.06.2009 verwendet Formulierungen „wenn" und „soweit".

1089 *Fleischer*, BB 2010, 67 (71); *Baums*, AG 2010, 53.

wurde in § 100 Abs. 5 AktG der Begriff des „unabhängigen Aufsichtsratsmitglieds“ eingeführt. Dabei wird in der Regierungsbegründung entscheidend darauf Bezug genommen, ob „geschäftliche, finanzielle oder persönliche Beziehungen zur Geschäftsführung [...] eine Besorgnis der Befangenheit begründen können, die der Wahrnehmung der Aufsichtsfunktion entgegensteht.“[1090] In diesem Zusammenhang wird auch auf die Unabhängigkeitsaspekte der Ziffer 5.4.2 Satz 2 DCGK[1091] und Ziffer 13.1 der Empfehlung der Kommission vom 15. Februar 2005 (2005/162/EG)[1092] verwiesen, die jedoch keine abschließenden bzw. zwingenden Kriterien enthalten.[1093]

Weitere Anhaltspunkte zur Auslegung des Unabhängigkeitsbegriffs bieten unter anderem auch gesetzliche Vorschriften für Abschlussprüfer. Diese Vorgaben weisen aufgrund ihrer rechtlichen Ausdifferenzierung einen Modellcharakter für kapitalmarktrechtliche Voraussetzungen der Unabhängigkeit auf.[1094] Die Mindestanforderungen an die Unbefangenheit resultieren dabei aus den absoluten Ausschlussgründen der §§ 319 Abs. 3, 319a Abs. 1 HGB. Im Mittelpunkt steht dabei die finanzielle Abhängigkeit, die aufgrund einer Verknüpfung mehrerer Tätigkeiten entstehen kann.[1095] Darüber hinaus schreibt die Generalklausel des § 319 Abs. 2 HGB den Ausschluss eines Wirtschaftsprüfers als Abschlussprüfer vor, wenn bei diesem aufgrund geschäftlicher, finanzieller oder persönlicher Beziehungen Befangenheit vermutet werden kann.[1096]

Fraglich bleibt jedoch, ob die erläuterten Regelungen über den Abschlussprüfer auch auf die im Rahmen dieses Kapitels interessierende Fallgestaltung übertragen werden können. Zum einen wird der Abschlussprüfer – vergleichbar einem Vergütungsberater – vom Aufsichtsrat bzw. von der Hauptversammlung gemäß § 119 Abs. 1 Nr. 5 AktG, mandatiert. Darüber hinaus gehört der Abschlussprüfer regelmäßig einer Wirtschaftsprüfungsgesellschaft an, die außer der Abschlussprüfung auch andere Beratungsdienstleistungen erbringen kann. Diese sog. *„non-related*

---

1090 Begr. RegE BT-Drucks. 16/10067, S. 101 f.; *Fleischer*, BB 2010, 67 (71).

1091 Danach gilt ein Aufsichtsratsmitglied dann als unabhängig, „wenn er in keiner geschäftlichen oder persönlichen Beziehung zu der Gesellschaft oder deren Vorstand steht, die einen Interessenkonflikt begründet.“

1092 „Ein Mitglied der Unternehmensleitung gilt als unabhängig, wenn es in keiner geschäftlichen, familiären oder sonstigen Beziehung zu der Gesellschaft, ihrem Mehrheitsaktionär oder deren Geschäftsführung steht, die einen Interessenkonflikt begründet, der sein Urteilsvermögen beeinflussen könnte.“ Vgl. Empfehlung der Kommission 2005/162/EG v. 15.02.2005, ABl. Nr. L 52/51.

1093 *Fleischer*, BB 2010, 67 (71); vertiefend hierzu *Gruber*, NZG 2008, 12 ff.; *Habersack*, AG 2008, 98 (104 ff.); *Jaspers*, AG 2009, 607; *Baums*, AG 2010, 53 (56). Ausführlich zur Auslegung des Unabhängigkeitsbegriffs Ringleb/*Kremer*/Lutter/v. Werder, DCGK, Rdn. 1031 ff.

1094 *Leyens* in:Baum/Fleckner/Hellgardt/Roth, Perspektiven des Wirtschaftsrechts, S. 439; *Fleischer*, BB 2010, 67 (71).

1095 *Leyens* in: Baum/Fleckner/Hellgardt/Roth, Perspektiven des Wirtschaftsrechts, S. 440.

1096 *Fleischer*, BB 2010, 67 (71).

*services*" können sowohl vom geprüften Unternehmen als auch von einem Vorstandsmitglied persönlich in Anspruch genommen werden, sodass sich hierbei eine mit der Beauftragung eines Vergütungsberaters vergleichbare Interessenlage ergibt.[1097] Danach kann von der Unabhängigkeit der Vergütungsexperten dann ausgegangen werden, wenn diese „in keiner weiteren geschäftlichen, finanziellen oder persönlichen Beziehung zu der Gesellschaft oder deren Vorstand stehen, die einen Interessenkonflikt begründet. Ein solcher Interessenkonflikt liegt jedenfalls dann vor, wenn der Vergütungsberater aus der anderweitigen Geschäftstätigkeit höhere Einkünfte erzielt als aus der Beratungsleistung."[1098] Aus einer wirtschaftlich unerheblichen Zusatzleistung resultiert hingegen keine Abhängigkeit.[1099]

Weiterhin bleibt zu klären, ob das Kriterium der „Unabhängigkeit" sich auf den konkreten mit der Vergütungsberatung beauftragten Experten bezieht oder vielmehr die Unabhängigkeit der Beratungsgesellschaft, die rechtlicher Partner des Beratungsmandats wird, gemeint ist. Der Wortlaut der Ziffer 4.2.2 Abs. 3 DCGK gibt leider keinen Aufschluss darüber, wer in persönlicher Hinsicht gemeint ist. Unter Heranziehung der in Bezug auf die Unabhängigkeitskriterien angestellten Überlegungen kommt man jedoch zu dem Schluss, dass die Unabhängigkeitserfordernisse sich auf den mandatführenden Berater beziehen, der die Leistung persönlich erbringt. Zwar handelt es sich bei der Beratungsgesellschaft um den rechtlichen Vertragspartner des beauftragenden Unternehmens, auf ihr Urteil kommt es hingegen im Rahmen der Vergütungsentscheidung nicht an, mit der Folge, dass nur die „innere" Unabhängigkeit im Sinne des *„state of mind*" gewährleistet werden soll. Somit ist nur die persönliche Unabhängigkeit des beratenden Experten bei der Entscheidungsfindung erforderlich. Diese Auslegung geht auch mit den Empfehlungen der EU-Kommission einher, die in Ziffer 4.2.2 DCGK umgesetzt wurden.[1100]

Fraglich ist aber, unter welchen Voraussetzungen der Aufsichtsrat durch die freiwillige Einholung von Sachverständigengutachten in Vergütungsangelegenheiten etwaige Schadensersatzansprüche nach § 116 Satz 3 AktG n. F. vermeiden kann, d. h. also Angaben der externen Berater berechtigtes Vertrauen schenken darf.

Zur Klärung dieser Frage ist die neue in diesem Zusammenhang ergangene Entscheidung des BGH vom 14. Mai 2007 hinzuzuziehen. Danach liegt bei Nichtstellung des Insolvenzantrags durch das Vorstandsmitglied keine schuldhafte Pflichtverletzung vor, „wenn er bei fehlender eigener Sachkunde zur Klärung des Bestehens der Insolvenzreife der Gesellschaft den Rat eines unabhängigen, fachlich qualifizierten Berufsträgers einholt, diesen über sämtliche für die Beurteilung erheblichen Umstände ordnungsgemäß informiert und nach eigener Plausibilitätskontrolle der ihm daraufhin erteilten Antwort dem Rat folgt und von der Stellung eines Insolvenz-

---

1097 *Baums*, AG 2010, 53 (56).

1098 *Fleischer*, BB 2010, 67 (71). „Wer das Brot des Vorstands isst, kann Berater des Aufsichtrats nicht sein." Vgl. *Seibert*, WM 2009, 1489 (1490).

1099 *Fleischer*, BB 2010, 67 (71).

1100 *Baums*, AG 2010, 53 (58).

antrags absieht"[1101]. In einem weiteren Urteil, das zum Thema der Haftung des Aufsichtsrats eging, wird ferner hervorgehoben, dass der Aufsichtsrat zur Überprüfung von Angaben der Auskunftspersonen verpflichtet ist, wenn Hinweise für konkrete Interessenkollisionen einzelner Berater vorliegen.[1102] Für die Haftung des Aufsichtsrats einer Aktiengesellschaft im Falle unzutreffender Informationen seitens der Vergütungsexperten kann aus diesen Entscheidungen gefolgert werden, dass der Aufsichtsrat sich nur dann auf das Gutachten eines Vergütungsberaters verlassen darf, wenn er „vernünftigerweise von dessen Unabhängigkeit ausgehen durfte".[1103] Als eine weitere Voraussetzung für eine haftungsausschließende Wirkung des Sachverständigengutachtens gilt die sog. Plausibilitätskontrolle durch die Aufsichtsratsmitglieder, wobei deren Gründlichkeitsanforderungen sich an den Umständen des Einzelfalls orientieren.[1104]

Um sich bezüglich etwaiger Haftungsansprüche abzusichern kann es für den Aufsichtsrat bzw. für den Vergütungsausschuss durchaus empfehlenswert sein, sich von den beauftragten Vergütungsexperten eine sog. Unabhängigkeitserklärung aushändigen zu lassen. In Deutschland sind hierbei gewisse Parallelen zu der Unabhängigkeitserklärung des Abschlussprüfers nach Ziff. 7.2.1 DCGK zu erkennen. Danach ist der Aufsichtsrat bzw. der Prüfungsausschuss gehalten vor der Unterbreitung des Wahlvorschlags „eine Erklärung des vorgesehenen Prüfers ein[zu]holen, ob und ggf. welche geschäftlichen, finanziellen, persönlichen oder sonstigen Beziehungen zwischen dem Prüfer und seinen Organen und Prüfungsleitern einerseits und dem Unternehmen und seinen Organmitgliedern andererseits bestehen, die Zweifel an seiner Unabhängigkeit begründen können. Die Erklärung soll sich auch darauf erstrecken, in welchem Umfang im vorausgegangenen Geschäftsjahr andere Leistungen für das Unternehmen, insbesondere auf dem Beratungssektor, erbracht wurden bzw. für das folgende Jahr vertraglich vereinbart sind." Aufgrund der vergleichbaren Rechtslage bei der Beauftragung der Vergütungsberater ist dieser Grundsatz auf diese entsprechend anwendbar. Allerdings steht es dem Aufsichtsrat weiterhin frei, durch eine vorherige Zustimmung die Erbringung zusätzlicher Leistungen des Vergütungsberaters zuzulassen.[1105]

Des Weiteren wäre in diesem Zusammenhang an die Einführung von Unvereinbarkeitsvorschriften für Vergütungsberater zu denken. Zwar sind solche Regelungen durchaus geeignet, Interessenkollisionen zu vermeiden, nach dem derzeitigen Erkenntnisstand ist aber von derartigen Präventionsmaßnahmen dringend abzuraten. Zum einen würden Verbotsregelungen einen viel intensiveren Eingriff darstellen, als dies bei Offenlegungsvorschriften der Fall ist. Zum anderen existieren noch keine

---

1101 BGH, Urteil vom 14.05.2007 – II ZR 48/06 (KG), ZIP 2007, 1265.

1102 BGH, Urteil vom 11.12.2006 – II ZR 243/05 (OLG Koblenz), ZIP 2007, 224; *Goette*, DStR 2007, 354 (356).

1103 *Fleischer*, BB 2010, 67 (71); ausführlich hierzu *ders.*, ZIP 2009, 1397 (1403).

1104 *Fleischer*, BB 2010, 67 (71); vertiefend hierzu *ders.*, ZIP 2009, 1397 (1404).

1105 *Fleischer*, BB 2010, 67 (72).

empirischen Untersuchungen, die einen nachhaltigen Beweis für die Korrelation zwischen Interessenkonflikten der Vergütungsberater und maßlosen Vorstandsvergütungen liefern. Schließlich läuft man durch die Einführung von Unvereinbarkeitsvorschriften auch Gefahr, den für zusätzliche Dienstleistungen am besten geeigneten Anbieter auszuschließen, nur weil dieser für die Vergütungsberatung ungeeignet war.[1106]

Es ist jedoch anzumerken, dass die Vergütungsberater ebenfalls ein starkes Interesse an der Wahrung ihrer Unabhängigkeit haben und aus Imagegründen eine regelmäßig hervorragende Beratungsleistung erbringen. Unter Umständen sind die Beratungsgesellschaften sogar vertraglich verpflichtet, gewisse organisatorische Präventivmaßnahmen zur Vermeidung von Interessenkollisionen zu treffen. Im Falle der Verknüpfung verschiedener Leistungserbringungen ist vor allem die *Chinese Walls*-Praxis zu nennen, die auf eine eindeutige Abgrenzung verschiedener Dienstleistungssegmente der Beratergesellschaft gerichtet ist.[1107] Aufgrund der verstärkten öffentlichen Aufmerksamkeit, die vor allem in den letzten Jahren auf die Vorstandsvergütung gerichtet wurde, sind sowohl deutsche als auch englische Vergütungsberatungsgesellschaften nunmehr dem Druck ausgesetzt, durch Selbstregulierung das Auftreten von Interessenkonflikten zu erschweren und so schwerwiegende gesetzgeberische Eingriffe zu vermeiden. Im Übrigen besteht die Möglichkeit, den von Tower Perrin jüngst erarbeiteten firmeneigenen Verhaltenskodex für die Vergütungsberater zu übernehmen bzw. sich von diesem leiten zu lassen.[1108] Der Kodex soll dem Aufsichtsrat und den Vergütungsexperten bei der Beurteilung der Unabhängigkeitskriterien der Vergütungsberater helfen und diesbezügliche Informationsbeschaffung erleichtern. Durch die Zugrundelegung des Verhaltenskodexes beim Abschluss des Beratungsvertrages sollen sich die Parteien den darin festgesetzten Standards unterwerfen, wodurch für die Vergütungsberater entsprechende Verhaltenspflichten begründet werden sollen.[1109]

#### dd) Begrenzung der Anzahl der Aufsichtsratsmandate

Um die personelle Verflechtung in den Unternehmensgremien zu minimieren und so eine effizientere Arbeitsweise im Aufsichtsrat im Allgemeinen zu gewährleisten und die Festsetzung der Vorstandsvergütung im Besonderen wirkungsvoller zu gestalten, legt die Kodexempfehlung von 2009 in Ziffer 5.4.5 fest, dass aktive Vorstände eines börsennotierten Unternehmens nur in maximal drei anderen börsennotierten Unternehmen oder in Aufsichtsratsgremien von Gesellschaften mit vergleichbaren

---

1106 *Fleischer*, BB 2010, 67 (73).

1107 *Conyon/Peck/Sadler*, 23 Academy of Management Perspectives 2009, 43 (46); *Fleischer*, BB 2010, 67 (73).

1108 *Fleischer*, BB 2010, 67 (73).

1109 Zu den einzelnen Vorgaben des Tower Perrin-Verhaltenskodex v. 16.12.2009 vgl. http://www.hof.uni-frankfurt.de/images/stories/Kodex_fr_unabhngige_Vergtungsberatung.pdf (zuletzt aufgerufen am 19.06.2014).

Anforderungen Aufsichtsratsmandate wahrnehmen sollen. Durch diese Regelung wird gewährleistet, was gerade in der Praxis außerordentlich wichtig ist, dass jedes Aufsichtsratsmitglied nicht nur die nötige Kompetenz aufweist, sondern auch die erforderliche Zeit aufbringt, um die Aufgaben im Aufsichtsrat gewissenhaft ausüben zu können. Dieser Aspekt erfährt auch hohe Akzeptanz.[1110] Die große Zustimmung zu dieser Kodexempfehlung ist bezeichnend, gerade im Hinblick darauf, dass das Aktiengesetz in § 100 Abs. 2 Nr. 1 AktG eine Begrenzung auf maximal zehn Aufsichtsratssitze in Handelsgesellschaften (die gesetzlich verpflichtet sind, einen Aufsichtsrat zu bilden), enthält.[1111]

Mit dem Erlass des VorstAG hat der Gesetzgeber maßgeblich auf Gesetzesebene und somit verpflichtend in die Ausgestaltung der Corporate Governance eingegriffen. Die unternehmerische Analyse der Kienbaum Vergütungsstudie 2008/2009 ergab jedoch, dass 88 % der befragten Unternehmen künftig eine Regulierung der Corporate Governance durch den DCGK bevorzugen würden.[1112]

### c) Verrechtlichung der Vorstandsvergütung – ein Fremdkörper im Kompetenzgefüge der deutschen Aktiengesellschaft

Durch die Verrechtlichung der Vorstandsvergütung durch das VorstAG, das von einer Verhaltenssteuerung durch Vorstandsvergütung ausgeht, wurden unübersehbare aktienrechtliche Kompetenzverteilungsprobleme hervorgerufen. Zwar hat das Reformgesetz nichts an der Zuständigkeit des Aufsichtsrates für die Festsetzung der Vorstandsvergütung geändert, allerdings entspringen die Vergütungsziele und -parameter nunmehr der Unternehmensstrategie. Die Festlegung der Vergütungsstruktur eines Unternehmens setzt somit die Ausarbeitung einer Unternehmensstrategie voraus; diese Aufgabe zählt jedoch zu den primären Kompetenzen des Vorstandes i.S. des § 76 AktG.[1113] Danach obliegt dem Vorstand die eigenverantwortliche Leitung der Gesellschaft, wohingegen die Aufgaben des Aufsichtsrats gemäß § 111 Abs. 1 AktG, die Kontrolle und Überwachung der Geschäftsführung und nicht ihre Steuerung beinhalten. Aus diesem Grund stellt sich die Frage, ob die Neukonzeption des VorstAG die bewährte Kompetenzzuordnung des deutschen Aktienrechts und somit auch das dualistische Modell der Gesellschaftsverfassung möglicherweise aufhebt. Laut VorstAG wird der Aufsichtsrat verpflichtet, die Vergütungsstruktur nunmehr auf eine nachhaltige Unternehmensentwicklung auszurichten, die ihrerseits eine konkret formulierte Unternehmensstrategie erfordert.

---

1110 96 % der 30 DAX-Unternehmen erfüllen diese Kodex-Empfehlung. Die durchschnittliche Befolgungsquote aller börsennotierter Unternehmen beträgt dabei ca. 66 %, vgl. *v. Werder/Bartz,* DB 2013, 885 (890); Ringleb/*Kremer*/Lutter/v. Werder, Kommentar DCGK,Rdn. 1050.

1111 Kienbaum, Vergütungsstudie 2008/2009, S. 33.

1112 Kienbaum, Vergütungsstudie 2008/2009, S. 43.

1113 *Mertens/Cahn,* KK-AktG, § 76 Rdn. 4; *Oltmanns* in: Heidel, Aktienrecht und Kapitalmarktrecht, § 76 Rdn. 5.

Deren Festlegung steht entsprechend der Kompetenzregelung des § 76 AktG jedoch dem Vorstand als Unternehmensführungsorgan zu. Somit wird die klare Trennung der unternehmerischen Verantwortlichkeiten zwischen den Organen einer Aktiengesellschaft, also zwischen dem Vorstand, dem Aufsichtsrat und der Hauptversammlung, immer mehr ausradiert. Dies ist vor allem im Hinblick auf die Aufnahme des § 116 Satz 3 AktG n. F. umso problematischer, als hierdurch eine verschärfte Haftung des Aufsichtsrates für die Vorstandsvergütung statuiert wurde. Als Folge der Verrechtlichung der Vorstandsvergütung entsteht eine bisher kaum wahrgenommene Verschiebung der Zuständigkeitsbereiche, die sich wie ein „Fremdkörper im Kompetenzgefüge der deutschen Aktiengesellschaft" anfühlt.[1114] Es stellt sich daher die Frage, was die Ursache einer solchen, dem deutschen Konzept der Aktiengesellschaft widersprechenden Entwicklung sein könnte.

Ein Grund könnte darin liegen, dass die Diskussion über die Verhaltenssteuerung durch Vorstandsvergütung gerade durch Länder angeregt wurde, deren Gesellschaftsformen ein Board-System aufweisen, das gerade keine strikte Trennung zwischen Unternehmensführung und Unternehmenskontrolle kennt. Die angelsächsische Gesellschaftsverfassung, die einem monistischen Modell folgt, sieht sowohl für die Entwicklung der Unternehmensstrategie als auch für die Festsetzung der Vergütung der Executive directors ein einziges Organ, das sog. Board, vor. Daher sind im Board-System die nunmehr in Deutschland entstandenen Wertungswidersprüche bzw. Kompetenzüberschneidungen zwischen Leitungs- und Kontroll- bzw. Überwachungsfunktion nicht denkbar. In Deutschland hingegen könnte der dem VorstAG zugrundeliegende Gedanke der Verhaltenslenkung durch Vergütung eine Verlagerung der unternehmerischen Verantwortung für die Unternehmensstrategie vom Vorstand als Leitungsorgan auf den Aufsichtsrat als Überwachungsorgan bedeuten. Dies hätte dann zu Folge, dass sich in der deutschen Struktur der Aktiengesellschaft eine graduelle Angleichung an das monistisch verfasste Board-System vollzieht. Eine derartige Veränderung wäre jedoch mit der grundlegenden Idee der unternehmerischen Mitbestimmung, die dem Aufsichtsrat innewohnt, nicht vereinbar. Dieser hat lediglich die Aufgabe den Vorstand zu überwachen und eben nicht auch das Unternehmen eigenverantwortlich zu leiten.[1115]

Eine derartige Verschiebung der Kompetenzen vom Vorstand auf den Aufsichtsrat ist jedoch vom deutschen Gesetzgeber weder bezweckt noch politisch erstrebenswert. Vielmehr sollte das VorstAG in der Selbstwahrnehmung des Gesetzgebers lediglich als moderates politisches Signal verstanden werden, die Vorstandstätigkeit (wieder) stärker auf eine nachhaltige Unternehmensentwicklung auszurichten.[1116] Aus diesem Grund erscheint es geboten, § 87 Abs. 1 AktG aus einem anderen Blickwinkel auszulegen. Um das vom Gesetzgeber beabsichtigte Konzept einigermaßen widerspruchsfrei in das in Deutschland vorherrschende Verständnis von der Gesell-

1114 *Dauner-Lieb/von Preen/Simon*, DB 2010, 377 (381).
1115 *Dauner-Lieb/von Preen/Simon*, DB 2010, 377 (381).
1116 *Seibert*, WM 2009, 1489; *Dauner-Lieb/von Preen/Simon*, DB 2010, 377 (381).

schaftsverfassung zu integrieren bedarf es einer vollkommen anderen Betrachtung der Rolle des Aufsichtsrates bei der Vergütungsfestsetzung. Im Mittelpunkt der alternativen Überlegung muss dabei die Grundvorgabe stehen, die besagt, dass die Entwicklung und Ausformulierung der Unternehmensstrategie weiterhin dem Vorstand überlassen werden soll, den – wie bisher – die unternehmerische Verantwortung sowohl gegenüber dem Aufsichtsrat als auch gegenüber den Aktionären trifft. Eine Folge des VorstAG sollte gerade nicht sein, dass der Vorstand „diese Verantwortung durch die Hintertüre der Steuerungsfunktion mittels Vergütung ganz oder teilweise auf den Aufsichtsrat abwälzen kann"[1117]. Vom Gesetzgeber ist vielmehr eine Intensivierung der unternehmerischen Verantwortung des Vorstandes im Sinne der Übernahme der Verantwortung für seine eigene Vergütung gewollt. Dabei ist dem Aufsichtsrat lediglich eine Überwachungs- und Kontrollfunktion im Rahmen des Vergütungsfindungsprozesses betreffend die Struktur und die Höhe der Vergütung zugewiesen.[1118]

Die praktische Umsetzung der Vorgaben des VorstAG läuft in der Regel folgendermaßen ab: zunächst wirft der Aufsichtsrat, regelmäßig in der Person seines Vorsitzenden, die Frage der Anpassung der Vorstandsvergütung an die Regelungen des VorstAG auf. Die Ausarbeitung der Vorschläge für die Vorstandsvergütung wird in der Regel durch den Vorstand selbst ausgeführt. Unterstützt wird dieser von der hierfür zuständigen Fachabteilung und gegebenenfalls auch von externen Vergütungsberatern. Diese Arbeitsaufteilung entspricht auch der Kompetenzaufteilung einer deutschen Aktiengesellschaft, nach der der Aufsichtsrat die Aufgabe hat, eine nachhaltige Steuerung durch Festlegung der Vergütungsstruktur sicherzustellen und der Vorstand die hierfür erforderliche Unternehmensstrategie zu entwerfen hat. Bei der Bestimmung der Vergütungsrichtlinien und Bezugsgrößen wird dann meistens auf die vom Vorstand erarbeiteten Ziele Bezug genommen.[1119]

Eine derartige unternehmerische Praxis, die den Vorstand bei der Ausarbeitung des Vergütungskonzepts, der Bezugsgrößen und der Zielvorgaben einbezieht und so der aktienrechtlichen Kompetenzverteilung gerecht wird, ist als empfehlenswerte best practice zu intensivieren. Demnach hätte der Vorstand die Möglichkeit, auf der Basis der von ihm ausgearbeiteten und mit dem Aufsichtsrat koordinierten Unternehmensstrategie seinerseits dem Aufsichtsrat Kompositions- und Bemessungsvorschläge seiner Bezüge nahezulegen. Dieser Vorschlag müsste jedoch vor allem die vom Vorstand zu erreichenden Erfolgsziele formulieren. Infolgedessen würde der Vorstand nicht nur zur kritischen Hinterfragung der von ihm entwickelten Unternehmensstrategie, sondern und vor allem zur Rechtfertigung und Verteidigung der von ihm unterbreiteten Vergütungsvorschläge und Erfolgsziele gegenüber dem Aufsichtsrat aufgefordert. Diese Vorgehensweise führt außerdem dazu, dass die unternehmerische Verantwortung des Vorstands in Bezug auf die Entwicklung der

1117 *Dauner-Lieb/von Preen/Simon*, DB 2010, 377 (382).
1118 *Dauner-Lieb/von Preen/Simon*, DB 2010, 377 (382).
1119 *Dauner-Lieb/von Preen/Simon*, DB 2010, 377 (382).

Unternehmensstrategie und der zu ihrer Umsetzung aufgestellten Zielparameter verstärkt und zugleich ein zusätzliches Kontrollinstrument in Form der Compliance oder des Risk Management als wesentliche Aufgabe des Aufsichtsrates etabliert wird. Darüber hinaus würde das Erfordernis objektiver Zielvorgaben zu einer wesentlichen Erhöhung der Strukturierungschancen und zur Versachlichung und Erleichterung der Verhandlungsabläufe beitragen. Vereinfacht ausgedrückt bedeutet das, dass der Vorstand gegenüber dem Aufsichtsrat darlegt, welche Vergütung er angesichts seiner Fähigkeiten und Qualifikationen für angemessen hält und welche Leistungen er im Gegenzug bereit ist, im Unternehmensinteresse zu erbringen. Dabei geht es jedoch auf keinen Fall darum, dem Vorstand zu ermöglichen, seine eigene Vergütung zu bestimmen oder zu formulieren. Diese Aufgabe bleibt weiterhin dem Aufsichtsrat gemäß § 87 Abs. 1 AktG vorbehalten; dafür trägt dieser auch die Verantwortung nach § 116 Satz 3 AktG. Nach dem eben Erörterten scheint die Grundforderung des Reformgesetzes auch mit der dualistischen Gesellschaftsverfassung der deutschen Aktiengesellschaft kompatibel zu sein. Die Neuausrichtung des § 87 Abs. 1 AktG ermöglicht sogar unter Umständen positive Nebenwirkungen auf die Vergütungshöhe im Sinne einer Selbstdisziplinierung des Vorstands, die durch die eigenständige Formulierung der Erfolgsziele und ihre Verteidigung gegenüber dem Aufsichtsrat gefördert werden kann. Demnach wird der Vorstand es sich nicht erlauben können, Erfolgsziele zu setzen, deren Realisierung im Bereich des Unmöglichen liegt. Vielmehr wird dieser sich umso mehr bemühen, solche Ziele festzusetzen, die er auch tatsächlich verwirklichen kann, wobei hier die Gefahr besteht, dass zu niedrige Ziele gesetzt werden, deren Erreichung durch den Vorstand auch ohne wesentliche Anstrengung möglich ist. Auf der anderen Seite könnte ein derartiger Steuerungsmechanismus die Zielstrebigkeit der Vorstandsmitglieder ankurbeln. Denn durch die Unterbreitung der Vorschläge für die Struktur und Höhe seiner Vergütung entsteht eine wechselseitige Beziehung zwischen Unternehmenserfolg und Vorstandsvergütung, die dazu führt, dass ehrgeizige Vergütungsangebote nur dann unterbreitet werden, wenn die hierfür zu erreichenden Erfolgsziele ebenfalls ehrgeizig ausgestaltet sind.[1120]

### *5. Praktische Umsetzung gesetzlicher Neuregelungen*

Nach dem bereits Erörterten erwächst somit die Frage, wie eine gesetzeskonforme Ausgestaltung der Vorstandsvergütung in der Praxis künftig aussehen soll.[1121] Weiterhin bestehende Unklarheiten des Gesetzes und die missglückte Konkretisierung der Angemessenheitskriterien führen dazu, dass sich aus der Reform des § 87 AktG keine konkreten Folgen ergeben.[1122] Dennoch haben 35 % der vom VorstAG betroffenen Unternehmen bereits im Geschäftsjahr 2009 ihre Vergütungspolitik und

1120 *Dauner-Lieb/von Preen/Simon*, DB 2010, 377 (382).
1121 Kienbaum, Vergütungsstudie 2008/2009, S. 104.
1122 *Mertens/Cahn*, KK-AktG, § 87 Rdn. 17; *Hermes*, LawZone 2/2010, 22 (25).

-praktiken an die Vorgaben des Reformgesetzes angepasst.[1123] Eine Vielzahl der Unternehmen nahm entsprechende Überarbeitungen des Vergütungssystems der Vorstandsmitglieder im Jahr 2010 vor.[1124] Im Folgenden soll die Umsetzung der Vorgaben des VorstAG exemplarisch anhand dreier großer Aktiengesellschaften, Bayer AG, Siemens AG und Deutsche Post AG, dargestellt werden.[1125]

### a) Bayer AG

Dem Geschäftsbericht der Bayer AG von 2009 zufolge weist das vom Aufsichtsrat beschlossene und an die Anforderungen des VorstAG angepasste Vorstandsvergütungssystem eine Gesamtvergütung auf, die zu ca. 30 % aus Festgehalt, zu 30 % aus kurzfristigen variablen Bezügen und zu 40 % aus langfristiger variabler Vergütung besteht.[1126] Zum Zwecke der Erhöhung der Nachhaltigkeit und Langfristigkeit der Vergütungsstruktur hat der Aufsichtsrat beschlossen, die bisherige kurzfristige variable Managervergütung aufzuteilen. Demnach werden nunmehr 50 % der kurzfristigen variablen Bezüge jährlich ausgezahlt, die andere Hälfte wird hingegen in eine alternative aktienbasierte Langfristvergütungskomponente überführt. Hierbei handelt es sich um virtuelle Bayer-Aktien, die einer dreijährigen Sperrfrist unterliegen und erst nach Ablauf dieser Zeit ausgezahlt werden können. Der Wert dieser virtuellen Aktien basiert auf der Entwicklung des Aktienkurses während der Sperrfrist. Mit dieser Aufteilung kommt die Bayer AG der im VorstAG angelegten Diversifikationsforderung nach. Es findet keine ausschließliche Anknüpfung der kurzfristig ausgestalteten variablen Vergütung an Unternehmenskennzahlen statt, welche dem Manipulationsrisiko und Einmaleffekten ausgesetzt sind. Vielmehr wird durch die Koppelung der restlichen 50 % der kurzfristigen Bezüge an den Aktienkurs, verbunden mit einer längerfristigen Sperrfrist, erreicht, dass das Vorstandsmitglied zu einem beträchtlichen Teil sowohl an der positiven als auch an der negativen langfristigen Unternehmensentwicklung partizipiert. Eine weitere Maßnahme, welche die Förderung des Langfristigkeitsgedankens und der Nachhaltigkeit der Vergütungsstruktur bezwecken soll, stellt die freiwillige Selbstverpflichtung des Bayer-Vorstands zum Erwerb unternehmenseigener Aktien (sog. *share ownership guidelines*) dar. Dabei werden der Vorstandsvorsitzende sowie die anderen Vorstandsmitglieder zukünftig verpflichtet, 150 % bzw. 100 % eines Jahresfestgehalts in Bayer-Aktien zu investieren und diese längerfristig zu halten. Auch diese Regelung soll dazu dienen, den Vorstand durch ein hohes finanzielles Engagement zu einer nachhaltigen und risikobewussten Unternehmensleitung zu motivieren.[1127]

---

1123 „Der lange Weg zum Bonus“, Handelsblatt v. 18.09.2010, S. 22 f.

1124 *Hexel* in: Kienbaum, Vergütungsstudie 2009/2010, S. 26.

1125 *Hermes,* LawZone 2/2010, 22 (32 f.).

1126 Bayer AG, Geschäftsbericht 2009, S. 98; abrufbar unter: www.investor.bayer.de/berichte/geschaeftsberichte (zuletzt aufgerufen am 30.03.2011).

1127 *Hermes,* Law Zone 2/2010, 22 (32).

### b) Siemens AG

Ausweislich der Berichte der Siemens AG hat auch diese bereits im Jahr 2008 eine umfassende Umgestaltung ihres Vergütungssystems vorgenommen. Vergleichbar der Bayer AG wurde auch hier zum Zwecke der Nachhaltigkeitssteigerung das Modell der *share ownership guidelines* eingeführt, wonach die Vorstandsmitglieder für die Dauer ihrer Zugehörigkeit zum Vorstand verpflichtet wurden, sich mit dem Wert eines Vielfachen ihres Grundeinkommens am Unternehmen zu beteiligen. Beim Vorstandsvorsitzenden betrug die Pflicht zum Eigeninvestment 300 % des Grundgehalts. Zudem legt die Siemens AG eine Pflicht des Vorstands fest, bei etwaigen Aktienkursverlusten weitere Aktien des Unternehmens zur Erzielung der entsprechenden Gegenwerte zu erwerben. Auf diese Art und Weise wird eine langfristige Beteiligung der Unternehmensspitze sowohl am Kursgewinn als auch am Kursverlust erreicht.[1128]

### c) Deutsche Post AG

Schließlich ergibt sich auch aus dem Vergütungsbericht der Deutschen Post AG, dass die vom jährlichen Geschäftserfolg abhängigen Vergütungselemente entsprechend den Regelungen des VorstAG um eine Nachhaltigkeitskomponente erweitert wurden mit dem Ziel, die Vorstandsvergütung auf eine nachhaltige Unternehmensentwicklung auszurichten. Danach soll künftig die Auszahlung des variablen Jahresbonus sogar bei Erreichen der vereinbarten Ziele nicht mehr vollständig auf Jahresbasis ausgezahlt werden. Stattdessen wird die Hälfte des Jahresbonus in eine neue mittelfristig ausgerichtete Vergütungskomponente mit dreijährigem Bemessungszeitraum überführt. Dabei werden das erste Jahr als „Leistungsphase" und die zwei nachfolgenden Jahre als „Nachhaltigkeitsphase" bezeichnet. Die Auszahlung dieses Vergütungsbestandteils erfolgt erst nach Ablauf der Nachhaltigkeitsphase und nur, wenn die von einer bestimmten Unternehmenskennzahl (EBIT after Asset Charge/Gewinn nach Kapitalkosten) abhängigen Zielwerte während der Nachhaltigkeitsphase erreicht werden. Im Falle der Nichterreichung des Nachhaltigkeitskriteriums entfällt die Zahlung ersatzlos. Somit wirkt die Regelung im Sinne eines Malussystems, welches die Ausrichtung der Vorstandsvergütung auf eine nachhaltige Unternehmensentwicklung erhöht.[1129]

Trotz der Umsetzungsbereitschaft vieler Unternehmen ist die variable Vergütung im Jahr 2013 abermals gestiegen. Die variablen Boni erhöhten sich laut der DSW-Vergütungsstudie aus dem Jahr 2013 im Durchschnitt der 30 Dax-Konzerne um 1,1 Prozent, obwhohl die Gewinne um 2 Prozent zurückgingen. Besonders auffällig ist vor allem, dass die Fixvergütung um 17 Prozent auf durchschnittlich 1,5 Mio. € für den den Vorstandsvorsitzenden eines im DAX gelisteten Unternehmens gestiegen ist. Bemerkenswert ist darüber hinaus die Vergütungsentwicklung der zwei bekannten krisengeschüttelten Unternehmen: Thyssen-Krupp und Deutsche Bank.

---

1128 Siemens AG, Geschäftsbericht 2009, S. 28, abrufbar unter: www.siemens.com/investor/de/finanzberichte/geschaeftsberichte.htm (zuletzt aufgerufen am 30.03.2011).

1129 Deutsche Post AG, Geschäftsbericht 2009, S. 114, abrufbar unter: www.dp-dhl.com/de/investoren/publikationen/geschaeftsberichte.html.

Die Gesamtbezüge der Vorstände bei Thyseen-Krupp stiegen im Jahr 2013 um 68,5 Prozent an. Bei der Deutschen Bank betrug der Vergütungsanstieg 44,4 Prozent.[1130]

### 6. *Reformentwicklungen im Finanzsektor*

Die Vergütungsregelungen der Finanzinstitute waren lange das beherrschende Thema der Finanzkrise, das nicht nur die Medien und die Politik in Atem hielt, sondern auch den Gesetzgeber zum Handeln veranlasste. Fehlanreize in der Vergütungsstruktur, vor allem bei großen Geldinstituten, wurden als Ursache bzw. Mitursache der Finanzmarktkrise ausgemacht. Durch eine zu kurzfristige Ausrichtung der Vergütungssysteme seien die verantwortlichen Finanzmarktakteure zur Übernahme unvernünftiger Risiken verleitet worden mit der Folge, dass der langfristige und nachhaltige Unternehmenserfolg aus dem Blick verloren wurde. Um den hiermit verbundenen Gefahren für die Zukunft vorzubeugen, beauftragten die G 20-Staaten den Rat für Finanzstabilität (Financial Stability Board/FSB) mit der Formulierung konkreter Standards für Vergütungssysteme in Finanzinstituten und Versicherungsunternehmen. Diese „Principles for Sound Compensation Practices – Implementation Standards" (FSB-Standards) wurden am 25. September 2009 vom FSB veröffentlicht und anschließend beim Weltfinanzgipfel in Pittsburgh von den G 20-Staaten konkretisiert und gebilligt. Die G 20-Staaten wurden alsdann aufgefordert, die – rechtlich unverbindlichen – FSB-Standards unverzüglich umzusetzen.[1131] Der Ablauf der Umsetzung in Deutschland wird im Folgenden kurz dargestellt.

#### a) Finanzmarktstabilisierungsgesetz (FMStG)

Am 17. Oktober 2008 erließ der deutsche Gesetzgeber das Gesetz zur Errichtung eines Finanzmarktstabilisierungsfonds (FMStFG).[1132] Die Bundesregierung wurde in § 10 Abs. 2 Nr. 3 FMStFG ermächtigt nähere Bestimmungen u. a. in Bezug auf die Anforderungen zu erlassen, die von den staatlich unterstützten Unternehmen (wie etwa *Hypo Real Estate Holding AG* und *Commerzbank*) hinsichtlich der Vergütung ihrer Organe zu erfüllen sind. Drei Tage nach dem Erlass des FMStFG folgte die dazugehörende Rechtsverordnung.[1133] Da der Gesetzgeber in den systemwidrigen Vergütungsstrukturen der Finanzinstitute eine der Ursachen der Finanzmarktkrise sieht, kann nach dem FMStFG die Gewährung staatlicher Mittel davon abhängig

---

1130 *Löhr*, Hoch und höher, FAZ vom 11.07.2014, abrufbar unter: http://www.faz.net/-gyo-7rgqd (zuletzt aufgerufen am 13.08.2014).

1131 Gesetzesentwurf BT-Drucks. 17/1291 v. 31.03.2010, S. 1; *Heuchemer/Kloft*, WM 2010, 2241; *Rubner/Leuering*, NJW-Spezial 2010, 463; *Müller-Bonanni/Mehrens*, NZA 2010, 792.

1132 Gesetz über die Errichtung eines Finanzmarktstabilisierungsfonds (Finanzmarktstabilisierungsfondsgesetz – FMStFG) v. 17.10.2008, BGBl. I, S. 1982.

1133 Verordnung zur Durchführung des Finanzmarktstabilisierungsfondsgesetzes (Finanzmarktstabilisierungsfonds-Verordnung – FMStV) v. 20.10.2008, eBAnz. 2008 AT123 V1.

gemacht werden, ob die Vergütungssysteme der begünstigten Unternehmen bestimmten, in der FMStFV näher konkretisierten Anforderungen entsprechen.[1134] So wird in § 5 Abs. 2 Nr. 3 FMStFV den begünstigten Unternehmen aufgegeben, ihre Vergütungssysteme und die Vergütungssysteme der von ihnen beherrschten Unternehmen auf ihre Anreizwirkung und Angemessenheit zu überprüfen und darauf hinzuwirken, dass sie nicht zur Eingehung unangemessener Risiken verleiten sowie an langfristigen und nachhaltigen Zielen ausgerichtet und transparent sind. Überdies schreibt § 5 Abs. 2 Nr. 4 Satz 1 FMStFV den begünstigten Unternehmen vor, die Bezüge der Organmitglieder und Geschäftsleiter auf ein angemessenes Maß zu begrenzen. Im § 5 Abs. 2 Nr. 4a FMStFV sind darüber hinaus detaillierte Vergütungsvorgaben geregelt, die vom Finanzstabilisierungsfonds eingehalten werden sollten. Satz 5 der Vorschrift legt fest, dass die monetäre Vergütung der Organmitglieder und Geschäftsleiter, die den Betrag von 500.000 € pro Jahr übersteigt, grundsätzlich als unangemessen gilt. Nach Satz 6 der Vorschrift hat der Fonds darauf hinzuwirken, dass gegebenenfalls eine Herabsetzung der Organvergütung im Rahmen der zivilrechtlichen Möglichkeiten unter Einbeziehung des § 87 Abs. 2 AktG n. F. vorgenommen wird. Somit postuliert § 5 Abs. 2 Nr. 4a Satz 5 FMStFV keine Erweiterung der Herabsetzungsmöglichkeit nach § 87 Abs. 2 AktG n. F.,[1135] sondern fordert lediglich ihre Heranziehung als Voraussetzung für die Gewährung von Stabilisierungsmaßnahmen nach dem FMStFG. Die Verantwortlichkeit des Vorstandsmitglieds für die Verschlechterung der Gesellschaftslage, die zur Beanspruchung der Hilfsmaßnahmen nach dem FMStFG geführt hat, kann die Herabsetzung der im Anstellungsvertrag vereinbarten Vergütung begründen. Aber auch wenn die Verschlechterung der Lage der Gesellschaft dem Vorstandsmitglied nicht zuzurechnen ist, kann eine Herabsetzung der Vergütung dennoch auf ein mit den Vorgaben der FMStFV korrespondierendes Maß gerechtfertigt sein, „wenn der Gesellschaft ohne Stabilisierungsmaßnahmen erhebliche Schäden oder sogar die Insolvenz drohen würden“[1136]. Dabei ist nicht zuletzt auch zu berücksichtigen, ob die Gesellschaft ohne derartige staatliche Rettungsmaßnahmen überhaupt in der Lage wäre, die Zahlung der vertraglich vereinbarten Vergütung vorzunehmen. „Je zweifelhafter dies erscheint, desto weniger wird das Vorstandsmitglied durch eine Herabsetzung im Ergebnis beeinträchtigt und umso eher wäre es unbillig, die Gesellschaft dennoch an der Vergütungsvereinbarung festzuhalten.“[1137] Allerdings lässt sich aus der Einschränkung „grundsätzlich“ in § 5 Abs. 2 Nr. 4a Satz 5 FMStFV auf

1134 *Krienke/Schnell*, NZA 2010, 135 (138).

1135 Nicht präzise hierzu *Becker/Mock*, FMStG, 2009, § 10 Rdn. 50, die auf der einen Seite eine Ergänzung des § 87 Abs. 2 AktG durch die Vorschrift des § 5 Abs. 2 Nr. 4 Satz 2 lit a Satz 5 FMStFV verneinen, auf der anderen Seite aber diese als Rechtsfolgenverweisung auf § 87 Abs. 2 AktG verstehen und als lex specialis zu dieser Regelung auslegen.

1136 *Mertens/Cahn*, KK-AktG, § 87 Rdn. 97; *Diller/Göpfert*, DB 2008, 2579 (2582); einschränkend hierzu *Wilsing/Kleißl*, BB 2008, 2422 (2426).

1137 *Mertens/Cahn*, KK-AktG, § 87 Rdn. 97.

den gesetzgeberischen Willen schließen auch Ausnahmefälle zuzulassen, die etwa im Falle der Anstellung eines Vorstandsmitglieds zum Zwecke der krisenbedingten Sanierung des Unternehmens vorliegen und daher unter Umständen eine höhere Vergütung als im Einzelfall angemessen rechtfertigen könnten.[1138]

Gemäß § 5 Abs. 2 Nr. 4b Satz 1 FMStFV sollen zudem keine rechtlich nicht gebotenen Abfindungen gezahlt werden. Darüber hinaus sollen bei Neuverträgen keine Leistungen aus Anlass eines Kontrollwechsels und keine Leistungen bei vorzeitiger Beendigung der Tätigkeit vereinbart werden, § 5 Abs. 2 Nr. 4b Satz 2 FMStFV. Überdies schreibt § 5 Abs. 2 Nr. 4c FMStFV vor, dass der Fonds darauf hinwirken soll, dass Boni und andere in das freie Ermessen des Unternehmens gestellte Vergütungsbestandteile nicht gezahlt werden, solange das Unternehmen Stabilisierungsmaßnahmen des Fonds in Anspruch nimmt. Dies schließt Bonuszahlungen, die ein niedriges Festgehalt kompensieren, nicht aus, solange die Gesamtvergütung angemessen ist. Schließlich sollen Erfolgsziele, Ausübungspreise für Aktienoptionsprogramme und andere Parameter für erfolgsabhängige Vergütungen gem. § 5 Abs. 2 Nr. 4d FMStFV nicht nachträglich zu Lasten des Unternehmens geändert werden.

### b) Selbstverpflichtungserklärungen zur Umsetzung der FSB-Standards

Zum Zwecke der Umsetzung der FSB Principles for Sound Compensation Practices und der Richtlinie des Europäischen Parlaments und des Rates zur Änderung der Richtlinien 2006/48/EG und 2006/49/EG (sog. Änderungsrichtlinie oder CRD III-Richtlinie)[1139] entwickelte die Bundesregierung ein dreistufiges Maßnahmekonzept. Zunächst gaben im Dezember 2009 acht große deutsche Kreditinstitute (Deutsche-Bank AG, Commerzbank AG, Hypo Vereinsbank-AG, DZ-Bank AG, WestLB-AG, Landesbank Baden-Wüttemberg, Bayern LB und die HSH Nordbank-AG) und die drei größten Versicherungsunternehmen (Allianz SE, Talanx-AG und Münchener Rückversicherungsgesellschaft-AG) Selbstverpflichtungserklärungen zur schnellstmöglichen Umsetzung der FSB-Standards ab.[1140]

### c) Rundschreiben der BaFin – Mindestanforderungen für das Risikomanagement

In einem zweiten Schritt hat die Bundesanstalt für Finanzdienstleistungsaufsicht (BaFin) am 21. Dezember 2009 im Vorfeld der erforderlichen gesetzlichen Neuregelung zwei Rundschreiben zu den Anforderungen an Vergütungssysteme von Instituten (Rundschreiben 22/2009)[1141] und Versicherungsunternehmen (Rundschrei-

---

1138 *Mertens/Cahn*, KK-AktG, § 87 Rdn. 97.

1139 Richtlinie 2010/76/EU v. 14.12.2010 (CRD III), ABl. EU Nr. L 329/3.

1140 Gesetzentwurf BT-Drucks. 17/1291 v. 31.03.2010, S. 1; *Müller-Bonanni/Mehrens*, NZA 2010, 792; *Heuchemer/Kloft*, WM 2010, 2241.

1141 BaFin, Rundschreiben 22/2009 (BA) – Aufsichtsrechtliche Anforderungen an die Vergütungssysteme von Instituten v. 12.12.2009.

ben 23/2009)[1142] verfasst, welche die FSB-Standards erneut zusammenfassten und detaillierte Vorgaben zur Ausgestaltung der Vergütung enthielten, welche sich auch auf Vorstandsmitglieder beziehen.[1143]. Danach hat der Aufsichtsrat im Banken- und Versicherungssektor zusätzliche, über die Regelungen des AktG hinausgehende und diese ergänzende Vorgaben im Rahmen der Vergütungsfestsetzung zu berücksichtigen. Diese speziellen Vorschriften vor allem im Bereich der Ausgestaltung der variablen Vergütung sind in beiden Rundschreiben der Bundesanstalt für Finanzdienstleistungsaufsicht für Banken und Versicherungen enthalten und bestimmen, dass ein wesentlicher Teil der variablen Vergütung (mindestens 40 %) nicht vor dem Ablauf eines angemessenen Zurückbehaltungszeitraums unter Berücksichtigung des geschäftlichen Erfolgs ausbezahlt werden darf. In diesem Sinne ist nach der Auffassung der Bundesanstalt eine Zeitspanne von mindestens drei Jahren angemessen. Von diesen Auszahlungen sollen wiederum mindestens 50 % – jeweils abhängig von den Aufgaben und der Stellung im Unternehmen – von einer nachhaltigen Wertentwicklung des Unternehmens abhängig gemacht werden. In Anlehnung an die Gesetzesbegründung des VorstAG zur Novellierung des § 87 Abs. 1 AktG und in Bezug auf Ziffer 4.2.3 DCGK sollen sich schließlich auch mögliche negative individuelle Erfolgsbeiträge des einzelnen Vorstandsmitglieds oder ein negativer Erfolgsbeitrag der Organisationseinheit bzw. das negative Erfolgsergebnis des gesamten Unternehmens auf die Höhe der variablen Vergütung auswirken (sog. Malus-Regelung).[1144]

In einem Begleitschreiben wurden die Abschlussprüfer der Unternehmen von der Bundesanstalt aufgefordert, diese über die Einhaltung der Anforderungen des Rundschreibens sowie über deren Umsetzungsstand zu unterrichten.[1145]

### d) Gesetzliche Umsetzung der FSB-Standards: Gesetz der Bundesregierung über die aufsichtsrechtlichen Anforderungen an die Vergütungssysteme von Instituten und Versicherungsunternehmen

In einem dritten Schritt erfolgte die gesetzliche Umsetzung der FSB-Standards. Zu diesem Zweck hat die Bundesregierung am 31. März 2010 den Entwurf des Gesetzes über die aufsichtsrechtlichen Anforderungen an die Vergütungssysteme von Institu-

1142 BaFin, Rundschreiben 23/2009 (VA) – Aufsichtsrechtliche Anforderungen an die Vergütungssysteme von Instituten v. 21.12.2009.

1143 *Leßmann/Hopfe*, DB 2010, 54. Bei den Rundschreiben handelt es sich um norminterpretierende Verwaltungsvorschriften, die gegenüber den betroffenen Instituten keine unmittelbare Rechtswirkung entfalten. Allerdings bedeuten die Vergütungsrundschreiben unter anderem eine Selbstbindung der Verwaltung bei der Ausgestaltung und Ermessensausübung. Vgl. *Buscher*, Viertes Hamburger Forum, Managervergütung, v. 25.06.2010, Bucerius Law School, Hamburg.

1144 Ziff. 4.1.4 BaFin-Rundschreiben 22/2009 sowie Ziffer 4.1.4 BaFin-Rundschreiben 23/2009.

1145 Begleitschreiben zum Rundschreiben 22/2009 v. 18.12.2009.

ten und Versicherungsunternehmen vorgelegt, der am 17. Juni 2010 den Bundestag passierte[1146] und schließlich am 27. Juli 2010 in Kraft trat.[1147]

Das sog. „Vergütungsgesetz" enthält Änderungen des Kreditwesengesetzes (insbesondere § 25a KWG) und des Gesetzes über die Beaufsichtigung der Versicherungsunternehmen (insbesondere § 64b VAG) und ergänzt damit die branchenübergreifend geltenden Vorschriften des VorstAG für Finanzinstitute und Versicherungsgesellschaften.[1148]

### aa) Anwendungsbereich

#### (1) Persönlicher Anwendungsbereich

Der Anwendungsbereich des „Vergütungsgesetzes" ist gegenüber dem VorstAG einerseits weiter und andererseits enger gefasst. Letzteres insoweit, als das neue Gesetz nur Kredit- bzw. Finanzdienstleistungsinstitute und Versicherungsunternehmen betrifft. Über den Anwendungsbereich des VorstAG hinaus geht das „Vergütungsgesetz" allerdings insoweit, als die davon erfassten Unternehmen unabhängig von einer Börsennotierung aufgefordert werden, ihre Vergütungssysteme auf eine „nachhaltige Entwicklung" auszurichten. Dieses Nachhaltigkeitsgebot bezieht sich – im Gegensatz zu demjenigen des § 87 Abs. 1 Satz 2 AktG – nicht lediglich auf den Vorstand, sondern erfasst vielmehr auch Geschäftsleiter und sämtliche Mitarbeiter, deren Vergütung nicht bereits durch Tarifvertrag oder aufgrund eines Tarifvertrages in einer Betriebs- oder Dienstvereinbarung festgesetzt wurde.[1149] Im Versicherungsbereich sind sogar die Mitglieder des Aufsichtsrats vom Anwendungsbereich des Reformgesetzes umfasst.

#### (2) Zeitlicher Anwendungsbereich

Die Vorschriften des Gesetzes sind ab seinem Inkrafttreten, d.h. ab dem 27. Juli 2010 auf die Vergütungssysteme von betroffenen Unternehmen anwendbar. Ausweislich der Gesetzesbegründung sollen die Reformregelungen allerdings auch für solche Verträge gelten, die bereits vor Inkrafttreten des Gesetzes geschlossen wurden, soweit darin ein Anspruch auf bestimmte Vergütungen für die Zukunft begründet wurde. Der Bestandsschutz soll demnach nur für bereits gezahlte Vergütungsbestandteile gelten, sodass ein nachträglicher Eingriff in diese Posten nicht mehr möglich sein soll.[1150]

---

1146 BR-Drucks. 355/10, vgl. auch den Regierungsentwurft vom 31.03.2010, BT-Drucks. 17/1291.

1147 BGBl. I, Nr. 38 v. 26.07.2010, S. 950.

1148 Begründung zum Entwurf des Gesetzes über die aufsichtsrechtlichen Anforderungen an die Vergütungssysteme von Instituten und Versicherungsunternehmen vom 31.3.2010, BT-Drucks. 17/1291, S. 9; *Müller-Bonanni/Mehrens,* NZA 2010, 792.

1149 *Rubner/Leuering*, NJW-Spezial 2010, 463.

1150 Begr. RegE BT-Drucks. 17/1291, S. 10.

#### bb) Regelungsgegenstand

Sowohl das KWG als auch das VAG schreiben vor, dass Vergütungssysteme auf einen nachhaltigen Unternehmenserfolg auszurichten sind. Diese Forderung wird vom Gesetzgeber als Bestandteil einer ordnungsgemäßen Geschäftsorganisation angesehen. So wird § 25a Abs. 1 Satz 3 KWG um eine neue Nr. 4 dahingehend erweitert, dass zum Risikomanagement der Kredit- und Finanzdienstleistungsinstitute nunmehr „angemessene, transparente und auf eine nachhaltige Entwicklung des Instituts ausgerichtete Vergütungssysteme für Geschäftsleiter und Mitarbeiter" gehören. Eine vergleichbare Formulierung verwendet auch die neu eingeführte Vorschrift des § 64b Abs. 1 VAG, die aus systematischer Sicht ebenfalls den Regelungskomplex der Geschäftsorganisation betrifft.[1151]

### e) „InstitutsVergV": Konkretisierung gesetzlicher Vorgaben

Über die Generalklausel des § 25a Abs. 1 Satz 3 Nr. 4 KWG n.F. bzw. des § 64b Abs. 1 VAG n.F. hinaus, beinhaltet das „Vergütungsgesetz" kaum neue materielle Anforderungen an die Vergütungssysteme der Institute und Versicherungen. Es enthält jedoch weitgehende Verordnungsermächtigungen, wonach die nähere Ausgestaltung der Anforderungen an die Vergütungssysteme und insbesondere ihre Überwachung und Weiterentwicklung sowie das Festsetzungsverfahren, die Zusammensetzung der Vergütung, die Bestimmung der Vergütungsparameter und die Offenlegung der gewährten Bezüge durch das Bundesministerium der Finanzen (BMF) geregelt werden sollen.[1152] Die begleitenden Rechtsverordnungen, nämlich die Verordnung über die aufsichtsrechtlichen Anforderungen an Vergütungssysteme von Kredit- und Finanzdienstleistungsinstituten („InstitutsVergV")[1153] und die Verordnung über die aufsichtsrechtlichen Anforderungen an Vergütungssysteme im Versicherungsbereich („VersVergG")[1154], sind am 13. Oktober 2010 in Kraft getreten und ersetzen nunmehr die BaFin-Rundschreiben vom Dezember 2009.[1155]

---

1151 *Rubner/Leuering*, NJW-Spezial 2010, 463.

1152 Gesetzentwurf BT-Drucks. 17/1291 v. 31.03.2010, S. 2.

1153 Verordnung über die aufsichtsrechtlichen Anforderungen an Vergütungssysteme von Instituten (Instituts-Vergütungsverordnung – InstitutsVergV, BGBl. I, Nr. 50 v. 12.10.2010, S. 1374.

1154 Verordnung über die aufsichtsrechtlichen Anforderungen an Vergütungssysteme im Versicherungsbereich (Versicherungs-Vergütungsverordnung – VersVergV, BGBl. I, Nr. 50 v. 12.10.2010, S. 1379. Diese Verordnung entspricht in ihren Anforderungen an die Vergütungssysteme im Wesentlichen der InstitutsVergV, sodass im Folgenden nur auf letztere eingegangen wird.

1155 BaFin-Konsultation 14/2009 – Entwurf eines Rundschreibens zu den Anforderungen an Vergütungssysteme (BA). Die vorliegende Darstellung bezieht sich auf alle, für die Vorstandsmitglieder relevanten Regelungen der Rechtsverordnung „InstitutsVergV" und lässt die weniger detailierten Anforderungen der VersVergV außer Acht.

### aa) Anwendungsbereich

#### (1) Sachlicher Anwendungsbereich

Gemäß § 25a Abs. 1 KWG und § 1 Nr. 1 InstitutsVergV gelten die neuen Anforderungen an die Ausgestaltung von Vergütungssystemen für Kredit- oder Finanzdienstleistungsinstitute i. S. des § 1b KWG. Die neuen Vergütungsregeln sind mithin auf alle inländischen Institute, deren ausländische Tochtergesellschaften und Niederlassungen sowie darüber hinaus gem. § 53 Abs. 1 KWG auf inländische Zweigstellen von Unternehmen mit Sitz im Ausland anwendbar, mit Ausnahme der mit einem sog. Europäischen Pass ausgestatteten inländischen Zweigniederlassungen europäischer Institute, § 53b Abs. 1 Satz 3 KWG.[1156]

Während die Änderungen des KWG für alle Institute Geltung beanspruchen, differenziert die InstitutsVergV zwischen allgemeinen Anforderungen an die Ausgestaltung der Vergütungssysteme, die in §§ 3 und 4 geregelt sind, und den qualifizierten Anforderungen der §§ 5, 6 und 8, die nur für „bedeutende Institute" gelten. Das maßgebliche Kriterium für die Abgrenzung zwischen bedeutenden und sonstigen Instituten bildet gem. § 1 Abs. 2 InstitutsVergV der Durchschnitt der Bilanzsumme der letzten drei abgeschlossenen Geschäftsjahre. Demnach wird ein Institut als bedeutend eingestuft, wenn seine Bilanzsumme im Durchschnitt zu den jeweiligen Stichtagen der letzten drei abgeschlossenen Geschäftsjahre 10 Mrd. € erreicht oder überschritten hat und es auf der Grundlage einer Risikoanalyse eigenverantwortlich feststellt, dass es „bedeutend" ist. Gem. § 1 Abs. 2 Satz 6 InstitutsVerg V sind Institute mit einer Bilanzsumme von 40 Mrd. € oder mehr regelmäßig als bedeutend zu charakterisieren. Bei der Risikoanalyse sind insbesondere die Größe des Instituts, seine Vergütungsstruktur sowie Art, Umfang, Komplexität, Risikogehalt und Internationalität der betriebenen Geschäftsaktivitäten zu berücksichtigen. Die Risikoanalyse ist schriftlich zu dokumentieren. Die Analyse muss plausibel, umfassend und für Dritte nachvollziehbar sein.

#### (2) Persönlicher Anwendungsbereich

Die neuen Vergütungsanforderungen beziehen sich sowohl auf Geschäftsleiter als auch auf Mitarbeiter der Institute. Bei den Geschäftsleitern handelt es sich gem. § 1 Abs. 2 KWG um diejenigen natürlichen Personen, die nach Gesetz, Satzung oder Gesellschaftsvertrag zur Führung der Geschäfte und zur Vertretung des Instituts berufen sind. Somit fallen Vorstandsmitglieder als Unternehmensführer ebenfalls unter diesen Begriff. Eine Definition des Begriffs „Mitarbeiter" enthält das Gesetz jedoch nicht. In der Begründung des Regierungsentwurfs werden diese jedoch als natürliche Personen charakterisiert, die bei wirtschaftlicher oder risikoseitiger Betrachtung als dem Institut angehörig zu betrachten sind.[1157] Diese Definition entspricht sinngemäß auch der Begriffsbeschreibung des § 2 Nr. 6 InstitutsVergV.

1156 *Heuchemer/Kloft,* WM 2010, 2241 f.
1157 Begr. RegE BT-Drucks. 17/1291, S. 11.

Entsprechend der Unterscheidung zwischen allgemeinen Anforderungen und Anforderungen an bedeutende Institute differenziert die InstitutsVergV auch innerhalb der Gruppe „Mitarbeiter". Die besonderen Vorschriften über die Vergütungssysteme bedeutender Institute gelten gem. § 5 Abs. 1 Satz 1 InstitutsVergV nur für Geschäftsleiter und für solche Mitarbeiter, die hohe Risiken begründen können (sog. „Risk Taker").[1158] Die Institute haben insoweit auf der Grundlage einer Risikoanalyse eigenverantwortlich festzustellen, ob es Mitarbeiter gibt, deren Tätigkeiten einen wesentlichen Einfluss auf das Gesamtrisikoprofil haben. Berücksichtigungsfähige Kriterien können unter anderem die Größe, die Art der Geschäftstätigkeit, das Geschäftsvolumen, die Höhe der Risiken und die Erträge einer Organisationseinheit sein; auch die Tätigkeit, die Stellung, die Höhe der bisherigen Vergütung eines Mitarbeiters sowie eine ausgeprägte Wettbewerbssituation auf dem Arbeitsmarkt können in diesem Sinne einbezogen werden. Die Änderungsrichtlinie (CRD III) nennt in diesem Zusammenhang Risikokäufer, wie etwa im Investmentbanking-Bereich, sowie Mitarbeiter mit Kontrollfunktionen.[1159] Ebenso wie die Risikoanalyse nach § 1 Abs. 2 InstitutsVergV bedarf auch diese Risikoanalyse einer schriftlichen Dokumentation und einer plausiblen, umfassenden und für Dritte nachvollziehbaren Darstellung.

#### bb) Inhaltliche Zielvorgaben

##### (1) Begriff des Vergütungssystems

Der Begriff des Vergütungssystems umfasst sowohl die inhaltliche als auch die organisatorische Ausgestaltung der Gesamtheit aller vom Unternehmen zu erbringenden monetären oder monetär bewertbaren Leistungen für die Arbeitsleistungen der Geschäftsleiter und Mitarbeiter.[1160] Anders als nach den Vorgaben des Rundschreibens 22/2009 sind in § 2 Nr. 1 InstitutsVergV nunmehr auch Leistungen Dritter, die dem Mitarbeiter im Hinblick auf seine Tätigkeit bei dem Institut gewährt werden, als Vergütung anzusehen. Als Ergebnis dieser Änderung werden derzeit unter anderem auch von ausländischen Muttergesellschaften gewährte Aktienoptionen erfasst.[1161]

##### (2) Allgemeine Anforderungen an die Vergütungssysteme

Laut § 25a Abs. 1 Satz 1 KWG muss ein Institut über eine ordnungsgemäße Geschäftsorganisation verfügen, die insbesondere ein angemessenes und wirksames Risikomanagement besitzt. Dabei erfasst der Begriff des Risikomanagements gem. § 25a Abs. 1 Satz. 3 Nr. 4 KWG auch die Ausgestaltung der Vergütungssysteme für

---

1158 Vgl. *Müller-Bonanni/Mehrens*, NZA 2010, 792 (793); *Heuchemer/Kloft*, WM 2010, 2241.

1159 Erwägungsgrund 3 Richtlinie 2010/76/EU (CRD III) v. 14.12.2010.

1160 Begr. RegE BT-Drucks. 17/1291, S. 11; inhaltlich abweichend, jedoch in der Sache wohl identisch § 2 Nr. 1 InstitutsVergV.

1161 *Müller-Bonanni/Mehrens*, NZA 2010, 792 (793).

Geschäftsleiter und Mitarbeiter. Gefordert werden angemessene, transparente und auf eine nachhaltige Entwicklung des Instituts ausgerichtete Vergütungssysteme. Dies bedeutet, dass gem. § 3 Abs. 1 Satz 3 InstitutsVergV insbesondere die Ausrichtung auf die Erreichung der in den Strategien des Instituts niedergelegten Ziele angestrebt werden muss. Im Gegensatz zu Mitarbeitern der Institute muss die Vergütung der Geschäftsleiter im Anstellungsvertrag abschließend festgelegt werden. Der Anstellungsvertrag und spätere Änderungen bedürfen der Schriftform gem. § 3 Abs. 2 InstitutsVergV.

Es stellt sich jedoch die Frage, was unter der Angemessenheit der Vergütungssysteme im Sinne der InstitutsVergV zu verstehen ist. § 3 Abs. 3 InstitutsVergV geht dann von der Angemessenheit der Vergütungssysteme aus, wenn für die Geschäftsleiter und Mitarbeiter Anreize zur Eingehung unverhältnismäßig hoher Risiken vermieden werden und die Vergütungssysteme der Überwachungsfunktion der Kontrolleinheiten nicht zuwiderlaufen. Unzulässige Anreize liegen gem. § 3 Abs. 4 Nr. 1 InstitutsVergV insbesondere vor, wenn eine signifikante Abhängigkeit der Geschäftsleiter oder Mitarbeiter von der variablen Vergütung geschaffen wird. Wann von einer solchen signifikanten Abhängigkeit auszugehen ist, wird in der Verordnung jedoch nicht präzisiert. Die Festlegung starrer Prozentvorgaben verbietet sich hier. Vielmehr hängen die Abhängigkeit von der variablen Vergütung und die Angemessenheit der Vergütungssysteme unter anderem von der Gesamtvergütung, der Stellung des Begünstigten im Unternehmen sowie von der Art seiner Tätigkeit ab.[1162]

Überdies ist ein unzulässiger Anreiz gem. § 3 Abs. 4 Nr. 2 InstitutsVergV auch dann gegeben, wenn einzelvertraglich Ansprüche auf Leistungen für den Fall der Beendigung der Tätigkeit begründet werden, auf die trotz individueller negativer Erfolgsbeiträge ein der Höhe nach unveränderter Anspruch besteht. Die Vorschrift spielt auf die vor allem in den Vereinigten Staaten anzutreffenden Vereinbarungen an, bei denen für den Fall der vorzeitigen Beendigung des Anstellungsverhältnisses hohe Abfindungszahlungen zugesagt werden („*golden parachutes*"). Derartige Zahlungen werden insbesondere dann beanstandet, wenn sie auch bei schlechter Leistung und Misserfolgen des Begünstigten gewährt werden (sog. „*reward for failure*").[1163] Von dieser Regelung nicht erfasst ist jedoch die in Aufhebungsverträgen bei Vorständen übliche Auszahlung der Restlaufzeit. Es handelt sich hierbei „nicht um für den Fall der Beendigung zugesagte Leistungen, sondern um eine Kapitalisierung der für die weitere Tätigkeit vereinbarten Vergütung"[1164]. Zur Einschränkung des

---

1162 *Müller-Bonanni/Mehrens*, NZA 2010, 792 (793).

1163 Den sog. „*golden parachutes*" haftet bereits seit Jahrzehnten das Image eines „laughing executive landing softly with oodles of misappropriated corporate assets while his corporation goes down in flames" an. Vgl. *Bress*, 39 Stanford L. Rev. 1987, 955 (960). Warren Buffett stellte diese Problematik sogar wie folgt dar: „Getting fired can produce a particularly bountiful payday for a CEO [...]. Forget the old maxim about nothing succeeding like success: Today, in the executive suite, nothing succeeds like failure." Vgl. 15 USC sec. 637(a).

1164 *Müller-Bonanni/Mehrens*, NZA 2010, 792 (793 f.); Begr. RegE BT-Drucks. 17/1291, S. 11.

weiten Anwendungsbereichs des § 3 Abs. 4 Nr. 2 InstitutsVergV ist allerding eine Präzisierung des Wortlauts erforderlich.

Ferner bleibt auch unklar, wie die vom Gesetzgeber im Zusammenhang mit den Abfindungszahlungen geforderte Berücksichtigung „negativer Erfolgsbeiträge" in der Praxis sinnvoll umzusetzen ist. § 2 Nr. 8 InstitutsVergV definiert die „Erfolgsbeiträge" als die auf der Grundlage von Vergütungsparametern ermittelten tatsächlichen Leistungen und Erfolge. Diese Begriffsbestimmung bezieht sich allerdings auf individuelle Vergütungskriterien im Rahmen der variablen Vergütung und ist daher nicht ohne weiteres auf die Begrenzung der Abfindungszahlungen übertragbar. Ferner handelt es sich hierbei nicht um die Gegenleistung für die erbrachten Dienste, sondern um das Risiko einer vorzeitigen Beendigung der Tätigkeit. Aus diesem Grund erscheint es sinnvoller, für eine Begrenzung vertraglich vereinbarter Abfindungszahlungen für die „negativen Erfolgsbeiträge" an Pflichtverletzungen des Begünstigten anzuknüpfen.[1165]

§ 3 Abs. 4 InstitutsVergV legt überdies fest, dass das Verwaltungs- oder Aufsichtsorgan bei der Bestimmung der Vergütung der Geschäftsleitung dafür zu sorgen hat, dass diese in einem angemessenen Verhältnis zu den Aufgaben und Leistungen des Geschäftsleiters sowie zur Lage des Instituts steht und die übliche Vergütung nicht ohne besondere Gründe übersteigt.[1166] Diese Formulierung entspricht beinahe wörtlich der Vorschrift des § 87 Abs. 1 Satz 1 und 3 AktG n.F., sodass es sich aufdrängt, die im Rahmen des § 87 AktG entwickelten Auslegungsregeln auch hier, zumindest analog (auf Nicht-Aktiengesellschaften), anzuwenden.[1167] Fraglich bleibt allerdings, ob nur die Maßstäbe für die Höhe der Vergütung in § 87 Abs. 1 Satz 1 AktG heranzuziehen sind, oder ob (überdies) daraus eine Pflicht resultieren soll, die Herabsetzungsmöglichkeit des § 87 Abs. 2 AktG auch vertraglich festzuhalten.[1168] Eine diesbezügliche Klarstellung ist bisher noch nicht erfolgt.

Zudem müssen fixe und variable Vergütungsbestandteile gem. § 3 Abs. 5 InstitutsVergV in einem angemessenen Verhältnis zueinander stehen. Von einer solchen Angemessenheit ist dann auszugehen, wenn einerseits keine signifikante Abhängigkeit von der variablen Vergütung besteht, die variable Vergütung aber

---

1165 *Müller-Bonanni/Mehrens*, NZA 2010, 792 (794).

1166 Der Referentenentwurf im Mai 2010 zur Ausgestaltung der Vergütung der Geschäftsleiter sah noch einen allgemeinen Verweis auf § 87 AktG unabhängig von der Rechtsform des Instituts und dessen Börsennotierung vor, vgl. § 3 Abs. 3 des Referentenentwurfs der InstitutsVergV v. 28.05.2010.

1167 Stellungnahme des Verbandes der Auslandsbanken in Deutschland e. V. v. 23.06.2010 zum Referentenentwurf für die Verordnung über die ausichtsrechtlichen Anforderungen an Vergütungssysteme von Instituten, S. 2, abrufbar unter: http://213.83.8.9/owcms/frontend/downloads/Mitgliederbereich/210610/StellN%20BMF%20Verguetungssysteme-VO_23062010.pdf (zuletz aufgerufen am 16.04.2011); *Heuchemer/Kloft*, WM 2010, 2241 (2243).

1168 Stellungnahme des Zentralen Kreditausschusses v. 22.06.2010, S. 4; *Müller-Bonanni/Mehrens*, NZA 2010, 792 (794).

andererseits einen wirksamen Verhaltensanreiz setzen kann. Dabei hat das Institut eine angemessene Obergrenze für das Verhältnis zwischen fixer und variabler Vergütung festzulegen.

Auffällig ist schließlich, dass gem. § 3 Abs. 7 InstitutsVergV eine garantierte Vergütung lediglich im Rahmen der Aufnahme eines Dienst- oder Arbeitsverhältnisses und höchstens für ein Jahr zulässig ist. Sog. Treue- oder Retention Boni, mit denen Führungskräfte an das Unternehmen gebunden werden sollen, sind somit künftig unzulässig. Die Gewährung derartiger Leistungen könnte jedoch das Ausscheiden verantwortungsvoller Führungskräfte in Krisenzeiten oder während Umstrukturierungsmaßnahmen begünstigen, sodass eine Öffnung dieser starren Regelung für besondere Situationen durchaus empfehlenswert wäre.[1169]

Die Geschäftsleiter sind gem. § 3 Abs. 10 InstitutsVergV verpflichtet, den Verwaltungs- oder Aufsichtsrat mindestens einmal jährlich über die Ausgestaltung der Vergütungssysteme des Instituts zu informieren. An die betroffenen Institute richtet sich die Verpflichtung, in ihren Organisationsrichtlinien Grundsätze zu den Vergütungssystemen festzulegen. Dabei müssen diese Grundsätze insbesondere Angaben zur Ausgestaltung der Vergütungssysteme und zur Zusammensetzung der Vergütung enthalten. Die Vergütungssysteme sind zudem gem. § 3 Abs. 11 InstitutsVergV zumindest einmal jährlich auf ihre Angemessenheit zu überprüfen und gegebenenfalls anzupassen.

Ferner darf der Gesamtbetrag der variablen Vergütung von Geschäftsleitern und Mitarbeitern gem. § 4 InstitutsVergV die Fähigkeit des Instituts nicht einschränken, eine angemessene Eigenmittelausstattung dauerhaft aufrechtzuerhalten oder wieder herzustellen. Diese Regelung begegnet jedoch dem Einwand, dass Vergütungen – auch wenn sie im Verhältnis zur wirtschaftlichen Lage des Instituts zu hoch ausfallen – die Refinanzierungsmöglichkeiten des Instituts grundsätzlich nicht merklich beeinflussen.[1170] Von einer künftigen Streichung dieser Vorschrift kann allerdings nicht ausgegangen werden, da sowohl die FSB-Standards als auch die Änderungsrichtlinien eine entsprechende Regelung vorsehen.[1171]

Eng verbunden mit dieser inhaltlichen Anforderung an die Vergütungssysteme ist die Eingriffsbefugnis der BaFin gem. § 45 Abs. 1 Satz 1 Nr. 4 KWG n.F. Danach steht dieser bei unzureichenden Eigenmitteln das Recht zu, die Auszahlung variabler Bezüge, die nicht auf einer tarifvertraglichen Regelung beruhen, zu untersagen oder auf einen bestimmten Anteil des Jahresergebnisses zu beschränken. Eine derartige Anordnung der BaFin kann allerdings nur im Verhältnis zum Institut ihre

---

1169 *Müller-Bonanni/Mehrens*, NZA 2010, 792 (795); *Heuchemer/Kloft*, WM 2010, 2241 (2244).

1170 Stellungnahme des Verbandes der Auslandsbanken in Deutschland e. V. v . 23.06.2010 zum Referentenentwurf für die Verordnung über die ausichtsrechtlichen Anforderungen an Vergütungssysteme von Instituten, S. 3.

1171 Ziff. 3 FSB, Principles for Sound Compensation Practices sowie die Änderung des Art. 152 Richtlinie 2006/48/EG, Erwägungsgrund 5(a) i.V.m. 5(c) der CRD III-Richtlinie 2010/76/EU.

Wirkung entfalten mit der Folge, dass die betroffenen Institute gem. § 45 Abs. 1a Satz 1 KWG n.F. der Untersagungs- und Beschränkungsbefugnis der BaFin in entsprechenden vertraglichen Vereinbarungen mit ihren Geschäftsleitern und Mitarbeitern Rechnung tragen müssen.

### (3) Besondere Anforderungen an Vergütungssysteme bedeutender Institute

Die zentrale Regelung für Geschäftsleiter und Risk Taker bedeutender Institute stellt § 5 InstitutsVergV dar. Nach § 5 Abs. 1 InstitutsVergV müssen Vergütungssysteme für Geschäftsleiter bedeutender Institute und Vergütungssysteme dieser Institute für Mitarbeiter, deren Tätigkeiten wesentlichen Einfluss auf das Gesamtrisikoprofil haben, zusätzliche Anforderungen erfüllen. Im Mittelpunkt dieser Verordnungsregelungen stehen Vorschriften über die Gestaltung variabler Vergütungssysteme (§ 5 Abs. 2 InstitutsVergV).

Zunächst schreibt § 5 Abs. 2 Nr. 1 InstitutsVergV vor, bei der Festsetzung der variablen Vergütung neben dem Gesamterfolg des Instituts auch den individuellen Erfolgsbeitrag zu berücksichtigen, soweit dies nicht mit einem unverhältnismäßigen Aufwand verbunden ist. Der individuelle Erfolgsbeitrag ist gem. § 5 Abs. 2 Nr. 2 InstitutsVergV auch anhand nicht finanzieller Parameter, wie zum Beispiel Beachtung institutsinterner Regelwerke und Strategien, Kundenzufriedenheit und Erlangung der Qualifikationen zu bestimmen. Für die Ermittlung des Gesamterfolgs des Instituts, des Erfolgsbeitrags der jeweiligen Organisationseinheit und des individuellen Erfolgsbeitrags sind gem. § 5 Abs. 2 Nr. 3 InstitutsVergV insbesondere solche Vergütungsparameter zu verwenden, die dem Ziel eines nachhaltigen Erfolges Rechnung tragen, wobei die Laufzeiten den Risiken nicht zwingend nachgebildet werden müssen.

Die in der InstitutsVergV erfolgte Aufteilung der Vergütungsparameter hat zwei Konsequenzen. Zum einen wird durch das Abstellen auf den Gesamterfolg bewirkt, dass besonders erfolgreiche Geschäftsleiter bzw. Mitarbeiter oder einzelne Organisationseinheiten an eventuellen Misserfolgen anderer teilnehmen, während weniger erfolgreiche Geschäftsleiter bzw. Mitarbeiter oder Organisationseinheiten vom guten Gesamtergebnis zu Unrecht profitieren. Diese Regelung bewirkt zum anderen jedoch auch zu einem gewissen Grad eine allgemeine Teilhabe an den Geschicken des Unternehmens. Insgesamt stellen die Vorschriften der Verordnung klar, dass rein auf das Institutsergebnis abstellende Bonussysteme grundsätzlich unzulässig sind.[1172]

Darüber hinaus schreibt § 5 Abs. 2 Nr. 4 Satz 1 InstitutsVergV vor, dass bei der variablen Vergütung, abhängig von der Stellung, den Aufgaben, der Höhe der variablen Bezüge sowie der Risiken, die ein Mitarbeiter begründen kann, mindestens 40 % über einen Zurückbehaltungszeitraum von mindestens drei bis fünf Jahren gestreckt werden müssen. Dabei darf der Anspruch bzw. die Anwartschaft auf diesen Vergütungsanteil jedoch nicht schneller als zeitanteilig erwachsen. Während des Zurückbehaltungszeitraumes besteht lediglich ein Anspruch auf fehlerfreie Ermitt-

1172 *Müller-Bonanni/Mehrens*, NZA 2010, 792 (795).

lung bezüglich des noch nicht zu einer Anwartschaft oder einem Anspruch erwachsenen Teils der variablen Vergütung, nicht aber bereits ein Anspruch auf diesen Teil der variablen Vergütung selbst. Überdies müssen bei der variablen Vergütung, abhängig von den Aufgaben und der Stellung des Geschäftsleiters bzw. Mitarbeiters des Instituts sowohl mindestens 50 % der nach Nr. 4 zurückzubehaltenen variablen Vergütung (§ 5 Abs. 2 Nr. 5 InstitutsVergV)[1173] als auch mindestens 50 % der nicht nach Nr. 4 zurückzubehaltenen variablen Vergütung (§ 5 Abs. 2 Nr. 5 InstitutsVergV) von einer nachhaltigen Wertentwicklung des Instituts abhängen und jeweils mit einer angemessenen Frist versehen werden, nach deren Verstreichen frühestens über den jeweiligen Teil der variablen Vergütung nach § 5 Abs. 2 Nr. 5 a und § 5 Abs. 2 Nr. 5 b InstitutsVergV verfügt werden darf.

Schließlich bestimmt § 5 Abs. 2 Nr. 6 InstitutsVergV, dass negative Erfolgsbeiträge der Geschäftsleiter oder der Mitarbeiter ihrer Organisationseinheit und ein negativer Gesamterfolg des Instituts die variable Vergütung einschließlich etwa zurückzubehaltender Beträge verringern müssen.

#### (4) Einrichtung von Vergütungsausschüssen

Gem. § 6 Abs. 1 Satz 1 InstitutsVergV sind die bedeutenden Institute i. S. des § 1 Abs. 2 InstitutsVergV verpflichtet, einen beratenden Vergütungsausschuss einzurichten, der die Angemessenheit der Vergütungssysteme überwacht. Die Geschäftsleitung kann dem Vergütungsausschuss aber auch weitere Aufgaben zuweisen, insbesondere in Bezug auf die Ausgestaltung und Weiterentwicklung der Vergütungssysteme (§ 6 Abs. 1 Satz 2 InstitutsVergV). Die Aufgaben und die organisatorische Einbindung des Vergütungsausschusses sind gem. § 6 Abs. 1 Satz 3 InstitutsVergV in den Organisationsrichtlinien des Instituts darzustellen. Bei der Besetzung des Vergütungsausschusses ist gem. § 6 Abs. 2 Satz 1 InstitutsVergV darauf zu achten, dass neben Mitarbeitern der Personalabteilung auch Mitarbeiter aus den geschäftsinitiierenden Organisationseinheiten, insbesondere den Bereichen Markt und Handel, sowie den Kontrolleinheiten vertreten sind. Die interne Revision ist im Rahmen ihrer Aufgaben einzubeziehen (§ 6 Abs. 2 Satz 3 InstitutsVergV).

Im Übrigen hat der Vergütungsausschuss gem. § 6 Abs. 3 Satz 1 InstitutsVergV mindestens einmal jährlich einen Bericht über die Angemessenheit der Ausgestaltung der Vergütungssysteme des Instituts zu verfassen und diesen der Geschäftsleitung und dem Verwaltungs- oder Aufsichtsorgan vorzulegen (Vergütungsbericht). Soweit erforderlich hat der Vergütungsausschuss auch anlassbezogen Bericht zu erstatten, gem. § 6 Abs. 3 Satz 2 InstitutsVergV. Dem Vorsitzenden des Verwaltungs- oder Aufsichtsorgans ist gem. § 6 Abs. 3 Satz 3 InstitutsVergV ein direktes Auskunftsrecht gegenüber dem Vergütungsausschuss einzuräumen.

---

1173 Insoweit weicht diese Vorschrift von Ziffer 7 der FSB Principles for Sound Compensation Practices ab. Diese bezieht den Anteil von 50 % auf die variable Vergütung in ihrer Gesamtheit und nicht lediglich auf die zurückzubehaltenen variablen Bezüge.

(5) Offenlegungspflicht

Dass die Ausgestaltung des Vergütungssystems nunmehr vom Risikomanagement eines Instituts nach § 25a Abs. 1 Satz 3 Nr. 4 KWG n.F. erfasst ist, hat auch nicht unerhebliche Auswirkungen auf die Offenlegungspflichten des Instituts. Gem. § 26a Abs. 1 Satz 1 KwG ist ein Institut gehalten, regelmäßig qualitative und quantitative Informationen unter anderem über sein Risikomanagementverfahren offenzulegen.[1174] § 7 InstitutsVergV legt fest, dass jedes Institut unter Wahrung des Wesentlichkeits-, Schutz- und Vertraulichkeitsgrundsatzes des § 26a Abs. 2 KWG zumindest auf der eigenen Internetseite folgende Informationen veröffentlichen muss: die Ausgestaltung der Vergütungssysteme, insbesondere die maßgeblichen Vergütungsparameter sowie die Zusammensetzung der Vergütungen und die Art und Weise der Gewährung (§ 7 Abs. 2 Nr. 1 InstitutsVergV) sowie den Gesamtbetrag aller Vergütungen unterteilt in fixe und variable Vergütung und die Anzahl der Begünstigten der variablen Vergütung (§ 7 Abs. 2 Nr. 2 InstitutsVergV). Diese Angaben sind gem. § 7 Abs. 1 Satz 1 InstitutsVergV mindestens einmal jährlich zu aktualisieren, wobei der Detaillierungsgrad der Informationen von der Größe und Vergütungsstruktur des Instituts sowie von der Art, dem Umfang sowie dem Risikogehalt und der Internationalität seiner Geschäftsaktivitäten gem. § 7 Abs. 1 Satz 2 InstitutsVergV abhängig ist.

Somit hat der deutsche Verordnungsgeber mit dem Erlass der InstitutsVergV einen weiteren bedeutenden Baustein zur Regulierung der Vergütungspolitik der Finanzbranche gelegt. Durch die Umsetzung europäischer Vorgaben hat die BaFin eine Reihe effektiver und begrüßenswerter Vorschriften kreiert, welche vor allem die Ausrichtung der Vergütung am langfristigen Erfolg der Finanzinstitute zum Gegenstand haben. Dadurch wird insbesondere die Abkopplung der Bonuszahlungen vom Wohl des Unternehmens vermieden. Allerdings geht mit der Umsetzung der InstitutsVergV ein erheblicher Verwaltungsaufwand einher. So erfordern allein die mit der Verordnungsumsetzung verbundenen Prüfungs- und Dokumentationspflichten eine umfassende Beschäftigung mit dem Thema. Zwar ist die erlassene Verordnung nicht vollkommen lückenlos, die Entwicklung der Verordnungsgebung bis hin zur jetzt erlassenen InstitutsVergV hat jedoch die behördliche Bereitschaft gezeigt, seitens der Politik und der Öffentlichkeit geäußerte Kritik anzunehmen und entsprechend umzusetzen. Im Laufe der Zeit werden Gerichte darüber entscheiden müssen, ob die herausfordernde Aufgabe der Vergütungsregulierung durch die InstitutsVergV im Einzelnen vom Erfolg gekrönt war und für die Vergütungspolitik einen effektiven Rechtsrahmen geschaffen hat. Der Erfolg der InstitutsVergV ist allerdings in erster Linie von der sorgfältigen Umsetzung der Regelungen in den Instituten sowie von einer kontinuierlichen Überwachung durch die Finanzaufsicht abhängig.[1175]

---

1174 Wobei die Offenlegungspflicht für die Vorstandsmitglieder sich bereits aus § 285 S. 1 NR. 9a HGB ergibt.

1175 *Heuchemer/Kloft*, WM 2010, 2241 (2248).

Nach einer Studie des Beratungsunternehmens Mercer hat die Mehrzahl der Finanzinstitute als Reaktion auf die neuen Vorgaben ihr Vergütungssystem für Vorstände und Führungskräfte umgestellt. Kurzfristige Anreize verlieren dabei laut Mercer-Bericht an Bedeutung, während Erhöhungen der Fixvergütung, aufgeschobene Entlohnungskomponenten und Änderungen der Anreizsysteme immer mehr zunehmen. Insbesondere europäische Institute haben einen verpflichtenden Aufschub der Bonuszahlungen in Abhängigkeit von der Leistung und dem Risiko eingeführt. Beliebt seien laut Angaben der Mercer-Studie Bonus-Malus-Systeme, bei denen der Jahresbonus auf ein Sperrkonto eingezahlt wird und bei späterem rückläufigen Unternehmenserfolg nachträglich verringert werden kann.[1176]

### f) Banken-Restrukturierungsgesetz

Weitere Verschärfungen des Vergütungsregimes brachte das am 14. Dezember 2010 verkündete und zum Jahreswechsel 2010/11 in Kraft getretene Gesetz zur Restrukturierung und geordneten Abwicklung von Kreditinstituten, zur Errichtung eines Restrukturierungsfonds für Kreditinstitute und zur Verlängerung der Verjährungsfrist der aktienrechtlichen Organhaftung (sog. Restrukturierungsgesetz)[1177] mit sich. Bei diesem Regelwerk handelt es sich um ein Artikelgesetz, welches auf staatlich unterstützte Finanzinstitute Anwendung findet. Demnach erfährt das Finanzmarktstabilisierungsfondsgesetz eine dahingehende Änderung, dass die Vergütung von Vorständen und Angestellten der Banken, welche staatliche Stabilisierungsmittel in Anspruch genommen haben und an denen der Staat mit mindestens 75 % beteiligt ist, den Betrag von 500,000 € nicht übersteigen darf (§ 10 Abs. 2a FMStFG).[1178] Die Gewährung variabler Vergütungsbestandteile ist danach gänzlich verboten. Staatlich unterstützte Banken, bei denen die staatliche Beteiligung geringer ausfällt, sind zwar genauso von der Obergrenze i.H.v. 500.000 € betroffen, die variable Vergütung darf in diesen Unternehmen jedoch gem. § 10 Abs. 2b Satz 2 FMStFG weiterhin gezahlt werden, solange die Gesamtvergütung die Obergrenze von 500.000 € nicht übersteigt. Diese Grenze darf gem. § 10 Abs. 2 Satz 3 FMStFG jedoch überschritten werden, sofern das Unternehmen mindestens die Hälfte der geleisteten Unterstützungsleistungen zurückgezahlt hat oder soweit die geleistete Kapitalzuführung

---

1176 Pressemitteilung von Mercer v. 12.01.2010, abrufbar unter: http://www.mercer.de/press-releases/1368500 (zuletzt aufgerufen am 16.04.2011).

1177 Gesetz zur Restrukturierung und geordneten Abwicklung von Kreditinstituten, zur Errichtung eines Restrukturierungsfonds für Kreditinstitute und zur Verlängerung der Verjährungsfrist der aktienrechtlichen Organhaftung (sog. Restrukturierungsgesetz) v. 9.12.2010 (BGBl. I S. 1900).

1178 Von der Obergrenze des § 10 Abs. 2a bis 2c werden sowohl fixe als auch variable Vergütungsbestandteile wie etwa Aktienoptionen und sonstige lang- bzw. mittelfristige leistungsbasierte Komponente, nicht jedoch Versorgungsleistungen erfasst. Dies ergibt sich im Umkehrschluss zu § 5 Abs. 2 Nr. 4a FMStFV. Allerdings wurde diese Regelung im Gesetzgebungsverfahren starker Kritik seitens der Fraktion der Grünen ausgesetzt, vgl. BT-Drucks. 17/3547, S. 4.

voll verzinst wird. Werden die Vorgaben des § 10 Abs. 2a und 2b FMStFG in den Anstellungsverträgen nicht umgesetzt, können Organmitglieder und Angestellte aus diesen keine Rechte herleiten. Dies gilt allerdings nicht für Ansprüche, die vor dem Inkrafttreten des Restrukturierungsgesetzes bereits begründet wurden. Daraus folgt, dass Bonusansprüche für das Jahr 2010, die regelmäßig erst mit dem Ablauf des Jahres zum Entstehen gelangen, vom Reformgesetz auch dann nicht erfasst sind, wenn die Auszahlung erst – wie üblich – im Jahr 2011 erfolgt.[1179]

Ausweislich der Gesetzesbegründung sollen die Neuregelungen über die Vergütung in rekapitalisierten Finanzinstituten auch auf in- und ausländische Tochterunternehmen des rekapitalisierten Unternehmens Anwendung finden. Eine solche Schlussfolgerung entspricht jedoch weder dem eindeutigen Wortlaut der Vorschrift noch der Gesetzessystematik mit der Folge, dass es bei der Nichtanwendung der Norm auf Tochtergesellschaften bleibt.[1180] Zudem enthält der neue § 45c KWG eine umfassende Regelung, wonach die BaFin-Befugnis, einen Sonderbeauftragten in einem Kreditinstitut einzusetzen, um aufsichtsrechtliche Maßnahmen wirkungsvoller durchsetzen zu können, systematisiert und erweitert wird.[1181]

Mit der Verabschiedung des Restrukturierungsgesetzes hat der deutsche Gesetzgeber nunmehr die Kompetenzen für den Krisenfall klarer geregelt und die handelnden Finanzmarktakteure stärker als bisher in die Mitverantwortung gezogen.[1182] Durch die Beschränkung der Vorstandsvergütung soll vor allem sichergestellt werden, dass „staatliche Mittel nicht durch unangemessene Vergütungsleistungen aus dem Unternehmen abfließen."[1183] Unternehmen, die staatliche Rekapitalisierung in Anspruch nehmen, dürfen laut Gesetzesbegründung nicht „auf Kosten der Allgemeinheit Vergütungen gewähren, die auf von staatlicher Hilfe unabhängige Unternehmen zugeschnitten waren und dort eben nicht aus Finanzmitteln der Allgemeinheit bestritten wurden. Es ist vor diesem Hintergrund angemessen und für die öffentliche Akzeptanz der Unterstützung unverzichtbar, für diese Unternehmen nicht nur gesetzliche Vorgaben zur Struktur, sondern auch zur Höhe der Vergütung festzusetzen"[1184].

### g) Capital Requirement Directive IV und Capital Requirement Regulation

Zum Schutz der Anlegerinteressen sowie zur Sicherstellung der Stabilität des Finanzsystems verabschiedete das Europäische Parlament und der Rat der Europäischen Union die Richtlinie über den Zugang zur Tätigkeit von Kreditinstituten und die Beaufsichtigung von Kreditinstituten und Wertpapierfirmen (sog. Capital Requirement Directive/CRD IV), zur Änderung der Richtlinie 2002/87/EG und zur Aufhebung

1179 *Müller-Eising/Brandi/Sinhart/Lorenz/Löw*, BB 2011, 66 (72).
1180 *Müller-Eising/Brandi/Sinhart/Lorenz/Löw*, BB 2011, 66 (72).
1181 *Müller-Eising/Brandi/Sinhart/Lorenz/Löw*, BB 2011, 66 (67).
1182 *Meyer*, BB 2011, I.
1183 BT-Drucks. 17/3547, Bericht des Finanzausschusses v. 28.10.2010, S. 11.
1184 BT-Drucks. 17/3547, Bericht des Finanzausschusses v. 28.10.2010, S. 11.

der Richtlinie 2006/48/EG und 2006/49 EG[1185] sowie die Verordnungen über die Aufsichtsanforderungen an Kreditinstitute und Wertpapierfirmen und zur Änderung der Verordnung Nr. 646/2012 (sog. Capital Requirement Regulation/CRR)[1186]. Durch die am 26. Juni 2013 veröffentlichte und erstmalig zum 1. Januar 2014 Anwendung findende CRD IV Richtlinie sollen die neuen, weltweiten Bankkapitalstandards umgesetzt werden. Die Umsetzung der Richtlinie in nationales Recht erfolgte durch das vom Bundestag im August 2013 beschlossene sog. CRD IV-Umsetzungsgesetz.[1187]

Im Mittelpunkt der neuen europäischen Vorgaben steht die Vergütung der sog. „Banker". Gemeint sind alle Mitarbeiter, einschließlich der Geschäftsleitung, die hohe Risikopositionen eingehen können (sog. Risikoträger) sowie auch Mitarbeiter mit Kontrollfunktionen und solche, deren Gesamtvergütung der Einkommensstufe der Geschäftsleitung enspricht und deren berufliche Tätigkeit sich wesentlich auf das Risikoprofil des Instituts auswirkt (Art. 92 Abs. 2 CRD IV).

Gemäß Art. 92 Abs. 2(g) CRD IV muss zwischen fixer Grund- und variabler Vergütung unterschieden werden. Letztere soll eine nachhaltige und risikobereinigte Leistung sowie die Leistungen reflektieren, die über die Erfüllung der arbeitsvertraglichen Pflichten nach Maßgabe der Tätigkeitsbeschreibung des Mitarbeiters hinausgehen. Aus diesem Grund enthält Art. 94(g)(i) CRD IV eine Deckelung, wonach der variable Bestandteil 100 % des festen Bestandteils der Gesamtvergütung für jede einzelne Person nicht überschreiten darf. Den Mitgliedstaaten steht dabei frei, einen niedrigeren Höchstsatz festzulegen. Darüber hinaus können sie gemäß Art. 94(g)(ii) CRD IV den Anteilseignern, Eigentümern oder Gesellschaftern des Instituts gestatten, einen höheren Höchstwert für das Verhältnis zwischen dem festen und dem variablen Bestandteil der Vergütung zu gewähren, sofern der variable Bestandteil insgesamt 200 % des festen Bestandteils der Gesamtvergütung für jede einzelne Person nicht übersteigt. Dabei können die Mitgliedstaaten auch einen niedrigeren Höchstsatz festlegen. Eine höhere Quote kann nur dann gebilligt werden, wenn entweder eine Mehrheit von mindestens 66 % der Aktionäre, Eigentümer oder Gesellschafter des Instituts ein höheres Verhältnis beschließt, wobei mindestens 50 % der Anteile oder der entsprechenden Eigentumsrechte vertreten sein müssen oder ein Quorum von 75 % gegeben ist.

## *II. Steuerrechtliche Behandlung der Vorstandsvergütung*

Die rechtspolitische Diskussion um tatsächlich oder vermeintlich exzessive Managervergütungen scheint auch nach dem Erlass des VorstAG nicht abgeschlossen

---

1185 Richtlinie 2013/36/EU v. 27.06.2013, ABl. EU Nr. L 176/338.

1186 Verordnung Nr. 575/2013 v. 27.06.2013, ABl. EU Nr. 176/1.

1187 Gesetz zur Umsetzung der Richtlinie 2013/36/EU über den Zugang zur Tätigkeit von Kreditinstituten und die Beaufsichtigung von Kreditinstituten und Wertpapierfirmen und zur Anpassung des Aufsichtsrechts an die Verordnung (EU) Nr. 575/2013 über Aufsichtsanforderungen an Kreditinstitute und Wertpapierfirmen vom 28. August 2013, BGBl. I 2013, Teil I Nr. 53, S. 3395 ff.

zu sein. Neue Reformvorschläge zur Regulierung der Vorstandsgehälter werden nunmehr auch auf der Ebene des Steuerrechts unterbreitet. Die steuerrechtlichen Instrumente zur Eindämmung der Vorstandsbezüge haben jüngst durch den Vorstoß Großbritanniens[1188] und den USA[1189] zusätzlichen Auftrieb erhalten. Dort wurde versucht, die Bonuszahlungen im Bankensektor mit einer Strafsteuer zu belegen. Bundeskanzlerin Merkel sieht hierin eine „charmante Idee"und wies darauf hin, dass die britische Steuer vielleicht „manchen Lerneffekt in der City of London"[1190] erzeuge. Allerdings machte sie auch darauf aufmerksam, dass eine vergleichbare Regelung in Deutschland verfassungsrechtlichen Bedenken begegnen könne.[1191]

Der Gedanke, unangemessene Managergehälter mittels des Steuerrechts zu begrenzen, falls eine direkte Regulierung durch gesellschafts- oder kapitalmarktrechtliche Vorgaben nicht zum Erfolg führt, stellt keine Neuheit dar,[1192] hat aber hierzulande erst in jüngster Zeit Resonanz erfahren.[1193] Eine steuerrechtliche Begrenzung der Vorstandsvergütung wurde in Deutschland in den letzten Jahren von verschiedenen Parteien befürwortet. Die Bundestagsfraktion BÜNDNIS 90/

---

1188 Vgl. den gemeinsamen Zeitschriftenbeitrag von *Gordon Brown* und *Nicolas Sarkozy*, Wall Street Journal Europe v. 9.12.2009, in dem es unter anderem heißt: „Among these proposals, we agree that a one-off tax in relation to bonuses should be considered a priority, due to the fact that bonuses for 2009 have arisen partly because of government support for the banking system."

1189 „In view of large profit and bonus announcements in January 2010, the Obama administration is considering a levy on the largest 20–30 U.S. banks in order to repay the government for the costs of the bailouts, estimated at about US$100–120 billion. Rather than fix a precise dollar amount to be raised, the administration is likely to set an amount to be raised in each of the coming years, with a sunset clause to end the levy when the bailout costs are recouped. The levy is seen as an alternative to ideas such as a financial transactions tax, or a supertax on bank bonuses as in the UK, which Treasury thinks are either harmful or unworkable." Abrufbar unter: Financial Times.com, http://www.ft.com/cms/s/0/3b73b87a-ff1b-11de-a677-00144feab49a.html#axzz1I5mdAmA1 (zuletzt aufgerufen am 30.03.2011); H.R. 1586, 111th Congress (2009–2010), „To impose an additional tax on bonuses received from certain TARP recipients."

1190 FAZ v. 11.12.2009, S. 11.

1191 Dagegen hält ein von der FDP in Auftrag gegebenes Gutachten des wissenschaftlichen Dienstes des Bundestages eine Sondersteuer auf Bankerboni für verfassungsrechtlich unbedenklich, sofern deren Lenkungszweck „gewichtig und nachvollziehbar" begründet werde, vgl. Sondersteuer auf Bankerboni erlaubt, Handelsblatt v. 28.12.2009, S. 1.

1192 Vgl. etwa *Cheffins*, Company Law, S. 703: „If direct regulation of remuneration is not suitable and the objective remains to reduce executive pay levels, another strategy would be use of the tax system." Zuletzt auch *Armour/Hansmann/Ktaakman* in: The Anatomy of Corporate Law, S. 19: „Tax law also affects directly the deductability from corporate income, for tax purposes, of executive compensation in excess of $ 1 million unless it is in the form of incentive pay [...] is a clear example."

1193 *Fleischer/Hupka*, DB 2010, 601.

DIE GRÜNEN forderte in ihrem Antrag vom Dezember 2007 eine Begrenzung des Betriebsausgabenabzugs von Vorstandsabfindungen auf 1 Mio. € pro Person, wobei in diese Grenze auch Vergütungsausgestaltungsformen wie Übergangs- und Handgelder, Aktienoptionen oder Prämien einbezogen werden sollten.[1194] Das nahezu sanktionslos verlaufene Mannesmann-Verfahren habe gezeigt, dass für eine Angemessenheitsprüfung von Abfindungszahlungen deutliche gesetzliche Vorgaben erforderlich seien. Die vorgeschlagene Reduzierung des Betriebsausgabenabzugs soll jedoch keine Auswirkungen auf die Besteuerung des Abfindungsempfängers haben. Auf diese Art und Weise entstehe dennoch keine Doppelbesteuerung, da es sich bei der Gesellschaft und dem Abfindungsempfänger um zwei unterschiedliche Steuersubjekte handele.

Ein weiterer Antrag der Bundestagsfraktion Bündnis 90/DIE GRÜNEN vom März 2009 schlug sogar eine Begrenzung des Betriebsausgabenabzugs von Vorstandsbezügen auf 500.000 € pro Person und Jahr vor.[1195] Die Abzugsfähigkeit darüberhinausgehender Vergütungen als Betriebsabgaben soll nur noch zur Hälfte zulässig sein. Diese Regelung wurde zum einen mit der vergleichbaren Abzugsfähigkeit für Aufsichtsratsvergütungen begründet.[1196] Zum anderen verwiesen die Antragsteller im Rahmen der Antragstellung auf eine entsprechende Vorschrift in den Vereinigten Staaten, wonach die Abzugsfähigkeit von Managerbezügen börsennotierter Unternehmen auf $ 500,000 begrenzt ist.[1197]

Einen ähnlichen Vorschlag enthielt bereits der Antrag der Bundestagsfraktion DIE LINKE vom Januar 2008. Demnach sollte der Betriebsausgabenabzug von Abfindungszahlungen auf 1 Mio. € pro Kopf begrenzt werden.[1198] Auch in anderen Teilgebieten unternehmerischer Tätigkeit würden Angemessenheitsgrundsätze bei Betriebsausgaben durchaus berücksichtigt. So werden beispielsweise die Gesamtbezüge der GmbH-Geschäftsführer durch die Finanzverwaltung begrenzt und die Aufsichtsratsvergütung steuerrechtlich reguliert. In einem weiteren Antrag der Bundestagsfraktion DIE LINKE vom Januar 2010 schlug diese vor, sich an den Vorbildern Großbritanniens und Frankreichs zu orientieren und eine befristete Sondersteuer auf Boni im Finanzsektor in Höhe von 50 % einzuführen.[1199] Diese sei von den Boni leistenden Unternehmen zu erheben und solle eingreifen, sobald die Summe der Boni für einen Beschäftigten pro Jahr den Wert von 27.000 € überschreite. Erfasst werden sollten davon sowohl Geld- als auch Sachleistungen.[1200]

Auch die Große Koalition aus CDU/CSU und SPD beschäftigte sich im Rahmen der Koalitionsarbeitsgruppe „Managervergütung" in Sitzungen vom September 2008

1194 Vgl. BÜNDNIS 90/DIE GRÜNEN, Antrag v. 12.12.2007, BT-Drucks. 16/7530, S. 2.
1195 Vgl. BÜNDNIS 90/DIE GRÜNEN, Antrag v. 4.03.2009, BT-Drucks. 16/12112, S. 2.
1196 Gem. § 10 Nr. 4 KStG ist die Hälfte der Vergütungen jeder Art, die an Aufsichtsratsmitglieder gezahlt wird steuerlich nicht abzugsfähig.
1197 Sec. 302 (a) EESA 2008; sec. 162 (m)(5)(A) IRC Eingehend dazu vgl. S.416.
1198 Vgl. DIE LINKE, Antrag v. 16.01.2008, BT-Drucks. 16/7743, S. 2.
1199 Vgl. DIE LINKE, Antrag v. 16.01.2010, BT-Drucks. 17/452, S. 1.
1200 Vgl. DIE LINKE, Antrag v. 16.01.2010, BT-Drucks. 17/452, S. 1.

bis zum März 2009 mit der steuerlichen Absetzbarkeit von Abfindungszahlungen oder Bezügen als mögliches Steuerungsinstrument der Corporate Governance.[1201] Gegenüber dem Vorschlag der SPD, ab einer Vergütung von 1 Mio. € nur noch die hälftige Absetzbarkeit der Vorstandsbezüge zuzulassen, zeigten die CDU/CSU jedoch eine eher ablehnende Haltung. Da der ausbezahlte Betrag dann sowohl beim Unternehmen als auch beim Vergütungsempfänger besteuert werde, würde eine derartige Regelung zu einer doppelten Besteuerung im Sinne einer Strafsteuer führen[1202] und sei somit verfassungsrechtlich bedenklich. Zudem seien nach diesem Konzept zahlreiche Umgehungsalternativen denkbar.[1203]

Die Regierungskoalition aus CDU/CSU und FDP hingegen hat in Bezug auf die Vergütungsregulierung mittels Steuerrechts eher eine zurückhaltende Stellung eingenommen. So wurde zum Beispiel die diesbezügliche Kleine Anfrage der Bundestagsfraktion DIE LINKE vom 18. Dezember 2009 von der Bundesregierung im Januar 2010 abgelehnt. Eine Begrenzung der steuerlichen Abzugsfähigkeit von Bonuszahlungen sei laut Bundesregierung nicht geplant[1204] und es bestehe auch keine Absicht, eine zeitlich vorübergehende Besteuerung von Bonuszahlungen im Bankensektor einzuführen. Vielmehr setze die Bundesregierung auf die von den G 20 Staaten erarbeiteten Vergütungsregelungen, welche unter anderem auf die Beschränkung und Regulierung der Bonuszahlungen auf gesellschaftsrechtlicher Ebene abzielen.[1205]

## *III. Rechtsprechung*

### *1. Gerichtliche Überprüfung des Angemessenheitsgebots*

Nach der ganz herrschenden Meinung stellt die Festsetzung der Vergütungshöhe von Vorstandsmitgliedern eine unternehmerische Entscheidung des Aufsichtsrates dar.[1206] Für sie gilt daher über die Verweisungsnorm des § 116 AktG der neu eingeführte § 93 Abs. 1 Satz 2 AktG, welcher das höchstrichterlich seit langem anerkannte Geschäftsleiterermessen auf eine gesetzliche Grundlage stellt. Danach ist

---

1201 Eingehender hierzu *Seibert* in: FS Hüffer, S. 955 (967 f.).

1202 *Seibert* in: FS Hüffer, S. 955 (968).

1203 *Fleischer/Hupka*, DB 2010, 601 (602).

1204 Vgl. Antwort der Bundesregierung v. 15.01.2010, BT-Drucks. 17/454, S. 2.

1205 Vgl. Antwort der Bundesregierung v. 15.01.2010, BT-Drucks. 17/454, S. 5: „Die in Großbritannien und ebenso in Frankreich geplanten bzw. diskutierten Maßnahmen zur Besteuerung der „Banker-Boni" sind aus Sicht der Bundesregierung eine mögliche Option zur Beseitigung von Fehlanreizen bei den Vergütungen im Finanzmarktbereich. Sie sind aber im Zusammenhang mit anderen Maßnahmen zu sehen, die derzeit diskutiert werden, um die Finanzstabilität zu stärken."

1206 BGH NJW 2006, 522 (523); LG Düsseldorf NJW 2004, 3275 (3276); *Hoffmann-Becking*, ZHR 2005, 155 (157 f.); MünchKommAktG/*Spindler*, § 87 Rdn. 20; *Marsch-Barner* in: FS Röhricht, S. 404; *Mertens/Cahn*, KK-AktG, Rdn. 4; *Peltzer* in: FS Lutter, S. 571 (577); *Schwark* in: FS Raiser, S. 377 (391); *Wolburg*, ZIP 2004, 646 (651); Spindler/Stilz/*Fleischer*, KommAktG § 87 Rdn. 39.

eine Pflichtverletzung zu verneinen, wenn der Aufsichtsrat bei seiner Vergütungsentscheidung vernünftigerweise annehmen durfte, auf der Grundlage angemessener Informationen zum Wohle der Gesellschaft zu handeln.[1207] Ein Verstoß gegen § 87 Abs. 1 AktG liegt jedenfalls erst und nur dann vor, wenn „die Grenzen, in denen sich ein von Verantwortungsbewusstsein getragenes, ausschließlich am Unternehmenswohl orientiertes, auf sorgfältiger Ermittlung der Entscheidungsgrundlagen beruhendes unternehmerisches Handeln bewegen muss, deutlich überschritten sind"[1208].

Trotz der unbestimmten Rechtsbegriffe des § 87 AktG, welche auch durch das Reformgesetz nicht beseitigt werden konnten, ist überraschenderweise kaum relevante Rechtsprechung zu den Angemessenheitskriterien der Vorstandsvergütung vorhanden.[1209] Vielmehr weigern sich die Gerichte oft, unternehmensspezifische Entscheidungen zu überprüfen und verweisen in der Regel auf den weiten Beurteilungs- und Ermessensspielraum des Aufsichtsrates.[1210] Bemerkenswert ist, dass bis zum sog. Mannesmann-Prozess, welcher im Rahmen dieser Arbeit nicht näher zu erörtern ist, die ganz herrschende Meinung davon ausging, dass sich Vorstandsvergütungen einer gerichtlichen Beurteilung weitgehend entziehen.[1211] Auch im Rahmen des Mannesmann-Falles erfuhr die Auseinandersetzung durch die Gerichte mit der Problematik der Vorstandsvergütung weniger eine aktienrechtliche bzw. gesellschaftsrechtliche, sondern eher eine strafrechtliche Würdigung. In diesem Zusammenhang wird auch von der sog. Führungskultur der deutschen Unternehmen gesprochen, die in Bezug auf Gerichtsverfahren auf der Vorstandsebene eine äußerst zurückhaltende Haltung einnimmt.[1212]

Mangels präziser Definitionen der Angemessenheitskriterien der Vorstandsvergütung im VorstAG ist die Ausfüllung der unbestimmten Tatbestandsvoraussetzungen des § 87 AktG n. F. von großer Bedeutung. Im Folgenden soll daher untersucht werden, inwieweit die Rechtsprechung zu dieser Auslegung beigetragen hat bzw. beitragen konnte.

### 2. *Variable Vorstandsvergütung im AG-Konzern*

Ein Urteil des OLG München vom 7. Mai 2008[1213] hat den Streit über die variable Vergütung der Vorstandsmitglieder einer Konzerngesellschaft neu entfacht. Dabei ging es um die Zulässigkeit der Anknüpfung der variablen Vorstandsbezüge einer Konzerntochtergesellschaft an den Börsenkurs oder an Finanzparameter der Konzernobergesellschaft.[1214]

---

1207 RegE eines Gesetzes zur Unternehmensintegrität und Modernisierung des Anfechtungsrechts (UMAG) v. 17.11.2004 (BR-Drucks. 3/05).

1208 BGHZ 135, 244 (253).

1209 *Lücke*, NZG 2005, 692; *Schnapperelle*, Die Angemessenheit, S. 62.

1210 LG München I, Beschluss v. 29.03.2007–5 HKO 12931/06, NZG 2007, 477.

1211 *Simon/Schaumburg* in: Kienbaum, Vorstandsvergütung 2008/2009, S. 9.

1212 *Lücke*/Schaub, Vorstand der AG, § 2, Rdn. 126.

1213 OLG München, Urteil vom 7.05.2008–7 U 5618/07, ZIP 2008, 1237.

1214 *Waldhausen/Schüller*, AG 2009, 179.

### a) Meinungsstand vor dem RWE Energy-Urteil

Vergütungssysteme mit variablen Vergütungselementen stellen in größeren Konzernen für die Vorstände der Konzern-Holding und der einzelnen Gesellschaften ein verbreitetes Entlohnungsinstrument dar. Während kurzfristige Vergütungsbestandteile (sog. *short term incentives*) wie etwa Tantiemen zum größten Teil von den spezifischen Erfolgszielen der jeweiligen Anstellungsgesellschaft oder von individualisierten Leistungen der Vorstandsmitglieder abhängig gemacht werden, knüpfen die Vergütungsprogramme mit langfristiger Anreizwirkung (sog. *long term incentives*) wie etwa Aktienoptionen oder vergleichbare Vergütungsformen häufig an den Börsenkurs oder an Finanzkennzahlen der Konzernobergesellschaft oder anderer Konzerngesellschaften an (*sog. konzernabhängige Vergütungskomponente*).[1215] Die aktienrechtliche Zulässigkeit derartiger konzernabhängiger Vergütungselemente für die Vorstandsmitglieder einer Tochtergesellschaft in der Rechtsform der Aktiengesellschaft ist jedoch im Schrifttum seit langem umstritten. Dies gilt vor allem für den Fall, dass kein Beherrschungsvertrag mit der betreffenden Tochtergesellschaft besteht und die Gesellschaft über außenstehende Aktionäre verfügt.[1216]

Diejenigen, die die aktienrechtliche Zulässigkeit einer an Börsenkurs oder Kennzahlen der Muttergesellschaft ausgerichteten variablen Vergütung zumindest im faktischen Konzern verneinen bzw. dieser kritisch gegenüberstehen,[1217] argumentieren in der Regel mit der Gefahr einer Fehlincentivierung. Durch konzernabhängige Vergütung würden die Vorstandsmitglieder der Tochtergesellschaft tendenziell angehalten, in erster Linie den Unternehmenswert des Konzerns zu steigern und in Konfliktsituationen zwischen der Tochter- und der Muttergesellschaft die Interessen des Konzerns zu verfolgen. Dieses Verhalten könnte letztendlich zur Verletzung der Treuepflichten des Mehrheitsgesellschafters führen, welcher auf ein Vergütungssystem nicht hinwirken darf, das geeignet ist, dem Minderheitsaktionär einen Schaden zuzufügen. Daher besteht – je nach der Intensität des Anreizes – die Pflicht, eine Zustimmung der Minderheitsgesellschafter einzuholen. Der Konzernrechtsschutz der §§ 311 ff. AktG ist in diesem Fall nicht ausreichend.[1218]

Andere hingegen halten die an Börsenkurs oder Kennzahlen der Muttergesellschaft ausgerichtete variable Vergütung zu Recht für zulässig.[1219] Gestützt wird diese Auffassung zunächst auf den durch das Gesetz zur Kontrolle und Transparenz im

---

1215 *Waldhausen/Schüller*, AG 2009, 179.

1216 *Waldhausen/Schüller*, AG 2009, 179; *Tröger*, ZGR 2009, 447 (452).

1217 *Baums* in FS Claussen, S. 3 (12); *Hüffer*, § 192 AktG, Rdn. 20; *Kallmeyer*, AG 1999, 97 (102); MünchKommAktG/*Spindler*, § 87 Rdn. 51; *ders.*, DStR 2004, 36 (44); *Veil* in: Schmidt/Lutter, AktG, § 192 Rdn. 23; *Zitzewitz*, NZG 1999, 698 ff.; *Tröger*, ZGR 2009, 454 f.

1218 *Waldhausen/Schüller*, AG 2009, 179 (180).

1219 *Martens* in: FS Ulmer, S. 399 (415 f.); Münch. Hdbuch GesR IV/*Krieger*, § 63 Rdn. 39; *Klawitter* in: Achleitner/Wllmert, Stock Options, S. 71 f.; *Waldhausen/Schüller*, AG 2009, 179 (180); *Hohenstatt/Seibt/Wagner*, ZIP 2008, 2289 (2291 ff.).

Unternehmensbereich (KonTraG) geänderten § 192 Abs. 2 Nr. 3 AktG.[1220] Danach kann die Hauptversammlung eine bedingte Kapitalerhöhung zur Gewährung von Bezugsrechten an Arbeitnehmer und Mitglieder der Geschäftsführung der Gesellschaft oder eines „verbundenen Unternehmens" beschließen. Über den Wortlaut der Regelung hinaus wird auch mit der Entstehungsgeschichte des § 192 Abs. 2 Nr. 3 AktG argumentiert. Trotz entsprechender Forderungen im Rahmen des Gesetzgebungsverfahrens zum KonTraG habe der Gesetzgeber auf eine Beschränkung des § 192 Abs. 2 Nr. 3 AktG auf vertraglich konzernierte und hundertprozentige Tochtergesellschaften verzichtet.[1221] Aber auch die Empfehlung in Ziffer 4.2.2 DCGK, nach der „die Vergütung der Vorstandsmitglieder [...] vom Aufsichtsrat unter Einbeziehung von etwaigen Konzernbezügen in angemessener Höhe auf der Grundlage einer Leistungsbeurteilung festgelegt" werden soll, spricht für die Zulässigkeit der Ausrichtung der variablen Vergütung an Börsenkurs oder Kennzahlen der Muttergesellschaft. Schließlich wird dies auch mit der Systematik des AktG begründet. Argumentiert wird dabei mit der Unvereinbarkeit des Verbots der Einbeziehung des Vorstands einer Tochtergesellschaft in ein Aktienoptionsprogramm der Muttergesellschaft mit der Konzeption des Konzernschutzes der §§ 311 ff. AktG im faktischen Konzern. Dabei gehen die §§ 311 ff. AktG grundsätzlich davon aus, dass die Ausübung faktischer Konzernleitungsmacht zulässig ist. Eine Beeinflussung der Tochtergesellschaft, die sich nachteilig auf diese auswirken würde, ist nach dem Aktienrecht jedoch verboten, es sei denn, die Vorschriften der §§ 311 ff. AktG zum Schutze der abhängigen Unternehmen werden beachtet und eingehalten. In Übereinstimmung mit dem Regelungssystem der §§ 311 ff. AktG ist der Vorstand des beherrschten Unternehmens daher befugt, auf Veranlassung der Muttergesellschaft, Maßnahmen zu treffen, die zwar im Widerspruch zu den Individualinteressen des abhängigen Unternehmens stehen, dem übergeordneten Konzerninteresse jedoch entsprechen.[1222] Dieser konzernfreundlichen Natur der §§ 311 ff. AktG wird unter anderem durch die Zulässigkeit sog. Vorstandsdoppelmandate entsprochen. Bei diesen ist die Ausübung der Vorstandstätigkeit sowohl für das herrschende als auch für das beherrschte Unternehmen durch ein und dieselbe Person grundsätzlich gestattet. Durch die in §§ 87 Abs. 1, 88 Abs. 1 Satz 2 AktG geregelte Zulässigkeit der Doppelmandate billigt das Aktiengesetz die damit verbundene Interessenkollision und verlässt sich offensichtlich auf die Funktionsfähigkeit der

1220 Art. 1 Nr. 26 des Gesetzes zur Kontrolle und Transparenz im Unternehmensbereich v. 27.04.1998, BGBl. I 1998, 786. Ausführlich hierzu *Tröger*, ZGR 2009, 447 (456 ff.)

1221 *Habersack* in: FS Raiser, S. 111 (119); *ders.*, NZG 2008, 631 (634). Der Wortlaut der Begründung des Regierungsentwurfes ist jedoch etwas zurückhaltender: „Bei Tochtergesellschaften, die sich nicht im hundertprozentigen Besitz der Gesellschaft befinden, wird mit Blick auf die außenstehenden Eigentümer sorgfältig zu prüfen sein, ob eine einseitige Motivation von deren Organen und Führungskräften auf die Wertentwicklung bei der Mutter zu rechtfertigen ist." Vgl. BT-Drucks. 13/9712, S. 83.

1222 *Habersack* in: FS Raiser, S. 111 (119); *ders.*, NZG 2008, 631 (634); *Waldhausen/Schüller*, AG 2009, 179 (181).

Einzelausgleichsmechanismen. Daraus kann der Schluss gezogen werden, dass auch die Teilnahme des Vorstandes der Tochtergesellschaft an einem Vergütungsprogramm der Muttergesellschaft grundsätzlich nicht verboten sein kann.[1223]

### b) Das RWE Energy-Urteil

In seinem Urteil vom 7. Mai 2008 hatte das OLG München über die Wirksamkeit eines Hauptversammlungsbeschlusses zu entscheiden, durch den dem Aufsichtsrat der beklagten Aktiengesellschaft die Entlastung für das vorangegangene Geschäftsjahr erteilt worden war. Der Kläger begründete die Anfechtung des Beschlusses damit, dass der Aufsichtsrat eine im Sinne des Aktiengesetzes unangemessene Vorstandsvergütung festgesetzt hatte. Bei der beklagten Gesellschaft handelte es sich um einen regionalen Energiedienstleister, an der ohne Beherrschungs- und Gewinnabführungsvertrag die E-AG, eine 100prozentige Tochtergesellschaft der R-AG, welche sich im Besitz der Aktien beider Konzerntöchter befand, mit knapp 90 % beteiligt war. Die Vergütung für die beiden Vorstände der beiden Gesellschaften bestand aus festen und variablen Bestandteilen. Dabei betrug der variable Teil rund 70 % der Gesamtvergütung, von dem wiederum ca. 80 % der langfristigen Anreizsysteme an den Börsenkurs der Konzernobergesellschaft gekoppelt waren. Der übrige Teil der variablen Vergütung hing vom Erfolg der Beklagten ab. Die Aktien der Beklagten befanden sich zu ca. 90 % im Besitz der Muttergesellschaft, die ihrerseits zu 100 % von der Konzernobergesellschaft gehalten wurde. Die verbleibenden Aktien verteilten sich zwischen der öffentlichen Hand und dem privaten Streubesitz. Ein Beherrschungsvertrag bestand weder direkt mit der Muttergesellschaft noch mit der Konzernobergesellschaft.[1224]

Das OLG München hielt die vom Aufsichtsrat im Streitfall festgesetzte Vergütung des Vorstands für mit den Anforderungen des § 87 Abs. 1 AktG nicht vereinbar. Die Anknüpfung an die „Lage der Gesellschaft“ in § 87 Abs. 1 AktG verbiete Vergütungsregelungen, bei denen der Vorstand davon profitieren würde, die wirtschaftliche Situation der Gesellschaft zu verschlechtern. Die Festsetzung einer Vergütung, durch die nur der Anreiz geschaffen werden könne, dass der Vorstand gegen die Interessen der Gesellschaft handelt oder die Belange der Gesellschaft gesellschaftsfremden Interessen unterordnet, sei grundsätzlich unzulässig. Damit würden weder die Interessen noch die Lage der Gesellschaft angemessen berücksichtigt.[1225] Auf den vorliegenden Fall übertragen bedeutet dies, dass die Abhängigkeit des überwiegenden Teils der gewährten Vergütung von dem Börsenkurs der Muttergesellschaft die Gefahr impliziere, dass der Vorstand sich im Hinblick auf die eigene Vergütung bei seinen Unternehmensentscheidungen nicht vorrangig am Wohl des von ihm geleiteten Unternehmens, sondern vielmehr am Wohl der Konzernmuttergesellschaft orientiere.[1226] Zwar wurde

---

1223 *Habersack* in: FS Raiser, S. 111 (123); *Hohenstatt/Seibt/Wagner*, ZIP 2008, 2289 (2293); *Waldhausen/Schüller*, AG 2009, 179 (181); *Tröger*, ZGR 2009, 447 (469).

1224 OLG München v. 7.5.2008–7 U 5618/07, NZG 2008, 632 = AG 2008, 593, (594).

1225 OLG München v. 7.5.2008–7 U 5618/07, NZG 2008, 631 = AG 2008, 593, (594).

1226 OLG München v. 7.5.2008–7 U 5618/07, NZG 2008, 633 = AG 2008, 593, (594).

vorgebracht, dass die mit der Beklagten getätigten Geschäfte nur einen unerheblichen Teil des Umsatzes der Muttergesellschaft darstellten. Dieser Einwand überzeugte das Gericht jedoch nicht. Im Rahmen der Beurteilung der Geeignetheit, eine nicht nur unerhebliche Verschlechterung der Lage der Gesellschaft nach § 87 Abs. 1 AktG a.F. herbeizuführen, sei vielmehr die Lage der beklagten Gesellschaft und nicht die der Muttergesellschaft ausschlaggebend.[1227] Der im vorliegenden faktischen Konzern gem. § 311 Abs. 2 Satz 1 AktG vorgesehene Nachteilsausgleich reiche nicht aus, um die vorgefundene Vergütungsvereinbarung zu rechtfertigen. Bereits die Durchsetzung dieses Anspruchs durch den Vorstand, welcher gerade auch für etwaige Nachteile verantwortlich wäre, erscheine eher unwahrscheinlich. Darüber hinaus könne der Nachweis eines tatsächlich entstanden Nachteils der Gesellschaft nur schwer erbracht werden. Zudem bestätigte das OLG München zwar grundsätzlich, dass auch Konzernunternehmen durchaus an einem hohen Aktienkurs der Muttergesellschaft interessiert sein können.[1228] Dies sei jedoch keine Rechtfertigung dafür, in einem faktischen Konzern Anreize für den Vorstand zu schaffen, die Erträge der Muttergesellschaft oder anderer Konzerngesellschaften auf Kosten der Tochtergesellschaft durch nicht marktkonforme Preise zu bestimmen.[1229]

Allerdings wies das OLG München die Klage ab, da ein schwerwiegender Gesetzes- oder Satzungsverstoß im Sinne des § 243 Abs. 1 AktG bei der Festsetzung der Vergütung durch den Aufsichtsrat nicht festgestellt werden konnte.[1230] Das Gericht führte hierzu aus, dass einerseits zum Zeitpunkt der Vergütungsfestsetzung noch keine höchstrichterliche Rechtsprechung zur Auslegung des § 87 Abs. 1 AktG a.F. existierte. Andererseits seien auch die hierzu vertretenen Ansichten in der Literatur uneinig, ob eine Orientierung von variablen Vergütungsbestandteilen am Aktienkurs der Muttergesellschaft zulässig sei oder nicht.[1231]

### c) Bewertung des RWE-Energy-Urteils

Das Urteil des OLG München begegnet aus verschiedenen Gründen Bedenken. Insbesondere ist auffällig, dass das Gericht keine Abwägung der Gesamtumstände

1227 OLG München v. 7.5.2008–7 U 5618/07, NZG 2008, 633 = AG 2008, 593, (594).

1228 OLG München v. 7.5.2008–7 U 5618/07, NZG 2008, 633 = AG 2008, 593, (594 f.) Das Interesse der Konzerngesellschaft an einem hohen Börsenkurs der Muttergesellschaft begründet das OLG München in dem konkreten Fall damit, dass ein hoher Börsenkurs feindliche Übernahmen verhindere, bei denen in besonderem Maße die Gefahr der unerwünschten Umstrukturierung – häufig verknüpft mit dem Verlust von Arbeitsplätzen – und auch der Aushöhlung des Unternehmens bestünde.

1229 OLG München v. 7.5.2008–7 U 5618/07, NZG 2008, 633 = AG 2008, 593.

1230 Der Marcotron-Entscheidung des BGH zufolge ist ein Entlastungsbeschluss der Hauptversammlung nach § 243 Abs. 1 AktG anfechtbar, wenn Gegenstand der Entlastung ein Verhalten ist, das eindeutig einen schwerwiegenden Gesetzes- oder Satzungsverstoß darstellt. Vgl. BGH, Urteil vom 25.11.2002 – II ZR 133/01 (München), AG 2003, 273 = NJW 2003, 1032 (1033).

1231 OLG München v. 7.5.2008–7 U 5618/07, NZG 2008, 633 = AG 2008, 593.

vornahm, sondern vielmehr allein auf ein „mathematisches" Überwiegen der konzernabhängigen Vergütung abstellte. Zudem blieben die Berechnungskriterien für diese mathematische Gegenüberstellung unklar.[1232] „Eine Beeinträchtigung der Interessen der Tochtergesellschaft tritt indes nur ein, wenn die Vergütungsbestandteile zugunsten einer anderen Konzern(ober)gesellschaft die Vergütungselemente, die auf die Tochtergesellschaft bezogen sind, überwiegen. Nur dann, wenn das Vorstandsmitglied durch die Vergütungsausgestaltung deutliche Anreize erhält, das Interesse der Konzern(ober)gesellschaft über dasjenige ‚seiner' Tochtergesellschaft zu stellen, kommt es zu Fehlsteuerungen."[1233] Schließlich kann auch die Argumentation, mit der das System der §§ 311 ff. AktG unberücksichtigt blieb, nicht überzeugen.[1234]

Das OLG München hat aber zu Recht festgestellt, dass der Aufsichtsrat die Vorstandsmitglieder durch die ihnen zu gewährende Vergütung nicht zu einem gesellschaftsschädigenden Verhalten motivieren darf. Dies ergibt sich bereits aus der Notwendigkeit zur Beachtung des Unternehmensinteresses. Problematisch erscheint jedoch, dass das OLG immer dann von einem Fehlanreiz ausgeht, wenn der vom Börsenkurs der Konzernmutter oder ähnlichen Finanzkennzahlen abhängige Vergütungsanteil im Rahmen der Gesamtvergütung überwiegt. Käme es lediglich auf ein mathematisches Übergewicht an, ohne dass die Umstände des Einzelfalls im Rahmen einer Gesamtabwägung miteinbezogen werden müssten, blieben die individuellen Chancen und Risiken, die sich im Rahmen der konzernabhängigen Vergütung für das betroffene Vorstandsmitglied ergeben und die für die Fehlsteuerung ausschlaggebend sind, unberücksichtigt. Ein Vorstandsmitglied trifft unabhängig von der Vergütungsstruktur die Pflicht, Interessen der Gesellschaft wahrzunehmen. Daher handelt es pflichtwidrig, wenn es entgegen den Interessen der „eigenen" Gesellschaft diejenigen der Konzernmutter verfolgt. Allerdings wird das Vorstandsmitglied, sofern es überhaupt zur eigenen Vermögensmehrung ein pflichtwidriges Handeln in Betracht zieht, jeweils die damit verbundenen Sanktionen und Risiken mit den Gewinnmöglichkeiten gründlich abwägen. Somit ist für die Frage, ob eine Fehlsteuerung vorliegt, unter anderem entscheidend, in welchem Umfang und mit welcher Wahrscheinlichkeit die Vergütung des einzelnen Vorstandsmitglieds infolge des pflichtwidrigen Handelns zunimmt.[1235]

Darüber hinaus könnte daran gedacht werden, stets im Einzelfall zu untersuchen, ob der Vorstand der abhängigen Aktiengesellschaft überhaupt einen Einfluss auf den Börsenkurs der Konzernobergesellschaft hat. Die Folge hiervon wäre, dass man bei fehlender Einflussnahme auf die Wertsteigerung der Obergesellschaft und relativ geringem Gewicht der Tochtergesellschaft im Konzernverbund geneigt sein könnte, eine Fehlincentivierung bzw. eine Anreizwirkung der Vergütung zu verneinen.[1236]

---

1232 *Waldhausen/Schüller*, AG 2009, 179 (182).

1233 *Spindler*/Oetker, Gutachten zu aktuellen Rechtsfragen der Vorstands- /Geschäftsführervergütung, S. 98.

1234 *Waldhausen/Schüller*, AG 2009, 179 (182).

1235 *Waldhausen/Schüller*, AG 2009, 179 (182).

1236 *Waldhausen/Schüller*, AG 2009, 179 (184); *Hohenstatt/Seibt/Wagner*, ZIP 2008, 2289 (2294 f.).

Diese Auffassung erscheint jedoch aus mehreren Gründen lebensfremd. Zunächst stellt sich die Frage, warum dann überhaupt dem Vorstand einer Tochtergesellschaft konzernbezogene Vergütungsbestandteile gewährt werden sollen, wenn diese keine verhaltenssteuernde Wirkung entfalten.[1237] Außerdem dürfte sogar bei einem geringen Einfluss des Vorstands der abhängigen Aktiengesellschaft auf die Wertsteigerung der Obergesellschaft „der Effekt einer Rückkoppelung an die Interessen der Obergesellschaft auf der Ebene der Tochtergesellschaft spürbar sein, da durchaus fraglich erscheint, ob ein Vorstandsmitglied tatsächlich eine nüchterne ökonomische Kalkulation seiner Einflussmöglichkeiten auf den Börsenkurs durchführt und sich nur auf die Interessen der Tochtergesellschaft konzentrieren würde. Somit kann eine Rückkoppelung an die Interessen der Konzernmutter – auch wenn sie noch so klein ausfallen sollte – das Zünglein an der Waage spielen, sofern nicht die Vergütung durch die Tochtergesellschaft absolut überwiegt."[1238] Das OLG München lehnte eine solche Betrachtungsweise im vorliegenden Fall daher zu Recht ab und ließ die Untersuchung der konkreten Einflussmöglichkeiten des betroffenen Vorstandsmitglieds auf die Wertsteigerung der Konzernmutter bei der Beurteilung der möglichen Fehlsteuerung außer Betracht.

Im Ergebnis erscheint es naheliegend, anzunehmen, dass bestehende Unstimmigkeiten auf dem Gebiet der Vergütung innerhalb eines Unternehmens bevorzugt außergerichtlich entschieden werden. Zumal die richterliche Sachkenntnis auf diesem Fachgebiet regelmäßig nicht ausreichend ist, können justizielle Entscheidungen die Unwägbarkeiten beim Umgang mit § 87 AktG nur zusätzlich verstärken.[1239]

### 3. *Gerichtliche Überprüfung der nachträglichen Herabsetzung der Vorstandsbezüge*

Mit dem am 27. Oktober 2015 ergangenen Urteil hat sich der BGH zum ersten Mal zu den Voraussetzungen und Anforderungen an eine nachträgliche Herabsetzung der Vorstandsvergütung nach der Neuregelung des § 87 Abs. 2 AktG geäußert.[1240] Im dem dem BGH zur Entscheidung vorliegenden Fall setzte der Aufsichtsrat die Vergütung aller Vorstandsmitglieder auf Druck des vorläufigen Insolvenzverwalters auf den von diesem vorgeschlagenenen Betrag herab. Der ehemalige Finanzvorstand der sich in der Insolvenz befindenden Gesellschaft klagte gegen diese Entscheidung vor dem Landgericht, welches die Klage im Wesentlichen abwies. Das OLG Stuttgart gab dem Finanzvorstand Recht und verpflichtete die Gesellschaft zur Zahlung des vertraglich vereinbarten Gehalts. Das Urteil wurim Wesentlichen damit begründet, dass der Herabsetzungsbeschluss des Aufsichtsrats aufgrund fehlender eigener Ermessensausübung unwirksam sei. Außerdem erklärten das OLG Stuttgart es für

1237 Zweifelnd auch *Tröger*, ZGR 2009, 473.

1238 *Spindler*/Oetker, Gutachten zu aktuellen Rechtsfragen der Vorstand- /Geschäftsführervergütung, S. 99.

1239 *Schüller*, Vorstandsvergütung, S. 119; *Schnapperelle*, Die Angemessenheit, S. 62.

1240 BGH Urteil vom 27.10.2015 – II ZR 296/14 (OLG Stuttgart), NZG 2016, 264.

ungerechtfertigt, Vorstandsbezüge unter das Gehalt der leitenden Angestellten herabzusetzen.[1241] Dem hat der BGH widersprochen und den Fall zur erneuten Entscheidung an das OLG Stuttgart zurückverwiesen.

In seiner Entscheidung stellte der BGH zunächst klar, dass die Insolvenzreife immer eine Verschlechterung der Lage der Gesellschaft darstellt. Die Weiterzahlung der Bezüge ist laut BGH unbillig im Sinne des § 87 Abs. 2 Satz 1 AktG, wenn der Vorstand pflichtwidrig gehandelt hat oder ihm zwar kein pflichtwidriges Verhalten vorzuwerfen ist, die Verschlechterung der Lage der Gesellschaft jedoch in die Zeit seiner Vorstandsverantwortung fällt und ihm zurechenbar ist.

Darüber hinaus ist die Entscheidung von besonderem Belang, weil der BGH darin deutlich macht, dass entgegen einer vielfach in der Literatur vertretenen Auffassung[1242] dem Aufsichtsrat bei der Entscheidung über die Herabsetzung der Vorstandsbezüge kein Ermessen zusteht.

So heißt es in den Entscheidungsgründen, dass das Wort „soll“ in § 87 Abs. Satz 1 AktG deutlich mache, dass der Aufsichtsrat im Regelfall zu einer Herabsetzung verpflichtet sei und nur bei Vorliegen besonderer Umstände davon absehen dürfe. Schließlich erklärte der BGH, dass das Gehalt der leitenden Angestellten keine Untergrenze für die Herabsetzung der Vorstandsbezüge bilde und sogar eine Herabsetzung auf Null möglich sei. Gleichzeitig stellte der BGH aber fest, dass die Vorstandsvergütung nur auf den „höchstmöglichen angemessenen Betrag“ herabgesetzt werden darf.[1243]

Mit dieser Entscheidung hat der BGH zum ersten Mal seit Inkrafttreten des VorstAG Stellung zu den zahlreichen Auslegungsfragen der Neuregelung des § 87 Abs. 2 AktG genommen und klargestellt, dass der Herabsetzungsbetrag einer uneingeschränkten gerichtlichen Kontrolle unterliegt. Bei der Bestimmung des Herabsetzungsbetrags ist der Aufsichtsrat nunmehr gehalten zwischen den einzelnen Vorstandsmitgliedern nach Verursachungsbeitrag, persönlichen Verhältnissen und Nutzen der weiteren Tätigkeit für das Unternehmen zu differenzieren. Leider verweigert der BGH dem Aufsichtsrat einen Ermessensspielraum hinsichtlich des „ob“ und des „wie“ der Herabsetzung. Dies birgt angesichts der Vielzahl der vom BGH formulierten Anforderungskriterien die Gefahr, dass Entscheidungen über die Herabsetzung der Vorstandsbezüge im Sinne des § 87 Abs. 2 AktG künftig sehr streitanfällig sein werden.

---

1241 OLG Stuttgart, Urteil vom 1.10.2014–20 U 3/13.

1242 *Seibt* in: Schmidt/Lutter, AktG, § 84 Rdn. 26; *Fleischer* in: Spindler/Stilz, § 84 Rdn. 66; *Annuß/Theusinger*, BB 2009, 2434 (2438):

1243 BGH Urteil vom 27.10.2015 – II ZR 296/14 (OLG Stuttgart), NZG 2016, 264.

# Teil 3: Managervergütung in Großbritannien

*„If the company does well, we can afford to be generous in the future."*[1244]

Auch im Vereinigten Königreich entfachte in Anbetracht der weltweiten Finanzmarktkrise wachsender Unmut über die Höhe der Vergütungen und Abfindungen der obersten Führungsebene der großen Aktiengesellschaften. Diese Problematik nahm allerdings bereits seit Beginn der neunziger Jahre des letzten Jahrhunderts einen hohen Stellenwert sowohl in der öffentlichen als auch in der juristischen Diskussion ein.[1245] In diesem Zusammenhang wurden Vorstandsmitglieder, die tatsächlich bzw. vermeintlich maßlose Bezüge erhielten, sogar als „fat cats" bezeichnet und einer ungezügelten Gier bezichtigt.[1246]

## § 1. Ordnungsrahmen für die britische Vergütungspraxis

Kodifizierte Rechtsgrundlage für die englische Aktiengesellschaft stellt der CA 2006 dar. Ergänzend hierzu kann auch der Insolvency Act 1986 hinzugezogen werden. Im Übrigen bleibt das englische Richterrecht ungeachtet der umfassenden Reformierung des englischen Gesellschaftsrechts weiterhin anwendbar.[1247]

Historisch folgt das Vereinigte Königreich dem *laissez-faire-Ansatz* der Wirtschaftsregulierung, wonach diese im Vordergrund durch weitestgehend fragmentarische und/oder unverbindlich ausgestaltete Regelungen, höchstrichterliche Entscheidungen sowie Vorschriften der Londoner Stock Exchange, Satzungsrecht und zahlreiche Kodizes gekennzeichnet ist.[1248] Anstatt einer erdrückenden und detaillierten Wirtschaftspraxis aufgrund bindender Parlamentsvorschriften ermutigt diese Vorgehensweise, die Kosten, die für die Einhaltung der Vorschriften erforderlich wären, für das Vereinigte Königreich und für das globale Business als solches zu reduzieren. Obwohl das britische Kapitalmarktrecht im Grundsatz stark von der Gesellschaftsrechtsgesetzgebung geprägt ist, bildet das Herz der britischen Corporate Governance die Selbstregulierung, die durch zahlreiche Kodizes und Richtlinien unterstützt wird.

---

1244 *Keasey*, 14 Journal of Financial Regulation and Compliance 2006, 235 (240).

1245 *Mann*, Corporate Governance Systeme, S. 263 ff.; *Grattenthaler*, Die Vergütung, S. 78.

1246 „Fat cats feeding – Executive pay", The Economist v. 11.10.2003; ebenso Guardian v. 24.12.2003 „Fat cats pay is the result of greed, not competition".

1247 *Just*, Englisches Gesellschaftsrecht, S. 6; *Davies*, Principles, S. 53 ff. Rdn. 3–1 ff.

1248 *Sheik/Chatterjee* in: Sheikh/Rees, Corporate Governance & Corporate Control, S. 241; *Naruisch*, Systemkomponenten interner Corporate Governance, S. 26.

## A. Primäres Recht – Companies Act 2006

### *I. Rechtsnatur des Companies Act 2006*

Der Companies Act 2006 (CA 2006) stellt die zentrale gesellschaftsrechtliche Regelungsquelle im gesamten Vereinigten Königreich dar.[1249] Im Unterschied zur deutschen Ausgestaltung des Gesellschaftsrechtsrahmens, bei der die Vorschriften für die Aktiengesellschaft und die GmbH in unterschiedlichen Gesetzen festgeschrieben sind, bildet der CA 2006 des Vereinigten Königreichs eine einheitliche Kodifikation zur Gestaltung der Kapitalgesellschaftsformen *private company* und *public company*.[1250] Dabei ist die Unternehmensverfassung des CA 2006 im Vergleich zum deutschen Aktiengesetz in weiten Teilen nicht verpflichtend konzipiert, sodass britischen Unternehmen ein großer regulatorischer Spielraum verbleibt (sog. *default rules*).[1251]

Zwar enthält der CA 2006 das Erfordernis, dass Kapitalgesellschaften einen Direktor – im Fall von *public companies* mindestens zwei Direktoren – haben müssen (sec. 154(2) CA 2006). Auch nennt das Gesetz in Part 24 CA 2006 viele bedeutende Verwaltungsaufgaben wie etwa die Erstellung eines Jahresabschlussberichts und legt auch Standards fest, nach denen der den Direktoren eingeräumte Ermessensspielraum überprüft werden kann. Eine genaue Erläuterung der Aufgaben des *board* innerhalb des Unternehmensgefüges ist im CA 2006 jedoch nicht verankert. Noch verblüffender ist es daher, dass der CA 2006 keine Vorgaben in Bezug auf die Errichtung eines einheitlichen „board of *directors*" als Organ macht und a fortiori kein Erfordernis vorsieht, einen Vorsitzenden zu bestimmen, Ausschüsse zu bilden oder die Direktoren in geschäftsführende und nicht geschäftsführende angemessen aufzuteilen. Bisher bildeten alle Konventionen hierzu, soweit sie existierten, ein Ergebnis der Praxis und nicht gesetzgebender oder regulativer Vorgaben.[1252]

---

1249 „Except as otherwise provided (or the context otherwise requires), the provisions of this Act extend to the whole of the United Kingdom", vgl. Part 47, sec. 1299 CA 2006.

1250 Dabei erfüllt die private company limited by guarantee der deutschen GmbH vergleichbare wirtschaftliche Funktionen; die public company limited by shares gilt hingegen als Pendant der deutschen Publikumsaktiengesellschaft. Ein derartiger Vergleich erscheint zwar sowohl funktional als ökonomisch zutreffend, rechtlich betrachtet handelt es sich jedoch bei den britischen Gesellschaftsformen um zwei Formen einer einheitlichen Gesellschaft. Dabei sind mit private companies, geschlossene, d. h. nicht böresnnotierte Gesellschaften gemeint, wohingegen public companies Publikumsgesellschaften darstellen. Vgl. *Naruisch,* Systemkomponenten interner Corporate Govenrance, S. 34; *Tegtmeier,* Die Vergütung, S. 245.

1251 *Naruisch,* Systemkomponenten interner Corporate Governance, S. 49; *Armour/Hansmann/Kraakman* in: The Anatomy of Corporate Law, S. 20.

1252 So wird die Geschäftsführung eines Unternehmens gem. Art. 70 S. 1 Table A den Direktoren zugewiesen: „[T]he business of the company shall be managed by the directors who may exercise all the powers of the company", vgl. *Davies,* ZGR 2001, 268 (276); Art. 84 und Art. 72 der Mustersatzung Table A regeln die interne Auf-

## II. Gesetzliches Mitspracherecht der Aktionäre

Das Vereinigte Königreich gilt als Pionier auf dem Gebiet des Vergütungsvotums der Aktionäre. Ausgehend vom wachsenden Unmut der Öffentlichkeit über maßlose Vorstandsbezüge wurde bereits im August 2002 die Verabschiedung der Directors' Remuneration Report Regulations als gesetzliche Reaktion auf die verstärkte öffentliche Aufmerksamkeit und das wachsende Ungerechtigkeitsempfinden in der Gesellschaft veranlasst.[1253] Demnach werden Direktoren einer börsennotierten Gesellschaft zur Erstellung eines Vergütungsberichts für jedes Bilanzjahr verpflichtet (*Directors' Remuneration Report*). Dieser Bericht, der einen bestimmten Mindestinhalt vorweisen muss (heute sec. 420 CA 2006), bildet dann die Grundlage für die jährliche Abstimmung der Hauptversammlung (heute sec. 439 CA 2006).[1254] Somit wird den Aktionären eine gesetzlich garantierte Gelegenheit gegeben, sich zu den Vergütungsfragen zu äußern.[1255]

Das Votum der Hauptversammlung bezieht sich ebenso wie in Deutschland ausschließlich auf die Vergütungspolitik des Unternehmens, d. h. auf das abstrakte und generelle Vergütungskonzept, nicht hingegen auf die konkrete und individuelle Vergütungsausgestaltung.[1256] Die Bewertung und Kontrolle der bestehenden Vergütungsvereinbarungen durch die Aktionäre in Bezug auf den deskriptiven Teil des Vergütungsberichts erfolgte bis zur Verabschiedung des Enterprise and Regulatory Reform Act 2013 vergleichbar der deutschen Regelung vergangenheitsbezogen. Durch die jüngste Reform werden die börsennotierten Gesellschaften auch in Großbritannien verpflichtet mindestens alle drei Jahre das Vergütungssystem des Managements den Aktionären zur Abstimmung vorzulegen. Der Vergütungsbericht des Managements muss hierbei einen separaten zukunftsorientierten Teil über das Vergütungssystem aufweisen. Die vorgeschriebene Offenlegung der Vergütungspolitik hingegen wird nur zum Teil nachträglich bewertet,[1257] den Mittelpunkt des

---

gabendelegation an einzelne oder mehrere executive directors innerhalb des Herrschaftsbereichs des board sowie die Kompetenzzuweisung einzelner Ausschüsse. Im Übrigen bestimmt Art. 91 der Mustersatzung, dass das board einen Vorstandsvorsitzenden (sog. Chairman) bestimmen kann, vgl. *Naruisch,* Systemkomponenten interner Corporate Governance, S. 75 f.; *Davies,* Principles, S. 367 Rdn. 14–2.

1253 „First, it is, so far as I am aware, unique in the world, in conferring on the general meeting an annual right to opine on director's remuneration policy." Vgl. *Rickford,* ECFR 2005, 63 (95).

1254 Ausführlich dazu *Davies,* Principles, S. 385 Rdn. 14–16. Im Gegensatz zur deutschen Regelung, nach der das Vergütungsvotum nicht einen in regelmäßigen Zeitabständen wiederkehrenden Beschlussgegenstand darstellt, stimmt die Hauptversammlung im Vereinigten Königreich jedes Jahr über den Directors' Remuneration Report ab.

1255 „[...] the advisory vote gives the shareholders a guaranteed opportunity to express their views" vgl. *Davies,* Principles, S. 386 Rdn. 14–16.

1256 *Fleischer,* Rechtsvergleichendes Gutachten, S. 7.

1257 „The directors' remuneration report must contain a statement of how pay and employment conditions of employees of the company and of other undertakings within the same group as the company were taken into account when determining

Vergütungsberichts bildet allerdings – im Unterschied zur deutschen Ausgestaltung des advisory vote – die Erläuterung zukünftiger Vergütungsvorhaben. Somit werden die Aktionäre im Vereinigten Königreich mit einem zukunftsgerichteten Mitspracherecht in Bezug auf das künftige Vergütungskonzept ausgestattet.[1258]

Die amtierenden Direktoren trifft dabei die Pflicht, dafür Sorge zu tragen, dass die Abstimmung auch tatsächlich stattfindet. Das Unterbleiben einer solchen Abstimmung wird gemäß sec. 440(2) CA 2006 mit Bußgeld geahndet.[1259] Aber auch in Großbritannien ist der Billigungs- bzw. Missbilligungsbeschluss der Hauptversammlung lediglich konsultativer Natur mit der Folge, dass die bestehenden Vergütungsvereinbarungen gemäß sec. 439(5) CA 2006 unangetastet bleiben. In der Literatur wird jedoch eine Ansicht vertreten, die es den Direktoren und der Gesellschaft erlaubt, die Wirksamkeit bestimmter Vergütungsbestandteile vertraglich von einer Billigung durch die Hauptversammlung abhängig zu machen.[1260]

Trotz des unverbindlichen Charakters der „say-on-pay"-Regelung zeigen die bisherigen Erfahrungen in Großbritannien, dass ein ablehnender Hauptversammlungsbeschluss eher die Ausnahme ist,[1261] sodass im Zusammenhang mit dem ad-

---

directors' remuneration for the relevant financial year", Vgl. Schedule 8, par. 4 Large and Medium-sized Companies and Group (Accounts and Reports) Regulations 2008, SI 2008/410.

1258 „The directors' remuneration report must contain a statement of the company's policy on directors' remuneration fort he following financial year and for financial years subsequent to that." Vgl. Schedule 8, par. 3(1) Large and Medium-sized Companies and Group (Accounts and Reports) Regulations 2008, SI 2008/410.

1259 Im Gegensatz hierzu stellt die am Vorbild der britischen Regelung konzipierte Vergütungsabstimmung in Deutschland die Entscheidung, ob das Vergütungsvotum als Beschlussgegenstand auf die Tagesordnung für die Hauptversammlung gesetzt werden soll oder nicht, in das Ermessen der Verwaltung. Vgl. *Fleischer,* Rechtsvergleichendes Gutachten, S. 7.

1260 *Davies,* Principles, S. 386 Rdn. 14–16, Fn. 90: „The director and company could agree of course that some item of the remuneration package should be so conditional."

1261 *Fleischer/Bedkowski,* AG 2009, 677 (678); ausführlich mit statistischen Erhebungen hierzu Institutional Shareholder Services, What International Markets Say on Pay, April 2007, S. 11: „Since the rejection of the GlaxoSmith Kline remuneration report in 2003, shareholders have voted down compensation reports or politicies only rarely." Es gibt aber auch Gegenbeispiele, wie etwa der Ölkonzern Shell, der beschloss die Einkommen seiner Topmanager einzufrieren, weil die Aktionäre auf der letzten Hauptversammlung zu 59,42 % gegen eine geplante Vergütungserhöhung votierten, vgl. *Hosking,* Royal Shell Dutch plc.com v. 23.05.2009, abrufbar unter: http://royaldutchshellplc.com/tag/shell-agm/ (zuletzt aufgerufen am 30.03.2011). Ähnlichen Widerstand gegen die vorgeschlagenen Vergütungspläne leisteten auch die Aktionäre des BP Konzerns, vgl. The Independent v. 17.04.2009; sowie die Anteilseigner der Royal Bank of Scotland, bei der im April 2009 der vorgelegte remuneration report des board und somit auch die Managervergütung mit 90,42 % abgelehnt wurden, vgl. Ergebnisse des Annual General Meeting v. 3.04.2009, abrufbar unter: http://www.investors.rbs.com/shareholder_meetings (zuletzt aufgerufen am 16.04.2011).

visory vote von einer wirkungsvollen gesetzlichen Vorschrift gesprochen werden kann. Sachverständige Experten betonen hierbei eine zunehmende Diskussion und Zusammenarbeit zwischen der Unternehmensleitung und den Anteilseignern in Fragen der Vorstandsvergütung, die durch diese Reformregelung ausgelöst wurde. Die zuständigen Direktoren setzen sich bereits im Vorfeld der Abstimmung mit den führenden Aktionären und professionellen Stimmrechtsvertretern zusammen, um die potenziellen Änderungen des Vergütungssystems zu besprechen und die Vergütungspolitik den Vorstellungen und Erwartungen der Gegenseite anzupassen.[1262] Praktiker sehen in dieser Entwicklung einen Fortschritt in Richtung der Korrelation zwischen Managerleistung und Managervergütung. Bedenken, dass professionelle Stimmrechtsvertreter dadurch die Vergütungspolitik in einem erheblichen Ausmaß beeinflussen und so für die Gesellschaft nachteilige, nicht an spezielle Besonderheiten des Unternehmens angepasste Lösungen erzeugen können, bestehen hingegen weiterhin.[1263]

Aktuelle empirische Untersuchungen zeigen unterschiedliche praktische Auswirkungen des advisory vote. Zwar konnte die Neuregelung den weiteren Anstieg der Managerbezüge nicht verhindern,[1264] es entstand jedoch nachgewiesenermaßen eine erhöhte Sensibilität in Bezug auf die Vergütung bei einer unterdurchschnittlichen Managerperformance. Den stark in Kritik geratenen „rewards for failure" wird durch das beratende Vergütungsvotum anscheinend mit Erfolg entgegengewirkt.[1265] Im Ergebnis scheinen jedoch die empirischen Studien zu den praktischen

1262 Näher dazu *Davis,* 1622 PLI/Corp. 2007, 33 (48 ff.); Institutional Shareholder Services, What International Markets Say on Pay, April 2007, S. 10 f.; zusammenfassend dazu *Davies*, Principles, S. 386 Rdn. 14–16: „Probably the major impact of the reform, coupled with the support of the institutional shareholders, has been to encourage boards to discuss with leading shareholders potentially contentious changes in remuneration before the policy is adopted and thus has to be voted on."

1263 *Davis*, 1622 PLI/Corp. 2007, 33 (51): „Either way, market concerns center on two questions: First, whether too many investors follow service provider voting advice automatically and, second, whether such providers apply a „one-size-fits-all" framework insead of evaluating compensation plans according to a company's specific circumstances."

1264 Ausführlich dazu *Ferri/Maber*, Say on Pay Votes and CEO Compensation: Evidence from the UK, Working Paper, Oktober 2010, S. 4, 30 ff., abrufbar unter: http://papers.ssrn.com/sol3/papers.cfm?abstract_id=1420394 (zuletzt aufgerufen am 30.03.2011).

1265 *Ferri/Maber*, Say on Pay Votes and CEO Compensation: Evidence from the UK, Working Paper, Oktober 2010, S. 4, 30 ff.; vergleichbar dazu auch *Alissa*, Boards, Response to Shareholders' Dissatisfaction: The Case of Shareholders' Say on Pay in the UK, Working Paper, May 2009, S. 35, abrufbar unter: http://papers.ssrn.com/sol3/papers.cfm?abstract_id=1412880 (zuletzt aufgerufen am 30.03.2011); *Carter/Zamora*, Shareholder Remuneration Votes and CEO Compensation Designs, AAA 2008 MAS Meeting Paper, January 2009, S. 24, abrufbar unter: http://papers.ssrn.com/sol3/papers.cfm?abstract_id=1004061 (zuletzt aufgerufen am 30.03.2011).

Auswirkungen der „say-on-pay"-Regelung die frühere akademische Annahme zu bekräftigen, nach der Mitspracherechte der Anteilseigner sich eher dafür eignen, unerwartete Vergütungssprünge bei einer einzelnen Gesellschaft zu verhindern als einen stetigen Vergütungsanstieg als Trend aller Gesellschaften zu vermeiden.[1266]

## B. Sekundäres Recht

### *I. Articles of association*

Das Recht der englischen Publikumsgesellschaft lebt im Hinblick auf die Binnenorganisation vom Vertragsgedanken und überlässt die Kompetenzverteilung zwischen Verwaltungsrat (*board of directors*) und Hauptversammlung (*general meeting*) weithin dem Willen des Satzungsgebers.[1267] Aufgrund der liberalen Ausgestaltung des CA 2006 wird das britische Gesellschaftsrecht durch Satzungen, Listing Rules und Corporate Governance Kodizes konkretisiert und ergänzt.[1268] Die Rechtsgrundlage der einzelnen Satzungsregelungen bildet sec. 17 CA 2006. Danach enthalten Empfehlungen des CA, welche sich auf die Unternehmensverfassung beziehen, unter anderem auch Satzungsregelungen der Gesellschaft, sofern sich aus dem Zusammenhang nichts anderes ergibt.[1269]

Bis zur Reform des CA 2006 bestand die Satzung einer public company aus zwei Dokumenten: *memorandum of association* und *articles of association.*[1270] Das *memorandum of association* legte die Grundlagen der Gesellschaft und das Außenverhältnis fest, wobei der Regelungsinhalt vom Gesetz zwingend vorgeschrieben war.[1271] Mit der Verabschiedung des CA 2006 wurde das *memorandum* gem. sec. 8 CA 2006 auf einen Mindestinhalt reduziert[1272] mit der Folge, dass den maßgeblichen Teil der Unternehmenssatzung nunmehr die *articles of association* ausmachen. Diese sind in sec. 18 ff. CA 2006 geregelt und enthalten Bestimmungen zum Innenverhältnis und zur Organisationsverfassung der Gesellschaft.[1273]

---

1266 *Fleischer/Bedkowski*, AG 2009, 677 (678); ähnlich dazu bereits *Cheffins/Thomas*, 1 J. Corp. L. Stud. 2001, 277, (306 f.; 310 ff.).

1267 *Davies*, Principles, S. 366 Rdn. 14–1; *Fleischer* in: Bayer/Habersack, Aktienrecht im Wandel, Bd. II, Kap. 9, Rdn. 31 ff.; *Hannigan*, Company Law, S. 180.

1268 *Mayson/French/Ryan*, Company Law, S. 27; *Davies*, Principles, S. 58 f. Rdn. 3–4 f.; *Naruisch*, Systemkomponenten, S. 57.

1269 Vgl. sec. 17(a) CA 2006: „Unless the context otherwise requires, references in the Companies Acts to a company's constitution include – (a) the company's articles."

1270 *Naruisch*, Systemkomponenten interner Corporate Governance, S. 58.

1271 *Naruisch*, Systemkomponenten interner Corporate Governance, S. 58.

1272 „(1) A memorandum of association is a memorandum stating the the subscribers – wish to form a company under this Atc, and agree to become members of the company, and in the case of a company that is to have a share capital, to take at least one share each. (2) The memorandum must be in a prescribed form and must be authenticated bye ach subscriber." Vgl. Part 2, sec. 8 CA 2006.

1273 *Naruisch*, Systemkomponenten interner Corporate Governance, S. 58.

Das bemerkenswerteste Merkmal des britischen Gesellschaftsrechts stellt das Ausmaß dar, in dem die internen Gesellschaftsverhältnisse durch individuell festgesetzte Bestimmungen in der Unternehmensverfassung und insbesondere in den Satzungen der Unternehmen geregelt werden dürfen.[1274] Bei den letzteren (*articles of association*) handelt es sich um einen Vertrag zwischen dem Unternehmen und seinen Anteilseignern, der die Wahlrechte der Aktionäre und den Verlauf von Aktionärsversammlungen und Versammlungen der Direktoren festlegt. Darüber hinaus beschreiben die Satzungen detailliert die Befugnisse des Managements innerhalb des Unternehmens. Die *articles* britischer Aktiengesellschaften beschäftigen sich somit mit jeder Angelegenheit, die nicht oder nicht vollständig durch andere Rechtsquellen abgedeckt ist, somit also auch mit Vergütungsfragen. Zwar fehlt im CA 2006 eine derartige ausdrückliche Kompetenzzuweisung, dies jedoch deshalb, weil eine solche als offensichtlich dem Gesetz zugrunde gelegt wird und daher keiner expliziten Erwähnung bedarf.[1275]

Die herausragende Bedeutung der *articles of association* im Vereinigten Königreich spiegelt sich im CA 2006 wieder. Darin wird das Finanzministerium ermächtigt, Mustersatzungen für unterschiedliche Gesellschaftstypen zu verkünden.[1276] Aber auch der Status der gesetzlichen Modelle, wonach eine unbedingte Befolgung nicht verlangt wird, spricht dafür, dass den *articles of association* im Rahmen des Gesellschaftsrechts ein hoher Stellenwert zukommt. Die Macht der internen Gesellschaftssatzungen ist langjährig. Es wurden bereits mehrere schriftliche „*tables*" der Modellsatzungen erlassen, die für *companies limited by shares* stets „*table A*" genannt und im Anhang des Companies Act 1985 aufgeführt wurden.[1277] Es existieren zahlreiche Aktiengesellschaften, deren Satzungen auf der Mustersatzung „*table A*" aus dem Jahre 1985 basieren oder sogar auf die Mustersatzung aus dem Jahr 1948 bzw. eine noch früher erlassene Musterregelung zurückzuführen sind. Solche Mustersatzungen entfalten gem. sec. 8 (2) CA 1985 eine unmittelbare Geltung in der Gesellschaft, sofern nichts Abweichendes vereinbart wurde. Somit gleicht „*table A*" in seiner Wirkungsweise dem dispositiven Recht.[1278] Zwar verzichtet das heutige gesetzliche Instrumentarium auf das Mittel der schriftlich verfassten „*tables*", allerdings demonstrieren sowohl der CA 2006 als auch andere gesetzliche

1274 Im Gegensatz zur deutschen Ausgestaltung des Gesellschaftsrechts gibt es im Vereinigten Königreich keine dem § 23 Abs. 5 AktG vergleichende Regelung, sodass eine derartige Praxis rechtlich unbedenklich ist.

1275 *Davies*, Principles, S. 62 Rdn. 3–10.

1276 „The Secretary of State may by regulations prescribe model articles of association for companies. Different model articles may be prescribed for different descriptions of company. A company may adopt all or any of the provisions of model articles. Any amendment of model articles by regulations under this section does not affect a company registered before the amendment takes effect." Vgl. sec. 19 CA 2006.

1277 *Davies*, Principles, S. 63 f. Rdn. 3–11.

1278 *Teichmann*, Binnenmarktkonformes Gesellschaftsrecht, S. 561; eingehend hierzu *Helms* in: Hommelhoff/Helms, Neue Wege in die EPG, S. 259 (260 f.).

Instrumentarien, dass den Mustersatzungen heutzutage sogar eine viel größere Bedeutung beigemessen wird. Diese übertragen den Unternehmensleitern die Führungsmacht und setzen einen Rahmen für die Organisationsverfassung fest.[1279] Der aktuelle Companies Act erlaubt es den Gesellschaften eigene Mustersatzungen zu entwickeln.[1280] Von diesem Recht wird auch kontinuierlich Gebrauch gemacht.[1281]

In Bezug auf die Vergütung der Direktoren überträgt die Mustersatzung sowohl die Kompetenz zum Abschluss von Anstellungsverträgen als auch die Ausgestaltung etwaiger Vergütungsansprüche den Direktoren selbst.[1282] Gem. Art. 72 Table A, darf das *board* seine Macht an beratende Ausschüsse übertragen, die aus einem oder mehreren *directors* bestehen. Gemeint ist dabei die Einrichtung von Vergütungs-, Nominierungs- und Prüfungsausschüssen. Diese Vorschrift legt auch fest, dass das *board* seine Befugnisse auch an geschäftsführende *directors* übertragen kann, wenn es dies für erforderlich hält. Allerdings stehen Managern laut Satzungsregelungen weder Rechte noch Pflichten zu. Vielmehr werden diese erst durch den Abschluss des Anstellungsvertrages begründet.

## *II. Maßgaben der FCA*

Der britischen Finanzaufsichtsbehörde Financial Conduct Authority (FCA)[1283] steht nach dem Financial Services Act 2012 das Recht zu, Maßgaben zu erlassen, welche die Tätigkeiten von zugelassenen Finanzdienstleistern regeln. Dabei muss die Notwendigkeit einer Regelung aus Verbraucherschutzbedürfnissen resultieren. Die Absicht, die statutarischen Zielvorgaben fördern zu wollen, reicht hierbei nicht aus. Allerdings steht der FCA aufgrund der weiten Definition des Verbraucherbegriffs des Financial Services and Marcets Act (FSMA) eine gewisse Flexibilität beim Erlass der Vorschriften zu, die es ihr ermöglicht, Vorgaben für eine ganze Reihe von Tätigkeiten selbstständig zu erlassen. In ihrer Funktion als Listing Authority hat die FCA darüber hinaus die Befugnis, Börsenzulassungsvorschriften herauszugeben.[1284]

Den Regelungen der FCA kommt (sekundärrechtlicher) Gesetzesrang zu.[1285] Dabei unterliegt die Rechtsetzungskompetenz der FCA den Beschränkungen des FSMA sowie denen des öffentlichen Rechts. Mithin sind die FCA-Regeln zum einen

---

1279 *Naruisch,* Systemkomponenten interner Corporate Governance, S. 59.

1280 Die bisher einheitlich sowohl für private company als auch für public company ausgestaltete Mustersatzung „Table A" wurde am 1. Oktober 2007 durch ein Muster für die private company und eines für die public company ersetzt, vgl. Companies (Tables A to F) Regulations 1985, geändert durch SI 2007/2541 und SI 2007/2826.

1281 *Davies,* Principles, S. 63 f. Rdn. 3–11.

1282 *Fleischer,* Rechtsvergleichendes Gutachten, S. 22.

1283 Seit dem 1. April 2013 ersetzt die Financial Conduct Authority zusammen mit der Prudential Regulation Authority die ehemalige Financial Services Authority (FSA), die von 2001–2013 die Finanzindustrie Großbritanniens regulierte.

1284 Eingehend hierzu *Frach,* Finanzaufsicht, S. 47 ff.

1285 *Halfpap,* BKR 2009, 65 (66).

justiziabel und zum anderen darf die FCA die Normsetzungsermächtigung nicht weiter übertragen. Aus diesem Grund ist es der FCA auch nicht getattet, die Anwendung der von ihr erlassenen Regeln im Einzelfall zu modifizieren, da es insoweit eine verbotene Subdelegation bedeuten würde.

Im Rahmen ihrer weitgehenden Rechtsetzungsbefugnisse (*general rule making power*) steht der FCA zu, sog. *rules* zu erlassen. Damit sind bindende Vorgaben für bestimmte Gruppen zugelassener Finanzdienstleister gemeint, unabhängig davon, ob sich die Regelungen auf eine regulierte Tätigkeit beziehen oder nicht. Somit ist die Rechtsetzungskompetenz auf einen bestimmten Adressatenkreis beschränkt. Die Missachtung einer *rule* stellt einen Verstoß gegen eine wesentliche Bestimmung (sog. *relevant requirement*) dar, den die FCA mithilfe ihrer Eingriffs- und Disziplinarbefugnisse sanktionieren kann. Eine andere Rechtsfolge ergibt sich, wenn die FCA von der besonderen Form der *evidential provision* bzw. des *evidential code* Gebrauch macht. Nach Maßgabe des FSMA zeichnet sich eine *evidential provision* dadurch aus, dass eine Zuwiderhandlung keine Rechtsdurchsetzungs- oder Sanktionsmaßnahmen zur Folge hat. Darüber hinaus steht eine *evidential provision* stets im Zusammenhang mit einer weiteren Regelung, so dass ein Verstoß gegen diese gleichzeitig eine Übertretung der zugehörigen Regelung indiziert. Daneben verfügt die FCA über die Kompetenz Verhaltenskodizes zu erlassen. Sowohl bei den *evidential provisions* als auch bei den Kodizes handelt es sich um sog. Beweislastregelungen, die keine unmittelbare Rechtsfolge nach sich ziehen, allerdings einen sog. Quasi-Normcharakter beanspruchen.[1286]

## C. Law Reports und Verhaltenskodizes

Das Vereinigte Königreich folgt dem Konzept einer Selbstregulierung der Wirtschaft durch nicht gesetzliche Verhaltenskodizes und gilt als Vorreiter auf diesem Gebiet. Die Wahl einer zum größten Teil nicht verpflichtenden Ausgestaltung des britischen Gesellschaftsrechts erklärt sich aus der weitgehenden Satzungsfreiheit von Kapitalgesellschaften bei der Ausgestaltung ihrer Unternehmensführung und -überwachung.[1287] Bei den Initiatoren der Kodizes handelte es sich um mehrere nichtstaatliche Expertenkommissionen, die ihre Vorschläge zur Verbesserung der Unternehmensführung und -kontrolle in Form zahlreicher Reports schließlich im Combined Code zusammenfügten und dabei Principles of Good Governance sowie einen Code of Best Practice statuierten.[1288]

Zwar weisen britische Verhaltenskodizes die längste Existenzgeschichte auf (knapp 20 Jahre), diese sind dennoch nicht unveränderlich geblieben. Vielmehr erfordert ein funktionsfähiger Kodex in Anbetracht der sich stets weiterentwickelnden Wirtschaft und der voranschreitenden Veränderungen der Gesellschaftsstruktur

---

1286 *Halfpap,* BKR 2009, 65 (67).

1287 *Schneider,* DB 2000, 2413 (2415); *Berg/Stöcker,* WM 2002, 1567 (1569).

1288 *Berg/Stöcker,* WM 2002, 1567 (1569 f.); *Teichmann,* Binnenmarktkonformes Gesellschaftsrecht, S. 562; näher dazu *Berrar,* Die Entwicklung, S. 137 f.

eine kontinuierliche Evaluierung der Eignungsvoraussetzungen, die in angemessenen Abständen vorgenommen werden soll.[1289] Allerdings darf nicht außer Acht gelassen werden, dass der Verhaltenskodex lediglich einen Leitfaden, bestehend aus allgemeinen Begriffen in Bezug auf Prinzipien, Struktur und Verfahren vorgibt. Darüber hinausgehende Empfehlungen an ein effektives Verhalten des *boards* können jedoch aufgrund der Vielzahl der denkbaren Situationen nicht statuiert werden. Daher verfügt das *board* innerhalb dieses Rahmenwerkes dennoch über einen weiten Ermessensspielraum bei der Entscheidungsfindung.[1290]

In vielen europäischen Ländern wurden in den 1990er Jahren zahlreiche Kommissionen eingesetzt mit dem Ziel, Fragen der Corporate Governance in dem jeweiligen Land aufzuarbeiten. Großbritannien spielte dabei mit seinen ausführlichen Berichten, die konkrete Handlungsempfehlungen statuierten, eine Vorreiterrolle. Zwar handelt es sich hierbei um Empfehlungen nicht staatlicher Gremien, diesen kommt jedoch eine hohe praktische Bedeutung zu.

## *I. Cadbury Report*

Als Folge zahlreicher spektakulärer Insolvenzverfahren und Untreuevorwürfe gegen Unternehmensleitungen wurde im Mai 1991 der Financial Aspects Corporate Governance-Ausschuss gebildet. Gesponsert wurde das Unterfangen von der Londoner Aktienbörse (London Stock Exchange), dem Rechnungslegungsgremium (Financial Reporting Council) und den Wirtschaftsprüfern unter der Leitung von Sir Adrian Cadbury. Der sog. „Cadbury Report“ wurde im Dezember 1992 veröffentlicht und enthielt einen Kodex der best practice-Emfpehlungen, welcher den ersten Corporate Governance Kodex des Vereinigten Königreichs darstellte.[1291]

Die Empfehlungen des Cadbury Reports wurden in das Kotierungsregelement der Londoner Aktienbörse eingearbeitet. Die wesentlichen Empfehlungen betrafen unter anderem die Offenlegung der Vergütung,[1292] die Trennung der Posten des CEO und des *chairman*,[1293] eine ausgewogene Zusammensetzung des *boards*, welche die Stärkung der Funktionstrennung zum Gegenstand hatte und das Wahlverfahren der

1289 Governance and the Code, Ziff. 5 FRC, The UK Corporate Governance Code 2010.

1290 Preface, Ziff. 3 FRC, The UK Corporate Governance Code 2010.

1291 Report of the Committee on the Financial Aspects of Corporate Governance 1992 („Cadbury Report“).

1292 Ziff. 4.40 Cadbury Report: „The overriding principle in respect of board remuneration is that of openness. Shareholders are entitled to a full and clear statement of directors’ present and future benefits, and of how they have been determined. *We recommend* that in disclosing directors’ total emoluments and those of the chairman and highest-paid UK director, separate figures should be given for their salary and performance-related elements and that the criteria on which performance is measured should be explained. Relevant information about stock options, stock appreciation rights, and pension contributions should also be given.“

1293 Ziff. 4.9 Cadbury Report.

nicht geschäftsführenden Direktoren.[1294] Darüber hinaus wurde empfohlen, einen Vergütungsausschuss (sog. *remuneration committee*) einzurichten, der mehrheitlich aus nicht geschäftsführenden Direktoren bestehen sollte. Der Aufgabenbereich dieses Ausschusses umfasste danach die Festsetzung der Vorstandsvergütung, die ihrerseits im jährlichen Vergütungsbericht detailliert offengelegt werden sollte.[1295] Dem Cadbury Report folgte 1995 der sog. Greenbury Report, „Directors' Remuneration: The Code of Best Practice".

## *II. Greenbury Report*

Unter dem Eindruck der steigenden Besorgnis über die Vorstandsvergütung und Aktienoptionen, richtete der Britische Industrieverbund (The Confederation of British Industry) im Jahr 1995 eine Gruppe unter der Leitung von Sir Richard Greenbury ein mit dem Ziel, die Vorstandsvergütung und insbesondere die Zusammensetzung der Vorstandsbezüge, die großen Gehaltserhöhungen und die Aktienoptionen der Direktoren zu untersuchen. Der Greenbury Report entwickelte den bis dahin existenten Kodex der best practice weiter und legte detailliert die personelle Zusammensetzung des vom Cadbury Committee[1296] zum ersten Mal vorgeschlagenen Vergütungskomitees fest. Danach sollte dieses ausschließlich aus unabhängigen Direktoren bestehen und die Vergütungsentscheidungen im Namen des *boards* treffen. Darüber hinaus sollte jedes Unternehmen einen sog. *remuneration committee report* (Vergütungsbericht des Ausschusses) im jährlichen Unternehmensbericht vorsehen, der den Anstellungsvertrag, die Vergütungsbezüge und weitere Einzelheiten der Vergütung aller geschäftsführenden Direktoren offenlegt.[1297] Im Übrigen sollten laut Greenbury Report die Arbeitsverträge der Direktoren die Laufzeit von einem Jahr nicht überschreiten. Die Vorgaben zur Vorstandsvergütung sollten in die Stock Exchange Listing-Angaben (nähere Angaben für börsennotierte Aktiengesellschaften) aufgenommen werden.[1298]

## *III. Hampel Report*

Im Januar 1998 wurden weitere Empfehlungen – der sog. Hampel Report[1299] – erlassen. Hierin wurden die Erarbeitung eines umfassenden und weitergehenden Vergütungsrahmens und die Festsetzung der Vorstandsvergütung als Aufgaben des *boards* festgelegt, welches auf Vorschlag des *remuneration committee* tätig wird. Ferner empfiehlt

---

1294 Ziff. 4.10 ff. Cadbury Report.
1295 Ziff. 4.42 Cadbury Report.
1296 Eine im Januar 1995 von der Confederation of British Industry (CBI) angesichts der öffentlichen Debatte über die Höhe der Vorstandsvergütung in Aktiengesellschaften eingesetzte Studienkommission.
1297 Ziff. 5.4 Greenbury Report (1995).
1298 Ziff. 5.24 Greenbury Report (1995).
1299 Committee on Corporate Governance, Final Report Januar 1998 („Hampel Report").

der Hampel Report eine Überarbeitung und Erweiterung der Vorgaben durch die Stock Exchange[1300] sowie das Absehen von einer verpflichtenden Aktionärsabstimmung über den Vergütungsbericht und die Vorstandsvergütung.[1301] Der Hampel-Report griff inhaltlich die meisten Empfehlungen des Cadbury Report auf und vereinte die bis dahin von Cadbury und Greenbury Reports gestellten Forderungen in einem Regelungswerk, dem sog. Combined Code. Dabei wurden die Anforderungen an die Unternehmen sogar verschärft, einige der eher vage formulierten Bestimmungen wurden sodann nach einer Präzisierung in den Combined Code aufgenommen.[1302]

Im darauffolgenden Turnbull Report von 1999 wurden anschließend die Überwachungsaufgaben des Verwaltungsorgans konkretisiert, um die etwaigen Risiken für das Unternehmen zu erkennen und rechtzeitig Gegenmaßnahmen zu ergreifen.[1303]

## *IV. Higgs Report*

Im Juli 2002 leiteten das Wirtschafts- und Finanzministerium die Überarbeitung des Combined Code unter der Führung von Derek Higgs ein. Veröffentlicht wurde der Higgs Report, „The Role and Effectiveness of Non-executive Directors“, im Jahr 2003. Im Zentrum der Diskussion standen die Effektivität der Vorstandsetage (*boardroom*) und das Bedürfnis nach Steigerung der Aktivität der unabhängigen Direktoren.[1304] Dabei wurde der Begriff der „Unabhängigkeit“ definiert und das richtige Größenverhältnis der unabhängigen nicht geschäftsführenden Direktoren im *board* und die Bedeutung seiner Komitees hervorgehoben.[1305] Erarbeitet wurden unter anderem auch zahlreiche einzelne Aufgaben des *remuneration committees*, wie etwa die Festsetzung der Performanceziele, die Bestimmung der Ruhegeldzusagen sowie die Beauftragung der Vergütungsberater, die den Vergütungsausschuss beratend unterstützen sollen.[1306]

## *V. Zusammenfassung zum einheitlichen Verhaltenskodex*

Die erste Fassung des UK Code on Corporate Governance („the Code“) wurde im Jahr 1992 durch den Cadbury-Ausschuss gebildet. Dessen ursprünglicher Paragraph 2.5 definiert bis heute den Inhalt des „Code“. Danach handelt es sich bei der Corporate Governance um

1300 Ziff. 1.25 Hampel Report (1998).

1301 Ziff. 5.7 Hampel Report (1998). Als Argument wurde hierbei die Unangemessenheit der Ausgliederung nur eines Aspekts der Unternehmenspolitik angeführt, vgl. *Burmajster* in: The Handbook, S. 246.

1302 *Berrar,* Die Entwicklung, S. 141.

1303 Institute of Chartered Accountants in England and Wales, Internal Control, Guidance for directors on the Combined Code, 1999.

1304 Ziff. 4.1 ff. Higgs Report (2002).

1305 Ziff. 6.1 ff. Higgs Report (2002).

1306 Annex E *Higgs,* Review of the role and effectiveness of non-executive directors, Januar 2003 („Higgs Report“).

„the system by which companies are directed and controlled. Boards of directors are responsible for the governance of their companies. The shareholders' role in governance is to appoint the directors and the auditors and to satisfy themselves that an appropriate governance structure is in place. The responsibilities of the board include setting the company's strategic aims, providing the leadership to put them into effect, supervising the management of the business and reporting to shareholders on their stewardship. The board's actions are subject to laws, regulations and the shareholders in general meeting."[1307]

Im Jahre 1998 wurden die Berichtsempfehlungen von der Börsenaufsicht im sog. *Combined Code* zusammengefasst und dieser im Laufe der letzten Jahre mehrmals überarbeitet.[1308] Die letzte Novellierung fand im Lichte der Finanzkrise statt und brachte im Juni 2010 den sog. „UK Corporate Governance Code 2010" hervor.[1309] Bis heute ist dieser in der jeweils aktuellen Fassung als Mindeststandard von den an der Londoner Börse gelisteten Unternehmen zu beachten.

### *1. Corporate Governance als Grundlage der Kodizes*

Die Organisation eines Unternehmens und somit die Corporate Governance spielt eine entscheidende Rolle im Rahmen der Vorstandsvergütung. Strenge institutionelle Kontrollmechanismen schränken den Handlungsspielraum der Führungskräfte ein und beschränken damit auch ihre Verhandlungsmöglichkeiten bei der Aushandlung der Vergütung.[1310] Auf der anderen Seite können effektiv ausgestaltete Vergütungspläne als Hauptmechanismus für Corporate Governance dienen, indem die Interessen der Unternehmensleitung an die der Aktionäre angepasst werden, um dadurch die Wertschöpfung und das wirtschaftliche Wachstum des Unternehmens als Ganzes zu steigern.[1311]

Am deutlichsten wird das angelsächsische Begriffsverständnis von Corporate Governance im Unterschied zur deutschen Unternehmensverfassung durch die Definition von Shleifer und Vishny anschaulich gemacht. Danach beschäftigt sich die angelsächsische Corporate Governance

„with the ways in which suppliers of finance corporations assure themselves of getting a return of their investments. How do the suppliers get managers to return some of the profits to them? How do they make sure that managers do not steal the capital or invest in bad projects? How do suppliers of finance control managers?"[1312]

1307 FRC, The UK Corporate Governance Code 2010, S. 1.

1308 Die Novellierungen erfolgten in den Jahren 2003, 2006 und 2008.

1309 Ausführlich hierzu siehe unten S. 287ff.

1310 *Hesse*, Managerentlohnung, S. 60 f.; *Faulkender/Kadyrzhanova/Prabhala/Senbet*, 22 Journal of Applied Corporate Finance 2010, 107 (111).

1311 *Faulkender/Kadyrzhanova/Prabhala/Senbet*, 22 Journal of Applied Corporate Finance 2010, 107 (109).

1312 *Shleifer/Vishny*, The Journal of Finance, Vol. 52, No. 2, Juni 1997, 737.

Anhand dieser Definition wird deutlich, dass die Annäherung der Managerinteressen an die der Aktionäre im Mittelpunkt der angelsächsischen Corporate Govenance steht und die Unternehmensverfassung bedeutend prägt. Dabei wird die Frage nach den Interessen, die im Rahmen der Corporate Governance vorherrschend sein sollten, nicht aufgeworfen, sondern als zugunsten der Aktionäre entschieden vorausgesetzt. Somit befasst sich die angelsächsische Corporate Governance ausschließlich mit den Problemen der Organisation und Überwachung.[1313] Sowohl das britische als auch das US-amerikanische Modell der Unternehmensverfassung sind durch die sog. exit-geprägte Corporate Governance gekennzeichnet. Dabei erfüllt das *board of directors* nicht nur die Aufgaben der Unternehmensführung, sondern tritt auch in der Funktion des Treuhänders gegenüber den Aktionären auf. Eine derartige Verzahnung der Aufgabenkreise der Unternehmensorgane führt regelmäßig dazu, dass eine Person sowohl für die Geschäftsführung als auch für die Kontrolle der Geschäftsführung zuständig ist.[1314] Die Überwachung der Führungskräfte am Kapitalmarkt wird dabei über die exit-Option gewährleistet: sind die Anteilseigner mit der Unternehmensführung unzufrieden, veräußern sie ihre Anteile und investieren in andere Unternehmen. Folglich werden die unternehmerischen Entscheidungen überwiegend im Interesse der Aktionäre getroffen, um deren Abwanderung zu verhindern. Die Kontrolle des Managements erfolgt daher durch den Kapitalmarkt.[1315]

Die Festlegung der CEO-Vergütung obliegt den sog. *compensation-* oder *remuneration committees*, die auch als „ultimate architects of executive compensation“[1316] bezeichnet werden. Dabei handelt es sich um Ausschüsse, die sich zum größten Teil aus externen Vergütungsberatern zusammensetzen und Vergütungsvorschläge unterbreiten. Aufgrund der oben aufgezeigten Verflechtung von Geschäftsführungs- und Kontrollaufgaben in einem Unternehmensorgan ist der CEO oft auch Mitglied dieses Ausschusses. Um die daraus erwachsende Beeinflussung der Vergütungsentscheidung zu vermeiden ist der CEO gehalten den Beratungsraum zu verlassen, sobald eine Vergütungsentscheidung ansteht.[1317]

### 2. *„Comply or explain“-Grundsatz*

Die aktuelle Fassung des Combined Code, der sog. UK Corporate Governance Code 2010 besteht aus einer Reihe von sog. „Main Principles“, „Supporting Principles“ sowie zahlreichen „Provisions“. Der Kodex folgt der Philosophie des *„comply or explain“*-Grundsatzes. Dieser stellt das Markenzeichen der britischen Corporate Governance dar und bildet das Fundament der weltweit bekannten Flexibilität des Kodex, die eine

1313 *Hesse*, Managerentlohnung, S. 60.
1314 *Akin*, Corporate Governance, S. 97.
1315 *Nagel*, NZG 2007, 166 (167).
1316 *Murphy*, 63 U. Cin. L. Rev. 1995, 713 (715).
1317 *Milgrom/Roberts*, Economics, Organization and Management, S. 434; *Hesse*, Managerentlohnung, S. 61.

internationale Nachahmung erfahren hat.[1318] Danach besagt der „*comply or explain*"-Grundsatz, dass diejenigen Unternehmen, an die der Kodex gerichtet ist, die im Verhaltenskodex formulierten Anforderungen entweder erfüllen oder die Nichtbefolgung rechtfertigen und offenlegen müssen. Allerdings ist auch anerkannt, dass Abweichungen von den Vorschriften des Kodex unter bestimmten Umständen gerechtfertigt sein können und zwar dann, wenn eine gute Unternehmensführung auch auf anderem, jedoch gleich effektivem Wege gewährleistet werden kann. Die Voraussetzung hierfür ist, dass die Gründe für die Nichtbefolgung der Kodex-Vorschriften deutlich und sorgfältig den Aktionären dargelegt werden und die Übereinstimmung der tatsächlichen Unternehmenspraktiken mit den Grundsätzen, auf die sich bestimmte Kodex-Vorschrift beziehen, sowie der Beitrag zur guten Governance erläutert werden.[1319] Dieser Ansatz hat zu Folge, dass die Aktionäre – mit Hilfe der Offenlegungsmechanismen – entscheiden können, ob die Maßnahmen, die als fortdauernde Einhaltung der Main Principles festgelegt werden, ihre Zustimmung finden, oder nicht. Zugleich bedeutet dies aber auch, dass die Aktionäre im Falle der Nichtbefolgung der Supporting Principles des Kodex die Wahl haben, diese Unternehmensentscheidung entweder durch das Behalten der Anteile, das in einer Preisstabilität resultiert, zu billigen oder ihre Anteile zu verkaufen, was jedoch regelmäßig zum Sturz des Aktienkurses führt.[1320]

Eine zufriedenstellende Zusammenarbeit zwischen dem Verwaltungsrat der Gesellschaft und den Anlegern stellt die entscheidende Voraussetzung für das Funktionieren des Corporate Governance-Regimes im Vereinigten Königreich dar. Daher tragen sowohl die Unternehmen als auch die Aktionäre Verantwortung für die Wahrung des „*comply or explain*"-Grundsatzes als effektive Alternative zum regelungsbasierten System.[1321]

## D. Börsenzulassungsvorschriften – Anforderungen der Listing Rules

Alle britischen Unternehmen unterliegen den Vorschriften des Gesellschaftsrechts; börsennotierte Gesellschaften mit Sitz im Vereinigten Königreich müssen jedoch zusätzlich noch die Anforderungen der sog. „Listing Rules" erfüllen. Diese ursprünglich von der Aktienbörse selbst erlassenen Regelungen, unterstehen nunmehr der Financial Conduct Authority (FCA), die als United Kingdom Listing Authority (UKLA) tätig wird,[1322] und genießen offizielle Rechtskraft. Darin werden börsennotierte Unternehmen, die in die Official List aufgenommen werden, um ihre Aktien am Main Market der Londoner Stock Exchange zu handeln,[1323] aufgefordert, nicht nur eine der deutschen

1318 Comply or Explain Ziff. 1 FRC, The UK Corporate Governance Code 2010.
1319 Comply or Explain Ziff. 3 FRC, The UK Corporate Governance Code 2010.
1320 *Wheeler,* 60 NILQ 60, 51 (53).
1321 Comply or Explain Ziff. 6 FRC, The UK Corporate Governance Code 2010.
1322 *Davies,* Principles, S. 59 Rdn. 3–6; *Naruisch,* Systemkomponenten interner Corporate Governance, S. 60.
1323 *Davies,* Principles, S. 16 f. Rdn. 1–11.

Entsprechenserklärung vergleichbare Angabe zu Befolgung der „Code Provisions“ zu machen, sondern auch eine Erklärung zur Einhaltung bzw. Nichteinhaltung der Main Principles des UK Corporate Governance Kodex im jährlichen Finanzbericht abzugeben und die Aktionäre entsprechend darüber in Kenntnis zu setzen.[1324] Auf diese Art und Weise wird den Aktionären die Möglichkeit geboten, ausführliche Informationen über die Unternehmensführung zu erhalten. Die Nichtbefolgung des in den Listing Rules geforderten „disclosure statement“ führt zur Verbannung der betroffenen Aktiengesellschaft aus der Börse. Im Gegensatz dazu hat die fehlende Entsprechenserklärung in Deutschland lediglich einen Verstoß gegen § 161 AktG zu Folge.[1325] Damit liegt zwar eine Pflichtverletzung vor, die Vorstandsmitglieder deutscher Aktiengesellschaft sind allerdings „nur“ zum Ersatz des daraus resultierenden Schadens verpflichtet. Ob durch die Nichtangabe der Entsprechungserklärung jedoch überhaupt ein Schaden entsteht, ist bisher noch nicht eindeutig geklärt.[1326] Zudem statuieren die Listing Rules umfassende Publizitätspflichten in Bezug auf die Managervergütung.[1327]

## E. Best Practice-Empfehlungen institutioneller Anleger

Auch einige institutionelle Anleger und ihre Vertretungskörperschaften stellen Corporate Governance-Vorgaben zur Vorstandsvergütung auf. Zu den zwei bedeutendsten Berichterstattern gehören dabei die Association of British Insurers (ABI)[1328] und die National Association of Pension Funds (NAPF).[1329] Die ABI (durch den institutionellen Voting Information Service) und die NAPF (durch Recherche, Empfehlungen und elektronische Abstimmung) bieten den Investoren Abstimmungsdienste an, wodurch diese mit Informationen versorgt werden, die sie bei der Entscheidung für oder gegen die Wiederwahl der Direktoren, den Vergütungsbericht und/oder die Einführung neuer Vergütungspläne unterstützen sollen.[1330] Die institutionellen Anleger gelten

---

1324 Schedule B, Listing Rules, FRC, The UK Corporate Governance Code 2010; LR 9.8.6(5) und (6) UK Listing Authority, Listing Rules. In Deutschland stellt die Pflicht zur Angabe einer Entsprechenserklärung jedoch keine börsenrechtliche, sondern eine gesellschaftsrechtlich-gesetzliche Vorschrift da, vgl. § 161 AktG.

1325 Vgl. oben bereits S. 111

1326 *Steinat* in: Beiträge zum transnationalen Wirtschaftsrecht, S. 24 f.

1327 LR 9.8.8. Ausführlich hierzu vgl. S.283.

1328 ABI, Executive Remuneration – Guidelines on Policies and Practices (2009), abrufbar unter: http://www.ivis.co.uk/ExecutiveRemuneration.aspx (zuletzt aufgerufen am 30.03.2011).

1329 NAPF Corporate Governance Policy and Voting Guidelines (2010), abrufbar unter: http://www.napf.co.uk/PolicyandResearch/DocumentLibrary/0154_Corporate_governance_policy_and_voting_guidelines_2010.aspx (zuletzt aufgerufen am 30.03.2011).

1330 House of Commons, Treasury Committee, Banking Crisis, Reforming Corporate Governance and Pay in the City, Ninth Report of Session 2008–09, S. 17. In seinem Accounting and Business Research Artikel von 2006 beschrieb Brian Main die ABI-Guidelines als: „Recommendations are only given, exceptions are permitted, and remuneration committees and boards are free to depart from these guidelines. This

somit als britische Aktionärsschützer und Förderer der good Corporate Governance. Praktisch wirkt sich das durch eine positive Beeinflussung des Verhältnisses zwischen Leistung und Bonuszahlungen aus. So wird das Verhalten der nicht geschäftsführenden Directors dahingehend gelenkt, dass dem Grundsatz „Pay for Performance“ bei der Festsetzung der Vorstandsvergütung mehr Beachtung geschenkt wird.

## *I. ABI-Vorgaben zur Vergütungspolitik und -praktiken*

Der institutionelle Voting Information Service (VIS), welcher dem Überwachungsflügel der ABI angehört, leistet eine unerlässliche Aufsichtsarbeit, indem er die Vergütungsberichte der einzelnen Unternehmen untersucht und die Investoren berät.[1331] Zu den wichtigsten vom Voting Information Service aufgestellten Vergütungsrichtlinien, den „Executive Remuneration – ABI Guidelines on Policies and Practices“, gehören unter anderem Handlungsempfehlungen an das *remuneration committee*, Grundsätze für die Ausgestaltung einzelner Vergütungsbestandteile sowie Vorgaben für aktienbasierte Vergütungsmodelle.

### *1. Best Practice-Grundsätze („Principles“)*

Nach den ABI-Vorgaben sind die *boards* gehalten, bei der Festlegung der Vergütungspolitik und -praxis den Unternehmenserfolg im Sinne einer langfristigen Wertschöpfung vor Augen zu haben und die Vergütung den Unternehmenszielen und Geschäftsstrategien anzupassen. Die Risiken sollen dabei berücksichtigt und einer regelmäßigen Kontrolle unterzogen werden.[1332]

Die Vergütungsausschüsse sind in Übereinstimmung mit den Empfehlungen des UK Corporate Governance Code einzurichten, wobei darauf zu achten ist, dass diese aus unabhängigen *directors* bestehen, die alle Aspekte der Vergütung genauestens untersuchen. In Bezug auf die Vergütungspolitik und -praxis fordert die ABI einen zeiteffizienten und konstruktiven Dialog zwischen dem *board* und den Aktionären. Das Vergütungsniveau ist auf der Grundlage von angemessenen *benchmarking*-Modellen festzusetzen, die geeignet sind, Führungskräfte zu motivieren und sie an das Unternehmen längerfristig zu binden. Dabei soll jedoch darauf geachtet werden, dass die Vergleiche mit anderen Unternehmen keine „Spirale nach oben“ (sog. *upward ratchet*) hervorrufen und das Vergleichsniveau von den Performanceerfolgen abkoppeln.[1333]

---

reflects the ‚comply or explain' approach to governance that has been adopted in the UK. The practical reality is, however, that the ABI guidelines are adhered to very carefully.“ Vgl. *Main,* 36 Accounting and Business Research 2006, 191–205.

1331 *Gopalan,* 35 Pepperdine L. Rev. 2008, 207 (230).

1332 Institutional Voting Information Service, Executive Remuneration – ABI Guidelines on Policies and Practices, Principles v. 15.12.2009, abrufbar unter: http://www.ivis.co.uk/ExecutiveRemuneration.aspx (zuletzt aufgerufen am 30.03.2011).

1333 Institutional Voting Information Service, Executive Remuneration – ABI Guidelines on Policies and Practices, Principles; vgl. auch *Coyle,* Corporate Governance, S. 191.

Darüber hinaus empfehlen die ABI-Guidelines die Anknüpfung der Managervergütung an individuelle Leistungen des *executive* sowie an die Unternehmensperformance. Die Vergütung ist vom Erreichen bestimmter Ziele abhängig zu machen, welche sowohl dem Manager- als auch dem Aktionärsinteresse zu dienen bestimmt sind. Die individuelle Ausgestaltung der Zielsetzung sollte eindeutig und verständlich formuliert sein. Im Übrigen stellen die ABI-Vorgaben fest, dass Vergütungszusagen, die durch die Performance nicht gerechtfertigt sind, keine Unterstützung durch Aktionäre erfahren werden. Das *remuneration committee* hat in diesem Zusammenhang dafür Sorge zu tragen, dass die Anstellungsvereinbarungen mit den oben erörterten Grundsätzen vereinbar sind.[1334]

### 2. *Einzelne Empfehlungen*

#### a) Verantwortungsbereich des remuneration committee

Bei der Ausgestaltung des Vergütungssystems trifft die Vergütungsausschüsse die Pflicht, eine ausgewogene Anreizmischung zu gewähren, welche die Belange des Unternehmens widerspiegelt, wobei eine angemessene Balance zwischen fixen und variablen Bezügen aufzustellen ist. Die Anreizmechanismen sollen auf Zielsetzungen basieren, die sich angemessen über einen längeren Zeitraum erstrecken, verifizierbar und relevant sind, sowie auch mögliche Risiken berücksichtigen. Zudem haben die Vergütungsausschüsse dafür Sorge zu tragen, dass das Vergütungsniveau den individuellen Beitrag des Managers reflektiert. Dabei werden die *remuneration committees* aufgefordert, bei der Auswahl der Vergleichsgruppen äußerst gründlich vorzugehen. Ferner sind die Vergütungsausschüsse dafür verantwortlich, dass die Vergütungszahlungen unabhängig von ungerechtfertigten „*windfalls*“ und unangemessenen Zuwächsen erfolgen, die aufgrund von aktienbasierten Vergütungsplänen und ähnlichen Anreizmechanismen entstehen können. Für den Fall, dass die Performance sich im Nachhinein als wesentlich misslungen herausstellt, sodass bei anfänglicher Kenntnis dieser Misserfolge keine Bonuszahlungen und andere leistungsorientierte Bezüge zugesagt worden wären, hat der Vergütungsausschuss effektive Entschädigungsmöglichkeiten des Unternehmens vorzusehen.[1335]

#### b) Regelungen einzelner Vergütungsbestandteile

In Bezug auf die Ausgestaltung einzelner Vergütungsbestandteile legen die ABI-Vorgaben fest, dass das Grundgehalt den Beitrag des Leistungsempfängers zum Unternehmen berücksichtigen soll. Bonuszahlungen sollen den tatsächlichen Erfolg bei der Erreichung der gesetzten Ziele widerspiegeln und dürfen nicht die Grund-

1334 Zu den einzelnen Empfehlungen vgl. Principles, sec. I–III, Institutional Voting Information Service, Executive Remuneration – ABI Guidelines on Policies and Practices.

1335 Principles, sec. I, Institutional Voting Information Service, Executive Remuneration – ABI Guidelines on Policies and Practices.

lage der Pensionsansprüche bilden.[1336] Jede wesentliche, nachträgliche Zahlung, die im Vertrag ursprünglich nicht vorgesehen war, unterliegt einer besonderen Rechtfertigungspflicht und ist zudem Gegenstand der Aktionärsabstimmung.[1337]

### c) Aktienbasierte Vergütungsmodelle

Im Rahmen aktienbasierter Vergütungspläne müssen die Managerinteressen an denen der Aktionäre ausgerichtet werden, wobei die Entlohnung an die langfristige Performance anzupassen ist. Demzufolge sollten Leistungen der *board*-Mitglieder über einen Zeitraum von mindestens drei Jahren beurteilt werden, wobei längerfristig orientierte Leistungsmessgrößen und aufgeschobene Zuteilungen der Bezüge stark gefördert werden sollen. Die Einführung neuer bzw. die wesentliche Änderung bereits vorhandener aktienbasierter Vergütungspläne sollte einer vorherigen Billigung der Aktionäre unterliegen, wobei der darüber zu fassende Beschluss bindende Wirkung entfalten soll. Um die Aktionäre im Vorfeld der Beschlussfassung ausreichend zu informieren, ist diesen ein ausführlicher Bericht über alle im Zusammenhang mit den aktienbasierten Vergütungsplänen stattfindenden Transaktionen sowie die Zusammensetzung einzelner Bestandteile vorzulegen. Zudem ist es nicht gestattet, Aktienoptionen unter dem tatsächlichen Aktienwert zu gewähren.[1338] Ferner ist das Vergütungskomitee verpflichtet, Vorkehrungen gegen mögliche windfall profits zu treffen. Darüber hinaus sollte im Anstellungsvertrag vorgesehen werden, dass im Falle des Kontrollwechsels oder bei Sanierungsmaßnahmen kein automatischer Verzicht auf Leistungserfordernisse eintritt. Werden jedoch aktienbasierte Vergütungsbestandteile infolge des Kontrollwechsels im Unternehmen früher ausgezahlt, so sollte eine anteilige Zuteilung der Bezüge bevorzugt werden. Schließlich sollen die Kosten der aktienbasierten Vergütungsmodelle bereits im Zeitpunkt des Begehrens einer Aktionärsabstimmung durch das Unternehmen diesen offengelegt werden.[1339]

## *II. NAPF – Corporate Governance Policy and Voting Guidelines*

Vor dem Hintergrund des neu erlassenen UK Corporate Governance Code hat auch die National Association of Pension Funds (NAPF) als einer der größten institutionellen Investoren im Dezember 2010 Vorgaben in Bezug auf die Corporate Governance und die Managervergütung veröffentlicht, sog. Corporate Governance

1336 Principles, sec. II, Ziff. 1.7, Institutional Voting Information Service, Executive Remuneration – ABI Guidelines on Policies and Practices.

1337 Principles, sec. II, Main Provisions, Institutional Voting Information Service, Executive Remuneration – ABI Guidelines on Policies and Practices.

1338 Principles, sec. III, Main Provisions, Institutional Voting Information Service, Executive Remuneration – ABI Guidelines on Policies and Practices.

1339 Principles, sec. III, Ziff. 2.1 Institutional Voting Information Service, Executive Remuneration – ABI Guidelines on Policies and Practices.

Policy and Voting Guidelines.[1340] Darin schlägt die NAPF vor, das Vergütungsniveau so auszugestalten, dass es geeignet ist, talentierte und qualifizierte *directors* für die erfolgreiche Unternehmensführung zu rekrutieren und zu motivieren. Zur Erreichung dieses Ziels sollte ein wesentlicher Teil der Manager-Vergütung an die Unternehmens- und die individuelle Performance der *executives* gekoppelt werden.[1341]

Zudem ist die allgemeine Vergütungspolitik in einem formellen und transparenten Verfahren zu entwickeln, wobei diese Grundsätze auch auf die nachträglichen Änderungen der individuellen Vergütungspakete anzuwenden sind. Die NAPF-Guidelines bestimmen außerdem, dass kein *director* bei der Entscheidung über seine oder ihre eigene Vergütung mitwirken darf.[1342] Im Übrigen hat die NAPF weiterhin vor, auf die Angemessenheit der Vergütungszahlungen zu bestehen und sich dem Einsatz des *„peer benchmarking"* zu widersetzen. Letzteres sollte laut NAPF nur selten und zwar in einem zeitlichen Abstand von drei bis fünf Jahren und nur als eines von mehreren Vergütungsbeurteilungsinstrumenten zur Anwendung kommen.[1343]

Viele Anleger sehen in der Vergütungspolitik eine Bewährungsprobe für vorhandene Corporate Governance-Praktiken. Sie umfasst sowohl die Leistungsfähigkeit des *boards* als auch seine Aufsicht, Strategie und das Risikomanagement. Aus diesem Grund bleibt die Vergütungspolitik weiterhin dem kritischen Blick der Aktionäre ausgesetzt. Insbesondere bei exzessiven Bezügen und variablen Vergütungsbestandteilen mit schwachen oder unangemessenen Performancebedingungen und -praktiken und bei der Vergütungspolitik, welche die möglichen Risiken der aggressiven Performanceziele nicht berücksichtigt, ist mit ablehnenden Reaktionen der Anteilseigner zu rechnen.[1344]

## F. Gerichtsentscheidungen

Wenn es um die Frage der justiziellen Überprüfbarkeit von Vergütungsentscheidungen geht, waren und bleiben britische Gerichte traditionell eher zurückhaltend. Zwar besteht eine Vielzahl von jahrhundertealten Entscheidungen zu den Rechtspflichten der Direktoren, jedoch versuchen die Gerichte es zu vermeiden in unternehmerische Fragen gestaltend einzugreifen.[1345] Da britische Gerichte sich nicht als Geschäftsleute ansehen und nur wenig Bezug zur Wirtschaftswelt der Praxis besitzen, sind sie

1340 NAPF, Corporate Governance Policy and Voting Guidelines v. Dezember 2010, abrufbar unter: http://www.napf.co.uk/PressCentre/NAPFcomment/0010_Corp_Gov_Policy_and_Voting_Guidelines_2010_DRAFT_for_consultation_240910.aspx (zuletzt aufgerufen am 30.03.2011).

1341 Sec. D.1 NAPF, Corporate Governance Policy and Voting Guidelines.

1342 Sec. D.2 NAPF, Corporate Governance Policy and Voting Guidelines.

1343 NAPF, Corporate Governance Policy and Voting Guidelines, S. 14.

1344 NAPF, Corporate Governance Policy and Voting Guidelines, S. 14 f.

1345 „The general principle that the courts should not readily involve themselves in the management of companies is well established." *Neuberger* in: De Lacy, The Reform of United Kingdom Company Law, S. 59 in Fn. 3; bereits *Carlen v Drury* (1812) 1 V&B 154,

vielmehr bemüht, das Austragen gesellschaftsrechtlicher Streitigkeiten bezüglich der Vergütung geschäftsführender Direktoren den Unternehmen selbst zu überlassen.[1346]

Das zunehmende mediale Interesse an vormals unternehmenseigenen Angelegenheiten verstärkte auch die Notwendigkeit für entsprechende gesetzliche Regelungen. Bei einigen rechtlichen Aspekten – wie der Vorstandsvergütung – handelt es sich um derart komplexe oder neuartige Sachverhalte, dass sie nur in Form von Gesetzen und Regulierungen sinnvoll erfasst werden können. Die Erzielung von sachgerechten Lösungen durch rein gerichtliche Entscheidungen ist in solchen Fällen hingegen äußerst unwahrscheinlich.[1347] Ein richterrechtliches Angemessenheitsgebot ist in Großbritannien nicht vorhanden. Bedient sich das Unternehmen Satzungsregelungen, welche die Festsetzung der Direktorenvergütung regeln, so wird sich das Gericht in die Vergütungsfragen der Gesellschaft nicht einmischen.[1348]

Es stellt sich somit die Frage, welche Art der gesetzlichen Regelung zur Lösung dieses Problems rezipiert und eingeführt werden soll. Die Gerichte haben bisher eine gründliche Überprüfung der Vergütungsentscheidungen aufgrund von Exzessen oder Verschwendung versagt, indem sie nicht einmal vorschreiben wollten, dass die Vergütung in Bezug zum Börsenkurs gesetzt werden muss. Die Entscheidungsfindung in Sachen Vergütung sei eine genuine Entscheidung des Unternehmens und kein Versuch, trotz nicht vorhandener verteilungsfähiger Gewinne diese an Aktionäre oder *directors* auszuschütten.[1349] Aus dieser Perspektive scheint die Zurückhaltung der Gerichte in Fragen der Vorstandsvergütung nachvollziehbar. Anderenfalls müssten sie sich mit der Entwicklung der allgemein geltenden Vergütungspolitik großer Aktiengesellschaften auseinandersetzen. Denn auch der Gesetzgeber ergriff keine Initiative, die Höhe oder die Steigerungsrate der *director*-Vergütung substantiell festzusetzen.[1350]

Gower und Davies beschreiben in ihrem Gesellschaftsrechtslehrbuch den aktuellen Rechtsstand wie folgt:

> „The courts have been unwilling to scrutinise directors' remuneration decisions on grounds of excess or waste, refusing even to prescribe that pay must be set by reference to market rates [...]. Neither has the legislature shown any enthusiasm to grasp the nettle of determining, substantively, what the level, or rate of increase, of directors' pay should be."[1351]

158; *Shuttleworth v Cox Bros & Co* (1927) 2 KB 9, 23; *Naruisch,* Systemkomponenten interner Corporate Governance, S. 52; *Fleischer,* Rechtsvergleichendes Gutachten, S. 8.

1346 *Cheffins, Brian R,* Company Law, S. 312.

1347 *Keenan,* Smith & Keenan's English Law, S. 12.

1348 *Mayson/French/Ryan,* Company Law, S- 438 Rdn. 15.9.1.2: „If the articles of a company provide how the remuneration of its directors is to be determined then the court will not make its own determination of remuneration."

1349 *Re Halt Garage* (1964) Ltd [1982] 3 All ER 1016; *Davies,* Principles, S. 382 f. Rdn. 14–14.

1350 *Davies,* Principles, S. 383 Rdn. 14–14.

1351 *Davies,* Principles, S. 382 f. Rn. 14–14.

Somit darf man auf die weiteren Entwicklungen der Rechtsprechung auf dem Gebiet der Managervergütung gespannt sein. Es bleibt abzuwarten, ob gegebenenfalls die EU-Vergütungsvorgaben Einfluss auf die bislang verbreitete Zurückhaltung der Gerichte nehmen werden.

## § 2. Englische „Aktiengesellschaft" und ihre Unternehmensverfassung

Das zentrale Gesetzeswerk des britischen[1352] Gesellschaftsrechts – der Companies Act 2006 – sieht die Eintragung von fünf Gesellschaftsformen vor.[1353] Diese unterscheiden sich danach, ob sie eine beschränkte oder unbeschränkte Haftung vorsehen[1354], ob die Gesellschaft börsennotiert (*public limited company*) oder nicht börsennotiert (*private company*) ist,[1355] wobei es sich bei den Gesellschaften, deren Gesellschafter unbeschränkt haften, stets um nicht börsennotierte Unternehmen handelt, sowie danach, ob die Gesellschaft über ein Aktienkapital verfügt[1356]. Dabei wird eine Gesellschaft, die kein Aktienkapital hat, notwendigerweise als *private*

---

1352 Zwar bestehen teilweise Unterschiede zwischen England, Wales, Schottland und Nordirland. Jedoch wird aus Gründen der Übersichtlichkeit nur von britischem Recht gesprochen, womit auch der Terminologie der Gesetzgebungsmaterialien Rechnung getragen wird, vgl. DTI, Company Law Reform, White Paper v. März 2005.

1353 Sec. 3–5 CA 2006.

1354 „A company is a 'limited company' if the liability of its members is limited by its constitution. It may be limited by shares or limited by guarantee. If their liability is limited to the amount, if any, unpaid on the shares held by them, the company is 'limited by shares'. If their liability is limited to such amount as the members undertake to contribute to the assets of the company in the event of its being wound up, the company is 'limited by guarantee'. If there is no limit on the liability of its members, the company is an 'unlimited company'". Vgl. sec. 3 CA 2006.

1355 „A 'private company' is any company that is not a public company. A 'public company' is a company limited by shares or limited by guarantee and having a share capital – (a) whose certificate of incorporation states that it is a public company, and (b) in relation to which the requirements of this Act, or the former Companies Acts, as to registration or re-registration as a public company have been comlied with on or after the relevant date." Vgl. sec. 4 CA 2006. Das englische Gesellschafts- und Kapitalmarktrecht unterscheidet dabei nicht zwischen GmbH und AG. Stattdessen sieht das Gesetz spezielle Vorschriften für börsennotierte (public limited company) und nicht börsennotierte (private company) Gesellschaften vor. Vgl. *Teichmann,* Binnenmarktkonformes Gesellschaftsrecht, S. 560 f.

1356 „A company cannot be formed as, or become, a company limited by guarantee with a share capital. Any provision in the constitution of a company limited by guarantee that purports to divide the company's undertaking into shares or interests is a provision for a share capital. This applies whether or not the nominal value or number of the shares or interests is specified by the provision." Vgl. sec. 5 CA 2006.

*company* qualifiziert. Daraus folgt, dass nur folgende Unternehmensformen eingetragen werden dürfen: *public limited company* (plc) mit Aktienkapital, *private limited company* mit Aktienkapital, die bei weitem die meist verbreitete Gesellschaftsform im Vereinigten Königreich bildet, *private limited company* ohne Aktienkapital (sog. *company limited by guarantee* oder *guarantee company*), *private unlimited company* mit Aktienkapital sowie *private unlimited company* ohne Aktienkapital. Die folgende Darstellung beschäftigt sich hauptsächlich mit den *public limited companies* (plc), da diese im Grundsatz der deutschen Publikumsaktiengesellschaft entsprechen.[1357]

## A. Struktur der Verwaltungsorgane

Um den rechtlichen Rahmen und die Struktur der Managervergütung im Vereinigten Königreich zu verstehen ist die Auseinandersetzung mit dem Führungsmodell britischer Unternehmen unentbehrlich.

### I. „One tier"-Modell der Unternehmensführung

Im Unterschied zum deutschen Kapitalgesellschaftsrecht, das durch ein zweigliedriges Modell der Aktiengesellschaften mit Aufteilung der Führungsaufgaben zwischen einem Aufsichtsrat (sog. *supervisory board*) und einem Vorstand (sog. *managing board*) und der Notwendigkeit einer Arbeitnehmervertretung im Aufsichtsrat von Gesellschaften mit mehr als 500 Arbeitnehmer gekennzeichnet ist, ist die britische Unternehmensverfassung monistisch ausgestaltet (sog. *„board-Modell"* oder auch *„one tier"*-Modell).

#### 1. Das „Monitoring Board" in Großbritannien

Das englische Recht schweigt zur Ausgestaltung und Rolle des *board of directors*. Unter dem einheitlichen *board* sind die Aufgaben der geschäftsführenden (*executive directors*) und nicht geschäftsführenden directors (*non-executive directors*[1358]) nicht strikt getrennt. Beide haben ihren Sitz im *board* und sind gemeinschaftlich für das Unternehmensmanagement verantwortlich. Die Bedeutung und die Aufgaben der *directors* werden aus mehreren Rechtsquellen abgeleitet: aus dem Companies Act 1985, dem Common Law sowie den unverbindlichen Verhaltenskodizes.

---

1357 *Tegtmeier*, Die Vergütung, S. 245.

1358 Bei den *non-executive directors* bzw. auch *outside-directors* bezeichnet, handelt es sich um *board*-Mitglieder, die nicht zugleich auch als *executive officers* bzw. *executive directors* die eigentlichen Geschäftsführungsaufgaben übernehmen, sondern oftmals in anderen Unternehmen tätig sind. Da nicht geschäftsführende *directors* keine geschäftsführende Stellung im Unternehmen haben, werden sie oft als Verteidiger der Aktionärsinteressen und Eckpfeiler der guten Unternehmensführung betrachtet. *Klahold*, Aktienoptionen als Vergütungselement, S. 13.

Das britische *board*, bestehend aus geschäftsführenden und nicht geschäftsführenden *directors*, erfüllt danach eine Doppelfunktion, indem es sowohl die Leitungs-[1359] als auch die Kontrollaufgaben wahrnimmt.[1360] Geschäftsführende directors sind dabei für die strategischen Entscheidungen der Unternehmensorganisation sowie für die laufenden Unternehmensgeschäfte zuständig.[1361] Sie haben wie das *board* selbst eine doppelte Aufgabe: zum einen obliegt ihnen die Festlegung der Unernehmensstrategie (sog. *leading*), und zum anderen die Unternehmenskontrolle (sog. *controlling*).[1362] Als Mitglieder eines einheitlichen *boards* trifft die nicht geschäftsführenden *directors* die Pflicht, bei der Ausarbeitung der Unternehmensstrategie konstruktiv mitzuwirken und die geschäftsführenden *directors* zu unterstützen.[1363] Im Rahmen ihrer Überwachungsfunktion sind die *non-executive directors* gehalten die Aufgabenerfüllung durch die geschäftsführenden directors zu beaufsichtigen.[1364]

Mindestens die Hälfte des Board sollte daher mit nicht geschäftsführenden unabhängigen directors (sog. *non-executive directors*) besetzt sein.[1365] Mit dem Merkmal der Unabhängigkeit ist die Unabhängigkeit vom Management gemeint, wobei weder geschäftliche noch andere Beziehungen zur Gesellschaft bestehen dürfen, die zu einer möglichen Beeinflussung der Entscheidungsfindung führen könnten.[1366] Eine abschließende Definition des Unabhängigkeitsmerkmals ist im UK Corporate Governance Kodex allerdings nicht zu finden. Vielmehr sollte das *board* eine förmliche Erklärung zur Unabhängigkeit des nicht geschäftsführenden *directors* unter anderem dann abgeben, wenn dieser innerhalb der letzten fünf Jahre

1359 „Every company should be headed by an effective board which is collectively responsible for the long-term success of the company", sec. A.1 FRC, The UK Corporate Governance Code 2010, The Main Principles.

1360 „The board should set the company's strategic aims, ensure that the necessary financial and human resources are in place for the company to meet its objectives and review management performance." Supporting Principle, sec. A.1 FRC, The UK Corporate Governance Code 2010.

1361 *Berrar*, Die Entwicklung, S. 37.

1362 „Non-executive directors should scrutinise the performance of management in meeting agreed goals and objectives and monitor the reporting of performance." Supporting Principle, sec. A.4 FRC, The UK Corporate Governance Code 2010; *Davies*, ZGR 2001, 268 (275).

1363 „As part of their role as members of a unitary board, non-executive directors should constructively challenge and help develop proposals on strategy." Main Principle, sec. A.4 FRC, The UK Corporate Governance Code 2010.

1364 Sec. A.4 FRC, The UK Corporate Governance Code 2010; *Davies*, ZGR 2001, 268 (275).

1365 „Except for smaller companies6, at least half the board, excluding the chairman, should comprise non-executive directors determined by the board to be independent. A smaller company should have at least two independent non-executive directors." Code Provision, sec. B.1.2 FRC, The UK Corporate Governance Code 2010.

1366 Code Provisions, sec. B.1 FRC, The UK Corporate Governance Code 2010.

bei der Gesellschaft angestellt war, innerhalb der letzten drei Jahre bedeutende Geschäftsbeziehungen zur Gesellschaft entweder direkt oder als Partner, Aktionär, *director* oder leitender Angestellter des Gremiums, welches solche Beziehungen mit der Gesellschaft unterhielt, pflegte oder zusätzliche, über die Entlohnung für die Amtsausübung als *director* hinausgehende Vergütung von der Gesellschaft erhielt oder erhält, bei den Aktienoptionsplänen oder leistungsorientierten Vergütungsplänen partizipiert bzw. partizipierte oder ein Mitglied des Altersversorgungssystems des Unternehmens ist.[1367] Das Unabhängigkeitserfordernis für *non-executive directors* soll verhindern, dass das *board* von in die Geschäftsführung einbezogenen Mitgliedern zu sehr beeinflusst wird und damit seinen Überwachungsaufgaben nicht gerecht wird.[1368] Bezweckt wird somit eine Qualitätsverbesserung des Entscheidungsprozesses.[1369] Um all diesen Anforderungen gerecht zu werden, sollten nicht geschäftsführende *directors* sich im Vorfeld der Ernennung verpflichten genügend Zeit zur Bewerkstelligung der von ihnen zu erfüllenden Aufgaben aufzubringen.[1370] Im Übrigen darf ein vollzeitig angestellter geschäftsführender *director* gleichzeitig weder mehr als einen *non-executive director*-Posten in einem der FTSE 100-Unternehmen, noch die Stellung als Vorsitzender des *board* (*chairman*) eines solchen Unternehmens innehaben.[1371]

Darüber hinaus sollten spezielle Ausschüsse eingerichtet werden, die sich ausschließlich oder zum größten Teil aus nicht geschäftsführenden *directors* zusammensetzen. Gemeint sind etwa das Rechnungsprüfungs-, das Nominierungs- und das Vergütungskomitee. Dabei soll den nicht geschäftsführenden *directors* die Möglichkeit gegeben werden, sowohl auf interne Unternehmensinformationen zugreifen als auch externe sachkundige Beratung zur Erfüllung ihrer Aufgaben hinzuziehen zu können.[1372]

### 2. *Fehlende Arbeitnehmermitbestimmung auf der Organebene*

Im Unterschied zum deutschen Aufsichtsrat, der bei Unternehmen mit mehr als 500 bzw. 2,000 Arbeitnehmern im Inland eine Arbeitnehmervertretung im Umfang von einem Drittel (§ 1 Abs. 1 Nr. 1 i.V.m § 4 Abs. 1 DrittelbG) bzw. der Hälfte des Aufsichtsrates (§ 7 Abs. 1 Satz 1 MitbestG) enthalten muss, findet im Vereinigten Königreich auf Organebene zwar keine Mitbestimmung der Arbeitnehmer statt, diese können jedoch außenorganschaftlich durch die Konsultations- und Informa-

1367 Code Provisions, sec. B.1.1 FRC, The UK Corporate Governance Code 2010.
1368 *Teichmann,* Binnenmarktkonformes Gesellschaftsrecht, S. 565.
1369 *Teichmann,* Binnenmarktkonformes Gesellschaftsrecht, S. 575.
1370 Code Provisions, sec. B.3.2 FRC, The UK Corporate Governance Code 2010.
1371 Code Provisions, sec. B.3.3 FRC, The UK Corporate Governance Code 2010.
1372 Code Provisions, sec. B.5.1 FRC, The UK Corporate Governance Code 2010; *Davies,* ZGR 2001, 268 (275).

tionsmechanismen beteiligt werden.[1373] Zudem müssen die Arbeitnehmerinteressen von den *directors* angemessen berücksichtigt werden.[1374]

### *II. Trennung der Posten des chairman und des chief executive director*

Der UK Corporate Governance Kodex schreibt in sec. A.2.1 eine personelle Trennung der Posten des *chairman* (Vorsitzender des *boards*) und des *chief executive officer* (CEO, vorsitzender geschäftsführender *director*/Vorstandsvorsitzender) vor.[1375] Laut Deloitte & Touche Untersuchungergebnissen von 2007 sind die Posten von *chairman* und *chief executive director* lediglich bei drei der FTSE 100-Gesellschaften und acht der FTSE 250-Gesellschaften zusammengelegt.[1376] Der Vorteil der personellen Postentrennung liegt darin, dass der *chairman* dadurch das *board* in langfristigen Strategiediskussionen leiten und der CEO sich auf die kurzfristigen Ergebnisse fokussieren kann. Ferner werden die Mitglieder des *boards* durch die Trennung der Posten eher in der Lage sein, völlig objektiv die Vergütung der CEO's beurteilen zu können, wenn sie sich gegenüber den CEOs für ihre Boardsitze nicht mehr verpflichtet fühlen.[1377]

## B. Kompetenzverteilung bei der Festlegung der Managervergütung

Der *director* eines Unternehmens erfüllt im britischen System die Rolle eines Treuhänders mit der Folge, dass ihm grundsätzlich kein Anspruch auf die Entlohnung seiner Dienste zusteht.[1378] Etwas anderes gilt jedoch dann, wenn die Satzung der

---

1373 Konsultations- und Informationsrechte der britischen Arbeitnehmer basieren zum größten Teil auf Vorgaben der Europäischen Gemeinschaft. So wurden Information and Consultation of Employees Regulations,welche die einzelnen Rechte der Arbeitnehmer erfassen, als Umsetzung der Richtlinie des Europäischen Parlaments und des Rates vom 11. März 2002 zur Festlegung eines allgemeinen Rahmens für die Unterrichtung und Anhörung der Arbeitnehmer in der Europäischen Gemeinschaft – Gemeinsame Erklärung des Europäischen Parlaments, des Rates und der Kommission zur Vertretung der Arbeitnehmer, 2002/14/EG im Jahr 2004 erlassen. Zu den einzelnen Regelungen DTI Guidance on the Information and Consultation of Employees Regulations 2004, abrufbar unter: http://www.bis.gov.uk/policies/employment-matters/rights/info-con (zuletzt aufgerufen am 1.05.2011).

1374 „A director [...] must act in the way he considers, in good faith, would be most likely to promote the success of the company for the benefit of its members as a whole, and in doing so have regard (amongst other matters) to [...] (b) the interests of the company's employees." Vgl. sec. 172 (1) (b) CA 2006.

1375 „The roles of chairman and chief executive should not be exercised by the same individual. The devision of responsibilities between the chairman and chief executive should be clearly established, set out in writing and agreed by the board." Vgl. sec. A.2.1 FRC, The UK Corporate Governance Code 2010.

1376 *Burmajster* in: The Handbook, S. 232.

1377 *Ellig*, Executive Compensation, S. 582.

1378 Dies ergibt sich aus dem „no-profit"-Grundsatz des Companies Act 2006 (sec. 175). „A director is not a servant [ie, employee]. He is a person who is doing business

Gesellschaft die Vergütung der *directors* vorschreibt oder eine solche von der Gesellschaft gebilligt wurde,[1379] was in der Praxis ausnahmslos der Fall ist.[1380] Praktisch ergibt sich die Rechtsgrundlage für einen Vergütungsanspruch regelmäßig aus den Mustersatzungen der Gesellschaften (sog. *model articles of association*), welche die *directors* ermächtigen, ihre eigene Vergütung für die Amtsausübung als *directors* selbst festzulegen.[1381] Dabei kann die Gesellschaft jede vernünftige Vergütung vorsehen, die den Aufgaben und Befugnissen der betroffenen *directors* im Unternehmen entspricht.[1382] Wurde jedoch ausnahmsweise keine Vergütungsvereinbarung getroffen und sieht das Unternehmen auch keine Entlohnung seiner *directors* in der Gesellschaftssatzung vor, hat der *director* aber seine Dienste dennoch erbracht, so wird diesem regelmäßig keine quantum meruit-Vergütung gewährt.[1383] Eine der deutschen Regelung des § 612 BGB vergleichbare Vorschrift sieht der britische Gesetzgeber nicht vor mit der Folge, dass in einem solchen Fall dem betroffenen *director* keine Vergütung zusteht.

## I. *Das board als zentrales Festsetzungsorgan*

Die Vergütung der nicht geschäftsführenden *directors* wird vom *board* selbst oder, wenn die Gesellschaftsatzung es erfordert, durch die Aktionäre innerhalb der in der Satzung der Gesellschaft festgelegten Vorgaben festgesetzt.[1384] Diese Festset-

---

for the company, but not upon ordinary terms. It is not implied from the mere fact that he is a director, that he is to have a right to be paid for it. In some companies [...] there is a special provision for the way in which the directors should be paid; in others there is not. If there is a special provision for the way in which they are to be paid, you must look to the spezial provisions to see how to deal with it. But if there is no special provision their payment is the nature of a gratuity." *Hutton v West Cork Railway Co* (1883) 23 ChD 654, Bowen L.J., S. 672.

1379 *Dunston v Imperial Gas Light and Coke Co.* (1832) 3 B & Ad 125; *Hutton v West Cork Railway Co.* (1883) 23 ChD 654; *Guinness Plc. v Saunders* (1990) 2 AC 663.

1380 *Davies*, Principles, S. 381 Rdn. 14–13.

1381 „Directors are entitled to such remuneration as the directors determine (a) for their services to the company as directors, and (b) for any other service which they undertake for the company." Vgl. Companies (Model Articles) Regulations 2008 (SI 2008/3229), Art. 19 (2)(a) Model articles for private companies; Art. 23 (2)(a) Model articles for public companies, vgl. *Mayson/French/Ryan,* Company Law, S. 451, Rdn. 15.9.1.2.

1382 Companies (Model Articles) Regulations 2008 (SI 2008/3229), Art. 20 Model articles for private companies; Art. 24 Model articles for public companies.

1383 *Woolf v East Nigel Gold Mining Co. Ltd.* (1905) 21 TLR 660; *Mayson/French/Ryan,* Company Law, S. 452, Rdn. 15.9.1.5; *Hannigan,* Company Law, S. 147.

1384 „A primary role of boards of directors is to hire, fire, and set the remuneration of the CEO and other top executives." Vgl. *Jensen/Murphy/Wruck*, Harvard NOM Working Paper No. 04–28 (2004), S. 50, abrufbar unter: http://papers.ssrn.com/sol3/papers.cfm?abstract_id=561305 (zuletzt aufgerufen am 06.04.2011).

zungsaufgabe kann, soweit die articles es zulassen, vom *board* auf den Vergütungsausschuss übertragen werden und sogar die Festsetzung der Vergütung des chief executive officer erfassen.[1385]

Die Vergütungshöhe der nicht geschäftsführenden *directors* soll ihren Zeitaufwand und den Aufgabenumfang widerspiegeln. Im Übrigen hält der neue UK Corporate Governance Kodex 2010 von allen Ausgestaltungsarten der leistungsorientierten Vergütung für nicht geschäftsführende *directors* ab,[1386] es sei denn, diese sind erforderlich und die Aktionäre haben hierfür bereits im Vorfeld ihre Zustimmung erteilt. Die ausnahmsweise gewährten Aktienoptionen sollten mindestens ein Jahr nach dem Ausscheiden der nicht geschäftsführenden *directors* aus dem *board* gehalten werden.[1387]

Die Bezahlung der geschäftsführenden *directors* stellt im Gegensatz zur Vergütung der nicht geschäftsführenden *directors* eine mit Abstand größere Einnahmequelle dar. Die für diese Tätigkeit gewährten Bezüge bilden den Ursprung des regulatorischen Handelns. Im Gegensatz zum nicht geschäftsführenden director hat die Person, die der Gesellschaft zusätzliche Dienste als im Geschäftsführungsbereich tätiger Manager erweist – sogar wenn es sich dabei gleichzeitig um einen im Board tätigen director handelt – einen Anspruch auf angemessene Vergütung entsprechend ihren Aufgaben und Leistungen.[1388]

Unabhängig davon, ob es sich um die Vergütung für die Amtsausübung als *director* oder um die Bezahlung der geschäftsführenden Tätigkeit handelt, befindet sich der *director* in einem Interessenkonflikt. Auf der einen Seite ist er dem Unternehmensinteresse verpflichtet, auf der anderen Seite ist er jedoch bestrebt durch die Festsetzung der Vergütung den höchsten finanziellen Nutzen für sich selbst zu erzielen. Die traditionelle Regelung des Common Law in einem solchen Fall bestand darin, die Billigung der Aktionäre für die Vergütungsvereinbarung zwischen dem *director* und der Gesellschaft einzuholen. Allerdings wurde diese Voraussetzung von den *directors* für umständlich befunden mit der Folge, dass die Gesellschaftssatzungen nunmehr seit über einem Jahrhundert dem *board* die Befugnis einräumen, die Vergütung für geschäftsführende *directors* festzusetzen.[1389]

Somit entspricht es einer jahrhundertelangen britischen Unternehmenspraxis, die Kompetenz für die Festsetzung der *director*-Vergütung dem *board of directors* selbst zuzuweisen und die entsprechenden Befugnisse in der Satzung der Gesell-

---

1385 Sec. D.2.3 FRC, The UK Corporate Governance Code 2010.

1386 Vgl. D.1.3 FRC, The UK Corporate Governance Code 2010. Diese Vorgabe entspricht auch der Empfehlung der Europäischen Kommission, wonach die Vergütung von nicht geschäftsführenden Direktoren oder Aufsichtsratsmitgliedern keine Aktienoptionen umfassen sollte. Vgl. Ziff. 4.4. Empfehlung der Kommission 2009/385/EG, ABl. EU Nr. 120/30.

1387 D.1.3 FRC, The UK Corporate Governance Code 2010.

1388 *Davies*, Principles, S. 381 Rdn. 14–13.

1389 Art. 12 und 22 Draft model articles for public companies. Es existieren auch ähnliche Bestimmungen für private companies, vgl. *Davies*, Principles, S. 382 Rdn. 14–13, Fn. 76.

schaft festzulegen. Dabei sind die betroffenen *directors* jedoch von der Stimmabgabe ausgeschlossen.[1390] Die maßgebliche Vorschrift ist in der Mustersatzung zum CA 2006 verankert. Dort wird festgelegt, dass die *directors* berechtigt sind, Vergütungen für ihre Dienste als *directors* und für alle anderen Dienste, die sie dem Unternehmen leisten, zu verlangen.[1391]

Die aktuellen Modellsatzungen gelten ebenfalls für die Vergütung der nicht geschäftsführenden *directors.* Eine derartige Festsetzung der Vergütung stellt einen klassischen Fall dar, bei dem die Gefahr des *„mutual back scratching"* unausweichlich ist: *directors* überprüfen die Vergütung ihrer Kollegen nicht besonders gewissenhaft und erwarten im Gegenzug, in ihrem Fall ähnlich behandelt zu werden. Wenn *directors* unmittelbar oder mittelbar auf beiden Seiten des Verhandlungstisches bei der Entscheidung über ihre Vergütung sitzen, können die daraus hervorgehenden Ergebnisse nicht als Resultat eines Marktprozesses gerechtfertigt werden. Da dieses Festsetzungsverfahren bei der Mehrzahl der großen britischen Gesellschaften verbreitet ist, statuiert dies ein Beispiel für das Marktversagen, das eine gesetzliche Intervention notwendig macht.[1392]

## *II. Einrichtung unabhängig besetzter Vergütungsausschüsse*

Das Vergütungskomitee spielt eine zentrale Rolle bei der Sicherstellung, dass die Vorstandsvergütungsstrategie der Unternehmensstrategie angepasst ist und eine Verbindung zwischen Entlohnung und Leistung der Vorstände besteht. Ausschlaggebend ist dabei, dass die Entscheidungen über die Vergütungshöhe und die Bemessung der Boni von den Personen getroffen werden, die daraus keinen unmittelbaren Nutzen ziehen können. Die Voraussetzung dieser Good Practice besteht folglich darin, dass die geschäftsführenden *directors* für die Festlegung ihrer eigenen Vergütung nicht zuständig sein dürfen.[1393] Daher empfiehlt der UK Corporate Governance Code diese Aufgabe einem Vergütungskomitee (sog. *remuneration committee*) zu übertragen, welches ausschließlich aus nicht geschäftsführenden *directors* bestehen soll.[1394] Demzufolge wird die Vergütungspolitik börsennotierter Gesellschaften und einiger großer Privatunternehmen in der Regel von einem Ausschuss

---

1390 Art. 12 and 22 Draft model articles for public companies. Es existieren auch ähnliche Bestimmungen für private companies, vgl. *Davies*, Principles, S. 382 Rdn. 14–13, Fn. 76.

1391 Vgl. die ab 1. Oktober 2009 geltende Fassung der Companies (Model Articles) Regulations 2008, SI 2008/3229, Schedule 3, Art. 23 (2): „directors are entitled to such remuneration as the directors determine a) for their services to the company as directors, and b) for any other service which they undertake for the company."

1392 Re Halt Garage, (1964) Ltd (1982) 3 All ER 1016; *Davies*, Principles, S. 382 f. Rdn. 14–14.

1393 „No director should be involved in deciding his or her own remuneration." Vgl. sec. D FRC, The UK Corporate Governance Code 2010.

1394 „The board should establish a remuneration committee of at least three, or in the case of smaller companies two, independent non-executive directors." Vgl. sec. D.2.1 FRC, The UK Corporate Governance Code 2010.

der nicht geschäftsführenden *directors* wesentlich bestimmt, indem sie Vorschläge unterbreiten.[1395] Die ultimative Kompetenz zur Festlegung der Vorstandsbezüge und – entsprechend den Vorgaben des Higgs Reports[1396] – zur Leistungsbeurteilung der Mitglieder des Vergütungskomitees bleibt hingegen beim *board.* Die Höhe und Zusammensetzung der Bezüge sowie die Leistung der *executive directors* soll jährlich neu überprüft werden.[1397] Überdies darf der Vorsitzende des Unternehmens (*company chairman*) gleichzeitig auch Mitglied des Vergütungsausschusses sein, nicht jedoch auch dessen Vorsitzender. Dies gilt allerdings nur, wenn der *company chairman* bei seiner Bestellung für unabhängig erklärt wurde.[1398]

### a) Zusammensetzung und qualitative Anforderungen an das remuneration committee

Der Vergütungsausschuss soll ausschließlich aus nicht geschäftsführenden Direktoren bestehen und nicht weniger als vier Mitglieder aufweisen[1399]. Die für die Entscheidungsfindung verantwortlichen Direktoren dürfen sich von keinerlei persönlichen finanziellen Interessen leiten lassen. Zur Vermeidung potenzieller Interessenkonflikte ist insbesondere darauf zu achten, dass keine Überkreuzbeteiligungen an anderen Unternehmen bestehen.[1400] Im Übrigen sollen die Ausschussmitglieder über eine hinreichende Sachkenntnis auf dem Gebiet der Vorstandsvergütung ver-

---

1395 *Burmajster* in: The Handbook, S. 235. Die im November 2009 erlassene Walker Review, die sich unter anderem mit den Reformvorschriften der Vorstandsvergütung im Bankensektor beschäftigt, hat den Aufgabenbereich der remuneration committees sogar auf die Überwachung der Vergütungspolitik und die Festsetzung der Vergütung von Spitzenangestellten unterhalb des Boardlevels erweitert: „The terms of reference of the remuneration committee should be extended to oversight of remuneration policy and outcomes in respect of all 'high end' employees." Vgl. Chapter 7, Recommendation 29, A review of corporate governance in UK banks and other financial industry entities: Walker Review. Final recommendations, 26.11.2009.

1396 *Higgs,* Review of the Role and effectiveness of non-executive directors v. Januar 2003 (Higgs Report). Eingehend hierzu siehe S.256.

1397 Main Principle, sec. B6 FRC, The UK Corporate Governance Code 2010; *Burmajster* in: The Handbook, S. 236.

1398 Sec. D.2.1 FRC, The UK Corporate Governance Code 2010.

1399 Das FSA Governance Memorandum setzt das Quorum jedoch bereits bei drei Mitgliedern fest. Vgl. Financial Service Authority, Governance of the Authority, Board resolution v. 27.05.2010, S. 16, abrufbar unter: www.fsa.gov.uk/pubs/other/Gov_memo.pdf (zuletzt aufgerufen am 30.03.2011).

1400 Ziff. A4 Greenbury Report, S. 14: „Remuneration committees should consist exclusively of Non-Executive directors with no personal financia1 interest other than as shareholders in the matters to be decided, no potential conflicts of interest arising from cross- directorships and no day-to-day involvement in running the business (paragraphn 4.8 and 4.11)."; *Tegtmeier,* Die Vergütung, S. 250.

fügen und diese, wenn erforderlich, durch geeignete Weiterbildungsmaßnahmen verbessern, um eine optimale Aufgabenerfüllung zu gewährleisten.[1401]

### b) Gegenstand der Arbeit des Vergütungsausschusses

Bei der Gestaltung anreizbasierter Vergütungspläne für geschäftsführende *directors* wird dem Vergütungsausschuss die Einhaltung der Anhangsvorschriften „A" zum neuen UK Corporate Governance Kodex 2010 empfohlen. Demnach soll das *remuneration committee* eine sorgfältige Prüfung der Berechtigung der *directors* einen Jahresbonus zu erhalten vornehmen und im Falle der Bejahung eines solchen Anspruches gewisse Leistungsanforderungen aufstellen, die geeignet sind, den langfristigen Unternehmenserfolg zu fördern. Dabei sind Höchstgrenzen der Vergütung aufzustellen und offenzulegen. Möglich sind aber auch Teilzahlungen in Form von Aktien, die ihrerseits über einen bestimmten Zeitraum nicht veräußert werden dürfen. Unter normalen Umständen sollten die gewährten Aktien oder andere Formen der aufgeschobenen Vergütung nicht vor Ablauf von drei Jahren ausgehändigt, und Aktienoptionen nicht vor Ablauf von drei Jahren ausgeübt werden. Nach der Gewährung von Aktien bzw. nach der Ausübung des Optionsrechts sind die *directors* aufgefordert, die Aktien weiterhin für eine gewisse Zeitspanne zu halten. Die Haltefristen hängen dabei vom finanziellen Bedarf des Einzelnen, bestimmte Anschaffungskosten und die damit einhergehenden Steuerverbindlichkeiten zu begleichen, ab. Alle Auszahlungen sollten an anspruchsvolle Leistungserbringungskriterien angelehnt werden, welche die Unternehmensstrategie einschließlich der nicht-finanziellen Leistungsparameter widerspiegeln. Darüber hinaus soll der Vergütungsausschuss dafür Sorge tragen, dass die Vergütungsbestandteile mit dem Risikosystem des Unternehmens vereinbar sind. Pensionsfähig soll nach den Vorgaben des UK Corporate Governance Kodex nur das Grundgehalt der Vorstandsmitglieder sein, wobei der Vorstandsausschuss die Tragweite der Ruhegeldzusagen und die damit verbundenen Kosten für das Unternehmen – insbesondere bei den *directors*, die unmittelbar vor der Pensionierung stehen – genauestens untersuchen soll.[1402]

Zudem ist der Vergütungsausschuss gehalten, den *chairman* des *board* und/oder den *chief executive officer* bezüglich der Vergütung anderer geschäftsführender *directors* zu beraten und zu ihren Vorschlägen Stellung zu nehmen. Darüber hinaus sollte der Vergütungsausschuss für die Bestellung externer Vergütungsberater im Hinblick auf die Bestimmung der Vorstandsvergütung verantwortlich sein. In den Fällen, in denen geschäftsführende *directors* oder das *senior management* bei der Beratung oder Unterstützung des Vergütungsausschusses beteiligt sind, soll besonders auf die Wahrung der Unabhängigkeit geachtet werden, um potenzielle Interessenkonflikte zu vermeiden.[1403]

---

1401 Ziff. 4.10 Greenbury Report, S. 23: „[...] the people responsible for the determining of the remuneration of the Executive Directors need to have, among other things, the good knowledge of the company and ist Executive Directors and to be well placed to assess their individuall contributions."

1402 Schedule A FRC, The UK Corporate Governance Code 2010.

1403 Sec. D.2 FRC, The UK Corporate Governance Code 2010.

Das *remuneration committee* sollte mit der Festsetzung der Vergütung für alle geschäftsführenden *directors* und den *chairman* einschließlich ihrer Rentenansprüche und anderer Vergütungselemente beauftragt werden. Darüber hinaus sollte der Vergütungsausschuss Empfehlungen hinsichtlich des Vergütungsniveaus im Allgemeinen sowie in Bezug auf die Vergütungsstruktur der *senior manager* abgeben und deren Einhaltung anschließend überwachen. Der Begriff des „*senior manager*" in diesem Zusammenhang sollte hierbei jedoch vom *board* selbst bestimmt werden und dabei die erste Managementebene unterhalb des Boardniveaus erfassen.[1404]

Die Vorstandsvergütung sowie die Unternehmensperformance, an die die Vergütung zu koppeln ist, soll dabei unter anderem anhand des horizontalen Vergleichs mit anderen Unternehmen festgesetzt werden (sog. *benchmarking*),[1405] wobei solche Vergleiche aufgrund der Gefahr des ansteigenden Vergütungsniveaus ohne damit korrespondierende Leistungsverbesserung mit Vorsicht zu genießen sind.[1406] Diese bereits im Combined Code 2008 aufgeführte Regelung erinnert an die durch das VorstAG ergänzte deutsche Vorschrift des § 87 Abs. 1 AktG, wonach laut Gesetzesmaterialien die Üblichkeit der Vorstandsvergütung unter anderem mittels Horizontalvergleichs, d. h. eines Vergleichs der Branchen-, Größen- und Landesüblichkeit der Vorstandsvergütung, zu ermitteln ist.[1407]

Aufgrund der eher allgemein konzipierten britischen Vorschrift, die dem Vergütungsausschuss für die Festsetzung der angemessenen Vorstandsvergütung einen Vergleich der Unternehmensleistung mit anderen Unternehmen nahelegt, und der fehlenden Konkretisierung dieser Vorgabe im Vereinigten Königreich stellt sich die Frage, wie ein solcher Vergleich anzustellen sei, ohne dass die *remuneration committees* mit dem Vorwurf der Rechtswidrigkeit bzw. der Unangemessenheit der festgesetzten Vergütung konfrontiert werden.[1408] In diesem Zusammenhang wurde vorgeschlagen, den Performance-Vergleich aufgrund des vergleichbaren Betriebsumfelds ausschließlich anhand von Gesellschaften der gleichen Branche vorzunehmen.[1409] Allerdings kann die Betriebsausgestaltung der Unternehmen gleicher Branche derart variieren, dass ein Vergleichsmaßstab nur schwer zu bestimmen ist.[1410] Somit stellt die in der Empfehlung des UK Corporate Governance Kodex genannte Aufgabe für die betroffenen *remuneration committees* eine wahre Herausforderung dar, die einer weiteren Konkretisierung bedarf.

Das Versagen der Vergütungsausschüsse – insbesondere im Bankensektor – wurde in den vergangenen Jahren deutlich vor Augen geführt. Die Handlungen der Vergütungsausschüsse erinnerten zu sehr an die sog. „*cosy cartels*", bei denen die nicht geschäfts-

1404 Sec. D. 2.2 FRC, The UK Corporate Governance Code 2010.

1405 Vgl. oben bereits S. 18f.

1406 Supporting Principle, sec. D.1 FRC, the UK Corporate Governance Code 2010; *Buck/Bruce/Main/Udueni,* 40 Journal of Manangement Studies 2003, 1709 (1711 ff.).

1407 BT-Drucks. 16/12278, S. 5; *Fleischer*, NZG 2009, 801 (804); *Bauer/Arnold*, AG 2009, 719.

1408 *Ogden/Watson,* 61(5) Human Relations 2008, 711 (712).

1409 *Porac/Wade/Pollock,* 44 Administrative Science Quarterly 1999, 112 ff.

1410 *Ogden/Walson,* 61(5) Human Relations 2008, 711 (716).

führenden *directors* bestrebt waren, alle Vergütungspakete zu bewilligen. Während die Unternehmensziele relativ anspruchslos ausgestaltet waren, resultierte eine derartige Vergütungspraxis in einer stetigen Anhebung des Vergütungsniveaus. Daher wird die Ansicht vertreten, dass das Scheitern der Vergütungsausschüsse, ihren Aufgaben gerecht zu werden, nunmehr eine grundlegende Reform auf diesem Gebiet erfordere.[1411] Die unverbindlichen Empfehlungen der Financial Services Authority (FSA) regeln, dass der Vergütungsausschuss seine eigene Performance, seine Struktur sowie seinen Aufgabenbereich einer jährlichen Untersuchung unterziehen soll, um die Effektivität seiner Tätigkeit sicherzustellen. Etwaige Verbesserungsvorschläge bedürfen der Billigung des Ausschusses der nicht geschäftsführenden *directors* (sog. *non-executive committee*).[1412]

## *III. Unabhängige Vergütungsberater (*remuneration consultants*)*

### *1. Aufgaben der Vergütungsberater*

Unabhängige Vergütungsberater spielen auch in Großbritannien heutzutage eine wesentliche, jedoch nicht ganz unumstrittene Rolle innerhalb der Corporate Governance Struktur. Die Festsetzung des Vergütungsniveaus und der Vergütungshöhe stellt ein kompliziertes und umfangreiches Unterfangen dar, welches fachkundige Kenntnisse erfordert und dem Vergütungsausschuss daher nur eingeschränkt möglich ist.[1413] Aus diesem Grund werden in der Regel externe Vergütungsexperten mit dem Ziel beauftragt, die nicht geschäftsführenden Direktoren in Fragen der Vorstandsvergütung zu unterstützen. Dies liegt unter anderem daran, dass die Versammlungen der Vergütungsausschüsse grundsätzlich unregelmäßig stattfinden, die nicht geschäftsführenden Direktoren mit anderen, von ihnen hauptberuflich besetzten Vollzeitstellen überlastet sind und zudem auf dem Gebiet der Vorstandsvergütung weder besonders spezialisiert sind noch über die für eine optimale vertragliche Vergütungsausgestaltung relevanten Informationen verfügen. Daher kann die Hinzuziehung beratender Vergütungsexperten unter anderem eine erhebliche Senkung der Kosten für die Entwicklung eines Vergütungsgutachtens innerhalb der Organisation bedeuten.[1414]

---

1411 House of Commons, Treasury Committee, Banking Crisis: Reforming Corporate Govenrance and Pay in the City, Ninth Report of Session 2008–09, S. 105.

1412 FSA, Governance of the Authority, Board resolution v. 27.05.2010, S. 24, abrufbar unter: www.fsa.gov.uk/pubs/other/Gov_memo.pdf (zuletzt aufgerufen am 30.03.2011). Zur näheren Ausgestaltung der Aufgaben des *compensation committee* vgl. Institute of Chartered Secretaries and Administrators (ICSA), ICSA Guidance on Terms of Reference Remuneration Committee v. Oktober 2010, abrufbar unter: http://www.icsa.org.uk/about-icsa/latest-from-icsa/article/icsa-publishes-new-terms-of-reference (zuletzt aufgerufen am 9.02.2011).

1413 *Voulgaris/Stathopoulos/Walker,* 18 Corporate Governanace: An International Rev. 2010, 511 f.

1414 *Conyon,* Compensation Consultants, S. 5, abrufbar unter: papers.ssrn.com/sol3/papers.cfm?abstract_id=1106729 (zuletzt aufgerufen am 30.03.2011).

Zu den zentralen Aufgaben der Vergütungsberater gehören unter anderem die Überprüfung der aktuellen Vergütungsausgestaltung des Unternehmens, die Versorgung der Direktoren mit den erforderlichen Informationen und die Beratung in Bezug auf die Vergütungsrestrukturierung und die Neugestaltung der Vergütungspakete unter Berücksichtigung der Unternehmensstrategie und des außerbörslichen Marktes.[1415] Darüber hinaus sind die externen Vergütungsberater in der Lage, Informationen über die aktuellen Vergütungstrends sowie eine Analyse des Arbeitsmarktes für Manager zu liefern, d.h. die Auswertung, wie angespannt bzw. „leblos" der Markt für Führungskräfte ist. Zudem beraten Vergütungsexperten oft bezüglich der Leistungsbeurteilungskriterien und -standards sowie hinsichtlich der Pensionszusagen, die in den Vergütungsverträgen festzulegen sind, und stellen horizontale Vergleiche der Vergütungspraktiken an.[1416] Dabei müssen Vergütungsberater sicherstellen, dass die Vergütungsausschüsse sowohl die Interessen der *shareholder* als auch die ihrer Vertreter wahrnehmen und diese bei der Formulierung ihrer Vergütungspolitik entsprechend einbeziehen.[1417]

### *2. Reaktion auf rechtspolitische Kritik an unabhängigen Vergütungsberatern*

In den vergangenen Jahren nahm die Kritik an der Hinzuziehung beratender Vergütungsexperten in Großbritannien zunehmend zu. Vielfach wurde die Befürchtung geäußert, die Vergütungsberater wären aufgrund möglicher Interessenkonflikte von fehlerhaften Verhaltensanreizen motiviert, die in der Steigerung des Vergütungsniveaus des betroffenen Unternehmens resultieren. Argumentiert wurde dabei mit der sog. „managerial power"- oder „rent-extraction"-Theorie, die besagt, dass Manager aufgrund ihrer hohen Machtstellung und des Einflusses, den sie auf die Vergütungsberater haben, fähig sind, exzessive Vergütungen zu extrahieren. Dem liegt die Annahme zugrunde, dass die Vergütungsberater, die von den CEOs engagiert werden, die Interessen ihrer Auftraggeber über die der Aktionäre stellen und daher Vergütungspakete empfehlen, welche ihnen die Weiter- bzw. erneute Beschäftigung garantieren und somit die Manager im Vergleich zu den Aktionären begünstigen.[1418]

---

1415 House of Commons, Treasury Committee, Banking Crisis: Reforming Corporate Governance and Pay in the City, Ninth Report of Session 2008–09, S. 32; *Bebchuk/Fried,* Pay Without Performance, S. 70 „[T]he use of consultants can be justified on the grounds that they provide expert assistance in the design of pay packages."

1416 *Conyon,* Compensation Consultants, S. 6; *Conyon/Peck/Sadler,* 15 J. Manag. Gov. 2009, 29 (33).

1417 House of Commons, Treasury Committee, Banking Crisis: Reforming Corporate Governance and Pay in the City, Ninth Report of Session 2008–09, S. 32.

1418 *Bebchuk/Fried,* Journal of Economic Perspectives 2003, S. 78: „[c]ompensation consultants have strong incentives to use their discretion to benefit the CEO. Even if the CEO is not formally involved in the selection of the compensation consultant, the consultant is usually hired by the firm's human resources department, which is subordinate to the CEO. Providing advice that hurts the CEO's pocketbook is hardly a way to enhance the consultant's chances of being hired in the future by this firm or, indeed, by any other firms."

Aber auch Interessenkonflikte in Bezug auf mehrere für das Unternehmen parallel auszuführende Dienste, wie etwa grundsätzliche Beratung zur Unternehmensstrategie oder Wirtschaftsprüfung, werden oft als Ursache für die Fehlmotivation der Vergütungsberater angesehen.[1419] Daher wurde im Juli 2009 zusätzlich zu den bereits in den Directors' Remuneration Report Regulations 2002[1420] und im Combined Code on Corporate Governance 2003[1421] getroffenen Offenlegungsregelungen der sog. Walker-Review I[1422] vorgelegt, wonach in Bezug auf Interessenkonflikte der Vergütungsberater für die Beratungsgesellschaften im Wege der Selbstregulierung die Erarbeitung eines Verhaltenskodex („*Voluntary Code of Conduct in Relation to Remuneration Consulting in the U.K.*") empfohlen wurde.[1423] Die endgültige Fassung der Walker Review vom 26. November 2009, die auch als Walker Review II[1424] bezeichnet wird, enthält darüber hinaus eine Empfehlung, diesen Verhaltenskodex auf der Website der unabhängigen britischen Regulierungsbehörde, Financial Reporting Council (FRC), der sich hierzu bekennenden Beratungsgesellschaften offenzulegen. Die Benutzung dieses Verhaltenskodex soll für die Vergütungsausschüsse der von der Review erfassten Unternehmen[1425] demnach eine wesentliche Voraussetzung bei der Erteilung des Beratungsmandats darstellen.[1426]

---

1419 Ein eindeutiger empirischer Beweis für diese Annahme konnte bisher jedoch nicht geliefert werden. Vgl. *Conyon,* Compensation Consultants, S. 10.

1420 Demnach muss im jährlichen Vergütungsbericht jede Person benannt werden, die den Vergütungsausschuss bei der Festsetzung der Managervergütung beraten hat, vgl. The Directors' Remuneration Report Regulations 2002 (SI 2002/1986), Schedule 7A, par. 2: „Consideration by the directors of matters relating to directors' remuneration."

1421 Sec. B.2.1: „Where remuneration consultants are appointed, a statement should be made available of whether they have any other connection with the company." Dies entspricht heute sec. D.2.1 des UK Corporate Governance Code 2010.

1422 Die britische Regierung hat im Februar 2009 Sir David Walker, den früheren Chairman von Morgan Stanley International, beauftragt, die Corporate Governance der britischen Bankenlandschaft zu überprüfen und Empfehlungen zu ihrer Verbesserung zu verfassen. Im November 2009 wurde die „Review of Corporate Governance in UK Banks and Other Financial Industry Entities" verfasst („Walker Review II"), Chapter 7, Recommendations 38/39.

1423 „A review of corporate governance in UK banks and other financial industry entities" vom 16.07.2009 ("Walker Review I), Annex 11, S. 131 ff.

1424 „A review of corporate governance in UK banks and other financial industry entities. Final recommendations" v. 26.11.2009 (Walker Review II). Eingehend hierzu S. 293 ff.

1425 Zwar sind von der Review nur Banken und sonstige Finanzdienstleister erfasst; die Regelungen des Verhaltenskodex sollen hingegen auf alle englischen börsennotierten Gesellschaften Anwendung finden; vgl. *Baums*, AG 2010, 53 (55 Fn. 11).

1426 „Remuneration consultants should put in place a formal constitution for the professional group that has now been formed, with provision: for independent oversight and review of the remuneration consultancy code; that this code and an indication of those committed to it should be lodged on the FRC website; that all

Die Vorgaben und Kriterien des britischen Verhaltenskodex betreffen, vergleichbar den Empfehlungen der EU-Kommission[1427] und des DCGK,[1428] ausschließlich den Vergütungsberater, der für die Gesellschaft in Fragen der Vergütung tätig wird, nicht jedoch das Beratungsunternehmen als solches. Dieses wird im Verhaltenskodex lediglich im Zusammenhang mit der Empfehlung genannt, die sich an den einzelnen Vergütungsberater richtet und diesen unter anderem zur Berichterstattung über den Umfang und die Honorare anderer Mandate der Beratungsgesellschaft im Hinblick auf die etwaige Diensterbringung für das betroffene Unternehmen auffordert.[1429] Aus den Vorschriften des *Voluntary Code* ergibt sich somit kein Verbot für die Partner oder Angestellten der Beratungsfirma, weitere Beratungsleistungen für das Unternehmen zu erbringen.[1430]

Darüber hinaus werden die Voraussetzungen der Unabhängigkeit des Vergütungsberaters durch die endgültige Fassung der Walker Review II im Vergleich zu den Empfehlungen der ursprünglichen Version der Walker Review I erheblich abgemildert. Zwar ergibt sich diese Abschwächung nicht aus dem Wortlaut der beiden Review-Fassungen, eine solche kann jedoch mit Hilfe des Vergleichs der diesen Verhaltenskodex ergänzenden Empfehlungen beider Reviews festgestellt werden.[1431] Der britische Verhaltenskodex konstituiert ein Verbot der Erbringung von weiteren Beratungsleistungen (sog. *non-related services*) durch denselben Berater, sofern es sich hierbei sowohl um die Beratung des Vergütungsausschusses als auch der Personalabteilung oder der Vorstandsmitglieder derselben Gesellschaft handelt.[1432] Die flankierenden Empfehlungen der Walker Review I legen dem Vergütungsausschuss nahe, ausschließlich Vergütungsberater zu engagieren, die sich zum Verhaltenskodex und dem damit einhergehenden Verbot der Parallelberatung ausdrücklich

---

remuneration committees should use the code as the basis for determining the contractual terms of engagement of their advisers; and that the remuneration report should indicate the source of consultancy advice and whether the consultant has any other advisory engagement with the company." Chapter 7, Recommendations 38/39 Walker Review II, S. 126.

1427 Siehe bereits oben S. 77f.

1428 Siehe bereits oben S.207.

1429 „Where the Consultant is formally appointed to advise the Remuneration Committee, there should be a clear commitment for the Consultant to make available to the Chair of that Committee an agreed set of disclosures at the outset of the engagement and then annually thereafter. This will include information on the scope and cost of work provided by the *Consultant's firm* to the company in addition to work provided to the Remuneration Committee." Vgl. Annex 12, sub. „Transparency" Walker Review II, S. 172.

1430 *Baums*, AG 2010, 53 (55).

1431 *Baums*, AG 2010, 53 (55).

1432 „They (sc. consultants) should not adopt the role of their firm's client relationship manager for the provision of non-related services on accounts where they are the principal executive remuneration consultants." Vgl. sub. „Objectivity" Walker Review II, S. 173.

bekannt haben.[1433] Gegen diese Regelung wurde jedoch der Einwand erhoben, den Grundsatz der Privatautonomie nicht nur unerheblich zu beeinträchtigen. Dem Vergütungsausschuss dürfe demnach nicht vorgeschrieben werden, wen er mit der Beratung beauftragen soll.[1434] Zudem gibt es bisher keinen Beweis dafür, dass die Vergütungsberater, die einem Interessenkonflikt ausgesetzt sein können, indem sie etwa auch andere Dienstleistungen für das Unternehmen erbringen, höhere Vergütungsbezüge festsetzen oder für das Unternehmen nachteilige vertragliche Vergütungsvereinbarungen formulieren.[1435]

Daher enthalten die Ausführungen der Walker Review II nunmehr lediglich eine dahingehende Empfehlung, dass der Vergütungsausschuss bei der Beauftragung des Vergütungsberaters vom Verhaltenskodex Gebrauch machen sollte („*should use*") und dass er gegebenenfalls im Vergütungsbericht angeben sollte, ob der von ihm beauftragte Vergütungsberater auch andere Beratungsdienste für die Gesellschaft erbringt.[1436] Folglich schließen die Empfehlungen der Walker Review II eine Parallelberatung des Vergütungsberaters für die Gesellschaft nicht grundsätzlich aus, sondern stellen diese nur unter die Prämisse der Offenlegung. Es bleibt somit festzuhalten, dass die britischen Vorschriften in Bezug auf die Unabhängigkeit der Vergütungsberater in ihren Anforderungen und Einschränkungen deutlich hinter den Empfehlungen der EU-Kommission zurückbleiben.[1437]

## C. Verankerung der Publizitätspflichten – executive compensation disclosure requirements

### *I. Directors' Remuneration Report*

Im britischen Recht ist der Gedanke des Publizitätserfordernisses zum Schutze der Anteilseigner sehr stark ausgeprägt. Dort besteht seit In-Kraft-Treten der Directors' Remuneration Report Regulations im Jahre 2002 die Pflicht des Vorstands börsennotierter Gesellschaften, einen detaillierten Bericht über die Entlohnung der Direktoren zu verfassen und diesen dann als Teil ihrer jährlichen Berichterstattung

1433 Chapter 7, sec. 7.38 Walker Review I, S. 105.

1434 „Some concern was expressed in the Review consultation process that the July recommendation that remuneration committees should only employ a consultant committed to the RCG code was unduly restrictive and that it should be for remuneration committees to decide on the provider (or providers) from whom they seek advice. This concern seems persuasive." Vgl. Chapter 7, sec. 7.56 Walker Review II, S. 125.

1435 *Conyon,* Compensation Consultants, S. 1.

1436 „[...] and that the remuneration report should indicate the source of consultancy advice and whether the consultant has any other advisory engagement with the company." Chapter 7, Recommendation 38/39 Walker Review II, S. 126.

1437 *Baums,* AG 2010, 53 (56).

zu veröffentlichen.[1438] Der genaue Inhalt des Vergütungsberichts wird gem. sec. 421 CA 2006 in einer Verordnung (*statutory instrument*) geregelt. Derzeit bestimmt er sich nach den Large and Medium-sized Companies and Groups (Accounts and Reports) Regulations 2008.[1439] Danach erfordert die Publizitätspflicht eine umfassende Darlegung der Vergütungspolitik und des Festsetzungsverfahrens sowie eine Aufzeichnung der kurz- und langfristigen Vergütungskomponenten und Pensionsleistungen und die Aufnahme eines Leistungsdiagramms zur Verdeutlichung der Aktionärsrendite, die in den letzten fünf Jahren erreicht wurde. Im Übrigen sieht der Directors' Remuneration Report die Offenlegung der Namen der Vergütungsberater und der Höhe der für ihre Dienstleistungen entrichteten Beratungsgebühr, sowie auch ihre Unabhängigkeit vor. Für das am oder nach dem 6. April 2009 begonnene Geschäftsjahr müssen Direktoren auch eine Erklärung darüber abgeben, wie die Gehälter und Arbeitsbedingungen der regulären Arbeitnehmer im Rahmen des Verfahrens zur Festsetzung der Vorstandsvergütung berücksichtigt wurden. Die Angaben müssen schließlich von sämtlichen Vorstandsmitgliedern gebilligt und unterzeichnet werden. Darüber hinaus ist der Vorstand verpflichtet, diesen Bericht im Vorfeld der Hauptversammlung den Aktionären zur Abstimmung vorzulegen, wobei jedoch eine negative Abstimmung in der Hauptversammlung nicht zum Verlust des Entgeltanspruchs durch das Vorstandsmitglied führt (sog. *advisory vote*).[1440] Allerdings stellt die Abstimmung über den Vorstandsvergütungsbericht, die keine Mehrheit der Hauptversammlung findet, ein deutliches Zeichen für die ablehnende

---

1438 „The directors of a quoted company must prepare a directors' remuneration report for each financial year of the company." S. 420(1) CA 2006.

1439 Large and Medium-sized Companies and Groups (Accounts and Reports) Regulations 2008 (SI 2008/410, Regulation 11 und Schedule 8): „(1) The remuneration report which the directors of a quoted company are required to prepare under section 420 of the 2006 Act (duty to prepare directors' remuneration report) must contain the information specified in Schedule 8 to these Regulations, and must comply with any requirement of that Schedule as to how information is to be set out in the report. In Schedule 8--Part 1 is introductory, Part 2 relates to information about remuneration committees, performance related remuneration, consideration of conditions elsewhere in company and group and liabilities in respect of directors' contracts, Part 3 relates to detailed information about directors' remuneration (information included under Part 3 is required to be reported on by the auditor (see subsection (3)), and Part 4 contains interpretative and supplementary provisions. (3) For the purposes of section 497 in Part 16 of the 2006 Act (auditor's report on auditable part of directors' remuneration report), „the auditable part" of a directors' remuneration report is the part containing the information required by Part 3 of Schedule 8 to these Regulations."

1440 „A quoted company must, prior to the accounts meeting, give to the members of the company entitled to be sent notice of the meeting notice of the intention to move at the meeting, as an ordinary resolution, a resolution approving the directors' remuneration report for the financial year." S. 439(1) CA 2006.

Haltung der Aktionäre gegenüber der Entgeltpolitik des Unternehmens dar.[1441] Auf diese Art und Weise erhalten die Aktionäre eine gesetzlich garantierte Gelegenheit, zu Vergütungsfragen Stellung zu nehmen.[1442]

Nach den Vorgaben der Large and Medium-sized Companies and Groups-Verordnung wird der Vergütungsbericht in zwei Teile untergliedert. Der erste Teil unterliegt nicht der Abschlussprüfung und erfasst Angaben über die Vergütungspolitik (Part 2 der Verordnung). Der zweite Teil des Berichts ist vom Abschlussprüfer zu untersuchen und setzt sich aus Informationen über die im betreffenden Geschäftsjahr tatsächlich ausgezahlten Leistungen an die Direktoren (Part 3 der Verordnung) zusammen. Werden die in der Verordnung festgelegten Vorgaben im zweiten, prüfungsfähigen Teil (sog. *„auditable part“*[1443]) des Directors' Remuneration Report nicht eingehalten, ist eine Vervollständigung der unterbliebenen Angaben durch den Abschlussprüfer, nach sec. 498(4) CA 2006 in Erweiterung seiner üblichen Kompetenzzuweisung und soweit er hierfür vernünftigerweise in der Lage ist, vorzunehmen.[1444]

## *II. Transparenz- und Offenlegungsvorschriften der Listing Rules*

Die Vorschriften zur Offenlegung der *executive remuneration* für Unternehmen mit „premium listing of equity shares“[1445] sind in LR 9.8.6 R, 9.8.7 R und 9.8.7A R (welche den *„comply or explain“*-Grundsatz beinhaltet) der Listing Rules der UK Listing Authority[1446] verankert. Der Inhalt des Berichts, der vom *board of directors* zu verfassen und den Aktionären vorzulegen ist, richtet sich nach LR 9.8.8 R. Demnach hat das *board* über

---

1441 *Thüsing*, ZIP 2005, 1389 (1390); *Davies*, Principles, S. 385 f. Rdn. 14–16; *Rickford*, ECFR 2005, 63 (94); *Burmajster* in: The Handbook, S. 243; *Naruisch*, Systemkomponenten interner Corporate Governance, S. 103 f.; *Mayson/French/Ryan*, Company Law, S. 455, Rdn. 15.9.3.4.

1442 *Davies*, Principles, S. 386 Rn.: „guaranteed opportunity to express their views“.

1443 Sec. 497 CA 2006, SI 2008/410, Regulation 11(3).

1444 Ausführlich hierzu *Coyle*, Corporate Governenac, S. 203. Nach *Davies*, Principles, S. 388 f. Rdn. 14–17 stellt diese Maßnahme im Vergleich zur Auferlegung einer Geldstrafe für eine unvollständige Berichterstattung durch die Direktoren ein viel effektiveres Mittel dar.

1445 Ein premium listing of equity shares (oder auch die Premium-Börsennotierung) ist nur für Stammaktien zugänglich, die von Handelsgesellschaften und geschlossenen sowie offenen Investmentunternehmen ausgegeben werden. Demnach bedeutet eine Premium Börsennotierung, dass die Gesellschaft davon ausgeht, die höchsten Regelungs- und Unternehmensführungsstandards des Vereinigten Königreichs zu erfüllen und folglich aufgrund der höheren Transparenz und des Aufbaus des Anlegervertrauens in den Genuss eines geringeren Kapitalaufwands kommen darf. Vgl. London Stock Exchange, Listing Regime, abrufbar unter: http://www.londonstockexchange.com/companies-and-advisors/main-market/companies/primary-and-secondary-listing/listing-categories.htm (zuletzt aufgerufen am 30.03.2011).

1446 FSA Handbook, Listing Rules, abrufbar unter: http://fsahandbook.info/FSA/html/handbook/ (zuletzt aufgerufen am 1.02.2011).

die Vergütungspolitik des Unternehmens zu berichten und die hierfür erforderlichen Informationen tabellarisch – gegebenenfalls mit einer erklärenden Anmerkung – anzugeben. Die Angaben müssen sich auf den Umfang einzelner Vergütungselemente des untersuchten Zeitraums beziehen und die Vergütungspakete jedes einzelnen *director* enthalten. Diese sind dabei namentlich aufzuführen. Der jährliche Geschäftsbericht erfasst die Offenlegung des Festgehalts, den geschätzten Wert der gewährten Sachbezüge, jährliche Bonuszahlungen, aufgeschobene Bonuspläne (sog. *deferred bonuses*), Entschädigungen für den Verlust des Amtes, Zusagen für Vertragsverletzungen seitens des anstellenden Unternehmens sowie etwaige Abfindungszahlungen.[1447] Zudem ist die Gesamtvergütung für jeden *director* einzeln zu veröffentlichen, wobei nicht nur der gegenwärtige, sondern auch der entsprechende vorangegangene Zeitraum zu untersuchen ist.[1448] Ferner unterliegt auch jede wesentliche Zahlung, die an ehemalige *directors* während des untersuchten Zeitraums erfolgte, der Offenbarungspflicht.[1449]

In Übereinstimmung mit den Anforderungen der Directors' Remuneration Report Regulations verlangt die FSA auch die Angabe von Aktienoptionen für jeden namentlich genannten *director*.[1450] Des Weiteren ist eine detaillierte Offenlegung der *long term incentive*-Pläne[1451] sowie des monetären Wertes und der Anzahl der an die *directors* im Rahmen eines LTI-Plans ausgegeben Aktien, gewährten Barzahlungen oder anderen Leistungen erforderlich.[1452]

Darüber hinaus bezieht sich die Offenlegung auf Informationen über die Pensionsfähigkeit von Bezügen[1453] und Details der Dienstverträge mit Direktoren, die für einen längeren Zeitraum als ein Jahr geschlossen wurden,[1454] sowie Details über noch nicht ausgelaufene Vertragsbedingungen mit Direktoren, die auf der kommenden Hauptversammlung zur Wahl stehen.[1455]

Im Übrigen ist eine Aussage über die Unternehmensstrategie in Bezug auf die Gewährung von *stock options* an Mitarbeiter sowie eine Aufzeichnung der Unterschiede zum Vorjahr vorzunehmen. Schließlich muss der *remuneration committee report* Details in Bezug auf alle planmäßig zugeteilten Nebenleistungen enthalten.[1456] Die Angabe des geschätzten aktuellen Wertes der Leistungen aus einem *long term incentive plan*, die an *executives* erfolgt sind, ist jedoch nicht erforderlich. Stattdessen trifft britische Unternehmen eine Berichterstattungspflicht über die Anzahl der ausgegebenen Aktienoptionen und das Bezugsverhältnis zwischen diesen und den Wertpapieren.[1457]

---

1447 LR 9.8.8 R (2)(a) FSA Handbook, Listing Rules.
1448 LR 9.8.8 R (2)(b) FSA Handbook, Listing Rules.
1449 LR 9.8.8 R (2)(c) FSA Handbook, Listing Rules.
1450 LR 9.8.8 R (2)(d) FSA Handbook, Listing Rules.
1451 LR 9.8.8 R (3) FSA Handbook, Listing Rules.
1452 LR 9.8.8 R (5) FSA Handbook, Listing Rules.
1453 LR 9.8.8 R (7) FSA Handbook, Listing Rules.
1454 LR 9.8.8 R (8) FSA Handbook, Listing Rules.
1455 LR 9.8.8 R (9) FSA Handbook, Listing Rules.
1456 LR 9.8.8 R (10) FSA Handbook, Listing Rules.
1457 *Schätzle*, Manager, S. 79.

## III. *Offenlegungsvorgaben des UK Corporate Governance Code*

Zusätzlich zu den Listing Rules-Transparenzanforderungen sieht der UK Corporate Governance Code („Code") besondere Offenlegungsempfehlungen vor, die bei der Befolgung der UK Corporate Governance-Vorschriften berücksichtigt werden sollen. Dabei handelt es sich um Corporate Governance-Informationen, wie etwa die Aufgaben des *boards* und des Managements, die Namen des *chairman, chief executive* und anderer Top-Führungskräfte des Unternehmens sowie der nicht geschäftsführenden *directors*, die als unabhängig gelten, die Anzahl der stattgefundenen *board*- und Ausschuss-Versammlungen, die Beurteilung der board-Performance sowie die Beschreibung der Arbeit des Vergütungsausschusses entspechend den Anforderungen der Large and Medium-Sized Companies and Groups (Accounts and Reports) Regulations 2008.[1458]

## IV. *FSA Disclosure and Transparency Rules*

Der CA 2006 regelt zwar, dass Unternehmen ausgewählte Vergütungsdaten ihrer *executive directors* zu veröffentlichen haben, er gibt jedoch keinen expliziten Detaillierungsgrad für die Offenlegung vor.[1459] In Anbetracht der kürzlich vom Europäischen Parlament und Rat erlassenen Vergütungsoffenlegungsanforderungen der Capital Requirements Directive (CRD III) hat die FSA, als ehemalige britische Finanzmarktaufsichtsbehörde, welche die Finanzdienstleistungsindustrie bis April 2013 regulierte und kontrollierte, am 10. November 2010 ein Diskussionspapier und anschließend auch ein Policy Statement (Dezember 2010) veröffentlicht, welches die Umsetzung der europäischen Transparenzvorgaben zum Gegenstand hat.

In der CRD III heißt es, dass „[G]ute Lenkungsstrukturen, Transparenz und Offenlegung [...] für eine solide Vergütungspolitik von wesentlicher Bedeutung"[1460] sind. Das Ziel des FSA Policy Statement besteht somit darin die Markttransparenz und die Marktdisziplin zu verbessern und ein einheitliches Spielfeld in Europa zu gewährleisten. Die FSA geht im Übrigen davon aus, dass auch *stakeholder* von größerer Klarheit in Bezug auf die unternehmerischen Vergütungspraktiken und insbesondere darüber, ob und wie diese Praktiken ein wirksames Risikomanagement unterstützen, profitieren.[1461] Im weiteren Sinne bedeutet das, dass die grundsätzliche Zielsetzung der Vergütungspolitik der FSA darin besteht, das Marktvertrauen aufrechtzuerhalten und die finanzielle Stabilität durch den Abbau unangemessener Anreize zur Risikoübernahme zu fördern.[1462]

---

1458 FRC, The UK Corporate Governance Code 2010, 31 f.

1459 Erwägungsgrund 2.10 FSA, CP10/27, Implementing CRD3 requirements on the disclosure of remuneration v. November 2010.

1460 Erwägungsgrund 21 CRD III-Richtlinie 2010/76/EU v. 14.12.2010.

1461 Erwägungsgrund 1.13 FSA, PS10/21, Implementing CRD 3 Requirements on the disclosure of remuneration, Feedback on CP10/27 and final rules v. Dezember 2010.

1462 Erwägungsgrund 1.14 FSA, PS10/21.

Demnach sieht die FSA vor, dass folgende Aspekte den neuen Transparenzvorschriften unterliegen sollen: zunächst sind alle Informationen des Vergütungsentscheidungsprozesses einschließlich der Rolle des Vergütungsausschusses und externer Vergütungsberater sowie der Berücksichtigung der *stakeholder*-Interessen bei der Festsetzung der Bezüge offenzulegen. Zudem müssen die „pay and performance"-Verknüpfung sowie die wichtigsten Gestaltungsbesonderheiten des Vergütungssystems, einschließlich Angaben zu den Kriterien, die der Leistungsbeurteilung und der Risikoadjustierung zu Grunde gelegt werden, sowie die aufgeschobenen Vergütungselemente und ihre Auszahlungsbedingungen, transparent gemacht werden. Ferner fordert die FSA die Offenlegung der Performancekriterien, auf denen die Gewährung von Aktien, Aktienoptionen oder variabler Vergütung basieren. Die wichtigsten Parameter und der Zweck der variablen und bargeldlosen Vergütung sind ebenfalls zu veröffentlichen. Im Übrigen sind alle quantitativen Informationen in Bezug auf die Gesamtvergütung, variable Bezüge, aufgeschobene Vergütung, Antritts- und Abfindungsprämien der *senior manager* und der Mitarbeiter anzugeben, die einen erheblichen Beitrag zum Risikoprofil des Unternehmens leisten.[1463]

Alle von den FSA-Vorgaben erfassten Angaben zu Vergütungspraktiken sind mindestens ein Mal jährlich zu veröffentlichen, wobei der Vergütungsreport sowohl eigenständig erfolgen als auch im Jahresabschlussbericht des Unternehmens enthalten sein kann.[1464] Die ersten Veröffentlichungen in Übereinstimmung mit den neuen FSA-Vorgaben sind spätestens bis zum 31. Dezember 2011 vorzunehmen.[1465]

In Übereinstimmung mit dem Verhältnismäßigkeitsansatz der CRD III, bei dem die Anwendung der Regelungen je nach Unternehmensgröße und -komplexität variieren darf, teilt auch die FSA, die von ihren Vorgaben betroffenen Unternehmen in vier Gruppen ein.[1466] Die Aufteilung erfolgt nach dem Mindestkapital und der Art der Regulierungszulassung (*regulatory licence* oder *regulatory permission*). Dabei soll jede Gruppe einem anderen Grad der Offenlegungspflicht unterliegen. Unternehmen, die der ersten Ebene angehören, treffen die strengsten Offenlegungsvorschriften. Auf der zweiten Ebene sind die meisten qualitativen Transparenzvorgaben, wie etwa die Veröffentlichung der Vergütungsausgestaltung, und einige quantitative Anforderungen zu erfüllen. Die Unternehmen, die der dritten Ebene zugerechnet werden, müssen lediglich alle qualitativen Elemente, wie etwa die Ausgestaltung des Vergütungssystems, und wenige ausgewählte quantitative Gesichtspunkte der Vergütung offenbaren. Und schließlich wird auf der untersten Stufe (vierte Stufe) nur die Offenlegung grundlegender qualitativer und quantitativer Vergütungsangaben verlangt.[1467]

---

1463 Sec. 11.5.18 FSA, PS10/21.

1464 FSA, FSA consults on remuneration disclosure requirements v. 10.11.2010; Erwägungsgrund 1.18 FSA, PS10/21; Erwägungsgrund 4.3 und 4.5 FSA, CP10/27.

1465 Erwägungsgrund 3.3 FSA, PS10/21.

1466 Appendix 2 FSA, PS10/21.

1467 FSA, FSA consults on remuneration disclosure requirements v. 10.11.2010.

## D. Haftungsrechtliche Aspekte

Der britische CA 2006 ordnet für die Direktoren börsennotierter Gesellschaften im Falle der Nichtvorlage des jährlichen Vergütungsberichts (*directors' Remuneraion Report*) die Zahlung von Bußgeld an.[1468] Wird hingegen eine Vergütung festgesetzt, die einen Grund zur Beanstandung gibt, so greifen die allgemeinen gesellschaftsrechtlichen Haftungsgrundsätze ein.[1469] Darunter fällt beispielsweise der im Company Directors Disqualification Act 1986 vorgesehene Ausschluss der betroffenen *directors* von der Amtsausübung (sog. *disqualification order*).[1470]

## E. Finanzkrisenbedingte Vergütungsregulierung

*„Writing about English Company Law is like shooting at a moving target."*[1471]

Das britische Gesellschaftsrecht ist ein dynamisches Rechtsgebiet, das einer stetigen Entwicklung unterliegt. Insbesondere in wirtschaftlich instabilen Zeiten, wie der der weltweiten Finanzkrise, erfuhren gesellschaftsrechtliche Vorgaben im Allgemeinen und Regelungen der Managervergütung im Besonderen eine weitgehende Reformierung.

### *I. Novellierung bestehender Regelungen – The UK Corporate Governance Code 2010*

Eine der zentralen Rechtsquelle gesellschaftsrechtlicher Regelungen im Vereinigten Königreich bilden die bereits vorgestellten Governance Kodizes. Sie stellen allgemein anerkannte Grundsätze in Bezug auf die Unternehmensführung und -überwachung auf und legen zahlreiche Verhaltensanforderungen fest.[1472] Eine überarbeitete Version des Combined Code von 2003 und 2006 wurde vom Rechnungslegungsgremium (Financial Reporting Council) im Juni 2008 veröffentlicht. Der Verhaltenskodex

---

1468 „(1) In the event of default in complying with section 439(1) (notice to be given of resolution for approval of directors' remuneration report), an offence is committed by every officer of the company who is in default. (2) If the resolution is not put to the vote of the accounts meeting, an offence is committed by each existing director. (3) It is a defence for a person charged with an offence under subsection (2) to prove that he took all reasonable steps for securing that the resolution was put to the vote of the meeting. (4) A person guilty of an offense under this section is liable on summary conviction to a fine not exceeding level 3 on the standard scale." Vgl. sec. 440 CA 2006.

1469 *Fleischer*, Rechtsvergleichendes Gutachten, S. 56; ausführlich zum gesellschaftsrechtlichen Haftungsregime der Direktoren vgl. *Mayson/French/Ryan*, Company Law, S. 453 f.

1470 Ausführlich hierzu *Hannigan*, Company Law, S. 150 ff.

1471 *Farrar*, Corporate Governance, theories, principles and practice, Vorwort.

1472 *Naruisch*, Systemkomponenten interner Corporate Governance, S. 61.

regelte unter anderem die im CA 2006 nicht erläuterten Aufgaben der *executive* und *non-executive directors*.[1473]

Vor dem Hintergrund der sich wesentlich verschlechternden Wirtschaftslage und parallel mit der gesonderten Überprüfung der Unternehmensverfassung von Banken und anderen Finanzinstituten – durchgeführt von Sir David Walker – fand im Jahr 2009 eine erneute Novellierung des Combined Code 2008 statt. Der daraus hervorgegangene Kodex trägt nunmehr die Bezeichnung The UK Corporate Governance Code und ist auf den Bilanzierungszeitraum vor oder nach dem 29. Juni 2010 anwendbar. Die Kodexempfehlungen beziehen sich als Konsequenz der im April 2010 neu eingeführten Listing Rules branchenübergreifend auf alle Unternehmen mit einer Premium-Börsennotierung der Stammaktien, unabhängig davon, ob diese im Vereinigten Königreich oder in einem anderen Staat eingetragen sind.[1474]

Durch die Bezeichnung UK Corporate Governance Kodex soll dabei der Status des Kodex als anerkannter Katalog der Corporate Governance-Standards des Vereinigten Königreichs den ausländischen Anlegern vor Augen geführt werden. Den ausländischen Unternehmen, die im Vereinigten Königreich an der Börse notiert sind, soll darüber hinaus signalisiert werden, dass aufgrund der Veränderungen des FSA's Listing Regime diese, sofern sie über eine Premium-Börsenzulassung der Stammaktien verfügen, nunmehr verpflichtet sind, über die Einhaltung bzw. Nichteinhaltung der Kodexempfehlungen zu berichten.[1475]

### 1. *Ausrichtung der Vergütung auf nachhaltige Unternehmensentwicklung und Rückforderungsmöglichkeit der variablen Vergütung*

Die im Lichte der Finanzkrise überarbeitete Fassung des UK Corporate Governance Code schreibt vor, dass das Vergütungsniveau lediglich zum Anziehen, Behalten und Motivieren von *executive directors* mit den erforderlichen Fähigkeiten zur erfolgreichen Unternehmensführung ausreichen soll. Darüber hinausgehende Zahlungen sollten hingegen vermieden werden. Der wesentliche Anteil der Vergütung von geschäftsführenden Direktoren sollte an die Unternehmensperformance und die individuelle Leistungserbringung gekoppelt sein. Weiterhin wird ein formelles und transparentes Verfahren zur Entwicklung der Vergütungspolitik sowie zur Festsetzung der individuellen Vergütungspakete empfohlen. Dabei darf kein Direktor in den Entscheidungsprozess über die eigene Vergütung involviert sein.[1476]

Um die leistungsorientierte Vergütung den aktuellen Entwicklungen anzupassen, empfiehlt der britische Corporate Governance Kodex eine förmliche und strenge jährliche Ermittlung der *board*-Performance sowie der Leistungserbringung der Ausschüsse und eine individuelle Auswertung der Direktoren-Performance.[1477] Die

1473 Vgl. sec. 1A. 1.3. f., 1.A. 3 Combined Code 2008.
1474 Ziff. 6 FRC, The UK Corporate Governance Code 2010, Governance and the Code, S. 1.
1475 FRC, Revisions to the UK Corporate Governance Code, Mai 2010, Introduction.
1476 Sec. D.1 FRC, The UK Corporate Governance Code 2010.
1477 Main Principle, sec. B.6 FRC, The UK Corporate Governance Code 2010.

leistungsorientierten Vergütungsbestandteile der geschäftsführenden Direktoren sollten erweitert und derart ausgestaltet werden, dass der langfristige Unternehmenserfolg gefördert wird. Zudem schreibt der neue UK Corporate Governance Kodex vor, die leistungsorientierte Vergütung der Direktoren an die langfristigen Interessen des Unternehmens und seine Risikopolitik anzupassen[1478] und die Leistungskonditionen im Sinne der Förderung einer langfristigen Unternehmensentwicklung zu gestalten. Eine Neuerung stellt auch die Regelung dar, wonach die Unternehmen ihr Vergütungssystem so formulieren sollen, dass es möglich ist, die variablen Vergütungselemente in Ausnahmesituationen wie etwa bei Fehlverhalten des betroffenen Direktors zurückzufordern.[1479]

### 2. *Anpassung der variablen Bezüge an die Risikostrategie*

Um das Eingehen zu hoher Risiken durch die Manager künftig zu vermeiden, empfiehlt der britische Corporate Governance Kodex, die variablen Vergütungskomponenten mit der Risikostrategie und dem Risikosystem des Unternehmens kompatibel zu gestalten.[1480] Die ursprüngliche Kodexempfehlung, nach der das Vergütungssystem insbesondere von den Risiken abhängig gemacht werden sollte, wurde hingegen aufgehoben.[1481]

### 3. *Konsultation der Aktionäre zur Ausgestaltung der langfristigen Vergütungssysteme*

Die Empfehlung des UK Corporate Governance Code sieht für jede Neueinführung von langfristigen Vergütungskomponenten eine Billigung der Aktionäre vor (sog. *approval of new long term incentive schemes*). Dabei sollen die existierenden Vergütungspläne nach Möglichkeit ersetzt werden oder zumindest einen Teil eines gut formulierten neuen Gesamtvergütungskonzepts bilden, welches die bereits vorhandenen Vergütungselemente mitumfasst.[1482]

### 4. *Sonstige Neuregelungen*

Im Übrigen muss bei der Ernennung der *board*-Mitglieder auf Vielfalt (sog. *diversity*) und eine angemessene Berücksichtigung weiblicher Führungskräften geachtet werden.[1483] Zudem hat man sich nach einer umfangreichen Debatte dazu entschlossen, alle *board*-Mitglieder der FTSE 350-Unternehmen einer jährlichen Wiederwahl durch die Aktionäre zu unterziehen.[1484]

---

1478 Supporting Principle, sec. D.1 FRC, The UK Corporate Governance Code 2010.
1479 Schedule A FRC, The UK Corporate Governance Code 2010.
1480 Schedule A FRC, The UK Corporate Governance Code 2010.
1481 Ziff. 38 FRC, Revisions to the UK Corporate Governance Code, Mai 2010, S. 8.
1482 Shedule A FRC, The UK Corporate Governance Code 2010.
1483 Main Principle, sec. B.2 FRC, The UK Corporate Governance Code 2010.
1484 Code Provisions sec. B.7.1 FRC, The UK Corporate Governance Code 2010.

Die Novellierung des bisherigen „Combined Code" zum neuen UK Corporate Governance Kodex hatte auch die Ausgliederung der Regelungen zum Verhältnis zwischen der Gesellschaft und den institutionellen Anlegern zur Folge. Diese wurden gemeinsam mit zahlreichen neuen Vorgaben zum eigenständigen Regelwerk „The UK Stewardship Code" zusammengefasst, der die Aufgaben der *directors* in ihrer Eigenschaft als Treuhänder für die Anleger und die Zusammenarbeit zwischen Gesellschaft und Investoren regelt. Die institutionellen Investoren sollen danach unter anderem Grundsätze für den Umgang mit Interessenkonflikten entwickeln, mit anderen Anlegern kooperieren und eindeutige Vorgaben für ihr Abstimmungsverhalten und dessen Offenlegung entwickeln.[1485]

Darüber hinaus regt der neue UK Corporate Governance Kodex nunmehr die persönliche Berichterstattung durch die Vorsitzenden des *boards* (sog. *chairmen*) an. Dabei soll im Jahresabschlussbericht die Umsetzung der Kodexvorgaben in Bezug auf die Aufgaben und die Effektivität des *boards* offengelegt werden.[1486]

## *II. Reformregelungen des Finanzsektors*

Die aktuelle Finanzmarktkrise und die weltweit klägliche Situation des Bankensektors haben zu einer Refokussierung der globalen Aufmerksamkeit auf die Vorstandsvergütung geführt. Wirft man jedoch einen flüchtigen Blick auf die Entwicklung der Vorstandsgehälter in den letzten Jahren, so kommen interessante Ergebnisse zum Vorschein.[1487] Ungeachtet zahlreicher Verhaltenskodizes und Corporate Governance-Empfehlungen in Bezug auf tatsächlich oder vermeintlich exzessive Vorstandsgehälter schien das Vergütungsniveau weiterhin zuzunehmen. Einer der Kritikpunkte dabei ist die Gewährung unangemessener Vergütungspakete an Vorstandsmitglieder, die unvernünftige Risiken eingegangen sind und so die Unternehmen in finanzielle Schwierigkeiten gebracht haben. Aber auch die „Bonuskultur" der City of London und die oft kurzfristig ausgerichtete Vergütungspolitik leisteten einen wesentlichen Beitrag zur sog. Bankenkrise.[1488] Einige Finanzinstitute belohn-

---

1485 FRC, The UK Stewardship Code, Juli 2010, abrufbar unter: www.frc.org.uk/.../UK%20Stewardship%20Code%20July%2020103.pdf (zuletzt aufgerufen am 1.02.2011)

1486 Shedule A und B FRC, The UK Corporate Governance Code 2010.

1487 *Solomon,* Corporate Governance, S. 99.

1488 „The system of compensation almost surely contributed in an important way to the crisis. It was designed to encourage risk-taking but it encouraged excessive risk-taking. In effect it paid them to gamble. When things turned out well, they walked away with huge bonuses. When things turned out badly – as now – they do not share in the losses. Even if they lose their jobs they walk away with large sums." Vgl. Nobelpreisträger und Ökonom *Joseph Stiglitz,* You ask the questions, The Independent, 24.03.2008; „[I]f you look at the failure in the banking system over the course of the last two years, it is clear that the banks have contributed to that failure and it is clear that part of the problem has been the issue of compensation." Vgl. das Interview mit *John Varley,* Der Group Chief Executive

ten ihre Vorstandsvorsitzenden sogar mit hohen Zahlungen, obwohl die Banken teils verstaatlicht wurden und/oder bedeutende Unterstützung durch die Steuerzahler erfuhren.[1489] Die öffentliche Empörung über eine derartige Vergütungspolitik in der Finanzbranche resultierte in einer weltweiten Kürzung der Managerboni und einem Versuch, den Anstieg des Vergütungsniveaus anzuhalten.[1490] Der ehemalige Premierminister Gordon Brown verkündete in diesem Zusammenhang, dass der britische Gesetzgeber nunmehr gewillt sei:

> „[to look] at the long term arrangements that are needed to make the banking system work more effectively. I believe that as a society we should support hard work, effort, enterprise and responsible risk-taking, that we should not in any way condone, but should punish, irresponsible and excessive risk-taking. That is why the culture of bonuses has come under so much scrutiny and that is why I say that we are leading the way, America, France and other countries too, in sweeping aside the old short term bonus culture of the past and replacing it with first of all a determination that there are no rewards for failure, and secondly that there are rewards only for long term, not short term but long term success."[1491]

Im Vereinigten Königreich haben die institutionellen Anleger ihren Unmut über die unangemessenen Vorstandsbezüge vielfach durch missbilligende Beschlüsse über die Vergütungsberichte des *board* demonstriert.[1492]

---

der Barclays, The Independent v. 11.02.2009; „There is no doubt that the bonus systems in many banks around the world have been proven to be wrong in the last 24 months, in that if people are rewarded for purely short-term cash form and are paid very substantial short-term cash bonuses without it being clear whether those decisions over the next three or five years have been proven to be correct, that's not rewarding the right type of behaviour." Vgl. *Sir Fred Goodwin*, der ehemalige Chief Executive der Royal Bank of Scotland (RBS), The Independent, 10.02.2009.

1489 House of Commons, Treasury Committee, Banking Crisis: Reforming Corporate Governance and Pay in the City, Ninth Report of Session 2008–09, S. 8. So entlohnte die Royal Bank of Scotland ihren CEO Stephen Hester mit einem £ 9,6 Mio. schweren Vergütungpaket, abrufbar unter: http://www.sueddeutsche.de/geld/boni-fuer-banker-volle-taschen-1.109378 (zuletzt aufgerufen am 11.03.2011).

1490 So betrug der Grundgehalt des ehemaligen Chief Executive der Royal Bank of Scotland (RBS), *Sir Fred Goodwin*, im Jahr 2008 £ 1,46 Mio., wobei auch kein Bonus ausgezahlt wurde. Im Geschäftsjahr 2007 dagegen erhielt dieser £ 4,1 Mio., 2/3 davon als Bonus. Der Group Chief Executive der Barclays, *John Varley*, bekam im Jahr 2008 ebenfalls keinen Bonus, sein Grundgehalt betrug „lediglich" £ 1,075 Mio., vgl. House of Commons, Treasury Committee, Banking Crisis: Reforming Corporate Governance and Pay in the City, Ninth Report of Session 2008–09, S. 9.

1491 *Gordon Brown*, Speech at the Brookings Institute v. 9.02.2009.

1492 So stimmten etwa die Aktionäre des britischen Bauunternehmens Bellway gegen die vom board vorgeschlagene Vorstandsvergütung ab. Der Vergütungsbericht sah Bonuszahlungen an *senior executives* in Höhe von über £ 630,000 vor, obwohl der Aktienkurs des Unternehmens um 28 % geschrupft und ein 50prozentiger

Unangemessene Vergütungspraktiken sind auch in Großbritannien durch die Unausgewogenheit der Risikobereitschaft und der Belohnung gekennzeichnet; höhere Gewinne führen zu höheren Bonuszahlungen der Direktoren, wohingegen die Untergrenze der Bonuszahlungen bei Null liegt. Folglich werden Unternehmensverluste nur in einem geringen Umfang von den begünstigten Führungskräften und Kurzzeitaktionären getragen, sondern vielmehr auf die Schultern der Langzeitanteilseigner und der Gesellschaft verlagert. Vor diesem Hintergrund stellt die Managervergütung, die keine Partizipation des Managements an den Verlusten des Unternehmens vorsieht, oft eine Antriebskraft für die Eingehung unvernünftiger Risiken dar und kann weitreichende Konsequenzen für das betroffene Unternehmen und den Kapitalmarkt als solchen haben, da die Führungsspitzen des Bankensektors die potenziellen negativen Auswirkungen ihrer Entscheidungen auf das Unternehmen und die Gesellschaft nicht gebührend berücksichtigen.[1493]

### *1. Turner Review*

In der post-Enron-Periode entwickelte sich die Londoner Aktienbörse (London Stock Exchange) zu einem Gütezeichen und wurde zum Zentrum der internationalen Kapitalbeschaffung.[1494] Durch den Zusammenbruch des großen britischen Finanzdienstleisters aus dem Immobilienbereich Northern Rock im Jahr 2008 wurde dieses Image jedoch erheblich erschüttert mit der Folge, dass das viel gepriesene grundsatzgeprägte Regulierungssystem der Briten, auch „*light touch*" genannt, durch die weltweite Finanzmarktkrise ebenfalls getrübt wurde.[1495]

Seitdem fokussieren sich die britischen Reformregelungen hauptsächlich auf den Banken- und Finanzsektor, was jedoch mit massiver finanzieller Unterstützung seitens des Staates verbunden ist.[1496] Besonders erwähnenswert sind dabei zwei von der britischen Regierung erlassene Reviews. Die erste sog. Turner Review bereitet die gesetzgeberische Antwort auf die globale Bankenkrise vor.[1497] Im Oktober 2008 wurde der Vorsitzende der FSA, *Lord Turner*, von der britischen Regierung mit der

---

Verkaufsrückgang zu verzeichnen war, vgl. Cookson und O'Doherty, „Bellway investors' vote goes against bonuses", Financial Times v. 17.01.2009; *Solomon*, Corporate Governance, S. 100.

1493 Sec. 2.4 FSA, Reforming remuneration practices in financial servicees, Consultation Paper 09/10 (CP09/10), März 2009, S. 9 f.

1494 Vgl. *Furse*, „Sox is Not to Blame – London is Just Better as a Market", Financial Times, 18.09.2006, S. 19.

1495 Vgl. *Masters*, „Northern Rock Woes Take Toll on City's Reputation", Financial Times v. 27.08.2008, S. 3.

1496 Vgl. HM Treasury, Speech by the Financial Services Secretary to the Treasury, Paul Myners, to the Association of Foreign Banks, v. 11.06.2009, abrufbar unter: http://webarchive.nationalarchives.gov.uk/20090628192108/http://www.hmtreasury.gov.uk/press_54_09.htm (zuletzt aufgerufen am 29.01.2011).

1497 FSA, The Turner Review: A Regulatory Response to the Global Banking Crisis, März 2009.

Aufgabe beauftragt, eine systematische Untersuchung der aktuellen Bankenkrise vorzunehmen, um festzustellen, ob ordnungspolitische Unzulänglichkeiten zur weltweiten Finanzmarktkrise beigetragen hatten. Dabei sollten mögliche Reformvorschläge herausgearbeitet werden.[1498]

Der im März 2009 vorgelegte Bericht empfiehlt unter anderem eine radikale Stärkung der gesetzlichen Vorgaben und der Kontrolle des Finanzsystems.[1499] Dabei stellte die Vorstandsvergütung einen bedeutenden Bestandteil des Reports dar. Die Turner Review macht die weltweiten Banken-Regulierungsbehörden dafür verantwortlich, dass der Vergütungsstruktur und ihrer Fähigkeit, für nicht akzeptable Verhaltensanreize und unverantwortliche Risikoübernahmen zu sorgen, in der Vergangenheit nicht genügend Aufmerksamkeit gewidmet wurde.[1500]

Daraufhin hat die FSA besondere, auf die Regelung der Vorstandsvergütung gezielte Maßnahmen ergriffen.[1501]

### 2. *Walker Review*

Unter dem Eindruck der Finanzkrise und der öffentlichen Kritik an der Vergütungs- und Bonushöhe im Bankensektor entschied sich der britische Gesetzgeber im Februar 2009, unter der Leitung des früheren *chairman* von Morgan Stanley International, Sir David Alan Walker, eine neue unabhängige Berichterstattung zur Unternehmensführung und -kontrolle im Bankensektor einzuleiten. Dabei sollte der Vorstandsvergütung und der Rolle des *board of directors* eine zentrale Stellung eingeräumt werden. Der Aufgabenbereich der sog. Walker Review erstreckte sich jedoch nicht nur auf Fragen der Vergütungsregulierung der Vorstände, sondern umfasste auch Aspekte der Corporate Governance, des Risikomanagements und der internen Kontrolle im weiteren Sinne.[1502]

---

1498 Vgl. *Turner*, Turner Review Press Conference: Speaking Notes and Slides for the Press v. 18.03.2009, abrufbar unter: http://www.fsa.gov.uk/pages/Library/Communication/Speeches/2009/0318_at.shtml (zuletzt aufgerufen am 30.03.2011).

1499 In diesem Zusammenhang wurde der Turner Bericht auch als „Wendepunkt" bezeichnet, vgl. hierzu *Wolf*, „Why the Turner Report is a Watershed for Finance", Financial Times v. 20.03.2009, S. 11.

1500 FSA, The Turner Review: A Regulatory Response to the Global Banking Crisis, März 2009, 2.5(ii), „Remuneration: Requiring a risk-based approach": „In the past neither the FSA nor bank regulators in other countries played significant attention to remuneration structures. And within firms, little attention was paid to the implications of incentive structures for risk taking, as against the implications for firm competitiveness in the labour market and for firm profitability. In retrospect this lack of focus, by both firms and regulators, was a mistake. There is a strong prima facie case that inappropriate incentive structures played a role in encouraging behaviour which contributed to the financial crisis", S. 79 f.

1501 Eingehend hierzu S. 296ff.

1502 A review of corporate governance in UK banks and other financial industry entities (Walker Review), Final recommendations v. 26.11.2009, S. 5.

Im ersten Beratungspapier der Walker Review of Corporate Governance of UK Banking Industry vom 16. Juli 2009 (sog. Walker Review I) wurden 39 Empfehlungen für börsennotierte Banken und andere Finanzinstitute formuliert, deren Anwendungsbereich sich jedoch auch auf andere Unternehmenszweige erstreckte. Die Empfehlungen der Walker Review bezogen sich unter anderem auf die Größe, die Zusammensetzung sowie die Qualifikationen des *boards*. Aber auch seine Arbeitsweise, die Leistungsermittlung und die Vergütung sowie die Rolle der institutionellen Aktionäre und das Risikomanagement stellen wichtige Themenbereiche der neuen Regelung dar. Dabei wurde im Einzelnen das Ziel verfolgt, die Effektivität der *board*-Tätigkeit und insbesondere das Risikomanagement zu verbessern und eine stärkere Beaufsichtigung der Vergütungspolitik in Unternehmen zu erreichen. Daneben sollte die Rolle der Vergütungsausschüsse hervorgehoben werden. Im Übrigen wurde die Ermutigung der institutionellen Anleger angestrebt, nunmehr eine aktive Rolle in ihrer Funktion als Eigentümer zu übernehmen.[1503] Schließlich sollten die sog. best practice Grundsätze national und international verbreitet und implementiert werden.[1504]

Die am 26. November 2009 erlassene, endgültige Fassung der Walker Review, auch „Walker Review II" genannt, verpflichtet alle FTSE 100-Banken, die Anzahl (nicht die Namen) der Mitarbeiter, die mehr als £ 1 Mio. pro Jahr verdienen, zu veröffentlichen, wobei die Vergütung in Grundgehalt, Bar-Boni, aufgeschobene Aktien sowie leistungsorientierte langfristige Bezüge und Beiträge zur Altersversorgung aufgeteilt werden soll.[1505]

Zudem sieht der Bericht leistungsorientierte aufgeschobene Entlohnungssysteme vor, die so konzipiert sein sollen, dass mindestens die Hälfte der variablen Vergütung, die in einem Geschäftsjahr zugebilligt wird, die Form eines *long term incentive scheme* annimmt. Dabei soll die Hälfte davon dem Begünstigten nicht früher als nach drei Jahren zustehen, der Rest sogar erst nach fünf Jahren. Die kurzfristig orientierten Boni sollten in einem Zeitraum von drei Jahren ausbezahlt werden und dürfen im ersten Jahr ein Drittel des Gesamtbetrages nicht übersteigen. Darüber hinaus empfiehlt die Walker Review, dass Bonuszahlungen und andere leistungsorientierte Vergütungskomponenten einem sog. *clawback* unterworfen sein müssen,

---

1503 Walker Review I v. 16.07.2009, S. 5 f. Der ehemalige Finanzstaatssekretär Lord Myners warf den Aktionären sogar vor sich wie „absentee landlords" zu benehmen, vgl. *Finch/Bowers*, guardian.co.uk v. 14.09.2009, abrufbar unter: http://www.guardian.co.uk/business/2009/sep/14/executive-pay-keeps-rising (zuletzt aufgerufen am 30.03.2011).

1504 Walker Review I v. 16.07.2009, S. 5.

1505 Recommendation 31, Walker Review II v. 26.11.2009. Der ehemalige City-Minister Lord Myners prophezeite, dass die neuen Regelungen mit einer Aufdeckung von mehr als 5,000 Bankieren verbunden sein würde, die jährlich über £ 1 Mio. verdienen. Er bezeichnete die endgültige Fassung der „Review of corporate governance in UK banks and other financial industry entities", die am 26. November 2009 veröffentlicht wurde als „first class job". Vgl. *Thomson Reuters*, 31(3) Company Lawyer 2010, 81.

mit dem Ziel, den zugebilligten Betrag im Falle des Misserfolges bzw. bei einer schlechten Unternehmensführung zurückfordern zu können.[1506] Unklar bleibt dabei jedoch, ob mit dieser Rückforderungsklausel die bereits ausgezahlten Bezüge oder aufgeschobene, noch nicht gewährte Bonuszusagen gemeint sind.

Zur Verbesserung des Risikomanagements sind die Vergütungsausschüsse gehalten, bei der Festsetzung der Leistungsparameter im Rahmen anreizbasierter Vergütungspakete Risikoausschüsse beratend hinzuzuziehen, wenn eine bestimmte Risikoadjustierung erforderlich ist.[1507]

Des Weiteren soll im Bericht des Vergütungsausschusses (*remuneration committee report*) angegeben werden, ob den einzelnen geschäftsführenden *board*-Mitgliedern über die bereits zugesicherten und im Vergütungsbericht offengelegten Leistungen hinaus weitere Zahlungen aufgrund des Ausscheidens aus dem Unternehmen, einer Kündigung, einer Pensionierung oder eines Kontrollwechsels bzw. trotz des fortlaufenden Vertrages zugesagt oder in Aussicht gestellt wurden.[1508]

Schließlich werden Vergütungsberater aufgefordert, einen freiwilligen Verhaltenskodex aufzustellen, in dem sie sich zu einem unabhängigen Überwachungsgremium der Managervergütung bekennen. Dieser Verhaltenskodex und diejenigen Beratungsgesellschaften, die sich diesem unterwerfen, sollen auf der FRC-Webseite veröffentlicht werden. Dabei sind die Vergütungsausschüsse gehalten, diesen Selbstverpflichtungskodex der Vertragsausgestaltung im Rahmen der Hinzuziehung von Vergütungsexperten zu Grunde zu legen und darüber zu berichten, welche Beratungsquelle sie in Anspruch genommen haben und ob der beauftragte Berater auch andere beratende Tätigkeiten für das Unternehmen erbringt.[1509]

Der Generalsekretär des Trades Union Congress (TUC), eines gewerkschaftlichen Dachverbandes von Gewerkschaften in Großbritannien, Brendan Barber unterstützt zwar einige Vorschläge der Walker Review, vertritt jedoch die Ansicht, dass mit den eingeführten Empfehlungen lediglich ein Minimum an Reformbedürfnis abgedeckt wird.[1510] Der ehemalige finanzpolitische Sprecher der britischen Liberaldemokraten

---

1506 Recommendation 33, Walker Review II v. 26.11.2009. Diese Vorgabe entspricht auch der Empfehlung der Europäischen Kommission, wonach vertragliche Vereinbarungen mit geschäftsführenden Direktoren oder Vorstandsmitgliedern Bestimmungen umfassen sollen, denen zufolge die Gesellschaft variable Komponenten der Vergütung zurückfordern kann, wenn diese auf der Grundlage von Daten ausgezahlt werden, die sich im Nachhinein als offenkundig falsch erwiesen. Vgl. Ziff. 3.4. Empfehlung der Kommission 2009/385/EG, ABl. EU Nr. 120/30.

1507 Recommendation 35, Walker Review II v. 26.11.2009.

1508 Recommendation 37, Walker Review II v. 26.11.2009.

1509 Recommendation 38/39, Walker Review II v. 26.11.2009. Vgl. bereits oben S. 279f.

1510 „While some of its proposals are an advance, the Walker Review comes across as the financial establishment putting forward the minimum proposals they think will head off root and branch reform so they can get back to business as usual." Trades Union Congress, abrufbar unter: http://www.tuc.org.uk/economic-issues/walker-review-shows-city-want-get-back-business-usual (zuletzt aufgerufen am 19.01.2014).

Lord Oakeshott erklärte hierzu, dass der Bericht zwar einige, jedoch nicht alle nötigen Transparenzregelungen trifft und dass die Londoner Finanzwelt gehalten sei, ihre größten Verdiener zu offenbaren.[1511]

### 3. *Vorgaben der FSA*

#### a) „Dear CEO"-Schreiben – remuneration policies

Im Oktober 2008 verfasste die FSA, die seit dem 1. April 2013 durch die FSA ersetzt wurde, ein an die CEOs der Finanzinstitute adressiertes Schreiben, das die Vergütungsstruktur in diesem Sektor betraf.[1512] Darin wurden alle Unternehmen des Finanzsektors aufgefordert, ihre Vergütungspolitik im Licht der weltweiten Finanzmarktkrise zu betrachten und sicherzustellen, dass diese ein stabiles und vernünftiges Risikomanagement reflektiert. Im Übrigen bekundete das Schreiben, dass die Nichtanpassung der Vergütungspolitik an ein vernünftiges Risikomanagement nicht geduldet würde mit der Folge, dass unverzügliche Maßnahmen zur Änderung der Vergütungspolitik veranlasst werden müssten.[1513] Darüber hinaus enthielt das Schreiben der FSA eine Anlage, die Kriterien einer guten und schlechten Vergütungspolitik auflistete, anhand derer die Unternehmen ihre eigene Vergütungspolitik beurteilen konnten.[1514]

Dabei werden die Performancemaßstäbe für die Bemessung der Bonuszahlungen dann als „bad practice" angesehen, wenn diese lediglich auf der Grundlage von Umsatz berechnet werden, ohne jegliche Risikoadjustierung zu gewährleisten, und wenn Risiko- und Investitionskosten bei der Festsetzung keine Berücksichtigung finden, die Leistung der Vorstände ausschließlich anhand der im laufenden Geschäftsjahr erbrachten Leistung beurteilt wird und die Festsetzung der Bonushöhe einzig und allein anhand finanzieller Performancegrößen erfolgt.[1515]

Von einer guten Unternehmensführung kann hingegen dann ausgegangen werden, wenn die Bemessung der Boni zwar auf der Grundlage der Gewinnerbringung, jedoch auch unter Bezugnahme auf andere Unternehmensziele stattfindet, wenn ein risikobereinigtes Ertragsergebnis der Beurteilung zugrunde gelegt und die Performance der Vorstandsmitglieder anhand eines gleitenden Durchschnittsergebnisses bewertet wird. Im Übrigen wird empfohlen, neben den finanziellen Leistungsbeurteilungskriterien auch Risikomanagement-Fähigkeiten, die Wahrung des Unterneh-

---

1511 *Thomson Reuters*, 31(3) Company Lawyer 2010, 81.

1512 FSA, CEO Letter, Remuneration Policies v. 13.10.2008, abrufbar unter: http://www.fsa.gov.uk/pubs/ceo/ceo_letter_13oct08.pdf (zuletzt aufgerufen am 30.03.2011).

1513 „If the policies are not aligned with sound risk management, that is unacceptable. Immediate action will be required to change the policies." Vgl. Ziff. 6 FSA, „Dear-CEO" Letter, Remuneration Policies, 13.10.2008, S. 2.

1514 FSA, „Dear-CEO" Letter, Remuneration Policies, Annex: Criteria for good and bad remuneration policies, S. 4 f.

1515 FSA, „Dear-CEO" Letter, Remuneration Policies, Annex, S. 4.

menswertes und andere Verhaltensweisen der Vorstände als Beurteilungskriterien für die Gewährung der Boni zu berücksichtigen.[1516]

In Bezug auf die Zusammensetzung der Vorstandsvergütung geht das „Dear CEO“-Schreiben der FSA von einer schlechten Vergütungspolitik dann aus, wenn die Vorstandsvergütung kaum bzw. keine fixen Komponenten aufweist, die Bezüge hauptsächlich bar ausgezahlt werden bzw. Bonuszahlungen keinen Zahlungsaufschub enthalten. Von einer guten Vergütungspolitik geht die FSA hingegen dann aus, wenn der Anteil des Fixgehalts groß genug ist, um die wesentlichen finanziellen Verpflichtungen des Vorstandsmitglieds zu decken, und wenn eine angemessene Kombination zwischen Barvergütung und den Vergütungselementen gewährleistet ist, die einen Verhaltensanreiz für das Vorstandsmitglied darstellt, im Unternehmensinteresse zu handeln. Damit sind etwa aktienbasierte Entlohnungsbestandteile in Form von Aktienoptionsprogrammen oder der Pflicht, unternehmenseigene Aktien zu erwerben, gemeint. Im Übrigen ist es als erstrebenswert zu betrachten, wenn der Hauptanteil der Bonuszahlung als Vergütungselement aufgeschoben gewährt wird mit dem Ziel, eine längerfristige Leistungsbeurteilung zu ermöglichen.[1517]

Im Zusammenhang mit der leistungsorientierten aufgeschobenen Vergütung hat die FSA ebenfalls Kriterien für schlechte und gute Unternehmensführung aufgestellt. Dabei wird die sog. „bad practice“ eines Unternehmens dann angenommen, wenn die Auszahlungen der aufgeschobenen Vergütungsbezüge nicht an die künftig zu erbringende Unternehmensperformance, verglichen mit vorangegangenen Jahren, gekoppelt sind. Ferner sollten performanceorientierte aufgeschobene Vergütungspläne unabdingbar ausgestaltet werden, sodass eine Auszahlung trotz der Nichterbringung der vereinbarten Leistung nicht erfolgen darf.[1518]

Im Gegensatz hierzu spricht die FSA dann von der sog. „good practice“ eines Unternehmens, wenn ein beträchtlicher Anteil der aufgeschobenen Vergütungselemente auf einem Treuhandkonto hinterlegt wird und die Auszahlung entsprechend den ausgehandelten Vereinbarungen erfolgt, bei denen die weitere Leistung der Begünstigten in der vereinbarten Zeitspanne berücksichtigt wird. Dabei sollten die performanceorientierten aufgeschobenen Vergütungsschemata rechtlich robust und vertraglich erzwingbar sein.[1519]

Auch in puncto Corporate Governance hat die FSA einige Verhaltensregeln aufgestellt. Demnach gilt es als schlechte Unternehmensführung, wenn eine unabhängige Aufsicht der Vergütungspolitik der Vorstandsmitglieder und/oder ein transparentes Verfahren zur Vermeidung von Interessenkonflikten fehlen. Darüber hinaus sollte darauf geachtet werden, dass die Vorstandsmitglieder keinen übermäßigen Einfluss auf die Bewertung ihrer eigenen Stellung im Unternehmen und dadurch auch auf die Festsetzung der Leistungskriterien haben. Im Übrigen sind

1516 FSA, „Dear-CEO“ Letter, Remuneration Policies, Annex, S. 4.
1517 FSA, „Dear-CEO“ Letter, Remuneration Policies, Annex, S. 4.
1518 FSA, „Dear-CEO“ Letter, Remuneration Policies, Annex, S. 5.
1519 FSA, „Dear-CEO“ Letter, Remuneration Policies, Annex, S. 5.

Aufgabenüberschneidungen zwischen *front* und *back office*[1520], die zu einer Beeinflussung des Arbeitsverfahrens des letzteren führen können, zu vermeiden.[1521]

Eine gute Corporate Governance setzt daher einen mehrheitlich mit nicht geschäftsführenden Direktoren besetzten Vergütungsausschuss voraus, welcher die generelle Vergütungspolitik des Unternehmens sowie auch die individuellen Vergütungspakete einzelner Vorstandsmitglieder plant und effektiv überwacht. Ferner wird in diesem Zusammenhang ein auf dem Risikomanagement basiertes Verfahren der Vergütungsfestsetzung gefordert.[1522]

Am 15. Juli 2009 verfasste die FSA ein zweites CEO-Schreiben, welches den Erlass des neuen Vergütungskodex (Code of Remuneration Practices) ankündigte.[1523] Gleichzeitig forderte die FSA die Finanzinstitute zur Vorlage eines Berichts über die Vergütungspolitik des jeweils betroffenen Unternehmens bis Ende Oktober 2009 auf. Ein solcher Bericht dient dazu die unternehmenseigenen Vergütungspraktiken auf die Übereinstimmung mit den vorgeschlagenen Regelungen des Vergütungskodex zu überprüfen.

### b) Code of Remuneration Practices

Angesichts erkannter Schwachstellen der vor der Finanzkrise bestehenden Vergütungsregulierungen im Finanzsektor veröffentlichte die FSA im März 2009 ein Consultation Paper, welches sich auf die Einführung eines Remuneration Code bezog, dessen Anwendungsbereich sich auf große Banken, Baugesellschaften und Börsenmakler erstrecken sollte.[1524] Diesem folgte sodann im August 2009 ein neues, die Vergütung des Finanzsektors regelndes Rahmenwerk der FSA (Code of Remuneration Practices oder auch „Code" genannt),[1525] welches jedoch zum Zwecke der vollständigen Angleichung an die europäischen[1526] und in-

---

1520 Unter dem front office (dt. Handel) sind diejenigen Tätigkeiten zu verstehen, die einen direkten Kundenkontakt voraussetzen. Back office hingegen besteht aus den Aufgaben, die ausschließlich mit der unternehmensinternen Verwaltung im Zusammenhang stehen.

1521 FSA, „Dear-CEO" Letter, Remuneration Policies, Annex, S. 5.

1522 FSA, „Dear-CEO" Letter, Remuneration Policies, Annex, S. 5.

1523 FSA, „Dear-CEO" Letter, Remuneration Code of practice v. 15.07.2009, abrufbar unter: http://www.fsa.gov.uk/Pages/Library/Communication/CEO/2009/index.shtml (zuletzt aufgerufen am 30.04.2011).

1524 FSA, Consultation Paper: Reforming remuneration practices in financial services, CP 09/10.

1525 FSA, Reforming remuneration practices in financial services, Feedback on CP09/10 and final rules, Policy Statement 09/15 (PS 09/15), August 2009, abrufbar unter: www.fsa.gov.uk/pubs/policy/ps09_15.pdf (zuletzt aufgerufen am 30.03.2011).

1526 Richtlinie 2010/76/EU des Europäischen Parlaments und des Rates vom 24.11.2010 zur Änderung der Richtlinien 2006/48/EG und 2006/49/EG im Hinblick auf die Eigenkapitalanforderungen für Handelsbuch und Wiederverbriefungen und im Hinblick auf die aufsichtliche Überprüfung der Vergütungspolitik, ABl. EU Nr. L 329/3; CEBS, Guidelines on Remuneration Policies and Practices v. 10.12.2010.

ternationalen[1527] Vergütungsvorgaben gewisser Änderungen bzw. Anpassung bedurfte und daher zunächst im Juli 2010 und anschließend im Dezember 2011 einer Novellierung unterzogen wurde.

Der Financial Services Act 2010, der am 8. April 2010 die königliche Zustimmung erfahren hatte,[1528] ermächtigt die FSA zum Erlass von Vergütungsvorgaben und zur Überwachung der Vergütungspraktiken des Finanzdienstleistungssektors, um ein effizientes Risikomanagement voranzutreiben und die Einhaltung der Financial Stability Board's Implementation Standards for Principles for Sound Compensation Practices (vom 25. September 2009) sicherzustellen.[1529] In diesem Zusammenhang wird der FSA die Macht verliehen, bestimmte Vergütungselemente, die sich negativ auf das Risikomanagement auswirken, zu verbieten und Vergütungsvereinbarungen der Banken, die gegen diese Verbote verstoßen, für ungültig zu erklären.[1530]

### aa) Zeitlicher Anwendungsbereich

Der überarbeitete Remuneration Code (sog. Revised Remuneration Code) wurde am 17. Dezember 2010 veröffentlicht und ist seit dem 1. Januar 2011 anwendbar, wobei einige einschränkende Vorschriften wie etwa diejenigen, die garantierte Bonuszahlungen, aufgeschobene Vergütung oder den Mindestumfang des aktienbasierten Vergütungselements der variablen Bezüge regeln, keine sofortige Wirkung entfalten, sondern erst nach einer Übergangsfrist in Kraft treten sollen. In diesem Zusammenhang erkennt die FSA auch an, dass die vollständige Erfüllung der Kodexanforderungen durch einige Unternehmen, die dem bisherigen Anwendungsbereich des Remuneration Code nicht unterfielen, aufgrund der bestehenden vertraglichen Vergütungsvereinbarungen möglicherweise zusätzliche Zeit erfordern würde. Aus diesem Grund lässt die FSA zu, dass ein Unternehmen sich auf die Verhältnismäßigkeitsregelungen in SYSC

---

Unabhängig hiervon veröffentlichte das Europäische Parlament am 11. November 2010 den Entwurf der Richtinie über die alternativen Investment Fund Manager („AIFMD"), welche für Vergütungssysteme, die im Zusammenhang mit alternativen Investment Fund Managern stehen, Restriktionen vorsieht. Die darin festgelegten Grundsätze decken sich zum größten Teil mit den Vorgaben der CEBS und des „Code". Zwar tritt die AIFMD-Richtlinie nicht vor März 2011 in Kraft und die Umsetzung durch die EU Mitgliedstaaten wird erst bis März 2013 gefordert, dennoch finden sowohl die CRD III Richtlinie als auch der „Code" bereits auf viele Fund Manager Anwendung.

1527 FSB Principles for Sound Compensation Practices, Implementation Standards v. 25.09.2009.

1528 Chapter 28 Financial Services Act 2010, , S. 1, abrufbar unter: www.legislation.gov.uk/ukpga/2010/28/pdfs/ukpga_20100028_en.pdf (zuletzt aufgerufen am 30.03.2011).

1529 Ziff. 1.12 FSA, Revising the Remuneration Code, CP 10/19, Juli 2010, S. 7.

1530 Chapter 28 Objective 6 Financial Services Act 2010; *Yeoh*, Business L. Rev. 2010, 56 (59).

4.1.2 R[1531] und SYSC 19.3.3 R[1532] berufen darf, um die Nichterfüllung der vergütungsstrukturbezogenen Kodexanforderungen bis zum 1. Januar 2011 zu rechtfertigen. Dies gilt allerding nur, wenn die betroffene Gesellschaft angemessene Maßnahmen ergreift, um die Einhaltung der Kodexvorschriften so bald wie möglich und spätestens bis zum 1. Juli 2011 zu gewährleisten.[1533] Angesichts des knappen Zeitraums, der zwischen der Veröffentlichung des überarbeiteten Remuneration Code und dem Zeitpunkt liegt, zu dem die Vergütungsgrundsätze von den betroffenen Unternehmen umgesetzt werden sollen, kündigte die FSA außerdem an, im ersten Halbjahr 2011 die Abgabe eines *remuneration policy statement*, welches die Beurteilung der Code-Entsprechung durch die Unternehmen selbst beinhaltet, nicht zu verlangen.[1534]

### bb) Persönlicher Anwendungsbereich

Durch das von der FSA am 17. Dezember 2010 veröffentlichte „Revising of the Remuneration Code", welches die Überarbeitung der vorherigen Fassung des „Code of Practices on Remuneration Policies" betrifft, wird der persönliche Anwendungsbereich erheblich erweitert.[1535] Demnach gelten die Vorschriften des überarbeiteten Remuneration Code nunmehr nicht nur für alle Banken und Baugesellschaften, sondern auch für alle der Capital Adequacy Directive (CAD)[1536] unterfallenden Investmentunternehmen. Die CAD-Investmentfirmen umfassen unter anderem eine große Anzahl der Vermögensverwalter, einschließlich der meisten Hedge-Fonds-Manager und aller Investmentunternehmen für Wertpapiere (UCITS[1537]). Darüber hinaus werden auch einige in der Finanzwirtschaft tätige und sich mit dem Venture-Capital, der Finanzberatung sowie Börsenmaklern und zahlreichen multilateralen Handelsplattformen beschäftigende Unternehmen von den Regelun-

---

1531 „The arrangements, processes and mechanisms referred to in SYSC 4.1.1 R must be comprehensive and proportionate to the nature, scale and complexity of the common platform firm's activities and must take into account the specific technical criteria described in SYSC 4.1.7 R (general organisational requirements), SYSC 5.1.7 (employees, agents and other relevant persons) and SYSC 7 (risk control)." FSA, CP10/19.

1532 „(1) This section applies in relation to Remuneration Code staff, except as set out in (3). (2) When establishing and applying the total remuneration policies for Remuneration Code staff, a firm must comply with this section in a way and to the extent that is appropriate to ist size, internal organisation and the nature, scope and complexity of ist activities. (3) Paragraphs (1) and (2) do not apply to the requirement for significant firms to have a remuneration committee (SYSC 19A.3.12 R)." PS10/20, SYSC 19A.3.3 R.

1533 Annex B, TP 3 Nr. 5 G (1) FSA, CP10/19; sec. 1.33 FSA, PS10/20.

1534 Sec. 4.9 FSA, SP10/20.

1535 FSA, Reforming remuneration practices in financial services, Feedback on CP09/10 and final rules, Policy Statement (PS09/15), August 2009; sec. 1.1 FSA, PS10/20, S. 5.

1536 Richtlinie des Europäischen Parlaments und des Rates v. 14.06.2006 über die angemessene Eigenkapitalausstattung von Wertpapierfirmen und Kreditinstituten, 2006/49/EG, ABl. EU Nr. L 177/201–255.

1537 Undertaking for Collective Investments in Transferable Securities.

gen des überarbeiteten Remuneration Code erfasst. Insgesamt unterfallen dem aktuellen Remuneration Code mehr als 2,500 FSA-zugelassene Unternehmen.[1538] Darunter fallen auch diejenigen UK-Zweigniederlassungen, deren Mutterunternehmen ihren Heimatstaat außerhalb des Europäischen Wirtschaftsraumes haben.[1539] UK-Zweigniederlassungen von Unternehmen, deren Heimatstaat sich innerhalb des Europäischen Wirtschaftsraumes befindet, sind zur Einhaltung der Code-Vorschriften hingegen nicht verpflichtet, da in ihrem Heimatstaat die Anwendung der entsprechenden Regeln gemäß CRD III erforderlich ist.[1540]

Dagegen beschränkte sich der ursprünglich formulierte Anwendungsbereich des Remuneration Code in der Fassung vom August 2009[1541] lediglich auf große Banken, Baugesellschaften sowie Immobilienunternehmen mit Mindesteigenkapital von mehr als £ 1 Mrd.,[1542] FSA-regulierte BIPRU 730k Unternehmen[1543] mit mehr als £ 750 Mio. Mindesteigenkapital[1544] sowie Unternehmen, die der britischen Finance Group angehören und deren Banken ein Mindesteigenkapital von über £ 1 Mrd. aufweisen oder bei denen, wenn es sich um BIPRU Unternehmen handelt, ein Mindesteigenkapital von £ 750 Mio. vorhanden ist.[1545] Die demgegenüber starke Erweiterung des persönlichen Anwendungsbereichs erfolgte unter anderem aufgrund der Novellierung der Capital Requirement Directive (CRD)[1546] und des Erlasses der Capital Requirement Directives III (CRD)[1547].

Was den individuellen Anwendungsbereich des Remuneration Code anbelangt stellt der Wortlaut des aktuellen Kodex lediglich auf „employees" ab. Somit stellt sich die Frage, welche Individuen genau von diesen Regelungen erfasst sind. Aufgrund der bemängelten Unklarheit über die konkrete Definition des individuellen Anwendungsbereichs enthält die im Dezember 2010 überarbeitete Fassung des Remuneration Code in Übereinstimmung mit den Vorgaben der CRD III-Richtlinie eine Konkretisierung des in-

1538 Sec. 1.23 FSA, PS10/20, S. 9; sec. 1.13 CP10/19, S. 7.

1539 Annex B, SYSC 19.1.2 G (2)(b) FSA, CP10/19.

1540 Sec. 3.7 FSA, CP10/19, S. 18.

1541 FSA, Reforming remuneration practices in financial services, Feedback on CP09/10 and final rules, Policy Statement (PS09/15), August 2009.

1542 Annex B, SYSC 19.1.1 R (2) FSA, PS09/15.

1543 FSA genehmigte Investment-Unternehmenan mit den höchsten Anforderungen an die Kapitalbasis für das Mindesteigenkapital.

1544 Annex B, SYSC 19.1.1 R (3) FSA, PS09/15.

1545 Annex B, 19.1.1 R (4) FSA, PS09/15. Die FSA ging davon aus, dass auf der Grundlage dieser Vorgaben rund 26 Unternehmen betroffen sein würden.

1546 Richtlinie des Europäischen Parlaments und des Rates über die Aufnahme und Ausübung der Tätigkeit der Kreditinstitute v. 14.06.2006, 2006/48/EG, ABl. EU Nr. L 177/1 sowie die Richtlinie des Europäischen Parlaments und des Rates über die angemessene Eigenkapitalausstattung von Wertpapierfirmen und Kreditinstituten v. 14.06.2006, 2006/49/EG, ABl. EU Nr. L 177/201–255.

1547 Die Richtlinie des Europäischen Parlaments und des Rates zur Änderung der Richtlinie 2006/48/EG und 2006/49/EG im Hinblick auf die Eigenkapitalanforderungen für Handelsbuch und Weiterverbriefung und im Hinblick auf die aufsichtsrechtliche Überprüfung der Vergütungspolitik (CRD III), 2010/76/EU v. 14.12.2010, ABl. EU Nr. L 329/3.

dividuellen Anwendungsbereich dahingehend, dass hiervon nunmehr alle Angestellten mit einer variablen Vergütung von mehr als 33 % der Gesamtentlohnung sowie mit einer Gesamtvergütung von mehr als £ 500,000 erfasst waren.[1548] Darüber hinaus enthält die Novellierung des Remuneration Code eine nicht abschließende Auflistung des sog. „Code Staff".[1549] Demzufolge unterfällt dem Anwendungsbereich des Remuneration Code nicht nur die Direktorenvergütung, sondern auch die Entlohnung von allen Personen, die einen wesentlichen Beitrag zur Unternehmensleitung leisten, sowie der *senior manager*[1550] und der Belegschaft, deren Gesamtvergütung sie in die Stellung der Führungskräfte versetzt und deren berufliche Tätigkeit erhebliche Auswirkungen auf das Risikoprofil des Unternehmens haben kann.[1551] Die nachfolgenden Ausführungen beziehen sich jedoch nur auf die im Rahmen dieser Arbeit relevante Direktorenvergütung.

### cc) Regelungsgegenstand

Die CRD III-Richtlinie stattet nationale Regulierungsbehörden mit der Flexibilität aus, die Umsetzung der Vergütungsvorgaben verhältnismäßig zu gestalten. Dabei werden die betroffenen Unternehmen lediglich aufgefordert, vorgeschriebene Grundsätze in der Art und Weise und in dem Ausmaß zu befolgen, wie dies im Rahmen ihrer Größe, der innerbetrieblichen Organisation und der Beschaffenheit sowie des Betätigungsfeldes und der Komplexität ihrer Tätigkeiten angemessen erscheint.[1552] Zur Umsetzung

---

1548 Dies betrifft vor allem Regelungen der Vergütungsstruktur, die sich auf Anforderungen an die aufgeschobene Vergütung (SYSC 19A.3.49 R), die Sperrfristen für Aktien und andere Entlohnungsinstrumente (SYSC 19A.3.47 R) sowie die Leistungsadjustierung (SYSC 19A.3.51 R) und garantierte variable Vergütung (SYSC 19A.3.40 R) beziehen. Vgl. Principle 12, SYSC 19A3.34 G(1),(2) FSA, PS10/20.

1549 Laut SYSC 19.3.6 G (4) des Revised Remuneration Code gehören zum Code Staff unter anderem: „Heads, including regional heads, and any individuals or groups within their control who have a material impact on the firm's risk profile; heads of support and control function and other individuals within their control who have a material impact on the firm's risk profile." Annex B, SYSC 19.3.6 (4) FSA, CP10/19.

1550 *Senior manager* wird demnach als eine Person definiert, welche Management- und Überwachungsaufgaben erfüllt und dem Leitungsorgan, einem Mitglied des Leitungsorgans, dem *chief executive* oder dem Vorsitzenden einer bedeutenden Business Group Bericht erstattet.

1551 Sec. 3.12 FSA CP10/19, S. 19. Vgl. auch Erwägungsgrund 3 der CRD III-Richtlinie 2010/76/EU v. 14.12.2010, ABl. EU Nr. L 329/3: „[...] für diejenigen Kategorien von Mitarbeitern, deren berufliche Tätigkeit sich wesentlich auf ihr Risikoprofil auswirkt, Vergütungsgrundsätze und -praktiken festzulegen und beizubehalten, die mit einem wirksamen Risikomanagement vereinbar sind. Zu diesen Kategorien von Mitarbeitern sollten zumindest die Geschäftsleitung, Risikoübernehmer, Mitarbeiter mit Kontrollfunktionen und Mitarbeiter, die sich aufgrund ihrer Gesamtvergütung einschließlich der Regelungen über freiwillige Rentenzahlungen in derselben Einkommensstufe wie Mitglieder der Geschäftsleitung und Risikoübernehmer befinden, gehören."

1552 „[...] wenden Kreditinstitute die nachstehend genannten Grundsätze in einer Art und in einem Ausmaß an, die ihrer Größe, ihrer internen Organisation und

dieses Verhältnismäßigkeitsansatzes entwickelte die FSA im Rahmen des Revising the Remuneration Code ein vierstufiges Aufsichtssystem, bei dem die Unternehmen der ersten Stufe die Vorgaben vollständig umzusetzen haben und den Gesellschaften der vierten Stufe die Nichtumsetzung einiger Regelungen gestattet ist. Auf den ersten zwei Stufen sind Kreditinstitute und Börsenmakler angesiedelt, die in bedeutenden Vermögenshandelsgeschäften/Anlagebankgeschäften beteiligt sind. Dabei sind also solche Unternehmen gemeint, die vom Anwendungsbereich des bisher geltenden Remuneration Code bereits erfasst waren. Die dritte Stufe besteht überwiegend aus kleineren Banken und Baugesellschaften sowie aus Unternehmen, die aufgrund ihrer Bilanzaufstellung hin und wieder kurzfristige Risiken eingehen. Schließlich werden der vierten Stufe Unternehmen zugerechnet, die ihr Einkommen durch das Agenturgeschäft erwirtschaften, ohne ihre Bilanz einem Risiko auszusetzen.[1553] Diese Abstufung erlaubt eine flexiblere und der Struktur und Organisation des jeweiligen Unternehmens angemessene Umsetzung der Kodexempfehlungen und sorgt somit für eine nachhaltige Verfolgung der mit dem Code verfolgten Ziele.

### (1) Rahmenbedingungen

Zwar zählen die unangemessene Vergütungspolitik, die Entlohnungspraktiken und das Festsetzungsverfahren der Gehälter der Führungskräfte großer Banken nicht zu den dominierenden Faktoren der aktuellen Finanzmarktkrise; dennoch leisteten diese einen entscheidenden Beitrag hierzu, sodass fundamentale Änderungen der Herangehensweise an die Direktorenvergütung vieler Finanzdienstleister erforderlich waren.

Mit Hilfe regulatorischer Änderungen sollte ein solider Grundstein für die Verhinderung künftiger Krisen gelegt werden. Vor diesem Hintergrund erarbeitete die FSA den beschriebenen auf dem „Dear CEO"-Schreiben aufbauenden Code on Remuneration Practices, der die Unternehmen auffordert, die Aufstellung, Anwendung und Aufrechterhaltung ihrer Vergütungspolitik, des Festsetzungsverfahrens und der Verfahrenspraktiken am effektiven Risikomanagement auszurichten und dieses zu fördern.[1554] Dabei wurde diese allgemeine Regel, sog. general rule,[1555] begleitet von zwölf unterstützenden Prinzipien, in das Regelwerk der FSA (sog. FSA Handbook) der FSA als verbindlich aufgenommen, wobei die sog. „supporting principles" den Rechtscharakter der „beweiserheblichen/beweiskräftigen Regelungen" oder

---

der Art, dem Umfang und der Komplexität ihrer Geschäfte nach angemessen sind." vgl. CRD III-Richtlinie 2010/76/EU v. 14.12.2010, ABl. EU Nr. L 329/16, Annex 1. Zur ausführlichen Auflistung der Mindestanforderungen, vgl. Annex 5, Table 1 bis 3; Annex B, SYSC 19.3.3 R (2), FSA, CP10/19.

1553 Sec. 3.14 FSA, PS10/20, ausführlich zur Aufteilung sec. 3.19 ff.

1554 SYSC 19A2.1 R FSA, SP10/20.

1555 Bei der allgemeinen Anforderung handelt es sich um eine Regel, die von den Unternehmen, an die der Remuneration Code sich wendet, angehalten werden muss; der Verstoß gegen diese Regelung kann zur zwangsweisen Durchsetzung führen. FSA, CP 09/10, Draft code on remuneration practices, Annex 2, Glossary, S. 1.

„evidential provisions" (EP)[1556] erhalten haben. Jede „evidential provision" wird ihrerseits von sog. „guidance" unterstützt, welche die Ratio der Grundsätze sowie weitere Erklärungen der Regelungen bietet.[1557]

Die unterstützenden Prinzipien beziehen sich dabei unter anderem auf die Vergütungsstruktur, die nicht finanziellen Leistungsparameter, langfristige Leistungsmaßstäbe, gewinnorientierte Messwerte und die Risikoanpassung sowie auf die Aufgaben der für die Festlegung der Vergütungspolitik zuständigen Organe. Die FSA verfolgt dabei das Ziel, die Vergütungspolitik darauf zu fokussieren, die Eingehung übermäßiger Risiken zu vermeiden.[1558] Die Bestimmung der Vergütungshöhe wird jedoch weiterhin als Angelegenheit des *boards* des Unternehmens und der Aktionäre angesehen, sodass keiner der im Code vorgeschlagenen Grundsätze die Festsetzung hoher Vergütungen an die Führungskräfte verhindern soll, die aufgrund ihres Beitrages zum Unternehmenserfolg und angemessener Berücksichtigung der Risiken die gewährten Vergütungssummen verdient haben.[1559]

Von den Vorgaben des Remuneration Code der FSA werden alle Vergütungsaspekte erfasst, die Einfluss auf das effektive Risikomanagement haben könnten. Darunter fallen folglich Grundgehälter, Bonuszahlungen, langfristige variable Vergütungsbestandteile, Aktienoptionen, Eintrittsprämien, Abfindungszahlungen und Ruhegeldzusagen.[1560] Bei der Anwendung der Remuneration Code-Vorschriften ist das Unternehmen gehalten, auch die Vorgaben der „Good Practice on Remuneration and Corporate Governance" der Association of British Insurers (ABI)[1561] und der National Association of Pension Funds (NAPF)[1562] zu berücksichtigen.[1563] Im Übrigen behält die FSA sich das Recht vor, von den Vergütungsausschüssen Nachweise der Umsetzung der Remuneration Code-Grundsätze anzufordern und im Falle der Fehlumsetzung bzw. des Umsetzungsdefizites Verbesserungspläne durch die *remuneration committees* vorlegen zu lassen.[1564]

Die Einhaltung der Vorgaben des Remuneration Code macht die FSA von der Art, der Größenordnung und der Komplexität des betroffenen Unternehmens und seiner

---

1556 Bei den EP handelt es sich um Regelungen, die eine dahingehende Beweiskraft besitzen, dass die Befolgung der EP im Remuneration Code darauf schließen lässt, dass auch die Rahmenbedingungen erfüllt wurden. Umgekehrt lässt ein Verstoß gegen die EP unwiderlegbar vermuten, dass auch die general requirement des Kodex nicht eingehalten wurden. FSA, CP 09/10, Draft code on remuneration practices, Glossary Annex 2, S. 1; FSA, Reforming remuneration practices in financial services, sec. 1.11 CP09/10 v. März 2009, S. 4.

1557 Sec. 4.3 FSA, PS09/15, S. 23.

1558 Annex B, SYSC 19.1.6 G (1) FSA, CP10/19.

1559 Annex B, SYSC 19.2.2 G (7) FSA, PS09/15.

1560 SYSC 19A.2.2 G(2) S. 1 FSA, PS10/20.

1561 Dazu bereits oben S. 261ff.

1562 Dazu bereits oben S . 263ff.

1563 SYSC 19A.2.2 G(2) S. 2 FSA, PS10/20.

1564 SYSC 19A2.2 G(5) FSA, PS10/20.

Tätigkeiten abhängig.[1565] Die von den Vorgaben des „Code" betroffenen Unternehmen müssen sicherstellen, dass ihre Vergütungspolitik mit dem effektiven Risikomanagement konform ist, dieses fördert und die Eingehung von unvernünftigen und vom Unternehmen nicht mehr zu tolerierenden Risiken nicht begünstigt.[1566] Darüber hinaus hat das Unternehmen dafür Sorge zu tragen, dass die Vergütungspolitik mit der Unternehmensstrategie, den Unternehmenszielen und -werten sowie mit den langfristigen Unternehmensinteressen im Einklang steht.[1567] Im Übrigen soll gewährleistet werden, dass die Vergütungspolitik Maßgaben zur Vermeidung potenzieller Interessenkonflikte enthält.[1568]

### (2) Richtlinien der Unternehmensverfassung

Im Rahmen des Remuneration Code stellt die FSA erhöhte Anforderungen in Bezug auf die Verantwortlichkeit des *boards* und des *remuneration committee* von Unternehmen, die in Bezug auf ihre Größe, interne Organisation und die Unternehmensbeschaffenheit sowie ihr Betätigungsfeld und die Komplexität ihrer Tätigkeiten bedeutend sind. Die neu erlassenen Regelungen erfordern somit eine Erweiterung ihres Aufgabenbereichs über die im CA 2006 ausdrücklich vorgesehenen Kompetenzen hinaus.[1569] Demnach soll das *board* des Unternehmens in seiner überwachenden Funktion (d.h. also die nicht geschäftsführenden Direktoren) allgemeine Prinzipien der Vergütungspolitik entwickeln und die Einhaltung dieser Grundsätze einer regelmäßigen Kontrolle unterziehen.[1570] Dabei soll sichergestellt werden, dass die Umsetzung der ausgearbeiteten Vergütungspolitik mindestens jährlich einer zentralen und unabhängigen internen Überprüfung unterliegt.[1571] Jedes Unternehmen, das eine erhebliche Größe aufweist und in Bezug auf seine interne Verfassung und die Beschaffenheit, den Aufgabenbereich und die Komplexität seiner Tätigkeiten bedeutend ist, trifft die Pflicht zur Errichtung von Vergütungsausschüssen,[1572] die so organisiert sein müssen, dass einer unabhängigen Beurteilung der Vergütungspolitik und -praxis sowie der Überprüfung von für Risikomanagement, Kapital und Liquidität kreierten Verhaltensanreizen nichts im Wege steht.[1573] Dabei müssen sowohl der *chairman* als auch die Mitglieder des

---

1565 SYSC 19A2.2 G(3) FSA, PS10/20.

1566 Principle 1, SYSC 19A3.7 R FSA, PS10/20.

1567 Principle 2, SYSC 19A3.8 R FSA, PS10/20.

1568 Principle 2, SYSC 19A3.9 R FSA, PS 10/20.

1569 Sec. 2.12 FSA, PS09/15.

1570 Principle 4, SYSC 19A3.10 R FSA, PS10/20. Diese Regelung steht im Einklang mit dem Standsard 1 der FSB Principles for Sound Compensation Practices, Implementation Standards v. 25.09.2009, abrufbar unter: http://www.financialstabilityboard.org/publications/r_090925c.pdf (zuletzt aufgerufen am 30.03.2011).

1571 SYSC 19A3.11 R FSA, PS10/20. Diese Vorgabe entspricht auch dem Standard 1 der FSB Principles for Sound Compensation Practices, Implementation Standards v. 25.09.2009.

1572 Principle 4, SYSC 19A3.12 R(1) FSA, PS10/20.

1573 Principle 4, SYSC 19A3.12 R(2) FSA, PS10/20.

*remuneration committee* dem *board of directors* als nicht geschäftsführende Direktoren angehören.[1574] Die Vergütungsausschüsse müssen darüber hinaus in der Lage sein, nachweisen zu können, dass ihre Vergütungsentscheidung mit einer vernünftigen Bewertung der finanziellen Unternehmenslage und den Zukunftsaussichten der Gesellschaft im Einklang steht,[1575] wobei im Rahmen der Entscheidungsvorbereitung langfristige Interessen der Aktionäre, der Anleger und anderer Interessengruppen (*stakeholder*) berücksichtigt werden müssen.[1576]

Die Vergütungsentscheidungen müssen sowohl mit der finanziellen Lage des Unternehmens als auch mit seinen Zukunftsaussichten konform sein. Insbesondere bei einer Vergütungspraxis, bei der die Bezüge für potenzielle, in der Zukunft zu erbringende Erträge gewährt werden und bei der der Zeitpunkt und die Wahrscheinlichkeit der Ertragserbringung ungewiss bleiben, sollte die Entscheidungsfindung mit besonderer Sorgfalt erfolgen. Dabei sollten die vom Vergütungssystem ausgehenden Verhaltensanreize in enger Zusammenarbeit mit den im Risikomanagement-Bereich beschäftigten Angestellten evaluiert werden.[1577] Zudem sind das *board of directors* und der Vergütungsausschuss dafür zuständig, sicherzustellen, dass die Vergütungspolitik des Unternehmens mit den Anforderungen des Remuneration Code im Einklang steht und – wenn relevant – die Vorgaben des Baseler Ausschusses für Bankenaufsicht (Basel Committee on Banking Supervision) sowie die Empfehlungen der International Association of Insurance Supervisors (IAIS)[1578] und der International Organization of Securities Commissions (IOSCO) berücksichtigt werden.[1579] Die regelmäßige Überprüfung der Umsetzung der Vergütungspolitik sollte dabei die Einhaltung des Remuneration Code und anderer anwendbarer Regelwerke zum Gegenstand haben.[1580]

### (3) Vorgaben für die Vergütung der Vorstandsmitglieder des Risiko- und Compliance-Bereichs sowie Anforderungen an die Eigenmittelausstatung

Die Vergütung der leitenden Angestellten im Risikomanagement- und Compliancebereich nach den Vorgaben des Code of Remuneration Practices muss – soweit erforderlich – unmittelbar durch das *board of directors* oder den Vergütungsausschuss überwacht werden.[1581] Im Übrigen sollte die Vergütung dieser Angestellten unabhängig von der Entlohnung der Führungskräfte anderer Geschäftszweige festgesetzt

1574 Principle 4, SYSC 19A3.12 R(3) FSA, PS10/20.
1575 Principle 4, SYSC 19A3.13 G(1) FSA, PS10/20.
1576 Principle 4, SYSC 19A3.12 R(5) FSA, PS10/20.
1577 Principle 4, SYSC 19A3.13 G(1) FSA, PS10/20.
1578 International Association of Insurance Supervisors, Organisation of Economic Co-operation and Development, Issues Paper on Corporate Governance, Juli 2009, abrufbar unter: www.iaisweb.org/view/element_href.cfm?src=1/7520.pdf (zuletzt aufgerufen am 30.03.2011).
1579 Principle 4, SYSC 19A3.13 G(2) FSA, PS10/20.
1580 Principle 4, SYSC 19A3.13 G(3) FSA, PS10/20.
1581 Annex B, SYSC 19.3.16 R FSA, CP10/19.

werden. Risiko- und Compliance-Tätigkeitsfelder sollten über leistungsorientierte Beurteilungsparameter verfügen, die ihrerseits an die Zielerreichung in diesen Bereichen anknüpfen.[1582] Um mögliche Interessenkonflikte zu vermeiden, die aus einer unangemessenen Beeinflussung der Vergütung Risikomanagement-betrauter Direktoren durch Führungskräfte anderer Geschäftszweige resultieren könnten, wird erwartet, dass der Anteil der potenziellen variablen Vergütungskomponenten im Verhältnis zu den fixen Bezügen bei den Direktoren im Risikomanagement-Bereich wesentlich geringer ausfällt als bei den Führungskräften anderer Geschäftszweige, deren potenzieller Bonus einen bedeutenden Teil der Gesamtvergütung ausmacht. Dennoch sollte darauf geachtet werden, dass die Gesamtvergütung der Führungskräfte im Risikomanagement-Bereich attraktiv genug ist, um fähiges, sachkundiges und erfahrenes Personal für das Unternehmen zu gewinnen bzw. behalten zu können.[1583]

Gemäß „Principle 6" des Remuneration Code muss das Unternehmen dafür Sorge tragen, dass die variable Vergütung die Fähigkeit des Unternehmens seine Eigenkapitalbasis zu stärken nicht beschränkt.[1584]

### (4) Vergütungsvorgaben für staatlich unterstützte Unternehmen

Die FSA setzt fest, dass aufgrund besonderer Umstände staatlich unterstützte Unternehmen folgende Kriterien bei der Festsetzung der Managervergütung erfüllen müssen. Zunächst wird verlangt, dass die von der staatlichen Intervention profitierenden Gesellschaften ihre Vergütungspolitik an dem fundierten Know-how im Risikomanagement und dem langfristigen Unternehmenswachstum ausrichten und, sofern erforderlich, Obergrenzen für die Direktorenvergütung einführen.[1585] Darüber hinaus ist die Auszahlung von variabler Vergütung an Führungskräfte grundsätzlich nicht zulässig, es sei denn, es besteht ein besonderer Rechtfertigungsgrund.[1586] Die FSA betrachtet ein derartiges Auszahlungsverbot dann als angemessen, wenn hiervon lediglich diejenigen Direktoren betroffen werden, die zur Zeit des staatlichen Eingreifens im Amt waren.[1587]

### (5) Erfolgsbeurteilungsmaßstäbe der variablen Vergütung und Risikoadjustierung

Jedes Leistungsbeurteilungskriterium, welches zur Festsetzung der variablen Vergütung herangezogen wird, muss laut Remuneration Code von jeder Art der gegenwärtigen und zukünftigen Risiken abhängig gemacht werden und sowohl die

1582 Annex B, SYSC 19.3.17 G FSA, CP10/19.
1583 Principle 5, SYSC 19A3.17 G(3) FSA, PS10/20.
1584 Principle 6, SYSC 19A3.18 R FSA, PS10/20.
1585 Principle 7, SYSC 19A3.20 R(2) FSA, PS10/20.
1586 Principle 7, SYSC 19A3.20 R(3) FSA, PS10/20. Diese Vorgaben entsprechen der Banking Consolidation Directive (Annex V, sec. 23(k)) und Standard 10 der FSB Principles for Sound Compensation Practices, Implementation.
1587 Annex B, SYSC 19.3.20 R (3) FSA, CP10/19.

Kosten als auch die vorhandene Kapitalmenge und die erforderliche Liquidität des Unternehmens berücksichtigen.[1588] Die FSA geht davon aus, dass die betroffenen Unternehmen bei der endgültigen Entscheidung über die performanceorientierten Komponenten der variablen Direktorenvergütung mit Hilfe des gesunden Menschenverstandes zu einer qualitativen Beurteilung gelangen.[1589]

Long term incentive plans sollen als Pool der variablen Vergütung behandelt werden. Dabei sind die allgemein anerkannten Bezugsgrößen, wie etwa *earning per share* (EPS) und *total shareholder return* (TSR), den längerfristigen Risikofaktoren nicht angepasst. Auf einen Zeitraum von zwei bis vier Jahren angelegte Vergütungspläne, die auf EPS oder TSR basieren, bergen die Gefahr, dass die potenziell Begünstigten diverse für das wahre Langzeitwohlergehen des Unternehmens nachteilige Strategien entwickeln können, um diese Richtwerte während der Laufzeit in die Höhe zu treiben. Dabei nennt die FSA beispielsweise Manipulationen, die das Verhältnis von Fremd- und Eigenkapital verändern und so EPS und TSR ansteigen lassen. Um einer derartigen Beeinflussung zu entgehen schlägt der Kodex vor, die oben genannten Faktoren bei der Ausarbeitung der Risikoanpassungsmethoden ausreichend zu berücksichtigen.[1590] Unternehmen, die sich langfristig orientierter Vergütungspläne bedienen, sollten diese derart gestalten, dass die Gewährung von langfristigen Bezügen von angemessenen Performance-Bedingungen abhängig gemacht wird, wobei die Hälfte der zugeteilten Vergütung nicht vor Ablauf von mindestens fünf Jahren und der Restbetrag nicht vor Ablauf von drei Jahren ausgezahlt werden darf.[1591]

Die zur Festsetzung der variablen Vergütung zugrundezulegenden Beurteilungskriterien der finanziellen Performance sollten grundsätzlich gewinnorientiert konzipiert sein.[1592] Bemessungsparameter, die lediglich oder im Wesentlichen ertrags- oder erlösbasiert sind, könnten die Vorstandsmitglieder dazu verleiten, der Qualität der vorzunehmenden Geschäfte oder der zu leistenden Dienste ungenügende Beachtung zu schenken oder die Prüfung der Angemessenheit im Sinne der Geschäftskunden zu vernachlässigen.[1593] Bedient sich ein Unternehmen dennoch ertrags- oder erlösorientierter Bezugsgrößen zur Beurteilung der Vorstandsleistung, so ist darauf zu achten, dass bestimmte Verfahren eingehalten werden, die sicherstellen, dass die oben genannten Aspekte berücksichtigt wurden.[1594]

Ferner soll sichergestellt werden, dass die gesamte variable Vergütung für den Fall der sich schwach oder negativ entwickelnden finanziellen Unternehmensperformance grundsätzlich einer umfassenden Herabsetzungsmöglichkeit zugänglich ist, wobei sowohl die gegenwärtige Vergütung als auch die Herabsetzung der bisherigen Bezüge zu

---

1588 Principle 8, SYSC 19A3.22 R(1)(a) FSA, PS10/20.
1589 Principle 8, SYSC 19A3.23 G(3) FSA, PS10/20.
1590 Principle 8, SYSC 19A3.24 G(1) FSA, PS10/20.
1591 Principle 8, SYSC 19A3.24 G(2) FSA, PS10/20.
1592 Principle 8, SYSC 19A3.25 R FSA, PS10/20.
1593 Principle 8, SYSC 19A3.26 G(1) FSA, PS10/20.
1594 Principle 8, SYSC 19A3.26 G(2) FSA, PS10/20.

berücksichtigen sind.[1595] Werden im Unternehmen jedoch Verluste verzeichnet, so geht die FSA grundsätzlich davon aus, dass die variable Vergütung nicht ausgezahlt wird. Gleichwohl kann die Gewährung von variablen Bezügen etwa dann gerechtfertigt sein, wenn dem Manager, der in ein neues unternehmerisches Vorhaben involviert ist, welches in seinem frühen Stadium verlustreich sein kann, jedoch langfristig Gewinn verspricht, Anreize für die Weiterführung des Projekts gesetzt werden müssen.[1596]

### (6) Rentenpolitik

Der Remuneration Code setzt fest, dass jedes dem Anwendungsbereich des Kodex unterfallende Unternehmen sicherstellen muss, dass seine Rentenpolitik (*pension policy*) mit der Unternehmensstrategie, den Unternehmenszielen und -werten sowie mit den langfristigen Interessen des Unternehmens im Einklang steht.[1597] Ferner regelt der Vergütungskodex der FSA, dass der vor der Pensionierung ausscheidende Manager seine Ermessensrenten nicht vor Ablauf von fünf Jahren erhalten darf.[1598] Mit dem Eintritt der Pensionierung wird die ihm zugesagte Ermessensrente in Form von Aktien oder gleichwertigen Gesellschaftsanteilen bei börsennotierten Aktiengesellschaften bzw. als aktienbasierte Vergütungsinstrumente oder gleichwertige Sachleistungen bei nicht börsennotierten Aktiengesellschaften, oder – wenn angemessen – in Form von Kapitalinstrumenten nach einer Sperrfrist von fünf Jahren ausgezahlt.[1599]

### (7) Verbot privater Anlagestrategien

Um die Vereitelung der Folgen des in die Vergütungsvereinbarungen eingeschlossenen Risikoabgleichs zu verhindern schreibt der Code vor, dass Unternehmensführungskräfte zum Einsatz privater Sicherungsstrategien oder zum Abschluss vergütungs- bzw. haftungsbezogener Versicherungsverträge nicht berechtigt sind.[1600] Unter dem Einsatz privater Sicherungsstrategien (sog. personal hedging strategies) versteht die FSA das Eingehen von Vereinbarungen mit Dritten, bei denen der Dritte unmittelbar oder mittelbar Zahlungen an den Manager leistet, die mit dem Betrag, welcher der Vergütungsherabsetzung des betroffenen Managers unterliegt, in Verbindung steht

---

1595 Principle 8, SYSC 19A3.27 R FSA, PS10/20.

1596 Principle 8, SYSC 19A3.28 G FSA, PS10/20. Der ursprüngliche Kodextext enthielt zwar ebenfalls eine solche Regelung, bezog sich hierbei jedoch lediglich auf Bonuszahlungen und nicht auf die gesamte variable Vergütung. „ [...] This means that a firm (or a part of it) would have the ability not to pay a bonus in a year in which the firm (or a part of it) makes a loss. Such a practice need not prevent a firm from paying a bonus despite making a loss if the bonus is justified on other grounds, for example incentivising employees involved in new business ventures which could be loss-making in their early stages." Vgl. Annex B, SYSC 19.3.17 G (1) FSA, SP09/15.

1597 Principle 9, SYSC 19A3.29 R FSA, PS10/20.

1598 Principle 9, SYSC 19A3.29 R(2) FSA, PS10/20.

1599 Principle 9, SYSC 19A3.29 R(3) FSA, PS10/20.

1600 Principle 10, SYSC 19A3.30 R(1) FSA, PS10/20.

bzw. diesem entspricht.[1601] Im Übrigen ist darauf zu achten, dass die variable Vergütung nicht mit Hilfe von Mechanismen oder Methoden, welche die Umgehung des Remuneration Code ermöglichen, de facto dennoch ausgezahlt wird.[1602]

### (8) Regelungen der Vergütungsstruktur

Eine effektive Begrenzung nachteiliger Auswirkungen schwacher Vergütungspraktiken auf das Risikomanagement durch die Marktmechanismen ist in den letzten Jahren leider nicht gelungen. In vielen Unternehmen wurden Boni zugeteilt, ohne dass die risikobereinigten Renditen, welche den Aktionären im Gegenzug für die Bereitstellung des Kapitals zustehen, berücksichtigt wurden.[1603]

Daher schreibt der Vergütungskodex nunmehr vor, dass die Unternehmen, die eine leistungsorientierte Vergütung vorsehen, dafür zu sorgen haben, dass der Gesamtbetrag der Bezüge auf einer Kombination aus der Beurteilung der individuellen Performance des Begünstigten, der betroffenen Geschäftseinheit und des Jahresergebnisses des Unternehmens basiert.[1604] Dabei sind im Rahmen der individuellen Leistungsbewertung sowohl finanzielle als auch nichtfinanzielle Kriterien heranzuziehen.[1605] Die nicht-finanziellen Leistungsparameter sollten dabei den wesentlichen Teil des Leistungsbeurteilungsprozesses ausmachen und die Einhaltung des effektiven Risikomanagements sowie die Befolgung des Regulierungssystems und relevanter internationaler gesetzlicher Anforderungen erfassen. Der Leistungsbeurteilungsprozess sowie die Bedeutung der nichtfinanziellen Beurteilungsfaktoren erfordern eine verständliche Aufklärung der betroffenen Führungskräfte sowie eine vernünftige Umsetzung. Eine geeignete Methode hierfür könnte die sog. „*balanced scorecard*“[1606] darstellen.[1607]

Im Übrigen muss die Leistungsbeurteilung einen mehrjährigen Bezugsrahmen aufweisen, um die Langfristigkeit der Performance gewährleisten zu können und sicherzustellen, dass die Auszahlung der leistungsbasierten Vergütung auf einen Zeitraum ausgedehnt wird, der den Geschäftszyklus des Unternehmens und seine Risiken angemessen berücksichtigt.[1608] Die Anforderung, die Performancebeurteilung mehrjährig

1601 Principle 10, SYSC 19A3.31 G FSA, PS10/20.

1602 Principle 11, SYSC 19A3.32 R FSA, PS10/20.

1603 Sec. 2.2 FSA, PS09/15, S. 11.

1604 Principle 12, SYSC 19A.3.36 R(1) FSA, PS10/20.

1605 Principle 12, SYSC 19A.3.36 R(2) FSA, PS10/20.

1606 Dabei handelt es sich um ein hoch komplexes Konzept, welches auf Robert Kaplan und David Norton zurückzuführen ist. Danach stellt die „*balanced scorecard*“-Methode ein Instrument der Performance-Messung dar, die alle Werte einschließlich immaterieller Größen erfasst und für alle Unternehmensgruppen (stakeholder) evaluierbar macht. Diese Methode „übersetzt die Strategie einer Organisation oder eines Unternehmens in konkrete Performance-Ziele und –Kennzahlen, Zielvereinbarungen und Prozesse über vier ausgewogene Perspektiven hinweg: Finanzen, Kunden, interne Prozesse sowie Mitarbeiterförderung und -entwicklung [...].“ Vgl. *Niven,* Balanced Scorecard, S. 17.

1607 Principle 12, SYSC 19A.3.37 G FSA, PS10/20.

1608 Principle 12, SYSC 19A.3.38 R FSA, PS10/20.

zu gestalten, spiegelt die Tatsache wider, dass der Unternehmensgewinn nicht immer stetig ist, sondern vielmehr gewissen Schwankungen, insbesondere in Abhängigkeit vom allgemeinen Konjunkturverlauf, unterliegt und als Folge hiervon die finanzielle Performance des Unternehmens und des einzelnen Vorstandsmitglieds nicht immer der erbrachten Leistung entspricht. Um diesem Umstand entgegenzuwirken soll die leistungsorientierte Vorstandsvergütung laut FSA nicht ausschließlich anhand des Ergebnisses eines einzelnen Geschäftsjahres bemessen werden. Vielmehr schlägt der Kodex vor, die Leistungsbeurteilung auf der Grundlage eines gleitenden Mittelwertes der Ergebnisse längerer Zeiträume vorzunehmen, wobei auch andere Maßnahmen, wie etwa ein guter Qualitätsrisikoabgleich sowie der Aufschub eines wesentlichen Anteils der Gesamtvergütung, als geeignete Regelungen zur Vermeidung unberechtigt hoher Vorstandsbezüge betrachtet werden.[1609]

Darüber hinaus verbietet der Vergütungskodex die Gewährung oder Auszahlung der garantierten variablen Direktorenvergütung, es sei denn, diese ist ausnahmsweise geboten, erfolgt im Zusammenhang mit der Anstellung eines neuen Managers und ist auf das erste Dienstjahr beschränkt.[1610] Die garantierte Gewährung oder Auszahlung im Zusammenhang mit der Anstellung eines neuen Managers soll jedoch dann unterbleiben, wenn keine vernünftigen Schritte unternommen wurden, um sicherzustellen, dass die vereinbarte Vergütung im Vergleich zu den vom früheren Arbeitgeber gewährten variablen Bezügen in ihrer Höhe und ihren Konditionen (einschließlich aller Aufschub- oder Einbehaltungszeiträume) nicht großzügiger ausfällt, und wenn die Vergütung nicht von angemessenen Anforderungen an die Leistungsanpassung abhängig gemacht wird.[1611] Darüber hinaus soll die garantierte variable Vergütung den gleichen Zahlungsaufschubkriterien unterliegen, von denen auch andere Formen variabler Bezüge betroffen sind.[1612] Nach Ansicht der FSA kann die variable Vergütung, wenn dies mit den Remuneration Code general requirements vereinbar ist, in Form von Leistungen erfolgen, die erst nach Ablauf eines bestimmten Zeitraumes ausgezahlt werden (sog. *retention awards*). Dies ist allerdings nur dann zulässig, wenn das Unternehmen einer großen Restrukturierung ausgesetzt ist und für die Einbehaltung der Vergütung bestimmter Führungskräfte aus Vorsichtsgründen überzeugende Argumente geliefert werden können.[1613]

---

1609 Principle 12, SYSC 19A.3.39 G FSA, PS10/20.

1610 Principle 12, SYSC 19A.3.40 R FSA, PS10/20. Diese Vorgabe entspricht dem Standard 11 der FSB Compensation Standards. Die ursprüngliche Version des Vergütungskodex enthielt hingegen folgende Formulierung: „'Guaranteed minimum bonuses' which run for a period of more than one year and similar payments in addition to an emloyee's salary that are not based on performance during the performance period under review are likely to be inconsistent with Remuneration Principle 8." (Wobei Principle 8 im heutigen Principle 12 enthalten ist.) Vgl. Annex B, SYSC 19.3.17 G (7) FSA, SP09/15.

1611 Principle 12, SYSC 19A.3.41 E (1) FSA, PS10/20.

1612 Principle 12, SYSC 19A.3.42 G FSA, PS10/20.

1613 Principle 12, SYSC 19A.3.43 G FSA, PS10/20.

Ferner verlangt der Remuneration Code, dass die betroffenen Unternehmen ein angemessenes Verhältnis zwischen den fixen und variablen Komponenten der Gesamtvergütung festlegen und sicherstellen, dass dieses Verhältnis ausgewogen ist. Dabei müssen fixe Bestandteile einen ausreichend hohen Anteil an der Gesamtvergütung ausmachen, um eine flexible Politik der variablen Direktorenvergütung, einschließlich der Möglichkeit, gar keine variable Vergütung zu gewähren bzw. auszuzahlen, zu ermöglichen.[1614] Vergütungen, die in Bezug auf eine vorzeitige Vertragsbeendigung ausgezahlt werden, müssen die während der Vertragslaufzeit erbrachte Leistung des Begünstigten widerspiegeln und dürfen keine Misserfolge honorieren.[1615] Bereits vereinbarte vertragliche Leistungen im Zusammenhang mit einer vorzeitigen Beendigung des Arbeitsverhältnisses dürfen allerdings nur dann ausgezahlt werden, wenn das Unternehmen über eine hinreichende Grundlage für die Schlussfolgerung verfügt, dass diese den allgemeinen Anforderungen des Remuneration Code entsprechen.[1616]

Der wesentliche Teil der variablen Vergütung, d.h. mindestens 50 %, muss ein ausgewogenes Verhältnis zwischen Aktien bzw. gleichwertigen Gesellschaftsanteilen (je nach gesellschaftsrechtlicher Struktur des Unternehmens) oder, wenn es sich um eine nicht börsennotierte Gesellschaft handelt, aktienbasierten Vergütungselementen bzw. gleichwertigen Sachleistungen,[1617] und – sofern angemessen – Kapitalinstrumenten aufweisen.[1618] In Übereinstimmung mit den Vorgaben des Committee of European Banking Supervisors (CEBS)[1619] bedeutet dies, dass die 50 %-Mindestgrenze gleichermaßen für nicht-aufgeschobene und für aufgeschobene Vergütungskomponenten gelten soll.[1620]

Laut überarbeiteter Fassung des Remuneration Code müssen mindestens 40 % der variablen Vergütung, die ihrerseits 50 % betragen muss, aufgeschoben in einem Zeitraum zwischen drei und fünf Jahren gewährt bzw. ausgezahlt werden.[1621] Eine derartige Vergütung muss zeitanteilig erfolgen.[1622] Sollte die variable Vergütung besonders hoch sein (d.h. £ 500,000 und mehr betragen[1623]) oder an einen *executive director* ausgezahlt werden, dessen Unternehmen in Bezug auf seine Größe, be-

1614 Principle 12, SYSC 19A.3.44 R FSA, PS10/20.
1615 Principle 12, SYSC 19A.3.45 R FSA, PS10/20.
1616 Principle 12, SYSC 19A.3.46 G FSA, PS10/20.
1617 Principle 12, SYSC 19A.3.47 R(1)(a) FSA, PS10/20. Diese Vergütungsinstrumente müssen einer angemessenen Einbehaltungspolitik unterliegen, um die Vergütungsanreize auf die langfristigen Unternehmensinteressen auszurichten, Principle 12, SYSC 19A.3.47 R(2) FSA, PS10/20.
1618 Principle 12, SYSC 19A.3.47 R(1)(b) FSA, PS10/20.
1619 Ziff. 133 CEBS, Guidelines on Remuneration Policies and Practices v. 10.12.2010.
1620 Principle 12, SYSC 19A.3.48 G(1) FSA, PS10/20.
1621 Principle 12, SYSC 19A.3.49 R(1) FSA, PS10/20.
1622 Principle 12, SYSC 19A.3.479 R(2) FSA, PS10/20.
1623 Principle 12, SYSC 19A.3.49 R(6) FSA, PS10/20. Wobei die Möglichkeit, dass ein niedrigerer Betrag als besonders hoch eingestuft werden kann, durch die oben

triebliche Organisation sowie die Beschaffenheit, den Geschäftsbereich und die Komplexität seiner Tätigkeiten bedeutend ist, so müssen sogar mindestens 60 % des auszuzahlenden Betrages aufgeschoben werden.[1624] Mit dieser Regelung verfolgt die FSA das Ziel, die Interessen derer, die den signifikanten Teil ihrer Bezüge in Form der variablen Vergütung ausgezahlt bekommen, mit den langfristigen Interessen des Unternehmens abzustimmen und die Gesellschaften dennoch mit der Flexibilität auszustatten, attraktive Vergütungsstrukturen entwickeln zu können.[1625] Dabei muss der Zeitraum, in dem die Zahlungen aufgeschoben werden sollen, dem Geschäftszyklus, der Eigenart des Unternehmens sowie seinen Risiken und dem Tätigkeitsbereich der betroffenen Führungskraft entsprechen.[1626]

Aufgeschobene Vergütung, die in Aktien oder in Form von aktienbasierten Vergütungsinstrumenten ausbezahlt wird, sollte gewisse Kriterien, wie etwa die Risikoabhängigkeit der zur Festsetzung der Erst-Aktienzuteilung verwendeten Performancemaßstäbe erfüllen. Aber auch die aufgeschobene Barvergütung sollte den Leistungskriterien unterworfen sein.[1627] Von betroffenen Unternehmen wird grundsätzlich erwartet, dass diese eine unternehmensweite Zahlungsaufschub-Politik entwickeln. Dabei soll der Anteil der aufgeschobenen Vergütung in der Regel mit dem zunehmenden Anteil der variablen Vergütung im Verhältnis zum Grundgehalt sowie mit dem höher werdenden Gesamtbetrag der variablen Bezüge steigen.[1628] Schließlich schreibt der Kodex vor, die Billigung bzw. die Auszahlung der variablen Vergütung einschließlich des aufgeschobenen Anteils von der Nachhaltigkeit der finanziellen Unternehmenslage und der Leistung des Unternehmens, der Geschäftseinheit und des individuell betroffenen Managers abhängig zu machen.[1629]

Darüber hinaus soll die aufgeschobene und noch nicht ausgezahlte Vergütung herabgesetzt werden, wenn mindestens eindeutige Beweise für ein Fehlverhalten

---

erwähnte Regelung nicht ausgeschlossen wird. Vgl. Principle 12, SYSC 19A.3.49 R(7) FSA, PS10/20.

1624 Principle 12, SYSC 19A.3.49 R(3) FSA, PS10/20. Die ursprüngliche Fassung des Remuneration Code enthielt zwar eine vergleichbare Regelung (bezog sich lediglich auf die Bonuszahlungen), die jedoch strenger als die Vorgaben des FSB ausgestaltet war und daher diesen angepasst werden musste. Der Wortlaut des Remuneration Code vom August 2009 lautete: „In relation to the proportion to be deferred, if the *bonus* is significant when compared with the fixed component of an employee's remuneration, a reasonable starting point would be to defer at least *two-thirds* of the bonus." Vgl. Annex B, SYSC 19.3.17 G (2) FSA, SP09/15.

1625 Annex 2, Principle 9 FSA, CP09/10, Draft code on remuneration practices, S. 8.

1626 Principle 12, SYSC 19A.3.49 R(5) FSA, PS10/20.

1627 Principle 12, SYSC 19A.3.50 G(1) FSA, PS10/20.

1628 Principle 12, SYSC 19A.3.50 G(2) FSA, PS10/20.

1629 Principle 12, SYSC 19A.3.51 R FSA, PS10/20. Diese Vorschrift entspricht nicht nur den Standards 6 und 9 der FSB Compensation Standards, sondern ähnelt auch den Vorgaben des VorstAG, wonach die Lage der Gesellschaft und die Vorstandsleistung wesentliche Kriterien für die Möglichkeit der Vergütungsherabsetzung nach § 87 Abs. 2 AktG n. F. darstellen. Vgl. S. 140ff.

oder einen erheblichen materiellen Fehler seitens des Begünstigen vorliegen,[1630] das Unternehmen oder dessen beachtliche Geschäftseinheit einen erheblichen Rückgang der finanziellen Performance erleidet[1631] oder das Risikomanagement der betroffenen Geschäftseinheit versagt.[1632] Daher sollten auch die aufgeschobenen variablen Bezüge, die in Form von Aktien oder bargeldlosen Vergütungsinstrumenten gewährt werden, zum Zwecke der Koppelung der Vergütung an die Performance so ausgestaltet sein, dass dem Unternehmen die Möglichkeit gewährt wird, diese in ihrer Anzahl bzw. dem Umfang nach herabzusetzen[1633], wenn eine mangelnde Leistungserbringung dies erfordert. Die Gewährung der variablen Vergütung kann allerdings dennoch dann gerechtfertigt sein, wenn dies zum Beispiel zur Motivation des Managers, welcher mit einem unternehmerischen Vorhaben betraut ist, das in der Anfangsphase Verluste erbringen kann, erforderlich erscheint.[1634]

Schließlich appelliert der Kodex an die Unternehmen, den wesentlichen Teil der aufgeschobenen Elemente[1635] der variablen Vergütung an die zukünftige Performance des Unternehmens sowie an den Beitrag des Begünstigten oder an seinen Geschäftsbereich anzukoppeln.[1636] Die Auszahlung der variablen Vergütung ohne jeglichen Zusammenhang zur künftigen Performance könnte den Anreiz der Direktoren reduzieren, künftige Risiken im Rahmen ihrer Tätigkeit zu berücksichtigen. Die Unternehmen wären somit der Gefahr ausgesetzt variable Bezüge zu gewähren, die nicht durch die erzielten Ergebnisse gerechtfertigt sind.[1637]

### dd) Folgen der Nichtbefolgung der Code-Vorschriften

Mit der Einführung des UK Financial Services Act 2010 wurde die FSA mit dem Recht ausgestattet, bestimmte Vergütungspakete zu verbieten und diejenigen Vergütungsvereinbarungen, die unzulässige Vergütungsleistungen vorsehen, für rechtsunwirksam zu erklären. Im Übrigen hat sie für die Rückerstattung bereits gewährter, den Vorgaben des Remuneration Code widersprechender Leistungen, Sorge zu tragen.[1638] Allerdings geht die FSA davon aus, dass sie nur in Fällen von eindeutigen und leicht feststellbaren Verstößen, die eine offensichtliche Verletzung des Grundsatzes 12 (SYSC 19.3.51 R) des Code darstellen, von diesen Befugnissen Gebrauch machen wird.[1639] Daher schlug die FSA vor, sich dieser Möglichkeit nur

1630 Principle 12, SYSC 19A.3.52 E(1)(a) FSA, PS10/20.
1631 Principle 12, SYSC 19A.3.52 E(1)(b) FSA, PS10/20.
1632 Principle 12, SYSC 19A.3.52 E(1)(c) FSA, PS10/20.
1633 Principle 12, SYSC 19A.3.52 E(2) FSA, PS10/20.
1634 Principle 12, SYSC 19A.3.53 G(1) FSA, PS10/20.
1635 Der Kodexentwurf sprach in diesem Zusammenhang noch von *allen* aufgeschobenen Vergütungselementen. Vgl. Sec 4.38 FSA, PS09/15, S. 33.
1636 Annex B, SYSC 19.3.17 G (3) FSA, PS09/15.
1637 Annex 2, Principle 10 FSA, CP09/10, Draft code on remuneration practices, S. 8.
1638 SYSC 19A.3.55 G(1) FSA, SP10/20; Chapter 28, sec. 139A(9) Financial Services Act 2010.
1639 Ziff. 3.106 FSA, CP10/19, S. 33.

im Zusammenhang mit aufgeschobenen Vergütungsvereinbarungen (SYSC 19.3.46 R) und garantierten Bonusleistungen (SYSC 19.3.38R) sowie ausschließlich in Bezug auf den „Code Staff" zu bedienen.[1640]

Die novellierte Fassung des Remuneration Code führt zwar diese Regelungen weiterhin fort, beabsichtigt jedoch, die Reichweite dieser Unwirksamkeitsvorschriften zunächst auf diejenigen Unternehmen zu beschränken, die bereits zuvor dem Anwendungsbereich des Remuneration Code unterlagen. Für diejenigen Unternehmen, die erst durch die Novellierung des Code von den Vergütungsregelungen erfasst werden, sieht die FSA bestimmte Übergangsregelungen vor.[1641]

Die von der FSA vorgeschlagenen Reformregelungen werden einerseits als zu zögerlich und verspätet betrachtet. Der FSA wird vorgeworfen, die Gefahr, die von unangemessenen Vergütungspaketen und kurzfristig ausgerichteten Vergütungsstrukturen für die Stabilität der Banken ausgeht, verkannt und daher auch nicht rechtzeitig reagiert zu haben.[1642] Andererseits hingegen wird der flexibel ausgestaltete und eher beratende Reformansatz der FSA positiv beurteilt und zum größten Teil als begrüßenswert aufgenommen.[1643] Insbesondere die Entscheidung der FSA, einen klaren, von Prinzipien geleiteten Kodex und einige best practices zu etablieren, ohne dabei den Finanzinstituten genau vorzugeben, wie diese zu agieren haben, findet eine weitgehende Zustimmung. Auch die Association of British Insurers (ABI) sprach sich für den von der FSA gewählten Regelungsansatz aus und warnte vor zu detaillierten Vorschriften, die anstatt einer freiwilligen Befolgung unvermeidlich zu Umgehungsversuchen seitens der Banken führen würden.[1644] Darüber hinaus wurde vorgeschlagen, die von der FSA missbilligten Vergütungspraktiken zu sanktionieren und für diejenigen Banken, von deren Vergütungssystemen unvernünftige Risiken ausgehen können, höhere Kapitalanforderungen einzuführen. Dr. Peter Hahn, Berater in Sachen Vorstandsvergütung und Governance im Bankensektor, befürwortete

---

1640 Ziff. 3.107 FSA, CP10/19, S. 34. „Where it has been established that our voiding powers apply in respect of a particular contract, the firm will be obliged to recover payments made or property transferred to the individual. Firms would be restricted from making further variable remuneration awards to the individual in respect of the same performance year unless they have legal advice that the award complies with the Code. A payment made in breach of this rule would be void and must be recovered (SYSC 19 Annex 1 5R and SYSC Annex 1 7R." Ziff. 3.107 FSA, CP10/19, S. 34.

1641 Ziff. 3.45 FSA, SP10/20, S. 40.

1642 House of Commons, Treasury Committee, Banking Crisis: Reforming Corporate Governance and Pay in the City, Ninth Report of Session 2008–09, S. 19.

1643 Managing Direktor der LIBA, Jonathan Taylor, zum Beispiel führt hierzu aus, dass „the broad principle and the broad framework which is set out in the FSA letter, which sets high-level objectives which the firms should try to aim at, is a good one." Vgl. House of Commons, Treasury Committe, Banking Crisis: Reforming Corporate Governance and Pay in the City, S. 20.

1644 House of Commons, Treasury Committe, Banking Crisis: Reforming Corporate Governance and Pay in the City, S. 21.

die Anhebung der Erfordernisse an die Kapitalaufbringung für die Unternehmen, deren Vergütungspraktiken den Anforderungen der FSA nicht entsprechen und deren Vergütungsstruktur die Vorstände besonders stark zur leichtsinnigen Risikoübernahme ermutigt.[1645]

### *III. Steuerrechtliches Instrument der Vergütungsbeschränkung*

Die Summe aller Bonuszahlungen britischer Manager betrug zwischen 2006 und 2007 circa £ 10 Mrd. und stieg somit im Vergleich zum Jahr 2005 um stolze 41 %. Im Jahr 2008 verzeichnete das Vereinigte Königreich jedoch einen drastischen Rückgang der Bonuszahlungen um 60 %, was einem verbleibenden Gesamtbetrag von £ 4 Mrd. entsprach. Im Jahr 2009 hingegen wuchs die Bonussumme erneut auf £ 6 Mrd. an.[1646] Dieser Anstieg in Kombination mit dramatischen Unternehmensskandalen, der Zahlungsunfähigkeit zahlreicher Banken und der weltweiten Finanzmarktkrise veranlasste die britische Labour-Regierung im Dezember 2009, die sog. Strafsteuer auf Vorstandsboni der Finanzbranche einzuführen (sog. *bank payroll tax*).[1647] Demnach müssen Banken eine Steuer von 50 % entrichten, wenn ihre Bonuszahlungen £ 25,000 übersteigen. Die begünstigten Vorstandsmitglieder ihrerseits tragen ab April 2010 eine Steuerlast, die anstatt des bisherigen Grenzsteuersatzes von 40 % gem. sec. 6(1)(c), (2) Income Tax Act 2007 i.V.m. sec. 1(2)(b) Finance Act 2010 nunmehr auf 50 % erhöht wurde.[1648] Mit dieser Steuerregelung, die am 9. Dezember 2009 in Kraft trat und zunächst auf die bis zum 5. April 2010 gewährten Bonusleistungen befristet war, sollte eine stärkere Beteiligung der Banker an den Kosten der Finanzkrise herbeigeführt werden.[1649] Eine Ausnahme soll jedoch dann gelten, wenn ein

---

1645 Andrew Crockett, Präsident der JPMorgan Chase International, ehemaliger General Manager der Bank für International Settlements und ein ehemaliger Chairman des Financial Stability Forum, bestätigte dies und erklärte, dass die Entlohnungsstrukturen oft verzerrte Verhaltensanreize erzeugen und die Überwachungsbehörden daher zusätzliche Kapitalaufbringung gegen die Risiken, die von diesen Strukturen ausgehen, verlangen sollten. Vgl. House of Commons, Treasury Committee, Banking Crisis: Reforming Corporate Governance and Pay in the City, Ninth Report of Session 2008–09, S. 21.

1646 *Radulescu*, CESifo Working Paper No. 3030, S. 2, abrufbar unter: www.econstor.eu/dspace/bitstream/10419/38899/1/62662276X.pdf (zuletzt aufgerufen am 06.04.2011).

1647 Schedule 1, sec. 22 Finance Act 2010. Die Regelung zielt ausschließlich auf Privat- und Investmentbanken sowie auf Bankengruppen, nicht jedoch auf bankenfremde Unternehmen wie etwa die Versicherungsunternehmen, Vermögensverwalter und Börsenhändler ab. Vgl. *Yeoh*, Business L. Rev. 2010, 56 (59).

1648 *Penny*, „UK Imposes 50 % Tax on Banks for Bonuses“, Business Week, v. 9.12.2009, abrufbar unter: http://www.businessweek.com/globalbiz/content/dec2009/gb2009129_164632.htm (zuletzt aufgerufen am 30.03.2011); *Radulescu*, CESifo Working Paper No. 3030, S. 2.

1649 Spiegel Online, Briten winken Milliardeneinnahmen, v. 05.02.2010, abrufbar unter: http://www.spiegel.de/wirtschaft/unternehmen/0,1518,druck-676205,00.html (zuletzt aufgerufen am 30.03.2011).

vertraglicher Bonusanspruch besteht und der zahlenden Bank aufgrund dieser vertraglichen Verpflichtung, die bereits zum Zeitpunkt der Regelungsbekanntmachung (d.h. am 9. Dezember 2009) bestand, kein Ermessen in Bezug auf die Bonushöhe zusteht.[1650] Zur Vermeidung etwaiger Umgehungsversuche sah das Gesetz spezielle „*anti-avoidance-rules*“ vor, denn eine dem § 42 AO entsprechende Generalklausel, die konstituiert, dass durch Missbrauch von Gestaltungsmöglichkeiten des Rechts das Steuergesetz nicht umgangen werden kann, enthält das britische Steuerrecht nicht.[1651] Solche „*anti-avoidance-rules*“ regelten unter anderem, dass Vergütungsvereinbarungen, die vor dem 6. April 2010 zwar getroffen wurden, primär jedoch darauf abzielten, die Bezahlung der Bonussteuer zu umgehen und ansonsten bereits vor diesem Zeitpunkt geschlossen worden wären, dennoch der *bank payroll* Steuer unterliegen mussten. Eine weitere „*anti-avoidance*“-Regelung sah vor, dass Darlehen an Manager, die dem Grunde nach eine Entlohnung darstellen, von der Gesellschaft jedoch mit dem Ziel gewährt werden die anfallende Steuer zu umgehen, unzulässig sind. Zur Sicherung des Steueraufkommens wurden die Banken gesetzlich verpflichtet, den Steuerbehörden über sämtliche Bonuszahlungen, die den Betrag von £ 25,000 übersteigen, zu berichten.[1652]

Die im März 2011 verabschiedete Fassung des Finance Act 2011 sieht in Section 531AAD (7)[1653] nunmehr die Entrichtung einer 45%igen Steuer für leistungsbasierte Boni vor (sog. *excess bank remuneration charge*), die den Betrag von £ 20,000 jährlich überschreiten. In personeller Hinsicht ist die Vorschrift auf Manager derjenigen Finanzinstitute anwendbar, die eine staatliche Unterstützung unter dem sog. Credit Guarantee Scheme[1654] erfahren haben. Diese 45%-Steuer gilt zusätzlich zum geltenden Grenzsteuersatz von 41% und der Arbeitnehmer Sozialversicherung, die bis zu 4% reicht, sodass es sich hierbei um eine potentielle 90%ige Bonus-Gesamtsteuer handelt. Die neu eingeführte Zusatzsteuer betrifft sowohl cash-Boni als auch Bonusleistungen in Form von Aktien.

---

1650 *Radulescu,* CESifo Working Paper No. 3030, S. 2, Fn. 1.

1651 *Fleischer/Hupka*, DB 2010, 601 (602).

1652 *Fleischer/Hupka*, DB 2010, 601 (602).

1653 „A relevant employee, instead of being charged to universal social charge at the rates provided for in section 531AN on that part of his or her aggregate income for a tax year that constitutes relevant remuneration awarded during the tax year to or in respect of the relevant employee by reason of his or her employment as an employee of the specified institution, shall be charged to universal social charge (to be known, for the purposes of this section, as 'excess bank remuneration charge') on the amount of that relevant remuneration at the rate of 45 per cent for that tax year.“

1654 Hierbei handelt es sich um Rekapitalisierungsmaßnahmen, welche Garantien für Verbindlichkeiten im Interbankenmarkt sowie Maßnahmen zur Stärkung des Kernkapitals umfassen. Die Garantien stellt das HM Treasury im Rahmen des sog. HM Treasury Credit Guarantee Scheme. Darunter bürgt der Staat für die Rückzahlungen einer Reihe von Refinanzierungspapieren britischer Banken in Höhe von £ 250 Mrd. *Koppmann,* Gedeckte Schuldverschreibungen, S. 33.

Nach Angaben britischer Anwälte sind viele Banken allerdings eher bereit die Sondersteuer zu entrichten, als mit ihren Managern Bonuskürzungen zu verhandeln.[1655] Dabei werden die Zahlungen entweder vom „weltweiten Bonustopf" abgezogen und die Sondersteuer folglich auf die Mitarbeiter in allen Ländern verteilt, oder die Sondersteuer wird von den Banken selbst übernommen.[1656] Letztere Variante wirkt sich negativ auf die Aktionäre des Unternehmens aus, da diese die Steuerlast in Form geringerer Dividenden tragen müssen. Gegen dieses Modell haben sich allerdings zahlreiche institutionelle Investoren ausgesprochen.[1657]

## *IV. Vergütungspolitik in teilverstaatlichten Banken*

### *1. Begrenzung der Bonuszahlungen*

Als Umsetzung der Vereinbarungen des G 20-Gipfels haben die fünf größten britischen Banken, Barclays,[1658] HSBC,[1659] Royal Bank of Scotland, Lloyds[1660] und Standard Chartered, der Begrenzung von Vorstandsboni zugestimmt. Die Manager dieser Banken trifft folglich die Pflicht zur Rückerstattung der gewährten Boni, wenn ihre Performance nicht in nachhaltigen Unternehmenserfolgen resultiert.[1661]

Die Bankenkrise, ausgelöst durch das Versagen der UK Banken, hat die Regierung des Vereinigten Königreichs veranlasst, für diejenigen Banken, die zu ihrer Re-

1655 Wirtschaftsblatt v. 14.01.2010, „Banken zahlen Strafsteuer", S. 9; *Fleischer/Hupka,* DB 2010, 601 (602).

1656 *Maisch/Kuchenbecker/Benders,* Finanzinstitute bekommen Wut der Politiker zu spüren, Handelsblatt v. 13.01.2010, S. 41; *Fleischer/Hupka,* DB 2010, 601 (602).

1657 *Fleischer/Hupka,* DB 2010, 601 (602).

1658 Im Jahr 2010 kappte die zweitgrößte britische Bank Barclays Bonuszahlungen trotz eines Rekordgewinns im Jahr 2009, vgl. Spiegel Online v. 16.02.2010, abrufbar unter: http://www.spiegel.de/wirtschaft/unternehmen/0,1518,druck-678232,00.html (zuletzt aufgerufen am 30.03.2011).

1659 *Senior executives* von HSBC, deren Finanzinstitut im Geschäftsjahr 2008 niedrigere Gewinne verzeichnete jedoch keine staatliche Unterstützung beanspruchte, beschlossen ebenfalls auf jegliche Bonuszahlungen, die ihnen vom Vergütungsausschuss zugesprochen wurden, zu verzichten. Vgl. HSBC Annual Report 2008 v. 2.03.2009. Allerdings erhielt der *junior executive director* der HSBC einen aufgeschobenen Aktienbonus (deferred share bonus) im Wert von kanpp £ 2 Mio., welcher von der Gruppenperformance in den nächsten drei Jahren abhängig gemacht wurde. Dem HSBC Chairman Stephen Green wurden ebenfalls £ 4,9 Mio. zu seinem Pensionstopf beigesteuert. Vgl. HSBC Annual Report 2008 v. 2.03.2009.

1660 Eric Daniels, CEO von Llyods TSB, der vor der Übernahme der HBOS durch Llyods TSB einen Ertrag von £ 949 Mio. (vor Steuer) erwirtschaftete verzichtete auf seinen im Geschäftsjahr 2008 verdienten Bonus in Höhe von £ 2,3 Mio. Diesem Beispiel folgte auch das ganze executive board des Unternehmens. Vgl. Financial Times v. 11.02.2009.

1661 Britische Banken begrenzen Managergehälter, Spiegel Online v. 30.09.2009, abrufbar unter: http://www.spiegel.de/wirtschaft/0,1518,652439,00.html (zuletzt aufgerufen am 28.01.2011).

finanzierung öffentliche Gelder in Anspruch genommen haben und/oder sich am staatlichen Vermögenssicherungssystem (sog. *Government Asset Protection Scheme/ APS*) beteiligt haben – namentlich Royal Bank of Scotland (RBS) und Lloyds Banking Group – strenge Bedingungen für die Vergütungspolitik aufzustellen. Die Teilnahme am *Bank Recapitalisation Scheme* (Bankenrefinanzierungssystem) setzte voraus, dass beide Banken sich verpflichten, die Vergütung der *senior executives* zu thematisieren.[1662] Dabei sollte im Geschäftsjahr 2008 auf die Auszahlung der cash Boni an die Vorstandsmitglieder verzichtet werden und es sollten die Anreizsysteme für die Vorstandsvergütung überprüft und an die langfristige Wertschöpfung geknüpft werden, wobei eine Risikobegrenzung und die Vermeidung der „*rewards for failure*" angestrebt wurden.[1663] Als Teil der im Januar 2009 getroffenen Vereinbarung über die Teilnahme der RSB und Lloyds Banking Group am Government's Asset Protection Scheme (APS) wurden die Banken aufgefordert, eine Vergütungspolitik zu implementieren, die mit den detaillierten Prinzipien des von der FSA kürzlich erlassenen „Code of Practice on Remuneration Policies" im Einklang steht.[1664]

Die Weiterzahlung der Boni durch die RSB, die im Geschäftsjahr 2008 einen Verlust von über £ 24 Mrd. verzeichnete und eine enorme Unterstützung durch die Steuerzahler erfahren hatte, sorgte jedoch für starke öffentliche Unruhen. In diesem Zusammenhang wurde vorgeschlagen, Banken, die staatliche Unterstützung erfahren hatten, die Auszahlung von Boni zu verbieten oder Vergütungscaps für *senior manager* einzuführen.[1665] Die Banken rechtfertigten die Weiterzahlung jedoch mit den vertraglichen Pflichten, die sie aufgrund der in den Anstellungsverträgen getroffenen Vereinbarungen treffen. Darüber hinaus wird die Weitergewährung von Bonusleistungen als eine unentbehrliche Voraussetzung für das Rekrutieren und Beibehalten erfahrener und talentierter Führungskräfte gesehen. Die Banken sind folglich der Ansicht, dass das Bonusverbot zu einem Exodus fachkundiger Manager führen und sich somit sowohl auf die Steuerzahler als auch auf die Aktionäre nachteilig auswirken würde mit der Folge, dass die Unternehmen ohne solche Führungskräfte sich nur schwer erholen könnten.[1666]

Am 17. Februar 2009 traf die RBS eine Vereinbarung mit der Regierung des Vereinigten Königreichs, wonach der Gesamtbetrag der an ihre Vorstandsmitglieder auszuzahlenden Cash Boni auf £ 340 Mio. gesenkt werden sollte. Davon sollten jedoch £ 175 Mio. aus vertraglichen Vereinbarungen resultieren und £ 165 Mio. als Zuteilungen an die untere Führungsebene augezahlt werden. Im Geschäftsjahr 2008

---

1662 House of Commons, Treasury Committee, Banking Crisis: Reforming Corporate Governance and Pay in the City, Ninth Report of Session 2008–09, S. 34.

1663 „Treasury statement on financial support to the banking industry", HM Treasury Press Notice, 13.10.2008.

1664 „Asset Protection Scheme and increased lending", HM Treasury Press Notice, 26.02.2009.

1665 House of Commons, Treasury Committee, Banking Crisis: Reforming Corporate Governance and Pay in the City, Ninth Report of Session 2008–09, S. 34.

1666 House of Commons, Treasury Committee, Banking Crisis: Reforming Corporate Governance and Pay in the City, Ninth Report of Session 2008–09, S. 34.

hatte die Gesamtsumme der Cash Boni stolze £ 2,5 Mrd. betragen, sodass der vereinbarte Bonuscap eine erhebliche Senkung der Bonuszahlungen bedeutete.

Zu den entscheidenden Gesichtspunkten der im Februar 2009 getroffenen Vereinbarung zählen somit das Verbot von Bonuszahlungen und Gehaltserhöhungen für Vorstandsmitglieder, die zu den Unternehmensverlusten im Jahre 2008 beigetragen haben, der Verzicht der geschäftsführenden Direktoren auf Boni im Jahr 2008 und das Gehaltserhöhungsverbot für das Jahr 2009. Als Ausnahme hiervon wurde geregelt, dass die Vorstandsmitglieder, die einen wesentlichen Beitrag zur Genesung der Banken geleistet hatten und bei denen die Gefahr bestand, dass sie ansonsten die Bank verlassen würden, im Falle des Dableibens eine aufgeschobene Belohnung für das Jahr 2008 bekommen würden. Diese Vergütung würde in drei gleichmäßigen Zahlungen beginnend im Juni 2010 gewährt und als Nachrangdarlehen für die RBS – und nicht in bar – ausgezahlt.[1667]

Anschließend hat die Regierung auch ein Vergütungsabkommen mit Lloyds getroffen, bei dem Lloyds sich zu einer Restrukturierung, basierend auf den zwischen der Regierung und der RBS getroffenen Vereinbarungen, verpflichtete und versprach, auf die jährlichen Gratis-Aktiengewährungen als Vergütungsbestandteil zu verzichten.[1668]

### 2. *Begrenzung der Ruhegehälter*

Attraktive Vorstandsvergütungen des Finanzsektors beschränken sich nicht nur auf Grundgehalt und diverse Bonuszahlungen, sondern beziehen sich vielmehr auch auf Ruhegeldzusagen. Das bekannteste Beispiel stellt hierbei die, dem ehemaligen *chief executive* der RBS, Sir Fred Goodwin, im Jahr 2009 gewährte Rente in Höhe von insgesamt £ 703,000. Der als der Verantwortliche für die katastrophale Lage der RBS geltende Manager wurde vom damaligen Premierminister Gordon Brown aufgefordert, auf seine Ruhegeldzusagen zu verzichten, woraufhin er die Hälfte der ihm zugesagten Leistungen ablehnte.[1669]

Aber auch andere Vorstandsmitglieder der Finanzinstitute, die eine wesentliche Rolle in der aktuellen Finanzmarktkrise gespielt haben, wurden trotz schädigender Wirkung ihrer Tätigkeit äußerst attraktiv belohnt. So erhielt der Vertreter von Sir Fred Goodwin, Gordon Pell, eine jährliche Rente von £ 517,000, die Anfang 2010 ausgezahlt werden

---

1667 „RBS announces pay and reward settlement for 2008", RBS Press Notice, 17.02.2009. Mr. John Kingman, Chief Executive der UK Financial Investments (UKFI) beschrieb die Änderungen der RBS in der Vergütungspolitik als „the most radical change in bonus culture of any large bank in the world". Er betonte dabei, dass es bis dahin weltweit keine andere Bank gab, die ihre Boni zu 100 % aufschob, diese nicht in bar auszahlte und einen derart umfangreichen *clawback*-Mechanismus einführte, vgl. House of Commons, Treasury Committee, Banking Crisis: Reforming Corporate Governance and Pay in the City, Ninth Report of Session 2008–09, S. 37.

1668 House of Commons, Treasury Committee, Banking Crisis: Reforming Corporate Governance and Pay in the City, Ninth Report of Session 2008–09, S. 37.

1669 House of Commons, Treasury Committee, Banking Crisis: Reforming Corporate Governance and Pay in the City, Ninth Report of Session 2008–09, S. 38.

sollte.[1670] Der ehemalige *chief executive* von Shell hat einen jährlichen Rentenanspruch in Höhe von £ 828,923 aufgebaut.[1671] Die meisten Vorstandsmitglieder profitieren von den sog. „gold-plated schemes", die ihnen ein Ruhegehalt in Höhe von 2/3 ihrer Gesamtvergütung garantieren. Die Studie des Trades Union Congress ergab eine durchschnittliche Rentenauszahlung an die FTSE 100-Vorstandsmitglieder von über £ 200,000 jährlich, die sie hauptsächlich ihrer Gesamtvergütungshöhe zu verdanken haben.

Während die Rentenansprüche der Vorstandsmitglieder aufgrund der ausschließlichen Koppelung an die Höhe der Gesamtvergütung von den Auswirkungen der Kreditkrise vollkommen isoliert sind, hängen die Ruhegehälter der Arbeitnehmer von diesen zum größten Teil ab. Entscheidend für die Höhe der *executives*' Rentenansprüche ist dabei die Entwicklung des Aktienmarktes und nicht die Beschäftigungsdauer oder das endgültige Gehalt, wie dies bei „normalen" Angestellten der Fall ist. Einige Unternehmen, einschließlich des größten Finanzdienstleistungsunternehmens der Welt HSBC und eines der größten weltweiten Medien- und Kommunikationsunternehmen WPP, sind von ihren bislang garantierten 2/3 der Gesamtvergütung-Renten für die Vorstandsmitglieder abgerückt. Viele Vorstandsmitglieder, wie etwa Goodwin, sind jedoch im Unterschied zur regulären Belegschaft weiterhin zu einer vorzeitigen Pensionierung berechtigt, ohne dabei auf einen Teil der Rentenansprüche verzichten zu müssen.[1672]

Die Geschichte der gesellschaftsrechtlichen Regelungen und Vorschriften im Bereich des Finanzwesens im Vereinigten Königreich stellt einen kontinuierlichen Wettbewerb zwischen den institutionellen Anlegern und *boards* einerseits und dem Staat andererseits dar. Erstere sind bemüht, die operative Flexibilität und Dynamik des Gesellschaftsrechts zu wahren, wohingegen der Staat stets bestrebt ist, öffentliches Vertrauen in diejenigen Branchen sicherzustellen, deren Handlungen tiefgreifende Auswirkungen auf die Realwirtschaft und die Gesellschaft des Landes als solche haben.[1673] Indem das Vereinigte Königreich sich der Versuchung, jede denkbare Eventualität des Gesellschaftsrechts zu kontrollieren, stark widersetzt und vielmehr im Wesentlichen auf die Teilnehmer des Kapitalmarktes vertraut, welche die „Spielregeln" in ihrem gemeinschaftlichen Selbstinteresse formulieren und überwachen, scheint das Vereinigte Königreich einen einzigartigen und gleichzeitig kostengünstigen Regelungsrahmen bestehend aus quasi-gesetzlichen Kontrollmechanismen in Bezug auf den essentiellen Geschäftsbetrieb und sonstige finanzielle Belange geschaffen zu haben.[1674]

---

1670 House of Commons, Treasury Committee, Banking Crisis: Reforming Corporate Governance and Pay in the City, Ninth Report of Session 2008–09, S. 38 f.

1671 Royal Dutch Shell plc.com v. 28.02.2009, abrufbar unter http://royaldutchshellplc.com/2009/02/28/shell-ceo-jeroen-van-der-veer-to-receive-pension-of-828923-a-year/ (zuletzt aufgerufen am 30.03.2011).

1672 *Inman,* guardian.co. v. 27.02.2009, abrufbar unter: http://www.guardian.co.uk/business/2009/feb/27/executive-pensions-final-salary-schemes (zuletzt aufgerufen am 30.03.2011).

1673 *Moore,* 60 NILQ 2009, 85.

1674 *Moore,* 60 NILQ 2009, 85 (86).

# Teil 4: Vorstandsvergütung in den USA

*„How do you distinguish between money earned and money merely taken?"*[1675]

Der Zusammenbruch der größten Finanzinstitute begleitet von außerordentlich gut bezahlten Vorständen hat in den letzten Jahren zu einer intensiven Fokussierung auf die Vorstandsvergütung geführt. Allerdings gehören die tatsächlich oder vermeintlich exzessiven Vorstandsvergütungen bereits seit über 50 Jahren zu den bekanntesten Schlagzeilen.[1676] Anfang der 1990er Jahre führten die „exzessiven" CEO-Vergütungen sogar zu einer Steueränderung in den Vereinigten Staaten.[1677] Große Auszahlungen aufgrund von Aktienoptionen und enorm hohe Entlohnungen sorgten auch in den späten 1990er Jahren für sensationelle Berichte.[1678] Im 21. Jahrhundert erzeugten Abfindungszahlungen (sog. *„golden parachutes"*) für entlassene CEOs Empörung erregende Diskussionen[1679], wobei das Verhältnis zwischen der Ent-

---

1675 *Will*, „Ripping Off Capitalism", Washington Post v. 1.09.1991, C7.

1676 *Crystal*, In Search of Excess, S. 23 ff.; *Salley*, 70 Ohio State L.J. 2009, 757 (758).

1677 Pub. L. No. 103–66, 107 Stat. 312, sec. 13211 (1993), kodifiziert im Internal Revenue Code (IRC), sec. 162(m) (2006).

1678 Z. B. *Adam Bryant*, Earning It: Flying High on the Option Express, N. Y. Times v. 5.04.1998 (Bericht über die Gewährung hoher Aktienoptionen im Jahr 1997), abrufbar unter: http://query.nytimes.com/gst/fullpage.html?res=9C01EEDE123AF936A35757C0A96E958260 (zuletzt aufgerufen am 31.03.2011); *Geoffrey Colvin*, The Great CEO Pay Heist, FORTUNE v. 25.06.2001, der die Bezüge auch als „megapay" bezeichnet; abrufbar unter: http://money.cnn.com magazines/fortune/fortune_archive/2001/06/25/305448/index.htm (zuletzt aufgerufen am 31.03.2011).

1679 *Ylan Q. Mui*, Seeing Red Over a Golden Parachute: Home Depot's CEO Resigns, and His Hefty Payout Raises Ire, Washington Post v. 4.01.2007, abrufbar unter: http://www.washingtonpost.com/wp-dyn/content/article/ 2007/01/03/AR2007010300553.html (zuletzt aufgerufen am 31.03.2011); *Dash*, An Ousted Chief's Going-Away Pay Is Seen by Many as Typically Excessive, N.Y.Times v. 4.01.2007 (ein Bericht über die $ 210 Mio. schwere Abgangsentschädigung von Robert L. Nardelli's (Home Depot) sowie vergleichbare Abfindungszahlungen von Hank McKinnell, $213 Mio. (Pfizer, 2006); Jay S. Sidhu, $ 44 Mio. (Sovereign Bank, 2006); Philip J. Purcell, $ 95 Mio. (Morgan Stanley, 2005) und Tom Freston, $ 85 Mio. (Viacom, 2006)), abrufbar unter: http://www.nytimes.com/2007/01/04/business/04pay.html (zuletzt aufgerufen am 31.03.2011); *Jenny Anderson*, Chiefs' Pay Under Fire at Capitol, N.Y. Times v. 8.03.2008 („In pointed exchanges with Congressional lawmakers [...], three prominent financial executives, Charles O. Prince III, the former chief executive of Citigroup, E. Stanley O'Neal, the former chief executive of Merrill Lynch, and Angelo Mozilo, the founder and chief executive of Countrywide Financial defended the multimillion-dollar pay packages they received even as their companies were brought to their knees by the spreading credit crisis."), abrufbar unter: http://www.nytimes.com/2008/03/08/business/08pay.html (zuletzt aufgerufen am 31.03.2011).

lohnung eines Vorstandsmitgliedes und dem Gehalt eines regulären Arbeitnehmers von 20:1 in den 1950er Jahren auf das 350fache anstieg.[1680] Hedge Fond-Manager, deren milliardenschwere Jahresgehälter die gewöhnlichen CEO-Vergütungspakete in den Schatten stellten, zeichneten den Zeitraum von 2004 bis 2007 aus.[1681] Durch den Zusammenbruch der Finanzinstitute wurde diese bereits bis dahin brisante Lage zugespitzt, noch bevor die Tinte auf den enorm hohen Bonusschecks getrocknet war.[1682] Aus diesem Grund bildeten Vergütungsregulierungen und -einschränkungen das Herzstück finanzkrisenbedingter Reformen auch in den USA.

## § 1. Gesetzgebungskompetenz für das Gesellschaftsrecht

Zu einem besseren Verständnis der vergütungsrelevanten Zusammenhänge in den Vereinigten Staaten ist die Erläuterung der US-amerikanischen Gesetzgebungskompetenz auf diesem Gebiet unerlässlich.

### A. US-amerikanisches Gesellschaftsrecht – einzelstaatliches Recht

Die US-amerikanische Bundesverfassung trifft in Bezug auf die Frage der Gesetzgebungskompetenz für das Gesellschaftsrecht (*corporation law*) keine Aussage, denn dieser Bereich wurde im ausgehenden 18. Jahrhundert nicht als zentrales Thema der Gesetzgebung betrachtet. Zwar verfügt der Bundesgesetzgeber über die gesetzgeberische Kompetenz, soweit das *corporation law* einen Teil des *innerstate commerce*

---

1680 Institute for Policy Studies and United for a fair Economy, Executive Excess 2008, S. 3(basierend auf dem Verhältnis der Durchschnittsvergütung der CEOs in S&P 500 Unternehmen zum durchschnittlichen Jahreseinkommen eines Produktionsarbeiters, der stündlich bezahlt wird. Abrufbar unter: www.faireconomy.org/files/executive_excess_2008.pdf (zuletzt aufgerufen am 31.03.2011).

1681 Vgl. etwa *Landon Thomas, Jr.*, More Rumors About His Party Than His Deals, N.Y. Times v. 27.01.2007, abrufbar unter: http://query.nytimes.com/gst/fullpage.html?res=9F05E4D9173FF934A15752C0A9619C8B63 (zuletzt aufgerufen am 16.04.2011). Den Rekord brach jedoch Hedgefonds-Manager John Paulson, der einen persönlichen Profit von $ 5 Mrd. machte, vgl. Wall Street Journal v. 01.02.2011, abrufbar unter: http://blogs.wsj.com/deals/2011/02/01/john-paulsons-5-billion-profit-will-spur-anger-says-hedge-fund-chief/ (zuletzt aufgerufen am 2.01.2011).

1682 *Gordon,* 46 Harv. J. on Legis. 2009, 323 f. So bezahlten Banken wie Goldman Sachs, Morgan Stanley und JP Morgan Chase selbst in den schlimmsten Krisenmonaten Boni, die insgesamt höher waren als der jeweils erzielte Unternehmensgewinn. So habe Goldman Sachs 2008 seinen Spitzenmanagern kanpp $ 4,8 Mrd. an Prämien gewährt. Dieser Betrag stellte das Doppelte des Gewinns des Finanzunternehmens dar. *Story/Dash,* Bankers reaped lavish bonuses during bailouts, N. Y. Times v. 30.07.2009, abrufbar unter: http://nytimes.com/2009/07/31/business/31pay.html (zuletzt aufgerufen am 15.04.2011).

darstellt, vgl. Art. I sec. 8 Clause 3 Federal Constitution,[1683] bisher wurde von dieser Zuständigkeit jedoch nur partiell Gebrauch gemacht und zwar im Bereich des zwischenstaatlichen Kapitalmarktverkehrs.[1684] Somit liegt die Gesetzgebungskompetenz für das corporation law im Gegensatz zum deutschen Gesellschaftsrecht nicht beim Bund, sondern bei den einzelnen Bundesstaaten.[1685] Zwar gibt es seit 1946 den von der Rechtsanwaltskammer der Vereinigten Staaten (American Bar Association) erlassenen Model Business Corporation Act (MBCA), der in dieser oder in der revidierten Fassung (sog. Revised Model Business Corporation Act/RMBCA) und in sehr unterschiedlichem Umfang mittlerweile von 24 Bundesstaaten befolgt wird. Die Unterschiede zwischen den einzelnen Regelungsübernahmen sind jedoch weiterhin so gravierend, dass von einem einheitlichen *corporation law* in den Vereinigten Staaten keine Rede sein kann. Vielmehr verfügt jeder Bundesstaat über ein eigenes *corporation statute* (auch *Business Corporation Act, Business Corporation Law* und *Business Corporation Code* genannt), welches einen mehr oder weniger erschöpfenden Regelungsrahmen für die business corporations darstellt. Einheitlichkeit besteht jedoch insoweit, als die Grundform aller Vorschriften die *public corporation* bildet.[1686]

## B. Geltung des Gründungsrechts für die Vergütung des Managements

Sämtliche Bundesstaaten bedienen sich der, für den anglo-amerikanischen Rechtskreis charakteristischen Gründungstheorie.[1687] Nach der in der Rechtsprechung,[1688] im 2nd Restatement of Conflicts[1689] sowie im Model Business Corporation Act (MBCA)[1690] fest verankerten *internal affairs doctrine* ist für die innergesellschaftlichen Verhältnisse einer *corporation* das Recht ihres Gründungsstaates (sog. *state of incorporation* oder Inkorporationsstaat) maßgeblich. Gründungsstaat in diesem Zusammenhang meint den Bundesstaat, nach dessen Rechtsvorschriften die Gesellschaft ihre Rechtspersönlichkeit erlangt hat und somit inkorporiert wurde.[1691]

1683 Demnach ist der Bund lediglich befugt „to regulate Commerce with foreign Nations, and among the several States, and with the Indian Tribes." Vgl. Art. I sec. 8 cl. 3 US Constitution.

1684 *Merkt/Göthel,* US-amerikanisches Gesellschaftsrecht, S. 153 Rdn. 182, Fn. 1.

1685 *Cahn/Donald,* Comparative Company Law, S. 17; *v. Hein,* Die Rezeption, S. 466.

1686 *Merkt/Göthel,* US-amerikanisches Gesellschaftsrecht, S. 144 f. Rdn. 165.

1687 Die kontinentaleuropäischen Gesellschaften hingegen folgen der sog. Sitztheorie, wonach der tatsächliche Verwaltungssitz der Gesellschaft für das anwendbare Recht maßgeblich ist. *Merkt/Göthel,* US-amerikanisches Gesellschaftsrecht, S. 154 Rdn. 184, Fn. 5; *v. Hein,* Die Rezeption, S. 474.

1688 *CTS Corp. v. Dynamics Corp. of America,* 481 U.S. 69, 89; 107 S. Ct. 1637, 1649 (1987).

1689 Sec. 302(2) Restatement 2d Conflict of Laws (1971).

1690 Sec. 15.05(c) MBCA.

1691 *Merkt/Göthel,* US-amerikanisches Gesellschaftsrecht, S. 154 Rdn. 184; *Armour/Hansmann/Kraakman* in: The Anatomy of Corporate Law, S. 25.

Das Gründungsrecht ist unter anderem für die sog. *internal affairs* der *corporation* zuständig.[1692] Darunter ist das Innenverhältnis zwischen der Gesellschaft, ihren Direktoren und Aktionären zu verstehen[1693] und somit auch die Regelung der Vergütungsfragen für das Unternehmensmanagement.[1694]

## § 2. US-amerikanische Unternehmensverfassung und -organisation

### A. Business corporation (*stock corporation*)

Die *business corporation*, auch *stock corporation* genannt, stellt die bedeutendste Gesellschaftsform des US-amerikanischen Rechts dar und kann aus der kontinentaleuropäischen Sicht als die Grundform der Kapitalgesellschaft in den USA bezeichnet werden. Die aus dieser Grundform im Laufe der Jahre entwickelten Gesellschaftsformen werden *closely held corporation* (sog. *close corporation*) und *publicly held corporation* (sog. *public corporation*) genannt. Dabei werden die Anteile der *close corporation* von einer überschaubaren Anzahl von Anteilseignern gehalten, die nur unter zusätzlichen Voraussetzungen übertragen werden dürfen, wogegen die *public corporation* sich durch eine weite Streuung und freie Verfügbarkeit der Anteile auszeichnet und daher mit der deutschen Aktiengesellschaft in Form der Publikumsgesellschaft verglichen werden kann.[1695] Sie unterliegt den Berichts- und Offenlegungspflichten des Securities Act.[1696]

### B. Monistisches System

#### *I. Board of directors als Organ der Corporation*

Das *board of directors* übernimmt im US-amerikanischen Gesellschaftsrecht wie im Vereinigten Königreich eine Doppelfunktion. Einerseits handelt es als primäres

1692 Sec. 302(a) Restatement 2d Conflickt of Laws (1971). The Internal Affairs Doctrine: Theoretical Justifications and Tentative Explanations for its Continued Primacy, 115 Harv. L. Rev. 2002, 1480–1501; *Cahn/Donald,* Comparative Company Law, S. 17.

1693 *First National City Bank v. Banco Para el Commercio Exterior de Cuba,* 462 U.S. 611, 621 (1983); *Cort v. Ash,* 422 U.S. 66, 84 (1975); *Merkt/Göthel,* US-amerikanisches Gesellschaftsrecht, S. 155 Rdn. 185, Fn. 14.

1694 *Davis & Cox. v. Summa Corp.,* 751 F.2d 1507 (9th Cir.1985). Hierbei ist jedoch zu beachten, dass spezialgesetzliche Vorschriften, wie etwa diejenigen des einzelstaatlichen Kapitalmarkt- und anlegerschutzrechts (sog. blue sky laws) oder Regelungen des Bundeskapitalmarkt- und anlegerschutzrechts (sog. federal securities law) gegenüber dem Grundsatz der Maßgeblichkeit des Inkorporationsrechts vorrangig sind. Vgl. sec. 302 Comment (a), a. E. Restatement 2d Conflict of Laws (1971).

1695 *Merkt/Göthel,* US-amerikanisches Gesellschaftsrecht, S. 144 Rdn. 163 f.

1696 *Merkt/Göthel,* US-amerikanisches Gesellschaftsrecht, S. 186 Rdn. 252; *Ellig,* Executive Compensation, S. 12; *Moye,* The Law of Business Organizations, S. 247 f.

Entscheidungsorgan, indem es die wesentlichen Unternehmensentscheidungen trifft. Andererseits agiert das *board* als Überwachungs- und Aufsichtsorgan der officers. Die Aufgaben des Managements und die Kontrollbefugnisse sind in den corporation statutes so gut wie aller Einzelstaaten nach dem gleichen Grundmuster (sog. *statutory scheme)* unter den Betroffenen, d.h. unter den Gesellschaftern, den leitenden Angestellten (*executive officers*) und dem *board of directors* aufgeteilt.[1697] Laut statutory scheme obliegt dem *board of directors* die eigentliche Unternehmensführung, also die Festlegung der Geschäfts- und Unternehmenspolitik sowie die Bestellung der leitenden Angestellten. Diese erledigen ihrerseits – unter der Aufsicht des *board* – das Tagesgeschäft. Die wesentlichen Kontrollaufgaben liegen jedoch bei den Gesellschaftern. Diese umfassen unter anderem „die Bestellung und Abberufung des *board of directors* und die Entscheidungen in grundlegenden oder außerordentlichen Angelegenheiten“[1698].

### *1. Personelle Zusammensetzung des boards*

Die einzelnen *directors* werden von der Gesellschafterversammlung auf der Grundlage eines Vorschlags des amtierenden *boards* gewählt.[1699] Die meisten Gliedstaaten schreiben vor, dass das *board of directors* mindestens aus drei Mitgliedern bestehen muss. Im Jahr 1969 wurde der Model Business Corporation Act (MBCA) dahingehend geändert, dass nun auch ein einzelner *director* die Geschäftsführung des Unternehmens übernehmen durfte, wenn die Unternehmensgründer und/oder die Anteilseigner dies für angemessen hielten.[1700] Die Mehrheit der Staaten, einschließlich Delaware, weisen nunmehr die sog. „one director“-Regelung auf, wobei einige Staaten für Unternehmen mit mindestens drei Aktionären auch drei Geschäftsführer vorschreiben. Die genaue Anzahl regeln regelmäßig die Unternehmenssatzungen (sog. *articles of corporations*) oder die interne Geschäftsordnung des Unternehmens (sog. *bylaws*).[1701] Die Festlegung der Zahl der Mitglieder sowie der Anforderungen an deren fachliche Qualifikation findet ebenfalls entweder in den *articles of incorporation* oder in den *bylaws* statt. Die personelle Zusammensetzung des *board* wurde bisher den corporations zur freien Entscheidung überlassen. Somit war die Besetzung des board ausschließlich mit geschäftsführenden Direktoren (sog. *inside directors*), die gleichzeitig als *executive officers* tätig sind oder in sonstiger Weise der *corporation* Dienste erbringen, ohne weiteres möglich. Seit 2004 ist dies jedoch für

1697 Näher hierzu *Buxbaum,* 73 California L. Rev. 1985, 1671–1734; ausführlich zur Aufgabenverteilung zwischen board und Gesellschaftern der Publikumsgesellschaft mit Aktien im Streubesitz vgl. *Bebchuk*, 118 Harv. L. Rev. 2005, 833–914.

1698 *Merkt/Göthel,* US-amerikanisches Gesellschaftsrecht, S. 311 Rdn. 567.

1699 Vgl. z.B. sec. 211(2)(b) DGCL. *Wymeersch* in: Hommelhoff/Hopt/v. Werder, Hdbuch CG 2009, S. 137 (141). Wobei das praktische Mitspracherecht der Anteilseigner bisher eine nur geringe Bedeutung erlangte, vgl. *Dorff,* 85 Ind. L.J. 2010, 491 (516 f.).

1700 Sec.8.03(a) MBCA.

1701 *Moye,* The Law of Business Organizations, S. 202.

*corporations*, deren Gesellschaftsanteile an der New York Stock Exchange (NYSE) oder über die größte elektronische Börse der Vereinigten Staaten, die *National Association of Securities Dealers Automated Quotation* (NASDAQ) gehandelt werden, grundsätzlich nicht mehr gestattet.[1702] Nunmehr ist hier eine mehrheitliche Besetzung mit unabhängigen Direktoren (sog. *independent directors*) erforderlich. Eine Ausnahme besteht nur dann, wenn „ein einzelner Aktionär, eine Gruppe oder eine andere corporation über 50 % der Stimmrechte an der Gesellschaft“[1703] haben. Laut Vorgaben der New York Stock Exchange sind die Direktoren nur dann unabhängig, wenn sie in keiner wesentlichen Beziehung zur *corporation* stehen.[1704]

### 2. *Pflichten des boards*

#### a) Duty of care

Im Verhältnis zur Gesellschaft und ihren Aktionären treffen den Geschäftsführer (director) bestimmte Treuepflichten (*fiduciary duties*). Darunter werden regelmäßig Sorgfalts- (*duty of care*) und Loyalitätspflichten (*duty of loyalty*) subsumiert.[1705] Die duty of care verlangt vom Geschäftsführer unternehmerische Aufgaben mit hinreichender Sorgfalt, Geschick und Besonnenheit wahrzunehmen, „sich also vor Entscheidungen genügend zu informieren und sachkundige Personen hinzuzuziehen, wobei das Maß der Information auch von der Bedeutung der Entscheidung und ihren möglichen finanziellen Konsequenzen abhängig ist“[1706]. Der Revised Model Business Corporation Act (RMBCA) legt hierzu fest: ein *director* hat seine Pflichten als *director* einschließlich seiner Pflichten als Mitglied eines *committee* (1) in gutem Glauben, (2) mit der Sorgfalt, wie sie eine vernünftige Person in ähnlicher Stellung und unter vergleichbaren Umständen walten lassen würde, und (3) in einer Weise, von der er berechtigterweise annimmt, dass sie im besten Interesse der Gesellschaft erfolgt, zu erfüllen.[1707] Bei der Wahrnehmung ihrer

1702 Listed Company Manual der NYSE ist ein Regelwerk für die an der NYSE gelisteten Unternehmen. Bei der Nichtbeachtung der dort festgehaltenen Vorgaben droht dem betroffenen Unternehmen das Delisting von der NYSE.

1703 Sec. 303A.01, 303A.00NYSE Listed Company Manual (2009); *Merkt/Göthel,* US-amerikanisches Gesellschaftsrecht, S. 317, Rdn. 581.

1704 „No director qualifies as ‚independent' unless the board of directors affirmatively determines that the director has no material relationship with the listed company (either directly or as a partner, shareholder or officer of an organization that has a relationship with the company)." sec. 303A.02 (a) NYSE Listed Company Manual (2009).

1705 *Martin,* NZG 2003, 948 (949); *Merkt/Göthel,* US-amerikanisches Gesellschaftsrecht, S. 419 Rdn. 827 ff.

1706 *Eidenmüller,* Ausländische Kapitalgesellschaften, § 11 Rdn. 45; *Hamilton/Trautmann/Rasmussen,* Responsibilities, S. 23.

1707 „A director shall discharge his duties as a director, including his duties as a member of a committee: (1) in good faith; (2) with the care an ordinarily prudent person in a like position would exercise under similar circumstances; and (3) in a manner he reasonably believes to be in the best interests of the corporation." sec. 8.30(a) RMBCA.

Aufgaben müssen sich die Geschäftsführer ausreichend und umfassend informieren, wobei auf die Verlässlichkeit der Informationsquellen geachtet werden muss.[1708]

### b) Duty of Loyalty

Eine weitere bedeutende Verpflichtung eines *director* stellt seine Loyalitätspflicht dar (sog. *duty of loyalty*).[1709] Diese besagt, dass die Verfolgung eigener Interessen nicht zu Lasten der Gesellschaft gehen darf und Interessenkonflikte somit zu vermeiden sind. Kraft seiner Loyalitätspflichten ist der Geschäftsführer insbesondere gehalten, redlich zu handeln und die Interessen der Gesellschaft über seine eigenen Vorteile zu stellen. Dabei dürfen die Stellung als *director* und die Geschäftsmöglichkeiten der Gesellschaft (sog. *corporate opportunities*) nicht zur Erreichung eigennütziger Zwecke mißbraucht werden.[1710] Befindet sich der Direktor bei der Entscheidungsfindung in einem Interessenkonflikt, ist dieser offenzulegen. Bei der Abstimmung hat der Direktor sich gegebenenfalls zu enthalten. Besondere, für diesen Fall geltende Verfahrensvorschriften regelt sec. 144 Delaware General Corporation Law (DGCL). Relevant wird die Duty of Loyalty unter anderem dann, wenn die Gerichte die Festsetzung der Vorstandsbezüge bzw. Rechtsgeschäfte zwischen einem *officer/director* und der Gesellschaft, wie etwa im Falle einer Darlehensvergabe der Gesellschaft an den *director* oder *officer*, auf ihre Rechtmäßigkeit zu überprüfen haben.[1711]

## *II. Executive officers und insbesondere CEOs*

### *1. Rolle der officers*

Aufgrund des eher geringen jährlichen Zeitaufwands des *boards* und der zunehmenden Komplexität der heutigen Unternehmensentscheidungen kann von den unabhängigen *directors* und daher auch vom *board* insgesamt weder erwartet werden, dass diese das Tagesgeschäft selbst übernehmen, noch dem Management konkrete Anweisungen zur Ausübung desselben erteilen können. Aus diesem

---

1708 „In discharging his duties a director is entitled to rely on information, opinions, reports, or statements, including financial statements and other financial data, if prepared or presented by: (1) one or more officers or employees of the corporation whom the director reasonably believes to be reliable and competent in the matters presented; (2) legal counsel, public accountants, or other persons as to matters the director reasonably believes are within the person's professional or expert competence; or (3) a committee of the board of directors of which he is not a member if the director reasonably believes the committee merits confidence." sec. 8.30(b) RMBCA.

1709 *Cookies Food Products, Inc. v. Lakes Warehouse Distributing, Inc.*, 430 N.W.2d 447 (Iowa 1988); *Rales v. Blasband*, 634 A.2d 927, 936 (Del. 1993); *Sealy Mattress Co. Of New Jersey v. Sealy, Inc.*, 532 A.2d 1324 (Del. Ch. 1987); *Lewis v. Vogelstein*, 699 A.2d 327 (Del. Ch. 1997); *In re Wheelabrator Technologies Inc.*, 633 A.2d 1194 (Del. Ch. 1995).

1710 *Eidenmüller*, Ausländische Kapitalgesellschaften, § 11 Rdn. 44; *Steindl*, US-Board und Aufsichtsrat, S. 107; *Hamilton/Trautmann/Rasmussen*, Responsibilities, S. 21.

1711 *Martin*, NZG 2003, 948 (949).

Grund erfolgt die tatsächliche Unternehmensleitung fast ausschließlich durch die *executive officers.*[1712]

Als executive officers werden demnach Spitzenmanager bezeichnet, die das *board of directors* unmittelbar bestellt. Diesen obliegen die Unternehmensleitung und die Führung der Tagesgeschäfte des Unternehmens.[1713] Insbesondere ältere *corporation statutes* schreiben die zwingende Bestellung bestimmter *officers* vor, wie etwa die Bestellung eines *president* oder *chief executive officer* (CEO), eines oder mehrerer *vice presidents*, eines *treasurer*, der mit den Unternehmensfinanzen betraut wird und eines *secretary*, der für die Gegenzeichnung bedeutender Dokumente und für die Erstellung der Sitzungs- und Versammlungsprotokolle zuständig ist. Diese *officers* werden auch als *statutory officers* bezeichnet. Nach dem Revised Model Business Corporation Act[1714] und dem Recht des Staates Delaware[1715] steht es den Gründern oder Gesellschaftern jedoch frei – abgesehen von der Pflicht zur Ernennung eines secretary – *officer*-Posten einzurichten. Viele Bundesstaaten lassen es zu, dass eine Person mehrere der oben genannten Funktionen gleichzeitig erfüllt. Eine Ausnahme gilt jedoch für die Funktion des *secretary*, denn es widerspräche dem Sinn der Gegenzeichnung, wenn Zeichnung und Gegenzeichnung von ein und derselben Person ausgeübt werden könnten.[1716] Neben den *statutory officers* können auch beliebig viele weitere *non-statutory officers* berufen werden, wie etwa ein *chief financial officer* (CFO), *chief legal officer* (CLO) oder *chief operation officer* (COO). Vereinzelt sind derartige Posten auch in den *bylaws* der Unternehmen festgelegt.[1717] Je nach Ausgestaltung der Gesellschaftssatzung (sog. *charter*) und der Geschäftsordnung (sog. *bylaws*) des Unternehmens werden die *officers* entweder direkt von den Aktionären oder vom *board of directors* bestimmt. *Chief executive officer* (CEO) und/oder *chief financial officer* (CFO) führen dabei das Unternehmen. Beide *officers* gehören in der Regel dem *board of directors* an (sog. *inside directors*), wobei der CEO häufig auch

---

1712 *Gollnick*, Beurteilung, S. 150 f.; *Eisenberg*, 48 Bus. Law. 1993, 1271 (1279); *ders.*, 51 U. Pittsb. L. Rev. 1990, 945 (949); *Bleicher/Leberl/Paul*, Unternehmensverfassung und Spitzenorganisation, S. 207 f.

1713 *Dorff*, 85 Ind. L.J. 2010, 491 (516).

1714 „A corporation has the officers described in its bylaws or designated by the board of directors in accordance with the bylaws." Sec. 8.40(a) RMBCA.

1715 „Every corporation organized under this chapter shall have such officers with such titles and duties as shall be stated in the bylaws or in a resolution of the board of directors which is not inconsistent with the bylaws and as may be necessary to enable it to sign instruments and stock certificates which comply with §§ 103(a)(2) and 158 of this title. One of the officers shall have the duty to record the proceedings of the meetings of the stockholders and directors in a book to be kept for that purpose. Any number of offices may be held by the same person unless the certificate of incorporation or bylaws otherwise provide." Sec. 142(a) DGCL.

1716 *Klein/Coffee*, Business Organization and Finance, S. 138 f.; *Moye*, The Law of Business Organizations, S. 208.

1717 *Merkt/Göthel*, US-amerikanisches Gesellschaftsrecht, S. 327 Rdn. 605.

dessen Vorsitzender (*chairman of the board*) ist und so den Entscheidungsprozess im *board of directors* erheblich beeinflussen kann. Sowohl CEO als auch CFO treffen dieselben Pflichten, denen auch die *directors* unterworfen sind[1718]

Im Vergleich zum *board* sind die *executive officers* laut *statutory scheme* jedoch weit weniger unabhängig. Die meisten *corporate statutes* behandeln diese vielmehr als Vertreter des *board of directors.* Nach Maßgabe der gesetzlichen Regelungen verfügen sie im Rahmen des ihnen anvertrauten Aufgabenkreises über eine Vertretungsmacht.[1719] Zwar bedürfen alle wesentlichen Strategieentscheidungen der Zustimmung des *board of directors,* angeregt werden diese jedoch grundsätzlich vom CEO. Dieser verfügt auch über eine uneingeschränkte Kompetenz in Bezug auf das Tagesgeschäft des Unternehmens.[1720]

### *2. „Managerial Power" – Folge unzureichender Kontrollmechanismen*

Aus dem monistischen System der Unternehmensführung resultiert der sog. „managerial power"-Ansatz, bei dem davon ausgegangen wird, dass die Führungskräfte (gemeint sind hierbei die *executive officers/executive directors*) die Festsetzung ihrer eigenen Vergütung erheblich beeinflussen können.[1721] CEOs treten bei der Festsetzung ihrer Vergütung dem *board of directors* nicht als gleichgesinnte Vertragspartner gegenüber mit der Folge, dass Vergütungsverhandlungen „at arm's length" nicht möglich sind. Als denkbare Ursache hierfür ist zunächst ein starker Einfluss der CEOs auf die Aufstellung der Kandidatenliste für die Aktionärswahl des *boards* zu nennen. Da die Aktionäre abweichende Vorschläge für die Besetzung des *boards* kaum durchsetzen können, wird den Empfehlungen des CEO regelmäßig gefolgt. Sollte sich ein Direktor dennoch den Vorstellungen und Entscheidungen des CEO entgegenstellen, birgt dies die Gefahr der sog. „Vergiftung des Arbeitsklimas" im Unternehmen. Um die Atmosphäre des „group thinking"[1722] jedoch nicht zu zerstören, bei der die *board*-Mitglieder Zielsetzungen der Gruppe meistens unkritisch

---

1718 *Martin,* NZG 2003, 948 (949), zu den einzelnen Pflichten vgl. bereits oben S. 328f.

1719 *Merkt/Göthel,* US-amerikanisches Gesellschaftsrecht, S. 314 Rdn. 575.

1720 *Dorff,* 85 Ind. L.J. 2010, 491 (516).

1721 *Bebchuk/Fried,* Pay without Performance, S. 4 f.; *dies.,* 17 Journal of Economic Perspectives 2003, 71 ff; *Bebchuk/Fried/Walker,* 69 U. Chi. L. Rev. 2002, 751 ff.; *Bogus,* 41 Buffalo L. Rev. 1993, 1 (2); *Orts,* 16 Yale L. & Pol'y Rev. 1996, 265–329; *Yablon,* 75 Notre Dame L. Rev. 1999, 271; *Hesse,* Managerentlohnung, S. 69. Herausfordernd *Hickel,* Blätter für deutsche und internationale Politik, 10/2004, S. 1197–1204. Dieser geht sogar weiter und behauptet, dass Vorstände ihre Eigeninteressen im Sinne einer Dschungelökonomie durchsetzen würden. Die Beute, die im Dschungel aufgespürt würde, eigne sich der Manager demnach als absolute Eigenleistung an, obwohl diese das Produkt aller an der Wertschöpfung Beteiligten darstellt. Auf dem Platz an der obersten Stelle der Hierarchie treibe die wohlgemeinte, aber falsche Vorstellung, einzig und allein für Wohl und Gedeih des Unternehmens zuständig zu sein, zu unersättlichen Einkommensansprüchen an.

1722 Ausführlich hierzu *Dorff,* 28 Cardazo L. Rev. 2007, 2025 (2035).

hinnehmen, entschließt sich der Einzelne oft seine von der Mehrheit abweichende Meinung für sich zu behalten. Aber auch die selten stattfindenden Versammlungen der nicht geschäftsführenden *directors* (*outside directors*) tragen dazu bei, dass die Geschäftsführer sich auf die Informationen des CEO verlassen, was zu einer Informationsdisparität führt und so für die unabhängigen *board*-Mitglieder Anreize schafft, passiv zu bleiben.[1723] Damit ist die *board*-Entscheidung bezüglich der Vergütung stark durch den CEO und seine Interessen geprägt.

Ferner sind die Direktoren regelmäßig daran interessiert, wiedergewählt zu werden, um sich die daraus resultierenden finanziellen Vorzüge und das mit dem Posten verbundene Ansehen zu sichern. Aus diesem Grund werden sie sich den Vergütungsvorstellungen des CEO in der Regel nicht zu sehr widersetzen.[1724] Im Übrigen führen soziale und persönliche Verflechtungen sowie die Autorität und die Möglichkeiten der CEOs oft zur Verringerung der Kontrolleffizienz unabhängiger Direktoren, zumal diesen häufig nur ungenügend Zeit und Informationen zur Verfügung stehen.[1725] Schließlich gehen die nicht geschäftsführenden Direktoren auch keine hohen Risiken ein, indem sie unangemessene Vergütungen festsetzen bzw. diese billigen, denn sie müssen hierdurch in der Regel mangels nennenswerter Beteiligung an der Gesellschaft weder finanzielle Einbußen erleiden noch einen Reputationsverlust in Kauf nehmen.[1726] Im Ergebnis bleibt daher festzuhalten, dass das *board* bzw. die nicht geschäftsführenden Direktoren als dessen Mitglieder kein effektives Kontrollorgan des monistisch verfassten Unternehmens bei der Festsetzung der Vergütung geschäftsführender Direktoren bilden und die Vergütungspolitik somit eher einen Ausdruck des Kontrollproblems in Publikumsgesellschaften als ein Mittel zu dessen Behebung darstellt.[1727]

In der Theorie sollen zwar die Gesellschafter die Vergütungen festsetzen, um die Manager zur Maximierung ihres Wohlstands zu motivieren. Aufgrund des Streubesitzes der Aktionäre ist die praktische Umsetzung dieses Grundgedankens jedoch ganz anders. Die Gesellschafter sind vielmehr gehalten, ein *board* einzurichten, das ihre Interessen repräsentiert, indem es die Handlungen der *executive officers* und insbesondere des CEO überwacht und ihre Vergütung festsetzt. Die *board*-Mitgieder werden jedoch wie geschildert häufig von den CEOs aufgestellt, wodurch es zu einer Beeinträchtigung der Objektivität des *board* bei der Vergütungsfestsetzung kommen kann.[1728] Derartige Interessenkonflikte resultieren oft in Vergütungsvereinbarungen,

---

1723 *Crawford,* 5 N.Y.U. Law & Business 2009, 905 (907).

1724 *Bebchuk/Fried,* Pay without Performance, S. 25 f.; *Crawford,* 5 N.Y.U. Law & Business 2009, 905 (907).

1725 *Bebchuk/Fried,* Pay without Performance, S. 27 f.

1726 *Bebchuk/Fried,* Pay without Performance, S. 34 f.; *Simmons,* 62 SMU L. Rev. 2009, 299 (316).

1727 *Arnold,* Die Steuerung, S. 138 f.; ähnlich hierzu *Crawford,* 5 N.Y.U. Law & Business 2009, 905 (906 f.). A. A. *Loewenstein,* 35 Wake Forest L. Rev. 2000, 1 (14 ff.).

1728 Näher dazu *Shivdasani/Yermack,* 54 Journal of Finance 1999, 1829–1853; *Cai/Garner/Walkling,* 64 The Journal of Finance 2009, 2389–2421.

die keine optimalen Verhandlungskonditionen zum Gegenstand haben[1729] und eine Vergütungsstruktur des sog. *rent seeking* oder auch *rent extraction* (Streben nach zusätzlichem Einkommen durch Ausnutzung der zur Verfügung stehenden Einflussmöglichkeiten) widerspiegeln.[1730] Im äußersten Fall kann die Objektivität der *directors* derart gehemmt sein, dass es zum sog. „mutual back scratching" kommt, bei dem die Entlohnung der *directors* an die Vergütung des CEO gebunden ist. Geringstenfalls jedoch haben die Direktoren und die CEOs zumindest einen indirekten Einfluss auf ihre eigene Vergütung. Daher sind diese zumeist bemüht diese Einflussmöglichkeit zu nutzen, um die eigenen Bezüge nach oben zu treiben.

# § 3. Rechtliche Ausgestaltung der Managervergütung

## A. Rechtsquellen der Managervergütung

### *I. Bundesrechtliche Regelungen*

Das bundesrechtliche Kapitalmarktrecht (*Securities Law*) ist in den Vereinigten Staaten in zwei Gesetzen verankert: dem Securities Exchange Act of 1933[1731] und Securities Exchange Act of 1934[1732]. Im Fokus dieser Regelungen stehen Offenlegung, Transparenz und Information der Anleger. Zur Durchsetzung kapitalmarktrechtlicher Vorschriften wurde eine US-Börsenaufsichtsbehörde, die Securities and Exchange Commission (SEC) errichtet, welche auch die Umsetzung des Securities Law durch Publikumsgesellschaften überwacht. Seit ihrer Gründung Anfang des 20. Jahrhunderts ist die SEC befugt, rechtlich verbindliche Regelungen für US-amerikanische Kapitalgesellschaften zu erlassen.[1733] Seitdem liegt der Fokus der SEC-Regelungen im Bereich der Vergütungspolitik auf einer akkuraten Offenlegung der Vergütungsinformationen, die dem Markt und den Anlegern zur Verfügung gestellt werden.[1734]

Neben den Durchführungsvorschriften der SEC gibt es auch die bereits erwähnten zusätzlichen Vorgaben der US-Börsen, New York Stock Exchange (NYSE) und National Association of Securities Dealers Automated Quotations (NASDAQ). Diese sog. Selbstregulierungsbehörden sind berechtigt, Börsenzulassungsanforderungen für

1729 *Burns/Minnick*, Does Say on Pay Matter? Working Paper Series, Juni 2010, abrufbar unter: business.utsa.edu/finance/files/Burns_minnick_SOP.pdf (zuletzt aufgerufen am 31.03.2011). Ausführlich hierzu *Jensen/Murphy*, 98 Journal of Political Economy 1990, 225–264; *Bebchuk/Fried*, 17 Journal of Economic Perspectives 2003, S. 71–92.

1730 Näher dazu *Bertrand/Mullainathan*, The Quarterly Journal of Economics 2001, 901–932; *Bebchuk/Fried/Walker*, 69 U. Chi. L. Rev. 2002, 751–864.

1731 15 USC sec. 77a-77 mm Securities Exchange Act of 1933, 48 Stat. 74.

1732 15 USC sec. 78a-78kk Securities Exchange Act of 1934, 48 Stat. 881.

1733 15 USC sec. 78(d) Securities Exchange Act of 1934. Die SEC wird häufig auch als vierte Gewalt bezeichnet, welche die Urgestalt des Wertpapieraufsichtsamtes mit zahlreichen exekutiven, judikativen und legislativen Kompetenzen verkörpert.

1734 *Farrell*, 96 Cornell L. Rev. 2010, 169 (186).

Publikumsgesellschaften zu erlassen, die als verpflichtende Voraussetzung zum Wertpapierhandel an der jeweiligen Börse gelten und somit eingehalten werden müssen.

Zudem regelt der Model Business Corporation Act in seiner revidierten Fassung (Revised Model Business Corporation Act) die Kompetenzverteilung für die Vergütungsfestsetzung der *top-executives.* Bei diesem Modellgesetz handelt es sich um Vorschriften, die von der Rechtsanwaltskammer der Vereinigten Staaten (American Bar Association) vorgeschlagen wurden und die mittlerweile von mehr als 30 Staaten in einzelstaatliches Recht umgesetzt wurden.

## *II. Einzelstaatliche gesellschaftsrechtliche Vorschriften*

### *1. State Corporation Statutes*

Die Corporation ist eine juristische Person, die auf der Grundlage des Rechts ihres Gründungsstaates beruht. Das einzelstaatliche Recht bedient sich sog. State Corporation Statutes, die dem *board of directors* durch die Treuepflicht und das Verbot der Verschwendung des Gesellschaftsvermögens äußerste Grenzen für seine Handlungen und Entscheidungen setzen.[1735]

### *2. Delaware – Inkorporationsstandort für börsennotierte Gesellschaften*

Zwischen den Gliedstaaten der U.S. herrscht seit vielen Jahren ein intensiver Wettbewerb. Jeder Staat ist bemüht, die lukrativsten Gesellschaftsgründungen bzw. -umgründungen anzuziehen. Dazu gehören vor allem die vom Gründungsstaat einzuziehenden Konzessionsgebühren (sog. *franchise tax*) sowie auch andere positive Nebenwirkungen, wie etwa das Entstehen sekundärer Dienstleistungsindustrien und die Schaffung qualifizierter Arbeitsplätze.[1736] Nach anfänglichen Erfolgen des Bundesstaates New Jersey beansprucht der Staat Delaware seit Anfang des 20. Jahrhunderts die führende Stellung auf dem Gebiet des US-amerikanischen Gesellschaftsrechts.[1737] Die Ursachen für die „Marktführerschaft" des Staates Delaware sind bereits seit Jahrzehnten umstritten. Auf der einen Seite werden die Leistungsfähigkeit, die Effizienz und der Fortschritt des Gesellschaftsrechts von Delaware zelebriert (sog. *race to the top*),[1738] auf der anderen Seite hingegen seine Nachlässigkeit und Managerfreundlichkeit kritisiert (sog. *race to the bottom*).[1739] Die Entscheidungen der Gerichte

---

1735 *Cherry/Wong,* 94 Minn. L. Rev. 2009, 368 (375); Pacific McGeorge School of Law Research Paper Nr. 10–01, S. 6.

1736 *Eidenmüller,* Ausländische Kapitalgesellschaften, § 11 Rdn. 2.

1737 *Moye,* The Law of Business Organizations, S. 193; näher zum historischen Hintergrund vgl. *Henn/Alexander,* Laws of Corporations, 1983, S. 23 ff.; *Hamilton,* The Law of Corporations, S. 62 ff.; *Harzis-Schoch,* RIW 1992, 539 ff.; *Romano,* The Genuis of American Corporate Law, S. 42 ff.; *Steindl,* US-Board und Aufsichtsrat, S. 32.

1738 Ein Gründer dieser Auffassung war unter anderem *Winter,* 6 J. Leg. Study 1977, 251.

1739 Dieser Begriff geht zurück auf *Cary,* 83 Yale L.J. 1974, 663; *Steindl,* US-Board und Aufsichtsrat, S. 33. Einen Überblick über die Gründerfreundlichkeit der Regelun-

von Delaware werden sogar von den Gerichten anderer Gliedstaaten sowie von US-Bundesgerichten auf dem Gebiet des Gesellschaftsrechts vielfach als *persuasive authority* anerkannt.[1740] Dies gilt auch für diejenigen Staaten, deren Recht auf dem Model Business Corporation Act (MBCA) basiert, denn der MBCA ist in zahlreichen Punkten dem Recht von Delaware angepasst bzw. von diesem geprägt worden.[1741] Aus diesen Gründen wird die Delaware Corporation im Folgenden als „paradigmatisches Modell der Kapitalgesellschaftsrechte der US-Bundesstaaten“[1742] behandelt.

Das Delaware General Corporation Law, dem mehr als 50% aller US-amerikanischen Publikumsgesellschaften und 63% der Fortune 500-Gesellschaften unterstehen[1743], ermächtigt das *board of directors* seine eigene Vergütung festzusetzen, es sei denn die Gründungsurkunde des Unternehmens oder seine Satzungen sehen etwas anderes vor.[1744]

## *III. Articles of incorporation* (charter) *– sog. Unternehmensverfassung*

Jede Corporation hat die Möglichkeit, die Angelegenheiten des Unternehmens selbst zu bestimmen. Die Gesetze der Einzelstaaten geben hierfür lediglich einen minimalen Regelungsrahmen vor und überlassen die nähere Ausgestaltung vielmehr den sog. *articles of corporation.*[1745] Diese entfalten ihre Wirkungen auf drei Ebenen: sie gelten zwischen dem Gründungsstaat und der *corporation*[1746], zwischen der *corporation* und ihren Gesellschaftern[1747] und zwischen den einzelnen Gesellschaftern[1748].

---

gen im Staat Delaware bietet *Hatzis-Schock,* RIW 1992, 539 ff.; vgl. z.B. *Smith v. van Gorkom,* 488 A.2d 858, 872 (Del. 1985);

1740 *v. Hein,* Die Rezeption, S. 479. Z. B. *Michigan: Genzer v. Cunningham,* 498 F. Supp. 682 (E.D. Mich. 1980); *Indiana: Dynamics Corp. of Am. v. CTS Corp.,* 794 F.2d 250, 253 (7th Cir. 1986); *Ohio: NCR Corp. v. AT&AT, Co.* 761 F. Supp. 475, 499 (S.D. Ohio 1991); *Kansas: Arnaud v. Stockgrowers State Bank of Ashland Kansas,* 992 P.2d 216, 217 (Kann. 1999); *Illinois: In re Abbot Laboratories* derivative sharholders litigation, 325 F.3d 795, 803 (7th Cir. 2003).

1741 *v. Hein,* Die Rezeption, S. 479; zu den Direktorenaufgaben vgl. etwa *Veasey/Di Guglielmo,* 153 U. Pa. L. Rev. 2005, 1399 (1417): „generally consistent with Delaware jurisprudence“; eine vergleichbare Untersuchung des Gesellschaftsrechts von Delaware und des MBCA bieten *Dooley/Goldman,* 56 Bus. Law. 2001, 737–766.

1742 *Eidenmüller,* Ausländische Kapitalgesellschaften, § 11 Rdn. 3.

1743 State of Delaware's Division of Corporations, Annual Report v. Juni 2009.

1744 „Unless otherwise restricted by the certificate of incorporation or bylaws, the board of directors shall have the authority to fix the compensation of directors.“ Sec. 141(h) DGCL.

1745 *Steindl,* US-Board und Aufsichtsrat, S. 37.

1746 *Staar Surgical Co. v. Waggoner,* 588 A.2d 1130 (Del.1991); *Lawson v. Household Fin. Corp.,* 17 Del.Ch. 343, 352 (Del.1930).

1747 *Berlin v. Emerald Partners,* 522 A.2d 482, 488 (Del.1988); *Ellingwood v. Wolf's Head Oil Ref. Co.,* 27 Del.Ch. 356 (Del.1944); *Waggoner v. Laster,* 581 A.2d 1127 (Del.1990).

1748 *Morris v. American Pub. Utils. Co.* 14 Del.Ch. 136 (Del.Ch.1923).

## *IV. Bylaws – Konkretisierung der articles*

Die sog. *bylaws* regeln vor allem den alltäglichen Geschäftsbetrieb der Gesellschaft und enthalten Grundregeln für die Unternehmensführung. Sie dienen als Orientierungshilfe in Fragen der Verwaltung und Organisation, indem sie regelmäßig die Befugnisse des *board* und der *officers* statuieren. Bylaws gelten im Gegensatz zu *articles* ausschließlich im Innenverhältnis und werden im Konfliktfall von diesen verdrängt.[1749] Sie werden als ein Vertrag der Gesellschafter untereinander sowie zwischen ihnen und der Gesellschaft qualifiziert. Regelmäßig ist es den Unternehmen überlassen, eine bestimmte Regelung wahlweise in die *articles* oder in die *bylaws* aufzunehmen. Als Faustregel gilt dabei, dass Vorschriften von grundsätzlicher Bedeutung oder außergewöhnlichen Inhalts in die *articles* aufzunehmen sind. Alle übrigen Bestimmungen, insbesondere solche verfahrensrechtlicher Natur, gehören dagegen in die *bylaws.*[1750]

## *V. Rechtsprechung*

### *1. Höchstrichterliches Verbot von Verschwendung des Gesellschaftsvermögens – äußerer Rahmen der Vergütung*

Die *„corporate waste"*-Doktrin bzw. das Verbot der Verschwendung von Unternehmensvermögen ist ein von der US-Rechtsprechung kreierter Grundsatz, welcher von den Aktionären zum Zweck der Bestreitung überhöhter Managervergütung geltend gemacht werden kann.[1751] Die *„corporate waste"*-Doktrin hat eine im US-amerikanischen Recht tief verwurzelte Tradition in Bezug auf Vergütungspakete der *executives.* Die zentrale Entscheidung, *Rogers v. Hill,* erging bereits vor knapp 80 Jahren und gilt auf diesem Bereich immer noch als wegweisend.[1752]

Zum ersten Mal kam die Problematik der umfangreichen Managervergütungen nach dem Ersten Weltkrieg auf. Führungskräfte der größten US-Unternehmen erhielten im Jahr 1928 jährlich ca. $ 1.500.000. Aufgrund des Konjunkturtiefs von 1929–1930 kam es jedoch zu einem drastischen Rückgang des Vergütungsniveaus, welches sich allerdings in den darauffolgenden Jahren wieder stabilisierte.[1753] Diese Ereignisse resultierten schließlich in einer Flut von Rechtsstreitigkeiten zur Angemessenheit der Vergütung der Manager einiger bedeutender Unternehmen.[1754]

---

1749 *Paulek v. Isgar,* 551 P.2d 213 (1976); *Hellenic Cultural Circle, Inc. v. Kotsilimbas,* 361 N.Y.S. 2d 797 (S.Ct.1973); *Steindl,* US-Board und Aufsichtsrat, S. 39.

1750 *Merkt/Göthel,* US-amerikanisches Gesellschaftsrecht, S. 215 f. Rdn. 329.

1751 *Caywood,* 109 Mich. L. Rev. 2010, 111 (117).

1752 *Rogers v. Hill,* 289 U.S. 582 (1933).

1753 *Washington,* 54 Harv. L. Rev. 1941, 733 (734); *Murrey,* Appalachian School of Law, Paper 726, S. 3, abrufbar unter: http://law.bepress.com/expresso/eps/726/ (zuletzt aufgerufen am 31.03.2011).

1754 *Washington,* 54 Harv. L. Rev. 1941, 733 (735 f.); *Murrey,* Appalachian School of Law, Paper 726, S. 3.

Die Haftungsgrundlage des mit den Aktionärsklagen begehrten Anspruchs auf die Feststellung einer übermäßig gewährten Vergütung und die anschließende Rückerstattung des entsprechenden Betrages bilden die den *directors* obliegenden Treuepflichten (*fiduciary duties*).[1755]

Die bedeutendste und wegweisendste Entscheidung betreffend die „*corporate waste*"-Doktrin und die Angemessenheit der Managervergütung von Publikumsgesellschaften bildet der oben bereits erwähnte Fall *Rogers v. Hill.* Hierbei ging es um den Umfang der Bonuszahlungen, die den Führungskräften der American Tobacco Company gewährt wurden. In seiner Urteilsbegründung erklärte das Oberste Bundesgericht (*Supreme Court*), dass Managerbezüge, deren Umfang einer Plünderung oder Verschwendung des Unternehmensvermögens entspricht bzw. nahekommt, nicht einmal durch eine nach Treu und Glauben und pflichtgemäßem Ermessen vorgenommene Entscheidung bzw. Billigung der Anteilseigner gerechtfertigt werden können.[1756] In diesem Zusammenhang führte das Gericht aus, dass wenn eine Bonuszahlung in keinem Verhältnis zum Wert der vom Begünstigten erbrachten und zu entlohnenden Dienste steht, es sich zum Teil um eine Schenkung handele, zu der die Mehrheit der Aktionäre gegen den Widerstand der Minderheit nicht berechtigt ist.[1757] Im vorliegenden Fall kam das Gericht jedoch zu dem Schluss, dass lediglich die Existenz des Bonusplans und die diesem entsprechenden Zahlungen die Annahme der Vermögensverschwendung nicht rechtfertigen konnten. Zur Beurteilung der Angemessenheit der gewährten Bezüge wurde der Fall an den hierfür zuständigen District Court verwiesen, welcher die Klage schließlich abwies.[1758]

Aus dieser Entscheidung folgt, dass aufgrund der oben erörterten *business judgment rule* (Geschäftsleiterermessen) die Angemessenheit der Vergütung von der Rechtsprechung äußerst selten beanstandet wird und zwar nur in den Fällen, in denen die Vergütung eine Höhe erreicht, bei der von der Verschwendung des Gesellschaftsvermögens (*waste of corporate assets*) oder sogar dessen Plünderung (*looting*) gesprochen werden kann.[1759] Dabei kann die Vermögensverschwendung, „waste of corporate assets" in zwei Ausgestaltungsformen auftreten. Die eine betrifft den Fall, bei dem die Vergütung ohne Erbringung einer Gegenleistung erfolgt. Die andere hingegen betrifft eine im Verhältnis zu empfangenen oder erwarteten Leistungen

---

1755 *Gollnick*, Beurteilung, S. 168.

1756 *Rogers v. Hill,* 289 U.S. 591 (1933).

1757 „If a bonus payment has no relation to the value of services for which it is given, it is in reality a gift in part, and the majority stockholders have no power to give away corporate property against the protest of the minority." *Rogers v. Hill,* 289 U.S. 951 f. (1933).

1758 *Rogers v. Hill,* 289 U.S. 591 f. (1933).

1759 *Rogers v. Hill,* 289 U.S. 582 (1933), *Beard v. Elstr,* 160 A.2d 731, 737 (Del. 1960) sowie die *Walt Disney* Entscheidung, *In re Walt Disney Company* Derivative Litigation, 825 A.2d 275 (Del.Ch.2003), in der das Gericht des Staates Delaware erstmalig in einer vergütungsrechtlichen Angelegenheit eine Klage wegen Verletzung der „duty of good faith" zur Entscheidung angenommen hat.

des Begünstigten zu hohe Vergütung.[1760] Verstöße gegen die „waste of corporate assets"-Doktrin werden mit zivilrechtlichen Rechtsfolgen geahndet. Der Vertrag ist – soweit es möglich ist – aufzuheben, ansonsten ist Schadensersatz zu leisten.[1761]

Das Oberste Bundesgericht der USA, der Supreme Court, gab an, dass allein die Höhe der gewährten Vergütung im Verhältnis zu erbrachten oder zu erbringenden Diensten per se keine Verschwendung begründen kann. Vielmehr muss diese aufgrund des Tatsachenvorbringens positiv festgestellt werden. Erforderlich ist hierbei der Nachweis des Dienstwertes, der dem Wert der Bezüge gegenüber gestellt wird.[1762]

Gerichte des Staates Delaware wendeten den aus der Entscheidung im Fall *Rogers v. Hill* hervorgetretenen Standard des „corporate waste" auch im Fall *Gottlieb v. Heyden Chemical*[1763] an.[1764] In dieser Entscheidung bestätigte das Gericht die im Fall *Rogers v. Hill* postulierten Grundsätze und fügte hinzu: „[w]e must evaluate the services to be rendered by the particular employees for the periods reserved, and to that factor we must relate the values of the respective options"[1765].

Nach einer weiteren Entwicklung der Doktrin wurde der Delaware Supreme Court im Jahr 2000 erneut mit der Überprüfung der *„corporate waste"*-Doktrin im Fall *Brehm v. Eisner* konfrontiert.[1766] Bei dieser bahnbrechenden Entscheidung handelte es sich um eine Aktionärsklage der Walt Disney-Anteilseiger, welche die Verschwendung des Unternehmensvermögens seitens des *board of directors* geltend machten. Hierbei ging es um den *executive officer* des Walt Disney Unternehmens, Michael Ovitz, der für seine 14monatige Amtszeit und seine zudem qualitativ sehr umstrittene „Leistung" eine Abfindung von rund $ 140 Mio. erhielt.[1767] Das mit dieser Sache befasste erstinstanzliche Gericht (*Court of Chancery*), wie auch andere Gerichte bisher entschied, dass es zwar möglich ist, dass rein aufgrund der Höhe der ausgezahlten Managervergütung eine Vermögensverschwendung angenommen werden kann, im vorliegenden Fall könne jedoch eine solche nicht bejaht werden. Vielmehr befand das Gericht

> „[i]f [...] there is any *substantial* consideration received by the corporation, and if there *is a good faith judgment* that in the circumstances the transaction is worthwhile, there should be no finding of waste, even if the fact finder would conclude *ex post* that the transaction was unreasonably risky."[1768]

---

1760 *Murrey,* Appalachian School of Law, Paper 726, S. 6 f.

1761 *Fleischer,* Rechtsvergleichendes Gutachten, S. 11.

1762 *Murrey,* Appalachian School of Law, Paper 726, S. 6 f.

1763 *Gottlieb v. Heyden Chemical Corp.*, 90 A.2d 660 (Del. 1952).

1764 Da das corporate law grundsätzlich in die Kompetenz der Gliedstaaten fällt, wenden die Gerichte der Bundesstaaten die „corporate waste"-Doktrin in ihren Staaten an.

1765 *Gottlieb v. Heyden Chemical Corp.*, 90 A.2d 665 (Del. 1952).

1766 *Brehm v. Eisner,* 746 A.2d 244, 263 (Del. 2000).

1767 *In re Walt Disney Company* Derivative Litigation, 731 A.2d 342 (Del. Ch. 1998).

1768 *Brehm v. Eisner,* 746 A.2d 244, 263 (Delaware 2000).

Dass die Anforderungen an die Bejahung einer Vermögensverschwendung hoch sind, zeigt am deutlichsten das Berufungsergebnis der zehn Jahre andauernden Walt Company Derivative Litigation. In diesem Verfahren wurde die Aktionärsklage vom Delaware Supreme Court mit der Begründung abgewiesen, die Gesellschaft sei vertraglich verpflichtet, dem Gesellschaftspräsident (*company president*) Ovitz die zugesagte Vergütung zu gewähren. Im Rahmen der Verschwendungsprüfung stand nicht die absolute Höhe der Vergütung in Frage, sondern vielmehr das Festsetzungsverfahren und die von der Vergütungshöhe unabhängige Kompensationsbeurteilung.[1769] In diesem Fall vertrat das Gericht eine besonders strenge Auffassung der Verschwendung. Demnach führt die zugesagte bzw. ausgezahle Vergütung der *executives* nur dann zu einer Haftung der Geschäftsführer, wenn diese einem Austauschvertrag zustimmen, der so einseitig ist, dass ein vernünftiger Geschäftsmann von einer adäquaten Gegenleistung nicht ausgehen könnte.[1770] Eine ex-ante Verschwendung des Unternehmensvermögens wurde demnach im konkreten Fall erneut abgelehnt. Die US-amerikanischen Gerichte erkennen die Schwierigkeit der Formulierung eines präzisen Regelwerkes und der ex-post-Beurteilung von Unternehmensentscheidungen an, die eine starke operative Komponente, wie etwa im Falle der Managervergütung, beinhalten[1771] und räumen daher hinreichend unabhängigen und unbefangenen *boards* einen weiten unternehmerischen Ermessensspielraum im Einklang mit der *business judgment rule* ein.[1772]

Auch die jüngste Entscheidung des Delaware Court of Chancery im Fall *In re Citigroup Inc.*[1773] kommt zu keinem anderen Ergebnis. Dabei ging es um eine Aktionärsklage, die auf Verletzung der Sorgfalts- und Treuepflichten der *directors* und *officers* aufgrund der mangelnden Risikokontrolle und des unzureichenden Risikomanagements gestützt wurde. In seiner Entscheidung lehnte das Gericht die geltend gemachte Unternehmensverschwendung seitens der Unternehmensführung trotz Gewährung einer millionenschweren Vergütung an den Citigroup CEO Charles Prince, welcher für die Misere der Bank zum größten Teil verantwortlich gemacht wurde, ab. Zwar wies das Gericht darauf hin, dass das Entscheidungsermessen der

---

1769 „A corporate board's extraodrinary decision to award a $ 140 million severance package is governed by the same corporate law principles as its everyday decision to authorize a loan [...]. Nature does not sink a ship merely because of its size, and neither do courts overrule a board's decision to approve and later honor a severance package, merely because of its size." *In re Walt Disney Company* Derivative Litigation, 731 A.2d 342, 350 (Del. Ch. 1998).

1770 Demnach kann eine „corporate waste"-Klage nur in seltesten Fällen Erfolg haben und zwar in einem „unconscionable case where directors irrationally squander or give away corporate assets." *In re Walt Disney* Company Derivative Litigation, 906 A.2d 27 (Del. 2006); *Glazer v. Zapata Corp.*, 658 A.2d 176, 183 (Del. Ch. 1993).

1771 *Exacto Spring Corp. v. Comm'r.*, 196 F.3d 833, 838 (7th Cir. 1999): „(J)udges are not competent to decide what business executives are worth."

1772 *Simmons*, 62 SMU L. Rev. 2009, 299 (339).

1773 *In re Citigroup Inc.* Shareholders Derivative Litigation, 964 A.2d 106 (Del. Ch. 2009).

*directors* im Rahmen der Festsetzung der Managervergütung nicht unbeschränkt sei,[1774] die Hürde der Vermögensverschwendung wäre jedoch auch in diesem Fall noch nicht erreicht.

### 2. *„Corporate waste"-Doktrin – ein Mittel zur Eingrenzung der Managerbezüge?*

Es stellt sich folglich die Frage, ob die von der Rechtsprechung entwickelte „*corporate waste*"-Doktrin geeignet ist, Managerbezüge auf das angemessene Maß zu bringen. Das Bestreben der Gerichte des Staates Delaware, Verschwendungsklagen bereits in einem frühen Stadium des Verfahrens abzuweisen, lässt an der Effektivität der „*corporate waste*"-Doktrin im Rahmen der Vergütungsfestsetzung zweifeln.[1775] Die Schwierigkeit der Anwendung der „*corporate waste*"-Doktrin besteht zum Teil darin, dass bei der Formulierung dieses Grundsatzes durch den Supreme Court kein Schwellenwert angegeben wurde, der als Richtschnur für die Annahme einer Unternehmensverschwendung gelten könnte. Darüber hinaus überlässt das Gericht die Vergütungsentscheidung grundsätzlich den Unternehmen und vor allem den die *business judgment rule* ausübenden *directors* mit der Folge, dass eine Drosselung der Managerbezüge durch die Rechtsprechung keinen Erfolg zu versprechen scheint. Am anschaulichsten kann dies durch die vielzitierte Äußerung von Chancellor Allen wiedergegeben werden:

„There surely are cases of fraud, of unfair self dealing and, much more rarely negligence. But rarest of all – and indeed, like Nessie, possibly non existent – would be the case of business people making non fraudulent deals (non-negligently) that meet the legal standard of waste."[1776]

Ferner wird argumentiert, dass es den Gerichten oft an dem entsprechenden Fachwissen fehle, um die wirtschaftlichen Entscheidungen des *board* und der *executives* beurteilen zu können, zumal dem Management die Möglichkeit gegeben werden soll, ein auch im Interesse der Aktionäre liegendes vernünftiges Maß an Risiko einzugehen, ohne eine gerichtliche Entscheidung über die Richtigkeit ihres Vorgehens fürchten zu müssen. Im Übrigen wird angenommen, dass es schwierig

---

1774 „The directors of a Delaware corporation have the authority and broad discretion to make executive compensation decisions. The standard under which the Court evaluates a waste claim is whether there was an exchange of corporate assets for consideration so disproportionately small as to lie beyond the range at which any reasonable person might be willing to trade. It is also well settled in our law, however, that the discretion of directors in setting executive compensation is not unlimited. Indeed, the Delaware Supreme Court was clear when it stated that there is an outer limit to the board's discretion to set executive compensation, at which point a decision of the directors on executive compensation is so disproportionately large as to be unconscionable and constitute waste." *In re Citigroup Inc.* Shareholders Derivative Litigation, 964 A.2d 136 (Del. Ch. 2009).

1775 *Caywood,* 109 Mich. L. Rev. 2010, 111 (120).

1776 *Steiner v. Meyerson,* 1995 WL 441999 (Del. Ch. 1995), S. 5.

sein könnte, Geschäftsleiter zu finden, wenn diese unter Umständen für ihre Entscheidungen persönlich haften müssten.[1777]

Einer gerichtlichen Entscheidung über die Angemessenheit der Vergütung steht zudem noch das praktische Hindernis des Vergleichs entgegen. Die ganz überwiegende Anzahl der *derivative suits* wird durch einen solchen beendet.[1778] Durch die Aktionärsklagen kann daher keine wirksame Kontrolle unangemessener Vergütungspolitik oder die Überprüfung der dieser zugrundeliegenden fehlerhaften Leistungsbeurteilung angenommen werden, und es erscheint unwahrscheinlich, dass die Gerichte hier ihre Passivität aufgeben werden. Vielmehr bilden sowohl die business judgment rule als auch das Verbot der Verschwendung des Gesellschaftsvermögens einen sehr großzügigen Vergütungsbeurteilungsmaßstab mit der Folge, dass wenn das Festsetzungsverfahren fehlerfrei eingehalten wurde, die Managervergütung regelmäßig unangreifbar ist.[1779]

## B. Das Festsetzungsverfahren der Vorstandsvergütung

### *I. Zuständigkeit für die Bestimmung der executive compensation*

#### *1. Board of directors als Festsetzungsorgan*

Laut Model Business Corporation Act muss jede *corporation* über ein *board of directors* verfügen.[1780] Die gesellschaftsrechtlichen Vorschriften des Staates Delaware wie auch der Model Business Corporation Act legen fest, dass der Geschäftsbetrieb und die Tagesangelegenheiten jedes Unternehmens durch oder unter der Leitung eines *board of directors* erfolgen sollen.[1781] Nach dem *statutory scheme* handelt es sich beim *board of directors* um ein unabhängiges Gesellschaftsorgan,[1782] welches die Unternehmensführung in eigener Verantwortung, d. h. also weisungsunabhängig, zu führen hat[1783]. Zu den bedeutendsten Aufgaben des *board* gehören unter anderem die Bestimmung der Unternehmenspolitik, die Anstellung des CEO, die Billigung des jährlichen Geschäftsplans sowie die Festlegung der langfristigen Unternehmensstrategie und der Vergütung der *executives*. Darüber hinaus ist das *board* für die Performanceüberwachung des CEO im Rahmen der genehmigten Tätigkeiten zu-

1777 *Heller v. Boylan*, 29 N.Y.S. 2d 653, 679 f. (Sup. Ct. 1941); *Bogus*, 41 Buffalo L. Rev. 1993, 1 (54); *Gollnick*, Beurteilung, S. 169 f.

1778 *Coffee*, 48 Law & Contemp. Probs. 1985, 5 (9 f., 31 ff.); *Gollnick*, Beurteilung, S. 173.

1779 *Thüsing*, ZGR 2003, 457 (463).

1780 Sec. 8.01(a) MBCA: „All corporate powers shall be exercised by or under the authority of, and the business and affairs of the corporation managed by or under the direction of, its board of directors."

1781 Sec. 141(a) DGCL: „The business and affairs of every corporation organized under this chapter shall be managed by or under the direction of a board of directors, except as may be otherwise provided in this chapter or in its certificate of incorporation."

1782 *Eisenberg*, Corporations and Other Business Organizations, S. 207.

1783 *Merkt/Göthel*, US-amerikanisches Gesellschaftsrecht, S. 313 Rdn. 573.

ständig.[1784] Bei der Erfüllung seiner Aufgaben ist das *board* in erster Linie gehalten, die Aktionärsinteressen zu verfolgen und somit den Wohlstand der Anteilseigner zu maximieren.[1785]

### a) Direktorenvergütung

Die Vergütung der Direktoren ist von der Entlohnung der *executive officers* zu unterscheiden. Nach dem Common Law-Verständnis haben die Direktoren grundsätzlich keinen Anspruch auf Vergütung für ihre Tätigkeit. Denn sie treten in aller Regel zugleich auch als Gesellschafter auf, sodass sich bereits aus der Entwicklung des Aktienkurses ein angemessenes Gehalt für ihre Tätigkeit ergibt. Ein Vergütungsanspruch kann sich jedoch aus dem Gesetz, aus den *articles of incorporation* oder – dies ist der häufigste Fall – aus den *bylaws* bzw. einem Beschluss der Gesellschafter ergeben. Hierbei ist allerdings zu berücksichtigen, „dass die Grundsätze über die Ungültigkeit von *board*-Beschlüssen in Fällen, in welchen Direktoren im eigenen Interesse (*self interest*) tätig werden, auch und ganz besonders auf die Festsetzung von Vergütungen für die Mitglieder des *board of directors* anzuwenden sind“[1786].

Angesichts der Tatsache, dass der Anteil der *board*-Mitglieder, die nicht oder nur unwesentlich an ihrer Gesellschaft beteiligt sind, im Laufe der Jahre zunahm, sind die Gesellschaften dazu übergegangen, den Mitgliedern ihres *boards* Vergütungen zu gewähren.[1787] Grundsätzlich kann das *board of directors* die Höhe und Art der Vergütung selbst bestimmen. Die Gefahr der Befangenheit des jeweils betroffenen *director* in einem solchen Fall ist jedoch so eklatant, dass bei Beschlüssen, bei denen einzelne Geschäftsführer in eine Interessenkollision geraten können, besondere Abstimmungsregelungen gelten. So darf der jeweilige *director* zwar mit beraten und abstimmen, muss jedoch sein Eigeninteresse offenbaren. Ein Mehrheitsbeschluss erfordert in dieser Situation eine Mehrheit der unbefangenen *directors*. Entscheidungen, die nur mit der Stimme eines befangenen *director* getroffen werden, können allerdings durch die informierten Aktionäre nachträglich bestätigt werden. Im Übrigen steht der Wirksamkeit solcher Rechtsgeschäfte nichts im Wege, wenn sie inhaltlich „fair“ sind.[1788]

---

1784 Ausführlich hierzu *Ellig*, Executive Compensation, S. 578 f.; *Moye*, The Law of Business Organizations, S. 200.

1785 „A business corporation is organized and carried on primarily for the profit of the stockholders. The powers of the directors are to be employed for that end. The discretion of directors is to be exercised in the choice of means to attain that end [...].“ *Dodge v. Ford Motor Co.*,170 N.W. 668 (684) (Mich.1919).

1786 *Lofland v. Cahall*, 118 A.1 (Del.Ch. 1922); *Binz v. St. Louis Hide & Tallow Co.*, 378 S.W. 2d 228 (Mo. Ct. App. 1964); *Merkt/Göthel*, US-amerikanisches Gesellschaftsrecht, S. 332 Rdn. 618.

1787 *Merkt/Göthel*, US-amerikanisches Gesellschaftsrecht, S. 332 Rdn. 619.

1788 „(a) No contract or transaction between a corporation and 1 or more of its directors or officers, or between a corporation and any other corporation, partnership,

### b) Officergehalt (*executive compensation*)

Im Gegensatz zu den Direktoren, die ausschließlich als Direktoren tätig sind, und den Direktoren, die zugleich auch *officers* desselben Unternehmens sind, steht den „nur"-*officers* nach dem Common Law grundsätzlich ein Vergütungsanspruch in Höhe des Wertes der von ihnen geleisteten Tätigkeiten (Quantum-meruit-Lehre) zu.[1789] Dies gilt insbesondere auch dann, wenn keine ausdrückliche Vereinbarung in Bezug auf die Vergütung getroffen wurde (Lehre vom *implied contract*). Die zusätzlich gewährten, jedoch nicht explizit im Vertrag vereinbarten Vergütungen weisen den gleichen Wert wie die vertraglich ausgehandelten Bezüge auf. Dazu gehören unter anderem Prämienpläne (*cash bonus plans* sowie *property bonus plans*), Gratisaktien und Optionen (*share bonuses* und *share options*), Aktienerwerbspläne (*share purchase plans*), Nebenleistungen wie Lebens-, Kranken- und Unfallversicherungen (*life, health* und *accident insurances*), Erwerbsunfähigkeits- und Hinterbliebenenrente (*disability* und *death benefits*), Steuererstattungspläne (*tax reimbursement plans*), betriebliche Altersversorgung (*deferred compensation*), Pensionspläne (*pension plans*) sowie sonstige Vergütungsneben- und Sozialleistungen (*fringe benefits, perquisites*).[1790] Das *board of directors* ist für die Festsetzung der Vergütung des CEO und der anderen Führungskräfte (sog. *top executives*) zuständig.[1791]

---

association, or other organization in which 1 or more of its directors or officers, are directors or officers, or have a financial interest, shall be void or voidable solely for this reason, or solely because the director or officer is present at or participates in the meeting of the board or committee which authorizes the contract or transaction, or solely because any such director's or officer's votes are counted for such purpose, if: (1) The material facts as to the director's or officer's relationship or interest and as to the contract or transaction are disclosed or are known to the board of directors or the committee, and the board or committee in good faith authorizes the contract or transaction by the affirmative votes of a majority of the disinterested directors, even though the disinterested directors be less than a quorum; or (2) The material facts as to the director's or officer's relationship or interest and as to the contract or transaction are disclosed or are known to the stockholders entitled to vote thereon, and the contract or transaction is specifically approved in good faith by vote of the stockholders [...]." Sec. 144 DGCL; *Eidenmüller,* Ausländische Kapitalgesellschaften, § 11 Rdn. 43.

1789 Ausführlich zur Vergütung von officers *Randall,* 54 Hastings L.J. 2003, 437–469; *Loewenstein,* 50 SMU L. Rev. 1996, 201–223; *ders.,* 35 Wake Forest L. Rev. 2000, 1–30; *Murphy,* 63 U. Cin. L. Rev. 1995, 713–748.

1790 *Merkt/Göthel,* US-amerikanisches Gesellschaftsrecht, S. 333 Rdn. 620; ausführlich hierzu *Henn/Alexander,* Laws of Corporations, S. 667 ff.

1791 Sec. 8.11 MBCA; *Kole,* 43 Journal of Financial Economics 1997, 79 (101); *Bebchuk/Fried,* Pay for Performance, S. 24; *Akin,* Corporate Governance, S. 5.

### c) Business judgment rule

Seit knapp zwei Jahrhunderten[1792] bildet die von der Rechtsprechung entwickelte sog. *business judgment rule* (Geschäftsleiterermessen) den Maßstab, an dem die Entscheidungen der Geschäftsführung US-amerikanischer Gesellschaften, also auch die Vergütungsentscheidungen, gemessen werden. Somit bietet dieser Grundsatz den Direktoren einen umfassenden Schutz vor der Inanspruchnahme durch Aktionäre (wie etwa durch ein sog. *derivative suit*[1793]) oder durch die Gesellschaften selbst, sofern die wirtschaftliche Richtigkeit und Angemessenheit der Entscheidung (also auch einer Vergütungsentscheidung) im Nachhinein in Frage gestellt werden sollte. Haben die Geschäftsführer eine Unternehmensentscheidung auf der Grundlage von ausreichenden Informationsmaterialien ohne Vorliegen eines Interessenkonflikts und mit der Absicht getroffen, im besten Interesse der Gesellschaft zu handeln, so sind sie von der Haftung wegen der Unrichtigkeit dieser Entscheidung befreit.[1794] Im Vorfeld der Entscheidungsfindung sind die Direktoren berechtigt, Gutachten von Wirtschaftsprüfern, Investmentbanken, Rechtsberatern und sonstigen Experten einzuholen und sich darauf zu verlassen.[1795] Hiervon wird in der Praxis auch

---

1792 *Percy v. Millaudon,* 8 Mart. (N.S.) 68 (Lousiana Supreme Court 1829).

1793 Mittels des sog. *derivative suit* können die Aktionäre gegen die *directors* und die *executives* der Gesellschaft wegen einer Pflichtverletzung klagen, und so einen Anspruch der Gesellschaft gegen diese Personen durchsetzen. Eine Aktionärsklage kann auch mit dem Ziel erhoben werden, dass eine übermäßig gewährte Vergütung festgestellt wird und die *executives* verpflichtet werden, einen entsprechenden, über die Angemessenheit hinausgehenden Teil der Entlohnung an die Gesellschaft zurückzuerstatten. Da der Vergütungsfestsetzung auch eine Leistungsbeurteilung zugrunde gelegt wird, erlangen die Aktionäre durch die derivative suit mittelbar die Möglichkeit, gegen die Bewertung der CEO-Performance vorzugehen. Vgl. *Gollnick,* Beurteilung, S. 167; die prozessrechtlichen Voraussetzungen sind in der Vorschrift 23.1 der Federal Rules of Civil Procedure geregelt.

1794 Die Formulierung der business judgment rule durch das American Law Institute (ALI) lautet: „A Director or officer who makes a business judgment in good faith fulfills the duty of care if the Director or officer: (1) is not interested in the subject of the business judgment; (2) is informed with respect to the subject of the business judgment to the extent the Director or officer reasonably believes to be appropriate under the circumstances; and (3) rationally believes that the business judgment is in the best interests of the corporation." Sec. 4.01 (c) American Law Institute, Principles of Corporate Governance: Analysis and Recommendations (1994). Nach dieser Definition liegt die Beweislast für das pflichtgemäße Handeln bei den *directors.* Vgl. *Kock,* NZG 2004, 441 (445); *Branson,* 36 Val. U. L. Rev. 2002, 631 (636).

1795 „A member of the board of directors, or a member of any committee designated by the board of directors, shall, in the performance of such member's duties, be fully protected in relying in good faith upon the records of the corporation and upon such information, opinions, reports or statements presented to the corpo-

zur Absicherung gegen eventuelle Schadensersatzklagen weitreichend Gebrauch gemacht.[1796]

Das Recht des Staates Delaware beschreibt die *business judgment rule* als „a presumption that in making a business decision the directors of a corporation acted on an informed basis, in good faith and in the honest belief that the action taken was in the best interests of the company."[1797] Somit gilt nach dem Recht des Staates Delaware die Vermutung, dass jede Vergütungsentscheidung des *board of directors*, die ohne persönliches Interesse, unter Zugrundelegung von ausreichender Informationen und nach einer Auseinandersetzung mit verschiedenen Vergütungsvorschlägen sowie auf der Basis der Berichterstattung der unabhängigen Vergütungsberater getroffen wurde, aufgrund der *business judgment rule* gerichtlich unangreifbar ist.[1798]

### 2. *Statthaftigkeit von Vergütungssatzungen*

In den Vereinigten Staaten haben sich einzelne Unternehmen damit auseinandergesetzt, ob die Aufnahme von Vergütungsregelungen in Unternehmenssatzungen auf Betreiben der Aktionäre statthaft ist.[1799] Nach einer Entscheidung des Delaware Supreme Court aus dem Jahre 2008 dürfen allerdings Vorschläge der Aktionäre zur Ergänzung der *bylaws* nur prozessrechtliche Angelegenheiten erfassen. Vorgaben, die materielle Entscheidungen des *board* betreffen, sind hingegen nicht gestattet.[1800] Angesichts dieser Entscheidung werden zahlreiche Bedenken in der Literatur geäußert, Satzungsregelungen zur Vergütungspolitik zuzulassen. Vergleichbar der deutschen Auffassung sehen auch einige US-amerikanische Literaturstimmen in statuarischen Vergütungsregelungen einen ungerechtfertigten und daher unzulässigen Eingriff in die Kompetenz der zur Festsetzung der Vergütung zuständigen Direktoren.[1801]

---

ration by any of the corporation's officers or employees, or committees of the board of directors, or by any other person as to matters the member reasonably believes are within such other person's professional or expert competence and who has been selected with reasonable care by or on behalf of the corporation." Sec. 141(e) DGCL.

1796 *Martin,* NZG 2003, 948 (949 f.).

1797 *Aronson v. Lewis,* 473 A.2d 805 (Del. 1984); *Cahn/Donald,* Comparative Company Law, S. 372.

1798 *Elson,* 63 U. Cin. L. Review 1995, 649 (685); *Farrell,* 96 Cornell L. Rev. 2010, 169 (185).

1799 *Gordon,* 46 Harv. J. Leg. 2009, 323 (329). Demnach haben die Gesellschaften Verizon und Blockbuster „Say-on-pay"-Satzungsregelungen beschlossen. Eingehend dazu später S.354.

1800 *CA, Inc. v. AFSCME Employees Pension Plan,* 953 A.2d 227, 234 f. (Del. 2008).

1801 Vgl. den Titel von *Bainbridge,* Remarks on Say on Pay, An Unjustified Incursion on Director Authority, UCLA School of Law, Law-Econ Research Paper No. 08–06, abrufbar unter: http://papers.ssrn.com/sol3/papers.cfm?abstract_id=1101688 (zuletzt aufgerufen am 22.03.2011); hierzu auch *Fleischer,* RIW 2010, 497 (499).

### 3. *Compensation committee*

Fast alle *state corporate statutes* gestatten es dem *board of directors*, die Erfüllung seiner Aufgaben anteilig auf besondere, hierfür eingerichtete Ausschüsse zu übertragen.[1802] Beim *compensation committee* handelt es sich um einen Ausschuss, der für die Gestaltung der Vergütungspolitik der Führungskräfte des Unternehmens errichtet wird.[1803]

#### a) Besetzung des compensation committee

Häufig delegieren *boards* die ihnen anvertrauten Vergütungsentscheidungen an Vergütungsausschüsse (sog. *compensation committees*), um die Bezichtigung der Selbstkontrahierung zu vermeiden. Diese Komitees bestehen aus unabhängigen Direktoren (sog. *disinterested directors*),[1804] wobei die Eigenschaft als unabhängiger Direktor von den einzelnen Regulierungsbehörden zum Teil unterschiedlich definiert wird.[1805]

---

1802 Vgl. unter anderem sec. 8.25 RMBCA; sec. 141(c) DGCL; sec. 712 N.Y. Corporation Law; sec. 3.02 (c) American Law Institute, Principles of Corporate Governance: Analysis and Recommendations.

1803 American Bar Association, Section of Corporation, Banking and Business Law (Hrsg.), The Overview Committees of the Board of Directors, 35 Bus. Law. 1980, 1335–1364 (1344).

1804 *Tani,* 18 Transnat'l L. & Contemp. Probs. 2009, 317 (323).

1805 So z. B. sec. 303A.02(b) NYSE Listed Company Manual: „[...] a director is not independent if: (i) The director is, or has been within the last three years, an employee of the listed company, or an immediate family member is, or has been within the last three years, an executive officer, 1 of the listed company. (ii) The director has received, or has an immediate family member who has received, during any twelve-month period within the last three years, more than $120,000 in direct compensation from the listed company, other than director and committee fees and pension or other forms of deferred compensation for prior service (provided such compensation is not contingent in any way on continued service). (iii) (A) The director is a current partner or employee of a firm that is the listed company's internal or external auditor; [...]"; Rule 5605(a)(2) NASDAQ Listing Rules: „Independent Director" means a person other than an Executive Officer or employee of the Company or any other individual having a relationship which, in the opinion of the Company's board of directors, would interfere with the exercise of independent judgment in carrying out the responsibilities of a director. For purposes of this rule, "Family Member" means a person's spouse, parents, children and siblings, whether by blood, marriage or adoption, or anyone residing in such person's home. The following persons shall not be considered independent: (A) a director who is, or at any time during the past three years was, employed by the Company; (B) a director who accepted or who has a Family Member who accepted any compensation from the Company in excess of $120,000 during any period of twelve consecutive months within the three years preceding the determination of independence, other than the following: (i) compensation for board or board

## b) Aufgaben des compensation committee

### aa) Gestaltung des Vergütungsprogramms

Die Vergütungsausschüsse haben regelmäßig eine Reihe von Schlüsselpflichten zu erfüllen.[1806] Das wichtigste Instrument des Vergütungsprogramms zur Risikovermeidung stellt die Abwägung der vielfältigen Kompensationsmöglichkeiten dar. Eine ausgewogene Kombination aus kurzfristigen und langfristigen Vergütungselementen bindet die Vergütung an den Unternehmenserfolg. Durch die Verbindung mehrerer Leistungsanreize zur Belohnung unterschiedlicher Aspekte der Unternehmensperformance kann die kurzsichtige Fokussierung auf einen einzigen Performancegesichtspunkt, der zulasten anderer, das Unternehmensrisiko betreffender und beeinflussender Aspekte geht, vermieden werden. Dabei soll vom Vergütungsausschuss darauf geachtet werden, dass der Horizont der langfristigen Vergütungselemente mit dem Geschäftszyklus des Unternehmens verknüpft wird, um sicherzustellen, dass sowohl der Vergütungsausschuss als auch das Management die gleichen Unternehmensperspektiven im Blick haben. Darüber hinaus hat der Vergütungsausschuss zu untersuchen, ob das Vergütungsprogramm auch andere Bestandteile erfasst, die das Verfehlungsrisiko oder ein unangemessen risikofreudiges Verhalten der Führungskräfte abschwächen können. Hierbei muss das *compensation committee* genauestens überprüfen, ob zum Beispiel die vom Unternehmen vorgesehenen Rückerstattungsregelungen (sog. *clawback*-Klauseln) an die Gegebenheiten und den Geschäftsbetrieb des jeweiligen Unternehmens angepasst sind oder vielmehr eine reine Kopie der Unternehmenspolitik eines anderes Unternehmens bzw. fremdes best practice-Gedankengut darstellen. Aber auch der persönliche Anwendungsbereich der Vergütungsprogramme ist vom Vergütungskomitee gründlich zu prüfen. Dabei sind Kriterien wie etwa die Angemessenheit im Hinblick auf die Gesamtvergütungselemente, der Verantwortungsbereich des betroffenen Angestellten sowie seine Funktion im Unternehmen zu berücksichtigen. Somit verfügt der Vergütungsausschuss bei der Festsetzung des zu zahlenden leistungsorientierten Vergütungsumfangs über einen weiten Ermessensspielraum und ist nicht zur strikten Einhaltung objektiver leistungsbasierter Formeln verpflichtet.[1807]

---

committee service; (ii) compensation paid to a Family Member who is an employee (other than an Executive Officer) of the Company; or (iii) benefits under a tax-qualified retirement plan, or non-discretionary compensation. Provided, however, that in addition to the requirements contained in this paragraph (B), audit committee members are also subject to additional, more stringent requirements under Rule 5605(c)(2). [...]".

1806 *Greene,* Compensation and Risk under New SEC Rules, The Harvard Law School Forum on Corporate Governance and Financial Regulation v. 09.01.2010, abrufbar unter: http://blogs.law.harvard.edu/corpgov/2010/01/09/compensation-and-risk-under-new-sec-rules/ (zuletzt aufgerufen am 31.03.2011).

1807 *Greene,* Compensation and Risk under New SEC Rules, The Harvard Law School Forum on Corporate Governance and Financial Regulation v. 09.01.2010, abrufbar

### bb) Bestimmung der Performancekrieterien für leistungsorientierte Vergütungpläne

Eine weitere Aufgabe des Vergütungsausschusses besteht darin, die Performancekriterien für die Festlegung leistungsorientierter Vergütungspläne zu bestimmen. Dabei darf das *compensation committee*, je nach den Vergütungsplänen der Unternehmen, den Schwellenwert, die Zielsetzung sowie das maximale Leistungsniveau und die „Auszahlungskurven" leistungsbasierter Vergütungspläne billigen bzw. neu festsetzen. Um eine effektive Beurteilung der vorgeschlagenen Performance-Matrix eines leistungsbasierten Vergütungsplans und des Verhaltens, das diese Matrix ansteuert, vornehmen zu können, muss der Vergütungsausschuss eine genaue Vorstellung vom Geschäftsplan des Unternehmens, seinen Erwartungen und Forderungen haben.[1808]

Darüber hinaus liegt es sowohl im Interesse des Unternehmens als auch im Sinne der begünstigten Führungskräfte, dass die mit der Bestimmung der Leistungskriterien betrauten Vergütungsausschüsse die Zielvorgaben nicht zu lasch, aber auch nicht zu streng gestalten. Wird die Messlatte zu niedrig angesetzt, kann der Anreiz als Gewährung eines garantierten Bonus empfunden werden mit der Folge, dass der eigentliche Zweck der leistungsbasierten Vergütung ausgehöhlt wird. Die Festlegung zu ehrgeiziger Ziele hingegen kann die potenziell Begünstigten in den Glauben versetzen, nichts mehr zu verlieren aber auch nicht viel zu gewinnen zu haben. Diese Einstellung könnte folglich dazu führen, dass das Eingehen hoher Risiken mit möglicherweise bedeutendem Unternehmensgewinn und Vergütungsanstieg auf der einen Seite, aber auch mit eventuell großem Rückgang der Unternehmensergebnisse und der Vergütungsaussichten auf der anderen Seite, begünstigt würde.

Ein weiteres Kriterium bei der Beurteilung angemessener Leistungsziele, von dem der Vergütungsausschuss geleitet werden soll, ist der Zeithorizont des Vergütungsplans. Je länger der Zeitraum zur Beurteilung der Leistung ausfällt, desto schwieriger ist eine angemessene Beurteilung der Leistungserbringung, deren mögliches Resultat im Laufe der Zeit an Erkennbarkeit verliert. Im Allgemeinen gilt jedoch, dass ein längerer Zeithorizont geeigneter ist, einen langfristigen Unternehmenserfolg zu sichern bzw. zu gewährleisten.[1809] Folglich gilt es, einen Zeithorizont zu finden, der Langfristigkeit sichert und gleichzeitig noch einen praktikablen Beurteilungsrahmen bietet.

### cc) Benchmarking

Die Auswahl einer für die Leistungsgegenüberstellung geeigneten Vergleichsgruppe (*peer group*) im Rahmen des Vergütungsfestsetzungsverfahrens gehört zu einer der

---

unter: http://blogs.law.harvard.edu/corpgov/2010/01/09/compensation-and-risk-under-new-sec-rules/ (zuletzt aufgerufen am 31.03.2011).

1808 *Greene,* The Harvard Law School Forum on Corporate Governance and Financial Regulation v. 09.01.2010.

1809 *Greene,* The Harvard Law School Forum on Corporate Governance and Financial Regulation v. 09.01.2010.

bedeutendsten Aufgaben des Vergütungsausschusses und wird als *benchmarking* bezeichnet.[1810] Dieses Verfahren wird vor allem zur Bestimmung der Leistungskriterien herangezogen. Jede in diesem Zusammenhang zu vergleichende peer group muss eine vergleichbare Größe und Komplexität aufweisen und es müssen, sofern das Unternehmen mit anderen, außerhalb seiner Branche tätigen Gesellschaften im Wettbewerb für Führungstalente steht, andere Branchen dabei ebenfalls berücksichtigt werden.[1811]

### c) Besondere Anforderungen der NYSE

Entsprechend der Vorgaben der NYSE Listing Standards sind alle börsennotierten Gesellschaften gehalten, einen Vergütungsausschuss, bestehend ausschließlich aus unabhängigen Direktoren, einzurichten.[1812] Dabei muss jeder Vergütungsausschuss eine geschriebene Satzung aufweisen, welche die Bedeutung, die Aufgaben[1813] sowie eine jährliche Leistungsbeurteilung des *compensation committee*[1814] zum Gegenstand hat. Der Mindestinhalt dieser Aufgaben muss sich hierbei auf die Bewertung und die Billigung von Unternehmenszielen beziehen, die für die CEO-Vergütung maßgeblich sind. Aber auch die Beurteilung der CEO-Performance im Lichte der festgelegten Unternehmensziele und -strategien sowie die Festsetzung und Billigung des CEO-Vergütungsniveaus, basierend auf dieser Beurteilung, fallen in den Zuständigkeitsbereich des *compensation committee.* Dem Vergütungsausschuss steht auch das Recht zu, Empfehlungen in Bezug auf die Entlohnung der nicht-CEO *executive officers* auszusprechen, sowie leistungs- und aktienbasierte Vergütungspläne dem *board of directors* zur Billigung zu unterbreiten. Im Übrigen ist das *compensation committee* verpflichtet, die Offenlegung der Vergütung nach Item 407(e)(5) Regulation S-K zum Securities Act of 1933 vorzubereiten.[1815]

Bei der Festsetzung langfristiger Vergütungskomponenten der CEO-Vergütung sollen die Performance börsennotierter Unternehmen, die relative Aktienrendite (sog. *relative shareholder return*), der Wert gleichartiger leistungsbasierter CEO-Prämien in vergleichbaren Unternehmen sowie die in den letzten Jahren durch das Unternehmen gewährten CEO-Bezüge berücksichtigt werden. Sollte bei der Bewertung der Direktoren-, CEO- oder *executive officer*-Vergütung ein Vergütungsberater (sog. *compensation consultant*) unterstützend herangezogen werden, ist

---

1810 Dazu bereits oben S. 18f.

1811 *Lipman/Hall*, Executive Compensation, S. 25 f.

1812 Sec. 303A.05(a) NYSE Listed Company Manual (2009).

1813 Sec. 303A.05(b)(i) NYSE Listed Company Manual (2009).

1814 Sec. 303A.05(b)(ii) NYSE Listed Company Manual (2009).

1815 Sec. 303.A05(b)(i) NYSE Listed Company Manual (2009). Bei der Regulation S-K handelt es sich um eine Regelung, die Vorgaben für die Einreichung von Anträgen an die SEC enthält, die sich nach den Vorschriften des Securities Act of 1933, des Securities Exchange Act of 1934 und des Energy Policy and Conservation Act of 1975 richten.

der Vergütungsausschuss gehalten, in der Satzung die alleinige Befugnis des betroffenen *compensation committee* für die Beauftragung und die Kündigung der Beratungsgesellschaft, einschließlich des alleinigen Rechts, Beratungskosten und sonstigen Vertragsregelungen zuzustimmen, festzulegen.[1816] Laut *Website Posting*-Anforderungen des NYSE Listed Comapny Manual ist ein börsennotiertes Unternehmen verpflichtet, die Satzung seines Vergütungsausschusses auf seiner oder über seine Website der Öffentlichkeit zur Verfügung zu stellen[1817] und dies entweder in seinem proxy statement[1818] oder, in Ermangelung eines solchen, in seinem Jahresabschlussbericht offenzulegen.[1819]

#### d) Vergütungsbericht des compensation committee (*compensation committee report*)

Um die Beratungen des Vergütungsausschusses für die Aktionäre nachvollziehbar zu gestalten und die Beurteilung zu ermöglichen, ob die individuellen Vergütungsentscheidungen mit der entsprechenden Sorgfalt getroffen wurden und insbesondere, ob die Bezahlung auch leistungsentsprechend vorgenommen wurde, sieht die SEC für börsennotierte Gesellschaften die Veröffentlichung des sog. *compensation committee report* vor.[1820] Demnach ist der Vergütungsausschuss gehalten, im proxy statement[1821] zunächst die grundsätzliche Vergütungspolitik des letzten Geschäftsjahres in Bezug auf den CEO und die anderen vier bestbezahlten *executive officers* darzulegen. An dieser Stelle muss das *compensation committee* erläutern, inwieweit

---

1816 Sec. 303.A05, Commentary NYSE Listed Company Manual (2009).

1817 Sec. 303.A05, Website Posting Requirement NYSE Listed Company Manual (2009).

1818 Ein an die Aktionäre gerichtetes Dokument, welches wesentliche Informationen über die Unternehmensangelegenheiten enthält, die diesen zur Abstimmung vorgelegt werden.

1819 Sec. 303.A05, Disclosure Requirements NYSE Listed Company Manual (2009).

1820 *Gollnick,* Beurteilung, S. 181 f.

1821 Die Aktionäre dürfen ihr Stimmrecht nur im Rahmen der Versammlung ausüben, zu der sie zu diesem Zweck geladen sind. US-amerikanische Publikumsgesellschaften haben jedoch regelmäßig viele Einzelaktionäre, die geographisch im ganzen Land zerstreut sind und meist auch Anteile anderer Unternehmen halten. Wenn die Aktionäre einer US-amerikanischen Publikumsgesellschaft die Teilnahme an der Hauptversammlung der Gesellschaft für nicht lohnend oder unökonomisch erachten, können sie durch das sog. „proxy voting" System den Verlust ihrer Stimme verhindern. Hierbei handelt es sich um die Abstimmung durch Bevollmächtigte. Die bei der Versammlung nicht anwesenden Aktionäre erhalten eine zugesandte schriftliche Erklärung (sog. proxy statement), die ihnen ermöglicht, das gesellschaftsrechtliche Abstimmungsrecht wahrzunehmen. Diese enthält die wesentlichen Fakten, die zur Abstimmung gestellt werden, wie etwa die Vergütung des *board* und der *executives.* Vgl. *Hamilton/Trautmann/Rasmussen,* Responsibilities, S. 157 ff.; *Salley,* 70 Ohio State L.J. 2009, 757 (760); *Steindl,* US-Board und Aufsichtsrat, S. 43; *Schätzle,* Manager, S. 76.

die Vergütung der begünstigten Führungskräfte an die Leistung der Gesellschaft gekoppelt ist.[1822] Hierbei ist eine besondere Erklärung der Beurteilungskriterien und der Grundlagen der CEO-Entlohnung abzugeben. Den Aktionären ist zudem mitzuteilen, in welchem Maß die Vergütung des namentlich genannten CEO an die Unternehmensleistung anknüpft. Dabei sind die quantitativen und qualitativen Beurteilungsparameter, die der Berechnung der CEO-Vergütung zu Grunde gelegt wurden, darzustellen.[1823] Einer Offenlegungspflicht unterliegen dabei nicht nur leistungsbasierte Vergütungsbestandteile, sondern auch das Grundgehalt. Wurde bei der Festsetzung der Vergütungshöhe ein Vergleich mit anderen Gesellschaften angestellt, so sind die besonderen Geschäftsgründe hierfür offenzulegen. Wenn das den Führungskräften vorgegebene Ziel für die Vergütungsauszahlung nicht erreicht wird, ist der Vergütungsausschuss bzw. das *board* gehalten, im Vergütungsbericht die Gründe für seinen Entschluss anzugeben, das bestimmte Gehalt dennoch zuzuteilen. Werden Handlungen oder Empfehlungen des Vergütungsausschusses in Bezug auf die CEO-Vergütung durch das *board of directors* geändert, so sind im Vergütungsbericht die Namen aller Mitglieder des Verwaltungsorgans und eine Beschreibung der vorgenommenen Änderungen oder Ablehnungen und die Gründe hierfür anzugeben.[1824] Somit hält die SEC weiterhin daran fest, dass die Überwachungsaufgabe des gesamten *board* ungeachtet der Delegation der Aufgaben an den Vergütungsausschuss nicht mit der Übertragung dieser Aufgaben endet, sondern sich in der Weise fortsetzt, dass die Arbeit des *compensation committee* durch das *board* zu überwachen ist.[1825]

#### 4. *Vergütungsberater* (compensation consultants)

Die Vergütungsausschüsse müssen während des Vergütungsfestsetzungsverfahrens genaue Angaben und verlässliche Informationen erhalten, um sich eine angemessene Meinung über die Vergütungsangelegenheiten bilden zu können. Lediglich eine Überprüfung der CEO-Vergütungspraktiken vergleichbarer Unternehmen erweist sich hierbei als nicht ausreichend. Entscheidend ist vielmehr eine fachkundige Interpretation und Anwendung der Vergütungsinformationen auf das in Frage stehende Unternehmen.[1826] Da die Mitglieder des *compensation committee* nicht immer über ausreichende Fachkenntnisse und genügend Erfahrungen im Bereich der Managervergütung verfügen, werden bei der Festsetzung der Vergütung häufig unabhängige Vergütungsberater herangezogen.[1827] Diese liefern den Vergütungskomitees ihrerseits umfassende Vergütungsgutachten und weitere zur Festsetzung der Bezüge erforderliche Informationen. Bei ihren Empfehlungen nehmen sie oft Bezug auf

---

1822 17 CFR sec. 229.402 (k)(2).
1823 17 CFR sec. 229.402 (k)(2).
1824 17 CFR sec. 229.402 (k)(3).
1825 *Gollnick,* Beurteilung, S. 183.
1826 *Akin,* Corporate Governance, S. 20.
1827 *Branson,* 58 S. Cal. L. Rev. 2006, 1 (61 f.).

eine sog. „quartile method of comparison". Hierbei ist ein Vergleichsverfahren gemeint, wonach den *executives* das oberste Vergütungssegment zugeteilt werden soll, das ihre Fachkollegen in anderen Unternehmen in gleichwertigen Positionen erhalten.[1828] Trotz starker Kritik wird diese Methode dennoch von den meisten Gesellschaften als Beweismittel dafür genutzt, dass ihre *executives* über die besten Qualifikationen verfügen und nur aus diesem Grund im obersten Quartil des Vergütungsrankings angesiedelt sind.[1829]

Es stellt sich jedoch die Frage, ob die Heranziehung der Vergütungsberater bei der Festsetzung der Managerbezüge zu einem objektiven Vergütungsurteil beitragen kann. Dies wurde bisher zum Teil abgelehnt, weil die Vergütungsexperten regelmäßig von der Personalabteilung des Unternehmens angestellt wurden und die CEOs oft in das Auswahlverfahren involviert waren. Vertreter dieser Ansicht gingen davon aus, dass es auch dann, wenn CEOs nicht miteinbezogen wurden, den ausgewählten Beratern durchaus bewusst war, dass Vergütungsempfehlungen, die dem CEO missfallen, Auswirkungen auf ihre zukünftige Beschäftigung im betroffenen Unternehmen haben könnten.[1830] Diese Bedenken wurden durch die neuen gesetzlichen Vorgaben jedoch ausgeräumt. Vielmehr werden die Vergütungsberater nunmehr von den Vergütungsausschüssen direkt beauftragt,[1831] sodass die Gefahr der Beeinflussung des Auswahlverfahrens kaum noch besteht.

## *II. Beitrag der Aktionäre – „say-on-pay"-Regelung*

Aber auch die Aktionäre als bedeutendes Kontrollorgan besitzen mitgliedschaftliche Verwaltungsrechte, die es ihnen ermöglichen, die Unternehmensleitung zu lenken. Das bedeutendste Verwaltungsinstrument stellt das Recht der Gesellschafter zur Bestellung und Abberufung der *board*-Mitglieder dar.[1832]

Die Steigerung des Unternehmenswertes, die auch als Gedanke des *shareholder value* bezeichnet wird, und die damit einhergehende aktienbasierte Intensivierung der Unternehmensführungsebene stehen im Mittelpunkt des angelsächsischen Wirtschaftsverständnisses.[1833] Die exzessive Vergütung der Spitzenmanager stellt dabei ein ernsthaftes Problem für die Aktionäre dar. Die Auszahlung der zu hohen Fixvergütung, unangemessene Bonusleistungen und Ruhegeldzusagen mindern das Gesellschaftsvermögen und können daher den Aktienwert unmittelbar beeinflussen. Aber auch Aktienoptionen sind geeignet das Aktionärsinteresse (sog. *shareholders' interest*) zu beeinträchtigen. Dies gilt insbesondere dann, wenn die *executives* die ihnen zugeteilten

---

1828 *Branson*, 58 S.Cal. L. Rev. 2006, 1 (62); *Tani*, 18 Transnat'l L. & Contemp. Probs. 2009, 317 (323).

1829 *Branson*, 58 S.Cal. L. Rev. 2006, 1 (62); *Chan*, 3 Open Ethics Journal 2009, 81 (83).

1830 *Bebchuk/Fried*, Pay for Performance, S. 38.

1831 So z.B. sec. 303A.05, Commentary, NYSE Listed Company Manual (2009).

1832 Vgl. etwa sec. 211(b) DGCL; *Merkt/Göthel*, US-amerikanisches Gesellschaftsrecht, S. 312 Rdn. 570 f.

1833 *Rapp/Schaller/Wolff*, CEFS, Working Paper No. 2009–03, S. 1.

Optionsrechte zu einem Preis erwerben, der niedriger ist als der Aktienwert zum Zeitpunkt der Ausübung der Optionsrechte.[1834] Aus diesem Grund ist die Einbindung der Aktionäre bei der Festsetzung der Managervergütung von erheblicher Bedeutung.

### 1. *Freiwillige Aktionärsanträge – shareholder proposals*

In Bezug auf das Vergütungsvotum der Aktionäre stellen die Vereinigten Staaten, die auf dem Gebiet des Aktien- und Kapitalmarktrechts sonst oft eine Pionierstellung einnehmen, eher einen „Spätzünder" dar. Im Gegensatz zum deutschen und englischen Recht sahen bisher weder das Delaware General Corporation Law (DGCL) noch der Model Business Corporation Act (MBCA) eine Zustimmung der Aktionäre zu den Vergütungspaketen der *executives* vor. Die Regelungen der SEC sowie die Börsenvorschriften lieferten ebenfalls keine strengeren Vorgaben.[1835]

Die ersten Anträge auf Zulassung von Abstimmungen über die Vergütungsfragen auf der Aktionärsversammlung wurden von einzelnen Aktionären im Jahre 2006 im Rahmen des Proxy Systems gemäß SEC-Regelung 14a-8 gestellt (sog. *shareholder proposals*).[1836] Mit diesem Antrag wird es den Aktionären ermöglicht, soweit bestimmte Voraussetzungen erfüllt sind, auf Kosten der Gesellschaft um die Stimmen ihrer Mitaktionäre zu werben. Das Anteilsquorum für Anträge gemäß Rule 14a-8 ist niedrig (Kurswert: 2000 US-Dollar), es wird jedoch eine Haltedauer von einem Jahr gefordert.[1837] Die Kompetenzverteilung zwischen dem *board*, welches für die Festsetzung der Managervergütung zuständig ist, und den Aktionären darf mit solchen Anträgen zwar nicht außer Kraft gesetzt werden. Zulässig und verbreitet ist es jedoch, dass die Aktionäre dem *board* ein bestimmtes Verhalten vorschlagen. Dabei bildet die Vorstandsvergütung bereits seit 1992 einen zulässigen Gegenstand solcher Empfehlungen.[1838] Eine übliche Formulierung für derartige *shareholder proposals* lautet:

> „shareholders of [Company Name] urge the board of *directors* to adopt a policy that Company shareholders be given the opportunity at each annual meeting of shareholders to vote on an advisory resolution, to be proposed by Company's management, to ratify the compensation of the [...] executive officers [...]. The proposal submitted to

---

1834 *Tani,* 18 Transnat'l L. & Contemp. Probs. 2009, 317 (324).

1835 Title VII, sec. 7001 American Recovery and Reinvestment Act 2009, sec. 111 (e) EESA 2008, Pub. L. 111–5, 111th Congress; Final Rule: Shareholder Approval of Executive Compensation of TARP Recipients, SEC Release No. 34–61335, 75 Federal Register 2789 (12.01.2010).

1836 17 CFR sec. 240.14a-8, vgl. *Döll,* Institute for Law and Finance, Working Paper Series No. 107 (2009), S. 8 ff., abrufbar unter: www.ilf-frankfurt.de/uploads/media/ILF_WP_107.pdf (zuletzt aufgerufen am 06.04.2011).

1837 Präziser ausgedrückt bedeutet das, dass der Aktionär mindestens 1 % der Aktien oder Aktien im Kurswert von mindestens $ 2,000 bereits ein Jahr vor Einreichung des Antrags gehalten haben und bis zur Versammlung halten muss. *Döll,* Institute for Law and Finance, Working Paper Series No. 107 (2009), S. 9 Fn. 53.

1838 *Cheffins/Thomas,* 1 J. Corp. L. Stud. 2001, 277 (302).

shareholders should make clear that the vote is non-binding and would not affect any compensation paid or awarded […]."[1839]

Erfährt der Antrag eine mehrheitliche Zustimmung der Mitaktionäre, so dürfte das *board* regelmäßig einen starken Anreiz haben, auch im Folgejahr das konsultative Vergütungsvotum der Aktionäre einzuholen. Allerdings stellt der *shareholder proposal* nur eine Vorstufe für regelmäßig durchzuführende Vergütungsabstimmungen dar. Die Erfolgsquote solcher Anträge blieb bislang nur gering.[1840]

Im Jahr 2007 ließ das Versicherungsunternehmen Aflac freiwillig als erstes US-amerikanisches Unternehmen eine Aktionärsabstimmung über die Managervergütung auf der Jahreshauptversammlung zu.[1841] Der 2007 erfolgte Abstimmungsvorschlag der Verizon Communications über die Managervergütung bekam zwar etwas mehr „Ja" als „Nein" Stimmen, erreichte jedoch nicht die erforderliche Mehrheit. Blockbuster hingegen bekam zwar das nötige Mehrheitsergebnis, entschied sich allerdings, die „say-on-pay"-Regelung erst im Jahr 2009 einzuführen. Diesem Beispiel folgten auch Occidental Petroleum, Intel sowie Hewlett-Packard, MBIA, Motorola und Ingersoll-Rand.[1842] Kurze Zeit später erging ein entsprechender Gesetzesvorschlag[1843] des damaligen Senators Barack Obama, welcher jedoch trotz der Annahme im Repräsentantenhaus[1844] auf eine mehrheitliche Ablehnung im Senat stieß und auch von Präsident Bush nicht angenommen wurde.[1845]

Begünstigt durch die letzten Präsidentschafts- und Parlamentswahlen in den USA und die weltweite Finanzmarktkrise wurde die „say-on-pay"-Politik allerdings bedeutend vorangetrieben. Unterstützt durch die finanzmarktrechtlichen Entwicklungen im Jahr 2009 brachte Senator Charles Schumer im Mai 2009 eine Shareholder Bill of Rights in das parlamentarische Verfahren ein, welche ein beratendes Aktionärsvotum zu Vergütungsangelegenheiten vorsah.[1846] Ungeachtet der Existenz gesetzlicher Regelungen haben einige Unternehmen – unter anderem auch *Verizon* und *Blockbuster* – versucht, „say-on-ay"-Regelungen auf Initiative der Aktionäre in die *bylaws* zu integrieren.[1847] Im Unterschied zu *articles of association* gelten die

---

1839 Vgl. hierzu den „Sample Proposal for an Advisory Vote on Executive Compensation" der Gewerkschaft AFSCME, abrufbar unter: http://www.afscme.org/docs/070125_sample-resolution.pdf (zuletzt aufgerufen am 31.03.2011).

1840 *Döll*, Institute for Law and Finance, Working Paper Series No. 107 (2009), S. 9.

1841 Pressemitteilung, Aflac Adopts Non-binding „Say on Pay" Shareholder Vote v. 14.02.2007, abrufbar unter: http://www.aflac.com/aboutaflac/pressroom/pressreleasestory.aspx?rid=962932 (zuletzt aufgerufen am 31.03.2011).

1842 *Gordon* in: Perspectives on Corporate Governance, S. 189 (200 f.); Say-on-Pay Is on the Way, SmartPros v. 02.03. 2009, abrufbar unter: accounting.smartpros.com/x65641.xml (zuletzt aufgerufen am 31.03.2011).

1843 Shareholder Vote on Executive Compensation Act, S. 1181, 110th Cong. (2007–2008).

1844 Shareholder Vote on Executive Compensation Act, H.R. 1257, 110th Cong. (2007–2008).

1845 *Fleischer/Bedkowski*, AG 2009, 677 (679).

1846 Shareholder Bill of Rights Act of 2009, S. 1074, 111th Cog. (2009–2010).

1847 *Gordon*, 46 Harv. J. on Legis. 2009, 323 (339); *Fleischer/Bedkowski*, AG 2009, 677 (679).

*bylaws* ausschließlich im Innenverhältnis und enthalten vor allem Grundregeln für die Geschäftsführung.[1848] Dabei müssen sie natürlich auch das geltende Recht beachten und dürfen nicht gegen dieses verstoßen. Zudem ist der Eingriff in die unantastbare Leitungsmacht der *directors* (z.B. sec. 141(a) des Delaware General Corporation Law[1849]) strengstens untersagt. Einer Entscheidung des Delaware Supreme Court aus dem Jahre 2008 zufolge dürfen Vorschläge der Aktionäre zur Ergänzung der *bylaws* daher lediglich verfahrensorientiert sein und nicht zugleich auch inhaltliche Vorgaben bezüglich der Entscheidungsfindung beinhalten.[1850] Ausgehend von dieser höchstrichterlichen Entscheidung werden seitens der Literatur erhebliche Bedenken hinsichtlich der Ausgestaltungsmöglichkeiten vergütungspolitischer *bylaw*-Vorschriften geäußert.[1851] Im Übrigen wird zum Teil die Ansicht vertreten, dass es sich bei den beratenden Aktionärsabstimmungen um bloße „routine matter" handele, sodass die bei der Depotbank gehaltenen Aktienstimmen bei fehlenden Anweisungen des Aktionärs ohnehin zugunsten des Vergütungsantrages des *board of directors* gehen würden. Zwar stehe den im Namen der Aktionäre abstimmenden Brokern ein Ermessen zu, in der Regel werde jedoch dem Antrag des *board of directors* vorbehaltlos entsprochen.[1852]

Ungeachtet dessen wurde im Lichte der Finanzmarktkrise dennoch ein beratendes Vergütungsvotum der Aktionäre eingeführt, welches zunächst lediglich auf staatlich unterstützte Unternehmen (sog. TARP-Empfänger) Anwendung fand.[1853] Dieser Regelung folgte später auch das gesetzlich verankerte Recht der Aktionäre aller börsennotierter Gesellschaften über die Managervergütung konsultativ abzustimmen.[1854]

### 2. *Zustimmungserfordernis der Aktionäre für aktienbasierte Vergütungspläne börsennotierter Gesellschaften*

Sowohl die NYSE Listing Standards[1855] als auch die Vorschriften des NASDAQ Stock Market[1856] geben den Aktionären – mit begrenzten Befreiungsmöglichkeiten – die

---

1848 Ausführlich dazu *Merkt/Göthel*, US-amerikanisches Gesellschaftsrecht, S. 215 Rdn. 328 ff.

1849 *Fleischer* in: FS Schwark, 2009, S. 143 ff.

1850 *CA, Inc. v. AFSCME Employees Pension Plan*, 953 A. 2d 227, 234–235 (Del. 2008): „It is well-established Delaware law that a proper function of bylaws is not to mandate how the board should decide specific substantive business decisions, but rather, to define the process and procedures by which those decisions are made."

1851 *Gordon*, 46 Harv. J. on Legis. 2009, 323 (358 ff.).

1852 Sec. 402.06(D) NYSE Listed Company Manual; *Nikitine*, GesKR 3/2009, 368 (374).

1853 Title VII, sec. 7001 ARRA 2009, sec. 111 (e)(2) EESA 2008. Eingehend hierzu S.374.

1854 Vgl. Vorgaben des Dodd-Frank-Act v. 21.07.2010, S.391.

1855 Sec. 303A.08 NYSE Listed Company Manual (2008): „Shareholders must be given the opportunity to vote on all equity-compensation plans and material revisions thereto, with limited exemptions explained below."

1856 Rule 5635(c) NASDAQ Listing Rules (2009), ehemalige sec. 4350(i): „Shareholder approval is required prior to the issuance of securities when a stock option or

Chance, über die aktienbasierten Vergütungspläne und deren wesentliche Änderungen abzustimmen. Da aktienbasierte Vergütungspläne zur Angleichung der Aktionärsinteressen an die des Managements beitragen können und häufig eine wesentliche Komponente der Managervergütung darstellen, ist diese Regelung von erheblicher Bedeutung. Eine Aktionärsbestätigung wird jedoch nicht gefordert, wenn die Vergütungspläne anstatt einer Erteilung tatsächlicher Aktien Barzahlungen bestimmen.[1857] Ferner ist die Aktionärsbilligung für *deferred compensation* nicht erforderlich, sofern die Führungskräfte den vollen gegenwärtigen Handelswert für aufgeschobene Aktien entrichten.[1858]

Die Verweigerung der Zustimmung der Aktionäre wird in aller Regel jedoch daran scheitern, dass die Optionspläne in der Form, in der sie den Aktionären vorgelegt werden, üblicherweise die Beträge und die Namen der Begünstigten nicht aufweisen. Daher entfaltet die Aktionärsbeteiligung im Rahmen des Vergütungsfestsetzungsprozesses eine lediglich beschränkte Wirkung.[1859]

## C. Rechtliche Verankerung der Vergütungstransparenz

*„Publicity is justly commended as a remedy for social and industrial diseases."*[1860]

Transparenzvorschriften spielen bei der Regulierung der US-amerikanischen Managervergütung eine Schlüsselrolle. Den Mittelpunkt der gesetzlichen Regelungen bilden hierbei die bundesgesetzlichen Offenlegungsregelungen, die im Securities Act of 1933 und im Securities Exchange Act of 1934 verankert sind.

### *I. Vergütungsoffenlegung gemäß Regulation S-K*

Infolge der Kongruenz des Securities Act of 1933[1861] und des Securities Exchange Act of 1934[1862] kam es zu einer Überschneidung der nach den beiden Gesetzen geforderten Offenlegungspflichten. Um ein doppeltes Tranparenzregime für Publikumsgesellschaften durch den Bundesgesetzgeber zu vermeiden wurden die in beiden

---

purchase plan is to be established or materially amended or other equity compensation arrangement made or materially amended, pursuant to which stock may be acquired by officers, directors, employees, or consultants [...]."

1857 Als Beispiele sind hierbei sog. *cash-settled stock appreciation rights* und *cash-settled restricted stock units* zu nennen. Vgl. *Akin*, Corporate Governance, S. 35.

1858 *Akin*, Corporate Governance, S. 35; *Schwartz/Spector*, Hot Issues in Executive Compensation, S. 86 f.

1859 *Tani*, 18 Transnat'l L. & Contemp. Probs. 2009, 317 (323).

1860 Das Diktum von Justice Brandeis in Other People's Money and How the Bankers Use it, S. 62.

1861 Schedule A, Item 14 Securities Act of 1933 regelt, dass die Vergütung offengelegt werden muss, 15 USC sec. 78(l)(b) (2006).

1862 Sec. 12(b) Exchange Act verlangt die Offenlegung von allen Wertpapieren, einschließlich Aktienoptionen, 15 USC sec. 78(l)(b) (2006).

Gesetzen enthaltenen Vorschriften für die Anfertigung der Offenlegungsberichte in einem gesonderten Regelwerk, Regulation S-K des Securities Act of 1933[1863], zusammengefasst.[1864] Item 402 Regulation S-K[1865] bestimmt insbesondere die Offenlegung der Managervergütung. Dabei zählt Item 402 alle erforderlichen Offenlegungspflichten auf, die ein Unternehmen nach dem Securities Act of 1933, dem Securities Exchange Act of 1934 und dem Energy Policy and Conservation Act of 1975 treffen. Die Vorschrift erfordert unter anderem eine anschauliche, präzise und verständliche Offenlegung aller Vergütungspakete, die den namentlich zu nennenden *executive officers* und *directors* mit oder ohne eine entsprechende vertragliche Vereinbarung gewährt bzw. ausgezahlt wurden.[1866] Die Vergütung des CEO unterliegt dabei auch unabhängig von ihrer Höhe einer Offenlegungspflicht gem. Item 402(k)(2)(i) Regulation S-K. Die Vergütungspakete der vier bestbezahlten *executive officers* sind hingegen nur dann zu veröffentlichen, wenn ihre Gesamtvergütung $ 100,000 übersteigt.[1867] Mit Hilfe dieser Anforderungen werden die Aktionäre mit ausreichenden Vergütungsinformationen ausgestattet, die es ihnen ermöglichen, eine fundierte Entscheidung über die Vergütungspläne der *executives* zu treffen.

## *II. Offenlegungsvorschriften der SEC*

Weder das Recht des Staates Delaware noch der Model Business Corporation Act enthalten Offenlegungsanforderungen in Bezug auf die Vergütung der *executives.* Unternehmen, die gehalten sind, Vergütungsberichte bei der SEC einzureichen, müssen jedoch in ihren proxy statements eine umfassende Offenlegung der Vergütungspolitik und der zugeteilten Vergütung als solcher gewährleisten.[1868] Und obwohl die SEC keine Bewertung der Vergütungssubstanz vornimmt, trägt sie erheblich zu deren Eindämmung bei. Jahrelang wurde die SEC durch die Anleger dazu angehalten, von den Unternehmen eine detaillierte, klare und leicht verständliche Offenlegung der Vergütungsinformationen zu fordern. Verlangt wurde die Offenlegung einzelner Vergütungspakete, der Vergütungsphilosophie sowie des Festsetzungsverfahrens. Das Verlangen nach mehr Informationen in Bezug auf die Managerbezüge wurde in den letzten Jahren vor allem durch die Aufdeckung zahlreicher Rückdatierungen von Aktienoptionen und die Enthüllung maßloser Abfindungszahlungen besonders intensiviert.

---

1863 17 CFR sec. 229.10-.915 (1993).

1864 *Akin,* Corporate Governance, S. 47 f.

1865 17 CFR sec. 228.402 (2010).

1866 „[...] requires clear, concise and understandable disclosure of all plan and non-plan compensation awarded to, earned by, or paid to the named executives officers [...] and directors." 17 CFR sec. 229.402(a)(2).

1867 17 CFR sec. 229.402(m)(2).

1868 *Cahn/Donald,* Comparative Company Law, S. 426.

Am 26. Juli 2006 reagierte die SEC mit einer umfassenden Revision des ursprünglichen Transparenzregimes[1869] und legte nunmehr fest, was im Zusammenhang mit den Vergütungspaketen der *executives* von den Unternehmen in ihren jährlichen proxy statements offenzulegen ist. Im Mittelpunkt des Vorhabens standen drei Ziele: Schaffung verständlicherer Verzeichnisse, umfassenderer, prinzipienbasierter Berichte[1870] zur Konkretisierung tabellarischer Offenlegungen und eine für jedermann zugängliche und in einfacher Sprache verfasste Vergütungsdarlegung.[1871]. Im Einzelnen fordern die neuen Offenlegungsvorschriften der SEC Namensangaben der begünstigen *executive officers*[1872] sowie auch mehr Informationen über die Aktienoptionen und Ruhegeldzusagen, einschließlich Zeitwert und Datum der Gewährung.[1873] Eine erweiterte Zusammenfassung der Vergütungsaufschlüsselung muss den Wert jedes Vergütungsbestandteils sowie alle Vergütungskomponenten enthalten.[1874] Dieses Erfordernis macht eine Verschleierung der Vergütung durch die Umschichtung der Bezüge in nicht offenlegungspflichtige Kategorien schwierig.[1875]

Das Grundvehikel der SEC-Vorschriften zur Vergütungsoffenlegung bildet der sog. *summary compensation table.* Dabei handelt es sich um eine umfassende Erläuterung der Vergütungspraktiken des Unternehmens. *Summary compensation table* besteht aus der individualisierten Darstellung der Gesamtvergütung der CEOs, CFOs und drei weiterer bestbezahlter *executive officers*, die sich auf die letzten drei Geschäftsjahre bezieht. Darüber hinaus beziehen sich die Vergütungsangaben des *summary compensation table* unter anderem auf Zuteilungen von *stock options* und *stock appreciation rights* sowie auf die Zahlungen aus dem *long term incentive plan* und die Pensionszusagen.[1876]

Die anspruchsvollste Offenlegungsanforderung stellt jedoch die Abgabe der sog. *compensation disclosure and analysis* (CD&A) dar. Dieser Abschnitt schreibt den Unternehmen vor, wesentliche Elemente der Vergütung namentlich bezeichneter *executive officers* in Form eines ausformulierten Berichts („narrative") offenzulegen sowie Zielvorgaben und Umsetzungspläne für die Vergütungsprogramme der *exe-*

---

1869 Release No. 33–8732 (SEC 2006).

1870 Bei einem prinzipienbasierten Bericht handelt es sich um einen Berichterstattungsansatz, bei dem diejenigen Vergütungskomponenten, die nach bestimmten Regelungen keiner Offenlegung unterliegen, weil sie zum Beispiel unter die aufgeführten Kategorien nicht subsumiert werden können, dennoch aufgrund der Prinzipien, die hinter den jeweiligen Vorschriften stehen, offenzugelegen sind. Vgl. Current Issues in Executive Compensation, Symposium v. 23.03.2007, 3 NYU Journal of Law and Business 2007, 519 (531).

1871 17 CFR Parts 228, 229 u. a., SEC Executive Compensation and Related Person Disclosure; Final Rule and Proposed Rule v. 8.09.2006, abrufbar unter: www.erieri.com/PDF/SummaryCompTable.pdf (zuletzt aufgerufen am 2.12.2010)

1872 „named executive officers" gem. 17 CFR sec. 228.402(a)(2) und sec. 229.402(a)(3).

1873 17 CFR sec. 229.402(a)(6)(iv), (d)(2)(ii).

1874 17 CFR sec. 229.402(c)(2).

1875 Ausführlich hierzu *Bebchuk/Fried/Walker*, 69 U. Chi. L. Rev. 2002, 751–846.

1876 17 CFR sec. 228.402(b)(1) und sec. 229.402(c)(1).

*cutives* darzulegen und die der Vergütungspolitik und den Festsetzungsentscheidungen zu Grunde liegenden Faktoren zu erläutern.[1877] Im Ergebnis lässt sich somit festhalten, dass die von den Offenlegungsvorschriften betroffenen Unternehmen in ihrer CD&A folgende Gesichtspunkte aufzunehmen haben: die Zielsetzung der Vergütungsprogramme und die Angabe, was mit diesen Vergütungsprogrammen belohnt werden soll, die Aufzählung einzelner Vergütungsbestandteile und schließlich eine Aufklärung darüber, inwiefern die einzelnen Vergütungselemente den Unternehmenszielsetzungen entsprechen und die Entscheidungen in Bezug auf andere Vergütungsbestandteile beeinflusst haben.[1878]

Aber auch die Vorgaben an den mit einzureichenden Bericht des Vergütungsausschusses (sog. *compensation committee report*) erfuhren eine wesentliche Änderung. Nunmehr wird eine Berichterstattung darüber verlangt, ob der Vergütungsausschuss die Compensation Discussion and Analysis mit dem Management überprüft und diskutiert und, gestützt auf diese Überprüfung und Diskussion, die Aufnahme in den Jahresabschlussbericht des Unternehmens (Form 10-K) und in das proxy statement dem *board of directors* empfohlen hat.[1879]

In Bezug auf das Erfordernis der Unabhängigkeit und weitere Corporate Governance-Angelegenheiten legen die Offenlegungsvorschriften der SEC unter anderem fest, dass die betroffenen Unternehmen über die Unabhängigkeit ihrer *directors* sowie die Rolle und die Aufgaben der bei der Vergütungsfestsetzung beteiligten *compensation consultants* zu berichten haben.[1880] Die Offenlegung sonstiger durch die Vergütungsberater erbrachter Dienstleistungen und somit auch die Darlegung ihrer Unabhängigkeit bzw. möglicher Interessenkonflikte wurde hingegen nicht gefordert, sodass die US-amerikanische Regelung vor der Finanzmarktkrise deutlich hinter den englischen Transparenzvorschriften zurückblieb und mögliche Interessenkonflikte nicht vermeiden konnte. Dies wurde jedoch durch die Ergänzung des Item 407 (c)(3)(iii) Regulation S-K im Jahr 2009 wesentlich geändert.[1881]

## D. Krisengesetzgebung

> *„Our corporate law is not static. It must grow and develop in response to, indeed in anticipation of, evolving concepts and needs."*[1882]

Trotz eines Gesamtverlustes in Höhe von $ 25,3 Mrd. im Jahr 2008 zahlten die größten Wall Street-Unternehmen dennoch $ 26 Mrd. Boni an ihre *executives*

1877 17 CFR sec. 229.402(b).
1878 17 CFR sec. 229.402(b)(1).
1879 17 CFR sec. 229.407(e)(5)(i).
1880 17 CFR sec. 228.407(e)(3)(ii) und sec. 229.407(e)(3)(ii).
1881 Näher hierzu vgl. S.446.
1882 *Unocal Corp. v. Mesa Petroleum Co.*, 493 A.2d 957 (Del. 1985).

aus.[1883] Dass zu den exzessiv entlohnenden Gesellschaften oft auch wesentlich im Staatseigentum stehende Unternehmen gehörten, vergrößerte die moralische Fragwürdigkeit dieser Geschehnisse. Eine solche Unternehmenspolitik trotz finanzieller Unterstützung durch die Steuerzahler bezeichnete Präsident Obama als „beschämend“ und forderte zu Reformen auf dem Gebiet der Managervergütung auf.[1884]

## *I. Bundesgesetzliche Regelungen und Gesetzesentwürfe*

Seit mindestens 75 Jahren greift die US-Bundesregierung sowohl direkt als auch indirekt in die Managervergütung ein. Die bedeutendsten Beispiele direkter Intervention stellen dabei die Gehaltskontrollvorgaben von 1971–1974 (sog. *Pay Controls*)[1885] sowie das im Jahr 2008 in Bezug auf US-Finanzinstitute eingeführte (und nachträglich auf zwei Automobilkonzerne erweiterte)[1886], für einige der Unternehmen immer noch aktuelle *Troubled Asset Relief Program* (TARP) dar.[1887] Zu den indirekten Eingriffen in die Vergütungsmaterie hingegen gehören unter anderem die von der SEC erlassenen Anforderungen, im Mittelpunkt derer die Transparenz der Vergütung steht.[1888]

Der US-Kongress, unterstützt durch die Administration von Präsident Barack Obama, hat in der Finanzkrise die ersten legislatorischen Entwicklungsschritte in Richtung nachhaltiger staatlicher Regulierung der Managervergütung unternommen. Den Ausgangspunkt bildeten hierbei die vom Kongress verabschiedete, am 3. Oktober 2008 in Kraft getretene und später durch den Recovery and Reinvestment Act of 2009 überarbeitete sec. 111 des Emergency Economic Stabilization Act of 2008 (EESA)[1889] und die im Juni 2009 dazu veröffentlichte Ausführungsverordnung des US-Finanzministeriums (Treasury)[1890].

---

1883 *Lucchetti/Karnitschnig*, On Street, New Reality on Pay Sets in Wall Street Journal v. 31.01.2009, S. B1.

1884 *Lucchetti/Solomon/Meckler*, Strict Executive-Pay Caps Planned, Wall Street Journal v. 4.02.2009, S. A3.

1885 Bedingt durch die inflationären Belastungen fror die Nixon-Regierung im August 1971 alle Gehälter für den Zeitraum von 90 Tagen ein. Am Ende des sog. „pay and price freeze period“ wurde eine Reihe von strengen Restriktionsregelungen der Gehaltserhöhung erlassen, die bis zum 30. April 1974 andauerten. Vgl. *Bowles*, Nixon's business, S. 123.

1886 General Motors (GM) und Chrysler.

1887 The Troubled Assets Relief Programm (Public Law 110–343, 122 Stat. 3765 v. 3.10.2008).

1888 Vgl. oben bereits S. 357ff.

1889 Emergency Economic Stabilization Act of 2008 (EESA 2008), Public Law No. 110–343, 122 Stat. 3765–3933 (2008).

1890 TARP Standards for Compensation and Corporate Governance, Interim Final Rule, 31 Department of the Treasury, CFR Part 30 v. 15.06.2009, abrufbar unter: http://edocket.access.gpo.gov/2009/pdf/E9-13868.pdf (zuletzt aufgerufen am 16.04.2011).

### 1. *Executive compensation im Rahmen von staatlichen Rettungs- und Finanzstabilisierungsprogrammen (sog.* government bailouts*)*

Seit dem Ausbruch der weltweiten Finanzmarktkrise im Jahr 2007 ist eine beispiellos große Anzahl der Finanzinstitute[1891] entweder zusammengebrochen oder wurde mit Hilfe von Rettungspaketen der Regierung am Leben gehalten. Weltweit werden diese Ereignisse unter anderem auf das Versagen der Corporate Governance und insbesondere auf die zu lockere *board*-Aufsicht und die fehlerhaften Vorstandsvergütungspraktiken zurückgeführt, welche die Manager zum Eingehen unvernünftiger Risiken verleiteten.

#### a) Corporate Executive Compensation Accountability and Transparency Act of 2008

Als Reaktion auf steigende Managerbezüge und schwächer werdende Finanzmärkte brachte Senatorin Hillary Clinton am 15. April 2008 den Entwurf des Corporate Executive Compensation Accountability and Transparency Act in den US-Senat ein. Der Gesetzesentwurf sah fünf Hauptbestimmungen vor. Zunächst sollte sec. 409A des Internal Revenue Code (IRC) durch die Einführung der Höchstgrenze von $ 1 Mio. für die unbestimmte, aufgeschobene Vergütung, die in einem Steuerjahr aufgeschoben werden kann, geändert werden.[1892] Ferner sah der Entwurf des Reformgesetzes eine Änderung der sec. 304(1)(a) Sarbanes-Oxley Act von 2002 vor. Dabei sollten CEOs und CFOs, die ihnen in den letzten 36 Monaten vom Unternehmen ausgezahlten Bonuszahlungen, aktienbasierten Bezüge und Aktiengewinne zurückerstatten. Somit wurde der ursprünglich im Sarbanes-Oxley Act vorgesehene Entschädigungszeitraum von zwölf Monaten erheblich erweitert.[1893] Aber auch sec. 14 des Securities Exchange Act of 1934 sollte laut Gesetzesentwurf durch die Einführung eines jährlichen, lediglich konsultativen Vergütungsvotums der Aktionäre ergänzt werden. Hierbei würden die Aktionäre das Recht erlangen, über die neuen oder modifizierten Vergütungsvereinbarungen, welche die Reorganisation des Unternehmens unmittelbar betreffen, abzustimmen.[1894] Des Weiteren wurde die SEC aufgefordert, besondere Offenlegungsvorschriften zu erlassen, um potenzielle Interessenkonflikte zu begrenzen. Dabei sollte die „Unabhängigkeit" der Vergütungsberater von Publikumsgesellschaften genau definiert und die Hinzuziehung von

---

1891 Die Liste der Betroffenen erfasst unter anderem *Bear Stearns, Citigroup, Lehman Brothers, Goldman Sachs, Merrill Lynch* (in den Vereinigten Staaten); *HBOS, Northern Rock* und *RBS* (im Vereinigten Königreich); *Hypo Real Estate* und *IKB* (in Deutschland).

1892 Sec. 2(a) Corporate Executive Compensation Accountability and Transparency Act of 2008, S. 2866, 110th Congress, 2d Session.

1893 Sec. 3 Corporate Executive Compensation Accountability and Transparency Act of 2008, S. 2866.

1894 Sec. 4 Corporate Executive Compensation Accountability and Transparency Act of 2008, S. 2866.

Vergütungsexperten, die einem potenziellen Interessenkonflikt unterliegen, verboten werden.[1895] Im Übrigen sah der Gesetzesentwurf umfassende Änderungen und Erweiterungen der Offenlegungsvorschriften in Bezug auf Managervergütungen[1896] und eine verbesserte Rechnungslegungstransparenz der Aktienoptionen[1897] vor. Das Gesetz wurde allerdings nie verabschiedet, sodass die Reformvorschriften nicht in Kraft getreten sind.

### b) Emergency Economic Stabilization Act of 2008 (EESA) als Ausgangspunkt für Vergütungsrestriktionen

Der Emergency Economic Stabilization Act of 2008 (EESA)[1898], auch unter dem Namen *„Paulson Plan"* – nach dem damaligen US-Finanzminster Henry Paulson – bekannt[1899], wurde am 3. Oktober 2008 als kühner Schachzug des US-Kongresses und der Regierung erlassen und von Präsident George W. Bush unterzeichnet.[1900] Hiermit verfolgte der Gesetzgeber das Ziel, in Zeiten des sich stetig verschlechternden Immobilienmarktes, erheblicher Schwächen großer inländischer und ausländischer Finanzinstitute sowie des globalen Schwankens der Kreditmärkte, das US-amerikanische Finanzsystem mit Liquidität zu versorgen (das Gesetz umfasste Maßnahmen im Wert von rund $ 700 Mrd.) und den sich abzeichnenden Finanz-

---

1895 Sec. 5 Corporate Executive Compensation Accountability and Transparency Act of 2008, S. 2866.

1896 Sec. 6 Corporate Executive Compensation Accountability and Transparency Act of 2008, S. 2866.

1897 Sec. 7 Corporate Executive Compensation Accountability and Transparency Act of 2008, S. 2866.

1898 Emergency Economic Stabilization Act of 2008 v. 3.10.2008, Pub. L. 110–343, 122 Stat. 3765.

1899 *Burghart,* Colum. Bus. L. Rev. 2009, 669 (676).

1900 Zunächst scheiterte das Gesetz an der negativen Abstimmung im Repräsentantenhaus (229 zu 205 Stimmen), am 29. September 2008. Dieses niederschmetternde Ergebnis resultierte in Rekordverlusten an der Börse (Dow Jones Industrie Index fiel um 778 Punkte und sank somit mehr als je zuvor). Trotz der Unterstützung der demokratischen Parteiführung sperrten sich die konservativen Republikaner gegen den Umfang und die Regelungen des sog. „Bailout of Wall Street" der Regierung. Als Folge hiervon wurde die Gesetzesvorlage überarbetet, um die Vorschriften der republikanischen Minderheit schmackhafter zu machen. Die ursprünglich im Gesetzesenwurf enthaltene „Say-on-Pay" Regelung wurde gestrichen, und die Vergütungsbeschränkung auf die Begrenzung der steuerlichen Absetzbarkeit, die clawback-Klauseln und das Verbot der *„golden parachutes"* fokussiert. Der revidierte Gesetzesentwurf wurde dem Repäsentantenhaus erneut zur Abstimmung vorgelegt. Diesmal wurde das Gesetz sowohl vom Repräsentantenhaus als auch vom Senat angenommen und von Präsident Bush unterzeichnet. *Fein,* The Economic Stabiliziation Act of 2008, S. 3, abrufbar unter: abrufbar unter: http://papers.ssrn.com/sol3/papers.cfm?abstract_id=1662545 (zuletzt aufgerufen am 13.11.2010); *Narayanan/Ferri/Brem,* Harvard Business School, HBS Case No. 109–036 (2009), S. 6.

kollaps zu verhindern.[1901] Auch in Bezug auf die Managervergütung sieht der EESA einige Restriktionen vor.

#### aa) Anwendungsbereich

Das Gesetz ermächtigt das Finanzministerium, ein sog. Troubled Asset Relief Program (TARP) einzurichten, in dessen Rahmen „troubled assets“ der von der Krise betroffenen Finanzinsitute vom Finanzministerium unter den vom EESA zugrundegelegten Bedingungen und in Übereinstimmung mit dessen Vorgaben aufgekauft werden sollen.[1902] Somit sind die Vergütungseinschränkungen des EESA auf alle Finanzinstitute anwendbar, die entsprechend der EESA-Vorgaben ihre „troubled assets“ an das Finanzministerium veräußern (sog. TARP-Unternehmen). Dabei wird der Begriff „Finanzinstitut“ weit definiert und erfasst auch Einrichtungen, die nicht zwangsläufig finanzielle Funktionen erfüllen.[1903] Mit „troubled assets“ sind laut sec. 3 (9) EESA verbriefte Wohnungsbaukredite oder gewerbliche Hypotheken und andere Sicherheiten, Schuldverschreibungen oder sonstige Instrumente gemeint, die auf solchen Darlehenshypotheken beruhen oder sich auf diese beziehen und am oder vor dem 14. März 2008 entstanden sind bzw. ausgestellt wurden. Der vom Finanzministerium bestimmte Erwerb dieser „wertlosen Vermögensposten“ soll zur Stabilisierung der Finanzmärkte beitragen. Darüber hinaus impliziert der Begriff „troubled assets“ auch andere Finanzinstrumente – unabhängig vom Zeitpunkt ihres Entstehens – welche der Finanzminister nach einer Beratung mit dem Vorstandsvorsitzenden der US-Notenbank bestimmt und bei deren Erwerb zur Stabilitätsunterstützung der Finanzmärkte unerlässlich ist.[1904]

#### bb) Regelungsgegenstand

##### (1) Vergütungseinschränkungen

Da das Hauptziel vieler Kongressabgeordneter, die sich für die Einführung des Troubled Asset Relief Program aussprachen, eine Drosselung der Managerbezüge der Finanzinstitute darstellte, enthält das Reformgesetz EESA zahlreiche Vergütungsrestriktionen. In den Fällen, in denen das Finanzministerium bestimmt, dass die Ziel-

---

1901 *Fein,* The Economic Stabilization Act of 2008, S. 1; *Burghart,* Colum. Bus. L. Rev. 2009, 669 (676).

1902 Sec. 101 (a)(1) EESA 2008.

1903 „The term „financial institution“ means any institution, including but not limited to, any bank, saving association, credit union, security broker or dealer, or insurance company, established and regulated under the laws of the United States or any State, territory, or possession of the United States, the District of Columbia, Commonwealth of Puerto Rico, Commonwealth of Northern Mariana Islands, Guam, American Samoa, or the United States Virgin Islands, and having significant operations in the United States, but excluding any central bank of, or institution owned by, a foreigtn government.“ Sec. 3 (5) EESA 2008.

1904 Sec. 3 (9) EESA 2008.

setzung des Reformgesetzes nur mithilfe eines Direktbezugs von „troubled assets" erreicht werden kann (sog. Capital Purchase Program/CPP), und als Folge der Transaktion einen bedeutenden Eigen- oder Fremdkapitalanteil am Unternehmen erhält, ist das Finanzministerium gehalten, von den betroffenen Finanzinstituten die Einhaltung angemessener Vergütungsstandards zu fordern.[1905] Dabei muss die Effektivität der zu erfüllenden Standards mindestens während der Dauer der sog. „Verstaatlichung" gewährleistet werden.[1906] Die zentrale Vorschrift des Reformgesetzes, sec. 111, legt drei Maßnahmen zur Vergütungskontrolle fest. Demnach darf keine Vergütung gewährt werden, die für die *senior executive officers* (SEO)[1907] der Finanzinstitute Anreize zur Eingehung unvernünftiger und exzessiver Risiken schaffen und den Wert des Finanzunternehmens gefährden könnte.[1908] Darüber hinaus müssen die betroffenen Unternehmen eine Regelung für die Erstattung von Bonuszahlungen oder leistungsorientierten Bezügen der *senior executive officers* vorsehen, die auf Grundlage von Gewinn- und Verlustrechnungen, Aktienkurssteigerungen oder anderen Kriterien erfolgten und sich im Nachhinein als wesentlich falsch herausstellten.[1909] Im Übrigen sind alle *„golden parachute"*-Zahlungen an SEOs zu verbieten.[1910]

Handelt es sich hingegen um eine Ersteigerung der „troubled assets" durch das US-Finanzministerium (sog. Troubled Asset Auction Program/TAAP) und übersteigt der Gesamterwerbsbetrag $ 300 Mio. (einschließlich Direktbezüge), so sind alle neuen Anstellungsverträge mit SEOs zu verbieten, die diesen *„golden parachutes"* für den Fall einer unfreiwilligen Vertragskündigung, Insolvenzanmeldung oder Zwangsverwaltung zusagen.[1911] Sobald die betroffenen Unternehmen aus dem TARP ausscheiden, fallen auch die in diesem Abschnitt geregelten Restriktionen der Managervergütung weg.

### (2) Beschränkung steuerlicher Absetzbarkeit der Managervergütung

Um die Vergütungen der Führungskräfte der TARP-Unternehmen zu limitieren, sieht das Reformgesetz EESA ferner einige Änderungen des Internal Revenue Code vor. Hierbei wird die Summe in sec. 162(m) des Internal Revenue Code, die eine generelle Beschränkung der steuerlichen Absetzbarkeit nicht leistungsbasierter Vergütung von

---

1905 Daraufhin hat das US-Finanzministerium am 20. Oktober 2008 Richtlinien in Form von einstweiligen Anordnungen (sog. *interim final regulations*) erlassen, vgl. 73 Fed. Reg. 62205 v. 20. Oktober 2008.

1906 Sec. 111 (b)(1) EESA 2008.

1907 Als *senior executive officer* wird in diesem Zusammenhang jede Person bezeichnet, die zu den fünf bestbezahlten Führungskräften einer Publikumsgesellschaft gehört und deren Vergütung den Offenlegungsvorschriften des Securities Exchange Act of 1934 und den darauf basierenden Regelungen unterliegt. Aber auch vergleichbare Führungspositionen der private companies sind hiervon erfasst. Vgl. sec. 111 (b)(3) EESA 2008.

1908 Sec. 111 (b)(2)(A) EESA 2008.

1909 Sec. 111 (b)(2)(B) EESA 2008.

1910 Sec. 111 (b)(2)(C) EESA 2008.

1911 Sec. 111 (c) EESA 2008; 73 Fed. Reg. 62205 v. 20.10.2008.

*chief executive officers* (CEOs), *chief financial officers* (CFOs) sowie den drei nächstfolgenden bestbezahlten Führungskräften der Publikumsgesellschaften statuiert[1912], von $ 1 Mio. auf $ 500,000 gesenkt.[1913] Die Beschränkung gilt nunmehr auch unabhängig davon, ob es sich hierbei um leistungsbasierte Vergütung handelt oder nicht.[1914] Die Reduktion ist sowohl auf Publikumsgesellschaften des Finanzsektors (*public financial institutions*) als auch auf private Gesellschaften des Finanzsektors (*private financial institutions*) anwendbar[1915]. Die Herabsetzung auf $ 500,000 entfaltet jedoch keine Rückwirkung, d.h. dass die vor dem Inkrafttreten des Reformgesetzes bereits bestehenden Anstellungsverträge von der Regelung nicht erfasst sind.[1916]

Sec. 280G des Internal Revenue Code limitiert die Absetzbarkeit der überhöhten Abfindungszahlungen (sog. *parachute payments*) der Manager und ordnet eine zwanzigprozentige Verbrauchssteuer auf den überhöhten bzw. unangemessenen Betrag an.[1917] Der Begriff der überhöhten Abfindungszahlungen (sog. *excess parachute payments*), oft auch als *„golden parachute"* *payments* bezeichnet, wird durch das Reformgesetz erweitert und nunmehr als eine Zahlung definiert, die an bestimmte Führungskräfte aufgrund unfreiwilliger Vertragsbeendigung oder im Zusammenhang mit der anstehenden oder bereits erfolgten Insolvenz, Liquidation sowie der Zwangsverwaltung des Unternehmens erfolgt und das Dreifache der jährlichen Durchschnittsvergütung der *executives* in den letzten fünf Jahren übersteigt.[1918] Somit wurde ein Eigner- bzw. Kontrollwechsel als möglicher Grund für die Gewährung der Abfindungszahlungen aus der Definition gestrichen und durch den Begriff der unfreiwilligen Vertragsbeendigung ersetzt.

### cc) Schwächen des Reformgesetzes

Auch nach dem Erlass des EESA wurde seitens des Kongresses erhebliche Kritik an den Reformvorschriften der Managervergütung geäußert.[1919] Einer der führenden oppositionellen Politiker, der Abgeordnete und Mitglied der Demokratischen Partei Peter DeFazio, der sich gegen die, auf Einschränkungen der Managervergütung

---

1912 Sec. 302 (a) EESA 2008; sec.162(m)(5)(D) IRC.

1913 Sec. 302 (a) EESA 2008; sec. 162 (m)(5)(A) IRC; Richtlinien des US-Finanzministeriums und des Internal Revenue Service Notice 2008–94 (2008–44 I.R.B.).

1914 Notice 2008–94 (2008–44 I.R.B.), 1070, IRS. Den Vorschlag einer vergelichbaren Regelung brachte am 1. Oktober 2008 auch Senator John Kerry ein. Im Rahmen des von ihm vorgelegten Entwurfs des Compensation Fairness Act of 2008 sollte die Änderung der Section 162(m) des IRC jedoch nicht nur für TARP-unterstützte Unternehmen, sondern für alle Gesellschaften gelten. Das Gesetz wurde allerdings nicht verabschiedet, sodass es zu keiner Erweiterung dieser Vorschrift kam. Sec. 2, S. 3675, 110th Congress (2007–2008).

1915 Sec. 162(m) IRC.

1916 *McClendon,* 12 University of Pennsylvania Journal of Business Law 2009, 131 (157).

1917 Sec. 280G, 4999 IRC.

1918 Sec. 302 (b) EESA 2008; sec. 280G (e)(2)(B) IRC.

1919 Congressional Record Vol. 154 H10337, 10383 v. 29.09.2008.

basierenden Reformvorgaben aussprach, stellte die wichtigsten Schlupflöcher der Vergütungsregelung durch den EESA dar.[1920]

Wissenschaftler beanstandeten vor allem die Unbestimmtheit der Vergütungsregelungen und die daraus resultierenden Umsetzungsprobleme.[1921] Begriffe wie etwa „unnecessary and excessive risks“ (unnötige und exzessive Risiken) würden demnach keine konkreten Vorgaben in Bezug darauf liefern, welche Handlungen solche übermäßigen und riskanten Geschäfte fördern könnten. Darüber hinaus mangelt es der Regelung der sec. 111 EESA an einem bestimmten Durchsetzungsinstrument mit der Folge, dass dem US-Finanzministerium sehr viel Flexibilität gewährt wird.[1922] Ferner warnten Kritiker vor zu vielen Vergütungseinschränkungen, mit dem Argument, dass dadurch fähige und fachkundige *executives* in Zeiten, in denen sie am meisten gebraucht werden, vertrieben werden könnten.[1923]

### c) Cap Executive Officer Pay Act of 2009

Um die stark in Kritik geratenen Managerbezüge einzuschränken, legte auch die Senatorin von Missouri Claire McCaskill am 30. Januar 2009 den Entwurf des Cap Executive Officer Pay Act of 2009[1924] vor. Darin schlug sie eine konkrete, summenmäßig festgelegte Vergütungsgrenze für Führungskräfte vor. Danach sollte die jährliche Gesamtvergütung der *directors*, *executive officers* und anderer Angestellten von Unternehmen, welche die staatliche TARP-Unterstützung beanspruchen, $ 400,000 einschließlich Festgehalt, Bo-

---

1920 Dabei nennt DeFazio die wichtigsten sieben Schlupflöcher des Reformgesetzes: „(1) limits on incentives and bonuses can only be set on corporations that the Treasury directly purchases assets and receives equity from; (2) limits on golden parachutes can be avoided if the corporation sells less than $300 million worth of bad assets through an auction; (3) limits on golden parachutes for current employees are avoided if a corporation only sells the government bad assets at auction; (4) limits on golden parachutes are not applied to any corporation that returns to profitability after selling bad assets to the Treasury; (5) limits to tax deductions for executive salaries are not invoked below $500,000; (6) limits on tax deductions for executive salaries are waived if the assets acquired from the corporation by the Treasury are under $300 million; and (7) corporate deductions for executive salaries are waived if assets acquired from the corporation are purchased directly, rather than at auction.“ Vgl. *Representative Peter DeFazio*, Letter to Democratic Congressmen, The Executive Compensation Limits Have Major Loopholes: They are No Band-Aid for a Bailout, States News Servey v. 29.09.2008, abrufbar unter: http://www.defazio.house.gov/index.php?option=com_content&task=view&id=439&Itemid=28 (zuletzt aufgerufen am 23.11.2010).

1921 *Dvorak/Lublin,* Bailout's Bid to Limit Executive Pay Will Be Tough to Realize, Wall Street Journal v. 6.10.2008.

1922 *Dvorak/Lublin,* Bailout's Bid to Limit Executive Pay Will Be Tough to Realize, Wall Street Journal v. 6.10.2008; *Burghart,* Colum. Bus. L. Rev. 2009, 669 (687).

1923 *Lublin/Luchetti,* Lower Salaries Could Cost Wall Street, Wall Street Journal v. 15.10.2008.

1924 S. 360 111th Congress (2009–2010).

nuszahlungen, betriebliche Altersversorgungsleistungen sowie Rentenbeiträge und Aktienoptionen, nicht übersteigen.[1925] Mangels Flexibilität wurde das Gesetz jedoch ebenso wie die in Deutschland vorgeschlagene feste Vergütungsgrenze, nicht verabschiedet.

### d) TARP Reform and Accountability Act of 2009

Barney Frank, Vorsitzender des House Financial Services Committee, stellte am 9. Januar 2009 den Entwurf des TARP Reform and Accountability Act of 2009[1926] im Repräsentantenhaus vor, nur wenige Tage bevor President George W. Bush ein zusätzliches Darlehen für die TARP-Fonds gemäß sec. 115 (a)(3) EESA 2008 vom US-Kongress anforderte.[1927] Am 21. Januar 2009 wurde über den TARP Reform and Accountability Act of 2009 im Repräsentantenhaus beschlossen und der Gesetzesentwurf wurde anschließend an den Senat weitergeleitet, von diesem jedoch nicht verabschiedet.

Der Gesetzesentwurf erfasste unter anderem Maßnahmen zur Verfestigung der Vergütungsaufsicht TARP-unterstützter Unternehmen. Im Mittelpunkt dieses Vorhabens stand die Veränderung und Ergänzung der EESA-Vorgaben. Zu den bedeutendsten nicht steuerrechtlichen Einschränkungen der Managervergütung gehörte in erster Linie das Verbot der Gewährung von Bonusleistungen und aktienbasierten Bezügen an die 25 meistbezahlten Angestellten. Darüber hinaus legte der Gesetzesentwurf fest, dass jegliche Vergütungspläne, welche zu Manipulationen der Ertragslage des Unternehmens verleiten könnten, nicht zulässig sein sollten. Vorgesehen waren auch Rückzahlungen von zu Unrecht gezahlten Boni oder aktienbasierten Bezügen, die von einem TARP-Unternehmen an einen *senior executive officer* getätigt worden waren.[1928] Erstaunlich ist dabei, dass hierfür eine eigene Regelung getroffen werden muss. Nach allgemeinen Rechtsverständnis sollte es, zumindest aus deutscher Sicht, selbstverständlich sein, dass man Gelder, auf die man keinen Anspruch hat, zurückerstatten muss.

Im Übrigen ist hier bereits auf den einen Monat später erlassenen American Recovery and Reinvestment Act of 2009 (ARRA) zu verweisen, welcher die wesentlichen Regelungen des „TARP Reform and Accountability"-Gesetzentwurfs zur Einschränkung der Managervergütung beinhaltet.[1929]

### e) Erste Reformvorschläge der Obama-Regierung

Die Obama-Regierung sah sich Anfang 2009 veranlasst, regulierend einzugreifen, um tatsächlich oder vermeintlich exzessive Managerbezüge, die als einer der Katalysatoren der weltweiten Finanzmarktkrise identifiziert wurden, zu begrenzen.

---

1925 S. 360 111th Congress (2009–2010).

1926 H.R. 384 TARP Reform and Accountability Act of 2009, 111th Congress (2009–2010).

1927 Legislative History, abrufbar unter: http://dpc.senate.gov/dpcdoc.cfm?doc_name=lb-111-1-5 (zuletzt aufgerufen am 31.03.2011).

1928 Sec. 102 TARP Reform and Accountability Act of 2009.

1929 Vgl. unten S.370.

### aa) Drosselung der Managervergütung durch Obama Administration (sog. *Obama's Plan on executive compensation*)

Die Restriktionen des Obama-Plans sollten nur auf diejenigen Unternehmen anwendbar sein, die ihre besondere staatliche Unterstützung (sog. *exceptional assistance*) erst nach der Verkündung der Regelungen erhielten. Von den bereits vorher unterstützten Gesellschaften, wie etwa Bank of America und AIG wird nicht gefordert, diesen Vorschriften zu entsprechen, es sei denn, sie bekämen nachträglich eine zusätzliche Unterstützung des Staates.[1930]

#### (1) Vergütungscap von $ 500,000

Bereits Anfang Februar 2009 verkündete US-Präsident Obama, die Managergehälter staatlich besonders unterstützter Unternehmen („exceptional assistance"-Unternehmen) auf $ 500,000 zu limitieren. Hierbei wurde Zurückhaltung der Unternehmen im Gegenzug für staatliche Hilfe verlangt. Die Führungskräfte angeschlagener Finanzinstitute in den USA sollten nach den Vorgaben von Obama auf einen Teil ihrer Bezüge verzichten. Für die Kompensation mit Aktienoptionen sowie für die Gewährung von Abfindungszahlungen und sonstigen Nebenleistungen sollten darüber hinaus strengere Restriktionen gelten. So verkündete Präsident Obama, dass die Aktienoptionen erst dann eingelöst werden dürften, wenn die Unternehmen die Hilfen der Steuerzahler vollständig zurückgezahlt haben. Sonderleistungen wie etwa die Benutzung von Firmenjets, eine aufwendige Büroausstattung und weitere „Vergnügungskosten" müssen transparenter gestaltet werden, als dies bisher der Fall war. In diesem Zusammenhang bezeichnete der Präsident die aktuelle US-amerikanische Corporate Governance als „eine Kultur des engen Eigeninteresses und kurzfristigen Gewinnstrebens auf Kosten alles anderen", die zum Ruin des amerikanischen Finanzsystems erheblich beigetragen habe.[1931] Dabei betonte Obama jedoch, dass der Erfolg weiterhin belohnt werden müsse, die Fehler der Manager aber entsprechend zu bestrafen seien.[1932]

#### (2) Ausnahmen für leistungsorientierte Vergütung

Der Obama-Plan gestattete jedoch den von den strikten Vergütungseinschränkungen erfassten und an den allgemein zugänglichen Rettungsprogrammen beteiligten Unternehmen, die Vergütungsgrenze von $ 500,000 zu überschreiten, solange

---

1930 *Weisman/Lublin,* Obama Lays Out Limits on Executive Pay, The Wall Street Journal v. 5.02.2009, abrufbar unter: http://online.wsj.com/article/SB123375514020647787.html (zuletzt aufgerufen am 22.03.2011).

1931 „(A) culture of narrow self-interest and short-term gain at the expense of everything else". *Phillips,* The White House Blog v. 4.02.2009, abrufbar unter: http://www.whitehouse.gov/blog_post/new_rules/ (zuletzt aufgerufen am 11.11.2010).

1932 Vgl. *Weisman/Lublin,* Wall Street Journal v. 5.02.2009, Obama Lays out Limits on Executive Pay, abrufbar unter: http://online.wsj.com/article/SB123375514020647787.html (zuletzt aufgerufen am 11.11.2010).

die betreffenden *senior executives* mit *restricted stocks* (mit Sperrfristen versehenen Aktien) oder anderen, dieser Vergütungsform vergleichbaren, langfristigen leistungsabhängigen Bezügen entlohnt werden. Dabei wurde vorgegeben, dass die *restricted stocks* nicht vor der vollständigen Rückzahlung der staatlichen Mittel einschließlich vertraglicher Dividendenzahlungen bzw. nicht vor Ablauf eines genau bestimmten Zeitraums veräußert werden dürfen, in dem alle Bedingungen in Bezug auf den Umfang der Rückzahlungen, den Schutz der Interessen der Steuerzahler und die Einhaltung der Stabilitätsstandards erfüllt wurden. Eine solche Strategie würde laut Obama-Plan die Vergütung der *senior executives* mehr an die langfristigen Interessen der Aktionäre sowie an die Minimierung der Steuergelder-Hilfen binden.[1933]

Die Überschreitung des Vergütungscaps wird aber auch dann als rechtmäßig angesehen, wenn die Entlohnungspakete offengelegt werden und ein unverbindliches Vergütungsvotum der Aktionäre eingeführt wird.[1934]

Kritiker äußerten jedoch erhebliche Zweifel in Bezug auf diese Regelung. Durch die Beschränkung der Ausnahmeregelung auf die aktienbasierte Vergütung würden leistungsorientierte Bonussysteme, die eine effektive Methode der Erfolgsanregung bilden, zum größten Teil ausgeschaltet. Eine derartige Beseitigung der Anreize könne demnach die Verlängerung der Rezession nach sich ziehen.[1935] Die im Obama-Plan vorgeschlagene summenmäßige Einschränkung der Vergütung fand jedoch keinen Eingang in eine gesetzliche Regelung.

### (3) „Say-on-pay“ der Aktionäre

Darüber hinaus sprach sich Präsident Barack Obama dafür aus, die Entscheidung über die Vergütungsstruktur von Führungskräften und die Begründung, wie diese an ein vernünftiges Risikomanagement geknüpft werden soll, an ein konsultatives Vergütungsvotum der Aktionäre (sog. „say-on-pay“-Regelung) zu koppeln.

---

1933 Pressemitteilung des US-Finanzministeriums, Treasury Announces New Restrictions on Executive Compensation v. 4.02.2009, abrufbar unter: http://www.ustreas.gov/press/releases/tg15.htm (zuletzt aufgerufen am 30.11.2010).

1934 *Weisman/Lublin*, Obama Lays Out Limits on Executive Pay, Wall Street Journal v. 5.02.2009, abrufbar unter: http://online.wsj.com/article_email/SB123375514020647787.html (zuletzt aufgerufen am 22.03.2011).

1935 *Dorff*, 85 Ind. L.J. 2010, 491 (492 f.); *Smith*, Greed is Good, Wall Street Journal v. 7.02.2009: „The capital- markets industry operates in a very sophisticated and competitive environment, one that responds best to strong performance incentives." Abrufbar unter: http://online.wsj.com/article/SB123396915233059229.html (zuletzt aufgerufen am 22.03.2011); *Fiorina*, Commentary: Government Shouldn't Decide Executive Pay, CNN.COM v. 5.02.2009: „[I]t doesn't strengthen our economy when government decides how much each job is worth. In America we leave that job to markets." Abrufbar unter: http://articles.cnn.com/2009–02-05/politics/fiorina.pay_1_ceo-compensation-wall-street-transparency?_s=PM:POLITICS (zuletzt aufgerufen am 22.03.2011).

Diejenigen Unternehmen, die an allgemeinen Capital Access Programmen (CAP) partizipieren, sind von dieser Regelung jedoch nicht betroffen, es sei denn, sie wollen ihren Managern mehr als $ 500,000 Vergütung gewähren. In einem solchen Fall ist das von der Vergütungsbeschränkung befreite Unternehmen gehalten seine Vergütung offenzulegen und wenn angefordert, einen unverbindlichen Aktionärsbeschluss zu veranlassen.[1936] Allerdings wurde dieses Vorhaben nicht umgesetzt.

#### bb) Vergütungsrestriktionen des Senators Dodd

Weniger als zwei Wochen nach der Verkündung der Reformrestriktionen der Obama-Regierung brachte Senator Christopher Dodd seine eigenen Vergütungsregelungen in das vom Kongress verabschiedete Konjunkturpaket ein (sog. *Dodd Provisions*).[1937] Die Dodd-Vorschriften sollten rückwirkend auf alle TARP-Unternehmen Anwendung finden. Viele der Restriktionsvorgaben, wie etwa die Einführung des advisory vote der Aktionäre, ähnelten den Vorschlägen der Obama-Regierung. Beide Reformvorschläge enthielten darüber hinaus Regelungen zur Beschränkung der „*golden parachutes*", zur Einführung von Rückerstattungs-Klauseln (*clawbacks*) sowie eine Aufforderung des *boards*, Pläne über die Luxusausgaben zu erstellen.[1938]

### f) Economic Recovery Adjustment Act of 2009

Der von Senator Sheldon Whitehouse am 12. Februar 2009 vorgelegte Gesetzesentwurf des Economic Recovery Adjustment Act of 2009 hatte die Ergänzung des Securities Exchange Act of 1934 zum Gegenstand. Dabei sollten die Aktionäre TARP-unterstützter Unternehmen mit einem konsultativen Recht ausgestattet werden, um über die Managervergütung abstimmen zu können. Der Gesetzesentwurf bezweckte aber unter anderem auch die Verhinderung falscher Anreize in den Vergütungspraktiken der Finanzinstitute und die Sicherstellung fairer und angemessener Managerbezüge.[1939]

### g) American Recovery and Reinvestment Act of 2009

#### aa) Ergänzung des EESA 2008 und die Ausführungsverordnung des Treasury Department

Beim American Recovery and Reinvestment Act of 2009[1940] handelt es sich um ein US-Konjunkturprogramm, das zur Ankurbelung der rezessiven Wirtschaft von beiden Häusern des Kongresses am 13. Februar 2009 verabschiedet und von Präsident Barack Obama am 17. Februar 2009 unterzeichnet wurde.

---

1936 Pressemitteilung des US-Finanzministeriums, Treasury Announces New Restrictions on Executive Compensation v. 4.02.2009.

1937 *Dorff*, 85 Ind. L.J., 2010, 491 (546 f.).

1938 *Dorff*, 85 Ind. L.J. 2010, 491 (531 Fn. 263; 546 Fn. 369).

1939 S. 431 Economic Recovery Adjustment Act of 2009, 111th Congress (2009–2010).

1940 Title VII, sec. 7001 ARRA 2009.

### (1) Anwendungsbereich

Der Anwendungsbereich einzelner Einschränkungsregelungen und Auflagevorschriften unter sec. 111 des EESA 2008 und der Ausführungsverordnung[1941] bezieht sich ausschließlich auf Gesellschaften, die finanzielle Unterstützung aus dem staatlichen Rettungs- und Finanzstabilisierungsprogramm Troubled Asset Relief Program (TARP) bereits erhalten haben oder eine solche künftig in Anspruch nehmen wollen. Von der Regulierung erfasst sind ebenfalls alle mittelbar oder unmittelbar kontrollierten Tochtergesellschaften eines TARP-Empfängers, sofern letzterer über einen Stimmrechtsanteil von mindestens 50 % verfügte, sowie Gesellschaften, die einen TARP-Empfänger mit mindestens 50 % der Stimmrechte direkt oder indirekt kontrollieren.[1942] Diese Vergütungseinschränkungen gelten, solange das US-Finanzministerium das betroffene Unternehmen mit dem Kapital ausstattet oder seine Verbindlichkeiten begleicht bzw. solange nicht alle aus der staatlichen Unterstützung unter TARP resultierenden Anforderungen erfüllt sind.[1943]

In personeller Hinsicht ist nur ein beschränkter Kreis von Angestellten der TARP-Unternehmen den Regelungen unterworfen. In erster Linie sind hiervon zwei Kategorien erfasst: die sog. *senior executive officers* (SEOs) sowie die je nach Umfang der erhaltenen Finanzunterstützung fünf, zehn oder zwanzig bestbezahlten Angestellten (sog. *„most highly compensated employees“*). Unter dem Begriff *senior executive officer* (SEO) sind dabei entsprechend der Geschäftsberichtsbezeichnung (*„named executive officers“*) der *chief executive officer* (CEO) und der *chief financial officer* (CFO) sowie die drei nächstfolgenden bestbezahlten Mitarbeiter gemeint.[1944] Bei den bestbezahlten Angestellten ist es jedoch unerheblich, ob diese tatsächlich dem Management angehören oder geschäftsführende Aufgaben wahrnehmen. Die Festsetzung der Entlohnung zur Bestimmung dieser Kategorien beurteilt sich anhand der individuellen Gesamtvergütung des Betroffenen auf der Grundlage der regelkonformen Offenlegung des vergangenen Geschäftsjahres.[1945]

Im Übrigen finden die Vergütungsregelungen der EESA und der Ausführungsverordnung keine Anwendung auf TARP-Gesellschaften, die im Rahmen einer M&A-Transaktion als Zielobjekt auftreten. Dabei führen weder ein Kontrollwechsel (*change of control*) noch die Übertragung aller oder wesentlicher TARP-

---

1941 Department of the Treasury, 31 CFR Part 30, TARP Standards for Compensation and Corporate Governance v. 15.06.2009, abrufbar unter: http://edocket.access.gpo.gov/2009/pdf/E9-13868.pdf (zuletzt aufgerufen am 31.03.2011).

1942 *Nikitine*, GesKR 3/2009, 368 (370).

1943 Sec. 111 (b) EESA 2008; sec. 30.2 der Ausführungsverordnung „TARP Standards for Compensation and Corporate Governance“.

1944 Sec. 30.1 der Ausführungsverordnung „TARP Standards for Compensation and Corporate Governance“, die hierbei auf Item 402(a)(3) der Regulierung S-K Bezug nimmt.

1945 Sec. 30.3 (a) der Ausführungsverordnung „TARP Standards for Compensation and Corporate Governance“. Diese Regelung findet entsprechend Andwendung auf nicht börsennotierte bzw. nicht bei der SEC registrierte TARP-Gesellschaften. Vgl. *Nikitine*, GesKR 3/2009, 368 (370 Fn. 26).

Gesellschaftsanteile dazu, dass eine Käufergesellschaft, die bislang keine staatliche Unterstützung in Anspruch genommen hatte, von den Restriktionen plötzlich erfasst wird. Daraus folgt, dass die SEOs sowie die betroffenen bestbezahlten Angestellten des Target-Unternehmens, die aufgrund der Transaktion zu SEOs oder bestbezahlten Angestellten des Käuferunternehmens weden, der Regulierung nicht mehr unterworfen sind.[1946] Eine wichtige Ausnahme hiervon gilt jedoch dann, wenn die Transaktion vordergründig den Zweck verfolgt, das Target-Unternehmen von den Restriktionen der Managervergütung zu entbinden. In einem solchen Fall fällt auch die Käufergesellschaft unter die Regelungen des EESA sec. 111, sodass sämtliche Auflagen und Vergütungseinschränkungen auch auf diese Anwendung finden.[1947]

(2) Regelungsgegenstand

Der American Recovery and Reinvestment Act of 2009, auch "Recovery Act" oder "Stimulus Act" genannt, legt fest, dass TARP-Empfänger, die noch nicht alle aus der finanziellen Unterstützung durch TARP resultierenden Anforderungen erfüllt haben, den nunmehr ergänzten Regelungen des EESA 2008[1948] sowie – soweit anwendbar – den Vorschriften der sec. 162(m)(5) IRC[1949] unterliegen.[1950]

In diesem Zusammenhang verlangt der „Recovery Act", dass der Finanzminister die TARP-Empfänger auffordert, die von ihm aufgestellten Vergütungsstandards der Spitzenmanager sowie die in Bezug auf die Corporate Governance der betroffenen Unternehmen ergangenen Vorschriften (sog. TARP Standards for Compensation and Corporate Governance) einzuhalten.[1951] Hiervon werden zunächst Vergütungsbegrenzungen zur Vermeidung der Eingehung unvernünftiger und überhöhter Risiken erfasst, welche die Werterhaltung des staatlich unterstützten Unternehmens

1946 Sec. 30.14 (a) der Ausführungsverordnung „TARP Standards for Compensation and Corporate Governance".

1947 Sec. 30.14 (b) der Ausführungsverordnung „TARP Standards for Compensation and Corporate Governance".

1948 Title VII, sec. 7001(b)(1) ARRA of 2009 bezieht sich auf die Managervergütung und ergänzt sec. 111 des EESA 2008, Pub. L. No. 100–343, 122 Stat. 3765 (2008).

1949 „In the case of an applicable employer, no deduction shall be allowed under this chapter— (i) in the case of executive remuneration for any applicable taxable year which is attributable to services performed by a covered executive during such applicable taxable year, to the extent that the amount of such remuneration exceeds $500,000, or (ii) in the case of deferred deduction executive remuneration for any taxable year for services performed during any applicable taxable year by a covered executive, to the extent that the amount of such remuneration exceeds $ 500,000 reduced (but not below zero) by the sum of— (I) the executive remuneration for such applicable taxable year, plus (II) the portion of the deferred deduction executive remuneration for such services which was taken into account under this clause in a preceding taxable year. [...]"

1950 Title VII, sec. 7001 ARRA 2009, sec. 111 (b)(1) EESA of 2008.

1951 Title VII, sec. 7001 ARRA 2009, sec. 111 (b)(2) EESA 2008.

gefährden könnten.[1952] Darüber hinaus soll eine Regelung für die Rückerstattung der an einen *senior executive officer* (SEO)[1953] und die nächstfolgenden zwanzig bestbezahlten Angestellten des Unternehmens gezahlten Boni, Leistungen aus Managerbindungsprogrammen (sog. *retention awards*) oder variablen Vergütungen, die auf finanziellen Kriterien basieren und sich im Nachhinein als wesentlich inakkurat erwiesen haben, aufgestellt werden.[1954] Ferner dürfen die TARP-Empfänger keine Abgangsentschädigungen („*golden parachutes*") an ihre SEOs und die anderen fünf bestbezahlten Angestellten gewähren. Diese Regelung gilt ausnahmslos.[1955] Als „*golden parachute*" wird in diesem Zusammenhang jegliches Entgelt bezeichnet, welches für die Beendigung des Arbeitsverhältnisses an einen SEO gewährt wird. Dabei spielt der Beendigungsgrund jedoch keine Rolle, es sei denn, es handelt sich bei der Zahlung um Vergütung für erbrachte Leistungen oder erworbene Anwartschaften, die auch ohne Beendigung des Arbeitsverhältnisses geschuldet wären.[1956]

Verboten ist auch die Auszahlung von Bonusleistungen, *retention awards* sowie anderen variablen Vergütungsbestandteilen, solange die staatlich unterstützten Finanzinstitute die unter TARP gestellten Anforderungen noch nicht erfüllt haben.[1957] Eine Ausnahme von dieser Regelung gilt jedoch für langfristig mit Sperrfristen versehene Aktien (sog. *restricted stocks*), solange diese im Zeitraum, in dem die TARP-Anforderungen noch nicht erfüllt sind, nicht zur freien Verfügung übertragen werden,[1958] den Betrag im Wert von einem Drittel der jährlichen Gesamtvergütung des betroffenen Managers nicht übersteigen[1959] und allen weiteren Einschränkungen, die das Finanzministerium im öffentlichen Interesse festsetzen kann, nachkommen.[1960] Bei den Finanzinstituten, die eine staatliche Unterstützung im Wert von nicht mehr als $ 25 Mio. unter dem TARP Programm erhalten, gilt diese Vorschrift nur für den höchstbezahlten Angestellten der betroffenen Gesellschaft. Handelt es sich jedoch um Finanzinstitute, deren TARP-Unterstützung mindestens $ 25 Mio., jedoch weniger als $ 250 Mio. beträgt, so sind die Verbotsregelungen auf mindestens die fünf bestbezahlten Angestellten anwendbar. Sind hingegen Finanzinstitute betroffen, die mindestens $ 250 Mio., jedoch weniger als $ 500 Mio. in Form staatlicher Unterstützungsleistungen gewährt bekommen haben, findet die Vorschrift auf die *senior executive officers* und

---

1952 Title VII, sec. 7001 ARRA 2009, sec. 111 (b)(3)(A) EESA 2008.

1953 Bei dem Begriff „senior executive officer" handelt es sich um einen von fünf meist bezahlten *executives* eines börsennotierten Unternehmens, dessen Vergütung gemäß Securities Exchange Act of 1934 und der darauf basiertenden Regelungen offengelegt werden muss; sowie um dessen Kollegen in private companies. Vgl. Title VII, sec. 7001 ARRA 2009, sec. 111 (a)(1), (b)(3) EESA 2008.

1954 Title VII, sec. 7001 ARRA 2009, sec. 111 (b)(3)(B) EESA 2008.

1955 Title VII, sec. 7001 ARRA 2009, sec. 111 (b)(3)(C) EESA 2008.

1956 Title VII, sec. 7001 ARRA 2009, sec. 111 (a)(2) EESA 2008.

1957 Title VII, sec. 7001 ARRA 2009, sec. 111 (b)(3)(D)(i) EESA 2008.

1958 Title VII, sec. 7001 ARRA 2009, sec. 111 (b)(3)(D)(I) EESA 2008.

1959 Title VII, sec. 7001 ARRA 2009, sec. 111 (b)(3)(D)(II) EESA 2008.

1960 Title VII, sec. 7001 ARRA 2009, sec. 111 (b)(3)(D)(III) EESA 2008.

mindestens zehn weitere meistbezahlte Angestellten des Unternehmens Anwendung. Im Übrigen gilt das oben erläuterte Auszahlungsverbot für *senior executive officers* und mindestens zwanzig nächstfolgende bestbezahlte Beschäftigte, deren Finanzunternehmen mindestens mit $ 500 Mio. staatlich unterstützt wurde.[1961]

Die Einschränkung der Bonuszahlungen und der Gewährung von variablen Vergütungsbestandteilen darf sich jedoch nicht auf Bonusleistungen beziehen, die im Hinblick auf einen am oder vor dem 11. Februar 2009 abgeschlossenen schriftlichen Anstellungsvertrag erfolgen.[1962]

Überdies sollen die vom Finanzministerium festzusetzenden Vergütungsstandards ein Verbot von Vergütungsplänen enthalten, die zu Manipulationen des vom TARP-Empfänger angegebenen Ertrages verleiten könnten, um die Vergütung ihrer Manager zu erhöhen.[1963] Der Recovery Act legt weiterhin fest, dass das *board of directors* TARP-unterstützter Gesellschaften eine unternehmensweite Vergütungspolitik etablieren soll, welche die vom Finanzministerium als exzessiv oder luxuriös bezeichneten Ausgaben unterbindet. Solche exzessiven Ausgaben können unter anderem Unterhaltungsaufwendungen, Büroausstattungs- und Renovierungskosten, sowie Flüge oder andere Transportdienste bzw. sonstige Aufwendungen, die im Rahmen der üblichen Geschäftstätigkeiten als unvernünftig zu qualifizieren sind, sein.[1964]

Außerdem wird von den *chief executive officers* (CEOs) und *chief financial officers* (CFOs) der staatlich unterstützten Unternehmen die Abgabe einer schriftlichen Bestätigung der Einhaltung der oben erläuterten Anforderungen gefordert. Dabei sollen börsennotierte Unternehmen eine solche Erklärung zusammen mit den jährlichen Einreichungen, die von den Securities Laws verlangt werden, der SEC vorlegen. Nicht börsennotierte Gesellschaften richten ihre Erklärungen an das Finanzministerium.[1965]

Im Übrigen macht der „Recovery Act" auch Vorgaben in Bezug auf die Errichtung von *board compensation committees* und die Einführung einer unverbindlichen Aktionärsabstimmung (*advisory vote*). Demnach soll jeder TARP-Empfänger einen Vergütungsausschuss bestehend ausschließlich aus unabhängigen Direktoren aufstellen, um die Vergütungspläne seiner Manager zu überprüfen. Die Versammlungen des Vergütungsausschusses sollen dabei mindestens halbjährlich stattfinden, mit dem Ziel, Managervergütungspläne angesichts der Bewertung möglicher Risiken, die von solchen Plänen ausgehen könnten, zu diskutieren und zu evaluieren. Diese Regelung gilt jedoch nicht für private companies, die weniger als $ 25 Mio. TARP-Unterstützung in Anspruch genommen haben.[1966]

---

1961 Title VII, sec. 7001 ARRA 2009, sec. 111 (b)(3)(D)(ii) EESA 2008.
1962 Title VII, sec. 7001 ARRA 2009, sec. 111 (b)(3)(D)(iii) EESA 2008.
1963 Title VII, sec. 7001 ARRA 2009, sec. 111 (b)(3)(E) EESA 2008.
1964 Title VII, sec. 7001 ARRA 2009, sec. 111 (d) EESA 2008.
1965 Title VII, sec. 7001 ARRA 2009, sec. 111 (b)(4) EESA 2008.
1966 Title VII, sec. 7001 ARRA 2009, sec. 111 (c) EESA 2008.

Was das Mitspracherecht der Aktionäre in Vergütungsangelegenheiten anbelangt, so räumt der „Recovery Act" den Aktionären ein gesondertes jährliches Abstimmungsrecht über die Vergütung der *executives* ein, welches allerdings einen lediglich beratenden Charakter aufweist. Dies wird vom Gesetzgeber dahingehend näher erläutert, dass das Abstimmungsergebnis weder irgendwelche Beschlüsse des *board of directors* eines TARP-Empfängers außer Kraft setzen noch für dieses zusätzliche Treuepflichten begründen oder das Traktandierungsrecht der Aktionäre in Bezug auf die Managervergütung beschränken darf.[1967] Dabei hat die Abstimmung auf der Grundlage des im Jahresabschlussbericht veröffentlichen Vergütungsberichts zu erfolgen, wobei die inhaltlichen Anforderungen des Vergütungsberichts sich weitgehend an den bereits existierenden Offenlegungsvorschriften[1968] orientieren.[1969]

Im Zusammenhang mit den bereits vor Inkrafttreten des ARRA 2009 erfolgten Zahlungen regt das Gesetz an, Bonusleistungen, *retention awards* (d. h. Bezüge, die erst nach einem bestimmten, im Voraus festgelegten Zeitraum ausgezahlt werden) sowie andere den *senior executive officers* und den nächstfolgenden zwanzig höchstbezahlten Angestellten gewährte Bezüge erneut zu überprüfen und zu ermitteln, ob diese Zuteilungen mit den oben erörterten Zweckbestimmungen vereinbar sind oder vielmehr dem öffentlichen Interesse zuwiderlaufen.[1970] Sollte letzteres der Fall sein, so ist das Finanzministerium gehalten, mit dem TARP-Empfänger eine angemessene Lösung für die Rückerstattung der zu Unrecht gewährten Leistungen an die US-Bundesregierung auszuhandeln.[1971]

### bb) Umsetzung durch die Ausführungsverordnung

Am 10. Juni 2009 veröffentlichte das US-Finanzministerium Regulierungen zur Umsetzung der im Rahmen des ARRA 2009 geänderten Vorschriften zu Vergütungseinschränkungen des Emergency Economc Stabilization Act of 2008 (EESA).[1972] Der Anwendungsbereich der Regelungen umfasst die SEOs sowie eine bestimmte Anzahl der bestbezahlten Arbeitnehmer der TARP-Unternehmen.

---

1967 Title VII, sec. 7001 ARRA 2009, sec. 111 (e)(2) EESA 2008: „A shareholder vote described in paragraph (1) shall not be binding on the board of directors of a TARP recipient, and may not be construed as overruling a decision by such board, nor to create or imply any additional fiduciary duty by such board, nor shall such vote be construed to restrict or limit the ability of shareholders to make proposals for inclusion in proxy materials related to executive compensation."

1968 Vgl. Item 402 der Regulation S-K, eine Regelung, die umfangreiche Anforderungen an den Vergütungsbericht vorsieht, sowie die von der SEC am 1. Juli 2009 angekündigte Ergänzung des Securities Exchange Act of 1934 um die Regelung 14a-20, welche die Offenlegungspflichten zusätzlich konkretisieren soll. Vgl. oben S.357.

1969 Title VII, sec. 7001 ARRA 2009, sec. 111 (e) EESA 2008.

1970 Title VII, sec. 7001 ARRA 2009, sec. 111 (f)(1) EESA 2008.

1971 Title VII, sec. 7001 ARRA 2009, sec. 111 (f)(2) EESA 2008.

1972 Department of the Treasury, 31 CFR Part 30, TARP Standards for Compensation and Corporate Governance v. 15.06.2009.

(1) Vorgaben des Finanzministeriums

In Bezug auf das Verbot der Auszahlung von Abgangsentschädigungen geht die Ausführungsverordnung über die Vorgaben des EESA hinaus und fasst auch Prämien jeglicher Art, die als Folge des Ausscheidens aus dem Unternehmen oder aufgrund eines Kontrollwechsels gewährt werden, unter den Begriff des *„golden parachute"*.[1973]

Zwar ließ der noch unter der Regierung der Republikaner im Oktober 2008 veröffentlichte Vorentwurf der Ausführungsverordnung eine Abgangsentschädigung in Höhe des dreifachen Grundgehalts eines Managers zu.[1974] In der aktuellen Fassung der Ausführungsverordnung von Juni 2009 ist diese Regelung jedoch nicht mehr zu finden. Da die ursprünglich von der Obama-Regierung vorgesehene Deckelung der Gesamtvergütung bei $ 500,000 in die Regulierungsvorgaben nicht aufgenommen wurde und das Basisgehalt keinen Einschränkungen bzw. Ausgestaltungsauflagen unterliegt, wären exzessive Abgangsentschädigungen unter dem Vorentwurf vom Oktober 2008 weiterhin möglich gewesen. Gegen die Erweiterung des Begriffs "*golden parachutes*" auch auf Prämien im Zusammenhang mit einem Kontrollwechsel wird hingegen vorgebracht, dass diese sich negativ auswirken könnte, da die Transaktionen in der Regel aufgrund derartiger Prämienzuteilungen erst begünstigt werden.[1975]

Ferner verpflichtet die Ausführungsverordnung sämtliche TARP-Gesellschaften zur Einführung eines Vergütungssystems, welches eine mögliche Rückerstattungspflicht (*clawback*) der SEOs und der zwanzig bestbezahlten Angestellten für die bereits gewährten, jedoch auf wesentlich falschen Angaben des Jahresabschlussberichts basierenden Bonuszahlungen vorsieht. Ob der Finanzbericht oder die Leistungsbemessungskriterien wesentlich unrichtig sind, beurteilt sich anhand sämtlicher Tatsachen und Umstände. Wesentlich unrichtig in diesem Sinne ist jede Angabe, die vom Bonus-Empfänger bewusst unrichtig gemacht wurde oder auf deren Fehlerhaftigkeit dieser trotz Kenntnis nicht rechtzeitig hinwies. Dabei unterliegt die Rückerstattungspflicht keiner zeitlichen Begrenzung. Auch TARP-Empfänger, die den gesamten Unterstützungsbetrag dem US-Finanzministerium zurückgezahlt haben, sind von der Rückforderung der Bonusleistungen nicht befreit, sofern der Bonusanspruch zur Zeit der TARP-Unterstützung erworben wurde. Übersteigen

---

1973 Sec. 30.1 der Ausführungsverordnung „TARP Standards for Compensation and Corporate Governance".

1974 Department of the Treasury, 31 CFR Part 30, sec. 30.9 (a) der Ausführungsverordnung v. 20.10.2008: „As provided under 26 USC 280G (e), a „golden parachute payment'' means any payment in the nature of compensation to (or for the benefit of) a SEO made on account of an applicable severance from employment to the extent the aggregate present *value of such payments equals or exceeds an amount equal to three times the SEO's base amount.*"

1975 *Nikitine*, GesKR 3/2009, 368 (373).

jedoch die Kosten der Durchsetzung des Rückforderungsanspruchs die Höhe der betroffenen Bonusleistung, so entfällt die Rückerstattungspflicht des Begünstigten.[1976]

Eine vergleichbare, jedoch weniger effektive Rückerstattungsregelung war bereits im Sarbanes-Oxley Act vorgesehen. Danach sind CEO und CFO von Publikumsgesellschaften gehalten, Leistungen, die ihnen innerhalb von zwölf Monaten nach der relevanten Falschberichterstattung ausbezahlt wurden, zurückzugewähren. Die Vorschrift beschränkt sich dabei allerdings nur auf fehlerhafte Finanzabschlüsse, die der Berechnungsbasis der Leistungen zugrunde gelegt wurden.[1977] Im Übrigen mangelt es der Bestimmung des Sarbanes-Oxley Act an Durchsetzungskraft, denn für die Durchsetzung der Rückerstattungsansprüche ist einzig die SEC zuständig, der außerdem ein weiter Ermessensspielraum eingeräumt wird.[1978]

Darüber hinaus ermächtigte der EESA 2008 das US-Finanzministerium zum Erlass weiterer, über die Vorgaben des EESA hinausgehender Vorschriften zur Regelung der Managervergütung und der Corporate Governance. Das Finanzministerium machte von der, ihm gewährten Kompetenz Gebrauch, und legte in seiner Ausführungsverordnung folgende das Gesetz ergänzende Auflagen und Einschränkungen fest. Zunächst hat das Finanzministerium in Anlehnung an sec. 30.11(a) der Ausführungsverordnung einen Special Master ernannt, der die Einhaltung aller sec. 111 EESA-Vorschriften überwachen soll und in Fällen von Auslegungsschwierigkeiten beratend hinzugezogen werden kann.[1979] Diese Vorschrift bezieht sich auf die Vergütungskontrolle der fünf bestbezahlten *senior executive officers* und 20 bestbezahlten Manager sowie 100 Angestellten ohne Managementfunkton der sieben besonders staatlich unterstützten Unternehmen (Gesellschaften, die eine „exceptional financal assistance" in Anspruch genommen haben).[1980] Seit

1976 Sec. 30.8 der Ausführungsverordnung, „TARP Standards for Compensation and Corporate Governance".

1977 Sec. 304 (a) Sarbanes-Oxley Act of 2002: „If an issuer is required to prepare an accounting restatement due to the material noncompliance of the issuer, as a result of misconduct, with any financial reporting requirement under the securities laws, the chief executive officer and chief financial officer of the issuer shall reimburse the issuer for—(1) any bonus or other incentive-based or equity-based compensation received by that person from the issuer during the 12-month period following the first public issuance or filing with the Commission (whichever first occurs) of the financial document embodying such financial reporting requirement; [...]."

1978 Sec. 3 Sarbanes-Oxley Act of 2002.

1979 Sec. 30.11 (a) der Ausführungsverordnung „TARP Standards for Compensation and Corporate Governance". Eine ausführliche Erläuterung der dem Speical Master anvertrauten Aufgaben findet sich unter sec. 30.16 (a) der Ausführungsverordnung.

1980 Darunter fallen solche Unternehmen wie AIG Inc., Citigroup Inc., Bank of America Corp., Chrysler LLC, General Motors Corp., GMAC LLC und Chrysler Financial. Wobei die Bank of America und Citigroup, die ihnen gewährte „exceptional assistance" bereits zurückgezahlt haben, sodass sie nicht mehr der Überwachung des Special Master unterliegen. Vgl. FinancialStability.gov, Pressemitteilung v.

Mitte Juni 2009 hat Kenneth R. Feinberg das Amt des sog. Special Master, auch „Treasury Department Pay Czar"[1981] oder „Compensation Czar"[1982] genannt, inne.

Weiterhin verlangt sec. 30.12 der Ausführungsverordnung, gestützt auf sec. 111(d) des EESA, dass das *board of directors* jeder TARP-Gesellschaft ein Betriebsreglement erstellt, welches die Luxusausgaben der Manager regelt. Dabei soll die Inanspruchnahme exzessiver und unvernünftiger Luxusgüter- und Dienstleistungen, die zu unnötigen Ausgaben für das Unternehmen führen, vermieden bzw. eingeschränkt werden. Konkret muss das Reglement eine Auflistung der Aufwendungen enthalten, die vom Unternehmen als unzulässig angesehen werden bzw. bei denen keine Kostenerstattung erfolgt bzw. diese von der vorangegangenen Zustimmung des Vorgesetzten abhängig gemacht wird. Ferner ist das betroffene Unternehmen gehalten, ein Berichterstattungssystem zu etablieren, wonach Zuwiderhandlungen sanktioniert werden. Das Reglement sowie alle Änderungen sind dem US-Finanzministerium vorzulegen und auf der Webseite des Unternehmens zu veröffentlichen.[1983]

Zudem gibt die Ausführungsverordnung vor, sämtliche Nebenleistungen der SEOs oder der oben erwähnten bestbezahlten Angestellten, die den Gesamtwert von $ 25,000 übersteigen, offenzulegen. Dabei sind der Empfänger, der Gesamtwert der Nebenleistungen, eine detaillierte Beschreibung der Sonderzulagen sowie die Rechtfertigung für die Gewährung anzugeben.[1984] Ebenfalls dem Finanzministerium vorgelegt werden muss ein ausführlicher Bericht darüber, ob im Rahmen der Ausgestaltung der Vergütungspolitik Vergütungsberater vom *board of directors* bzw. vom Vergütungsausschuss herangezogen wurden. Die Offenlegung betrifft hierbei alle wesentlichen Beratungsgesichtspunkte, einschließlich den Vergleich gleichartiger Unternehmen (sog. *benchmarking*) sowie alle weiteren Vergleichsgrößen, die zur Bestimmung des Vergütungsniveaus eingesetzt wurden.[1985]

Zur Umsetzung der sec. 111 (b)(3)(F) des EESA sieht die Ausführungsverordnung des US-Finanzministeriums darüber hinaus die Errichtung eines Vergütungsausschusses vor, der aus unabhängigen Mitarbeitern bestehen muss. Dieser muss sich mindestens alle sechs Monate mit den *senior risk officers* der jeweiligen TARP-

---

23.03.2010, abrufbar unter: http://www.treasury.gov/press-center/press-releases/Pages/tg604.aspx (zuletzt aufgerufen am 16.04.2011).

1981 *O'Keefe,* The Washington Post v. 17.06.2010, abrufbar unter: http://www.washingtonpost.com/wp-dyn/content/article/2010/06/16/AR2010061605342.html (zuletzt aufgerufen am 31.03.2011).

1982 *Cherry/Wong,* 94 Minn. L. Rev. 2009, 368 (380).

1983 Title VII, sec. 7001 ARRA 2009, sec. 111 (d) EESA 2008 i. V. m. sec. 30.12 der Ausführungsveorordnung „TARP Standards for Compensation and Corporate Governance"; *Nikitine,* GesKR 3/2009, 368 (375).

1984 Sec. 30.11 (b)(1) der Ausführungsverordnung „TARP Standards for Compensation and Corporate Governance".

1985 Sec. 30.11 (c)(1) der Ausführungsverordnung „TARP Standards for Compensation and Corporate Governance".

Gesellschaften zusammensetzen, um die SEO Vergütungspläne zu besprechen und zu evaluieren. Dabei soll sichergestellt werden, dass von diesen Vergütungsplänen keine Anreize zur Eingehung exzessiver und unnötiger Risiken, welche den Wert des staatlich unterstützten Unternehmens gefährden könnten, ausgehen.[1986] Die Bewertungen des *compensation committee* und das Ergebnis der von diesem verrichteten Arbeit sind in einem jährlichen Bericht darzulegen, wobei auch festzuhalten ist, ob durch die Gewährung festgesetzter Bezüge die Fokussierung auf den kurzfristigen Unternehmenserfolg im Vergleich zur langfristigen Wertschöpfung in den Vordergrund gerückt wird.[1987] Anschließend ist der Vergütungsausschuss gehalten, die Erfüllung der vorgeschriebenen Aufgaben zu bestätigen.[1988]

Eine vergleichbare Regelung findet sich auch in sec. 30.15 der Ausführungsverordnung. Demnach müssen CEO und CFO einer TARP-Gesellschaft jährlich einen schriftlichen Compliance Bericht abgeben ,welcher die Einhaltung der Vorgaben und Einschränkungen der EESA sec. 111 sowie der Ausführungsverordnung des US-Finanzministeriums attestiert.[1989]

### (2) Vorgaben des Special Master

Um seinen Aufgaben als Special Master nachzukommen, erließ Kenneth R. Feinberg am 22. Oktober 2009 die ersten Regelungen zur Managervergütung. Nach sec. 30.11(a) i. V. m. sec. 30.16(a) der Ausführungsverordnung „TARP Standards for Compensation and Corporate Governance“ hat der Special Master die Befugnis zur Überprüfung aller Vergütungsformen der fünf höchstbezahlten *executives officers* und der nachfolgenden zwanzig meistbezahlten Angestellten der sieben Unternehmen, die eine besondere TARP-Unterstützung erhalten haben.

Zum Zwecke der Ausrichtung der Managervergütung an der langfristigen Wertschöpfung und der finanziellen Stabilität des Unternehmens lehnt Special Master Kenneth R. Feinberg Cash Boni, die auf der Grundlage kurzfristiger Erfolge festgesetzt werden, zu Gunsten von Vergütungen in Form von Aktien ab, welche über einen längeren Zeitraum gehalten werden müssen. Um von den Vergütungs-

1986 Sec. 30.4 (a)(2) der Ausführungsverordnung „TARP Standards for Compensation and Corporate Governance“.

1987 Sec. 30.4 (a)(4) der Ausführungsverordnung „TARP Standards for Compensation and Corporate Governance“.

1988 Sec. 30.4 (a)(5) der Ausführungsverordnung „TARP Standards for Compensation and Corporate Governance“.

1989 Eine detaillierte Beschreibung des Inhalts eines solchen Compliance-Berichts findet sich im Anhang A der Ausführungsveordnung (TARP Standards for Compensation and Corporate Governance) und umfasst 16 Punkte, die vom CEO und CFO auf der Grundlage deren Kenntnisstandes bestätigt werden müssen. Publikumsgesellschaften müssen den Bericht als Anhang im Geschäftsbericht abdrucken, privaten TARP-Gesellschaften hingegen müssen diesen dem Finanzministerium vorlegen. Vgl. sec. 30.15 (a) der Ausführungsverordnung „TARP Standards for Compensation and Corporate Governance“.

praktiken der Vergangenheit Abstand zu nehmen sprach sich der Special Master für die Herabsetzung der durchschnittlichen Barvergütung um mehr als 90 % aus. Barauszahlungen, die auf kurzfristigen Ergebnissen basieren, sowie garantierte Bonuszahlungen, die zu einer Entkoppelung der Vergütung von der Managerleistung führen könnten, werden vom „Pay Czar“ ebenfalls abgelehnt. Im Einklang mit dem Regierungsvorschlag vom 4. Februar[1990] stimmte der Special Master den Fixgehältern von mehr als 90 % der von diesen Regelungen betroffenen Führungskräfte zu, die höchstens $ 500,000 betrugen. Grundgehälter in Höhe von über $ 1 Mio. wurden lediglich in drei Fällen bewilligt: für den neuen CEO der AIG Inc. und zwei Führungskräfte der Chrysler Financial. Diese Unternehmen befanden sich gerade im Prozess der Reduzierung ihrer Tätigkeiten und konnten daher keine langfristigen Vergütungselemente gewähren. Ferner drosselte Special Master Feinberg die Gesamtvergütung der im Rahmen dieser Vorgaben relevanten *executives* – im Vergleich zum Geschäftsjahr 2008 – um mehr als 50 %. Gehaltszuwächse wurden nur in Ausnahmefällen zugelassen und zwar dann, wenn dies eine notwendige Maßnahme zur Erhaltung von Spitzenkräften im Sinne der Förderung des langfristigen Unternehmenserfolges und somit auch der Rückerstattung der Steuergelder darstellte.[1991]

Im Wesentlichen tragen die Regelungen des Special Master zur Strukturänderung der Vergütung der betroffenen sieben Unternehmen bei. Anstatt Barzahlungen erfordern die Vergütungsvorschriften, dass die Mehrheit der Managergehälter nunmehr in Form von mit Sperrfristen versehenen Aktien gezahlt wird. Dabei dürfen Aktien lediglich zu 1/3-Anteilen verkauft werden, wobei die Veräußerungen nicht vor 2011 erfolgen dürfen, es sei denn, die Rückzahlung der staatlichen Gelder (TARP) fand bereits vorher statt. Special Master Feinberg verlangt somit von jedem *executive*, sein Grundgehalt in die lanfgristige Unternehmenszukunft zu investieren. Dadurch sollen Anreize zur Eingehung exzessiver Risiken, welche einen wesentlichen Beitrag zur weltweiten Finanzmarktkrise geleistet hatten, verhindert werden. Des Weiteren darf die leistungsbasierte Vergütung nur dann ausgezahlt werden, wenn der Begünstigte die bei den Gehaltsverhandlungen mit dem „Pay Czar“ vereinbarten Ziele erreicht hat und die TARP-Unterstützung zurückgezahlt wurde. Die Verwirklichung der Zielsetzung muss dabei durch den Vergütungsausschuss[1992] des betroffenen Unternehmens bestätigt werden und die leistungsbezogenen Bezüge dürfen nur dann ausgezahlt werden, wenn der begünstigte Manager mindestens drei Jahre nach der Gewährung der Vergütung sein Amt behält.[1993]

---

1990 Pressemmitteilung v. 4.02.2009, U.S.-Finanzministerium, Treasury Announces New Restrictions on Executive Compensation, abrufbar unter: http://www.treasury.gov/press-center/press-releases/Pages/tg15.aspx (zuletzt aufgerufen am 22.03.2011).

1991 Pressemitteilung des U.S.-Finanzministeriums, The Speical Master for TARP Executive Compensation Issues First Rulings v. 22.10.2009, abrufbar unter: http://www.treasury.gov/press-center/press-releases/Pages/tg329.aspx (zuletzt aufgerufen am 22.03.2011).

1992 Der Vergütungsausschuss muss sich dabei entsprechend TARP-Vorschriften ausschließlich aus unabhängigen Direktoren zusammensetzen.

1993 Pressemitteilung des U.S.-Finanzministeriums, The Speical Master for TARP Executive Compensation Issues First Rulings v. 22.10.2009.

In einigen Fällen waren sog. *„golden parachutes"* und zusätzliche Pensionspläne der *executives* über ihre ursprüngliche Bestimmung hinausgewachsen, ohne dass der langfristige Unternehmenswert dabei gestiegen war bzw. die Aktionäre den wahren Wert der Abgangsentschädigungen (sog. „walkaway" pay) feststellen konnten. Aus diesem Grund stellt Special Master Feinberg strenge Anforderungen an solche Zahlungen sowie auch an die Festsetzung der Nebenleistungen und anderer persönlicher Vorteile der *exucutives* staatlich besonders unterstützer Unternehmen. Zunächst wurde beschlossen, dass die Manager selbst, und nicht die Unternehmen, für ihre persönlichen Aufwendungen aufkommen müssen. Hierbei setzt Special Master Feinberg eine generelle Obergrenze von $ 25,000 für solche Zahlungen fest, wobei eingeschränkte Ausnahmen für außergewöhnliche Umstände zugelassen werden, die gegenüber dem „Pay Czar" zu begründen sind. Hohe *„golden parachute"*-Leistungen oder Abfindungszahlungen dienen oft eher der Bereicherung von *executives*, als dass sie eine vernünftige Kompensation für die Zeit der Arbeitslosigkeit leisten. Der langfristige Unternehmenswert wird dabei ebenfalls nicht vergrößert, sodass derartige Zahlungen an *senior executives officers* und an die fünf meistbezahlten Angestellten aller staatlich unterstützten Unternehmen durch Regulierungen des Finanzministeriums verboten sind. Die Vorgaben des Special Masters gehen sogar darüber hinaus und untersagen das Anheben von *„golden parachute"*-Beträgen der 20 höchst bezahlten *executives* jedes Unternehmens für das Geschäftsjahr 2009. Schließlich werden auch zusätzlich anfallende Zahlungen aus ergänzenden Managerpensionsprogrammen verboten. Diese sind geeignet, beträchtliche Bargarantien ohne jeglichen Zusammenhang zur Performance an die das Unternehmen verlassenden *executives* zu gewähren und sollen daher vermieden werden.[1994]

Im Ergebnis lässt sich festhalten, dass die Regulierung der Managervergütung durch den Special Master eine fundamentale Umgestaltung der in der Vergangenheit etablierten Kompensationspraktiken darstellt und die Vergütungsstruktur der von diesen Vorgaben betroffenen Führungskräfte wesentlich verändert.

#### cc) Stellungnahme

Die gesetzgebende Regulierung der Managervergütung durch die Ergänzungen des EESA und die Umsetzung der Vorgaben in der Ausführungsverordnung des US-Finanzministeriums und die Regulierungen durch den Special Master umfassen zwar eine ganze Palette an Vergütungseinschränkungen, enthalten aber auch einige Schlupflöcher. So ist zwar eine TARP-unterstützte Gesellschaft strengen Bonusrestriktionen unterworfen, kann allerdings die Erhöhung der Gesamtbezüge ihrer Angestellten ohne weiteres durch das Anheben des Fixgehalts herbeiführen, mit der Folge, dass die staatlich vorgeschriebene Regelung unterlaufen würde. Als Korrektiv könnte hierbei lediglich die Verweigerung der Wiederwahl der Mitglieder des *compensation committees* durch die Aktionäre herangezogen werden. Darüber hinaus könnte eine

---

1994 Pressemitteilung des U.S.-Finanzministeriums, The Speical Master for TARP Executive Compensation Issues First Rulings v. 22.10.2009.

TARP-Gesellschaft die Vorgaben dadurch umgehen, dass sie die Vergütungshöhe ihrer Manager zyklisch herab- und wieder heraufsetzt, sodass ein Angestellter jedes zweite Jahr uneingeschränkt vergütet werden kann.[1995] Um solche Gehaltsmanipulationen zu vermeiden, könnte die Durchschnittsvergütung der letzten drei Jahre – und nicht lediglich das Gehalt des letzten Geschäftsjahres – als Bezugsgröße der Bestimmung der bestbezahlten Angestellten zugrunde gelegt werden. In den Fällen, in denen die verbotenen Leistungen im doppelten oder sogar mehrfachen Umfang an die nicht mehr der Gruppe der bestbezahlten Angestellten unterfallenden Manager ausgezahlt werden, ist die Kontrolle zwar kaum möglich. Rechtlich besteht jedoch die Möglichkeit, auf das Institut des Rechtsmissbrauchs zurückzugreifen, um weitere Umgehungsversuche zu verhindern.[1996] Zwar wird dem Finanzminister das Recht eingeräumt, die Zahl der Angestellten, die den Restriktionen unterfallen sollen, im öffentlichen Interesse und mit Rücksicht auf die jeweiligen TARP-Gesellschaften zu erhöhen,[1997] dies lässt die grundsätzlichen Vorbehalte jedoch nicht entfallen.

Weitere Bedenken bestehen in Bezug auf die Zulässigkeit der Gewährung von mit Sperrfristen behafteten Aktien (*restricted stocks*). Für diese ist nur deshalb eine Ausnahme vorgesehen, weil sie den begünstigten Managern einen zusätzlichen Anreiz geben sollen, den nachhaltigen Erfolg des Unternehmens zu fördern und von übermäßig risikofreudigen, sich negativ im Aktienkurs niederschlagenden Transaktionen Abstand zu nehmen. Allerdings können restricted stocks bei Gesellschaften mit geringem Eigenkapitalanteil bzw. einem sinkenden Aktienkurs (was bei so gut wie allen TARP-Gesellschaften der Fall ist) auch umgekehrte Leistungsanreize auslösen. Da dieser Teil der Vergütung von der Entwicklung des Aktienkurses abhängig ist, verringert sich im Falle der Realisierung eines unvernünftig eingegangenen Risikos auch die Kompensation des Betroffenen.[1998] Zwar liegt ein solcher Geschehensablauf nicht im Interesse des Managers; im Vergleich zur maximalen Verlustbeteiligung sind die Gewinnchancen aus seiner Sicht jedoch viel höher. Während der Verlust dem Wert der Aktie entspricht, also maximal null ist, sind die Gewinnaussichten

---

1995 Beispiel: Die TARP-Gesellschaft G nimmt $ 400 Mio staatliche Hilfe in Anspruch. Auf der Grundlage des Vergütungsberichts für das Geschäftsjahr 2009 werden die Gesamtbezüge der zehn bestbezahlten Angestellten des Unternehmens ermittelt (A1, A2 usw. bis einschließlich A10). Diese fallen dann im Jahr 2010 unter die Einschränkungsregelungen des EESA 2008. Um dieses Ergebnis im Jahr 2011 zu vermeiden und den Angestellten A3 zum Beispiel uneingeschränkt entlohnen zu können, könnte die Gesellschaft versucht sein, beispielsweise den Angestellten A 14 im Jahr 2010 höher zu vergüten mit der Folge, dass dieser (und nicht A3) gemäß Vergütungsbericht für das Geschäftsjahr 2010 als einer der zehn bestbezahlten Angestellten ausgewiesen und von den Vergütungseinschränkungen des EESA im Geschäftsjahr 2011 betroffen wäre. Vgl. *Nikitine,* GesKR 3/2009, 368 (372 Fn. 33).

1996 *Nikitine,* GesKR 3/2009, 368 (372).

1997 Title VII, sec. 7001 ARRA 2009, sec. 111 (b)(3)(D)(ii)(II–IV) EESA 2008.

1998 *Bebchuk,* Op-Ed, Congress Gets Punitive on Executive Pay, Wall Street Journal v. 16.02.2009.

theoretisch unbeschränkt möglich. Zum Zwecke der maximalen Profitziehung aus der aktienbasierten Vergütung kann der Manager daher geneigt sein, Unternehmensentscheidungen zu treffen, die ein höheres Risiko beinhalten. Für die ohnehin angeschlagenen, staatlich unterstützten Unternehmen dürfte ein solcher Anreizmechanismus kaum von Nutzen sein.[1999] Die an die Zulässigkeit der mit Sperrfristen versehenen Aktien gekoppelte Auflage, wonach diese lediglich ein Drittel der Gesamtvergütung betragen dürfen, führt zwar zur Reduzierung falscher Anreize, beseitigt diese jedoch nicht und kreiert auch keine richtigen.[2000] Die Bindung der Aktiengewährung an eine weitere Auflage, wonach die freie Verfügbarkeit über die Aktien erst nach der vollständigen Rückzahlung der Staatsgelder an das US-Finanzministerium erfolgen darf, führt ebenfalls zu keinem anderen Ergebnis. Will man ausgewogene Anreizsysteme schaffen, so müssen Vergütungsgestaltungen zulässig sein, „die an langfristige Leistungen geknüpft sind und eine antizipierte Verfügbarkeit über die Kompensation vorsehen"[2001]. Dies könnte durch die Koppelung eines wesentlichen Teils der variablen Vergütung an die klassischen Bezugsgrößen wie Umsatzwachstum, Kapitalrendite oder den operativen Gewinn (EBIT) und die gestaffelte Auszahlung über mehrere Jahre (bspw. 25 % jährlich) realisiert werden, wobei die Auszahlungen unter dem Vorbehalt sog. *clawbacks* erfolgen müssten.[2002]

Aber auch die *clawback*-Regelung des EESA weist einige Lücken auf. Als Gründe für eine solche Rückerstattungspflicht nennt das Gesetz lediglich die nachträgliche Feststellung des Vorliegens falscher Angaben, welche die Bonuszahlung veranlasst haben. Jedoch gibt es auch weitere, im Gesetz nicht genannte Gründe, die eine Rückerstattungspflicht durchaus begründen könnten, wie etwa wenn die unternehmerische Entscheidung eines Managers aufgrund der Eingehung zu hoher Risiken einen finanziellen Verlust verursacht hat, obwohl die Bemessungsgrundlage fehlerfrei geblieben war.[2003]

Sogar einer der berühmtesten Verfechter von Vergütungseinschränkungen und der bekannteste Kritiker exzessiver Managerbezüge, Professor *Lucian A. Bebchuk*, äußert Zweifel in Bezug auf die Reformregelungen des ARRA 2009.[2004] Er behauptet, dass die Restriktionsvorschriften die Anreizwirkung zur Sicherung bzw. Förderung langfristiger Unternehmenserfolge, welche für die Unterstützung von Banken, der Wirtschaft und der Steuerzahler erforderlich sind, abschwächen würden. Zwar scheinen

---

1999 *Nikitine,* GesKR 3/2009, 368 (372); *Bebchuk/Spamann,* Harvard Law School, Discussion Paper No. 641, 6/2009, 28 f.

2000 *Bebchuk,* Op-Ed, Congress Gets Punitive on Executive Pay, Wall Street Journal v. 16.02.2009 (bezeichnet das kategorische Verbot der Gewährung einer anderen Form der leistungsabhängigen Vergütung als der mit Sperrfristen versehenen Aktien als einen weiteren Fehltritt der Reformregulierung der Obama-Regierung).

2001 *Nikitine,* GesKR 3/2009, 368 (372).

2002 *Nikitine,* GesKR 3/2009, 368 (372).

2003 *Nikitine,* GesKR 3/2009, 368 (372).

2004 *Bebchuk,* Op-Ed, Congress Gets Punitive on Executive Pay, Wall Street Journal v. 16.02.2009.

die neuen Regelungen vom Verlangen nach der Begrenzung von Gesamtvergütung motiviert zu sein, betreffen jedoch zum größten Teil die Vergütungsstruktur. Im Fokus des Reformvorhabens der Obama-Regierung stehe vor allem die Begrenzung leistungsunabhängiger Vergütung. Der sog. „Stimulus Act" wähle allerdings einen gegensätzlichen Ansatz und beschränke vielmehr die leistungsabhängige Vergütung, indem er sie auf ein Drittel der Gesamtkompensation limitiere. Eine derartige gesetzliche Vorgabe, bei der mindestens zwei Drittel der Managergesamtbezüge von der Leistung entkoppelt sind, stelle demnach einen Schritt in die falsche Richtung dar. Eine weitere negative Auswirkung der Vergütungsrestriktionen dieses Gesetzes auf die Manager-Anreizmechanismen liegt laut Bebchuk in der Umgehungsmöglichkeit durch das Zurückzahlen der TARP-Unterstützung. Die Erstattung empfangener Staatsmittel durch die betroffenen Unternehmen ermögliche diesen, die im Reformgesetz vorgesehenen Vergütungsrestriktionen künftig zu vermeiden. Zwar wird hiergegen vorgebracht, dass derartige Handlungen aufgrund der Kostspieligkeit für die Banken eher unwahrscheinlich sind. Der temporäre Charakter der im Zusammenhang mit der TARP-Unterstützung erlassenen Vorschriften übersehe jedoch die dauerhafte Divergenz zwischen den Interessen der betroffenen Banken und denen der Führungskräfte. Der ARRA stelle den *executives* kontraproduktive und daher unnötige, den Interessen der Banken oft nicht entsprechende, private Anreize zur Beendigung oder Umgehung der TARP-Finanzhilfe bereit. Daraus folge die Gefahr, dass die *executives* die Eingehung unangemessener Risiken zum Zwecke der schnellstmöglichen TARP-Entlastung auch zum Nachteil des langfristigen Unternehmenswohlergehens in Kauf nehmen könnten.[2005] Aus diesem Grund sollte der Gesetzgeber bei der Einführung neuer Corporate Governance-Regelungen die das Management motivierenden Anreizmechanismen besonders vorsichtig und durchdacht konzipieren.

### h) Weitere Gesetzesenwürfe und -vorschläge

Neben den bereits diskutierten Reformregelungen gab es auch weitere gescheiterte Gesetzesvorhaben, welche im Folgenden zusammengefasst werden.

#### aa) End Government Reimbursement of Excessive Executive Disbursements (And GREED) Act

Der am 17. März 2009 vorgestellte Entwurf des End Government Reimbursement of Excessive Executive Disbursement (End GREED) Act[2006] sah die Rückzahlung der, von staatlich unterstützten Unternehmen ausgezahlten Bonusleistungen durch die begünstigten Manager vor, wurde vom Repräsentantenhaus jedoch am 1. April 2009 abgelehnt.

---

2005 *Bebchuk*, Op-Ed, Congress Gets Punitive on Executive Pay, Wall Street Journal v. 16.02.2009.

2006 H.R. 1575 End Government Reimbursement of Excessive Executive Disbursement (And GREED) Act, 111th Congress (2009–2010).

### bb) Grayson-Himes Pay for Performance Act of 2009

Am 23. März 2009 wurde der Entwurf des „Grayson-Himes Pay for Performance"[2007]-Gesetzes vorgestellt. Demnach sollte es Unternehmen, welche direkte Kapitalanlagen unter dem Troubled Asset Relief Program und Housing and Economic Recovery Act erhalten haben, verboten werden, bestimmte Vergütungen zu gewähren. Insbesondere untersagte der Gesetzesentwurf jegliche Entgeltzahlungen, die unvernünftig oder exzessiv sind, und beschränkte alle nicht leistungsbasierten Bonuszahlungen und Zusatzvergütungen. Das US-Finanzministerium sollte hierbei ermächtigt werden, entsprechende Ausführungsvorschriften zu erlassen. Der Gesetzesentwurf legte des Weiteren die Einrichtung eines Vergütungsausschusses (*compensation committee*) fest. Im Übrigen sollten die Finanzinstitute, die von den Neuregelungen erfasst sein sollten, im Rahmen des Gesetzesentwurfes verpflichtet werden, jährlich einen Bericht an das Finanzministerium zu verfassen, in dem die Anzahl der vom Unternehmen beschäftigten Personen (*officers*, *directors* oder Angestellte), die eine jährliche Gesamtvergütung in Höhe von $ 500,000 bis $ 5 Mio. erhalten hatten, genannt wird.[2008] Der Gesetzesentwurf wurde am 1. April 2009 im Repräsentantenhaus zwar beschlossen, eine Verabschiedung durch den Senat ist jedoch nicht erfolgt.

### cc) Pay Shareholder Approval Act and Excessive Pay Capped Deduction Act

Die Ergebnisse der US-amerikanischen Präsidentschafts- und Parlamentswahlen im November 2008 haben die bereits seit 2007 in der US-amerikanischen Corporate Governance Diskussion stehende „say-on-pay"-Regelung erheblich vorangetrieben.

Nach dem Gesetzesentwurf des Pay Shareholder Approval Act sollte die Zweidrittelmehrheit der Aktionäre das Recht erhalten, über die „exzessive Managervergütung" konsultativ abstimmen zu dürfen. Dabei wurde die „exzessive Managervergütung" als Vergütung definiert, die das 100fache des durchschnittlichen Arbeitnehmergehalts übersteigt.[2009] Darüber hinaus forderte der Gesetzesvorschlag die Offenlegung der Vergütung des am schlechtesten bezahlten Angestellten, die Veröffentlichung des Durchschnittsgehaltes aller Arbeitnehmer sowie die Angabe der Gesamtzahl der Angestellten, die das 100fache des Durchschnittsgehaltes erhalten haben.[2010] Der Excessive Pay Capped Deduction Act als zweiter Teil des Reformvorhabens beschränkte die steuerliche Abzugsfähigkeit von Managerbezügen, die das 100fache des Gehaltes eines Durchschnittsangestellten betragen. Jeder diese Grenze übersteigende Betrag sollte als exzessiv eingestuft und der steuerlichen Absetzbarkeit vollkommen entzogen werden.[2011]

---

2007 H.R. 1664 Grayson-Himes Pay for Performance Act of 2009, 111th Congress (2009–2010).

2008 Sec. 1(a) Grayson-Himes Pay for Performance Act of 2009.

2009 S. 1006, 111$^{th}$ Congress (2009).

2010 S. 1106 Pay Shareholder Approval Act, 111th Congress (2009–2010).

2011 S. 1007 Excessive Pay Capped Deduction Act, 111th Congress (2009–2010)

Nachdem der Gesetzesentwurf am 7. Mai 2009 von Senator Dick Durbin vorgelegt wurde, leitete der Senat ihn weiter an den Senatsausschuss (Senate Committee on Banking, Housing, and Urban Affairs), welcher jedoch keine weiteren Schritte zur Verabschiedung des Gesetzes unternahm und das Gesetzgebungsverfahren daher zum Erstarren brachte.

### dd) Shareholder Bill of Rights Act 2009

Am 19. Mai 2009 brachten die Senatoren Schumer und Cantwell einen Gesetzesentwurf des sog. Shareholder Bill of Rights Act 2009 in den US-Kongress ein[2012], der den Securities Exchange Act of 1934 ergänzen sollte. Der Gesetzesvorschlag sah ein für alle Publikumsgesellschaften geltendes, nicht verbindliches Vergütungsvotum der Aktionäre über die Billigung bzw. Missbilligung der Managervergütung vor. Zudem verlangte der Gesetzesentwurf die Freigabe der *boards*. Dies bedeutet, dass das Bundesrecht gestaffelte *boards* verbieten würde, bei denen die Aktionäre jährlich lediglich einen Teil der Direktoren wählen dürfen. Diese Regelung sollte zur Etablierung amtierender Direktoren und *executives* beitragen. Des Weiteren ordnete der Gesetzesentwurf die Einrichtung von Risikoausschüssen an (sog. *„risk committees"*), die ausschließlich aus unabhängigen Direktoren bestehen und die Risikomanagement-Praktiken des Unternehmens beurteilen sollten, und schrieb die Trennung der CEO- und *board chairman*-Posten vor. Im Übrigen gewährte die Gesetzesvorlage den Aktionären das Recht, ihre Aufstellungsvorschläge für die Boardbesetzung in die Proxy-Materialien des Unternehmens aufzunehmen.[2013] Auch in diesem Fall wurde der Gesetzesentwurf zwar an den Senatsausschuss weitergeleitet, weder der Senat noch der Ausschuss wurden jedoch in dieser Sache tätig.

### ee) Shareholder Empowerment Act of 2009

Einen weiteren Versuch, die Aktionärsrechte zu stärken und eine erhöhte Einflussnahme der Anteilseigner auf die Unternehmensführung zu erreichen, unternahm der Kongressabgeordnete Gary Peters mit der Einbringung des Shareholder Empowerment Act[2014] am 12. Juni 2009. Sein Gesetzgebungsvorschlag ging sogar über die Vorgaben des Senators Schumer hinaus und erfasste unter anderem folgende Governance-Reformen. Zunächst sollte die Drosselung exzessiver Risiken dadurch erreicht werden, dass den Aktionären ein Informationsrecht in Bezug auf die Performanceziele gewährt werden sollte, die der Festsetzung von Bonuszahlungen und anderen leistungsabhängigen Bezügen der Führungskräfte zugrunde gelegt werden. Zudem wären die Aktionäre mit einem jährlichen konsultativen Vergütungsvotum

---

2012 S. 1074 Shareholder Bill of Rights Act 2009, 111th Congress (2009–2010).

2013 S. 1074, 111th Congress (2009); kritisch hierzu *Lorsch/Mirvis,* Opinion, Schumer's Shareholder Bill Miss the Mark, Wall Street Journal v. 12.05.2009, abrufbar unter: http://online.wsj.com/article/SB124208536180008385.html (zuletzt aufgerufen am 31.03.2011).

2014 H.R. 2861 Shareholder Empowerment Act, 111th Congress (2009–2010).

über die Bezüge der *senior executives* auszustatten. Die Rückerstattungsregelungen in Bezug auf Bonusleistungen und andere auf Grundlage einer fehlerhaften Gewinn- und Verlustrechnung erfolgte Vergütungen müssten laut Gesetzesentwurf verstärkt werden. Führungskräften, die aufgrund ihrer mangelhaften Leistung aus dem Unternehmen ausscheiden, dürften laut Shareholder Empowerment Act keine *„golden parachute" payments* gewährt werden. Darüber hinaus statuierte der Gesetzesenwurf ein Verbot der Besetzung von CEO- und *board director*-Posten mit derselben Person. Die Unabhängigkeit der Vergütungsberater müsste laut Gesetzesvorschlag dadurch gewährleistet werden, dass die Erbringung anderer Beratungsdienste für das Unternehmensmanagement durch dieselben Berater zu untersagen wäre. Im Übrigen zielte der Gesetzesentwurf auf die Verbesserung der Einflussnahme der Aktionäre auf Unternehmensabstimmungen und -wahlen ab, indem diesen unter anderem gestattet werden sollte, eigene Kandidaten für *director*-Posten aufzustellen.[2015]

Allerdings wurde der Gesetzesvorschlag niemals umgesetzt, sodass die Reformvorschriften keine Wirkung entfalten konnten.

### i) Weitergehender Obama's Reform Plan

Das weitergehende Reformvorhaben der Obama-Regierung weist die US-Bundesbehörden an, Standards und Richtlinien zu erlassen, die eine bessere Ausrichtung der Vergütungspraktiken der Finanzinstitute an der langfristigen Wertschöpfung zum Gegenstand haben. Dabei soll verhindert werden, dass diese Vergütungspraktiken Anreize für die Gefährdung der Sicherheit und Kreditwürdigkeit der Unternehmen kreieren.[2016] Den ersten legislatorischen Schritt im Rahmen dieses Vorhabens stellte der Investor Protection Act of 2009 dar.

### aa) Investor Protection Act of 2009

Am 10. Juli 2009 veröffentlichte das US-Finanzministerium den vom US-Abgeordneten Paul Kanjorski im Oktober 2009 vorgeschlagenen „Investor Proctection Act of 2009"[2017]. Der Gesetzesvorschlag bezweckte eine auf unterschiedlichen Ebenen zu implementierende Verbesserung der Regulierungsbefugnisse der SEC. In Bezug auf die im Rahmen dieser Arbeit zu behandelnde Managervergütung sollte die SEC mit dem Recht ausgestattet werden, zur Vermeidung von Interessenkonflikten Vergütungspläne zu verbieten, welche im Widerspruch zu den Interessen der Anleger zu stehen

2015 H.R. 2861, 111th Congress (2009–2010).

2016 Näher hierzu U.S. Finanzministerium, Financial Regulatory Reform, A New Foundation: Rebuilding Financial Supervision and Regulation (2009), abrufbar unter: www.treasury.gov/initiatives/wsr/Documents/FinalReport_web.pdf (zuletzt aufgerufen am 31.03.2011); Pressemitteilung, U.S. Finanzministerium, President Obama To Announce Comprehensive Plan For Regulatory Reform v. 17.06.2009, abrufbar unter: http://www.treasury.gov/press-center/press-releases/Pages/tg175.aspx (zuletzt aufgerufen am 16.04.2011).

2017 H.R. 3817, Investor Protection Act of 2009, 111th Congress (2009–2010).

scheinen und den Anforderungen dieses Gesetzes nicht entsprechen. Gemäß sec. 941 des Investor Protection Act würde den Aktionären von Publikumsgesellschaften ein unverbindliches Vergütungsvotum gewährt.[2018] Zudem müssten laut Gesetzesentwurf alle Mitglieder des Vergütungsausschusses den Unabhängigkeitsanforderungen entsprechen. Hierbei würden die Standards gelten, die der Prüfungsausschuss nach dem Sarbanes-Oxley Act zu erfüllen hat.[2019] Im Übrigen wären die *compensation committees* ermächtigt, bei der Festsetzung der Vergütung unabhängige Vergütungsberater, externe Rechtsberater und andere Konsultanten hinzuzuziehen. Dadurch sollte sichergestellt werden, dass der Vergütungsausschuss Vergütungen im Interesse der Aktionäre aushandelt. Entscheidet sich ein Vergütungsausschuss jedoch, keine Vergütungsexperten zu Rate zu ziehen, wäre diese Entscheidung gegenüber den Aktionären zu begründen.[2020] Dieser Gesetzesentwurf ist allerdings nie in Kraft getreten.

#### bb) Corporate and Financial Institution Compensation Fairness Act of 2009

Das Repräsentantenhaus hat am 31. Juli 2009 einen von der Obama-Regierung unter ausdrücklicher Berufung auf das britische Vorbild vorgelegten Gesetzesentwurf des Corporate and Financial Institution Compensation Fairness Act of 2009 (vom 21. Juli 2009) angenommen.[2021] Dem Gesetzesvorschlag zufolge sollte sec. 14 des Securities Exchange Act of 1934 um zahlreiche Vorschriften ergänzt werden. Den Mittelpunkt des Reformvorhabens bildete dabei die Einführung eines unverbindlichen jährlichen Vergütungsvotums der Aktionäre. Darüber hinaus sollte eine ebenfalls unverbindliche, anlassbezogene Abstimmung über Abgangsentschädigungen im Zusammenhang mit M&A-Transaktionen („shareholder approval of golden parachute compensation“) eingeführt werden.[2022] Finanzinstitute mit einem Gesamtvermögen von über $ 1 Mrd. wurden zudem aufgefordert, die Struktur ihrer leistungsbasierten Vergütungspläne offenzulegen.[2023]

Der Gesetzgebungsvorschlag stieß jedoch auf Widerstand sowohl seitens der Wirtschaftspraxis[2024] als auch der Rechtswissenschaft[2025] mit der Folge, dass die Umsetzung des Gesetzes in der vorgelegten Form – vergleichbar einigen seiner Vorgänger – zunächst gescheitert ist.[2026]

---

2018 Subtitle D, sec. 941(a), H.R. 3817, 111th Congress (2009–2010).

2019 Sec. 301 Sarbanes-Oxley Act of 2002.

2020 Subtitle D, sec. 942(a), H.R. 3817, 111th Congress (2009–2010).

2021 H.R. 3269, 111th Congress (2009–2010).

2022 Sec. 2 Corporate and Financial Institution Compensation Fairness Act of 2009.

2023 Sec. 4 Corporate and Financial Institution Compensation Fairness Act of 2009.

2024 Kritisch hierzu *Bruce Josten*, U.S. Chamber of Commerce, Letter on the Corporate and Financial Institution Compensation Fairness Act of 2009 v. 30.07.2009.

2025 Kritisch hierzu *Gordon*, 46 Harv. J. on Legis. 2009, 323 (354 ff.).

2026 Diesem Gesetzesvorschlag folgte ein vergleichbarer, jedoch ebenfalls gescheiterter Gesetzesentwurf des Proxy Voting Transparency Act of 2009 vom 27.07.2009, wonach die Offenlegung der Managervergütung und der sog. „*golden parachutes*“ einem unverbindlichen Vergütungsvotum der Aktionäre unterliegen sollte. Vgl. H.R. 3351, 111th Congress (2009–2010).

### j) Corporate Governance Reform Act of 2009

Das zentrale Anliegen des am 21. Juli 2009 im US-Repräsentantenhaus evorgestellten Entwurfs des Corporate Governance Reform Act of 2009[2027] bildete die Änderung und Ergänzung des Securities Exchange Act of 1934. Verlangt wurde eine persönliche Trennung der Posten *chairman* des *board* und CEO. Dabei forderte der Gesetzesvorschlag vor allem die Unabhängigkeit des *chairman* des *board* und des Vergütungsausschusses.[2028] Aber auch die verstärkten Anforderungen an das Risikomanagement, die Errichtung eines Risikomanagement-Ausschusses (*risk management committee*)[2029] und die Einführung eines unverbindlichen Vergütungsvotums der Aktionäre[2030] gehörten zu den wesentlichen Zielsetzungen des Gesetzesentwurfs. Diese Vorgaben wurden jedoch, wie auch viele andere Gesetzesvorschläge dieser Zeit, vom Gesetzgeber nicht umgesetzt, sodass der Corporate Governance Reform Act of 2009 nie verabschiedet wurde.

### k) Investors Rights and Corporate Accountability Act of 2009

Der am 20. November 2009 im Senat vorgelegte Entwurf des „Investors Rights and Corporate Accountability Act of 2009" beschäftigte sich unter anderem mit der Einführung von Rückerstattungsregelungen (sog. *clawbacks*) für leistungsorientierte Vergütungen und Bonuszahlungen. Sollte ein bewusster Verstoß gegen ein US-Wertpapiergesetz (securities law) festgestellt werden, so wäre die betroffene Person laut Gesetzesvorschlag gehalten, alle Bonusleistungen oder anderen leistungs- oder aktienabhängigen Vergütungselemente, die ihr vom Unternehmen gewährt worden waren, zurückzuerstatten. Darüber hinaus wären alle aus der Veräußerung der Unternehmenswertpapiere resultierenden Erträge herauszugeben, wenn im Zeitpunkt der Ertragserzielung ein solcher Verstoß bereits vorlag. Überdies sollte der Sarbanes-Oxley Act von 2002 dahingehend geändert werden, dass die Aktionäre nunmehr die Möglichkeit erhalten sollten, im Namen des Unternehmens eine Klage gegen den *chief executive officer* oder *chief financial officer* zu erheben, wenn diese die ihnen zu Unrecht gewährten und gemäß dieses Gesetzesvorschlages zu erstattenden Zahlungen innerhalb von 90 Tagen nach der Berichtigung des Bilanzergebnisses nicht zurück gezahlt haben. Im Rahmen der vorgeschlagenen Änderung des Securities Exchange Act of 1934 wurde außerdem von der SEC verlangt, innerhalb von 270 Tagen nach dem Gesetzeserlass Regelungen zu erlassen, die ein Verbot der Börsenzulassung für diejenigen Unternehmen vorsehen, welche ihren SEOs Abfindungszahlungen trotz schlechter Performance gewähren. Das Gesetz wurde allerdings nie verabschiedet, sodass auch diese Regelungsvorschläge keine Umsetzung erfahren haben.[2031]

---

2027 H.R. 3272 111th Congress (2009–2010).
2028 Sec. 2, 4 Corporate Governance Reform Act of 2009.
2029 Sec. 3 Corporate Governance Reform Act of 2009.
2030 Sec. 5 Corporate Governance Reform Act of 2009.
2031 S. 2813, 111th Congress (2009–2010).

#### l) Schwächen der Government Bailouts

##### aa) Zeitliche Begrenztheit der Reformregelungen

Die zeitlich befristeten Einschränkungen der Managervergütung und Corporate Governance-Vorschriften durch den EESA 2008 und den ARRA 2009 haben sich als Vorschriften herausgestellt, welche nur wenig zur Behebung der Hauptursachen des systematischen Versagens der Finanzindustrie beigetragen haben. Zum einen haben viele der Finanzinstitute, die TARP-Unterstützung erhalten haben, die Steuergelder entweder bereits vollständig zurückgezahlt oder befinden sich gerade im Prozess der Rückerstattung mit der Folge, dass vor Ablauf des TARP-Zeitraums die meisten staatlichen Mittel erstattet werden. Folglich wird die Überwachung der TARP-Empfänger und ihrer finanziellen Tätigkeiten in absehbarer Zukunft nicht mehr möglich sein, zumal die Finanzinstitute durch die vorzeitige Rückzahlung aus dem prüfenden Blick der Bundesregierung entlassen werden, ohne im Gegenzug versichert zu haben, dass sie ihre Probleme im Zusammenhang mit der Veräußerung oder Neuverhandlung von schädlichen hypothekarisch gesicherten Wertpapieren (*mortgage-backed securities*) bewältigt haben.[2032]

##### bb) Unbestimmtheit der Rechtsbegriffe

Zum anderen stellt der Reform-Plan des US-Präsidenten Obama zwar strenge Restriktionen in Bezug auf die Managervergütung auf, macht jedoch keine konkreten Vorgaben zur Vergütungsstruktur. Die Reformgesetze enthalten lediglich Anweisungen an die staatlichen Aufsichtsbehörden Standards und Richtlinien zu erlassen, die eine bessere Ausrichtung der Managervergütungspraktiken von Finanzinstituten am langfristigen *shareholder value* zum Gegenstand haben. Dadurch sollen Vergütungspraktiken vermieden werden, die Anreize zur Sicherheitsgefährdung der beaufsichtigten Unternehmen bieten könnten.[2033] Solche Anweisungen enthalten allerdings einen Unsicherheitsfaktor bezüglich ihrer Umsetzung. Zahlreiche Aufsichtsbehörden können derartige nicht eindeutig formulierte Standards als Inspiration zur Einführung unterschiedlicher Anforderungen an die Bewertung der Managervergütungspraktiken der Finanzindustrie sehen, ohne dabei die *long term* versus *short term* Vergütungsausgestaltung notwendigerweise zu thematisieren[2034] und ohne ein langfristig einheitliches Konzept zu gewährleisten.

##### cc) Begrenzter Anwendungsbereich: Geltung nur für Finanzinstitute

Der Anwendungsbereich der im Lichte der weltweiten Finanzmarktkrise erlassenen Gesetze bezieht sich hauptsächlich auf die Finanzbranche. Im vergangenen Jahrzehnt

---

2032 *McClendon,* 12 University of Pennsylvania Journal of Business Law 2009, 131 (168).

2033 Pressemitteilung, U.S. Finanzministerium, President Obama To Announce Comprehensive Plan For Regulatory Reform v. 17.06.2009, abrufbar unter: http://www.treasury.gov/press-center/press-releases/Pages/tg175.aspx (zuletzt aufgerufen am 16.04.2011).

2034 *McClendon,* 12 University of Pennsylvania Journal of Business Law 2009, 131 (169).

haben die Vereinigten Staaten Milliarden-Verluste erlitten, die zum größten Teil den kurzfristigen aktienbasierten Vergütungsplänen und Corporate Governance-Misserfolgen zuzuschreiben sind. Viele dieser Verluste stammen jedoch aus anderen Industriezweigen, wie etwa der Energieindustrie (vgl. Enron Corporation). Daher kann eine Regulierung der Managervergütung und der Corporate Governance, die lediglich die Finanzinstitute betrifft, kaum umfassend effektiv sein. Vielmehr ist eine systematische Reform dieser Problembereiche für alle Publikumsgesellschaften erforderlich.

### 2. *Dodd-Frank Wall Street Reform and Consumer Protection Act*

#### a) Anwendungsbereich

Am 21. Juli 2010 unterzeichnete US-Präsident Barack Obama das die Finanzindustrie der Vereinigten Staaten regelnde Gesetz Dodd-Frank Wall Street Reform and Consumer Protection Act[2035]. Hierbei handelt es sich um ein Bundesgesetz, welches in Bezug auf die Vergütungsregelungen der *executives* für alle *corporations* der Finanzbranche gilt.

#### b) Regelungsgegenstand

##### aa) Rechtlich unverbindliches Vergütungsvotum

Zwar billigt das US-amerikanische Recht im ARRA den Aktionären seit 2009 ein beratendes Vergütungsvotum zu. Dies galt bisher jedoch ausschließlich für staatlich unterstützte Unternehmen.[2036] Nunmehr sieht das bekannteste US-amerikanische Finanzmarktreformgesetz, der sog. Dodd-Frank Act, ein konsultatives Vergütungsvotum der Aktionäre über die Gesamtvergütung sowie die Abfindungen leitender Manager auch für nicht-TARP-Unternehmen vor.[2037] Aktionäre der Gesellschaften, die in der Finanzkrise keine Staatshilfe erhalten haben, konnten bislang ein derartiges Vergütungsvotum lediglich durch eine freiwillige Initiative herbeiführen.[2038] Einige

2035 Dodd-Frank Wall Street Reform and Consumer Protection Act of 2010 (Dodd-Frank Act), Pub. L. No. 111–203, 124 Stat. 1376 (2010).

2036 Title VII, sec. 7001 ARRA 2009; sec. 111 (e)(2) EESA 2008.

2037 Sec. 951 Dodd-Frank Act. Der Kongressabgeordnete Barney Frank hat bereits im März 2007 einen Gesetzesentwurf vorgelegt (sog. The Shareholder Vote on Compensation Act), welcher alle US-amerikanischen Publikumsgesellschaften verpflichten sollte, den Aktionären detaillierte Vergütungspläne zur Abstimmung vorzulegen. Zwar wurde der Gesetzesentwurf vom Repräsentantenhaus angenommen, das Gesetz ist jedoch nie verabschiedet worden. Vgl. H.R. 1257, 110th Congress, sec. 2 (2007). Auch Senator Barack Obama brachte am 20. April 2007 den Shareholder Vote on Executive Compensation Act, der mit dem Gesetzesentwurf des Kongressabgeordenten Frank identisch war, ins Repräsentantenhaus ein. Aber auch dieser Versuch einer gesetzlichen „say-on-pay"-Regelung scheiterte. Vgl. *Caywood,* 109 Mich. L. Rev. 2010, 111.

2038 *Delman,* Columbia Business L. Rev. (2010), 604 f.

Gesellschaften, wie etwa Verizon und Blockbuster, nahmen derartige Regelungen aber auch bereitwillig, d. h. ohne Druck des Gesetzgebers, in ihre *bylaws* auf.[2039] Trotz der vor allem im Gegensatz zur englischen „say-on-pay"-Entwicklung eher verzögerten Einführung des gesetzlichen Vergütungsvotums der Aktionäre hatte der US-amerikanische Gesetzgeber bereits 2007 mit dem Shareholder Vote on Executive Compensation Act den Weg zur Stärkung der Aktionärsrechte durch ein beratendes Vergütungsvotum beschritten. Allerdings fand der Gesetzesvorschlag damals nicht die erforderliche Zustimmung des Senats mit der Konsequenz, dass das Gesetz nicht verabschiedet wurde.[2040] Die gegenwärtige Regelung des Dodd-Frank Act basiert auf den Vorgaben des im Juli 2009 vom Repräsentantenhaus angenommenen, jedoch nicht endgültig verabschiedeten Corporate and Financial Institution Compensation Fairness Act of 2009[2041] und entfaltete ohne weitere Umsetzungsakte sechs Monate nach Inkrafttreten des Dodd-Frank Act am 21. Juli 2010 und somit am 21. Januar 2011 ihre Wirksamkeit.

Das Recht der Aktionäre, beratend über die Managervergütung abzustimmen, erfährt nunmehr seine zwingende Ausgestaltung in sec. 14A des Securities Exchange Act of 1934 (sog. *shareholder approval of executive compensation*),[2042] welche durch sec. 951 des Dodd-Frank-Reformgesetzes neu kriiert wurde. „Insbesondere für börsennotierte Gesellschaften gibt diese Vorschrift den maßgeblichen Rechtsrahmen im Vorfeld von Aktionärsversammlungen vor."[2043] Die neue Regelung des US-amerikanischen „say-on-pay" geht sogar über die deutschen Vorgaben hinaus, nach denen lediglich ein Billigungsbeschluss über das vorgeschlagene Vergütungssystem gefasst wird, und schreibt neben dem Vergütungsvotum als solchem die zeitliche Frequenz der entsprechenden Abstimmungsvorlage vor. Demnach sind die Aktionärsabstimmungen mindestens in einem Dreijahreszyklus vorzunehmen. Die Aktionäre müssen mindestens alle sechs Jahre darüber entscheiden, wie häufig solche Vergütungsabstimmungen stattfinden sollen.[2044] Demzufolge ist die Verwal-

---

2039 *Gordon,* 46 Harv. J. on Legis. 2009, 323 (339); *Fleischer,* RIW 2010, 497 (499).

2040 H.R. 1257 Shareholder Vote on Executive Compensation Act, 110th Congress (2007–2008).

2041 H.R. 3269 Corporate and Financal Institution Compensation Fairness Act of 2009, 111th Congress (2009).

2042 15 USC sec. 78 a.

2043 *Schmidt-Bendun/Prusko,* NZG 2010, 1128.

2044 „Not less frequently than once every 3 years, a proxy or consent or authorization for an annual or other meetings of the shareholders for which the proxy solicitation rules of the Commission require compensation disclosure shall include a separate resolution subject to shareholder vote to approve the compensation of executives, as disclosed pursuant to section 229.402 of title 17, Code of Federal Regulations, or any successor thereto. Not less frequently than once every 6 years, a proxy or consent or authorization for an annual or other meeting of the shareholders for which the proxy solicitation rules of the Commission require compensation disclosure shall include a separate resolution subject to shareholder vote to determine whether votes on the resolutions required under paragraph (1) will occur every 1, 2, or 3 years." Sec. 951 Dodd-Frank Act (2010); sec. 14A (a)(1)(2) Securities Exchange Act of 1934.

tung verpflichtet, in den Stimmrechtsunterlagen einen gesonderten Beschluss der Aktionäre festzulegen, durch den diesen das Recht auf eine beratende Abstimmung über die Vergütung der *executive officers* zugesprochen wird.[2045]

Den Abstimmungsgegenstand bilden hierbei die nach Item 402 Regulation S-K offenzulegenden Angaben.[2046] Der Beschluss der Aktionäre muss zwar offengelegt werden, eine Bindung des *board of directors* wird hierdurch jedoch nicht erzielt. Vielmehr macht das Gesetz deutlich, dass das Vergütungsvotum nicht der Beeinflussung der Treuepflichten der Direktoren dienen darf.[2047] Eine Erklärung darüber, ob der Beschluss der Aktionäre über die zeitliche Frequenz der „say-on-pay"-Abstimmungen ebenfalls einen lediglich beratenden Charakter hat, gibt der Gesetzgeber jedoch nicht. Allerdings fordern die auf dem Gesetz basierenden Vorgaben der SEC die betroffenen Unternehmen auf, entsprechende Angaben über die Verbindlichkeit der von ihren Aktionären gefassten Beschlüsse offenzulegen.[2048] Gemäß sec. 14A (d) des Securities and Exchange Act of 1934 unterliegen alle institutionellen Anleger der Pflicht, mindestens jährlich über ihr Abstimmungsverhalten im Vergütungsvotum einen Bericht zu erstatten.

### bb) Genehmigung und Offenlegung von sog. „golden parachutes"

Des Weiteren sieht das Reformgesetz eine Offenlegungspflicht von Abfindungszahlungen vor, die im Zusammenhang mit M&A-Transaktionen erfolgen,[2049] sowie

---

2045 Die deutsche Regelung des § 120 Abs. 4 AktG n.F. statuiert zwar keine Pflicht des Aufsichtsrates einen solchen Beschlussgegenstand auf die Tagesordnung zu setzen und spricht den Aktionären lediglich das Recht zu, die Aufnahme eines entsprechenden Tagesordnungspunktes unter den Voraussetzungen des § 122 Abs. 2 S. 1 AktG verlangen zu können. Dennoch war das Vergütungsvotum im Jahr 2010 Beschlussgegenstand der Hauptversammlungen fast aller DAX 30-Unternehmen. Vgl. *Falkenhausen/Kocher,* AG 2010, 623 (625).

2046 Sec. 951 Dodd-Frank Act (2010); sec. 14A (a)(1) Securities Exchange Act of 1934: „compensation disclosure shall include a separate resolution subject to shareholder vote to approve the compensation of executives, as disclosed pursuant to section 229.402 of title 17, Code of Federal Regulations, or any successor thereto." Vgl. 17 CFR sec. 229.402.

2047 The shareholder vote [...] shall not be binding on the issuer or the board of directors of an issuer, and may not be construed (1) as overruling a decision by such issuer or board of direcors; (2) to create or imply any change to the fiduciary duties of such issuer or board of directors; (3) to create or imply any additional fiduciary duties for such issuer or board of directors; (4) to restrict or limit the ability of shareholders to make proposals for inclusion in proxy materials related to executive compensation. Sec. 951 Dodd-Frank Act (2010); sec. 14A (c) Securities Exchange Act of 1934.

2048 *Bainbridge,* UCLA School of Law, Law-Econ Research Paper No. 10–14 (2010), S. 4, abrufbar unter: http://pa-pers.ssrn.com/sol3/papers.cfm?abstract_id=1698898 (zuletzt aufgerufen am 06.04.2011).

2049 Sec. 951 Dodd-Frank Act (2010); sec. 14A (b)(1) Securities Exchange Act of 1934.

einen diesbezüglichen Aktionärsbeschluss (sog. *shareholder approval of golden parachute compensation*)[2050]. Von den Transparenzanforderungen sind alle Vergütungsabsprachen erfasst, die mit den begünstigten Managern getroffen wurden, sowie der Gesamtbetrag der transaktionsbedingten Bezüge. Diese Angaben bilden anschließend die Grundlage für den auf der Versammlung der Stimmberechtigten ergehenden Aktionärsbeschluss. Dabei wird die SEC ermächtigt, den Begriff des *„golden parachute"* zu konkretisieren.[2051]

### cc) Offenlegung: Vergütung versus Performance

Eine Neuerung stellt auch sec. 953 Dodd-Frank Act von 2010 dar. Hierbei werden sec. 14A Securities Exchange Act of 1934 und sec. 229.402 des Code of Federal Regulations, Title 17, dahingehend ergänzt, dass die SEC nunmehr aufgefordert ist, Regelungen einzuführen, welche von den Unternehmen die Offenlegung des Verhältnisses zwischen der gezahlten Managervergütung und der finanziellen Leistung des Unternehmens, unter Berücksichtigung der Veränderungen des Aktienkurses und der Dividendenausschüttungen (sog. *pay versus perfomance*),[2052] sowie zwischen dem mittleren Einkommen aller Arbeitnehmer und der Gesamtvergütung des CEO (und der Manager mit vergleichbarer Stellung)[2053] in den Stimmrechtsunterlagen verlangen. Diese Regelung brachte scharfe Kritik im Hinblick auf die Kostenlastigkeit und den erhöhten Zeitaufwand hervor. Die Bestimmung des mittleren Einkommens aller Angestellten bedeute demnach, dass

> „for every employee, the company would have to calculate his or her salary, bonus, stock awards, option awards, nonequity incentive plan compensation, change in pension value and nonqualified deferred compensation earnings, and all other compensation (e.g., perquisites). This information would undoubtedly be extremely time-consuming to collect and analyze, making it virtually impossible for a company with thousands of employees to comply whith this section of the Act."[2054]

Die Komplexität dieser Regelung wird daher auch als „logistical nightmare" bezeichnet und die Ermittlung des Durchschnittseinkommens aller Angestellten in

2050 Sec. 951 Dodd-Frank Act (2010); sec. 14A (b)(2) Securities Exchange Act of 1934.

2051 Sec. 951 Dodd-Frank Act (2010); sec. 14A (b)(1) Securities Exchange Act of 1934. Zur Konkretisierung des Begriffs *„golden parachute"* siehe S.406. Im Übrigen steht es im Ermessen der SEC, Ausnahmeregelungen zu treffen, wobei eine unangemessene Einschränkung kleinerer Unternehmen hierbei als möglicher Ausschließungsgrund besonders in Betracht zu ziehen ist. Vgl. sec. 951 Dodd-Frank Act (2010); sec. 14A (e) Securities Exchange Act of 1934.

2052 Sec. 953(a) Dodd-Frank Act (2010); sec. 14A (i)(1) Securities Exchange Act of 1934.

2053 Sec. 953(b)(1)(A) bis (C) Dodd-Frank Act (2010).

2054 *Casey/Leu,* United States: New Executive Compensation Disclosures Under Dodd-Frank v. 3.08.2010, abrufbar unter: http://www.mondaq.com/unitedstates/article.asp?articleid=106962 (zuletzt aufgerufen am 4.11.2010).

einem großen Unternehmen mit Zehntausenden Arbeitnehmern weltweit für kaum durchführbar erachtet.[2055]

### dd) Unabhängigkeitsanforderungen an den Vergütungsausschuss und die Vergütungsberater

Darüber hinaus ist die SEC laut Dodd-Frank Act gehalten, Regelungen zu erlassen, welche den nationalen Wertpapierbörsen (New York Stock Exchange und NASDAQ) vorschreiben, nur diejenigen Unternehmen zuzulassen, die über ein unabhängiges *compensation committee* verfügen.[2056] Dabei werden die US-amerikanischen Wertpapierbörsen und die National Securities Associations aufgefordert, die Quelle der Direktorenvergütung einschließlich jeglicher Beratungs- und anderer kompensierender Gebühren, die vom Unternehmen gezahlt werden, sowie die Zugehörigkeit des Direktors zum Unternehmen oder zu seinen Tochtergesellschaften als maßgebliche Faktoren bei der Bestimmung von dessen Unabhängigkeit zu berücksichtigen.[2057] In diesem Zusammenhang muss es den US-amerikanischen Wertpapierbörsen und den National Securities Associations jedoch auch gestattet werden, Ausnahmetatbestände in Bezug auf die Mitglieder des Vergütungsausschusses unter Berücksichtigung der Größe des Unternehmens zu bilden.[2058]

Allerdings besteht ein Meinungsstreit darüber, ob sec. 952 Dodd-Frank Act die Errichtung von Vergütungsausschüssen als notwendige Voraussetzung für die Börsenzulassung vorschreibt oder lediglich die Unabhängigkeit solcher Vergütungsausschüsse, soweit diese bereits bestehen, erfordert.[2059] Thomas Martin und Kimberley Anderson, Anwälte von Dorsey & Whitney LLP, sind der Ansicht, dass sec. 952 des Dodd-Frank Act die SEC auffordert, eine Regelung zu erlassen, welche die Börsenzulassung von der Existenz unabhängiger Vergütungsausschüsse der Unternehmen abhängig machen soll. Es wird davon ausgegangen, dass die *compensation committees* börsennotierter Unternehmen per se notwendig sind.[2060]

Als Hauptargument gegen die Erforderlichkeit der Einrichtung von *compensation committees* gemäß der Reformregelung wird hingegen die Börsenzulassungsvorschrift der NASDAQ angeführt.[2061] Hiernach müssen die Entscheidungen über die Vergütung der *executive officers* entweder von den unabhängigen Direktoren oder

---

2055 *Eaglesham/Guerrera*, Pay Law Sparks „Nightmare" on Wall Street, Financial Times v. 31.08.2010, S. 1.

2056 Sec. 952(a) Dodd-Frank Act (2010); sec. 10C (a)(1) Securities Exchange Act of 1934.

2057 Sec. 952(a) Dodd-Frank Act (2010); sec. 10C (a)(2)(A) bis (3)(B) Securities Exchange Act of 1934.

2058 Sec. 952(a) Dodd-Frank Act (2010); sec. 10C (a)(4) Securities Exchange Act of 1934.

2059 *Bainbridge*, UCLA School of Law, Law-Econ Research Paper No. 10–14 (2010), S. 6.

2060 *Martin/Anderson*, Dorsey & Whitney LLP v. 21.07.2010, abrufbar unter: http://www.dorsey.com/eu_corp_governance_dodd_frank_0722/ (zuletzt aufgerufen am 4.11.2010)

2061 *Bainbridge*, UCLA School of Law, Law-Econ Research Paper No. 10–14 (2010), S. 6.

von einem ausschließlich aus unabhängigen Direktoren bestehenden Ausschuss getroffen werden. Entscheidet sich das Unternehmen jedoch, die Managervergütung dem Mehrheitsbeschluss aller unabhängigen Direktoren zu überlassen, so ist die Einrichtung eines Vergütungsausschusses nicht erforderlich.[2062] Daher gehen Vertreter dieser Auffassung auch im Rahmen der Neuregelungen des Dodd-Frank Gesetzes zutreffend von einem solchen Wahlrecht des Unternehmens aus mit der Folge, dass die Bildung von *compensation committees* zwar eine Option, jedoch keine Pflicht der börsennotierten Gesellschaften darstellt.[2063]

Ferner werden die Vergütungsausschüsse ermächtigt, Rechtsberater sowie auch Vergütungsexperten auf Kosten des Unternehmens zu beauftragen. Bei der Festsetzung der Managervergütung dürfen allerdings nur solche Vergütungsberater herangezogen werden, welche die von der SEC vorgegebenen Unabhängigkeitsanforderungen erfüllen.[2064] Im Übrigen verlangt die durch den Dodd-Frank Act eingeführte sec. 10C des Securities Exchange Act of 1934 die Berichterstattung aller betroffenen Unternehmen darüber, ob der Vergütungsausschuss Vergütungsberater herangezogen hat und ob dies in Interessenkonflikten mündete. Diese Angaben, einschließlich der Gründe für den Interessenkonflikt sowie dessen Behandlung, sind im proxy statement offenzulegen.[2065]

---

2062 Listing standard 5605(d) NASDAQ: „Compensation of the chief executive officer of the Company must be determined, or recommended to the Board for determination, either by: (A) Independent directors constituting a majority of the Board's Independent directors in a vote in which only Independent directors participate; or (B) a compensation committee comprised solely of Independent directors."

2063 „Section 952 does not require companies to have compensation committees, but does require existing compensation committees to meet its „independence" criteria. Companies will need to review the membership of their existing compensation committees to determine whether its members meet the „independence" factors, as well as apply the factors to any prospective members." *Rasking/Westfall,* King & Spalding LLP v. 30.08.2010, abrufbar unter: http://www.martindale.com/employee-benefits-law/article_King-Spalding-LLP_1137162.htm (zuletzt aufgerufen am 4.11.2010).

2064 Sec. 952(a) Dodd-Frank Act; sec. 10C (b)(1) Securities Exchange Act of 1934. Die Unabhängigkeitsfaktoren der SEC müssen demnach Folgendes enthalten: „(A) the provision of other services to the issuer by the person that employs the compensation consultant, legal counsel, or other adviser; (B) the amount of fees received from the issuer by the person that employs the compensation consultant, legal counsel, or other adviser, as a percentage of the total revenue of the person that employs the compensation consultant, legal counsel, or other adviser; (C) the policies and procedures of the person that employs the compensation consultant, legal counsel, or other adviser that are designed to prevent conflicts of interest; (D) any business or personal relationship of the compensation consultant, legal counsel, or other adviser with a member of the compensation committee; and (E) any stock of the issuer owned by the compensation consultant, legal counsel, or other adviser." Vgl. sec. 952(a) Dodd-Frank Act; sec. 10C (b)(2)(A) bis (E) Securities Exchange Act of 1934.

2065 Sec. 952(a) Dodd-Frank Act (2010); sec. 10C (c)(2)(A)(B) Securities Exchange Act of 1934. Diese Offenlegungsvorschriften gelten ab Juli 2011.

#### ee) Erstattung zu Unrecht gewährter Bezüge – *clawback*-Klauseln

Darüber hinaus erweitert der Dodd-Frank Act die bereits im Sarbanes-Oxley Act geregelte, jedoch wenig effektive Vorschrift zur Erstattung der zu Unrecht gewährten Bezüge durch CEOs und CFOs. Sec. 304 des Sarbanes-Oxley Act sieht im Falle der erneuten Vorlage des Jahresabschlussberichts, bedingt durch initiale Fehlangaben, die Rückzahlung der von CEO und CFO in den letzten zwölf Monaten vom Unternehmen erhaltenen Bonusleistungen sowie der leistungs- oder aktienbasierten Bezüge vor. Erstattungspflichtig nach dieser Vorschrift sind auch alle geldwerten Vorteile, die den betroffenen Managern aus dem Verkauf der in Aktienvergütung erhaltenen Unternehmensanteile in diesem Zeitraum zugeflossen sind.[2066] Der praktische Nutzen dieser Vorschrift blieb bisher jedoch sehr gering.[2067] Dies vor allem, weil die Durchsetzung der Regelung nur der SEC oblag mit der Folge, dass weder die Gesellschaft als solche noch ihre Aktionäre über eine eigenständige Klagebefugnis verfügten.[2068] Im Übrigen ist der persönliche Anwendungsbereich der Sarbanes-Oxley-Vorschrift lediglich auf die CEOs und CFOs begrenzt und das Fehlverhalten als Grund für die Rückzahlung nicht näher definiert.

Durch das Dodd-Frank Reformgesetz wird ein neuer Abschnitt 10D in den Securities Exchange Act of 1934 eingeführt. Demnach müssen Selbstregulierungsbehörden von der SEC angewiesen werden, börsennotierte Gesellschaften aufzufordern, Erstattungsklauseln (sog. *clawbacks*) einzuführen[2069] und diese in Bezug auf die

---

2066 „If an issuer is required to prepare an accounting restatement due to the material noncompliance of the issuer, as a result of misconduct, with any financial reporting requirement under the securities laws, the chief executive officer and chief financial officer of the issuer shall reimburse the issuer for—(1) any bonus or other incentive-based or equity-based compensation received by that person from the issuer during the 12-month period following the first public issuance or filing with the Commission (whichever first occurs) of the financial document embodying such financial reporting requirement; and (2) any profits realized from the sale of securities of the issuer during that 12-month period." Sec. 304(a) Sarbanes-Oxley Act of 2002. Ausführlich hierzu *Schwartz,* 64 Bus. Law. 2008, 1–36.

2067 Der SEC gelang es nur einmal, im Rahmen des Skandals über die Rückdatierung der Aktienoptionen, die clawback-Klausel durchzusetzen, vgl. United Health Group CEO/Chairman Settles Stock Options Backdating Case, Sarbanes-Oxley Act Release No. 20387, 92 SEC Docket 350 v. 6.12.2007, abrufbar unter: http://www.sec.gov/litigation/litreleases/2007/lr20387.htm (zuletzt aufgerufen am 31.03.2011). Im Übrigen: Unterlassungsklage *SEC v. Brooks,* No. 07–61526 (S.D.Fla. v. 25.10.2007).

2068 Z. B. *In re BISYS Group Inc.,* 396 F.Supp.2d 463, 464 (S.D.N.Y. 2005); *Kogan v. Robinson,* 432 F.Supp.2d 1075, 1078 (S.D.Cal. 2006); *Neer v. Pelino,* 389 F.Supp.2d 648, 652 (E.D. Pa. 2005), denen keine Klagebefugnis zugesprochen wurde.

2069 Bei einem *clawback* handelt es sich um eine Methode, bei der aufgrund eines behaupteten jedoch in Wirklichkeit dem Betroffenen nicht zustehenden Anspruchs die gewährten Leistungen erstattet werden. Diese Definition erfasst sowohl rückwirkende clawbacks (*retroactive clawbacks*) – d.h. diejenigen Rückerstattungsregeln, die erst nach dem Vertragsabschluss und der Leistungsgewährung ein-

leistungsbasierte Vergütung offenzulegen. Dabei sind die Unternehmen gehalten, im Falle einer Neuerteilung der Finanzauskünfte bedingt durch die wesentliche, jedoch verschuldensunabhängige Nichteinhaltung der bundesrechtlichen Rechnungslegungsvorschriften Regelungen vorzusehen, die ihre noch tätigen oder ehemaligen CEOs und CFOs verpflichten, die von ihnen in den letzten drei Jahren erhaltene leistungsbasierte Vergütung zurückzuzahlen. Die Grundlage für den Rückerstattungsanspruch bildet hierbei der berichtigte Jahresabschlussbericht und somit die Differenz zwischen der Vergütung, die aufgrund der falschen Angaben gewährt wurde und der, die bei Einhaltung der Rechnungslegungsvorschriften zu zahlen gewesen wäre.[2070] Unternehmen, welche diese Anforderungen nicht erfüllen, dürfen an der Börse nicht zugelassen werden bzw. verlieren die bereits erfolgte Zulassung.[2071]

Einige Unternehmen haben eine solche *clawback*-Regelung bereits vor dem Erlass des Dodd-Frank Act eingeführt. So sehen beispielsweise die Dell Inc. sowie die Intel Corporation derartige zukunftsbezogene schriftliche Klauseln bereits seit über einem Jahr in ihren Vergütungsverträgen vor. Diese legen fest, dass die vom Unternehmen an die Manager gewährten Bonuszahlungen im Falle der Verschlechterung der Finanzlage der Gesellschaft zurückgezahlt bzw. bei noch nicht erfolgter Auszahlung versagt werden müssen.[2072] Darüber hinaus ist das Investmentunternehmen Morgan Stanley die erste große U.S. Bank, die in ihrem Vergütungsbericht im Jahr 2009 die freiwillige Einführung der *clawback*-Klauseln bekanntgab. Die darin vorgesehenen Rückerstattungsklauseln gehen sogar über die Anforderungen der TARP Vorgaben hinaus.[2073] Bereits Ende 2008 kündigte Morgan Stanley's CEO John Mack in einem internen Memorandum an:

> „In 2008 and beyond, for all bonus-eligible employees, we are making part of the year-end bonus deferral a cash award subject to a clawback provision that could be triggered if the individual engages in conflict detrimental to the Firm. The clawback could be triggered if an individual, for example, caused the need for a restatement of results, a significant financial loss or other reputation harm to the Firm or one of its businesses."[2074]

---

geführt werden – als auch zukünftige clawbacks (*prospective clawbacks*) – d.h. diejenigen, die bereits vor der unrechtmäßigen Gewährung zum Vertragsinhalt geworden sind. *Cherry/Wong,* 94 Minn. L. Rev. 2009, 368 (371 f.); *Caywood,* 109 Mich. L. Rev. 2010, 111 (125).

2070 Sec. 954 Dodd-Frank Act (2010); sec. 10D(B)(2) Securities Exchange Act of 1934.

2071 Sec. 954 Dodd-Frank Act (2010); sec. 10D(a) Securities Exchange Act of 1934.

2072 Dell Inc., Definitive Proxy Statement, Form DEF 14A v. 2.06.2008, S. 30; *Cherry/Wong,* 94 Minn. L. Rev. 2009, 368 (372); *Morgenson,* New York Times v. 31. Märt 2007, abrufbar unter: http://www.nytimes.com/2007/03/31/business/31chip.pay.html?ref=businessspecial (zuletzt aufgerufen am 16.04.2011); Intel 2009 Proxy Statement, abrufbar unter: http://www.intc.com/intelProxy2009/proposal_3/overview/ (zuletzt aufgerufen am 16.04.2011).

2073 Morgan Stanley, Compensation Report 2009 v. April 2009.

2074 Morgan Stanley Executives Forgo Bonuses, as Program Is Changed, abrufbar unter: http://dealbook.blogs.nytimes.com/2008/12/08/morgan-stanley-executives-forego-

Mittlerweise haben zahlreiche US-Unternehmen den neuen gesetzlichen Anforderungen entsprechende *clawback*-Klauseln in die Anstellungsverträge mit ihren Managern aufgenommen.[2075] Es handelt sich hierbei um individuell ausformulierte und ausgehandelte Verträge, die viel Raum für Kreation bieten. Daher hängt der Umfang der mit solchen Regelungen einhergehenden Vergütungsreform von den jeweiligen Besonderheiten der Rückerstattungsklauseln ab. Einige Unternehmen statuieren eine Rückerstattungspflicht erst dann, wenn ein Angestellter sich tatsächlich eines Betrugs schuldig gemacht hat. Andere hingegen lassen eine zu Unrecht gewährte oder auf einem falsch ermittelten Bilanzergebnis basierende Auszahlung für die Begründung einer Erstattungspflicht bereits ausreichen.[2076]

Die neue Regelung der sec. 954 des Reformgesetzes löste jedoch auch zahlreiche Bedenken aus. Trotz der abschreckenden Wirkung, die diese Vorschrift auf die Manipulationsbereitschaft und die Fehleranfälligkeit bei der Rechnungslegung entfaltet, wird sie von Kritikern dennoch als zu pauschal betrachtet. Einerseits werden alle *executive officers* von ihr erfasst, ohne dass die Vorschrift Rücksicht darauf nimmt, ob diese für die Fehlangaben des Finanzberichts zuständig waren oder nicht. Somit werden auch unschuldige *executives* damit konfrontiert, bedeutende Vergütungseinbußen erleiden zu müssen, ohne das die Rückzahlung auslösende Ereignis verursacht bzw. zu diesem beigetragen zu haben. Andererseits ist der persönliche Anwendungsbereich dieser Vorschrift sehr stark begrenzt. Die Regelung bezieht sich ausschließlich auf *executive officers.* Damit sind zunächst der CEO sowie auch jeder Vizepräsident des Unternehmens gemeint, welche für die wesentlichen Geschäftsbereiche oder Tätigkeitsfelder zuständig sind. Ferner sind auch alle leitenden Angestellten, die unternehmenspolitikgestaltende Aufgaben erfüllen, und sonstige Mitarbeiter mit vergleichbaren Funktionen von der Vorschrift erfasst.[2077] Wie der Senatsausschuss einräumte, ist die Reformvorschrift des Dodd-Frank Act damit lediglich auf eine äußerst begrenzte Anzahl der Angestellten eines Unternehmens anwendbar.[2078] Das Problem einer solchen Begrenzung des persönlichen Anwendungsbereichs besteht darin, dass auch Entscheidungen anderer Individuen, wie etwa eines Eigenhändlers, die nicht genau unter den Begriff des *executive officer* fallen, das Unternehmen benachteiligend beeinflussen, ja sogar ruinieren können[2079] und diese Fälle dem Gesetz nicht unterfallen.

---

bonuses-as-program-is-changed/ (zuletzt aufgerufen am 11.04.2011); *Cherry/Wong,* 94 Minn. L. Rev. 2009, 368 (389).

2075 Im Jahr 2009 haben bereits 64% der 100 größten US-Unternehmen solche „clawback"-Klauseln eingeführt. Vgl. BusinessWeek v. 13.10.2009, Executive Pay Trends for 2010, abrufbar unter: http://www.businessweek.com/print/managing/content/oct2009/ca20091013_224531.htm (zuletzt aufgerufen am 10.11.2010).

2076 *Cherry/Wong,* 94 Minn. L. Rev. 2009, 368 (390).

2077 „(P)resident, any vice president [...] in charge of a principal business unit, division or function [...], any other officer who performs a policy making function or any other person who performs similar policy making functions [...]." 17 CFR sec. 240.3b-7.

2078 Committee Reports, 111th Congress (2009–2010), Senate Report No. 111–176, S. 135.

2079 *Bhagat/Romano,* 26 Yale J. on Reg. 2009, 366.

Weitere Bedenken bestehen im Zusammenhang mit der hohen Wahrscheinlichkeit unbeabsichtigter Konsequenzen. Schon als Reaktion auf die viel engere *clawback*-Regelung des Sarbanes-Oxley Act wurden die nicht entziehbaren Grundgehälter der Manager erhöht und die leistungsbasierte Vergütung im Gegenzug reduziert mit der Folge, dass die Risikobereitschaft der Führungskräfte anstieg.[2080] Die US-Bundespolitik ist heutzutage jedoch bestrebt, das Grundprinzip des *pay for performance* voranzutreiben, sodass vor diesem Hintergrund gesetzlich vorgeschriebene Rückerstattungsregelungen zur Unterminierung des politischen Ziels führen könnten.[2081] Im Übrigen besteht die Gefahr, dass aufgrund des nicht eindeutigen Wortlauts des Gesetzes, welcher durch die Umsetzungsvorschriften der SEC zu beheben ist, weitere unbeabsichtigte Nebenwirkungen entstehen könnten. So bleibt es zunächst unklar, ob die *clawback*-Vorschriften rückwirkend gelten sollen, wie die Berechnung des zu erstattenden Betrages vorzunehmen ist bzw. in welchem Zeitraum die Rückzahlung verlangt werden darf.[2082]

Daher wird empfohlen, – vergleichbar der deutschen Regelung des § 87 Abs. 2 AktG – eine vertragliche Herabsetzungspflicht bzw. Versagungsklausel bereits im Vorfeld der Leistungserbringung, d.h. bei Vertragsschluss, zu regeln. Die Einführung solcher sog. *prospective clawbacks* würde die Umgehungsfrage obsolet machen und das Verhalten der *executives*, welche die Rückerstattung im Fall einer schlechten Performance befürchten müssten, während der Amtszeit positiv beeinflussen.

### ff) Offenlegung der Boardstruktur

Zudem weist sec. 972 des Dodd-Frank Act die SEC an, eine neue Regelung eizuführen, welche die Unternehmen zur Offenlegung und Begründung der persönlichen Besetzung der CEO-und *chairman* des *boards*-Posten auffordert. Dabei dürfen diese Positionen sowohl mit derselben Person als auch mit unterschiedlichen Individuen besetzt werden.[2083] Somit folgt der US-amerikanische Gesetzgeber nicht dem britischen Vorbild einer persönlichen Trennung der CEO-und *chairman* des *boards*-Posten, sondern regelt dies lediglich durch eine verpflichtende Offenlegung der persönlichen Besetzung beider Positionen. Diese liberale Regelung soll die Unternehmen dennoch dazu bewegen, beide Posten voneinander zu trennen, um den Druck der Öffentlichkeit und den Vorwurf der Interessenkollision zu vermeiden.[2084]

---

2080 *Bhagat/Romano*, 26 Yale J. on Reg. 2009, 366.

2081 *Bhagat/Romano*, 26 Yale J. on Reg. 2009, 366.

2082 *Heinemann*, Making Sense Out of „Clawbacks“, Harvard Law School Forum on Corporate Governance & Financial Regulation v. 13.08.2010, abrufbar unter: http://blogs.law.harvard.edu/corpgov/2010/08/13/making-sense-out-of-clawbacks/ (zuletzt aufgerufen am 4.11.2010).

2083 Sec. 972 Dodd-Frank Act (2010); sec. 14(B) Securities Exchange Act of 1934.

2084 „Boards of directors should be encouraged to separate the role of chair and CEO, or explain why they have adopted another method to assure independent leadership of the board.“ *Dear*, in Senate Report No. 111–176, 147.

### c) Stellungnahme

Die grundsätzliche Gesetzgebungskompetenz der Gliedstaaten für die Regeln der Corporate Governance und somit auch die Managervergütung US-amerikanischer börsennotierter Gesellschaften ist spätestens seit dem Erlass des Dodd-Frank Wall Street Reform and Consumer Protection Act im Jahr 2010 für zentrale Bereiche des Gesellschaftsrechts historisch überholt. Den ersten Schritt zur Föderalisierung der Corporate Governance machte der Bundesgesetzgeber bereits mit dem Sarbanes-Oxley Act im Jahr 2002. Das Gesetz wurde in diesem Zusammenhang als „eine echte bundesrechtliche Regelung der Corporate Governance“[2085] bezeichnet. Auch heute noch wird die Gesetzgebung des Bundes auf diesem Gebiet als eine Einmischung in die Regelungskompetenz der Gliedstaaten, wie sie früher unvorstellbar gewesen wäre, empfunden.[2086] Diese einschneidende Reform der Kompetenzverteilung kann nur vor dem Hintergrund der Welle von Skandalen und Unternehmenszusammenbrüchen und im Lichte der weltweiten Finanzmarktkrise verstanden werden.[2087]

Die Effektivität der für alle börsennotierten Gesellschaften geltenden „say-on-pay“-Regelung ist in den Vereinigten Staaten jedoch weiterhin äußerst umstritten. Auf der einen Seite wird das britische Vorbild als sog. „dubious choice“[2088] bezeichnet. Den institutionellen Anlegern wird hierbei vorgeworfen, nur einer beschränkten Bandbreite an Vergütungsprogrammen zuzustimmen und dabei die suboptimalen Einheitslösungen (sog. „one size fits all“-Modell) der Managervergütung voranzutreiben, die den unternehmerischen Besonderheiten nicht gerecht werden und innovativen Vergütungskonzepten kaum Raum lassen[2089]. Auf der anderen Seite hingegen werden positive Erfahrungen aus dem Vereinigten Königreich angeführt. Dort machen börsennotierte Gesellschaften bereits seit mehreren Jahren Gebrauch von einem solchen gesetzlich vorgeschriebenen Vergütungsvotum, dessen Erfolg zahlreiche internationale Nachahmer gefunden hat.[2090]

---

2085 *Donald,* WM 2003, 705 (710).

2086 *Atkins,* Der Konzern 2003, 260; ähnlich kritisch hierzu auch *Johnson/Sides,* 30 Wm. Mitchell L. Rev. 2004, 1149 (1150): „unprecedented federal inroad into the area of corporate governance“; *Karmel,* 30 Del. J. Corp. L. 2005, 79 (81): „Sarbanes-Oxley [...] markedly changed the boundary between the federal securities laws and state corporation laws“; *Veasey/Di Guglielmo,* 153 U. Pa. L. Rev. 2005, 1399 (1504): „significant intrusion into internal corporate affaiers“; *Seligman,* 80 Notre Dame L. Rev. 2005, 1159: „modest revolution in corporate governance“.

2087 *McClendon,* 12 University of Pennsylvania Journal of Business Law 2009, 131 (167); *Bainbridge,* UCLA School of Law, Law-Econ Research Paper No. 10–14 (2010), S. 3.

2088 *Gordon,* 46 Harv. J. on Legis. 2009, 323 (325).

2089 *Gordon,* 46 Harv. J. on Legis. 2009, 323 (325).

2090 „(D)ifferent researchers have conducted several investigations of this kind [...]. These findings suggest that say-on-pay legislation would hava a positive impact on corporate governance in the U.S. While the two legal contexts are not identical, there is no evidence in the existing literature to suggest that the differences would turn what would be a good idea in the UK into a bad one in the U.S.“ *Coates,*

Im Zusammenhang mit der Einführung der „say-on-pay"-Regelung wird in den Vereinigten Staaten jedoch die Überlegung geäußert, dass diese die *„corporate waste"*-Doktrin obsolet machen könne. Wenn die Mehrheit der Aktionäre die Vergütungspolitik des Unternehmens billige, so bestehe für das Gericht kein Grund einzuschreiten. Der Delaware Chancery Court-Richter *Strine* führte hierzu Folgendes aus:

> „If fully informed, uncoerced, independent stockholders have approved the transaction, they have, it seems to me, made the decision that the transaction is a fair exchange. As such, it is difficult to see the utility of allowing litigation to proceed in which the plaintiffs are permitted discovery and a possible trial, at great expense to the corporate defendants, in order to prove to the court that the transaction was so devoid of merit that each and every one of the voters comprising the majority must be disregarded as too hopelessly misguided to be considered a person of ordinary sound business judgment."[2091]

Somit scheint die Billigung der Vergütungspakete durch die Aktionäre eine bessere und pragmatischere Art zu sein, Vergütungsmissbrauch zu kontrollieren, als gerichtliche Versuche der nachträglichen Angemessenheitsbeurteilung und Bestimmung des für die Bezüge erhaltenen Gegenleistungswertes. So wurde in den USA auf den Hauptversammlungen des Kreditinstituts KeyCorp, des Technologiekonzerns Motorola und des Ölkonzerns Occidental Petroleum mehrheitlich gegen die Vergütungspläne für das Topmanagement abgestimmt.[2092] Auf diese Art und Weise können also Aktionäre die Vergütungspakete der Manager effektiv kontrollieren und im Falle einer Missbilligung eine Änderung der Vergütungsstruktur und sogar einen gesteigerten Unternehmenserfolg bewirken. So haben sich die Ergebnisse derjenigen Gesellschaften, die 2011 ein schlechtes Abstimmungsergebnis verzeichneten, erheblich verbessert. Von den 35 Gesellschaften, deren Abstimmung im Jahre 2011 negativ ausfiel, waren 31 Gesellschaften im Jahr 2012 erfolgreich.[2093]

## *II. Kongressanhörungen*

Seit 2007 führt der US-Kongress eine Reihe von Anhörungen durch (*congressual hearings*), in denen die Ursachen der steigenden Fehlleistungen der Subprime-Hypotheken untersucht werden.[2094] Der Kontrast zwischen den großzügigen Entlohnungen, wel-

---

Testimony for the Senate Banking Committee v. 29.07.2009, Harvard Public Law Working Paper No. 09–56 B.a); *Bainbridge*, UCLA School of Law, Law-Econ Research Paper No. 10–14 (2010), S. 4.

2091 *Harbor Finance Partners v. Huizenga*, 751 A.2d, 879, 901.

2092 *Krusch*, Executive Compensation: Shifting Perks Prompt Shareholder Pushback v. 24.06.2010, abrufbar unter: http://currents.westlawbusiness.com/Article.aspx?id=1b266d96-4a95-4e1c-a857-2fd1215fb546 (zuletzt aufgerufen am 31.03.2011).

2093 Vgl. die Statistik der Vergütungsberatung *Semler Brossy* „2012 Say on Pay Results – Russel 3000 – Year-end Report", abrufbar unter www.semlerbrossy.com/sayonpay (zuletzt aufgerufen am 02.02.2014) sowie *Siefer*, NZG 2013, 691 (692).

2094 *Salley*, 70 Ohio State L.J. 2009, 757 (758).

che die CEOs der Finanzinstitute während der Immobilienblase erhielten und den Misserfolgen dieser Unternehmen wurde zum zentralen Gegenstand der genauen Untersuchung. Am 7. März 2008 eröffnete das House Committee on Oversight and Government Refom (Überwachungs- und Regierungsreformausschuss des Repräsentantenhauses) Anhörungen zum Thema CEO-Vergütung und Hypothekenkrise. Das Ziel dieser Anhörungen bestand darin, festzustellen, ob die Vergütungspraktiken der drei Unternehmen, welche die stärksten Verluste auf dem Hypothekenmarkt erlitten hatten, zur Eingehung zu hoher Risiken durch die Begünstigten dieser Gesellschaften beigetragen hatten. Dabei wurden die Vergütungspakete von Angelo Mozilo von Countrywide Financial Corporation, E. Stanley O'Neal von Merrill Lynch und Charles Prince von Citigroup, die insgesamt mehr als $ 460 Mio. Vergütung[2095] im Zeitraum vom Januar 2002 bis Dezember 2006 erhalten hatten, unter die Lupe genommen. Im Untersuchungsbericht wurde anschließend festgehalten, dass jegliche Ausrichtung der CEO-Vergütung an den Interessen der Aktionäre bereits im Jahr 2007 gescheitert zu sein scheint. Trotz des steilen Rückgangs der Performance und des Aktienkurses der drei untersuchten Unternehmen, wurden Mozilo, O'Neal und Prince weiterhin reichlich entlohnt. Mozilo bekam über $ 120 Mio. Vergütung einschließlich Erlös aus dem Verkauf seiner Countrywide-Aktien; O'Neal verließ Merrill Lynch mit einem Rentenpaket in Höhe von $ 161 Mio. und Price wurde mit einem $ 10 Mio. schweren Bonus, $ 28 Mio. in Form der nicht in Anspruch genommenen verfallbaren Aktien und Aktienoptionen sowie $ 15 Mio. in Form von jährlichen Nebenleistungen beim Ausscheiden aus der Citigroup belohnt.[2096]

Daneben wurden vom House Committee on Oversight and Government Reform unter anderem auch die Vergütungen des Lehman Brothers Holdings CEO Richard S. Fuld Jr. und des ehemaligen AIG-CEO Martin Sullivan genauestens untersucht und ausgewertet.[2097]

Das Ziel solcher Untersuchungen und Kongressanhörungen besteht darin, die Vergütungsdebatte öffentlich zu beleuchten, um dadurch Änderungen der Vergütungspolitik der betroffenen Unternehmen zu erzwingen. Allerdings verfügen diese Mittel nur über eine beschränkte Durchsetzungskraft, da nicht alle Unternehmen dem Druck der Öffentlichkeit nachgeben und ihre Vergütungspraktiken entsprechend anpassen.

---

2095 Majority Staff, U.S. House Committee on Oversight and Government Reform to Members ot the Committee, Memorandum zu Supplemental Information on CEO Pay and Mortgage Crisis, v. 6.03.2008, 110th Congress of the United States House of Representatives, S. 1, abrufbar unter: www.shareholderforum.com/op/Library/20080306_House-memo.pdf (zuletzt aufgerufen am 31.03.2011); *Narayanan/Ferri/Brem,* Harvard Business School, HBS Case No. 109–036, S. 7 f.

2096 Majority Staff, U.S. House Committee on Oversight and Government Reform to Members ot the Committee, Memorandum zu Supplemental Information on CEO Pay and Mortgage Crisis, v. 6.03.2008, 110th Congress, S. 2.

2097 *Narayanan/Ferri/Brem,* Harvard Business School, HBS Case No. 109–036, S. 8 f.

### *III. Reformvorgaben der Securities and Exchange Commission (SEC)*

#### *1. Final Rule: Verbesserung der Proxy Offenlegung*

Als Konsequenz der zum Teil als unzureichend oder ineffizient erachteten Regulierung der Vergütungstransparenz aus dem Jahr 2006[2098] kam es in den letzten Jahren zu zahlreichen Änderungen und Ergänzungen der Vergütungsoffenlegungsvorschriften, wobei die bedeutendsten Modifikationen im Jahr 2009 erfolgten.[2099] Die derzeitigen SEC-Regelungen erfordern nicht nur eine detaillierte Offenlegung der Vergütung von CEO, CFO und den drei weiteren bestbezahlten Managern aller Publikumsgesellschaften, sondern sie schreiben vielmehr eine grundsätzliche Erörterung der Vergütungspolitik und -praktiken vor, einschließlich einer Analyse der von der Vergütungspolitik möglicherweise ausgehenden Risiken für das Wohlergehen des Unternehmens. Angesichts der erweiterten Transparenzvorschriften sind nunmehr die Qualifikationen und Hintergrundinformationen über die amtierenden *directors* und die neuen Kandidaten sowie die Struktur der Unternehmensleitung und die Abstimmungsergebnisse der Aktionäre im proxy statement anzugeben. Ferner sind die potenziellen Interessenkonflikte der Vergütungsberater in bestimmten Fällen offenzulegen. Dabei sind die Honorare der eingestellten Vergütungsberater oder ihrer Partner nur dann aufzudecken, wenn diese für das Unternehmen auch andere, nicht vergütungsfestsetzungsbezogene Dienste bzw. Beratungsdienste für die Festsetzung der Vergütung unterhalb der Führungsebene erbringen. Außerdem sind die Unternehmen unter der neuen Regelung gehalten, das $ 120,000 übersteigende Entgelt dieser Vergütungsberater oder ihrer Partner im Jahresabschlussbericht oder im proxy statement offenzulegen.[2100] Der Hauptteil der zahlenmäßigen Offenlegung erfolgt tabellarisch, gefolgt von einer narrativen „Compensation Discussion and Analysis", welche die Vergütungspolitik des Vergütungsprogramms und dessen Zielsetzung darlegt. Ferner müssen die Unternehmen eine Liste risikobehafteter Sachverhalte veröffentlichen. Die Compensation Discussion umfasst unter anderem die Angabe zum Managerverhalten, welches mit der gebilligten Vergütung belohnt werden soll, die Auflistung der einzelnen Vergütungselemente und deren Zweckbestimmung sowie die der Festsetzung zugrundeliegenden Bestimmungsparameter und die Rolle, die jedem Vergütungselement im Rahmen der Gesamtvergütung beigemessen wird.[2101] Die Angaben werden in drei Kategorien unterteilt. Zunächst wird die individualisierte Vergütung der letzten drei Jahre offengelegt, dann folgt die Aufzählung der Aktienanteile, die in Form von Vergütung gewährt wurden und anschließend die Auskunft über die Ruhegeldpläne, die aufgeschobenen

---

2098 *De Lizza,* 34 Fordham Urban L.J. 2007, 1111 (1139).

2099 SEC, Proxy Disclosure Enhancements, Release Nos. 33–9089; 34–61175; IC-29092; File No. S7-13–09, abrufbar unter: http://sec.gov/rules/final/2009/33-9089.pdf (zuletzt aufgerufen am 31.03.2011); 74 Federal Register 68334.

2100 SEC, Proxy Disclosure Enhancements, Release Nos. 33–9089; 34–61175; IC-29092; File No. S7-13–09, S. 5.

2101 17 CFR sec. 229.402(b)(1).

Bezüge (*deferred compensation*) sowie andere Leistungen, die erst nach Beendigung des Arbeitsverhältnisses ausgezahlt werden. Die Angaben müssen sich auf alle betroffenen *executive officers* beziehen und die folgende Vergütungsaufschlüsselung enthalten: Fixgehalt und Bonuszahlungen, Wert der Aktien und Aktienoptionen, Gesamtwert der nicht aktienbasierten Vergütungspläne, jährliche Veränderungen des aktuellen Wertes der angefallenen Pensionsleistungen, Nebenleistungen,[2102] die den Wert von $ 10,000 übersteigen[2103] sowie vereinbarte Abfindungszahlungen, *„golden parachutes"* und den Wert der Gesamtvergütung.[2104]

Im Übrigen sind das Gewährungsdatum, die voraussichtliche Auszahlungssumme, die Anzahl der Aktien oder Aktienoptionen, die entsprechend der Planbedingungen ausgegeben werden müssen, der Ausübungspreis sowie das Fälligkeitsdatum und der Marktwert aller Optionen in Bezug auf jeden einzelnen *executive* anzugeben.[2105] Die Offenlegung der Ruhegeldzusagen muss darüber hinaus Angaben über die, dem Plan zuzurechnende Beschäftigungsdauer sowie alle Details der Vertragsvereinbarungen aufweisen, welche die Zahlungen oder Leistungen bei oder nach einer Vertragsbeendigung, einer Änderung der Kompetenzzuweisung oder einem Kontrollwechsel im Unternehmen bestimmen.[2106]

### *2. Einführung der „say-on-pay"-Regelung für TARP-unterstützte Unternehmen*

Zur Umsetzung der ARRA-Vorgaben erließ die SEC im Januar 2010 Final Rules in Bezug auf die „say-on-pay"-Abstimmungsanforderungen für TARP-unterstützte Unternehmen. Die neue Regelung 14a-20 des Securities and Exchange Act of 1934 legt ein Vergütungsvotum der Aktionäre fest, welches jedoch lediglich auf jährliche Hauptversammlungen oder andere mit diesen zusammenhängende Versammlungen anwendbar ist, bei denen die Aktionärsvertreter mit der Ernennung der *directors* beauftragt werden.

---

2102 Wobei bei der Definition von Nebenleistungen unbestimmte Begriffe wie etwa Reisekosten („travel expenses") nicht mehr ausreichen, sondern vielmehr eine detaillierte Erörterung der Sonderausgaben erforderlich ist. Vgl. *Hamilton,* Executive Compensation and Related-Party Disclosure, S. 61.Als Reaktion auf die geforderte Offenlegung haben einige Unternehmen bereits die ersten Schritte unternommen um peinliche Nebenleistungen zu reduzieren bzw. auf diese gänzlich zu verzichten. Vgl. *White/Lublin,* Full Disclosure: Companies Trim Executive Perks To Avoid Glare; Jet Rides, Club Dues On Chopping Block As SEC Rules Kick In, Wall Street Journal v. 13.01.2007 (14 von 110 Unternehmen haben bereits im ersten Jahr nach dem Inkrafttreten der Transparenzregelung angekündigt bestimmte Nebenleistungen auszuschließen bzw. bereits ausgeschlossen zu haben).

2103 17 CFR sec. 229.402(c)(2)(ix)(A). Die frühere Regelung setzte die Grenze erst bei $ 50,000 bzw. bei 10 % der jährlichen Gesamtvergütung an. Vgl. 17 CFR sec. 229.402 (2005).

2104 17 CFR, sec. 229.402(c).

2105 17 CFR, sec. 229.402(d), (f), (g).

2106 17 CFR, sec. 229.402(h).

### 3. *Erweiterung der Aktionärsabstimmung*

Am 18. Oktober 2010 veröffentlichte die SEC zwei neue Regelungen, die der Umsetzung des Dodd-Frank Wall Street Reform und Consumer Protection Act dienen sollen. Dabei beziehen sich die Vorgaben auf die Aktionärsabstimmung über die Managervergütung und die *„golden parachute"*-Vereinbarungen sowie die Offenlegung des Abstimmungsergebnisses durch institutionelle Anleger von Publikumsgesellschaften.[2107]

Zunächst verdeutlicht die SEC, dass das Vergütungsvotum für das Unternehmen nicht verbindlich ist. TARP-Unternehmen, die bereits einer verbindlichen „say-on-pay"-Regelung unterliegen, sind nicht verpflichtet, eine doppelte Aktionärsabstimmung durchzuführen. Die von der SEC neu eingeführte Regelung 14a-21(a) des Securities Exchange Act of 1934 fordert die Unternehmen auf, in ihren proxy statements mindestens einmal in drei Jahren eine gesondert zu erfolgende Aktionärsabstimmung zur Billigung der Vergütung von namentlich genannten *executive officers* (*named executive officers* oder „NEOs") entsprechend Item 402(a)(3) Regulation S-K vorzunehmen (sog. „say-on-pay"). In Bezug auf die Sprache und die Form des Aktionärsbeschlusses bestehen keine besonderen Anforderungen. Zudem bezieht sich die Vergütungsabstimmung auf alle gem. Item 402 Regulation S-K offenzulegenden Angaben einschließlich des Compensation Discussion and Analysis (CD&A), nicht jedoch auf das Risikomanagement und Anreize zur Übernahme von Risiken sowie die Vergütung der nicht geschäftsführenden Direktoren. Über die Regelmäßigkeit der Durchführung von Vergütungsabstimmungen soll gemäß Regelung 14a-21(b) des Securities Exchange Act of 1934 ebenfalls in einem gesonderten beratenden Aktionärsvotum im ersten proxy statement abgestimmt werden, welches dann mindestens in einem Sechsjahresrhythmus wiederholt werden soll. Den Gegenstand dieser Abstimmungen bildet die Frage, ob das Vergütungsvotum jährlich bzw. alle zwei oder drei Jahre stattfinden soll (sog. „say-when-on-pay").

Im Übrigen fordert die SEC in der Regelung 14a-21(c) des Securites Exchange Act of 1934 eine gesonderte, ebenfalls lediglich beratende Aktionärsabstimmung über *„golden parachute"*-Vereinbarungen, die zwischen dem zu übernehmenden Unternehmen und seinen *executive officers* geschlossen wuden. (sog. *„say-on golden parachute"*). Dies gilt jedoch nicht, wenn solche *„golden parachute"*-Zusagen bereits im vorausgegangenen proxy statement entspechend offengelegt wurden und einer fristgerechten „say-on-pay"-Regelung unterliegen. Im Zusammenhang mit *„golden parachute"*-Zusagen schreibt die SEC eine sowohl tabellarische als auch narrative Offenlegung aller schriftlichen oder mündlichen Vereinbarungen vor, die zwischen dem übernommenen Unternehmen und seinen namentlich zu nennenden *executive officers* (NEDs) oder den individuell bezeichneten *executives* der Erwerbergesellschaft und zwischen dem Erwerber und den NEOs der übernommenen Gesellschaft getroffen wurden. Bei dieser Konkretisierung des im Dodd-Frank Act eher weit

---

2107 17 CFR sec. 229, 240 und 249, SEC Shareholder Approval of Executive Compensation and Golden Parachute Compensation, Release Nos. 33–9178; 34–63768; File No. S7-31–10.

gefassten Begriffs des *„golden parachute"* kann es sich sowohl um gegenwärtige als auch um aufgeschobene oder ungewisse Vergütung handeln, die auf einer Akquisition, Fusion, Unternehmensveräußerung oder anderen Gesellschaftsdispositionen des gesamten oder wesentlichen Unternehmensvermögens beruht oder mit dieser im Zusammenhang steht.[2108]

Darüber hinaus werden institutionelle Anleger, die über Anlagen im Wert von über $ 1 Mrd. verfügen, gem. Regelung 14a-21(d) des Securities Exchange Act of 1934 aufgefordert, mindestens jährlich darüber zu berichten, wie sie im Rahmen der „say-on-pay", „say-when-on-pay" und „say-on-golden parachute" abgestimmt haben.[2109]

## *IV. Börsenzulassungsvorschriften*

### *1. NYSE Listing Rules*

#### a) Unabhängigkeit der executives

Die NYSE Listing Standards legen fest, dass das *board of directors* von Publikumsgesellschaften mehrheitlich aus unabhängigen Direktoren bestehen muss. Diese Voraussetzung soll die Effektivität der Boardtätigkeit steigern, indem die Direktoren frei von Interessenkonflikten die ihnen übertragenen Aufgaben ausführen können. Dabei soll die Überwachungsqualität verbessert und die Gefahr der Gewährung unangemessen hoher Vergütung als Folge von Interessenkollisionen verringert werden.[2110] „Unabhängig" in diesem Zusammenhang sind Direktoren dann, wenn das *board of directors* positiv feststellt, dass der betreffende *director* in keiner wesentlichen Beziehung zur relevanten börsennotierten Gesellschaft steht.[2111] Mit wesentlichen Beziehungen sind unter anderem wirtschaftliche, industrielle, bankenbezogene, beratende sowie rechtliche, buchhaltungstechnische, gemeinnützige und familiäre Beziehungen gemeint. Darüber hinaus gilt ein *director* als nicht unabhängig, wenn er ein Angestellter der börsennotierten Gesell-

---

2108 „[...] any agreement or understanding, whether written or unwritten, between such named executive officer and the acquiring company or target company, concerning any type of compensation, whether present, deferred or contingent, that is based on or otherwise relates to an acquisition, merger, consolidation, sale or other disposition of all or substantially all assets of the issuer [...]". Vgl. 17 CFR sec. 229, 240 und 249, SEC Shareholder Approval of Executive Compensation and Golden Parachute Compensation, Release Nos. 33–9178; 34–63768; File No. S7-31–10, S. 134.

2109 17 CFR sec. 229, 240 und 249, SEC Shareholder Approval of Executive Compensation and Golden Parashute Compensation, Release Nos. 33–9178; 34–63768; File No. S7-31–10.

2110 Sec. 303A.01 NYSE Listed Company Manual (2009).

2111 „No director qualifies as 'independent' unless the board of directors affirmatively determines that the director has no material relationship with the listed company (either directly or as a partner, shareholder or officer of an organization that has a relationship with the company)." Sec. 303A.02(a) NYSE Listed Company Manual (2009).

schaft ist oder innerhalb der letzten drei Jahre als solcher tätig war oder wenn ein direktes Familienmitglied den Posten eines *executive officer* innehat oder innerhalb der letzten drei Jahre innehatte.[2112] Im Übrigen ist das Unabhängigkeitserfordernis auch dann nicht erfüllt, wenn der betroffene Direktor selbst oder ein unmittelbares Familienmitglied innerhalb der letzten drei Jahre über zwölf Monate mehr als insgesamt $ 120,000 Vergütung direkt von der börsennotierten Gesellschaft erhalten hat. Eine Ausnahme gilt jedoch für Bezüge, die nicht für Direktoren- oder Ausschusstätigkeit gewährt wurden, sowie für Ruhegeldzahlungen oder andere Ausgestaltungsformen der betrieblichen Altersversorgung, die somit keine Entlohnung im Rahmen eines andauernden Dienstverhältnisses darstellen.[2113] Der Besitz eines wesentlichen Aktienanteils beeinträchtigt dabei jedoch nicht die Unabhängigkeitsfeststellung durch das *board of directors*.[2114]

### b) Errichtung von compensation committees

Die NYSE Listing Standards bestimmen, dass alle börsennotierten Gesellschaften einen Vergütungsausschuss (*compensation committee*), bestehend ausschließlich aus unabhängigen *directors* errichten müssen.[2115] Jedes *compensation committee* muss darüber hinaus über eine schriftliche Satzung verfügen, welche die Aufgaben und die Zielvorgaben des Ausschusses festlegt.[2116] Zu den Mindestanforderungen an den Umfang des Aufgabenbereichs gehören die Bewertung und Billigung der Unternehmensziele in Bezug auf die CEO-Vergütung, die Auswertung der Leistung des CEO im Lichte der gesetzten Ziele sowie die Festsetzung und Billigung des auf die vorangegangene Bewertung gestützten Vergütungsniveaus.[2117] Aber auch der Erlass von Empfehlungen an das *board of directors* in Bezug auf die leistungsabhängige und die aktienbasierte Vergütung der nicht-CEO *executive officer* stellt eine wesentliche Aufgabe des Vergütungsausschusses dar.[2118] Ferner ist das *compensation committee* gehalten, die gemäß Item 407(e)(5) Regulation S-K erforderliche Offenlegung der Vergütung vorzubereiten.[2119] Bei der Festsetzung langfristiger Vergütungskomponenten der CEOs müssen die Unternehmensleistung, der relative *shareholder return*, der Wert ähnlicher CEO-Vergütungselemente in vergleichbaren Unternehmen sowie der Umfang der im betroffenen Unternehmen in den letzten Jahren an den CEO gewährten Vergütungen, berücksichtigt werden.[2120] Außerdem schreibt sec. 303A.06 der NYSE Listing Rules vor, dass die Beauftragung eines Vergütungsberaters und

---

2112 Sec. 303A.02(b)(i) NYSE Listed Company Manual (2009).
2113 Sec. 303A.02(b)(ii) NYSE Listed Company Manual (2009).
2114 Sec. 303A.02(a), Commentary NYSE Listed Company Manual (2009).
2115 Sec. 303A.05(a) NYSE Listed Company Manual (2009).
2116 Sec. 303A.05(b) NYSE Listed Company Manual (2009).
2117 Sec. 303A(b)(i)(A) NYSE Listed Company Manual (2009).
2118 Sec. 303A(b)(i)(B) NYSE Listed Company Manual (2009).
2119 Sec. 303A(b)(i)(C) NYSE Listed Company Manual (2009).
2120 Sec. 303A Commentary NYSE Listed Company Manual (2009).

alle damit einhergehenden Aufgaben dem Vergütungsausschuss in der Satzung des *compensation committee* übertragen werden müssen.[2121]

### 2. NASDAQ-Vorschriften

Die Listing Rules der National Association of Securities Dealers Automated Quotations (NASDAQ) geben vor, wie das *board of directors*, welches für die Festsetzung der Managervergütung verantwortlich ist, und die *compensation committees*, denen diese Aufgabe in der Regel übertragen wird, ausgestaltet werden müssen. Demnach muss das *board of directors* mehrheitlich aus unabhängigen Direktoren bestehen,[2122] deren Entscheidungsfindung ebenfalls unvoreingenommen gefällt werden muss. Zur Festsetzung der Vergütung des CEO und anderer *executive officers* sind die unabhängigen Direktoren befugt, entweder Vergütungsausschüsse, bestehend ausschließlich aus unabhängigen Direktoren, einzuschalten oder die Vergütungsbestimmung selbst durch die Mehrheit der unabhängigen Direktoren im Rahmen einer *executive session*[2123] vorzunehmen.[2124]

Direktoren, die den Unabhängigkeitsanforderungen der NASDAQ Listing Rules[2125] nicht entsprechen, können dennoch zum Mitglied des Vergütungsausschusses ernannt werden, vorausgesetzt, das *board* legt ausnahmsweise und unter strengen Bedingungen fest, dass die Zugehörigkeit dieser Person zum *compensation committee* im Interesse des Unternehmens und seiner Aktionäre ist. Das Unternehmen, das von dieser Ausnahmeregelung Gebrauch macht, muss jedoch entweder auf der oder über die Unternehmens-Website bzw. in seinem proxy statement die Abhängigkeit und die Beziehungen, auf denen diese beruht, sowie auch den Grund der Entscheidung, einen nicht unabhängigen Direktor zu ernennen, offenlegen.[2126] Eine weitere Ausnahme von der Einhaltung des Unabhängigkeitskriteriums gilt für die sog. *controlled companies*. Hierbei handelt es sich um Gesellschaften, deren Stimmrechte zu mehr als 50 % von einer einzigen Person, einer Personengruppe oder einer anderen Gesellschaft gehalten werden. Diese Unternehmen sind weder verpflichtet ihre *boards* mehrheitlich mit unabhängigen Direktoren zu besetzen, noch müssen die Vergütungsfestsetzungsaufgaben von unabhängigen Direktoren erfüllt werden.[2127]

---

2121 Sec. 303A.06 Commentary Abs. 3 NYSE Listed Company Manual (2009).

2122 Rule 5605(b)(1) NASDAQ Listing Rules (2009).

2123 Eine regelmäßig stattfindende Versammlung unabhängiger Direktoren, vgl. Rule 5605(b)(2) NASDAQ Listing Rules (2009).

2124 Rule 5605(d)-(e) NASDAQ Listing Rules (2009).

2125 „'Independent Director' means a person other than an Executive Officer or emploee of the Company or any other individual having a relationship which, in the opinion of the Company's board of directors, would interfere with the exercise of independent judgment in carrying out the responsibilites of a director. For purposes of this rule, 'Family Member' means a person's spouse, parents, children and siblings, whether by blood, marriage or adoption, or anyone residing in such person's home." Rule 5605(a)(2) NADAQ Listing Rules (2009).

2126 Rule 5605(d)(3)-(e)(3) NASDAQ Listing Rules (2009).

2127 Rule 5615(c) NASDAQ Listing Rules (2009).

## V. *Einzelstaatliche Lösungsansätze*

### 1. *Eröffnung der AIG-Betrugsbekämpfung*

Es waren jedoch nicht nur bundesrechtliche Reformvorgaben, die zur Ausgestaltung der krisenbedingten Regulierungslandschaft der Managervergütung in den USA einen wesentlichen Beitrag geleistet haben. Auch die einzelnen Gliedstaaten haben vielfach den Versuch unternommen, die ansteigenden Managerbezüge einzuschränken bzw. auf ihre Angemessenheit hin zu überprüfen.

Als Reaktion auf die im Herbst 2008 ans Licht gekommenen Vergütungsbeträge der AIG-Manager verkündete der New Yorker Generalstaatsanwalt Andrew Cuomo am 15. Oktober 2008 die Eröffnung der Betrugsbekämpfung, die sich gegen die AIG richtete.[2128] Noch am gleichen Tag wurde an das *board of directors* von AIG ein Schreiben verfasst, welches die *executives* zum sofortigen Verzicht auf die unangemessenen und ungerechtfertigten Nebenleistungen des Unternehmens aufforderte, welche zu der Zeit erfolgt waren, als das Unternehmen auf die Insolvenz zusteuerte. Im Übrigen wurde dem Unternehmen auferlegt, alle bereits in der Vergangenheit erfolgten „unangemessenen Ausgaben" zu rezensieren und zurück zu verlangen.[2129] Die Generalstaatsanwaltschaft machte hierbei einen Verstoß gegen die sec. 274 des New York Debtor & Creditor Law geltend, welche unrechtmäßige Vermögensübertragungen (*fraudulent conveyances*) miterfasst. Das New Yorker Gesetz legt fest, dass jede Vergütungsgewährung in Form einer Vermögensübertragung, die ohne Rücksicht auf mangelndes Kapital des Unternehmens erfolgt, unabhängig vom tatsächlichen Vorhaben der Beteiligten den Gläubigern gegenüber als unrechtmäßig anzusehen ist.[2130]

Auf den ersten Blick scheint diese Vorschrift zwar den Fall der AIG nicht zu betreffen. Die Regelung des New York Debtor & Creditor Law gilt vielmehr für von der Insolvenz betroffene Unternehmen, zu denen die AIG jedoch nicht zählt. Allerdings scheint die Verwendung der *„fraudulent conveyance"*-Doktrin im Zusammenhang mit diesem Gesetz eine eher ältere Bedeutung zu haben, und zwar die Erstattung der Vergütungen, die im Hinblick auf ausstehende Gläubiger zu Unrecht gewährt wurden.[2131] Als Reaktion auf das vom Generalstaatsanwalt Cuomo verfasste Schreiben erklärte sich AIG's CEO Edward Liddy einverstanden, die Vergütungs-

---

2128 *Clark*, New York State Attorney General Orders AIG to End „Extravagant" Spending, The Guardian Online v. 15.10.2008, abrufbar unter: http://www.guardian.co.uk/business/2008/oct/15/aig-usgovernmentborrowing (zuletzt aufgerufen am 31.03.2011).

2129 Pressemitteilung, Attroney General Andrew M. Cuomo's Schreiben an das AIG-board of directors v. 15.10.2008, abrufbar unter: http://www.oag.state.ny.us/media_center/2008/oct/AIG%20Letter%2010.15.08.pdf (zuletzt aufgerufen am 31.03.2011).

2130 Sec. 274 N.Y. Debtor & Creditor Law (2008).

2131 *Glenmore Distilleries Co. V. Seidman*, 267 F. Supp. 915 (E.D.N.Y. 1967). Entsprechend dem Grundsatz, wonach die an die Führungskräfte zu gewährende Vergütung in einem angemessenen Verhältnis zu ihren Fähigkeiten, Kenntnissen und dem Zeitaufwand stehen muss und die Geschäftsführer bei der Festsetzung ihrer eigenen Gehälter die finanziellen Gegebenheiten des Unternehmens zu berücksichtigen

vereinbarungen aller Führungskräfte des Unternehmens zu überarbeiten und ein innerbetriebliches Komitee zur Überprüfung und Kontrolle der Ausgaben einzurichten. Weiterhin verpflichtete sich die AIG, 160 Konferenzen und Vergnügungsreisen abzusagen, um so über $ 8 Mio. einzusparen.[2132] Als Höhepunkte erwiesen sich jedoch die Entlassung des CFO, Steven Bensinger und die Aufhebung seiner *„golden parachutes"*[2133] sowie das Versprechen des AIG-CEO, bei der Untersuchung der Vergütungspakete der Topmanager Sullivan und Cassano mit dem Generalstaatsanwalt zu kooperieren.[2134]

### 2. *Generalstaatsanwaltschaftliche Ermittlungen bei staatlich unterstützten US-Banken*

Nach dem spektakulären Erfolg des Generalstaatsanwalts Andrew Cuomo bei AIG richtete dieser sein Augenmerk auf die ersten neun staatlich unterstützten US-Banken.[2135] Dabei forderte er diese auf, eine detaillierte Angabe ihrer Bonus-Aufteilungen zu machen und die Bestimmungsparameter für die Festlegung der Bonusleistungen aufzudecken.[2136]

Die Vorgehensweise des New Yorker Generalstaatsanwalt Cuomo und sein Erfolg bewegten auch mehrere Mitglieder des Senats und des Repräsentantenhauses, ihre eigenen Schreiben zu verfassen und von den Banken eine Erklärung ihrer Ausgaben zu verlangen.[2137] Senator Chuck Grassley fand den Beitrag des New Yorker Generalstaats-

---

haben, hat das Gericht im Fall *Glenmore Distilleries* die Zahlungen der Jahresvergütungen als unrechtmäßig qualifiziert.

2132 *Burghart,* Colum. Bus. L. Rev. 2009, 669 (696).

2133 Näher hierzu *Bray,* AIG Agrees to Freeze Executive Payouts, Wall Street Journal v. 23.10.2008, abrufbar unter: http://online.wsj.com/article/SB122471220443860067.html (zuletzt aufgerufen am 31.03.2011); *Narayanan/Ferri/Brem,* Harvard Business School, HBS Case No. 109–036, S. 10 f.

2134 Pressemitteilung, Joint Statement from the N.Y. Attorney General and AIG v. 16.10.2008, abrufbar unter: http://www.ag.ny.gov/media_center/2008/oct/oct16c_08.html (zuletzt aufgerufen am 31.03.2011).

2135 Pressemitteilung, Attorney General Cuomo Seeks Bonus Pool Information From Banks Receiving Federal Funds (29.10.2008), abrufbar unter: http://www.ag.ny.gov/media_center/2008/oct/oct29a_08.html (zuletzt aufgerufen am 31.03.2011). Das Schreiben wurde an die Bank of America, Bank of New York Mellon, Citigroup, Goldman Sachs, J.P. Morgan, Merrill Lynch, Morgan Stanley sowie State Street und Wells Frago adressiert.

2136 *Burghart,* Colum. Bus. L. Rev. 2009, 669 (697).

2137 *Landy/Montgomery,* Banks Getting U.S. Aid Pressed Over Bonus Plans; N.Y. Attorney General's Letter Follows Congressional Efforts to Toughen Rules on Executive Pay, Washington Post v. 29.10.2008; Vgl. u. a. die Aufforderung des Kongressabgeordneten Waxman, Letter to Wells Fargo CEO John Stumpf, *Narayanan/Ferri/Brem,* Harvard Business School, HBS Case No. 109–036, Exhibit 9, S. 21; *Burghart,* Colum. Bus. L. Rev. 2009, 669 (698).

anwalts zur Drosselung der Vergütungsbezüge der Manager finanziell geschwächter Unternehmen derart bedeutend, dass er an alle Generalstaatsanwaltschaften der anderen 49 US-Gliedstaaten ein Schreiben verfasste, in dem er diese aufforderte, die einzelstaatlichen Rechtsordnungen einzusetzen, um innerhalb ihrer Staaten dem des Staates New York vergleichbare Vergütungsaufklärungen durchzuführen.[2138]

### *3. Schwächen einzelstaatlicher Vorgehensweisen*

Die Vorgehensweise des New Yorker Generalstaatsanwalts Andrew Cuomo wurde vom Columbia Law School Professor Edward Morrison zwar als „nicht implausibel" bezeichnet, um die betroffenen Unternehmen wegen eines Verstoßes gegen das „fraudulent conveyance law" rechtlich zu verfolgen, eine entsprechende Klage würde seiner Ansicht nach allerdings rechtliche Kreativität erfordern.[2139] Angezweifelt wurde in diesem Zusammenhang auch die Realisierbarkeit einer auf einem Verstoß gegen sec. 274 des New York Debtor and Creditor Law beruhenden Klage gegen staatlich unterstützte Unternehmen. Zudem müsste die verfassungsrechtliche Frage geklärt werden, ob eine einzelstaatliche Klage noch vor dem Erlass bundesrechtlicher Regelungen ergehen darf oder ob der bundesrechtliche Geltungs- und Anwendungsvorrang einer derartigen Klagemöglichkeit widerspricht.[2140] Im Aufruhr der finanzmarktkrisenbedingten Entwicklungen wurden föderalistische Auswirkungen der staatlichen Erwiderung zum größten Teil ignoriert. So schweigt das von der Bundesregierung erlassene EESA zum Geltungsvorrang des Bundesrechts. Der Wortlaut des Gesetzes spricht in keinster Weise davon, ob und in welchem Umfang einzelstaatliche Regelungen der Bailout-Vorschriften berücksichtigt wurden. Eindeutig ist lediglich, dass EESA dem US-amerikanischen Bundesfinanzministerium und den *directors* der TARP-Unternehmen weitgehende Befugnisse zur Umsetzung der Gesetzesregelungen einräumt. Zwar sollte das am 15. Oktober 2008 ergangene Schreiben des Generalstaatsanwalts Andrew Cuomo das AIG-*board of directors* zu Recht daran erinnern, dass das Unternehmen mit Steuergeldern gerettet wurde und die Gewährung exzessiver und unangemessener Managerbezüge und luxuriöser Nebenleistungen aus diesem Grund noch unverantwortlicher als zuvor sei. Allerdings deckt das Cuomo-Schreiben gleichzeitig auch die Kompetenzproblematik auf,

---

2138 „I commend Mr. Cuomo for his recent inquiry [into the applicability of fraudulent conveyance law], and I encourage you, as your State's Attorney General, to consider the appropriateness of inquiring into whether financial institutions located within your State have violated (or would violate) State law by making certain executive compensation payments to executives and top management." Pressemitteilung, Senator Chuck Grassley Asks State Attorneys Generals to Look Into Possible Violations of State Law With Executive Compensation Packages, U.S. Federal News v. 19.11.2008, abrufbar unter: http://www.grassley.senate.gov/news/Article.cfm?customel_dataPageID_1502=18154 (zuletzt aufgerufen am 31.03.2011).

2139 „legal creative footwork", *Burghart,* Colum. Bus. L. Rev. 2009, 669 (699).

2140 *Burghart,* Colum. Bus. L. Rev. 2009, 669 (700).

die mit einer solchen einzelstaatlichen Ermittlung und Rechtsverfolgung staatlich unterstützter Unternehmen einhergeht. Vor dem Hintergrund, dass bei dem Rettungspaket die Steuerzahler des ganzen Landes und nicht lediglich die des Bundesstaates New York beteiligt waren, erscheint ein einzelstaatliches Vorgehen somit verfassungsrechtlich bedenklich.[2141]

Ein weiterer kritischer Gesichtspunkt betrifft die Frage, ob die New Yorker Generalstaatsanwaltschaft die Befugnis besitzt, eine derartige Klage im Namen des Staates zu erheben, bei der die Steuerzahler als Gläubiger genannt werden. Eine solche Klageberechtigung könnte Andrew Cuomo allerdings dann erhalten, wenn er beweisen könnte, dass auch New Yorker Pensionsfonds-Obligationen besitzen, die von den anzuklagenden Unternehmen begeben wurden.

Schließlich wäre jeder Versuch von Andrew Cuomo, Bonuszahlungen zurückzufordern, an der im Jahr 2008 ergangenen Gerichtsentscheidung im Fall *People v. Grasso*[2142] gescheitert. In dieser Entscheidung unternahm der Vorgänger des Generalstaatsanwalts Cuomo, Eliot Spitzer, den Versuch, die dem New York Stock Exchange *chairman* und CEO Richard Grasso gewährten Bonusleistungen zurückzufordern. Ein derartiges Vorgehen wurde jedoch als Überschreitung seiner Befugnisse charakterisiert und mit dem gesetzgeberischen Ziel und dem vorliegenden Gesetz (New York Debtor and Creditor Law) für unvereinbar erklärt.[2143]

## *VI. Vorgaben sonstiger Organisationen*

Zusätzlich zu traditionellen Regulierungen der Managervergütung haben auch andere an Corporate Governance interessierte Organisationen wie etwa der Business Roundtable[2144], die Blue Ribbon Commission of the National Association of *directors* (NACD) sowie Proxy Beratungsunternehmen wie etwa Institutional Shareholder Services (ISS), aber auch die institutionellen Anleger selbst (z. B. TIAA-CREF) „best practice"-Richtlinien veröffentlicht mit dem Ziel, die Auseinandersetzung über die Managervergütung und damit die stattfindende Corporate Governance-Reform zu beeinflussen.[2145] Diese die gesetzlichen Regelungen ergänzenden Empfehlungen

2141 *Burghart,* Colum. Bus. L. Rev. 2009, 669 (700 f.).

2142 *People v. Grasso,* 816 NYS2d 863, 874 (N.Y. Sup. Ct. 2006).

2143 „[E]ach of the challenged causes of action against [Mr.] Grasso seeks to ascribe liability based on the size of his compensation package. The Legislature, however, enacted a statute requiring more. The attorney general may not circumvent that scheme, however unreasonable that compensation may seem on its face. To do so would tread on the Legislature's policy-making authority." *People v. Grasso,* 11 N.Y.3d, 72; *Burghart,* Colum. Bus. L. Rev. 2009, 699.

2144 Amerikas mächtigstes Wirtschaftsgremium, bestehend aus CEOs der führenden US-amerikanischen Unternehmen. Vgl. näher hierzu *Steindl,* US-Board und Aufsichtsrat, S. 50.

2145 Council of Institutional Investors, The Council of Institutional Investors Corporate Governance Policies 9–10, 13–18 (2008); abrufbar unter: http://www.cii.org/

können, müssen jedoch nicht, von den betroffenen Interessengruppen im Rahmen der Vergütungsfestsetzung herangezogen werden.

Die US-Notenbank Federal Reserve (Fed) hat am 22. Oktober 2009 ebenfalls eine Richtlinie für vernünftige leistungsorientierte Vergütungspraktiken vorgeschlagen,[2146] welche am 21. Juni 2010 erlassen wurde.[2147] Dabei verdeutlicht die US-Notenbank, dass diese Vorgaben von der TARP-Regulierung vollkommen unabhängig sind und auf alle Banken und Finanzunternehmen einschließlich US-Bankholdinggesellschaften und Staatsbanken sowie auf US-Geschäfte der ausländischen Banken, welche eine Betriebs- oder Geschäftsstätte bzw. eine Zweigniederlassung in den Vereinigten Staaten haben, Anwendung finden. Durch die Regelungen soll sichergestellt werden, dass die leistungsorientierte Vergütungspolitik der Bankenindustrie die Sicherheit und Zuverlässigkeit ihrer Einrichtungen nicht gefährdet. Die Vorgaben erfassen zwei Aufsichtsinitiativen. Die eine zielt auf die Bewertung der Unternehmenspolitik und der Praktiken von 28 großen und komplexen Banken ab und soll diese auf die Übereinstimmung mit den Prinzipien der risikoangemessenen leistungsbasierten Vergütung überprüfen (sog. horizontale Bewertung). Die zweite Initiative der US-Notenbank bestimmt die Bewertung der Vergütungspraktiken regionaler, kommunaler und anderer Banken, die nicht als groß und komplex charakterisiert werden (sog. vertikale Bewertung).[2148] Die von der Federal Reserve erlassenen Regelungen legen hierfür drei Grundsätze fest. Zum einen müssen leistungsbasierte Vergütungsvereinbarungen der betroffenen Banken so ausgestaltet werden, dass sie den Angestellten nur solche Anreize bieten, die geeignet sind eine angemessene Balance zwischen den Risiken und den finanziellen Ergebnissen herzustellen, um das Eingehen unbedachter Risiken zu verhindern. Zum anderen müssen Vergütungsvereinbarungen mit der effektiven Kontrolle und dem Risikomanagement kompatibel sein und schließlich von einer starken Corporate Governance der Unternehmen, einschließich einer aktiven und wirkungsvollen Überwachung durch das *board of directors*, unterstützt werden.[2149]

---

policies (zuletzt aufgerufen am 31.03.2011); *Simmons*, 62 SMU L. Rev. 2009, 299 (356); *Marsch-Barner*/Schäfer, Handbuch, § 2 Rdn. 24.

2146 Federal Register Vol. 74, No. 206 v. 27.10.2009, 55227. Die Kompetenz der US-Notenbank zum Erlass regulatorischer Vorgaben leitet sich aus sec. 11 Federal Reserve Act of 1913.

2147 *Barnes*, Office of Thrift Supervision, Department of Treasury, Memorandum of Chief Executive Officers, Interagency Guidance on Sound Incentive Compensation Policies, abrufbar unter: www.ots.treas.gov/_files/25354.pdf (zuletzt aufgerufen am 31.03.2011).

2148 Federal Reserve, Pressemitteilung v. 22.10.2009, abrufbar unter: http://www.federalreserve.gov/newsevents/press/bcreg/20091022a.htm (zuletzt aufgerufen am 31.03.2011).

2149 *Barnes*, Office of Thrift Supervision, Department of Treasury, Memorandum of Chief Executive Officers, Interagency Guidance on Sound Incentive Compensation Policies, S. 23 f.

## *VII. Steuerrecht – ein Instrument zur Vergütungseindämmung*

Die US-Regierung ist bereits seit Jahrzehnten bemüht, die hohen Managerbezüge durch steuerrechtliche Regelungen einzuschränken. Die zentralen und bedeutendsten steuerrechtlichen Bestimmungen, die zur Eindämmung bzw. Regulierung „exzessiver" Managervergütung erlassen wurden, stellen sec. 162(m) und 280G des Internal Revenue Code dar.

### *1. Grundsätzliche Abzugsfähigkeit der Managergehälter*

Sec. 162(a)(1) des Internal Revenue Code (IRC) schreibt die grundsätzliche Zulässigkeit der steuerlichen Abzugsfähigkeit aller gewöhnlichen und notwendigen Betriebsausgaben einschließlich einer angemessenen Anrechnung auf Gehälter und sonstige Vergütungen für tatsächlich erbrachte Leistungen vom Unternehmensgewinn vor.[2150] Diese Vorschrift geht auf das Jahr 1918 zurück[2151] und entfaltet ihre Wirkung nicht nur für die *director*-Vergütung, sondern gilt grundsätzlich für alle Arbeitnehmer.[2152] Sec. 162(a)(1) IRC ist nach dem Wortlaut sowohl auf Publikumsgesellschaften als auch auf geschlossene Kapitalgesellschaften (*close corporations*) anwendbar. Eine steuerliche Begrenzung der Abzugsfähigkeit der Managervergütung bei Publikumsgesellschaften im Rahmen der Sec. 162(a)(1) IRC wird jedoch weder von den Steuerbehörden noch von den Gerichten vorgenommen.[2153] Stattdessen begrenzt die zuständige Behörde (*Internal Revenue Service*) den Anwendungsbereich auf geschlossene Kapitalgesellschaften. Gerade bei diesen sieht die Bundessteuerbehörde die Gefahr, dass anstatt nichtabzugsfähiger Dividenden, abzugsfähige Gehälter an Gesellschafter-Geschäftsführer gezahlt werden, woraus sich ein steuerlicher Vorteil für die Gesellschaft ergeben würde.[2154]

Die Ablehnung der Anwendung der sec. 162(a)(1) IRC auf Publikumsgesellschaften wurde traditionell damit begründet, dass die Vergütung dort bereits per se angemessen sei.[2155] Diese Auffassung stößt jedoch in jüngster Zeit auf erhebliche

2150 „There shall be allowed as a deduction all the ordinary and necessary expenses paid or incurred during the taxable year in carrying on any trade or business, including a reasonable allowance for salaries or other compensation for personal services actually rendered [...]."

2151 Zur Entstehung der Vorschrift vgl. *Griswold*, 59 Harv. L. Rev. 1945, 286 ff.

2152 *Fleischer/Hupka*, DB 2010, 601 (604).

2153 *Sikon*, 51 Clev. St. L. Rev. 2004, 301 (308): „Although large corporations can make excessive salary payments, they are not attacked through section 162(a) because the character of the payments as compensation is not subject to dispute." Ähnlich dazu auch *Stabile*, 72 St. John's L. Rev. 1998, 81 (85).

2154 Treasury Regulation Section 1162–7(b)(1) (1960): „An ostensible salary paid by a corporation may be a distribution of a dividend on stock. This is likely to occur in the case of a corporation having few shareholders, practically all of whom draw salaries."

2155 *Moran*, Tax Manamement Portfolio 390, BNA (2007), III. B: „This suggests that any amount of compensation paid by a publicly held corporation should be per

Kritik. Wie die Ereignisse der letzten Jahre zeigen, kann es auch in Publikumsgesellschaften aufgrund unzureichend funktionierender Marktmechanismen zu unangemessenenen Vergütungen kommen. Da wie bereits dargestellt eine Differenzierung zwischen den Gesellschaften unsachgemäß ist, sollte sec. 162(a)(1) IRC auch auf Publikumsgesellschaften Anwendung finden. Somit würden auch Aktionärsklagen (*derivative suits*) wegen Verschwendung von Gesellschaftsvermögen erleichtert, da die Angemessenheit der Vergütung in Publikumsgesellschaften nicht mehr per se vorausgesetzt wäre.[2156]

### a) Begrenzung der Managervergütung durch die Vorgaben des Internal Revenue Code (IRC)

### b) Absetzbarkeitscap für Jahresgehälter

Die vom US-Kongress im Jahr 1993 erlassene sec. 162(m)(1) des Internal Revenue Code of 1986 (IRC),[2157] welche die steuerliche Abzugsfähigkeit der leistungsunabhängigen Vergütung des CEO und der vier anderen bestbezahlten *executive officers* der Publikumsgesellschaften als Betriebsausgabe jeweils auf $ 1 Mio. beschränkte, hatte insbesondere die Reduzierung der Managervergütung zum Ziel.[2158] Durch die Begrenzung des Anwendungsbereichs der sec. 162(m)(1) IRC auf leistungsunabhängige Vergütungskomponenten (Fixgehalt) wurden allerdings der Einsatz von Aktienoptionen als Vergütungselement begünstigt[2159] und die Möglichkeiten der Umgehung des Absetzbarkeitscaps dadurch erweitert.[2160] Wie die empirischen Untersuchungen zeigen, war die Vergütung der Führungskräfte ein Jahr nach der

---

se reasonable. In this situation, the operation of the normal system of commercial checks and balances arguably is adequate to ensure a proper result so that review by the IRS generally is unnecessary."; *Mullane,* 13 Lewis & Clark L. Rev. 2009, 485 (509): „Conversely, compensation paid by a publicly held corporation is typically viewed as inherently reasonable."

2156 *Zelinsky,* 119 Yale L.J. 2009, 637 (645): „Once the IRS and the courts have made a determination that particular compensation is excessive under § 162, shareholders could potentially use that determination to substantiate derivative suits for recovery against the board for corporate waste."; *Fleischer/Hupka,* DB 2010, 601 (604).

2157 Pub. L. No. 103–66, sec. 13211, 107 Stat. 312, 469–71 (1993), IRC sec. 162(m) (2006).

2158 Omnibus Budget Reconciliation Act, H.R. No. 103–11, 646 (1993): „The committee believes that excessive compensation will be reduced [by the $1 million cap]."; *Knutt,* 47 Arizona L. Rev. 2005, 493 (499). Ausführlich zu den Änderungen der sec. 162(m) bereits unter oben S.364.

2159 *Walker,* 51 Boston College L. Rev. 2010, 435 (452); *De Lizza,* 34 Fordham Urban L.J. 2007, 1111 (1128); *Conway,* 17 Cornell J.L. & Pub. Pol'y 2008, 383 (407): „After the enactment of sec. 162(m) there was an increase in stock options grants, followed by unanticipated massive growth in the stock market."

2160 Dabei ist die Managervergütung im Jahr 1995 im Vergleich zum Jahr 1995 lediglich um 9,1 % gestiegen. *Knutt,* 47 Arizona L. Rev. 2005, 493 (499) bezeichnet die Regelung aufgrund ihrer Schlupflöcher als „zahnlos"; *Faulkender/Kadyrzhanova/*

Einführung der sec. 162(m) IRC um 29 % schneller gewachsen als in den vorangegangenen vierzehn Jahren.[2161] Angesichts dieser Ergebnisse wurde sec. 162(m)(1) IRC mehrfach als sog. „law of unintended consequences" bezeichnet, da die Änderungen der Vorschrift, welche die Reduktion der Managervergütung zum Ziel hatten, tatsächlich in höheren Vergütungspaketen, bestehend aus Boni und Aktienoptionen, resultierten und somit in ihr Gegenteil umschlugen.[2162] Im Rahmen des EESA von 2008 wurde das Abzugsfähigkeitscap für staatlich unterstützte Unternehmen zwar gem. sec. 302 (a) EESA 2008 auch auf die nicht leistungsbasierte Vergütung der *executives* erweitert und die Abzugsfähigkeit auf $ 500,000 gesenkt, der praktische Nutzen dieser Vorschrift fiel dennoch aus.

### c) Steuerliche Absetzbarkeit der „golden parachutes"

Den ersten Versuch einer gezielten steuerrechtlichen Regulierung der Managervergütung hatte der US-Kongress bereits im Jahr 1984 unternommen. Inmitten der Hochkonjunktur von Mergers und Aquisition (M&A) in den frühen achtziger Jahren waren die Abgangsentschädigungen für bei einem Kontrollwechsel ausgeschiedene *executives* in ungeahnte Höhen emporgestiegen. Zur Vermeidung einer Beeinträchtigung des Marktes für Unternehmensübernahmen führte der Steuergesetzgeber daraufhin sec. 280G IRC ein[2163], welche die Absetzbarkeit von exzessiven Abgangsentschädigungen als Betriebsausgabe nicht mehr zulässt. Das Überschreiten der zulässigen Höchstgrenze wird demnach vermutet, wenn die Abfindungszahlung das Dreifache des letzten durchschnittlichen Jahresgehalts des Leistungsempfängers erreicht bzw. übersteigt.[2164] Zudem sieht sec. 4999 IRC eine 20prozentige, der Absetzbarkeit nicht unterliegende Zusatzsteuer für alle Führungskräfte vor, die exzessive *parachute payments* erhalten.

Von dieser „two pronged attack"[2165] erhoffte sich der Gesetzgeber eine wirtschaftlich prohibitive Wirkung auf die exzessiven Abgangsentschädigungen hinsichtlich sowohl der Gesellschaften als auch der *executives*.[2166] Allerdings wurden diese Er-

*Prabhala/Senbet*, 22 Journal of Applied Corporate Finance 2010, 107 (111); *Suchan/Winter*, DB 2009, 2531 f.

2161 *Stabile*, 72 St. John's L. Rev. 1998, 81 (89).

2162 *Miske*, 88 Minn. L. Rev. 2004, 1673 (1687); *Polsky*, 64 Wash. & Lee L. Rev. 2007, 877 (926): „The empirical evidence suggests that § 162(m) has had unintended consequences. Executive compensation has increased, while a large number of firms are apparently forfeiting valuable tax deductions. Both of these results are contrary to the intent of Congress." *Mullane*, 13 Lewis & Clark L. Rev. 2009, 485–552.

2163 Staff of Joint Committee on Taxation, 98th Congress, General Explanation of the Revenue Provisions of the Deficit Reduction Act of 1984, S. 199.

2164 Sec. 280G (b)(2)(A)(ii) IRC, wobei gem. sec. 280G (b)(4)(A) IRC diese Vermutung durch „clear and convincing evidence" widerlegt werden kann.

2165 *Hankinson*, 34 Stetson L. Rev. 2005, 767 (778); *Fleischer/Hupka*, DB 2010, 601 (604).

2166 *Mullane*, 13 Lewis & Clark L. Rev. 2009, 485 (516): „Together, sections 280G and 4999 were expected to make excessive parachute payments financially prohibitive for a corporation to offer and an executive to accept."

wartungen nicht erfüllt.[2167] Vielmehr traten zwei unerwünschte Nebenwirkungen auf. Zum einen wurde durch die steuerliche Anerkennung von Abgangsentschädigungen bis zum Dreifachen des durchschnittlichen Jahresgehalts gemäß sec. 280G IRC ein gesetzlicher Angemessenheitsstandard geschaffen, auf den vermeintlich unterbezahlte Manager gerne Bezug nehmen.[2168] Aus diesem Grund vereinbarten viele Gesellschaften Abgangsentschädigungen von 299 % des Durchschnittsgehalts, um die Regelung der sec. 280G IRC zu umgehen. Zum anderen wurde die steuerliche Sonderbelastung gemäß sec. 4999 IRC oft von den Unternehmen selbst übernommen (sog. *gross-ups*).[2169] Somit erwiesen sich die legislatorischen Aktivitäten zur Einschränkung der Abgangsentschädigungen durch das Mittel des Steuerrechts nicht nur als ineffektiv, sondern als geradezu kontraproduktiv. Für die Aktionäre entstanden neben dem Verlust des Unternehmensvermögens durch die Nichtabsetzbarkeit der exzessiven *parachute payments* auch noch die Zusatzausgaben für die sog. *gross-ups*.[2170]

Ferner sieht der US-amerikanische Gesetzgeber in sec. 409A IRC eine 20prozentige, vom betroffenen Manager zu entrichtende Zusatzsteuer auf jede aufgeschobene Vergütung (*nonqualified deferred compensation*)[2171] vor, die den Betrag von $ 1 Mio. jährlich pro Person übersteigt.

### d) Income Equity Act of 2009

Der am 18. März 2009 vorgestellte Gesetzesentwurf des Income Equity Act of 2009 hatte ebenfalls eine Änderung des Internal Revenue Code zum Gegenstand. Danach

2167 *Mullane,* 13 Lewis & Clark L. Rev. 2009, 485 (519): „The theory was that the tax penalties would in most instances render them too costly to authorize or receive. The reality is many companies continue to authorize golden parachutes that, if triggered, would provide payments above the limits defined as reasonable by Congress."

2168 *Miske,* 88 Minn. L. Rev. 2004, 1673 (1680): „By codifying a salary multiple, § 280G created a floor on parachute benefits that directors and executives could point to as a congressionally sanctioned standard of reasonableness."

2169 *Stabile,* 72 St. John's L. Rev. 1998, 91 (93).

2170 *Conway,* 17 Cornell J.L. & Pub. Pol'y 2008, 383 (418): „[...] the effects of § 280G directly contradict the legislative intent of the statute, which was to protect the shareholders from excessive amounts being paid to the executives. Not only will the excess payments and the gross-up not be deductible to the corporation as a result of §§ 280G and 4999, but it will now cost the shareholders even more because of the additional amounts paid to executives to cover additional taxes."; *Fleischer/Hupka,* DB 2010, 601 (605).

2171 Bei dieser Art der aufgeschobenen Vergütung handelt es sich um zugesagte, jedoch noch nicht ausbezahlte und somit auch noch nicht zum steuerbaren Einkommen des Leistungsempfängers zählende Bezüge. Dazu gehören unter anderem ergänzende Rentenansprüche (*supplemental retirement plans*), *phantom stock plans*, bestimmte Abfindungsvereinbarungen (*severance arrangements*), *discounted stock rights* (d.h. Aktienoptionen und *stock appreciation rights* mit dem Ausübungspreis, der unter dem üblichen Marktwert am Tag der Gewährung liegt). *Lassila/Kilpatrick,* 2008 U.S. Master Compensation Tax Guide, S. 922 ff.

sollte den Unternehmen für „exzessive“ Vergütungen die steuerliche Absetzbarkeit verweigert werden. Als exzessiv wurden hierbei Vergütungen bezeichnet, die das 25fache des niedrigsten Gehaltes eines Angestellten des Unternehmens bzw. den Betrag von $ 500,000 übersteigen. Im Übrigen wurden solche Unternehmen laut Gesetzesentwurf aufgefordert, beim US-Finanzministerium einen Bericht über die exzessive Vergütung die gewährt wurde, einzureichen.[2172] Auch dieser Gesetzesvorschlag wurde jedoch nie verabschiedet.

#### e) Ending Excessive Corporate Deductions for Stock Options Act (2009)

Der Entwurf des Ending Excessive Corporate Deductions for Stock Options Act,[2173] welcher am 22. Juli 2009 dem US-Senat vorgelegt wurde, hatte eine Änderung des Internal Revenue Code und somit auch die Beschränkung der steuerlichen Absetzbarkeit von Aktienoptionen zum Gegenstand. Die steuerliche Absetzbarkeit der Aktienoptionen durch das Unternehmen dürfte nach dem Gesetzesentwurf die Höhe der Buchführungskosten, die für die gleichen Aktienoptionen laut Finanzbericht entstanden sind, nicht überschreiten.[2174] Diese Einschränkung sollte jedoch keine Anwendung auf leistungsbasierte Vergütungskomponenten gemäß sec. 162(m)(1) IRC finden.[2175] Somit wurde mit dem Gesetzesvorschlag zwar eine wesentliche Senkung, wenn nicht gar Abschaffung von Aktienoptionen als Vergütungselement bezweckt, während die Vergütungsstruktur und das Einkommensniveau als solches keiner erheblichen Veränderung unterliegen sollten. Der Gesetzesentwurf wurde an den zuständigen Finanzausschuss weitergeleitet, erfuhr dort jedoch keine Zustimmung.

### 2. *Steuerrechtsvorschriften als Mittel der Bestrafung*

#### a) „AIG-Gesetzgebung“ – Vorschlag der Einführung einer 90 %-Steuer auf AIG-Boni

Am 18. März 2009 brachte Charles Bernard Rangel, ein Mitglied des Repräsentantenhauses, einen Gesetzesentwurf ein, welcher die Einführung einer Zusatzsteuer für die von bestimmten TARP-unterstützen Unternehmen empfangenen Bonusleistungen vorsah (sog. *Bill to impose an additional tax on bonuses received from certain*

2172 H.R. 1594, 111th Congress (2009–2010).

2173 S. 1491, 111th Congress (2009–2010).

2174 Sec. 2a S. 1491, 111th Congress (2009–2010): „In the case of compensation for personal services that is paid with stock options, the deduction under subsection (a)(1) shall not exceed the amount the taxpayer has treated as an expense with respect to such stock options for the purpose of ascertaining income, profit, or loss in a report or statement to shareholders, partners, or other proprietors (or to beneficiaries), and shall be allowed in the same period that the accounting expense is recognized.“

2175 Sec. 3a S. 1491, 111th Congress (2009–2010).

*TARP recipients*). Demnach müssten alle Angestellten, die einen Bonus in Höhe von über $ 250,000 von den Unternehmen erhalten haben, die ihrerseits mit mindestens $ 5 Mrd. staatlich unterstützt wurden, eine 90prozentige Zusatzsteuer auf diese Zahlungen entrichten.[2176] Der Gesetzesentwurf sah vor, dass das endgültige Gesetz rückwirkend vom 1. Januar 2009 Anwendung finden sollte, wobei diejenigen Manager, die auf ihre Vergütung verzichten bzw. die bereits erhaltenen Boni vor Ende 2009 zurückzahlen würden, von der Zusatzsteuer befreit wären.[2177]

Den Anlass für dieses Gesetzgebungsvorhaben gaben Bonuszahlungen des staatlich am meisten unterstützten Unternehmens American International Group (AIG), einer Versicherungsgesellschaft, die in der Finanzkrise auch als „die gefährlichste Firma der Welt“[2178] oder „der amerikanische Versicherungskonzern, der die Banken ins Risiko und die Finanzwelt fast in den Kollaps trieb“[2179] betitelt wurde. Nachdem die Gesellschaft ein staatliches Rettungspaket in Höhe von $ 173 Mrd. erhalten hatte, verkündete sie am 15. März 2009 die Auszahlung vertraglich vereinbarter Bonusleistungen an ihre Angestellten in Höhe von $ 165 Mio., wobei 73 Manager mit je über $ 1 Mio. in Form von Bonusleistungen vergütet wurden[2180]. Eine derartige Verwendung der Steuergelder entfachte weltweite öffentliche Empörung und bewegte US-amerikanische Politiker zur Einbringung des sog. „AIG Bonus Tax“-Gesetzgebungsvorschlags.[2181]

Der Gesetzesentwurf begegnete jedoch verschiedenen rechtlichen Problemen, unter anderem der Tatsache, dass der US-Kongress nur wenige Monate zuvor solche Bonuszahlungen im Rahmen des „Recovery Act“ von 2009 zugelassen und jegliche Konstruktionen, die diese verbieten würden, untersagt hatte.[2182] Darüber hinaus war der Gesetzesentwurf nicht allgemein formuliert, sondern bezog sich vielmehr lediglich auf bestimmte Unternehmen mit der Folge, dass die Vereinbarkeit der

---

2176 H.R. 1586, 111th Congress (2009–2010), „To impose an additional tax on bonuses received from certain TARP recipients.“

2177 H.R. 1586, 111th Congress, 1st Session v. 18.03.2009.

2178 Der Spiegel 29/2009, Titelbild.

2179 Der Spiegel 29/2009, S. 42.

2180 The Washington Post v. 17.03.2009, abrufbar unter: http://www.washingtonpost.com/wp-dyn/content/article/2009/03/17/AR2009031702046.html (zuletzt aufgerufen am 16.04.2011). Wobei 20 von 15 bestbezahlten *executives* des Unternehmens sich einverstanden erklärten, die von ihnen erhaltenen Cash Boni zurück zu zahlen, vgl. *Clark*, guardian.co.uk v. 24.03.2009, abrufbar unter: http://www.guardian.co.uk/business/2009/mar/24/aig-useconomy (zuletzt aufgerufen am 16.04.2011).

2181 *Cherry/Wong*, 94 Minn. L. Rev. 2009, 368 f.; *Hulse/Herszehnorn*, The New York Times v. 19.03.2009, abrufbar unter: http://www.nytimes.com/2009/03/20/business/20bailout.html (zuletzt aufgerufen am 16.04.2011).

2182 Sec. 111 (b)(3)(D)(iii) ARRA 2009: „The prohibition required under clause (i) shall not be construed to prohibit any bonus payment required to be paid pursuant to a written employment contract executed on or before February 11, 2009, as such valid employment contracts are determined by the Secretary or the designee of the Secretary.“

Regelung mit Art. 1 sec. 9 der U.S. Constitution in Frage gestellt wurde.[2183] Danach dürfen weder parlamentarische Gesetze, die unmittelbar dem Zweck der Bestrafung bereits begangener Handlungen dienen sollen (sog. Bills of Attainder)[2184] noch Rückwirkungsvorschriften erlassen werden.[2185] Mit anderen Worten kann die Regierung nachträglich keine Strafe (in Form von Steuern) verhängen, die an einen in der Vergangenheit liegenden und damals zulässigen Sachverhalt anknüpft. Eine solche Entscheidung obliegt nur einem Gerichtshof oder den Geschworenen.[2186]

Aber auch die Finanzindustrie reagierte eher negativ auf die vorgeschlagene Bonus-Regelung. Es wurden dahingehende Bedenken geäußert, dass aufgrund der Restriktionen der Managervergütung zahlreiche Banken die Mitwirkung bei den Bundesrettungsprogrammen verweigern könnten. Außerdem war zu befürchten, dass Hedgefonds sowie auch Private-Equity-Unternehmen aus Angst vor bevorstehender, die Managervergütung drosselnder Gesetzgebung nicht bereit wären, die „faulen“ Vermögenswerte der Banken als Partner der Regierung aufzukaufen. Die Folgen hiervon wären eine Hemmung der Stabilisierungsanstrengungen der US-Regierung und eine weiterhin stagnierende Wirtschaft gewesen.[2187]

Das Gesetz wurde zwar am 19. März 2009 vom Repräsentantenhaus, nicht jedoch vom Senat verabschiedet. Mit diesem gescheiterten Versuch der US-amerikanischen Regierung, eine rückwirkende steuerliche *clawback*-Klausel zugunsten des Staates einzuführen, wird die Bedeutung der vertraglichen Einbeziehung von *clawback*-Regelungen besonders deutlich vor Augen geführt.

### b) Bailout Bonus Tax Bracket Act of 2009

Einen weiteren und ebenfalls gescheiterten Versuch zur steuerrechtlichen Lösung der Vergütungsproblematik stellt der Entwurf des Bailout Bonus Tax Bracket Act of 2009 vom 16. März 2009 dar. Hierbei sollte der Internal Revenue Code

---

2183 *Cherry/Wong,* 94 Minn. L. Rev. 2009, 368 (369 Fn. 6)

2184 *United States v. Brown,* 381 U.S. 437, 449 (1965) definiert die Bills of Attainder als „[l]egislative acts [...] that apply to [...] easily ascertainable members of a group in a way as to inflict punishment on them without a judicial trial.“ Vgl. auch *United States v. Lovett,* 328 U.S. 303, 316 (1946).

2185 Art. 1, sec. 9 The Constitution of the United States: „No Bill of Attainder or ex post facto Law shall be passed.“

2186 Bemerkenswert ist, dass sogar der Präsident der Vereinigten Staaten, Barack Obama, den Gesetzesentwurf im Rahmen eines 60minütigen Interviews folgendermaßen kritisierte: „Well, I think that as a general proposition, you don’t want to be passing laws that are just targeting a handful of individuals. You want to pass laws that have some broad applicability. And as a general proposition, I think you certainly don’t want to use the tax code to punish people.“ Vgl. CBS News, Obama On AIG Rage, Recession, Challenges, v. 22.03.2009, abrufbar unter: http://www.cbsnews.com/stories/2009/03/18/60minutes/main4873938.shtml (zuletzt aufgerufen am 16.04.2011).

2187 *Chan,* 3 Open Ethics Journal 2009, 81 (88).

durch die Einführung einer 100prozentigen Bonussteuer geändert werden. Alle den Betrag von $ 100,000 übersteigenden Bonusleistungen, die den Managern der TARP-Unternehmen, einschließlich AIG, gewährt werden bzw. wurden, wären laut Gesetzesvorschlag mit dieser Zusatzsteuer zu belegen.[2188] Allerdings hielt auch dieses Gesetz den Vorwürfen der Verfassungswidrigkeit nicht stand und wurde daher nie verabschiedet.

Im US-amerikanischen Schrifttum ist man sich darüber einig, dass zahlreiche legislatorische Versuche, die exzessive Managervergütung mit Mitteln des Steuerrechts zu bekämpfen, sich als Fehlschlag erwiesen haben.[2189] Der Grund für diese Regulierungsversuche des US-amerikanischen Gesetzgebers, Fragen der Corporate Governance und insbesondere die Managervergütungsproblematik mittels Steuerrechts zu lösen, könnte darin liegen, dass der Bundesgesetzgeber keine Gesetzeskompetenz für das Gesellschaftsrecht besitzt. Daher übernehmen steuerrechtliche Vorschriften dort, wo dem Bund eine direkte Regulierung durch gesellschaftsrechtliche Normen nicht möglich ist, häufig eine Lückenfüllerfunktion.[2190] Ebenso wie das bundesstaatliche Kapitalmarktrecht gehören sie somit dem „de facto corporate law" an.[2191]

Die steuerrechtliche Regulierung der Managervergütung hat ihr eigentliches Ziel, dem Vergütungsanstieg einen Riegel vorzuschieben, nicht erreicht. Diese Zweckverfehlung resultiert zum Teil daraus, dass sowohl den Unternehmen als auch den Managern ein sog. *contracting around* gelungen ist,[2192] zum Teil aber wurden die steuerlichen Sanktionen von den Unternehmen bewusst in Kauf genommen. Demzufolge soll von einer „Regulation of Executive Compensation Through Tax Code"[2193] zukünftig Abstand genommen werden.[2194] Es gibt auch Literaturstimmen, die sich

---

2188 H.R. 1518, 111th Congress (2009–2010).

2189 So erhielt beispielsweise Occidental Petroleum in den letzten fünf Jahren für die an die CEOs gewährten Aktienoptionen einen Steuerabzug in Höhe von insgesamt $ 353 Mio., wobei die Steuerkosten des Unternehmens sich höchstens auf $ 29 Mio. beliefen. Das Ergebnis dieser Steuergesetzgebung ist, dass die US-Steuerzahler die Vergütung der höchstbezahlten Manager ihres Landes mittelbar subventionieren. *Wines/Fuhrmann,* 43 New England L. Rev. 2009, 221 f.

2190 *Zolt,* 37 UCLA L. Rev. 1989, 343 (354): „Tax penalties may be used to penalize indirectly conduct which, due to constitutional limitations, Congress cannot directly fine or penalize."

2191 *Fleischer/Hupka,* DB 2010, 601 (605); *Schön,* Tax and Corporate Governance, S. 31, 59 mit der Ergänzung: „In Germany and in the UK, both company and tax law are governed by the same legislative bodies of the central state. Therefore, the legislators do not have a paramount interest in the regulation of corporate governance structures by tax means."

2192 *Mullane,* 13 Lewis & Clark L. Rev. 2009, 485 (493); *Fleischer/Hupka,* DB 2010, 601 (605).

2193 Vgl. den Titel von *Mullane,* 13 Lewis & Clark L. Rev. 2009, 485.

2194 *Conway,* 17 Cornell J.L. & Pub. Pol'y 2008, 383 (427 ff.); *Miske,* 88 Minn. L. Rev. 2004, 1673 (1695 f.); *Mullane,* 13 Lewis & Clark L. Rev. 2009, 485 (550 ff.); *Polsky,* 64 Wash. & Lee L. Rev. 2007, 877 (925 f.); *Stabile,* 72 St. John's L. Rev. 1998, 81 (101); *Faulkender/Kadyrzhanova/Prabhala/Senbet,* 22 Journal of Applied Corporate

sogar für die Abschaffung der bestehenden steuerrechtlichen Lenkungsregelungen aussprechen,[2195] auch wenn dies aufgrund des zu erwartenden politischen Widerstands kaum realisierbar erscheint.[2196]

Im Ergebnis lässt sich festhalten, dass eine Übertragung des US-amerikanischen Lösungsansatzes, die Managervergütungen mittels Steuerrechts einzuschränken, auf das britische und/oder deutsche Recht keinesfalls empfehlenswert erscheint.[2197]

Zwar erfasst die bislang erfolgte Regulierung der Managervergütung in den USA überwiegend TARP-Unternehmen, es zeichnet sich jedoch ein politischer und gesetzlicher Umschwung im Gesellschaftsrecht ab, der eine Neuordnung der Machtverhältnisse zwischen dem Bund und den einzelnen Staaten zum Gegenstand hat. Als wegweisend erwies sich vor allem der Erlass des ARRA am 17. Februar 2009, der die Verschiebung der Kompetenzverteilung in Richtung US-Kongress auf dem Gebiet des Gesellschaftsrechts deutlich vor Augen führte. Bislang war das Gesellschaftsrecht, wie oben erörtert, durch das Recht der einzelnen Gliedstaaten bestimmt gewesen. Diese Kompetenzordnung galt für alle unternehmensinternen Angelegenheiten und somit auch für die Bestimmung der Vergütungskompetenz und die Festsetzung der Managervergütung. Ergänzt wurden diese durch die Vorschriften der NYSE bzw. NASDAQ, die sich allerdings in erster Linie mit Offenlegungsvorgaben befassen. Die gesellschaftsrechtliche Gesetzgebungstätigkeit des US-Kongresses in spezifischen Fragen der Managervergütung hielt sich dabei bislang im Hintergrund. Gleichwohl wurden in den vergangenen Jahren diejenigen Stimmen, welche sich für eine Vereinheitlichung des Gesellschaftsrechts und damit für die Stärkung des Bundesrechts auf diesem Gebiet aussprachen, immer lauter.[2198] Als ein möglicher Grund für diese Entwicklung wird oft unter anderem der Umstand angeführt, „dass das Gesellschaftsrecht im Bundesstaat Delaware (rund 60 % der an der NYSE kotierten Unternehmen haben dort ihren Sitz) und vor allem die dortige Gerichtspraxis dem Management zu freundlich gesinnt sind“[2199].

Die Entwicklung befindet sich jedoch im Fluss, sodass man auf mögliche Verlagerung der praktischen Gesetzgebungskompetenz im US-amerikanischen Gesellschaftsrecht und insbesondere auf dem Gebiet der Managervergütung gespannt sein darf.

---

Finance 2010, 107 (111); differenzierend *Bank*, 61 Wash. & Lee L. Rev. 2004, 1159: „The implication is that while Congress may use the Tax Code to reinforce existing norms of corporate behaviour, it is likely to be less successful when it tries to use the Code to change existing norms or introduce new ones.“

2195 *Conway*, 17 Cornell J.L. & Pub. Pol'y 2008, 383 (429).

2196 *Polsky*, 64 Wash. & Lee L. Rev. 2007, 877 (926).

2197 *Fleischer/Hupka*, DB 2010, 601 (604 ff.).

2198 Ausführlich hierzu bereits *Cary*, 83 Yale L.J. 1974, 663 (701).

2199 *Nikitine*, GesKR 3/2009, 368 (376); *Subramanian*, 20 Journal of Law, Economics & Organization 2004, 32; *Roe*, 34 Del. J. Corp. L. 2009, 1 (3 ff.); *Cary*, 83 Yale L.J. 1974, 663 (701); ähnlich hierzu *v. Hein*, Die Rezeption, S. 478.

## E. Innerbetriebliche Selbstregulierung

Aber auch die Unternehmen selbst blieben nicht regungslos, sondern zeigten vielfach bereits im Vorfeld der Regulierungen Eigeninitiative und führten freiwillig sog. *clawback*-Regelungen als Teil ihrer Corporate Governance ein. Im proxy season 2008 waren es knapp 300 Unternehmen, die derartige Klauseln einsetzten. Vier Jahre zuvor hatte die Zahl der weltgrößten Unternehmen, welche Rückerstattungsklauseln vorsahen, lediglich vierzehn betragen.[2200] Zwar divergieren die einzelnen Bestimmungen; eine kürzlich durchgeführte Studie stellte jedoch fest, dass die meisten von ihnen eine Rückerstattung aller leistungsabhängigen Bezüge für den Fall vorsehen, dass das Finanzergebnis des Unternehmens aufgrund von Fehlverhalten eines *executive officer* berichtigt werden muss.[2201] Im Vergleich zur sec. 304 des Sarbanes-Oxley Act erfassen die freiwilligen *clawbacks* nicht nur die Bezüge der CEOs und CFOs der betroffenen Unternehmen, sondern sind vielmehr auf alle Top-Führungskräfte anwendbar.[2202]

## F. Shareholder-Aktivism

Den jüngsten Trend der Corporate Governance stellt die aufstrebende Macht der Aktionärsgruppen dar, die bestrebt sind, das Handeln des *board* of *directors* durch zahlreiche Vorschläge und Anträge zu beeinflussen, um eine wirkungsvolle Unternehmensführung zu gewährleisten.[2203] Aufgrund des breit gestreuten Aktienbesitzes und der hohen Kosten für die Antragstellungen der Aktionäre übte das *board* ursprünglich fast ausschließlich allein die de facto-Organisationsmacht aus. Vertreten wird auch die Ansicht, dass die bisherige Passivität der Aktionäre unter anderem auf deren Ignoranz in Bezug auf die Handlungen der Unternehmensführung beruhte. Der stetig wachsende Unmut der Öffentlichkeit und die vor allem durch die Proxy-Dienste reduzierten Vorgangskosten dürften allerdings den sog. „perfect storm“ des Aktionärsaktivismus begünstigt haben.[2204]

---

2200 *Morgenson,* Pay It Back If You Didn't Earn It, N.Y. Times v. 8.06.2008, abrufbar unter: http://www.nytimes.com/2008/06/08/business/08gret.html?scp=1&sq=&st=nyt (zuletzt aufgerufen am 4.06.2011).

2201 *Hodgson,* 2008 Proxy Season Foresights No. 11: Clawback Policies, The Corporate Library, Juni 2008.

2202 *Pitofsky/Tulchin,* New York L.J. v. 29.01.2009, abrufbar unter: http://www.law.com/jsp/cc/PubArticleCC.jsp?id=1202427824382 (zuletzt aufgerufen am 31.03.2011).

2203 *Loewenstein,* 35 Wake Forest L. Rev. 2000, 1 (6): „[W]hile CEO pay has risen much faster than the pay of average workers, CEO pay has risen much slower than the pay of professional athletes. During the period 1980–95, the pay of the average worker increased 60 %, that of CEOs 380 %, National Basketball Association players 640 %, National Football League players 800 %, and Major League Baseball players 1000 %."; *Salley,* 70 Ohio State L.J. 2009, 757 (767).

2204 *Salley,* 70 Ohio State L.J. 2009, 757 (767 Fn. 88).

Hinter den Vorgaben der Proxy Berater,[2205] welche von einer Anzahl der institutionellen Anleger strikt befolgt werden, steht regelmäßig ein beachtlicher Aktienanteil mit der Folge, dass die Gefahren des Agency-Konflikts abgeschwächt werden und das *board* eher bereit ist, diesen Empfehlungen besondere Aufmerksamkeit zu schenken. Abgesehen von institutionellen Anlegern haben auch kleinere und öffentliche Anteilseigner dazu beigetragen, dass die Unternehmensboards die Auffassung der Aktionäre zu den zentralen Streitpunkten bei ihren Entscheidungen heute stärker mitberücksichtigen.[2206]

## *I. Einfluss der Proxy Berater auf die Managervergütung*

Die wachsende Bedeutung der Proxy Beraterdienste hat zunehmende Aufmerksamkeit insbesondere der *boards* of *directors* und ihrer Berater nach sich gezogen. Bei den Proxy Beratern handelt es sich um unbeteiligte Konsultanten, welche gegen Vergütung den (meist) institutionellen Anlegern ihre Dienste in Bezug auf Beratung und Analyse der Unternehmens- und *director*-Performance anbieten sowie Empfehlungen zu bestimmten zur Abstimmung stehenden Themen formulieren.[2207] Trotz der ursprünglichen Konzeption bereits in den 1980er Jahren, haben Proxy Berater, wie etwa die RiskMetrics Group/Investor Shareholder Services (RiskMetrics)[2208] erst in den letzten Jahren erhebliche Autorität erlangt. Durch die Industriekonsolidierung beeinflussen diese nunmehr die Corporate Governance-Landschaft[2209] enorm und beherrschen in jüngster Zeit den Industriezweig. Die Bestimmung des Abstimmungsverfahrens könnte sich für die Aktionäre als zeitraubend, kostspielig und inhaltlich fremd erweisen, sodass die RiskMetrics und andere Proxy Advisors eine Art Goldstandard für viele Corporate Governance Gesichtspunkte, einschließlich der Managervergütung, entwickelt haben.[2210] Dabei wurde die Managervergütung

2205 Einige Proxy Unternehmen, die von Aktionären zum Zwecke der Stimmabgabe im Namen der Anteilseigner eingestellt werden übernehmen auch eine beratende Funktion und werden daher Proxy Advisor (Proxy Berater) genannt.

2206 *Salley,* 70 Ohio State L.J. 2009, 757 (768).

2207 *Choi/Fisch,* 113 Yale L.J. 2003, 269 (294); *Salley,* 70 Ohio State L.J. 2009, 757 (768).

2208 RiskMetrics Group wurde im Januar 2007 durch die Fusion zweier großer Proxy Beratungsunternehmen, RiskMetrics und Institutional Shareholder Services (ISS) gegründet, vgl. RiskMetrics Group, Company History, abrufbar unter: http://www.riskmetrics.com/history (zuletzt aufgerufen am 31.03.2011). Dabei handelt es sich um eine Serviceeinrichtung der institutionellen Anleger, die für die einzelnen Aktionäre unter anderem in Vergütungsangelegenheiten abstimmt.

2209 *Salley,* 70 Ohio State L.J. 2009, 757 (768). Choi/Fisch, 113 Yale L.J. 2003, 269 (294 ff.).

2210 *Choi/Fisch,* 113 Yale L.J. 2003, 269 (297) führen hierzu aus, dass aufgrund der, von SEC und NYSE geforderten Aktionärszustimmung zu Vergütungspaketen „approval of stock option plans for many large publicly traded companies will essentially depend on the vote of institutional investors. RiskMetrics' influence over this vote indirectly provides RiskMetrics with the ability to influence executive compensation across all NYSE-listed companies."

häufig zum Schlüsselthema der Entscheidung der Anleger (nach den Vorschlägen der Proxy Berater), ob die jeweils vorgeschlagenen Kandidaten als *directors* gebilligt werden sollten.[2211] So schlug beispielsweise die RiskMetrics eine Stimmenthaltung bei der Wahl bestimmter *directors* vor, deren Vergütungspraktiken mit einer guten Corporate Governance – nach der Beurteilung des Proxy Advisors – nicht übereinstimmten.

Trotz des Machtgewinns der institutionellen Anteilseigner und ihrer Anleger werden in der Wissenschaft Bedenken in Bezug auf das „good corporate governance"-Modell der RiskMetrics geäußert.[2212] Angesichts der finanziellen Anreize der Proxy Berater (diese bieten ihre Dienste nur gegen Vergütung an) werden dabei der Wert der von RiskMetrics entwickelten Goldstandardparameter und die Vergütungsbeurteilung der Unternehmen, mit denen die Berater in Konflikt stehen könnten, zunehmend in Frage gestellt.[2213] Zudem können die Prioritäten der institutionellen Anleger, welche die Mehrzahl der RiskMetrics-Auftraggeber ausmachen, von denen der Einzelinvestoren erheblich abweichen. Letzteren fehlen oft Anreize für die optimale Ausgestaltung der Corporate Governance in Bezug auf die Managervergütung mit der Folge, dass die Maßstäbe der Proxy Berater nur einzelne Gruppeninteressen widerspiegeln.[2214]

---

2211 Dabei ist jedoch zu berücksichtigen, dass die *directors* in Wirklichkeit nicht direkt von den Aktionären ernannt werden. Vielmehr werden die Aktionäre im Rahmen des proxy statement gebeten, die bereits aufgestellte directors-Kandidatenliste zu billigen. Die Abstimmungsoptionen für die *directors*-Ernennung lauten demnach „wählen" oder „sich der Stimme enthalten"; eine negative Abstimmung ist folglich nicht möglich. *Steindl*, US-Board und Aufsichtsrat, S. 43, *Sjostrom/Kim*, 40 Connecticut L. Rev. 2007, 459 (466). Stattdessen haben RiskMetrics und einige Interesengruppen der Aktionäre eine Stimmenthaltung für *directors*-Kandidaten vorgeschlagen, für den Fall, dass die Aktionäre mit der Vergütungspolitik nicht einverstanden sind. Zwar entfaltet diese Maßnahme keine rechtliche Wirkung (da eine ablehnende Abstimmung wie bereits erwähnt nicht möglich ist), zieht jedoch die Aufmerksamkeit der *board of directors* an sich, die äußerst sensibel in Bezug auf ihr Ansehen in der Öffentlichkeit reagieren. Vgl. *Bebchuk/Fried*, 17 Journal of Economic Perspectives 2003, 71 (73 f.): „The tightness of the constraints managers and directors confront depends, in part, on how much 'outrage' a proposed arrangement is expected to generate among relevant outsiders."

2212 Ausführlich hierzu *Rose*, 32 J. Corp. L. 2007, 906–919.

2213 *Rose*, 32 J. Corp. L. 2007, 906–919; *Choi/Fisch*, 113 Yale L.J. 2003, 269 (298): „[B]ecause ISS generates substantial revenues from the services that it provides to institutional investors, which include corporate pension funds and other institutions with Wall Street loyalties, ISS may face constraints on its ability to criticize management decisionmaking. [Darüber hinaus] ISS has recently come under attack for selling issuers access to its corporate governance rating system...which the corporation may then use to improve its score dramatically – often by making a series of modest governance changes."

2214 *Anabtawi*, 53 UCLA L. Rev. 2006, 561 (583 f.); *Salley*, 70 Ohio State L.J. 2009, 757 (770).

## II. *Shareholder-Bewegungen*

Seit 2004 bildet die Managervergütung den meist diskutierten Gegenstand der Aktionärsanträge.[2215] Zahlreiche Investorengruppen strebten mit sog. „say-on-pay"-Initiativen an, dass ihnen ein der gesetzlichen Regelung vergleichbares Recht auf ein jährliches Vergütungsvotum gewährt werden sollte.[2216] Auch jüngste Proxy Seasons wiesen eine zunehmende Anzahl an auf die Managervergütung gerichteten Aktionärsanträgen auf. Und obwohl derartige Vorschläge bis dahin nur selten zum Erfolg geführt hatten, brachten der prüfende Blick der Öffentlichkeit und der dadurch auf die *boards* of *directors* ausgeübte Druck eine erhebliche Vorgehensänderung mit sich.[2217] So haben etwa die Aflac Inc. und eine Reihe weiterer Gesellschaften eine freiwillige „say-on-pay"-Regelung in ihre jährlichen Hauptversammlungs-Stimmzettel aufgenommen.[2218] Historisch wurden die Aktionärsinitiativen von großen Pensionsversicherungen, wie etwa der CalPERS, und Gewerkschaften initiiert.[2219] Alleine in den Jahren 2007 und 2008 sponserten die Gewerkschaften jeweils 40 % und 31 % der Kosten für die Corporate Governance-Abstimmungsinitiativen der Aktionäre.[2220]

Oft stehen hinter den Vorschlägen der Aktionäre allerdings bestimmte Interessengruppen, die ihre eigenen Ziele verfolgen, sodass die Anträge häufig nicht den Ursprung aufweisen, den der „shareholder activism" voraussetzt.[2221] Zudem können private Initiativhandlungen zwar unter Umständen geeignet sein, Geschäftsleiter unter Druck zu setzen, diese weisen jedoch im Regelfall nur wenig Potenzial auf.

Im Gegensatz zu Anregungen der Aktionäre, die lediglich ersuchender Natur sind, haben die Vorschriften der SEC als Aufsichtsbehörde die Macht, betroffene Unternehmen ihren Regelungen zu unterwerfen. Auch im Vergleich zu Kongress-Bestimmungen ist die SEC eindeutig in einer überlegenen Position in Bezug auf die institutionelle Kompetenz, sich mit Vergütungsfragen zu beschäftigen. Die SEC ist daher am besten dafür geeignet, eine durchsetzbare und angemessene Antwort zu jeder Auseinandersetzung zu geben.

---

2215 *Georgeson*, 2008 Annual Corporate Governance Review (2008), S. 14.

2216 RiskMetrics Group, 2007 Postseason Report: A Closer Look at Accountability and Engagement (2007), S. 8, abrufbar unter: http://va.issproxy.com//repository/GACLanding/Hot%20Topics/2007PostSeasonReport.pdf (zuletzt aufgerufen am 31.03.2011).

2217 RiskMetrics Group, 2007 Postseason Report: A Closer Look at Accountability and Engagement 2 (2007).

2218 RiskMetrics Group, Postseason Report Summary (2008).

2219 *Schwab/Randall*, 96 Michigan L. Rev. 1998, 1029.

2220 *Georgeson*, 2008 Annual Corporate Governance Review (2008), S. 14, Darstellung 7.

2221 *Georgeson*, 2008 Annual Corporate Governance Review (2008), S. 14, Darstellung 7 (Im Jahr 2008 wurden lediglich 48 % der Governance-Anträge von den einzelnen Investoren initiiert.)

## G. Haftungsrechtliche Vorschriften (*liability*)

Das Haftungsrisiko des US-amerikanischen Managements (*directors* und CEO bzw. CFO)[2222] ist deutlich höher als das ihrer deutschen Kollegen. Im Zusammenhang mit der Vergütung können US-amerikanische *directors* und begünstigte CEOs bzw. CFOs nach Bundesrecht sowohl nach dem Securities Act of 1933 als auch nach dem Securities Exchange Act of 1934 in Anspruch genommen werden.[2223] Verletzungen dieser Vorschriften können entweder durch die SEC gerügt oder von einzelnen Aktionären im Rahmen einer Klage geltend gemacht werden.[2224]

Bezüglich der Haftung ist zwischen dem *board* als Organ an sich und den einzelnen *board*-Mitgliedern, die stets nur gemeinsam Handlungen vornehmen können, zu unterscheiden. So ist eine Haftung der einzelnen *board*-Mitglieder neben der des Organs möglich. Nach Common Law-Grundsätzen macht ein *director* sich haftbar, wenn er seine Befugnisse oder seine Vertretungsmacht überschreitet und die ihm obliegenden Sorgfalts- und Treuepflichten verletzt. Weiterhin besteht in den meisten Bundesstaaten neben der Common Law-Haftung eine gesetzliche Haftung der *board*-Mitglieder. Letztere ist dann einschlägig, wenn gesetzliche Regelungen verletzt werden, die dem einzelnen Mitglied des *boards* bestimmte Pflichten auferlegen. Der böse Glaube ist für die gesetzliche Haftung im Gegensatz zum Common Law üblicherweise nicht erforderlich mit der Folge, dass regelmäßig keine Anknüpfung an den sogenannten „bad faith" erfolgt. Von dieser Haftung wird das *board*-Mitglied jedoch frei, wenn es den Nachweis erbringen kann, die ihm auferlegten Pflichten, insbesondere die Sorgfalts- und Treuepflicht, beachtet zu haben. Gleichermaßen entfällt die Haftung in Fällen, in den das *board*-Mitglied gutgläubig aufgrund von Informationen, die es von Mitarbeitern oder beratenden Dritten, wie etwa den Vergütungsberatern, erhalten hat und auf deren Richtigkeit es vertrauen durfte, handelt.[2225] Bei dem im Rahmen dieser Arbeit relevanten Fall der Vergütungsgewährung durch *board*-Mitglieder haften die *directors*, wenn sie unter Verstoß gegen gesetzliche Bestimmungen oder die articles of incorporation das Gesellschaftsvermögen verteilt haben. Für die Verletzung der „say-on-pay"-Regelung sieht der US-amerikanische Gesetzgeber keine speziellen Sanktionen vor. Allerdings handelt es sich bei der Reformregelung in sec. 14A des Securities Exchange Act of 1934 um eine Ergänzung der Proxy Regulation mit der Folge, dass bei einem Verstoß mit den gleichen Rechtsfolgen wie bei Verletzungen der sonstigen Proxy-Vorschriften, namentlich Klagen der betroffenen Aktionäre und der SEC zu rechnen ist.[2226] Verstöße gegen das Verbot der Vermögensverschwendung lösen hingegen – wie oben bereits erörtert – zivilrechtliche Rechtsfolgen aus mit der Konsequenz, dass der Anstellungsvertrag aufzuheben

---

2222 Ausführlich hierzu *Knepper/Bailey*, Liability of Corporate Officers and Directors.
2223 *Martin*, NZG 2003, 948 (951).
2224 *Akin*, Corporate Governance, S. 86.
2225 *Merkt/Göthel*, US-amerikanisches Gesellschaftsrecht, S. 339 Rdn. 630 ff.
2226 *Fleischer*, Rechtsvergleichendes Gutachten, S. 56.

(*rescission*) bzw. Schadensersatz zu leisten ist (*restitutionary damage*). Kommt es zu einer Aufhebung des Vertrages, so ist das bereits Gewährte, soweit möglich, zu erstatten. Die Haftung ist regelmäßig auf den Differenzbetrag zwischen der zulässigen und der tatsächlich festgesetzten Vergütungshöhe beschränkt,[2227] wobei die *board*-Mitglieder im Falle der gesetzlichen Haftung stets gesamtschuldnerisch (*jointly and severally*) haften. Vereinzelt wurde diese Schadensberechnung jedoch als zu milde angesehen, da die Direktoren bei einem Verstoß gegen die „*waste-of-corporate-assets*“-Doktrin finanziell nicht schlechter stehen, als bei einer von Anfang an fairen Vergütungsfestsetzung. Um die Abschreckungswirkung zu intensivieren, haben die US-amerikanischen Gerichte daher in Einzelfällen die Rückzahlung in voller Höhe[2228] oder sogar Strafschadensersatz (*punitive damages*)[2229] verhängt.[2230]

Allerdings hat sich in den letzten Jahrzehnten auf einzelstaatlicher Ebene eine zunehmende Tendenz zur Entlastung der Board-Mitglieder herausgebildet. So ist Delaware, inzwischen gefolgt von den meisten Staaten, im Jahre 1986 darüber hinaus gegangen und lässt es seither zu, in den articles of incorporation die Haftung der *directors* für Verletzungen der Sorgfaltspflicht (*duty of care*) teilweise oder sogar vollständig auszuschließen.[2231] Die Haftung für Verletzungen der Treuepflicht (*duty of loyalty*), für bösgläubiges Handeln, für vorsätzliches Zuwiderhandeln und für die Ausschüttung oder Annahme von Leistungen unter Verstoß gegen sec. 174 DGCL darf hingegen weiterhin nicht ausgeschlossen werden.[2232]

Ferner stellt sich die Frage, ob und wie die Mitglieder des *compensation committee* für die Festsetzung unangemessener Managervergütung haftbar gemacht werden können. Die SEC beabsichtigte zunächst, den Bericht des *compensation committee* von den Ausschussmitgliedern unterzeichnen zu lassen. Eine Erweiterung der Treuepflichten der Direktoren sollte damit zwar nicht einhergehen, die Komiteemit-

---

2227 Sec. 8.33 RMBCA.; sec. 172, 174 DGCL.

2228 Vgl. *American Timber & Trading Co. v. Niedermeyer*, 558 P.2d 1211 (Or. 1976).

2229 Vgl. *Goben v. Barry*, 676 P2.d 90 (Kan. 1984); *Fleischer,* Rechtsvergleichendes Gutachten, S. 57.

2230 *Gevurtz,* Corporation Law, S. 386; rechtsvergleichend *Merkt/Goethel,* US-amerikanisches Gesellschaftsrecht, S. 450 Rdn. 904; *Fleischer,* Rechtsvergleichendes Gutachten, S. 56.

2231 Sec. 102(b)(7) DGCL; *Cinemera, Inc. v. Technicolor, Inc.*, 663 A.2d 1156 (Del. 1995); *Resolution Trust Corp. v. City Fed. Fin. Corp.*, 57 F.3d 1231 (3d Cir.1995); *Merkt/Göthel,* US-amerikanisches Gesellschaftsrecht, S. 340 Rdn. 634. In Deutschland hingegen sind statutarische Haftungsbeschränkungen aufgrund der aktienrechtlichen Satzungsstrenge des § 23 Abs. 5 AktG ausgeschlossen. Vielmehr bildet die Schadensersatzhaftung des § 93 Abs. 2 AktG i.V.m. § 116 Satz 1 AktG zwingendes Recht und kann weder durch die Satzung noch durch den Anstellungsvertrag eingeschränkt bzw. ausgeschlossen werden.

2232 Sec. 102(b)(7) DGCL; *Merkt/Göthel,* US-amerikanisches Gesellschaftsrecht, S. 341 Rdn. 634.

glieder sollten aber angehalten werden, besonders gründlich bei der Ausarbeitung des Berichts vorzugehen. Die Unterzeichnungspflicht stieß jedoch auf erhebliche Kritik, da hiermit ein potenzieller Haftungsgrund kriiert werden würde. Es wurde außerdem befürchtet, dass das Haftungsrisiko des Vergütungsausschusses eine offene Vergütungsdiskussion und das Gewinnen von Komiteemitgliedern erschweren würde.[2233] Aufgrund dieser Bedenken verzichtete die SEC in der endgültigen Fassung auf das Erfordernis der Unterzeichnung und somit auch auf eine zusätzliche Haftung der Kommittemitglieder. Es blieb jedoch bei der Haftung nach Rule 10(b) Exchange Act bzw. SEC Rule 10b-5[2234] wegen Betruges.

2233 *Straka,* 72 Neb. L. Rev. 1993, 803 (828 ff.); *Gollnick,* Beurteilung, S. 184.
2234 15 USC sec. 78j bzw. 17 CFR sec. 240.10b-5.

# Teil 5: Auswertung: Gemeinsamkeiten und Unterschiede der Lösungsansätze in Deutschland, Großbritannien und USA

*„(I)f there are sufficient basic similarities to make a comparison possible, there are, equally, sufficient differences to make it fruitful.“*[2235]

„In einer Vielzahl von Fällen hat die Höhe der Vorstandsvergütung zu einer tiefen Unzufriedenheit der Arbeiter geführt und den Aktionären das Gefühl vermittelt, ihrer Dividende ungerechtfertigt beraubt worden zu sein.“[2236] Dieser Satz könnte die Lage im Jahr 2010 beschreiben, stammt jedoch bereits aus dem Jahr 1941, als die Vorstandsvergütung ebenfalls ein heißes Thema der sich in den USA dem Ende zuneigenden Weltwirtschaftskrise darstellte. Wie diese Aussage beweist, stellte die Vorstandsvergütung bereits seit Entstehung des Gesellschaftsrechts ein viel umstrittenes Thema dar, sowohl in den USA als auch in Großbritannien und Deutschland.[2237]

Die Vergütung der Vorstände von Aktiengesellschaften bildete schon immer ein beliebtes juristisches Thema, das auch im Mittelpunkt der Öffentlichkeit diskutiert wurde. Die Höhe der Vorstandsvergütung als solche wurde häufig von der jeweiligen ökonomischen und politischen Entwicklung in der Gesellschaft beeinflusst. Das Zentrum der öffentlichen Diskussion bildeten dabei die angemessene Ausgestaltung der Vorstandsbezüge sowie deren Transparenz.

Bereits in der Vergangenheit gingen gesetzgeberischen Entscheidungen auf dem Gebiet der Vorstandsvergütung oft aufsehenerregende politische oder wirtschaftliche Ereignisse voraus, die in der Regel mit überdimensionalen oder so empfundenen Vergütungen im Zusammenhang standen. Diesbezügliche Handlungen des Gesetzgebers hatten dann die Beseitigung etwaiger Missbrauchsmöglichkeiten zum Ziel, indem versucht wurde, eine angemessene Vergütung durch die Schaffung gesetzlicher Regelungen zu erzwingen. Leider brachten diese Unternehmungen bisher immer nur einen relativ kurzlebigen Erfolg.[2238]

Anfang der dreißiger Jahre des zwanzigsten Jahrhunderts kam es als Resultat des beträchtlichen Wirtschaftswachstums der zwanziger Jahre zu einer der bedeutsamsten Weltwirtschaftskrisen. Aufgrund der vorherrschenden, fast unbeschränkten

2235 *Gower*, 69 Harv. L. Rev. 1956, 1369 (1370).

2236 „In a number of instances, executives have received compensation so large as to cause dissatisfaction among factory and office workers, and to lead stockholders to feel that they have been unjustly deprived of funds distributable as dividends.“ *Washington*, 54 Harv. L. Rev. 1941, 733.

2237 *Seligman*, The Transformation of Wall Street, S. 25 f.; *Caywood*, 109 Mich. L. Rev. 2010, 111 (112).

2238 *Grattenthaler*, Die Vergütung, S. 29.

Vertragsfreiheit erhielten Vorstandsmitglieder dennoch Vergütungen, die in einem groben Missverhältnis zu ihren Aufgaben und der finanziellen Lage der Gesellschaften standen.[2239] Als Ursache hierfür galt die mit der Weltwirtschaftskrise einhergehende hohe Inflation. Selbst in vielen Fällen, in denen die Lage der Gesellschaft sich als hoffnungslos erwies, wurden weiterhin unangemessen hohe Zahlungen an die Leitungsorgane geleistet.[2240] Um eine Absicherung in Zeiten einer immer stärker werdenden Inflation zu erhalten, wurden in den Anstellungsverträgen immer höhere Sicherheitszuschläge vereinbart, die zu einem enormen Anstieg der Vergütungen führten. Zudem trug auch ein übermäßiges Streben nach persönlicher Bereicherung im Ergebnis zu einem nicht mehr zu rechtfertigendem Kontrast zwischen dem durch die Vorstände Geleisteten und der Vergütungshöhe bei. Trotz starker Belastung der Gesellschaften mit erheblichen Zahlungsschwierigkeiten stiegen die Vorstandsbezüge immer weiter an.[2241]

In Deutschland fand die Angemessenheit der Vorstandsvergütung als Reflektierung der Ereignisse der vorangegangenen Jahre 1937 zum ersten Mal in § 78 AktG ihre gesetzliche Verankerung. Demnach hatte der Aufsichtsrat dafür Sorge zu tragen, dass die Gesamtbezüge der Vorstandsmitglieder in einem angemessenen Verhältnis zu den Aufgaben des einzelnen Mitglieds und zur Lage der Gesellschaft standen. Trotz zwischenzeitlicher erheblicher Änderungen der Vergütungspraxis galt dieser vor mehr als 70 Jahren aufgestellte Grundsatz bis zum Inkrafttreten des Reformgesetzes zur Angemessenheit der Vorstandsvergütung im August 2009 unverändert fort.

Gegen Ende der achtziger Jahre des letzten Jahrhunderts wurde die Problematik der Vorstandsvergütung vor allem in den USA erneut aufgegriffen. Bedingt durch den Wirtschaftsaufschwung kam es vermehrt zum „Wettlauf der amerikanischen CEOs" um die höchste Vergütung. Diese Entwicklung wurde vor allem durch den verstärkt ins Blickfeld gekommenen Kapitalmarkt und die immer stärker werdende Fokussierung auf den *shareholder value* vorangetrieben. Die Lage spitzte sich auch durch den zunehmenden Einsatz von variablen Vergütungsbestandteilen, welche überwiegend in Form der Beteiligung des Leitungsorgans an Aktienoptionsprogrammen der Gesellschaften gewährt wurden, erheblich zu.

Der Höhepunkt dieser Entwicklung auf dem Bereich der Vorstandsvergütung fand zwischen dem Ende der neunziger Jahre des zwanzigsten Jahrhunderts und dem Beginn des neuen Jahrtausends statt. Nun gewann der Kapitalmarkt auch in Deutschland immer mehr an Einfluss. Als Folge hiervon und aufgrund des immer größer werdenden Internet-Booms war auch im Inland ein überproportionaler Anstieg der Vorstandsgehälter zu verzeichnen.[2242] Im Vordergrund der Diskussion stand

2239 *Heins*, Angemessenheit, S. 1.

2240 *Schlegelberger/Quassowski*, AktG, § 78 Rdn. 1; *Schnapperelle*, Die Angemessenheit, S. 57.

2241 *Grattenthaler*, Die Vergütung, S. 31.

2242 *Grattenthaler*, Die Vergütung, S. 33.

nunmehr die sog. Corporate Governance, die für das Thema der Vorstandsvergütung bereits damals eine bedeutende Rolle spielte.

Die gegenwärtige Finanzmarktkrise hat unter anderem die Schwachstellen der Führung und Aufsicht in vielen börsennotierten Gesellschaften weltweit und insbesondere im Finanzdienstleistungssektor ans Licht gebracht. Zum einen haben sowohl Deutschland als auch die Vereinigten Staaten unreflektiert und entgegen der OECD-Leitsätze[2243] die einseitig auf *shareholder value*-Maximierung ausgerichteten britischen Corporate Governance Vorgaben übernommen. Darüber hinaus verfügten viele der von der Krise am meisten betroffenen Unternehmen, im Gegensatz zu den weiterhin erfolgreichen Finanzdienstleistungsunternehmen wie etwa Familienbetrieben, partnerschaftlich organisierten Gesellschaften und lokalen Unternehmen, über keine ganzheitlich messbaren Erfolgsparameter, die sowohl den Nutzen der Eigentümer als auch den der Kunden und Mitarbeiter erfassen. Im Übrigen mangelte es vielen Unternehmen am ganzheitlichen Erfolgs-, Controlling und Risikomanagement auf der *board*-Ebene.[2244]

Folglich hat die wahrgenommene Dynamik der rechtlichen und wirtschaftlichen Entwicklungen, ausgelöst durch die weltweite Finanzmarktkrise der letzten Jahre, in Deutschland, Großbritannien und den USA jeweils zu einer Begünstigung der Übernahme von Regelungselementen der Vergütungssysteme der anderen Rechtsordnungen geführt. Die weiterhin bestehenden Unterschiede in der Ausgestaltung der Vorstandsvergütung und der Corporate Governance als solcher dürfen jedoch keineswegs außer Acht gelassen werden.[2245]

Zwar ist in allen drei Ländern eine starke Reformbereitschaft der nationalen Kapitalmarktrechte zu verzeichnen, den Ausgangspunkt der Reformen bildete jedoch stets das stark voneinander abweichende Vergütungsniveau.

## § 1. Monistisches vs. dualistisches Führungsmodell des Unternehmens

Der Ursprung der divergierenden Vergütungsausgestaltung in Deutschland, Großbritannien und den USA könnte in den unterschiedlichen Unternehmensführungsmodellen deutscher und angloamerikanischer Gesellschaften gesehen werden.[2246] Somit stellt sich zunächst die Frage, ob das Modell der Unternehmensverfassung

2243 Organisation for Economic Co-operation and Development (oder auch Organisation für wirtschaftliche Zusammenarbeit und Entwicklung), OECD Principles for Corporate Governance, abrufbar unter: http://www.oecd.org/document/49/0,3343,en_2649_34813_31530865_1_1_1_1,00.html (zuletzt aufgerufen am 31.03.2011).

2244 *Hilb* in: Responsible Corporate Competitiveness, S. 43, abrufbar unter: www.fgn.unisg.ch/dokumente/lechnerfinanzmarktkrise.pdf (zuletzt aufgerufen am 09.04.2011).

2245 *Naruisch*, Systemkomponenten interner Corporate Governance, S. 28.

2246 *Davies*, ZGR 2001, 268 (284 ff.).

für die verfehlten Vergütungssysteme, die als wesentlicher Katalysator der weltweiten Finanzmarktkrise angesehen werden, verantwortlich gemacht werden kann.

Das dualistische Führungssystem deutscher Unternehmen zeichnet sich durch eine klare Trennung zwischen Unternehmensleitung und Kontrolle aus. Aus dieser Aufgabenaufspaltung und Organdivision resultiert aber auch eine gewisse Schwäche dieses Unternehmensmodells. Als ein vom Vorstand unabhängiges und verselbständigtes Unternehmensorgan verfügt der Aufsichtsrat über eine mangelnde Teilhabe an der Tätigkeit des Vorstands, wodurch eine umfassende Kontrolle nicht gewährleistet werden kann.[2247] Diese Informationsdefizite können jedoch durch eine verstärkte Kooperation von Vorstand und Aufsichtsrat behoben werden.[2248]

Ein weiterer Gesichtspunkt, in dem sich das in Deutschland herrschende dualistische System vom Monismus der angloamerikanischen Unternehmensverfassung unterscheidet, ist die Mitbestimmung. Das deutsche Aktiengesetz schreibt in § 96 Abs. 1 AktG i. V. m. § 7 Abs. 1 MitbestG eine zwingende anteilige Besetzung der Aufsichtsräte mit Arbeitnehmervertretern vor. Dabei wird das Ziel verfolgt, nicht nur die Interessen der Aktionäre, sondern auch die der Belegschaft wahrzunehmen. Eine derartige Regelung kann jedoch unter Umständen aufgrund befürchteter negativer Auswirkungen auf die Beschäftigtenlage eine Aufschiebung, Ablehnung oder kompromissbedingte Abschwächung wirtschaftlich sinnvoller oder sogar unentbehrlicher Entscheidungen nach sich ziehen. Zwar steht dem Aufsichtsratsvorsitzenden in Ausnahmefällen ein zweites Stimmrecht gemäß § 29 Abs. 2 MitbestG zu, mit dem er Pattsituationen im Aufsichtsrat zugunsten der Aktionäre auflösen kann. Die praktische Bedeutung dieser Regelung ist jedoch aufgrund des Bestrebens das Gleichgewicht zwischen beiden Seiten zu wahren, äußerst gering.[2249] Im Übrigen führen die Vorschriften des MitbestG dazu, dass die Aufsichtsräte größerer Unternehmen entsprechend viele Mitglieder (etwa sechzehn oder zwanzig) aufweisen. Je größer das Organ ist, desto schwieriger kann es seinen Überwachungs- und Kontrollaufgaben effizient nachgehen. Dennoch konnten zahlreiche Forderungen zur Verkleinerung der Aufsichtsräte deutscher Aktiengesellschaften auf etwa zehn bis zwölf Mitglieder aufgrund vehementer Proteste der Gewerkschaften nicht durchgesetzt werden.[2250]

---

2247 *Marsch-Barner*/Schäfer, Handbuch, § 3 Rdn. 11.

2248 *Naruisch*, Systemkomponenten interner Corporate Governance, S. 30; *Grundmann*, Europäisches Gesellschaftsrecht, S. 172; *Peltzer* in: Hommelhoff/Hopt/v. Werder, Hdbuch CG 2003, S. 223; *Arnold*, Die Steuerung, S. 76.

2249 *Marsch-Barner*/Schäfer, Handbuch, § 2 Rd. 12.

2250 *Neubürger* in: Hommelhoff/Hopt/v. Werder, Hdbuch CG, 2003, S. 177 (190 f.). Mit der Einführung der Societas Europaea besteht erstmals die Möglichkeit, die Größe des Aufsichtsrates in der Satzung festzulegen, vgl. Art. 40 Abs. 3 SE-VO i. V. m. § 17 Abs. 1 SEAG; *Habersack*, AG 2006, 345 (346). Angezweifelt wird insbesondere die Legitimation der Arbeitnehmervertreter im Aufsichtsrat, wenn das Unternehmen auch ausländische Belegschaft aufweist, die Arbeitnehmerverteter jedoch nur von der inländischen Belegschaft gewählt werden, vgl. §§ 9 ff. MitbestG.

Aber auch das monistische System weist erhebliche Schwächen auf.[2251] Der zentrale Kritikpunkt besteht in der unzureichenden Kontrolle der im *board* konzentrierten und regelmäßig einem *executive committee* übertragenen Machtfülle. Somit fehlt es innerhalb des *boards* an einem Gegenpol, mit der Folge, dass Interessenkonflikte und ihre einseitige Lösung vorprogrammiert sind.[2252] Dies ist vor allem dann der Fall, wenn das *board* über seine eigene Vergütung zu entscheiden hat. Um diese strukturelle Unzulänglichkeit des Boardsystems auszugleichen wurde der Versuch unternommen nicht geschäftsführende *board*-Mitglieder zu bestellen, die nicht zugleich Beschäftigte des Unternehmens sind. Diese externen Experten, auch *non-executives* genannt, sollen demnach z. B. als Mitglieder des *compensation committee* bestimmte Kontroll- und Überwachungsaufgaben in von der Unternehmensführung unabhängigen Ausschüssen erfüllen. Die einzelnen Ausschüsse sollen dabei ausschließlich mit unabhängigen *board*-Mitgliedern besetzt sein.[2253] Eine derartige Zweiteilung in geschäftsführende und unabhängige, nicht geschäftsführende Direktoren innerhalb eines Organs führt zu einer gewissen Angleichung des noch monistischen Modells der Verfassung angloamerikanischer Unternehmen an das dualistische System der deutschen Unternehmensführung.[2254]

Ein weiteres Problem des monistischen Systems stellt die insbesondere in den US-amerikanischen *boards* herrschende starke Position des *chief executive officer* (CEO) dar. Dieser ist meistens gleichzeitig auch *chairman* des *boards* und kann daher sowohl die Organisation als auch die Entscheidungen dieses Unternehmensorgans steuern und zum größten Teil beeinflussen. Zur Vermeidung einer derartigen Machtkonzentration in einem Organ wurde daher wiederholt die Forderung geäußert, die Positionen von CEO und *chairman* zu trennen.[2255] Angesichts der aktuellen Finanzmarktkrise verlangt der US-amerikanische Gesetzgeber im Dodd-Frank Act von 2010 jedoch lediglich die Offenlegung und Begründung der personellen Besetzung der CEO- und *chairman* des *board*-Posten. Eine verpflichtende personelle Trennung dieser Positionen geht damit jedoch nicht einher. Die britische best practice empfiehlt zwar die Trennung beider Posten bereits seit längerem,[2256] praktische Umsetzung hat diese Regelung jedoch noch nicht in allen Unternehmen des Ver-

2251 *Schwarz/Holland*, ZIP 2002, 1661 (1664 ff.).

2252 *Marsch-Barner/*Schäfer, Handbuch, § 2 Rdn. 14; *Naruisch*, Systemkomponenten interner Corporate Governance, S. 30; *Arnold*, Die Steuerung, S. 77.

2253 *v. Hein*, RIW 2002, 501 (505 f.); *Marsch-Barner/*Schäfer, Handbuch, § 2 Rdn. 14.

2254 *Marsch-Barner/*Schäfer, Handbuch, § 2 Rdn. 14.

2255 So etwa die Forderung der Blue-Ribbon Commission on Public Trust and Private Enterprise der amerikanischen Wirtschaftswissenschaftlervereinigung, The Conference Board, Januar 2003 oder auch Empfehlungen des Millstein Center for Corporate Governance and Performance, Yale School of Management, June 2009.

2256 Vgl. sec. A.2.1 The UK Corporate Governance Code 2010: „The roles of chairman and chief executive should not be exercised by the same individual. The division of responsibilities between the chairman and chief executive should be clearly established, set out in writing and agreed by the board."

einigten Königreichs gefunden.[2257] Im Übrigen erscheint die in Großbritannien gepflegte jährliche Neuwahl des *board* inklusive der *executive members* wenig geeignet, Kontinuität in der Unternehmensführung zu gewährleisten und die Kurzfristorientierung nach *shareholder value*-Maximen zu verhindern. Dies wird insbesondere in den USA an der oft unter einem Jahr liegenden Verweildauer neuer CEOs auch in Großkonzernen deutlich. Die sich hierdurch ausdrückende Ungeduld dient weder der gedeihlichen Entwicklung des Unternehmens noch dem Ansehen des übrigen *boards*, das diesen CEOs ja selbst „erkoren" hat.[2258]

Die Frage, welches System der Unternehmensführung effektiver und somit auch krisenresistenter ist, kann in diesem Zusammenhang jedoch dahingestellt bleiben, denn es zeigt sich eine zunehmende Annäherung beider Modelle.[2259] In Deutschland äußert sich dies durch eine verstärkte Kooperation zwischen Vorstand und Aufsichtsrat mit dem Ziel der Reduzierung der aus der funktionalen Trennung beider Organe resultierenden Schwächen.[2260] Aber auch bei angloamerikanischen Unternehmen lassen sich trotz des Festhaltens am Modell der monistischen Unternehmensverfassung deutliche Annäherungstendenzen zum deutschen dualistischen System der Unternehmensorganisation erkennen. Zwar wird sowohl im Vereinigten Königreich als auch in den USA weiterhin an der strukturellen Konzeption eines an der Spitze des Unternehmens stehenden einheitlichen Führungs- und Überwachungsorgans in Gestalt des *board* festgehalten, funktional und personell ist jedoch eine zunehmende Entwicklung in Richtung Gewaltenteilung beider Organfunktionen zu beobachten.[2261] Dies resultiert vor allem aus der Forderung nach Unabhängigkeit der nicht geschäftsführenden Direktoren und daraus, dass das *board* mehrheitlich mit diesen besetzt werden soll. Aber auch der Vorschlag einer personellen Trennung von *chairman*- und CEO-Posten deutet auf eine Harmonisierung beider Unternehmensmodelle hin. Im Gegensatz zu den deutschen Regelungen des AktG und den gesetzlichen Vorschriften in den USA existieren im britischen Gesellschaftsrecht keine verbindlichen Vorgaben der Unternehmensorganisation, wie etwa über die Einrichtung eines einheitlichen *board*, sodass hier sowohl eine monistische als auch eine dualistische Unternehmensverfassung rechtlich unbedenklich ist[2262] mit der Folge, dass die Annäherung des britischen Modells an das

2257 *Marsch-Barner*/Schäfer, Handbuch, § 2 Rdn. 15.

2258 *Strenger*, DStR 2001, 2225 (2228).

2259 *Teichmann*, Binnenmarktkonformes Gesellschaftsrecht, S. 530; *Böckli* in: Hommelhoff/Hopt/v. Werder, Hdbuch CG 2009, S. 255 (256 ff.); *Marsch-Barner*/Schäfer, Handbuch, § 2 Rdn. 17; *Naruisch*, Systemkomponenten interner Corporate Governance, S. 29; *Donald*, WM 2003, 705 (712); *Kort* in: Hopt/Wiedemann, GroßkommAktG, Vor § 76 Rdn. 2.

2260 Der DCGK spricht vom Zusammenwirken von Vorstand und Ausichtsrat un regelt in Ziff. 3.1, dass Vorstand und Aufsichtsrat zum Wohle des Unternehmens eng zusammenarbeiten sollen.

2261 *Naruisch*, Systemkomponenten interner Corporate Governance, S. 107.

2262 *Teichmann*, Binnenmarktkonformes Gesellschaftsrecht, S. 560.

deutsche Aufsichtsrat-Vorstand-System keiner Überwindung rechtlich verbindlicher Schranken bedarf.[2263]

Trotz deutlich erkennbarer Tendenz der Annäherung beider Systeme sind die weiterhin bestehenden Divergenzen jedoch nicht von der Hand zu weisen.[2264] In angloamerikanischen Aktiengesellschaften bleibt es trotz einer gewissen Aufgabentrennung zwischen geschäftsführenden und unabhängigen *board*-Mitgliedern stets bei der Verantwortung des *boards* als Einheit. Das dualistische System hingegen sieht weiterhin zwei unabhängige Organe, den Aufsichtsrat und den Vorstand, vor, wobei nur der letztere für die Festlegung der Unternehmenspolitik zuständig ist. Die Empfehlung in Ziffer 3.1 DCGK, welche eine enge Zusammenarbeit des Vorstands mit dem Aufsichtsrat vorschreibt, bringt leider auch keine funktionale Änderung mit sich. Darüber hinaus ist aufgrund des im deutschen Aktiengesetz verankerten Grundsatzes der Gesamtverantwortung[2265] nur eine begrenzte Annäherung der Stellung des Vorstandsvorsitzenden an die eines angloamerikanischen CEO möglich. Im Übrigen kann die Forderung, wonach das *board* mehrheitlich aus unabhängigen Mitgliedern bestehen soll, nicht ohne weiteres auf den deutschen Aufsichtsrat übertragen werden, da dessen aus der Belegschaft gewählte Arbeitnehmervertreter von vornherein nicht als unabhängig angesehen werden können.[2266] Aus diesem Grund geht die Formulierung in Ziffer 5.4.2 DCGK nur soweit, dass dem Aufsichtsrat eine nach seiner Einschätzung ausreichende Anzahl unabhängiger Mitglieder angehören soll.

In der Vergangenheit wurde bereits wiederholt der Versuch unternommen, systemvergleichende Überlegungen zum deutschen und angloamerikanischen Modell der Unternehmensleitung anzustellen. Die Erfolgsbeurteilung des einen oder des anderen Systems hängt jedoch von der ausgewählten Ansatzmöglichkeit, wie etwa dem Vergleich der Boardstruktur oder der Einflussnahme der Aktionäre auf die Vergütung der Unternehmensleitung, sowie von sonstigen rechtlichen Rahmen-

2263 *Davies*, ZGR 2001, 268 (269).

2264 *Böckli* in: Hommelhoff/Hopt/v. Werder, Handb CG 2009, S. 255 ff.

2265 Ausführlich zum Grundsatz der Gesamtverantwortung im Aktienrecht *Fleischer*, NZG 2003, 449 ff.

2266 *Böckli* in: Hommelhoff/Hopt/v. Werder, Hdbuch CG 2009, S. 255 (273); sowie die Empfehlung der Kommission vom 25.02.2005 zu den Aufgaben der nicht geschäftsführenden Direktoren/Aufsichtsratsmitglieder, 2005/162/EG, ABl. EU Nr. L 52, S. 63, Anhang II 1b): „ Der nicht geschäftsführende Direktor bzw. das Aufsichtsratsmitglied darf in der Gesellschaft oder einer verbundenen Gesellschaft nicht als Arbeitnehmer beschäftigt sein und auch in den vergangenen drei Jahren nicht als Arbeitnehmer beschäftigt gewesen sein, es sei denn, er gehört nicht zu den Führungskräften der Gesellschaft und ist im Rahmen eines gesetzlich anerkannten Systems der Arbeitnehmervertretung, das einen angemessenen Schutz vor missbräuchlicher Entlassung und sonstiger ungerechter Behandlung bietet, in den Verwaltungs-/Aufsichtsrat gewählt worden."

bedingungen ab.[2267] Auch ist es den Wissenschaftlern bisher noch nicht gelungen, eine höhere Krisenanfälligkeit des einen oder des anderen Führungsmodells festzustellen. Demnach ist jedes System von eigenen Stärken und Schwächen geprägt, deren wechselseitiger Einfluss keiner genaueren Messung unterliegt. Darüber hinaus sind die ordnungspolitischen Rahmenbedingungen in Deutschland, Großbritannien und den USA so unterschiedlich ausgestaltet, dass eine definitive Aussage, welches System sich am effektivsten gegen die Finanzmarktkrise wehren kann, nicht möglich ist. Vielmehr gab es in beiden Führungssystemen Aufsehen erregende Unternehmenszusammenbrüche, machtmissbräuchliche Aktionen und exzessive Vergütungsauszahlungen.[2268]

## A. Festsetzungskompetenz

Aber auch in Bezug auf die Kompetenzverteilung für die Vergütungsfestsetzung bestehen aufgrund der unterschiedlichen Unternehmensmodelle zwischen Deutschland, Großbritannien und den USA nicht unerhebliche Unterschiede. So ist in Deutschland der Aufsichtsrat als von der Unternehmensführung unabhängiges Organ für die Festsetzung der Vorstandsvergütung gem. § 84 AktG zuständig. Bei der Erfüllung dieser Aufgabe kann er neuerdings auch auf unabhängige Vergütungsberater gem. Ziffer 4.2.2 Abs. 3 DCGK zurückgreifen. Dabei handelt es sich jedoch um eine bloße Kodexempfehlung, deren Einhaltung nicht zwingend ist.

Großbritannien und die USA hingegen folgen – wie eben erläutert – dem sog. *one-tier*-Modell der Unternehmensführung mit der Folge, dass dem *board of directors* selbst die Befugnis zur Festsetzung der Vergütung für die geschäftsführenden *directors* zusteht. Dabei darf jedoch der *director*, über dessen Vergütung entschieden wird, in dieser Sache regelmäßig nicht mit abstimmen. Wenn die für die Entscheidungsfindung Zuständigen gleichzeitig auch diejenigen sind, von den erwartet wird, dass sie die Rechtmäßigkeit dieser Entscheidungen überprüfen, so führt es unweigerlich zu einem Interessenkonflikt. Zur Vermeidung etwaiger Interessenkonflikte wird das *board* in Großbritannien angehalten, einen Vergütungsausschuss gem. sec. D.2.1 UK Corporate Governance Code von 2010 einzurichten, welcher mindestens aus drei, bei kleineren Unternehmen aus zwei, unabhängigen, nicht geschäftsführenden *directors* besteht. Der Vorsitzende des Unternehmens (*chairman*) kann ebenfalls als Mitglied, nicht jedoch als Vorsitzender des Vergütungsausschusses agieren. Dies gilt allerdings nur, wenn der *chairman* als unabhängig betrachtet wird. Gemäß sec. D.2.2 UK Corporate Governance Code soll der Vergütungsausschuss eine übertragene Kompetenz für die Festsetzung der Vergütung aller executive *directors* und des *chairman* erhalten sowie das Vergütungsniveau und -struktur für das *senior management* empfehlen und überwachen.

---

2267 *Roe* in: Baums/Buxbaum/Hopt, Institutional Investors and Corporate Governance, S. 23 ff.

2268 *Marsch-Barner*/Schäfer, Handbuch, § 2 Rdn. 10.

In den Vereinigten Staaten obliegt die originäre Kompetenz, über die Vergütung der *executive officers* zu entscheiden, ebenfalls den Mitgliedern des *boards*. Nach dem Recht des Staates Delaware ist ein *board* befugt, nicht jedoch verpflichtet, einen Vergütungsausschuss einzurichten, welcher dann für die Vergütungsfestsetzung der *executives* zuständig ist. Börsennotierte Gesellschaften sind hingegen nach den Vorgaben der NYSE verpflichtet, ein solches *compensation committee* zu etablieren, welches ausschließlich aus unabhängigen Direktoren bestehen muss. Die Börsenregelungen der NASDAQ hingegen schreiben börsennotierten Unternehmen nur die Einrichtung von Prüfungsausschüssen vor, wobei die Errichtung eines Vergütungsausschusses, bestehend ausschließlich aus unabhängigen *directors* nicht verpflichtend ist. Wird kein *compensation committee* eingerichtet, sind die Vergütungsentscheidungen ausschließlich von unabhängigen Mitgliedern des *board of directors* zu treffen. Auch nach dem Dodd-Frank Act sind börsennotierte Unternehmen gehalten, den Vergütungsaussschuss nur mit unabhängigen *directors* zu besetzen. Das Reformgesetz geht aber noch darüber hinaus und überträgt die Befugnis, unabhängige Vergütungsberater hinzuzuziehen, ausschließlich dem *compensation committee*.

Was die Zulässigkeit von Satzungsregelungen über die Vorstandsvergütung anbelangt, ist die Diskussion in Deutschland am weitesten fortgeschritten. Die herrschende Lehre verneint eine solche Zulässigkeit, weil sie der Kompetenzordnung der deutschen Aktiengesellschaft zuwiderläuft und die Personalhoheit des Aufsichtsrats aushöhlt. In den Vereinigten Staaten sind ebenfalls Zweifel in Bezug auf die Regelung der Vergütungspolitik in den *bylaws* aufgekommen. Diese würde in die unveräußerliche Leitungsmacht der *directors* eingreifen. In Großbritannien hingegen entspricht es einer jahrhundertelangen Unternehmenspraxis, die Kompetenz für die Festsetzung der *director*-Vergütung dem *board of directors* selbst zuzuweisen und diese in den Satzungen der Gesellschaft festzulegen. Des Weiteren ist die Bedeutung der mit unabhängigen *board*-Mitgliedern besetzten Vergütungsausschüsse und der Hinzuziehung unabhängiger Vergütungsberater im Rahmen der Vergütungsfestsetzung bei britischen und US-amerikanischen Unternehmen deutlich höher, als dies in Deutschland der Fall ist.

## B. Unterschiede der Boardstruktur in Großbritannien und USA

Aber auch innerhalb des monistischen Führungssystems könnten Unterschiede der Vergütungspraktiken auf eine divergierende Boardstruktur in Großbritannien und den USA zurückzuführen sein. Zwar weisen die englische und die US-amerikanische Boardstruktur eine gewisse Ähnlichkeit auf, die zumindest teilweise auf das in beiden Ländern geltende Common Law-Rechtssystem zurückzuführen ist. Die im Rahmen dieser Arbeit relevanten englischen und US-amerikanischen Unternehmensformen verfügen über ein einheitliches *board of directors*, welches sowohl die strategischen Unternehmensentscheidungen als auch die Tätigkeiten der Spitzenmanager (sog. *top officers* oder *executive directors*) überwacht. Darin liegt der grundlegende Unterschied zur dualistischen deutschen Unternehmensorganisation, die ein zweigliedriges Modell der Unternehmensführung, bestehend aus einem Vorstand und einem Aufsichtsrat, vorsieht. Trotz zahlreicher Gemeinsamkeiten zwischen dem *board of directors* im Vereinigten Königreich und in den Vereinigten Staaten existieren dennoch bedeutende Unterschiede der beiden Systeme, die wiederum in divergierenden Lösungsansätzen zur Vergütungsproblematik münden.

So ist das Vereinigte Königreich in Bezug auf die personelle Trennung der Posten des *chairman* des *board* und des CEO den US-amerikanischen Regelungen weit voraus. Während im Vereinigten Königreich eine diesbezügliche Empfehlung bereits im Jahr 1992 mit der Konsequenz erfolgte[2269], dass bereits Ende der 90er Jahre eine beachtliche Mehrheit der englischen Unternehmen diese Vorgabe umsetzte[2270], setzte in den Vereinigten Staaten eine derartige Entwicklung erst in den letzten Jahren ein.[2271]

Zwar wird sowohl im Vereinigten Königreich als auch in den Vereinigten Staaten verlangt, dass das *board of directors* und die *compensation committees* mehrheitlich mit unabhängigen Direktoren besetzt werden. Der US-amerikanische Ansatz der Unabhängigkeitsdeterminanten ist jedoch äußerst kompliziert ausgestaltet, wohingegen die englische Defintion der Unabhängigkeit zwar weniger bestimmt, jedoch viel flexibler konzipiert ist.[2272] Zudem werden nicht geschäftsführende Direktoren des Vereinigten Königreichs beim Verstoß gegen die gesetzlichen Sorgfaltsplichten im Gegensatz zu denjenigen in den USA nur selten rechtlich zur Verantwortung gezogen. In den USA ist es viel leichter, gegen einen Direktor im Wege der Zivilklage vorzugehen, als dies im Vereinigten Königreich der Fall ist. Der geringere Druck, sich rechtlich haftbar zu machen, könnte daher in einer weniger sorgfältigen Überwachung resultieren.[2273] Darüber hinaus ist der geringere Anteil der nicht geschäftsführenden Direktoren im britischen *board* trotz der in den letzten Jahren gewachsenen Zahl historisch bedingt und weist aufgrund des formlosen Ernennungsprozesses eine im Vergleich zu den USA eher schwächere Unabhängigkeit vom Management auf. Im Übrigen sind die finanziellen Verhaltensanreize der nicht geschäfsführenden Direktoren, wie etwa Aktienbesitz oder Vergütung, deutlich geringer als diejenigen, die den US-amerikanischen *non-executive directors* zur Erfüllung ihrer Aufgaben gegeben werden. Aber auch die Präsenz anderer Steuerungsmechanismen, wie etwa der kollektiven Überwachungshandlungen institutioneller Anleger, ist im Vereinigten Königreich sehr stark mit der Folge, dass die Überwachungsfunktion der nicht geschäftsführenden Direktoren abgeschwächt wird.[2274]

2269 Ziff. 4.9 Cadbury Report (1992).
2270 *Dalton/Kesner,* 18 Journal of International Business Studies 1987, 33 (39).
2271 *Garrett,* 3 Corp. Covern. L. Rev. 2007, 93 (110).
2272 *Garrett,* 3 Corp. Covern. L. Rev. 2007, 93 (112).
2273 *Guest,* Cambridge Journal of Economics (2009), 1 (22).
2274 *Guest,* 34 Cambridge Journal of Economics 2010, 1075 (1079).

## § 2. Ausgestaltung ordnungspolitischer Rahmenbedingungen

Die Dimensionen der durch den Zusammenbruch der Bank Lehman Brothers im Herbst 2008 infolge einer unzweckmäßigen Verbriefung amerikanischer „Subprime"-Hypotheken ausgelösten Finanzkrise haben die Regulierungsbehörden weltweit dazu bewogen, die Verfassung und Beaufsichtigung der Finanzinstitute angesichts der finanzwirtschaftlichen Innovationen in einer globalisierten Welt einer kritischen Betrachtung zu unterziehen. Die Bereitstellung öffentlicher Mittel, die insgesamt fast 25 % des BIP ausmachten, wurde in den Vereinigten Staaten und in Europa vom nachdrücklichen politischen Willen begleitet, Lehren aus der Finanzkrise zu ziehen, um die Wiederholung einer derartigen Situation in Zukunft zu vermeiden.[2275]

Im Hinblick auf die unterschiedliche Ausgestaltung ordnungspolitischer Rahmenbedingungen ist jedoch anzumerken, dass Großbritannien sich dabei überwiegend des sog. „soft law" in Form von unverbindlichen Kodizes bedient, die nur über den *„comply or explain"*-Grundsatz einer Befolgung unterliegen, jedoch als Impulsgeber und Richtschnur für die Entwicklung auf nationaler Ebene auftreten. Mehr als 50 % der britischen börsennotierten Gesellschaften entsprechen diesen Vorgaben vollständig, fast 10 % jedoch entscheiden sich für die Nichtbefolgung der Kodexempehlungen und geben hierfür auch keinen Grund an, was zum eklatanten Verstoß gegen die FSA Listing Rules führt.[2276] Die Kodexempfehlungen werden lediglich von Börsenzulassungsregelungen, dem Satzungsrecht sowie dem Corporate Governance Kodex und den best practice-Vorgaben institutioneller Anleger ergänzt.

Sowohl in Deutschland als auch in den Vereinigten Staaten überwiegen hingegen verbindliche gesetzliche Regelungen mit hoher Regulierungsdichte (sog. „hard law"), welche die Unternehmensverfassung und somit auch die Handhabung der Vorstandsvergütung formen und nur wenig Raum für Abweichungen zulassen.[2277] In den USA finden diese Regelungen ihren Niederschlag im Bundesrecht, in Form von quasi-legislatorischen Ansichten der Gerichte von Delaware und in börsenrechtlichen Listing Rules. In Deutschland wird das verpflichtende Aktiengesetz zum Teil durch bloße Kodexempfehlungen des DCGK auf der Grundlage des *„comply or explain"*-Grundsatzes ergänzt.[2278] Folglich ist der US-amerikanische Ansatz grundsätzlich regelungsbasiert, wohingegen die englische Vorgehensweise in Corporate Governance-Angelegenheiten und insbesondere in Fragen der Managervergütung

2275 Europäische Kommission, Grünbuch: Corporate Governance in Finanzinstituten und Vergütungspolitik, KOM (2010) 284 endg. v. 2.06.2010, S. 1.

2276 *Arcot/Bruno,* In Letter but not in Spirit: An Analysis of Corporate Governance in the UK (2006), S. 3, abrufbar unter: http://papers.ssrn.com/sol3/papers.cfm?abstract_id=819784 (zuletzt aufgerufen am 1.04.2011); *Armour/Hansmann/Kraakman* in: The Anatomy of Corporate Law, S. 68.

2277 *Naruisch,* Systemkomponenten interner Corporate Governance, S. 26.

2278 *Armour/Hansmann/Kraakman* in: The Anatomy of Corporate Law, S. 68.

flexibler ausgestaltet ist und daher üblicherweise als grundsatzorientiert bezeichnet wird.[2279] Dabei geht der regelungsbasierte Ansatz von der Grundannahme aus, dass eine keinem besonderen gesetzlichen Verbot unterstehende Handlung stets erlaubt ist. Im Rahmen des grundsatzgeprägten Ansatzes hingegen werden die Vorgaben lediglich in Form von Empfehlungen dargelegt, wobei die betroffenen Gesellschaften diesen freiwillig nachgehen können.

Die im angloamerikanischen Rechtskreis verwurzelten Corporate Governance-Kodizes sind heute nahezu weltweit verbreitet.[2280] Im internationalen Vergleich lassen sich jedoch divergierende Vorstellungen von der Funktion und Ausgestaltung der Kodizes unterscheiden. In den USA werden Regelwerke zur Unternehmensführung, die auch Vorgaben für die Managervergütung enthalten, von ganz anderen Stellen als in Deutschland erarbeitet. So haben einige Großunternehmen ihr eigenes Regelwerk für die Unternehmensleitung entwickelt, das ausschließlich für das Unternehmen oder eine Unternehmensgruppe gilt.[2281] Auch institutionelle Anleger stellen derartige Regelwerke auf.[2282] Als Herausgeber von Corporate Governance-Grundsätzen treten aber auch Börsen[2283] und Aufsichtsbehörden auf. Des Weiteren wurden Kodizes von verschiedenen Organisationen erarbeitet, wie etwa dem American Law Institute (Principles of Corporate Governance: Analysis and Recommendations, 1994)[2284] sowie dem Council of Institutional Investors (Corporate Governance Inititatives, 2003)[2285]. Einen einheitlichen US-amerikanischen Kodex – vergleichbar dem „Code“ des Vereinigten Königreich oder dem DCGK –

2279 *Garrett*, 32 Denver J. Internat. L. & Policy 2004, 147; *dies.*, 3 Corp. Govern. L. Rev. 2007, 93 f.

2280 *Berrar*, Die Entwicklung, S. 104.

2281 Vgl. z.B. Corporate Governance Guidelines von General Motors, abrufbar unter: http://www.gm.com/investors/corporate-governance/ (zuletzt aufgerufen am 1.04.2011); *Gregory*, Comparison of Corporate Governance Guidelines and Codes of Best Practice (2009), S. 1.

2282 Das bekannteste Beispiel stellen die Vorgaben des Pensionsfonds California Public Employees' Retirement Systems (CalPERS) dar, welche Empfehlungen für Corporate Governance erarbeitet hat und die Wahrung dieser Standards zur Grundlage der Investition macht. Die Grundsätze sind unter www.calpers-governance.org abrufbar. Ein ähnliches Konzept entwarf auch die TIAA-CREF (Teachers Insurance and Annuity Association – College Retirement Equities Fund), abrufbar unter: http://www.tiaa-cref.org/public/about/governance/investment/fund-governance/index.html (zuletzt aufgerufen am 1.04.2011).

2283 Vgl. sec. 303A.00 ff. NYSE, Listed Company Manual, abrufbar unter: http://nysemanual.nyse.com/LCMTools/PlatformViewer.asp?selectednode=chp_1_4_3&manual=%2Flcm%2Fsections%2Flcm-sections%2F (zuletzt aufgerufen am 1.04.2011).

2284 Einen kurzen Überblick hierzu gibt *Hopt* in: Hommelhoff/Rowedder/Ulmer, Max Hachenburg, 3. Gedächtnisvorlesung, S. 9 (14 ff.).

2285 Abrufbar unter: http://www.cii.org/policies (zuletzt aufgerufen am 1.04.2011).

gibt es jedoch nicht.[2286] Eine Tendenz zur Angleichung oder Zusammenfassung der zahlreichen US-Regelwerke kann ebenfalls nicht festgestellt werden.

Darüber hinaus besteht das Recht des Staates Delaware im Gegensatz zum deutschen Aktiengesetz fast ausschließlich aus optionalen Standardbedingungen, die von den Aktionären in der Gründungsurkunde des Unternehmens modifiziert, ergänzt oder ausgeschlossen werden können. Diese Ausgestaltung erinnert an den UK CA 2006, welcher es zulässt, dass viele gesellschaftsverfassungsrechtlichen Aspekte durch die Unternehmenssatzungen (*articles of association*) individuell geregelt werden.[2287]

Als ein Rechtskreis mit Common Law-Rechtstradition, welcher das US-Recht wesentlich beeinflusst hat, und gleichzeitig als Mitgliedstaat der Europäischen Union, der – wie auch Deutschland – verpflichtet ist, Vorgaben der EU umzusetzen und die Regulierungen und Entscheidungen des Europäischen Gerichtshofes zu befolgen, nimmt das Gesellschaftsrecht des Vereinigten Königreichs eine Mittelstellung zwischen den Vereinigten Staaten und Deutschland ein.[2288]

## § 3. Wesentliche Elemente der Reformansätze

Des Weiteren unterscheidet sich auch der Fokus der krisenbedingten Reformregulierungen der drei Länder. Während in Deutschland bereits im Sommer 2009 eine umfassende, für alle Aktiengesellschaften geltende Reformierung des Aktiengesetzes – einschließlich besonderer Regulierungen für börsennotierte Unternehmen – durch das VorstAG erfolgte, standen in Großbritannien vor allem Reformvorgaben der Finanzbranche, wie etwa in den Turner und Walker Reviews, im Mittelpunkt der Krisenbewältigung. Der US-amerikanische Gesetzgeber beschränkte sich hingegen zunächst auf die Vergütungsregulierung staatlich unterstützter Unternehmen und erweiterte seine Gesetzgebung erst mit dem Erlass des Dodd-Frank Act im Jahr 2010 auf alle Gesellschaften der Finanzbranche. Eine branchenunabhängige Regelung ging damit jedoch nicht einher.

Der Nachteil der deutschen Regelungen, die wie etwa die Vorgaben des FMStG auf staatlich unterstützte Unternehmen zugeschnitten sind, besteht dabei darin, dass die hiervon betroffenen Banken auf Mittel aus dem Fonds verzichten können, um ihre Geschäftspolitik den Auflagen und Eingriffen des Staates zu entziehen. Ein solcher Verzicht auf staatliche Unterstützung würde dann zum einen zur Schwächung der Finanzwirtschaft des Landes und zum anderen zur Umgehung der Reformvorschriften führen. Dagegen werden die US-amerikanischen und britischen Banken von ihrer jeweiligen Regierung zur Inanspruchnahme von Staatsmitteln gezwungen, sodass in diesen Ländern dieser Nachteil nicht vorliegt. Auf der anderen Seite hingegen ist die Freiwilligkeit der Inanspruchnahme staatlicher Hilfe ein klarer Pluspunkt des FMStG. Den betroffenen Unternehmen wird dabei die Wahl gelassen,

---

2286 *Schneider,* DB 2000, 2413 (2415).
2287 *Cahn/Donald,* Comparative Company Law, S. 18.
2288 *Cahn/Donald,* Comparative Company Law, S. 19.

die Auflagen und Bedingungen des Gesetzes zu akzeptieren oder nicht.[2289] Darüber hinaus formulierte Deutschland für seine staatlich unterstützten Finanzinstitute im Rahmen des FMStG zunächst nur unscharfe Vorgaben. Dies änderte sich jedoch mit dem am Beispiel der US-amerikanischen Regelungen für TARP-Unternehmen orientierten Restrukturierungsgesetz, das über die US-amerikanischen Vorgaben hinaus sogar eine klare Vergütungsdeckelung enthält.

Die meisten deutschen und britischen Vergütungseinschränkungen erfolgten als Umsetzung europäischer Vorgaben. Insbesondere im Bereich des Finanzsektors wurden sowohl die deutschen als auch die britischen Vergütungsregelwerke von den Vorgaben der europäischen Kommission inspiriert und zum größten Teil von ihren Empfehlungen geprägt.

Die wesentlichen finanzkrisenbedingten Regulierungen der drei Länder betreffen vor allem vier Bereiche: Stärkung der Aufsichtsorgane, Verbesserung der Transparenzvorschriften, Einführung des sog. advisory vote der Aktionäre zur Vergütung sowie Einrichtung eines effektiven Risikomanagements. Allerdings werden diese Faktoren von Land zu Land unterschiedlich ausgestaltet.

Aufgrund des oben bereits Erörterten ist festzustellen, dass sich der Regelungsrahmen der Corporate Governance in allen drei Ländern im Rahmen einer als Reaktion auf die weltweite Finanzmarktkrise erfolgten Verrechtlichung veränderte. Daher stellt sich die Frage, wie sich diese Änderungen konkret auf die Ausgestaltung der Vorstandsvergütung auswirken.

## A. Stärkung der Aufsichtsorgane

### *I. Unabhängigkeit und Vermeidung von Interessenkonflikten*

In Bezug auf die rechtliche Behandlung der Vorstandsvergütung trägt die Finanzkrise trotz nationaler Unterschiede zu ähnlichen Entwicklungen und somit zu Annährungstendenzen der drei Länder bei. Die im Rahmen dieser Arbeit vorgestellten deutschen, britischen und US-amerikanischen Reformansätze stimmen darin überein, dass die Stärkung der Aufsichtsorgane als unerlässliche Voraussetzung für eine wirkungsvolle Regulierung der Managerbezüge betrachtet wird. Die weltweite Finanzkrise hat gelehrt, dass diese Aufsichtsorgane ihre Aufgaben nicht immer sorgfältig erfüllt haben, „insbesondere nicht in allen Fällen in der Lage gewesen seien, die Unternehmensleitung wirksam zu überwachen und die ihnen zur Zustimmung unterbreiteten Maßnahmen und strategischen Zielsetzungen kritisch zu beurteilen“[2290]. Zudem wurde die Unabhängigkeit der die Vergütung festsetzenden Gremien immer mehr in Zweifel gezogen. Aus diesem Grund bemühten sich die Gesetzgeber mit unterschiedlichem Erfolg, die Unabhängigkeit der Entscheidungsgremien zu stärken und transparent zu gestalten.[2291]

---

2289 *Brück/Schalast/Schanz,* BB 2008, 2526 (2527).

2290 *Wittig,* WM 2010, 2337 (2339).

2291 „When we believe that a sleepy economy or business should seize the moment, we seek hard-driving, dynamic managers with charisma, but, following scandals

Dem deutschen Aktiengesetz ist der Begriff des „unabhängigen Aufsichtsratsmitglieds" zwar nicht vollkommen unbekannt. So verlangt § 100 Abs. 5 AktG, dass bei Gesellschaften im Sinne des § 264 d HGB mindestens ein *unabhängiges* Mitglied des Aufsichtsrats über Sachverstand auf den Gebieten Rechnungslegung oder Abschlussprüfung verfügt. Auch empfiehlt Ziffer 5.4.2 DCGK, dass dem Aufsichtsrat eine nach seiner Einschätzung ausreichende Anzahl unabhängiger Mitglieder angehören soll. Nach dem DCGK ist ein Aufsichtsratsmitglied als unabhängig anzusehen, wenn es in keiner geschäftlichen oder persönlichen Beziehung zu der Gesellschaft oder deren Vorstand steht, die einen Interessenkonflikt begründet. Gem. Ziffer 5.5.1 DCGK darf der Aufsichtsrat bei seinen Entscheidungen weder persönliche Interessen verfolgen noch Geschäftschancen, die dem Unternehmen zustehen, für sich nutzen. Auch Ziffer 4.2.2 Abs. 3 DCGK empfiehlt, bei der Hinzuziehung unabhängiger Vergütungsexperten auf deren Unabhängigkeit vom Vorstand bzw. vom Unternehmen zu achten. Eine präzise Formulierung der Unabhängigkeitserfordernisse fehlt jedoch.

Angesichts der im Lichte der Finanzmarktkrise erkannten Unzulänglichkeiten der Unternehmenskontrolle im *one-tier*-Führungsmodell haben der britische und der US-amerikanische Gesetzgeber die Unabhängigkeitsanforderungen an die für die Festsetzung der Vergütung zuständigen Gremien wie den Vergütungsausschuss und die externen Vergütungsberater erhöht, um eine unbefangene Kontrolle der *executive*-Vergütung zu gewährleisten. So soll der Vergütungsausschuss britischer Unternehmen ausschließlich aus nicht geschäftsführenden Direktoren bestehen und seine Performance, seine Struktur sowie seinen Aufgabenbereich einer jährlichen Untersuchung unterziehen, um die Effektivität seiner Tätigkeiten sicherzustellen. Etwaige Verbesserungsvorschläge bedürfen der Billigung des Ausschusses der nicht geschäftsführenden *directors* (sog. *non-executive committee*).

In Bezug auf Interessenkonflikte der Vergütungsberater besteht in Großbritannien bereits seit knapp zehn Jahren die Pflicht der Direktoren, im *directors' Remuneration Report* gegenüber der Hauptversammlung alle Leistungen der Vergütungsberater für die Gesellschaft darzulegen.[2292] Auch legt der UK Corporate Governance Code in der Vorschrift D.2.1 fest, dass im Falle der Hinzuziehung von Vergütungsberatern ein Bericht darüber abgegeben werden soll, ob diese in sonstigen Beziehungen mit dem beschäftigenden Unternehmen stehen. Auch empfiehlt die Walker Review den Unternehmensberatungsfirmen, im Wege der Selbstregulierung einen freiwilligen Verhaltenskodex sog. Voluntary Code of Conduct in Relation to Remuneration Consulting in the UK zu etablieren und diesen auf der FRC-Website der sich hierzu bekennenden Beratungsgesellschaften zu veröffentlichen. Die Implementierung eines solchen Verhaltenskodexes soll für Vergütungsausschüsse eine wesentliche Voraussetzung der Erteilung des Beratungsmandats darstellen. Da die Vergütungs-

caused by excessive management freedom, we might well prefer independent, ethically minded managers." *Cahn/Donald,* Comparative Company Law, S. 300.

2292 *Davies,* Principles, S. 385 f. Rdn. 14–16; *Fleischer/Bedkowski,* AG 2009, 677 (678).

berater einen erheblichen Einfluss auf die Entscheidungen der Vergütungsausschüsse haben, schlug die britische Regierung im Übrigen vor, die Sitze des *remuneration committees* auch auf die *compensation consultants* zu erweitern, um eine höhere Transparenz bei der Einbeziehung der Vergütungsberater zu gewährleisten.[2293]

Die US-amerikanischen Börsenregelungen der NYSE und der NASDAQ setzen ebenfalls auf die erhöhte Unabhängigkeit des Aufsichtsgremiums und verlangen, dass die *boards* börsennotierter Gesellschaften mehrheitlich aus unabhängigen *directors* bestehen müssen. Die NYSE geht dann von einem unabhängigen *director* aus, wenn das *board* diesen als unabhängig erklärt. Dabei darf der *director* keine wesentlichen Beziehungen mit der Gesellschaft und insbesondere mit dem Unternehmensmanagement haben, wobei jegliche Interessenkonflikte offenzulegen sind. Im Übrigen sieht die NYSE einen ausführlichen, jedoch nicht abschließenden Katalog für die Bestimmung der Abhängigkeit vor. Die Begriffserklärung der NASDAQ unterscheidet sich jedoch von der Unabhängigkeitsdefinition der NYSE insoweit, dass hierbei nur solche Beziehungen unzulässig sind, die ein unabhängiges Urteil des *directors* beeinträchtigen können. Die Vorgaben des kürzlich erlassenen Dodd-Frank Act in Bezug auf die Unabhängigkeitsanforderungen an das Festsetzungsgremium gehen allerdings noch weiter. Dabei müssen bei der Bestimmung der Unabhängigkeit des Vergütungsausschusses unter anderem folgende Kriterien Berücksichtigung finden: Vergütungsquelle des jeweiligen *board*-Mitglieds, seine Einkünfte aus Tochtergesellschaften des Unternehmens einschließlich Beratungs- und anderer Gebühren sowie das Näheverhältnis mit dem Unternehmen bzw. dessen Konzern- und Tochtergesellschaften.

In Bezug auf die Hinzuziehung von Vergütungsexperten empfehlen die Corporate-Governance-Vorschriften der New York Stock Exchange eine ausschließliche Kompetenz des Vergütungsausschusses zum Vertragsschluss. Dies soll eine bessere Koordinierung der Leistungserbringung ermöglichen und das Entstehen von Interessenkonflikten größtenteils vermeiden.[2294]

Eine weitere Vorkehrung gegen mögliche Interessenkonflikte der Vergütungsberater ist in der Einführung der Pflicht zur Offenlegung sämtlicher Interessenkollisionen zu sehen.[2295] So ging die US-amerikanische Börsenaufsichtsbehörde SEC in Sachen Transparenz über die Vorgaben ihrer britischen Kollegen hinaus und schlug im Juli 2009 eine Ergänzung von Item 407 (c)(3)(iii) Regulation S-K vor, indem sie

---

2293 BIS, A long-term focus for corporate Britain, A call for evidence v. 25.10.2010, S. 28 Rdn. 5.12, abrufbar unter: http://www.bis.gov.uk/Consultations/a-long-term-focus-for-corporate-britain (zuletzt aufgerufen am 21.02.2011).

2294 Sec. 303A.05 NYSE Listed Company Manual (2009) „[...] if a compensation consultant is to assist in the evaluation of director, CEO or executive officer compensation, the compensation committee charter should give that committee sole authority to retain and terminate the consulting firm, including sole authority to approve the firm's fees and other retention terms."

2295 *Church/Kuang*, 38 Journal of Legal Studies 2009, 505; *Fleischer*, WM 2003, 1045 (1050); *Hopt*, ZGR 2004, 1 (25 f.).

eine Erweiterung der kapitalmarktrechtlichen Transparenzpflichten durch eine Aufschlüsselung der Beraterentlohnung forderte.[2296] Eine Ausnahme sollte danach nur für Beratungsleistungen gelten, die allen Unternehmensteilnehmern von Nutzen sind, sog. *„broad based plans“*.[2297] Auf diesen Vorgaben aufbauend wurde im Dezember 2009 eine Änderung der Regulation S-K mit dem Inhalt verabschiedet, dass der Vergütungsausschuss bei der Inanspruchnahme von Vergütungsberatern für *managing directors* für den Fall, dass der beauftragte Berater selbst, dessen Sozien oder Mitarbeiter außer der Vergütungsberatung auch andere Konsultationsdienstleistungen für das Unternehmen erbringen bzw. in der Vergangenheit erbracht haben, diese weiteren Tätigkeiten sowie die hierfür vereinbarte Entlohnung publik zu machen habe. Dies gilt jedoch nur, soweit die Honorare für zusätzliche Beratungsdienstleistungen einen jährlichen Betrag von $ 120,000 übersteigen. Im Umkehrschluss bedeutet das, dass die Vergütungsberatung der beauftragten Consulting-Firma bzw. des ausgewählten Experten die Erbringung zusätzlicher Beratungsdienste für die Führungskräfte durch dessen Partner oder Mitarbeiter nicht ausschließt. Entscheidend ist vielmehr, dass diese Zusatzleistungen entsprechend der neuen Vorschrift, die am 28. Februar 2010 in Kraft getreten ist, publik gemacht werden.[2298]

Somit unterscheiden sich die britischen und US-amerikanischen Regelungen zur Unabhängigkeit der Vergütungsberater erheblich von denen des DCGK. Zum einen enthalten die Regelung der SEC sowie die Vorgaben der Walker Review eine detaillierte Beschreibung der Umstände, in denen die Unabhängigkeit des Vergütungsberaters in Frage gestellt wird. Der DCGK beschränkt sich hingegen auf eine ausfüllungs- und interpretationsbedürftige Generalklausel („Unabhängigkeit“). Zum anderen handelt es sich bei den Vorschriften der SEC um zwingendes Recht und nicht nur um eine unverbindliche Empfehlung in einem Corporate Governance Kodex. Allerdings besagt die Kodifizierung des Unabhängigkeitskriteriums in einer zwingenden Rechtsnorm nicht, dass es sich hierbei um ein striktes, unflexibles Verbot handeln muss, während die Verankerung im Corporate Governance Kodex die Flexibilität des *„comply or explain“*-Grundsatzes genießt. Denn zwingend ist auch nach dem Gesetz nur die Pflicht zur Offenlegung; ein striktes Verbot bestimmten Verhaltens geht damit nicht einher.

Jedoch sind mit der amerikanischen Offenlegungspflicht detaillierter Angaben zur Unabhängigkeit der Vergütungsberater weitergehende Sanktionen verbunden. Zusätzlich zur erwarteten Präventivfunktion der Offenlegungspflichten kommt in den USA das Sanktionsinstrumentarium des Kapitalmarktrechts zum Einsatz, wenn der SEC und dem Kapitalmarkt nicht korrekte Angaben gemacht werden. Dem

2296 SEC Release No. 33–9052, July 10, 2009, S. 38 ff. (Begründung), S. 121 f. (Formulierungsvorschlag).

2297 *Fleischer*, BB 2010, 67 (72).

2298 SEC, Proxy disclosure enhancement, Final Rule, 17 CFR PARTS 229, 239, 240, 249 and 274, Release No. 33–9089, S. 52, abrufbar unter: http://www.sec.gov/rules/final/2009/33-9089.pdf (zuletzt aufgerufen am 1.04.2011); hierzu auch *Baums*, AG 2010, 53 (54).

steht im Fall des DCGK die Erklärungspflicht gem. § 161 AktG gegenüber, ob den Kodexempfehlungen entsprochen wurde und wird oder ob sie nicht angewandt wurden und werden, einschließlich einer Begründung der Nichtanwendung. Zwar unterliegt die Entsprechenserklärung ebenfalls den Transparenzvorschriften gem. § 289a Abs. 2 Nr. 1 HGB. Da es der betreffenden Kodexempfehlung jedoch am Detaillierungsgrad der US-amerikanischen und britischen Vorschriften mangelt und generell Sanktionen für falsche Kapitalmarktinformationen im deutschen Recht schwächer ausgestaltet sind,[2299] unterscheiden sich die Vorgaben der US-amerikanischen, britischen und der deutschen Regelungen auch in dieser Hinsicht nicht nur unerheblich.[2300]

Somit bleiben die deutschen Vorgaben mangels präziser und detaillierter Unabhängigkeitsanforderungen und der fehlenden Offenlegungspflicht hinsichtlich Interessenkonflikte hinter den britischen und US-amerikanischen Unabhängigkeitsvorschriften zurück. Dies kann allerdings aufgrund der dualistischen Unternehmensausgestaltung und der damit einhergehenden stärkeren funktionellen Unabhängigkeit des Aufsichtsrats vom Unternehmensführungsorgan gerechtfertigt sein.

Kürzlich durchgeführte Untersuchungen ergaben, dass die Hinzuziehung unabhängiger Vergütungsberater regelmäßig zum Anstieg des leistungsorientierten Vergütungsanteils und somit auch zur Angleichung der Managerinteressen mit denen der Aktionäre führt.[2301] Dieses Ergebnis widerlegt daher die ursprünglich verbreitete Annahme, Manager würden mit der Beauftragung von externen Vergütungsexperten hauptsächlich den Zweck verfolgen, unter dem Deckmantel der „unabhängigen Vergütungsberatung“ unangemessen hohe Bezüge zu erzielen.[2302] Vor dem Hintergrund der sowohl vom deutschen als auch vom britischen und US-amerikanischen Gesetzgeber geforderten Ausrichtung der Vergütungspolitik am langfristigen und nachhaltigen Unternehmenserfolg und angesichts der internationalen Forderung nach einer Koppelung der Bezüge an die Leistungserbringung der Vorstände scheinen die externen Vergütungsberater somit nicht ein Teil des Vergütungsproblems zu sein, sondern vielmehr eine vernünftige Lösung zum Vergütungsfestsetzungsdilemma bieten zu können.[2303]

---

2299 Eingehend zu gesellschaftsrechtlichen Sanktionen für die Abgabe einer falschen Entsprechenserklärung in Deutschland *Goette* in: FS Hüffer, 225 ff.

2300 *Baums,* AG 2010, 53 (54 f.).

2301 *Voulgaris/Stathopoulos/Walker,* 18 Corporate Governance: An International Rev. 2010, 511 (512).

2302 Vgl. *Voulgaris/Stathopoulos/Walker,* 18 Corporate Governance: An International Rev. 2010, 511 (513) : „Under a managerial power perspective, powerful CEOs hire compensation consultants to help them receive and „camouflage“ excessive pay packages.“

2303 *Voulgaris/Stathopoulos/Walker,* 18 Corporate Governance: An International Rev. 2010, 511 (523).

Hinsichtlich des Entscheidungsgremiums scheinen britische und US-amerikanische Regelungen gegenüber der deutschen Entwicklung eine entgegengesetzte Richtung zu nehmen. Sowohl der britische als auch der US-amerikanische Gesetzgeber stärken die Pflichtenstellung des Vergütungsausschusses, wohingegen das deutsche Reformgesetz durch die Übertragung der Festsetzungskompetenz auf das Aufsichtsratsplenum diesen scheinbar entmachtet. Allerdings bildet der Personal- und Vergütungsausschuss auch in deutschen Aktiengesellschaften ein bedeutendes Gremium, welches seinen Beitrag im Vorfeld der Festsetzungsentscheidung leistet. Die Übertragung der Befassungskompetenz auf das Aufsichtsratsplenum mag somit vor dem Hintergrund der aktienrechtlichen Unternehmensverfassung mit dem Stellenwert der Arbeitnehmervertretung im deutschen Unternehmensrecht begründet werden.[2304]

## *II. Persönliche Anforderungen*

In Bezug auf die persönlichen Anforderungen an die Mitglieder eines Aufsichtsorgans sind in jüngerer Zeit sowohl in Deutschland als auch in Großbritannien und in den USA Vorschriften zur Verbesserung der Qualifikation der Organmitglieder und zur Gewährleistung einer Vielfalt bei der Besetzung des Aufsichtsorgans erlassen worden. Demnach regelt die aktuelle Fassung des DCGK vom 26. Mai 2010 in Ziffer 5.4.1 Satz 2 HS 2 DCGK, dass „der Aufsichtsrat für seine Zusammensetzung konkrete Ziele benennen [...] [und] potentielle Interessenskonflikte, eine festzulegende Altersgrenze für Aufsichtsratsmitglieder und Vielfalt (Diversity) berücksichtigen" soll. Auch bei der Besetzung der Vorstandsposten ist auf eine Diversität zu achten, wobei insbesondere eine angemessene Berücksichtigung von Frauen anzustreben ist. Der britische Corporate Governance Code vom Juni 2010 regt ebenfalls mehr *board*-Diversität an, die insbesondere Geschlechtsdiversität umfassen und auf eine effiziente Aufgabenerfüllung angelegt sein soll.

Das Recht des Staates Delaware hingegen sieht keine persönlichen Anforderungen an die Zusammensetzung des Aufsichtsgremiums vor. Vielmehr wird dies den Unternehmen durch die Festlegung in ihren *articles of incorporation* oder den *bylaws* überlassen. Der bundesstaatliche Dodd-Frank Act fordert jedoch börsennotierte Unternehmen auf, das *board* so zu besetzen, dass eine kulturelle und geschlechtsspezifische Vielfalt reflektiert wird. Der Securities Exchange Act of 1934 geht in der geänderten Fassung der Regulation S-K sogar darüber hinaus und verlangt in Item 407(c)(2)(vi) der Regulation S-K die bei der Bestellung von *directors* berücksichtigte Diversität offenzulegen.

Um die Effizienz des Aufsichtsorgans weiter zu steigern wurde in Deutschland in § 100 Abs. 2 Nr. 1 AktG sogar festgesetzt, dass derjenige, der bereits in zehn Handelsgesellschaften, die gesetzlich einen Aufsichtsrat zu binden haben, Aufsichtsratsmitglied ist, kein weiteres Aufsichtsratsmandat übernehmen darf, wobei der Vorsitz

2304 *Teichmann,* GPR 2009, 234 (238).

des Aufsichtsrats als zwei Sitze zählt.[2305] Den Vorstandsmitgliedern einer börsennotierten Gesellschaft empfiehlt Ziff. 5.4.5 Satz 2 DCGK, insgesamt nicht mehr als drei Aufsichtsratsmandate in konzernexternen börsennotierten Gesellschaften oder in Aufsichtsgremien von Gesellschaften mit vergleichbaren Anforderungen wahrzunehmen. Im Übrigen ist auf die Einrichtung eines Risikoüberwachungsausschusses hinzuwirken und die Stellung des Vorsitzenden des Aufsichtsrates zu stärken.

In Großbritannien hingegen dürfen nicht geschäftsführende *board*-Mitglieder gemäß Regelung B.3.3 UK Corporate Governance Code weder in mehr als einem Board einer FTSE 100-Gesellschaft als vollzeitbeschäftigte nicht geschäftsführende *directors* angestellt sein noch parallel den Vorsitz einer solchen Gesellschaft innehaben. Bei der Ernennung nicht geschäftsführender *directors* soll darüber hinaus das zeitliche Engagement festgelegt werden. Dabei müssen die Direktoren sich einverstanden erklären, in die Erfüllung der ihnen anvertrauten Aufgaben ausreichend Zeit zu investieren. Diese Verpflichtung ist anschließend offenzulegen. Eine gesetzliche Begrenzung der *board*-Sitze kennt das britische Recht jedoch nicht. Auch in den USA sind derartige Begrenzungsvorschriften der Mandate des *board* vorhanden.

Als weiterer Gesichtspunkt zur Steigerung der Effizienz des Aufsichtsorgans und Verbesserung der Unabhängigkeit vergütungsfestsetzender Gremien wird vor allem in Deutschland die Einhaltung der Karenzzeit gesehen (sog. Cooling-off-Periode). So regelt § 100 Abs. 2 Nr. 4 AktG, dass derjenige, der in den letzten zwei Jahren Vorstandsmitglied war, kein Mitglied des Aufsichtsrats derselben börsennotierten Gesellschaft sein darf, es sei denn, seine Wahl erfolgt auf Vorschlag von Aktionären, die mehr als 25 % der Stimmrechte an der Gesellschaft halten.

Überraschenderweise haben allerdings weder Großbritannien noch die Vereinigten Staaten eine entsprechende Vorschrift erlassen. Die Einführung einer Begrenzung der Sitze, die ein *board*-Mitglied gleichzeitig auch in anderen Unternehmen innehaben kann, könnte jedoch zur Steigerung der Arbeitsfähigkeit und Effektivität der Boardtätigkeit erheblich beitragen. Es bleibt somit abzuwarten, ob der britische und/oder US-amerikanische Gesetzgeber in Zukunft tätig wird und eine der deutschen Karenzzeit-Regelung vergleichbare Vorschrift in Erwägung zieht.

Darüber hinaus könnte die Implementierung aufsichtführender Direktoren (als unabhängiges Organ) im *board*-System angloamerikanischer Länder die Sebstbedienungswirtschaft (sog. *self-dealing*) der *corporate directors* erheblich einschränken oder sogar gänzlich eliminieren. In Deutschland wird dieses Modell seit jeher als grundlegendes Governanceinstrument des Aktiengesetzes angewandt. Zwar wur-

---

2305 Die bayerische Justizministerin *Dr. Merck* kündigte sogar an, die Zahl der Aufsichtsratsmandate auf maximal sechs beschränken zu wollen. Eine solche Mandatsbeschränkung sollte zur Steigerung der Effizienz der Aufsichtsratstätigkeit jedoch gleichzeitig mit einer Verkleinerung der Aufsichtsräte an sich einhergehen. Vgl. Pressemitteilung des Bayerischen Staatsministeriums der Justiz und für Verbraucherschutz v. 24.06.2009, abrufbar unter: http://www.justiz.bayern.de/ministerium/presse/archiv/2009/detail/116.php (zuletzt aufgerufen am 02.03.2011).

den im Lichte der weltweiten Finanz- und Kapitalmarktkrise von den US- und UK-Börsenaufsichtsbehörden zahlreiche Empfehlungen erlassen, die unter anderem und vor allem auf die Präsenz der unabhängigen Direktoren sowohl innerhalb des *board of directors* als auch in den Vergütungsausschüssen drängten. Mit diesen Vorgaben wurde jedoch nicht auch eine Aufspaltung des *boards* in Aufsichtsrat und Vorstand – entsprechend dem deutschen Beispiel – gewährleistet und eine solche auch nicht bezweckt.[2306]

## B. Erweiterung der Transparenzvorschriften

In Bezug auf vergütungsbezogene Transparenzvorschriften haben die im Rahmen dieser Arbeit untersuchten Länder ebenfalls als Reaktion auf die Krise strengere und detaillierter ausgestaltete Anforderungen an börsennotierte Gesellschaften aufgestellt, wobei die Wirkung solcher Offenlegungsvorschriften sowohl in Deutschland als auch in Großbritannien und in den USA äußerst umstritten ist.

Im Gegensatz zu englischen und US-amerikanischen Transparenzanforderungen verlangt das deutsche VorstOG weder die Offenlegung der Vergütungspolitik des Unternehmens noch die Angabe der Zielsetzung seiner Vergütungspraktiken. Gleichwohl verlangt die deutsche Offenlegungsvorschrift des § 285 Nr. 9a HGB wie die Regelungen der anderen zwei Länder die Darlegung der Gesamtvergütung, aufgeschlüsselt in die einzelnen Vergütungselemente einschließlich Barvergütung, Gewinnbeteiligungen, aller aktienbasierten Vergütungskomponenten, Kostenerstattung, Abgangsentschädigungen, Versicherungen, Gebühren, Provisionen sowie sämtlicher Nebenleistungen und der betrieblichen Altersversorgung, die noch nicht ausgezahlt wurde. Allerdings schlägt die hierzulande bestehende opting-out-Regelung, wonach die personenbezogene Offenlegung der Vergütung unterbleiben kann, wenn darüber ein Hauptversammlungsbeschluss mit einer Mehrheit von drei Vierteln des vertretenen Grundkapitals ergeht, international einen Sonderweg ein und stößt auf erhebliche Kritik.[2307] Daher bleibt das deutsche Offenlegungsregime auf den ersten Blick erheblich hinter seinem US-amerikanischen oder britischen Pendant zurück. Allerdings treffen börsennotierte Gesellschaften im Falle eines von der Hauptversammlung nicht gefassten opting-out-Beschlusses gem. § 286 Abs. 4 Satz 1 HGB nunmehr ebenfalls erhöhte Offenlegungspflichten gem. § 285 Nr. 9 HGB. Diese Transparenzpflichten werden zusätzlich noch durch Empfehlungen in Ziffer 4.2.3 bis 4.2.5 DCGK intensiviert, indem auch Leistungen, die dem Mitglied des Vorstands vom Unternehmen für den Fall einer vorzeitigen Beendigung seiner Tätigkeit als Vorstandsmitglied (z. B. Abfindungszahlungen) oder von einem Dritten (§ 285 Nr. 9 Satz 7 HGB) im Hinblick auf eine solche Tätigkeit zugesagt oder gewährt wurden, einer individuellen Offenlegung unterliegen. Auf diese Art und Weise sollen mögliche Interessenkonflikte publik gemacht werden. Folglich wird die

---

2306 *Cahn/Donald,* Comparative Company Law, S. 427.

2307 *Fleischer,* DB 2005, 1611 (1614); *ders.,* RIW 2010, 497 (500).

im US-amerikanischen Securities Exchange Act of 1934 und in den britischen Listing Rules und dem UK CA 2006 verankerte beabsichtigte Transparenz in Deutschland über § 285 Nr. 9 HGB gewährleistet.

Im Hinblick auf die Offenlegung des Verhältnisses der Vergütung zum Einkommen aller Arbeitnehmer und zur finanziellen Performance des Unternehmens bleibt abzuwarten, ob der deutsche Gesetzgeber seine neu geschaffenen Offenlegungsvorschriften in dieser Hinsicht nunmehr als nicht mehr ausreichend erachtet und die Transparenz der Managervergütung nach dem Vorbild der stark umstrittenen US-amerikanischen Regelungen des Dodd-Frank Act erweitert oder die bereits bestehenden Anforderungen unangetastet lässt.

Im US-amerikanischen Kapitalmarktrecht existieren bereits seit längerem eingehende Regelungen zur Offenlegung von Vorstandsbezügen. Zur Verbesserung ihrer Aussagekraft erließ die SEC im Jahre 1992 neue, standardisierte Publizitätsvorschriften.[2308] Seitdem wird in Item 402 Regulation S-K ein *summary compensation table* gefordert, der die CEO-Vergütung und die der vier bestbezahlten Vorstandsmitglieder in den letzten drei Jahren offenzulegen hat und die Angabe des Barwerts der gewährten Optionen einschließlich eines *performance graph* enthalten muss, der einen Vergleich der Kursentwicklung der eigenen Aktie mit jener eines Marktindexes ermöglicht.[2309]

Die Regelungen der Vergütungsoffenlegung bergen jedoch auch ein Risikopotenzial. Zunächst besteht in Deutschland angesichts der Einführung einer individualisierten Offenlegungspflicht die Gefahr, dass der Bedarf und Umfang an Personenschutz steigen könnte.[2310] Weiterhin wird befürchtet, dass Deutschland durch die neuen Offenlegungsregelungen dem Beispiel der in den USA seit einigen Jahren geltenden Offenlegungspraktiken folgt, welche das Auszahlen unermesslich hoher Vorstandsvergütungen jedoch gerade nicht verhindern konnten. Indem eine individualisierte und detaillierte Veröffentlichung der Vorstandsbezüge verlangt wurde, wurde das Ausufern der Vorstandsbezüge in den USA regelrecht herausgefordert.[2311] Auf lange Sicht betrachtet führten derartige Offenlegungsregelungen zum Anstieg des Niveaus bei den Vorstandsbezügen und entsprechend auch zu härteren Vergütungsverhandlungen.[2312] Dieser Auffassung wird jedoch mit dem Argument begegnet, die deutsche Gesellschaftskultur zeichne sich durch das außerordentlich ausgeprägte Gerechtigkeitsempfinden aus. Es wird daher angenommen,

---

2308 *Quinn*, 63 U. Cinn. L. Rev. 1995, 769 (770).

2309 *Fleischer*, DB 2005, 1611 (1612).

2310 *Bitter*, ZHR 2005, 181 (182); *Schätzle*, Management, S. 155; *Schüller*, Vorstandsvergütung, S. 95.

2311 *Bors*, Erfolgs- und leistungsorientierte Vorstandsvergütung, S. 102; *Körner*, NJW 2004, 2697 (2702); *Schätzle*, Manager, S. 88; *Thüsing*, DB 2003, 1612 (1613); *Teichmann*, GPR 2009, 234 (237); *Hohaus/Weber*, DB 2009, 1515 (1516); *Thüsing*, ZIP 2005, 1389 (1391); *Knutt*, 47 Arizona L. Rev. 2005, 493 (500).

2312 *Strieder*, DB 2005, 957 (958); *Thüsing*, ZIP 2005, 1389 (1391); *ders.*, DB 2003, 1612 (1613); *Bors*, Erfolgs- und leistungsorientierte Vorstandsvergütung, S. 102.

dass die Vorstände den Druck der Öffentlichkeit fürchten und daher die Folgen einer Offenlegung unangemessener Vergütung vermeiden würden.[2313]

Dennoch steht das im Jahr 2005 eingeführte VorstOG im Widerspruch zu dem unter Berufung auf den Persönlichkeitsschutz der Vorstandsmitglieder im Jahr 1992 eingeführten und durch das VorstAG aufgehobenen § 286 Abs. 4 HGB a. F.[2314] Ein derartiger Sinneswandel des Gesetzgebers lässt sich allerdings mit der in der Zwischenzeit erfolgten „Änderung des Verständnisses über die erforderliche Transparenz und Information am Kapitalmarkt" im Sinne des öffentlichen Interesses begründen.[2315] Ferner wird befürchtet, dass die individuelle Offenlegung der Vorstandsbezüge „eine Spirale nach oben" auslösen und sich somit zu einem Preistreiber entwickeln könnte.[2316] Durch die Offenlegung werde somit weniger die individuelle leistungsgerechte Vergütung gefördert, sondern vielmehr die Angleichung des Vergütungsniveaus in den Vorständen erzeugt.[2317] Zwar gibt es für die Begründung dieser Annahme keine eindeutigen empirischen Nachweise, dennoch erscheint sie intuitiv einleuchtend: „Der Nutzen, der aus Wohlstand gezogen wird, besteht zuweilen auch darin, dass er anderen nicht zur Verfügung steht."[2318] So wird „die Golduhr für viele Menschen uninteressant, wenn sie jeder am Arm hat, Kaviar reizlos, wenn man ihn auch im Fast Food Restaurant serviert, der Orden zum bloßen Lametta, wenn er jedem an die Brust geheftet wird: Lieber der Erste im Bergdorf als der Zweite in Rom."[2319] Dementsprechend werden auch Vergütungsanreize für den Vorstand nicht ausschließlich durch die absolute Höhe der Entlohnung bestimmt, sondern vor allem auch durch eine relative Vergütung im Vergleich des Vorstandsmitglieds zu seinen Kollegen.[2320] Durch die Veröffentlichung des bestehenden Vergütungsgefälles steigt der Druck zur Angleichung. So wird vermutet, dass die absolute Höhe der Vergütung durch die Offenlegung zwar kaum verändert wird, deren Bandbreite allerdings durchaus

---

2313 *Fleischer*, DB 2005, 1611 (1612); *Thüsing*, ZIP 2005, 1389 (1390).

2314 Die Vorschrift des § 286 Abs. 4 HGB regelte Möglichkeiten und Grenzen für eine Befreiung von der Angabepflicht zu den Gesamtbezügen von Organmitgliedern nach § 285 Nr. 9a und b HGB. Demnach mussten keine Angaben über die Gesamtbezüge offengelegt werden, wenn sich aus diesen Daten die Bezüge einzelner Vorstandsmitglieder errechnen lassen konnten. Vgl. *Strieder*, DB 2005, 959; *Bors*, Erfolgs- und leistungsorientierte Vorstandsvergütung, S. 102; Stellungnahme der DIHK zum Entwurf des VorstAG, NZG 2009, 538; *Thüsing*, ZIP 2005, 1389 (1394).

2315 Begr. RegE BT-Drucks. 15/5577, S. 11.

2316 *Dauner-Lieb*, Der Konzern 2009, 583 (592); *Iacobucci*, 48 U. Toronto L.J. 1998, 489, (510); McGeehan, Disclosing Pay of Executives Often Leads to Raises, N.Y. Times v. 11.10.2003, C1.

2317 *Iacobucci*, 48 U. Toronto L.J. 1998, 510 (511); *Thüsing*, ZIP 2005, 1389 (1391).

2318 *Adams*, ZIP 2002, 1325, (1336); ausführlich hierzu insbesondere *Hirsch*, Social Limits to Growth; *Frank*, Choosing the Right Pond.

2319 *Adams*, ZIP 2002, 1325, (1336).

2320 *Adams*, ZIP 2002, 1325, (1336); im US-amerikanischen Schrifttum insbesondere *Bebchuk/Fried*, Pay without Performance, S. 32, die vom sog. „ratcheting-up"-Effekt sprechen.

beeinflusst werden könnte. Dies ist zum einen dadurch denkbar, dass Ausreisser nach oben vermieden werden sollten, um einen „Aufschrei der Öffentlichkeit" zu umgehen, zum anderen ist aber auch davon auszugehen, dass die Festsetzung einer unangemessen niedrigen Vergütung unterlassen werden würde, um die Vorstandsmitglieder in der Öffentlichkeit nicht als minderwertig darzustellen. Welche dieser Wirkungen gewichtiger ist und ob das gesetzgeberische Ziel der Eindämmung des Vergütungsniveaus mittels verschärfter Transparenz an sich erreicht werden kann, kann noch nicht eindeutig vorhergesagt werden.[2321]

Ausweislich empirischer in- und ausländischer Untersuchungen[2322] zeigt sich jedoch die bereits befürchtete Tendenz zu sukzessiven Vergütungssteigerungen bei erhöhter Offenlegung. So stellte eine Vergütungsstudie aus dem Jahr 2009 fest, dass die Vorstände derjenigen Unternehmen, die ihre Vergütung nicht offen legen, eine geringere Gesamtvergütung als die Führungskräfte der offenlegenden Unternehmen aufweisen.[2323] Eine mögliche Erklärung für eine derartige Entwicklung könnte in dem sog. *Lake Wobegon Effect* gesehen werden, wonach kein Unternehmen sich in der Öffentlichkeit zu unterdurchschnittlich bezahlten und somit auch vermeintlich zweitklassigen Vorstandsmitgliedern bekennen will.[2324]

Trotz der genannten Nachteile ist der praktische Nutzen detaillierter Offenlegungspflichten jedoch nicht von der Hand zu weisen. Zum einen führt die verpflichtende Offenlegung zu einer Senkung der Informationskosten der Aktionäre, die sich über die Vergütungspakete der Führungskräfte erkundigen möchten.[2325] Zum anderen gibt es auch Stimmen im Schrifttum, die davon überzeugt sind, dass die Offenlegung der individuellen Bezüge durchaus geeignet ist, zur Dämpfung des allgemeinen Vergütungsniveaus beizutragen.[2326] Dem wird zwar entgegengehalten, dass in den USA und in Großbritannien die Offenlegung der Vorstandsbezüge jedenfalls bislang keine lindernde Wirkung entfaltet hat. Die Befürworter der Offenlegungsvorschriften argumentieren jedoch damit, dass das deutsche Umfeld anders und sensibler auf exzessive Vergütungen reagiere als dies in den USA und in Großbritannien der Fall ist.[2327]

Zudem wird der deutsche Aufsichtsrat bei der Festsetzung der Vorstandsbezüge lediglich als Agent der Anteilseigner tätig. Somit besteht die Gefahr, dass der Auf-

---

2321 *Thüsing*, ZIP 2005, 1389 (1391).

2322 In Deutschland zuletzt *Ernst/Rapp/Wolff*, 2 ZCG 2009, 91–95.

2323 *Kuhner/Hitz/Sabiwalsky/Drefahl*, Studie Managergehälter 2009, S. 46 f.

2324 Spindler/Stilz/*Fleischer*, KommAktG § 87 Rdn. 83; Thévenoz/*Bahar*, Conflicts of Interest, S. 118 f.

2325 Ausführlich hierzu *Knutt*, 47 Arizona L. Rev. 2005, 493 (502 ff.).

2326 *Jensen/Murphy*, 98 J. Pol. Econ. 1990 225 (254): „The benefits of the public disclosure of top-management compensation are obvious since this disclosure can help provide a safeguard against 'looting' by management (in collusion with 'captive' boards of directors)."

2327 *Hoffmann-Becking*, ZHR 2005, 155 (173); *Bors*, Erfolgs- und leistungsorientierte Vorstandsvergütung, S. 102.

sichtsrat aufgrund der herrschenden Informationsdisproportionalität zwischen ihm und den Anteilseignern geneigt sein könnte, bei der Festsetzung der Managergehälter ohne besondere Hindernisse opportunistisch zu Gunsten der Vorstandsmitglieder zu handeln. Ein solches Verhalten des Aufsichtsrats ist insbesondere dann zu befürchten, wenn eine für die Vorstandsmitglieder besonders günstige Vergütungsentscheidung gleichzeitig auch mit Vorteilen für den Aufsichtsrat einhergeht. Diese Konstellation ist vor allem in Fällen persönlicher Verflechtung der Aufsichtsräte und Vorstände verschiedener Unternehmen gegeben. Sind die Aufsichtsräte des einen Unternehmens gleichzeitig auch Vorstandsmitglieder des anderen und umgekehrt, so entstehen für die Anteilseigner unter Umständen aufgrund der gegenseitigen Gewährung unangemessen hoher Vorstandsvergütung enorme Kosten. Eine mögliche Lösung des skizzierten Problems kann jedoch das im Rahmen der *principal-agent*-Theorie entwickelte *monitoring* darstellen. Die Pflicht zur Veröffentlichung der Vorstandsbezüge kann zur Erleichterung der Überwachung des Aufsichtsrates durch die Anteilseigner führen und so die durch das sog. „back scratching" entstehende unangemessene Managervergütung begrenzen.[2328]

Darüber hinaus ermöglicht die Offenlegung der Vergütung die Setzung von Erfolgs- und Leistungsanreizen und dient zunehmend als Motivation der Vorstandsmitglieder, gesetzte Ziele zu erreichen, um ein positives Öffentlichkeitsbild bieten zu können. Die Sensibilität der Öffentlichkeit stellt die schärfste Waffe der Transparenzvorschriften im Kampf gegen unangemessene Vorstandsvergütungen dar. Es ist weniger die Verweigerung der Entlastung durch die Hauptversammlung, die die Vorstandsmitglieder in Furcht versetzt, sonder vielmehr der Druck der Wirtschaftsöffentlichkeit, der sie oft veranlasst, von überhöhten Gehältern Abstand zu nehmen.[2329] Überdies ist eine Gesellschaft, die von der Wirkungskraft ihres Anreizsystems für den Vorstand überzeugt ist, oft bestrebt, die erforderlichen Informationen offenzulegen, um ein positives Signal für den Kapitalmarkt zu setzen.[2330] Des Weiteren ermöglicht die individualisierte Ausweisung der Vorstandsbezüge aktuellen und potenziellen Investoren einen Einblick in die vergütungsorientierten Anreize der einzelnen Vorstandsmitglieder[2331] und gibt auch Auskunft darüber, welche Versorgungs- und Abfindungszahlungen vereinbart wurden. Diese Angaben

---

2328 *Baums* in: FS-Claussen, S. 44; *Bors*, Erfolgs- und leistungsorientierte Vorstandsvergütung, S. 103.

2329 *Hirte* in: Abeltshauser/Buck, Corporate Governance, S. 89 ff.; *Fleischer*, DB 2005, 1611 (1612); *Martens* in: FS Hüffer, S. 647 (648) geht davon aus, dass derjenige der weiß, dass seine Entgeltabsprache vor der Öffentlichkeit bestehen muss, das Vorsichtsprinzip weit eher und intensiver berücksichtigen werde als derjenige, der sich im Versteck befinde und nichts zu befürchten habe. Somit schreibt *Martens* dem Transparenzgebot eine wichtige Kontroll- und Korrekturfunktion durch die Öffentlichkeit zu.

2330 *Thüsing*, ZGR 2003, 457 (484); *Bors*, Erfolgs- und leistungsorientierte Vorstandsvergütung, S. 103.

2331 *Baums*, ZHR 2005, 299 (306); *Fleischer*, DB 2005, 1611 (1613).

stellen vor allem für die Einschätzung des Vorstandsverhaltens im Falle einer Unternehmensübernahme wichtige Informationen dar.[2332]

Zwar handelt es sich bei der NYSE nicht um eine Gesellschaft, die den Offenlegungsvorschriften der SEC unterliegt, dennoch stellt der Rücktritt von Richard Grasso ein anschauliches Beispiel für die positive Wirkung erhöhter Vergütungstransparenz dar. Ende August 2003 verkündete die NYSE den neuen Anstellungsvertrag mit ihrem CEO Richard Grasso. Diese Verkündung erhielt unter anderem auch detaillierte Angaben seines Vergütungspakets, insbesondere eine $ 140 Mio. schwere Auszahlung der aufgeschobenen Vergütung. Diese Mitteilung sorgte für eine laute Entrüstung der Öffentlichkeit mit der Folge, dass CEO Grasso nur einen Monat später von seinem Posten zurücktrat. Daraus kann gefolgert werden, dass die Offenlegung der Vorstandsvergütung trotz oben erörterter Gefahren durchaus geeignet ist, exzessive Vergütungen publik zu machen und so auf die künftig festzusetzenden Managerbezüge zumindest in Einzelfällen Einfluss zu nehmen.[2333]

## C. Vergütungskontrolle durch die Aktionäre

### *I. „Say-on-pay"-Regelung*

Wie bereits erörtert konzentrieren sich sowohl Deutschland als auch Großbritannien und die USA in ihren jüngsten Reformen auf die für die Regulierung der Vergütung essentiellen Corporate Governance-Felder: Vergütungspublizität und Mitspracherecht der Aktionäre. In diesem Zusammenhang wird vertreten, dass sich die Schwächen des eigenen Systems durch gezielte Übernahmen fremder Strukturen kompensieren lassen könnten (sog. hybride Corporate Governance Systeme).[2334] Einer solchen „best practice" entspricht auch das in Großbritannien entwickelte Konzept des „advisory vote", welches sowohl nach Deutschland als auch in die USA übertragen und durch die Anpassung an dort bestehende gesetzliche Regelungen verändert wurde (sog. *legal transplant*).[2335]

Allerdings weicht die deutsche Regelung zum Vergütungsvotum gem. § 120 Abs. 4 AktG n.F. von den entsprechenden Vorschriften in Großbritannien und den

2332 Begr. RegE VorstOG, BR-Drucks 398/05, S. 10; Spindler/Stilz/*Fleischer*, KommAktG, § 87 Rdn. 42.

2333 *Baldwin*, Grasso Resigns Under Pressure: $ 140M Pay Package for Chairman of NYSE Sparked Public Furor, Boston Globe v. 18.09.2003, abrufbar unter: http://www.boston.com/business/markets/articles/2003/09/18/grasso_resigns_under_pressure (zuletzt aufgerufen am 23.02.2011); *Knutt*, 47 Arizona L. Rev. 2005, 493 (501 f.).

2334 *Naruisch*, Systemkomponenten interner Corporate Governance, S. 28; *Fleischer* in: Gedächtnisschrift für Heinze, S. 177 ff.; *ders.*, NZG 2004, 1129 ff.; *Chahed/Müller*, Unternehmenserfolg, S. 21.

2335 *Döll*, Institute for Law and Finance, Working Paper Series, No. 107 (2009), S. 6; *Dauner-Lieb* in: Gesellschaftsrecht Kommentar, § 87 AktG Rdn. 5; *Aguilera/Jackson*, 28 Academy of Management Review 2003, 447 ff.; *Chahed/Müller*, Unternehmenserfolg, S. 21.

USA ab, indem der deutsche Gesetzgeber keinen Beschluss über anlassbezogene Vergütungen von Dritten wie etwa Transaktionsboni verlangt. Somit besteht in Bezug auf den Gegenstand der Beschlussfassung kein Regelungsgleichlauf. Zwar ist es durchaus denkbar, nach § 120 Abs. 4 AktG im Rahmen einer (außerordentlichen) Hauptversammlung, die über eine Strukturmaßnahme abstimmt, einen Beschluss über das Vergütungssystem zu fassen. Auch erscheint eine diesbezügliche Abstimmung in der folgenden ordentlichen Hauptversammlung denkbar. Den Gegenstand des Beschlusses gem. § 120 Abs. 4 Satz 1 AktG bildet jedoch nicht die konkrete Vergütungshöhe, wie dies nach sec. 14A (b) des Securities Exchange Act of 1934 der Fall ist, sondern vielmehr das Vergütungssystem als solches.[2336] Gemeint sind damit lediglich die Grundzüge der Vergütungsstruktur, welche ein abstraktes und generelles Gesamtkonzept beinhalten. Die Angabe der konkreten Höhe der Vergütung ist hingegen für eine Beschlussfassung nach § 120 Abs. 4 AktG – anders als bei der Offenlegung gem. § 285 Nr. 9 HGB – nicht erforderlich.[2337]

Darüber hinaus steht die deutsche Regelung zur Abstimmung über die Vorstandsvergütung hinter dem US-amerikanischen und seit 2013 auch hinter dem englischen Vergütungsvotum zurück. Das Dodd-Frank Act sieht im Gegensatz zu § 120 Abs. 4 AktG eine verpflichtende Vergütungsabstimmung der Aktionäre vor. Diese Reformentwicklung veranlasste auch den deutschen Gesetzgeber über die Einführung eines bindenden Aktionärsvotums nachzudenken. Dies führte in den Jahren 2011 und 2012 zu einer politischen Debatte, die in einem entsprechenden Gesetzesentwurf zur Änderung des § 120 Abs. 4 AktG mündete, sog. „Gesetz zur Verbesserung der Kontrolle der Vorstandsvergütung und zur Änderung weiterer aktienrechtlicher Vorschriften“ (VorstKoG). Danach sollte § 120 Abs. 4 AktG wie folgt gefasst werden:

> „Die Hauptversammlung der börsennotierten Gesellschaft beschließt jährlich über die Billigung des vom Aufsichtsrat vorgelegten Systems zur Vergütung der Vorstandsmitglieder. Die Darstellung des Systems hat auch Angaben zu den höchstens erreichbaren Vergütungen, aufgeschlüsselt nach Vorstandsvorsitz, dessen Stellvertretung und einfachem Mitglied des Vorstands, zu enthalten. Der Beschluss berührt nicht die Wirksamkeit der Vergütungsverträge mit dem Vorstand; er ist nicht nach § 243 anfechtbar.“[2338]

Ausweislich der Begründung zum Gesetzesentwurf sollten die vorgeschlagenen Änderungen gegenüber dem geltenden Recht zwei zwingende Elemente enthalten: das Vergütungsvotum verpflichtend und sein Inhalt verbindlich gestalten. Allerdings bremste der Bundesrat dieses Gesetzesvorhaben, indem er den Vermittlungs-

---

2336 „CEO Incentives – It's Not How Much You Pax, But How“ vgl. *Jensen/Murphy,* 68 Harvard Bus. Rev. 1990, 138.

2337 *Schmidt-Bendun/Prusko,* NZG 2010, 1128 (1130); *Fleischer,* AG 2009, 676 (682); *v. Falkenhausen/Kocher,* AG 2010, 623 (625).

2338 Veröffentlichung des Bundesjustizministeriums vom 8.05.2013 zusammen mit einer Pressemitteilung; als Änderungsantrag der Koalitionsfranktionen zur Aktienrechtsnovelle in den Bundestag eingebracht, Drucksache 17/8989.

ausschuss gem. Art. 77 Abs. 2 GG anrief. Da die Bundesratsitzung erst für den 20. September 2013 anberaumt war, d.h. zwei Tage vor der Bundestagswahl, konnte die Novelle mit Blick auf den Grundsatz der Diskontinuität in der letzten Legislaturperiode nicht mehr zustande kommen. Das Bundesministerium der Justiz und für Verbraucherschutz hat interessierten Kreisen einen Neuentwurf der Aktienrechtsnovelle mit Datum vom 11. April 2014 (Bearbeitungsstand) zugeleitet. Der Entwurf entsprach überwiegend dem Entwurf des Gesetzes zur Verbesserung der Kontrolle der Vorstandsvergütung und zur Änderung weiterer aktienrechtlicher Vorschriften (VorstKoG) aus der letzten Legislaturperiode in der vom Bundestag angenommenen Fassung, das am Widerstand des Bundesrates gegen die Neuregelung der Vorstandsvergütung kurz vor der Bundestagswahl 2013 gescheitert war. Im Neuentwurf der Aktienrechtsnovelle fehlten allerdings sämtliche Reglungen zur Vorstandsvergütung.[2339] Diese wurden vielmehr aus dem Entwurf der Aktienrechtsnovelle 2014 herausgenommen. Es ist allerdings nicht auszuschließen, dass der Gesetzentwurf um die unionsrechtlich verbindlichen Vorgaben zur Vorstandsvergütung zu einem späteren Zeitpunkt ergänzt wird.

Bis dahin bleibt die in Deutschland geltende „say-on-pay"-Regelung weiterhin hinter ihren „Vorbildern" in England und den USA zurück.

## *II. Aktionärsstellung*

Die Beziehung zwischen den Aktionären und dem *board of directors* bzw. dem Aufsichtsrat als zentralem Festsetzungsorgan stellt einen weiteren bedeutenden Bestimmungsfaktor für die Boardhandlungen und somit für die Formulierung der Vergütungspolitik des Unternehmens dar. Im Vergleich zu Deutschland verfügen Großbritannien und die USA über einen weit gestreuten Aktienbesitz, welcher den institutionellen Anlegern die Einflussnahme auf die Boardentscheidungen ermöglicht.[2340] Sowohl in den Vereinigten Staaten als auch im Vereinigten Königreich entwerfen institutionelle Anleger häufig ihre eigenen best practice-Kodizes und verwickeln somit die Unternehmensführungsspitzen in einen Dialog über die für sie bedeutenden Fragen. Allerdings nimmt die Beteiligung britischer Aktionäre im Vergleich zu US-amerikanischen Anteilseignern ein bedeutend größeres Ausmaß an. Der Unterschied beider Beteiligungsformen wird unter anderem auf den regelungsbasierten Corporate Governance-Ansatz der Vereinigten Staaten zurückgeführt, bei dem die SEC und die Börsen für die Implementierung und Durchsetzung guter Corporate Governance-Standards zuständig sind. Im Gegensatz dazu haben die britischen Aktionäre die Befugnis, autonom darüber zu entscheiden, welche Corporate Governance-Maßnahmen zur Wahrung ihrer eigenen Interessen erforderlich und angemessen sind. Eine weitere Erklärung für die unterschiedlich

2339 Briefing zur Aktienrechtsnovelle 2014 von Freshfields Bruckhaus Deringer LLP, abrufbar unter: http://www.freshfields.com/de/knowledge/Aktinerechtsnovelle_2014/ (zuletzt aufgerufen am 17. Januar 2015).

2340 *Mallin,* Corporate Governance, S. 57.

starke Beteiligung der Aktionäre könnte die größere Aktienanteilskonzentration britischer institutioneller Anleger im Vergleich zu US-amerikanischen Anteilseignern darstellen, die diesen mehr Mitspracherechte und Einflussnahmemöglichkeiten auf die Vorstandsvergütung verschafft.[2341] So besitzen Mitglieder der ABI und der National Association of Pension Funds etwa ein Drittel der Aktienanteile börsennotierter Gesellschaften[2342] mit der Folge, dass diese Institutionen auch Interesse an einer funktionierenden Corporate Governance und somit an der Angemessenheit der Vorstandsvergütung haben.

In Deutschland herrscht hingegen eine niedrigere Eigentümerzersplitterung als in Großbritannien oder in den USA mit der Folge, dass die jeweiligen Aktionäre selbst sehr stark in das Unternehmensgeschehen eingebunden sind. Insbesondere durch die gesetzlich vorgeschriebene Arbeitnehmervertretung im Aufsichtsrat erfolgt in Deutschland eine interne Einschränkung der Vorstandsvergütung, wohingegen in Großbritannien und in den USA die Beeinflussung durch die Überwachung durch die externen *board*-Mitglieder oder sog. Outsider stattfindet.[2343]

Die Entwicklungen in der Unternehmensführung sind von Region zu Region unterschiedlich, allerdings ist sowohl in Großbritannien als auch in Deutschland und den USA ein eindeutiger Anstieg des Einflusses der Anteilseigner auf die Vorstandsvergütung zu beobachten. Europäische Aktionäre waren die Vorreiter dieser Tendenz. Bereits im Jahre 2003 wurden die englischen Aktiengesellschaften (*public companies*) aufgefordert, ihren Aktionären eine beratende Abstimmung über die Zusammensetzung der Vorstandsvergütung zuzubilligen. Und obwohl diese „say-on-pay“-Regelung im Vereinigten Königreich unverbindlich ausgestaltet ist, behaupten Verfechter dieser Vorschrift, dass hierdurch dennoch der Dialog zwischen den Unternehmen und den bedeutenden Investoren verbessert wurde. Im Übrigen wird angeführt, dass die unverbindliche Abstimmung der Aktionäre eine Verbesserung der Vergütungspraxis und eine gestiegene Korrelation zwischen der Bezahlung und der Performance mit sich brachte. So wurden zum Beispiel die stark kritisierten Aktienoptionspläne in britischen Unternehmen zum größten Teil durch performanceorientierte Aktiengewährungen ersetzt.[2344]

## D. Verbesserung des Risikomanagements

Auch im Hinblick auf das Risikomanagement wurde der Reformbedarf seitens aller drei Länder erkannt und in Angriff genommen. Der in der Finanzkrise erkannte

2341 *Tafara,* Director, Office of International Affairs, SEC, „Remarks on UK and US Approachs to Corporate Governance and on the Market for Corporate Control“, Madrid und London, 8–9.02.2007, abrufbar unter: http://www.sec.gov/news/speech/2007/spch020807et.htm (zuletzt aufgerufen am 1.04.2011); *Chahed/Müller,* Unternehmenserfolg, S. 25.

2342 *Balsam/Kuang/Qin,* Executive Compensation, S. 8 f.

2343 *Chahed/Müller,* Unternehmenserfolg, S. 26.

2344 *Mercer,* Pay for Results, S. 2 f.

Mangel an Präsenz und Stärke der Risikomanagementfunktionen sowie unzureichende Risikokontrollmechanismen und fehlende Kommunikation mit der Aufsichtsbehörde[2345] erforderten in den letzten Jahren eine starke Aufarbeitung seitens der deutschen, britischen und US-amerikanischen Regulierungsbehörden. Alle drei im Rahmen dieser Arbeit untersuchten Länder wirkten auf die Errichtung eines Risikomanagementsystems hin, um zukünftig das Eingehen unvernünftiger Risiken durch die Führungsspitzen zu vermeiden und diese zu einem risikobewussten Handeln anzuhalten. Die Hauptthematik der aktuellen Reevaluation der Managervergütung beinhaltet somit den Gedanken, dass die tatsächlich oder vermeintlich exzessive Vergütung der *executives* nicht nur ein Mittel der Corporate Governance, sondern auch ein Problem des Risikomanagements darstellt. So schreibt § 91 Abs. 2 AktG dem Vorstand vor, geeignete Maßnahmen zu treffen, insbesondere ein Überwachungssystem einzurichten, damit den Fortbestand der Gesellschaft gefährdende Entwicklungen früh erkannt werden. Auch legt Ziffer 4.1.4 DCGK nahe, dass der Vorstand für ein angemessenes Risikomanagement und Risikocontrolling im Unternehmen sorgen soll. Zudem soll der Aufsichtsrat zur Verbesserung der unternehmensinternen Kontrolle gem. Ziffer 5.2 Abs. 3 DCGK mit dem Vorstand, insbesondere mit dem Vorsitzenden bzw. Sprecher des Vorstands, regelmäßig Kontakt halten und mit ihm die Strategie, die Geschäftsentwicklung und das Risikomanagement des Unternehmens beraten. Aber auch Reformvorgaben der Finanzbranche, wie etwa das „Vergütungsgesetz“ und die darauf basierenden Änderungen des KWG sowie die InstitutsVergV räumten dem Risikomanagement eine zentrale Stellung ein.

Die in Großbritannien angesichts der weltweiten Finanzmarktkrise formulierte Turner Review zum Beispiel vertritt einen überwiegend risikobasierten Ansatz der Vorstandsvergütung, wonach die Gefahr der Eingehung unvernünftiger Risiken, die von inakzeptablen Anreizen der Vergütungssysteme ausgeht, besonders hervorgehoben wird. Diese Botschaft strahlt inzwischen auch auf die Empfehlungen des UK Corporate Governance Code und des Remuneration Code der FSA aus, die einen fast ausschließlich risikobasierten Fokus einnehmen und die Vorstandsvergütung als ein kritisches Element des Unternehmensrisikos beurteilen.

In den USA finden sich ebenfalls zahlreiche risikoorientierte Regelungen, die unter anderem bei der Festsetzung der Managervergütung eine Risikobewertung verlangen bzw. die Auszahlung der variablen Vergütung davon abhängig machen, ob von unvernünftigen Risiken abgesehen wurde oder nicht. Die kürzlich erlassenen Vorschriften der SEC verlangen sogar die Veröffentlichung risikobehafteter Sachverhalte.

Als Schwäche dieser Regelungen erweist sich jedoch die mangelnde Präzisierung der Begriffe „unvernünftige“ bzw. „überhöhte“ Risiken, die in allen drei Ländern benutzt werden. Diese auslegungs- und ausfüllungsbedürftigen Faktoren geben leider keine konkreten Vorgaben in Bezug darauf, welche schädlichen Handlungen damit verbunden sein können.

---

2345 *Wittig*, WM 2010, 2337 (2341).

# § 4. Vorgaben an die Vergütungsstruktur und Verzicht auf Vergütungsobergrenzen

## A. Allgemeine Kriterien für die Angemessenheit der Vorstandsvergütung

In Deutschland wird den tatsächlich oder vermeintlich exzessiven Vorstandsbezügen hauptsächlich mit dem materiell-rechtlich festgesetzten Kriterium der „Angemessenheit“ entgegengewirkt. Die zentrale Vorschrift zur Beurteilung der Vorstandsvergütung stellt § 87 Abs. 1 Satz 1 AktG dar, welche im Lichte der weltweiten Finanzmarktkrise durch das VorstAG reformiert wurde. Demnach hat der Aufsichtsrat bei der Festsetzung der Gesamtbezüge des einzelnen Vorstandsmitglieds dafür Sorge zu tragen, dass diese in einem angemessenen Verhältnis zu den Aufgaben und Leistungen des Vorstandsmitglieds sowie zur Lage der Gesellschaft stehen und die übliche Vergütung nicht ohne besondere Gründe übersteigen. Diese Kriterien werden zudem auch im DCGK noch einmal hervorgehoben. Demnach wird die Gesamtvergütung der Vorstandsmitglieder auf der Grundlage einer Leistungsbeurteilung festgelegt. Kriterien für die Angemessenheit der Vergütung bilden dabei sowohl die Aufgaben des einzelnen Vorstandsmitglieds, seine persönliche Leistung, die wirtschaftliche Lage, der Erfolg und die Zukunftsaussichten des Unternehmens, als auch die Üblichkeit der Vergütung unter Berücksichtigung des Vergleichsumfelds und der Vergütungsstruktur, die ansonsten in der Gesellschaft gilt (vgl. Ziffer 4.2.2 Abs. 2 DCGK). Demzufolge müssen sowohl die einzelnen Vergütungsbestandteile als auch die Gesamtvergütung als solche den Angemessenheitskriterien genügen und dürfen nicht zum Eingehen unangemessener Risiken verleiten (Ziffer 4.2.3 Abs. 2 Satz 5 DCGK). Darüber hinaus gibt § 87 Abs. 1 Satz 3 AktG dem Aufsichtsrat das Recht, für außerordentliche Entwicklungen eine Begrenzungsmöglichkeit zu vereinbaren.

Dem britischen und US-amerikanischen Recht ist ein gesetzliches Angemessenheitsgebot zur Regulierung der überhöhten Managergehälter zwar nicht bekannt, dort wird jedoch zumeist auf allgemeine Rechtsfiguren zurückgegriffen. So regelt der britische Corporate Governance Code, dass das Vergütungsniveau so ausgestaltet sein soll, dass es dem Unternehmen möglich ist, qualifizierte Führungskräfte anzuwerben, zu behalten und zu motivieren. Allerdings sollen darüber hinausgehende Zahlungen unterbleiben (vgl. Main Principle D.1 UK Corporate Governance Code). Die Kriterien der Unternehmensleistung und der individuellen Performance des Begünstigten kommen in Großbritannien dadurch zum Ausdruck, dass der wesentliche Teil der Vergütung gem. Main Principle D.1 Satz 2 des UK Corporate Governance Code einer Koppelung an die Unternehmensleistung und die individuelle Performance des Begünstigten bedarf. Vergleichbar dem Üblichkeitskriterium des § 87 Abs. 1 Satz 1 AktG (horizontale Vergleichbarkeit), sind auch britische *compensation committees* gehalten, zu entscheiden, wie das eigene Unternehmen im Verhältnis zu anderen Gesellschaften zu positionieren ist. Allerdings ist im Rahmen der Bildung von Vergleichsgruppen höchste Vorsicht geboten, denn solches *benchmarking* ist durchaus geeignet, eine Spirale nach oben auszulösen, insbesondere, wenn das Ansteigen des Vergütungsniveaus nicht mit einer Leistungsverbesserung korrespondiert. In Übereinstimmung mit dem deutschen Kriterium der vertikalen Vergleichbarkeit steht auch die Empfehlung des britischen Corporate Governance Kodex, nach der bei der Festsetzung der Vergütung das Vergütungsniveau der übrigen Arbeitnehmer zu berücksichtigen ist (D. 1 Supporting Principle UK Corporate Governance Code 2010).

In den USA begegnet man den Auswüchsen in der Vergütungspolitik mit der sog. „*waste of corporate assets*"-Doktrin, die jedoch erst im Rahmen von einer gerichtlichen Überprüfung zu beurteilen ist. Die als Voraussetzung für die Annahme einer Verschwendung erforderliche Hürde gilt allerdings als kaum überwindbar. Zudem werden in den Vereinigten Staaten Performance-Vergleichsgruppen gebildet, die durch das *board* als ex-post-Rechtfertigung der tatsächlich gewährten Vorstandsvergütung auf den jährlichen Hauptversammlungen benutzt werden. Dieser Ansatz stellt einen Gegensatz zur britischen und deutschen Vergütungspraxis dar, bei der derartige Performance-Vergleichsgruppen grundsätzlich ex ante zur Festsetzung der Vorstandsvergütung herangezogen werden.[2346]

## B. Ausrichtung der Vorstandsvergütung am langfristigen Unternehmenserfolg

Sowohl in Deutschland als auch in Großbritannien und den USA ist der Gesetzgeber nunmehr bestrebt, das Eingehen kurzfristiger Risiken und die Erwirtschaftung kurzlebiger Unternehmenserfolge durch die Ausrichtung der Managervergütung am langfristigen Unternehmenserfolg zu vermeiden.

In Deutschland wurde im Lichte der Finanzkrise § 87 Abs. 1 Satz 2 AktG dahingehend geändert, dass die Vergütungsstruktur börsennotierter Gesellschaften nunmehr auf eine nachhaltige Unternehmensentwicklung auszurichten ist. Zudem hat der Aufsichtsrat gem. § 87 Abs. 1 Satz 3 HS 1 AktG dafür Sorge zu tragen, dass variable Vergütungsteile grundsätzlich eine mehrjährige Bemessungsgrundlage haben. Diese Vorgaben entsprechen auch den Kodexempfehlungen der Ziffer 4.2.3 Abs. 2 Satz 1 und 3 DCGK. Gem. Ziffer 4.2.3 Abs. 2 Satz 5 DCGK dürfen sämtliche Vergütungskomponenten nicht zum Eingehen unangemessener Risiken verleiten.

In Großbritannen war der Gesetzgeber ebenfalls bemüht, kurzfristige Vergütungsanreize zu minimieren und die Vergütungspolitik einer langfristigen Betrachtung zu unterziehen. So empfiehlt die aktuelle Fassung des UK Corporate Govenrance Code von Juni 2010, leistungsorientierte Vergütungsbestandteile der geschäftsführenden Direktoren derart zu gestalten, dass der langfristige Unternehmenserfolg gefördert wird. Zudem schreibt der neue UK Corporate Governance Kodex vor, die leistungsorientierte Vergütung der Direktoren an die langfristigen Interessen des Unternehmens und seine

2346 *Buck/Bruce/Main/Udueni,* 40 Journal of Management Studies 2003, 1709 (1711). In Deutschland geschieht es anhand der Üblichkeitsbeurteilung gem. § 87 Abs. 1 Satz 1 AktG n. F. im Rahmen der Vergütungsfestsetzung.

Risikopolitik anzupassen[2347] und die Leistungskonditionen im Sinne der Förderung einer langfristigen Unternehmensentwicklung zu formulieren. Darüber hinaus setzt der Remuneration Code 2010 fest, dass Unternehmen, die sich langfristig orientierter Vergütungspläne bedienen, diese derart gestalten sollen, dass die Gewährung langfristiger Bezüge von angemessenen Performance-Bedingungen abhängig gemacht wird, wobei die Hälfte der zugeteilten Vergütung nicht vor Ablauf von mindestens fünf Jahren und der Restbetrag nicht vor Ablauf von drei Jahren ausgezahlt werden dürfen.[2348]

Außerdem sind die *boards* auch nach den best practice-Vorgaben der ABI gehalten, bei der Festlegung der Vergütungspolitik und -praxis den Unternehmenserfolg im Sinne einer langfristigen Wertschöpfung vor Augen zu haben und diese den Unternehmenszielen und Geschäftsstrategien anzupassen. Die Risiken sollen dabei berücksichtigt und einer regelmäßigen Kontrolle unterzogen werden.[2349] Darüber hinaus hat die britische Regierung am 25. Oktober 2010 ein Konsultationspapier (sog. *call for evidence*) mit dem Titel „A long-term focus for corporate Britain" veröffentlicht, in dem eine ausführliche Auseinandersetzung mit den Ursachen der Finanzkrise erfolgt und Fragen in Bezug auf Maßnahmen aufgeworfen werden, die zur effizienten und transparenten Kapitalzuteilung sowie zur Nachhaltigkeit der Unternehmen beitragen sollen.[2350]

In den Vereinigten Staaten wurde die Langfristorientierung der Managervergütung dadurch in den Mittelpunkt der Reformvorgaben gestellt, dass die zahlreichen, vom US-amerikanischen Gesetzgeber vorgestellten oder erlassenen Vergütungseinschränkungen regelmäßig Ausnahmen für langfristige Vergütungskomponenten enthielten. So gestattet etwa der Obama Plan den von den strikten Vergütungseinschränkungen erfassten und an den allgemein zugänglichen Rettungsprogrammen beteiligten Unternehmen, die Vergütungsgrenze von $ 500,000 zu überschreiten, solange *senior executives* mit restricted stocks (mit Sperrfristen versehene Aktien) oder anderen, dieser Vergütungsform vergleichbaren, langfristigen leistungsabhängigen Bezügen entlohnt werden. Darüber hinaus sollte das Verbot des ARRA 2009, Bonusleistungen, retention awards sowie andere variable Vergütungsbestandteile auszuzahlen, unter anderem dann nicht gelten, wenn es sich um langfristig mit Sperrfristen versehene Aktien handelt.[2351]

Zum Zwecke der Ausrichtung der Managervergütung an der langfristigen Wertschöpfung und der finanziellen Stabilität des Unternehmens lehnt auch US-Special Master Kenneth R. Feinberg Cash Boni, die auf der Grundlage kurzfristiger Erfolge festgesetzt werden, ab und gibt stattdessen Vergütungen in Form von Aktien, welche über einen längeren Zeitraum gehalten werden müssen, den Vorzug. Auch Gehalts-

2347 Supporting Principle, sec. D.1 FRC, The UK Corporate Governance Code 2010.

2348 Principle 8, SYSC 19A3.24 G(2) FSA, PS10/20.

2349 Institutional Voting Information Service, Executive Remuneration – ABI Guidelines on Policies and Practices, Principles v. 15.12.2009, abrufbar unter: http://www.ivis.co.uk/ExecutiveRemuneration.aspx (zuletzt aufgerufen am 1.04.2011).

2350 BIS, A long-term focus for corporate Briatin, A call for evidence v. 25.10.2010.

2351 Title VII, sec. 7001 ARRA 2009; sec. 111 (b)(3)(D)(I) EESA 2008.

zuwächse wurden vom „Pay Czar" nur in Ausnahmefällen zugelassen und zwar dann, wenn dies eine notwendige Maßnahme zur Erhaltung von Spitzenkräften im Sinne der Förderung des langfristigen Unternehmenserfolges und somit auch der Rückerstattung der Steuergelder darstellte. Im Übrigen wies die Obama-Regierung die US-Bundesbehörden an, Standards und Richtlinien zu erlassen, die eine erhöhte Bindung der Vergütungspraktiken der Finanzinstitute an die langfristige Wertschöpfung zum Gegenstand haben. Dabei sollte insbesondere verhindert werden, dass diese Vergütungspraktiken kurzfristige Anreize schaffen, welche die Sicherheit und Kreditwürdigkeit der Unternehmen gefährden könnten.

Zusammenfassend lässt sich somit sagen, dass das Prinzip der *pay for performance* ausweislich zahlreicher Empfehlungen und Gesetzesinitiativen bzw. -änderungen in allen drei Ländern beibehalten und zu einem „pay for long term performance" weiterentwickelt werden soll.[2352]

## C. Variable und aktienbasierte Vergütung

Durch die zunehmend internationale Ausrichtung der Kapitalmärkte kam es Mitte der 1990er Jahre zu einer starken Orientierung der deutschen Unternehmen an dem ursprünglich in den USA entwickelten *shareholder value*. Im Mittelpunkt dieser unternehmenswertbezogenen Ausrichtung stand insbesondere die Steigerung des Börsenwertes des Unternehmens. Dies verlangte eine Umstrukturierung der hiesigen Vorstandsvergütung. Die Anreizwirkung der bis dahin gewährten variablen Bezüge wurde als zu gering, jahresbezogene Bonuszuteilungen als zu kurzfristig und ihre Bezugsgrößen als überwiegend bilanzlastig aufgefasst. Diese Unzulänglichkeiten meinte man mit der Implementierung der US-amerikanischen Executive-Vergütungsstruktur lösen zu können. Für die deutschen Vorstandsmitglieder erwies sich diese Neuorientierung nicht nur deshalb als besonders attraktiv, weil sie dadurch in den Genuss aktienbasierter *long term incentives* kamen, sondern weil auch das Gesamtniveau der Vergütung dadurch um ein Vielfaches anstieg.[2353]

Die Kurzsichtigkeit der variablen Vergütungspolitik sowie der Aktienoptionspläne, ihre Manipulationsanfälligkeit und ihre mangelnde Transparenz wurden allerdings nur wenige Jahre später als eine der Ursachen der weltweiten Finanzmarktkrise identifiziert. Um diesen Missständen entgegenzuwirken waren der deutsche, der britische und der US-amerikanische Gesetzgeber nach dem Ausbruch der Krise bemüht, Regelungen zu erlassen, um den Vorwurf der „Selbstbedienungswirtschaften" auszuräumen und für die Zukunft transparentere und langfristigere Vergütungssysteme zu implementieren.

So wurde in Deutschland § 87 Abs. 1 Satz 3 AktG geschaffen, welcher eine mehrjährige Bemessungsgrundlage für variable Vergütungselemente verlangt. Zudem wurden die Haltefristen für Aktienoptionen gem. § 193 Abs. 2 Nr. 4 AktG auf mindestens vier

---

2352 *Fleischer*, NZG 2009, 801 (806).
2353 *Evers* in: Hommelhoff/Hopt/v. Werder, Hdbuch CG 2009, S. 349 (350).

Jahre ausgedehnt. Die vom deutschen Gesetzgeber auf vier Jahre festgesetzte Haltefrist des § 193 Abs. 2 AktG n.F. entspricht allerdings nicht den Empfehlungen der Europäischen Kommission, wonach Aktien frühestens drei Jahre nach ihrer Gewährung übertragen werden sollen und Aktienoptionen und sonstige Rechte auf den Erwerb von Aktien oder auf eine Vergütung in Abhängigkeit vom Aktienkurs frühestens drei Jahre nach ihrer Gewährung ausübbar sein sollen.[2354] Großbritannien hat die Vorgabe der Europäischen Kommission übernommen und sieht daher eine Drei-Jahres-Frist vor.[2355] Die unterschiedliche Umsetzung der europäischen Empfehlungen und eine fehlende Harmonisierung auf diesem Gebiet könnten folglich dann zu Schwierigkeiten führen, wenn die Vorstandsmitglieder einer deutschen Tochtergesellschaft in das Aktienoptionsprogramm einer ausländischen Mutter-Aktiengesellschaft – soweit dies überhaupt als zulässig erachtet wird – einbezogen werden sollen.[2356]

Gem. Ziffer 4.2.3 Abs. 2 Satz 4 DCGK soll bei der Ausgestaltung der variablen Vergütungsteile sowohl positiven als auch negativen Entwicklungen Rechnung getragen werden, um die sog. „Pay for poor Performance" zu vermeiden. In diesem Zusammenhang kommen als variable Vergütungsteile z.B. auf das Unternehmen bezogene aktien- oder kennzahlenbasierte Vergütungselemente in Betracht (vgl. Ziffer 4.2.3 Abs. 3 Satz 1 DCGK). Diese sollen gem. Ziffer 4.2.3 Abs. 3 Satz 2 DCGK auf anspruchsvolle, relevante Vergleichsparameter bezogen werden. Eine nachträgliche Änderung der Erfolgsziele oder der Vergleichsparameter soll ausgeschlossen sein. Für außerordentliche Entwicklungen hat der Aufsichtsrat gem. Ziffer 4.2.3 Abs. 3 Satz 4 DCGK grundsätzlich eine Begrenzungsmöglichkeit (Cap) zu vereinbaren.

In Großbritannien wurden ebenfalls zahlreiche Regelungen der variablen Vergütung für geschäftsführende *directors* erlassen. Demnach ist das *remuneration committee* in Einhaltung der Vorschriften zum neuen UK Corporate Governance Code von 2010 gehalten, eine sorgfältige Prüfung der Berechtigung der *directors*, einen Jahresbonus zu erhalten, vorzunehmen und im Falle der Bejahung eines solchen Anspruches gewisse Leistungsanforderungen aufstellen, die geeignet sind, den langfristigen Unternehmenserfolg zu fördern. Dabei sind Höchstgrenzen aufzustellen und offenzulegen. Zulässig sind aber auch Teilzahlungen in Form von Aktien, die ihrerseits über einen bestimmten Zeitraum nicht veräußert werden dürfen. Die Haltefristen hängen dabei vom finanziellen Bedarf des Einzelnen, bestimmte Anschaffungskosten und die damit einhergehenden Steuerverbindlichkeiten zu begleichen, ab. Alle Auszahlungen sollen an anspruchsvolle Leistungserbringungskriterien angelehnt werden, welche, einschließlich der nicht-finanziellen Leistungsparameter, die Unternehmensstrategie widerspiegeln. Darüber hinaus soll der Vergütungsausschuss dafür Sorge tragen, dass die einzelnen Vergütungsbestandteile mit dem Risikosystem des Unternehmens vereinbar sind.[2357]

2354 Ziff. 4.1. Empfehlung der Kommission 2009/385/EG, ABl. Nr. L 120/28.
2355 *Jaeger/Balke*, ZIP 2010, 1471 (1477 Fn. 36).
2356 *Jaeger/Balke*, ZIP 2010, 1471 (1477).
2357 Schedule A FRC, The UK Corporate Governance Code 2010.

In den USA, dem Land, das für die Verbreitung von Aktienoptionen als Vergütungsform der Führungskräfte verantwortlich gemacht wird, wird dieser Vergütungsausgestaltung nunmehr in erster Linie mit erhöhten Transparenzanforderungen begegnet. Im Einzelnen fordern die neuen Offenlegungsvorschriften der SEC detaillierte Angaben über den Wert der gewährten Aktien und Aktienoptionen, den Gegenwert der nicht aktienbasierten Vergütungspläne einschließlich Gewährungsdatum, den voraussichtlichen Auszahlungsbetrag, die Anzahl der Aktien oder Aktienoptionen, die entsprechend den Planbedingungen ausgegeben werden müssen und den Ausübungspreis sowie das Fälligkeitsdatum und den Marktwert aller Optionen in Bezug auf sämtliche *executives.*[2358] Zudem sieht die Obama-Regierung für staatlich unterstützte Unternehmen eine strengere Regelung der variablen Vergütung und insbesondere der Aktienoptionen vor. Diese dürfen demnach erst dann eingelöst werden, wenn die Unternehmen die Hilfspakete der Steuerzahler zurückgezahlt haben. Darüber hinaus wurde der ursprüngliche Anwendungsbereich der sec. 162(m) IRC, welcher bekanntermaßen den Einsatz von Aktienoptionen als Vergütungselement begünstigt hatte, erweitert mit der Folge, dass nunmehr auch aktienbasierte Vergütungen dem steuerlichen Abzugscap der sec. 162(m) IRC unterliegen.

Während in Deutschland[2359] und in Großbritannien die Tendenz zur Stärkung des Grundgehalts seit der Finanzkrise erheblich zunahm, verzichten viele US-amerikanische Vorstandsmitglieder heute auf ein Festgehalt.[2360] Gleichwohl empfiehlt der Deutsche Gewerkschaftsbund das Grundgehalt der Vorstandsvergütung zu intensivieren und den variablen Anteil der Vergütung zu beschränken. Demnach sollte die fixe Vergütung des Vorstandes mindestens 60 % der jährlichen Gesamtbezüge betragen und bei längerfristigen variablen Vergütungselementen sollte eine durchschnittliche jährliche Höhe der variablen Vergütung vorab festgelegt werden. Allerdings stellt ein solches Zielvorhaben angesichts der derzeitigen Vergütungspraxis in den börsennotierten Gesellschaften ein eher ehrgeiziges Ziel dar.[2361]

---

2358 17 CFR sec. 229.402(a)(6)(iv), (d)(2)(ii), (f), (g) (2009).

2359 Zwar ist der Anteil der Fixvergütung im Vorfeld der Finanzkrise stetig gesunken, die variablen Vergütungsbestandteile erfuhren jedoch einen kontinuierlichen Zuwachs. Seit 2008 hat sich dieses Bild allerdings wesentlich gewandelt. Nunmehr ist ein deutlicher Anstieg der fixen Vorstandsbezüge in nahezu allen Unternehmen zu verzeichnen. In den DAX-Unternehmen stieg das Festgehalt der Vorstände von 34 % auf 37 %. Der Festanteil der MDAX-Unternehmen wuchs von 43 % auf durchschnittlich 49 % der Gesamtvergütung. Im SDAX fand ein Anstieg von 55 % auf 59 % statt und im TECDAX von 43 % auf 48 %. Im GEX erhöhte sich der Anteil der Festvergütung von 74 % auf 78 %. Bei dieser Betrachtung muss allerdings vor Augen geführt werden, dass im untersuchten Geschäftsjahr die variablen Vergütungsbestandteile aufgrund der Verfehlung von Unternehmenszielen teilweise viel geringer ausgefallen sind als dies in den Vorjahren der Fall war. Vgl. Kienbaum, Vergütungsstudie 2009/2010, S. 69.

2360 *Kuhner/Hitz/Sabiwalsky/Drehfahl*, Studie Managergehälter 2009, S. 18.

2361 *Hexel* in: Kienbaum, Vergütungsstudie 2008/2009, S. 15.

Ungeachtet des Ausbruchs der schlimmsten globalen Rezession seit Jahrzehnten wuchs die Fixvergütung der geschäftsführenden Direktoren der größten britischen Unternehmen im Jahr 2008 um 10 %. Zwar gingen die Bonuszahlungen zurück, der Grundgehaltsanstieg betrug jedoch mehr als das Dreifache der durchschnittlichen 3,1 %-Gehaltserhöhung eines regulären Arbeitnehmers des Privatsektors.[2362]

Die US-amerikanischen Regulierungsbehörden zielen hingegen mit ihren Vorgaben auf die Stärkung aktienbasierter Vergütungspläne und insbesondere den Einsatz von *restricted stock options* ab. Dort betrug die durchschnittliche Gesamtvergütung der *chairmen* der Dow Jones-Unternehmen $ 13,121 Mio., was einen Rückgang um 20 % gegenüber dem Vorjahr darstellt. In Bezug auf die Zusammensetzung der Vergütung zeigt sich – wie auch bereits im Vorjahr – ein im Vergleich zu Deutschland und Großbritannien völlig anderes Bild. Der fixe Vergütungsanteil der US-amerikanischen Managervergütung beträgt durchschnittlich lediglich 14,55 % der Gesamtvergütung, der variable nicht aktienorientierte Anteil beläuft sich nur auf 30,87 %, wobei aktienbasierte Bezüge in Dow Jones-Unternehmen im Durchschnitt stolze 54,58 % der Gesamtvergütung der CEOs ausmachen.[2363]

Die Gewährung eingeschränkter Aktienoptionen wird in den Vereinigten Staaten regelmäßig an bestimmte Haltefristen und nicht an die Erfüllung von Leistungskriterien geknüpft. Im Vereinigten Königreich hingegen ist die Zuteilung beschränkter Aktienoptionen typischerweise von der Erzielung der festgesetzten Ziele abhängig.[2364] Aufgrund der Financial Reporting Standards (FRS 20) verlieren die traditionellen Aktienoptionen jedoch als Vergütungsbestandteile immer mehr an Popularität und werden nach und nach durch *performance share plans* (leistungsorientierte Aktienpläne) und deferred annual bonus plans (aufgeschobene Jahresboni) ersetzt[2365]. Diese neuen Anreizmechanismen erzeugen zwar nicht die gleichen Steuervergünstigungen für die Betroffenen, sind jedoch durchaus geeignet, diese an das Unternehmen längerfristig zu binden. Darüber hinaus wird dadurch die Anknüpfung der Boni an tatsächlich erbrachte Leistungen des einzelnen geschäftsführenden *board*-Mitglieds erleichtert und es werden die kurzfristigen temporären Effekte des Aktienmarkts aus der Vergütungsberechnung beseitigt.[2366]

In den Vereinigten Staaten beträgt der jährliche Vorstandsbonus typischerweise 50–200 % des Festgehalts, manchmal erreicht er sogar bis zu 300 % der Grundvergü-

---

2362 *Finch/Bowers*, Executive pay keeps rising, guardian.co.uk v. 14.09.2009, abrufbar unter: http://www.guardian.co.uk/business/2009/sep/14/executive-pay-keeps-rising (zuletzt aufgerufen am 16.04.2011).

2363 DSW Vorstandsvergütungsstudie 2010, abrufbar unter: http://www.dsw-info.de/Vorstandsverguetungsstudie-201.1740.0.html (zuletzt aufgerufen am 8.03.2011).

2364 *Conyon/Core/Guay*, 24 Rev. Financ. Stud. 2011, 402–438.

2365 Diese Vergütungstendenz korrespondiert auch mit den Vorgaben der Europäischen Kommission, die empfiehlt einen Großteil der gebilligten Vergütungskomponente während eines bestimmten Mindestzeitraums an die Vorstandmitglieder nicht auszuzahlen. Vgl. Ziff. 3.3. Empfehlung der Kommission 2009/385/EG, ABl. EU Nr. L 120/30.

2366 *Keasey*, 14 Journal of Financial Regulation and Compliance 2006, 235 (238).

tung. Im Vereinigten Königreich verzeichnete man ein niedrigeres Bonusniveau pro Jahr, allerdings ist mittlerweile auch ein diesbezüglicher Anstieg zu beobachten.[2367]

In Großbritannien betrug die durchschnittliche Fixvergütung der Vorstände der FTSE 100-Unternehmen lediglich 1/5 der Gesamtbezüge und somit £ 725,000. Das Vergütungspaket des bestbezahlten CEO von Reckitt Benckiser, Bart Becht, betrug im Jahr 2009 £ 92,6 Mio. und setzte sich überwiegend aus aktienbasierten Vergütungselementen zusammen.[2368] Diese stiegen im Geschäftsjahr 2009 um beträchtliche 31 %, wobei die Bonuszahlungen um 28 % abnahmen.[2369] Eine mögliche Erklärung des im Jahr 2009 stattgefundenen rapiden Rückgangs der Bonuszahlungen[2370] und des Anstiegs der aktienbasierten Vorstandsvergütung[2371] kann zum Teil die im April 2009 eingeführte Steuererhöhung auf 50 % des £ 150,000 übersteigenden Einkommens darstellen. Diese Regelung ermutigte viele Vorstandsmitglieder die ihnen zugeteilten Aktienoptionen noch vor dem Inkrafttreten der Steuererhöhung einzulösen.[2372]

Somit bleibt festzuhalten, dass sowohl in den Vereinigten Staaten als auch in Großbritannien weiterhin an aktienbasierten Managerbezügen festgehalten wird, wohingegen in Deutschland ein deutlicher Anstieg des Festgehalts beobachtet werden kann. Laut einer Umfrage des Beratungsunternehmens Mercer werden

---

2367 *Mercer,* Pay for Results, S. 12.

2368 Die Gesamtvergütung des boardroom von Reckitt Benckiser im Jahr 2009 betrug £ 101,4 Mio. und zählt somit zum höchstbezahlten board im Vereinigten Königreich. Das board der Berkeley Group Holdings verdiente £ 69,3 Mio., BG Group £ – 35,4 Mio., Xstrata £ – 33,1 Mio., Man Group – £ 26,9 Mio., Tesco – £ 26,8 Mio., Barclays – £ 24,1 Mio., Schroders – £ 23,4 Mio., Royal Dutch Shell – £ 21,2 Mio., Standard Chartered – £ 20,9 Mio, Prudential – £ 20,5 Mio. und Shire £ – 18,5 Mio., vgl. *Hall,* Executive Pay Report 2010: The UK's 12 highest-paid boards, telegraf.oc.uk v. 18.05.2010, abrufbar unter: http://www.telegraph.co.uk/finance/jobs/7731111/Executive-Pay-Report-2010-The-UKs-12-highest-paid-boards.html (zuletzt aufgerufen am 1.04.2011).

2369 *Sibun,* Executive Pay Report 2010: How the recession has reshaped pay, telegraf.oc.uk v. 16.05.2010, abrufbar unter: http://www.telegraph.co.uk/finance/jobs/7728860/Executive-Pay-Report-2010-How-the-recession-has-reshaped-boardroom-pay.html (zuletzt aufgerufen am 1.04.2011).

2370 Diese sind im Geschäftsjahr 2009 um 28 % zurückgegangen, vgl. *Sibun,* Executive Pay Report 2010: How the recession has reshaped pay, telegraf.oc.uk v. 16.05.2010, abrufbar unter: http://www.highere.com/executive-pay-report-2010-how-the-recession-has-reshaped-boardroom-pay/ (zuletzt aufgerufen am 1.04.2011).

2371 Aktienbasierte Vergütung stieg im Geschäftsjahr 2009 um schmackhafte 31 %, was in einem Zuwachs der Gesamtvergütung um 6 % resultierte und die durchschnittliche Gesamtvergütung der FTSE 100-CEOs auf £ 3,76 Mio. ansteigen ließ. Vgl. Executive Pay Report 2010, The Telegraph v. 16.05.2010, abrufbar unter: http://www.telegraph.co.uk/finance/jobs/7728860/Executive-Pay-Report-2010-How-the-recession-has-reshaped-boardroom-pay.html (zuletzt aufgerufen am 1.04.2011).

2372 *Newhouse,* Executive Pay Report 2010 – how did weg et here? Telegraf.co.uk v. 16.05.2010, abrufbar unter: http://www.telegraph.co.uk/finance/jobs/7721426/Executive-Pay-Report-2010-how-did-we-get-here.html (zuletzt aufgerufen am 1.04.2011).

europarechtliche Vorgaben zwar in den meisten Finanzunternehmen umgesetzt mit der Folge, dass Bonuszahlungen der Vorstandsmitglieder begrenzt werden, die Mehrheit der internationalen Finanzinstitute aber gleichzeitig den fixen Anteil der Managergehälter anhebt.[2373] Dadurch wird die vielkritisierte Risikobereitschaft der Unternehmensleitung zwar gesenkt, das Vergütungsniveau bleibt jedoch aufgrund der hohen fixen Anteile dennoch unverändert.[2374] Trotz der vergleichbaren Zielsetzung der krisenbedingten Vergütungsregulierung weicht die Zusammensetzung der üblichen Vergütungspakete in jedem der untersuchten Länder wesentlich voneinander ab, wobei die Aufteilung der Vergütungselemente in Großbritannien und in den USA mehr Gemeinsamkeiten aufweist als dies für Deutschland der Fall ist.

## D. Abfindungszahlungen

In Bezug auf die, in den letzten Jahren stark in den Fokus der Medien geratenen Abfindungszahlungen sind sowohl Deutschland als auch Großbritannien und die USA regulierend tätig geworden. So empfiehlt Ziffer 4.2.3 Abs. 4 DCGK, dass bei Abschluss von Vorstandsverträgen darauf geachtet werden soll, dass „Zahlungen an ein Vorstandsmitglied bei vorzeitiger Beendigung der Vorstandstätigkeit ohne wichtigen Grund einschließlich Nebenleistungen den Wert von zwei Jahresvergütungen nicht überschreiten (Abfindungscap) und nicht mehr als die Restlaufzeit des Anstellungsvertrages vergüten" sollen. Für die Berechnung des Abfindungscaps soll auf die Gesamtvergütung des abgelaufenen Geschäftsjahres und gegebenenfalls auch auf die voraussichtliche Gesamtvergütung für das laufende Geschäftsjahr abgestellt werden. Ferner soll gem. Ziffer 4.2.3 Abs. 5 DCGK eine Zusage für Leistungen aus Anlass der vorzeitigen Beendigung der Vorstandstätigkeit infolge eines Kontrollwechsels (*change of control*) 150 % des Abfindungscaps nicht übersteigen.

Der britische Corporate Governance Code 2010 sieht hingegen in sec. D.1.4 eine weniger einschneidende Regelung der Abfindungszahlungen vor. Hierbei wird der Vergütungsausschuss lediglich aufgefordert, die Vergütungszusagen für den Fall des vorzeitigen Ausscheidens von *directors* gründlich zu überprüfen, um eine Entlohnung für schlechte Performance zu vermeiden. Dabei sollten die Mitglieder des Vergütungsausschusses einen harten Standpunkt in Bezug auf die Herabsetzung der

---

2373 Die Beraterfirma Mercer hatte im April 2010 39 Banken, Versicherungen und andere Finanzdienstleister aus Europa und Nordamerika zu ihrer Vergütungsstruktur nach der Finanzkrise befragt. Dabei erklärten 94 % der Befragten zwar niedrigere Boni zu gewähren, 70 % der befragten Unternehmen hingegen haben gleichzeitig die Grundgehälter aufgestockt, vgl. Spiegel Online v. 08.07.2010, abrufbar unter: http://www.spiegel.de/wirtschaft/soziales/0,1518,druck-705336,00.html (zuletzt aufgerufen am 1.04.2011).

2374 Stellungnahme der Assoication of British Insurers (ABI), House of Commons, Treasury Committee, Banking Crisis: Reforming Corporate Governance and Pay in the City, Ninth Report of Session 2008–09, S. 24 f.

Vergütung vertreten, denn nur so würde die Verpflichtung ausscheidender Direktoren, auch für die zu verantwortenden Verluste einzustehen, reflektiert.

In den USA findet die Bekämpfung überhöhter Abfindungszahlungen („*golden parachutes*") in erster Linie mittels Steuerrechts statt. So wird in sec. 280G IRC die Absetzbarkeit der überhöhten Abfindungszahlungen der Manager begrenzt und gem. sec. 4999 IRC eine zwanzigprozentige Verbrauchssteuer auf den überhöhten bzw. unangemessenen Betrag angeordnet.

Somit hat zwar Deutschland mit dem Abfindungscap die strengsten Regelungen formuliert, diese sind jedoch lediglich im Corporate Governance Kodex verankert und daher nicht verpflichtend. Ebenso fehlt in Großbritannien derzeit eine verbindliche gesetzliche Regelung. Der US-amerikanische Lösungsansatz hingegen, Abfindungszahlungen mit Mitteln des Steuerrechts einzudämmen, greift stärker als seine deutschen und britischen Pendants durch, da es sich beim Internal Revenue Code um ein zwingend zu befolgendes Gesetz handelt.

## E. Verzicht auf eine absolute Vergütungsobergrenze

Die Debatte um eine absolute summenmäßige Begrenzung der Vorstandsvergütung wurde zwar in allen drei Ländern geführt, fand jedoch keinen Eingang in gesetzliche Regelungen und wurde auch nicht in best practice-Standards aufgenommen. Besonders stark wurde die Etablierung eines Vergütungscaps in Deutschland und in den USA propagiert. US-Präsident Barack Obama schlug eine Obergrenze für die *senior executives* staatlich unterstützter Unternehmen vor. In Deutschland wurde sogar eine für alle börsennotierten Gesellschaften geltende summenmäßige Vergütungsbeschränkung angeregt. Derartige starre Deckelungsvorgaben wurden jedoch sowohl seitens der Politik als auch von der Wirtschaft aufgrund zahlreicher rechtlicher und ökonomischer Umsetzungsschwierigkeiten mehrheitlich abgelehnt. Zum einen sei die Festlegung einer bestimmten Obergrenze zwingendermaßen mit einem Willkürelement verbunden.[2375] So stelle sich die Frage, warum die Vergütung ausgerechnet auf einen Betrag von $ 500,000 – wie von Obama vorgeschlagen – und nicht $ 550,000 oder 1 Mio. begrenzt werden solle. Die Entscheidung für einen dieser Beträge würde keine theoretische Rechtfertigung liefern und somit die politische Argumentation äußerst erschweren. Zum anderen sind größere Unternehmen regelmäßig komplexer ausgestaltet und erfordern daher auch mehr Sach- und Fachkompetenz der Führungskräfte mit der Folge, dass eine allgemein und unabhängig von der Unternehmensgröße- und komplexität geltende Vergütungsobergrenze diese Gegebenheiten nur unzureichend berücksichtigen würde. Zudem ist der Managerpool mit den erforderlichen

---

2375 *Bauerlein/Prada*, Curbs on Executive Pay: Among Bankers, Howls—and Cheers, Wall Street Journal v. 5.02.2009, abrufbar unter: http://online.wsj.com/article/SB123377538277948783.html (zuletzt aufgerufen am 16.02.2011). Hierbei bezeichnet der Senatspräsident und CEO der Evergreen Bank Brady Adams den Regierungsansatz als „arbitrary standard without consideration for individual decisions".

Fähigkeiten und Kenntnissen zur Führung eines größeren Unternehmens relativ klein, sodass für diejenigen, die über diese Fähigkeiten verfügen, höhere Vergütungen durchaus als angemessen erachtet werden sollten. Dies gilt gerade für die Manager, welche sich durch eine hervorragende Leistung auszeichnen und für den Unternehmenserfolg verantwortlich sind.[2376]

Insgesamt lag der Fokus der krisenbedingten Vergütungsreformen jedoch nicht – wie in vergangenen Jahrzehnten üblich – auf der absoluten Begrenzung der Vergütungshöhe, sondern vielmehr auf der Umgestaltung der Vergütungsstruktur, indem diese auf eine langfristige und nachhaltige Unternehmenspolitik und -entwicklung ausgerichtet werden sollte.

## F. Herabsetzung der Vorstandsvergütung

Um auf wirtschaftliche Veränderungen in der Gesellschaft reagieren zu können haben der deutsche, der britische und der US-amerikanische Gesetzgeber bestimmte Möglichkeiten der nachträglichen Herabsetzung der Vorstandsvergütung vorgesehen.

In Deutschand ist die Herabsetzungsmöglichkeit in § 87 Abs. 2 AktG geregelt. Zwar stellt diese Vorschrift keine neue gesetzgeberische Erfindung dar, die Voraussetzungen zur Ausübung der Herabsetzung wurden allerdings im Lichte der Finanzkrise abgeschwächt und der Anwendungsbereich erweitert. Somit können nunmehr gem. § 87 Abs. 2 Satz 2 AktG auch Ruhegehalt, Hinterbliebenenbezüge und Leistungen verwandter Art in den ersten drei Jahren nach Ausscheiden des Vorstandsmitglieds aus der Gesellschaft herabgesetzt werden.

Auch der britische Gesetzgeber hat die Notwendigkeit von Rückerstattungsregelungen bezüglich der Vergütung erkannt und empfiehlt in Schedule A des Corporate Governance Code von 2010, Regelungen zu erlassen, die es dem Unternehmen ermöglichen, variable Vergütungselemente unter besonderen Umständen im Falle der fehlerhaften Angaben oder eines Fehlverhaltens zurückzufordern.

In den USA wurde die ursprünglich im Sarbanes-Oxley Act vorgesehene Regelung für die Rückerstattung der Managervergütung als nicht wirkungsvoll erachtet und durch die Vorschrift des Dodd-Frank Act im Jahr 2010 ersetzt. Danach sind die Unternehmen gehalten, im Falle einer Neuerteilung der Finanzauskünfte bedingt durch die wesentliche Nichteinhaltung bundesrechtlicher Rechnungslegungsvorschriften Regelungen vorzusehen, die ihre noch amtierenden oder ehemaligen CEOs und CFOs verpflichten, die in den letzten drei Jahren erhaltene leistungsbasierte Vergütung zurückzuzahlen. Die Grundlage für den Rückerstattungsanspruch bildet hierbei der berichtigte Jahresabschlussbericht und somit die Differenz zwischen der Vergütung, die aufgrund der falschen Angaben gewährt wurde, und der, die bei Einhaltung der Rechnungslegungsvorschriften zu zahlen gewesen wäre. Unternehmen, welche diese Anforderungen nicht erfüllen, dürfen in den USA an der Börse nicht

2376 *Dorff*, 85 Ind. L.J. 2010, 491 (531 ff.).

zugelassen werden bzw. verlieren die bereits erfolgte Zulassung. Somit sind im Gegensatz zur britischen Regelung sowohl die deutsche als auch die US-amerikanische Rückerstattungsvorschriften gesetzlich und nicht lediglich im Rahmen eines Verhaltenskodex verankert.

## § 5. Vergütungsregulierung mittels Steuerrechts

Darüber hinaus stellt das Steuerrecht ein weiteres Instrument zur Regulierung der Vorstandsvergütung dar, das sowohl in Deutschland als auch in Großbritannien und in den USA mit unterschiedlichem Erfolg zum Einsatz gekommen ist.

Zu den Pionieren steuerrechtlicher Vergütungsregulierung gehören vor allem die USA. Dort wurde bereits im Jahr 1993 sec. 162(m) IRC erlassen, welche die Abzugsfähigkeit der Vorstandsvergütung auf $ 1 Mio. beschränkte. Allerdings erwies sich diese Vorschrift damals schon als höchst misslungen. Die Beschränkung der Abzugsfähigkeit galt lediglich für die nicht leistungsbasierte Vergütung mit der Folge, dass die Regelung der sec. 162(m) IRC den Einsatz variabler Bezüge und vor allem von Aktienoptionen zum größten Teil begünstigte. Auch die im Zuge der Reformierung der vergütungsrelevanten steuerrechtlichen Vorgaben erfolgte Erweiterung des Anwendungsbereichs auf leistungsorientierte Bezüge brachte keine Änderung mit sich. Unbeeindruckt von dem Misserfolg der bereits vorhandenen Steuerrechtsregelungen der Vergütung unternahm der US-amerikanische Gesetzgeber im März 2009 einen erneuten Versuch, die Missstände der Vergütungspolitik mittels des Steuerrechts zu bekämpfen. Hierbei griff er diesmal zur sog. Strafsteuer, indem das staatlich unterstützte Unternehmen AIG mit einer 90prozentigen Bonussteuer als Strafe für exzessive Vergütungszahlungen belastet werden sollte. Der Gesetzesvorschlag stieß allerdings auf erhebliche Kritik und begegnete darüber hinaus verfassungsrechtlichen Bedenken, sodass die vorgeschlagenen Regelungen nie verabschiedet wurden. Diesem Ansatz folgte ein weiterer, ebenfalls gescheiterter Versuch einer bestrafend wirkenden steuerrechtlichen Vergütungslösung – der Bailout Bonus Tax Bracket Act of 2009. Danach wurde eine 100prozentige Bonussteuer für staatlich unterstützte Unternehmen gefordert, jedoch nicht durchgesetzt. Im Übrigen sieht das US-amerikanische Steuerrecht ein Abzugsverbot für *„golden parachutes“* vor, welches gem. sec. 280G IRC bei Summen ab dem Dreifachen des durchschnittlichen Jahresgehalts des Leistungsempfängers eingreift, sowie eine 20prozentige Zusatzsteuer für exzessive Abfindungszahlungen (sec. 4999 IRC) und aufgeschobene Vergütungselemente, die den Betrag von $ 1 Mio. übersteigen (sec. 409A IRC).

In Großbritannien verlief die Reformgesetzgebung mittels des Steuerrechts hingegen eher moderater. Nichtdestotrotz erließ die britische Regierung angesichts der überhöhten Bonuszahlungen in Zeiten der weltweiten Finanzkrise eine 50prozentige Bonus-Strafsteuer (*bank payroll tax*). Wie die jüngste Entwicklung jedoch zeigt, weist auch diese komplexe Steuerregelung, die im Eilverfahren auf den Weg gebracht wurde, massive Schlupflöcher auf. So bleibt es den Investmentbanken weiterhin möglich – nach dem Bespiel von Barclays Bank PLC[2377] –, Grundgehälter nachträglich zu erhöhen bzw. Boniauszahlungen auf die Zeit nach April 2010 zu verschieben, um so der Zusatzsteuer zu entgehen.

Zwar gab es auch in Deutschland zahlreiche Gesetzesinitiativen zur steuerrechtlichen Regulierung der Vergütungsproblematik, die sowohl von BÜNDNIS 90/DIE GRÜNEN als auch von der LINKEN und der damaligen Regierungskoalition aus CDU/CSU und SPD vorgebracht wurden, allerdings fand keiner der Gesetzesvorschläge Eingang ins Gesetz. Es stellt sich daher die Frage, welche Vor- bzw. Nachteile steuerrechtliche Vorschriften zur Vorstandsvergütung mit sich bringen. Zu den Vorteilen einer solchen indirekten steuerrechtlichen Vergütungsregulierung gehört unter anderem die größere Entscheidungsfreiheit der Normadressaten. Bei steuerrechtlichen Vorschriften zur Vorstandsvergütung handelt es sich um Lenkungsnormen, die keine Ge- oder Verbote statuieren, sondern durch gezielte Steuerbe- oder -entlastungen lediglich monetäre Anreize für ein bestimmtes, vom Gesetzgeber intendiertes Verhalten setzen. Somit bleibt es dem Steuerpflichtigen überlassen, sich für oder gegen das bestimmte Verhalten, das mit der höheren Steuer belegt ist, zu entscheiden. Zudem eignen sich steuerrechtliche Abzugsbeschränkungen oder Abzugsverbote, um gewisse Standards zu etablieren, die sich dann ihrerseits auf die gesellschaftsrechtliche Beurteilung auswirken.[2378] Einige vertreten die Auffassung, dass steuerrechtliche Regelungen in diesem Zusammenhang „efficient means of communication“[2379] bilden und eine symbolische Missbilligung bestimmter Vergütungsleistungen darstellen, die nach den steuerlichen Vorgaben keinem Abzug unterliegen dürfen bzw. höher besteuert werden.[2380] Darüber hinaus liegt der Vorteil steuerrechtlicher Vergütungsvorschriften darin, dass ihre Durchsetzung durch ein bewährtes Kontroll- und Überwachungssystem gewährleistet wird, sodass hierbei keine zusätzlichen Verwaltungskosten für die Einrichtung von Durchsetzungsbehörden entstehen.[2381] Dieses Argument greift jedoch für börsennotierte Gesellschaften nicht durch, da dort die bereits bestehende Kapitalmarktaufsicht als alternatives Überwachungsorgan einspringen könnte.[2382]

Des Weiteren könnte sich eine steuerrechtliche Vergütungsregulierung dort als vorteilhaft erweisen, wo die schlagkräftige Informationsbeschaffung und Rechtsdurchsetzung im Vordergrund stehen. Einen im Rahmen dieser Arbeit relevanten Anwendungsfall bilden die Konzernverrechnungspreise im Aktienkonzern, über

---

2377 *Wright,* Barclays paid £113 m as bonus pool was £1,5bn v. 19.02.2011, abrufbar unter: http://www.independent.co.uk/news/business/news/barclays-paid-113m-tax-as-bonus-pool-was-15bn-2219279.html (zuletzt aufgerufen am 21.04.2011).

2378 *Hartmann,* 6 DePaul Bus. L.J. 1994, 159 (192) bezeichnet diese Wirkung als „Standard Creation“; *Thüsing,* DB 2003, 1612 (1614); *Fleischer/Hupka,* DB 2010, 601 (606).

2379 *Zelinsky,* 35 Vill. L. Rev. 1990 131 (181).

2380 *Wislow,* 43 Fla. L. Rev. 1991, 811 (871); *Zolt,* 37 UCLA L. Rev. 1989 343 (379, 381).

2381 *Zelinsky,* 64 Tex. L. Rev. 1986, 973, (1009 ff.).

2382 *Fleischer/Hupka,* DB 2010, 601 (606).

die sich ein Kleinaktionär mittels seines Auskunftsrechts in der Hauptversammlung gem. § 131 Abs. 1 AktG unterrichten kann.[2383] In diesem Fall „profitieren Minderheitsgesellschafter gleichsam als Trittbrettfahrer von den Überwachungsmechanismen der Steuerbehörden, die gerade bei rechtswidrig handelnden Akteuren besonders gefürchtet wird."[2384]

Im Übrigen kann eine erhöhte Steuerpflicht bzw. eine Steuerabzugsuntersagung als möglicher Schadensausgleich in Höhe des vom Betroffenen verursachten Schadens herangezogen werden.[2385] Dieses Verständnis von Steuer (sog. „Strafsteuer") spiegelt sich auch in der britischen Regelung wider. Hierbei wurde in Großbritannien die sog. bank payroll tax für Unternehmen des Bankensektors eingeführt, deren verfehlte Vergütungsstrukturen zur weltweiten Finanzmarktkrise beigetragen haben sollten.[2386]

Den aufgezeigten Vorteilen steuerrechtlicher Vergütungsregulierung stehen jedoch auch zahlreiche nicht zu übersehende Nachteile gegenüber. Zum einen besteht die Gefahr, dass die vom Gesetzgeber beabsichtigte Lenkungs- und Steuerungsfunktion mittels der Steuerbelastungen versagt, weil die Steuerpflichtigen die steuerlichen Maßnahmen bewusst in Kauf nehmen. Zudem ist davon auszugehen, dass hoch qualifizierte Rechtsberater großer Unternehmen gesetzliche Schlupflöcher ausfindig machen werden, um dadurch die gesetzlichen Regelungen zu umgehen. So wurden bereits wenige Tage nach dem Bekanntwerden der britischen Steuerregelung Listen mit Umgehungsvorschlägen in Umlauf gebracht und in den Tageszeitungen veröffentlicht. Allerdings muss berücksichtigt werden, dass auch direkte gesellschaftsrechtliche Regulierungen durchaus umgehungsfähig sein können.[2387]

Als weiterer Nachteil steuerrechtlicher Vorgaben auf dem Gebiet der Vorstandsvergütung ist die mangelnde Fachkenntnis der Steuerbehörden im Bereich der Corporate Governance und insbesondere in Vergütungsfragen zu nennen. Eine solche Expertise ist jedoch für die Anwendung der Lenkungsnormen und die Ausarbeitung entsprechender Verwaltungsvorschriften unentbehrlich.[2388] Außerdem besteht zwischen Steuer- und Gesellschaftsrecht ein erhöhter Abstimmungsbedarf. So sind

---

2383 *Hüffer,* § 131 AktG, Rdn. 18; OLG Karlsruhe, AG 1990, 82 f.; OLG Hamburg, AG 1970, 372 ff.

2384 *Fleischer/Hupka,* DB 2010, 601 (606); *Desai/Dyck/Zingales,* 84 Journal of Financial Economics 2007, 591, (592): „[I]ncreased tax enforcement reduces the amount of private benefits these controlling shareholders scan enjoy."

2385 *Wislow,* 43 Fla. L. Rev. 1991, 811 (873).

2386 Schedule 1, sec. 22 Finance Act 2010; Chancellor of the Exchequer, Pre-Budget Report, Dezember 2009, Box 3.2: „ If banks choose to make awards that are not consistent with a prudent approach to risk, it is only fair that they contribute more to the public finance, in a year when profits have been facilitated by significant taxpayer support for the banking sector as a whole."

2387 *Fleischer/Hupka,* DB 2010, 601 (606).

2388 *Zolt,* 37 UCLA L. Rev. 1989, 343 (375).

Zivilgerichte nicht an die Beurteilung der Steuerbehörden über die Angemessenheit von Vergütungsleistungen gebunden, sowie auch der Begriff der verdeckten Gewinnausschüttung im Körperschaftsteuerrecht mit dem des Kapitalgesellschaftsrecht nicht identisch ist.[2389]

Hinzu kommt, dass die steuerrechtlichen Lenkungsnormen unbeabsichtigte Nebenwirkungen erzeugen können. Dies ist vor allem dann der Fall, wenn steuerliche Abzugshöchstgrenzen von Führungskräften und Gesellschaften als Vergütungsmindestgrenzen gedeutet werden. Ferner kann es den Managern als Steuerschuldnern durchaus gelingen, die Steuerlast auf ihre Gesellschaft und damit auch auf die Aktionäre abzuwälzen.[2390] Und schließlich sind steuerrechtliche Regelungen der Vorstandsvergütung einer Einheitslösung, wie sie regelmäßig vom Gesetzgeber angestrebt wird, nicht zugänglich. So können Abzugshöchstgrenzen, die ihre Geltung für alle Gesellschaften gleichermaßen entfalten sollen, den einzelnen Besonderheiten des Unternehmens und seiner Führung nicht gerecht werden mit der Folge, dass eine sog. over- und underinclusiveness entsteht. Gemeint sind damit Unterschiede, die im Vergleich mittelgroßer und großer Unternehmen nicht ausreichend berücksichtigt werden. Im Übrigen fehlt es an der Effektivität der Abzugshöchstgrenzen bei Gesellschaften, die Verluste erwirtschaftet haben.[2391]

Bei allem moralischen Eifer, der in der aktuellen rechtspolitischen Debatte unübersehbar ist und sich manchmal sogar als Übereifer erweist, darf doch nicht vergessen werden, dass die Vorstandsvergütung ein wesentliches Kriterium im Wettbewerb um das beste Führungspersonal ist, sodass neben der Konkurrenzfähigkeit der Gesellschaften auch die Wettbewerbsfähigkeit im „war for talents" gewährleistet werden muss.[2392] Demzufolge sollten auch regulative Restriktionen der Vorstandsvergütung diesem Umstand Rechnung tragen.[2393]

---

2389 *Fleischer/Hupka,* DB 2010, 601 (606). Aus US-amerikanischer Sicht vgl. hierzu *Zelinsy,* 119 Yale L.J. 2009 637 (645): „It is important to note that the IRS determination will be binding only in the tax context: the board will still be free to set the compensation higher and pay the tax. The IRS determination will merely be one factor among others in the drivative suit context."

2390 *Fleischer/Hupka,* DB 2010, 601 (606 f.).

2391 *Friese/Link/Mayer* in: Schön, Tax and Corporate Governance, S. 397; *Fleischer/Hupka,* DB 2010, 601 (607).

2392 *Schätzle,* Manager, S. 20.

2393 „A well-designed remuneration package for executives will accomplish three things: attract the right executives at the lowest cost; retain the right executives at the lowest cost (and encourage the right executives to leave the firm at the appropriate time); and motivate executives to take actions that create long-run shareholder value and avoid actions that destroy value." *Jensen/Murphy/Wruck,* Harvard NOM Working Paper No. 04–28 (2004), S. 19, vgl. auch *Martens* in: FS Hüffer, S. 647 (649).

## § 6. Richterliche Überprüfung der Vorstandsvergütung

In Bezug auf die nachträgliche Beurteilung der Vorstandsvergütung durch die Judikative zeigt sich sowohl in Deutschland als auch in Großbritannien und in den USA nur wenig Initiative seitens der Gerichte.

Der bekannteste Fall in Deutschland, der „Mannesmann-Prozess", beschäftigte sich zwar mit der nachträglichen Beurteilung der Vorstandsvergütung, diese erfuhr allerdings eher eine strafrechtliche Würdigung, ohne dass auf aktienrechtliche Angemessenheitskriterien eingegangen wurde. Im Übrigen findet die deutsche Auseinandersetzung mit der Vergütungsfrage auf materiell-rechtlicher Ebene durch die Beurteilung der Angemessenheit der Vorstandsbezüge statt, wohingegen die US-amerikanische Vergütungsüberprüfung eher prozessrechtlicher Natur ist. Zwar wurde in den USA die höchstrichterliche „*corporate waste*"-Doktrin entwickelt, um dem Geschäftsleiterermessen (sog. *business judgment rule*) äußerste Grenzen zu setzen. Der Beweis einer derartigen Verschwendung des Unternehmensvermögens durch zu hohe Vergütungszahlungen vor Gericht gilt allerdings als kaum überwindbare Barriere für Aktionärsklagen. Trotz zahlreicher *derivative suits* der US-amerikanischen Geschichte wurde bisher lediglich das Festsetzungsverfahren ex-post unter die Lupe genommen, die Vergütungsstruktur im Lichte der Unternehmenserfolge- bzw. misserfolge jedoch nicht untersucht.

Großbritannien hingegen verzichtet sowohl auf eine materiell-rechtliche Angemessenheitsprüfung als auch auf ein dem US-amerikanischen Beispiel vergleichbares Verschwendungsverbot des Unternehmensvermögens. Folglich lehnen britische Gerichte eine Einmischung in Fragen der Vergütungshöhe fast durchweg ab. Eine Ausnahme gilt lediglich für Fälle, in denen Gehaltszahlungen eine verdeckte Gewinnausschüttung an Geschäftsführer darstellen.

# Fazit

> *„Das Interesse der Belegschaften an einer nachhaltigen Sicherung von Arbeitsplätzen und Standorten ist vielfach durch die bestehenden Vergütungsstrukturen in den Hintergrund getreten. Die Finanzmarktkrise hat gezeigt, dass Vergütungsstrukturen im Management das nachhaltige Wachstum von Unternehmen durch das Verleiten zum Eingehen unverantwortlicher Risiken gefährdet haben."*[2394]

So beschrieb im Jahr 2009 die damalige deutsche Bundesjustizministerin Brigitte Zypries die Vergütungslage der letzten Jahre in Deutschland. Aber auch Großbritannien und insbesondere die USA sind aufgrund zahlreicher spektakulärer Fälle für die Übervergütung ihrer Manager in Kritik geraten.[2395]

---

2394 *Zypries*, Pressemitteilung des Bundesministeriums der Justiz, Angemessene Vorstandsgehälter: VorstAG beschlossen, vom 18.06.2009.

2395 So wurden im Jahr 2008 allein in den USA sieben Manager mit mehr als $ 100 Mio. vergütet. Der Entlohnung des Spitzenreiters Stephen Schwarzman vom Finanz-

Angesichts des Versagens der Marktmechanismen sollen nun gesetzliche Neuregelungen den Missständen der Vergütungspolitik entgegenwirken. Ein im Gefolge der Finanzkrise entstandene Regulierungsschwung brachte zwar ein „Regulierungsfeuerwerk“[2396] hervor, keiner der oben dargestellten Regelungsmechanismen, wie etwa Stärkung der Unabhängigkeit des Festsetzungsorgans, individuelle und detaillierte Vergütungsoffenlegung sowie advisory vote, liefert jedoch ein „magic bullet“ und somit eine Patentlösung des Vergütungsproblems oder ist völlig risikofrei. Vielmehr ist eine wirkungsvolle Verknüpfung der drei Maßnahmen erforderlich.

Eine systematische und kontinuierliche Steigerung des Unternehmenswertes stellt für Unternehmen die oberste Maxime ihres Handelns dar. Dabei bildet ein erfolgreiches Wertemanagement die Grundlage für eine langfristige und profitable Unternehmensentwicklung. Dieser Annahme schließt sich daher die Frage an, wie und mit welchen Mitteln eine langfristige Steigerung des Unternehmenswertes erzielt werden kann. Die Beantwortung dieser Frage scheint insbesondere deswegen so wichtig, weil davon ausgegangen werden kann, dass alle Unternehmen divergierende spezifische Wertpotenziale aufweisen. Diese kommen auf verschiedenen Organisationsebenen als Unternehmenskultur zum Ausdruck und unterliegen einem ständigen Reproduktions- und Verfestigungsprozess. Solche unternehmensspezifische Wertpotenziale erfassen unter anderem Kundenbeziehungen, den Umgang mit finanziellen Ressourcen sowie die Kommunikation mit und unter den Mitarbeitern. Anhand dieser Aufzählung wird deutlich, dass „Vergütungssysteme nicht nur die ökonomische Wertsteigerung, sondern auch den jeweiligen spezifischen Werterahmen des Unternehmens“[2397] reflektieren müssen. Denn jede Vergütung setzt grundlegende Anreize für das Denken und Handeln von Individuen. Sie bildet eine „Währung der Wertschätzung, die nicht nur die Leistung einzelner Manager, sondern auch deren gelebte Werte beeinflusst“.[2398] Demzufolge stellt die Ermittlung des tatsächlich Geleisteten und somit auch des tatsächlichen Wertes der Führungskräfte die größte Herausforderung dar und kann nur mittels eines alle drei Regulierungsinstrumente umfassenden Festsetzungsverfahrens gewährleistet werden.

Während der Status der Vereinigten Staaten als *die* größte wirtschaftliche Supermacht von der Europäischen Union und den aufkommenden asiatischen Märkten zunehmend herausgefordert wird, gibt es einen Bereich, auf dem die US-Dominanz weiterhin, trotz starker Regulierung unerschütterlich bleibt: die Vergütung der Spitzenmanager. So wird das Phänomen der exzessiven Managervergütung den Vereinigten Staaten zugeschrieben und als „American Disease“ bezeichnet.[2399] Die

---

investor Blackstone betrug sogar $ 702 Mio. in bar. Diese Summen wurden ihm ausgerechnet in der Zeit gewährt, in der das Land sich in der tiefsten Wirtschaftskrise seit der großen Depression der 30er Jahre befand. Vgl. DSW-Studie zur Vorstandsvergütung 2009, S. 13.

2396 *Höche*, WM 2011, 49.

2397 *Hostettler/Benecke*, Der Aufsichtsrat 2009, Beitrag 18.

2398 *Hostettler/Benecke*, Der Aufsichtsrat 2009, Beitrag 18.

2399 *Adams*, ZIP 2002, 1325.

Divergenz der Vergütungspraktiken der drei Länder beruht unter anderem auf den kulturellen Unterschieden.[2400] So ist die Toleranzschwelle für hoch bezahlte Vorstände in den USA zum Beispiel viel höher als im Vereinigten Königreich oder insbesondere in Deutschland.[2401] US-amerikanische CEOs verdienen im Durchschnitt etwa das Doppelte ihrer Kollegen im Vereinigten Königreich und in Deutschland. Der Grund hierfür ist nicht das grundsätzlich höhere Gehaltsniveau, sondern die Zusammensetzung der CEO-Vergütungen. Die US-amerikanischen Führungskräfte bekommen einen weit geringeren Anteil an Fixvergütung als dies in anderen Ländern der Fall ist. Mehr als die Hälfte der Entlohnung setzt sich vielmehr aus Bonusleistungen sowie Aktienoptionen zusammen, wobei die Aktienoptionen regelmäßig den Löwenanteil der variablen Vergütung ausmachen.

Die Abweichungen der Vergütungsstrukturen sind zum Teil auch darauf zurückzuführen, dass den nichtamerikanischen Unternehmen nicht so viele Möglichkeiten zustehen, die Ertragskraft und somit auch den Börsenwert des Unternehmens zu beeinflussen. Zudem ist die Machtstellung der ausländischen CEOs bei der Festsetzung ihrer eigenen Vergütung längst nicht so stark wie die ihrer US-amerikanischen Kollegen.[2402] Darüber hinaus lässt sich der Unterschied zwischen der amerikanischen und der britischen bzw. deutschen Managervergütung damit erklären, dass in den Vereinigten Staaten der Aktienbesitz bei weitem nicht so konzentriert ist, wie dies in den anderen beiden Ländern der Fall ist. Je konzentrierter der Aktienbesitz ist, desto mehr Anreiz haben die einzelnen Aktionäre, die Leistungen der Unternehmensmanager zu kontrollieren. Relevant ist daher sowohl der relative als auch der absolute Aktienbesitz, denn je höher der prozentuale Anteil der stimmberechtigten Aktien ist, der einer Kontrolle durch die Aktionäre unterliegt, desto stärker ist deren Beeinflussung des Unternehmensmanagements. Somit wird das Bedürfnis nach anreizorientierter Vergütung mit steigender Effektivität der Aktionärsüberwachung abgeschwächt.[2403]

Neben der im Vergleich zu deutschen und britischen Kollegen bedeutend großzügigeren Entlohnung US-amerikanischer Führungskräfte fällt auch der aktienbasierte Anteil ihrer Vergütung in Form von Aktienoptionen, mit Sperrfristen versehenen Aktien (*restricted shares*) sowie leistungsorientierten Bonusleistungen gegenüber den europäischen Spitzenmanagern deutlich höher aus.[2404] Die als „american disease“ nach Deutschland und Großbritannien „herübergeschwappten Vergütungsmiss-

---

2400 *Conyon/Murphy*, 110 Economic Journal 2000, 640 ff.

2401 *Vougaris/Stathopoulos/Walker*, Compensation Consultants, S. 9; *Hill*, New Trends in the Compensation of the Executive Remuneration, European Corporate Governance Institute, Law Working Paper No. 142/2010 in: *Austin/Bilski*, Directors in Troubled Times, S. 100–123.

2402 *Posner*, 58 Duke L.J. 2009, 1113 (1020 f.).

2403 *Posner*, 58 Duke L.J. 2009, 1113 (1022 f.).

2404 *Fernandes/Ferreira/Matos/Murphy*, ECGI, Finance Working Paper No. 255/2009, S. 1, abrufbar unter: http://papers.ssrn.com/sol3/papers.cfm?abstract_id=1341639 (zuletzt aufgerufen am 06.04.2011).

stände“ beruhen dort auf der Machtvollkommenheit der CEOs mit der Folge, dass sich direkte Vergleiche des Vergütungsniveaus der europäischen Führungskräfte mit denen der USA als sehr schwierig gestalten.[2405]

Zwar zeichneten sich die Vereinigten Staaten bisher sowohl als ein Exportland der Corporate Governance-Prinzipien als auch als deren Regulierungsführer und das Ursprungsland wirtschaftlicher Entwicklungen aus. Die US-amerikanischen Corporate Governance Standards wurden in vielen Ländern der Welt zum Vorbild genommen. Zu den im Rahmen dieser Arbeit bedeutendsten Beispielen gehören unter anderem die Einführung und Verbreitung von Aktienoptionen als Vergütungsform[2406] und die Offenlegungsregelungen, die als Regulierungstechnik weltweite Nachahmung erfahren haben.[2407] In den letzten Jahren hingegen verlief die Entwicklung der Corporate Governance-Vorschriften in den USA eher schleppend. Während sich sowohl in Deutschland als auch im Vereinigten Königreich nach dem Ausbruch der Finanzkrise eine schnelle und umfassende Corporate Governance-Reform vollzog, wiesen die US-amerikanischen Regelungen anfangs einen eher rückständigen Charakter auf. Als Grund für die eher zurückhaltenden US-amerikanischen Vorgaben auf dem Gebiet der nicht staatlich unterstützten Unternehmen werden oft die negativen Erfahrungen mit in der Vergangenheit übereilt verabschiedeten Überregulierungen genannt. So erwies sich der im Nachtrag der 2000 und 2001 erfolgten Enron und WordCom –Skandale verabschiedete Sarbanes-Oxley Act aus dem Jahr 2002 als unvollständig und in seiner Umsetzung für die betroffenen Unternehmen äußerst kostspielig (sog. regulatorischer overkill).[2408]

Als weiterer Grund der Zurückhaltung wird vielfach die komplexe Ausgestaltung des US-amerikanischen föderalistischen Systems des Gesellschaftsrechts angeführt. Der Gesetzgeber des Staates Delaware, dessen Gesellschaftsrecht die meisten US-amerikanischen Publikumsgesellschaften unterliegen, war bereits in der Vergangenheit wenig geneigt, seine gesetzlichen Vorschriften zu ergänzen oder gar zu ändern. Das Delaware General Corporation Law (DGCL) scheint im Vergleich zu deutschen und britischen Gesetzen auffallend stabil und frei vom Eifer der Reformbereitschaft geblieben zu sein.[2409] Die bisherigen US-amerikanischen Reformen zeichneten sich eher durch Zurückhaltung aus.[2410] Diese Haltung in Bezug auf sich ändernde wirtschaftliche Verhältnisse wird vor allem durch die Rechtsprechung des Staates Delaware untermauert und begünstigt. Dabei wird stets die Bereitschaft zu einer

---

2405 *Adams,* ZIP 2002, 1325, (1344).

2406 *Ferrarini/Moloney/Vespro,* 4 J. Corp. L. Stud. 2004, 294–297.

2407 *Hill,* Regulating Executive Remuneration, Working Paper (2006), S. 11 ff.

2408 *Nikitine,* GesKR 3/2009, 368 (376).

2409 *Hill,* 33 Del. J. Corp. L. 2008, 819 (823).

2410 Ein Beispiel hierfür bietet die Änderung des DGCL in sec. 216, vgl. Del. Code Ann. Tit. 8, sec. 216 (2001). So wurden die Rechte der Aktionäre und ihre Einflussnahme auf die Managervergütung nicht durch das Recht des Staates Delaware, sondern durch bundesrechtliche Vorgaben verstärkt (sog. „shadow corporation law“ auf dem Gebiet der Bundesregelungen). Vgl. *Chandler/Strine,* 152 U. Pa. L. Rev. 2003, 953 (973).

flexiblen Auslegung des Delaware General Corporation Law demonstriert, um das bestehende Gesellschaftsrecht den „evolving concepts and needs" anzupassen.[2411]

Im Gegensatz hierzu hat das britische Gesellschaftsrecht im vergangenen Jahrhundert regelmäßige Revisionen und Neufassungen seiner Vorschriften erfahren.[2412] Zu nennen sind hierbei unter anderem der neue, im Juni 2010 erlassene UK Corporate Governance Code sowie der revidierte Remuneration Code vom Dezember 2010. Aber auch die sog. „say-on-pay"-Regelung wurde in Großbritannien bereits im Jahr 2002 erlassen und beanspruchte somit sieben Jahre vor Einführung entsprechender deutscher Regelungen und acht Jahre vor Erlass der amerikanischen Vorschriften Geltung.

Aufgrund der aufgezeigten gegenseitigen Übernahmen einzelner Vergütungsvorschriften in den drei Ländern sowie einer gewissen Parallelität der Regulierungsreformen der Managervergütung seit der Finanzkrise stellt sich die Frage, ob auch eine internationale Vorstandsvergütungsregulierung beobachtet werden kann. Zwar wagt man noch nicht von einer Vollharmonisierung internationaler Vergütungspraktiken zu sprechen. Es gibt aber bereits einen Vorstoß in Richtung einer globalen Regulierung der Vorstandsvergütung der größten Finanzinstitute.[2413] In diesem Zusammenhang erklärte die FSA, dass Regulierungsmaßnahmen nur dann effektiv sein können, wenn sie international ausgerichtet sind[2414] und, dass der regulatorische Erfolg von der Fähigkeit abhängt, ein internationales Abkommen zu erreichen, um vergleichbare Prinzipien auf allen bedeutenden Finanzmärkten zu etablieren.[2415]

Es gibt bereits zahlreiche Initiativen zur Einführung internationaler Regelungen. Ein Beispiel hierfür liefern unter anderem die FSB Principles for Sound Compen-

---

2411 *Unocal Corp. v. Mesa Petroleum Co.*, 493 A.2d 946, 957 (Del. 1985); *Unocal and Moran v. Household Int'l Inc.*, 500 A.2d 1346 (Del. 1985).

2412 Allerdings begegnete eine solche Reformbereitschaft auch starker Kritik. So behauptete Richter des New South Wales Supreme Court, *Austin*, dass die Reformen der letzten Jahrzehnten „added substantial [...] complexity" und „created obfuscation" auf dem Gebiet des Gesellschaftsrechts. *Jordan*, Univ. of Melbourne Legal Studies Research, Paper No. 325, 2008, S. 1 ff. abrufbar unter: http://papers.ssrn.com/sol3/papers.cfm?abstract_id=1125542 (zuletzt aufgerufen am 1.04.2011); *Hill*, 33 Del. J. Corp. L. 2008, 819 (823).

2413 *Paletta*, Details Set for Remake of Financial Regulations, Wall Street Journal v. 15.06.2009, abrufbar unter: http://online.wsj.com/article/SB124502035340513635.html (zuletzt aufgerufen am 1.04.2011). Es wurde erwartet, dass Präsident Obama die Einführung bestimmter globaler Regelungen, wie etwa strengere Kapitalanforderungen für die größten Finanzinstitute fordern wird.

2414 Es ist „mindful that to be effective action on this subject needs to be taken internationally" FSA, CEO Letter, Remuneration Policies, 13 October 2008, S. 2 Nr. 12, abrufbar unter: http://www.fsa.gov.uk/pubs/ceo/ceo_letter_13oct08.pdf (zuletzt aufgerufen am 1.04.2011).

2415 „The effectiveness of our approach in achieving real change will depend on our ability to gain international agreement to enforce similar principles in all major financial markets", vgl. sec. 5.1 FSA, PS09/15.

sation Practices,[2416] die einen starken Zuspruch von den G 20-Staaten erfuhren und von den hieran beteiligten Staaten entweder bereits umgesetzt wurden oder aktuell in Umsetzung sind.[2417] Darüber hinaus wird die Anwendung der vom Financial Stability Board entwickelten Vergütungsgrundsätze durch das Basel Committee on Banking Supervision (BCBS) und die International Organization of Securities Commissions (IOSCO) erweitert.[2418] Zwar bleibt die FCA hinsichtlich der Möglichkeit einer Vollharmonisierung der internationalen Regelungen zur Vorstandsvergütung optimistisch[2419], die unabdingbaren Spannungen und Differenzen in der Vorgehensweisen einiger G 20-Mitgliedsstaaten sind jedoch offensichtlich.[2420] So erfolgte die Umsetzung der FSB Vergütungsvorgaben für den Bankensektor sowohl in Deutschland als auch in Großbritannien durch verpflichtende Gesetze, wohingegen die USA sich in diesem Zusammenhang lediglich unverbindlicher Richtlinien (sog. *guidance*) bedienen. Daher ist es nicht ausgeschlossen, dass die US-amerikanischen Banken nach der Genesung der globalen Wirtschaft versuchen könnten, diese Differenzen zum eigenen Vorteil auszunutzen.[2421]

Die Ereignisse der vergangenen Jahre haben jedoch gelehrt, dass auf dem Gebiet der Vorstandsvergütung nur ein gemeinsamer, länderübergreifender Weg auf Dauer zielführend sein kann.[2422] So haben sich im Laufe der Zeit mit Hilfe der Industrie und der Vergütungsexperten fünf entscheidende Prinzipien etabliert, die in jedem der untersuchten Länder implementiert werden sollten. Dabei handelt es sich um eher grundsatzbasierte und verordnende Vorgaben, die zwar keine konkrete Vergütungsobergrenze vorgeben, dennoch aber das Ziel verfolgen, Standards zu entwickeln, die Innovationen und vernünftige Risikoabwägung belohnen, ohne dabei fehlerhafte Anreize zu setzen. Erstens müsste die Performance der Führungskräfte genau gemessen und belohnt werden. Die Herausforderung dabei liegt darin, Leistungsanreize zu schaffen, die eine langfristige Wertschöpfung begünstigen. Die Performance darf hierbei nicht nur anhand des Aktienkurses bestimmt werden,

---

2416 Financial Stability Forum, FSF Principles for Sound Compensation Practices, April 2009, S. 1, abrufbar unter: http://www.financialstabilityboard.org/publications/r_0904b.pdf (zuletzt aufgerufen am 26.02.2011); ausführlich hierzu vgl. sec. 5.4 f. FSA, PS09/15.

2417 Vgl. G 20 Working Group 1, Enhancing Sound Regulation and Strengthening Transparency: Final Report, März 2009, S. 33, abrufbar unter: http://www.g20.org/Documents/g20_wg1_010409.pdf (zuletzt aufgerufen am 26.02.2011); sec. 1.26, 5.4 FSA, PS09/15.

2418 Vgl. sec. 5.17–5.19 FSA, PS09/15 (Fn. 1009), S. 38.

2419 Vgl. sec. 5.20 FSA, PS09/15 (Fn. 1010), S. 39.

2420 Hierzu *Cohen*/*Benoit*/Daneshku, „Hurdles Remain for G20 Pact", Financial Times v. 07.09.2009, S. 2.

2421 Annex 4 Ziff. 11 FSA, CP10/19.

2422 *Döll*, Institute for Law and Finance, Working Paper Series, No. 107 (2009), S. 5, abrufbar unter: www.ilf-frankfurt.de/uploads/media/ILF_WP_107.pdf (zuletzt aufgerufen am 1.04.2011).

sondern muss auch breitgefächerte interne und externe Leistungsmaßstäbe beinhalten. Zweitens ist die Vergütung so auszugestalten, dass der Risiko-Zeithorizont entsprechend berücksichtigt wird. Drittens müssen die Vergütungspraktiken einem soliden Risikomanagement angepasst sein. Um dies zu gewährleisten sind die Vergütungsausschüsse dazu angehalten, Risikomanagement-Beurteilungen vorzunehmen und zu veröffentlichen. Viertens müssen *„golden parachute"*-Zahlungen und zusätzliche Rentenpakete nicht nur die Interessen der Führungskräfte, sondern auch die der Aktionäre widerspiegeln. Und schließlich ist das Festsetzungsverfahren der Vorstandsvergütung transparent und zuverlässig zu gestalten.[2423] Empfehlenswert ist es in diesem Zusammenhang, diese Prinzipien nicht nur auf Finanzdienstleistungsinstitute anzuwenden – wie dies in den oben erörterten Reformwellen bereits anteilig geschehen ist – sondern sie branchenunabhängig auf alle Aktiengesellschaften auszuweiten.

Im Übrigen soll zwischen der unethischen „Corporate Gier" einiger *executives* und einem vernünftigen Verlangen der Vorstände für die geleistete Arbeit entsprechend entlohnt zu werden, unterschieden werden. Dabei ist wiederum zwischen der hohen Vergütung, die durch die Performance gerechtfertigt ist, und derjenigen, die trotz schlechter Leistung gewährt wird, zu differenzieren.

Obwohl der Ausbruch der weltweiten Finanzmarktkrise bereits über fünf Jahre her ist, kann man ein Ende der Auseinandersetzung mit den krisenbedingten Folgen noch nicht absehen. Sowohl auf nationaler, als auch auf europäischer und internationaler Ebene findet eine voranschreitende und umfassende Reformierung der als unzureichend erwiesenen Vergütungsvorgaben statt. Auf dem Prüfstand stehen insbesondere die Anforderungen, die Gesetzgeber und Rechtsprechung an den Verwaltungsrat/Aufsichtsrat und die Unternehmensführung stellen.[2424]

Allerdings kehren viele Vorstände börsennotierter Gesellschaften, nachdem sie die Finanzkrise als überwunden betrachten, inzwischen zurück zu den gewohnten Vergütungspaketen. So stieg die Gesamtvergütung der DAX-Unternehmen im Jahr 2010 um 16 % gegenüber dem Vorjahr.[2425] In 2014 stieg die Vorstandsvergütung im DAX im Vergleich zum Jahr 2013 um 1,2 % und im MDAX um 9,3 %.[2426] Die FTSE 100-Finanzvorstände erhielten nach dem Entlohnungsrückgang im Jahr 2008 im Geschäftsjahr 2009 stolze 11,7 % mehr, unterstützt durch einen 27,3-prozentigen Anstieg der Bonuszahlungen. *Executives* der Finanzbranche der FTSE 250-Unternehmen erfuhren einen nur unwesentlich geringeren Anstieg der Bonuszahlungen um

2423 Statement by Treasury Secretary Tim Geithner on Compensation v. 10.06.2009, abrufbar unter: www.longnecker.com/pdfs/June2_LBLAST.pdf (zuletzt aufgerufen am 19.04.2011).

2424 *Habbe/Köster*, BB 2011, 265.

2425 Bestverdiener 2010: VW-Chef Martin Winterkorn, Hamburger Abendblatt v. 17.03.2011, abrufbar unter: http://www.abendblatt.de/wirtschaft/article1821746/Bestverdiener-2010-VW-Chef-Martin-Winterkorn.html (zuletzt aufgerufen am 24.03.2011)

2426 *Götz/Stahl*, CF 2016, Nr. 07–08, S. 265.

23,3 %.[2427] Aber auch in den Vereinigten Staaten verzeichnete man im Jahr 2009 Vergütungssteigerungen anreizbasierter Bezüge um 10,6 %, wobei die Gesamtvergütung im Vergleich zum Jahr 2008 lediglich um „bescheidene" 8,9 % zunahm.[2428] Somit lässt sich ein Erfolg der mit den gesetzlichen Regelungen intendierten Begrenzung der Vorstandsvergütungen ausweislich aktueller Vergütungsstudien nicht feststellen.[2429] Jedoch darf hierbei nicht vergessen werden, dass es sich bei den Vergütungssystemen um komplexe Modelle handelt, deren Grundlage langfristige Verträge und Praktiken bilden, sodass Änderungen nicht über Nacht erwartet werden können. Darüber hinaus ist eine Belohnung der Vorstände für gut geleistete Arbeit, die sich unter anderem in den wieder steigenden Gewinnen der Unternehmen widerspiegelt, durchaus gerechtfertigt. So geht Colin Melvin, CEO der Hermes Equity Ownership Services zwar davon aus, dass die finanzkrisenbedingten Reformen keine dauerhafte Änderung der Vergütungsstrukturen erzeugten, eine Rückkehr zum bisher Gewohnten geht seiner Ansicht nach damit allerdings nicht einher: „I don't think remuneration structures have changed for good, but neither is it a case of reverting to business as usual."[2430]

Es bleibt somit nur zu hoffen, dass das „unausgesetztes voneinander lernen und entlehnen"[2431] hinsichtlich der positiven sowie auch negativen Vergütungspraktiken und -regelungen der vergangenen Jahre an den Vergütungssystemen des deutschen, britischen und US-amerikanischen Managements nicht spurlos vorbeigegangen ist. So zeichneten sich bereits vor langer Zeit die Begegnungen der Schiffe großer nationaler Handelskompagnien an den Küsten Indiens, Amerikas und den Südseeinseln dadurch aus, dass diese von dort als „kostbare Retouren, kostbarer als Gewürze und Spezereien in die Heimat die regsame Empfänglichkeit für das anderswo gefundene Gute, die Befähigung für internationalen Austausch und den Blick ins Weite" brachten.[2432] Somit erzeugt die weltweite Vernetzung und der globale Austausch im Allgemeinen und in Bezug auf die finanzkrisenbedingte Regulierung im Besonderen gemeinsame Ansätze der Problemlösung. Denn „die meisten unserer Fehler erkennen und legen wir erst dann ab, wenn wir sie an anderen entdeckt haben."[2433]

---

2427 *Crump*, Stewardship code gives shareholders a say over pay v. 27.10.2010, abrufbar unter: http://www.financialdirector.co.uk/financial-director/feature/1811278/stewardship-code-shareholders-pay (zuletzt aufgerufen am 26.01.2011).

2428 Wall Street Journal v. 15.11.2010, abrufbar unter: http://www.haygroup.com/ww/services/index.aspx?ID=2589 (zuletzt aufgerufen am 24.03.2011).

2429 *Simon* in: Kienbaum, Vergütungsstudie 2009/2010, S. 9 ff.

2430 *Colin Melvin*, CEO der Hermes Equity Ownership Services.

2431 *Klein*, Die neueren Entwicklungen in Verfassung, S. 10 f.

2432 *Klein*, Die neueren Entwicklungen in Verfassung, S. 10 f.

2433 *Gutzkow*, Vom Baum der Erkenntnis, S. 53.

# Literaturverzeichnis


*Adams, Michael:* Aktienoptionspläne und Vorstandsvergütungen, ZIP 2002, S. 1325–1344.

*Aguilera, Ruth V./Jackson, Gregory T.:* The Cross-National Diversity of Corporate Governance: Dimensions and Determinants, 28 Academy of Management Review 2003, S. 447–465.

*Akin, Ifran:* Corporate Governance & Vorstandsvergütung, Eine vergleichende Untersuchung zum deutschen und US-amerikanischen Recht, Aachen 2006.

*Alissa, Walid M.:* Boards' Response to Shareholders' Dissatisfaction: The Case of Shareholders' Say-on-pay in the UK, Working Paper, Mai 2009; Social Science Research Network electronic library: http://papers.ssrn.com/sol3/papers.cfm?abstract_id=1412880.

*Alparslan, Adem:* Sturkturalistische Prinzipal-Agent-Theorie: Eine Reformulierung der Hidden-Action-Modelle aus der Perspektive des Strukturalismus, 1. Auflage, Wiesbaden 2006.

*Anabtawi, Iman:* Some Scepticism About Increasing Shareholder Power, 53 UCLA Law Review 2006, S. 561–599.

*Annuß, Georg/Theusinger, Ingo:* Das VorstAG – Praktische Hinweise zum Umgang mit dem neuen Recht, BB 2009, S. 2434–2442.

*Arcot/Sridhar R./Bruno, Valentina G.:* In Letter but not in Spirit: An Analysis of Corporate Governance in the UK (May 2006); Social Science Research Network electronic library: http://ssrn.com/abstract=819784.

*Armour, John/Davies, Paul/Enriques, Luka/Hansmann, Henry B./Hertig, Gérard/Hopt, Klaus J./Kanda, Hideki/Kraakman, Reinier/Rock, Edward B.:* The Anatomy of Corporate Law, A Comparative and Functional Approach, 2. Auflage, Oxford 2009.

*Arnold, Arnd:* Die Steuerung des Vorstandshandelns, Eine rechtsökonomische Untersuchung der Principal-Agent-Problematik in Publikumskaptialgesellschaften, München 2007.

*Atkins, Paul S.:* Der US-Sarbanes-Oxley Act: Zielsetzungen, Inhalt und Implementierungsstand, Der Konzern 2003, S. 260–268.

*Avgouleas, Emilios:* The Global Financial Crisis, Behavioural Finance and Financial Regulation: In Search of a New Orthodoxy, 9 Journal of Corporate Law Studies 2009, S. 23–59.

*Bank, Steven A.:* Tax, Corporate Governance, and Norms, 61 Washington & Lee Law Review 2004, S. 1159–1232.

*Baeck, Ulrich/Götze, Cornelius/Arnold, Christian:* Festsetzung und Herabsetzung der Geschäftsführervergütung – Welche Änderungen bringt das VorstAG? NZG 2009, S. 1121–1127.

*Bainbridge, Stephen M.:* Remarks on Say-on-pay: An Unjustified Incursion on Director Authority, UCLA School of Law, Law & Economics Research Paper Series, Research Paper No. 08–06, März 2008; Social Science Research Network electronic library: http://papers.ssrn.com/sol3/papers.cfm?abstract_id=1101688.

The Corporate Governance Provisions of Dodd-Frank, UCLA School of Law, Law-Econ Research Paper No. 10–14, Oktober 2010; Social Science Research Network electronic library: http://papers.ssrn.com/sol3/papers.cfm?abstract_id=1698898.

*Ballwieser, W.* Adolf Moxter und der Shareholder Value-Ansatz, in: Ballwieser, Wolfgang/Böcking, Hans-Joachim/Drukarczyk, Jochen/Schmidt, Reinhard H. (Hrsg.), Bilanzrecht und Kapitalmarkt, Festschrift zum 65. Geburtstag von Adolf Moxter, Düsseldorf 1994, S. 1377–1405.

*Balsam, Steven:* An Introduction to Executive Compensation, London 2002.

*Balsam, Steven/Kuang, Yu Flora/Qin, Bo:* Executive Compensatin Practices in the UK, London 2011.

*Bauer, Jobst-Hubertus:* Nachvertragliche Wettbewerbsverbote mit Organmitgliedern in: Bauer, Jobst-Hubertus/Boewer (Hrsg.), Dietrich, Festschrift für Peter Schwerdtner zum 65. Geburtstag, Darmstadt 2003, S. 441–451.

*Bauer, Jobst-Hubertus/Arnold, Christian:* Vorstandsverträge im Kreuzfeuer der Kritik, Zulässigkeit der vorzeitigen Wiederbestellung, von „Change-in-Control"-Klauseln und der Drittvergütung von Vorstandsmitgliedern unter Berücksichtigung der verschärften Publizitätspflichten, DB 2006, S. 260–266.

Festsetzung und Herabsetzung der Vorstandsvergütung nach dem VorstAG, AG 2009, S. 717–731.

*Bauer, Jobst-Hubertus/Krets, Jérôme:* Gesellschaftsrechtliche Sonderregeln bei der Beendigung von Vorstands- und Geschäftsführerverträgen, DB 2003, S. 811–817.

*Bauer, Jobst-Hubertus/Lingemann, Stefan/Diller, Martin/Haußmann, Katrin:* Anwaltsformularbuch Arbeitsrecht, 6. Auflage, Köln 2017.

*Baumach, Adolf/Hueck, Alfred/Hueck, Götz:* Aktiengesetz, 12. Auflage, München Berlin 1965.

*Baumeister, Alexander:* Risikomanagement bei Immobilieninvestments, Entscheidungshilfen für institutionelle Anleger, 1. Auflage, Wiesbaden 2004.

*Baums, Theodor:* Der Geschäftsleitervertrag, Begründung, Inhalt und Beendigung der Rechtsstellung der Vorstandsmitglieder und Geschäftsführer in den Kapitalgesellschaften und Genossenschaften, Köln 1987.
Rechtsprechung zum Handels- und Gesellschaftsrecht, Anmerkung zum BGH Urteil v. 7. 12. 1987 – II ZR 206/87 (OLG München), ZIP 1988, S. 570.

Aktienoptionen für Vorstandsmitglieder in: Martens, Klaus-Peter/Westermann, Harm Peter/Zöllner, Wolfgang (Hrsg.), Festschrift für Carsten Peter Claussen zum 70. Geburtstag, Köln Berlin Bonn München 1997, S. 3–49.
Bericht der Regierungskommission Corporate Governance, Unternehmensführung, Unternehmenskontrolle, Modernisierung des Aktienrechts, Frankfurt a. M. 2001.
Bericht der Regierungskommission Corporate Governance, Köln 2001.
Zur Offenlegung von Vorstandsvergütungen, ZHR 2005, S. 299–309.
Anerkennungsprämien für Vorstandsmitglieder in: Baums, Theodor/Wertenbruch, Johannes/Lutter, Marcus/Schmidt, Karsten (Hrsg.), Festschrift für Ulrich Huber zum siebzigsten Geburtstag, Tübingen 2006, S. 657–675.
Die Unabhängigkeit des Vergütungsberaters, AG 2010, S. 53–62.

*Bea, Franz X./Thissen, Susanne:* Institutionalisierung des Shareholder-Value-Konzepts bei der GmbH, DB 1997, S. 787–792.

*Bebchuk, Lucian A.:* The Case of Increasing Shareholder Power, 118 Harvard Law Review 2005, S. 833–914.
Written testimony, hearing on compensation in the financial industry v. 22.01.2010, Committee on Financial Services, U.S. House of Representatives; Lucian Bebchuk, written testimony, hearing on compensation structures and systemic risk v. 11.06.2009, Committee on Financial Services, U.S. House of Representatives.

*Bebchuk, Lucian A./Fried, Jesse M.:* Pay without Performance: The Unfulfilled Promise of Executive Compensation, London 2004.
Executive Compensation as an Agency Problem, Journal of Economic Perspectives 2003, S. 71–92.

*Bebchuk, Lucian A./Fried, Jesse M/Walker, David I.:* Managerial Power and Rent Extraction in the Design of Executive Compensation, 69 University of Chicago Law Review 2002, S. 751–864.

*Becht, Marco/Böhmer, Ekkehart:* Ownership and Voting Power in Germany, in: Bara, Fabrizio/Becht, Marco (Hrsg.), The Control of Corporate Europe, Oxford 2001, S. 128–153.

*Becker, Fred G./Kramarsch, Michael H.:* Leistungs- und erfolgsorientierte Vergütung für Führungskräfte, Göttingen 2006.

*Becker, Florian/Mock, Sebastian:* FMStG – Finanzmarktstabilisierungsgesetz: Kommentar, Köln 2009.

*Bedkowski, Dorothea:* Effiziente Vorstandsvergütung – Regulierungsstrategien in Deutschland und Polen, RIW 2010, S. 835–840.

*Beecher-Monas, Erica:* Role of Corporate Board Executive Pay Decisions in Precipitating Financial Crisis, Transactions: 11 The Tennessee Journal of Business Law 2009, S. 51–57.

*Begemann, Arndt/Laue, Bastian:* Der neue § 120 Abs. 4 – ein zahnloser Tiger?, BB 2009, S. 2442–2446.

*Beiner, Torsten:* Der Vorstandsvertrag, Leitfaden für die Bestellung und den Anstellungsvertrag der Vorstandsmitglieder einer Aktiengesellschaft, 2. Auflage, Stuttgart München Hannover Berlin Weimar Dresden 2014.

*Berg, Stefan/Stöcker, Mathias:* Anwendungs- und Haftungsfragen zum Deutschen Corporate Governance Kodex, WM 2002, S. 1567–1582.

*Berle, Adolf A./Means, Gardiner C.:* The Modern Corporation and Private Property, Revised Edition, Harcourt, New Jersey 1932.

*Bernhardt, Wolfgang:* Corporate Governance statt Unternehmensführung? RIW 2004, S. 401–408.

*Bernhardt, Wolfgang/Witt, Peter:* Stock Options und Shareholder Value, ZfB 1997, S. 85–101.

*Berrar, Carsten:* Die Entwicklung der Corporate Governance in Deutschland im internationalen Vergleich, 1. Auflage, Baden-Baden 2001.

*Berthel, Jürgen/Becker, Fred G.:* Personal-Management, Grundzüge für Konzeptionen betrieblicher Personalarbeit, 11. Auflage, Stuttgart 2017.

*Bertrand, Marianne/Mullainathan, Sendhil:* Do CEOs Set Their Own Pay? The Ones Without Principles Do, The Quarterly Journal of Economics 2001, S. 901–932.

*Bhagat, Sanjai/Romano, Roberta:* Reforming Executive Compensation: Focusing and Committing to the Long-Term, 26 Yale Journal on Regulation 2009, S. 359–372.

*Birke, Max:* Das Formalziel der Aktiengesellschaft: eine juristische und ökonomische Analyse der Pflicht der Organe der Aktiengesellschaft zur Berücksichtigung der Interessen von Nichtaktionären, 1. Auflage, Baden-Baden 2005.

*Bitter, Georg:* Diskussionsbericht zu den Referaten Kramasch, Martens und Hoffmann-Becking (Diskussionsleitung: Karsten Schmidt), ZHR 2005, S. 181–184.

*Bittmann, Barbara/Schwarz, Susanne:* Offenlegung von „Change of Control-Klauseln", BB 2009, S. 1014–1016.

*Bleicher, Knut/Leberl, Diethard/Paul, Herbert:* Unternehmungsverfassung und Spitzenorganisation, Führung und Überwachung von Aktiengesellschaften im internationalen Vergleich, Wiesbaden 1989.

*Blomeyer, Wolfgang/Rolfs, Christian/Otto, Klaus:* Gesetz zur Verbesserung der betrieblichen Altersversorgung, Kommentar, 6. Auflage, München 2015.

*Bloss, Michael/Ernst, Dietmar/Häcker, Joachim/Eil, Nadine:* Von der Wall Street zur Main Street, Die Weltwirtschaft nach der Finanzkrise, München 2009.

*Bogus, Carl T.:* Excessive Executive Compensation and the Failure of Corporate Democracy, 41 Buffalo Law Review 1993, S. 1–83.

*Borges, Georg:* Selbstregulierung im Gesellschaftsrecht – zur Bindung an Corporate Governance Kodizes, ZGR 2003, S. 508–540.

*Bors*, Maresa, Erfolgs- und leistungsorientierte Vorstandsvergütung, Aachen 2006.

*Bosse, Christian:* Das Gesetz zur Angemessenheit der Vorstandsvergütung (VorstAG) – Überblick und Handlungsbedarf, BB 2009, S. 1650–1654.
Handbuch Vorstandsvergütung, Eine Praxishilfe mit Checklisten und Mustern, 1. Auflage, Köln 2010.

*Bowles, Nigel:* Nixon's business: authority and power in presidential politics, 1. Auflage, Texas 2005.

*Brandeis, Louis Dembitz:* Other People's Money And How the Bankers Use It, 1. Auflage, New York 1914.

*Branson, Douglas M.:* The Rule that isn't a Rule – The Business Judgment Rule, 36 Valparaiso University Law Review 2002, S. 631–651.

Too Many Bells? Too Many Whistles? Corporate Governance in the Post-Enron, Post-WorldCom Era, 58 South Carolina Law Review 2006, S. 1–75.

*Bress, Richard P.:* Golden Parachutes: Untangling the Ripcords, 39 Stanford Law Review 1987, S. 955–979.

*Brück, Michael/Schalast, Christoph/Schanz, Kay-Michael:* Das Finanzmarktstabilisierungsgesetz: Hilfe für die Banken – Systemwechsel im Aktien- und Insolvenzrecht?, BB 2008, S. 2526–2534.

*Bryan, Stephen/Nash, Robert/Patel, Ajay:* Law and Executive Compensation: A Cross-Country Study, 23 Journal of Applied Corporate Finance 2011, S. 84–92.

*Buck, Trevor/Bruce, Alistair/Main, Brian G.M./Udueni, Henry:* Long Term Incentive Plans, Executive Pay and UK Company Performance, 40 Journal of Management Studies 2003, S. 1709–1727.

*Bühner, Rolf:* Möglichkeiten der unternehmerischen Gehaltsvereinbarung für das Top-Management, DB 1989, S. 2181–2186.

*Bürgers, Tobias/Körber, Torsten*: Aktiengesetz, Heidelberger Kommentar, 3. Auflage, Heidelberg 2014.

*Burghart, Sarah H.:* Overcompensating Much? The Impact of Preemption on Emerging Federal and State Effords to Limit Executive Compensation, Columbia Business Law Review 2009, S. 669–727.

*Burmajster, Anna* in: Institute of directors publication, Waring, Kerrie/Pierce, Chris (Hrsg.), The Handbook of International Corporate Governance, A definitive guide, 2. Auflage, London und Philadelphia, 2009, S. 203–256.

*Burns/Minnick,* Does Say-on-pay Matter? Evidence in the U.S., Working Paper Series, Juni 2010, https://www.researchgate.net/publication/228434957_Does_Say_on_Pay_Matter_Evidence_in_the_US.

*Cahn, Andreas:* Vorstandsvergütung als Gegenstand rechtlicher Regelungen in: Grundmann, Stefan/Haar, Brigitte/Merkt, Hanno/Müllbert, Peter O./Wellenhofer, Marina/Baum, Harald/Hein, Jan von/Hippel, Thomas von/Pistor, Katharina/Roth,

Markus/Schweitzer, Heike (Hrsg.), Festschrift für Klaus J. Hopt zum 70. Geburtstag, Band I, Berlin New York 2010, S. 431–455.

*Cahn, Andreas/Donald, David C.:* Comparative Company Law, Text and Cases on the Laws Governing Corporations in Germany, the UK and the USA, Cambridge 2010.

*Cai, Jie/Garner, Jacqueline L./Walkling, Ralph A.:* Electing Directors, 64 The Journal of Finance 2009, S. 2389–2421.

*Cannivé, Klaus/Seebach, Daniel:* Vorstandsvergütung als neue Haftungsfalle für Aufsichtsratsmitglieder? Haftung und Verhaltenspflichten der Aufsichtsratsmitglieder nach Inkrafttreten des VorstAG, Der Konzern 2010, S. 593–601.

*Carter, Mary Ellen/Zamora, Valentina*, Shareholder Remuneration Votes and CEO Compensation Designs, AAA 2008 MAS Meeting Paper, Januar 2009; Social Science Research Network electronic library: http://papers.ssrn.com/sol3/papers.cfm?abstract_id=1004061.

*Cary, William L.:* Federalism and Corporate, Law: Reflections Upon Delaware, 83 Yale Law Journal, 1974, S. 663–705.

*Casper, Matthias:* Repricing von Stock Options, DStR 2004, S. 1391–1395.
(zit.: *Casper*, DStR 2004)

*Caywood, Steven C.:* Wasting The Corporate Waste Doctrine: How The Doctrine Can Provide a Viable Solution in Controlling Excessive Executive Compensation, 109 Michigan Law Review, 2010, S. 111–136.

*Chahed, Yasmine/Müller, Hans-Erich:* Unternehmenserfolg und Managervergütung, Ein internationaler Vergleich, 1. Auflage, München und Mering 2006.

*Chan, Marjorie:* How to Rein in Executive Compensation? 3 Open Ethics Journal 2009, S. 81–90.

*Chandler, William B./Strine, Leo E.:* Views from the Bench, The New Federalism of the American Corporate Governance System: Preliminary Reflections of Two Residents of One Small State, 152 University of Pennsylvania Law Review 2003, S. 953–1005.

*Charkham, Jonathan:* Keeping Good Company, A study of corporate governance in five countries, Oxford, New York 1995.

*Cheffins, Brian R.:* Company Law: Theory, Structure, and Operation, New York 2008.

*Cheffins, Brian R./Thomas, Randall S.:* Should Shareholders Have a Greater Say Over Executive Pay?: Learning from the US Experience, 1 Journal of Corporate Law Studies 2001, S. 277–315.

*Cherry, Miriam A./Wong, Jarrod:* Clawbacks: Prospective Contract Measures in an Era of Excessive Executive Compensation and Ponzi Schemes, 94 Minnesota Law Review 2009, S. 368–427.

*Church, Bryan K./Kuang, Xi (Jason):* Conflicts of Interest, Disclosure, and (Costly) Sanctions: Experimental Evidence, 38 The Journal of Legal Studies 2009, S. 505–532.

*Clark, Gregory A.*: Golden Parachutes: Ripcords or Rip Offs?, 20 John Marshall Law Review 1986, S. 237–260.

*Coffee, John C.*: Regulating the Market for Corporate Control: A Critical Assessment of the Tender Offer's Role in Corporate Governance, 84 Columbia Law Review 1984, S. 1145–1298.
The Unfaithful Champion: The Plaintiff as Monitor in Shareholder Litigation, 48 Law and Contemporary Problems, S. 5–81.

*Conrad, Hannah/Panetta, Oliver:* Neuerungen durch das Gesetz zur Angemessenheit der Vorstandsvergütungen, NJOZ 2009, S. 3199–3205.

*Conway, Meredith R.:* Money For Nothing And The Stocks For Free: Taxing Executive Compensation, 17 Cornell Journal of Law and Public Policy 2008, S. 383–429.

*Conyon, Martin J.:* Compensation Consultants and Executive Pay: Evidence from the United States and the United Kingdom, ESSEC Business School & the Wharton School, May 2008; Social Science Research Network electronic library: papers.ssrn.com/sol3/papers.cfm?abstract_id=1106729.

*Conyon, Martin J./Core, John E./Guay, Wayne:* Are U.S. CEOs Paid More Than UK CEOs? Inferences from Risk-adjusted Pay, 24 Review of Financial Studies 2011, S. 402–438.

*Conyon, Martin J./Murphy, Kevin J.:* The Prince and the Pauper? CEO Pay in the United States and United Kingdom, 110 The Economic Journal 2000, S. 640–671.

*Conyon, Martin J./Peck, Simon I./Sadler, Graham V.:* New perspectives on the governance of executive compensation: an examination of the role and effect of compensation consultants, 15 Journal of Manangement and Governance 2009, S. 29–58.

*Core, John E./Guay, Wayne/Larcker, David F.:* The Power of The Pen and Executive Compensation, 88 Journal of Financial Economics 2008, S. 1–25.

*Core, John E./Holthausen, Robert W./Larcker, David F.:* Corporate governance, chief executive officer compensation, and firm performance, 51 Journal of Financial Economics 1999, S. 371–406.

*Crawford, Blake H.:* Eliminating the Executive Overcompensation Problem: How the SEC and Congress Have Failed and Why the Shareholders Can Prevail, Journal of Business, 2 Entrepreneurship and the Law 2009, S. 273–318.

*Crawford, Rebecca A.:* Corporate Governance Reform: How to Promote the Long-Term Healt and Value of U.S. Corporations, 5 NYU Journal of Law & Business 2009, S. 905–936.

*Cristal, Graef S.*: In Search of Excess, The Overcompensation of American Executives, New York 1992.

*Dahlems, Rolf:* Handbuch des Führungskräfte-Managements, München 1994.

*Dalton, Dan R./Kesner, Idalene F.:* Composition and CEO Duality in Boards of directors: An International Perspective, 18 Journal of International Business Studies 1987, S. 33–42.

*Dauner-Lieb, Barbara:* Die Verrechtlichung der Vorstandsvergütung durch das VorstAG als Herausforderung für den Aufsichtsrat, Methodische Probleme im Umgang mit Rechtsunsicherheit, Der Konzern 2009, S. 583–640.

*Dauner-Lieb, Barbara/Preen, Alexander, von/Simon, Stefan:* Das VorstAG – Ein Schritt auf dem Weg zum Board-System? Thesen zu einem aktienrechtskonformen Verständnis des VorstAG, DB 2010, S. 377–383.

*Dauner-Lieb, Barbara/Tettinger, Peter:* Vorstandshaftung, D&O-Versicherung, Selbstbehalt, Offene Fragen zum neuen § 93 Abs. 2 Satz 3 AktG, ZIP 2009, S. 1555–1557.

*Davies, Paul L.:* Gower and Davies' Principles of Modern Company Law, 8 Ausgabe, London 2008.

Struktur der Unternehmensführung in Großbritannien und Deutschland: Konvergenz oder fortbestehende Divergenz? ZGR 2001, S. 268–293.

*Davis, Steven:* Does 'Say on Pay' Work? Lessons on Making CEO Compensation Accountable, Directors' Institute on Corporate Governance, 1622 PLI Corporate Law & Practice, Course Handbook Ser. No. B-1622, 2007, S. 33–55.

*Deilmann, Barbara/Otte, Sabine:* Auswirkungen des VorstAG auf die Struktur der Vorstandsvergütung, GWR 2009, S. 261–263.
Say-on-pay" – erste Erfahrungen der Hauptversammlungspraxis", DB 2010, S. 545–547.

*De Lizza, Timothy:* The Incoherency of American Corporate Governance and The Need For Federal Standards, 34 Fordham Urban Law Journal 2007, S. 1111–1146.

*Delman, Jeremy Ryan:* Survey: Structuring Say-on-Pay: A Comparative Look at Global Variations in Shareholder Voting on Executive Compensation, Columbia Business Law Review 2010, S. 583–631.

*Desai, Mihir A./Dyck, Alexander/Zingales, Luigi:* Theft and Taxes, 84 Journal of Financial Economics 2007, S. 591–623.

*Diller, Martin:* Nachträgliche Herabsetzung von Vorstandsvergütung und –ruhegeldern nach dem VorstAG, NZG 2009, S. 1006–1009.

*Diller, Martin/Göpfert, Burkard:* Rettungsfonds für Banken: Eingriffe in Vorstandsverträge und -bezüge, DB 2008, S. 2579–2584.

*Döll, Matthias:* Say-on-pay, Ein Blick ins Ausland und auf die neue deutsche Regelung, Institute for Law and Finance, Working Paper Series No. 107, 2009, http://www.ilf-frankfurt.de/fileadmin/_migrated/content_uploads/ILF_WP_107.pdf.

Das Votum zum Vergütungssystem nach § 120 Abs. 4 AktG, WM 2010, S. 103–112.

*Donald, David C.:* Die Entwicklung der US-amerikanischen Corporate Governance nach Enron, WM 2003, S. 705–714.

*Donaldson, Thomas/Preston, Lee E.:* The Stakeholder Theory of the Corporation: Concepts, Evidence and Implications, 20 Academy of Management Review 1995, S. 65–91.

*Dooley, Michael P./Goldman, Michael D.:* Some Comparisons Between the Model Business Corporation Act and the Delaware General Corporation Law, 56 Business Lawyer, S. 737–766.

*Dorff, Michael B.:* The Group Dynamics Theory of Executive Compensation, 28 Cardozo Law Review 2007, S. 2025–2081.
Confident Uncertainty, Excessive Compensation & The Obama Plan, 85 Indiana Law Journal, 2010, S. 491–552.

*Döring, René/Grau, Timon:* Anwendbarkeit der Änderungen durch das VorstAG auf die paritätisch mitbestimmte GmbH, DB 2009, S. 2139–2142.

*Dreher, Meinrad:* Der Abschluss von D&O-Versicherungen und die aktienrechtliche Zuständigkeitsordnung, ZHR 2001, S. 293–323.

Die Besteuerung der Prämienleistungen bei gesellschaftsfinanzierten Directors and Officers-Versicherungen, DB 2001, S. 996–1000.
Change of control-Klauseln bei Aktiengesellschaften, AG 2002, S. 214–223.

*Dreher, Meinrad/Görner, André:* Der angemessene Selbstbehalt in der D&O-Versischerung, ZIP 2003, S. 2321–2329.

*Drinhausen, Florian/Keinath, Astrid:* BB-Rechtsprechungs- und Gesetzgebungsreport zum Hauptversammlungsrecht 2009, Vorbereitung der Hauptversammlungssaison, BB 2010, S. 3–10.

*Dyllick, Thomas:* Konsequenzen für das Nachhaltigkeitsmanagement in: Responsible Corporate Competitiveness, Konsequenzen aus der Finanzmarktkrise, Perspektiven der HSG, S. 52–54, abrufbar unter: http://docplayer.org/14363213-Konsequenzen-aus-der-finanzmarktkrise-perspektiven-der-hsg.html.

*Eckardstein, Dudo v./Konlechner, Stefan:* Vorstandsvergütung und gesellschaftliche Verantwortung der Unternehmung, 1. Auflage, München 2008.

*Eckert, Michael:* Blick ins Arbeitsrecht, DStR 2009, S. 979–084.

*Eidenmüller, Horst:* Kapitalgesellshaftsrecht im Spiegel der ökonomishcen Theorie, JZ 2001, S. 1041–1051.
Ausländische Kapitalgesellschaften im deutschen Recht, 1. Auflage, München 2004.

*Einem, Christoph von/Pajunk, Axel:* Zivil- und gesellschaftsrechtliche Anforderungen an die Ausgestaltung von Stock Options nach deutschem Recht und deren Ausstrahlungswirkung auf die steuerliche und bilanzielle Behandlung, in: Achleitner, Ann-Kristin/Wollmert, Peter (Hrsg.), Stock Options – Finanzwirtschaft, Gesellschaftsrecht, Bilanzierung, Steuerrecht, Arbeitsrecht, Unternehmensbewerbung, 2. Auflage, Stuttgart 2002, S. 85–117.

*Eisenberg, Melvin Aron:* The Duty of Care of Corporate Directors and Officers, 51 University of Pittsburgh Law Review 1990, S. 945–973.
An Overview of the Principles of Corporate Governance, 48 Business Lawyer 1993, S. 1271–1279.

Corporations and Other Business Organizations, Cases and Materials, 10. Auflage, New York 2011.

*Ek, Ralf:* Haftungsrisiken für Vorstand und Aufsichtsrat, 2. Auflage, München 2010.

*Ellig, Bruce R.:* The Complete Guide to Executive Compensation, 3. Auflage, New York 2014.

*Ellrott, Helmut/Förschle, Gerhart/Kozikowski, Michael/Winkeljohann, Norbert:* Beck'scher Bilanz-Kommentar, Handels- und Steuerbilanz, 11. Auflage, München 2018.

*Elschen, Rainer:* Gegenstand und Anwendungsmöglichkeiten der Agency-Theorie, ZfbF 1991, S. 1002–1012.

*Elson, Charles M.:* Corporate Law Symposium: The Duty of Care, Compensation, and Stock Ownership, 63 University of Cincinnati Law Review 1995, S. 649–711.

*Empt, Martin:* Corporate Social Responsibility, Das Ermessen des Managements zur Berücksichtigung von Nichtaktionärsinteressen im US-amerikanischen und deutschen Aktienrecht, Berlin 2004.

*Engelsing, Lutz:* Aktienoptionen als Vergütungsbestandteil der Führungskräfte börsennotierter Unternehmen, Analyse der handels- und steuerrechtlichen Implikationen, Köln 2001.

*Ernst, Cornelia/Rapp, Marc Steffen/Wolff, Michael:* Remuneration of Executives in German Prime Standard Firms – Empirical Evidence (Verguetung von Vorstandsorganen deutscher Aktiengesellschaften: Ergebnisse einer Analyse der deutschen Prime Standard Unternehmen), 2 Zeitschrift für Corporate Governance 2009, S. 901–905.

*Escher-Weingart, Christina:* Reform durch Deregulierung im Kapitalgesellschaftsrecht, Eine Analyse der Reformmöglichkeiten unter besonderer Berücksichtigung des Gläubiger- und Anlegerschutzes, Tübingen 2001.

*Falkenhausen, Joachim Freiherr von/Kocher, Dirk:* Erste Erafahrungen mit dem Vergütungsvotum der Hauptversammlung, Empirische Untersuchung und rechtliche Überlegungen, AG 2010, S. 623–629.

*Farrell, Matthew:* A Role for the Judiciary in Reforming Executive Compensation: The Implications of *Securities and Exchange Commission v. Bank of America Corp.*, 96 Cornell Law Review 2010, S. 169–201.

*Faulkender, Michael/Kadyrzhanova, Dalida/Prabhala, Nagpurnanand R./Senbet, Lemma:* Executive Compensation: An Overview of Research on Corporate Practices and Proposed Reforms, 22 Journal of Applied Corporate Finance 2010, S. 107–119.

*Feddersen, Dieter/Hommelhoff, Peter/Schneider, Uwe H.:* Corporate Governance – Optimierung der Unternehmensführung und der Unternehmenskontrolle im deutschen und amerikanischen Aktienrecht, Köln 1996.

*Fein, Melanie L.:* The Economic Stabilization Act of 2008 And Related Government Actions In Support of the U.S. Financial System, Working Paper v. 5. November 2008; Social Science Research Network electronic library: http://papers.ssrn.com/sol3/papers.cfm?abstract_id=1662545.

*Fernandes, Nuno/Ferreira, Miguel A./Matos, Pedro/Murphy, Kevin J.:* The Pay Divide: (Why) Are U.S. Top Executives Paid more? European Corporate Governance Institute, Finance Working Paper No. 255/2009, August 2009; Social Science Research Network electronic library: http://papers.ssrn.com/sol3/papers.cfm?abstract_id=1341639.

*Ferrarini, Guido/Moloney, Niamh/Vespro Cristina:* Executive Pay: Convergence in Law and Practice Across the EU Corporate Governance Faultline, 4 Journal of Corporate Law Studies 2004, S. 293–306.

*Ferri, Fabrizio/Maber A., David:* Say-on-pay Votes and CEO Compensation: Evidence from the UK, Working Paper, Oktober 2010; Social Science Research Network electronic library: http://papers.ssrn.com/sol3/papers.cfm?abstract_id=1420394.

*Ferstl, Jürgen:* Managervergütung und Shareholder Value, Konzeption einer wertorientierten Vergütung für das Top-Management, Wiesbaden 2000.

*Filloy, Joseph:* Note: Misplaced Populist Rage: Congressional Missteps with Executive Compensation Limitations in the Bailout Legislation, 71 University of Pittsburgh Law Review 2009, S. 335–359.

*Fleischer, Holger:* Informationsasymmetrie im Vertragsrecht, eine rechtsvergleichende und interdisziplinäre Abhandlung zu Reichweite und Grenzen vertragsschlussbezogener Aufklärungspflichten, München 2001.

Zum Grundsatz der Gesamtverantwortung im Aktienrecht, NZG 2003, S. 449–459.

Zur organschaftlichen Treuepflicht der Geschäftsleiter im Aktien- und GmbH-Recht, WM 2003, S. 1045–1058.

Legal Transplants im deutschen Aktienrecht, NZG 2004, S. 1129–1137.

Das Vorstandsvergütungs-Offenlegungsgesetz, DB 2005, S. 1611–1617.

Legal Transplants im Europäischen Gesellschaftsrecht am Beispiel fiduziarischer Geschäftsleiterpflichten – eine Fallstudie, in: Söllner, Alfred/Gitter, Wolfgang/Waltermann, Raimund/Giesen, Richard/Ricken, Oliver (Hrsg.), Gedächtnisschrift für Meinhard Heinze, München 2005, S. 177–192.

Zur Angemessenheit der Vorstandsvergütung im Aktienrecht (Teil I), DStR 2005, S. 1279–1283.

Zur Angemessenheit der Vorstandsvergütung im Aktienrecht (Teil II), DStR 2005, S. 1318–1323.

Das Gesetz zur Angemessenheit der Vorstandsvergütung (VorstAG), NZG 2009, 801–806.

Kompetenzen der Hauptversammlung – eine rechtsgeschichtliche, rechtsdogmatische und rechtsvergleichende Bestandsaufnahme in: Bayer, Walter/Habersack, Mathias (Hrsg.), Aktienrecht im Wandel, Band II, Tübingen 2007, S. 430–461.

Rechtsvergleichendes Gutachten zu Fragen der Managervergütung in börsennotierten Gesellschaften, Hamburg 2009.

Zur Unveräußerlichkeit der Leitungsmacht im deutschen, englischen und US-amerikanischen Aktienrecht, in: Grundmann, Stafan/Kirchner, Christian/Raiser, Thomas/Schwintowksi, Hans-Peter/Weber, Martin/Windbichler, Christine

(Hrsg.), Unternehmensrecht zu Beginn des 21. Jahrhunderts. Festschrift für Eberhard Schwark zum 70. Geburtstag, München 2009, S. 137–155.
Aufsichtsratsverantwortlichkeit für die Vorstandsvergütung und Unabhängigkeit der Vergütungsberater, BB 2010, S. 67–74.
Regulierungsinstrumente der Managervergütung in rechtsvergleichender Perspektive, RIW 2010, S. 497–503.

*Fleischer, Holger/Bedkowski, Dorothea:* „Say-on-pay" im deutschen Aktienrecht: Das neue Vergütungsvotum der Hauptversammlung nach § 120 Abs. 4 AktG, AG 2009, S. 677–686.

*Fleischer, Holger/Hupka, Jan:* Zur Regulierung der Vorstandsvergütung durch das Steuerrecht, DB 2010, S. 601–607.

*Fleischer, Holger/Körber, Torsten/Pentz, Andreas/Thüsing, Gregor:* Handbuch des Vorstandsrechts, München 2006.

*Fleming, Jeremy:* „Fat cats" on a hot tin roof, 76 European Lawyer 2008, S. 25–26.

*Fonk, Hans-Joachim:* Die Zulässigkeit von Vorstandsbezügen dem Grunde nach, NZG 2005, S. 248–254.
in: Semler, Johannes/von Schenck, Kersten (Hrsg.), Arbeitshandbuch für Aufsichtsratsmitglieder, 4. Auflage, München 2013.

*Förster, Christian:* Soziale Verantwortung von Unternehmen rechtlich reguliert, Corporate Social Responsibility (CSR) auf dem Prüfstand, RIW 2008, S. 833–840.

*Frach, Lotte:* Finanzaufsicht in Deutschland und Großbritannien: Die BaFin und die FSA im Spannungsfeld der Politik, Wiesbaden 2008.

*Frank, Robert H.:* Choosing the Right Pond, Human Behavior and the Quest for Status, Oxford 1985.

*Freeman, Edward R.:* Strategic Management, a stakeholder approach, Cambridge 2010.

*Freiburg, Susanne:* Managergehälter und Lohngerechtigkeit, Hintergründe, Strukturen, Ethik, Saarbrücken 2006.

*Freudner, Bernd W.:* Regeln für Vorstandsbezüge – Iustitia est constans et perpetua voluntas ius suum cuique tribuendi, NZG 2007, S. 779–781.

*Friebel, Guido/Langenbucher, Katja:* Die Institutsvergütungsverordnung: Ist Verantwortung für Misserfolge im Finanzsektor möglich? GWR 2011, S. 103–105.

*Friedl, Gunther/Hocker, Ulrich/Döscher, Thorsten/Hölz, Christiane:* Studie zur Vergütung der Vorstände in den DAX- und MDAX-Unternehmen im Geschäftsjahr 2008, September 2009.
Studie zur Vergütung der Vorstaände in den DAX- und MDAX-Unternehmen im Geschäftsjahr 2013, August 2014.

*Gadow, Wilhelm/Heinichen, Eduard:* Großkommentar zum Aktiengesetz, 1. Auflage, Berlin 1939.

*Garrett, Allison, D.:* Themes and variations: The convergence of corporate governance practices in major world markets, 32 Denver Journal of International Law and Policy 2004, S. 147–174.
A Comparison of United Kingdom and United States Approaches to Board Structure, 3 The Corporate Law Review 2007, S. 93–114.

*Gaul, Björn/Janz, Alexandra:* Wahlkampfgetöse im Aktienrecht: Gesetzliche Begrenzung der Vorstandsvergütung und Änderung der Aufsichtsratstätigkeit, NZA 2009, S. 809–815.
Das neue VorstAG – Veränderte Vorgaben auch für die Geschäftsführer und den Aufsichtsrat der GmbH, GmbHR 2009, S. 959–964.

*Gedenk, Karen/Albers, Sönke:* Innovationsanreize für Geschäftsführer, DBW 1992, S. 505–519.

*Gehle, Nadja:* Varialbe Vergütungssysteme im Investment Banking in Deutschland, 1. Auflage, Hamburg 2008.

*Gerum, Elmar:* Kann Corporate Governance Gerechtigkeit schaffen? In: Schreyögg, Georg/Conrad, Peter (Hrsg.): Gerechtigkeit und Management. Gabler, 1. Auflage, Wiesbaden 2004, S. 1–45.
Das deutsche Corporate-Governance-System, Eine empirische Untersuchung, Stuttgart 2007.

*Gevurtz, Franklin A.:* Corporation Law, St. Paul 2000.

*Glebe, Dirk:* Die globale Finanzkrise, Alles über die Finanzkrisen dieser Welt, Wuppertal 2008.

*Godin, Reinhard Freiherr von/Wilhelmi, Hans:* Aktiengesetzt Kommentar, Band I, 4. Auflage Berlin, New York 1971.

*Goette, Wulf:* GmbH: Pflichten und Haftung der Mitglieder eines fakultativen Aufsichtsrats, DStR 2007, S. 354–356.
Stellungnahme zum Entwurf eines Gesetzes zur Angemessenheit der Vorstandsvergütung (2009).

*Goette, Wulf/Habersack, Mathias:* Münchener Kommentar zum Aktiengesetz, Band 2, 3. Auflage, München 2008.

*Goette, Wulf/Habersack, Mathias:* Münchener Kommentar zum Aktiengesetz, Band 4, 3. Auflage, München 2011.

*Goetz, AlexanderStahl, Moritz:* Vorstandsvergütung im DAX und MDAX 2015, CF 2016, Nr. 07–08, S. 265–271.

*Gollnick, Jörg:* Die Beurteilung der Vorstandsleistung durch den Aufsichtsrat, Frankfurt a.M., 1997.

*Gopalan, Sandeep:* Say-on-pay, And the SEC Disclosure Rules: Expressive Law and CEO Compensation, 35 Pepperdine Law Review 2007, S. 207–246.

*Gordon, Jeffrey N.:* 'Say-on-pay': Cautionary Notes on the UK Experience and the Case for Shareholder Opt-In, Working Paper No. 343, August 2009, 46 Harvard Journal of Legislation 2009, S. 323–367.
„Say on Pay" Cautionary Notes on the U.K. Experience and the Case for Muddling Through in: Kieff, Scott F./Paredes, Troy A. (Hrsg.), Perspectives on Corporate Governance, Cambridge 2010, S. 189–213.

*Gower, Laurence C. B.:* Some Contrasts between British and American Corporation Law, 69 Harvard Law Review 1956, S. 1369–1402.

*Grattenthaler, Tino:* Die Vergütung von Vorstandsmitgliedern in Aktiengesellschaften, Eine grundlegende Betrachtung mit ausgesuchten Schwerpunkten aus rechtswissenschaftlicher Sicht, Frankfurt am Main 2007

*Gregory, Holly J.:* Comparison of Corporate Governance Guidelines and Codes of Best Practice, United States, Weil, Gotshal & Mangers LLP, Januar 2009.

*Griswold, Erwin N.:* New Light on „A Reasonable Allowance for Salaries", 59 Harvard Law Review 1945, S. 286–291.

*Groh, Manfred:* Shareholder Value und Aktienrecht, DB 2000, S. 2153–2158.

*Groll, Karl-Heinz:* Kennzahlen für das wertorientierte Management, ROI, EVA und CFROI im Vergleich. Ein neues Konzept zur Steigerung des Unternehmenswertes, München 2003.

*Gruber, Johannes:* Der unabhängige Finanzexperte im Aufsichtsrat nach dem Referentenentwurf des Bilanzrechtsmodernisierungsgesetzes, NZG 2008, S. 12–15.

*Grundmann, Stefan:* Europäisches Gesellschaftsrecht, Eine systematische Darstellung unter Einbeziehung des Europäischen Kapitalmarktrechts, Heidelberg 2004.

*Guest, Paul M.:* Board structure and executive pay: evidence from the UK, Cambridge Journal of Economics Advance Access, 14. Juli 2009, S. 1–22.
Board Structure and Executive Pay: Evidence from the UK, 34 Cambridge Journal of Economics 2010, S. 1075–1097.

*Gutzkow, Karl Ferdinand:* Vom Baum der Erkenntnis, Denksprüche, Stuttgart 1868.

*Habbe, Sophia/Köster, Anna-Elisabeth:* Neue Anforderungen an Vorstand und Aufsichtsrat von Finanzinstituten, BB 2011, S. 265–268.

*Habersack, Mathias:* Die Einbeziehung des Tochtervorstands in das Aktienoptionsprogramm der Muttergesellschaft – ein Problem der §§ 311 ff. AktG, in: Damm, Reinhard/Heermann, Peter W./Veil, Rüdiger (Hrsg.), Festschrift für Thomas Raiser zum 70. Geburtstag, Berlin 2005, S. 111–128.
Schranken der Mitbestimmungsautonomie in der SE, Dargestellt am Beispiel der Größe und inneren Ordnung des Aufsichtsorgans, AG 2006, S. 345–355.
Keine variable, vom Kurs der Muttergesellschaft abhängige Vorstandsvergütung, REW Energy, NZG 2008, S. 631–635.
Aufsichtsrat und Prüfungsausschuss nach dem BilMoG, AG 2008, S. 98–107.

*Hackethal, Andreas/Schmidt, Reinhard H./Marcel Tyrell:* Corporate Governance in Germany: Transition to a Modern Capital Market-Based Financial System?", 159 Journal of Institutional and Theoretical Economics 2003, S. 664–674.

*Halfpap, Patrick:* Normsetzungsbefugnisse von Kapitalmarktaufsichtsbehörden, BKR 2009, S. 65–72.

*Hallock, Kevin F.:* The Relationship Between Company Size and CEO Pay, Workspan Magazine 2/2011, S. 10–11.

*Hamilton, James:* Executive Compensation and Related-Party Disclosure: SEC Rules and Explanation, Chicago 2006.

*Hamilton, James/Trautmann Ted/Rasmussen, Peter N.:* Responsibilities of Corporate Officers and Directors Under Federal Securities Law, Chicago 2006.

*Hamilton, Robert W.:* The Law of Corporations in a Nutshell, 6. Auflage, St. Paul 2010.

*Hanau, Peter:* Der (sehr vorsichtige) Entwurf eines Gesetzes zur Angemessenheit der Vorstandsvergütung, NJW 2009, S. 1652–1653.

*Hankinson, Jamie Dietrich:* Golden Parachute Tax Provisions Fall Flat: Tax Gross-Ups Soften Their Impact to Executives and Square D Overinflates Their Coverage, 34 Stetson Law Review 2005, S. 767–803.

*Hannigan, Brenda:* Company Law, 3. Auflage 2012.

*Hartmann, Kurt:* Market for Corporate Confusion: Federal Attempts to Regulate the Market for Corporate Control through the Federal Tax Code, 6 DePaul Bus. L.J. (1993–1994), S. 159–201.

*Hatzis-Schoch, Brent:* Die Bedeutung von Delaware für das US-amerikanische Gesellschaftsrecht, RIW 1992, S. 539–543.

*Hecker, Andreas:* Die aktuellen Änderungen des Deutschen Corporate Governance Kodex im Überblick, BB 2009, S. 1654–1659.

*Hein, Jan von:* Die Rolle des US-amerikanischen CEO gegenüber dem Board of Directors im Lichte neuerer Entwicklungen, RIW 2002, S. 501–509.

*Heins, Jan-Christian:* Die Angemessenheit von Vorstandsbezügen einer Aktiengesellschaft, Grundsätze gemäß § 87 Abs. 1 AktG, Hamburg 2006.
Die Rezeption US-amerikanischen Gesellschaftsrechts in Deutschland, Mohr Siebeck Tübingen 2008.

*Helms, Dietmar:* Mustersatzungen für die Europäische Privatgesellschaft in: Hommelhoff, Peter/Helms, Dietmar (Hrsg.), Neue Wege in die Europäische Privatgesellschaft, Köln 2001, S. 259–285.

*Henn, Harry G./Alexander, John R.:* Laws of Corporations, 3. Auflage, St. Paul 1983.

*Hermes, Jan:* Ein Jahr Gesetz zur Angemessenheit der Vorstandsvergütung – Rückblick, Probleme und Ausblick, LawZone Nr. 2/2010, S. 22–33.

*Hesse, Nils:* Managerentlohnung und die Reformbereitschaft der Bevölkerung, Ein Beitrag zur politischen Ökonomie sozialer Präferenzen, Marburg 2008.

*Heuchemer, Frank-Karl/Kloft, Verena:* Neue Verordnung über die aufsichtsrechtlichen Anforderungen an Vergütungssysteme von Instituten (Instituts-Vergütungsverordnung), WM 2010, S. 2241–2288.

*Hexel, Dietmar:* Bausteine für eine angemessene Vorstandsvergütung, Der Aufsichtsrat 09/2008, Beitrag, S. 128–129.

*Hickel,* Blätter für deutsche und internationale Politik, 10/2004, S. 1197–1204.

*Hilb, Martin:* Konsequenzen für die Corporate Governance, in: Responsible Corporate Competitiveness, Konsequenzen aus der Finanzmarktkrise, Perspektiven der HSG, Universität der St. Gallen, 2009, S. 43–45; https://www.alexandria.unisg.ch/50852/1/RoCC_Finanzkrise.pdf.

*Hill, Jennifer G.:* Regulating Executive Remuneration: International Developments in the Post-Scandal Era, Working Paper No. 06–06 (2006).

New Trends in the Regulation of Executive Remuneration, in: Austin, R. P./Bilski, A. Y. (Hrsg.), Directors in Troubled Times, The Proceedings of a Conference Organised by the Supreme Court of Nsw, the Law Society of Nsw and the Ross Parsons Centre 2009, S. 100–123.

Regulatory Show and Tell: Lessons from International Statutory Regimes, 33 Delaware Journal of Corporate Law 2008, S. 819–843.

Regulating Executive Remuneration in the Post Financial Crisis Era: A Common Law Perspective, Draft Paper, 6. Mai 2010.

*Hirsch, Fred:* Social Limits to Growth, 1. Auflage, London 1977.

*Hirte, Heribert:* Die Publizität der Organvergütungen zwischen Transparenz und Voyeurismus, in: Abeltshauser, Thomas/Buck, Petra (Hrsg.), Corporate Governance, Tagungsband der 1. Hannoveranter Unternehmensrechtstage, Köln Berlin München 2004, S. 75–93.

Stellungnahme zum Fraktionsentwurf eines Gesetzes zur Angemessenheit der Vorstandsvergütung (VorstAG) für den Deutschen Bundestag, Sitzung des Rechtsausschusses am 25. Mai 2009.

*Hirte, Heribert/Lanzius, Tim/Mock, Sebastian:* Tätigkeitsverbote für Organmitglieder als Gläubigerschutzinstrument, ZGR 2006, Sonderheft 17, S. 301–341.

*Höche, Thorsten:* Das Restrukturierungsgesetz. Neue Wege in der Bankenaufsicht (mit Seitenblicken auf die Schweiz und das Vereinigte Königreich), WM 2011, S. 49–58.

*Höfer, Reinhold:* Gesetz zur Verbesserung der betrieblichen Altersversorgung, Kommentar, Band. 1, Arbeitsrecht, München Loseblattsammlung, Stand März 2000.

*Hoffmann-Becking, Michael:* Gestaltungsmöglichkeiten bei Anreizsystemen, NZG 1999, S- 797–804.

Rechtliche Anmerkungen zur Vorstands- und Aufsichtsratsvergütung, ZHR 2005, S. 155–180.

Vorstandsvergütung nach Mannesmann, NZG 2006, S. 127–131.

Münchener Handbuch des Gesellschaftsrechts, Band 4, Aktiengesellschaft, 4. Auflage, München 2015.

*Hoffmann-Becking, Michael/Krieger, Gerd:* Leitfaden zur Anwendung des Gesetzes zur Angemessenheit der Vorstandsvergütung, NZG Beilage 2009, S. 1–12.

*Hoffmann, Dietrich/Preu, Peter:* Der Aufsichtsrat, Ein Leitfaden für Aufsichtsräte, 5. Auflage, München 2003.

*Hoffmann-Becking, Michael/Rawert, Peter:* Beck'sches Formularbuch zum Bürgerlichen, Handels- und Wirtschaftsrecht, 9. Auflage, München 2006.

*Hohaus, Benedikt/Weber, Christoph:* Gesellschaftsrechtliche Probleme bei der Gewährung von Transaktionsboni durch einen Aktionär, DStR 2008, S. 104–110.
Die Angemessenheit der Vorstandsvergütung gem. § 87 AktG nach dem VorstAG, DB 2009, S. 1515–1520.

*Hohenstatt, Klaus-Stefan:* Das Gesetz zur Angemessenheit der Vorstandsvergütung, ZIP 2009, S. 1349–1358.

*Hohenstatt, Klaus-Stefan/Kuhnke, Michael:* Vergütungsstruktur und variable Vergütungsmodelle für Vorstandsmitglieder nach dem VorstAG, ZIP 2009, S. 1981–1989.

*Hohenstatt, Klaus-Stefan/Seibt, Christoph H./Wagner, Tobias:* Einbeziehung von Vorstandsmitgliedern in ergebnisabhängige Vergütungssysteme von Konzernobergesellschaften, ZIP 2008, S. 2289–2296.

*Hohenstatt, Klaus-Stefan/Willemsen, Heinz Josef:* Abfindungsobergrenzen in Vorstandsverträgen, NJW 2008, S. 3462–3467.

*Hommelhoff, Peter:* Die OECD-Principles on Corporate Governance – ihre Chancen und Risiken aus dem Blickwinkel der deutschen corporate governance-Bewegung, ZGR 2001, S. 238–267.

*Hommelhoff, Peter/Hopt, Klaus/Werder, Axel von:* Handbuch Corporate Governance, Leitung und Überwachung börsennotierter Unternehmen in der Rechts- und Wirtschaftspraxis, 1. Auflage, Stuttgart 2003.

Handbuch Corporate Governance, Leitung und Überwachung börsennotierter Unternehmen in der Rechts- und Wirtschaftspraxis, 2. Auflage, Stuttgart 2009.

*Hommelhoff, Peter/Rowedder, Heinz/Ulmer, Peter:* Max Hachenburg, Dritte Gedächtnisvorlesung 1998, Heidelberg 2000.

*Hopt, Klaus J:* The German Two-Tear Board (Aufsichtsrat), A German View on Corporate Governance, in: Hopt, Klaus J/Wymeersch E. (Hrsg.), Comparative Corporate Governance, Essays and Materials, Berlin/New York 1997, S. 3–20.
ECLR, Interessenwahrung und Interessenkonflikte im Aktien-, Bank- und Berufsrecht, Zur Dogmatik des modernen Geschäftsbesorgungsrechts, ZGR 2004, S. 1–52.

*Hopt, Klaus J./Wiedemann, Herbert:* Aktiengesetz Großkommentar, Band 3, 4. Auflage, Berlin 2008.

*Hostettler, Stephan/Benecke, Felix:* Wertorientierte Vorstandsvergütung – ein Vorschlag, Der Aufsichtsrat 2009, Beitrag S. 18–19.

*Hüffer, Uwe:* Kommentar zum Aktiengesetz, 6. Auflage, München 2004.
Kommentar zum Aktiengesetz, 8. Auflage, München 2008.
Kommentar zum Akiengesetz, 9. Auflage, München 2010.
Aktienbezugsrechte als Bestandteil der Vergütung von Vorstandsmitgliedern und Mitarbeitern – gesellschaftsrechtliche Analyse, ZHR 1997, S. 214–245.

*Hümmerich, Klaus:* Formularbuch Arbeitsrecht, 6. Auflage, Baden-Baden 2007.

*Iacobucci, Edward M.:* The Effects of Disclosure on Executive Compensation, 48 University of Toronto Law Journal 1998, S. 489–520.

*Isele, Stephanino:* Managerleistung messen – beurteilen – honorieren, Zürich 1991.

*Jaeger, Georg/Balke, Michaela:* Zu den Auswirkungen des VorstAG auf bestehende Vorstandsverträge, ZIP 2010, S. 1471–1480.

*Jahn, Joachim:* Das VorstAG: Neue Vorschriften gegen unangemessene Managerbezüge, GWR 2009, S. 135–137.

*Jaletzke, Matthias/Verannemann, Peter:* Finanzmarktstabilisierungsgesetz, Kommentar, München 2009.

*Jaspers, Philipp:* Voraussetzungen und Rechtsfolgen der Unabhängigkeit eines Aufsichtsratsmitglieds nach dem BilMoG, AG 2009, S. 607–615.
Mehr Demokratie wagen – die Rolle der Hauptversammlung bei der Festsetzung der Vergütung des Vorstands, ZRP 2010, S. 8–11.

*Jauernig, Othmar:* Bürgerliches Gesetzbuch, Kommentar, 16. Auflage, München 2015.

*Jensen, Michael C./Meckling, William H.:* Theorie of the Firm: Managerial Behavior, Agency Costs and Ownership Structure, 3 (4) Journal of Financial Economics 1976, S. 305–360.

*Jensen, Michael C./Murphy, Kevin J.:* "CEO Incentives – It's Not How Much You Pay, But How", 68 Harvard Business Review 1990, S. 138–153.
Performance Pay and Top Management Incentives, 98 Journal of Political Economy 1990, S. 225–264.

*Jensen, Michael C./Murphy, Kevin J./Wruck, Eric G.:* Remuneration: Where We've Been, How We Got to Here, What are the Problems, and How to Fix Them, Harvard NOM Working Paper No. 04–28; ECGI – Finance Working Paper No. 44/2004, S. 1–105 (2004); Social Science Research Network electronic library: http://papers.ssrn.com/sol3/papers.cfm?abstract_id=561305.

*Johnsen, Kenneth C.:* Golden Parachutes and the Business Judgment Rule: Toward a Proper Standard of Review, 94 Yale Law Journal 1985, S. 909–928.

*Johnson, Lyman P.Q./Sides, Mark A.:* The Sarbanes-Oxley Act and Fiduciary Duties, 30 William Mitchell Law Review 2004, S. 1149–1225.

*Jordan, Cally:* Unlovely and Unloved: Corporate Law Reform's Progeny 2, University of Melbourne Legal Studies Research, Paper No. 325, 2008; Social Science Research Network electronic library: http://papers.ssrn.com/sol3/papers.cfm?abstract_id=1125542.

*Jung, Hans:* Allgemeine Betriebswirtschaftslehre, 12. Auflage, München Oldenbourg 2010.

*Just, Clemens:* Englisches Gesellschaftsrecht, Companies Act 2006, Limited Liability Partnerships Act 2000, München 2008.

*Kaen, Fred R.:* A blueprint for corporate governance, Strategy, Accountability, and The Preservation of Shareholder Value, New York 2003.

*Kallmeyer, Harald:* Aktienoptionspläne für Führungskräfte im Konzern, AG 1999, S. 97–103.

*Kann, Jürgen van/Eigler, Mira:* Aktuelle Neuregelungen des Corporate Governance Kodex, DStR 2007, S. 1730–1736.

*Kara, Michael:* Vorstandsvergütung in der deutschen Corporate Governance, Eine ökonomische Analyse der Vorstandsvergütung am Beispiel der DAX 30 Unternehmen, Aktuelle Durckfassung, 2010; docserv.uni-duesseldorf.de/servlets/DerivateServlet/Derivate-16224.

*Karmel, Roberta S.:* Realizing the Dream of William O'Douglas – The Securities and Exchange Commission takes Charge of Corporate Governance, 30 Delaware Journal of Corporate Law 2005, S. 79–144.

*Keasey, Kevin:* Executive Compensation in the UK, 14 Journal of Financial Regulation and Compliance 2006, 235–241.

*Keenan, Denis:* Smith & Keenan's English Law, Text and Cases, 15. Auflage, London 2007.

*Keiser, Thorsten:* Die Herabsetzung von Managergehältern in der Krise als Organpflicht des Aufsichtsrats, RdA 2010, S. 280–287.

*Kienbaum,* Vergütungsstudie 2008/2009, 33. Ausgabe, 2010.

*Kienbaum,* Vergütungsstudie 2009/2010, 34. Ausgabe 2011.

*Kiethe, Kurt:* Persönliche Haftung von Organen der AG und der GmbH – Risikovermeidung durch D & O-Versicherung? BB 2003, S. 537–542.

*Koppmann, Tobias:* Gedeckte Schuldverschreibungen in Deutschland und Großbritannien, Schriften zum Europäischen und Internationalen Privat-, Bank- und Wirtschaftsrecht, Band 31, Berlin 2009.

*Heidel, Thomas:* Aktienrecht und Kapitalmarktrecht, 3. Auflage, Baden-Baden 2011.

*Kalb, Sebastian/Fröhlich, Martin,* Die Drittvergütung von Vorständen, NZG 2014, S. 167–171.

*Klahold, Christoph:* Aktienoptionen als Vergütungselement, Frankfurt a. M. 1999.

*Klauser, Jochen:* Rechtsgrundlagen und Perspektiven der Managervergütung, Eichstätt-Ingolstadt 2009.

*Klawitter, Uta K.:* Besonderheiten des Einsatzes von Stock Options im Konzern und in interantional tätigen Unternehmen in Achleitner, Ann-Kristin/Wollmert, Peter (Hrsg.), Stock Options – Finanzwirtschaft, Gesellschaftsrecht, Bilanzierung, Steuerrecht, Unernehmensbewertung, 2. Auflage, Stuttgart 2002, S. 67–83.

*Klein, Franz:* Die neueren Entwicklungen in Verfassung und Recht der Aktiengesellschaft, Wien 1904.

*Klein, William/Coffee, John C.:* Business Organization and Finance, Legal and Economic Principles, 10. Auflage, New York 2007.

*Knepper, William E./Bailey, Dan A:* Liability of Corporate Officers and Directors, 5. Auflage, Charlottesville 1993.

*Knutt, Nathan:* Executive Compensation Regulation: Corporate America, Heal Thyself, 47 Arizona Law Review 2005, S. 493–517.

*Koch, Robert:* Die Rechtsstellung der Gesellschaft und des Organmitglieds in der D&O-Versicherung (I), Teil 1: Rechtsstellung der Gesellschaft gegenüber dem D&O-Verisicherer, GmbHR 2004, S. 18–28.
Die Herabsetzung der Vorstandsbezüge gemäß § 87 Abs. 2 nach dem VorstAG, WM 2010, S. 49–58.

*Kock, Martin:* Die zivilrechtliche Haftung von Vorständen für unternehmerische Entscheidungen, NZG 2004, S. 441–448.

*Kohler, Klaus:* Stock Options für Führungskräfte aus der Sicht der Praxis, ZHR 1997, S. 246–268.

*Köhler, Annette/Marten, Kai-Uwe/Schlereth, Dieter:* Stärkung der Corporate Governance in Deutschland – Umsetzungsstand und Effektivität, DB 2009, S. 1477–1486.

*Kole, Stacey R.:* The Complexity of Compensation Contracts, 43 Journal of Financial Economics 1997, S. 79–104.

*Korn, Bettina:* Vorstandsvergütung mit Aktienoptionen, Sicherung der Anreizkompatibilität als gesellschaftsrechtliche Gestaltungsaufgabe, Sternenfels 2000.

*Körner, Marita:* Die Angemessenheit von Vorstandsbezügen in § 87 AktG – Eine unbeachtete Vorschrift, NJW 2004, S. 2697–2702.
Comply or disclose: Erklärung nach § 161 AktG und Außenhaftung des Vorstands, NZG 2004, S. 1148–1151.

*Kort, Michael:* Mannesmann: Das „Aus" für nachträglich vorgesehene Vorstandsvergütung ohne Anreizwirkung? NZG 2006, S. 131–133.
Das „Mannesmann"-Urteil im Lichte von § 87 AktG, NJW 2005, S. 333–335.

Zivilrechtliche Folgen unangemessen hoher Vorstandsvergütung – eine „Mannesmann"-Spätlese, DStR 2007, S. 1127–1133.

*Kräkel, Matthias:* Organisation und Management, 4. Auflage, Tübingen 2010.

*Kramarsch, Michael:* Organvergütung, ZHR 2005, S. 112–123.

*Krause, Holger:* Moderne Entlohnungsformen – Das Cafeteria-Prinzip, NWB 2000, S. 3771–3778.

*Kremer, Thomas:* BDI Stellungnahme zur öffentlichen Anhörung des Rechtsausschusses des Deutschen Bundestages am 25. Mai 2009.

*Krieger, Gerd:* Personalentscheidungen des Aufsichtsrats, Köln, Berlin, Bonn, München 1981.

*Krienke, Nikolaus/Schnell, Annika:* VorstAG und weitere Neuregelungen als Reaktion auf die Finanzkrise. Auswirkungen auf die Vergütung der Führungskräfte unterhalb des Vorstands? NZA 2010, S. 135–140.

*Kropff, Bruno:* Aktiengesetz, Düsseldorf 1965.

*Kropff, Bruno/Semler, Johannes:* Münchener Kommentar zum Aktiengesetz, Band 6, 4. Auflage, München 2017.

*Kuhner, Christoph/Hitz, Jörg-Markus/Sabiwalsky, Ralf/Drefahl, Christian:* Studie Managergehälter 2009, Vorstandsvergütung deutscher börsennotierter Aktiengesellschaften, Bundesanzieger, Köln 2010.

*Kühnberger, Manfred/Kessler, Jürgen:* Stock option incentives – betriebswirtschaftliche und rechtliche Probleme eines anreizkompatiblen Vergütungssystems, AG 1999, S. 453–464.

*Küting, Karlheinz:* Besonderheiten der Konzernabschlußanalyse (Teil I), DStR 1992, S. 1334–1338.

*Lange, Oliver:* Zulässigkeitsvoraussetzungen einer gesellschaftsfinanzierten Aufsichtsrats-D&O-Versicherung, ZIP 2001, S. 1524–1529.

Praxisfragen der D&O-Versicherung (Teil I), DStR 2002, S. 1626–1631.
D&O-Versicherung: Innenhaftung und Selbstbehalt, DB 2003, S. 1833–1837.

*Lapido, David/Nestor, Stilpon:* Bank Boards and the Financial Crisis: A Corporate Governance Study of the 25 Largest European Banks, London 2009.

*Lassila, Dennis R./Kilpatrick, Bob G.:* 2008 U.S. Master Compensation Tax Guide, Chicago 2008.

*Latty, Elvin R.:* Why Are Business Corporation Laws Largely „Enabling"? 50 Cornell Law Quarterly 1965, S. 599–620.

*Laux, Helmut:* Risikoteilung, Anreiz und Kapitalmarkt, Berlin Heidelberg New York 1998.

*Lazonick, William/O'Sullivan, Mary:* Maximizing shareholder value: A new ideology for corporate governance, 29 Economy and Society 29, S. 13–35.

*Lechner, Christoph:* Ursachen der Krise und offene Themen in: Responsible Corporate Competitiveness, Konsequenzen aus der Finanzmarktkrise, Perspektiven der HSG, Universität der St. Gallen, 2009, S. 4–6; https://www.alexandria.unisg.ch/50852/1/RoCC_Finanzkrise.pdf.

*Leßmann, Jochen/Hopfe, Rüdiger:* Neue Regeln für Vergütungssysteme in Finanzinstituten, Rundschreiben der BaFin vom 21. 12. 2009, DB 2010, S. 54–58.

*Leyens, Patrick C.:* Unabhängigkeit der Informationsintermediäre zwischen Vertrag und Markt – Zur Dogmatik der Unabhängigkeit von Abschlussprüfern, Finanzanalysten und Rating-Agenturen –, Baum, Harald/Hellgardt, Alexander/Fleckner, Andreas M./Roth, Markus (Hrsg.), Perspektiven des Wirtschaftsrechts, Deutsches, europäisches und internationales Handels-, Gesellschafts- und Kapitalmarktrecht, S. 423–452.

*Liebers, Hans-Joachim/Hoefs, Christian:* Anerkennungs- und Abfindungszahlungen an ausscheidende vorstandsmitglieder, ZIP 2004, S. 97–103.

*Lingemann, Stefan:* Angemessenheit der Vorstandsvergütung – das VorstAG ist in Kraft, BB 2009, S. 1918–1924.

*Lipman, Frederick D./Hall, Steven E.:* Executive Compensation Best Practices, Hoboken, New Jersey, 2008.

*Loewenstein, Mark J.:* Reflections on Executive Compensation and A Modest Proposal for (Further) Reform, 50 SMU Law Review 1996, S. 201–223.
The Conundrum of Executive Compensation, 35 Wake Forest Law Review, 2000, S. 1–30.

*Lücke, Oliver/Schaub, Bernhard:* Die Angemessenheit von Vorstandsbezügen – der erste unbestimmbare unbestimmte Rechtsbegriff?, NZG 2005, S. 692–697.
Beck'sches Mandats Handbuch, Vorstand der AG, 2. Auflage, München 2010.

*Lutter, Marcus:* Das europäische Unternehmensrecht im 21. Jahrhundert, ZGR 2000, S. 1–18.
Die Erklärung zum Corporate Governance Kodex gemäß § 161 AktG, Pflichtverstöße und Binnenhaftung von Vorstands- und Aufsichtsratsmitgliedern, ZHR 2002, S. 523–543.
Corporate Governance und ihre aktuellen Probleme, vor allem: Vorstandsvergütung und ihre Schranken, ZIP 2003, S. 737–743.
Aktienrechtliche Aspekte der angemessenen Vorstandsvergütung, ZIP 2006, 733–737.
Professionalisierung des Aufsichtsrats, DB 2009, S. 775–779.
Stellungnahme zum Gesetzesentwurf des VorstAG v. 20. Mai 2009.

*Lutter, Marcus/Krieger, Gerd:* Rechte und Pflichten des Aufsichtsrates, 6. Auflage, Köln 2014.

*Main, Brian:* The ABI Guidelines for share-option based incentive schemes: Setting the hurdle too high? 36 Accounting and Business Research 2006, S. 191–205.

*Mallin, Christine A.:* The Voting Framework: A Comparative Study of Voting Behaviour of Institutional Investors in the U.S. and the U.K., Corporate Governance: 4 An International Review 1996, S. 107–122.
Corporate Governance, New York 2007.

*Mann, Alexander:* Corporate Governance Systeme, Funktion und Entwicklung am Beispiel von Deutschland und Großbritannien, Berlin 2003.

*Manz, Gerhard/Mayer, Barbara/Schröder, Albert:* Die Aktiengesellschaft, Umfassende Erläuterungen, Beispiele und Musterformulare für die Rechtspraxis, 7. Auflage, Freiburg, München, Berlin 2014.

*Marsch-Barner, Reinhard:* Aktuelle Rechtsfragen zur Vergütung von Vorstands- und Aufsichtsratsmitgliedern einer AG in: Crezelius, Georg/Hirte, Heribert/Vieweg, Klaus (Hrsg.), Festschrift für Volker Röhricht zum 65. Geburtstag, Köln 2005, S. 401–419.

*Marsch-Barner, Reinhard/Schäfer, Frank A.:* Handbuch börsennotierte AG, Aktien- und Kapitalmarktrecht, 4. Auflage, Köln 2017.

*Martens, Klaus-Peter:* Stand und Entwicklung im Recht der Stock-Options in: Habersack, Mathias/Hüffer, Uwe/Hommelhoff, Peter/Schmidt, Karsten (Hrsg.), Festschrift für Peter Ulmer zum 70. Geburtstag, Berlin 2003, S. 399–418.
Die Vorstandsvergütung auf dem Prüfstand, ZHR 2005, S. 124–154.

*Martin, Christopher:* Das U.S. Corporate System – Verlust der Vorbildfunktion? NZG 2003, S. 948–952.

*Mayson, Stephen W./French Derek/Ryan, Christopher:* Company Law, 26. Ausgabe, Oxford 2009.

*McClendon, Janice Kay:* The Perfect Storm: How Mortgage-Backed Securities, Federal Deregulation, And Corporate Greed Provide a Wake-Up Call for Reforming Executive Compensation, 12 University of Pennsylvania Journal of Business Law 2009, S. 131–179.

*Menichetti, Marco J.:* Aktienoptionsprogramme für das Top-Management, Mit kritischer Analyse aktueller Beispiele, DB 1996, S. 1688–1692.

*Mercer,* Pay for Results, Aligning Executive Compensation with Business Performance, Hoboken, New Jersey, 2009.

*Merkt, Hanno/Göthel, Stephan:* US-amerikanisches Gesellschaftsrecht, 3. Auflage, Frankfurt am Main 2013.

*Mertens, Hans-Joachim/Cahn, Andeas:* Kölner Kommentar zum Aktiengesetz, Band 2/1, 3. Auflage, Köln 2010.

*Meyer, Heinrich:* Restrukturierungsgesetz – Oder: In der Ruhe liegt die Kraft, BB 2011, S. I.

*Michalski, Lutz:* Kommentar zum Gesetz betreffend die Gesellschaften mit beschränkter Haftung (GmbH-Gesetz), 2. Auflage, München 2010.

*Milgrom, Paul/Roberts, John:* Economics, Organization and Management, New Jersey 1992.

*Miske, Ryan:* Can't Cap Corporate Greed: Unintended Consequences of Trying to Control Executive Compensation Through the Tax Code, 88 Minnesota Law Review 2004, S. 1673–1696.

*Mock, Sebastian:* Entsprechenserklärungen zum DCGK in Krise und Insolvenz, ZIP 2010, S. 15–21.

*Moran, Anne E.:* Reasonable Compensation, 390–4th Tax Management Portfolio, BNA (2009).

*Moore, Marc T.:* The end of „complain or explain“ in UK corporate governance? 60 Northern Ireland Legal Quarterly 2009, S. 85–103.

*Moye, John E.:* The Law of Business Organizations, 6. Auflage, New York 2005.

*Mülbert, Peter O.:* Corporate Governance of Banks, 10 European Business Organization Law Review 2009, S. 411–436.

*Mullane, Joy Sabino:* Incidence and Accidents: Regulation of Executive Compensation Through the Tax Code, 13 Lewis & Clark Law Review 2009, S. 485–552.

*Müller-Glöge, Rudi/Preis, Ulrich/Schmidt, Ingrid:* Erfurter Kommentar zum Arbeitsrecht, 17. Auflage, München 2016.

*Müller, Klaus-Peter:* Ausführungen anlässlich der 8. Konferenz Deutscher Corporate Governance Kodex, Berlin 19. Juni 2009; http://www.dcgk.de/files/dcgk/usercontent/de/download/2009/090619_Draft_Pressefassung_DCGK_Rede_Klaus-Peter_Mueller_final.pdf.

*Müller-Bonanni, Thomas/Mehrens, Christian:* Neue Vergütungsregeln für Banken – Entwurf der Instituts-Vergütungsverordnung, NZA 2010, S. 792–797.

*Murphy, Kevin J.:* Politics, Economics and Executive Compensation, 63 University of Cincinnati Law Review 1995, S. 713–748.

*Murrey, John,* Excessive Compensation in Publicly Held Corporations: Is The Doctrine of Waste Still Applicable? Appalachian School of Law, Paper No. 726, 2005; http://law.bepress.com/expresso/eps/726/.

*Nagel, Bernhard:* Unabhängigkeit der Kontrolle im Aufsichtsrat und Verwaltungsrat: Der Konflikt zwischen der deutschen und der angelsächsischen Konzeption, NZG 2007, S. 166–169.

*Narayanan, V. G./Ferri, Fabrizio/Brem, Lisa:* Executive Pay and the Credit Crisis of 2008, Harvard Business School, Case No. 109–036, 2009.

*Naruisch, Sebastian Till:* Systemkomponenten interner Corporate Governance in Großbritannien und Deutschland, Marburg 2010.

*Neuberger, David,* Company Law Reform: The Role of the Courts in: De Lacy, John (Hrsg.), The Reform of United Kingdom Company Law, S. 59–80.

*Nießen, Tobias:* Neue Regeln für die Vorstandsvergütung, NJW-Spezial 2009, S. 479–480.

*Nikitine, Alexander:* USA Gesetzliche Regulierung der Management-Vergütung, GesKR 3/2009, S. 368–377.

*Nikolay, Judith C.:* Die neuen Vorschriften zur Vorstandsvergütung – Delallierte Regelungen und offene Fragen, NJW 2009, S. 2640–2647.

*Niven, Paul R.:* Balanced Scorecard, Arbeitsbuch, 2. Auflage, Weinheim 2009.

*Noack, Ulrich:* Gesetz zur Angemessenheit der Vorstandsvergütung (VorstAG), Vorstandsvergütung – eine endlose Geschichte, BB 2009, Heft 32, M1.

*Notthoff, Martin:* Rechtliche Fragestellungen im Zusammenhang mit dem Abschluss einer Director's and Officer's-Versicherung, Effektiver Schutz von Vorständen und Aufsichtsräten gegen Haftungsrisiken, NJW 2003, S. 1350–1356.

*Nussbaum, Matthias:* Abfindungen und Anerkennungsprämien für Vorstandsmitglieder deutscher Aktiengesellschaften, „Goldene Handschläge" und „Fallschirme", Frankfurt a. M. 2009.

*Ogden, Stuart/Watson, Robert:* Executive pay and the search for legitimacy: An investigation into how UK Remuneration Committees use corporate performance comparisons in long-term incentive pay decisions, 61(5) Human Relations 2008, S. 711–739.

*Oxelheim, Lars/Wihlborg, Clas:* Markets and Compensation for Executives in Europe, 1. Auflage, Howard House, Wagon Lane, Bingley, UK 2008.

*Paefgen, Walter G.:* Die Darlegungs- und Beweislast bei Business Judgement Rule, NZG 2009, S. 891–896.

*Palandt, Otto:* Bürgerliches Gesetzbuch, Beck'sche Kurzkommentare, Band 7, 70. Auflage, München 2011.

*Peltzer, Martin:* Wider den „greed" – Betrachtungen zu §§ 86 und 87 AktG in: Schneider, Uwe H./Hommelhoff, Peter/Schmidt, Karsten/Timm, Wolfram/Grunewald, Barbara/Drygala, Tim (Hrsg.), Festschrift für Marcus Lutter zum 70. Geburtstag, Deutsches und europäisches Gesellschafts-, Konzern- und Kapitalmarktrecht, Köln 2000, S. 571–586.
Corporate Governance Codices als zusätzliche Pflichtenbestimmung für den Aufsichtsrat, NZG 2002, S. 10–16.
Organisation der Meldung der Entsprechenserklärung nach § 161 AktG, DB 2002, S. 2580–2581.
Deutsche Corporate Governance, Ein Leitfaden, 2. Auflage, München 2004.

*Petersen, T.:* Optimale Anreizsysteme: betriebswirtschaftliche Implikationen der Prinzipal-Agenten-Theorie, Wiesbaden 1989.

*Peukert, Helge:* Die große Finanzmarktkrise, Eine staatswissenschaftlich-finanzsoziologische Untersuchung, Marburg 2010.

*Picot, Arnold/Dietl, Helmut/Franck, Egon:* Organisation, Eine ökonomische Perspektive, 5. Auflage, Stuttgart 2008.

*Picot, Arnold/Reichwald, Ralf/Wigand, Rolf T.:* Die grenzenlose Unternehmung, Information, Organisation und Management, Lehrbuch zur Unternehmensführung im Informationszeitalter, 5. Auflage, Wiesbaden 2003.

*Polsky, Gregg D.:* Controlling Executive Compensation Through the Tax Code, 64 Washington & Lee Law Journal 2007, S. 877–926.

*Porac, Joseph F./Wade, James B./Pollock, Timothy G.:* Industry categories and the politics of the firm in CEO compensation, 44 Administrative Science Quarterly 1999, S. 112–144.

*Posner, Richard A.:* Are American CEO's Overpaid, and, if so, What if Anything Should be Done About it? 58 Duke Law Journal 2009, S. 1013–1047.

*Pratt, John W./Zeckhauser, Richard J.:* Principlas and Agents: The Structure of Business, Boston 1991.

*Prölss, Erich R./Martin, Anton:* Versicherungsvertragsgesetz, 28. Auflage, München 2010.

*Quinn, Linda C.:* Proceedings of the 1994 Corporate Law Symposium: Presentations and Panel Discussion, 63 University of Cincinnati Law Review 1995, S. 769–815.

*Radulescu, Doina:* The Effects of a Bonus Tax on Manager Compensation and Welfare, CESifo Working Paper, No. 3030, April 2010; www.econstor.eu/dspace/bitstream/10419/38899/1/62662276X.pdf.

*Raible, Karl-Friedrich/Schmidt, Wibke:* Ist die Ausrichtung der Vergütungsstruktur auf eine nachhaltige Unternehmensführung mit einer Jahrestantieme vereinbar? Ein Diskussionsbeitrag zur Angemessenheit von Managergehältern, ZCG 2009, S. 249–253.

*Raiser, Thomas/Veil, Rüdiger:* Mitbestimmungsgesetz und Drittelbeteiligungsgesetz, 6. Auflage, Berlin 2015.

*Raeder, Nadine:* Die Entwicklung von Top-Manager-Vergütungen, Aktienoptionen zur Managerbindung, Saarbrücken 2007.

*Randall, Thomas S.:* Should Directors Reduce Executive Pay? 54 Hasting Law Journal 2003, S. 437–469.

*Rapp, Steffen:* Struktur und Höhe von Vorstandsbezügen in duetschen Prime-Standard-Unternehmen, AG-Report, R156-R160.

*Rapp, Marc Steffen/Schaller, Philipp/Wolff, Michael:* Aktienbasierte Langfristanreize im Rahmen der Vorstandsvergütung – Evidenz auf Basis deutscher Prime Standard Unternehmen, CEFS Working Paper No. 2009–03, S. 1–35; Social Science Research Network electronic library: http://ssrn.com/abstract=1354006.

*Rappaport, Alfred:* Creating Shareholder Value, The New Standard for Business Performance, New York 1986.

*Raviv, Alon/Landskroner, Yoram:* The 2007–2009 Financial Crisis and Executive Compensation: an Analysis and a Proposal for a Novel Structure, Paris December 2010 Finance Meeting EUROPDIFAI-AFFI v. 24. Mai 2010; Social Science Research Network electronic library: http://papers.ssrn.com/sol3/papers.cfm?abstract_id=1695490.

*Renneboog, Luc/Trojanowski, Grzegorz:* Managerial remuneration and disciplining in the UK: A tale of two governance regimes, Finance Working Paper No. 301/2010, Dezember

2010; Social Science Research Network electronic library: http://papers.ssrn.com/sol3/papers.cfm?abstract_id=1723462.

*Rickford, Jonathan:* Fundamentals, Developments and Trends in British Company Law – Some Wider Reflections, Second Part: Current British Priorities and Wider Reflections, European Company and Financial Law Review 2005, S. 63–106.

*Ringleb, Henrik-Michael/Kremer, Thomas/Lutter, Marcus/Werder, Axel von:* Kommentar zum Deutschen Corporate Governance Kodex, 5. Auflage, München 2013.

*Rittner, Fritz:* Die Anstellungsverträge der GmbH-Geschäftsführer und das Mitbestimmungsgesetz, DB 1979, S. 973–978.

*Roe, Mark J.:* Delaware and Washington as corporate lawmakers, 34 Delaware Journal of Corporate Law 2009, S. 1–33.

Some Differences in Corporate Governance in Germany, Japan and America in: Baums, Theodor/Buxbaum, Richard/Hopt, Klaus J. (Hrsg.), Institutional Investors and Corporate Governance, Berlin New York 1994, S. 23–89.

*Rolshoven, Max Philipp:* Die gesellschaftsrechtiche Zulässigkeit von Anerkennungsprämien, Diss., zugel. Uni Münster 2006, 1. Auflage, Köln 2006.

*Romano, Roberta:* The Genuis of American Corporate Law, Washington D.C. 1993.

*Rönnau, Thomas/Hohn, Kristian:* Die Festsetzung (zu) hoher Vorstandsvergütungen durch den Aufsichtsrat – ein Fall für den Staatsanwalt?, NStZ 2004, 113–123.

*Rose, Paul:* The Corporate Governance Industry, 32 Journal of Corporation Law 2007, S. 906–919.

*Rosen, Rüdiger von:* Aktienkursorientierte Vergütungssysteme, in: Hummel, Detlev/Bühler, Wilhelm/Schuster, Leo (Hrsg.), Banken in globalen und regionalen Umbruchsituationen: Systementwicklungen, Strategien, Führungsinstrumente, Festschrift für Johann Heinrich von Stein zum 60. Geburtstag, Stuttgart 1997, S. 369–387.

*Roth, Günter H./Altmeppen, Holger:* Gesetz betreffend die Gesellschaften mit beschränkter Haftung (GmbHG) Kommentar, 8. Auflage, München 2015.

*Rubner, Daniel/Leuering, Dieter:* Vergütungssysteme im Finanzsektor, NJW 2010, S. 463–464.

*Rudolph, Bernd:* Die internationale Finanzkrise: Ursachen, Treiber, Veränderungsbedarf und Reformansätze, ZGR 2010, S. 1–47.

*Säcker, Franz Jürgen:* Streitfragen zur D&O-Versicherung, VersR 2005, S. 10–15.

*Säcker, Franz Jürgen/Boesche, Katharina Vera:* Vom Gutsherren zum Gutsverwalter: Wandlungen im Aufsichtsratsrecht unter besonderer Berücksichtigung des Mannesmann-Urteils, BB 2006, S. 897–905.

*Säcker, Franz Jürgen/Rixecker, Roland,* Münchener Kommentar zum Bürgerlichen Gesetzbuch, Band 1 AT, 5. Auflage, München 2011.

Münchener Kommentar zum Bürgerlichen Gesetzbuch, Band 2, 7. Auflage, München 2016.
Münchener Kommentar zum Bürgerlichen Gesetzbuch, Band 4, 7. Auflage, München 2016.

*Säcker, Franz Jürgen/Boesche, Katharina Vera:* Vom Gutsherrn zum Gutsverwalter: Wandlungen im Aufsichtsratsrecht unter besonderer Berücksichtigung des Mannesmann-Urteils, BB 2006, S. 897–905.

*Sailer-Coceani, Viola:* Aktuelle Fragen der Managervergütung in: Goette, Wulf/Sailer-Coceani, Viola/Schmidt, Karsten/Seidler, Holger/Verse, Dirk A. (Hrsg.), Gesellschaftsrecht in der Diskussion 2009, Jahrestagung der Gesellschaftsrechtlichen Vereinigung (VGR), Köln 2010, S. 141–165.

*Salley, Stephen M.:* Fixing Executive Compensation: Will Congress, Shareholder Activism, or the new SEC Disclosure Rules Change the Way Business is done in American Boardrooms? 70 Ohio State Law Journal 2009, S. 757–795.

*Schätzle, Rainer, J.:* Sind Manager ihr Geld wert? Wie wertorientierte Unternehmensführung funktioniert, 1. Auflage, Hanau 2002.

*Schettgen, Peter:* Arbeit, Leistung, Lohn: Analyse- und Bewertungsmethoden aus sozioökonomischer Perspektive, Stuttgart 1996.

*Schierenbeck, Henner/Wöhle, Claudia B.:* Grundzüge der Betriebswirtschaftslehre, 17. Auflage, Oldenbourg 2008.

*Schizer, David:* Executives and Hedging: The Fragile Legal Foundation of Incentive Compatibility, 100 Columbia Law Review 2000, S. 440–504.

*Schlabrendorff, Mortiz von:* Repricing von Stock Options, Wirtschaftliche Grundlagen – Gesellschaftsrecht – Insiderrecht – Bilanzrecht, Köln 2008.

*Schlegelberger, Franz/Quassowski, Leo:* Aktiengesetz vom 30. Januar 1937. Kommentar, 3. Auflage, Berlin 1939.

*Schmidt, Karsten:* Gesellschaftsrecht, 4. Auflage, Köln Berlin Bonn München 2002.

*Schmidt, Karsten/Werner, Ebke:* Münchener Kommentar zum Handelsgesetzbuch, Band 4, 3. Auflage, München 2013.

*Schmidt, Karsten/Lutter, Marcus:* Aktiengesetz, Kommentar, Band I, 3. Auflage, Köln 2015.

*Schmdit, Karsten/Lutter, Marcus:* Aktiengesetz, Kommentar, Band II, 3. Auflage, Köln 2015.

*Schmidt-Bendun, Rüdiger/Prusko, Wolfram:* Say-on-pay in den USA – Dodd-Frank Act kodifiziert Votum über Managervergütung und Golden Parachutes, NZG 2010, S. 1128–1131.

*Schnapperelle, Alexander:* Die Angemessenheit von Vorstandsvergütungen nach § 87 Aktiengesetz. Eine rechtstatsächliche Arbeit, Jena 2007.

*Schneider, Uwe H.:* Kapitalmarktorientierte Corporate Governance-Grundsätze, DB 2000, S. 2413–2417.

*Schön, Wolfgang:* Tax and Corporate Governance, Heidelberg 2008.

*Staudinger, Julius von:* Kommentar zum Bürgerlichen Gesetzbuch, §§ 657–704, Berlin 2006.

*Schüller, Annette M.:* Vorstandsvergütung, Gesellschaftsrechtliche Fragen der Vergütung des Vorstands in der börsennotierten Aktiengesellschaft, 1. Auflage 2002.

*Schulz, Arne:* Aktienkursorientierte Vergütungssysteme für Führungskräfte, Eine Analyse aus rechtlicher und betriebswirtschaftlicher Sicht, 1. Auflage, Wiesbaden 2010.

*Schumacher-Mohr, Marion:* Die vorzeitige Beendbarkeit des Anstellungsverhältnisses eines AG-Vorstandsmitglieds gegen seinen Willen, Herbolzheim 2004.

*Schüppen, Matthias:* To comply or not to comply – that's the question! „Existenzfragen" des Transparenz- und Publizitätsgesetzes im magischen Dreieck kapitalmarktorientierter Unternehmensführung, ZIP 2002, S. 1269–1279.

*Schwalbach, Joachim:* Entwicklung der Managervergütung, BFuP 1999, S. 592–602. Managervergütung 2010, Vorstandsvergütung und Personalkosten DAX30-Unternehmen 1987–2009, Humboldt Universität zu Berlin, Institut für Management.

*Schwalbach, Joachim/Graßhoff, Ulrike:* Managervergütung und Unternehmenserfolg, ZfB 1997, S. 203–217.

*Schwark, Eberhard:* Zur Angemessenheit der Vorstandsvergütung in: Damm, Reinhard/Heermann, Peter W./Veil, Rüdiger (Hrsg.), Festschrift für Thomas Raiser zum 70. Geburtstag, Berlin 2005, S. 377–398.

*Schwartz, Rachael E.:* The Clawback Provision of Sarbanes-Oxley: An Underutilized Incentive to Keep the Corporate Governance House Clean, 64 Business Lawyer 2008, S. 1–36.

*Schwarz, Günter Christian/Holland, Björn:* Enron, WorldCom ... und die Corporate-Governance-Diskussion, zu den strukturellen Defiziten eines kapitalmarktorientierten Corporate-Governance-Systems und zum US-amerikanischen Sarbanes-Oxley Act, ZIP 2002, S. 1661–1672.

*Schwartz, Max J./Spector, Scott P.:* Hot Issues in Executive Compensation, New York 2002.

*Seibert, Ulrich:* Das VorstAG – Regelungen zur Angemessenheit der Vorstandsvergütung und zum Aufsichtsrat, WM 2009, S. 1489–1493.

*Seibt, Christoph:* Deutscher Corporate Governance Kodex und Entsprechens-Erklärung (§ 161 AktG-E), AG 2002, S. 249–259.

*Seligman, Joel:* The Transformation of Wall Street, A History of the Securities and Exchange Commission and Modern Corporate Finance, 3. Auflage, New York 2003. The SEC at 70: A Modest Revolution in Corporate Governance, 80 Notre Dame Law Review 2005, S. 1159–1185.

*Semler, Johannes/Peltzer, Martin:* Arbeitshandbuch für Vorstandsmitglieder, München 2005.

*Semler, Johannes/Schenck, Kersten, von:* Arbeitshandbuch für Aufsichtsratsmitglieder, 3. Auflage, München 2009.

*Semmler, Philipp:* Repricing – Die nachträgliche Modifikation von Aktienoptionsplänen zugunsten des Managements, Berlin 2005.

*Seyboth, Marie/Thannisch, Rainald:* Empfehlungen für eine angemessene Vorstandsvergütung in: Hans Böckler Stiftung, Arbeitshilfen für Aufsichtsräte Nr. 14 (2009), Angemessene Vorstandsvergütung, S. 7–24.

*Sheikh, Saleem/Chatterjee, SK:* Perspectives on Corporate Governance in: Sheikh, Saleem/Rees, William (Hrsg.), Corporate Governance & Corporate Control, London 1995, S. 1–56.

*Shivdasani, Anil/Yermack, David:* CEO Involvement in the Selection of New Board Members: An Empirical Analysis, 54 Journal of Finance 1999, S. 1829–1853.

*Shleifer, Andrei/Vishny, Robert W.:* A Survey of Corporate Governance, The Journal of Finance, Vol. 52, No. 2, Juni 1997, S. 737–783.

*Sikon, Barbara F.:* Recharacterization of Unreasonable Compensation: An Equitable Mandate, 51 Cleveland State Law Review 2004, S. 301–332.

*Siefer, Tobias:* Zwei Jahre nach Dodd-Frank – Erfahrungen mit dem Aktionärsvotum über die Vorstandsvergütung in den USA, NZG 2013, S. 691–694.

*Simmons, Omari Scott:* Taking the Blue Pill: The Imponderable Impact of Executive Compensation Reform, 62 SMU Law Review 2008, S. 299–365.

*Sirkin, Michael S./Cagner, Lawrence K.:* Executive Compensation, New York 2006.

*Sjostrom, William K./Kim, Young Sang:* Majority Voting for the Election of Directors, 40 Connecticut Law Review 2007, S. 459–510.

*Smith, Adam:* An Inquiry into the Nature and Causes of the Wealth of Nations, Vol. I, London 1822.

*Solomon, Jill:* Corporate Governance and Accountability, 3. Auflage, Southern Gate Chichester Est Sussex 2010.

*Spindler, Gerald:* Vergütung und Abfindung von Vorstandsmitgliedern, DStR 2004, S. 36–45.

Vorstandsvergütungen und Abfindungen auf dem aktien- und strafrechtlichen Prüfstand – Das Mannesmann-Urteil des BGH, ZIP 2006, S. 349–355.

Vorstandsgehälter auf dem Prüfstand – das Gesetz zur Angemessenheit der Vorstandsvergütung (VorstAG), NJOZ 2009, S. 3282–3291.

Gutachten zur Fragen der Zulässigkeit von Drittanstellungsverträgen und drittbezogenen Vergütungen, insbesondere im Konzern in: Spindler, Gerald/Oetker, Hartmut (Hrsg.), Gutachten zu aktuellen Rechtsfragen der Vorstands- /Geschäftsführervergütung, Arbeitspapier 216, Hans Böckler Stiftung, 2010, S. 69–103.

*Spindler, Gerald/Stilz, Eberhard:* Kommentar zum Aktiengesetz, Band 1, 3. Auflage, München 2015.
Kommentar zum Aktiengesetz, Band 2, 3. Auflage, München 2015.

*Spremann, Klaus:* Asymmetrische Information, ZfB 1990, S. 561–586.

*Stabile, Susan J.:* Is There a Role for Tax Law in Policing Executive Compensation? 72 St. John's Law Review 1998, S. 81–101.

*Steinat, Nicole*: Comply or Explain – Die Akzeptanz von Corporate Governance Kodizes in Deutschland und Großbritannien, in: Tietje, Christian/Kraft, Gerhard/ Sethe, Rolf, Beiträge zum transnationalen Wirtschaftsrecht, Heft 39, Martin-Luther- Universität Halle-Wittenberg, April 2005.

*Steindl, Martin*: US-Board und Aufsichtsrat, Wien 1999.

*Stolz, Lunk:* Die Bezüge des GmbH-Geschäftsführers in der Krise. Auswirkungen des Gesetzes zur Angemessenheit der Vorstandsvergütung (VorstAG) auf die GmbH, NZA 2010, S. 121–128.

*Straka, Patrick, J.*: Executive Compensation Disclosure: The SEC's Attempt to Facilitate Market Forces, 72 Nebraska Law Review 1993, S. 803–836.

*Strenger, Christian:* Corporate Governance: Entwicklung in Deutschland und internationale Konvergenz, DStR 2001, S. 2225–2228.

*Strieder, Thomas:* Anmerkung zur individualisierten Angabe von Vorstandsbezügen im Anhang des Jahresabschlusses, DB 2005, S. 957–960.

*Subramanian, Guhan:* The Disappearing Delaware Effect, 20 The Journal of Law, Economics & Organizations 2004, S. 32–59.

*Suchan, Stefan/Winter, Stefan:* Rechtliche und betriebswirtschaftliche Überlegungen zur Festsetzung angemessener Vorstandsbezüge nach Inkrafttreten des VorstAG, DB 2009, S. 2531–2539.

*Sünner, Eckart:* Offenlegung von Organvergütungen?, ZRP 2005, S. 39.

*Szalai, Stephan von/Marz, Tino:* Die Haftung des Aufsichtsrats – Überlegungen zur kollegialorganschaftlichen Haftung de lege lata und de lege ferenda, DStR 2010, S. 809–815.

*Tani, Mayumi Ikawa:* Proposals for better executive pay-setting frameworks: a comparative study of the United States and Japan, 18 Transnational Law & Contemporary Problems 2009, S. 317–351.

*Teichmann, Christoph:* Pay without performance? Vorstandsvergütung in Deutschland und Europa, GPR 2009, S. 234–238.
Binnenmarktkonformes Gesellschaftsrecht, Berlin 2006.

*Tegtmeier, Stefan:* Die Vergütung von Vorstandsmitgliedern in Publikumsaktiengesellschaften, Frankfurt a. M. 1998.

*Thévenoz, Luc/Bahar, Rashid:* Conflicts of Interest, Corporate Governance & Financial Markets, Zürich 2007.

*Thomson Reuters:* Final recommendations of Walker review published, Sweet & Maxwell and its Contributors, 31(3) Company Lawyer 2010, S. 81.

*Thüsing, Gregor:* Die Angemessenheit von Vorstandsvergütungen – Mögliche Handlungsoptionen zur Sicherstellung, BD 2003, S. 1612–1615.
ECLR Auf der Suche nach dem iustum pretium der Vorstandstätigkeit. Überlegungen zur Angemessenheit im Sinne des § 87 Abs. 1 Satz 1 AktG, ZGR 2003, S. 457–507.
Das Gesetz über die Offenlegung von Vorstandsvergütungen, ZIP 2005, S. 1389–1397.
Stellungnahme zum Entwurf eines Gesetzes zur Angemessenheit der Vorstandsvergütung (VorstAG) (BT-Drucks. 16/12278), Universität Bonn 2009.
Das Gesetz zur Angemessenheit der Vorstandsvergütung, AG 2009, S. 518–529.

*Thüsing, Gregor/Forst Gerrit:* Nachhaltigkeit als Zielvorgabe für die Vorstandsvergütung, GWR 2010, S. 515–518.

*Tröger, Tobias:* Anreizorientierte Vorstandsvergütung im faktischen Konzern, ZGR 2009, S. 447–473.

*Tung, Frederick/Wang, Xue:* Bank CEOs, Inside Debt Compensation, and the Global Financial Crisis, 5th Annual Conference on Empirical Legal Studies Paper 2011; Social Science Research Network electronic library: http://papers.ssrn.com/sol3/papers.cfm?abstract_id=1570161.

*Ulmer, Peter:* Der Deutsche Corporate Governance Kodex – ein neues Regulierungsinstrument für börsennotierte Aktiengesellschaften, ZHR 2002, S. 150–181.
Aktienrecht im Wandel – Entwicklungslinien und Diskussionsschwerpunkte –, AcP 2002, S. 143–178.

*Veasey, Norman/Di Guglielmo, Christine:* What happened in Delaware Corporate Law and Governance from 1992–2004? A Retrospective on some Key Developments, 153 University of Pennsylvania Law Review 2005, S. 1399–1512.

*Vetter, Eberhard:* Aktienrechtliche Probleme der D&O Versicherung, AG 2000, S. 453–458.
Der kraftlose Hauptversammlungsbeschluss über das Vorstandsvergütungssystem nach § 120 Abs. 4 AktG, ZIP 2009, S. 2136–2143.
Begrenzung der Vorstandsbezüge durch Hauptversammlungsbeschluss? ZIP 2009, S. 1307–1309.

*Voulgaris, Georgios/Stathopoulos, Konstantinos/Walker, Martin:* Compensation Consultants and CEO Pay: UK Evidence, 18 An International Review 2010, S. 511–526.

*Wackerbarth, Ulrich:* Investorvertrauen und Corporate Governance, ZGR 2005, S. 686–725.

*Wagner, Claus-Peter:* Die Subprime-Krise – vom „Credit Hype“ zur „Risk Mania“, IRZ 2008, S. 163–170.

*Wagner, Jens/Wittgens, Jonas:* Corporate Governance als dauernde Reformanstrengung: Der Entwurf des Gesetzes zur Angemessenheit der Vorstandsvergütung, BB 2009, S. 906–911.

*Waldhausen, Stephan/Schüller, Michael:* Variable Vergütung von Vorständen und weiteren Führungskräften im AG-Konzern, AG 2009, S. 179–186.

*Walker, David I.:* The Challenge of Improving the Long-Term Focus of Executive Pay, 51 Boston College Law Review, 2010, S. 435–472.

*Washington,* The Corporation Executive's Living Wage, 54 Harvard Law Review 1941, S. 733–774.

*Weber, Max:* Formen und Ausgestaltungsmöglichkeiten von Stock Options in der internationalen Praxis, in: Achleitner, Ann-Kristin/Wollmert, Peter (Hrsg.), Stock Options – Finanzwirtschaft, Gesellschaftsrecht, Bilanzierung, Steuerrecht, Unernehmensbewertung, 2. Auflage, Stuttgart 2002, S. 25–45.

*Weber-Rey, Daniela:* Änderungen des Deutschen Corporate Governance Kodex 2009, WM 2009, S. 2255–2264.

*Weisner, Arnd/Kölling, Lars:* Herausforderung für den Aufsichtsrat: Herabsetzung von Vorstandsbezügen in Zeiten der Krise, NZG 2003, S. 465–468.

*Weiß, Daniel M.:* Aktienoptionspläne für Führungskräfte, Köln 1999

*Weller, Marc-Philippe:* Die Vertragstreue, Vertragsbindung – Naturalerfüllungsgrundsatz – Leistungstreue, Tübingen 2009.
Die Systemkohärenz des § 87 Abs. 2 AktG – Eingeschränkte Vertragstreue beim Vorstandsvertrag auf Grund Fremdinteressenwahrung, NZG 2010, S. 7–12.

*Wellhöfer, Werner/Peltzer, Martin/Müller, Welf:* Die Haftung von Vorstand Aufsichtrat Wirtschaftsprüfer mit GmbH-Geschäftsführer, München 2008.

*Wentges, Paul:* Corporate Governance und Stakeholder-Ansatz, 1. Auflage, Wiesbaden 2002.

*Werder, Axel, von:* Corporate Governance (Unternehmensverfassung), in: Schreyögg, Georg. & von Werder, A. (Hrsg.): Handwörterbuch Unternehmensführung und Organisation, 4. Auflage, Stuttgart 2004.
Shareholder Value-Ansatz als (einzige) Richtschnur des Vorstandshandelns?, ZGR 1998, S. 69–91.
Der Deutsche Corporate Governance Kodex – Grundlagen und Einzelbestimmungen, DB 2002, S. 801–810.

*Werder, Axel, von/Bartz, Jenny:* Corporate Governance Report 2013, DB 2013, 885–895.

*Werder, Axel, von/Turkali, Julia:* Corporate Governance Report 2015: Kodexakzeptanz und Kodexanwendung, DB 2015, S. 1357–1367.

*Wheeler, Sally:* Non-executive directors and corporate governance, 60(1) Northern Ireland Legal Quarterly, S. 51–62.

*Wiley, John & Sons. Inc.:* Aligning Executive Compensation with Business Performance, Mercer, Hoboken, New Jersey 2009.

*Wilsing, Hans-Ulrich/Kleißl, Katharina:* Herabsetzung von Vorstandsbezügen in Zeiten der Krise, BB 2008, S. 2422–2426.

*Wilsing, Hans-Ulrich/Paul, Carsten A.:* Reaktionen der Praxis auf das Nachhaltigkeitsgebot des § 87 Abs. 1 Satz 2 AktG – Eine erste Zwischenbilanz, GWR 2010, S. 363–366.

*Wines, William A./Fuhrmann, Thomas M.:* An Inquiry into CEO Compensation Practicesin the United States and Proposals for Federal Law Reform, 43 New England Law Review 2009, S. 221–270.

*Winter, Ralph K.:* State Law, Shareholder Protection, And the Theory of the Corporation, 6 Journal of Legal Studies 1977, S. 251–292.

*Winter, Stefan:* Prinzipien der Gestaltung von Managementanreizsystemen, Wiesbaden 1996.

*Wilke, Peter/Priessner, Christine/Schmid, Katrin/Schütze, Kim/Wolff, Annika:* Kriterien für die Vorstandsvergütung in deutschen Unternehmen nach Einführung des Gesetzes zur Angemessenheit der Vorstandsvergütung in: Hans Böckler Stiftung, Unternehmensmitbestimmung und Unternehmenssteuerung, Arbeitspapier 239, September 2011.

*Wilske, Stephan/Arnold, Christian/Grillitsch, Hannah:* Streitbeilegungsklauseln in Vorstands- und Geschäftsführerverträgen – Vorzüge und Gestaltungsmöglichkeiten, ZIP 2009, S. 2425–2430.

*Wislow, Donald Arthur:* Tax Penalties – „They Shoot Dogs, Don't They?“, 43 Florida Law Review 1991, S. 811–914.

*Wittig, Arne:* Reform der Corporate Governance von Finanzinstituten als Reaktion auf die Finanzmarktkrise, Ein Überblick zu den aktuellen Überlegungen, WM 2010, S. 2337–2343.

*Wittuhn, Georg A./Hamann, Hanjo:* Herabsetzung von Vorstandsvergütung in der Krise, Zu einem zeitgemäßen Verständnis von § 87 Abs. 2 AktG unter Berücksichtigung von Arbeitnehmerbelangen, ZGR 2009, S. 847–871.

*Wlotzke, Otfried/Wißmann, Hellmut/Koberski, Hellmut/Kleinsorge, Georg,* Mitbestimmungsrecht: Mitbestimmungsgesetz, Montan-Mitbestimmung, Drittelbeteiligungsgesetz, Mitbestimmung auf europäischer Ebene, 4. Auflage, Berlin Frankfurt a. M. 2011.

*Wolf, Sigrid:* Die Regulierung von Hedgefonds aus nationaler und internationaler Sicht, Hamburg 2010.

*Wollburg, Ralph:* Unternehmensinteresse bei Vergütungsentscheidungen, ZIP 2004, S. 646–658.

*Wulff, Jakob:* Aktienoptionen für das Management – Deutsches und Europäisches Recht, Köln 2000.

*Yeoh, Peter:* The Dilemmas of Compensation Policies and Practices, Business Law Review, März 2010, S. 56–61.

*Yermack, David:* Higher market valuation of companies with a small board of directors, 40 Journal of Financial Economics 1996, S. 185–211.

*Yablon, Charles M.:* Bonus Questions: Executive Compensation in the Era of Pay for Performance, 75 Notre Dame Law Review 1999, S. 271–308.

*Zelinsky, Edward A.:* Efficiency and Income Taxes: The Rehabilitation of Tax Incentives, 64 Texas Law Review 1986, S. 973–1037.
Greenmail, Golden Parachutes and the Internal Revenue Code: A Tax Policy Critique of Sections 280G, 4999 and 5881, 35 Vill. L. Rev. 1990, 131–196.
Taxing Unreasonable Compensation: § 162(a)(1) and Managerial Power, 119 Yale Law Journal 2009, S. 637–646.

*Ziemons, Hildegard:* Angemessene Vorstandsvergütung und Change of Control Klauseln in: Baums, Theodor/ Lutter, Marcus/Schmidt, Karsten/Wertenbruch, Johannes (Hrsg.), Festschrift für Ulrich Huber zum siebzigsten Geburtstag, Tübingen 2006, S. 1035–1047.

*Zitzewitz, Jens:* Konzernrechtliche Probleme bei Stock Options, NZG 1999, S. 698–706.

*Zöllner, Wolfgang:* Unternehemensinnenrecht: Gibt es das? AG 2003, S. 2–12.

*Zolt, Eric M.:* Deterrence Via Taxation: A Critical Analysis of Tax Penalty Provisions, 37 UCLA Law Review 1989, S. 343–387.

**Schriftenreihe zum deutschen und europäischen Gesellschafts- und Wirtschaftsrecht**

Herausgegeben von Christoph Teichmann und Florian Bien
Begründet von Günter Christian Schwarz †

Band 1 Matthias Scheifele: Die Gründung der Europäischen Aktiengesellschaft (SE). 2004.

Band 2 Julia Zwiener: Die Auswirkungen der Verordnung Nr. 1/2003 auf das europäische und deutsche Kartellverfahren. 2005.

Band 3 Cornelius Koke: Die Finanzverfassung der Europäischen Aktiengesellschaft (SE) mit Sitz in Deutschland. 2005.

Band 4 Martin Weger: Haftungsgrundlagen bei kompetenzwidriger Geschäftsführung im Personen- und Kapitalgesellschaftsrecht. Ein Beitrag zur Transformation des bürgerlich-rechtlichen Rechtsinstituts der Geschäftsführung ohne Auftrag in das Gesellschaftsrecht. 2005.

Band 5 Axel Zang: Sitz und Verlegung des Sitzes einer Europäischen Aktiengesellschaft mit Sitz in Deutschland. 2005.

Band 6 Björn Holland: Das amerikanische „board of directors“ und die Führungsorganisation einer monistischen SE in Deutschland. Amerikanische Erfahrungen in Fragen der Corporate Governance als Beitrag zur Ausgestaltung der Unternehmensführung und Unternehmenskontrolle in einer Deutschen SE. 2006.

Band 7 Nils K. Roitsch: Auflösung, Liquidation und Insolvenz der Europäischen Aktiengesellschaft (SE) mit Sitz in Deutschland. Art. 63–65 SE-VO. 2006.

Band 8 Timo Wanner: Die GmbH in der Krise. Geschäftsführerverantwortlichkeit im Vorfeld der Insolvenz. 2015.

Band 9 Wolf-Amelung Böhm: Die Sicherung der Abfindung beim Ausscheiden aus der GmbH. Haftung der Mitgesellschafter beim Eingreifen der Kapitalerhaltungsschranke. 2016.

Band 10 Christina Eschenfelder: Rechtsnachfolge in die Kommanditistenhaftung. Zur Rechtsnachfolge in die unbeschränkte Kommanditistenhaftung aufgrund rechtsgeschäftlicher Übertragung von Kommanditanteilen. 2016.

Band 11 Christoph Teichmann / Martin Kraushaar (Hrsg.): Mitbestimmungsvielfalt in Deutschland und Europa. 2018.

Band 12 Julian Wacker: Persönliche Schadensersatzhaftung von Vorstandsmitgliedern einer Aktiengesellschaft für Kartellverstöße. Ein Beitrag zur kartellzivilrechtlichen Organhaftung. 2017.

Band 13 Tobias Alexander Begemann: Die SE & Co. KGaA als Rechtsform für Familienunternehmen. 2018.

Band 14 Adams, Matthias: Mittelbare Beteiligung an einer Publikumspersonengesellschaft über einen Treuhänder. 2018.

Band 15 Manuel Bernhard Schütt: Die deutsche Unternehmensmitbestimmung – Reformdruck aus Europa? Reichweite und Grenzen der Grundfreiheiten. 2018.

Band 16 Olga Gurman: Die Vorstandsvergütung nach der Finanzkrise. Eine rechtsvergleichende Analyse der deutschen, britischen und US-amerikanischen Lösungsansätze. 2018.

www.peterlang.com

www.ingramcontent.com/pod-product-compliance
Ingram Content Group UK Ltd.
Pitfield, Milton Keynes, MK11 3LW, UK
UKHW021403101026
15623UKWH00013B/719

9 783631 760864